**LES USUELS
DU ROBERT**

POCHE

DICTIONNAIRES LE ROBERT

DISPONIBLES EN LIBRAIRIE

DICTIONNAIRES DE LA LANGUE FRANÇAISE
DICTIONNAIRES DE NOMS PROPRES

DICTIONNAIRE HISTORIQUE DE LA LANGUE FRANÇAISE
sous la direction d'Alain Rey
(2 vol., 2 432 pages, 40 000 entrées).

LE PETIT ROBERT
Dictionnaire alphabétique et analogique de la langue française
(1 vol., 2 592 pages, 60 000 entrées).
Le classique pour la langue française : 8 dictionnaires en 1.

LE PETIT ROBERT DES NOMS PROPRES
Dictionnaire universel des noms propres
(1 vol., 2 304 pages, 40 000 entrées, 2 000 illustrations et 230 cartes).
Le complément, pour les noms propres, du *Petit Robert*.

LE ROBERT QUOTIDIEN
Dictionnaire pratique de la langue française
(1 vol., 2 208 pages, 50 000 entrées).

LE ROBERT D'AUJOURD'HUI
Langue française, noms propres, chronologie, cartes
(1 vol., 1 716 pages, 46 000 entrées, 108 pages de chronologie,
70 cartes en couleur).

LE ROBERT QUÉBÉCOIS D'AUJOURD'HUI
Dictionnaire québécois de la langue française et de culture générale
(noms propres, cartes, chronologie, etc.)
(1 vol., 1 900 pages, 52 000 entrées, 108 pages de chronologie,
51 cartes en couleur).

LE ROBERT POUR TOUS
Dictionnaire de la langue française
(1 vol., 1 296 pages, 40 000 entrées).

LE ROBERT MICRO
Dictionnaire d'apprentissage de la langue française
(1 vol., 1 472 pages, 35 000 entrées).

LE ROBERT DE POCHE
L'indispensable de la langue et de la culture en format de poche
(1 vol., 928 pages, 40 000 mots de la langue, 6 000 noms propres).

LE ROBERT DES JEUNES
Dictionnaire de la langue française
(1 vol., 1 290 pages, 16 500 entrées, 80 planches encyclopédiques en couleur).

LE ROBERT JUNIOR
Dictionnaire pour les enfants de 8-12 ans, en petit format
(1 168 pages, 20 000 entrées, 1 000 illustrations, 18 pages d'atlas).

LE ROBERT MÉTHODIQUE
Dictionnaire méthodique du français actuel
(1 vol., 1 648 pages, 34 300 mots et 1 730 éléments).
Le seul dictionnaire alphabétique de la langue française qui analyse
les mots et les regroupe par familles en décrivant leurs éléments.

LE ROBERT ORAL-ÉCRIT
L'orthographe par la phonétique
(1 vol., 1 376 pages, 17 000 mots et formes).
Le premier dictionnaire d'orthographe et d'homonymes, fondé sur l'oral.

DICTIONNAIRE DE CITATIONS FRANÇAISES

SOUS LA DIRECTION DE
PIERRE OSTER

AVEC LE CONCOURS DE

ÉLISABETH HOLLIER
CHRISTIAN GALANTARIS
JEAN-LUC BENOZIGIO
DENIS ROCHE
JEAN-ROBERT MASSON
JACQUES BENS
JEANNE MATIGNON

TOME 2
DE CHATEAUBRIAND
À J.M.G. LE CLÉZIO

LES USUELS DU ROBERT

POCHE

DICTIONNAIRES LE ROBERT
27, rue de la Glacière - 75013 Paris

correction
ANNE-MARIE LENTAIGNE, BRUNO VAN DEN BROUCQUE
BRUNO DURAND, CATHERINE FAVEAU
BENOÎT FLIS, DOMINIQUE GROSMANGIN
FRANÇOISE MARTIN

maquette
GONZAGUE RAYNAUD

couverture
CAUMON

Achevé d'imprimer sur Bookomatic
par Maury-Eurolivres S.A.
45300 Manchecourt
en avril 1997
Dépôt légal : avril 1997
Imprimé en France

Tous droits réservés pour le Canada
© 1990, DICOROBERT INC.
Montréal, Canada

Tous droits de reproduction, de traduction
et d'adaptation réservés pour tous pays
© 1990, DICTIONNAIRES LE ROBERT
27, rue de la Glacière – 75013 PARIS
ISBN 2-85036-230-1

PRÉFACE
par
Alain Rey

Les citations, on le sait, sont des fragments de textes choisis pour leur intelligence, leur pertinence ou leur beauté, parfois parce qu'ils incarnent un moment de la mémoire collective. Certaines sont déjà célèbres ; beaucoup d'autres mériteraient de l'être. Pour distinguer cette qualité de pensée ou d'expression, qui donne à de tels extraits une vertu particulière et les rend utiles pour nourrir notre propre discours, il était nécessaire de relire, de ressentir et de choisir. Ce fut la tâche de l'équipe réunie autour de Pierre Oster, et le résultat de ses investigations me semble très remarquable.

Après huit cents ans d'expression française ancienne et classique, indispensable référence[1], deux petits siècles — le XIXe et le nôtre, aujourd'hui finissant — construisent notre propre univers mental. L'épaisseur du temps (citations « classiques ») et la variété des cultures[2] (citations « du monde entier ») définissent une civilisation ouverte, qui nous dépasse et nous instruit ; mais cet enrichissement n'est possible qu'à condition d'avoir un accès précis et riche à ces deux siècles de pensée et d'expression culturelle qui ont forgé la société contemporaine. Tel est l'objet du présent recueil.

Ce dictionnaire de citations modernes commence en pleine Révolution française. La littérature et l'univers culturel qui se préparent alors, prolongeant la philosophie du XVIIIe siècle, celui des Lumières qui nous éclairent et parfois nous aveuglent, correspondent pourtant à une dramatique liquidation du passé. Mais cette période

---

1. Voir le *Dictionnaire de citations françaises*, 1.
2. Voir le *Dictionnaire de citations du monde entier*.

Préface

« moderne » commence en réaction contre les idées nouvelles : deux parmi les plus grands auteurs de la première moitié du XIXe siècle sont Chateaubriand et Balzac, défenseurs des valeurs du passé, critiques des évolutions contemporaines. Cependant, l'époque classique est alors bien terminée. La langue française même s'est modifiée, avec la Révolution et l'Empire : les institutions nouvelles résistent aux restaurations, la science et la technique littéralement explosent, la société industrielle se construit et les idéologies se renouvellent.

Dans les idées et les sentiments, dans les habitudes et les réalités, presque tout a changé en France entre 1789 et 1815. C'est un monde nouveau qui commence. Le classicisme, fleuron et gloire de l'Ancien Régime, n'est plus qu'un grand souvenir.

En outre, ce volume reflète pour cet objet présent que produisent la création littéraire et la pensée de deux siècles, un rythme différent de celui des époques antérieures. L'éloignement efface les différences et semble ralentir les évolutions. À cette période de l'histoire qui commence à la fin du XVIIIe siècle, les civilisations de langue française changent, et leur évolution s'accélère.

Ce second recueil de citations françaises reflète parfaitement cette accélération, comme il se fait l'écho de la multiplication des points de vue, des sensibilités, et de la spécialisation des activités. À côté des grands univers imaginaires (Stendhal, Balzac, Hugo, Flaubert, Nerval, plus tard Proust, Mauriac, Tournier et beaucoup d'autres), de la poésie, plusieurs fois révolutionnée mais éternelle (de Hugo à Baudelaire, de Rimbaud à Péguy, à Claudel, de Mallarmé à Valéry, de Verlaine à Éluard, à Char...), des penseurs (Valéry, Sartre) qui continuent les modes d'expression illustrés à l'âge classique, apparaissent des scientifiques, des juristes, des peintres, des musiciens, des critiques d'art, dont les paroles méritent d'être conservées et citées.

Plus on avance vers la période contemporaine, plus les choix deviennent délicats. Les auteurs de ce recueil ont visé large et n'ont pas craint d'inclure du très contemporain, peut-être voué à une notoriété passagère. Ces citations auront en tout cas marqué l'esprit d'un temps — le nôtre.

Présentation

Premiers ouvrages du genre à offrir un panorama aussi vaste de tout ce qui s'est écrit en français et qui, à un titre ou à un autre, mérite d'être redit, ou seulement remis en valeur, nos deux *Dictionnaires de citations françaises* comblent un manque.

Il fallait relire — ou lire — avec un regard neuf, plusieurs centaines d'écrivains. C'est ce que nous avons fait.

Nous avons réuni une équipe d'une quinzaine de spécialistes, qui, pendant trois ans, s'est avant tout préoccupée de faire apparaître une idée moderne de la lecture, comme si notre littérature avait été écrite en une semaine, et que l'encre sur aucun manuscrit jamais n'eût séché.

C'est dire que nous avons tendu :
- à élargir sans cesse la notion même de citation, trop souvent confondue avec le proverbe, l'apophtegme, la sentence ou l'aphorisme ;
- à souligner, chez les grands écrivains, outre les extraits classiques habituellement retenus, les phrases clefs qui peuvent aussi bien se trouver dans des écrits moins connus ;
- à favoriser des auteurs considérés comme mineurs, mais dont certains textes, replacés dans une optique contemporaine, retrouvent un autre impact ;
- à réhabiliter ceux que nous serions tentés d'appeler les « provinciaux de l'intelligence » : des réformateurs, des fous littéraires, des utopistes et des auteurs en marge ;
- à tirer, sans attendre, de certaines œuvres en cours d'élaboration, des fragments propres à nous éclairer sur les nouvelles directions de la recherche intellectuelle.

Présentation

Un triple emploi

L'étendue des investigations que nous avons conduites suggère et permet un triple emploi de ces deux ouvrages.

Le lecteur, ainsi, peut retrouver à partir de l'*Index* la citation que sa mémoire ne lui restitue que de façon imprécise, mais dont il connaît le sens et, donc, le *terme* principal. Pour les auteurs de tout premier plan, il sera guidé par la mention de certains *noms* qui, de toujours, restent liés à des thèmes précis ou à des formulations célèbres.

Exemple :
 ÉTERNITÉ / Constant 581 / 897, 1002 / Lamartine 1418 / 2865 / Musset 3512 / 3694 / Zola 4581 / Mallarmé 4681, 4720, etc.

D'autre part, lorsque le fragment est en quelque sorte *figé* (« *L'amour est à réinventer* »), l'expression « à réinventer » figure dans notre classement par mots, à la fin de la rubrique « Amour ». La citation apparaît d'elle-même, au numéro correspondant, avec la référence (les auteurs étant présentés dans l'ordre chronologique).

Exemple :
 AMOUR *(qui meurt)* 714 ; *(qui se tait)* 3484 ; *(Rage d')* 7140 ; *(À réinventer)* 5172 ; *(Renoncer à l')* 8265 ; *(Révélation de l')* 7741, 7742 ; *(Roman d')* 6006 ; *(splendide)* 5124 ; *(Temps de l')* 8352 ; *(vénal)* 4203, etc.

Il est clair, toutefois, que l'on est en droit d'espérer bien davantage de notre travail. L'étudiant, par exemple, y recourra avec profit pour faire le tour d'un écrivain qu'il aura déjà lu en partie, dont il souhaite cependant recenser dans un temps très court les choix essentiels. Et cela surtout dans le champ très large de la littérature d'idées, de la philosophie, de la politique, de la morale ou de la religion.

Enfin, nous fournissons, période par période, tout un matériel souvent peu accessible, dispersé dans des milliers de volumes, que l'on ne parviendrait à se procurer qu'en de rares bibliothèques.

Notre vœu serait que le lecteur attentif considère ces deux *Dictionnaires de citations françaises* comme de précieux instruments de travail et l'occasion d'innombrables découvertes. Qu'il y recoure également, si d'aventure il est pressé, comme à des guides pratiques et familiers.

LES AUTEURS

Révolution et XIXe siècle

Louis de BONALD 1754-1840

Législation primitive considérée dans les derniers temps par les seules lumières de la raison, discours préliminaire

1 L'être pensant s'explique par l'être parlant et l'homme parle sa pensée avant de penser sa parole.

2 La parole est dans le commerce des pensées ce que l'argent est dans le commerce des marchandises, expression réelle des valeurs, parce qu'elle est valeur elle-même.

3 La Révolution française a commencé par la Déclaration des Droits de l'Homme ; elle ne finira que par la Déclaration des Droits de Dieu.

Législation primitive considérée dans les derniers temps par les seules lumières de la raison
« De la loi générale et de son application aux états particuliers de la société »

4 L'état sauvage est donc contre la nature de la société comme l'état d'ignorance et d'enfance est contre la nature de l'homme : l'état *natif* ou *originel* est donc l'opposé de l'état naturel, et c'est cette guerre intestine de l'état *natif* ou mauvais contre l'état *naturel* ou bon qui partage l'homme et trouble la société.

Pensées sur divers sujets

5 La liberté physique est l'indépendance de toute contrainte extérieure, la liberté morale est l'indépendance de toute volonté particulière et de la plus tyrannique de toutes, sa propre volonté. L'homme n'est moralement libre, et *libre de la liberté des enfants de Dieu,* qu'en ne faisant pas sa volonté, toujours déréglée, pour faire la volonté de l'Auteur de tout ordre.

6 Des sottises faites par des gens habiles ; des extravagances dites par des gens d'esprit ; des crimes commis par d'honnêtes gens... voilà les révolutions.

7 La littérature est l'expression de la société, comme la parole est l'expression de l'homme.

8 L'irréligion sied mal aux femmes ; il y a trop d'orgueil pour leur faiblesse.

Théorie du pouvoir politique et religieux

9 L'homme n'existe que par la société et la société ne le forme que pour elle.

Mélanges littéraires, politiques et philosophiques
« Sur les Éloges historiques de MM. Séguier et de Malesherbes »

10 Depuis l'*Évangile* jusqu'au *Contrat social* ce sont les livres qui ont fait les révolutions.

Recherches philosophiques sur les premiers objets
des connaissances morales

11 L'homme, considéré par une vraie philosophie, est une intelligence servie par des organes.

Jean-Pierre BRISSOT 1754-1793

Recherches philosophiques sur la propriété et le vol

12 La propriété civile n'est qu'une usurpation sociale.

13 [La] propriété exclusive est un délit véritable dans la nature.

Antoine comte de DESTUTT DE TRACY 1754-1836

Éléments d'idéologie
préface

14 On n'a qu'une connaissance incomplète d'un animal, si l'on ne connaît pas ses facultés intellectuelles. L'idéologie est une partie de la zoologie, et c'est surtout dans l'homme que cette partie est importante, et mérite d'être approfondie.

15 Autrefois on ne parlait que de réformes, de changements nécessaires dans l'éducation ; aujourd'hui on voudrait la voir comme du temps de Charlemagne.

première partie, chap. 1

16 *Penser*, comme vous voyez, *c'est toujours sentir*, et ce n'est rien que sentir. Maintenant me demanderez-vous ce que c'est que sentir ? Je vous répondrai : C'est ce que vous savez, ce que vous éprouvez. Si vous ne l'éprouviez pas, ce serait bien inutilement que je m'efforcerais de vous l'expliquer : vous ne m'entendriez ni ne me comprendriez.

chap. 17

17 Un langage quelconque ne peut jamais avoir plus de signes que ceux qui l'instituent n'ont d'idées.

18 Les caractères alphabétiques ou syllabiques ne sont que des signes de signes, et non des signes d'idées, et à parler exactement, eux seuls méritent le nom d'écriture.

seconde partie, avertissement de l'édition de 1803

19 Toutes nos connaissances sont des idées ; ces idées ne nous apparaissent jamais que revêtues de signes.

seconde partie, introduction

20 Dès que nous sommes nés, dès que nous sentons, nous exprimons ce que nous sentons, nous parlons ; nous avons un langage.

chap. 6

21 Il est impossible de s'occuper un moment de Grammaire générale sans être frappé des vices de tous nos langages et des inconvénients de leur multiplicité, et sans concevoir le désir de voir naître une langue parfaite qui devienne universelle.

Commentaire sur l'Esprit des lois de Montesquieu
livre XI, chap. 1

22 Les hommes qui, dans les commotions politiques de nos temps modernes, disent : *je ne m'embarrasse pas d'être libre ; la seule chose dont je me soucie, c'est d'être heureux,* disent une chose à la fois très sensée et très insignifiante : très sensée, en ce que le bonheur est effectivement la seule chose que l'on doive rechercher ; très insignifiante, en ce qu'il est une seule et même chose avec la vraie liberté.

Joseph JOUBERT 1754-1824

Pensées

23 L'homme n'est imparfait et méchant que parce qu'il a quelques passions et ne les a pas toutes.

24 La pensée se forme dans l'âme comme les nuages se forment dans l'air.

25 Tout ouvrage de génie, épique ou didactique, est trop long, s'il ne peut pas être lu dans un jour.

26 Imitez le temps. Il détruit tout avec lenteur. Il mine, il use, il déracine, il détache et il n'arrache pas.

27 L'imagination est l'œil de l'âme.

28 Dieu est le lieu où je ne me souviens pas du reste.

29 L'utilité est tellement une propriété de la vérité qu'elle en indique sûrement ou la présence ou les approches.

(Pensées)

30 Les passions sont aux sentiments ce que la pluie est à la rosée, ce que l'eau est à la vapeur.

31 Toute flamme est un feu humide.

32 Un rêve est la moitié d'une réalité.

33 Souviens-toi de cuver ton encre.

34 Illusions. Elles ne peuvent donc être produites que par ces effluvions, ces écoulements invisibles, ces subtiles émanations qui entretiennent les courants perpétuels entre les êtres différents. Ils ne peuvent donc donner et recevoir des sensations agréables, s'il ne se fait quelque part quelque déperdition de substance. Ainsi à la condition de changer et de dépérir est attaché le bien d'inspirer et de ressentir le plaisir.

35 Il n'y a de bon dans l'homme que ses jeunes sentiments et ses vieilles pensées.

36 Musique, perspective, architecture, etc. Brodent le temps, brodent l'espace.

37 Parmi les trois étendues, il faut compter le temps, l'espace et le silence. L'espace est dans le temps, le silence est dans l'espace.

38 La terre est un point dans l'espace, et l'espace est un point dans l'esprit. J'entends ici par esprit l'esprit élément, le cinquième élément du monde, l'espace de tout, lien de toutes choses, car toutes choses y sont, y vivent, s'y meuvent, y meurent, y naissent. L'esprit... dernière ceinture du monde.

39 Les rois ne savent plus régner.

40 Descartes. Tout est tellement plein dans ce système que la pensée même ne peut s'y faire jour et place. On est toujours tenté de crier, comme au parterre : *de l'air, de l'air ; du vide !* On étouffe, on est moulu.

41 Je voudrais que les pensées se succédassent dans un livre comme les astres dans le ciel, avec ordre, avec harmonie, mais à l'aise et à intervalles, sans se toucher, sans se confondre ; et non pas pourtant sans se suivre, sans s'accorder, sans s'assortir. Oui, je voudrais qu'elles roulassent sans s'accrocher et se tenir, en sorte que chacune d'elles pût subsister indépendante. Point de cohésion trop stricte ; mais aussi point d'incohérences : la plus légère est monstrueuse.

42 L'air est sonore, et le son est de l'air, de l'air lancé, vibré, configuré, articulé.

43 Ferme les yeux et tu verras.

44 La logique est une demi-géométrie et la métaphysique est une demi-poésie, qui consiste à donner un corps transparent à ce qui n'a pas de corps, comme la poésie donne de l'âme.

45 Tout ce qui est beau est indéterminé.

46 On dit qu'il n'y a pas de temps pour Dieu. Cela est faux, car il y a, à ses yeux comme aux nôtres, une succession des êtres. La durée de l'existence du père n'est pas pour lui le temps de l'existence du fils.

47 Tous les êtres viennent de peu, et il s'en faut de peu qu'ils ne viennent de rien.

48 La transparence, le diaphane, le peu de pâte, le magique ; l'imitation du divin qui a fait toutes choses avec peu et, pour ainsi dire, avec rien : voilà un des caractères essentiels de la poésie.

49 Cela est vrai, un roi sans religion paraît toujours un tyran.

50 Il n'y a que deux sortes de beaux mots, ceux qui ont une grande plénitude de son, de sens, d'âme, de chaleur et de vie, et ceux qui ont une grande transparence.

51 Le sein. Cet ornement nouveau fait rougir celles qui le portent et n'y sont pas accoutumées.

52 Le temps me frappe à la tête. Je le sens qui ébranle mes dents.

53 Car il faut que l'idée et la forme première d'un ouvrage soit un espace, un lieu simple où sa matière se placera, s'arrangera, et non une matière à placer et à arranger.

54 La musique a sept lettres, l'écriture a vingt-cinq notes.

55 J'ai de la peine à quitter Paris parce qu'il faut me séparer de mes amis ; et de la peine à quitter la campagne parce qu'alors il faut me séparer de moi.

56 Tout ce qui est exact est court.

57 Le style continu (ou la succession didactique et non interrompue des phrases et des expressions) n'est naturel qu'à l'homme qui tient la plume et qui écrit pour les ꝏ ꜣes. Tout est jet, tout est coupure, dans l'âme. Elle s'entend à demi-mot.

(Pensées)

58 [...] quand on se souvient d'un beau vers, d'un beau mot, d'une belle phrase, c'est toujours dans l'air qu'on les lit ; on les voit devant soi, les yeux semblent les lire dans l'espace. On ne les imagine point sur la feuille où ils sont collés. Au contraire un passage vulgaire ne se distingue point du livre où on l'a lu ; et c'est là que la mémoire le voit d'abord quand on le cite. J'en appelle à l'expérience.

59 Le génie est l'aptitude de voir les choses invisibles, de remuer les choses intangibles, de peindre les choses qui n'ont pas de traits.

60 Ce n'est guère que par le visage qu'on est soi. Et le corps nu d'une femme montre son sexe plus que sa personne. On ne pense plus au visage de la femme dont on voit le corps nu. Les vêtements font donc valoir le visage. La personne est proprement dans le visage ; l'espèce seule est dans le reste.

61 Quand mes amis sont borgnes, je les regarde de profil.

62 Il faut qu'il y ait plusieurs voix ensemble dans une voix pour qu'elle soit belle. Et plusieurs significations dans un mot pour qu'il soit beau.

63 Il s'exhale de tous les cris et de toutes les plaintes une vapeur, et de cette vapeur il se forme un nuage, et de ces nuages amoncelés il sort des foudres, des tempêtes, ou du moins des intempéries qui détruisent tout.

64 Pour bien écrire il faut aimer Racine, et, pour bien faire, aimer Corneille.

65 Notre véritable Homère, l'Homère des Français, qui le croirait ? c'est La Fontaine.

66 Certaines gens, quand ils entrent dans nos idées, semblent entrer dans une hutte.

Madame ROLAND 1754-1793

Mémoires, Notices historiques, juin 1793, 1er cahier

67 Le soin de me soustraire à l'injustice me coûte plus que de la subir.

68 Celui-là qui [...] compte [sa vie] pour quelque chose en révolution ne comptera jamais pour rien vertu, honneur et patrie.

69 J'aime mieux mourir que d'être témoin de la ruine de mon pays ; je m'honorerai d'être comprise parmi les glorieuses victimes immolées à la rage du crime.

70 Je gémis pour mon pays ; je regrette les erreurs d'après lesquelles je l'ai cru propre à la liberté, au bonheur ; mais j'apprécie la vie, je n'ai jamais craint que le crime, je méprise l'injustice et la mort.

71 Je trouve que la prison produit sur moi à peu près le même effet que la maladie ; je ne suis tenue aussi qu'à être là, et qu'est-ce que cela me coûte ? Ma compagnie n'est pas si mauvaise.

Mémoires, au ministre de l'Intérieur, le 8 juin 1793

72 Les factions passent, la justice seule demeure, et, de tous les défauts de l'homme en place, la faiblesse est celui qu'on lui pardonne le moins, parce qu'elle est la source des plus grands désordres, surtout dans les temps d'orage.

73 [Robespierre] me paraissait alors un honnête homme ; je lui pardonnais, en faveur des principes, son mauvais langage et son ennuyeux débit. [...] La nature l'a fait si peureux qu'il me semblait avoir doublement du courage à soutenir la bonne cause.

Mémoires, Portraits et Anecdotes, le 8 août 1793

74 [...] il est tel degré d'hypocrisie dont il n'y a plus de honte à être dupe, car il faudrait être pervers pour le soupçonner.

Mémoires, Brissot, août 1793

75 Il est fort difficile de ne point se passionner en révolution ; il est même sans exemple d'en faire aucune sans cela ; on a de grands obstacles à vaincre : on ne peut y parvenir qu'avec une activité, un dévouement qui tiennent de l'exaltation ou qui la produisent. Dès lors on saisit avidement ce qui peut servir, et l'on perd la faculté de prévoir ce qui pourra nuire.

Mémoires, Réflexions, 24 septembre 1793

76 La sottise et la peur du grand nombre font le triomphe de la scélératesse et la perte des gens de bien. La postérité rend à chacun sa place, mais c'est au temple de mémoire ; Thémistocle n'en meurt pas moins en exil, Socrate dans sa prison, et Sylla dans son lit.

Mémoires, Mes dernières pensées

77 Je sais que le règne des méchants ne peut être de longue durée ; ils survivent ordinairement à leur pouvoir et subissent presque toujours le châtiment qu'ils ont mérité.

Projet de défense au tribunal de Mme Roland
(écrit dans la nuit du 12 juin 1793)

78 Il est nécessaire que je périsse à mon tour, parce qu'il est dans les principes de la tyrannie de sacrifier ceux qu'elle a violemment opprimés et d'anéantir jusqu'aux témoins de ses excès. A ce double titre, vous me devez la mort, et je l'attends.

79 La liberté ? Elle est pour les âmes fières qui méprisent la mort et savent à propos la donner. Elle n'est pas pour ces hommes faibles qui temporisent avec le crime, en couvrant du nom de prudence leur égoïsme et leur lâcheté.

80 [...] O mes concitoyens ! vous parlerez vainement de la liberté ; vous n'aurez qu'une licence dont vous tomberez victimes chacun à votre tour ; vous demanderez du pain, on vous donnera des cadavres, et vous finirez par être asservis.

Lettres, à M. Buzot, 22 juin 1793

81 Je suis plus paisible avec ma conscience que mes oppresseurs ne le sont avec leur domination.

Lettres, à sa fille, octobre 1793

82 Tu m'as vue heureuse par le soin de remplir mes devoirs et d'être utile à ceux qui souffrent. Il n'y a que cette manière de l'être.

Charles-Maurice de TALLEYRAND-PÉRIGORD 1754-1838

Mémoires

83 Dans les temps de révolutions, on ne trouve d'habileté que dans la hardiesse, et de grandeur que dans l'exagération.

84 *Ce qui est*, presque toujours, est fort peu de choses, toutes les fois que l'on ne pense pas que *ce qui est* produit *ce qui sera*.

85 On connaît, dans les grandes cours, un autre moyen de se grandir : c'est de se courber. Les petits princes ne savent que se jeter à terre.

86 La vie intérieure seule peut remplacer toutes les chimères.

mot rapporté par Bernard de Lacombe
dans sa « Vie privée de Talleyrand »

87 Un ministère qu'on soutient est un ministère qui tombe.

Discours sur la liberté de la presse

88 Il y a quelqu'un qui a plus d'esprit que Voltaire, c'est tout le monde.

mot rapporté par Guizot dans ses « Mémoires »

89 Qui n'a pas vécu dans les années voisines de 1780 n'a pas connu le plaisir de vivre.

attribué à Talleyrand

90 Ne suivez jamais votre premier mouvement car il est bon.

91 Voilà le commencement de la fin.

Bertrand BARÈRE DE VIEUZAC 1755-1841

Rapport à la Convention, le 26 mai 1794
92 Il n'y a que les morts qui ne reviennent pas.

Anthelme BRILLAT-SAVARIN 1755-1826

Physiologie du goût, préface
93 [...] j'ai vécu assez pour savoir que chaque génération en dit autant, et que la génération suivante ne manque jamais de s'en moquer. D'ailleurs, comment les mots ne changeraient-ils pas quand les mœurs et les idées éprouvent des modifications continuelles?

Physiologie du goût, méditation II, du goût
94 Sans la participation de l'odorat, il n'y a point de dégustation complète.

95 Le plaisir de manger est le seul qui, pris avec modération, ne soit pas suivi de fatigue.

96 La gourmandise est l'apanage exclusif de l'homme.

97 [...] l'homme mange; l'homme d'esprit seul sait manger.

méditation III, de la gastronomie
98 C'est la gastronomie qui inspecte les hommes et les choses, pour transporter d'un pays à l'autre tout ce qui mérite d'être connu, et qui fait qu'un festin savamment ordonné est comme un abrégé du monde, où chaque partie figure par ses représentants.

99 Les connaissances gastronomiques sont nécessaires à tous les hommes, puisqu'elles tendent à augmenter la somme de plaisir qui leur est destinée.

100 Les repas sont devenus un moyen de gouvernement, et le sort des peuples s'est décidé dans un banquet. [...] Qu'on ouvre tous les historiens, depuis Hérodote jusqu'à nos jours, et on verra que sans même en excepter les conspirations, il ne s'est jamais passé un grand événement qui n'ait été conçu, préparé et ordonné dans les festins.

méditation IV, de l'appétit
101 De toutes les qualités du cuisinier, la plus indispensable est l'exactitude.

(Méditations IV, de l'appétit)
102 Dis-mois ce que tu manges, je te dirai ce que tu es.

méditation IX, des boissons
103 Le vin, la plus aimable des boissons [...] date de l'enfance du monde.

104 L'alcool est le monarque des liquides.

méditation XI, de la gourmandise
105 La gourmandise, quand elle est partagée, a l'influence la plus marquée sur le bonheur qu'on peut trouver dans l'union conjugale.

méditation XV
106 On devient cuisinier, mais on naît rôtisseur.

Anacharsis CLOOTS 1755-1794

Appel au genre humain, décembre 1793
107 France, tu seras heureuse lorsque tu seras guérie enfin des individus.

Jean-François COLLIN D'HARLEVILLE 1755-1806

L'Inconstant, acte I, scène 1
108 Va, va, dans sa douleur le sexe est raisonnable,
Et je n'ai jamais vu de femme inconsolable.

Les Châteaux en Espagne, acte II, scène 9
109 Trop heureux, en manquant un mauvais mariage,
D'en être quitte encor pour les frais du voyage !

Le Vieux Célibataire, acte I, scène 8
110 [...] Telle femme est charmante, entre nous,
Dont on serait fâché de devenir l'époux.

acte II, scène 2
111 Chacun est, dans ce monde, heureux à sa manière.

acte III, scène 4
112 On peut être honnête homme et fort mauvais époux.

Monsieur de Crac dans son petit castel
113 Ève a péché, pourquoi ? Parce qu'on la flatta ;
Exemple que depuis mainte femme imita.

L'Optimiste, acte I, scène 1
114 La santé peut paraître à la longue un peu fade ;
Il faut, pour la sentir, avoir été malade.

Mes souvenirs
115 Nous étions malheureux, c'était là le bon temps.

Jean-Pierre Claris de **FLORIAN** 1755-1794

Fables, livre premier
La carpe et les carpillons
116 C'est qu'on se croit toujours plus sage que sa mère [...]

Le roi et les deux bergers
117 Les loups ne craignent guère
Les pasteurs amoureux qui chantent leur bergère.

118 Tout mon secret consiste à choisir de bons chiens.

Les deux voyageurs
119 Qui ne songe qu'à soi quand sa fortune est bonne,
Dans le malheur n'a point d'amis.

Les serins et le chardonneret
120 Rien n'est vrai comme ce qu'on sent.

Le bœuf, le cheval et l'âne
121 Quoi! reprend le coursier écumant de colère,
Votre avis n'est dicté que par votre intérêt?
Eh mais! dit le Normand, par quoi donc, s'il vous plaît;
N'est-ce pas le code ordinaire?

Le vacher et le garde-chasse
122 Chacun son métier,
Les vaches seront bien gardées.

La taupe et les lapins
123 Chacun de nous connaît bien ses défauts;
En convenir, c'est autre chose:
On aime mieux souffrir de véritables maux
Que d'avouer qu'ils en sont cause.

La coquette et l'abeille
124 Que ne fait-on passer avec un peu d'encens?

L'aveugle et le paralytique
125 Notre paralytique,
Couché sur un grabat dans la place publique,
Souffrait sans être plaint: il en souffrait bien plus.

(Fables) livre deuxième
La mère, l'enfant et les sarigues

126 L'asile le plus sûr est le sein d'une mère.

Le bonhomme et le trésor

127 La nature de cent manières
Voulut nous affliger: marchons ensemble en paix;
Le chemin est assez mauvais
Sans nous jeter encor des pierres.

128 Soyons contents du nécessaire,
Sans jamais souhaiter de trésors superflus:
Il faut les redouter autant que la misère,
Comme elle ils chassent les vertus.

Le vieux arbre et le jardinier

129 Comptez sur la reconnaissance
Quand l'intérêt vous en répond.

Le singe qui montre la lanterne magique

130 Il n'avait oublié qu'un point:
C'était d'éclairer sa lanterne.

Le cheval et le poulain

131 Quiconque jouit trop est bientôt dégoûté;
Il faut au bonheur du régime.

Les deux chats

132 Le Secret de réussir,
C'est d'être adroit, non d'être utile.

Le grillon

133 Il en coûte trop cher pour briller dans le monde.
Combien je vais aimer ma retraite profonde!
Pour vivre heureux, vivons caché.

livre troisième
Les singes et le léopard

134 Ne jouons point avec les grands,
Le plus doux a toujours des griffes à la patte.

L'inondation

135 L'excès d'un très grand bien devient un mal très grand.

Le sanglier et les rossignols

136 Un homme riche, sot, et vain,
Qualités qui parfois marchent de compagnie [...]

Le dervis, la corneille et le faucon

137 Un de ces pieux solitaires
Qui, détachant leur cœur des choses d'ici-bas,
Font vœu de renoncer à des biens qu'ils n'ont pas
Pour vivre du bien de leurs frères [...]

138 Nous ne recevons l'existence
Qu'afin de travailler pour nous ou pour autrui.
De ce devoir sacré quiconque se dispense
Est puni de la Providence,
Par le besoin ou par l'ennui.

Le hibou, le chat, l'oison et le rat

139 Ainsi notre intérêt est toujours la boussole
Que suivent nos opinions.

livre quatrième
Le savant et le fermier

140 Ainsi dans l'univers tout ce que je contemple
M'avertit d'un devoir qu'il m'est doux de remplir.
Je fais souvent du bien pour avoir du plaisir [...]

L'écureuil, le chien et le renard

141 Avec de l'esprit il est souvent facile
Au piège qu'il nous tend de surprendre un trompeur.

Le philosophe et le chat-huant

142 « Que leur avez-vous fait ? » L'oiseau lui répondit :
« Rien du tout ; mon seul crime est d'y voir clair la nuit. »

Les deux paysans et le nuage

143 Rira bien qui rira le dernier.

La guenon, le singe et la noix

144 Les noix ont fort bon goût, mais il faut les ouvrir.
Souvenez-vous que, dans la vie,
Sans un peu de travail on n'a point de plaisir.

Le voyage

145 Partir avant le jour, à tâtons, sans voir goutte,
Sans songer seulement à demander sa route,
Aller de chute en chute ; et, se traînant ainsi,
Faire un tiers du chemin jusqu'à près de midi,
[...]
Courir en essuyant orages sur orages,
Vers un but incertain où l'on n'arrive pas ;
[...]
Arriver haletant, se coucher, s'endormir,
On appelle cela naître, vivre et mourir !

(Fables) livre cinquième
Le paysan et la rivière
146 Vous perdez en projets les plus beaux de vos jours :
Si vous voulez passer, jetez-vous à la nage [...]

Le prêtre de Jupiter
147 L'homme est plus cher aux dieux qu'il ne l'est à lui-même.

148 Jupiter, mieux que nous, sait bien ce qu'il nous faut.

Le petit chien
149 La Vanité nous rend aussi dupes que sots.

Le léopard et l'écureuil
150 Lorsque notre bonheur nous vient de la vertu,
La gaîté vient bientôt de notre caractère.

Le chat et les rats
151 On perd ce que l'on tient quand on veut gagner tout.

épilogue
152 Assez de bien pour en donner,
Et pas assez pour faire envie.

Plaisir d'amour, Célestine
153 Plaisir d'amour ne dure qu'un moment,
Chagrin d'amour dure toute la vie.

Maximin ISNARD 1755-1825

Assemblée nationale, 29 novembre 1791
154 Un peuple en état de révolution est invincible.

Joseph Dominique baron LOUIS 1755-1837

Cité par Guizot dans ses Mémoires pour servir à l'histoire de mon temps, tome I
155 Faites-moi de bonne politique, je vous ferai de bonnes finances.

LOUIS XVIII 1755-1824

Cité dans les souvenirs du banquier J. Laffitte
156 L'exactitude est la politesse des rois.

Aux élèves de l'école de Saint-Cyr, le 8 août 1819
157 Rappelez-vous qu'il n'est aucun de vous qui n'ait dans sa giberne le bâton de maréchal [...]

Augustin de PIIS 1755-1832

L'Harmonie imitative de la langue française, chant premier
158 Souvent l'idée a l'air de devancer les signes,
Tant on peut énoncer de choses dans deux lignes !

159 On s'éveille, on se lève, on s'habille et l'on sort ;
On rentre, on dîne, on soupe, on se couche et l'on dort.

160 A l'aspect du Très-Haut sitôt qu'Adam parla,
Ce fut apparemment l'A qu'il articula.

161 Par l'I précipité le rire se trahit,
Et par l'I prolongé l'infortune gémit.

162 L'M aime à murmurer, l'N à nier s'obstine ;
L'N est propre à narguer, l'M est souvent mutine.

chant quatrième
163 Mais quel ruisseau jamais coula sans murmurer !
Et telle est des plaisirs la source trop légère !
Si tout mortel y boit, nul ne s'y désaltère.

Le « Sic vos non vobis » des antiquaires, Épigrammes
164 Ah ! que de sots courbés, dans le champ de l'histoire,
Pour une date, hélas, le retournent en vain !
[...]
Le troupeau muselé grogne, fouille et déterre.
En voulez-vous, des faits, des dates ? En voilà.
Mais un littérateur vient à passer par là ;
Il ramasse les fruits, les cueille et les digère.

Pierre Jean Georges CABANIS 1757-1808

Rapports du physique et du moral de l'homme, préface
165 L'étude de l'homme physique est également intéressante pour le médecin et pour le moraliste : elle est presque également nécessaire à tous les deux.

166 Les chocs révolutionnaires ne sont point, comme quelques personnes semblent le croire, occasionnés par le libre développement des idées : ils ont toujours, au contraire, été le produit inévitable des vains obstacles qu'on lui oppose imprudemment ; du défaut d'accord entre la marche des affaires et celle de l'opinion, entre les institutions sociales et l'état des esprits.

Rapports du physique et du moral de l'homme
Premier mémoire, introduction

167 C'est sans doute, citoyens, une belle et grande idée que celle qui considère toutes les sciences et tous les arts comme formant un ensemble, un tout indivisible, ou comme les rameaux d'un même tronc, unis par une origine commune, plus étroitement unis encore par le fruit qu'ils sont tous également destinés à produire, le perfectionnement et le bonheur de l'homme.

168 La physiologie, l'analyse des idées et la morale, ne sont que les trois branches d'une seule et même science, qui peut s'appeler, à juste titre, *la science de l'homme*.

Premier mémoire, § III

169 Sans la sensibilité, nous ne serions point avertis de la présence des objets extérieurs, nous n'aurions même aucun moyen d'apercevoir notre propre existence, ou plutôt nous n'existerions pas.

Deuxième mémoire, § II

170 Sujet à l'action de tous les corps de la nature, l'homme trouve à la fois, dans les impressions qu'ils font sur ses organes, la source de ses connaissances et les causes mêmes qui le font vivre; car vivre c'est sentir; et dans cet admirable enchaînement des phénomènes qui constituent son existence, chaque *besoin* tient au développement de quelque *faculté;* chaque faculté, par son développement même, satisfait à quelque besoin; et les facultés s'accroissent par l'exercice, comme les besoins s'étendent avec facilité de les satisfaire.

§ IV

171 Les organes de la génération, par exemple, sont très souvent le siège véritable de la folie.

Troisième mémoire, § II

172 Les gens de lettres, les penseurs, les artistes, en un mot tous les hommes dont les nerfs et le cerveau reçoivent beaucoup d'impressions ou combinent beaucoup d'idées, sont très sujets à des pertes nocturnes, très énervantes pour eux.

Quatrième mémoire, conclusion

173 Il [Bacon] regardait l'art de rendre la mort douce — c'est ce qu'il appelle l'*euthanasie* — comme le complément de celui d'en retarder l'époque.

Cinquième mémoire, § IX

174 En un mot, la nature des choses et l'expérience prouvent également que, si la faiblesse des muscles de la femme lui défend de descendre dans le gymnase et dans l'hippodrome, les qualités de son esprit et le rôle qu'elle doit jouer dans la vie lui défendent plus impérieusement encore peut-être de se donner en spectacle dans le lycée ou dans le portique.

Emmanuel Carbon de FLINS DES OLIVIERS 1757-1806

Vers sur l'attentat commis le 3 nivôse an IX
contre le Premier Consul

175 Le sort de Bonaparte est d'effacer vos crimes
Par sa gloire et par ses bienfaits.

Louis de FONTANES 1757-1821

La Forêt de Navarre

176 J'ai des fables du Pinde abjuré la chimère,
Et Buffon me tient lieu de Virgile et d'Homère...

Traduction de l'Essai sur l'homme de Pope, Épître IV

177 Le moine aime son froc, et le roi sa couronne.
La couronne et le froc! quel destin différent!

Maximilien de ROBESPIERRE 1758-1794

Aux Jacobins, 2 janvier 1792

178 Je suis du peuple, je n'ai jamais été que cela, je ne veux être que cela ; je méprise quiconque a la prétention d'être quelque chose de plus.

Lettre à ses commettants, n° 1, 30 septembre 1792

179 La royauté est anéantie, la noblesse et le clergé ont disparu, le règne de l'égalité commence.

Aux Jacobins, 28 octobre 1792

180 Nous sommes les sans-culottes et la canaille.

181 Observez ce penchant éternel à lier l'idée de sédition et de brigandage avec celle de peuple et de pauvreté.

À l'Assemblée nationale, 5 novembre 1792

182 Citoyens, vouliez-vous une révolution sans révolution ?

Projet de déclaration des droits de l'homme
(Jacobins), 21 avril 1793

183 Toute institution qui ne suppose pas que le peuple est bon, et le magistrat corruptible, est vicieuse.

À la Convention nationale, 25 décembre 1793

184 La révolution est la guerre de la liberté contre ses ennemis, la constitution est le régime de la liberté victorieuse et paisible.

10 juillet 1794

185 Quand le gouvernement viole les droits du peuple, l'insurrection est pour le peuple le plus sacré et le plus indispensable des devoirs.

26 juillet 1794

186 Je suis fait pour combattre le crime, non pour le gouverner.

187 Peuple, souviens-toi que si dans la République la justice ne règne pas avec un empire absolu, la liberté n'est qu'un vain nom !

François ANDRIEUX 1759-1833

Contes en vers, Le meunier sans-souci

188 Hélas ! est-ce une loi sur notre pauvre terre
Que toujours deux voisins auront entre eux la guerre ?
Que la soif d'envahir et d'étendre ses droits
Tourmentera toujours les meuniers et les rois ?

189 « Il vous faut » est fort bon ; mon moulin est à moi,
Tout aussi bien au moins que la Prusse est au roi.

190 Les rois malaisément souffrent qu'on leur résiste.

191 Oui, si nous n'avions pas des juges à Berlin.

192 Il mit l'Europe en feu. Ce sont là jeux de prince ;
On respecte un moulin, on vole une province.

Molière avec ses amis ou la Soirée d'Auteuil

193 De la gloire d'autrui ce qu'on pourrait ôter,
A la sienne jamais on ne peut l'ajouter.

Le Rêve du mari, acte I, scène 1

194 On ne devrait jamais se quitter quand on s'aime.

Georges Jacques DANTON 1759-1794

Convention nationale, 2 septembre 1792

195 Le tocsin qu'on va sonner n'est point un signal d'alarme, c'est la charge contre les ennemis de la patrie. Pour les vaincre, il nous faut de l'audace, encore de l'audace, toujours de l'audace, et la France est sauvée.

22 septembre 1792

196 Que la loi soit terrible et tout rentrera dans l'ordre.

4 octobre 1792

197 Que la pique du peuple brise le sceptre des rois.

30 mars 1794

198 On n'emporte pas la patrie à la semelle de ses souliers.

Au bourreau

199 Tu montreras ma tête au peuple, elle en vaut bien la peine.

Joseph FOUCHÉ 1759-1820

Mémoires, première partie, chap. 1

200 Beaucoup se sont trompés, il y a peu de coupables.

201 En politique, l'atrocité aurait-elle aussi parfois son point de vue salutaire ?

chap. 5

202 Comment se flatter de gouverner et de réformer l'État avec la licence de la presse !

deuxième partie, chap. 1

203 Pourtant, il n'est que trop vrai, elles sont incurables les plaies de l'ambition.

chap. 13

204 Je crois résumer ma vie en déclarant que j'ai voulu vaincre pour la Révolution et que la Révolution a été vaincue dans moi.

Marie-Jean HÉRAULT DE SÉCHELLES 1759-1794

Visite à Buffon

205 Monsieur de Buffon me dit à ce sujet un mot bien frappant, un de ces mots capables de produire un homme tout entier : « Le génie n'est plus qu'une grande aptitude à la patience. »

(Visite à Buffon)

206 « Le style est l'homme même, me répétait-il [Buffon] souvent, les poètes n'ont pas de style parce qu'ils sont gênés par la mesure du vers qui fait d'eux des esclaves ; aussi quand on vante devant moi un homme, je dis toujours : voyons ses papiers. »

207 Un grand plan et un grand but laissent du bonheur dans l'âme, chaque jour qu'on se met à l'œuvre.

208 La plupart des hommes manquent de génie, parce qu'ils n'ont pas la force ni la patience de prendre les choses haut ; ils partent de trop bas, et cependant tout doit se trouver dans les origines.

Codicille politique et pratique d'un jeune habitant d'Épone
chap. 1, XI

209 Il ne m'est ni utile, ni possible de trouver *le pourquoi* des phénomènes ; ce qui m'importe, c'est de savoir qu'après tel mouvement j'aurai tel autre : le cercle vicieux est donc le meilleur de tous les raisonnements.

chap. 2, XVI

210 On ne fait les grands progrès qu'à l'époque où l'on devient mélancolique, qu'à l'heure où, mécontent du monde réel, on est forcé de s'en faire un plus supportable.

XXII

211 Le génie est plus libre dans un habit flottant.

chap. 5, XXI

212 Tel tissu de la peau ; tel tissu des opinions et du style.

chap. 6, IX

213 Où la femme domine seule, il n'y a point d'ordre moral ; où l'homme règne seul, il n'y a point d'ordre physique.

Réflexions sur la déclamation

214 Apprendre *par cœur* ; ce mot me plaît. Il n'y a guère en effet que le cœur qui retienne bien, et qui retienne vite.

Pensées et anecdotes

215 Quel est le père de la gloire ? Le génie. Quelle est la mère du génie ? La solitude.

216 Les sentiments produisent le courage actif, et la philosophie, le courage passif.

Circulaire du Comité de Salut public (à Carrier)
29 septembre 1793

217 Nous aurons le temps d'être humains lorsque nous serons vainqueurs.

Robert PONS DE VERDUN 1759-1844

Le Bibliomane

218 C'est elle... Dieux, que je suis aise !
Oui... c'est... la bonne édition;
Voilà bien, pages neuf et seize,
Les deux fautes d'impression
Qui ne sont pas dans la mauvaise.

L'Amour paternel

219 Pour trouver beaux des enfants qui sont laids,
Pour trouver bons des vers qui sont mauvais,
Il n'est rien tel que de les avoir faits.

Le Finaud

220 De m'avoir confessé ne te vante pas tant ;
Tel se croit confesseur qui n'est que pénitent.

Quatrain

221 Entre l'esprit et le génie,
Malgré ce qu'ils ont de pareil,
La différence est infinie :
Un éclair n'est pas le soleil.

Gracchus BABEUF 1760-1797

La Tribune du Peuple, n° 35, 30 novembre 1795

222 Peuple ! réveille-toi à l'Espérance.

223 Que ces mots : égalité, égaux, plébéianisme, soient les mots de ralliement de tous les amis du peuple.

n° 37, 21 décembre 1795

224 La propriété est odieuse dans son principe et meurtrière dans ses effets.

Charles Albert de MOUSTIER 1760-1801

Le Conciliateur, acte II, scène 12

225 L'esprit est d'en donner à ceux qui n'en ont pas.

Camille DESMOULINS 1760-1794

La France libre, chap. 2

226 La volonté d'une nation est la loi. C'est à elle seule qu'il sied de dire : *Car tel est notre plaisir.*

chap. 3

227 C'est bien la moindre chose que ceux qui peuvent faire un Dieu puissent faire un enfant.

chap. 4

228 Montrons que nous sommes des hommes, et non pas des chiens ou des chevaux.

Convention nationale, décembre 1792

229 C'est un crime d'être roi.

Jacobins, 15 décembre 1792

230 Le véritable patriote ne connaît point les personnes, il ne connaît que les principes.

Le Vieux Cordelier, n° 4, 20 décembre 1793

231 La clémence est aussi une mesure révolutionnaire.

n° 7

232 Ayez la liberté de la presse à Moscou et demain Moscou sera une République.

1794

233 J'ai l'âge du sans-culotte Jésus ; c'est-à-dire 33 ans, âge fatal aux révolutionnaires.

Aux Jacobins, 7 janvier 1794

234 Brûler n'est pas répondre.

Jean-Baptiste LOUVET 1760-1797

Les Amours du chevalier de Faublas
préface de la Fin des amours

235 Un romancier ne doit-il pas être l'historien fidèle de son âge ? Peut-il peindre autre chose que ce qu'il a vu ? O vous tous qui criez si fort, changez vos mœurs, je changerai mes tableaux !

236 [...] il n'y a point de naturel sans négligences, principalement dans le dialogue.

237 C'est, ce me semble, où le personnage va parler, que l'auteur doit cesser d'écrire.

Une année de la vie du chevalier de Faublas, tome I

238 [...] l'espérance entra dans mon cœur ; il me parut très possible qu'en fait de tendresse, la philosophie radotât, et que les romans seuls eussent raison.

239 Une femme est bien malheureuse [...] dès qu'elle aime quelqu'un, son mari n'est plus qu'un sot.

tome II

240 Un malheureux qui est à jeun, ne raisonne pas du tout comme un malheureux qui vient de faire un bon repas.

241 [...] lorsqu'il le fallait, eh bien! ma Sophie, notre littérature qui avait fait le mal, était là pour le réparer. J'allais demander à d'autres écrivains le bienfaisant sommeil; et c'était de mes contemporains, je dois le dire à leur gloire: oui c'était de mes contemporains que j'obtenais ordinairement les plus violents narcotiques.

242 [...] Justine enfin me prodiguait les attentions fines et recherchées, les petits soins délicats, toutes ces caresses empressées dont vous accable toujours une femme qui vous trompe ou qui va vous tromper.

243 Ce que vous appelez une conjecture, n'est jamais qu'une incertitude, surtout quand il y va de l'honneur, je ne dis pas d'un noble, mais d'un citoyen, d'un homme quel qu'il soit.

Six semaines de la vie du chevalier de Faublas

244 Le meilleur médecin est celui qui, connaissant vos passions, sait les flatter quand il ne peut les guérir.

245 Par un de ses décrets immuables et bienfaisants, la nature a voulu que la crédulité naquît de l'infortune. Rarement l'espérance abandonne un mortel malheureux, et plus ses maux sont grands, plus aisément on lui persuade qu'ils vont bientôt finir.

Claude Joseph ROUGET DE LISLE 1760-1836

La Marseillaise

246 Allons, enfants de la Patrie,
Le jour de gloire est arrivé!

247 Aux armes, citoyens! Formez vos bataillons:
Marchez, qu'un sang impur abreuve nos sillons.

248 Amour sacré de la Patrie,
Conduis, soutiens nos bras vengeurs.
Liberté, liberté chérie,
Combats avec tes défenseurs!

249 Nous entrerons dans la carrière
Quand nos aînés n'y seront plus.

> Hymne dithyrambique, sur la conjuration de Robespierre
> et la révolution du 9 thermidor

250 Le jour, ils maudissaient les rois,
Leurs entreprises sacrilèges;
Et la nuit, ils creusaient les pièges,
Tombeaux du PEUPLE et de ses droits!...

251 O France! à tes destins DIEU lui-même a veillé!

> L'Homme reconnaissant à Dieu
> hymne imité de l'anglais d'Adisson

252 O Dieu! pour célébrer ta clémence immortelle,
C'est encore trop peu que de l'éternité.

Claude-Henri de Rouvroy, comte de SAINT-SIMON 1760-1825

> Lettre au Bureau des longitudes

253 Une des expériences les plus importantes à faire sur l'homme, consiste à l'établir dans de nouvelles conditions sociales.

254 L'homme qui se livre à des recherches de haute philosophie, peut et doit même, pendant le cours de sa vie expérimentale, faire beaucoup d'actions marquées au coin de la folie.

> Introduction aux travaux scientifiques du XIXᵉ siècle

255 Le militaire avec le sabre, le diplomate avec ses ruses, le géomètre avec le compas, le chimiste avec les cornues, le physiologiste avec le scalpel, le héros par ses actions, le philosophe par ses combinaisons, s'efforcent de parvenir au commandement, ils escaladent par différents côtés le plateau au sommet duquel se trouve l'être fantastique qui commande à toute la nature, et que chaque homme fortement organisé tend à remplacer.

> L'Industrie

256 Le XVIIIᵉ siècle n'a fait que détruire; nous ne continuerons point son ouvrage.

257 La société tout entière repose sur l'industrie.

258 Il y a des révolutions qui ne sont d'abord que particulières et nationales; il y a des révolutions partielles et qui portent seulement sur quelqu'une des institutions sociales. Ces révolutions successives concourent à déterminer plus tard une révolution générale.

L'Organisateur

259 Admettons que la France conserve tous les hommes de génie qu'elle possède dans les sciences, dans les beaux-arts, et dans les arts et métiers, mais qu'elle ait le malheur de perdre le même jour Monsieur, frère du Roi, Monseigneur le duc d'Angoulême, Monseigneur le duc de Berry, Monseigneur le duc d'Orléans, Monseigneur le duc de Bourbon, Madame la duchesse d'Angoulême, Madame la duchesse de Berry, Madame la duchesse d'Orléans, Madame la duchesse de Bourbon, et Mademoiselle de Condé.

Qu'elle perde en même temps tous les grands officiers de la couronne, tous les ministres d'État (avec ou sans département), tous les conseillers d'État, tous les maîtres de requêtes, tous ses maréchaux, tous ses cardinaux, archevêques, évêques, grands-vicaires et chanoines, tous les préfets et les sous-préfets, tous les employés dans les ministères, tous les juges, et, en sus de cela, les dix mille propriétaires les plus riches parmi ceux qui vivent noblement.

Cet accident affligerait certainement les Français, parce qu'ils sont bons, parce qu'ils ne sauraient voir avec indifférence la disparition subite d'un aussi grand nombre de leurs compatriotes. Mais cette perte des trente mille individus, réputés les plus importants de l'État, ne leur causerait de chagrin que sous un rapport purement sentimental, car il n'en résulterait aucun mal politique pour l'État.

260 La capacité industrielle ou des arts et métiers est ce qui doit se substituer au pouvoir féodal ou militaire.

Du système industriel

261 La société ne vit point d'idées négatives, mais d'idées positives.

262 Les nations, de même que les individus, ne peuvent vivre que de deux manières, savoir : *en volant ou en produisant.*

263 La France est devenue une grande manufacture, et la nation française un grand atelier. Cette manufacture générale doit être dirigée de la même manière que les fabriques particulières.

264 La lutte politique existante depuis le commencement de la révolution n'a point encore pris son véritable caractère, et telle est la cause fondamentale de toutes les inquiétudes qu'éprouvent les rois et les peuples.

Catéchisme des industriels

265 Les savants rendent des services très importants à la classe industrielle ; mais ils reçoivent d'elle des services bien plus importants encore ; ils en reçoivent l'*existence*.

Le Nouveau Christianisme

266 Il est une science bien plus importante pour la société que les connaissances physiques ou mathématiques : c'est la science qui constitue la société, c'est celle qui lui sert de base, c'est la morale.

La Classe des prolétaires

267 Le licenciement de l'armée est donc la première mesure à prendre pour contenter le peuple, pour le rendre heureux et pour ne pas se trouver exposé aux effets de son mécontentement.

Mémoire sur la science de l'homme

268 L'histoire est, dit-on, le bréviaire des rois ; à la manière dont les rois gouvernent, on voit bien que leur bréviaire ne vaut rien [...]

Réorganisation de la société européenne

269 L'Europe aurait la meilleure organisation possible si toutes les nations qu'elle renferme [...] reconnaissaient la suprématie d'un parlement général placé au-dessus de tous les gouvernements nationaux et investi du pouvoir de juger leurs différends.

Antoine BARNAVE 1761-1793

Aux Jacobins, 21 juin 1791

270 La Constitution, voilà notre guide : l'Assemblée nationale, voilà notre point de ralliement.

André CHÉNIER 1762-1794

Le Jeu de Paume, XV

271 Trop de désirs naissent de trop de force.

272 L'obstacle nous fait grands [...]

XVII

273 O peuple souverain ! A votre oreille admis,
Cent orateurs bourreaux se nomment vos amis.

Bucoliques
IV, L'aveugle

274 Les destins n'ont jamais de faveurs qui soient pures.

275 Qu'aimable est la vertu que la grâce environne !

276 Car jusques à la mort nous espérons toujours.

277 Et les riches, grossiers, avares, insolents,
N'ont pas une âme ouverte à sentir les talents.

VII, Le mendiant

278 Souviens-toi, jeune enfant, que le ciel quelquefois
Venge les opprimés sur la tête des rois.

279 Crains de laisser périr l'étranger en détresse :
    L'étranger qui supplie est envoyé des dieux.

280 La faim qui flétrit l'âme autant que le visage [...]

281 Le ciel d'un jour à l'autre est humide ou serein,
    Et tel pleure aujourd'hui qui sourira demain.

VIII, L'esclave

282 Et ceux-là sont heureux et sont dignes d'envie
    Qui pleurent seulement la moitié de leur vie.

XV, Damalis, A

283 Qui prévient le moment l'empêche d'arriver.

XXI, La jeune Tarentine

284 Pleurez, doux alcyons! ô vous, oiseaux sacrés,
    Oiseaux chers à Thétis, doux alcyons, pleurez!
    Elle a vécu, Myrto, la jeune Tarentine!
    Un vaisseau la portait aux bords de Camarine.

285 Elle est au sein des flots, la jeune Tarentine!
    Son beau corps a roulé sous la vague marine.

Élégies, VI

286 Peut-être errant au loin, sous de nouveaux climats,
    Je vais chercher la mort, qui ne me cherchait pas.

VII

287 Aujourd'hui qu'au tombeau je suis prêt à descendre,
    Mes amis, dans vos mains je dépose ma cendre.

288 Eh! qui peut sans horreur, à ses heures dernières,
    Se voir au loin périr dans des mémoires chères?
    L'espoir que des amis pleureront notre sort
    Charme l'instant suprême et console la mort.

289 Je meurs. Avant le soir j'ai fini ma journée.
    A peine ouverte au jour, ma rose s'est fanée.
    La vie eut bien pour moi de volages douceurs;
    Je les goûtais à peine, et voilà que je meurs.

IX, à la Seine

290 De ses pensers errants vive et rapide image,
    Chaque chanson nouvelle a son nouveau langage,
    Et des rêves nouveaux un nouveau sentiment:
    Tous sont divers et tous furent vrais un moment.

(Élégies) X, au chevalier de Pange
291 L'Amour aime les champs, et les champs l'ont vu naître.

292 Les muses et l'amour ont les mêmes retraites.
L'astre qui fait aimer est l'astre des poètes.

XIV

293 Là, je veux, ignorant le monde et ses travaux,
Loin du superbe ennui que l'éclat environne,
Vivre comme jadis, aux champs de Babylone […]

294 Errer, un livre en main, de bocage en bocage ;
Savourer sans remords, sans crainte, sans désirs,
Une paix dont nul bien n'égale les plaisirs.

XVIII

295 […] Penses-tu qu'il ait perdu ses jours
Celui qui, se livrant à ses chères amours,
Recueilli dans sa joie, eut pour toute science
De jouir en secret, fut heureux en silence ?

XXI

296 L'art, des transports de l'âme est un faible interprète :
L'art ne fait que des vers ; le cœur seul est poète.

XXII

297 […] Ah ! qu'un cœur est à plaindre
De s'être à son amour longtemps accoutumé,
Quand il faut n'aimer plus ce qu'on a tant aimé !

XXV

298 Hâtons-nous, l'heure fuit. Hâtons-nous de saisir
L'instant, le seul instant donné pour le plaisir.

299 Cependant jouissons ; l'âge nous y convie.
Avant de la quitter, il faut user la vie.
Le moment d'être sage est voisin du tombeau.

300 Ah ! que ceux qui, plaignant l'amoureuse souffrance,
N'ont connu qu'une oisive et morne indifférence,
En bonheur, en plaisir pensent m'avoir vaincu :
Ils n'ont fait qu'exister, l'amant seul a vécu.

XXVII

301 Souffre un moment encor ; tout n'est que changement ;
L'axe tourne, mon cœur ; souffre encor un moment.

XXXII

302 Ainsi, que mes écrits, enfants de ma jeunesse,
    Soient un code d'amour, de plaisir, de tendresse.

XXXIV, à Le Brun

303 L'Amour seul dans mon âme a créé le génie ;
    L'Amour est seul arbitre et seul dieu de ma vie.

Fragments d'élégies, XLI

304 Car c'est là qu'une Grecque en son jeune printemps,
    Belle, au lit d'un époux nourrisson de la France,
    Me fit naître Français dans le sein de Byzance.

Épîtres, III

305 [...] De mes écrits en foule
    Je prépare longtemps et la forme et le moule ;
    Puis, sur tous à la fois je fais couler l'airain :
    Rien n'est fait aujourd'hui, tout sera fait demain.

306 Le critique imprudent, qui se croit bien habile,
    Donnera sur ma joue un soufflet à Virgile.

IV, au chevalier de Pange

307 Trahir la vérité pour avoir le repos,
    Et feindre d'être un sot pour vivre avec les sots.

Poèmes, I, L'invention

308 Un langage sonore, aux douceurs souveraines,
    Le plus beau qui soit né sur des lèvres humaines !

309 Changeons en notre miel leurs plus antiques fleurs ;
    Pour peindre notre idée empruntons leurs couleurs ;
    Allumons nos flambeaux à leurs feux poétiques ;
    Sur des pensers nouveaux faisons des vers antiques.

310 Travaille. Un grand exemple est un puissant témoin.
    Montre ce qu'on peut faire en le faisant toi-même.

fragment XVIII, épilogue

311 Mais la vérité seule est une, est éternelle.
    Le mensonge varie ; et l'homme, trop fidèle,
    Change avec lui : pour lui les humains sont constants [...]

V, L'art d'aimer, fragment VI

312 Votre bouche dit non ; votre voix et vos yeux
    Disent un mot plus doux, et le disent bien mieux.

La poésie, fragment III

313 Nul n'est juge des arts que l'artiste lui-même.
L'étranger n'entre point dans leurs secrets jaloux.

Poésies diverses, IX, Le rat de ville et le rat des champs
(traduit d'Horace)

314 L'heure s'écoule, ami; tout fuit, la mort s'avance:
Les grands ni les petits n'échappent à ses lois;
Jouis, et te souviens qu'on ne vit qu'une fois.

XVII, Le poète

315 Il regagne à grands pas son asile et l'étude:
Il y trouve la paix, la douce solitude,
Ses livres, et sa plume au bec noir et malin,
Et la sage folie, et le rire à l'œil fin.

Odes, X

316 Ramper est des humains l'ambition commune.
[...]
Voir fatigue leurs yeux; juger les importune [...]

317 Teint du sang des vaincus, tout glaive est innocent.

XI, à Charlotte Corday

318 [...] Tout puissant qu'est le crime,
Qui renonce à la vie est plus puissant que lui.

XV, La jeune captive

319 L'épi naissant mûrit de la faux respecté.
Sans crainte du pressoir, le pampre tout l'été
Boit les doux présents de l'aurore.
Et moi, comme lui belle, et jeune comme lui,
[...]
Je ne veux point mourir encore.

320 Qu'un stoïque aux yeux secs vole embrasser la mort,
Moi je pleure et j'espère.

321 S'il est des jours amers, il en est de si doux!
Hélas! quel miel jamais n'a laissé de dégoûts?
Quelle mer n'a point de tempête?

322 Ma bienvenue au jour me rit dans tous les yeux.

323 Au banquet de la vie à peine commencé,
Un instant seulement mes lèvres ont préssé
La coupe en mes mains encor pleine.

324 Je n'ai vu luire encor que les feux du matin,
Je veux achever ma journée.

325 O mort! Tu peux attendre ; éloigne, éloigne-toi,
Va consoler les cœurs que la honte, l'effroi,
Le pâle désespoir dévore.

Iambes, VII

326 L'infâme, après tout, mange et dort.

VIII

327 Mais tout est précipice. Ils ont eu droit de vivre.
Vivez, amis ; vivez contents.

IX

328 Comme un dernier rayon, comme un dernier zéphire
Animent la fin d'un beau jour,
Au pied de l'échafaud, j'essaye encor ma lyre.

329 Le messager de mort, noir recruteur des ombres [...]

330 Mourir sans vider mon carquois !
Sans percer, sans fouler, sans pétrir dans leur fange
Ces bourreaux barbouilleurs de lois !

331 Souffre, ô cœur gros de haine, affamé de justice.
Toi, vertu, pleure si je meurs.

dernières paroles d'André Chénier, au pied de l'échafaud
le 25 juillet 1794

332 Pourtant j'avais quelque chose là.

Théodore DESORGUES 1763-1808

Hymne à l'Être suprême

333 Dissipe nos erreurs, rends-nous bons, rends-nous justes,
Règne, règne, au-delà du tout illimité ;
Enchaîne la nature à tes décrets augustes,
Laisse à l'homme la liberté.

Xavier de MAISTRE 1763-1852

Voyage autour de ma chambre
chap. 1

334 Dans l'immense famille des hommes qui fourmillent sur la surface de la terre, il n'en est pas un seul ; — non, pas un seul (j'entends de ceux qui habitent des chambres) qui puisse, après avoir lu ce livre, refuser son approbation à la nouvelle manière de voyager que j'introduis dans le monde.

(Voyage autour de ma chambre) chap. 5

335 Un lit nous voit naître et nous voit mourir ; c'est le théâtre variable où le genre humain joue tour à tour des drames intéressants, des farces risibles et des tragédies épouvantables. — C'est un berceau garni de fleurs ; — c'est le trône de l'Amour ; — c'est un sépulcre.

chap. 6

336 Le grand art d'un homme de génie est de savoir bien élever sa bête, afin qu'elle puisse aller seule, tandis que l'âme, délivrée de cette pénible accointance, peut s'élever jusqu'au ciel.

chap. 21

337 La mort d'un homme sensible qui expire au milieu de ses amis désolés, et celle d'un papillon que l'air froid du matin fait périr dans le calice d'une fleur, sont deux époques semblables dans le cours de la nature ; l'homme n'est rien qu'un fantôme, une ombre, une vapeur qui se dissipe dans les airs.

chap. 27

338 En vain les glaces se multiplient autour de nous, et réfléchissent avec une exactitude géométrique la lumière et la vérité ; au moment où les rayons vont pénétrer dans notre œil, et nous peindre tels que nous sommes, l'amour-propre glisse son prisme trompeur entre nous et notre image, et nous présente une divinité.

Expédition nocturne autour de ma chambre
chap. 1

339 Malheur à celui qui ne peut être seul un jour de sa vie sans éprouver le tourment de l'ennui, et qui préfère, s'il le faut, converser avec des sots plutôt qu'avec lui-même !

chap. 14

340 Si le firmament était toujours voilé pour nous, si le spectacle qu'il nous offre dépendait d'un entrepreneur, les premières loges sur les toits seraient hors de prix, et les dames de Turin s'arracheraient ma lucarne.

chap. 37

341 Les souvenirs du bonheur passé sont les rides de l'âme !

342 A force d'être malheureux on finit par devenir ridicule.

Pierre ROYER-COLLARD 1763-1845

Fragments de leçons, publiés par Th. Jouffroy
dans les Œuvres complètes de Thomas Reid (tome III)
fragments historiques, IV

343 C'est Descartes qui, en concentrant toute certitude dans le fait intérieur de la conscience, a mis la philosophie dans la nécessité de démontrer l'existence du monde matériel ; il a tenté le premier de franchir l'abîme qu'il avait ouvert entre le dedans et le dehors.

fragments théoriques, I

344 La philosophie de l'esprit humain est une science de faits ; les leçons, les livres peuvent diriger votre attention, vous aider à classer et à retenir ceux que vous observez ; mais ils ne tiennent pas lieu de l'observation.

(tome IV), Fragments théoriques, X, 2

345 La limite du possible et de l'impossible n'est point placée dans l'enceinte de mes facultés.

346 Il n'y a point de génération de l'activité ; loin de là, l'activité, ou ce qui est la même chose, la volonté est le seul principe générateur qui se rencontre dans la nature humaine.

X, 4

347 D'où vient que la même heure paraît à la fois si longue et si courte à deux êtres à qui la nature l'a délivrée comme une quantité absolue ?

348 C'est donc un fait que la morale publique et privée, que l'ordre des sociétés et le bonheur des individus sont engagés dans le débat de la vraie et de la fausse philosophie sur la réalité de la connaissance.

Rapporté par Vigny, « Journal d'un poète »

349 Je suis dans un âge où l'on ne lit plus, mais où l'on relit les anciens ouvrages.

Discours à la Chambre des députés, 1822

350 Je conviens que la démocratie coule à pleins bords dans la France, telle que les siècles et les événements l'ont faite.

Marie-Joseph de CHÉNIER 1764-1811

Essai sur les principes des arts

351 Quelques gens semblent croire aux poèmes en prose :
Ils ont tort, et le mot ne change point la chose.
A quoi bon, mes amis, défigurer vos pas ?
Vous marchez mal, d'accord ; mais vous ne dansez pas.

Essai sur la satire

352 Je réclame leur haine, et non pas leurs suffrages ;
Je leur demande encor d'honorables outrages.

Discours en vers, Sur la calomnie

353 Ils dînent du mensonge, et soupent du scandale.

354 Mentir est le talent de ceux qui n'en ont pas ;
Nuire est la liberté qui convient aux esclaves.

Discours en vers, Sur les entraves données à la littérature

355 De la vérité seule espérant quelque appui,
Les yeux sur l'avenir, écrivez devant lui.

Discours en vers, Sur l'intérêt personnel

356 Tout cherche son bien-être, et chacun vit pour soi :
Des êtres animés c'est l'immuable loi ;
Dans les airs, sous les eaux, ainsi que sur la terre,
L'intérêt fait l'amour, l'intérêt fait la guerre.

357 Sur aucun monument leur nom n'est établi ;
Comme on brigue l'éclat, ils ont brigué l'oubli ;
Et, par un vol sublime échappant à l'histoire,
Les plus hautes vertus sont des vertus sans gloire.

Épîtres, à Voltaire, 1806

358 Eh ! qui ne connaît point la gravité des sots ?

359 Aux accents prolongés de l'airain monotone,
S'éveillant en sursaut, la pesante Sorbonne
Redemande ses bancs, à l'ennui consacrés,
Et les arguments faux de ses docteurs fourrés.

360 Trois mille ans ont passé sur la cendre d'Homère ;
Et depuis trois mille ans Homère respecté
Est jeune encor de gloire et d'immortalité.

La Lettre de cachet, conte

361 [...] Femmes de Paris
Savent tromper, mais servir leurs maris.

Épigrammes, VII, Sur un député gascon

362 Narguant seul la publique inconstance,
Depuis neuf ans, grâce à ma conscience,
Je suis toujours dans la majorité.

Le Chant du départ
363 La victoire en chantant nous ouvre la carrière.
La liberté guide nos pas.

364 La République nous appelle ;
Sachons vaincre, ou sachons périr :
Un Français doit vivre pour elle ;
Pour elle un Français doit mourir.

365 Qui meurt pour le peuple a vécu.

Hymne du 9 thermidor
366 Première déité, des lois source immortelle,
Toi, qu'on adorait même avant la liberté,
Toi, mère des vertus, véritable Cybèle,
Touchante et sainte Humanité !

367 Un cœur qui sait haïr est toujours criminel.

La Promenade, élégie
368 Un Corse a des Français dévoré l'héritage !

369 Aujourd'hui dans un homme un peuple est tout entier !
Tel est le fruit amer des discordes civiles.

370 Les Français de leurs droits ne sont-ils plus jaloux
[...]
Vains cris ! plus de sénat ; la république expire ;
Sous un nouveau Cromwell naît un nouvel empire.

Gabriel LEGOUVÉ 1764-1812

Le Mérite des femmes
371 Et si la voix du sang n'est pas une chimère,
Tombe aux pieds de ce sexe à qui tu dois ta mère.

La Mélancolie
372 Je noircis mes pinceaux du deuil de l'univers.

La Mort d'Abel
373 Un frère est un ami donné par la nature.

Gaston, duc de LÉVIS 1764-1830

Maximes, préceptes et réflexions
avant-propos

374 Toutes les heures sont comptées par la frivolité : les raisonnements lui font peur. On aime mieux croire sans preuves ou douter sans raison, que de ne pas expédier promptement ces sortes d'affaires : aussi entre-t-il dans la précipitation que l'on met à juger, autant de paresse que de présomption.

V

375 La crainte gouverne le monde, et l'espérance le console.

VI

376 La plupart des peines n'arrivent si vite que parce que nous faisons la moitié du chemin.

X

377 Le temps use l'erreur et polit la vérité.

XV

378 S'il est plus satisfaisant pour l'amour-propre de convaincre, il est plus sûr pour l'intérêt de persuader.

XVIII

379 Il est encore plus facile de juger de l'esprit d'un homme par ses questions que par ses réponses.

XXII

380 Le passé est soldé, le présent vous échappe, soyez à l'avenir.

XXV

381 L'oisiveté est la rouille de l'âme.

XXVII

382 L'ennui est une maladie dont le travail est le remède ; le plaisir n'est qu'un palliatif.

XXXIII

383 Le génie crée, l'esprit arrange.

XXXVII

384 Tout est relatif, excepté l'infini.

XLVI

385 L'imagination peint, l'esprit compare, le goût choisit, le talent exécute.

LVIII

386 De tous les sentiments, le plus difficile à feindre c'est la fierté. Il n'est pas au pouvoir des âmes vulgaires de l'imiter: dans l'infortune, elle soutient le courage et donne de la dignité ; dans la prospérité, elle rend affable et contraste avec l'insolence de la bassesse parvenue.

LIX

387 Quelque idée que l'on ait de la crédulité du peuple et de la bassesse des courtisans, on est toujours au-dessous de la vérité.

LXX

388 Les jouissances les plus douces sont celles qui n'épuisent pas l'espérance.

LXXVII

389 Si vous étiez grand, vous ne monteriez pas sur des échasses.

LXXXIX

390 La vertu est le triomphe de la générosité sur l'intérêt.

XCVIII

391 Le courage est compatissant, la faiblesse égoïste. Ainsi ne comptez pas sur l'assistance de celui à qui la plainte est familière : dans l'occasion, il pourra vous plaindre ; mais il est douteux qu'il veuille vous secourir.

CV

392 Les préjugés sont comme ces plantes qui perdent leur force sous un ciel étranger.

CXI

393 Rarement ce que l'on n'entend pas sans peine vaut-il la peine d'être entendu.

CXIII

394 La force de l'expression est en raison de l'énergie de la pensée, comme la force d'un jet d'eau indique la hauteur du réservoir.

CXXIX

395 Celui qui n'est jamais content ne contente jamais.

CXL

396 L'homme s'ennuie du bien, cherche le mieux, trouve le mal, et s'y soumet crainte de pire.

CXLII

397 Ce qu'il y a de plus difficile dans la vie, c'est de savoir jusqu'à quel point il faut chercher à vaincre la fortune avant que de se résigner à son sort. Céder trop tôt, c'est lâcheté ; trop tard, c'est folie.

Réflexions

398 La crainte et l'espérance se partagent la vie; le plaisir et la douleur n'occupent que des moments.

399 Tel court au danger qui n'oserait l'attendre.

Réflexions, Sur les femmes

400 Ce qui rend les faiblesses des femmes inexcusables, c'est le peu de mérite des hommes à bonnes fortunes.

401 Les femmes sont comme les princes; souvent elles cèdent à l'importunité ce que la faveur n'aurait point obtenu.

402 On dit beaucoup que les femmes sont volages en amour, mais on ne dit pas assez combien elles ont de constance en amitié.

Réflexions, Sur l'amour et l'amitié

403 Il est assez facile de trouver une maîtresse, et bien aisé de conserver un ami; ce qui est difficile, c'est de trouver un ami et de conserver une maîtresse.

404 Oter l'espoir au vice, c'est donner des armes à la vertu.

405 L'on peut aimer plus d'une fois, mais non pas la même personne.

Réflexions, Sur la noblesse

406 Noblesse oblige.

407 Les obligations que la noblesse impose sont l'honneur et la générosité: en France, on y ajoute la politesse.

408 Les titres et les décorations ont cela en commun avec le papier-monnaie, que l'opinion les soutient, et que les prodiguer c'est les avilir.

Pensées détachées
5

409 La plus commune des inconséquences est de ne pas vouloir les moyens de ce que l'on veut.

6

410 Combien de désirs sont décorés du nom de volontés.

56

411 L'habitude de la sagesse dispense presque toujours de la vertu.

57

412 Rien n'assure mieux le repos du cœur que le travail de l'esprit.

179

413 Il est rare que l'on ne fasse pas un bon marché en achetant des espérances par des privations.

211

414 Une des erreurs les plus communes est de prendre le résultat d'un événement pour sa conséquence nécessaire.

Maximes politiques

I

415 Les hommes donnent l'impulsion aux affaires, et les affaires entraînent les hommes.

II

416 Les grands États peuvent supporter de grands abus ; ce sont les grandes fautes qui les font périr.

XXII

417 Les grands travailleurs ne valent rien pour les grandes places ; mais ils sont bons pour les emplois subalternes.

XXIV

418 Gouverner, c'est choisir.

XXIX

419 Réprimez, vous aurez moins à punir.

XXXIV

420 Les grands États peuvent se passer d'alliances, et les petits États ne doivent pas y compter.

XXXIX

421 Quand les révolutionnaires arrivent, [...] ce ne sont plus ceux qui administrent, c'est le législateur qu'il faut accuser.

XL

422 Quand une conjuration échoue par l'effet du hasard, il est plus urgent de changer la police que de punir les conspirateurs.

XLVIII

423 [...] le gouvernement populaire n'est autre chose que l'assemblage de plusieurs rois absolus : donc la monarchie absolue vaut encore mieux que le règne de la populace.

LVI

424 Le prince habile dans l'art de gouverner les hommes se sert de leurs défauts pour réprimer leurs vices.

Alexandre de TILLY 1764-1816

Mémoires
chap. 1

425 J'écris pour moi et pour le petit nombre de lecteurs qui pensent qu'il y a presque toujours dans un livre médiocre de quoi en faire un bon.

chap. 5

426 Le système moral est comme l'organisation physique : il a des maladies dont il peut guérir.

chap. 15

427 La nature ne donne pas tout : l'or de ses faveurs a toujours un peu d'alliage.

chap. 16

428 Ce qu'on veut faire avec le cœur ne vaut pas ce qu'on devrait faire avec le talent.

chap. 23

429 [...] un décret du ciel portant défense à l'humanité de boire le nectar dans une coupe qui ne contient pas la moitié d'absinthe.

Joseph BERCHOUX 1765-1839

La Gastronomie, chant I

430 Domitien un jour se présente au sénat :
[...]
« Il s'agit d'un turbot : daignez délibérer
Sur la sauce qu'on doit lui faire préparer... »
Le sénat mit aux voix cette affaire importante,
Et le turbot fut mis à la sauce piquante.

chant II

431 Hélas! nous n'avons plus l'estomac de nos pères.

chant IV

432 Un poème jamais ne valut un dîner.

La Danse, chant VI

433 Le Ciel sourit toujours au parti du vainqueur ;
Pour moi, comme Caton, je souris au malheur.

L'Art politique
chant I, L'origine des pouvoirs

434 Mais les républicains, nés bons et vertueux,
N'en sont pas moins sujets à s'égorger entre eux.

chant II, La monarchie

435 Détruisez: c'est ainsi que tout fait des progrès.

436 Mille écoles déjà nous peuvent témoigner
Que ce qu'on ne sait pas, on le peut enseigner.

chant III, La république

437 Placez la liberté près des maisons d'arrêt.
Par cet heureux contraste elle aura plus d'attrait.

chant IV, Le pouvoir absolu

438 Il sied bien d'être obscur aux hommes éclairés!

439 Le style d'un tyran est toujours assez bon.

Élégie

440 Qui me délivrera des Grecs et des Romains?

Les Lieux communs en poésie, épître à Iris

441 Au nombre des fléaux qui désolent la vie
Je mets les lieux communs de notre poésie.

Joseph LE BAS 1765-1794

20 janvier 1793

442 Nous voilà lancés, les chemins sont rompus derrière nous, il faut aller de l'avant, bon gré, mal gré, et c'est à présent surtout qu'on peut dire: vivre libre ou mourir.

Antoine-Vincent ARNAULT 1766-1834

La Feuille

443 Je vais où le vent me mène,
Sans me plaindre ou m'effrayer;
Je vais où va toute chose,
Où va la feuille de rose
Et la feuille de laurier.

Le Colimaçon

444 Enfin, chez soi comme en prison,
Vieillir, de jour en jour plus triste;
C'est l'histoire de l'égoïste,
Et celle du colimaçon.

Jean Charles de LACRETELLE 1766-1855

Discours en vers sur les faux chagrins
445 Cédez-moi vos vingt ans, si vous n'en faites rien !

Emmanuel de LAS CASES 1766-1842

Le Mémorial de Sainte-Hélène, préambule
446 A présent, je me suis fait connaître ; le lecteur a mes lettres de créance en ses mains...

chap. 9
447 Les bases posées par lui [Napoléon] ont été sûres et solides, tant les jalons ont été bien placés, tant les racines ont été profondes, tant enfin tout cet ensemble porte le caractère du génie et la rectitude de la durée !

chap. 14
448 Au bruit de la mort de Napoléon, on doit le dire, ce ne fut partout qu'un seul cri, un même sentiment, dans les rues, dans les boutiques, sur les places publiques ; les salons mêmes témoignèrent quelque chose, les cabinets seuls se montrèrent insensibles. Que dis-je, insensibles !... Mais après tout, c'était naturel : ils respiraient enfin à leur aise !...

Madame de STAËL 1766-1817

Corinne ou l'Italie
livre I, chap. 1
449 Le spectacle de la mer fait toujours une impression profonde ; elle est l'image de cet infini qui attire sans cesse la pensée, et dans lequel sans cesse elle va se perdre.

chap. 4
450 Si les vaisseaux sillonnent un moment les ondes, la vague vient effacer aussitôt cette légère marque de servitude, et la mer reparaît telle qu'elle fut au premier jour de la création.

chap. 5
451 Dans le vaste caravansérail de Rome, tout est étranger, même les Romains, qui semblent habiter là, non comme des possesseurs, *mais comme des pèlerins qui se reposent auprès des ruines.*

livre II, chap. 1
452 Dans le Midi, l'on se sert si naturellement des expressions poétiques, qu'on dirait qu'elles se puisent dans l'air et sont inspirées par le soleil.

chap. 4

453 On a souvent dans le cœur je ne sais quelle image innée de ce qu'on aime, qui pourrait persuader qu'on reconnaît l'objet que l'on voit pour la première fois.

livre IV, chap. 2

454 Les païens ont divinisé la vie, et les chrétiens ont divinisé la mort.

livre VII, chap. 1

455 Pourquoi demander au rossignol ce que signifie son chant? Il ne peut expliquer qu'en recommençant à chanter, on ne peut le comprendre qu'en se laissant aller à l'impression qu'il produit.

chap. 2

456 Il y a quelque chose de triste au fond de la plaisanterie fondée sur la connaissance des hommes : la gaieté vraiment inoffensive est celle qui appartient seulement à l'imagination.

livre VIII, chap. 1

457 Tout aimable qu'est Corinne, je pense comme Thomas Walpole : *que fait-on de cela à la maison?*

livre IX, chap. 1

458 On pourrait dire que [l'italien] c'est une langue qui va d'elle-même, exprime sans qu'on s'en mêle, et paraît presque toujours avoir plus d'esprit que celui qui la parle.

livre XII, chap. 2

459 On dirait que l'âme des justes donne, comme les fleurs, plus de parfums vers le soir.

livre XV, chap. 6

460 Le malheur du cœur étant inépuisable, plus on a d'idées, mieux on le sent.

livre XVIII, chap. 4

461 Sans doute, il faut, pour bien écrire, une émotion vraie, mais il ne faut pas qu'elle soit déchirante. Le bonheur est nécessaire à tout, et la poésie la plus mélancolique doit être inspirée par une sorte de verve qui suppose de la force et des jouissances intellectuelles.

De l'Allemagne
préface

462 Si les Allemands pouvaient encore être asservis, leur infortune déchirerait le cœur ; mais on serait toujours tenté de leur dire, comme mademoiselle de Mancini à Louis XIV, *Vous êtes roi, Sire, et vous pleurez,* vous êtes une nation, et vous pleurez !

(De l'Allemagne) observations générales

463 Les Allemands ont le tort de mettre souvent dans la conversation ce qui ne convient qu'aux livres ; les Français ont quelquefois aussi celui de mettre dans les livres ce qui ne convient qu'à la conversation.

chap. 6

464 Le mal que peuvent faire les mauvais livres n'est corrigé que par les bons ; les inconvénients des lumières ne sont évités que par un plus haut degré de lumières.

chap. 7

465 Les fêtes conduisent naturellement à réfléchir sur les tombeaux ; de tout temps la poésie s'est plu à rapprocher ces images, et le sort aussi est un terrible poète qui ne les a que trop souvent réunies.

chap. 8

466 La monotonie, dans la retraite, tranquillise l'âme ; la monotonie, dans le grand monde, fatigue l'esprit.

chap. 9

467 Dans le Midi il n'y a point de société : le soleil, l'amour et les beaux-arts remplissent la vie.

chap. 10

468 Un Français sait encore parler, lors même qu'il n'a point d'idées ; un Allemand en a toujours dans sa tête un peu plus qu'il n'en saurait exprimer.

chap. 11

469 Le désir de plaire rend dépendant de l'opinion, le besoin d'être aimé en affranchit.

470 On a fait la révolution de France en 1789 en envoyant un courrier qui, d'un village à l'autre, criait : *Armez-vous, car le village voisin s'est armé,* et tout le monde se trouva levé contre tout le monde, ou plutôt contre personne.

chap. 12

471 Le mérite des Allemands c'est de bien remplir le temps ; le talent des Français, c'est de le faire oublier.

chap. 13

472 En France, on étudie les hommes, en Allemagne, les livres.

deuxième partie, chap. 7

473 Il [Goethe] dispose du monde poétique comme un conquérant du monde réel, et se croit assez fort pour introduire comme la nature le génie destructeur dans ses propres ouvrages.

chap. 10

474 La poésie est le langage naturel de tous les cultes.

475 Les gens du peuple sont beaucoup plus près d'être poètes que les hommes de bonne compagnie, car la convenance et le persiflage ne sont propres qu'à servir de bornes, ils ne peuvent rien inspirer.

chap. 11

476 [...] le sort ne compte pour rien les sentiments des hommes, la Providence ne juge les actions que d'après les sentiments.

chap. 13

477 La poésie doit être le miroir terrestre de la divinité, et réfléchir par les couleurs, les sons et les rythmes, toutes les beautés de l'univers.

chap. 14

478 Le bon goût en littérature est, à quelques égards, comme l'ordre sous le despotisme, il importe d'examiner à quel prix on l'achète.

479 Puisque nous consentons à croire que des acteurs séparés de nous par quelques planches sont des héros grecs morts il y a trois mille ans, il est bien certain que ce qu'on appelle l'illusion, ce n'est pas s'imaginer que ce qu'on voit existe véritablement ; une tragédie ne peut nous paraître vraie que par l'émotion qu'elle nous cause.

troisième partie, chap. 3

480 Les écrivains français du dix-huitième siècle s'entendaient mieux à la liberté politique ; ceux du dix-septième à la liberté morale. Les philosophes du dix-huitième étaient des combattants ; ceux du dix-septième des solitaires.

chap. 7

481 Fichte et Schelling se sont partagé l'empire que Kant avait reconnu pour divisé, et chacun a voulu que sa moitié fût le tout.

chap. 19

482 Il vaut encore mieux, pour maintenir quelque chose de sacré sur la terre, qu'il y ait dans le mariage une esclave que deux esprits forts.

quatrième partie, chap. 1

483 Le sentiment de l'infini est le véritable attribut de l'âme.

chap. 3

484 On a vu, dans les temps modernes [au siège de Saragosse], une armée tout entière, assistant à ses propres funérailles, dire pour elle-même le service des morts, décidée qu'elle était à conquérir l'immortalité.

(De l'Allemagne) chap. 12

485   L'enthousiasme ne nous abandonnera pas, ses ailes brillantes planeront sur notre lit funèbre, il soulèvera les voiles de la mort, il nous rappellera ces moments où, pleins d'énergie, nous avions senti que notre cœur était impérissable, et nos derniers soupirs seront peut-être comme une noble pensée qui remonte vers le ciel.

Dix années d'exil
première partie, chap. 3

486   Ce qui caractérise le gouvernement de Bonaparte, c'est un mépris profond pour toutes les richesses intellectuelles de la nature humaine : vertu, dignité de l'âme, religion, enthousiasme, voilà quels sont, à ses yeux, *les éternels ennemis du continent*.

chap. 5

487   Il n'y aura ni liberté, ni dignité, ni sûreté, dans un pays où l'on s'occupera des noms propres, quand il s'agit d'une injustice.

488   Le respect de l'histoire est inconnu à cet homme, qui ne conçoit le monde que comme contemporain de lui.

chap. 18

489   Les Français, qui saisissent le ridicule avec tant d'esprit, ne demandent pas mieux que de se rendre ridicules eux-mêmes, dès que leur vanité y trouve son compte d'une autre manière.

490   Comme l'on annonçait un jour les princesses du sang, quelqu'un s'écria : *Du sang d'Enghien !*

491   Son caractère, inconciliable avec le reste de la création, est comme le feu grégeois, qu'aucune force de la nature ne saurait éteindre.

deuxième partie, chap. 1

492   En France, et dans l'Europe-France, comme tout est nouveau, le passé ne saurait être une garantie, et l'on peut tout craindre comme tout espérer, suivant qu'on sert ou non les intérêts de l'homme qui ose se donner lui-même, et lui seul, pour but à la race humaine entière.

chap. 5

493   Mon fils s'en alla, et, quand je ne le vis plus, je pus dire comme lord Russel : *La douleur de la mort est passée.*

chap. 13

494   Il y a tant d'espace en Russie que tout s'y perd, même les châteaux, même la population. On dirait qu'on traverse un pays dont la nation vient de s'en aller.

495 Il me semble que maintenant les nations européennes n'ont de vigueur que quand elles sont ou ce qu'on appelle barbares, c'est-à-dire non éclairées, ou libres.

496 Un homme de beaucoup d'esprit disait que la Russie ressemblait aux pièces de Shakespeare, où tout ce qui n'est pas faute est sublime, où tout ce qui n'est pas sublime est faute.

chap. 14

497 On dit qu'un homme en Russie avait proposé de composer un alphabet avec des pierres précieuses, et d'écrire ainsi la Bible.

498 On a beaucoup vanté le mot fameux de Diderot : *Les Russes sont pourris avant d'être mûrs*. Je n'en connais pas de plus faux ; leurs vices mêmes, à quelques exceptions près, n'appartiennent pas à la corruption mais à la violence. Un désir russe, disait un homme supérieur, ferait sauter une ville.

chap. 16

499 La conquête est un hasard qui dépend peut-être encore plus des fautes des vaincus que du génie du vainqueur.

chap. 20

500 L'infini fait autant de peur à notre vue qu'il plaît à notre âme.

MAINE DE BIRAN 1766-1824

Cahier-Journal

501 Il n'y a guère que les gens malsains qui se sentent exister.

Influence de l'habitude sur la faculté de penser

502 Si l'individu ne *voulait* pas ou n'était pas déterminé à commencer de se mouvoir, il ne connaîtrait rien. Si rien ne lui résistait, il ne connaîtrait rien non plus, il ne soupçonnerait aucune existence, il n'aurait pas même d'*idée* de la sienne propre.

Essai sur les fondements de la psychologie
introduction générale, III

503 La connaissance se fait nécessairement par une antithèse ; tout est antithèse pour l'homme ; il est en lui-même une antithèse primitive et ineffaçable ; il en forme une avec l'univers. Tous les êtres se révèlent peut-être ainsi un dans leur essence, jusqu'à Dieu, qu'il est impossible de concevoir comme un être *solitaire*. S'il en est ainsi, tous les systèmes qui cherchent une base dans l'*unité absolue* sont jugés.

504 Le temps de ces grandes et interminables discussions métaphysiques est passé ; et c'est là un des services les plus importants qu'a pu rendre une philosophie raisonnable, circonscrite dans l'étude de nos facultés ou de nos moyens réels de connaître les choses et nous-mêmes.

V

505 Telle est la nature de l'esprit humain, telles sont les limites de sa science propre, qu'il n'y a jamais lieu à faire des découvertes toutes nouvelles, mais seulement à éclaircir, vérifier, distinguer dans leur source certains faits de sens intime, faits simples, liés à notre existence, aussi anciens qu'elle, aussi évidents, mais qui s'y trouvent enveloppés avec diverses impressions hétérogènes qui les rendent vagues et obscurs.

506 La science de la nature extérieure et celle de nos idées se pénètrent, en quelque sorte, ou se réduisent à la même ; c'est l'unité absolue, matérielle ou spirituelle, peu importe ; mais c'est toujours l'unité, l'identité pure de l'être qui sent ou pense, avec l'objet senti ou pensé.

507 En général, le succès d'un ouvrage de métaphysique, dans le monde, est en raison inverse de sa bonté, de son appropriation au sujet spécial dont il traite ; j'en pourrais donner des exemples récents.

IV

508 Dans les classes élevées de la société, où l'imagination et les passions trouvent tant de mobiles d'exercice et de développement, on n'a jamais assez de raison, d'attention, de réflexion, d'empire sur soi-même pour faire le contrepoids, comme on n'a jamais assez de richesses, eu égard à la multitude des besoins factices.

Essai sur les fondements de la psychologie à propos de « l'Émile »

509 Que j'aime à voir la psychologie, ou le vrai système de la génération de nos facultés, mise pour ainsi dire en action, non dans une statue, mais dans l'enfant qui s'élève, par des progrès réguliers, des premières idées sensibles aux notions intellectuelles !

510 Il faut opter entre ce monde et le monde intérieur. Celui qui vit en lui-même doit renoncer à tous les avantages de la vie extérieure, dont le premier, sans doute, est la gloire ; celui qui a fait l'étude la plus profonde des facultés de son esprit doit renoncer peut-être par là même à occuper une grande place dans l'esprit des autres.

Journal, 21 avril 1815

511 J'assiste à ma mort avec les forces entières de ma vie.

6-7 juin 1818

512 Le sentiment religieux, si pur, si doux à éprouver, peut compenser toutes les autres pertes.

Fragments relatifs aux fondements de la morale et de la religion
VI

513 Les deux termes, ou les deux pôles de la science humaine, Dieu et le *moi*, disparaissent en même temps.

514 Dieu ne peut se manifester à l'esprit que par l'intermédiaire du cœur et du sentiment, qui est le *Médiateur* entre la pensée humaine et l'infini, l'absolu qu'elle a pour objet.

24 janvier 1821

515 Je pense dans mon cabinet comme un homme spirituel et j'agis au-dehors comme un homme charnel.

18 décembre 1821

516 Le centre droit représente la vraie opinion de la France.

Nouveaux essais d'anthropologie
ou de la science de l'homme intérieur, I

517 Nos facultés affectives procèdent d'une manière inverse de celle des facultés cognitives. Comme le *moi* est le pivot et le pôle de celles-ci, le *non-moi* ou l'absorption du *moi* dans l'objectif pur est la condition première et le plus haut degré de celles-là. Pour connaître, il faut que le *moi* soit présent à lui-même et qu'il y rapporte tout le reste. Pour aimer, il faut que le *moi* s'oublie ou se perde de vue, en se rapportant à l'être beau, bon, parfait, qui est sa fin.

II

518 Il semble que l'esprit divin abandonne l'homme en même temps que son propre esprit l'abandonne.

III

519 Le pur amour s'identifie ainsi avec une sorte de connaissance intuitive où l'on voit la vérité sans la chercher, où l'on sait tout sans avoir rien étudié, ou plutôt où l'on méprise toute la connaissance humaine en se trouvant plus haut qu'elle.

Benjamin CONSTANT 1767-1830

Lettre à la générale de Chandieu, 19 octobre 1779 (Menos)

520 Je voudrais qu'on pût empêcher mon sang de circuler avec tant de rapidité et lui donner une marche plus cadencée. J'ai essayé si la musique pouvait faire cet effet, je joue des *adagio*, des *largo* qui endormiraient trente cardinaux, mais je ne sais par quelle magie ces airs si lents finissent toujours par devenir des *prestissimo*.

Discours du 5 janvier 1800

521 L'opposition est sans force alors qu'elle est sans discernement, et des hommes dont la vocation serait de résister à l'établissement des lois utiles ne seraient bientôt écoutés qu'avec indifférence, lors même qu'ils en combattraient de dangereuses.

Lettre à Samuel de Constant, 20 janvier 1800 (Menos)

522 Le cours des choses est bien plus fort que la volonté des hommes, et la devise de tous ceux qui sont appelés à se mêler des affaires doit être : *fata viam invenient.*

Lettre à Mrs. Lindsay, 22 novembre 1800 (Plon)

523 J'éprouve un charme inexprimable à marcher en aveugle au-devant de ce que je crains.

Discours du 25 janvier 1801

524 Si à la lettre de la constitution, qui est la seule chose positive, l'on substitue un esprit que l'on appellera protecteur, ai-je besoin de vous dire qu'il n'existera plus de constitution ?

Lettre à Mme de Nassau, 30 novembre 1803 (Albin Michel)

525 Mon livre a pour moi l'attrait d'une chose commencée dès longtemps, et je le continue comme on a vu des gens ajouter chaque jour à une collection de tulipes.

Lettre à Mme de Nassau, 1er février 1805 (Albin Michel)

526 J'ai comme vous le savez ce malheur particulier que l'idée de la mort ne me quitte pas. Elle pèse sur ma vie, elle foudroie tous mes projets.

Lettre à Mme de Nassau, 5 janvier 1808 (Menos)

527 J'ai appris à dormir dans une barque battue des vagues, et le mal de mer m'est devenu une sensation si habituelle qu'elle ne m'empêche pas de penser à autre chose.

Lettre à Prosper de Barante, 27 juillet 1808

528 Comme on peut bien renoncer aux forces qu'on a, mais non se donner celles qu'on n'a pas, le seul parti à prendre, c'est d'abdiquer cette faculté de vouloir, qui n'est pas suffisante pour persister et qui l'est pour faire de la vie une suite de tourments.

Lettre à Mme de Nassau, 24 septembre 1808 (Menos)

529 L'Arioste raconte qu'un de ses chevaliers fut tué dans un combat, mais il avait tellement l'habitude de se battre, que, tout mort qu'il était, il continuait encore. Je suis comme cela pour la littérature.

Lettre à Prosper de Barante, 23 novembre 1808

530 Ma religion consiste en deux points: vouloir ce que Dieu veut, c'est-à-dire lui faire l'hommage de notre cœur; ne rien nier, c'est-à-dire lui faire l'hommage de notre esprit.

Préface de Wallstein

531 Il n'y a personne, je le pense, qui, laissant errer ses regards sur un horizon sans bornes, ou se promenant sur les rives de la mer que viennent battre les vagues, ou levant les yeux sur le firmament parsemé d'étoiles, n'ait éprouvé une sorte d'émotion qu'il lui était impossible d'analyser ou de définir. On dirait que des voix descendent du haut des cieux, s'élancent de la cime des rochers, retentissent dans les torrents ou dans les forêts agitées, sortent des profondeurs des abîmes.

Lettre à Prosper de Barante, 21 juillet 1812

532 J'ai appris à me regarder comme une machine souffrante, mais qui, en souffrant, se remonte. Je m'attends donc, et je me retrouve.

Lettre à Cl. Hochet, 2 décembre 1812 (La Baconnière)

533 Toutes les idées, tous les faits, je les accueille et leur *laisse à produire* la modification qu'il est dans leur nature de produire en moi.

Lettre à Sismonde de Sismondi, 13 août 1813

534 Je suis comme un paralytique qui a trouvé dans l'immobilité le moyen d'éviter les chutes.

Lettre à Mme de Nassau, 31 décembre 1813 (Albin Michel)

535 Le monde ressemble à un chat qu'on a voulu noyer dans une rivière; il en est ressorti tant bien que mal, et il fait à présent sa toilette, polissant ses poils avec sa langue.

Réflexions sur les constitutions

536 Le gouvernement est stationnaire, l'espèce humaine est progressive. Il faut que la puissance du gouvernement contrarie le moins qu'il est possible la marche de l'espèce humaine. Ce principe, appliqué aux constitutions, doit les rendre courtes et pour ainsi dire négatives. Elles doivent suivre les idées pour poser derrière les peuples des barrières qui les empêchent de reculer, mais elles ne doivent point en poser devant ceux qui les empêchent d'aller en avant.

Observations sur le discours prononcé par S. E. le ministre de l'Intérieur (20 août 1814)

537 Le roi, dans un pays libre, est un être à part, supérieur aux diversités d'opinions, n'ayant d'autre intérêt que le maintien de l'ordre et le maintien de la liberté.

538 L'unique garantie des citoyens contre l'arbitraire, c'est la publicité.

De l'esprit de conquête et de l'usurpation dans leurs rapports avec la civilisation européenne

539 Malheur à ceux qui, se croyant invincibles, jettent le gant à l'espèce humaine, et prétendent opérer par elle, car ils n'ont pas d'autre instrument, des bouleversements qu'elle désapprouve, et des miracles dont elle ne veut pas.

540 L'indépendance de la pensée est aussi nécessaire, même à la littérature légère, aux sciences et aux arts, que l'air à la vie physique.

541 Les gouvernements qui veulent tuer l'opinion et croient encourager l'intérêt se trouvent par une opération double et maladroite, les avoir tués tous les deux.

542 Rien de plus absurde que de violenter les habitudes, sous prétexte de servir les intérêts. Le premier des intérêts c'est d'être heureux, et les habitudes forment une partie essentielle du bonheur.

543 C'est toujours en dehors qu'un gouvernement veut arrondir ses frontières. Aucun n'a sacrifié, que l'on sache, une portion de son territoire pour donner au reste une plus grande régularité géométrique.

544 Des sujets qui soupçonnent leurs maîtres de duplicité et de perfidie se forment à la perfidie et à la duplicité.

545 L'arbitraire est au moral ce que la peste est au physique.

546 Ne soyez ni obstinés dans le maintien de ce qui s'écroule, ni trop pressés dans l'établissement de ce qui semble s'annoncer.

547 Confiez au passé sa propre défense, à l'avenir son propre accomplissement.

Journal des débats, 19 mars 1815

548 Je n'irai pas, misérable transfuge, me traîner d'un pouvoir à l'autre, couvrir l'infamie par le sophisme et balbutier des mots profanés pour racheter une vie honteuse.

Principes de politique, chap. 14

549 Toutes les fois que l'on croit remarquer qu'il y a eu abus de lumières, c'est qu'il y avait manque de lumières. Toutes les fois qu'on accuse la vérité d'avoir fait du mal, ce mal n'a pas été l'effet de la vérité, mais de l'erreur.

chap. 17

550 Il y a dans la contemplation du beau en tout genre, quelque chose qui nous détache de nous-même en nous faisant sentir que la perfection vaut mieux que nous, et qui, par cette conviction, nous inspirant un désintéressement momentané, réveille en nous la puissance du sacrifice.

551 Il est facile à l'autorité d'opprimer le peuple comme sujet, pour le forcer à manifester, comme souverain, la volonté qu'elle lui prescrit.

Adolphe
chap. 1

552 Serait-ce que la vie semble d'autant plus réelle que toutes les illusions disparaissent, comme la cime des rochers se dessine mieux dans l'horizon lorsque les nuages se dissipent ?

chap. 3

553 L'amour supplée aux longs souvenirs par une sorte de magie. Toutes les autres affections ont besoin du passé : l'amour crée, comme par enchantement, un passé dont il nous entoure.

554 Malheur à l'homme qui, dans les premiers moments d'une liaison d'amour, ne croit pas que cette liaison doit être éternelle !

chap. 5

555 Dès qu'il existe un secret entre deux cœurs qui s'aiment, dès que l'un d'eux a pu se résoudre à cacher à l'autre une seule idée, le charme est rompu, le bonheur est détruit.

chap. 6

556 Nous vivions, pour ainsi dire, d'une espèce de mémoire du cœur, assez puissante pour que l'idée de nous séparer nous fût douloureuse, trop faible pour que nous trouvassions du bonheur à être unis.

chap. 7

557 Ah ! renonçons à ces efforts inutiles ; jouissons de voir ce temps s'écouler, mes jours se précipiter les uns sur les autres ; demeurons immobile, spectateur indifférent d'une existence à demi passée ; qu'on s'en empare, qu'on la déchire : on n'en prolongera pas la durée ! Vaut-il la peine de la disputer ?

chap. 10

558 C'était une de ces journées d'hiver où le soleil semble éclairer tristement la campagne grisâtre, comme s'il regardait en pitié la terre qu'il a cessé de réchauffer.

Adolphe, réponse de l'éditeur

559 La grande question dans la vie, c'est la douleur que l'on cause, et la métaphysique la plus ingénieuse ne justifie pas l'homme qui a déchiré le cœur qui l'aimait.

De la liberté des anciens comparée à celle des modernes

560 Nous ne pouvons plus jouir de la liberté des anciens, qui se composait de la participation active et constante au pouvoir collectif. Notre liberté, à nous, doit se composer de la jouissance paisible de l'indépendance privée.

561 Le but des anciens était le partage du pouvoir social entre tous les citoyens d'une même patrie. C'était là ce qu'ils nommaient liberté. Le but des modernes est la sécurité dans les jouissances privées, et ils nomment liberté les garanties accordées par les institutions à ces jouissances.

562 Les individus pauvres font eux-mêmes leurs affaires; les hommes riches prennent des intendants. C'est l'histoire des nations anciennes et des nations modernes.

563 La liberté politique soumettant à tous les citoyens, sans exception, l'examen et l'étude de leurs intérêts les plus sacrés agrandit leur esprit, anoblit leurs pensées, établit entre eux tous une sorte d'égalité intellectuelle qui fait la gloire et la puissance d'un peuple.

De la religion considérée dans sa source ses formes et ses développements
tome I

564 Quoi de plus ignorant, de plus superstitieux que le sauvage abruti, qui enduit de boue et de sang son informe fétiche? Mais suivez-le sur le tombeau de ses morts: écoutez les lamentations des guerriers pour leurs chefs, de la mère pour l'enfant qu'elle a perdu. Vous y démêlerez quelque chose qui pénétrera dans votre âme, qui réveillera vos émotions, qui ranimera vos espérances. Le sentiment religieux vous semblera, pour ainsi dire, planer sur sa propre forme.

565 Sur cette terre les générations se suivent, passagères, fortuites, isolées; elles paraissent, elle souffrent, elles meurent; nul lien n'existe entre elles. Aucune voix ne se prolonge des races qui ne sont plus aux races vivantes, et la voix des races vivantes doit s'abîmer bientôt dans le même silence éternel.

tome IV

566 La douleur réveille en nous, tantôt ce qu'il y a de plus noble dans notre nature, le courage, tantôt ce qu'il y a de plus tendre, la sympathie et la pitié. Elle nous apprend à lutter pour nous, à sentir pour les autres.

tome V

567 Du sein de l'obscurité qui l'enveloppe, le doute voit s'échapper des rayons lumineux. Il se livre à des pressentiments qui le raniment et le consolent. Loin de repousser, il invoque. Il ne nie pas, il ignore.

Discours du 23 février 1825

568 Le droit à l'insurrection n'appartient à personne, ou il appartient à tous. Aucune classe ne peut faire de l'insurrection un monopole.

Mélanges de littérature et de politique

569 Dans la seule faculté de sacrifice est le germe indestructible de la perfectibilité.

Le Cahier rouge (Calmann-Lévy)

570 Ce n'est pas la seule fois de ma vie qu'après une action d'éclat je me suis soudainement ennuyé de la solennité qui aurait été nécessaire pour la soutenir et que, d'ennui, j'ai défait mon propre ouvrage.

571 En général, ce qui m'a le plus aidé dans ma vie à prendre des partis très absurdes, mais qui semblaient au moins supposer une grande décision de caractère, c'est précisément l'absence complète de cette décision, et le sentiment que j'ai toujours eu, que ce que je faisais n'était rien moins qu'irrévocable dans mon esprit. De la sorte, rassuré par mon incertitude même sur les conséquences d'une folie que je me disais que je ne ferais peut-être pas, j'ai fait un pas après l'autre et la folie s'est trouvée faite.

572 Ce n'est ni le goût de l'amusement, ni l'ennui, ni aucun des motifs qui d'ordinaire décident les hommes dans l'habitude de la vie, qui me font agir. Il faut qu'une passion me saisisse pour qu'une idée dominante s'empare de moi et devienne une passion.

573 [...] ajoutez à cela cette liberté complète d'aller et de venir sans qu'âme qui vive s'occupe de vous, et sans que rien rappelle cette police dont les coupables sont le prétexte, et les innocents le but.

574 [...] presque tous les vieux gouvernements sont doux parce qu'ils sont vieux et tous les nouveaux gouvernements durs, parce qu'ils sont nouveaux.

575 [...] un des caractères que la nature m'a donnés, c'est un grand mépris pour la vie, et même une secrète envie d'en sortir pour éviter ce qui peut encore m'arriver de fâcheux. Je suis assez susceptible d'être effrayé par une chose inattendue qui agit sur mes nerfs. Mais dès que j'ai un quart d'heure de réflexion, je deviens sur le danger d'une indifférence complète.

Cécile (Gallimard)
cinquième époque

576 Comme il arrive souvent dans la vie, les précautions qu'il prit pour que ce pressentiment ne se réalisât point furent précisément ce qui le fit se réaliser.

577 L'opinion française m'effrayait beaucoup, cette opinion qui pardonne tous les vices, mais qui est inexorable sur les convenances et qui sait gré de l'hypocrisie comme d'une politesse qu'on lui rend.

dixième époque

578 Et que vous importe ? N'est-il pas égal qu'il arrive ce que vous voulez, ou que vous vouliez ce qui arrive ? Ce qu'il vous faut, c'est que votre volonté et les événements soient d'accord.

579 Mais aujourd'hui même, je ne sais si cet abandon complet à la Providence n'est pas, au milieu de la nuit qui nous entoure, et avec l'insuffisance d'une raison douteuse et superbe, la plus sûre ressource de l'homme.

580 Par une complication bizarre d'impressions diverses, je m'affigeais du départ de Mme de Malbée, précisément parce que je lui savais gré de partir.

septième époque

581 Je crus en effet que nous péririons, et j'en éprouvai une grande joie. J'avais besoin de la mort pour m'arracher aux incertitudes de la vie, et l'éternité ne me semblait pas trop longue pour m'y reposer.

Alexandre DUVAL 1767-1842

Les Héritiers ou le Naufrage, scène 23

582 Cela fera du bruit dans Landerneau.

Roland, chanson

583 Soldats français !... chantez Roland ;
Son destin est digne d'envie :
Heureux qui peut en combattant
Vaincre et mourir pour sa patrie !

Louis Antoine de SAINT-JUST 1767-1794

Discours concernant le jugement de Louis XVI
(Convention nationale), 13 novembre 1790

584 On ne peut régner innocemment [...]. Tout roi est un rebelle et un usurpateur.

*Discours sur la proposition d'entourer la Convention nationale
d'une garde armée (Société des Jacobins), 22 octobre 1792*

585 Un moment encore, citoyens ; il faut laisser mûrir le crime, et je l'attends.

586 L'amour-propre du peuple a plus d'esprit que nous.

*Discours sur les subsistances
(Convention nationale), 29 novembre 1792*

587 Notre liberté aura passé comme un orage, et son triomphe comme un coup de tonnerre.

588 Tout le monde veut bien de la République ; personne ne veut de la pauvreté ni de la vertu.

*Discours sur la Constitution à donner à la France
(Convention nationale), 24 avril 1793*

589 L'art de gouverner n'a produit que des monstres.

*Essai de Constitution, chap. 9
Des relations extérieures (Convention nationale)*

590 Le peuple français vote la liberté du monde.

*Rapport sur les suspects incarcérés
(Convention nationale), 26 février 1794*

591 Osez ! Ce mot renferme toute la politique de votre révolution.

Convention nationale, 26 février 1794

592 Ce qui constitue une République, c'est la destruction totale de ce qui lui est opposé.

593 Ceux qui font des révolutions à moitié n'ont fait que se creuser un tombeau.

*Rapport sur le mode d'exécution du décret
contre les ennemis de la Révolution
(Convention nationale), 3 mars 1794*

594 Le bonheur est une idée neuve en Europe.

*Rapport sur les factions de l'étranger
(Convention nationale), 13 mars 1794*

595 Tout le monde veut gouverner, personne ne veut être citoyen. Où donc est la cité ?

*Rapport sur la police générale, la justice, etc.
(Convention nationale), 15 avril 1794*

596 La liberté n'est pas une chicane de palais ; elle est la rigidité envers le mal, elle est la justice et l'amitié.

L'Esprit de la Révolution et de la Constitution en France
première partie, chap. 1

597 ... Les tyrans périssent par la faiblesse des lois qu'ils ont énervées.

deuxième partie, chap. 3

598 [...] la liberté qui conquiert doit se corrompre.

chap. 5

599 Il n'est rien de plus doux pour l'oreille de la liberté que le tumulte et les cris d'une assemblée du peuple...

troisième partie, chap. 18

600 Si le Christ renaissait en Espagne, il serait de nouveau crucifié par les prêtres, comme un factieux, un homme subtil, qui sous l'appât de la modestie et de la charité, méditerait la ruine de l'Évangile et de l'État...

chap. 21

601 Les vertus farouches font les mœurs atroces.

chap. 23

602 Toute prétention des droits de la nature qui offense la liberté est un mal ; tout usage de la liberté qui offense la nature, est un vertige.

quatrième partie, chap. 10

603 Tous les crimes sont venus de la tyrannie, qui fut le premier de tous.

cinquième partie, chap. 10

604 Quand tous les hommes seront libres, ils seront égaux ; quand ils seront égaux, ils seront justes. Ce qui est honnête se suit de soi-même.

Fragments sur les institutions républicaines, préambule

605 [...] l'homme obligé de s'isoler du monde et de lui-même, jette son ancre dans l'avenir, et presse sur son cœur la postérité, innocente des maux présents.

606 Je méprise la poussière qui me compose et qui vous parle ; on pourra la persécuter et faire mourir cette poussière ! Mais je défie qu'on m'arrache cette vie indépendante que je me suis donnée dans les siècles et dans les cieux.

607 L'esprit est un sophiste qui conduit les vertus à l'échafaud.

Deuxième fragment, De la société

608 Je crois pouvoir dire que la plupart des erreurs politiques sont venues de ce qu'on a regardé la législation comme une science difficile.

Troisième fragment, Idées générales

609 Les longues lois sont des calamités publiques.
La monarchie était noyée dans les lois ; et, comme toutes les passions et les volontés des maîtres étaient devenues des lois, on ne s'entendait plus.

Troisième fragment, 3

610 Le jour où je me serai convaincu qu'il m'est impossible de donner au peuple français des mœurs douces, énergiques, sensibles, et inexorables pour la tyrannie et l'injustice, je me poignarderai.

4

611 Lorsqu'on parle à un fonctionnaire, on ne doit pas dire *citoyen* ; ce titre est au-dessus de lui.

612 Tant que vous verrez quelqu'un dans l'antichambre des magistrats et des tribunaux, le gouvernement ne vaut rien. C'est une horreur qu'on soit obligé de demander justice.

5

613 Ce qui produit le bien général est toujours terrible, on paraît bizarre lorsqu'on commence trop tôt.

Sixième fragment, Division des institutions, 2

614 Tout homme âgé de vingt et un ans est tenu de déclarer dans le temple quels sont ses amis.

Dixième fragment, Quelques institutions morales sur les fêtes

615 Le peuple français voue sa fortune et ses enfants à l'Éternel.

616 Le prix de la poésie ne sera donné qu'à l'ode et à l'épopée.

LADRÉ dates inconnues

Ça ira

617 Ah ! ça ira, ça ira, ça ira,
Le peuple en ce jour sans cesse répète :
Ah ! ça ira, ça ira, ça ira ;
Malgré les mutins, tout réussira.

618 Le vrai catéchisme nous instruira,
Et l'affreux fanatisme s'éteindra.

François-René de CHATEAUBRIAND 1768-1848

Essai sur les Révolutions, I, chap. 70

619 La liberté civile n'est qu'un songe, un sentiment factice que nous n'avons point, qui n'habite point dans notre sein [...]

II, chap. 13

620 Un infortuné parmi les enfants de la prospérité ressemble à un gueux qui se promène en guenilles au milieu d'une société brillante : chacun le regarde et le fuit.

Atala, préface

621 Tout consiste dans la peinture de deux amants qui marchent et causent dans la solitude, et dans le tableau des troubles de l'amour au milieu du calme des déserts.

622 Les Muses sont des femmes célestes, qui ne défigurent point leurs traits par des grimaces ; quand elles pleurent, c'est avec le secret dessein de s'embellir.

623 Je ne crois point que la « pure nature » soit la plus belle chose du monde.

624 Peignons la nature, mais la belle nature : l'art ne doit pas s'occuper de l'imitation des monstres.

Atala

625 [...] ami, notre union aurait été courte sur la terre, mais il est après cette vie une plus longue vie. Qu'il serait affreux d'être séparé de toi pour jamais ! Je [Atala] ne fais que te devancer aujourd'hui, et je te vais attendre dans l'empire céleste. Si tu m'as aimée, fais-toi instruire dans la religion chrétienne, qui préparera notre réunion. Elle fait sous tes yeux un grand miracle, cette religion, puisqu'elle me rend capable de te quitter, sans mourir dans les angoisses du désespoir [...]

626 [Atala] paraissait enchantée par l'Ange de la mélancolie, et par le double sommeil de l'innocence et de la tombe.

René

627 Il n'y a rien de plus poétique dans la fraîcheur de ses passions, qu'un cœur de seize années. Le matin de la vie est comme le matin du jour, plein de pureté, d'images et d'harmonie.

628 Les sons que rendent les passions dans le vide d'un cœur solitaire ressemblent au murmure que les vents et les eaux font entendre dans le silence d'un désert ; on en jouit, mais on ne peut les peindre.

629 Dans tout pays le chant naturel de l'homme est triste, lors même qu'il exprime le bonheur. Notre cœur est un instrument incomplet, une lyre où il manque des cordes, et où nous sommes forcés de rendre les accents de la joie sur le ton consacré aux soupirs.

630 « Levez-vous vite, orages désirés qui devez emporter René dans les espaces d'une autre vie ! » Ainsi disant, je marchais à grands pas, le visage enflammé, le vent sifflant dans ma chevelure, ne sentant ni pluie, ni frimas, enchanté, tourmenté, et comme possédé par le démon de mon cœur.

631 On n'est point [...] un homme supérieur parce qu'on aperçoit le monde sous un jour odieux. On ne hait le monde et la vie que faute de voir assez loin.

Le Génie du christianisme, première préface

632 J'ai pleuré et j'ai cru.

première partie, livre I, chap. 1

633 Ce n'était pas les sophistes qu'il fallait réconcilier à la religion, c'était le monde qu'ils égaraient. On l'avait séduit en lui disant que le christianisme était un culte né du sein de la barbarie, absurde dans ses dogmes, ridicule dans ses cérémonies, ennemi des arts et des lettres, de la raison et de la beauté ; un culte qui n'avait fait que verser le sang, enchaîner les hommes, et retarder le bonheur et les lumières du genre humain [...]. On devait montrer qu'il n'y a rien de plus divin que sa morale, rien de plus aimable, de plus pompeux que ses dogmes, sa doctrine et son culte ; on devait dire qu'elle favorise le génie, épure le goût, développe les passions vertueuses, donne de la vigueur à la pensée, offre des formes nobles à l'écrivain, et des moules parfaits à l'artiste ; qu'il n'y a point de honte à croire avec Newton et Bossuet, Pascal et Racine [...]

livre V, chap. 12

634 Un soir je m'étais égaré dans une forêt, à quelque distance de la cataracte du Niagara ; bientôt je vis le jour s'éteindre autour de moi, et je goûtai, dans toute sa solitude, le beau spectacle d'une nuit dans les déserts du Nouveau Monde.

livre VI, chap. 1

635 Les biens de la terre ne font que creuser l'âme et en augmenter le vide.

deuxième partie, livre III, chap. 9

636 Plus les peuples avancent en civilisation, plus cet état du *vague* des passions augmente ; car il arrive alors une chose fort triste : le grand nombre d'exemples qu'on a sous les yeux, la multitude de livres qui traitent de l'homme et de ses sentiments rendent habile sans expérience. On est détrompé sans avoir joui [...]. Sans avoir usé de rien, on est désabusé de tout.

(Le Génie du christianisme) livre IV, chap. 1

637 La mythologie [...] peuplant l'univers d'élégants fantômes, ôtait à la création sa gravité, sa grandeur et sa solitude. Il a fallu que le christianisme vînt chasser ce peuple de faunes, de satyres et de nymphes, pour rendre aux grottes leur silence, et au bois leur rêverie [...]. Le vrai Dieu, en rentrant dans ses œuvres, a donné son immensité à la nature.

troisième partie, livre I, chap. 8

638 *Chaque chose doit être mise en son lieu*, vérité triviale à force d'être répétée, mais sans laquelle, après tout, il ne peut y avoir rien de parfait. Les Grecs n'auraient pas plus aimé un temple égyptien à Athènes que les Égyptiens un temple grec à Memphis.

639 Les nations ne jettent pas à l'écart leurs antiques mœurs comme on se dépouille d'un vieil habit. On leur en peut arracher quelques parties, mais il en reste des lambeaux qui forment avec les nouveaux vêtements une effroyable bigarrure.

640 Les forêts ont été les premiers temples de la Divinité, et les hommes ont pris dans les forêts la première idée de l'architecture [...].
Les forêts des Gaules ont passé à leur tour dans les temples de nos pères, et nos bois de chênes ont ainsi maintenu leur origine sacrée.

livre III, chap. 1

641 Quiconque rejette les notions sublimes que la religion nous donne de la nature et de son auteur se prive volontairement d'un moyen fécond d'images et de pensées.

chap. 4

642 Le Français a été dans tous les temps [...] vain, léger et sociable. Il réfléchit peu sur l'ensemble des objets, mais il observe curieusement les détails [...]; il faut toujours qu'il soit en scène, et il ne peut consentir, même comme historien, à disparaître tout à fait. Les mémoires lui laissent la liberté de se livrer à son génie.

livre V, chap. 3

643 Tous les hommes ont un secret attrait pour les ruines. Ce sentiment tient à la fragilité de notre nature, à une conformité secrète entre ces monuments détruits et la rapidité de notre existence. Il s'y joint en outre une idée qui console notre petitesse, en voyant que des peuples entiers, des hommes quelquefois si fameux, n'ont pu vivre cependant au-delà du peu de jours assignés à notre obscurité. Ainsi les ruines jettent une grande moralité au milieu des scènes de la nature.

quatrième partie, livre II, chap. 9

644 [...] si tout à coup, jetant à l'écart le drap mortuaire qui les couvre, ces monarques allaient se dresser dans leur sépulcre [...]! Oui, nous les voyons tous se lever à demi, ces spectres des rois ; nous les reconnaissons, nous osons interroger ces majestés du tombeau. Hé bien, peuple royal de fantômes, dites-le-nous : voudriez-vous revivre maintenant au prix d'une couronne ? Le trône vous tente-t-il encore ?

livre III, chap. 6

645 Frères, il faut mourir.

Lettre à M. de Fontanes sur la campagne romaine, 1804

646 La cloche du dôme de Saint-Pierre retentit sous les portiques du Colisée. Cette correspondance établie par des sons religieux entre les deux plus grands monuments de Rome païenne et de Rome chrétienne me causa une vive émotion : je songeai que l'édifice moderne tomberait comme l'édifice antique ; je songeai que les monuments se succèdent comme les hommes qui les ont élevés.

Les Martyrs
préface

647 J'ai avancé, dans un premier ouvrage, que la religion chrétienne me paraissait plus favorable que le paganisme au développement des caractères et au jeu des passions dans l'épopée. J'ai dit encore que le *merveilleux* de cette religion pouvait peut-être lutter contre le *merveilleux* emprunté de la mythologie.

livre I

648 C'était une de ces nuits dont les ombres transparentes semblent craindre de cacher le beau ciel de la Grèce : ce n'étaient point des ténèbres, c'était seulement l'absence du jour.

livre XXIV

649 On entendit, comme autrefois à Jérusalem, une voix qui disait : « Les dieux s'en vont. »

Itinéraire de Paris à Jérusalem
préface

650 Dans un ouvrage du genre de cet *Itinéraire*, j'ai dû souvent passer des réflexions les plus graves aux récits les plus familiers : tantôt m'abandonnant à mes rêveries sur les ruines de la Grèce, tantôt revenant aux soins du voyageur, mon style a suivi nécessairement le mouvement de ma pensée et de ma fortune.

651 C'est l'homme beaucoup plus que l'auteur que l'on verra partout ; je parle éternellement de moi.

(Itinéraire de Paris à Jérusalem, préface)

652 Un voyageur est une espèce d'historien : son devoir est de raconter fidèlement ce qu'il a vu ou ce qu'il a entendu dire ; il ne doit rien inventer, mais aussi il ne doit rien omettre [...]

première partie

653 Je voulus du moins faire parler l'écho dans des lieux [Sparte] où la voix humaine ne se faisait plus entendre, et je criai de toute ma force : Léonida ! Aucune ruine ne répéta ce grand nom, et Sparte même sembla l'avoir oublié.

654 Ne dédaignons pas trop la gloire : rien n'est plus beau qu'elle si ce n'est la vertu.

655 Après leur harmonie générale, leur rapport avec les lieux et les sites, et surtout leurs convenances avec les usages auxquels ils étaient destinés, ce qu'il faut admirer dans les édifices de la Grèce, c'est le fini de toutes les parties.

troisième partie

656 J'allais descendre sur la terre des prodiges, aux sources de la plus étonnante poésie, aux lieux où, même humainement parlant, s'est passé le plus grand événement qui ait jamais changé la face du monde, je veux dire la venue du Messie [...]. Obscur pèlerin, comment oserais-je fouler un sol consacré par tant de pèlerins illustres ?

sixième partie

657 La vue d'un tombeau n'apprend-elle donc rien ? Si elle enseigne quelque chose, pourquoi se plaindre qu'un roi ait voulu rendre la leçon perpétuelle ? Les grands monuments font une partie essentielle de la gloire de toute société humaine. A moins de soutenir qu'il est égal pour une nation de laisser ou de ne pas laisser un nom dans l'histoire, on ne peut condamner ces édifices qui portent la mémoire d'un peuple au-delà de sa propre existence, et le font vivre contemporain des générations qui viennent s'établir dans ses champs abandonnés [...]. Tout est tombeau chez un peuple qui n'est plus.

Réflexions politiques, conclusion

658 Pourquoi ne pas le dire avec franchise ? Certes, nous avons beaucoup perdu par la révolution, mais aussi n'avons-nous rien gagné ? N'est-ce rien que vingt années de victoires ?

659 Chacun est plus soi, moins ressemblant à son voisin [qu'avant 1789].

Les Natchez, préface

660 Achille n'existe que par Homère. Otez de ce monde l'art d'écrire, il est probable que vous en ôterez la gloire.

première partie, livre VI

661 Nous fûmes conduits jusqu'au père des Français[1]. Surpris de l'air d'esclavage que je remarquais autour de moi, je disais sans cesse [...] : « Où est donc la nation des guerriers libres ! » Nous trouvâmes le soleil assis comme un génie, sur je ne sais quoi qu'on appelait un trône, et qui brillait de toutes parts.

deuxième partie, lettre de René

662 Je m'ennuie de la vie ; l'ennui m'a toujours dévoré : ce qui intéresse les autres hommes ne me touche point [...]. En Europe, en Amérique, la société et la nature m'ont lassé. Je suis vertueux sans plaisir ; si j'étais criminel, je le serais sans remords. Je voudrais n'être pas né ou être à jamais oublié.

Aventures du dernier Abencérage, avertissement

663 On place souvent dans les tableaux quelque personnage difforme pour faire ressortir la beauté des autres ; dans cette nouvelle, j'ai voulu peindre trois hommes d'un caractère également élevé [...]. Il faut au moins que le monde chimérique, quand on s'y transporte, nous dédommage du monde réel.

Aventures du dernier Abencérage

664 Combien j'ai douce souvenance
Du joli lieu de ma naissance !
Ma sœur, qu'ils étaient beaux, les jours
De France !
O mon pays, sois mes amours
Toujours !

Voyage en Amérique, Journal sans date

665 Liberté primitive, je te retrouve enfin ! Je passe comme cet oiseau qui vole devant moi, qui se dirige au hasard, et n'est embarrassé que du choix des ombrages. Me voilà tel que le Tout-Puissant m'a créé, souverain de la nature, porté triomphant sur les eaux [...]. Est-ce sur le front de l'homme de la société, ou sur le mien, qu'est gravé le sceau immortel de notre origine ?

666 Qui dira le sentiment qu'on éprouve en entrant dans ces forêts aussi vieilles que le monde, et qui seules donnent une idée de la création, telle qu'elle sortit des mains de Dieu ?

Mélanges littéraires

667 Ne serait-il pas possible qu'un homme marchant avec précaution entre les deux lignes[2], et se tenant toutefois beaucoup plus près de l'antique que du moderne, parvînt à marier les deux écoles et à en faire sortir le génie d'un nouveau siècle ?

---

1. Louis XIV.
2. Du classicisme et du romantisme.

(Mélanges littéraires)

668 Lorsque, dans le silence de l'abjection, l'on n'entend plus retentir que la chaîne de l'esclave et la voix du délateur; lorsque tout tremble devant le tyran, et qu'il est aussi dangereux d'encourir sa faveur que de mériter sa disgrâce, l'historien paraît, chargé de la vengeance des peuples. C'est en vain que Néron prospère, Tacite est déjà né dans l'empire.

669 [...] abandonnez la petite et facile critique des défauts pour la grande et difficile critique des beautés.

La Monarchie selon la Charte

670 Il ne faut pas être plus royaliste que le roi.

Études historiques, préface

671 Une grande révolution est accomplie, une plus grande révolution se prépare : la France doit recomposer ses annales, pour les mettre en rapport avec les progrès de l'intelligence.

672 L'histoire n'est pas un ouvrage de philosophie, c'est un tableau ; il faut joindre à la narration la représentation de l'objet, c'est-à-dire qu'il faut à la fois dessiner et peindre ; il faut donner aux personnages le langage et les sentiments de leur temps, ne pas les regarder à travers nos propres opinions, principale cause de l'altération des faits.

673 L'histoire aura son Homère comme la poésie[1].

674 Annuler totalement l'individu, ne lui donner que la position d'un chiffre, lequel vient dans la série d'un nombre, c'est lui contester la valeur absolue qu'il possède, indépendamment de sa valeur relative. De même qu'un siècle influe sur un homme, un homme influe sur un siècle.

675 Je pense que l'âge politique du christianisme finit ; que son âge philosophique commence.

676 Ainsi j'amène du pied de la Croix au pied de l'échafaud de Louis XVI les trois vérités qui sont au fond de l'ordre social : la vérité religieuse, la vérité philosophique ou l'indépendance de l'esprit de l'homme, et la vérité politique, ou la liberté. Je cherche à démontrer que l'espèce humaine suit une ligne progressive dans la civilisation, alors même qu'elle semble rétrograder.

677 Bossuet a renfermé les événements dans un cercle rigoureux comme son génie ; tout se trouve emprisonné dans un christianisme inflexible. L'existence de ce cerceau redoutable, où le genre humain tournerait dans une sorte d'éternité sans progrès et sans perfectionnement, n'est heureusement qu'une imposante erreur.

---

1. Augustin Thierry.

Analyse raisonnée de l'histoire de France
première partie

678 Tout arrive par les idées ; elles produisent les faits, qui ne leur servent que d'enveloppe.

deuxième partie

679 Le moyen âge offre un tableau bizarre, qui semble être le produit d'une imagination puissante, mais déréglée.

680 Toute révolution qui n'est pas accomplie dans les mœurs et dans les idées échoue.

681 La morale va au-devant de l'action ; la loi l'attend. Dans l'ordre moral, la mort saisit le crime ; dans l'ordre légal, c'est le crime qui saisit la mort.

682 Les forfaits n'inspirent d'horreur que dans les sociétés au repos ; dans les révolutions, ils font partie de ces révolutions mêmes, desquelles ils sont le drame et le spectacle.

troisième partie

683 Tout ce que produit l'esprit est impérissable comme l'esprit même. Toutes les idées ne sont pas encore engendrées, mais, quand elles naissent, c'est pour vivre sans fin, et elles deviennent le trésor commun de la race humaine.

Les Quatre Stuarts

684 Le temps ne s'arrête point pour admirer la gloire ; il s'en sert et passe outre.

Essai sur la littérature anglaise

685 Le goût est le bon sens du génie.

seconde partie

686 L'école classique, qui ne mêlait pas la vie des auteurs à leurs ouvrages, se privait [...] d'un puissant moyen d'appréciation. Le bannissement de Dante donne une clé de son génie.

687 Écrire est un art ; [...] cet art a des genres [...]. Chaque genre a des règles. Les genres et les règles ne sont point arbitraires, ils sont nés de la nature même ; l'art a seulement séparé ce que la nature a confondu ; il a choisi les plus beaux traits sans s'écarter de la ressemblance du modèle. La perfection ne détruit point la vérité : Racine, dans toute l'excellence de son *art*, est plus *naturel* que Shakespeare.

(Essai sur la littérature anglaise, seconde partie)

688 Cet amour du laid, qui nous a saisis, cette horreur de l'idéal, cette passion pour les bancroches, les culs-de-jatte, les borgnes, les moricauds, les édentés, cette tendresse pour les verrues, les rides, les escarres, les formes triviales, sales, communes, sont une dépravation de l'esprit ; elle ne nous est pas donnée par cette nature dont on parle tant. Lors même que nous aimons une certaine laideur, c'est que nous y trouvons une certaine beauté.

689 Shakespeare est au nombre des cinq ou six écrivains qui ont suffi aux besoins et à l'aliment de la pensée ; ces génies-mères semblent avoir enfanté et allaité tous les autres.

Le Congrès de Vérone, chap. 2

690 En Espagne, que l'on aime ou que l'on haïsse, tuer est naturel ; par la mort, on se flatte d'atteindre à tout.

chap. 51

691 Il n'y a de liberté durable que pour ceux dont le temps a usé les fers.

La Vie de Rancé, avertissement

692 On remarque des traits indécis dans le tableau du *Déluge*, dernier travail de Poussin : ces défauts du temps embellissent le chef-d'œuvre du grand peintre, mais on ne m'excusera pas ; je ne suis pas Poussin, je n'habite point au bord du Tibre, et j'ai un mauvais soleil.

La Vie de Rancé, livre I

693 La vieillesse est une voyageuse de nuit : la terre lui est cachée ; elle ne découvre plus que le ciel.

694 La plus dure des afflictions, le survivre.

695 Les temps de Louis XIV ne rendent pas innocent [...], mais ils agrandissent tout ; placez-la hors de ces temps, que serait-ce aujourd'hui que Ninon [de Lenclos] ?

696 Sociétés depuis longtemps évanouies, combien d'autres vous ont succédé ! les danses s'établissent sur la poussière des morts, et les tombeaux poussent sous les pas de la joie. Nous rions et nous chantons sur les lieux arrosés du sang de nos amis.

697 L'amitié ? Elle disparaît quand celui qui est aimé tombe dans le malheur, ou quand celui qui aime devient puissant. L'amour ? Il est trompé, fugitif ou coupable. La renommée ? Vous la partagerez avec la médiocrité ou le crime.

livre II

698 Quiconque est voué à l'avenir a au fond de sa vie un Roman, pour donner naissance à la légende, mirage de l'histoire.

699 Il sembla jouer à la pénitence pour l'apprendre avant de la pratiquer : on assiste avec intérêt à cette conquête de l'homme sur l'homme.

700 La Révolution, piscine de sang où se lavèrent les immoralités qui avaient souillé la France.

701 Rompre avec les choses réelles, ce n'est rien ; mais avec les souvenirs ! Le cœur se brise à la séparation des songes, tant il y a peu de réalités dans l'homme.

702 Des pays enchantés où rien ne vous attend sont arides.

703 On compte ses aïeux lorsqu'on ne compte plus.

704 En l'exhumant [Retz] de ses *Mémoires,* on a trouvé un mort enterré vivant qui s'était dévoré dans son cercueil.

705 Admirable tremblement du temps ! Souvent les hommes de génie ont annoncé leur fin par des chefs-d'œuvre : c'est leur âme qui s'envole.

706 Rancé, qui s'accotait contre Dieu, acheva son œuvre ; l'abbé de Lamennais s'est incliné sur l'homme : réussira-t-il ? L'homme est fragile et le génie pèse. Le roseau en se brisant peut percer la main qui l'avait pris pour appui.

livre III

707 Le siècle de Louis XIV ne négligeait aucune grandeur ; il s'associait aux victoires d'un reclus comme aux victoires d'un capitaine : Rocroi, pour ce siècle, était partout.

livre IV

708 C'est un caquetage éternel de tabourets dans les *Mémoires* de Saint-Simon. Dans ce caquetage viendraient se perdre les qualités incorrectes du style de l'auteur, mais heureusement il avait un tour à lui ; il écrivait à la diable pour l'immortalité.

709 Pellisson avait aimé Mlle de Scudéry ; il n'était pas beau, elle ne perdit point sa bonne réputation.

710 Les hommes éclatants ont un penchant pour les lieux obscurs.

711 Lorsqu'on descendait de la montagne et que l'on était près d'entrer dans Clairvaux, on reconnaissait Dieu de toutes parts. On trouvait au milieu du jour un silence pareil à celui de la nuit […]. La renommée seule de cette grande aphonie imprimait une telle révérence que les séculiers craignaient de dire une parole.

(La Vie de Rancé, livre IV)

712 [Rancé] arrive devant le public sans daigner lui apprendre ce qu'il est ; la créature ne vaut pas la peine qu'on s'explique devant elle : il renferme en lui-même son histoire, qui lui retombe sur le cœur.

713 Cette langue du XVIIᵉ siècle mettait à la disposition de l'écrivain, sans effort et sans recherche, la force, la précision et la clarté, en laissant à l'écrivain la liberté du tour et le caractère de son génie.

714 On rougit en pensée des folies que l'on a confiées au papier ; on voudrait pouvoir retirer ses lettres et les jeter au feu. Qu'est-il survenu ? Est-ce un nouvel attachement qui commence ou un vieil attachement qui finit ? N'importe : c'est l'amour qui meurt avant l'objet aimé.

715 Il est une exception à cette infirmité des choses humaines ; il arrive quelquefois que dans une âme forte un amour dure assez pour se transformer en amitié passionnée, pour devenir un devoir, pour prendre les qualités de la vertu ; alors il perd sa défaillance de nature et vit de ses principes immortels.

716 Sa morale tombait dans ces méprises de notre poésie, qui ne parle que de la cruauté des tigres dans des forêts où nous n'apercevons que des chevreuils.

717 La musique tient le milieu entre la nature matérielle et la nature intellectuelle ; elle peut dépouiller l'amour de son enveloppe terrestre ou donner un corps à l'ange : selon les dispositions de celui qui écoute, ses accords sont des pensées ou des caresses.

718 Les générations se disent héritières des grandeurs qui les ont précédées ; les barbares méprisaient souverainement ces Romains qui prétendaient descendre des légions de l'Empire, parce qu'ils traversaient les voies romaines que ces légions avaient construites et foulées.

719 Telle est la fatalité chrétienne : la fatalité antique vient de l'objet extérieur, la fatalité chrétienne vient de l'homme ; je veux dire que le chrétien crée la nécessité par sa vertu ; il ne détruit pas le mal ; il en est le maître.

720 Tel fut Rancé. Cette vie ne satisfait pas, il y manque le printemps : l'aubépine a été brisée lorsque ses bouquets commençaient à paraître.

721 Ce siècle est devenu immobile comme tous les grands siècles ; il s'est fait le contemporain des âges qui l'ont suivi. On ne voit pas tomber quelques pierres de l'édifice sans un sentiment de douleur. Quand Louis XIV descend le dernier au cercueil, on est atteint d'un inconsolable regret.

Mémoires d'outre-tombe
préface testamentaire de 1833

722 Mon berceau a de ma tombe, ma tombe a de mon berceau.

723 La vie me sied mal; la mort m'ira peut-être mieux.

avant-propos de 1846

724 La mort ne révèle point les secrets de la vie.

première partie, livre I, chap. 1

725 Il devient d'usage de déclarer [...] qu'on a l'honneur d'être fils d'un homme attaché à la glèbe. Ces déclarations sont-elles aussi fières que philosophiques? N'est-ce pas se ranger du parti du plus fort?

chap. 4

726 C'est par la mort qu'on arrive à la présence de Dieu.

chap. 7

727 Le vrai bonheur coûte peu; s'il est cher, il n'est pas d'une bonne espèce.

livre II, chap. 1

728 La mémoire est souvent la qualité de la sottise; elle appartient généralement aux esprits lourds, qu'elle rend plus pesants par le bagage dont elle les surcharge. Et néanmoins, sans la mémoire, que serions-nous? Nous oublierions nos amitiés, nos amours, nos plaisirs, nos affaires; le génie ne pourrait rassembler ses idées; le cœur le plus affectueux perdrait sa tendresse.

chap. 2

729 L'adversité est pour moi ce qu'était la terre pour Antée; je reprends des forces dans le sein de ma mère. Si jamais le bonheur m'avait enlevé dans ses bras, il m'eût étouffé.

chap. 3

730 Après le malheur de naître, je n'en connais pas de plus grand que celui de donner le jour à un homme.

chap. 4

731 A tous les âges de ma vie, il n'y a point de supplice que je n'eusse préféré à l'horreur d'avoir à rougir devant une créature vivante.

732 La mort est belle, elle est notre amie; néanmoins, nous ne la reconnaissons pas, parce qu'elle se présente à nous masquée et que son masque nous épouvante.

(Mémoires d'outre-tombe, première partie, livre II)
chap. 8

733　Plus semblable au reste des hommes, j'eusse été plus heureux : celui qui, sans m'ôter l'esprit, fût parvenu à tuer ce qu'on appelle mon talent, m'aurait traité en ami.

734　J'ai en moi une impossibilité d'obéir.

livre III, chap. 1

735　J'ai vu de près les rois, et mes illusions politiques se sont évanouies.

chap. 5

736　Tout devint passion chez moi, en attendant les passions mêmes.

737　J'étais agité d'un désir de bonheur que je ne pouvais ni régler ni comprendre ; mon esprit et mon cœur s'achevaient de former comme deux temples vides, sans autels et sans sacrifices ; on ne savait encore quel Dieu y serait adoré.

chap. 9

738　Tous mes jours sont des adieux.

chap. 14

739　L'homme qui attente à ses jours montre moins la vigueur de son âme que la défaillance de sa nature.

chap. 16

740　L'homme n'a pas une seule et même vie ; il en a plusieurs mises bout à bout, et c'est sa misère.

livre IV, chap. 2

741　Qu'importe que j'aie tracé des images plus ou moins brillantes de la religion, si mes passions jettent une ombre sur ma foi !

chap. 6

742　Il n'est que deux choses vraies : la religion avec l'intelligence, l'amour avec la jeunesse […] : le reste n'en vaut pas la peine.

chap. 12

743　Notre existence est d'une telle fuite que, si nous n'écrivons pas le soir l'événement du matin, le travail nous encombre et nous n'avons plus le temps de le mettre à jour.

chap. 13

744　La Révolution m'aurait entraîné, si elle n'eût débuté par des crimes : je vis la première tête portée au bout d'une pique, et je reculai. Jamais le meurtre ne sera à mes yeux un objet d'admiration et un argument de liberté ; je ne connais rien de plus servile, de plus méprisable, de plus lâche, de plus borné qu'un terroriste.

livre V, chap. 1

745 A toutes les époques historiques, il existe un esprit-principe.

746 Toute opinion meurt impuissante ou frénétique, si elle n'est logée dans une assemblée qui la rend pouvoir, la munit d'une volonté, lui attache une langue et des bras. C'est et ce sera toujours par des corps légaux ou illégaux qu'arrivent et arriveront les révolutions.

chap. 6

747 Religion à part, le bonheur est de s'ignorer et d'arriver à la mort sans avoir senti la vie.

chap. 7

748 Dans les grandes transformations sociales, les résistances individuelles, honorables pour les caractères, sont impuissantes contre les faits.

chap. 9

749 La liberté qui capitule, ou le pouvoir qui se dégrade, n'obtient point merci de ses ennemis.

750 J'eus horreur des festins de cannibales[1], et l'idée de quitter la France pour quelque pays lointain germa dans mon esprit.

chap. 12

751 Il ne restera que trois hommes, chacun d'eux attaché à chacune des trois grandes époques révolutionnaires, Mirabeau pour l'aristocratie, Robespierre pour la démocratie, Bonaparte pour le despotisme ; la monarchie restaurée n'a rien : la France a payé cher trois renommées que ne peut avouer la vertu.

chap. 14

752 Les moments de crise produisent un redoublement de vie chez les hommes.

753 De chrétien zélé que j'avais été, j'étais devenu un esprit fort, c'est-à-dire un esprit faible.

livre VI, chap. 6

754 L'homme, chaque soir, en se couchant, peut compter ses pertes : il n'y a que ses ans qui ne le quittent point, bien qu'ils passent.

---

1. En juillet 1789.

(Mémoires d'outre-tombe, première partie, livre VI)
chap. 7

755 J'admirais beaucoup les républiques, bien que je ne les crusse pas possibles à l'époque du monde où nous étions parvenus : je connaissais la liberté à la manière des anciens, la liberté fille des mœurs dans une société naissante ; mais j'ignorais la liberté fille des lumières et d'une vieille civilisation, liberté dont la république représentative a prouvé la réalité.

756 La grandeur de l'âme ou celle de la fortune ne m'imposent point ; j'admire la première sans être écrasé ; la seconde m'inspire plus de pitié que de respect : visage d'homme ne me troublera jamais.

livre VII, chap. 7

757 Alexandre créait des villes partout où il courait : j'ai laissé des songes partout où j'ai traîné ma vie.

chap. 11

758 L'immobilité politique est impossible ; force est d'avancer avec l'intelligence humaine.

livre VIII, chap. 4

759 Je descendrai aux Champs-Élysées avec plus d'ombres qu'homme n'en a ; mais emmené avec soi.

760 Hors en religion, je n'ai aucune croyance.

761 Tout me lasse : je remorque avec peine mon ennui avec mes jours, et je vais partout bâillant ma vie.

chap. 5

762 Parti pour être voyageur en Amérique, revenu pour être soldat en Europe, je ne fournis jusqu'au bout ni l'une ni l'autre de ces carrières : un mauvais génie m'arracha le bâton et l'épée, et me mit la plume à la main.

763 L'Américain a remplacé les opérations intellectuelles par les opérations positives ; ne lui imputez pas à infériorité sa médiocrité dans les arts, car ce n'est pas de ce côté qu'il a porté son attention.

chap. 6

764 Ce qui convient à la complexion d'une société libre, c'est un état de paix modéré par la guerre, et un état de guerre attrempé de paix.

livre IX, chap. 1

765 La menace du plus fort me fait toujours passer du côté du plus faible.

chap. 2

766 Les Conventionnels [...] faisaient couper le cou à leurs voisins avec une extrême sensibilité, pour le plus grand bonheur de l'espèce humaine.

chap. 3

767 Presque toujours, en politique, le résultat est contraire à la prévision.

768 Les infirmités de l'âme et du corps ont joué un rôle dans nos troubles; l'amour-propre en souffrance a fait de grands révolutionnaires.

chap. 4

769 Comme des crimes se sont trouvés mêlés à un grand mouvement social, on s'est, très mal à propos, figuré que ces crimes avaient produit les grandeurs de la Révolution.

770 Les coupables à imagination comme Danton semblent, en raison même de l'exagération de leurs dits et déportements, plus pervers que les coupables de sang-froid, et, dans le fait, ils le sont moins.

771 Il paraît qu'on n'apprend pas à mourir en tuant les autres.

chap. 8

772 Il est curieux d'entendre aujourd'hui d'ignorants philosophes et des démocrates bavards crier contre les religieux, comme si ces prolétaires enfroqués, ces ordres mendiants à qui nous devons presque tout, avaient été des gentilshommes.

livre X, chap. 3

773 Dans le cœur humain, les plaisirs ne gardent pas entre eux les relations que les chagrins y conservent : les joies nouvelles ne font point printaner les anciennes joies, mais les douleurs récentes font reverdir les vieilles douleurs.

774 Ce qui enchante dans l'âge des liaisons devient dans l'âge délaissé un objet de souffrance et de regrets.

chap. 7

775 La vie, sans les maux qui la rendent grave, est un hochet d'enfant.

chap. 9

776 Il ne manque à l'amour que la durée pour être à la fois l'Eden avant la chute et l'Hosanna sans fin. Faites que la beauté reste, que la jeunesse demeure, que le cœur ne se puisse lasser, et vous reproduirez le ciel.

chap. 10

777 Une passion vraie et malheureuse est un levain empoisonné qui reste au fond de l'âme et qui gâterait le pain des anges.

(Mémoires d'outre-tombe, première partie)
livre XI, chap. 1

778 Comme je ne crois à rien, excepté en religion, je me défie de tout : la malveillance et le dénigrement sont les deux caractères de l'esprit français ; la moquerie et la calomnie, le résultat certain d'une confidence.

chap. 6

779 Douce, patriarcale, innocente, honorable amitié de famille, votre siècle est passé ! On ne tient plus au sol par une multitude de fleurs, de rejetons et de racines ; on naît et l'on meurt maintenant un à un.

livre XII, chap. 2

780 L'on ne vit que par le style. [...] L'ouvrage le mieux composé, orné de portraits d'une bonne ressemblance, rempli de mille autres perfections, est mort-né si le style manque. Le style, et il y en a de mille sortes, ne s'apprend pas ; c'est le don du ciel, c'est le talent.

781 Il est moins facile de régler le cœur que de le troubler.

chap. 4

782 On soutient que les beautés réelles sont de tous les temps, de tous les pays : oui, les beautés de sentiment et de pensée ; non, les beautés de style.

deuxième partie, livre XIII, chap. 2

783 Comment renouer avec quelque ardeur la narration d'un sujet rempli jadis pour moi de passion et de feu, quand ce ne sont plus des vivants avec qui je vais m'entretenir, quand il s'agit de réveiller des effigies glacées au fond de l'Éternité, de descendre dans un caveau funèbre pour y jouer à la vie ? [...] Il ne suffit pas de dire aux songes, aux amours : « Renaissez ! » pour qu'ils renaissent ; on ne se peut ouvrir la région des ombres qu'avec le rameau d'or, et il faut une jeune main pour le cueillir.

chap. 5

784 De jour en jour[1] s'accomplissait la métamorphose des républicains en impérialistes et de la tyrannie de tous dans le despotisme d'un seul.

chap. 6

785 *Atala* tombant au milieu de la littérature de l'Empire, de cette école classique, vieille rajeunie dont la seule vue inspirait l'ennui, était une sorte de production d'un genre inconnu.

chap. 7

786 Quand il [le moraliste Joubert] lisait, il déchirait de ses livres les feuilles qui lui déplaisaient, ayant, de la sorte, une bibliothèque à son usage, composée d'ouvrages évidés renfermés dans des couvertures trop grandes.

1. En 1800.

787 Platon à cœur de La Fontaine, il [Joubert] s'était fait l'idée d'une perfection qui l'empêchait de rien achever.

chap. 9

788 L'aiguille ne revient point à l'heure qu'on voudrait ramener.

chap. 10

789 Les sentiments généraux qui composent le fond de l'humanité, la tendresse paternelle et maternelle, la piété filiale, l'amitié, l'amour, sont inépuisables ; mais les manières particulières de sentir, les individualités d'esprit et de caractère, ne peuvent s'étendre et se multiplier dans de grands et nombreux tableaux. Les petits coins non découverts du cœur de l'homme sont un champ étroit ; il ne reste rien à recueillir dans ce champ après la main qui l'a moissonné la première.

790 Les diverses combinaisons abstraites ne font que substituer aux mystères chrétiens des mystères encore plus incompréhensibles.

chap. 11

791 *Le Génie du Christianisme* étant encore à faire, je le composerais tout différemment qu'il est : au lieu de rappeler les bienfaits et les institutions de notre religion au passé, je ferais voir que le christianisme est la pensée de l'avenir et de la liberté humaine ; que cette pensée rédemptrice et messie est le seul fondement de l'égalité sociale ; qu'elle seule la peut établir, parce qu'elle place auprès de cette égalité la nécessité du devoir, correctif et régulateur de l'instinct démocratique.

livre XIV, chap. 2

792 Il y a beaucoup de songes dans le premier enivrement de la renommée, et les yeux se remplissent d'abord avec délices de la lumière qui se lève ; mais que cette lumière s'éteigne, elle vous laisse dans l'obscurité ; si elle dure, l'habitude de la voir vous y rend bientôt insensible.

793 La mer, qui ne marche point, est la source de mythologie comme l'océan, qui se lève deux fois le jour, est l'abîme, auquel a dit Jéhovah : « Tu n'iras pas plus loin. »

794 Tout est usé aujourd'hui, même le malheur.

chap. 6

795 Tel est le danger des lettres : le désir de faire du bruit l'emporte sur les sentiments généreux.

chap. 7

796 Rome païenne s'enfonce de plus en plus dans ses tombeaux, et Rome chrétienne redescend peu à peu dans ses catacombes.

(Mémoires d'outre-tombe, deuxième partie, livre XIV)

chap. 8

797 Toutes les opinions politiques de la terre seraient trop payées par le sacrifice d'une heure d'une sincère amitié.

livre XV, chap. 6

798 Chaque homme renferme en soi un monde à part, étranger aux lois et aux destinées générales des siècles.

chap. 7

799 Dans nos infirmités volages, nous ne pouvons employer que des mots déjà usés par nous dans nos anciens attachements. Il est cependant des paroles qui ne devraient servir qu'une fois.

livre XVI, chap. 1

800 En osant quitter Bonaparte, je m'étais placé à son niveau.

chap. 7

801 Si Bonaparte n'eût pas tué le duc d'Enghien, [...] ma vie, rangée parmi celles qu'on appelle heureuses, eût été privée de ce qui en a fait le caractère et l'honneur : la pauvreté, le combat et l'indépendance.

chap. 9

802 Tout crime porte en soi une incapacité radicale et un germe de malheur : pratiquons donc le bien pour être heureux, et soyons justes pour être habiles.

livre XVII, chap. 3

803 Si l'homme est ingrat, l'humanité est reconnaissante.

804 Ne disputons à personne ses souffrances ; il en est des douleurs comme des patries, chacun a la sienne.

livre XVIII, chap. 4

805 Les révolutions [...] se sont étendues sur la Grèce, la Syrie, l'Égypte. Un nouvel Orient va-t-il se former ? Qu'en sortira-t-il ? Recevrons-nous le châtiment mérité d'avoir appris l'art moderne des armes à des peuples dont l'état social est fondé sur l'esclavage et la polygamie ? Avons-nous porté la civilisation au-dehors, ou avons-nous amené la barbarie dans l'intérieur de la chrétienté ?

chap. 5

806 Du vivant d'Hippocrate, il y avait disette de morts aux enfers, dit l'épigramme ; grâce à nos Hippocrates modernes, il y a aujourd'hui abondance.

chap. 9

807 Mes actes ont été de l'ancienne cité, mes pensées de la nouvelle ; les premiers de mon devoir, les derniers de ma nature.

808 Les langues ne suivent le mouvement de la civilisation qu'avant l'époque de leur perfectionnement ; parvenues à leur apogée, elles restent un moment stationnaires, puis elles descendent sans pouvoir remonter.

troisième partie, livre XIX, chap. 1

809 La jeunesse est une chose charmante ; elle part au commencement de la vie couronnée de fleurs comme la flotte athénienne pour aller conquérir la Sicile et les délicieuses campagnes d'Enna.

810 Si parfois je fais encore entendre les accords de la lyre, ce sont les dernières harmonies du poète qui cherche à se guérir de la blessure des flèches du temps, ou à se consoler de la servitude des années.

811 Cette vieille Europe pensait ne combattre que la France ; elle ne s'apercevait pas qu'un siècle nouveau marchait sur elle.

chap. 9

812 Quels que soient les efforts de la démocratie pour rehausser ses mœurs par le grand but qu'elle se propose, ses habitudes abaissent ses mœurs.

livre XX, chap. 10

813 Turenne en savait autant que Bonaparte, mais il n'était pas maître absolu et ne disposait pas de quarante millions d'hommes. Tôt ou tard, il faudra rentrer dans la guerre civilisée que savait encore Moreau, guerre qui laisse les peuples en repos tandis qu'un petit nombre de soldats font leur devoir [...]

chap. 11

814 L'empereur s'était transformé en un monarque de vieille race qui s'attribue tout, qui ne parle que de lui, qui croit récompenser ou punir en disant qu'il est satisfait ou mécontent.

livre XXI, chap. 4

815 Pour moi, la terre fût-elle un globe explosible, je n'hésiterais pas à y mettre le feu s'il s'agissait de délivrer mon pays.

816 Moscou chancelait, silencieuse, devant l'étranger ; trois jours après, elle avait disparu ; la Circassienne du Nord, la belle fiancée, s'était couchée sur son bûcher funèbre.

(Mémoires d'outre-tombe, troisième partie, livre XXI)
chap. 5

817 Il n'y a peut-être que moi qui, dans les soirées d'automne, en regardant voler au haut du ciel les oiseaux du Nord, me souvienne qu'ils ont vu la tombe de nos compatriotes. Des compagnies industrielles se sont transportées au désert avec leurs fourneaux et leurs chaudières; les os ont été convertis en noir animal [...]

818 Hors de la religion, de la justice et de la liberté, il n'y a point de droits.

livre XXII, chap. 7

819 C'était dans le sang que Bonaparte était accoutumé à laver le linge des Français.

chap. 15

820 Louis XVIII déclara que ma brochure [De Buonaparte et des Bourbons] lui avait plus profité qu'une armée de cent mille hommes.

821 La postérité n'est pas aussi équitable dans ses arrêts qu'on le dit.

chap. 21

822 Nous sommes revenus au temps de Babel; mais on ne travaille plus à un monument commun de confusion: chacun bâtit sa tour à sa propre hauteur.

chap. 25

823 Tout est-il vide et absence dans la région des sépulcres? [...] Qui sait les passions, les plaisirs, les embrassements de ces morts?

livre XXIII, chap. 5

824 Un homme vous protège par ce qu'il vaut, une femme par ce que vous valez: voilà pourquoi, de ces deux empires, l'un est si odieux, l'autre si doux.

825 Les chimères sont comme la torture: ça fait toujours passer une heure ou deux. J'ai souvent mené en main, avec une bride d'or, de vieilles rosses de souvenirs qui ne pouvaient se tenir debout, et que je prenais pour de jeunes et fringantes espérances.

chap. 6

826 L'âme supérieure n'est pas celle qui pardonne, c'est celle qui n'a pas besoin de pardon.

chap. 7

827 On dirait que nul ne peut devenir mon compagnon s'il n'a passé à travers la tombe, ce qui me porte à croire que je suis un mort.

chap. 12

828 Je vous fais voir l'envers des événements, que l'histoire ne montre pas.

829 Le despotisme muselle les masses et affranchit les individus dans une certaine limite ; l'anarchie déchaîne les masses, et asservit les indépendances individuelles. De là, le despotisme ressemble à la liberté, quand il succède à l'anarchie ; il reste ce qu'il est véritablement quand il remplace la liberté.

chap. 16

830 Auditeur silencieux et solitaire du formidable arrêt des destinées[1], j'aurais été moins ému si je m'étais trouvé dans la mêlée [...]

chap. 19

831 La plupart des hommes ont le défaut de se trop compter ; j'ai le défaut de ne me pas compter assez.

livre XXIV, chap. 6

832 Les Français vont instinctivement au pouvoir ; ils n'aiment point la liberté ; l'égalité seule est leur idole.

chap. 7

833 Le tort que la vraie philosophie ne pardonnera pas à Bonaparte, c'est d'avoir façonné la société à l'obéissance passive, repoussé l'humanité vers les temps de dégradation morale [...]

chap. 8

834 Bonaparte n'est plus le vrai Bonaparte, c'est une figure légendaire composée des lubies du poète, des devis du soldat et des contes du peuple.

chap. 10

835 Plus le visage est sérieux, plus le sourire est beau.

chap. 12

836 La destinée de Napoléon était une muse, comme toutes les hautes destinées. Cette muse sut changer un dénouement avorté en une péripétie qui renouvelait son héros.

chap. 14

837 Bien de petits hommes à qui j'ai rendu de grands services ne m'ont pas jugé si favorablement que le géant dont j'avais osé attaquer la puissance.

---

1. Waterloo.

(Mémoires d'outre-tombe, troisième partie)
livre XXV, chap. 1

838 Retomber de Bonaparte et de l'Empire à ce qui les a suivis, c'est tomber de la réalité dans le néant.

chap. 9

839 Ce qui est vil n'a pas le pouvoir d'avilir; l'honneur seul peut infliger le déshonneur.

chap. 10

840 Ce n'est pas de tuer l'innocent comme innocent qui perd la société, c'est de le tuer comme coupable.

livre XXVI, chap. 1

841 Le protestantisme n'est en religion qu'une hérésie illogique; en politique, qu'une révolution avortée.

chap. 3

842 Le sommeil dévore l'existence, c'est ce qu'il y a de bon.

chap. 9

843 Les vivants ne peuvent rien apprendre aux morts; les morts, au contraire, instruisent les vivants.

chap. 11

844 J'ai peur maintenant des sensations: [...] mon sang, ayant un chemin moins long à parcourir, se précipite dans mon cœur avec une affluence si rapide que ce vieil organe de mes plaisirs et de mes douleurs palpite comme prêt à se briser.

845 Les hommes désormais, pris ensemble comme public (et cela pour plusieurs siècles) seront pitoyables.

livre XXVIII, chap. 11

846 Un mystérieux nuage couvre toujours les affaires des Jésuites.

chap. 17

847 Le ciel fait rarement naître ensemble l'homme qui veut et l'homme qui peut.

848 Je suis sujet à faillir; je n'ai point la perfection évangélique: si un homme me donnait un soufflet, je ne tendrais pas l'autre joue.

849 L'homme sage et inconsolé de ce siècle sans conviction ne rencontre un misérable repos que dans l'athéisme politique.

livre XXIX, chap. 1

850 Quelle puissance ennemie coupe et gaspille ainsi nos jours, les prodigue ironiquement à toutes les indifférences appelées attachements [...] ! Puis, par une autre dérision, quand elle en a flétri et dépensé la partie la plus précieuse, elle vous ramène au point de départ de vos courses.

851 Montaigne dit que les hommes vont béant aux choses futures ; j'ai la manie de béer aux choses passées. Tout est plaisir, surtout lorsque l'on tourne les yeux sur les premières années de ceux que l'on chérit.

chap. 20

852 Rien [...] n'est plus malheureux que d'inspirer à des caractères mobiles ces résolutions énergiques qu'ils sont incapables de tenir.

chap. 21

853 Moi, l'homme de toutes les chimères, j'ai la haine de la déraison, l'abomination du nébuleux et le dédain des jongleries ; on n'est pas parfait.

chap. 22

854 Quand on s'est rejoint à sa destinée, on croit ne l'avoir jamais quittée.

chap. 23

855 En approchant de ma fin, il me semble que tout ce qui m'a été cher m'a été cher dans madame Récamier, et qu'elle était la source cachée de mes affections [...]. Elle règle mes sentiments, de même que l'autorité du ciel a mis le bonheur, l'ordre et la paix dans mes devoirs.

livre XXX, chap. 6

856 Je voudrais être né artiste : la solitude, l'indépendance, le soleil parmi des ruines et des chefs-d'œuvre me conviendraient.

chap. 8

857 Loin de mépriser le passé, nous devrions, comme le font tous les peuples, le traiter en vieillard vénérable qui raconte à nos foyers ce qu'il a vu [...]. Il nous instruit et nous amuse par ses récits, ses idées, son langage, ses manières, ses habits d'autrefois.

chap. 12

858 Prétendre civiliser la Turquie en lui donnant des bateaux à vapeur et des chemins de fer, en disciplinant ses armées, en lui apprenant à manœuvrer ses flottes, ce n'est pas étendre la civilisation en Orient, c'est introduire la barbarie en Occident : des Ibrahim futurs pourront amener l'avenir au temps de Charles-Martel [...]

(Mémoires d'outre-tombe, troisième partie)
livre XXXI, chap. 8

859 On transmet son sang, on ne transmet pas son génie.

livre XXXII, chap. 8

860 La presse est un élément jadis ignoré, une force jadis inconnue [...] ; c'est la parole à l'état de foudre ; c'est l'électricité sociale. [...] Plus vous prétendez la comprimer, plus l'explosion sera violente. Il faut donc vous résoudre à vivre avec elle.

livre XXXIV, chap. 4

861 Dans les querelles armées, il y a des philanthropes qui distinguent les espèces et sont prêts à se trouver mal au seul nom de « guerre civile » : « Des compatriotes qui se tuent ! des frères, des pères, des fils, en face les uns des autres ! » Tout cela est fort triste sans doute ; cependant un peuple s'est souvent retrempé et régénéré dans les discordes intestines. Il n'a jamais péri par une guerre civile, et il a souvent disparu dans des guerres étrangères.

chap. 7
*(extrait d'un discours prononcé par Chateaubriand
à la Chambre des Pairs, le 7 août 1830)*

862 La liberté ne découle pas du droit politique, comme on le supposait au XVIIIe siècle ; elle vient du droit naturel, ce qui fait qu'elle existe dans toutes les formes de gouvernement et qu'une monarchie peut être libre et beaucoup plus libre qu'une république.

chap. 9

863 C'est le devoir qui crée le droit et non le droit qui crée le devoir.

chap. 10

864 Fasse le ciel que ces intérêts industriels dans lesquels nous devons trouver une prospérité d'un genre nouveau ne trompent personne, qu'ils soient aussi féconds, aussi civilisateurs que ces intérêts moraux d'où sortit l'ancienne société !

quatrième partie, livre XXXV, chap. 1

865 J'appellerai beaucoup de songes à mon secours, pour me défendre contre cette horde de vérités qui s'engendrent dans les vieux jours.

chap. 3
*(extrait d'une brochure écrite en 1830 :
De la Restauration et de la Monarchie élective)*

866 Il y a des hommes qui, après avoir prêté serment à la République une et indivisible, au Directoire en cinq personnes, au Consulat en trois, à l'Empire en une seule, à la première Restauration, à l'Acte additionnel aux constitutions de l'Empire, à la seconde Restauration, ont encore quelque chose à prêter à Louis-Philippe ; je ne suis pas si riche.

chap. 6
(lettre du 18 juin 1831 à Mme Récamier)

867 Je m'ennuie ; c'est ma nature, et je suis comme un poisson dans l'eau ; si pourtant l'eau était un peu moins profonde, je m'y plairais peut-être mieux.

chap. 8

868 Trompez-moi bien, et je vous tiens quitte du reste. La vie est-elle autre chose qu'un mensonge ?

chap. 13
(lettre à la duchesse de Berry)

869 Les sociétés secrètes ont seules une longue portée, parce qu'elles procèdent par révolution et non par conspiration ; elles visent à changer les doctrines, les idées et les mœurs avant de changer les hommes et les choses.

livre XXXVI, chap. 27

870 Entre les royalistes et moi il y a quelque chose de glacé : nous désirons le même roi ; à cela près, la plupart de nos vœux sont opposés.

livre XXXVII, chap. 1

871 Je ne sais rire que des lèvres ; j'ai le « spleen », tristesse physique, véritable maladie.

chap. 11

872 Jadis, j'étais fort lié avec mon corps ; je lui conseillais de vivre sagement, afin de se montrer tout gaillard et tout ravigoté dans une quarantaine d'années. Il se moquait des serments de mon âme, s'obstinait à se divertir [...]. Et il se donnait du bonheur par-dessus la tête.
Je suis donc obligé de le prendre tel qu'il est maintenant.

livre XXXVIII, chap. 13

873 Tout en reconnaissant les avantages immenses de la loi salique, je ne me dissimulais pas que la durée de race a quelques graves inconvénients pour les peuples et pour les rois : pour les peuples, parce qu'elle mêle trop leur destinée avec celles des rois ; pour les rois, parce que le pouvoir permanent les enivre [...]. Le malheur ne leur apprend rien ; l'adversité n'est qu'une plébéienne grossière qui leur manque de respect, et les catastrophes ne sont pour eux que des insolences.

874 La méprise de beaucoup est de se persuader [...] que le genre humain est toujours dans sa place primitive ; ils confondent les *passions* et les *idées :* les premières sont les mêmes dans tous les siècles, les secondes changent avec la succession des âges.

(Mémoires d'outre-tombe, quatrième partie)
livre XXXIX, chap. 5

875 Qu'elle est admirable cette nuit, dans la campagne romaine! [...] Législatrice du monde, Rome, assise sur la pierre de son sépulcre, avec sa robe de siècles, projette le dessin irrégulier de sa grande figure dans la solitude lactée.

livre XL, chap. 1 (lettre de 1833 à Madame la Dauphine)

876 Les gouvernements absolus, qui établissent des télégraphes, des chemins de fer, des bateaux à vapeur, et qui veulent en même temps retenir les esprits au niveau des dogmes politiques du XIVe siècle, sont inconséquents ; à la fois progressifs et rétrogrades, ils se perdent dans la confusion [...]. On ne peut séparer le principe industriel du principe de la liberté.

livre XLI, chap. 2

877 Aux yeux de l'avenir, il n'y a de beau que les existences malheureuses.

livre XLII, chap. 2

878 Le Français, si amoureux des femmes, se passe très bien d'elles dans une multitude de soins et de travaux ; l'Allemand ne peut vivre sans sa compagne.

livre XLIII, chap. 1

879 Le parti démocratique est seul en progrès parce qu'il marche vers le monde futur ; à moins toutefois que ce parti ne soit trop décomposé pour y parvenir.

chap. 7

880 Il va naître incessamment un Évangile nouveau fort au-dessus des lieux communs de cette sagesse de convention laquelle arrête les progrès de l'espèce humaine et la réhabilitation de ce pauvre corps, si calomnié par l'âme. Quand les femmes courront les rues ; quand il suffira, pour se marier, d'ouvrir une fenêtre et d'appeler Dieu aux noces comme témoin, prêtre et convive ; alors toute prudence sera détruite ; il y aura des épousailles partout, et l'on s'élèvera, de même que les colombes, à la hauteur de la nature.

livre XLIV, chap. 2

881 Le vieil ordre européen expire.

chap. 3

882 ... Pour ne toucher qu'un point entre mille, la propriété, par exemple, restera-t-elle distribuée comme elle l'est? [...]. Un état politique où des individus ont des millions de revenu, tandis que d'autres individus meurent de faim, peut-il subsister quand la religion n'est plus là avec ses espérances hors de ce monde pour expliquer le sacrifice?

chap. 4

883 Si le sens moral se développait en raison du développement de l'intelligence, il y aurait contrepoids et l'humanité grandirait, mais il arrive tout le contraire : la perception du bien et du mal s'obscurcit à mesure que l'intelligence s'éclaire ; la conscience se rétrécit à mesure que les idées s'élargissent.

chap. 5

884 Les excès de la liberté mènent au despotisme ; mais les excès de la tyrannie ne mènent qu'à la tyrannie.

885 L'homme n'a pas besoin de voyager pour s'agrandir ; il porte avec lui l'immensité.

886 Quelle serait une société universelle qui n'aurait point de pays particulier, qui ne serait ni française, ni anglaise, ni allemande, ni espagnole, ni portugaise, ni italienne, ni russe, ni tartare, ni turque, ni persane, ni indienne, ni chinoise, ni américaine, ou plutôt qui serait à la fois toutes ces sociétés ? Qu'en résulterait-il pour ses mœurs, ses sciences, ses arts, sa poésie ? [...] Comment entrerait dans le langage cette confusion de besoins et d'images produits des divers soleils qui auraient éclairé une jeunesse, une virilité et une vieillesse communes ? Et quel serait ce langage ? De la fusion des sociétés résultera-t-il un idiome universel, ou y aura-t-il un dialecte de transaction servant à l'usage journalier, tandis que chaque nation parlerait sa propre langue, ou bien des langues diverses seraient-elles entendues de tous ? [...] Comment trouver place sur une terre agrandie par la puissance d'ubiquité, et rétrécie par les petites proportions d'un globe souillé partout ? Il ne resterait qu'à demander à la science le moyen de changer de planète.

chap. 6

887 Sans la propriété individuelle, nul n'est affranchi ; quiconque n'a pas de propriété ne peut être indépendant ; il devient prolétaire ou salarié [...]

chap. 7

888 Dans toutes les hypothèses, les améliorations que vous désirez, vous ne les pouvez tirer que de l'Évangile.

889 Ma conviction religieuse, en grandissant, a dévoré mes autres convictions ; il n'est ici-bas chrétien plus croyant et homme plus incrédule que moi.

890 Les gouvernements passeront, le mal moral disparaîtra, la réhabilitation annoncera la consommation des siècles de mort et d'oppression nés de la chute.

(Mémoires d'outre-tombe, quatrième partie, livre XLIV)
chap. 8

891 J'ai [...] aidé à conquérir celle de nos libertés qui les vaut toutes, la liberté de la presse.

892 A compter du règne de Louis XIV, nos écrivains ont trop souvent été des hommes isolés, dont les talents pouvaient être l'expression de l'esprit, non des faits de leur époque.

893 J'ai fait de l'histoire et je la pouvais écrire.

894 Je me suis rencontré entre deux siècles comme au confluent de deux fleuves ; j'ai plongé dans leurs eaux troublées, m'éloignant à regret du vieux rivage où je suis né, nageant avec espérance vers une rive inconnue.

chap. 9

895 Grâce à l'exorbitance de mes années, mon monument est achevé. Ça m'est un grand soulagement ; je sentais quelqu'un qui me poussait : le patron de la barque sur laquelle ma place est retenue m'avertissait qu'il ne me restait qu'un moment pour monter à bord.

896 Le monde ne saurait changer de face sans qu'il y ait douleur. Mais, encore un coup, ce ne seront point des révolutions à part ; ce sera la grande révolution allant à son terme. Les scènes de demain ne me regardent plus ; elles appellent d'autres peintres : à vous, messieurs.

897 Je vois les reflets d'une aurore dont je ne verrai pas se lever le soleil. Il ne me reste qu'à m'asseoir au bord de ma fosse ; après quoi je descendrai hardiment, le crucifix à la main, dans l'éternité.

Antoine FABRE D'OLIVET 1768-1825

Les Vers dorés de Pythagore

898 L'homme développe, perfectionne ou déprave mais il ne crée rien.

La Langue hébraïque restituée

899 Ne craignons point d'annoncer cette importante vérité : toutes les langues que les hommes parlent et qu'ils ont parlées sur la face de la terre, et la masse incalculable de mots qui entrent ou sont entrés dans la composition de ces langues ont pris naissance dans un très petit nombre de signes radicaux.

900 Les langues particulières ne sont que les dialectes d'une Langue universelle, fondée sur la nature, et dont une étincelle de la Parole divine anime les éléments. On peut appeler cette Langue, que jamais nul peuple n'a possédée en entier, la *Langue primitive*.

901 Si l'homme était parfait, si ses organes avaient acquis toute la perfection dont ils sont susceptibles, une seule langue serait entendue, et parlée, d'une extrémité à l'autre de la terre.

L'Histoire philosophique du genre humain ou l'Homme considéré
sous ses rapports religieux et politiques dans l'État social,
à toutes les époques et chez les différents peuples de la Terre

902 L'homme est un germe divin qui se développe par la réaction de ses sens. Tout est inné en lui, tout : ce qu'il reçoit de l'extérieur n'est que l'occasion de ses idées, et non pas ses idées elles-mêmes. C'est une plante, comme je l'ai dit, qui porte des pensées, comme un rosier porte des roses, et un pommier des pommes.

903 Le règne animal existait tout entier avant que l'Homme existât. Lorsque l'homme parut sur la scène de l'Univers il forma à lui seul un quatrième règne, le Règne hominal.

904 Jouir avant de posséder voilà l'instinct de l'homme : posséder avant de jouir voilà l'instinct de la femme.

905 Il n'y a d'innocents que ceux qui s'opposent au crime ; ceux qui le souffrent, le partagent.

906 Ce n'est qu'à la faveur de l'esclavage que peut se soutenir la liberté. Les républiques sont oppressives de leur nature.

La Musique, expliquée comme science et comme art, et considérée
dans ses rapports analogiques avec les mystères religieux,
la mythologie ancienne et l'histoire de la Terre

907 L'Europe, couverte pendant longtemps d'un brouillard spirituel, a perdu les lumières étrangères qu'elle avait reçues de l'Afrique et de l'Asie ; l'irruption des hordes septentrionales a entraîné sur elle toute l'épaisseur des ombres cimmériennes.

NAPOLÉON BONAPARTE 1769-1821

Mes réflexions sur l'état de nature

908 Les hommes dans l'état de nature ne forment pas de gouvernement. Pour en établir un, il a fallu que chaque individu consentît au changement. L'acte constituant cette convention est nécessairement un contrat réciproque. Tous les hommes ainsi engagés ont fait des lois. Ils étaient donc souverains. Soit par la difficulté de s'assembler souvent, soit pour toute autre cause, le peuple aura remis son autorité à un corps ou homme particulier.

Au général Paoli, Auxonne-en-Bourgogne, 12 juin 1789

909 Je naquis quand la patrie [la Corse] périssait. Trente mille Français vomis sur nos côtes, noyant le trône de la liberté dans des flots de sang, tel fut le spectacle odieux qui vint le premier frapper mes regards [...]. L'infortuné Péruvien périssant sous le fer de l'avide Espagnol éprouvait-il une vexation plus ulcérante ?

Discours de Lyon, 1791.

910 L'homme en naissant porte avec lui des droits sur la portion des fruits de la terre nécessaires à son existence.

911 Descendez aux bords de la mer ; voyez l'astre du jour sur son déclin se précipiter avec majesté dans le sein de l'infini ; la mélancolie vous maîtrisera ; vous vous y abandonnerez. L'on ne résiste pas à la mélancolie de la nature.

912 Les hommes de génie sont des météores destinés à brûler pour éclairer leur siècle.

913 L'énergie est la vie de l'âme comme le principal ressort de la raison.

Le Souper de Beaucaire

914 La République, qui donne la loi à l'Europe, la recevra-t-elle de Marseille ?

Aux représentants en mission Salicetti, Albitte et Laporte
Antibes, août 1794

915 Dans un état révolutionnaire, il y a deux classes, les suspects et les patriotes.

À Joseph Bonaparte
Paris, 24 messidor an III (12 juillet 1795)

916 Une femme a besoin de six mois de Paris pour connaître ce qui lui est dû, et quel est son empire.

À Joseph Bonaparte
Paris, 22 fructidor an III (8 septembre 1795)

917 Les femmes sont l'âme de toutes les intrigues ; on devrait les reléguer dans leur ménage ; les salons du gouvernement devraient leur être fermés.

Proclamation du Général en chef à l'Armée à l'ouverture
de la campagne, quartier général, Nice
7 germinal an IV (27 mars 1796)

918 Soldats, vous êtes nus, mal nourris; le gouvernement vous doit beaucoup, il ne peut rien vous donner. Votre patience, le courage que vous montrez au milieu de ces rochers, sont admirables; mais ils ne vous procurent aucune gloire; aucun éclat ne rejaillit sur vous. Je veux vous conduire dans les plus fertiles plaines du monde. De riches provinces, de grandes villes seront en votre pouvoir; vous y trouverez honneur, gloire et richesses. Soldats d'Italie, manqueriez-vous de courage et de constance?

À Joséphine, Albenga, 16 germinal an IV (5 avril 1796)

919 Qu'est-ce que l'avenir? qu'est-ce que le passé? qu'est-ce que nous? quel fluide magique nous environne et nous cache les choses qu'il nous importe le plus de connaître? Nous naissons, nous vivons, nous mourons au milieu du merveilleux.

Au citoyen Oriani, astronome
Milan, 5 prairial an IV (24 mai 1796)

920 Tous les hommes de génie, tous ceux qui ont obtenu un rang distingué dans la république des lettres, sont Français, quel que soit le pays qui les a vu naître.

À l'Administration municipale de Marseille
Montebello, 16 messidor an V (3 juillet 1797)

921 La vraie récompense des armées ne consiste-t-elle pas dans l'opinion de leurs concitoyens?

Proclamation, quartier général, Passariano
1er vendémiaire an V (22 septembre 1797)

922 La haine des traîtres, des tyrans et des esclaves sera dans l'histoire notre plus beau titre à la gloire et à l'immortalité.

Proclamation au peuple cisalpin, quartier général, Milan
21 brumaire an VI (11 novembre 1797)

923 Nous vous avons donné la liberté; sachez la conserver.

Au président de l'Institut national, Paris
6 nivôse an VI (26 décembre 1797)

924 Les vraies conquêtes, les seules qui ne donnent aucun regret, sont celles que l'on fait sur l'ignorance. [...] La vraie puissance de la République française doit consister désormais à ne pas permettre qu'il existe une seule idée nouvelle qu'elle ne lui appartienne.

Au pacha d'Alep, quartier général, au Caire
26 fructidor an VI (12 septembre 1798)

925 Nous ne sommes plus de ces infidèles des temps barbares qui venaient combattre votre foi ; nous la reconnaissons sublime, nous y adhérons, et l'instant est arrivé où tous les Français deviendront aussi de vrais croyants.

À Joseph Bonaparte, Le Caire
7 thermidor an VII (25 juillet 1799)

926 Je suis annulé de la nature humaine ! j'ai besoin de solitude et d'isolement ; la grandeur m'ennuie ; le sentiment est desséché ; la gloire est fade ; à 29 ans j'ai tout épuisé.

Discours au Conseil des Anciens, Paris
18 brumaire an VIII (9 novembre 1799)

927 Qu'on ne cherche pas dans le passé des exemples qui pourraient retarder votre marche ! Rien, dans l'histoire, ne ressemble à la fin du XVIIIe siècle ; rien, dans la fin du XVIIIe siècle, ne ressemble au moment actuel.

Discours du général Bonaparte au Conseil des Anciens
dans la séance du 19 brumaire, château de Saint-Cloud
(10 novembre 1799)

928 Citoyens Représentants, les circonstances où vous vous trouvez ne sont pas ordinaires : vous êtes sur un volcan.

929 Souvenez-vous que je marche accompagné du dieu de la guerre et du dieu de la fortune.

Aux consuls de la République, Martigny
29 floréal an VIII (19 mai 1800)

930 Bien souvent, je ne dis pas ce que je sais, mais il ne m'arrive jamais de dire ce qui sera.

Au citoyen Fouché, 24 mai 1800

931 L'art de la police est de ne pas voir ce qu'il est inutile qu'elle voie.

Allocution aux curés de Milan, 5 juin 1800

932 Nulle société ne peut exister sans morale. Il n'y a pas de bonne morale sans religion. Il n'y a donc que la religion qui donne à l'État un appui ferme et durable. Une société sans religion est comme un vaisseau sans boussole : un vaisseau dans cet état ne peut ni s'assurer de sa route, ni espérer d'entrer au port.

Au comte de Provence (Louis XVIII), Paris
20 fructidor an VIII de la République (7 septembre 1800)

933 Vous ne devez pas souhaiter votre retour en France. Il vous faudrait marcher sur 100 000 cadavres... Sacrifiez votre intérêt au repos et au bonheur de la France. L'histoire vous en tiendra compte.

*Paroles du Premier Consul au Conseil d'État
dans la séance du 14 floréal an X (4 mai 1802)*

934 L'armée, c'est la nation.

Décision, Saint-Cloud, 24 floréal an XII (14 mai 1804)

935 L'argent qu'on dépense en bâtiments est un argent perdu.

À Fouché, Aix-la-Chapelle, 9 septembre 1804

936 Il [Barère] croit toujours qu'il faut animer les masses ; il faut, au contraire, les diriger sans qu'elles s'en aperçoivent.

À Pie VII, le jour du Sacre, 2 décembre 1804

937 Je n'ai pas succédé à Louis XVI mais à Charlemagne.

*Instructions pour le prince Eugène, vice-roi d'Italie
Milan, 7 juin 1805*

938 Montrez pour la nation que vous gouvernez une estime qu'il convient de manifester d'autant plus que vous découvrirez des motifs de l'estimer moins.

939 Sachez écouter, et soyez sûr que le silence produit souvent le même effet que la science.

Au vice-amiral Decrès, camp de Boulogne, 22 août 1805

940 Pour moi, je n'ai qu'un besoin, celui de réussir.

À Barbé-Marbois, camp de Boulogne, 24 août 1805

941 Je m'afflige de ma manière de vivre qui, m'entraînant dans les camps, dans les expéditions, détourne mes regards de ce premier objet de mes soins, de ce premier besoin de mon cœur, une bonne et solide organisation de ce qui tient aux banques, aux manufactures et au commerce.

Proclamation du 2 décembre 1805 après la victoire d'Austerlitz

942 Soldats, je suis content de vous !

*Au prince Joseph [Bonaparte], Schœnbrunn
22 frimaire an XIV (13 décembre 1805)*

943 La paix est un mot vide de sens ; c'est une paix glorieuse qu'il nous faut.

Au prince Joseph, Schœnbrunn, 15 décembre 1805

944 Je ne donne rien au hasard, ce que je dis je le fais toujours ou je meurs.

Moniteur, 22 janvier 1806

945 La liberté de la pensée est la première conquête du siècle. L'Empereur veut qu'elle soit conservée.

À Cambacérès, Strasbourg, 24 janvier 1806

946 Bon Dieu! que les hommes de lettres sont bêtes!

À S.S. le Pape, Paris, 13 février 1806

947 Nos conditions doivent être que Votre Sainteté aura pour moi, dans le temporel, les mêmes égards que je lui porte pour le spirituel [...]. Votre Sainteté est souveraine de Rome, mais j'en suis l'empereur.

Au roi Joseph, 9 août 1806

948 Un roi doit se défendre et mourir dans ses États. Un roi émigré et vagabond est un sot personnage.

949 L'art de la guerre est de disposer de ses troupes de manière à ce qu'elles soient partout à la fois.

À Joseph, 17 août 1806

950 A tout peuple conquis il faut une révolte, et je regarderai une révolte à Naples comme un père de famille voit une petite vérole à ses enfants, pourvu qu'elle n'affaiblisse pas trop le malade.

À Joséphine, Posen, 3 décembre 1806, à 6 h du soir

951 Plus on est grand et moins on doit avoir de volonté; l'on dépend des événements et des circonstances.

Au roi de Naples [Joseph Bonaparte], Osterode, 1er mars 1807

952 Le temps est le grand art de l'homme.

À Joseph, 4 mai 1807

953 Je ne crois pas au proverbe que, pour savoir commander, il faut savoir obéir.

Note sur l'établissement d'Ecouen, Finkenstein, 15 mai 1807

954 La faiblesse du cerveau des femmes, la mobilité de leurs idées, leur destination dans l'ordre social, la nécessité d'une constante et perpétuelle résignation et d'une sorte de charité indulgente et facile, tout cela ne peut s'obtenir que par la religion, par une religion charitable et douce.

À Cretet, Fontainebleau, 14 novembre 1807

955 Il ne faut point passer sur cette terre sans y laisser des traces qui recommandent notre mémoire à la postérité.

À Alexandre Ier, empereur de Russie, à Saint-Pétersbourg
Paris, 2 février 1808

956 Il faut être plus grands, malgré nous.

957 Il est de la sagesse et de la politique de faire ce que le destin ordonne et d'aller où la marche irrésistible des événements nous conduit.

*À Louis-Napoléon, roi de Hollande, à La Haye, Saint-Cloud
27 mars 1808, sept heures du soir*

958 Il faut qu'une chose soit faite pour qu'on avoue y avoir pensé.

Au vice-amiral Decrès, Bayonne, 22 mai 1808

959 Je vous dispense également de me comparer à Dieu. Il y a tant de singularité et d'irrespect pour moi, dans cette phrase, que je veux croire que vous n'avez pas réfléchi à ce que vous écriviez.

À Fouché, Schœnbrunn, 26 juillet 1809

960 On dirait, en vérité, qu'à la police on ne sait pas lire.

Au général Clarke, Schœnbrunn, 1ᵉʳ octobre 1809

961 Quiconque préfère la mort à l'ignominie se sauve et vit avec honneur, et au contraire celui qui préfère la vie meurt en se couvrant de honte.

Allocution au Sénat, palais des Tuileries, 16 novembre 1809

962 Celles de mes journées que je passe loin de la France sont des journées perdues pour mon bonheur.

Au Comité ecclésiastique à Paris, 16 mars 1811

963 Je sais qu'il faut rendre à Dieu ce qui est à Dieu, mais le Pape n'est pas Dieu.

*L'Empereur aux députés de la Confédération de Pologne
Vilna, 14 juillet 1812*

964 L'amour de la patrie est la première vertu de l'homme civilisé.

Au général comte Lemarois, 9 juillet 1813

965 Ce n'est pas possible, m'écrivez-vous ; cela n'est pas français.

*Réponse à une députation du corps législatif
Paris, 31 décembre 1813*

966 La France a plus besoin de moi que je n'ai besoin de la France.

967 Je ne suis à la tête de cette nation que parce que la Constitution de l'État me convient. Si la France exigeait une autre constitution et qu'elle ne me convînt pas, je lui dirais de chercher un autre souverain.

Manuscrit de l'île d'Elbe (20 février 1815)

968 La Révolution n'a pas été produite par le choc de deux familles se disputant le trône ; elle a été un mouvement général de la masse de la nation contre les privilégiés.

Proclamation du 1ᵉʳ mars 1815

969 Depuis le peu de mois que les Bourbons règnent, ils vous ont convaincu qu'ils n'ont rien oublié ni rien appris.

970 L'aigle avec les couleurs nationales volera de clocher en clocher jusqu'aux tours de Notre-Dame.

Discours du Champ de Mars, l'Empereur aux députés des collèges électoraux, 1ᵉʳ juin 1815

971 Dans la prospérité, dans l'adversité, sur le champ de bataille, au conseil, sur le trône, dans l'exil, la France a été l'objet unique et constant de mes pensées et de mes actions.

Au régent d'Angleterre, 13 juillet 1815

972 Je viens, comme Thémistocle, m'asseoir au foyer du peuple britannique.

À bord du Bellérophon, 4 août 1815

973 J'en appelle à l'histoire : elle dira qu'un ennemi, qui fit longtemps la guerre au peuple anglais, vint librement, dans son infortune, chercher un asile sous ses lois ; quelle plus grande preuve pouvait-il lui donner de son estime et de sa confiance ? Mais comment répondit-on, en Angleterre, à une telle magnanimité ? Ou feignit de tendre une main hospitalière à cet ennemi ; et quand il se fut livré de bonne foi, on l'immola.

À Las Cases, 1816, Mémorial de Sainte-Hélène

974 [...] dans l'état actuel des choses, avant dix ans l'Europe sera peut-être cosaque, ou toute en république.

Testament, Longwood, île de Sainte-Hélène, 15 avril 1821

975 Je meurs prématurément, assassiné par l'oligarchie anglaise et son sicaire. Le peuple anglais ne tardera pas à me venger.

976 Je désire que mes cendres reposent sur les bords de la Seine, au milieu de ce peuple français que j'ai tant aimé.

Notes sur les « Lettres écrites de Paris pendant le dernier règne de l'Empereur Napoléon », traduites de l'anglais de J. Hobhouse (écrit à Sainte-Hélène)

977 J'avais demandé vingt ans ; la destinée ne m'en a donné que treize.

Précis des guerres de Jules César (écrit à Sainte-Hélène)

978 Mais qui, quand, comment peut-on être sans espérance sur ce théâtre mobile, où la mort naturelle ou forcée d'un seul homme change sur-le-champ l'état et la face des affaires ?

Projet d'une nouvelle organisation de l'armée
(écrit à Sainte-Hélène)

979 Le fusil d'infanterie avec sa baïonnette est l'arme la plus parfaite qu'aient inventée les hommes.

Campagne d'Égypte et de Syrie (écrit à Sainte-Hélène)

980 Au moment de la bataille, Napoléon avait dit à ses troupes, en leur montrant les pyramides : « Soldats, quarante siècles vous regardent... »

Dix-huit notes sur l'ouvrage intitulé
« *Considérations sur l'art de la guerre* »
(écrit à Sainte-Hélène)

981 Il n'y a que des moyens politiques et moraux qui puissent maintenir les peuples conquis ; l'élite des armées de la France n'a pas pu contenir la Vendée, qui ne compte que 5 à 600 000 habitants.

Histoire de la Corse (écrit à Sainte-Hélène)

982 La Révolution a changé l'esprit de ces insulaires ; ils sont devenus Français en 1790.

Au docteur Arnott, 19 avril 1821
in Mémoires d'Antommarchi, t. II

983 Vous [le ministère de Londres] finirez comme la superbe république de Venise, et moi, mourant sur cet affreux rocher, privé des miens et manquant de tout, je lègue l'opprobre et l'horreur de ma mort à la famille régnante d'Angleterre.

Georges CUVIER 1769-1832

Discours sur les révolutions de la surface du globe

984 Si l'on met de l'intérêt à suivre dans l'enfance de notre espèce les traces presque effacées de tant de nations éteintes, comment n'en mettrait-on pas aussi à rechercher dans les ténèbres de l'enfance de la terre les traces de révolutions antérieures à l'existence de toutes les nations ?

985 La marche de la nature est changée ; et aucun des agents qu'elle emploie aujourd'hui ne lui aurait suffi pour produire ses anciens ouvrages.

986 Un quatrième [philosophe] créa la terre avec l'atmosphère d'une comète, et la fit inonder par la queue d'une autre : la chaleur qui lui restait de sa première origine fut ce qui excita tous les êtres vivants au péché ; aussi furent-ils tous noyés, excepté les poissons, qui avaient apparemment les passions moins vives.

(Discours sur les révolutions de la surface du globe)

987 Tout être organisé forme un ensemble, un système unique et clos, dont les parties se correspondent mutuellement, et concourent à la même action définitive par une action réciproque. Aucune de ces parties ne peut changer sans que les autres ne changent aussi, et par conséquent chacune d'elles prise séparément indique et donne toutes les autres.

988 [...] partout la nature nous tient le même langage ; partout elle nous dit que l'ordre actuel des choses ne remonte pas très haut ; et, ce qui est bien remarquable, partout l'homme nous parle comme la nature, soit que nous consultions les vraies traditions des peuples, soit que nous examinions leur état moral et politique et le développement intellectuel qu'ils avaient atteint au moment où commencent les monuments authentiques.

Cours fait au Collège de France
sur l'histoire des sciences naturelles

989 On doit considérer l'édifice des sciences comme celui de la nature ; tout y est infini, mais tout y est nécessaire.

Le maréchal SOULT 1769-1851

990 [Au duc de Montmorency qui lui disait : « Vous êtes duc, mais vous n'avez pas d'ancêtres », Soult répondit :] c'est vrai ; c'est nous qui sommes des ancêtres.

Pierre François BAOUR-LORMIAN 1770-1854

Les Veillées poétiques, II

991 L'homme a-t-il donc besoin, pour deviner son sort,
D'attacher ses regards et de lire la mort ?

Les Veillées poétiques, III

992 Dès que je nomme Dieu, toute pompe s'efface.
L'Univers comme un point disparaît devant moi.

Fragments imités d'Young, La crainte de la mort

993 L'homme est un nautonier dont la tombe est le port.

Pierre CAMBRONNE 1770-1842

994 La garde meurt et ne se rend pas[1].

1. Attribué à tort à Cambronne. L'auteur en serait le colonel Michel.

Étienne Pivert de SENANCOUR 1770-1846

Rêveries sur la nature primitive de l'homme

995 Que m'importe cette beauté que je n'admire qu'au jour, cet ordre dans lequel je ne serai plus rien, cette régénération qui m'efface?

996 Tout est indifférent dans la nature, car tout est nécessaire: tout est beau, car tout est déterminé.

997 Le faible est toujours faible, il ne varie que dans sa faiblesse; mais le fort est faible quelquefois.

Obermann
première année, lettre I

998 Je ne connais point la satiété, je trouve partout le vide.

lettre II

999 C'est le propre d'une sensibilité profonde de recevoir une volupté plus grande de l'opinion d'elle-même que de ses jouissances positives [...]

deuxième année, lettre XLI

1000 Si la vie du cœur n'est qu'un néant agité, ne vaut-il pas mieux la laisser pour un néant plus tranquille?

huitième année, lettre LIX

1001 Le vide et l'accablante vérité sont dans le cœur de celui qui se cherche lui-même : l'illusion entraînante ne peut venir que de celui qu'on aime.

neuvième année, lettre LXXVIII

1002 On parle d'hommes qui se suffisent à eux-mêmes, et se nourrissent de leur propre sagesse : s'ils ont l'éternité devant eux, je les admire et les envie ; s'ils ne l'ont point, je ne les comprends pas.

lettre LXXIX

1003 [...] si le moraliste pervers n'obtient que du mépris, le moraliste inconnu reste [...] inutile [...]

lettre LXXX

1004 Si l'homme est l'ami naturel de la femme, les femmes n'ont souvent pas de plus funeste ennemi [...]. Les verrats sont aussi des mâles.

De l'amour considéré dans les lois réelles et dans les formes sociales de l'union des sexes

1005 Lorsqu'un homme ne forme pas de liaisons, il passe pour n'y avoir point songé; mais une femme à qui nul ne s'attacherait semblerait avoir échoué de toute part.

1006 La continence est une exception dans le mouvement des êtres, une particularité dans l'ordre universel.

1007 [...] on aime à être conduit par son imagination, ne fût-ce que pour faire penser qu'elle a un pouvoir irrésistible.

1008 Quand un mari, comparé superficiellement à un autre homme, semble avoir autant de qualités agréables, c'est une preuve qu'il en possède davantage.

Xavier BICHAT 1771-1802

Recherches physiologiques sur la vie et la mort
première partie, art. I

1009 On cherche dans des considérations abstraites la définition de la vie ; on la trouvera, je crois, dans cet aperçu général : *La vie est l'ensemble des fonctions qui résistent à la mort.*

art. I, § 1

1010 L'eunuque jouit de moins d'énergie vitale ; mais les phénomènes de la vie se développent chez lui avec plus de plénitude.

art. VIII, § 2

1011 Le fœtus n'a, pour ainsi dire, rien dans ses phénomènes de ce qui caractérise spécialement l'animal ; son existence est la même que celle du végétal ; sa destruction ne porte que sur un être vivant, et non sur un être animé.

Népomucène LEMERCIER 1771-1840

Agamemnon, acte IV, scène 3

1012 Oui, je sens sur mon front mes cheveux se dresser...

Blanche et Montcassin, ou les Vénitiens, acte I, scène 3

1013 La splendeur de ta gloire acquise à ma famille,
Voilà qui te répond de la main de ma fille.

La Plainte du chêne

1014 Sais-je comment, pourquoi je commençai de naître ?
Sais-je comment, pourquoi sitôt je périrai ?

Paul-Louis COURIER 1772-1825

Lettre à Monsieur Renouard sur une tache
faite à un manuscrit de Florence

1015 Colomb découvrit l'Amérique, et on ne le mit qu'au cachot ; Galilée trouva le vrai système du monde, il en fut quitte pour la prison. Moi, j'ai trouvé cinq ou six pages dans lesquelles il s'agit de savoir qui baisera Chloé ; me fera-t-on pis qu'à eux ?

1016 La gloire aujourd'hui est très rare : on ne le croirait jamais ; dans ce siècle de lumières et de triomphes, il n'y a pas deux hommes assurés de laisser un nom.

1017 Les gens qui savent le grec sont cinq ou six en Europe ; ceux qui savent le français sont en bien plus petit nombre.

Lettre à Messieurs de l'Académie des Inscriptions et Belles-Lettres

1018 Mais avant de proscrire le grec, y avez-vous pensé, messieurs ? Car enfin que ferez-vous sans grec ? Voulez-vous avec du chinois, une bible copte ou syriaque, vous passer d'Homère et de Platon ? Quitterez-vous le Parthénon pour le pagode de Jagarnaut, la Vénus de Praxitèle pour les magots de Fo-hi-Can ?

1019 Mes principes sont, *qu'entre deux points la ligne droite est la plus courte ; que le tout est plus grand que sa partie ; que deux quantités, égales chacune à une troisième, sont égales entre elles.*
Je tiens aussi *que deux et deux font quatre* ; mais je n'en suis pas bien sûr.

Lettres au rédacteur du « Censeur », lettre I

1020 Du temps de Montaigne, un vilain, son seigneur le voulant tuer, s'avisa de se défendre. Chacun en fut surpris et le seigneur surtout qui ne s'y attendait pas, et Montaigne qui le raconte. Ce manant devinait les droits de l'homme. Il fut pendu, cela devait être. Il ne faut pas devancer son siècle.

lettre VII

1021 En matière de religion, ainsi que de langage, le peuple fait la loi ; le peuple de tout temps a converti les Rois. Il les a faits chrétiens de païens qu'ils étaient ; de chrétiens catholiques, schismatiques, hérétiques ; il les fera raisonnables s'il le devient lui-même ; il faut finir par là.

Pétition aux deux Chambres

1022 L'autorité, messieurs, voilà le grand mot en France. Ailleurs on dit la loi, ici l'autorité.

Simple discours de Paul-Louis Vigneron de la Chavonnière aux membres du conseil de la commune de Véretz, département d'Indre-et-Loire, à l'occasion d'une souscription proposée par S. E. le ministre de l'Intérieur pour l'acquisition de Chambord

1023 L'offrande n'est jamais pour le saint, ni nos épargnes pour les rois, mais pour cet essaim dévorant qui sans cesse bourdonne autour d'eux, depuis leur berceau jusqu'à Saint-Denis.

1024 Isolés à tout âge, loin de toute vérité, ignorant les choses et les hommes, ils [les princes] naissaient, ils mouraient dans les liens de l'étiquette et du cérémonial, n'ayant vu que le fard et les fausses couleurs étalées devant eux ; ils marchaient sur nos têtes, et ne nous apercevaient que quand par hasard ils tombaient.

1025 Rendons aux grands ce qui leur est dû ; mais tenons-nous-en loin le plus que nous pourrons, et, ne nous approchant jamais d'eux, tâchons qu'ils ne s'approchent point de nous, parce qu'ils peuvent nous faire du mal, et ne nous sauraient faire de bien.

1026 Bref, comme il n'est, ne fut, ne sera jamais, pour nous autres vilains, qu'un moyen de fortune, c'est le travail : pour la noblesse non plus, il n'y en a qu'un, et c'est... c'est la prostitution, puisqu'il faut, mes amis, l'appeler par son nom.

Pétitions à la Chambre des députés pour les villageois que l'on empêche de danser

1027 Les gendarmes se sont multipliés en France bien plus encore que les violons, quoique moins nécessaires pour la danse.

1028 Nous ne sommes pas de ces tièdes que Dieu vomit, suivant l'expression de saint Paul, nous sommes froids.

1029 Ce n'est pas un des moindres biens qu'on doive à la révolution, de voir non seulement les curés, ordre respectable de tout temps, mais les évêques avoir des mœurs.

Réponse aux anonymes

1030 Voulant parler tout seul, il [Napoléon] imposa silence, à nous premièrement ; puis à l'Europe entière ; et le monde se tut : personne ne souffla, homme ne s'en plaignit ; ayant cela de commode, qu'avec lui on savait du moins à quoi s'en tenir.

Pamphlet des pamphlets

1031 Tout le mal est dans ce peu. Seize pages, vous êtes pamphlétaire, et gare Sainte-Pélagie. Faites-en seize cents, vous serez présenté au roi. Malheureusement je ne saurais.

1032 Dans tout ce qui s'imprime il y a du poison plus ou moins délayé selon l'étendue de l'ouvrage, plus ou moins malfaisant, mortel. De l'*acétate de morphine*, un grain dans une cuve se perd, n'est point senti, dans une tasse fait vomir, en une cuillerée tue, et voilà le pamphlet.

1033 Parler est bien, écrire est mieux ; imprimer est excellente chose.

Marc-Antoine DÉSAUGIERS 1772-1827

Jean qui pleure et Jean qui rit

1034 Le ciel fit l'eau pour Jean qui pleure,
Et fit le vin pour Jean qui rit.

Chien et chat

1035   Chien et chat,
       Chien et chat,
       Voilà le monde
       A la ronde ;
       Chaque État,
       Chaque État
       N'offre, hélas ! que chien et chat.

Le Départ pour Saint-Malo

1036   Bon voyage,
       Cher Dumollet,
       A Saint-Malo, débarquez sans naufrage.

Charles FOURIER 1772-1837

Théorie des quatre mouvements

1037   Les philosophes sont donc restreints au *doute partiel,* parce qu'ils ont des livres et des préjugés corporatifs à soutenir ; et de peur de compromettre les livres et la coterie, ils ont escobardé de tout temps les problèmes importants. Pour moi qui n'avais aucun parti à soutenir, j'ai pu adopter le *doute absolu* et l'appliquer d'abord à la civilisation et à ses préjugés les plus invétérés.

1038   *L'écart absolu.* J'avais présumé que le plus sûr moyen d'arriver à des découvertes utiles, c'était de s'éloigner en tout sens des routes suivies par les sciences incertaines, qui n'avaient jamais fait la moindre invention utile au corps social ; et qui malgré les immenses progrès de l'industrie, n'avaient pas même réussi à prévenir l'indigence : je pris donc à tâche de me tenir constamment en opposition avec ces sciences.

1039   Je reconnus bientôt que les lois de l'attraction passionnée étaient en tout point conformes à celles de l'attraction matérielle, expliquées par Newton et Leibnitz ; et qu'il y avait *unité du système de mouvement pour le monde matériel et spirituel.* Je soupçonnai que cette analogie pouvait s'étendre des lois générales aux lois particulières ; que les attractions et propriétés des animaux, végétaux et minéraux étaient peut-être coordonnées au même plan que celles de l'homme et des astres [...]

1040   Le sexe masculin, quoique le plus fort, n'a pas fait la loi à son avantage, en établissant les ménages isolés et le mariage permanent qui en est une suite. On dirait qu'un tel ordre est l'œuvre d'un troisième sexe qui aurait voulu condamner les deux autres à l'ennui.

1041   Le mariage semble inventé pour récompenser les pervers.

(Théorie des quatre mouvements)

1042 Un riche mariage est comparable au baptême, par la promptitude avec laquelle il efface toute souillure antérieure.

Théorie de l'Unité universelle, tome III

1043 Tous ces caprices philosophiques appelés *des devoirs* n'ont aucun rapport avec la nature.

1044 Venez, philosophes rigoristes, vertueux citoyens, ennemis des richesses, perfides ; vous allez être servis à souhait par une confrérie qui méprisera *en action* ces richesses que vous ne méprisez qu'*en paroles*.

1045 Ma théorie se borne à *utiliser les passions réprouvées telles que la nature les donne, et sans y rien changer*.

tome V

1046 Les sympathies et antipathies ont été pour Dieu l'objet d'un calcul très mathématique ; il a réglé celles de nos passions aussi exactement que les affinités chimiques et accords musicaux.

Le Nouveau Monde industriel et sociétaire, tome VI

1047 Que de richesses dans les livres, que de misères dans les chaumières !

1048 L'industrie présente une subversion bien plus saillante, c'est la *contrariété des deux intérêts collectif et individuel*.

1049 On a si bien reconnu ce cercle vicieux de l'industrie que de toutes parts on commence à la suspecter, et s'étonner *que la pauvreté naisse en civilisation de l'abondance même*.

La Phalange, 1845

1050 Je ne saurais trop le redire, Londres, qui passe pour envahir les richesses du monde, Londres d'où sont sorties les sectes d'économisme qui enseignent aux nations l'art de s'enrichir, Londres contient 115 000 mendiants, filous, vagabonds, etc. ; ainsi dans toutes les villes d'Angleterre. Ne peut-on pas dire aux Anglais, en vertu du sens commun : vous êtes devenus nation riche dont le sol est couvert de pauvres ; tâchez plutôt de devenir nation pauvre dont le sol soit couvert de riches.

1848

1051 Dévoiler les intrigues de la Bourse et des Courtiers, c'est entreprendre un des travaux d'Hercule.

1052 Si je ne vaux rien pour pratiquer le commerce, je vaudrai pour le démasquer.

Le Phalanstère, 1846

1053 Quand on n'a su en 3 000 ans de travail inventer que ce pitoyable mécanisme social, comment ose-t-on douter qu'il ne reste une grande théorie à découvrir sur les passions (et que son étude ne soit pas l'affaire d'un jour) et qu'il n'y ait en ce genre un nouveau monde aussi inconnu que l'était l'Amérique avant Colomb.

1847

1054 Une preuve que Dieu ne tiendra aucun cas de vos bonnes ou mauvaises actions, qu'il n'admet point vos distractions de crime ou de vertu, et qu'il juge toutes les passions bonnes, c'est qu'il a permis que tout acte que vous jugez criminel dominât dans un corps social, et y fût excité, admiré comme vertu, comme penchant religieux et agréable à Dieu.

1848

1055 Une planète est un corps androgyne, pourvu des deux sexes et fonctionnant en masculin par les copulations du pôle nord, et en féminin par celles du pôle sud.

Manuscrits, 1857-1858

1056 Quant au frein religieux, la révolution l'a détruit, et il faudrait un siècle pour habituer les paysans à croire à l'enfer.

Étienne GEOFFROY-SAINT-HILAIRE 1772-1844

Philosophie anatomique, premier mémoire

1057 La Nature emploie constamment les mêmes matériaux et n'est ingénieuse qu'à en varier les formes. Comme si, en effet, elle était soumise à de premières données, on la voit toujours à faire reparaître les mêmes éléments, en même nombre, dans les mêmes circonstances, avec les mêmes connexions. S'il arrive qu'un organe présente un accroissement extraordinaire, l'influence en devient sensible sur les parties voisines qui, dès lors, ne parviennent plus à leur développement habituel ; mais toutes n'en sont pas moins conservées, quoique dans un degré de petitesse qui les laisse souvent sans utilité ; elles deviennent comme autant de rudiments qui témoignent en quelque sorte de la primauté du plan général.

Notions synthétiques, historiques et physiologiques d'histoire naturelle, introduction

1058 *Je me trouve*, dit le général en chef [Napoléon], *conquérant en Égypte comme l'y fut Alexandre ; il eût été plus de mon goût de marcher sur les traces de Newton: cette pensée me préoccupait à l'âge de quinze ans.*

chap. 1

1059 Tous les esprits synthétiques, et de nos jours ils se multiplient d'autant plus que s'encombrent dans les avenues de la science des faits circonstanciés aussi nombreux qu'inexacts et incompris, qu'y verse sans cesse la foule des naturalistes positifs ou soi-disant tels, comme exclusivement et uniquement descripteurs ; tous les esprits synthétiques, dis-je, réclament aujourd'hui l'avènement d'une doctrine unitaire, qui devienne la conciliation et qui opère la fusion des deux physiques si mal à propos disjointes, la physique des corps bruts et celle des corps vivants. Ces cris, *la science est une, et vous l'avez partagée*, ces cris éclatent de toute part, principalement chez les philosophes.

Horace SÉBASTIANI DE LA PORTA 1772-1851

Discours à la Chambre des députés, 1831

1060 L'ordre règne à Varsovie.

Jean-Charles-Léonard Simonde de SISMONDI 1773-1842

Nouveaux principes d'Économie politique ou de la Richesse dans ses rapports avec la population

1061 Comme le travail de l'agriculture est le seul qui suffise à la vie, c'est aussi le seul qui puisse être apprécié sans aucun échange.

LOUIS-PHILIPPE 1773-1850

Proclamation aux habitants de Paris, 31 juillet 1830

1062 La Charte sera désormais une vérité.

François FAYOLLE 1775-1852

Discours sur la littérature et les littérateurs

1063 Le temps n'épargne point ce qu'on a fait sans lui.

1064 L'amour et l'amitié fécondent le génie.
Racine à Champmêlé dut son Iphigénie.

Louis-Emmanuel MERCIER DUPATY 1775-1851

Couplets de Ninon chez Madame de Sévigné

1065 A Paris, dit-on, c'est l'usage ;
On s'moque des provinciaux.
Tout c'qui n'est pas du grand village,
Passe à Paris pour êt' des sots.

Pierre, comte de SERRE 1776-1824

À la Chambre des députés, 3 décembre 1821
1066 La démocratie coule à pleins bords[1].

Charles-Guillaume ÉTIENNE 1777-1845

Bruïs et Pulaprat, acte I, scène 2
1067 On n'est jamais servi si bien que par soi-même.

acte I, scène 4
1068 La paix du cœur, voilà ce qu'il faut pour écrire :
Je n'attends rien de bon d'un auteur qui soupire.

Les Deux gendres, acte II, scène 15
1069 Oui, c'est l'opinion qui gouverne le monde.
La crainte qu'elle inspire est un frein tout-puissant ;
Des lois, en quelque sorte, elle est le supplément.

acte III, scène 14
1070 Comment, pour le ministre, il laisse là sa femme !
Voilà l'ambition !

Joconde ou les Coureurs d'aventures, acte III, scène 1
1071 On devient infidèle ;
On court de belle en belle ;
Mais on revient toujours
A ses premiers amours.

Casimir PERIER 1777-1832

Discours à la Chambre des députés, séance du 2 mai 1825
1072 Les grandes questions de responsabilité morale ne doivent pas nous faire perdre de vue les questions d'ordre et de comptabilité.

Séance du 9 août 1831
1073 C'est la peur qui sert les partis, qui les grandit, qui les crée ; car c'est elle qui fait croire à leur pouvoir.

Séance du 30 septembre 1831
1074 La France n'est la patrie que des Français [...], elle est Française, et comme telle, sans doute, elle est bienveillante et secourable ; mais de sa part c'est un sentiment, ce n'est pas un système.

1. Mot repris par Royer-Collard.

Pierre-Jean de BÉRANGER 1780-1857

Chansons
Le roi d'Yvetot

1075   Il était un roi d'Yvetot,
       Peu connu dans l'histoire,
       Se levant tard, se couchant tôt,
       Dormant fort bien sans gloire [...]

Ma grand'mère

1076   Maman, que lui dit la famille ?
       — Rien ; mais un mari plus sensé
       Eût pu connaître à la coquille
       Que l'œuf était déjà cassé.

La double ivresse

1077   Depuis, à l'amour des belles,
       J'ai mêlé le goût du vin.

Ma dernière chanson, peut-être

1078   Toujours Français, chantons encore,
       Autant de pris sur l'ennemi.

Le bon Français

1079   J'aime qu'un Russe soit Russe,
       Et qu'un Anglais soit Anglais.
       Si l'on est Prussien en Prusse,
       En France soyons Français.

Vieux habits, vieux galons

1080   Tout marchands d'habits que nous sommes,
       Messieurs, nous observons les hommes :
       D'un bout du monde à l'autre bout,
       L'habit fait tout.

Adieux de Marie Stuart

1081   Adieu charmant pays de France,
       Que je dois tant chérir !
       Berceau de mon heureuse enfance,
       Adieu ! te quitter c'est mourir.

Complainte d'une de ces demoiselles

1082   Du métier d'fille j'me dégoûte :
       C'commerce n'rapporte plus rien.
       Mais si le public nous fait banq'route,
       C'est qu'les affaires n'vont pas bien.

Le marquis de Carabas

1083 Chapeau bas! chapeau bas!
Gloire au marquis de Carabas!

Ma République

1084 J'ai pris goût à la république
Depuis que j'ai vu tant de rois.
Je m'en fais une, et je m'applique
A lui donner de bonnes lois.

Le dieu des bonnes gens

1085 Il est un Dieu: devant lui je m'incline,
Pauvre et content, sans lui demander rien.
De l'univers observant la machine,
J'y vois du mal, et n'aime que le bien.

Les clefs du paradis

1086 Je vais, Margot,
Passer pour un nigaud;
Rendez-moi mes clefs, disait saint Pierre.

Le ventru, aux élections de 1819

1087 Électeurs, j'ai sans nul mystère
Fait de bons dîners l'an passé;
On met la table au ministère,
Renommez-moi, je suis pressé.

Le vieux sergent

1088 Il dit parfois: « Ce n'est pas tout de naître;
Dieu, mes enfants, vous donne un beau trépas! »

Les mœurs

1089 Ce qu'il disait, je pourrais vous le dire;
Mais je me tais par respect pour les mœurs.

Le grenier

1090 Je viens revoir l'asile où ma jeunesse
De la misère a subi les leçons...

1091 Dans un grenier qu'on est bien à vingt ans!

Les Souvenirs du peuple

1092 On parlera de sa gloire
Sous le chaume bien longtemps.

(Les Souvenirs du peuple)
1093 Parlez-nous de lui, grand'mère
Parlez-nous de lui.

La Comète de 1832
1094 Finissons-en : le monde est assez vieux.

À mes amis devenus ministres
1095 Non, mes amis, non, je ne veux rien être ;
[...]
Oiseau craintif je fuis la glu des rois.

Dame Métaphysique
1096 Un jour dame Métaphysique
Me dit : Petit rimeur, allons !
Prends un vol plus philosophique ;
Monte dans un de mes ballons.

Théophile MARION DU MERSAN 1780-1849
et Nicolas BRAZIER 1783-1838

Couplets du soldat laboureur
1097 Je vais, par l'ordre de ma mère,
Me mêler à nos travailleurs...
[...]
Heureux qui peut, après la guerre,
Réparer le mal qu'elle a fait !

Histoire universelle racontée par un vieux cultivateur
1098 Lorsque Dieu créa le monde
Où tant d'bien et d'mal abonde,
L'Paradis fut habité
D'abord par la Liberté.

Charles NODIER 1780-1844

Trilby
1099 Mille ans sont si peu de temps pour posséder ce qu'on aime, si peu de temps pour le pleurer !

La Fée aux miettes
au lecteur qui lit les préfaces
1100 C'est donc à mon grand regret que je me suis aperçu depuis longtemps qu'une histoire fantastique manquait de la meilleure partie de son charme quand elle se bornait à égayer l'esprit, comme un feu d'artifice, de quelques émotions passagères, sans rien laisser au cœur. Il me semblait que la meilleure partie de son effet était dans l'âme [...]

1101 J'ai dit souvent que je détestais le vrai dans les arts, et il m'est avis que j'aurais peine à changer d'avis ; mais je n'ai jamais porté le même jugement du vraisemblable et du possible, qui me paraissent de première nécessité dans toutes les compositions de l'esprit.

1102 Je consens à être étonné ; je ne demande pas mieux que d'être étonné, et je crois volontiers ce qui m'étonne le plus, mais je ne veux pas que l'on se moque de ma crédulité, parce que ma vanité entre alors en jeu dans mon impression, et que notre vanité est, entre nous, le plus sévère des critiques.

1103 [...] pour intéresser dans le conte fantastique, il faut d'abord se faire croire, et qu'une condition indispensable pour se faire croire, c'est de croire.

1104 Un fou n'intéresse que par le malheur de sa folie, et n'intéresse pas longtemps. Shakespeare, Richardson et Goethe ne l'ont trouvé bon qu'à remplir une scène ou un chapitre, et ils ont eu raison. Quand son histoire est longue et mal écrite, elle ennuie presque autant que celle d'un homme raisonnable, qui est, comme vous savez, la chose la plus insipide que l'on puisse imaginer.

1105 Si on voulait se prescrire, après quatre ou cinq mille ans de littérature écrite, la bizarre obligation de ne ressembler à rien, on finirait par ne ressembler qu'au mauvais, et c'est une extrémité dans laquelle on tombe assez facilement sans cela, quand on est réduit à écrire beaucoup par une sotte passion ou par une fâcheuse nécessité.

chap. 1

1106 Et vous savez par expérience que rien n'imprime une impulsion plus bienveillante à la pensée que la satisfaction de soi-même.

chap. 2

1107 [...] et vous savez si l'homme aime à repousser jusqu'à son dernier terme, sous l'enchantement d'une espérance longtemps nourrie, la désolante idée qu'il a tout rêvé... Tout ; et qu'il ne reste rien derrière ses chimères... Rien !...

chap. 4

1108 Ce qu'il y a de vrai, c'est que la destination de l'homme sur la terre est le travail ; son devoir, la modération ; sa justice, la tolérance et l'humanité ; son bonheur, la médiocrité ; sa gloire, la vertu ; et sa récompense, la satisfaction intérieure d'une bonne conscience.

1109 Il faut maintenant penser à l'avenir, qui est toute la vie du sage, puisque le présent n'est jamais, et que le passé ne sera plus.

(La Fée aux miettes, chap. 4)

1110 Il n'y a point de Crésus, vois-tu, qui n'ait senti quelquefois que le meilleur des jours de la vie est celui qui gagne son pain.

chap. 6

1111 Cet avantage qu'on prend sur les autres est une des raisons qui nous en font haïr, et [...] je regardais l'amitié comme un avantage bien plus doux que ceux qui résultent de la supériorité de l'instruction et du talent.

1112 Il faut bien passer quelque vanité aux pauvres gens. C'est le seul dédommagement de leurs misères.

chap. 7

1113 [...] cette fiction de la fortune qu'on n'a inventée, [...] que pour les infirmes et les paresseux.

1114 Il n'y a pas de libéralité bien placée, pourvu qu'elle le soit sans calcul et sans ostentation, qui ne vaille mieux qu'une économie.

1115 Le plaisir auquel on s'est livré sans défense et sans retour devient le plus inexorable des ennemis.

chap. 8

1116 Je comprenais, pour la première fois, le besoin que tous les hommes ont de l'opinion, et je sentais que la satisfaction de nous-mêmes, qui réside essentiellement dans notre conscience, se maintient et se fortifie par le jugement que les autres portent de nous ; j'apprenais, s'il faut le dire, une vérité toute nouvelle, c'est que l'homme en société, quelque progrès qu'il ait fait dans l'exercice de la vertu, ne peut se passer de considération pour être justement content de lui, et qu'on est bien près de renoncer à sa propre estime quand on dédaigne celle du monde.

chap. 19

1117 La vie de l'homme est au bout d'un bâton d'un officier de justice comme au bout du doigt de Dieu. Ces deux autorités, par bonheur, ne sont en partage que sur la terre.

1118 Assassiner judiciairement un homme, c'est un crime effroyable ! mais le plus grand des crimes c'est de tuer la langue d'une nation avec tout ce qu'elle renferme d'espérance et de génie. Un homme est peu de chose sur cette terre, qui regorge de vivants, et avec une langue on referait un monde.

1119 On ne saurait comprendre ce qui entre de dédain ou de compassion pour le genre humain dans le cœur d'un innocent qui va mourir.

chap. 20

1120 Ce qu'il y a de plus bas au monde, c'est de mortifier la pauvreté.

1121 Il n'y a que deux choses qui servent au bonheur: c'est de croire et d'aimer.

chap. 25

1122 Tout est vérité; tout est mensonge.

La Combe de l'homme mort

1123 Entre le palefrenier et le maréchal il n'y a, comme on dit, que la main.

Inès de Las Sierras

1124 La nature de l'homme aurait-elle un besoin secret de se relever jusqu'au merveilleux pour entrer en possession de quelque privilège qui lui a été ravi autrefois, et qui formait la plus noble partie de son essence?

1125 Il y a des natures privilégiées que la gloire dédommage du bonheur, et cette compensation leur a été merveilleusement ménagée par la Providence; car le bonheur et la gloire se trouvent rarement ensemble.

1126 Tout croire est d'un imbécile,
Tout nier est d'un sot.

Smarra, le récit

1127 Il y a dans le cœur d'une femme qui commence à aimer un immense besoin de souffrir.

La Neuvaine de la Chandeleur, chap. 1

1128 J'ai quelquefois pensé que Virgile ne serait peut-être pas Virgile, s'il n'était né dans un hameau.

1129 On ne recommence plus, mais se souvenir, c'est presque recommencer.

1130 On ne fait pas de portraits avec des mots; j'ai douté quelquefois qu'on pût en faire avec des traits et avec des couleurs. Il y a dans l'ensemble de toutes les formes d'un être animé je ne sais quel jeu de passion et de vie qui ne se reproduit guère mieux sous le pinceau que sous la plume, et ce qui n'est pas moins sûr, c'est que la signification de cet ensemble n'est pas également intelligible pour tout le monde.

1131 Je ne me demandai pas pourquoi j'aimais cette femme, je ne me demandai pas même si je l'aimais; je sus que je l'aimais, je me dis ce que dut se dire Adam quand Dieu combla le bienfait de la création en lui donnant une épouse: J'achève d'être; je suis.

La Légende de la sœur Béatrix

1132 La vie des bons est une jeunesse perpétuelle.

Dictionnaire raisonné des Onomatopées françaises, préface

1133 Les noms des choses, parlés, ont donc été l'imitation de leurs sons, et les noms des choses, écrits, l'imitation de leurs formes.
L'Onomatopée est donc le type des langues prononcées, et l'hiéroglyphe, le type des langues écrites.

article « Écrou »

1134 *Écrou.* La consonne roulante marque les efforts et le cri de la vis dans les crans pressés où elle s'emboîte ; et dans *clou*, qui est une Onomatopée assez douteuse, le son est bref et net, parce qu'on le *fiche* brusquement, et qu'il produit un bruit indécomposable et immodulé.

Le Style naturel

1135 Le naturel est bien plus sûr :
Le mot doit mûrir sur l'idée,
Et puis tomber comme un fruit mûr.

Cacher sa vie

1136 Ils ne comprennent pas, ces amants de la gloire,
Le bonheur de vivre inconnu
[...]
Et de partir après comme l'on est venu.

Poésies, Les Furies et les Grâces

1137 Un sexe régit l'univers.
On l'adore, on le craint, on l'obsède, on en glose.
On en a dit du mal en prose,
On en a dit du mal en vers...

Poésies, Le fou du Pirée

1138 Le bonheur, à vrai dire, est toute la sagesse,
Et rêver est tout le bonheur.

Félicité LAMENNAIS 1782-1854

Paroles d'un croyant

I

1139 Nos pères ont vu le soleil décliner. Quand il descendit sous l'horizon, toute la race humaine tressaillit. Puis il y eut, dans cette nuit, je ne sais quoi qui n'a pas de nom. Enfants de la nuit, le Couchant est noir, mais l'Orient commence à blanchir.

II

1140 Fils de l'homme, que vois-tu ? Je vois Satan qui fuit, et le Christ entouré de ses anges qui vient pour régner.

III

1141 Et après avoir écouté la parole du Serpent, ils se levèrent et dirent : Nous sommes rois.

IV

1142 Aimez-vous les uns les autres, et vous ne craindrez ni les grands, ni les princes, ni les rois.

VII

1143 Car celui qui est plus fort qu'un seul sera moins fort que deux, et celui qui est plus fort que deux sera moins fort que quatre ; et ainsi les faibles ne craindront rien, lorsque, s'aimant les uns les autres, ils seront unis véritablement.

VIII

1144 Et quand Dieu voulut que l'homme travaillât, il cacha un trésor dans le travail, parce qu'il est père et que l'amour d'un père ne meurt point.

XII

1145 Le cri du pauvre monte jusqu'à Dieu, mais il n'arrive pas à l'oreille de l'homme.

XVI

1146 La parole qui nie Dieu brûle les lèvres sur lesquelles elle passe, et la bouche qui s'ouvre pour blasphémer est un soupirail de l'enfer.

XXII

1147 La cause la plus sainte se change en une cause impie, exécrable, quand on emploie le crime pour la soutenir. D'esclave l'homme de crime peut devenir tyran, mais jamais il ne devient libre.

XXXVIII

1148 La liberté est le pain que les peuples doivent gagner à la sueur de leur front.

XLI

1149 Où vont ces nuages que chasse la tempête ? Elle me chasse comme eux, et qu'importe où ? L'exilé partout est seul.

Une voix de prison, III

1150 Mon Dieu, ayez pitié du pauvre prolétaire !

(Une voix de prison) IX

1151 C'était le jour Saint-Sylvestre, le jour qui clôt cette série presque sans mélange de vaines pensées, d'espérances trompeuses, de soucis et de douleurs, qu'on appelle l'année.

Hymne à la Pologne

1152 Dors, ô ma Pologne, dors en paix, dans ce qu'ils appellent ta tombe : moi, je sais que c'est ton berceau.

De l'esclavage moderne, préface

1153 Frères, sachez-le bien, il existe deux races, la race égoïste de l'intérêt pur, la race sympathique du devoir et du droit.

1154 Si le Christ eût vécu parmi nous, un sergent de ville l'aurait profané de son ignoble attouchement, et un juge l'aurait fait écrouer pour vagabondage : car le Fils de l'homme n'avait pas une pierre pour y reposer sa tête.

1155 Ce que veut le Peuple, Dieu lui-même le veut ; car ce que veut le Peuple, c'est la justice, c'est l'ordre essentiel, éternel, c'est l'accomplissement dans l'humanité de cette sublime parole du Christ : « Qu'ils soient un, mon Père, comme vous et moi nous sommes un ! »

Lettre au comte de Senfft, 13 juillet 1830

1156 L'homme est ainsi fait : la lumière du soleil le laisse dans l'obscurité ; il ne discerne rien qu'à la lueur des feux qui consument, qui dévastent.

Charles-Hubert MILLEVOYE 1782-1816

Élégies, La chute des feuilles

1157 De la dépouille de nos bois
L'automne avait jonché la terre [...]

Élégies, L'inquiétude

1158 Ah ! songe bien que pour l'amour extrême
Un souvenir est encore un rival.

Élégies, Homère mendiant

1159 [...] Et, célébré par le divin Homère,
Le nom d'Achille encor fait soupirer sa mère.

André DUPIN dit Dupin Aîné 1783-1865

À la Chambre des députés, 6 décembre 1830

1160 Chacun chez soi et chacun son droit.

Henri Beyle dit STENDHAL 1783-1842

1161 Je n'écris que pour cent lecteurs, et des êtres malheureux, aimables, charmants, point hypocrites, point *moraux*, auxquels je voudrais plaire ; j'en connais à peine un ou deux.

De l'amour

1162 L'immense majorité des hommes, surtout en France, désire et a une femme à la mode, comme on a un joli cheval...

1163 Ce que j'appelle cristallisation, c'est l'opération de l'esprit, qui tire de tout ce qui se présente la découverte que l'objet aimé a de nouvelles perfections.

1164 L'homme n'est pas libre de ne pas faire ce qui lui fait plus de plaisir que toutes les autres actions possibles.

1165 La haine a sa cristallisation ; dès qu'on peut espérer de se venger, on recommence de haïr.

1166 Un homme est humilié de la longueur du siège ; il fait au contraire d'une femme.

1167 Je fais tous les efforts possibles pour être *sec* [...]. Je tremble toujours de n'avoir écrit qu'un soupir, quand je crois avoir noté une vérité.

1168 [...] pour un amant il n'est plus d'ami.

1169 [...] par le mécanisme de la branche d'arbre garnie de diamants dans la mine de Salzbourg, tout ce qui est beau et sublime au monde fait partie de la beauté de ce qu'on aime [...]. L'amour du beau et l'amour se donnent mutuellement la vie.

1170 Plus une danseuse est célèbre et usée, plus elle vaut [...]

1171 Les femmes extrêmement belles étonnent moins le second jour.

1172 Il est beaucoup plus contre la pudeur de se mettre au lit avec un homme qu'on n'a vu que deux fois, après trois mots latins dits à l'église, que de céder malgré soi à un homme qu'on adore depuis deux ans.

1173 La beauté n'est que la promesse du bonheur.

1174 L'amour est le miracle de la civilisation.

1175 L'inconvénient de la pudeur, c'est qu'elle jette sans cesse dans le mensonge.

(De l'amour)

1176 Les larmes sont l'extrême sourire.

1177 Le plus grand bonheur que puisse donner l'amour, c'est le premier serrement de main d'une femme qu'on aime.

1178 L'amour-goût s'enflamme et l'amour-passion se refroidit par les confidences.

1179 J'ai éprouvé que la vue d'une belle mer est consolante.

1180 Une femme n'est puissante que par le degré de malheur dont elle peut punir son amant...

1181 [...] le succès flatteur est de conquérir et non de conserver.

1182 [...] il y a toujours une chose qu'un Français respecte plus que sa maîtresse, c'est sa vanité.

1183 La fidélité des femmes dans le mariage, lorsqu'il n'y a pas d'amour, est probablement une chose contre nature.

1184 Les vrais don Juan finissent même par regarder les femmes comme le parti ennemi [...]

1185 Les plaisirs de l'amour sont toujours en proportion de la crainte.

1186 Qu'une femme sage ne se donne jamais la première fois par rendez-vous. — Ce doit être un bonheur imprévu.

De l'amour, fragments divers

1187 On peut tout acquérir dans la solitude, hormis du caractère.

1188 Les gens heureux en amour ont l'air profondément attentifs...

1189 Une femme appartient de droit à l'homme qui l'aime et qu'elle aime *plus que la vie*.

1190 L'amour est la seule passion qui se paye d'une monnaie qu'elle fabrique elle-même.

Vies de Haydn, de Mozart et de Métastase
Lettres sur Haydn, II

1191 Dans les arts rien ne vit que ce qui donne continuellement du plaisir.

IV

1192 L'homme de génie est celui-là seulement qui trouve une si douce jouissance à exercer son art, qu'il travaille malgré tous les obstacles. Mettez des digues à ces torrents, celui qui doit devenir un fleuve fameux saura bien les renverser.

VIII

1193   Il y a peut-être plus d'amour pour la musique dans vingt de ces gueux insouciants de Naples, appelés *lazzaroni*, qui chantent le soir le long de la rive de Chiaja, que dans tout le public élégant qui se réunit le dimanche au Conservatoire de la rue Bergère.

IX

1194   Les instruments peuvent peindre les mouvements les plus rapides et les plus énergiques, tandis que le chant ne peut atteindre à l'expression des passions dès que celles-ci exigent un mouvement un peu rapide dans les paroles. Il faut du temps au compositeur, comme de la place sur sa toile au peintre. Ce sont là les *infirmités* de ces beaux-arts.

1195   Il [Mozart] est le La Fontaine de la musique ; et comme ceux qui ont voulu imiter le naturel du premier poète de la langue française n'ont attrapé que le niais, de même les compositeurs qui veulent suivre Mozart tombent dans le baroque le plus abominable.

XIII

1196   Il en est de la musique dans une pièce comme de l'amour dans un cœur : s'il n'y règne pas en despote, si tout ne lui a pas été sacrifié, ce n'est pas de l'amour.

XVI

1197   La bonne musique ne se trompe pas, et va droit au fond de l'âme chercher le chagrin qui nous dévore.

XVII

1198   Tous les arts sont fondés sur un certain degré de fausseté.

Vie de Mozart, chap. 6

1199   Peut-être, sans cette exaltation de la sensibilité nerveuse qui va jusqu'à la folie, n'y a-t-il pas de génie supérieur dans les arts qui exigent de la tendresse.

Rome, Naples et Florence
Milan, 20 novembre 1816

1200   Rien de plus doux, de plus aimable, de plus digne d'être aimé que les mœurs milanaises. C'est l'opposé de l'Angleterre ; chaque femme est en général avec son amant ; plaisanteries douces, disputes vives, rires fous, mais jamais d'airs importants.

Rome, 2 janvier 1817

1201   La musique ne peut peindre l'esprit. Elle est obligée de prononcer lentement, et le degré de rapidité de la repartie peint presque toujours la nuance de l'idée. La musique ne peint que les passions tendres.

Naples, 16 février 1817

1202 Nos gens ne peuvent pas s'élever à comprendre que les anciens n'ont jamais rien fait *pour orner,* et que chez eux le beau n'est que la saillie de l'utile.

Naples, 7 mars 1817

1203 Les choses qu'il faut aux arts pour prospérer sont souvent contraires à celles qu'il faut aux nations pour être heureuses.

Racine et Shakespeare
chap. 1

1204 Prenez garde à vous ; si vous continuez à être de bonne foi, nous allons être d'accord.

chap. 2

1205 Il me semble que l'on fait plus de plaisanteries à Paris pendant une seule soirée que dans toute l'Allemagne en un mois.

chap. 3

1206 Le *Romanticisme* est l'art de présenter aux peuples les œuvres littéraires qui, dans l'état actuel de leurs habitudes et de leurs croyances, sont susceptibles de leur donner le plus de plaisir possible.
Le *classicisme,* au contraire, leur présente la littérature qui donnait le plus grand plaisir possible à leurs arrière-grands-pères.

1207 Il me semble qu'il faut du courage à l'écrivain presque autant qu'au guerrier ; l'un ne doit pas plus songer aux journalistes que l'autre à l'hôpital.

seconde partie, lettre II

1208 Le vers alexandrin n'est souvent qu'un cache-sottise.

1209 Tous les grands écrivains ont été romantiques de leur temps.

lettre V

1210 Dès que vous introduisez la politique dans un ouvrage littéraire, l'*odieux* paraît et avec l'*odieux* la *haine impuissante.* Or, dès que votre cœur est en proie à la haine impuissante, cette fatale maladie du dix-neuvième siècle, vous n'avez plus assez de gaieté pour rire de quoi que ce soit.

note

1211 Si jamais nous avons la liberté complète, qui songera à faire des chefs-d'œuvre ? Chacun travaillera, personne ne lira si ce n'est de grands journaux in-folio, où toute vérité s'énoncera dans les termes les plus directs et les plus nets.

lettre VIII, note

1212 Le cri du cœur n'admet pas d'inversion.

appendice II, des périls de la langue italienne

1213 Le premier instrument du génie d'un peuple, c'est sa langue. Que sert à un muet d'avoir beaucoup d'esprit ? Or l'homme qui ne parle qu'une langue entendue de lui seul est-il si différent d'un muet ?

1214 Ce n'est pas un petit mouvement de vanité qui fait enfanter des chefs-d'œuvre. L'homme de génie, tourmenté de ses idées, a plus besoin de prendre la plume que les êtres ordinaires de se mettre à table.

1215 Nous sommes aussi réellement conduits (mais non pas aussi sûrement) par les mots dans nos raisonnements que l'algébriste par ses formules dans ses calculs.

appendice IV, de Molière et de Regnard

1216 L'amour, cette passion si visionnaire, exige dans son langage une exactitude mathématique.

Armance
avant-propos

1217 En 1760 il fallait de la grâce, de l'esprit et pas beaucoup d'humeur, ni pas beaucoup d'honneur, comme disait le régent, pour gagner la faveur du maître et de la maîtresse. Il faut de l'économie, du travail opiniâtre, de la solidité, et l'absence de toute illusion dans une tête, pour tirer parti de la machine à vapeur. Telle est la différence entre le siècle qui finit en 1789 et celui qui commença en 1815.

chap. 2

1218 L'homme qui pendant trois quarts d'heure venait de songer à terminer sa vie, à l'instant même montait sur une chaise pour chercher dans sa bibliothèque le tarif des glaces de Saint-Gobain.

chap. 3

1219 S'il eût reçu du ciel un cœur sec, froid, raisonnable, avec tous les autres avantages qu'il réunissait d'ailleurs, il eût pu être fort heureux. Il ne lui manquait qu'une âme commune.

chap. 9

1220 Il faut ou tout finir rapidement et sans délai par quelques gouttes d'acide prussique ou prendre la vie gaiement.

chap. 16

1221 Ce fut un de ces instants rapides que le hasard accorde quelquefois, comme une compensation de tant de maux, aux âmes faites pour sentir avec énergie. La vie se presse dans les cœurs, l'amour fait oublier tout ce qui n'est pas divin comme lui, et l'on vit plus en quelques instants que pendant de longues périodes.

(Armance) chap. 25

1222 La parole a été donnée à l'homme pour cacher sa pensée.

Promenades dans Rome, 18 avril 1828

1223 Hélas! Trop aimer le beau donne le ton misanthrope; et le mot de méchant se présente à la pensée des gens froids. Heureux les tempéraments à la hollandaise qui peuvent aimer le *beau* sans exécrer le laid!

14 juin 1828

1224 Les trois quarts des voyageurs français se trouveraient bien en peine d'avoir un tête-à-tête avec une des madones de Raphaël; leur vanité souffrirait étrangement, et ils finiraient par la prendre en guignon; ils lui reprocheraient de la hauteur et s'en croiraient méprisés.

16 juin 1828

1225 Il a été donné aux Français de comprendre les arts avec une finesse et un esprit infinis; mais, jusqu'ici, ils n'ont pas pu s'élever jusqu'à les *sentir*.

1226 Il est sans doute parmi nous quelques âmes nobles et tendres comme Madame Roland, Mademoiselle de Lespinasse, Napoléon, le condamné Lafargue, etc. Que ne puis-je écrire dans un langage sacré compris d'elles seules! Alors un écrivain serait aussi heureux qu'un peintre; on oserait exprimer les sentiments les plus délicats, et les livres, loin de se ressembler platement comme aujourd'hui, seraient aussi différents que les toilettes d'un bal.

3 juin 1828

1227 Molière fut chargé, par Louis XIV, de donner un modèle idéal à chaque classe de ses sujets et de poursuivre par le ridicule tout ce qui hésiterait à se conformer à ce modèle. Colbert obtint que les gens de finance seraient exemptés de cette classification.

Le Rouge et le Noir
livre I, chap. 5

1228 Après une conversation savante de deux grandes heures, où pas un mot ne fut dit au hasard, la finesse du paysan l'emporta sur la finesse de l'homme riche, qui n'en a pas besoin pour vivre.

chap. 7

1229 A Paris, l'amour est fils des romans. Le jeune précepteur et sa timide maîtresse auraient retrouvé dans trois ou quatre, et jusque dans les couplets du Gymnase, l'éclaircissement de leur position. Les romans leur auraient tracé le rôle à jouer, montré le modèle à imiter.

chap. 11

1230 Tel était l'effet de la force, et, si j'ose parler ainsi, de la grandeur des mouvements de passion qui bouleversaient l'âme de ce jeune ambitieux. Chez cet être singulier, c'était presque tous les jours tempête.

chap. 13

1231 Tel est, hélas, le malheur d'une excessive civilisation! A vingt ans, l'âme d'un jeune homme, s'il a quelque éducation, est à mille lieues du laisser-aller, sans lequel l'amour n'est souvent que le plus ennuyeux des devoirs.

chap. 18

1232 Il y eut un *Te Deum*, des flots d'encens, des décharges infinies de mousqueterie et d'artillerie; les paysans étaient ivres de bonheur et de piété. Une telle journée défait l'ouvrage de cent numéros des journaux jacobins.

chap. 19

1233 Serait-il possible que ces prêtres si fourbes... eussent raison? Eux qui commettent tant de péchés auraient le privilège de connaître la vraie théorie du péché? Quelle bizarrerie!

chap. 21

1234 Une odalisque du sérail peut à toute force aimer le sultan; il est tout-puissant, elle n'a aucun espoir de lui dérober son autorité par une suite de petites finesses. La vengeance du maître est terrible, sanglante, mais militaire, généreuse: un coup de poignard finit tout. C'est à coup de mépris public qu'un mari tue sa femme au XIXe siècle; c'est en lui fermant tous les salons.

chap. 22

1235 Voilà donc, se disait la conscience de Julien, la sale fortune à laquelle tu parviendras, et tu n'en jouiras qu'à cette condition et en pareille compagnie! Tu auras peut-être une place de vingt mille francs, mais il faudra que, pendant que tu te gorges de viandes, tu empêches de chanter le pauvre prisonnier; tu donneras à dîner avec l'argent que tu auras volé sur sa misérable pitance, et pendant ton dîner il sera encore plus malheureux! — O Napoléon! qu'il était doux de ton temps de monter à la fortune par les dangers d'une bataille.

1236 M. Valenod avait dit en quelque sorte aux épiciers du pays: donnez-moi les deux plus sots d'entre vous; aux gens de loi: indiquez-moi les deux plus ignares; aux officiers de santé: désignez-moi les deux plus charlatans. Quand il avait eu rassemblé les plus effrontés de chaque métier, il leur avait dit: régnons ensemble.

chap. 23

1237 La marche ordinaire du XIXe siècle est que, quand un être puissant et noble rencontre un homme de cœur, il le tue, l'exile, l'emprisonne ou l'humilie tellement, que l'autre a la sottise d'en mourir de douleur.

(Le Rouge et le Noir, livre I) chap. 24

1238 Quelle pitié notre provincial na-t-il pas inspirer aux jeunes lycéens de Paris qui, à quinze ans, savent déjà entrer dans un café d'un air si distingué? Mais ces enfants, si bien stylés à quinze ans, à dix-huit tournent *au commun*. La timidité passionnée que l'on rencontre en province se surmonte quelquefois et alors elle enseigne à vouloir.

chap. 26

1239 Depuis Voltaire, depuis le gouvernement des deux chambres, qui n'est au fond que *méfiance et examen personnel*, et donne à l'esprit des peuples cette mauvaise habitude de *se méfier*, l'Église de France semble avoir compris que les livres sont ses vrais ennemis.

1240 Au séminaire, il est une façon de manger un œuf à la coque qui annonce les progrès faits dans la vie dévote.

livre II, chap. 1

1241 Je vais chercher la solitude et la paix champêtre au seul lieu où elles existent en France, dans un quatrième étage, donnant sur les Champs-Élysées.

1242 Toute vraie passion ne songe qu'à elle. C'est pourquoi, ce me semble, les passions sont si ridicules à Paris, où le voisin prétend toujours qu'on pense beaucoup à lui.

1243 Nous sommes prêtres, car elle vous prendra pour tel; à ce titre, elle nous considère comme des valets de chambre nécessaires à son salut.

chap. 4

1244 Pourvu qu'on ne plaisantât ni de Dieu, ni des prêtres, ni du roi, ni des gens en place, ni des artistes protégés par la cour, ni de tout ce qui est établi; pourvu qu'on ne dît du bien ni de Béranger, ni des journaux de l'opposition, ni de Voltaire, ni de Rousseau, ni de tout ce qui se permet un peu de franc-parler; pourvu surtout qu'on ne parlât jamais politique, on pouvait librement raisonner de tout.

1245 Comment, habitant l'hôtel d'un grand seigneur, ne savez-vous pas le mot du duc de Castries sur d'Alembert et Rousseau: Cela veut raisonner de tout, et n'a pas mille écus de rente.

chap. 7

1246 L'esprit et le génie perdent vingt-cinq pour cent de leur valeur, en débarquant en Angleterre.

chap. 8

1247 Je ne vois que la condamnation à mort qui distingue un homme, pensa Mathilde: c'est la seule chose qui ne s'achète pas.

chap. 11

1248 Quelle est la grande action qui ne soit pas un *extrême* au moment où on l'entreprend? C'est quand elle est accomplie qu'elle semble possible aux êtres du commun.

chap. 18

1249 Il est digne d'être mon maître, puisqu'il a été sur le point de me tuer. Combien faudrait-il fondre ensemble de beaux jeunes gens de la société pour arriver à un tel mouvement de passion?

chap. 19

1250 Eh, monsieur, un roman est un miroir qui se promène sur une grande route. Tantôt il reflète à vos yeux l'azur des cieux, tantôt la fange des bourbiers de la route. Et l'homme qui porte le miroir dans sa hotte sera par vous accusé d'être immoral! Son miroir montre la fange, et vous accusez le miroir! Accusez bien plutôt le grand chemin où est le bourbier, et plus encore l'inspecteur des routes qui laisse l'eau croupir et le bourbier se former.

chap. 22

1251 La politique [...] est une pierre attachée au cou de la littérature, et qui, en moins de six mois, la submerge. La politique au milieu des intérêts d'imagination, c'est un coup de pistolet au milieu d'un concert.

chap. 24

1252 L'air triste ne peut être de bon ton; c'est l'air ennuyé qu'il faut. Si vous êtes triste, c'est donc quelque chose qui vous manque, quelque chose qui ne vous a pas réussi.
C'est montrer soi inférieur. Êtes-vous ennuyé, au contraire, c'est ce qui a essayé vainement de vous plaire qui est inférieur.

chap. 28

1253 Grand Dieu! Pourquoi suis-je moi?

1254 Dans les hautes classes de la société de Paris, où Mathilde avait vécu, la passion ne peut que bien rarement se dépouiller de prudence, et c'est du cinquième étage qu'on se jette par la fenêtre.

chap. 41

1255 Quand je serais moins coupable, je vois des hommes qui, sans s'arrêter à ce que ma jeunesse peut mériter de pitié, voudront punir en moi et décourager à jamais cette classe de jeunes gens qui, nés dans une classe inférieure et en quelque sorte opprimés par la pauvreté, ont le bonheur de se procurer une bonne éducation, et l'audace de se mêler à ce que l'orgueil des gens riches appelle la société.

(Le Rouge et le Noir, livre II) chap. 42

1256 Le comte Altamira me racontait que, la veille de sa mort, Danton disait avec sa grosse voix : C'est singulier, le verbe guillotiner ne peut pas se conjuguer dans tous ses temps ; on peut bien dire : Je serai guillotiné, tu seras guillotiné, mais on ne dit pas : J'ai été guillotiné.

1257 Si je trouve le Dieu des chrétiens, je suis perdu : c'est un despote, et comme tel, il est rempli d'idées de vengeance ; sa Bible ne parle que de punitions atroces. Je ne l'ai jamais aimé ; je n'ai même jamais voulu croire qu'on l'aimât sincèrement.

1258 Ce passage du *Venceslas* de Rotrou lui revint tout à coup.
LADISLAS
... Mon âme est toute prête.

LE ROI, PÈRE DE LADISLAS
L'échafaud l'est aussi ; portez-y votre tête.
Belle réponse ! pensa-t-il, et il s'endormit.

chap. 44

1259 Le pire des malheurs en prison, pensa-t-il, c'est de ne pouvoir fermer sa porte.

1260 Les gens qu'on honore ne sont que des fripons qui ont eu le bonheur de n'être pas pris en flagrant délit.

1261 L'influence de mes contemporains l'emporte, dit-il tout haut et avec un rire amer. Parlant seul avec moi-même, à deux pas de la mort, je suis encore hypocrite... O dix-neuvième siècle !

1262 Une mouche éphémère naît à neuf heures du matin dans les grands jours d'été, pour mourir à cinq heures du soir ; comment comprendrait-elle le mot *nuit* ?

La Chartreuse de Parme
livre I, chap. 1

1263 Le 15 mai 1796, le général Bonaparte fit son entrée dans Milan à la tête de cette jeune armée qui venait de passer le pont de Lodi, et d'apprendre au monde qu'après tant de siècles César et Alexandre avaient un successeur...

1264 Bonaparte, que tous les gens bien nés croyaient pendu depuis longtemps, descendit du mont Saint-Bernard. Il entra dans Milan : ce moment est encore unique dans l'histoire ; figurez-vous tout un peuple amoureux fou.

chap. 5

1265 Notre héros était ce matin-là du plus beau sang-froid du monde; la quantité de sang qu'il avait perdue l'avait délivré de toute la partie romanesque de son caractère.

chap. 6

1266 La première qualité chez un jeune homme aujourd'hui, c'est-à-dire pendant cinquante ans peut-être, tant que nous aurons peur et que la religion ne sera point rétablie, c'est de n'être pas susceptible d'enthousiasme et de n'avoir pas d'esprit.

chap. 8

1267 Fabrice avait un cœur italien; j'en demande pardon pour lui: ce défaut, qui le rendra moins aimable, consistait surtout en ceci: il n'avait de vanité que par accès, et l'aspect seul de la beauté sublime le portait à l'attendrissement […]

1268 La pensée du privilège avait desséché cette plante toujours si délicate qu'on nomme le bonheur.

chap. 10

1269 C'est par une folie d'imagination que Napoléon s'est rendu au prudent *John Bull*, au lieu de chercher à gagner l'Amérique. John Bull, dans son comptoir, a bien ri de sa lettre où il cite Thémistocle. De tous temps les vils Sancho Pança l'emporteront à la longue sur les sublimes don Quichotte.

livre II, chap. 15

1270 Elle était saisie d'une sorte d'horreur à la seule pensée de mettre sa chère solitude et ses pensées intimes à la disposition d'un jeune homme, que le titre de mari autoriserait à troubler toute cette vie intérieure.

chap. 18

1271 Mais à propos, se dit Fabrice étonné en interrompant tout à coup le cours de ses pensées, j'oublie d'être en colère! Serais-je un de ces grands courages comme l'antiquité en a montré quelques exemples au monde? Suis-je un héros sans m'en douter?

chap. 20

1272 Le courage consiste à savoir choisir le moindre mal, si affreux qu'il soit encore.

chap. 21

1273 Je croirais assez que le bonheur immoral qu'on trouve à se venger en Italie tient à la force d'imagination de ce peuple; les gens des autres pays ne pardonnent pas à proprement parler, ils oublient.

(La Chartreuse de Parme, livre II) chap. 22

1274 Au milieu des plats intérêts d'argent, et de la froideur décolorée des pensées vulgaires qui remplissent notre vie, les démarches inspirées par une vraie passion manquent rarement de produire leur effet.

chap. 24

1275 Le calembour est incompatible avec l'assassinat.

1276 L'homme qui approche de la cour compromet son bonheur, s'il est heureux, et, dans tous les cas, fait dépendre son avenir des intrigues d'une femme de chambre.
D'un autre côté, en Amérique, dans la République, il faut s'ennuyer toute la journée à faire une cour sérieuse aux boutiquiers de la rue, et devenir aussi bête qu'eux; et là, pas d'Opéra.

chap. 25

1277 Le prince, qui se réservait toujours des rôles d'amoureux à jouer avec la duchesse, avait été tellement passionné en lui parlant de sa tendresse, qu'il eût été ridicule, si, en Italie, un homme passionné ou un prince pouvaient jamais l'être.

Lettre à M. de Balzac, 30 octobre 1840

1278 En composant la *Chartreuse*, pour prendre le ton, je lisais chaque matin deux ou trois pages du Code civil, afin d'être toujours naturel; je ne veux pas, par des moyens factices, fasciner l'âme du lecteur.

1279 Je ne vois qu'une règle: être clair. Si je ne suis pas clair, tout *mon monde* est anéanti.

Chroniques italiennes, Vanina Vanini

1280 En 1796, comme le général Bonaparte quittait Brescia, les municipaux qui l'accompagnaient à la porte de la ville lui disaient que les Bressans aimaient la liberté par-dessus tous les autres Italiens. — Oui, répondit-il, ils aiment à en parler à leurs maîtresses.

Préface des Manuscrits italiens

1281 Les raisonnements politiques de l'an 1500 sont parfaitement ridicules, l'on n'avait pas encore inventé à cette époque de faire voter l'impôt par les députés de ceux qui doivent le payer.

1282 Le gouvernement le plus baroque et le plus infâme a cela de bon qu'il donne sur le cœur humain des aperçus que l'on chercherait en vain dans la jeune Amérique où toutes les passions se réduisent à peu près au culte du dollar.

1283 J'aime le style de ces histoires, c'est celui du peuple, il est rempli de pléonasmes et ne laisse jamais passer le nom d'une chose horrible sans nous apprendre qu'elle est horrible.

Préface des Manuscrits italiens, Les Cenci

1284 Le don Juan de Molière est galant sans doute, mais avant tout il est homme de bonne compagnie ; avant de se livrer au penchant irrésistible qui l'entraîne vers les jolies femmes, il tient à se conformer à un certain modèle idéal, il veut être l'homme qui serait souverainement admiré à la cour d'un jeune roi galant et spirituel.

1285 C'est à la religion chrétienne que j'attribue le rôle satanique de don Juan.

1286 C'est en Italie et au XVIIe siècle qu'une princesse disait, en prenant une glace avec délices le soir d'une journée fort chaude : *quel dommage que ce ne soit pas un péché!*

Préface des Manuscrits italiens, La duchesse de Palliano

1287 Les paroles sont toujours une force que l'on cherche hors de soi.

Préface des Manuscrits italiens, L'abbesse de Castro

1288 Au XVIe siècle, l'activité d'un homme et son mérite réel ne pouvaient se montrer en France et conquérir l'admiration que par la bravoure sur le champ de bataille ou dans les duels ; et, comme les femmes aiment la bravoure et surtout l'audace, elles devinrent les juges suprêmes du mérite d'un homme. Alors naquit *l'esprit de galanterie* qui prépara l'anéantissement successif de toutes les passions et même de l'amour, au profit de ce tyran cruel auquel nous obéissons tous : la vanité. Les rois protégèrent la vanité avec grande raison ; de là l'empire des rubans !

Vie de Napoléon
chap. 4

1289 Un jeune homme de vingt-six ans se trouve avoir effacé en une année les Alexandre, les César, les Annibal, les Frédéric. Et, comme pour consoler l'humanité de ces succès sanglants, il joint aux lauriers de Mars l'olivier de la civilisation.

chap. 6

1290 C'est un argument des aristocrates que celui des crimes qu'entraîne une révolution. Ils oublient les crimes qui se commettaient en silence avant la Révolution.

chap. 20

1291 Le général Bonaparte était extrêmement ignorant dans l'art de gouverner. Nourri des idées militaires, la délibération lui a toujours semblé de l'insubordination.

1292 Il n'est pas donné à un seul être humain d'avoir à la fois tous les talents, et il était trop sublime comme général pour être bon comme politique et législateur.

(Vie de Napoléon) chap. 49

1293 Depuis deux siècles, un ministre, en France, est un homme qui signe quatre cents dépêches par jour, et qui donne à dîner.

chap. 86

1294 Napoléon est donc un tyran du XIXe siècle. Qui dit Tyran, dit esprit supérieur, et il ne se peut pas qu'un génie supérieur ne respire, même sans s'en douter, le bon sens qui est répandu dans l'air.

Mémoires sur Napoléon, préface

1295 Les petits mérites seuls peuvent aimer le mensonge qui leur est favorable ; plus la vérité tout entière sera connue, plus Napoléon sera grand.

1296 L'amour pour Napoléon est la seule passion qui me soit restée.

Lamiel, chap. 3

1297 Les esprits sont précoces en Normandie ; quoique à peine âgée de douze ans, elle était déjà susceptible d'ennui, et l'ennui à cet âge, quand il ne tient pas à la souffrance physique, annonce la présence de l'âme.

chap. 7

1298 *La bravoure personnelle, la fermeté de caractère* n'offrent point de prise à l'hypocrisie. Comment un homme peut-il être hypocrite en se lançant contre le mur d'un cimetière de campagne bien crénelé et défendu par deux cents hommes ?

chap. 9

1299 Lamiel s'assit et le regarda s'en aller (elle essuya le sang et songea à peine à la douleur).
Puis elle éclata de rire en se répétant :
« Comment, ce fameux amour, ce n'est que ça ! »

note du 25 mai 1840

1300 Je ne fais point de plan. Quand cela m'est arrivé, j'ai été dégoûté du roman par le mécanisme que voici : je cherchais à me souvenir en écrivant le roman des choses auxquelles j'avais pensé en écrivant le plan, et, chez moi, le travail de la mémoire éteint l'imagination.

Vie de Henry Brulard
chap. 1

1301 S'il y a un autre monde, je ne manquerai pas d'aller voir Montesquieu, s'il me dit : « Mon pauvre ami, vous n'avez pas eu de talent du tout », j'en serai fâché mais nullement surpris.

1302 Sentir les défauts d'un autre, est-ce avoir du talent ? Je vois les plus mauvais peintres voir très bien les défauts les uns des autres : M. Ingres a toute raison contre M. Gros, et M. Gros contre M. Ingres.

chap. 2

1303 J'ai recherché avec une sensibilité exquise la vue des beaux paysages ; c'est pour cela uniquement que j'ai voyagé. Les paysages étaient comme un *archet* qui jouait sur mon âme.

chap. 9

1304 Tout ce qui est bas et plat dans le genre bourgeois me rappelle Grenoble, tout ce qui me rappelle Grenoble me fait horreur, non, *horreur* est trop noble, *mal au cœur*.

chap. 10

1305 J'aimais, et j'aime encore, les mathématiques pour elles-mêmes comme n'admettant pas l'*hypocrisie* et le *vague*, mes deux bêtes d'aversion.

1306 Mes compositions m'ont toujours inspiré la même pudeur que mes amours. Rien ne m'eût été plus pénible que d'en entendre parler.

chap. 13

1307 Je ne pourrais, ce me semble, peindre ce bonheur ravissant, pur, frais, divin, que par l'énumération des maux et de l'ennui dont il était l'absence complète. Or ce doit être une triste façon de peindre le bonheur.

chap. 14

1308 J'ai horreur de ce qui est sale, or le peuple est toujours sale à mes yeux. Il n'y a qu'une exception pour Rome, mais là la saleté est cachée par la férocité.

chap. 16

1309 Un roman est comme un archet, la caisse du violon *qui rend les sons*, c'est l'âme du lecteur.

chap. 23

1310 Les phrases nombreuses et prétentieuses de MM. Chateaubriand et Salvandy m'ont fait écrire le *Rouge et le Noir* d'un style trop haché. Grande sottise car dans vingt ans qui songera aux fatras hypocrites de ces Messieurs ? Et moi, je mets un billet à une loterie dont le gros lot se réduit à ceci : être lu en 1935.

chap. 24

1311 La finesse et la promptitude de l'égoïsme, un égoïsme, je crois, hors de mesure, sont les seules choses qui aient du succès parmi les enfants.

(Vie de Henry Brulard, chap. 24)

1312 Les poètes ont du cœur, les savants proprement dits sont serviles et lâches.

chap. 25

1313 Je ne sais combien de lieues je ne ferais pas à pied, ou à combien de jours de prison je ne me soumettrais pas pour entendre *Don Juan* ou le *Matrimonio Segreto*, et je ne sais pour quelle autre chose je ferais cet effort.

1314 L'amour a toujours été pour moi la plus grande des affaires, ou plutôt la seule.

chap. 26

1315 Ne serais-je point le fils d'un grand prince, et tout ce que j'entends dire de la Révolution, et le peu que j'en vois, une fable destinée à faire mon éducation, comme dans *Émile*?

chap. 27

1316 Pour que rien ne manquât au pouvoir de Shakespeare sur mon cœur, je crois même que mon père m'en dit du mal.

1317 Tout but moral, c'est-à-dire d'intérêt dans l'artiste, tue tout ouvrage d'art.

chap. 30

1318 Mes amis, quand je sors dans la rue avec un habit neuf et bien fait, donneraient un écu pour qu'on me jetât un verre d'eau sale.

1319 Quand une idée se saisit trop de moi au milieu de la rue, *je tombe*.

chap. 33

1320 Un peu de passion augmente l'esprit, beaucoup l'éteint.

chap. 36

1321 J'appelle *caractère* d'un homme sa manière habituelle d'aller à la chasse du bonheur, en termes plus clairs, mais moins significatifs : l'*ensemble de ses habitudes morales*.

chap. 39

1322 *N'avoir pas de montagnes* perdait absolument Paris à mes yeux. *Avoir dans les jardins des arbres taillés* l'achevait.

chap. 41

1323 Je ne puis être touché jusqu'à l'attendrissement *qu'après un passage comique*.

chap. 42

1324 L'esprit si *délicieux* pour qui le sent ne dure pas. Comme une belle pêche passe en quelques jours, l'*esprit* passe en deux cents ans, et bien plus vite s'il y a révolution dans les rapports que les classes d'une société ont entre elles.

chap. 43

1325 Les épinards et Saint-Simon ont été mes seuls goûts durables, après celui toutefois de vivre à Paris avec cent louis de rente, faisant des livres.

chap. 44

1326 Je voyais ce beau lac s'étendre sous mes yeux, le son de la cloche était une ravissante musique qui accompagnaient mes idées et leur donnait une physionomie sublime.
Là, ce me semble, a été mon approche la plus voisine du *bonheur parfait*.
Pour un tel moment il vaut la peine d'avoir vécu.

chap. 45

1327 C'est là le danger d'acheter des gravures des beaux tableaux que l'on voit dans ses voyages. Bientôt la gravure forme tout le souvenir, et détruit le souvenir réel.

chap. 46

1328 J'ai eu un lot exécrable de sept ans à dix-sept, mais, depuis le passage du mont Saint-Bernard (à 2491 mètres d'élévation au-dessus de l'océan), je n'ai plus eu à me plaindre du destin, mais au contraire à m'en louer.

1329 Enfin j'allai au spectacle, on donnait le *Matrimonio Segreto* de Cimarosa, l'actrice qui jouait Caroline avait une dent de moins sur le devant. Voilà tout ce qui me reste d'un bonheur divin.

chap. 47

1330 On ne peut pas apercevoir distinctement la partie du ciel trop voisine du soleil, par un effet semblable j'aurais grand'peine à faire une narration raisonnable de mon amour pour Angela Pietragrua. Comment faire un récit un peu raisonnable de tant de folies? Par où commencer? Comment rendre cela un peu intelligible? Voilà déjà que j'oublie l'orthographe, comme il m'arrive dans les grands transports de passion, et il s'agit pourtant de choses passées il y a trente-six ans.

1331 Quel parti prendre? Comment peindre le bonheur fou?
Le lecteur a-t-il jamais été amoureux fou? A-t-il jamais eu la fortune de passer une nuit avec cette maîtresse qu'il a le plus aimée en sa vie?
Ma foi je ne puis continuer, le sujet surpasse le disant.

(Vie de Henry Brulard, chap. 47)

1332 On gâte des sentiments si tendres à les raconter en détail.

Souvenirs d'égotisme, chap. 1

1333 Je craignais de déflorer les moments heureux que j'ai rencontrés, en les décrivant, en les anatomisant. Or, c'est ce que je ne ferai point, je sauterai le bonheur.

chap. 7

1334 Les Anglais sont, je crois, le peuple du monde le plus obtus, le plus barbare. Cela est au point que je leur pardonne les infamies de Sainte-Hélène.
Il ne les sentaient pas.

1335 A mes yeux, quand on pend un voleur ou un assassin en Angleterre, c'est l'aristocratie qui s'immole une victime à sa sûreté, car c'est elle qui l'a forcé à être scélérat, etc.

Lucien Leuwen
première préface

1336 Excepté pour la passion du héros, un roman doit être un miroir.

deuxième préface

1337 Entre deux hommes d'esprit, l'un extrêmement républicain, l'autre extrêmement légitimiste, le penchant secret de l'auteur sera pour le plus aimable.

I

1338 Ce conte fut écrit en songeant à un petit nombre de lecteurs que je n'ai jamais vus et que je ne verrai point, ce dont bien me fâche : j'eusse trouvé tant de plaisir à passer les soirées avec eux !

chap. 1

1339 Dans ce salon dont l'ameublement avait coûté cent mille francs, on ne haïssait personne (étrange contraste !).

chap. 3

1340 Heureux les héros morts avant 1804 !

chap. 6

1341 Washington m'eût ennuyé à la mort, et j'aime mieux me trouver dans le même salon que M. de Talleyrand.

1342 Excepté mes pauvres républicains attaqués de folie, je ne vois rien d'estimable dans le monde.

chap. 11

1343 Pour plaire à son mari et à son parti, Mme de Puylaurens allait à l'église deux ou trois fois le jour ; mais, dès qu'elle y était entrée, le temple du Seigneur devenait un salon.

chap. 24
1344 Voilà un des malheurs de l'extrême beauté, elle ne peut voiler ses sentiments.

chap. 27
1345 Les amants sont si heureux dans les scènes qu'ils ont ensemble que le lecteur, au lieu de sympathiser avec la peinture de ce bonheur, en devient jaloux et se venge d'ordinaire en disant: « Bon Dieu! Que ce livre est fade! »

chap. 32
1346 L'âme de l'homme est comme un marais infect: si l'on ne passe vite, on enfonce.

II, chap. 39
1347 Tout gouvernement, même celui des États-Unis, ment toujours et en tout; quand il ne peut pas mentir au fond, il ment sur les détails. Ensuite, il y a les bons mensonges et les mauvais; les *bons* sont ceux que croit le petit public de cinquante louis de rente à douze ou quinze mille francs, les *excellents* attrapent quelques gens à voiture, les *exécrables* sont ceux que personne ne croit et qui ne sont répétés que par les ministériels éhontés.

chap. 44
1348 Rien ne rend méchant comme le malheur. Voyez les prudes.

chap. 47
1349 La vieillesse n'est autre chose que la privation de folie, l'absence d'illusion et de passion.

Journal
26 août 1804
1350 C'est un homme qui, en parlant du teint d'une femme, dirait: « Il est couleur de chair ».

11 février 1805
1351 La pire des duperies où puisse mener la connaissance des femmes est de n'aimer jamais, de peur d'être trompé.

14 mars
1352 C'est un moyen de se consoler que de regarder sa douleur de près (surtout avec une tête comme la mienne).

20 janvier 1806
1353 [...] je ne regrette presque plus le calendrier républicain.

(Journal) 30 mars
1354 Moi, j'ai passionnément désiré être aimé d'une femme mélancolique, maigre et actrice.

25 mars 1808
1355 Remède souverain contre l'amour: manger des pois.

16 avril 1813
1356 Il y a des passions semblables aux vents alizés, qui prennent les gens à certaine hauteur.

16 octobre 1814
1357 J'ai eu quelques idées de finir, comme un jocrisse, par un coup de pistolet.

Henri de LATOUCHE 1785-1851

Superstitions de l'amour
1358 On t'aime, *un peu, beaucoup*. Prends garde, téméraire!
L'espérance repose auprès de la douleur...

Marceline DESBORDES-VALMORE 1786-1859

Romances, Le souvenir
1359 Par toi tout le bonheur que m'offre l'avenir
Est dans mon souvenir.

Poésies, Élégie
1360 Que la vie est rapide et paresseuse ensemble!
Dans la main qui s'égare, et qui brûle, et qui tremble,
Que sa coupe fragile est lente à se briser!

Poésies, Le printemps
1361 Qui n'a cru respirer dans la fleur renaissante,
Les parfums regrettés de ses premiers printemps.

Poésies, La fête
1362 Je vais d'un jour encore essayer le fardeau.

Poésies, L'isolement
1363 Ce qu'on donne à l'amour est à jamais perdu.

Poésies, Les deux peupliers
1364 Le ciel nous a formés mobiles et sensibles,
Et le sol le plus doux n'enchaîne point nos pas.

Poésies, Le retour à Bordeaux

1365 Si l'amour a des pleurs, la haine a des tourments.

Pauvres fleurs, qu'en avez-vous fait ?

1366 Vous aviez mon cœur,
Moi, j'avais le vôtre :
Un cœur pour un cœur,
Bonheur pour bonheur !

Pauvres fleurs, au Christ

1367 Brisé par une main qu'on aime,
Seigneur ! un cheveu de nous-même
Est si vivant à la douleur !

Poésies posthumes, Les roses de Saadi

1368 J'ai voulu ce matin te rapporter des roses ;
Mais j'en avais tant pris dans mes ceintures closes
Que les nœuds trop serrés n'ont pu les contenir.

Poésies posthumes, Amour, divin rôdeur

1369 Amour, divin rôdeur, glissant entre les âmes,
[...]
C'est lui ! Sauve qui peut ! Voici venir les armes !...
Ce n'est pas tout d'aimer, l'amour porte des armes.
C'est le roi, c'est le maître, et, pour le désarmer,
Il faut plaire à l'Amour : ce n'est pas tout d'aimer !

Poésies posthumes, Rêve intermittent d'une nuit triste

1370 J'ai vécu d'aimer, j'ai donc vécu de larmes.

Poésies posthumes, Ouvrez aux enfants

1371 Les enfants sont venus vous demander des roses ;
Il faut leur en donner.
— Mais les petits ingrats détruisent toutes choses...
— Il faut leur pardonner.

Poésies posthumes, La couronne effeuillée

1372 J'irai, j'irai porter ma couronne effeuillée
Au jardin de mon père où revit toute fleur ;
J'y répandrai longtemps mon âme agenouillée ;
Mon père a des secrets pour vaincre la douleur.

1373 Vous[1] ne rejetez pas la fleur qui n'est plus belle ;
Ce crime de la terre au ciel est pardonné.
Vous ne maudirez pas votre enfant infidèle,
Non d'avoir rien vendu, mais d'avoir tout donné.

---

1. L'auteur s'adresse à Dieu.

François GUIZOT 1787-1874

Essai sur l'histoire de France, 3ᵉ essai

1374 Les événements sont plus grands que ne le savent les hommes, et ceux-là mêmes qui semblent l'ouvrage d'un accident, d'un individu, d'intérêts particuliers ou de quelque circonstance extérieure ont des sources bien plus profondes et une bien autre portée.

1375 De toutes les tyrannies, la pire est celle qui peut ainsi compter ses sujets et voir de son siège les limites de son empire.

Histoire de la civilisation, préface de 1855

1376 La France a subi, depuis quatorze siècles, les plus éclatantes alternatives d'anarchie et de despotisme, d'illusion et de mécompte ; elle n'a jamais renoncé longtemps ni à l'ordre ni à la liberté, ces deux conditions de l'honneur comme du bien-être durable des nations.

Histoire parlementaire de France
discours du 3 mai 1819

1377 Les révolutions, Messieurs, emploient presque autant d'années à se terminer qu'à se préparer ; et de même que longtemps avant le jour où elles ont éclaté, la société se sentait travaillée d'une lutte sourde et douloureuse, de même, longtemps après qu'elles paraissent accomplies, elles agitent et tourmentent les gouvernements et les peuples.

1378 Le développement intellectuel et moral des individus ne marche pas aussi vite que le développement de leur existence matérielle, et la Révolution n'a pas réparti les lumières avec autant de rapidité et d'égalité que les fortunes.

discours du 11 septembre 1830

1379 Les lois ne manquent point à la justice ; la force ne manquera point aux lois.

discours du 9 novembre 1830

1380 La France n'a ni des idées républicaines, ni des passions ardentes, ni des prétentions exclusives. Quiconque se présente poussé par ces trois forces, marche au rebours de la France et n'est pas national.

discours du 29 décembre 1830

1381 L'esprit de révolution, l'esprit d'insurrection est un esprit radicalement contraire à la liberté.

discours du 3 mai 1837

1382 Vous n'avez, contre cette disposition révolutionnaire des classes pauvres, vous n'avez aujourd'hui, indépendamment de la force légale, qu'une seule garantie efficace, puissante, le travail, la nécessité incessante du travail. C'est là le côté admirable de notre société.

discours du 5 mai 1837

1383   Le moment est venu, à mon avis, d'écarter ces vieux préjugés d'égalité de droits politiques, d'universalité des droits politiques, qui ont été non seulement en France, mais dans tous les pays, partout où ils ont été appliqués, la mort de la vraie liberté et de la justice, qui est la vraie égalité.

1384   Ce qui a souvent perdu la démocratie, c'est qu'elle n'a su admettre aucune organisation hiérarchique de la société ; c'est que la liberté ne lui a pas suffi ; elle a voulu le nivellement. Voilà pourquoi la démocratie a péri.

1385   J'accepte 1791 et 1792 ; les années suivantes mêmes, je les accepte dans l'histoire, mais je ne les veux pas dans l'avenir... et je me fais un devoir, un devoir de conscience, d'avertir mon pays toutes les fois que je le vois pencher de ce côté. Messieurs, on ne tombe jamais que du côté où l'on penche.

discours du 26 janvier 1844

1386   Quant aux injures, aux calomnies, aux colères extérieures, on peut les multiplier, les entasser tant qu'on voudra on ne les élèvera jamais au-dessus de mon dédain.

Étienne CABET 1788-1856

Voyage en Icarie, page de titre

1387   Tous pour chacun. — Chacun pour tous.

1388   A chacun suivant ses besoins. — De chacun suivant ses forces.

préface

1389   [...] il est impossible d'admettre que la destinée de l'homme soit d'être *malheureux* sur la Terre [...] Il n'est pas plus possible d'admettre qu'il soit naturellement *méchant*.

deuxième partie, chap. 3

1390   [...] le remède, l'unique remède au mal, c'est la suppression de l'opulence et de la misère, c'est-à-dire l'établissement de l'Égalité, de la Communauté des biens [...] Telle fut l'opinion de Jésus-Christ [...]

chap. 10

1391   [...] quand le temps, qui est une Puissance aussi, aura mis les fils en place des pères, vous verrez comme la France sera plus hardie pour demander l'Égalité et la Démocratie !

(Voyage en Icarie)
troisième partie, chapitre unique

1392 [...] si je tenais une révolution dans ma main, je la tiendrais fermée[1], quand même je devrais mourir en exil!

1393 Les Communistes actuels sont donc les *Disciples*, les *Imitateurs* et les *Continuateurs* de Jésus-Christ.

Jules de RESSÉGUIER 1789-1862

Le Passé

1394 Racontez-moi ce qu'on fait dans la vie ;
Je ne vis plus, car je ne souffre pas.

Alphonse de LAMARTINE 1790-1869

Méditations poétiques
première préface

1395 L'homme est Dieu par la pensée.

1396 Les fables de La Fontaine sont plutôt la philosophie dure, froide et égoïste d'un vieillard que la philosophie aimante, généreuse, naïve et bonne d'un enfant. C'est du fiel.

I, L'isolement

1397 Le soleil des vivants n'échauffe plus les morts.

1398 Un seul être vous manque, et tout est dépeuplé.

1399 Qu'importe le soleil? je n'attends rien des jours.

1400 Sur la terre d'exil pourquoi resté-je encore?
Il n'est rien de commun entre la terre et moi.

II, L'homme

1401 Notre crime est d'être homme et de vouloir connaître :
Ignorer et servir, c'est la loi de notre être.

1402 Aux regards de Celui qui fit l'immensité,
L'insecte vaut un monde : ils ont autant coûté.

1403 Borné dans sa nature, infini dans ses vœux,
L'homme est un dieu tombé qui se souvient des Cieux.

---

1. Opposition de Cabet à toute violence.

1404 J'ai vu partout un Dieu sans jamais le comprendre.

1405 Je marche dans la nuit par un chemin mauvais,
Ignorant d'où je viens, incertain où je vais.

1406 C'est pour la vérité que Dieu fit le génie.

III, à Elvire
1407 Beauté, présent d'un jour que le ciel nous envie.

V, L'immortalité
1408 Je te salue, ô Mort! Libérateur céleste [...]

1409 [...] J'aime, il faut que j'espère.

VI, Le vallon
1410 Mon cœur, lassé de tout, même de l'espérance,
N'ira plus de ses vœux importuner le sort.

1411 J'ai trop vu, trop senti, trop aimé dans ma vie.

1412 Beaux lieux, soyez pour moi ces bords où l'on oublie:
L'oubli seul désormais est ma félicité.

1413 L'amour seul est resté, comme une grande image
Survit seule au réveil dans un songe effacé.

1414 Mais la nature est là qui t'invite et qui t'aime;
Plonge-toi dans son sein qu'elle t'ouvre toujours:
Quand tout change pour toi, la nature est la même,
Et le même soleil se lève sur tes jours.

1415 Dieu pour le concevoir a fait l'intelligence:
Sous la nature enfin découvre son auteur!

VII, Le désespoir
1416 Quel crime avons-nous fait pour mériter de naître?

1417 Jusqu'à ce que la Mort, ouvrant son aile immense,
Engloutisse à jamais dans l'éternel silence
L'éternelle douleur!

VIII, La Providence à l'homme
1418 Tu n'as qu'un jour pour être juste,
J'ai l'éternité devant moi!

(Méditations poétiques) XI, L'enthousiasme
1419 Pour tout peindre, il faut tout sentir.

XII, La retraite

1420 Ce qu'on appelle nos beaux jours
N'est qu'un éclair brillant dans une nuit d'orage,
Et rien, excepté nos amours,
N'y mérite un regret du sage;
Mais, que dis-je? on aime à tout âge [...]

XIII, Le lac

1421 Ainsi, toujours poussés vers de nouveaux rivages,
Dans la nuit éternelle emportés sans retour,
Ne pourrons-nous jamais sur l'océan des âges
Jeter l'ancre un seul jour?

1422 « O temps, suspends ton vol, et vous, heures propices!
Suspendez votre cours [...] »

1423 « Mais je demande en vain quelques moments encore,
Le temps m'échappe et fuit [...] »

1424 « Aimons donc, aimons donc! De l'heure fugitive,
Hâtons-nous, jouissons! »

1425 O lac! rochers muets! grottes! forêt obscure!
Vous que le temps épargne ou qu'il peut rajeunir,
Gardez de cette nuit, gardez, belle nature,
Au moins le souvenir!

1426 Que le vent qui gémit, le roseau qui soupire,
Que les parfums légers de ton air embaumé,
Que tout ce qu'on entend, l'on voit ou l'on respire,
Tout dise: « Ils ont aimé! »

XVI, La prière

1427 Voilà le sacrifice immense, universel!
L'univers est le temple, et la terre est l'autel.

1428 Tout se tait: mon cœur seul parle dans ce silence.
La voix de l'univers, c'est mon intelligence.

1429 Celui qui peut créer dédaigne de détruire.

XVII, Invocation

1430 Après m'avoir aimé quelques jours sur la terre,
Souviens-toi de moi dans les cieux.

XVIII, La foi

1431 Je ne veux pas d'un monde où tout change, où tout passe.

1432 Mon âme aura passé, sans guide et sans flambeau,
De la nuit d'ici-bas dans la nuit du tombeau.

XX, Philosophie

1433 Le soin de chaque jour à chaque jour suffit.

XXI, Le golfe de Baya, près de Naples

1434 Ainsi tout change, ainsi tout passe ;
Ainsi nous-mêmes nous passons,
Hélas ! sans laisser plus de trace
Que cette barque où nous glissons
Sur cette mer où tout s'efface.

XXVII, Le chrétien mourant

1435 Prends ton vol, ô mon âme ! et dépouille tes chaînes.
Déposer le fardeau des misères humaines,
Est-ce donc là mourir ?

XXVIII, Dieu

1436 Oui, ce monde, Seigneur, est vieilli pour ta gloire ;
Il a perdu ton nom, ta trace et ta mémoire [...]

XXIX, L'automne

1437 Salut ! bois couronnés d'un reste de verdure !
Feuillages jaunissants sur les gazons épars !
Salut, derniers beaux jours ! le deuil de la nature
Convient à la douleur et plaît à mes regards !

La Mort de Socrate

1438 Les poètes ont dit qu'avant sa dernière heure,
En sons harmonieux le doux cygne se pleure ;
Amis, n'en croyez rien !

1439 Je suis un cygne aussi, je[1] meurs, je puis chanter !

1440 Mourir n'est pas mourir ; mes amis ! c'est changer !

1441 Mais mourir c'est souffrir ; et souffrir est un mal.

1442 N'est-ce pas par un mal que tout bien est produit ?
L'été sort de l'hiver, le jour sort de la nuit.

---

1. C'est Socrate qui parle.

(La Mort de Socrate)

1443 Un seul désir suffit pour peupler tout un monde.

1444 C'est ainsi qu'il mourut!... si c'était là mourir!...

Nouvelles Méditations poétiques
III, Bonaparte

1445 La mort fut de tout temps l'asile de la gloire.
Rien ne doit jusqu'ici poursuivre une mémoire.
Rien!... excepté la vérité!

1446 Tu[1] mourus cependant de la mort du vulgaire [...]

IX, Ischia

1447 Viens! l'amoureux silence occupe au loin l'espace;
Viens du soir près de moi respirer la fraîcheur!
C'est l'heure; à peine au loin la voile qui s'efface
Blanchit en ramenant le paisible pêcheur.

XIII, Le poète mourant

1448 Le poète est semblable aux oiseaux de passage,
Qui ne bâtissent point leurs nids sur le rivage,
Qui ne se posent point sur les rameaux des bois;
Nonchalamment bercés sur le courant de l'onde,
Ils passent en chantant loin des bords; et le monde
Ne connaît rien d'eux que leur voix.

1449 Mais le temps? — Il n'est plus. — Mais la gloire? — Eh! qu'importe
Cet écho d'un vain son, qu'un siècle à l'autre apporte?
Ce nom, brillant jouet de la postérité?

1450 Je chantais, mes amis, comme l'homme respire,
Comme l'oiseau gémit, comme le vent soupire,
Comme l'eau murmure en coulant.

1451 Aimer, prier, chanter, voilà toute ma vie.

XVI, Les préludes

1452 Oui, je reviens à toi, berceau de mon enfance,

1453 J'aimais les voix du soir dans les airs répandues,
Le bruit lointain des chars gémissant sous leur poids [...]

XXI, Le crucifix

1454 Toi que j'ai recueilli sur sa bouche expirante
Avec son dernier souffle et son dernier adieu,
Symbole deux fois saint, don d'une main mourante,
Image de mon Dieu!

---

1. Le poète s'adresse à Napoléon.

Le Dernier Chant du pèlerinage d'Harold

I

1455 L'Amour, la Liberté, dieux qui ne mourront pas!

II

1456 J'aimai, je fus aimé; c'est assez pour ma tombe.

XIII

1457 Je vais chercher ailleurs[1] (pardonne, ombre romaine!)
Des hommes, et non pas de la poussière humaine!...

XXXV

1458 Béni soit l'étranger qui vient au nom du Christ!

Harmonies poétiques et religieuses
I, 3, Hymne du matin

1459 Chaque être s'écrie:
C'est lui, c'est le jour!
C'est lui, c'est la vie!
C'est lui, c'est l'amour!

II, 1, Pensée des morts

1460 C'est la saison où tout tombe
Aux coups redoublés des vents;
Un vent qui vient de la tombe
Moissonne aussi les vivants.

1461 Quoique jeune sur la terre,
Je suis déjà solitaire
Parmi ceux de ma saison.

II, 3, La perte de l'Anio

1462 Italie! Italie! ah! pleure tes collines,
Où l'histoire du monde est écrite en ruines!

II, 4, L'infini dans les cieux

1463 Les cieux pour les mortels sont un livre entr'ouvert,
Ligne à ligne à leurs yeux par la nature offert.

II, 9, Le chêne

1464 La vie! A ce seul mot tout œil, toute pensée,
S'inclinent confondus et n'osent pénétrer;
Au seuil de l'infini c'est la borne placée,
Où la sage ignorance et l'audace insensée
Se rencontrent pour adorer!

---

1. Ailleurs qu'en Italie.

(Harmonies poétiques et religieuses)
II, 10, L'humanité

1465 Ah! l'homme est le livre suprême:
Dans les fibres de son cœur même,
Lisez, mortels: Il est un Dieu!

III, 2, Milly ou la terre natale

1466 Pourquoi le prononcer, ce nom de la patrie?
Dans son brillant exil mon cœur en a frémi [...]

1467 Objets inanimés, avez-vous donc une âme
Qui s'attache à notre âme et la force d'aimer?

1468 Et ces vieux souvenirs dormant au fond de nous,
Qu'un site nous conserve et qu'il nous rend plus doux.

1469 La vie a dispersé, comme l'épi sur l'aire,
Loin du champ paternel les enfants et la mère [...]

III, 7, Le tombeau d'une mère

1470 Rien n'est vrai, rien n'est faux; tout est songe et mensonge,
Illusion du cœur qu'un vain espoir prolonge.
Nos seules vérités, hommes, sont nos douleurs.

III, 9, Pourquoi mon âme est-elle triste?

1471 Hélas! dans une longue vie
Que reste-t-il après l'amour?

IV, 9, Éternité de la nature, brièveté de l'homme

1472 Roulez dans vos sentiers de flamme,
Astres, rois de l'immensité!
Insultez, écrasez mon âme
Par votre presque éternité!

IX, 10, Le premier regret

1473 Sur la plage sonore où la mer de Sorrente
Déroule ses flots bleus aux pieds de l'oranger
Il est, près du sentier, sous la haie odorante,
Une pierre petite, étroite, indifférente
Aux pas distraits de l'étranger!

1474 Laissons le vent gémir et le flot murmurer;
Revenez, revenez, ô mes tristes pensées!
Je veux rêver et non pleurer!

1475 Et le rapide oubli, second linceul des morts,
A couvert le sentier qui menait vers ces bords.

IV, 11, Novissima verba
ou Mon âme est triste jusqu'à la mort!

1476 Amour, être de l'être! amour, âme de l'âme!

(pièces ajoutées aux Harmonies), Pour une quête

1477 Le plaisir est une prière,
Et l'aumône une volupté.

Réponse à Némésis

1478 Honte à qui peut chanter que Rome brûle,
S'il n'a l'âme et la lyre et les yeux de Néron [...].

Ode sur les Révolutions, III

1479 Marchez! L'humanité ne vit pas d'une idée!
Elle éteint chaque soir celle qui l'a guidée,
Elle en allume une autre à l'immortel flambeau [...]

Jocelyn, 1re époque

1480 Qu'est-ce donc que l'amour si son rêve est si doux?

2e époque

1481 A tout être la fin n'est que commencement;
La souffrance, travail; la mort, enfantement.

3e époque

1482 Au cœur de cet enfant j'ai reconnu le mien.
[...]
Et mon cœur abusé, ne comptant plus les jours,
Croit en l'aimant d'hier l'avoir aimé toujours.

1483 Qu'importe aux cœurs unis ce qui change autour d'eux?

1484 Dans cet autre soi-même, où tout va retentir,
On se regarde vivre, on s'écoute sentir.

1485 On admire le monde à travers ce qu'on aime.

8e époque

1486 Esprit saint! Conduis-les comme un autre Moïse
Par des chemins de paix à ta terre promise!!!...

9e époque

1487 Le pauvre colporteur est mort la nuit dernière,
Nul ne voulait donner de planches pour sa bière,
Le forgeron lui-même a refusé son clou:
« C'est un juif, disait-il, venu je ne sais d'où [...] »
[...] Je fis honte aux chrétiens de leur dureté d'âme.

(Jocelyn, 9ᵉ époque)

1488 O travail, sainte loi du monde,
Ton mystère va s'accomplir!
Pour rendre la glèbe féconde,
De sueur il faut l'amollir.

1489 Et l'homme, à tous les droits propice,
Trouva dans son cœur la justice,
Et grava son code en tout lieu,
Et, pour consacrer ses lois même,
S'élevant à la loi suprême,
Chercha le juge et trouva Dieu.

1490 Et la famille enracinée
[...]
Refleurit d'année en année,
Collective immortalité.

La Chute d'un ange, 1ʳᵉ vision

1491 Or c'était dans ces jours avant que sur ces cimes
Dieu n'eût fait refluer les vagues des abîmes,
Quand tout être voisin de sa création,
Excepté l'homme, était dans sa perfection.

3ᵉ vision

1492 Tant peut sur les humains la mémoire chérie!
C'est la cendre des morts qui créa la patrie.

12ᵉ vision

1493 La nuit, qui livre l'homme à ses réflexions
Et qui laisse à son cœur mordre ses passions [...]

15ᵉ vision

1494 Il est dans les repos de l'humaine existence
De célestes moments, moments, hélas! trop courts,
Où dans le cœur trop plein le sang suspend son cours [...]

Recueillements poétiques, X, Amitié de femme

1495 Amitié, doux repos de l'âme,
Crépuscule charmant des cœurs [...]

XIII, à M. Félix Guillemardet, sur sa maladie

1496 Frère, le temps n'est plus où j'écoutais mon âme
Se plaindre et soupirer comme une faible femme.

Les Oiseaux (pièces nouvelles, de l'édition de 1842)

1497 Que Dieu serait cruel, s'il n'était pas si grand!

La Marseillaise de la Paix (œuvres complètes de 1843)

1498 Roule libre et superbe entre tes larges rives,
Rhin, Nil de l'Occident, coupe des nations!

1499 Nations, mots pompeux pour dire barbarie,
L'amour s'arrête-t-il où s'arrêtent vos pas?
Déchirez ces drapeaux; une autre voix vous crie:
« L'égoïsme et la haine ont seuls une patrie;
La fraternité n'en a pas! »

1500 Ma patrie est partout où rayonne la France,
Où son génie éclate aux regards éblouis!
Chacun est du climat de son intelligence:
Je suis concitoyen de toute âme qui pense:
La vérité, c'est mon pays!

Ressouvenir du lac Léman

1501 Un grand peuple sans âme est une vaste foule!

1502 Voltaire! Quel que soit le nom dont on le nomme,
C'est un cycle vivant, c'est un siècle fait homme!

Toussaint Louverture
I, 1, La Marseillaise noire

1503 Enfants des noirs, proscrits du monde,
Pauvre chair changée en troupeau,
[...]
Relevez du sol votre tête
[...]
Le nom d'homme est votre conquête!

II, 1

1504 Entre la race blanche et la famille noire,
Il fallait un combat, puisqu'il faut la victoire!...

II, 4

1505 Je suis de la couleur de ceux qu'on persécute!

V, 6

1506 Spartacus a brisé ses fers ailleurs qu'à Rome!

Les Visions, première vision

1507 La licence, l'erreur, les peuples et les rois
De ce monde naissant corrompirent les lois;
Et, souillé sur ces bords par le sang des victimes,
L'arbre heureux de la foi n'y porta que des crimes.

(Les Visions) seconde vision

1508 Un silence éternel, effroi de la nature,
Régnait seul où régnait son éternel murmure.
L'Océan semblait mort, le ciel vide, et pour l'œil
L'horizon n'était plus que solitude et deuil.

1509 Age heureux de la grâce et de la volupté;
Qui confond en un jour le printemps et l'été.

Poèmes du Cours familier de littérature, tome II
11ᵉ entretien, Le désert ou l'immatérialité de Dieu, I

1510 Il est nuit... Qui respire?... Ah! c'est la longue haleine,
La respiration nocturne de la plaine!

IV

1511 Être seul, c'est régner; être libre, c'est vivre.

1512 Mers humaines d'où monte avec des bruits de houles
L'innombrable rumeur du grand roulis des foules!

V

1513 Moi-même, de mon âme y déposant la rouille,
Je sens que j'y grandis de ce que j'y dépouille,
Et que mon esprit, libre et clair comme les cieux,
Y prend la solitude et la grandeur des lieux!

X

1514 Insectes bourdonnants, assembleurs de nuages,
Vous prendrez-vous toujours au piège des images?

Poèmes du Cours familier de littérature
La vigne et la maison, dialogue entre mon âme et moi (Moi)

1515 Quel fardeau te pèse, ô mon âme!
Sur ce vieux lit des jours par l'ennui retourné,
Comme un fruit de douleurs qui pèse aux flancs de femme
Impatient de naître et pleurant d'être né?

1516 Bénis plutôt ce Dieu qui place un crépuscule
Entre les bruits du soir et la paix de la nuit!

1517 Pourtant le soir qui tombe a des langueurs sereines
Que la fin donne à tout, aux bonheurs comme aux peines.

1518 Cette heure a pour nos sens des impressions douces
Comme des pas muets qui marchent sur des mousses.

I

1519 Le mur est gris, la tuile est rousse,
L'hiver a rongé le ciment;
Des pierres disjointes la mousse
Verdit l'humide fondement;
Les gouttières, que rien n'essuie,
Laissent, en rigoles de suie,
S'égoutter le ciel pluvieux,
Traçant sur la vide demeure
Ces noirs sillons par où l'on pleure,
Que les veuves ont sous les yeux.

II

1520 Efface ce séjour, ô Dieu! de ma paupière,
Ou rends-le-moi semblable à celui d'autrefois,
Quand la maison vibrait comme un grand cœur de pierre.
De tous ces cœurs joyeux qui battaient sous ses toits!

IV

1521 O famille! ô mystère! ô cœur de la nature!

1522 Premier rayon du ciel vu dans des yeux de femmes,
Premier foyer d'une âme où s'allument nos âmes.

V

1523 Le passé, l'avenir, ces deux moitiés de vie
Dont l'une dit jamais et l'autre dit toujours.

1524 Où le temps a cessé tout n'est-il pas présent?

Sur la politique rationnelle, avertissement au pays

1525 Une idée vraie, une idée sociale descendue du ciel sur l'humanité, n'y retourne jamais à vide [...]

1526 La vertu politique? je sais que la liberté la produit en l'exerçant; mais il en faut déjà pour supporter la liberté.

1527 Le crime a aussi son parti en France, l'échafaud a aussi ses apôtres; mais le crime ne peut jamais être un élément politique [...]

Des destinées de la poésie

1528 La poésie sera de la raison chantée [...]; elle sera philosophique, religieuse, politique, sociale, comme les époques que le genre humain va traverser; elle sera intime surtout [...]

1529 [La poésie] doit se faire peuple...

Voyage en Orient
IV

1530 Je crois que Dieu se manifeste toujours au moment précis où tout ce qui est humain est insuffisant, où l'homme confesse qu'il ne peut rien pour lui-même.

V

1531 Que les chrétiens s'interrogent et se demandent de bonne foi ce qu'ils auraient fait si les destinées de la guerre leur avaient livré la Mecque et la Kaaba.

1532 Pour le chrétien ou pour le philosophe, pour le moraliste ou pour l'historien, ce tombeau [le Saint-Sépulcre] est la borne qui sépare deux mondes [...]. Ce tombeau est le sépulcre du vieux monde et le berceau du monde nouveau.

VI

1533 Nature et miracle, n'est-ce pas tout un? et l'univers est-il autre chose que miracle éternel et de tous les moments?

VIII

1534 Il n'y a d'homme complet que celui qui a beaucoup voyagé, qui a changé vingt fois la forme de sa pensée et de sa vie.

1535 Voyager pour chercher la sagesse était un grand mot des anciens...

1536 Étudier les siècles dans l'histoire, les hommes dans les voyages et Dieu dans la nature, c'est la grande école...

1537 Le monde est un livre dont chaque pas nous ouvre une page.

XI

1538 Le péché contre l'Esprit-Saint, c'est ce combat de certains hommes contre l'amélioration des choses; c'est cet effort égoïste et stupide pour rappeler toujours en arrière le monde moral et social [...]

Discours en faveur de la liberté de la presse
21 août 1835, Chambre des députés

1539 L'oppression de la pensée conduit à la révolte du cœur. [...] Vous nous demandez la seule dictature sans contrôle et sans responsabilité, la dictature masquée, honteuse, indirecte, la dictature du silence! [...] La grande passion de ce temps-ci, c'est [...] la passion de l'avenir, c'est la passion du perfectionnement social. [...] Eh bien: l'instrument de cette passion actuelle du monde moral, c'est la presse, c'est l'outil de la civilisation.

Discours à la Chambre des députés, 10 janvier 1839

1540 La France est une nation qui s'ennuie[1].

À la Chambre des députés, 27 janvier 1843

1541 L'ambition qu'on a pour soi-même s'avilit et se trompe ; l'ambition qu'on a pour assurer la sécurité et la grandeur du pays, elle change de nom, elle s'appelle dévouement...

1542 *Périssent nos mémoires, pourvu que nos idées triomphent !* [...] Ce cri sera le mot d'ordre de ma vie politique [...]

Graziella, chap. 10

1543 Otez de la vie le cœur qui vous aime : qu'y reste-t-il ? Il en est de même de la nature. Effacez-en le site et la maison que vos pensées cherchent ou que vos souvenirs peuplent, ce n'est plus qu'un vide éclatant [...]. Chacun porte avec soi son point de vue. [...] Le spectacle est dans le spectateur.

Histoire des Girondins
I, 1

1544 [...] sa[2] démocratie tombait de haut : elle n'avait rien de ce sentiment de convoitise et de haine qui soulève les viles passions du cœur humain, et qui ne voit dans le bien fait au peuple qu'une insulte à la noblesse. [...] C'était un volontaire de la démocratie.

XIII

1545 La main de Dieu est visible sur les choses humaines, mais cette main même a une ombre qui nous cache ce qu'elle accomplit.

1546 [Le christianisme] avait proclamé les trois mots que répétait à deux mille ans de distance la philosophie française : liberté, égalité, fraternité des hommes.

1547 [...] le monde antique s'était affranchi au nom du Christ, le monde moderne s'affranchissait au nom des droits que toute créature a reçus de Dieu.

1548 [Il était évident] que l'idée de Dieu, confinée dans les sanctuaires, en sortirait pour rayonner dans chaque conscience libre de la lumière de la liberté même.

XIV

1549 Comme l'âme humaine, dont les philosophes ignorent le siège dans le corps humain, la pensée de tout un peuple repose quelquefois dans l'individu le plus ignoré d'une vaste foule.

---

1. Mot repris le 18 juillet 1847, à Mâcon, sous la forme : « La France s'ennuie. »
2. Il s'agit de Mirabeau.

(Histoire des Girondins) XVIII

1550 [...] le sentiment du droit est si fort parmi les hommes que, même quand ils le violent, ils en affectent encore l'hypocrisie [...]

Histoire de la Révolution de 1848, XXII

1551 « [...] le drapeau rouge que vous[1] rapportez n'a jamais fait que le tour du Champ de Mars, traîné dans le sang du peuple en 91 et en 93, et le drapeau tricolore a fait le tour du monde avec le nom, la gloire et la liberté de la patrie ! »
A ces derniers mots, Lamartine, interrompu par des cris d'enthousiasme presque unanimes, tomba de la chaise qui lui servait de tribune dans les bras tendus de tous côtés vers lui ! La cause de la République nouvelle l'emportait sur les sanglants souvenirs qu'on voulait lui substituer.

Les Confidences

1552 La nature elle-même, cette musique et cette poésie suprême, qu'a-t-elle autre chose que deux ou trois paroles et deux ou trois notes, toujours les mêmes, avec lesquelles elle attriste ou enchante les hommes, depuis le premier soupir jusqu'au dernier?

Cours familier de littérature

1553 Quiconque ne comprend pas la tristesse ne comprend pas ce monde de larmes. La définition de l'univers, c'est la *douleur d'être né*, qui contient la douleur de *mourir*. Ajoutez-y la douleur de vivre [...]

1554 C'est alors qu'il [Chateaubriand] écrivit contre M. Decazes [...] à propos de l'assassinat du duc de Berry : *Les pieds lui ont glissé dans le sang.*

1555 La raison des choses est la tristesse, parce que la souffrance et la mort sont le chemin et le but final de tout dans ce monde.

François VILLEMAIN 1790-1870

Mélanges littéraires, Éloge de Montaigne

1556 A mesure qu'on a plus d'esprit, on trouve, dit Pascal, qu'il y a plus d'hommes originaux. N'est-il pas également vrai de dire qu'avec plus d'esprit encore on découvrirait l'homme original dont tous les hommes ne sont que des nuances et des variétés qui le reproduisent avec diverses altérations, mais ne le dénaturent jamais?

1557 Le plus grand tort du génie, c'est de faire rougir la pudeur, et d'offenser la vertu.

---

1. Le 25 février 1848, Lamartine, de l'Hôtel de Ville de Paris, s'adresse au peuple pour le dissuader de faire du drapeau rouge l'emblème du régime nouveau.

1558 Cet art d'être court, sans ôter rien à la justesse et à la clarté, semble une des perfections du langage humain : c'est au moins un des avantages que les langues obtiennent avec le plus de peine et le plus tard, après avoir été longtemps travaillées en tous sens par d'habiles écrivains.

Mélanges littéraires, Discours sur la critique

1559 C'est au mauvais goût qu'il appartient d'être partial et passionné ; le bon goût n'est pas une opinion, une secte ; c'est le raffinement de la raison cultivée, la perfection du sens naturel.

1560 La critique est une de ces professions qui prospèrent dans les temps malheureux.

Émile DESCHAMPS 1791-1871

La Guerre en temps de paix

1561 Lorsque la paix générale est signée, que chaque peuple est rentré chez soi et que les armées sont dans les casernes, c'est le bon moment pour les discordes civiles.

La France, son histoire, ses historiens

1562 [...] l'immortalité paraît affectionner cette nation-phénix qui a rejailli plus d'une fois de ses cendres...

Le Tour de faveur

1563 Combien faut-il de sots pour faire un public ?

Eugène SCRIBE 1791-1861

Michel et Christine, scène 14

1564 Un vieux soldat sait souffrir et se taire sans murmurer.

Concert à la cour ou la Débutante, scène 18

1565 Chacun, dans le monde,
Intrigue à la ronde,
Et les meilleurs droits
Sont aux plus adroits.

Fra Diavolo, acte 1, scène 1

1566 En bons militaires,
Buvons à pleins verres :
Le vin au combat
Soutient le soldat.

La Fiancée, acte I, scène 7

1567 On parle de cruelles,
Moi, je n'y crois jamais.
Leur sagesse est un rêve,
Comme on l'a dit déjà :
L'amour nous les enlève,
L'hymen nous les rendra.

La Muette de Portici, acte II, scène 2

1568 Pour un esclave est-il quelque danger ?
Mieux vaut mourir que rester misérable !
Tombe le joug qui nous accable,
Et sous nos coups périsse l'étranger !
Amour sacré de la patrie,
Rends-nous l'audace et la fierté ;
A mon pays je dois la vie ;
Il me devra sa liberté.

Le Philtre, acte I, scène 2

1569 Je suis sergent,
Brave et galant,
Et je mène tambour battant
Et la gloire et le sentiment.

scène 5

1570 Je suis ce grand docteur, nommé Fontanarose,
Connu dans l'univers... et... dans mille autres lieux !

Robert le diable, acte III, scène 1

1571 Faiblesse humaine
Que l'on entraîne,
Que l'on enchaîne
Par des bienfaits.

1572 Oui, chaque faute est un plaisir,
Et l'on a pour s'en repentir
Le temps où l'on n'en peut commettre.

Une chaumière et son cœur, acte II, scène dernière

1573 Pour être heureux, un cœur, une chaumière,
Ne suffisent pas, j'en ai peur.

Les Huguenots, acte I, scène 1

1574 Des jours de la jeunesse
Et du temps qui nous presse,
Dans une douce ivresse
Hâtons-nous de jouir !

scène 2

1575 Plus blanche que la blanche hermine,
Plus pure qu'un jour de printemps [...]

scène 5

1576 Si la fortune
Nous en prend une,
Prenons-en deux.

Le Lac des fées, acte II, scène 1

1577 Adieu conquêtes
Que j'avais faites ;
Adieu fleurettes,
Adieu galants,
Pour votre peine
Suis inhumaine ;
L'hymen m'enchaîne,
Il n'est plus temps !

Le Cheval de Bronze, acte I, scène 13

1578 [...] pour vous mon amour est si fort
Que j'aime mieux vous savoir mort
Que de vous savoir infidèle !

Le Domino noir, acte II, scène 3

1579 Je n'ai servi que dans de saintes maisons... c'est bien plus avantageux... On y fait sa fortune dans ce monde, et son salut dans l'autre.

scène 4

1580 Les belles nuits font les beaux jours !

La Reine d'un jour, acte I, scène 8

1581 Souvent l'ennui roule en voiture
Et les amours s'en vont à pié !

scène 10

1582 « Ma chère Simonne, j'ai l'agrément d'être veuf et le chagrin de ne pas avoir d'enfants. »

scène 12

1583 Oui... l'air de France est mauvais pour les secrets... Il est trop vif, trop léger...

Nicolas CHARLET 1792-1845

Légende d'une lithographie

1584 A bien dire, ce qu'il y a de meilleur dans l'homme, c'est le chien.

Victor COUSIN 1792-1867

Discours politiques, introduction, I, 6ᵉ série

1585 Nous partons de l'homme pour arriver à tout, même à Dieu.

1586 Il n'y a au fond que deux écoles en philosophie et en politique : l'une qui part de l'autorité seule, et avec elle et sur elle éclaire et façonne l'humanité ; l'autre qui part de l'homme et y appuie toute autorité humaine.

III

1587 Comme dans une république le chef du gouvernement est élu par les citoyens tout comme les députés, il peut fort spécieusement répondre à leurs remontrances qu'il est l'élu de la nation, que c'est à la nation seule à juger, et qu'il n'a que faire de leurs tracasseries.

1588 La France n'est pas difficile à gouverner ; elle ne renverse point ses gouvernements ; ce sont eux qui comme à plaisir conspirent contre eux-mêmes.

Cours de philosophie moderne, 2ᵉ série

1589 Tout peuple vraiment historique a une idée à réaliser, et quand il l'a suffisamment réalisée chez lui, il l'exporte, en quelque sorte, par la guerre, il lui fait faire le tour du monde.

À Hegel, 5 avril 1830 (Correspondance de Hegel, Gallimard)

1590 Cependant une idée me soutient, c'est que Kant, une fois mis en Français, et un peu débarbouillé, pourrait se présenter à tout le monde et aller en Angleterre, en Italie, en Amérique et dans l'Inde.

Casimir DELAVIGNE 1793-1843

Les Vêpres siciliennes, IV, 4

1591 Tant qu'on est redoutable, on n'est point innocent.

Louis IX, acte I, scène 6

1592 Nous mesurons autrui sur ce peu que nous sommes,
Et le dégoût de soi mène au mépris des hommes.

acte IV, scène 15

1593 Faites ce que je dis et non ce que j'ai fait.

1594 Aimez qui vous résiste et croyez qui vous blâme.

Les Enfants d'Édouard, acte I, scène 1

1595 Comme, chez les enfants, le rire est près des pleurs !

acte II, scène 1

1596 En vertu comme en vice ils font tout à moitié.

scène 4

1597 Les fous sont étonnants dans leurs moments lucides.

Épître à Messieurs de l'Académie française sur cette question :
« L'étude fait-elle le bonheur dans toutes les situations de la vie ? »

1598 Que de petits esprits, jaloux des noms célèbres,
Prendront contre le jour parti pour les ténèbres.
Leur nombre dangereux fait leur autorité.
Les sots depuis Adam sont en majorité.

La Parisienne, chanson

1599 Peuple français, peuple de braves,
La liberté rouvre ses bras ;
On nous disait : soyez esclaves !
Nous avons dit : soyons soldats !

1600 Marchons ! chaque enfant de Paris
De sa cartouche citoyenne
Fait une offrande à son pays.

La Varsovienne

1601 Polonais, à la baïonnette !
C'est le cri par nous adopté ;
Qu'en roulant le tambour répète :
A la baïonnette,
Vive la liberté !

Jacques-Arsène ANCELOT 1794-1854

L'Important, acte I, scène 9

1602 Oui ; mieux que la raison l'estomac nous dirige.

acte III, scène 5

1603 L'emploi de favori n'est pas inamovible.

1604 On ne plaisante pas avec la préfecture.

Adolphe EMPIS 1795-1868

Julie ou une Séparation, acte IV, scène 2

1605 Oui, oh ! oui, les enfants sont tous des ingrats.

Augustin THIERRY 1795-1856

Dix années d'études historiques
préface

1606 Guerre aux écrivains sans érudition qui n'ont pas su voir, et aux écrivains sans imagination qui n'ont pas su peindre.

1607 Si, comme je me plais à le croire, l'intérêt de la science est compté au nombre des grands intérêts nationaux, j'ai donné à mon pays tout ce que lui donne le soldat mutilé sur le champ de bataille.

première partie, Histoire d'Angleterre, I

1608 La dégénération de l'espèce humaine en politique a été la doctrine favorite des écrivains, parce qu'il est plus aisé de vanter le passé que d'expliquer le présent ; on n'a besoin pour cela que de mémoire.

1609 [...] l'alliance de mots la plus menteuse, *un gouvernement qui donne la liberté*.

II

1610 De quel poids peut être la raison de celui qui n'a su que mourir pour la liberté, devant la raison de ceux qui ont su gouverner en paix et longtemps ?

VI

1611 Le despotisme a surtout beau jeu lorsqu'il peut répondre aux peuples qui murmurent : c'est vous-mêmes qui m'avez voulu.

seconde partie, Histoire du moyen âge et Histoire de France, I

1612 Dans le mouvement d'une nation vers la liberté, sa marche doit être grave et réglée, comme celle des bataillons serrés, qui, par la seule force de leur ordre, s'avancent en chassant devant eux les obstacles, et sont victorieux sans porter un seul coup : c'est aux esclaves échappés qu'appartiennent la tactique des Parthes, les irruptions soudaines, la fuite simulée, les fausses trêves et les poignards.

1613 Ne nous laissons pas séduire à l'ambition indiscrète de faire faire à la France ce qui est bien ; faisons-le : n'est-ce pas nous qui sommes la France ?

VII

1614 La France fut ensanglantée, non point, comme on le prétend mal à propos, parce que les philosophes du XVIIIe siècle s'étaient fait entendre au peuple, mais parce que leur philosophie ne s'était pas rendue populaire ; les philosophes et le peuple n'avaient pu s'expliquer ensemble.

XII

1615 Une véritable histoire de France devrait raconter la destinée de la nation française ; son héros serait la nation tout entière.

XV

1616 C'est l'indépendance qui est ancienne, c'est le despotisme qui est moderne, a dit énergiquement madame de Staël ; et dans ce seul mot elle a retracé toute notre histoire, et l'histoire de toute l'Europe.

Histoire de la conquête de l'Angleterre, livre VI

1617 Une des phases nécessaires de toute conquête, grande ou petite, c'est que les conquérants se querellent entre eux pour la possession et le partage des biens des vaincus.

Récits des temps mérovingiens, préface

1618 Le grand précepte qu'il faut donner aux historiens, c'est de distinguer au lieu de confondre ; car, à moins d'être varié, on n'est point vrai.

1619 La dissertation historique ne suffit plus, le récit doit s'y joindre et suppléer à ce qu'elle a, par sa nature, d'arbitraire et d'incomplet.

sixième récit

1620 On a dit que le but de l'historien était de raconter, non de prouver ; je ne sais, mais je suis certain qu'en histoire le meilleur genre de preuve, le plus capable de frapper et de convaincre tous les esprits, celui qui permet le moins de défiance et laisse le moins de doutes, c'est la narration complète, épuisant les textes, rassemblant les détails épars, recueillant jusqu'aux moindres indices des faits ou des caractères, et, de tout cela, formant un corps auquel vient le souffle de vie par l'union de la science et de l'art.

Auguste-Marseille BARTHÉLEMY 1796-1867

Ma justification

1621 Sachez bien qu'au pouvoir se vend par lâcheté
Celui que le public n'a jamais acheté.

1622 L'homme absurde est celui qui ne change jamais.

1623 Il faudrait que Dieu même avec le doigt de l'ange
Écrivît une charte immortelle, et qu'enfin
A chaque ministère il mît un séraphin.

Paul-Émile de BRAUX 1796-1831

Chansons nationales et autres, La colonne

1624 Ah! qu'on est fier d'être Français
Quand on regarde la *colonne*.

####### Chansons nationales et autres, Vaincre ou mourir pour la patrie

1625 Donne une larme à ton drapeau,
Un soupir à ta douce amie,
Et répète jusqu'au tombeau :
Vaincre ou mourir pour la patrie !

####### Chansons nationales et autres, L'automne

1626 Si le Français s'immortalise,
On en sait la cause aujourd'hui ;
Qu'un verre de vin l'électrise,
Un roc est moins ferme que lui.

####### Souvenirs d'un vieux militaire

1627 Sous les drapeaux d'une mère chérie,
Tous deux jadis nous avons combattu ;
Je m'en souviens, car je te dois la vie ;
Mais toi, soldat, dis-moi, t'en souviens-tu ?

####### Fanfan La Tulipe

1628 « J'suis Français !
Qui touche mouille.
En avant, Fanfan La Tulipe,
Mil' millions d'un' pipe,
En avant ! »

####### Les souvenirs

1629 Quoi ! l'aigle est mort, on a flétri la tête
Qui tant de fois de gloire étincela !
Caressons-nous, caressons-nous, Lisette,
Pour endormir encor ce regret-là.

Prosper ENFANTIN 1796-1864

####### La Vie éternelle, chap. 5

1630 Je glorifie Erostrate, je le porte dans mon cœur, je vis de sa vie, s'il a senti que le Temple d'Ephèse devait disparaître pour le bonheur du monde.

####### chap. 45

1631 Pas une seule des grandes vérités des temps modernes, des vérités aujourd'hui consacrées, glorifiées, n'a pu luire sur le monde qu'à la condition du mépris, de la persécution, de l'excommunication, de la mort des premiers apôtres.

Correspondance politique, IIIe partie
Politique étrangère, janvier 1840

1632 Alger enterrera des milliers de Français et des millions de francs parce que nous voulons coloniser comme on colonisait à l'époque où l'on s'emparait d'un pays peuplé d'anthropophages ; comme on colonisait lorsqu'on faisait la traite de noirs, lorsqu'on réduisait en esclavage les ennemis vaincus, lorsqu'on les exterminait comme hérétiques, en un mot, lorsqu'on ignorait qu'il fallait *s'associer* avec eux.

Correspondance philosophique et religieuse
I, à M. Guizot, 31 mars 1845

1633 Le fait TEMPOREL n'est-il pas devenu surtout un fait INDUSTRIEL, au lieu d'être par-dessus tout un fait *militaire ?*

1634 Organiser la société *en vue de la lutte* entre l'ordre et la liberté, c'est *restaurer* le passé ; l'organiser pour l'ASSOCIATION de ces deux principes (je ne dis pas seulement leur conciliation), c'est *édifier* l'avenir.

I, à M. Edgar Quinet, oct. 1844

1635 Qui n'aime pas en frappant est un BOURREAU.

1636 En France, pour souffler sur la poussière du cadavre que Voltaire y a fait, nous n'avons plus besoin que d'aspirer l'avenir.

I, à M. Michelet, 28 février 1845

1637 De toutes les classes d'hommes qui vivent sous le ciel, croyez-vous qu'il en soit une seule qui ne renferme pas mille fois plus de SÉDUCTEURS de femmes et de filles que la classe des prêtres.

1638 Ne vous bornez point à faire le portrait peu flatté de vos adversaires, dites *qui vous êtes ;* ne les *niez plus*, AFFIRMEZ-VOUS.

II, Lettres à un catholique, première lettre, 6 mars 1843

1639 Sans religion et sans peuple on ne fonde qu'un parlement.

II, troisième lettre, 31 mars 1843

1640 Que le successeur de saint Pierre étende donc sa main sur le monde, non pour le bénir seulement, mais pour se faire bénir.

II, sixième lettre, 23 mai 1843

1641 Laissez-moi croire à la vertu et au salut hors de la communion avec l'Église, sans que cette croyance blesse la vôtre. Vous communiez avec les catholiques seuls ; je me sens en communion avec tous les hommes, avec le monde entier qui m'environne ; je sens Dieu *en moi* et *hors de moi*, en NOUS.

(Correspondance philosophique et religieuse)
II, Notes A, Concordance des révolutions intellectuelles
et des révolutions politiques

1642 Organisation du travail, résurrection religieuse, telles sont les deux grandes œuvres que notre époque demande à l'avenir.

Théodore JOUFFROY 1796-1842

Mélanges philosophiques, Philosophie de l'histoire, II

1643 Si le peuple ne doit point juger, mais croire, faites-lui des catéchismes et non des journaux ; s'il est seul juge de la vérité, soumettez-vous à ses décisions.

III

1644 Si la poésie comprenait, elle deviendrait la philosophie et disparaîtrait.

1645 Il y a des images pour rendre la vérité païenne ; il y en a pour rendre la vérité chrétienne ; il n'y en a point pour rendre la vérité pure.

Mélanges philosophiques, Histoire de la Philosophie, II

1646 La meilleure réfutation du matérialisme, c'est le spiritualisme ; la meilleure réfutation du spiritualisme, c'est le matérialisme. Pour bien comprendre l'absurdité de l'une de ces opinions, il suffit de se placer au point de vue de l'opinion contraire.

IV

1647 La philosophie existe donc ; mais elle n'existe pas pour le commun des hommes, ni même pour les hommes très éclairés, ni même pour les simples savants, ni même pour les simples philosophes.

Mélanges philosophiques, Psychologie, V

1648 Nos capacités sont nôtres et ne sont pas nous ; notre nature est nôtre et n'est pas nous ; cela seul est nous qui s'empare de notre nature et de nos capacités, et qui les fait nôtres.

Mélanges philosophiques, Morale, I

1649 S'il fallait devenir philosophe pour distinguer le bien du mal, et décider entre Épicure et Zénon pour connaître son devoir, la morale serait aussi étrangère aux affaires de ce monde que les hautes mathématiques, et l'honnête homme plus difficile à former que le grand géomètre.

Cours d'esthétique
première leçon

1650 L'objet qui s'appelle beau ne cause en nous que du plaisir ; le jugement n'est que l'énonciation du plaisir ; le jugement est la suite du plaisir.

quatrième leçon

1651 Le sentiment de l'utile exclut le sentiment du beau.

huitième leçon

1652 Il faut donc choisir de deux choses l'une: ou souffrir pour se développer, ou ne pas se développer, pour ne pas souffrir. Voilà l'alternative de la vie, voilà le dilemme de la condition terrestre.

douzième leçon

1653 L'esprit a tellement besoin d'unité, qu'à défaut d'unité réelle dans tout ce qu'il saisit, il en place une factice et de son invention.

dix-neuvième leçon

1654 Le monde n'est qu'un symbole matériel qui permet aux forces de se parler et de converser entre elles, de s'exprimer à sa faveur dans quelque langage et de communiquer les unes avec les autres.

vingt et unième leçon

1655 Le langage peut [...] devenir philosophique tout comme poétique. Le poète court donc un danger que ne court pas le peintre.

vingt-huitième leçon

1656 Il n'y a que l'invisible qui nous émeuve.

quarantième leçon

1657 L'idée fondamentale du sublime, c'est la lutte, c'est l'idée de la force libre et intelligente luttant contre les obstacles qui gênent son développement [...]

1658 Le beau est divin; le sublime est humain.

1659 Le sublime [...] est l'image de notre condition, et, par cela même, le sentiment du sublime est plus commun que le sentiment du beau.

1660 Il y a quelques âmes qui sentent délicieusement le beau, tandis que tout le monde sent le sublime.

Henri HEINE 1797-1856

De la France
préface

1661 Si nous arrivons à ce point, que la grande masse comprenne le présent, les peuples ne se laisseront plus exciter à la haine et à la guerre par les écrivains salariés de l'aristocratie; la grande conférence des peuples, la sainte-alliance des nations se formera; nous ne serons plus forcés, par défiance mutuelle, de nourrir des armées permanentes de meurtriers au nombre de quelques centaines de mille; nous utiliserons au profit de l'agriculture leurs glaives et leurs chevaux, et nous aurons enfin paix, aisance et liberté.

(De la France, préface)
1662 J'entends déjà le fer rouge siffler sur le maigre dos de la Prusse.

I, Paris, 28 décembre 1831
1663 Il faut réellement pour qu'une émeute soit bien faite un temps favorable, un soleil vivifiant, un jour agréable et chaud, et c'est pourquoi elles ont toujours réussi le mieux dans les mois de juin, juillet et août.

1664 Les gouvernements ne peuvent se maintenir que par ce qui leur a donné naissance. Ainsi, par exemple, un gouvernement fondé par la force ne se soutient que par la force et non par la ruse, et de même en sens inverse.

1665 De même qu'on remplace aujourd'hui tranquillement, pour qu'il ne reste plus de traces de la révolution, les pavés qu'on avait employés comme arme en juillet et qui, en certains endroits, étaient restés en tas : ainsi l'on remet à présent le peuple à son ancienne place, et on le foule aux pieds comme auparavant.

V, Paris, 25 mars 1832
1666 Les Français ressemblent maintenant à ces damnés de l'enfer de Dante, auxquels leur état présent est devenu tellement intolérable, qu'ils désirent en être délivrés à tout prix, dussent-ils tomber dans une situation plus déplorable encore !

1667 Je me souvenais du vieux proverbe : « Quand le bon Dieu s'ennuie dans le ciel, il ouvre la fenêtre et regarde les boulevards de Paris. » Il me sembla seulement qu'il y avait plus de gendarmerie qu'il n'en fallait pour un jour de joie innocente.

VI, Paris, 19 avril 1832
1668 Les salons mentent, les tombeaux sont sincères. Mais hélas ! les morts, ces froids récitateurs de l'histoire, parlent en vain à la foule furieuse, qui ne comprend que le langage de la passion vivante.

IX, Paris, 16 juin 1832
1669 La tragédie moderne diffère de celle de l'antiquité, en ce que maintenant les chœurs agissent et jouent les rôles principaux, pendant que les dieux, héros et tyrans, auxquels était jadis réservée toute l'action, sont descendus aujourd'hui au rôle de médiocres représentants de la volonté des partis et de l'action populaire.

De l'Allemagne, Ire partie
1670 Nos descendants seront plus beaux et plus heureux que nous ; car je crois au progrès et je tiens Dieu pour un être clément qui a destiné l'humanité au bonheur.

####### VIIe partie

1671 Le diable est froid, même comme amoureux, mais il n'est pas laid, car il peut prendre telle forme qui lui plaît.

Pierre LEROUX 1797-1871

De l'humanité, de son principe et de son avenir, à Béranger

1672 Les vrais poètes sont toujours prophètes.

####### préface

1673 Serai-je sur la terre quand la justice et l'égalité régneront parmi les hommes?

####### introduction

1674 Tout ce que nous aimons étant périssable, nous nous trouvons ainsi, par notre amour, continuellement exposés à souffrir. Il faudrait donc ne rien aimer pour ne pas souffrir. Mais ne rien aimer est la mort de notre âme, la mort la plus affreuse, la véritable mort.

1675 Vouloir vivre, c'est accepter le mal.

1676 Émersion d'un état antérieur, et immersion dans un état futur, voilà notre vie. L'état permanent de notre être est donc l'aspiration.

1677 Notre âge est ce qui dure après la sensation, et non pas ce qui est dans la sensation.

1678 L'homme ne supportera-t-il donc jamais deux vérités à la fois?

1679 L'homme n'est ni une âme, ni un animal. L'homme est un animal transformé par la raison et uni à l'humanité.

1680 De même que les corps placés à la surface de la terre ne gravitent vers le soleil que tous ensemble, et que l'attraction de la terre n'est pour ainsi dire que le centre de leur mutuelle attraction, de même nous gravitons spirituellement vers Dieu par l'intermédiaire de l'humanité.

De l'humanité, Doctrine, livre II, chap. 2

1681 Vivre ce n'est pas seulement changer, c'est continuer.

1682 Changer en persistant ou se continuer en changeant, voilà donc ce qui constitue réellement la vie normale de l'homme, et par conséquent le *progrès*.

(De l'humanité, Doctrine) livre III, chap. 1

1683 Que la famille soit telle que l'homme puisse se développer et progresser dans son sein sans en être opprimé.
Que la nation soit telle que l'homme puisse se développer et progresser dans son sein sans en être opprimé.
Que la propriété soit telle que l'homme puisse s'y développer et y progresser sans y être opprimé.
Voilà le programme de l'avenir.

chap. 2

1684 Le despote en se faisant despote devient esclave.

chap. 3

1685 Vous voulez vous aimer : aimez-vous donc dans les autres ; car votre vie est dans les autres, et sans les autres votre vie n'est rien.

livre IV, chap. 1

1686 Le Christianisme est la plus grande religion du passé ; mais il y a quelque chose de plus grand que le Christianisme : c'est l'Humanité.

livre V, chap. 3

1687 Le ciel, le véritable ciel, c'est la vie, c'est la projection infinie de notre vie.

chap. 8

1688 L'humanité, donc, est *un être idéal composé d'une multitude d'êtres réels qui sont eux-mêmes l'humanité en germe, l'humanité à l'état virtuel.*
Et réciproquement l'homme est *un être réel dans lequel vit, à l'état virtuel, l'être idéal appelé humanité.*

Adolphe THIERS 1797-1877

Manifeste de M. Thiers

1689 On ne parle plus du socialisme, et on fait bien. On pouvait et on devait parler du socialisme lorsque tous les jours, en France, on discutait le droit de propriété, le droit au travail, l'impôt progressif, l'égalité des salaires, le crédit gratuit et illimité. Ces mots sont à présent oubliés chez nous ; mais on les prononce ailleurs. Les épidémies morales, comme les épidémies physiques, durent un temps, et, quand elles ont régné dans un pays, passent dans un autre.

1690 La République, c'est un équitable partage entre les enfants de la France du gouvernement de leur pays, en proportion de leurs forces, de leur importance, de leurs mérites, partage possible, praticable, sans exclusion d'aucun d'eux, excepté de ceux qui annoncent qu'ils ne veulent la gouverner que par la révolution.

1691 Dans tout État libre, le premier soin, au moment où l'on va consulter la nation, est d'ouvrir toutes les voies par lesquelles peut arriver la vérité.

1692 Faisons donc la République, la République honnête, sage, conservatrice.

article du National contre Charles X, en 1830

1693 Le roi règne et ne gouverne pas.

À la Chambre des députés, le 17 mars 1834

1694 La république « tourne au sang ou à l'imbécillité ».

Discours sur l'Instruction publique à l'Assemblée Législative
le 13 février 1850

1695 La République est le gouvernement qui nous divise le moins.

Réponse de Thiers à la délégation maçonnique, 22 avril 1871
Rapport de la délégation maçonnique
sur son entrevue avec Thiers

1696 Il y aura quelques maisons de trouées, quelques personnes de tuées, mais force restera à la loi.

Alfred de VIGNY 1797-1863

Héléna, poème, chant II

1697 Au cœur privé d'amour, c'est bien peu que la gloire.

Poèmes antiques et modernes
préface de 1837

1698 Le seul mérite qu'on n'ait jamais disputé à ces compositions, c'est d'avoir devancé en France toutes celles de ce genre, dans lesquelles une pensée philosophique est mise en scène sous une forme Épique ou Dramatique.

Poèmes antiques et modernes
Livre mystique, Moïse

1699 Et, debout devant Dieu, Moïse ayant pris place,
Dans le nuage obscur lui parlait face à face.

(Livre mystique, Moïse)

1700   Hélas! je suis, Seigneur, puissant et solitaire,
　　　　Laissez-moi m'endormir du sommeil de la terre!

Livre mystique
Éloa ou la sœur des anges, chant II, séduction

1701   « Je[1] suis celui qu'on aime et qu'on ne connaît pas.
　　　　Sur l'homme j'ai fondé mon empire de flamme [...]
　　　　C'est moi qui fais parler l'épouse dans ses songes;
　　　　La jeune fille heureuse apprend d'heureux mensonges;
　　　　Je leur donne des nuits qui consolent des jours,
　　　　Je suis le Roi secret des secrètes amours. [...] »

chant III, chute

1702   « Puisque vous êtes[2] beau, vous êtes bon, sans doute [...] »

1703   « [...] — J'[3] enlève mon esclave et je tiens ma victime.
　　　　— Tu paraissais si bon! Oh! qu'ai-je fait? — Un crime.
　　　　— Seras-tu plus heureux? du moins es-tu content?
　　　　— Plus triste que jamais. — Qui donc es-tu? — Satan. »

Livre antique, Antiquité biblique, La fille de Jephté

1704   Seigneur, vous êtes bien le Dieu de la vengeance;
　　　　En échange du crime il vous faut l'innocence.

Livre moderne, Dolorida

1705   Car l'amour d'une femme est semblable à l'enfant
　　　　Qui, las de ses jouets, les brise triomphant,
　　　　Foule d'un pied volage une rose immobile,
　　　　Et suit l'insecte ailé qui fuit sa main débile.

1706   La voix du temps est triste au cœur abandonné.

1707   L'infidélité même était pleine de toi,
　　　　Je te voyais partout entre ma faute et moi [...]

Livre moderne, La neige

1708   Qu'il est doux, qu'il est doux d'écouter des histoires,
　　　　Des histoires du temps passé,
　　　　Quand les branches d'arbres sont noires,
　　　　Quand la neige est épaisse et charge un sol glacé!

Livre moderne, Le cor

1709   J'aime le son du Cor, le soir, au fond des bois,
　　　　Soit qu'il chante les pleurs de la biche aux abois,
　　　　Ou l'adieu du chasseur que l'écho faible accueille,
　　　　Et que le vent du nord porte de feuille en feuille.

---

1. C'est Lucifer qui parle.
2. Éloa à Lucifer.
3. Lucifer à Éloa.

1710 Dieu, que le son du cor est triste au fond des bois!

1711 Ame des Chevaliers, revenez-vous encor?
Est-ce vous qui parlez avec la voix du Cor?

1712 Roncevaux! Roncevaux! dans ta sombre vallée
L'ombre du grand Roland n'est donc pas consolée!

1713 Tous les preux étaient morts, mais aucun n'avait fui.

1714 Le Cor éclate et meurt, renaît et se prolonge.
« Malheur![1] c'est mon neveu! malheur! car si Roland
Appelle à son secours, ce doit être en mourant.
Arrière, chevaliers, repassons la montagne!
Tremble encor sous nos pieds, sol trompeur de l'Espagne! »

Livre moderne, Le trappiste

1715 En spectacles pompeux la nature est féconde;
Mais l'homme a des pensers bien plus grands que le monde.

Livre moderne, Les amants de Montmorency, III

1716 — Et Dieu? — Tel est le siècle, ils n'y pensèrent pas.

Livre moderne, Paris

1717 Paris! principe et fin! Paris! ombre et flambeau!
Je ne sais si c'est mal, tout cela; mais c'est beau!
Mais c'est grand! mais on sent jusqu'au fond de son âme
Qu'un monde tout nouveau se forge à cette flamme [...]

1718 Je ne sais d'assurés, dans le chaos du sort,
Que deux points seulement, LA SOUFFRANCE ET LA MORT.
Tous les hommes y vont avec toute les villes
Mais les cendres, je crois, ne sont jamais stériles.

Cinq-Mars
I: Les adieux

1719 La grande noblesse quittera et perdra ses terres, et, cessant d'être la grande propriété, cessera d'être une puissance [...]. Étrangère à ses foyers, la Noblesse ne sera plus rien [...]

XVIII: Le secret

1720 C'est toujours une histoire bien simple que celle d'un cœur passionné.

1721 Vous m'avez prêté [...] de hautes conceptions politiques; [...] vous le dirai-je? ces vagues projets du perfectionnement des sociétés corrompues me semblent ramper encore bien loin au-dessous du dévouement de l'amour.

---

1. C'est Charlemagne qui parle.

(Cinq-Mars) XX : La lecture

1722 La poésie pure est sentie par bien peu d'âmes; il faut, pour le vulgaire des hommes, qu'elle s'allie à l'intérêt presque physique du drame.

1723 O jeunesse, jeunesse, toujours nommée imprévoyante et légère de siècle en siècle! De quoi t'accuse-t-on aujourd'hui? [...] Amis, qu'est-ce qu'une grande vie, sinon une pensée de la jeunesse exécutée par l'âge mûr? La jeunesse regarde fixement l'avenir de son œil d'aigle, y trace un large plan, y jette une pierre fondamentale; et tout ce que peut faire notre existence entière, c'est d'approcher de ce premier dessein.

XXV : Les prisonniers

1724 Quand on veut rester pur, il ne faut point se mêler d'agir sur les hommes.

1725 C'est pour s'entendre dire qu'on est parfait et se voir adorer qu'on veut être aimé.

XXVI : La fête

1726 On étouffe les clameurs, mais comment se venger du silence?

1727 Un homme passe, mais un peuple se renouvelle.

Stello
chap. 2

1728 J'ai le spleen, et un tel spleen, que tout ce que je vois [...] m'est en dégoût profond. J'ai le soleil en haine et la pluie en horreur.

chap. 29

1729 Comme le Pouvoir est une science de convention selon les temps et que tout ordre social est basé sur un mensonge plus ou moins ridicule, tandis qu'au contraire les beautés de tout Art ne sont possibles que dérivant de la vérité la plus intime, [...] le Pouvoir, quel qu'il soit, trouve une continuelle opposition dans toute œuvre ainsi créée.

chap. 39

1730 L'application des idées aux choses n'est qu'une perte de temps pour les créateurs de pensées.

chap. 40

1731 La neutralité du penseur solitaire est une NEUTRALITÉ ARMÉE, qui s'éveille au besoin.

Chatterton, dernière nuit de travail, préface

1732 On croirait [...] que c'est une chose commune qu'un Poète.
— Songez donc que, lorsqu'une nation en a deux en dix siècles, elle se trouve heureuse et s'enorgueillit.

1733 Le suicide est un crime religieux et social.

1734 Le Désespoir n'est pas une idée; c'est une chose, une chose qui torture, qui serre et qui broie le cœur d'un homme comme une tenaille, jusqu'à ce qu'il soit fou et se jette dans les bras de la mort comme dans les bras d'une mère.

1735 La vanité la plus vaine est peut-être celle des théories littéraires. Je ne cesse de m'étonner qu'il y ait eu des hommes qui aient pu croire de bonne foi, durant un jour entier, à la durée des règles qu'ils écrivaient. [...] Il n'y a ni maître ni école en poésie [...]

Chatterton, I, 2, proverbe cité par John Bell

1736 Gardons bien les sous, les shillings se gardent eux-mêmes.

1737 L'impression d'un mot vrai ne dure pas plus que le temps de le dire; c'est l'affaire d'un moment.

1738 Un calculateur véritable ne laisse rien subsister d'inutile autour de lui.

5

1739 La science universelle, c'est l'infortune.

1740 N'y a-t-il pour l'homme que le travail du corps? et le labeur de la tête n'est-il pas digne de quelque pitié?

1741 Une âme contemplative est à charge à tous les désœuvrés remuants qui couvrent la terre: l'imagination et le recueillement sont deux maladies dont personne n'a pitié.

1742 La conscience ne peut pas avoir tort.

II, 4

1743 La vie est une tempête [...]; il faut s'accoutumer à tenir la mer.

5

1744 Mieux vaut la mort que la folie.

1745 Il[1] est atteint d'une maladie toute morale et presque incurable, et quelquefois contagieuse; maladie terrible qui se saisit surtout des âmes jeunes, ardentes et toutes neuves à la vie, éprises de l'amour du juste et du beau, et venant dans le monde pour y rencontrer, à chaque pas, toutes les iniquités et toutes les laideurs d'une société mal construite. Ce mal, c'est la haine de la vie et l'amour de la mort; c'est l'obstiné suicide.

1. Chatterton.

(Chatterton) III, 1

1746 Pour qui donc fait-on l'heureux quand on ne l'est pas? Je crois que c'est pour les femmes. Nous posons tous devant elles.

1747 O publicité, vile Publicité! toi qui n'es qu'un pilori où le profane passant peut nous souffleter.

1748 Vous qui étiez vieux et qui saviez qu'il faut de l'argent pour vivre, et que vous n'en aviez pas à me laisser, pourquoi m'avez-vous créé?

5
1749 La poésie est une maladie du cerveau.

6
1750 La plus belle Muse du monde ne peut suffire à nourrir son homme, et [...] il faut avoir ces demoiselles-là pour maîtresses, mais jamais pour femmes[1].

1751 Le Poète [...] lit dans les astres la route que nous montre le doigt du Seigneur.

7
1752 O Mort, ange de délivrance, que ta paix est douce!

8
1753 Les femmes sont dupes de leur bonté.

Servitude et Grandeur militaires
I, 1
1754 La guerre s'est civilisée, mais non les Armées.

1755 On ne peut trop hâter l'époque où les Armées seront identifiées à la Nation, si elle doit acheminer au temps où les Armées et la guerre ne seront plus, et où le globe ne portera plus qu'une nation unanime enfin sur ses formes sociales.

1756 On n'est pas toujours maître de jouer le rôle qu'on eût aimé, et l'habit ne nous vient pas toujours au temps où nous le porterions le mieux.

1757 La vie est trop courte pour que nous en perdions une part précieuse à nous contrefaire.

1758 Qui saura peser ce qu'il entre du comédien dans tout homme public toujours en vue?

---

1. Pensée attribuée par M. Beckford à l'auteur dramatique anglais Ben Jonson, né en 1572, mort en 1637, auteur de *Volpone*.

1759 Les récits de famille ont cela de bon qu'ils se gravent plus fortement dans la mémoire que les narrations écrites.

2

1760 L'armée est une nation dans la Nation ; c'est un vice de nos temps. Dans l'antiquité il en était autrement : tout citoyen était guerrier et tout guerrier était citoyen ; les hommes de l'Armée ne se faisaient point un autre visage que les hommes de la cité.

1761 L'uniforme [...] donne à tous le même aspect, et soumet les esprits à l'habit et non à l'homme.

1762 Une Armée moderne [...], c'est un corps séparé du grand corps de la Nation, et qui semble le corps d'un enfant, tant il marche en arrière pour l'intelligence, et tant il lui est défendu de grandir. L'Armée moderne, sitôt qu'elle cesse d'être en guerre, devient une sorte de gendarmerie.

1763 L'existence du soldat est (après la peine de mort) la trace la plus douloureuse de barbarie qui subsiste parmi les hommes.

II, 1

1764 Qu'il ne soit jamais possible à quelques aventuriers parvenus à la Dictature de transformer en assassins quatre cent mille hommes d'honneur [...]

1765 Les armées et la guerre n'auront qu'un temps ; car, malgré les paroles d'un sophiste[1] [...], il n'est point vrai que, même contre l'étranger, la guerre soit « divine » ; il n'est point vrai que « la terre soit avide de sang ». La guerre est maudite de Dieu et des hommes mêmes qui la font [...]

13

1766 En général, quand les princes passent quelque part, ils passent trop vite.

III, 2

1767 Il y a quelque chose d'aussi beau qu'un grand homme, c'est un homme d'honneur.

4

1768 Le cœur [...] s'ouvre plus tard en nous qu'on ne le pense généralement.

---

1. Il s'agit de Joseph de Maistre.

(Servitude et Grandeur militaires, III) 5

1769 La naissance est tout [...] ; ceux qui viennent au monde pauvres et nus sont toujours des désespérés.

1770 Il n'y a au monde que deux classes d'hommes : ceux qui ont et ceux qui gagnent.
Les premiers se couchent, les autres se remuent.

6

1771 Un être qu'on ne voit pas n'est pas, on ne l'aime pas, — et quand il est mort, il n'est pas plus absent qu'il n'était déjà.

1772 L'expérience seule et le raisonnement qui sort de nos propres réflexions peuvent nous instruire.

1773 Voyez, vous qui vous en mêlez, l'inutilité des belles-lettres. A quoi servez-vous ? qui convertissez-vous ? et de qui êtes-vous jamais compris, s'il vous plaît ? Vous faites presque toujours réussir la cause contraire à celle que vous plaidez.

1774 Je n'ai qu'une chose à vous recommander, c'est de vous dévouer à un Principe plutôt qu'à un Homme.

7

1775 Je n'aime pas les prisonniers [...] ; on se fait tuer[1].

10

1776 La philosophie a heureusement rapetissé la guerre ; les négociations la remplacent ; la mécanique achèvera de l'annuler par ses inventions.

1777 L'Honneur, c'est la conscience, mais la conscience exaltée.
— C'est le respect de soi-même et de la beauté de sa vie porté jusqu'à la plus pure élévation et jusqu'à la passion la plus ardente.

1778 L'Honneur, c'est la pudeur virile.

Poèmes philosophiques, Les destinées

1779 Notre mot éternel est-il : C'ÉTAIT ÉCRIT ?
— SUR LE LIVRE DE DIEU, dit l'Orient esclave ;
Et l'Occident répond : — SUR LE LIVRE DU CHRIST.

Poèmes philosophiques, La maison du berger, I

1780 Pars courageusement, laisse toutes les villes ;
Ne ternis plus tes pieds aux poudres du chemin ;
Du haut de nos pensers vois les cités serviles
Comme les rocs fatals de l'esclavage humain.
Les grands bois et les champs sont de vastes asiles [...]

---

1. Paroles attribuées par Vigny à Napoléon.

1781 Et le soupir d'adieu du soleil à la terre
Balance les beaux lis comme des encensoirs.

1782 Que m'importe le jour? que m'importe le monde?
Je dirai qu'ils sont beaux quand tes yeux l'auront dit.

1783 Adieu, voyages lents, bruits lointains qu'on écoute,
Le rire du passant, les retards de l'essieu,
Les détours imprévus des pentes variées,
Un ami rencontré, les heures oubliées,
L'espoir d'arriver tard dans un sauvage lieu.

1784 [...] La science
Trace autour de la terre un chemin triste et droit.

II

1785 Poésie! ô trésor! perle de la pensée!

1786 Le pur enthousiasme est craint des faibles âmes
Qui ne sauraient porter son ardeur et son poids.
Pourquoi le fuir? — La vie est double dans les flammes.

1787 La barbarie encor tient nos pieds dans sa gaine.
Le marbre des vieux temps jusqu'aux reins nous enchaîne,
Et tout homme énergique au Dieu Terme est pareil.

1788 L'Invisible est réel. Les âmes ont leur monde.

III

1789 La terre est le tapis de tes beaux pieds d'enfant.

1790 Ne me laisse jamais seul avec la Nature,
Car je la connais trop pour n'en avoir pas peur.

Elle me dit: Je suis l'impassible théâtre
Que ne peut remuer le pied de ses acteurs;
Mes marches d'émeraude et mes parvis d'albâtre,
Mes colonnes de marbre ont les dieux pour sculpteurs.
[...]
Je sens passer sur moi la comédie humaine
Qui cherche en vain au ciel ses muets spectateurs.

1791 Aimez ce que jamais on ne verra deux fois.

1792 J'aime la majesté des souffrances humaines.

1793 Les grands pays muets longuement s'étendront.

Poèmes philosophiques, Les oracles, X

1794 Toute Démocratie est un désert de sables.

Poèmes philosophiques, La sauvage, IV

1795 La Loi d'Europe est lourde, impassible et robuste,
Mais son cercle est divin, car au centre est le Juste.

1796 Vous m'appelez la Loi, je suis la Liberté.

Poèmes philosophiques, La colère de Samson

1797 Une lutte éternelle en tout temps, en tout lieu,
Se livre sur la terre, en présence de Dieu,
Entre la bonté d'Homme et la ruse de femme.
Car la femme est un être impur de corps et d'âme.

1798 L'Homme a toujours besoin de caresse et d'amour.

1799 Et, plus ou moins, la Femme est toujours Dalila.

1800 C'est le plaisir qu'elle aime[1],
L'Homme est rude et le prend sans savoir le donner.

1801 Les deux sexes mourront chacun de son côté.

1802 La Femme, enfant malade et douze fois impur!

Poèmes philosophiques, La mort du loup

1803 Que j'ai honte de nous, débiles que nous sommes!

1804 Seul le silence est grand, tout le reste est faiblesse.

1805 Gémir, pleurer, prier, est également lâche.
Fais énergiquement ta longue et lourde tâche
Dans la voie où le Sort a voulu t'appeler,
Puis après, comme moi, souffre et meurs sans parler.

Poèmes philosophiques, La flûte, III

1806 — Tout homme a vu le mur qui borne son esprit.

Poèmes philosophiques, Le mont des Oliviers, I

1807 Il[2] se courbe à genoux, le front contre la terre;
Puis regarde le ciel en appelant « Mon Père! »
— Mais le ciel reste noir et Dieu ne répond pas.

---

1. La femme.
2. Jésus.

Le mont des Oliviers, III, le silence

1808   Muet, aveugle et sourd au cri des créatures,
Si le Ciel nous laissa comme un monde avorté,
Le juste opposera le dédain à l'absence
Et ne répondra plus que par un froid silence
Au silence éternel de la Divinité.

Poèmes philosophiques, La bouteille à la mer, X

1809   La France est pour chacun ce qu'y laissa son cœur.

XXVI

1810   Le vrai Dieu, le Dieu fort est le Dieu des idées!

1811   Jetons l'œuvre à la mer, la mer des multitudes:
— Dieu la prendra du doigt pour la conduire au port.

Poèmes philosophiques, Wanda, V

1812   L'Empereur tout-puissant, qui voit d'en haut les choses,
Du Prince mon seigneur[1] voulut faire un forçat.
Dieu seul peut réviser un jour ces grandes causes
Entre le souverain, le sujet et l'État.

Poèmes philosophiques, L'esprit pur, I

1813   Si l'orgueil prend ton cœur quand le peuple me nomme,
Que de mes livres seuls te vienne ta fierté.
J'ai mis sur le cimier doré du gentilhomme
Une plume de fer qui n'est pas sans beauté.

1814   J'ai fait illustre un nom qu'on m'a transmis sans gloire.
Qu'il soit ancien, qu'importe? Il n'aura de mémoire
Que du jour seulement où mon front l'a porté.

II

1815   C'est en vain que d'eux tous[2] le sang m'a fait descendre.
Si j'écris leur histoire, ils descendront de moi.

VIII

1816   Ton règne est arrivé, PUR ESPRIT, roi du monde!

1817   Déesse de nos mœurs, la guerre vagabonde
Régnait sur nos aïeux. Aujourd'hui, c'est l'ÉCRIT.

---

1. C'est une ancienne princesse russe qui parle; son mari, compromis dans un complot contre le tsar, a été déporté en Sibérie.
2. Les aïeux du poète.

(Poèmes philosophiques, L'esprit pur) X

1818 Jeune postérité d'un vivant qui vous aime !
[...]
Flots d'amis renaissants ! Puissent mes destinées
Vous amener à moi, de dix en dix années,
Attentifs à mon œuvre, et pour moi c'est assez !

Le Journal d'un poète
1824

1819 L'espérance est la plus grande de nos folies. Cela bien compris, tout ce qui arrive d'heureux surprend.

1820 Dieu a jeté [...] l'homme au milieu de la destinée. La destinée [...] l'emporte vers le but toujours voilé. Le vulgaire est entraîné, les grands caractères sont ceux qui luttent.

1829

1821 L'art est la vérité choisie. Si le premier mérite de l'art n'était pas la peinture exacte de la vérité, le panorama serait supérieur à la descente de croix.

1831

1822 Ce qui m'a fait le plus de tort dans ma vie, ç'a été d'avoir les cheveux blonds et la taille mince. Pour en imposer au vulgaire, dans une réputation littéraire, il faut être d'une saleté repoussante et avoir une figure de cuistre laide.

1834

1823 Fatalité et Providence, même chose.

1824 La presse est une bouche forcée d'être toujours ouverte et de parler toujours. De là vient qu'elle dit mille fois plus qu'elle n'a à dire, et qu'elle divague souvent et extravague.

1825 La terre est révoltée des injustices de la création.

1826 La volupté de l'âme est plus longue, l'extase morale est supérieure à l'extase physique.

1840

1827 J'ai la charité et l'espérance, mais je n'ai pas la foi.

1842

1828 Rien n'est plus rare qu'un poète écrivant en vers le fond de sa pensée la plus intime sur quelque chose.
Quand on y arrive [...], on éprouve une secrète et douce satisfaction à la rencontre du vrai dans le beau.

1851

1829 C'est le rêve qui est ma vie réelle, et la vie en est la distraction.

1859

1830 La perfection de Bouddha est plus belle que celle du christianisme parce qu'elle est plus désintéressée.

1862

1831 JUGEMENT DERNIER

Ce sera ce jour-là que Dieu viendra se justifier [...].
En ce moment, ce sera le genre humain ressuscité qui sera le juge, et l'Éternel, le Créateur, sera jugé par les générations rendues à la vie.

Alexandre VINET 1797-1847

Philosophie morale et sociale, tome I

II

1832 Il a été donné à la volonté de modifier le monde, comme il a appartenu à la PAROLE de le créer.

III

1833 Les individus sont sortis de l'état sauvage, les nations y sont restées.

V

1834 Votre liberté (ne l'oubliez pas) vaudra justement ce que vous vaudrez.

VIII

1835 L'idée du juste est dans le monde, donc le juste est une réalité.

XIII

1836 Nous avons un goût naturel pour le faux, mais nous avons naturellement besoin de croire que le faux est le vrai.

XXII

1837 Toute jouissance trop savourée nous appauvrit spirituellement d'autant ; et je comprends qu'on puisse dire : Ce fauteuil a gardé dans ses coussins une parcelle de mon âme.

XXIII

1838 Le suicide, en effet, n'est que l'expression franche et le résumé sublime d'une vie sans Dieu.

1839 Le suicidé est un mondain conséquent.

(Philosophie morale et sociale, tome I)
XLI
1840 L'État socialiste est, selon les mœurs et le tempérament de la nation, une caserne ou un monastère.

XLII
1841 De ce que tout enfantement est douleureux, on ne doit pas conclure que toute douleur est un enfantement.

1842 Que le soin du bonheur proprement dit, de l'égalité si l'on veut, préoccupe le politique et le législateur ; que, comme tel, il n'ait pas d'autre soin ; comme homme, il doit en avoir un autre, qui sera, d'ailleurs, d'une façon spéciale, celui du philosophe et du philanthrope : c'est celui de persuader aux hommes d'être contents.

Auguste COMTE 1798-1857

Plan des travaux scientifiques nécessaires pour réorganiser la société

1843 Les éléments dont se compose l'idée de civilisation sont : les sciences, les beaux-arts et l'industrie ; cette dernière expression étant prise dans le sens le plus étendu, celui que je lui ai toujours donné.

1844 L'esprit humain suit, dans le développement des sciences et des arts, une marche déterminée, supérieure aux plus grandes forces intellectuelles, qui n'apparaissent, pour ainsi dire, que comme des instruments destinés à produire à temps nommé les découvertes successives.

1845 La saine politique ne saurait avoir pour objet de faire marcher l'espèce humaine, qui se meut par une impulsion propre, suivant une loi aussi nécessaire, quoique plus modifiable, que celle de la gravitation. Mais elle a pour but de faciliter sa marche en l'éclairant.

Cours de philosophie positive
avertissement de l'auteur

1846 Je regrette néanmoins d'avoir été obligé d'adopter, à défaut de tout autre, un terme comme celui de *philosophie,* qui a été si abusivement employé dans une multitude d'acceptions diverses. Mais l'adjectif *positive* par lequel j'en modifie le sens me paraît suffire pour faire disparaître, même au premier abord, toute équivoque essentielle, chez ceux, du moins, qui en connaissent bien la valeur.

XIXe siècle

première leçon

1847 Chacune de nos conceptions principales, chaque branche de nos connaissances, passe successivement par trois états théoriques différents: l'état théologique, ou fictif, l'état métaphysique, ou abstrait; l'état scientifique, ou positif. En d'autres termes, l'esprit humain, par sa nature, emploie successivement dans chacune de ses recherches trois méthodes de philosopher dont le caractère est essentiellement différent et même radicalement opposé: d'abord la méthode théologique, ensuite la méthode métaphysique et enfin la méthode positive. De là, trois sortes de philosophies, ou de systèmes généraux de conceptions sur l'ensemble des phénomènes, qui s'excluent mutuellement: la première est le point de départ nécessaire de l'intelligence humaine; la troisième son état fixe et définitif; la seconde est uniquement destinée à servir de transition.

1848 Dans l'état théologique, l'esprit humain, dirigeant essentiellement ses recherches vers la nature intime des êtres, les causes premières et finales de tous les effets qui le frappent, en un mot vers les connaissances absolues, se représente les phénomènes comme produits par l'action directe et continue d'agents surnaturels plus ou moins nombreux, dont l'intervention arbitraire explique toutes les anomalies apparentes de l'univers.

1849 Dans l'état métaphysique, qui n'est au fond qu'une simple modification générale du premier, les agents surnaturels sont remplacés par des forces abstraites, véritables entités (abstractions personnifiées) inhérentes aux divers êtres du monde, et conçues comme capables d'engendrer par elles-mêmes tous les phénomènes observés, dont l'explication consiste alors à assigner pour chacun l'entité correspondante.

1850 Dans l'état positif, l'esprit humain reconnaissant l'impossibilité d'obtenir des notions absolues, renonce à chercher l'origine et la destination de l'univers, et à connaître les causes intimes des phénomènes, pour s'attacher uniquement à découvrir, par l'usage bien combiné du raisonnement et de l'observation, leurs lois effectives, c'est-à-dire leurs relations invariables de succession et de similitude.

1851 Chacun de nous, en contemplant sa propre histoire, ne se souvient-il pas qu'il a été successivement, quant à ses notions les plus importantes, *théologien* dans son enfance, *métaphysicien* dans sa jeunesse, et *physicien* dans sa virilité?

1852 Maintenant que l'esprit humain a fondé la physique céleste, la physique terrestre, soit mécanique, soit chimique; la physique organique, soit végétale, soit animale, il lui reste à terminer le système des sciences d'observation en fondant la *physique sociale*.

(Cours de philosophie positive, première leçon)

1853 Ce n'est pas aux lecteurs de cet ouvrage que je croirai jamais devoir prouver que les idées gouvernent et bouleversent le monde, ou, en d'autres termes, que tout le mécanisme social repose finalement sur des opinions. Ils savent surtout que la grande crise politique et morale des sociétés actuelles tient, en dernière analyse, à l'anarchie intellectuelle. Notre mal le plus grave consiste, en effet, dans cette profonde divergence qui existe maintenant entre tous les esprits relativement à toutes les maximes fondamentales dont la fixité est la première condition d'un véritable ordre social.

deuxième leçon

1854 Entre les savants proprement dits et les directeurs effectifs des travaux productifs, il commence à se former de nos jours une classe intermédiaire, celle des *ingénieurs,* dont la destination spéciale est d'organiser les relations de la théorie et de la pratique. Sans avoir aucunement en vue le progrès des connaissances scientifiques, elle les considère dans leur état présent pour en déduire les applications industrielles dont elles sont susceptibles.

1855 Le problème général de l'éducation intellectuelle consiste à faire parvenir, en peu d'années, un seul entendement, le plus souvent médiocre, au même point de développement qui a été atteint, dans une longue suite de siècles, par un grand nombre de génies supérieurs appliquant successivement, pendant leur vie entière, toutes leurs forces à l'étude d'un même sujet.

1856 On ne connaît pas complètement une science tant qu'on n'en sait pas l'histoire.

préface personnelle au tome VI

1857 Issu, au midi de notre France, d'une famille éminemment catholique et monarchique, élevé d'ailleurs dans l'un de ces lycées où Bonaparte s'efforçait vainement de restaurer, à grands frais, l'antique prépondérance mentale du régime théologico-métaphysique [...]

cinquante-huitième leçon

1858 Il est évident, en principe, qu'aucun art proprement dit, pas plus l'art de penser que celui d'écrire, de parler, de marcher, de lire, etc., n'est susceptible d'un enseignement vraiment dogmatique ; il ne peut jamais être appris qu'en résultat spontané d'un judicieux exercice suffisamment prolongé. L'art de raisonner est certainement moins que tout autre à l'abri d'une telle prescription, puisque, en vertu de son universalité caractéristique, sa propre systématisation directe ne pourrait reposer sur aucune base antérieure : en sorte que, par exemple, rien ne saurait être plus irrationnel que la moderne institution française, si étrangement qualifiée de *normale* par un naïf orgueil métaphysique, où l'on se propose directement d'enseigner dogmatiquement l'art même de l'enseignement, sans être nullement choqué du cercle profondément vicieux qui résulte d'une pareille prétention.

Discours sur l'esprit positif

1859 Considéré d'abord dans son acception la plus ancienne et la plus commune, le mot positif désigne le *réel*, par opposition au chimérique.

1860 Pour surmonter convenablement ce concours spontané de résistances diverses que lui présente aujourd'hui la masse spéculative proprement dite, l'école positive ne saurait trouver d'autre ressource générale que d'organiser un appel direct et soutenu au bon sens universel, en s'efforçant désormais de propager systématiquement, dans la masse active, les principales études scientifiques propres à y constituer la base indispensable de sa grande élaboration philosophique.

1861 Si la célèbre *table rase* de Bacon et de Descartes était jamais pleinement réalisable, ce serait assurément chez les prolétaires actuels, qui, principalement en France, sont bien plus rapprochés qu'aucune classe quelconque du type idéal de cette disposition préparatoire à la positivité rationnelle.

Système de politique positive, II

1862 D'abord spontanée, puis inspirée, et ensuite révélée, la religion devient enfin démontrée.

1863 Les vivants sont toujours, et de plus en plus, dominés par les morts.

1864 Supérieures par l'amour, mieux disposées à toujours subordonner au sentiment l'intelligence et l'activité, les femmes constituent spontanément des êtres intermédiaires entre l'Humanité et les hommes.

1865 A chaque phase ou mode quelconque de notre existence, individuelle ou collective, on doit toujours appliquer la formule sacrée des positivistes : *L'Amour pour principe, l'Ordre pour base, et le Progrès pour but.* La véritable unité est donc constituée enfin par la religion de l'Humanité Cette seule doctrine vraiment universelle peut être indifféremment caractérisée comme la religion de l'amour, la religion de l'ordre, ou la religion du progrès, suivant que l'on apprécie son aptitude morale, sa nature intellectuelle, ou sa destination active. En rapportant tout à l'Humanité, ces trois appréciations générales tendent nécessairement à se confondre. Car, l'amour cherche l'ordre et pousse au progrès ; l'ordre consolide l'amour et dirige le progrès ; enfin le progrès développe l'ordre et ramène à l'amour.

1866 L'admirable sagesse spontanée qui dirige l'institution graduelle de notre langage a partout qualifié de *capital* chaque groupe durable de produits matériels, afin de mieux indiquer son importance fondamentale pour l'ensemble de l'existence humaine.

1867 L'utilité sociale de la concentration des richesses est tellement irrécusable pour tous les esprits que n'égare point une envieuse avidité, que, dès les plus anciens temps, une impulsion spontanée conduisit de nombreuses populations à doter volontairement leurs dignes chefs.

(Système de politique positive, II)

1868 La décomposition de l'humanité en individus proprement dits ne constitue qu'une analyse anarchique, autant irrationnelle qu'immorale, qui tend à dissoudre l'existence sociale au lieu de l'expliquer, puisqu'elle ne devient applicable que quand l'association cesse. Elle est aussi vicieuse en sociologie que le serait, en biologie, la décomposition chimique de l'individu lui-même en molécules irréductibles, dont la séparation n'a jamais lieu pendant la vie.

1869 Comme fils, nous apprenons à vénérer nos supérieurs, et comme frères à chérir nos égaux. Mais c'est la paternité qui nous enseigne directement à aimer nos inférieurs.

1870 Comme mère d'abord, et bientôt comme sœur, puis comme épouse surtout, et enfin comme fille, accessoirement comme domestique, sous chacun de ces quatre aspects naturels, la femme est destinée à préserver l'homme de la corruption inhérente à son existence pratique et théorique.

1871 Si la présence extérieure de l'être adoré était regardée comme indispensable à l'effet moral des effusions humaines, on ne saurait comprendre l'efficacité cérébrale des prières religieuses.

1872 Toutes les grandes conceptions, après avoir été suffisamment préparées par la méditation, n'ont irrévocablement surgi que sous la plume, pour accomplir une digne exposition écrite.

1873 Le public humain est donc le véritable auteur du langage, comme son vrai conservateur.

1874 La raison publique ne tardera point à seconder l'utile résistance des gouvernements actuels, pour repousser radicalement les aveugles prétentions politiques de nos prétendus penseurs. Sous l'impulsion systématique du positivisme, elle flétrira directement toute aspiration réelle des théoriciens à la puissance temporelle, comme un symptôme certain de médiocrité mentale et d'infériorité morale.

III

1875 Le siècle actuel sera principalement caractérisé par l'irrévocable prépondérance de l'histoire, en philosophie, en politique, et même en poésie.

1876 L'anarchie occidentale consiste principalement dans l'altération de la continuité humaine, successivement violée par le catholicisme maudissant l'antiquité, le protestantisme réprouvant le moyen âge, et le déisme niant toute filiation.

1877 Sa longue enfance[1], qui remplit toute l'antiquité, dut être essentiellement théologique et militaire ; son adolescence, au moyen âge, fut métaphysique et féodale ; enfin, sa maturité, à peine appréciable depuis quelques siècles, est nécessairement positive et industrielle.

1. Il s'agit de l'humanité.

1878 La présidence révolutionnaire devait donc flotter entre l'école philosophique de Voltaire et l'école politique de Rousseau : l'une sceptique, proclamant la liberté, l'autre anarchique, vouée à l'égalité : la première frivole, la seconde déclamatoire : toutes deux incapables de rien construire. Néanmoins, celle-ci dut bientôt dominer comme possédant seule une doctrine apparente, pendant le peu d'années où le *Contrat social* inspira plus de confiance et de vénération que n'en obtinrent jamais la Bible et le Coran.

> Catéchisme positiviste ou Sommaire exposition de la religion
> universelle en onze entretiens systématiques
> entre une Femme et un Prêtre de l'HUMANITÉ
> préface

1879 « Au nom du passé et de l'avenir, les serviteurs théoriques et les serviteurs pratiques de l'HUMANITÉ viennent prendre dignement la direction générale des affaires terrestres, pour construire enfin la vraie providence, morale, intellectuelle, et matérielle ; en excluant irrévocablement de la suprématie politique tous les divers esclaves de Dieu, catholiques, protestants, ou déistes, comme étant à la fois arriérés et perturbateurs. »

1880 Nous venons donc ouvertement délivrer l'Occident d'une démocratie anarchique et d'une aristocratie rétrograde, pour constituer, autant que possible, une vraie sociocratie, qui fasse sagement concourir à la commune régérération de toutes les forces humaines, toujours appliquées chacune suivant sa nature.

1881 Depuis trente ans que dure ma carrière philosophique et sociale, j'ai senti toujours un profond mépris pour ce qu'on nomma, sous nos divers régimes, l'*opposition*, et une secrète affinité pour les constructeurs quelconques.

1882 Sans répéter jamais le XVIIIe siècle, le XIXe doit toujours le continuer, en réalisant enfin le noble vœu d'une religion démontrée dirigeant une activité pacifique.

1883 Les démolisseurs incomplets, comme Voltaire et Rousseau, qui croyaient pouvoir renverser l'autel en conservant le trône ou réciproquement, sont irrévocablement déchus, après avoir dominé, suivant leur destinée normale, les deux générations qui préparèrent et accomplirent l'explosion révolutionnaire. Mais, depuis que la reconstruction est à l'ordre du jour, l'attention publique retourne de plus en plus vers la grande et immortelle école de Diderot et Hume, qui caractérisera réellement le XVIIIe siècle, en le liant au précédent par Fontenelle et au suivant par Condorcet.

1884 Quelque solides que soient les fondements logiques et scientifiques de la discipline intellectuelle qu'institue la philosophie positive, ce régime sévère est trop antipathique aux esprits actuels pour prévaloir jamais sans l'irrésistible appui des femmes et des prolétaires.

(Catéchisme positiviste, préface)

1885 Quoique les dignes prolétaires me semblent devoir bientôt accueillir beaucoup cet opuscule décisif, il convient davantage aux femmes, surtout illettrées. Elles seules peuvent assez comprendre la prépondérance que mérite la culture habituelle du cœur, tant comprimée par la grossière activité, théorique et pratique, qui domine l'Occident moderne.

1886 La révolution féminine doit maintenant compléter la révolution prolétaire, comme celle-ci consolida la révolution bourgeoise, émanée d'abord de la révolution philosophique.

1887 Le meilleur résumé pratique de tout le programme moderne consistera bientôt dans ce principe incontestable : *l'homme doit nourrir la femme,* afin qu'elle puisse remplir convenablement sa sainte destination sociale.

introduction, premier entretien

1888 En condensant toute la saine morale dans la loi *Vivre pour autrui,* le positivisme consacre la juste satisfaction permanente des divers instincts personnels, en tant qu'indispensable à notre existence matérielle, sur laquelle reposent toujours nos attributs supérieurs.

première partie, deuxième entretien

1889 La vraie population humaine se compose donc de deux masses toujours indispensables, dont la proportion varie sans cesse, en tendant à faire davantage prévaloir les morts sur les vivants dans chaque opération réelle.

1890 L'homme dépend du monde, mais il n'en résulte pas. Tous les efforts des matérialistes pour annuler la spontanéité vitale en exagérant la prépondérance des milieux inertes sur les êtres organisés n'ont abouti qu'à discréditer cette recherche, aussi vaine qu'oiseuse, désormais abandonnée aux esprits anti-scientifiques.

seconde partie, cinquième entretien

1891 L'enfant qui prie dignement exerce mieux son appareil méditatif que l'orgueilleux algébriste.

septième entretien

1892 Puisque l'Humanité se compose essentiellement des morts dignes de survivre, ses temples doivent se placer au milieu des tombes d'élite. D'une autre part, le principal attribut de la religion positive consiste dans son universalité nécessaire. Il faut donc que, sur toutes les parties de la planète humaine, les temples du Grand-Être soient dirigés vers la métropole générale, que l'ensemble du passé fixe, pour longtemps, à Paris.

troisième partie, huitième entretien

1893 Nul n'est moins disposé qu'un égoïste à tolérer l'égoïsme, qui partout lui suscite d'intraitables concurrents.

1894 Il existe, en effet, dans notre espèce, comme chez les autres, des individualités radicalement vicieuses, qui ne comportent ou ne méritent aucune véritable correction. Envers ces organisations exceptionnelles, la défense sociale ne cessera jamais d'être poussée jusqu'à la destruction solennelle de chaque organe vicieux, quand l'indignité sera suffisamment constatée par des actes décisifs.

neuvième entretien

1895 Les appétits sexuels n'ont ici d'autre destination que de produire ou d'entretenir, surtout chez l'homme, les impulsions propres à développer la tendresse. Mais il faut pour cela que leurs satisfactions restent très modérées. Autrement leur nature profondément égoïste tend, au contraire, à stimuler la personnalité, presque autant que le font les excès nutritifs, et souvent même avec plus de gravité, parce que la femme s'y trouve odieusement sacrifiée aux brutalités de l'homme.

1896 Les anges n'ont pas de sexe, puisqu'ils sont éternels.

dixième entretien

1897 La notion de *droit* doit disparaître du domaine politique comme la notion de *cause* du domaine philosophique.

1898 Le positivisme n'admet jamais que des devoirs, chez tous envers tous.

1899 Une population d'un à trois millions d'habitants, au taux ordinaire de soixante par kilomètre carré, constitue, en effet, l'extension convenable aux États vraiment libres. Car on ne doit qualifier ainsi que ceux dont toutes les parties sont réunies, sans aucune violence, par le sentiment spontané d'une intime solidarité.

1900 Avant la fin du XIXe siècle, la république Française se trouvera librement décomposée en dix-sept républiques indépendantes, formées chacune de cinq départements actuels.

1901 *Dévouement des forts aux faibles ; vénération des faibles pour les forts.* Aucune société ne peut durer si les inférieurs ne respectent pas leurs supérieurs.

conclusion, onzième entretien

1902 Toute l'histoire de l'Humanité se condense nécessairement dans celle de la religion. La loi générale du mouvement humain consiste, sous un aspect quelconque, en ce que l'homme devient de plus en plus religieux.

Lettre à Valat, 28 septembre 1819

1903 J'ai une souveraine aversion pour les travaux scientifiques dont je n'aperçois pas clairement l'utilité, soit directe, soit éloignée: et, en second lieu, je t'avoue aussi que, malgré toute ma philanthropie, j'apporterais beaucoup moins d'ardeur aux travaux politiques, s'ils ne donnaient pas prise à l'intelligence, s'ils ne mettaient pas mon cerveau fortement en jeu, en un mot s'ils n'étaient pas *difficiles*.

30 mars 1825

1904 La décadence inévitable des doctrines religieuses a laissé sans appui la partie généreuse du cœur humain, et tout s'est réduit à la plus abjecte individualité.

10 mai 1840

1905 Tu sais que par régime philosophique je m'abstiens soigneusement de lecture, afin de mieux préserver de toute altération mon originalité caractéristique.

Lettre à John Stuart Mill, 17 janvier 1842

1906 L'action philosophique doit aujourd'hui l'emporter sur l'action politique proprement dite, dans toute l'étendue de l'Europe occidentale, maintenant en travail plus ou moins explicite de rénovation sociale.

1907 D'ailleurs, sans que la philosophie s'en mêle, une nouvelle et redoutable intervention politique partout imminente, et davantage peut-être en Angleterre, me semble devoir bientôt à cet égard changer la question et faciliter involontairement les voies; c'est l'apparition inévitable, et sans doute prochaine, des masses prolétaires sur la scène politique, où elles n'ont encore été qu'instruments, et où leur introduction personnelle changera nécessairement toute la physionomie des luttes actuelles.

Lettre à Mme Austin, 4 avril 1844

1908 Dieu n'est pas plus nécessaire au fond pour aimer et pour pleurer que pour juger et pour penser

Eugène DELACROIX 1798-1863

Œuvres littéraires, Des critiques en matière d'art

1909 Ne suffit-il pas, pour être bon juge, de ce sens naturel qui est donné à tous les hommes organisés à l'ordinaire, et qui les avertit intérieurement de la présence de l'admirable et du détestable?

Œuvres littéraires, Questions sur le beau

1910 Le beau ne se transmet ni ne se concède comme l'héritage d'une ferme; il est le fruit d'une inspiration persévérante qui n'est qu'une suite de labeurs opiniâtres; il sort des entrailles avec des douleurs et des déchirements, comme tout ce qui est destiné à vivre.

1911 Il faut être écrivain de profession pour écrire sur ce qu'on ne sait qu'à moitié, ou sur ce qu'on ne sait pas du tout.

Œuvres littéraires, Le Poussin

1912 Le Poussin a attendu deux cent cinquante ans cette fameuse souscription à sa statue [...]. S'il eût brûlé seulement deux villages, il n'eût pas attendu aussi longtemps.

Œuvres littéraires, Réalisme et idéalisme

1913 C'est le propre seulement des plus grands artistes de produire dans leurs œuvres la plus grande unité possible, de telle sorte que les détails, non seulement n'y nuisent point, mais y soient d'une nécessité absolue. Comment supposer alors que l'éternel architecte ait pu créer sans but la plus petite parcelle de matière vivante ou inanimée ?

1914 La matière retombe toujours dans la tristesse.

Œuvres littéraires, Sur la peinture

1915 J'ai beau chercher la vérité dans les masses, je ne la rencontre, quand je la rencontre, que dans les individus.

Journal
8 octobre 1822

1916 Dans la peinture, il s'établit comme un pont mystérieux entre l'âme des personnages et celle du spectateur.

1917 [...] les esprits grossiers sont plus émus des écrivains que des musiciens ou des peintres.

1918 L'art du peintre est d'autant plus intime au cœur de l'homme qu'il paraît plus matériel ; car chez lui, comme dans la nature extérieure, la part est faite franchement à ce qui est fini et à ce qui est infini, c'est-à-dire à ce que l'âme trouve qui la remue intérieurement dans les objets qui ne frappent que les sens.

9 juin 1823

1919 C'est une des plus grandes misères de ne pouvoir jamais être connu et senti tout entier par un même homme ; [...] c'est là la souveraine plaie de la vie : c'est cette solitude inévitable à laquelle le cœur est condamné.

22 ou 23 décembre 1823

1920 La peinture lâche est la peinture d'un lâche.

2 février 1824

1921 Les savants et les raisonneurs paraissent bien moins avancés que le vulgaire, puisque ce qui leur servirait à prouver n'est pas même prouvé pour eux. [...] Ils passent la moitié de leur vie à attaquer pièce à pièce, à contrôler tout ce qui est trouvé ; l'autre à poser les fondements d'un édifice qui ne sort jamais de terre.

(Journal) 27 février 1824

1922 Ce qu'il y a de plus réel pour moi ce sont les illusions que je crée avec ma peinture. Le reste est un sable mouvant.

1er mars 1824

1923 Cette vie d'homme qui est si courte pour les plus frivoles entreprises est pour les amitiés humaines une épreuve difficile et de longue haleine.

27 avril 1824

1924 Dimier pensait que les grandes passions étaient la source du génie! Je pense que c'est l'imagination seule, ou bien, ce qui revient au même, cette délicatesse d'organes qui fait voir là où les autres ne voient pas, et qui fait voir d'une différente façon.

1925 Point de règles pour les grandes âmes: elles sont pour les gens qui n'ont que le talent qu'on acquiert.

1926 Je remarque maintenant que mon esprit n'est jamais plus excité à produire que quand il voit une médiocre production sur un sujet qui me convient.

9 mai 1824

1927 Que je hais tous ces rimeurs avec leurs rimes, leurs gloires, leurs victoires, leurs rossignols, leurs prairies! Combien y en a-t-il qui aient vraiment peint ce qu'un rossignol fait éprouver?

15 mai 1824

1928 Ce qui fait les hommes de génie ou plutôt ce qu'ils font, ce ne sont point les idées neuves, c'est cette idée, qui les possède, que ce qui a été dit ne l'a pas encore été assez.

14 mai 1824

1929 La nouveauté est dans l'esprit qui crée, et non pas dans la nature qui est peinte.

27 janvier 1847

1930 Si le peintre ne laissait rien de lui-même, et qu'on fût obligé de le juger, comme l'acteur, sur la foi des gens de son temps, combien les réputations seraient différentes de ce que la postérité les fait!

1931 L'exécution, dans la peinture, doit toujours tenir de l'improvisation, et c'est en ceci qu'est la différence capitale avec celle du comédien.

4 février 1847

1932 C'est une cruelle dérision de la nature que ce don du talent, qui n'arrive jamais qu'à force de temps et d'études qui usent la vigueur nécessaire à l'exécution.

5 février 1847

1933 En littérature, la première impression est la plus forte.

5 septembre 1847

1934 Est-il dans la création un être plus *esclave* que n'est l'homme ?

18 septembre 1847

1935 La peinture est le métier le plus long et le plus difficile. Il lui faut l'érudition comme au compositeur, mais il lui faut aussi l'exécution comme au violon.

4 avril 1849

1936 L'homme recommence toujours tout, même dans sa propre vie. Il ne peut fixer aucun progrès. Comment un peuple en fixerait-il un dans la sienne ? Pour ne parler que de l'artiste, sa manière change. […] Il y a plus, ceux qui ont systématisé leur manière au point de refaire toujours de même, sont ordinairement les plus inférieurs et froids nécessairement.

1937 Les Anglais sont tout Shakespeare. Il les a presque faits tout ce qu'ils sont en tout.

23 avril 1849

1938 Je crois […] qu'on peut affirmer que tout progrès doit amener nécessairement non pas un progrès plus grand encore, mais à la fin négation du progrès, retour au point dont on est parti. L'histoire du genre humain est là pour le prouver.

1939 On ne peut sortir de l'ornière qu'en retournant à l'enfance des sociétés, et l'état sauvage, au bout des réformes successives, est la nécessité forcée des changements.

24 juin 1849

1940 En vieillissant, il faut bien s'apercevoir qu'il y a un masque sur presque toutes choses, mais on s'indigne moins contre cette apparence menteuse, et on s'accoutume à se contenter de ce qui se voit.

14 février 1850

1941 [Les femmes] savent bien à quoi s'en tenir sur ce qui fait le fond même de l'amour. Elles vantent les faiseurs d'odes et d'invocations : mais elles attirent et recherchent soigneusement les hommes bien portants et attentifs à leurs charmes.

19 février 1850

1942 Le beau ne se trouve qu'une fois à une certaine époque marquée. Tant pis pour les génies qui viennent après ce moment-là. Dans les époques de décadence, il n'y a de chance de surnager que pour les génies très indépendants.

(Journal) 14 juin 1850

1943 Un architecte qui remplit véritablement toutes les conditions de son art me paraît un phénix plus rare qu'un grand peintre, un grand poète et un grand musicien.

14 juillet 1850

1944 Le secret de n'avoir pas d'ennuis, pour moi du moins, c'est d'avoir des idées.

21 juillet 1850

1945 Il faut être hors de soi, *amens*, pour être tout ce qu'on peut être.

17 novembre 1852

1946 L'homme est un animal sociable qui déteste ses semblables.

13 avril 1853

1947 Il faut toujours gâter un peu un tableau pour le finir.

16 mai 1853

1948 Quel noble spectacle dans ce meilleur des siècles, que ce bétail humain engraissé par les philosophes!

31 mai 1853

1949 L'infâme digestion est le grand arbitre de nos sentiments.

4 avril 1854

1950 En peinture, une belle indication, un croquis d'un grand sentiment, peuvent égaler les productions les plus achevées pour l'expression.

8 avril 1854

1951 L'homme heureux est celui qui a *conquis* son bonheur ou le moment de bonheur qu'il ressent actuellement. Le fameux *progrès* tend à supprimer l'effort entre le désir et son accomplissement: il doit rendre l'homme plus véritablement malheureux.

1er octobre 1855

1952 [...] le *beau* est partout, et [...] chaque homme non seulement le voit, mais doit absolument le rendre à sa manière.

8 mars 1860

1953 Il y a deux choses que l'expérience doit apprendre: la première, c'est qu'il faut beaucoup corriger; la seconde, c'est qu'il ne faut pas trop corriger.

Lettre à J.-B. Pierret, 18 septembre 1818

1954 On ne conserve dans la vie que la mémoire des sentiments touchants: tout le reste est moins même que ce qui est passé, parce que rien ne lui prête de couleurs dans l'imagination.

23 octobre 1818

1955　Le bonheur d'un homme qui sent la nature, c'est de la rendre.

Lettre à F. Guillemardet, 23 septembre 1819

1956　J'estime bien plus les poètes que tous les faiseurs de morale.

Lettre à Charles Soulier, 22 octobre 1820

1957　Les départs sont des morts. Quand on se quitte, l'espérance de se revoir n'est rien.

Lettre à Balzac, 1832

1958　Le livre d'un grand homme est un compromis entre le lecteur et lui.

Lettre à George Sand, 21 novembre 1844

1959　On dit toujours la paisible amitié : il n'y a pas plus de paisible amitié que de paisible amour : elle est une passion comme l'amour, elle est aussi fougueuse et souvent ne dure pas davantage.

1960　Je suis tortue et ne me sens jamais si à l'aise que quand je porte une maison.

Lettre à J.-B. Pierret, 19 août 1846

1961　C'est l'instable qui est le fixe. C'est sur l'incertain qu'il faut baser.

Lettre à Juliette de Forget, 13 septembre 1852

1962　Quand on peut espérer ce qu'on désire, on a toute la somme de bonheur accordée à notre nature pensante.

à Soulier, décembre 1858

1963　Dans l'insomnie, dans la maladie, dans certains moments de solitude, quand le but de tout cela s'offre nettement dans sa nudité, il faut à l'homme doué d'imagination un certain courage pour ne pas aller au-devant du fantôme et *embrasser le squelette*.

Jules MICHELET 1798-1874

Introduction à l'histoire universelle

1964　Avec le monde a commencé une guerre qui doit finir avec le monde, et pas avant : celle de l'homme contre la nature, de l'esprit contre la matière, de la liberté contre la fatalité. L'histoire n'est pas autre chose que le récit de cette interminable lutte.

1965　La France est le pays de la prose. Que sont tous les prosateurs du monde à côté de Bossuet, de Pascal, de Montesquieu et de Voltaire ? Or, qui dit la prose, dit la forme la moins figurée et la moins concrète, la plus abstraite, la plus pure, la plus transparente ; autrement dit, la moins matérielle, la plus libre, la plus commune à tous les hommes, la plus *humaine*.

(Introduction à l'histoire universelle)

1966 Le génie démocratique de notre nation n'apparaît nulle part mieux que dans son caractère éminemment prosaïque, et c'est encore par là qu'elle est destinée à élever tout le monde des intelligences à l'égalité.

Histoire de France, préface de 1833

1967 Doucement, messieurs les morts, procédons par ordre, s'il vous plaît...

Histoire de France, préface de 1869

1968 Pour retrouver la vie historique, il faudrait patiemment la suivre en toutes ses voies, toutes ses formes, tous ses éléments. Mais il faudrait aussi, d'une passion plus grande encore, refaire et rétablir le jeu de tout cela, l'action réciproque de ces formes diverses dans un puissant mouvement qui redeviendrait la vie même.

1969 La France a fait la France, et l'élément fatal de race m'y semble secondaire. Elle est fille de sa liberté.

1970 L'homme est son propre Prométhée.

1971 L'histoire, dans le progrès du temps, fait l'historien bien plus qu'elle n'est faite par lui.

1972 Le don que Saint-Louis demande et n'obtient pas, je l'eus : « le don des larmes ».

1973 J'ai passé à côté du monde, et j'ai pris l'histoire pour la vie.

Histoire de France, Tableau de la France

1974 La mer est anglaise d'inclination ; elle n'aime pas la France ; elle brise nos vaisseaux ; elle ensable nos ports.

1975 C'est là [en Belgique] le coin de l'Europe, le rendez-vous des guerres. Voilà pourquoi elles sont si grasses, ces plaines ; le sang n'a pas le temps d'y sécher !

1976 L'Angleterre est un empire, l'Allemagne un pays, une race, la France est une personne.

1977 Diminuer, sans la détruire, la vie locale, particulière, au profit de la vie générale et commune, c'est le problème de la sociabilité humaine. Le genre humain approche chaque jour plus près de la solution de ce problème.

1978 Le Français du Nord a goûté le Midi, s'est animé à son soleil, le Méridional a pris quelque chose de la ténacité, du sérieux, de la réflexion du Nord. La société, la liberté, ont dompté la nature, l'histoire a effacé la géographie. Dans cette transformation merveilleuse, l'esprit a triomphé de la matière, le général du particulier, et l'idée du réel.

Histoire de France, tome II, Éclaircissements

1979 Le moyen âge, la France du moyen âge, ont exprimé dans l'architecture leur plus intime pensée. Les cathédrales de Paris, de Saint-Denis, de Reims, en disent plus que de longs récits. La pierre s'anime et se spiritualise sous l'ardente et sévère main de l'artiste. L'artiste en fait jaillir la vie. Il est fort bien nommé au moyen âge : « Le maître des pierres vives ».

1980 L'art moderne, fils de l'âme et de l'esprit, a pour principe, non la forme, mais la physionomie, mais l'œil ; non la colonne, mais la croisée ; non le plein, mais le vide.

tome II, livre VI, chap. 1

1981 Toute l'Angleterre halète de combat. L'homme en est comme effarouché. Voyez cette face rouge, cet air bizarre... On le croirait volontiers ivre. Mais sa tête et sa main sont fermes. Il n'est ivre que de sang et de force. Il se traite comme sa machine à vapeur, qu'il charge et nourrit à l'excès, pour en tirer tout ce qu'elle peut rendre d'action et de vitesse.

chap. 3

1982 Les âmes de nos pères vibrent encore en nous pour des douleurs oubliées, à peu près comme le blessé souffre à la main qu'il n'a plus.

livre VIII, chap. 1

1983 Admirable vertu de la mort ! Seule elle révèle la vie. L'homme vivant n'est vu de chacun que par un côté, selon qu'il le sert ou le gêne. Meurt-il, on le voit alors sous mille aspects nouveaux, on distingue tous les liens divers par lesquels il tenait au monde.

1984 Chaque homme est une humanité, une histoire universelle...

tome VII, introduction

1985 La Tyrannie au moyen âge commença par la liberté. Rien ne commence que par elle.

1986 On avait tout prévu pour que Savonarole ne laissât aucune trace ; des ordres sévères étaient donnés pour que ses cendres recueillies fussent jetées à l'Arno. Mais les soldats qui gardaient le bûcher en pillèrent les reliques eux-mêmes. Ils ne purent empêcher que d'autres n'approchassent et le cœur, ce cœur si pur, plein de Dieu et de la patrie, se retrouva entier dans la main d'un enfant.

réforme, chap. 5

1987 La condamnation de tout le moyen âge, de tous ses grands mystiques, est celle-ci : *Pas un n'a eu la Joie.*

(Histoire de France) tome X, conclusion

1988 L'histoire, qui est le juge du monde, a pour premier devoir de perdre le respect.

tome XI, chap. 17

1989 L'homme qui fume n'a que faire de la femme ; son amour, c'est cette fumée où le meilleur de lui s'en va.

Richelieu et la Fronde, préface

1990 Louis XIV enterre un monde. Comme son palais de Versailles, il regarde le couchant.

Louis XV, chap. 22

1991 L'*Encyclopédie* fut bien plus qu'un livre. Ce fut une faction. A travers les persécutions, elle alla grossissant. L'Europe entière s'y mit. Belle conspiration générale qui devint celle de tout le monde. Troie entière s'embarqua elle-même dans le cheval de Troie.

Des Jésuites
introduction

1992 La tyrannie a cela de bon qu'elle réveille souvent le sentiment national, on la brise ou elle se brise.

1993 Le jésuitisme, l'esprit de police et de délation, les basses habitudes de l'écolier *rapporteur*, une fois transportés du collège et du couvent dans la société entière, quel hideux spectacle !... Tout un peuple vivant comme une maison de Jésuites, c'est-à-dire du haut en bas, occupé à se dénoncer. La trahison au foyer même, la femme espion du mari, l'enfant de la mère... Nul bruit, mais un triste murmure, un bruissement de gens qui confessent les péchés d'autrui, qui se travaillent les uns les autres et se rongent tout doucement.

1994 Prenez un homme dans la rue, le premier qui passe, et demandez-lui : « Qu'est-ce que les Jésuites ? » Il répondra sans hésiter : « *La contre-révolution.* »

1995 Au bout de dix ans passés sur l'histoire et les livres des Jésuites, vous n'y trouverez qu'un sens : *La mort de la liberté.*

1996 Celui qui de sang-froid, pour mieux surprendre le monde, a pu spéculer sur Dieu, qui a calculé combien Dieu rapporte, celui-là est mort de la mort dont on ne ressuscite pas.

1997 La tradition, c'est ma mère, et la liberté, c'est moi !

1998 L'Église s'occupe du monde, elle nous enseigne nos affaires, à la bonne heure. Nous lui enseignerons Dieu !

deuxième leçon

1999 L'éducation mécanique que donnent les Jésuites, cultive peut-être l'esprit, mais en brisant l'âme. On peut savoir beaucoup, et n'en pas moins être une âme morte: *Perinde ac cadaver.*

troisième leçon

2000 Le miracle éternel du monde, c'est que la force infinie, loin d'étouffer la faiblesse, veut qu'elle devienne une force.

quatrième leçon

2001 La liberté, c'est l'homme. — Même pour se soumettre, il faut être libre ; pour se donner ; il faut être à soi. Celui qui se serait abdiqué d'avance, ne serait plus un homme, il ne serait qu'une chose... Dieu n'en voudrait pas !

cinquième leçon

2002 Qu'ai-je vu ? Le néant qui prend possession du monde... et le monde qui se laisse faire, le monde qui s'en va flottant, comme sur le radeau de la *Méduse,* et qui ne veut plus ramer, qui délie, détruit le radeau, qui fait signe... à l'avenir ? à la voile de salut ?... Non ! mais à l'abîme, au vide...
L'abîme murmure doucement: Venez à moi, que craignez-vous ! Ne voyez-vous pas que *je ne suis rien ?*

Le Peuple, à M. Edgar Quinet

2003 Ce livre est plus qu'un livre ; c'est moi-même. Voilà pourquoi il vous appartient.

2004 La France a cela de grave contre elle, qu'elle se montre nue aux nations.

2005 Qu'est-ce que la Presse, au temps moderne, sinon l'arche sainte ?

2006 Dieu m'a donné, par l'histoire, de participer à toute chose.

2007 Le difficile n'est pas de monter, mais, en montant, de rester soi.

2008 Par devant l'Europe, la France, sachez-le, n'aura jamais qu'un seul nom, inexpiable, qui est son vrai nom éternel: LA RÉVOLUTION !

première partie, chap. 1

2009 Chez nous, l'homme et la terre se tiennent, et ils ne se quittent pas ; il y a entre eux légitime mariage, à la vie, à la mort. Le Français a épousé la France.

2010 La liberté, pour qui connaît les vices obligés de l'esclave, c'est *la vertu possible.*

(Le Peuple, première partie) chap. 2, note

2011 L'extension du *machinisme* (pour désigner ce système d'un mot) est-elle à craindre? La machine doit-elle tout envahir? La France deviendra-t-elle sous ce rapport une Angleterre? A ces questions graves, je réponds sans hésiter: Non.

chap. 3

2012 Le pauvre seul est père; chaque jour il crée encore, et refait les siens.

2013 « Lumière! plus de lumière encore! » Tel fut le dernier mot de Goethe. Ce mot du génie expirant, c'est le cri général de la nature, et il retentit de monde en monde.

chap. 6

2014 Honte! infamie!... Le peuple qui paye le moins ceux qui instruisent le peuple (cachons-nous, pour l'avouer), c'est la France.

chap. 7

2015 Puisse mon histoire imparfaite s'absorber dans un monument plus digne, où s'accordent mieux la science et l'inspiration, où parmi les vastes et pénétrantes recherches, on sente partout le souffle des grandes foules, et l'âme féconde du peuple!

troisième partie, chap. 3

2016 France, glorieuse mère, qui n'êtes pas seulement la nôtre, mais qui devez enfanter toute nation à la liberté, faites que nous nous aimions en vous!

chap. 4

2017 Pour nous, quoi qu'il advienne de nous, pauvre ou riche, heureux, malheureux, vivant, et par-delà la mort, nous remercierons toujours Dieu, de nous avoir donné cette grande patrie, la France.

chap. 6

2018 Rome eut le pontificat du temps obscur, la royauté de l'équivoque. Et la France a été le pontife du temps de lumière.

chap. 9

2019 Vous ne sauverez vos enfants, et avec eux la France, le monde, que par une seule chose: Fondez en eux la foi! La foi au dévouement, au sacrifice, — à la grande association où tous se sacrifient à tous, je veux dire la Patrie.

Histoire de la Révolution française
livre IV, chap. 4

2020 Les Jacobins ne sont pas la Révolution, mais l'œil de la Révolution, l'œil pour surveiller, la voix pour accuser, le bras pour frapper.

chap. 6

2021 Mais qu'est-ce qui préside là-bas? Ma foi, l'épouvante elle-même... Terrible figure que ce Danton! Un cyclope? un dieu d'en bas?... Ce visage effroyablement brouillé de petite vérole, avec ses petits yeux obscurs, a l'air d'un ténébreux volcan... Non, ce n'est pas là un homme, c'est l'élément même du trouble; l'ivresse et le vertige y planent, la fatalité... Sombre génie, tu me fais peur! dois-tu sauver, perdre la France?

livre XX, chap. 2

2022 La nature, qui par-dessus toutes les lois, place l'amour et la perpétuité de l'espèce, a par cela même mis dans les femmes ce mystère (absurde au premier coup d'œil): *Elles sont très responsables et elles ne sont pas punissables.*

chap. 10

2023 Saint-Just, dès longtemps, avait embrassé la mort et l'avenir. Il mourut digne, grave et simple. La France ne se consolera jamais d'une telle espérance; celui-ci était grand d'une grandeur qui lui était propre, ne devait rien à la fortune, et seul il eût été assez fort pour faire trembler l'épée devant la Loi.

Jeanne d'Arc
introduction à l'édition de 1853

2024 Pour la première fois, on le sent, la France est aimée comme une personne. Et elle devient telle, du jour qu'elle est aimée.
C'était jusque-là une réunion de provinces, un vaste chaos de fiefs, grand pays, d'idée vague. Mais, dès ce jour, par la force du cœur, elle est une Patrie.

2025 Souvenons-nous toujours, Français, que la Patrie chez nous est née du cœur d'une femme, de sa tendresse et de ses larmes, du sang qu'elle a donné pour nous.

VI

2026 Elle n'accusa ni son Roi, ni ses Saintes. Mais parvenue au haut du bûcher, voyant cette grande ville, cette foule immobile et silencieuse, elle ne put s'empêcher de dire: « Ah! Rouen, Rouen, j'ai grand'peur que tu n'aies à souffrir de ma mort! » Celle qui avait sauvé le peuple et que le peuple abandonnait, n'exprima en mourant (admirable douceur d'âme!) que de la compassion pour lui...

2027 Un secrétaire du roi d'Angleterre disait tout haut en revenant: « Nous sommes perdus, nous avons brûlé une sainte! »

Lettre à Victor Hugo, 4 mai 1856

2028 Quand le christianisme ne sera plus à l'état de vampire (ni mort ni vivant), mais comme un honnête mort, paisible et couché, comme sont l'Inde, l'Égypte et Rome, alors, alors seulement, nous en défendrons tout ce qui est défendable.
Jusque-là non. C'est l'ennemi.

L'Oiseau, deuxième partie, chap. 11

2029 L'alouette a le génie lyrique; le rossignol a l'épopée, le drame, le combat intérieur: de là une lumière à part. En pleines ténèbres, il voit dans son âme et dans l'amour; par moments, au-delà, ce semble, de l'amour individuel, dans l'océan de l'Amour infini.

2030 La vraie grandeur de l'artiste, c'est de dépasser son objet, et de faire plus qu'il ne veut, et tout autre chose, de passer par-dessus le but, de traverser le possible, et de voir encore au-delà.

L'Amour
introduction

2031 L'amour (et j'entends l'amour fidèle et fixé sur un objet) est une succession, souvent longue, de passions fort différentes qui alimentent la vie et la renouvellent.

2032 L'amour ne tue pas la mort, la mort ne tue pas l'amour. Au fond, ils s'entendent à merveille. Chacun d'eux explique l'autre.

2033 Si ce livre est solide, et si, le suivant pas à pas, tu maintiens ta femme libre des influences extérieures et fidèle à sa nature, je puis dire hardiment le mot qui résume tout: « Ne crains pas de t'ennuyer, car elle changera sans cesse. Ne crains pas de te confier, car elle ne changera pas. »

livre I, chap. 1

2034 Les insectes et les poissons restent muets. L'oiseau chante. Il voudrait articuler. L'homme a la langue distincte, la parole nette et lumineuse, la clarté du verbe. Mais la femme, au-dessus du verbe de l'homme et du chant de l'oiseau, a une langue toute magique dont elle entrecoupe ce verbe ou ce chant: le soupir, le souffle passionné.

chap. 2

2035 En réalité, quinze ou vingt jours sur vingt-huit (on peut dire presque toujours), la femme n'est pas seulement une malade, mais une blessée. Elle subit incessamment l'éternelle blessure d'amour.

chap. 5

2036 S'il faut à l'homme une âme qui réponde à la sienne par des éclairs de raison autant que d'amour, qui lui refasse le cœur par une vivacité charmante, gaieté, saillies de courage, mots de femme ou chants d'oiseau, il lui faut une Française.

chap. 6

2037   Elle est sa fille ; il retrouve en elle et jeunesse et fraîcheur. Elle est sa sœur, elle marche de front aux plus rudes chemins, et, faible, elle soutient sa force. Elle est sa mère, l'environne. Parfois dans les moments obscurs où il se trouble, où il cherche, ne voit plus son étoile au ciel, il regarde vers la femme, et cette étoile est dans ses yeux.

chap. 8

2038   L'amour, dans nos temps modernes, n'aime pas *ce qu'il trouve,* mais bien *ce qu'il fait.*

livre II, chap. 1

2039   Que peut-on sur la femme dans la société ? Rien. Dans la solitude ? Tout.

chap. 2

2040   « Que la terre et le ciel prient et pleurent pour moi. » Mot de Christophe Colomb à l'entrée du monde inconnu.

chap. 6

2041   L'homme nourrit la femme, apporte chaque jour, comme l'oiseau des légendes, le pain de Dieu à sa bien-aimée solitaire. Et la femme nourrit l'homme. A son besoin, à sa fatigue, à son tempérament connu, elle approprie la nourriture, l'humanise par le feu, par le sel et par l'âme.

chap. 10

2042   Tout est poésie dans la femme, mais surtout cette vie rythmique, harmonisée en périodes régulières, et comme scandée par la nature. Au contraire le temps pour l'homme est sans division réelle ; il ne lui revient pas identique. Ses mois ne sont pas des mois. Point de rythme dans sa vie. Elle va, toujours devant elle, détendue comme la prose libre, mais infiniment mobile, créant sans cesse des germes, mais le plus souvent pour les perdre.

livre III, chap. 4

2043   Un cri inouï, qui n'est pas de ce monde-ci, qui n'est pas de notre espèce (ce semble), cri aigre et aigu, sauvage, nous perce l'oreille. Une petite masse sanglante est tombée... Et voilà donc l'homme !... Salut, pauvre naufragé !

livre V, chap. 4

2044   *Il n'y a point de vieille femme.* Toute, à tout âge, si elle aime et si elle est bonne, donne à l'homme le moment de l'infini.

La Mer, livre II, chap. 12

2045   La force du monde supérieur, son charme, sa beauté, c'est le sang. Par lui commence une jeunesse toute nouvelle dans la nature, par lui une flamme de désir, l'amour, et l'amour de famille, de race, qui, étendu par l'homme, donnera le couronnement divin de la vie, la Pitié.

La Sorcière, livre I, chap. 9

2046 La grande révolution que font les sorcières, le plus grand pas *à rebours* contre l'esprit du moyen âge, c'est ce qu'on pourrait appeler la réhabilitation du ventre et des fonctions digestives. Elles professèrent hardiment: « Rien d'impur et rien d'immonde. » L'étude de la matière fut dès lors illimitée, affranchie. La médecine fut possible.

épilogue

2047 L'Anti-Nature pâlit, et le jour n'est pas loin où son heureuse éclipse fera pour le monde une aurore.

Bible de l'Humanité, II, chap. 6

2048 L'amour est une loterie, la Grâce est une loterie. Voilà l'essence du roman.

chap. 9

2049 Si les antiques dieux, les races actives et fortes, sous qui fleurissaient ces rivages, sortaient aujourd'hui du tombeau, ils diraient: « Tristes *peuples du Livre*, de grammaire et de mots, de subtilités vaines, qu'avez-vous fait de la Nature? »

Nos Fils, V, chap. 2

2050 Si l'on ouvre mon cœur à ma mort, on lira l'idée qui m'a suivie: « Comment viendront les livres populaires? »

2051 Je suis né peuple, j'avais le peuple dans le cœur. Les monuments de ses vieux âges ont été mon ravissement. J'ai pu en 46 poser le droit du peuple plus qu'on ne fit jamais; en 64 sa longue tradition religieuse. Mais sa langue, sa langue, elle m'était inaccessible. Je n'ai pas pu le faire parler.

Histoire du XIXe siècle, tome I, préface

2052 Autant le XVIIIe siècle, à la mort de Louis XIV, s'avança légèrement sur l'aile de l'idée et de l'activité individuelle, autant notre siècle par ses grandes machines (l'usine et la caserne), attelant les masses à l'aveugle, a progressé dans la fatalité.

tome III, préface

2053 Ce blé, au fond, c'est du silex qui s'infiltre dans la plante en fleur et lui donne une consistance, une durée singulière d'alimentation.
La France, qu'on le sache bien, est nourrie de caillou. Ce régime lui donne, par moments, l'étincelle, et dans les os une grande force de résistance.

Journal (Gallimard)
avril 1842

2054 Oui, le grand mystère de la maternité enveloppe le monde. *Quid* naissance? Accouchement. Et la vie? Accouchement. Et la mort? Accouchement. Celui de la naissance amène un fruit visible: on se réjouit. Celui de la mort un fruit invisible: on pleure. Mais enfin l'analogie nous mène à conclure que l'un et l'autre amènent un fruit.

7 mars 1849

2055 Qu'il paraisse librement, ce signe distinctif de la femme et de la mère, cette puissance adorée d'amour par quoi elle nous est si chère et sacrée: le ventre et le sein!

18 avril 1854

2056 Le soleil de l'homme, c'est l'homme.

27 juillet 1857

2057 Oser une langue nouvelle; non celle de l'innocence barbare, qui disait tout sans rougir, n'en sentant pas les profondeurs, non celle de la fière Antiquité, qui usait et abusait, méprisait l'humanité, — mais celle de la tendresse moderne, qui, dans les choses du corps, sent et aime l'âme, ou plutôt ni l'âme ni le corps, mais partout l'esprit: la langue d'un Rabelais sérieux et aimant.

2058 Je souffre de la barrière que Dieu met à nos désirs. A chaque porte, nous nous trouvons arrêtés presque dès le seuil. Partout nous rencontrons l'impénétrabilité de l'existence individuelle. Nous touchons, nous n'entrons pas.

Honoré de BALZAC 1799-1850

La Comédie humaine, avant-propos

2059 Peu d'œuvres donne beaucoup d'amour-propre, beaucoup de travail donne infiniment de modestie.

2060 Le hasard est le plus grand romancier du monde: pour être fécond, il n'y a qu'à l'étudier.

2061 La loi de l'écrivain, ce qui le fait tel, ce qui, je ne crains pas de le dire, le rend égal et peut-être supérieur à l'homme d'État, est une décision quelconque sur les choses humaines, un dévouement absolu à des principes.

2062 L'homme n'est ni bon ni méchant, il naît avec des instincts et des aptitudes; la société, loin de le dépraver comme l'a prétendu Rousseau, le perfectionne, le rend meilleur; mais l'intérêt développe aussi ses penchants mauvais.

(La Comédie humaine, avant-propos)

2063 J'écris à la lueur de deux Vérités éternelles : la Religion, la Monarchie, deux nécessités que les événements contemporains proclament, et vers lesquelles tout écrivain de bon sens doit essayer de ramener notre pays.

2064 [...] quiconque apporte sa pierre dans le domaine des idées, quiconque signale un abus, quiconque marque d'un signe le mauvais pour être retranché, celui-là passe toujours pour être immoral. Le reproche d'immoralité, qui n'a jamais failli à l'écrivain courageux, est d'ailleurs le dernier qui reste à faire quand on n'a plus rien à dire à un poète. Si vous êtes vrai dans vos peintures ; si à force de travaux diurnes et nocturnes, vous parvenez à écrire la langue la plus difficile du monde, on vous jette alors le mot immoral à la face. Socrate fut immoral, Jésus-Christ fut immoral ; tous deux ils furent poursuivis au nom des sociétés qu'ils renversaient ou réformaient. Quand on veut tuer quelqu'un, on le taxe d'immoralité.

2065 La passion est toute l'humanité. Sans elle, la religion, l'histoire, le roman, l'art seraient inutiles.

2066 Je ne partage point la croyance à un progrès indéfini, quant aux Sociétés ; je crois aux progrès de l'homme sur lui-même. Ceux qui veulent apercevoir chez moi une intention de considérer l'homme créature finie se trompent donc étrangement.

La Maison du chat-qui-pelote

2067 La poésie, la peinture et les exquises jouissances de l'imagination possèdent sur les esprits élevés des droits imprescriptibles.

2068 En toute chose, nous ne pouvons être jugés que par nos pairs.

2069 Dans ces grandes crises, le cœur se brise ou se bronze.

Mémoires de deux jeunes mariées

2070 Un enfant est un grand politique dont on se rend maître comme du grand politique... par ses passions.

La Bourse

2071 Nos sentiments ne sont-ils pas, pour ainsi dire, écrits sur les choses qui nous entourent ?

Modeste Mignon

2072 Quel crime de lèse-million que de démontrer aux riches l'impuissance de l'or !

2073 Le phénomène de la croyance ou de l'admiration, qui n'est qu'une croyance éphémère, s'établit difficilement en concubinage avec l'idole. Le mécanicien redoute la machine que le voyageur admire et les officiers étaient un peu les chauffeurs de la locomotive napoléonienne, s'ils n'en furent pas le charbon.

2074 La mélodie est à la musique ce que l'image et le sentiment sont à la poésie, une fleur qui peut s'épanouir spontanément. Aussi les peuples ont-ils eu des mélodies nationales avant l'invention de l'harmonie. La botanique est venue après les fleurs.

2075 L'adoration d'une jeune fille est plus forte que toutes les réprobations sociales.

2076 Les maisons peuvent brûler, les fortunes sombrer, les pères revenir de voyage, les empires crouler, le choléra ravager la cité, l'amour d'une jeune fille poursuit son vol, comme la nature sa marche, comme cet effroyable acide que la chimie a découvert et qui peut trouer le globe si rien ne l'absorbe au centre.

2077 Les grands ont toujours tort de plaisanter avec leurs inférieurs. La plaisanterie est un jeu, le jeu suppose l'égalité. Aussi est-ce pour obvier aux inconvénients de cette égalité passagère que, la partie finie, les joueurs ont le droit de ne se plus connaître.

2078 Il n'y a rien de plus poétique qu'une élégie animée qui a des yeux, qui marche et qui soupire sans rimes.

2079 Pour savoir jusqu'où va la cruauté de ces charmants êtres que nos passions grandissent tant, il faut voir les femmes entre elles.

Un début dans la vie
2080 Le monde est bien bossu quand il se baisse.

Albert Savarus
2081 Pour peu que vous frottiez un Suisse, il reparaît un usurier.

La Vendetta
2082 La joie ne peut éclater que parmi des gens qui se sentent égaux.

Une double famille
2083 La dévotion porte à je ne sais quelle humilité fatigante qui n'exclut pas l'orgueil.

2084 Le manque de goût est un des défauts qui sont inséparables de la fausse dévotion.

Madame Firmiani
2085 [...] aristocrates par inclination, ils se font républicains par dépit, uniquement pour trouver beaucoup d'inférieurs parmi leurs égaux.

Une fille d'Ève

2086 Ainsi va le monde littéraire. On n'y aime que ses inférieurs. Chacun est l'ennemi de quiconque tend à s'élever. Cette envie générale décuple les chances des gens médiocres, qui n'excitent ni l'envie, ni le soupçon, font leur chemin à la manière des taupes, et, quelque sots qu'ils soient, se trouvent casés au *Moniteur* dans trois ou quatre places au moment où les gens de talent se battent encore à la porte pour s'empêcher d'entrer.

Honorine

2087 Si les Français ont autant de répugnance que les Anglais ont de propension pour les voyages, peut-être les Français et les Anglais ont-ils raison de part et d'autre. On trouve partout quelque chose de meilleur que l'Angleterre, tandis qu'il est excessivement difficile de retrouver loin de la France les charmes de la France.

Béatrix

2088 L'amour vrai commence chez la femme par expliquer tout à l'avantage de l'homme aimé.

2089 Il n'y a pas de plus grande maladresse pour un mari que de parler de sa femme quand elle est vertueuse à sa maîtresse, si ce n'est de parler de sa maîtresse, quand elle est belle, à sa femme.

2090 La douleur est comme cette tige de fer que les sculpteurs mettent au sein de leur glaise, elle soutient, c'est une force!

2091 Les hommes ont entre eux une fatuité qui leur est d'ailleurs commune avec les femmes, celle d'être aimés absolument.

2092 On se repaît en France si principalement de la tête des femmes, que les belles têtes font longtemps vivre les corps déformés.

2093 Il n'y a rien de violent à Paris comme ce qui doit être éphémère.

2094 Un grand amour est un crédit ouvert à une puissance si vorace, que le moment de la faillite arrive toujours.

2095 Toutes les colombes sont des Robespierre à plumes blanches.

2096 Il y a des douleurs muettes d'une éloquence despotique.

2097 Les plus grands efforts de l'art sont toujours une timide contrefaçon des effets de la nature.

Gobseck

2098 La reconnaissance est une dette que les enfants n'acceptent pas toujours à l'inventaire.

2099 [...] j'ai souvent eu l'occasion d'observer que quand la bienfaisance ne nuit pas au bienfaiteur, elle tue l'obligé.

La Femme de trente ans

2100 Les vieilles gens sont assez enclins à doter de leurs chagrins l'avenir des jeunes gens.

2101 La raison est toujours mesquine auprès du sentiment; l'une est naturellement bornée, comme tout ce qui est positif, et l'autre est infini. Raisonner là où il faut sentir est le propre des âmes sans portée.

2102 L'amour a son instinct, il sait trouver le chemin du cœur comme le plus faible insecte marche à sa fleur avec une irrésistible volonté qui ne s'épouvante de rien. Aussi, quand un sentiment est vrai, sa destinée n'est-elle pas douteuse.

2103 Pascal a dit: « Douter de Dieu, c'est y croire. » De même, une femme ne se débat que quand elle est prise.

2104 Le cœur d'une mère est un abîme au fond duquel se trouve toujours un pardon.

Le Père Goriot

2105 Paris est un véritable océan. Jetez-y la sonde, vous n'en connaîtrez jamais la profondeur. Parcourez-le, décrivez-le! quelque soin que vous mettiez à le parcourir, à le décrire, quelque nombreux et intéressés que soient les explorateurs de cette mer, il s'y rencontrera toujours un lieu vierge, un antre inconnu, des fleurs, des perles, des monstres, quelque chose d'inouï, oublié par les plongeurs littéraires.

2106 Heureuse, elle eût été ravissante: le bonheur est la poésie des femmes, comme la toilette en est le fard.

2107 « Je réussirai! » Le mot du joueur, du grand capitaine, mot fataliste qui perd plus d'hommes qu'il n'en sauve.

2108 Nos beaux sentiments ne sont-ils pas les poésies de la volonté?

2109 Il n'y a peut-être que ceux qui croient en Dieu qui font le bien en secret...

2110 L'amour n'est peut-être que la reconnaissance du plaisir.

Le Colonel Chabert

2111 Certes, si les sacristies humides où les prières se pèsent et se payent comme des épices, si les magasins des revendeuses où flottent des guenilles qui flétrissent toutes les illusions de la vie en nous montrant où aboutissent nos fêtes, si ces deux cloaques de la poésie n'existaient pas, une Étude d'avoué serait de toutes les boutiques sociales la plus horrible.

(Le Colonel Chabert)

2112 La justice militaire est franche, rapide, elle décide à la turque, et juge presque toujours bien.

L'Interdiction

2113 Il y a des ingratitudes forcées ; mais quel cœur a pu semer le bien pour récolter la reconnaissance et se croire grand ?

Le Contrat de mariage

2114 Dans la burlesque armée des gens du monde, l'homme à la mode représente le maréchal de France, l'homme élégant équivaut à un lieutenant-général.

2115 Le monde, qui n'est cause d'aucun bien, est complice de beaucoup de malheurs ; puis, quand il voit éclore le mal qu'il a couvé maternellement, il le renie et s'en venge.

2116 Il est un âge où la femme pardonne des vices à qui lui évite des contrariétés, et où elle prend les contrariétés pour des malheurs.

2117 L'amour est aussi grand par le bavardage que par la concision.

Ursule Mirouët

2118 Le visage d'un homme chaste a je ne sais quoi de radieux.

2119 Les pleurs des vieillards sont aussi terribles que ceux des enfants sont naturels.

2120 Pour un homme passionné, toute femme vaut ce qu'elle lui coûte.

2121 Quand on pense aux immenses services que rendent les fenêtres aux amoureux, il semble assez naturel d'en faire l'objet d'une contribution.

Eugénie Grandet

2122 Affreuse condition de l'homme ! il n'y a pas un de ses bonheurs qui ne vienne d'une ignorance quelconque.

2123 L'innocence ose seule de telles hardiesses. Instruite, la Vertu calcule aussi bien que le Vice.

2124 Il est dans le caractère français de s'enthousiasmer, de se colérer, de se passionner pour le météore du moment, pour les bâtons flottants de l'actualité. Les êtres collectifs, les peuples seraient-ils donc sans mémoire ?

2125 Sentir, aimer, souffrir, se dévouer, sera toujours le texte de la vie des femmes.

Pierrette

2126 Un homme qui ne recule devant rien, pourvu que tout soit légal, est bien fort.

2127 Les hommes passent pour être bien féroces et les tigres aussi ; mais ni les tigres, ni les vipères, ni les diplomates, ni les gens de justice, ni les bourreaux, ni les rois ne peuvent, dans leurs plus grandes atrocités, approcher des cruautés douces, des douceurs empoisonnées, des mépris sauvages des demoiselles entre elles quand les unes se croient supérieures aux autres en naissance, en fortune, en grâce, et qu'il s'agit de mariage, de préséance, enfin des mille rivalités de femme.

2128 La pensée, seul trésor que Dieu mette hors de toute puissance et garde comme un lien secret entre les malheureux et lui.

Le Curé de Tours

2129 L'amour-propre, ce sentiment indicible qui nous suivra, dit-on, jusqu'à Dieu, puisqu'il y a des grades parmi les saints.

2130 Un homme de génie ou un intrigant seuls se disent : « J'ai eu tort. » L'intérêt et le talent sont les seuls conseillers consciencieux et lucides.

2131 Entre personnes sans cesse en présence, la haine et l'amour vont toujours croissant : on trouve à tout moment des raisons pour s'aimer ou se haïr mieux.

2132 Si les choses grandes sont simples à comprendre, faciles à exprimer, les petitesses de la vie veulent beaucoup de détails.

La Rabouilleuse

2133 L'éducation publique ne résoudra jamais le problème difficile du développement simultané du corps et de l'intelligence.

L'Illustre Gaudissart

2134 Tous les vrais grands hommes aiment à se laisser tyranniser par un être faible.

La Muse du département

2135 Quand tout le monde est bossu, la belle taille devient la monstruosité.

2136 L'amour préfère ordinairement les contrastes aux similitudes.

2137 La passion est sourde et muette de naissance.

2138 Les idées, à Paris, sont dans l'air, elles vous sourient au coin d'une rue, elles s'élancent sous une roue de cabriolet avec un jet de boue !

La Vieille Fille

2139 Oui, sachez-le, toute la vie, ou toute l'élégance qui est l'expression de la vie, réside dans la taille.

2140 Or, l'on reproche sévèrement à la Vertu des défauts, tandis qu'on est plein d'indulgence pour les qualités du Vice.

Le Cabinet des Antiques

2141 N'est-ce pas le plus grand malheur qui puisse affliger un parti, que d'être représenté par des vieillards, quand déjà ses idées sont taxées de vieillesse ?

2142 En France, ce qu'il y a de plus national est la vanité. La masse des vanités blessées y a donné soif d'égalité ; tandis que, plus tard, les plus ardents novateurs trouveront l'égalité impossible.

2143 Privilège semblable à celui de la noblesse, la beauté ne se peut acquérir, elle est partout reconnue, et vaut souvent plus que la fortune et le talent, elle n'a besoin que d'être montrée pour triompher, on ne lui demande que d'exister.

2144 La calomnie n'atteint jamais les médiocrités qui enragent de vivre en paix.

2145 Le reste du monde a la valeur des personnages d'une tapisserie pour deux amants.

2146 Une des plus douces jouissances des hommes qui possèdent une fortune acquise et non transmise, est le souvenir des peines qu'elle a coûtées et l'avenir qu'ils donnent à leurs écus : ils jouissent à tous les temps du verbe.

2147 Les tantes, les mères et les sœurs ont une jurisprudence particulière pour leurs neveux, leurs fils et leurs frères.

Illusions perdues, Les deux poètes

2148 L'avarice commence où la pauvreté cesse.

Illusions perdues, Un grand homme de province à Paris

2149 A Paris, il n'y a de hasard que pour les gens extrêmement répandus ; le nombre des relations y augmente les chances du succès en tout genre, et le hasard aussi est du côté des gros bataillons.

2150 Ce qui rend les amitiés indissolubles et double leur charme, est un sentiment qui manque à l'amour, la certitude.

2151 L'humilité de la courtisane amoureuse comporte des magnificences morales qui en remontrent aux anges.

2152 Quand les gens d'esprit en arrivent à vouloir s'expliquer eux-mêmes, à donner la clef de leurs cœurs, il est sûr que l'ivresse les a pris en croupe.

2153 Les dettes sont jolies chez les jeunes gens de vingt-cinq ans, plus tard, personne ne les leur pardonne.

2154 Une des niaiseries du commerce parisien est de vouloir trouver le succès dans les analogues, quand il est dans les contraires. A Paris surtout, le succès tue le succès.

2155 Les partis sont ingrats envers leurs vedettes, ils abandonnent volontiers leurs enfants perdus. Surtout en politique, il est nécessaire à ceux qui veulent parvenir d'aller avec le gros de l'armée.

2156 Les blessures d'amour-propre deviennent incurables quand l'oxyde d'argent y pénètre.

Ferragus

2157 Il est dans Paris certaines rues déshonorées autant que peut l'être un homme coupable d'infamie ; puis il existe des rues nobles, puis des rues simplement honnêtes, puis de jeunes rues sur la moralité desquelles le public ne s'est pas encore formé d'opinion ; puis des rues assassines, des rues plus vieilles que de vieilles douairières ne sont vieilles, des rues estimables, des rues toujours propres, des rues toujours sales, des rues ouvrières, travailleuses, mercantiles. Enfin les rues de Paris ont des qualités humaines, et nous impriment par leur physionomie certaines idées contre lesquelles nous sommes sans défense.

2158 O Paris ! qui n'a pas admiré tes sombres paysages, tes échappées de lumière, tes culs-de-sac profonds et silencieux ; qui n'a pas entendu tes murmures entre minuit et deux heures du matin ne connaît encore rien de la vraie poésie, ni de tes bizarres et larges contrastes.

2159 Il y a les poètes qui sentent et les poètes qui expriment ; les premiers sont les plus heureux.

2160 Aimer sans espoir, être dégoûté de la vie, constituent aujourd'hui des positions sociales.

2161 Les amants jaloux supposent tout ; et c'est en supposant tout, en choisissant les conjectures les plus probables que les juges, les espions, les amants et les observateurs devinent la vérité qui les intéresse.

2162 Les passions ne pardonnent pas plus que les lois humaines, et elles raisonnent plus juste : ne s'appuient-elles pas sur une conscience à elles, infaillible comme l'est un instinct ?

(Ferragus)

2163 A Paris, tout fait spectacle, même la douleur la plus vraie. Il y a des gens qui se mettent aux fenêtres pour voir comment pleure un fils en suivant le corps de sa mère, comme il y en a qui veulent être commodément placés pour voir comment tombe une tête. Aucun peuple du monde n'a eu des yeux plus voraces.

2164 L'homme ne juge les lois qu'à la lueur des passions.

La Duchesse de Langeais

2165 A Paris, tous les hommes doivent avoir aimé. Aucune femme n'y veut de ce dont aucune n'a voulu. De la crainte d'être pris pour un sot, procèdent les mensonges de la fatuité générale en France, où passer pour un sot, c'est ne pas être du pays.

2166 Peu de femmes osent être démocrates, elles sont alors trop en contradiction avec leur despotisme en fait de sentiments.

2167 La beauté fraîche, colorée, unie, le JOLI en un mot, est l'attrait vulgaire auquel se prend la médiocrité.

La Fille aux yeux d'or

2168 L'homme malheureux de Paris est l'homme malheureux complet, car il trouve encore de la joie pour savoir combien il est malheureux.

2169 L'âme a je ne sais quel attachement pour le blanc, l'amour se plaît dans le rouge, et l'or flatte les passions, il a la puissance de réaliser leurs fantaisies.

2170 Il s'endormit du sommeil des mauvais sujets, lequel, par une bizarrerie dont aucun chansonnier n'a encore tiré parti, se trouve être aussi profond que celui de l'innocence.

2171 Mais pour le désespoir de l'homme, il ne peut rien faire que d'imparfait, soit en bien, soit en mal. Toutes ses œuvres intellectuelles ou physiques sont signées par une marque de destruction.

César Birotteau

2172 Le flâneur parisien est aussi souvent un homme au désespoir qu'un oisif.

2173 Lorsqu'un homme se plonge dans la fange des excès, il est difficile que sa figure ne soit pas fangeuse en quelque endroit [...]

2174 La haine sans désir de vengeance est un grain tombé sur du granit.

2175 Entre hommes, la prétention des plus chastes bourgeois est de paraître égrillards.

2176 Il raisonnait ses étiquettes, la forme de ses bouteilles, calculait la contexture du bouchon, la couleur des affiches. Et l'on dit qu'il n'y a pas de poésie dans le commerce!

2177 Rien ne peut se faire simplement chez les gens qui montent d'un étage social à l'autre.

2178 Le suicide est dans ce cas un moyen de fuir mille morts, il semble logique de n'en accepter qu'une.

2179 Il y a souvent obligation pour les médecins de lâcher sciemment des niaiseries afin de sauver l'honneur ou la vie des gens bien portants qui sont autour du malade.

2180 En commerce, l'occasion est tout. Qui n'enfourche pas le succès en se tenant aux crins manque sa fortune.

2181 Il est possible de tromper le public, mais non les gens de sa maison sur celui qui a la supériorité réelle dans un ménage.

2182 En se résignant, le malheureux consomme son malheur.

La Maison Nucingen

2183 Les législateurs, partis presque tous d'un petit arrondissement où ils ont étudié la société dans les journaux, renferment alors le feu dans la machine. Quand la machine saute, arrivent les pleurs et les grincements de dents! Un temps où il ne se fait que des lois fiscales et pénales! Le grand mot de ce qui se passe, le voulez-vous? *Il n'y a plus de religion dans l'État!*

2184 Un grand politique doit être un scélérat abstrait, sans quoi les sociétés sont mal menées.

Splendeurs et Misères des courtisanes
comment aiment les filles

2185 Ce privilège d'être partout chez soi n'appartient qu'aux rois, aux filles et aux voleurs.

2186 Une fois marqués, une fois immatriculés, les espions et les condamnés ont pris, comme les diacres, un caractère indélébile.

2187 Si jamais homme doit sentir l'utilité, les douceurs de l'amitié, n'est-ce pas le lépreux moral appelé par la foule un espion, par le peuple un mouchard, par l'administration un agent?

à combien l'amour revient aux vieillards

2188 Les nations disparues, la Grèce, Rome, l'Orient ont toujours séquestré la femme; la femme qui aime devrait se séquestrer d'elle-même.

(Splendeurs et Misères des courtisanes)
(à combien l'amour revient aux vieillards)

2189 Les amoureux, de même que les martyrs, se sentent frères de supplices! Rien au monde ne se comprend mieux que deux douleurs semblables.

2190 La connaissance du visage d'un homme est, chez la femme qui l'aime, comme celle de la pleine mer pour un marin.

2191 Rien ne grise comme le vin du malheur.

2192 Plus sa vie est infâme, plus l'homme y tient; elle est alors une protestation, une vengeance de tous les instants.

où mènent les mauvais chemins

2193 L'opinion publique en France condamne les prévenus et réhabilite les accusés par une inexplicable contradiction. Peut-être est-ce le résultat de l'esprit essentiellement frondeur du Français.

2194 L'amour vrai, comme on sait, est impitoyable.

2195 Le prêtre et le magistrat ont un harnais également lourd, également garni de pointes à l'intérieur. Toute profession d'ailleurs a son cilice et ses casse-têtes chinois.

la dernière incarnation de Vautrin

2196 La hardiesse du vrai s'élève à des combinaisons interdites à l'art, tant elles sont invraisemblables ou peu décentes, à moins que l'écrivain ne les adoucisse, ne les émousse, ne les châtre...

2197 On voit qu'à tous les étages de la société, les usages se ressemblent et ne diffèrent que par les manières, les façons, les nuances. Le grand monde a son argot. Mais cet argot s'appelle le style.

2198 La malheureuse tendance de notre temps à tout chiffrer rend un assassinat d'autant plus frappant que la somme volée est plus considérable.

2199 [...] c'est surtout en prison qu'on croit à ce qu'on espère!

Les Secrets de la princesse de Cadignan

2200 Pour faire les amitiés sincères et durables entre femmes, il faut qu'elles aient été cimentées par de petits crimes. Quand deux amies peuvent se tuer réciproquement, et se voient un poignard empoisonné dans la main, elles offrent le spectacle touchant d'une harmonie qui ne se trouble qu'au moment où l'une d'elles a, par mégarde, lâché son arme.

2201 Il n'est pas de créature qui n'ait plus de force pour supporter le chagrin que pour résister à l'extrême félicité.

Sarrasine

2202 Là, [à Paris], les écus même tachés de sang ou de boue ne trahissent rien et représentent tout. Pourvu que la haute société sache le chiffre de votre fortune, vous êtes classé parmi les sommes qui vous sont égales, et personne ne vous demande à voir vos parchemins, parce que tout le monde sait combien peu ils coûtent. Dans une ville où les problèmes sociaux se résolvent par des équations algébriques, les aventuriers ont en leur faveur d'excellentes chances.

Pierre Grassou

2203 Inventer en toute chose, c'est vouloir mourir à petit feu ; copier, c'est vivre.

La Cousine Bette

2204 La table est le plus sûr thermomètre de la fortune dans les ménages parisiens.

2205 Dans les révolutions comme dans les tempêtes maritimes, les valeurs solides vont à fond, le flot met les choses légères à fleur d'eau.

2206 Rien ne démontrera mieux la singulière puissance que communiquent les vices, et à laquelle on doit les tours de force qu'accomplissent de temps en temps les ambitieux, les voluptueux, enfin tous les sujets du Diable.

2207 Il est dans l'esprit des gens venus de la campagne de ne jamais abandonner le gagne-pain, ils ressemblent aux juifs en ceci.

2208 A Paris, la vie est trop occupée pour que les gens vicieux fassent le mal par instinct, ils se défendent à l'aide du vice contre les agressions, voilà tout.

2209 Dans les classes inférieures, la femme est non seulement supérieure à l'homme, mais encore elle le gouverne presque toujours.

(La Cousine Bette)

2210 Penser, rêver, concevoir de belles œuvres est une occupation délicieuse. C'est fumer des cigares enchantés, c'est mener la vie de la courtisane occupée à sa fantaisie. L'œuvre apparaît alors dans la grâce de l'enfance, dans la joie folle de la génération, avec les couleurs embaumées de la fleur et les sucs rapides du fruit dégusté par avance. Telle est la Conception et ses plaisirs. Celui qui peut dessiner son plan par la parole, passe déjà pour un homme extraordinaire. Cette faculté, tous les artistes et les écrivains la possèdent. Mais produire! mais accoucher! mais élever laborieusement l'enfant, le coucher gorgé de lait tous les soirs, l'embrasser tous les matins avec le cœur inépuisé de la mère, le lécher sale, le vêtir cent fois des plus belles jaquettes qu'il déchire incessamment; mais ne pas se rebuter des convulsions de cette folle vie et en faire le chef-d'œuvre animé qui parle à tous les regards en sculpture, à toutes les intelligences en littérature, à tous les souvenirs en peinture, à tous les cœurs en musique, c'est l'Exécution et ses travaux. La main doit s'avancer à tout moment, prête à tout moment à obéir à la tête. Or, la tête n'a pas plus les dispositions créatrices à commandement que l'amour n'est continu.

2211 Les grands hommes appartiennent à leurs œuvres. Leur détachement de toutes choses, leur dévouement au travail, les constituent égoïstes aux yeux des niais ; car on les veut vêtus des mêmes habits que le dandy, accomplissant les évolutions sociales, appelées devoirs du monde. On voudrait des lions de l'Atlas peignés et parfumés comme des bichons de marquise. Ces hommes, qui comptent peu de pairs et qui les rencontrent rarement, tombent dans l'exclusivité de la solitude ; ils deviennent inexplicables pour la majorité composée, comme on le sait, de sots, d'envieux, d'ignorants et de gens superficiels.

2212 Femme en vue, femme souhaitée! De là vient la terrible puissance des actrices.

2213 Toutes les femmes vraiment nobles préfèrent la vérité au mensonge. Elles ne veulent pas voir leur idole dégradée, elles veulent être fières de la domination qu'elles acceptent.

2214 Les libertins, ces gens que la nature a doués de la faculté précieuse d'aimer au-delà des limites qu'elle fixe à l'amour, n'ont presque jamais leur âge.

2215 Dans les grandes tempêtes de la vie, on imite les capitaines qui, par les ouragans, allègent le navire des grosses marchandises.

2216 On juge aussi souvent une femme d'après l'attitude de son amant, qu'on juge un amant sur le maintien de sa maîtresse.

2217 L'Église est, en France, excessivement fiscale ; elle se livre, dans la maison de Dieu, à d'ignobles trafics de petits bancs et de chaises dont s'indignent les Étrangers, quoiqu'elle ne puisse oublier la colère du Sauveur chassant les vendeurs du Temple. Si l'Église se relâche difficilement de ses droits, il faut croire que ses droits, dits de fabrique, constituent aujourd'hui l'une de ses ressources, et la faute des Églises serait alors celle de l'État.

2218 L'ignorance est la mère de tous les crimes. Un crime est, avant tout, un manque de raisonnement.

2219 La vie ne va pas sans de grands oublis!

Le Cousin Pons

2220 Vous tous qui ne pouvez plus boire à ce que, dans tous les temps, on a nommé *la coupe du plaisir,* prenez à tâche de collectionner quoi que ce soit (on a collectionné des affiches!), et vous retrouverez le lingot du bonheur en petite monnaie. Une manie, c'est le plaisir passé à l'état d'idée!

2221 Rien ne fortifie l'amitié comme lorsque, de deux amis, l'un se croit supérieur à l'autre.

2222 L'Empire est déjà si loin de nous, que tout le monde ne peut pas se le figurer dans sa réalité gallo-grecque.

2223 Tâchez de compter sur vos doigts les gens de génie fournis depuis un siècle par les lauréats? D'abord, jamais aucun effort administratif ou scolaire ne remplacera les miracles du hasard auquel on doit les grands hommes.

2224 Les âmes créées pour admirer les grandes œuvres ont la faculté sublime des vrais amants ; ils éprouvent autant de plaisir aujourd'hui qu'hier, ils ne se lassent jamais, et les chefs-d'œuvre sont, heureusement, toujours jeunes.

2225 Le monde finit toujours par condamner ceux qu'il accuse.

2226 Les Allemands, s'ils ne savent pas jouer des grands instruments de la Liberté, savent jouer naturellement de tous les instruments de musique.

2227 A Paris, une belle vertu a le succès d'un gros diamant, d'une curiosité rare.

2228 Les amis véritables jouissent, dans l'ordre moral, de la perfection dont est doué l'odorat des chiens ; ils flairent les chagrins de leurs amis, ils en devinent les causes, ils s'en préoccupent.

(Le Cousin Pons)

2229 Dire à un riche : « Vous êtes pauvre ! » c'est dire à l'archevêque de Grenade que ses homélies ne valent rien.

2230 [...] toutes les choses vraies ressemblent d'autant plus à des fables que la fable prend, de notre temps, des peines inouïes pour ressembler à la vérité.

2231 La misère, cette divine marâtre, fit pour ces deux jeunes gens ce que leur mère n'avait pu faire : elle leur apprit l'économie, le monde et la vie ; elle leur donna cette grande, cette forte éducation qu'elle dispense à coups d'étrivières aux grands hommes tous malheureux dans leur enfance.

2232 Le stoïcisme vrai ne s'expliquera jamais la courtisanerie française.

2233 En certaines circonstances de la vie, on ne peut que sentir son ami près de soi. La consolation parlée aigrit la plaie, elle en révèle la profondeur.

2234 Les Juifs, les Normands, les Auvergnats et les Savoyards, ces quatre races d'hommes ont les mêmes instincts, ils font fortune par les mêmes moyens. Ne rien dépenser, gagner de légers bénéfices, et cumuler intérêts et bénéfices, telle est leur Charte. Et cette charte est une vérité.

2235 Il n'y a que les grandes croyances qui donnent de grandes émotions.

2236 Avoir ou ne pas avoir de rentes, telle était la question, a dit Shakespeare.

2237 En médecine, le cabriolet est plus nécessaire que le savoir.

2238 Par certains moments, le Parisien est réfractaire au succès. Lassé d'élever des piédestaux, il boude comme les enfants gâtés et ne veut plus d'idoles ; ou, pour être vrai, les gens de talent manquent parfois à ses engouements. La gangue d'où s'extrait le génie a ses lacunes : le Parisien regimbe alors, il ne veut pas toujours dorer ou adorer les médiocrités.

2239 Un assez grand nombre de gens du monde qui devraient savoir, puisque c'est là toute leur science, ces délicatesses du savoir-vivre, ignorent que la qualification *d'homme de lettres* est la plus cruelle injure qu'on puisse faire à un auteur.

2240 A Paris, où les pavés ont des oreilles, où les portes ont une langue, où les barreaux des fenêtres ont des yeux, rien n'est plus dangereux que de causer devant les portes cochères. Les derniers mots qu'on se dit là, et qui sont à la conversation ce qu'un post-scriptum est à une lettre, contiennent des indiscrétions aussi dangereuses pour ceux qui les laissent écouter que pour ceux qui les recueillent.

2241 La jeunesse a d'étonnants privilèges ; elle n'effraye pas.

Un homme d'affaires

2242 Quand un nom nouveau répond à un cas social qu'on ne pouvait pas dire sans périphrase, la fortune de ce mot est faite.

Gaudissart II

2243 Choisir ! c'est l'éclair de l'intelligence. Hésitez-vous ?... tout est dit, vous vous trompez. Le goût n'a pas deux inspirations.

Les Employés

2244 En tous pays, avant de juger un homme, le monde écoute ce qu'en pense sa femme [...]

2245 Chez les employés comme chez les artistes, il y a beaucoup plus d'avortements que d'enfantements, ce qui revient au mot de Buffon : « Le génie, c'est la patience. »

2246 Sans l'illusion où irions-nous ? Elle donne la puissance de manger *la vache enragée* des Arts, de dévorer les commencements de toute science en nous donnant la croyance. L'illusion est une foi démesurée !

2247 La méchanceté combinée avec l'intérêt personnel équivaut à beaucoup d'esprit.

Les Petits Bourgeois

2248 La spéculation hideuse, effrénée, qui, d'année en année, abaisse la hauteur des étages, découpe un appartement dans l'espace qu'occupait un salon détruit, qui supprime les jardins, influera sur les mœurs de Paris. On sera forcé de vivre bientôt plus en dehors qu'au-dedans.

2249 L'amour véritable s'enveloppe toujours des mystères de la pudeur, même dans son expression, car il se prouve par lui-même ; il ne sent pas la nécessité, comme l'amour faux, d'allumer un incendie.

L'Envers de l'histoire contemporaine, Madame de la Chanterie

2250 Être propriétaire d'un journal, c'est devenir un personnage : on exploite l'intelligence, on en partage les plaisirs sans en épouser les travaux. Rien n'est plus tentant pour des esprits inférieurs que de s'élever ainsi sur le talent d'autrui. Paris a vu deux ou trois parvenus de ce genre, dont le succès est une honte et pour l'époque et pour ceux qui leur ont prêté leurs épaules.

2251 Le mauvais ton est le salaire que les artistes prélèvent en disant la vérité.

(L'Envers de l'histoire contemporaine, Madame de la Chanterie)

2252 La concentration des forces morales par quelque système que ce soit en décuple la portée.

L'Envers de l'histoire contemporaine, L'initié

2253 De même que le mal, le sublime a sa contagion.

2254 Le pouvoir moral est comme la pensée, sans limite.

Une ténébreuse affaire

2255 Il y a une atmosphère des idées. Dans une cour de justice, les idées de la foule pèsent sur les juges, sur les jurés et réciproquement.

2256 Rien ne forme l'âme comme une dissimulation constante au sein de la famille.

2257 Chez les sots le vide ressemble à la profondeur. Pour le vulgaire, la profondeur est incompréhensible. De là vient peut-être l'admiration du peuple pour tout ce qu'il ne comprend pas.

2258 La Police et les Jésuites ont la vertu de ne jamais abandonner ni leurs ennemis, ni leurs amis.

2259 En France, tout est du domaine de la plaisanterie, elle y est reine : on plaisante sur l'échafaud, à la Bérésina, aux barricades, et quelque Français plaisantera sans doute aux grandes assises du Jugement dernier.

2260 Certains avocats, les artistes de la profession, font de leurs causes des maîtresses. Le cas est rare, ne vous y fiez pas.

2261 Les gens qui aiment ne doutent de rien, ou doutent de tout.

Le Député d'Arcis

2262 En France, au scrutin des élections, il se forme des produits politico-chimiques où les lois des affinités sont renversées.

2263 Les dynasties qui commencent ont, comme les enfants, des langes tachés.

Les Chouans

2264 Les Chouans sont restés comme un mémorable exemple du danger de remuer les masses peu civilisées d'un pays.

2265 L'amour est la seule passion qui ne souffre ni passé ni avenir.

2266 Dans ces temps de révolution, chacun faisait, au profit de son parti, une arme de ce qu'il possédait, et la croix pacifique de Jésus devenait un instrument de guerre aussi bien que le soc nourricier des charrues.

Les Paysans, dédicace

2267 J.-J. Rousseau a mis en tête de la *Nouvelle Héloïse* : *J'ai vu les mœurs de mon temps et j'ai publié ces lettres*. Ne puis-je pas vous dire, à l'imitation de ce grand écrivain : J'étudie la marche de mon époque et je publie cet ouvrage ?

Les Paysans

2268 Il est impossible, ni par le bienfait, ni par l'intérêt, de rompre l'accord éternel des domestiques avec le peuple. La livrée sort du peuple, elle lui reste attachée.

2269 Beaucoup de gens faux abritent leur platitude sous la brusquerie ; brusquez-les, vous produirez l'effet du coup d'épingle sur le ballon.

2270 Nous verrons, répondit le comte.
Mot fatal ! pour les grands politiques, le verbe *voir* n'a pas de futur.

2271 A la manière dont une femme tire son fil à chaque point, une autre femme en surprend les pensées.

2272 Jamais la police n'aura d'espions comparables à ceux qui se mettent au service de la Haine.

2273 La loi émanera toujours d'un vaste cerveau, d'un homme de génie, et non de neuf cents intelligences qui, si grandes qu'elles puissent être, se rapetissent en se faisant foule.

Le Médecin de campagne

2274 Avec le peuple, il faut toujours être infaillible. L'infaillibilité a fait Napoléon, elle en eût fait un Dieu, si l'univers ne l'avait entendu tomber à Waterloo. Si Mahomet a créé une religion après avoir conquis un tiers du globe, c'est en dérobant au monde le spectacle de sa mort.

2275 Nous sommes habitués à juger les autres d'après nous, et si nous les absolvons complaisamment de nos défauts, nous les condamnons sévèrement de ne pas avoir nos qualités.

Le Curé de village

2276 La corruption est relative. Il est des natures vierges et sublimes qu'une seule pensée corrompt, elle y fait d'autant plus de dégâts que la nécessité d'une résistance n'a pas été prévue.

2277 [...] les supérieurs ne pardonnent jamais à leurs inférieurs de posséder les dehors de la grandeur, ni de déployer cette majesté tant prisée des anciens et qui manque si souvent aux organes du pouvoir moderne.

2278 Il n'est pas un site de forêt qui n'ait sa signifiance, pas une clairière, pas un fourré qui ne présente des analogies avec le labyrinthe des pensées humaines. Quelle personne parmi les gens dont l'esprit est cultivé ou dont le cœur a reçu des blessures, peut se promener dans une forêt, sans que la forêt lui parle ? Insensiblement, il s'en élève une voix ou consolante ou terrible, mais plus souvent consolante que terrible. Si l'on recherchait bien les causes de la sensation à la fois grave, simple, douce, mystérieuse qui vous y saisit, peut-être la trouverait-on dans le spectacle sublime et ingénieux de toutes les créatures obéissant à leurs destinées, et immuablement soumises.

Le Médecin de campagne

2279 Pour ne point rougir devant sa victime, l'homme qui a commencé par la blesser, la tue.

2280 A Paris surtout, les politiques en tout genre savent étouffer un talent dès sa naissance, sous des couronnes profusément jetées dans son berceau.

Le Lys dans la vallée

2281 Les parvenus sont comme les singes desquels ils ont l'adresse : on les voit en hauteur, on admire leur agilité pendant l'escalade ; mais, arrivés à la cime, on n'aperçoit plus que leurs côtés honteux.

2282 [...] en avançant dans la vie, vous apprendrez combien les principes de liberté mal définis sont impuissants à créer le bonheur des peuples.

2283 Si pour beaucoup d'êtres, les passions ont été des torrents de lave écoulés entre des rives désséchées, n'est-il pas des âmes où la passion contenue par d'insurmontables difficultés a rempli d'une eau pure le cratère du volcan ?

2284 L'amour n'est-il pas dans les espaces infinis de l'âme, comme est dans une belle vallée le grand fleuve où se rendent les pluies, les ruisseaux et les torrents, où tombent les arbres et les fleurs, les graviers du bord et les plus élevés quartiers de roc ? Il s'agrandit aussi bien par les orages que par le lent tribut des claires fontaines. Oui, quand on aime, tout arrive à l'amour.

La Peau de chagrin

2285 Rien dans les langages humains, aucune traduction de la pensée faite à l'aide des couleurs, des marbres, des mots ou des sons, ne saurait rendre le nerf, la vérité, le fini, la soudaineté du sentiment dans l'âme ! Oui ! qui dit art dit mensonge.

2286 Il suffit à un jeune homme de rencontrer une femme qui ne l'aime pas, ou une femme qui l'aime trop, pour que toute sa vie soit dérangée. Le bonheur engloutit nos forces, comme le malheur éteint nos vertus.

2287 Un pouvoir impunément bravé touche à sa ruine. Cette maxime est gravée plus profondément au cœur d'une femme qu'à la tête des rois.

2288 En France, nous savons cautériser une plaie, mais nous ne connaissons pas encore de remède au mal que produit une phrase.

2289 Les riches veulent ne s'étonner de rien, ils doivent reconnaître au premier aspect d'une belle œuvre le défaut qui les dispensera de l'admiration, sentiment vulgaire.

2290 Depuis la mollesse d'une éponge mouillée jusqu'à la dureté d'une pierre ponce, il y a des nuances infinies. Voilà l'homme.

2291 Si le monde tolère un malheur, n'est-ce pas pour le façonner à son usage, en tirer profit, le bâter, lui mettre un mors, une housse, le monter, en faire une joie?

2292 La clef de toutes les sciences est sans contredit le point d'interrogation, nous devons la plupart des grandes découvertes au : Comment ? et la sagesse dans la vie consiste peut-être à se demander à tout propos : Pourquoi ?

2293 Le sentiment que l'homme supporte le plus difficilement est la pitié, surtout quand il la mérite. La haine est un tonique, elle fait vivre, elle inspire la vengeance ; mais la pitié tue, elle affaiblit encore notre faiblesse.

Jésus-Christ en Flandre

2294 Les créations humaines veulent des contrastes puissants. Aussi les artistes demandent-ils ordinairement à la nature ses phénomènes les plus brillants, désespérant sans doute de rendre la grande et belle poésie de son allure ordinaire, quoique l'âme humaine soit souvent aussi profondément remuée dans le calme que dans le mouvement, et par le silence autant que par la tempête.

Melmoth réconcilié

2295 L'amour qui économise n'est jamais le véritable amour.

2296 Les jouissances que promet le démon ne sont que celles de la terre agrandies, tandis que les voluptés célestes sont sans bornes.

Massimila Doni

2297 Le Français fit ce qu'en toute occasion font les Français, il se mit à rire.

Le Chef-d'œuvre inconnu

2298 L'habitude du triomphe amoindrit le doute, et la pudeur est un doute peut-être.

2299 A celui qui léger d'argent, qui adolescent de génie, n'a pas vivement palpité en se présentant devant un maître, il manquera toujours une corde dans le cœur, je ne sais quelle touche de pinceau, un sentiment dans l'œuvre, une certaine expression de poésie. Si quelques fanfarons bouffis d'eux-mêmes croient trop tôt à l'avenir, ils ne sont gens d'esprits que pour les sots.

Gambara

2300 Quand on se croit destiné à produire de grandes choses, il est difficile de ne pas les laisser pressentir ; le boisseau a toujours des fentes par où passe la lumière.

La Recherche de l'absolu

2301 De toutes les semences confiées à la terre, le sang versé par les martyrs est celle qui donne la plus prompte moisson.

2302 Beaucoup d'hommes ont un orgueil qui les pousse à cacher leurs combats et à ne se montrer que victorieux.

2303 A lui la foi, à elle le doute, à elle le fardeau le plus lourd : la femme ne souffre-t-elle pas toujours pour deux ?

2304 La gloire est le soleil des morts.

2305 Les beaux sentiments ne sonnent pas moins fort dans l'âme par les conceptions vivantes que par les réalisations de l'art.

2306 L'homme dont se sert le destin pour éveiller l'amour au cœur d'une jeune fille, ignore souvent son œuvre et la laisse alors inachevée.

2307 L'amour n'est pas seulement un sentiment, il est un art aussi. Quelque mot simple, une précaution, un rien révèlent à une femme le grand et sublime artiste qui peut toucher son cœur sans le flétrir.

L'Enfant maudit

2308 C'est les cœurs sans tendresse qui aiment la domination, mais les sentiments vrais chérissent l'abnégation, cette vertu de la Force.

2309 L'amour cherche toujours à se vieillir, c'est la coquetterie des enfants.

Les Marana

2310 Pour les mères, il n'y a pas d'espace, une vraie mère pressent tout et voit son enfant d'un pôle à l'autre.

2311 Pourquoi les consolations ? Plus vives elles sont, plus elles élargissent le malheur.

2312 A génie égal, un insulaire sera toujours plus complet que ne l'est l'homme de la terre ferme, et sous la même latitude, le bras de mer qui sépare la Corse de la Provence est, en dépit de la science humaine, un océan tout entier qui en fait deux patries.

2313 Plus une femme est vertueuse et plus elle est irréprochable, plus un homme aime à la trouver en faute, quand ce ne serait que pour faire acte de sa supériorité légale ; mais si par hasard elle lui est complétement imposante, il éprouve le besoin de lui forger des torts. Alors, entre époux, les riens grossissent et deviennent des Alpes.

2314 L'amour crée dans la femme une femme nouvelle : celle de la veille n'existe plus le lendemain. En revêtant la robe nuptiale d'une passion où il y va de toute la vie, une femme la revêt pure et blanche. Renaissant vertueuse et pudique, il n'y a plus de passé pour elle ; elle est tout avenir et doit tout oublier, pour tout réapprendre.

L'Auberge rouge

2315 Nous ne connaissons point l'homme qui se soit encore attristé pendant la digestion d'un bon dîner. Nous aimons alors à rester dans je ne sais quel calme, espèce de juste milieu entre la rêverie du penseur et la satisfaction des animaux ruminants, qu'il faudrait appeler la mélancolie matérielle de la gastronomie.

Sur Catherine de Médicis

2316 Le pouvoir est une *action*, et le principe électif est la *discussion*. Il n'y a pas de politique possible avec la discussion en permanence.

L'Elixir de longue vie

2317 La mort est aussi soudaine dans ses caprices qu'une courtisane l'est dans ses dédains, mais plus fidèle, elle n'a jamais trompé personne.

2318 Pour les négociants, le monde est un ballot ou une masse de billets en circulation ; pour la plupart des jeunes gens, c'est une femme ; pour quelques femmes, c'est un homme ; pour certains esprits, c'est un salon, une coterie, un quartier, une ville ; pour don Juan, l'univers était lui.

Louis Lambert

2319 Au collège, ainsi que dans la société, le fort méprise déjà le faible, sans savoir en quoi consiste la véritable force.

2320 Peut-être les mots matérialisme et spiritualisme expriment-ils les deux côtés d'un seul et même fait.

2321 N'est-ce pas durant leur jeunesse que les peuples enfantent leurs dogmes, leurs idoles ? Et les êtres surnaturels devant lesquels ils tremblent ne sont-ils pas la personnification de leurs sentiments, de leurs besoins agrandis ?

2322 En l'homme, la Volonté devient une force qui lui est propre et qui surpasse en intensité celle de toutes les espèces.

2323 Les faits ne sont rien, ils n'existent pas, il ne subsiste de nous que des Idées.

Séraphîta

2324 Tout principe extrême porte en soi l'apparence d'une négation et les symptômes de la mort : la vie n'est-elle pas le combat de deux forces ?

2325 Sa taille était médiocre, comme celle de presque tous les hommes qui sont élevés au-dessus des autres ; sa poitrine et ses épaules étaient larges, et son col était court comme celui des hommes dont le cœur doit être rapproché de la tête.

2326 Le remords, cette vertu des faibles, ne l'atteignait pas. Le Remords est une impuissance, il recommencera sa faute. Le Repentir seul est une force, il termine tout.

Physiologie du mariage

2327 Quand un homme a gagné vingt mille livres de rente, sa femme est une femme honnête, quel que soit le genre de commerce auquel il a dû sa fortune.

2328 Un homme n'a jamais pu élever sa maîtresse jusqu'à lui ; mais une femme place toujours son amant aussi haut qu'elle.

2329 Nous n'essaierons pas de compter des femmes vertueuses par bêtise, il est reconnu qu'en amour toutes les femmes ont de l'esprit.

2330 Les hommes seraient par trop malheureux si, auprès des femmes, ils se souvenaient le moins du monde de ce qu'ils savent par cœur.

2331 La courtisane est une institution si elle est un besoin.

2332 L'expérience a démontré qu'il existait certaines classes d'hommes plus sujettes que les autres à certains malheurs : ainsi, de même les Gascons sont exagérés, les Parisiens vaniteux ; comme on voit l'apoplexie s'attaquer aux gens dont le cou est court, comme le *charbon* (sorte de peste) se jette de préférence sur les bouchers, la goutte sur les riches, la santé sur les pauvres, la surdité sur les rois, la paralysie sur les administrateurs, on a remarqué que certaines classes de maris étaient plus particulièrement victimes des passions illégitimes.

2333 La femme est un délicieux instrument de plaisir, mais il faut en connaître les frémissantes cordes, en étudier la pose, le clavier timide, le doigté changeant et capricieux.

2334 Ne commencez jamais le mariage par un viol.

2335 Le mariage peut être considéré politiquement, civilement et moralement, comme une loi, comme un contrat, comme une institution : loi, c'est la reproduction de l'espèce ; contrat, c'est la transmission des propriétés ; institution, c'est une garantie dont les obligations intéressent tous les hommes ; ils ont un père et une mère, ils auront des enfants. Le mariage doit donc être l'objet du respect général. La société n'a pu considérer que ces sommités, qui, pour elle, dominent la question conjugale.

2336 L'intérêt d'un mari lui prescrit au moins autant que l'honneur de ne jamais se permettre un plaisir qu'il n'ait eu le talent de faire désirer par sa femme.

2337 Le mariage doit incessamment combattre un monstre qui dévore tout : l'habitude.

2338 Un mari ne doit jamais s'endormir le premier ni se réveiller le dernier.

2339 La femme mariée est un esclave qu'il faut savoir mettre sur un trône.

2340 Votre femme était devant les plaisirs du mariage comme un Mohican à l'Opéra : l'instituteur est ennuyé quand le Sauvage commence à comprendre.

2341 Entre deux êtres susceptibles d'amour, la durée de la passion est en raison de la résistance primitive de la femme, ou des obstacles que les hasards sociaux mettent à votre bonheur.

2342 La mère qui laisse voir toute sa tendresse à ses enfants crée en eux l'ingratitude ; l'ingratitude vient peut-être de l'impossibilité où l'on est de s'acquitter.

2343 Un mari, comme un gouvernement, ne doit jamais avouer de faute.

2344 Vous devez avoir horreur de l'instruction chez les femmes, par cette raison, si bien sentie en Espagne, qu'il est plus facile de gouverner un peuple d'idiots qu'un peuple de savants.

2345 Existe-t-il au monde un homme qui sache bien comment il est et ce qu'il fait quand il dort ?

2346 Paraître sublime ou grotesque, voilà l'alternative à laquelle nous réduit un désir.

2347 En révolution, le premier de tous les principes est de diriger le mal qu'on ne saurait empêcher, et d'appeler la foudre par des paratonnerres pour la conduire dans un puits.

2348 Nier l'existence de la pudeur parce qu'elle disparaît au milieu des crises où presque tous les sentiments humains périssent, c'est vouloir nier que la vie a lieu parce que la mort arrive.

2349 L'étude des mystères de la pensée, la découverte des organes de l'AME humaine, la géométrie de ses forces, les phénomènes de sa puissance, l'appréciation de la faculté qu'elle nous semble posséder de se mouvoir indépendamment du corps, de se transporter où elle veut et de voir sans le secours des organes corporels, enfin les lois de sa Dynamique et celles de son influence physique, constitueront la glorieuse part du siècle suivant dans le trésor des sciences humaines.

2350 Ce n'est pas se venger que de surprendre sa femme et son amant et de les tuer dans les bras l'un de l'autre; c'est le plus immense service qu'on puisse leur rendre.

Petites Misères de la vie conjugale

2351 Les femmes sachant toujours bien expliquer leurs grandeurs, c'est leurs petitesses qu'elles nous laissent à deviner.

2352 Les femmes ont corrompu plus de femmes que les hommes n'en ont aimé.

2353 Pour être heureux en ménage, il faut être ou homme de génie marié à une femme tendre et spirituelle, ou se trouver, par l'effet d'un hasard qui n'est pas aussi commun qu'on pourrait le penser, tous les deux excessivement bêtes.

2354 On devrait convenir diplomatiquement que la langue française serait la langue de la cuisine, comme les savants ont adopté le latin pour la botanique et l'entomologie, à moins qu'on ne veuille absolument les imiter, et avoir réellement le latin de cuisine.

2355 Pour une femme qui n'est ni Hollandaise, ni Anglaise, ni Belge, ni d'aucun pays marécageux, l'amour est un prétexte à souffrance, un emploi des forces surabondantes de son imagination et de ses nerfs.

2356 Aucune femme n'est quittée sans raison. Cet axiome est écrit au fond du cœur de toutes les femmes, et de là vient la fureur de la femme abandonnée.

2357 [...] pour les femmes, l'amour est une absolution générale: l'homme qui aime bien peut commettre des crimes, il est toujours blanc comme neige aux yeux de celle qu'il aime, s'il aime bien.

2358 Les femmes ne se font implacables que pour rendre leur pardon charmant: elles ont deviné Dieu.

2359 Se donner un tort vis-à-vis de sa femme légitime, c'est résoudre le problème du mouvement perpétuel.

Sophie Rostopchine, comtesse de SÉGUR 1799-1874

Les Bons Enfants

2360 « Quel malheur que ce ne soit pas le beau-père de nourrice qui soit mort ! elle n'aurait pas pleuré alors. » La nourrice ne put s'empêcher de sourire malgré son chagrin ; elle embrassa tendrement le bon petit Henri.

2361 Je peux raccommoder le chagrin que j'ai fait, et je ne peux pas empêcher la punition que j'ai méritée.

Un bon petit diable

2362 Une femme, ce n'est pas comme un homme ; on rit, on ne tape pas.

2363 Est-ce que les méchantes gens meurent comme ça ! Le bon Dieu les conserve pour leur donner le temps du repentir ; et puis pour la punition des vivants.

Le Général Dourakine

2364 Un âne à deux pieds peut devenir général et rester âne.

Rodolphe TOEPFFER 1799-1846

Voyages en zigzag ou excursions d'un pensionnat en vacances dans les cantons suisses et sur le revers italien des Alpes
Aux Alpes et en Italie, 1837

2365 Tout le monde s'amuserait, les riches surtout, si l'on pouvait préparer le plaisir, le salarier et lui assigner rendez-vous.

2366 Il en est de la bière bue comme des bêtises dites, cela ne fait aucun effet sur le papier.

2e journée

2367 En fait de voiture, ne regardez qu'au cocher. C'est un aphorisme.

11e journée

2368 Les épitaphes mentent certainement plus que les arracheurs de dents.

Milan, Come, Splugen, 1839, 14e et 15e journées

2369 C'est dommage que le danger soit chose au fond si dangereuse, sans quoi on s'y jetterait rien que pour éprouver cette joie puissante, ce reconnaissant élan du cœur, qui accompagne la délivrance.

16ᵉ et 17ᵉ journées

2370 Voir lever le soleil, c'est un goût que tout le monde n'a pas ; plusieurs préfèrent que le soleil les voie lever.

Voyage à Venise, 3ᵉ journée

2371 Le pauvre seul chante encore ; mais on le travaille, on l'instruit, on lui inspire le dégoût de sa condition ; dans quelques années il ne chantera plus ; et le monde alors sera gai comme une porte de prison, amusant comme un vestibule de chancellerie !

11ᵉ journée

2372 Il y aura toujours de par le monde quelques Don Quichottes ; il y aura toujours d'obscurs martyrs d'une bonté gauche, d'une probité maladroite, d'une trop transparente ingénuité ; de belles âmes dupes de leurs illusions généreuses ; des êtres excellents qui, pour prix de leurs douces et affectueuses vertus, n'attraperont que brutalités et horions. N'en connaissez-vous point, lecteur ? moi j'en connais et j'en vénère : ils sont fous, mais l'élite encore de l'espèce humaine.

27ᵉ journée

2373 Oui, du jour c'est le couchant qui nous plaît ; des saisons c'est l'automne qui est notre préférée ; de la vie elle-même, si tant de voix n'étaient là pour nous contredire, nous penserions qu'une vieillesse saine, riche en fruits mûrs et en fruits tombés, calme et reposée comme l'arrière-saison, comme elle voisine du sommeil passager de l'hiver, est encore la portion la plus désirable.

Jean-Jacques AMPÈRE 1800-1864

Mélanges littéraires, De l'histoire de la littérature française

2374 Les livres font les époques et les nations, comme les époques et les nations font les livres.

2375 La France, c'est tout l'opposé de la Chine. Bien que les Alpes et les Pyrénées, ses murailles à elle, soient plus hautes, et malgré le Rhin, fossé féodal qui borne son domaine, elle franchit assez volontiers murailles et fossés, et s'en va, glaive ou flambeau à la main, discours ou chansons à la bouche, tantôt adresser aux rois des enseignements dont ils s'amusent, tantôt dire à l'oreille des peuples des mots qui les réveillent.

2376 L'avenir, messieurs, c'est la foi de notre âge : c'est le flambeau du passé, l'étoile du présent.

Mélanges littéraires, Les Renaissances

2377 On a comparé la civilisation à un phare qui éclaire les peuples. En effet, c'est un phare, mais semblable aux phares ordinaires, c'est-à-dire un phare à feu tournant qui tantôt fait briller sa lumière et tantôt laisse régner les ténèbres.

Ximénès DOUDAN 1800-1872

Pensées et fragments, Littérature

2378 Dans les nouveaux ouvrages d'imagination, je remarque l'abaissement des passions. Comme des monstres qui ne connaissent plus de maître, elles ont pris je ne sais quoi de lyrique dans leur démarche. Leurs cris n'ont plus, pour ainsi dire, la noblesse de la voix humaine.

2379 Nous peignons les hommes comme des tribus de castors, tandis que Virgile donne des sentiments moraux même aux abeilles.

2380 Si tout le monde écrivait bien, il devrait y avoir autant de styles que d'individus.

2381 Les esprits secs et froids et nets sont productifs. Ils n'ont que la peine de décalquer un trait fort simple.

Pensées et fragments, Philosophie, morale, religion

2382 Tout, au-dehors, dit à l'individu qu'il n'est rien. Tout, au-dedans, lui persuade qu'il est tout.

Pensées et fragments, Pensées diverses

2383 Il est un certain accompagnement physique de la pensée. C'est une musique qui va selon la santé ou la maladie.

2384 La nature humaine n'est pas très riche. Lui demander l'harmonie en dehors de la médiocrité est injuste.

2385 L'amour-propre des autres, N... nomme cela de l'espace perdu.

2386 Quand le malheur fait une voie d'eau, la boucher avec une vertu.

Frédéric BÉRAT 1801-1855

Chansons, La Lisette de Béranger

2387 Enfants, c'est moi qui suis Lisette,
La Lisette du chansonnier
Dont vous chantez plus d'une chansonnette
Matin et soir, sous le vieux marronnier.

2388 Si vous saviez, enfants,
Quand j'étais jeune fille,
Comme j'étais gentille...
Je parle de longtemps.
Teint frais, regard qui brille,
Sourire aux blanches dents,
Alors, ô mes enfants,
Grisette de quinze ans,
Ah! que j'étais gentille.

Chansons, Mon ange, air de Naples

2389 Elle était jeune et belle;
Et, comme une étincelle,
Je voyais son œil bleu.

Chansons, Zéphir léger, barcarolle

2390 A ma gentille belle
J'ai gardé mes amours;
Comme la tourterelle
M'aime-t-elle toujours?

Chansons, Ma Normandie

2391 Quand tout renaît à l'espérance,
Et que l'hiver fuit loin de nous;
[...]
J'aime à revoir ma Normandie,
C'est le pays qui m'a donné le jour!

Antoine Augustin COURNOT 1801-1877

Essai sur les fondements de la connaissance
et sur les caractères de la critique philosophique

2392 L'une des imperfections radicales du discours parlé ou écrit, c'est qu'il constitue une série essentiellement linéaire.

2393 Il arrive souvent qu'en acceptant les découvertes des inventeurs, on ne se contente pas des démonstrations qu'ils ont données, *comme s'ils avaient mal inventé ce qu'ils ont si bien découvert,* suivant l'expression piquante d'un spirituel géomètre.

2394 La raison est plus apte à connaître scientifiquement l'avenir que le passé.

2395 La pensée philosophique est bien moins que la pensée poétique sous l'influence des formes du langage, mais elle en dépend encore, tandis que la science se transmet sans modification aucune d'un idiome à l'autre.

Traité de l'enchaînement des idées fondamentales
dans les sciences et dans l'histoire

2396 L'idée de hasard est l'idée de rencontre entre des faits rationnellement indépendants les uns des autres, rencontre qui n'est elle-même qu'un pur fait, auquel on ne peut assigner de loi ni de raison.

2397 Les peuples, comme les personnages individuels, sont mus par leurs passions et par leurs souvenirs, aussi bien que par leurs intérêts.

Des institutions d'instruction publique en France

2398 Plus la civilisation fait de progrès, plus il est à croire que les progrès ultérieurs seront la conséquence des lois mêmes de la civilisation, plutôt que des apparitions de ce brillant et fortuit météore qu'on appelle un grand homme, un homme de génie.

Matérialisme, vitalisme, rationalisme, Études sur l'emploi des données de la science en philosophie

2399 Ceux qui divinisaient après sa mort un César romain savaient au moins quel dieu ils adoraient ; il serait, s'il se peut, moins raisonnable de diviniser d'avance l'humanité, quand on ne sait pas encore le sort qui l'attend.

2400 Vers la fin du XVIᵉ siècle, on ne faisait pas seulement en Hollande du calvinisme et du commerce, on s'y occupait beaucoup de la quadrature du cercle.

2401 La philosophie contribue moins aux progrès des sciences que les sciences ne contribuent aux progrès de la philosophie, aux seuls progrès réels que la philosophie comporte.

Marc Girardin dit SAINT-MARC GIRARDIN 1801-1873

Cours de littérature dramatique, tome IV, 66

2402 Aujourd'hui, les femmes hardies de nos drames et de nos romans se font mieux qu'un front qui ne rougit pas : elles se font une doctrine qui les pousse à s'enorgueillir de leur faute. On prêche du fond du fossé.

Mot attribué à Saint-Marc Girardin

2403 Soyons médiocres.

Émile LITTRÉ 1801-1881

Dictionnaire de la langue française, préface

2404 Les exemples ne sont pas sans quelque attrait par eux-mêmes. De beaux vers de Corneille ou de Racine, des morceaux du grand style de Bossuet, d'élégantes phrases de Massillon plaisent à rencontrer ; ce sont sans doute des lambeaux, mais, pour me servir de l'expression d'Horace, si justement applicable ici, ce sont des lambeaux de pourpre.

2405 Tous les siècles font entrer dans la désuétude et dans l'oubli un certain nombre de mots ; tous les siècles font entrer un certain nombre de mots dans l'habitude et l'usage. Entre ces acquisitions et ces déperditions, la langue varie tout en durant. Un fonds reste qui n'a pas changé depuis le XIᵉ et le XIIᵉ siècle ; des parties vont et viennent, les unes périssant, les autres naissant. C'est cette combinaison entre la permanence et la variation qui constitue l'histoire de la langue.

Claude TILLIER 1801-1844

Mon oncle Benjamin, I

2406 Je ne sais pas, en vérité, pourquoi l'homme tient tant à la vie. Que trouve-t-il donc de si agréable dans cette insipide succession des nuits et des jours, de l'hiver et du printemps? [...] Toujours les mêmes discours de la couronne, les mêmes fripons et les mêmes dupes. Si Dieu n'a pu faire mieux, c'est un triste ouvrier, et le machiniste de l'opéra en sait plus que lui.

2407 Les hommes ressemblent à des spectateurs les uns assis sur le velours, les autres sur la planche nue, la plupart debout, qui assistent tous les soirs au même drame, et bâillent tous à se détraquer la mâchoire.

2408 Ce que vous appelez la couche végétale de ce globe, c'est mille et mille linceuls superposés l'un sur l'autre par les générations.

2409 La mort n'est pas seulement la fin de la vie, elle en est le remède.

III

2410 Quiconque a semé des privilèges doit recueillir des révolutions.

2411 Manger est un besoin de l'estomac; boire est un besoin de l'âme.

2412 Dieu a mille moyens de faire des compensations; s'il a donné à l'un de bons dîners, à l'autre il donne un peu plus d'appétit, et cela rétablit l'équilibre.

Alexandre DUMAS 1802-1870

Henri III et sa cour, acte I, scène 3

2413 L'aigle bâtit son aire à la cime des rochers pour y voir de plus loin.

acte III, scène 5

2414 On connaît Henri de Lorraine, et l'on sait qu'il a toujours chargé son poignard de réitérer un ordre de sa bouche.

Stockholm, Fontainebleau et Rome, prologue

2415 Du trône chaque jour on le voit s'approcher,
Car il rampe aussitôt qu'il ne peut plus marcher.

2416 Un bon courtisan peut, quand il est de race,
D'avance quinze jours flairer une disgrâce.

2417 C'est un savant
Qui, ne parlant jamais, va toujours écrivant;
[...]
C'est un monosyllabe à deux pieds et sans plume.

2418 Si bien qu'à voir la reine entre eux, lorsqu'arrêtés,
Ils se tiennent debout tous deux à ses côtés,
De leur geste éternel applaudissant ses thèses,
On dirait une phrase entre deux parenthèses.

Napoléon Bonaparte, acte III, scène 1

2419 Il faut se servir de ses conquêtes pour conquérir.

scène 2

2420 [...] depuis que j'ai vu l'Égypte, je trouve Voltaire encore plus faux qu'auparavant.

scène 3

2421 Les Russes, il faut les fendre jusqu'à la ceinture pour qu'ils tombent.

Antony, acte V, scène 4

2422 Oui! morte! Elle me résistait... je l'ai assassinée!...

Richard Darlington, acte II, scène 4

2423 Le peuple, il n'est puissant que pour renverser: c'est un élément.

La Tour de Nesle, acte I, scène 2

2424 Dix contre un!... Dix manants contre un gentilhomme, c'est cinq de trop!

Angèle, acte I, scène 4

2425 [...] il ne faut qu'un jour pour remettre en place des milliers de pavés... [...] et alors... va, enthousiaste, va, poète-artiste... et tâche de deviner qu'une révolution a passé par là.

Les Trois Mousquetaires

2426 Tous pour un, un pour tous.

2427 Dieu est Dieu et le monde est le diable. Regretter le monde, c'est regretter le diable.

Mes mémoires, chap. 4

2428 On n'a pas été élevé dans un couvent sans être doué d'une certaine dose de rancune.

chap. 9

2429 Non seulement on a au souper plus d'esprit qu'ailleurs, plus d'esprit qu'aux autres repas, mais encore on a un autre esprit.
Je suis sûr que la plupart des jolis mots du XVIIIe siècle ont été dits en soupant.

2430 Nous aurons juste autant d'esprit en France, en 1950, qu'il y en a aujourd'hui en Hollande.

chap. 22

2431 Ceux qui ont fait la révolution de 1830, c'est cette jeunesse ardente du prolétariat héroïque qui allume l'incendie, il est vrai, mais qui l'éteint avec son sang ; ce sont ces hommes du peuple qu'on écarte quand l'œuvre est achevée, et qui, mourant de faim, après avoir monté la garde à la porte du Trésor, se haussent sur leurs pieds nus pour voir, de la rue, les convives parasites du pouvoir, admis, à leur détriment, à la curée des charges, au festin des places, au partage des honneurs.

2432 Il n'y a que les renégats de toutes les opinions qui ne sont jamais rebelles à aucun pouvoir.

chap. 35

2433 Supprimer la distance, c'est augmenter la durée du temps. Désormais, on ne vivra pas plus longtemps ; seulement, on vivra plus vite.

Jean COMMERSON 1802-1879

Pensées d'un emballeur

2434 La philosophie a cela d'utile qu'elle sert à nous consoler de son inutilité.

2435 La lune est le pain à cacheter de la nature.

2436 Demandez à Napoléon Landais ce que c'est que Dieu, il vous répondra que c'est une diphtongue.

2437 Une tortue mérite plus d'estime que certains réactionnaires conservateurs. Au moins elle marche.

2438 Quand parut le premier carme prêcheur, le génie de l'éloquence lui dit à l'oreille : Tonne, éclate, fais du bruit dans le monde ; va, carme ; va, carme.

2439 Dieu disait à Moïse : *Je suis celui qui est ;* le capitaliste dit aujourd'hui : *Je suis celui qui a.*

2440 La supériorité des blancs sur les rouges est incontestable. Je n'en veux que les haricots pour exemple.

2441 Ceux qui écrivent le français sans savoir leur langue n'en ont que plus de mérite.

Félix-Antoine DUPANLOUP 1802-1878

Défense de la religion

2442 A son lit de mort, l'homme songe plutôt à élever son âme vers Dieu que des lapins.

2443 Les femmes ne savent bien que ce qu'elles n'ont pas appris.

Félix-Antoine DUPANLOUP 1802-1878

Défense de la religion

2444 Étranges philosophes, qui, parce qu'ils s'arrêtent, se croient arrivés [...]

Victor HUGO 1802-1885

Bug-Jargal

2445 L'insurrection des esclaves n'est qu'un contrecoup de la chute de la Bastille.

Cromwell, préface

2446 Le beau n'a qu'un type ; le laid en a mille.

2447 Les temps primitifs sont lyriques, les temps antiques sont épiques, les temps modernes sont dramatiques.

2448 « Du sublime au ridicule, il n'y a qu'un pas »[1], disait Napoléon [...], et cet éclair d'une âme de feu qui s'entr'ouvre illumine à la fois l'art et l'histoire.

2449 A force de méditer sur l'existence, [...] ces hommes qui nous font tant rire deviennent profondément tristes. Beaumarchais était morose, Molière était sombre, Shakespeare mélancolique.

2450 Bien souvent, la cage des unités ne renferme qu'un squelette.

2451 Il n'y a ni règles ni modèles ; ou plutôt il n'y a d'autres règles que les lois générales de la nature qui planent sur l'art tout entier, et les lois spéciales qui, pour chaque composition, résultent des conditions d'existence propres à chaque sujet.

2452 La vérité de l'art ne saurait jamais être [...] la réalité *absolue*. L'art ne peut donner la chose même.

2453 Le théâtre est un point d'optique. Tout ce qui existe dans le monde, dans l'histoire, dans la vie, dans l'homme, tout doit et peut s'y réfléchir, mais sous la baguette magique de l'art.

---

1. Mot cité pour la première fois en 1812, dans l'*Histoire de l'ambassade dans le Grand-Duché de Varsovie*, repris en mars 1824, dans le *Journal des débats*.

(Cromwell, préface)

2454 Le but de l'art est presque divin: ressusciter, s'il fait de l'histoire; créer, s'il fait de la poésie.

2455 Si le poète doit *choisir* dans les choses (et il le doit), ce n'est pas le *beau*, mais le *caractéristique*.

2456 Le vers est la forme optique de la pensée. Voilà pourquoi il convient surtout à la perspective scénique.

2457 Si nous avions le droit de dire quel pourrait être, à notre gré, le style du drame, nous voudrions un vers libre, franc et loyal, osant tout dire sans pruderie, tout exprimer sans recherche [...]

2458 L'idée, trempée dans le vers, prend soudain quelque chose de plus incisif et de plus éclatant. C'est le fer qui devient acier.

2459 La langue française n'est point *fixée* et ne se fixera point.

2460 Nous touchons [...] au moment de voir la critique nouvelle prévaloir [...]. On comprendra bientôt généralement que les écrivains doivent être jugés, non d'après les règles et les genres, choses qui sont hors de la nature et hors de l'art, mais d'après les principes immuables de cet art et les lois spéciales de leur organisation personnelle. [...] On consentira pour se rendre compte d'un ouvrage, à se placer au point de vue de l'auteur, à regarder le sujet avec ses yeux.

2461 L'auteur de ce livre [...] répugne à revenir après coup sur une chose faite. [...] C'est sa méthode de ne corriger un ouvrage que dans un autre ouvrage.

acte I, scène 1

2462 A quoi tiennent, mon Dieu, les vertus politiques?
Combien doivent leur faute à leur sort rigoureux!
Et combien semblent purs, qui ne furent qu'heureux!

2463 Sois donc ami sincère ou sincère ennemi,
Et ne reste pas traître et fidèle à demi.

acte II, scène 2

2464 L'Angleterre toujours sera sœur de la France.

scène 5

2465 L'Europe est d'un côté; mais ma femme est de l'autre!

scène 13

2466 L'empire est au génie encor moins qu'au hasard.
Que de Vitellius, grand Dieu, pour un César!

acte IV, scène 8

2467 Si vous avez la force, il nous reste le droit.

acte V, scène 9

2468 Le peuple! — Toujours simple et toujours ébloui,
Il vient, sur une scène à ses dépens ornée,
Voir par d'autres que lui jouer sa destinée.

Odes et Ballades
préface de 1822

2469 La poésie, c'est tout ce qu'il y a d'intime dans tout.

préface de 1824

2470 Les plus grands poètes du monde sont venus après de grandes calamités publiques.

préface de 1826

2471 Plus on dédaigne la rhétorique, plus il sied de respecter la grammaire. [...] Le style est comme le cristal, sa pureté fait son éclat.

2472 Admirons les grands maîtres, ne les imitons pas.

2473 Le poète ne doit avoir qu'un modèle, la nature, qu'un guide, la vérité.

livre V, ode 9, Mon enfance

2474 J'ai des rêves de guerre en mon âme inquiète ;
J'aurais été soldat si je n'étais poète.

Orientales
préface

2475 L'art n'a que faire des lisières, des menottes, des bâillons ; il vous dit : Va ! et vous lâche dans ce grand jardin de poésie, où il n'y a pas de fruit défendu.

IV, Enthousiasme

2476 En Grèce ! en Grèce ! adieu, vous tous ! il faut partir !
Qu'enfin, après le sang de ce peuple martyr,
Le sang vil des bourreaux ruisselle !

2477 Tout me fait songer : l'air, les prés, les monts, les bois.
J'en ai pour tout un jour des soupirs d'un hautbois,
D'un bruit de feuilles remuées.

X, Clair de lune

2478 La lune était sereine et jouait sur les flots.

(Orientales) XVIII, L'enfant

2479 Les Turcs ont passé là. Tout est ruine et deuil.
Chio, l'île des vins, n'est plus qu'un sombre écueil.
[...]
Tout est désert. Mais non; seul près des murs noircis,
Un enfant aux yeux bleus, un enfant grec, assis,
Courbait sa tête humiliée.

2480 — Ami, dit l'enfant grec, dit l'enfant aux yeux bleus,
Je veux de la poudre et des balles.

XXVIII, Les djinns

2481 Murs, ville,
Et port,
Asile
De mort,
Mer grise
Où brise
La brise
Tout dort.
[...]
On doute
La nuit...
J'écoute : —
Tout fuit,
Tout passe ;
L'espace
Efface
Le bruit.

XXXIII, Fantômes

2482 Hélas ! que j'en ai vu mourir, de jeunes filles.

2483 Elle aimait trop le bal, c'est ce qui l'a tuée.

Le Dernier Jour d'un condamné, préface

2484 A quoi donc allez-vous assister ? à la transformation de la pénalité. [...]
On regardera le crime comme une maladie, et cette maladie aura ses
médecins qui remplaceront vos juges, ses hôpitaux qui remplaceront
vos bagnes.

Hernani
préface

2485 Dans les lettres, comme dans la société, point d'étiquette, point
d'anarchie : des lois. Ni talons rouges, ni bonnets rouges.

acte I, scène 1

2486 C'est bien à l'escalier
Dérobé.

scène 2

2487 Vous me manquez, je suis absente de moi-même.

scène 3

2488 Si j'étais Dieu le Père et si j'avais deux fils,
Je ferais l'aîné Dieu, le second roi de France.

scène 4

2489 Oui, de ta suite, ô roi! de ta suite! — J'en suis!

acte II, scène 2

2490 Si Dieu faisait le rang à la hauteur du cœur,
Certe, il serait le roi, prince, et vous le voleur!

acte III, scène 4

2491 Oh! je porte malheur à tout ce qui m'entoure!

2492 Détrompe-toi. Je suis une force qui va!
Agent aveugle et sourd de mystères funèbres!
Une âme de malheur faite avec des ténèbres!

2493 Vous êtes mon lion superbe et généreux!

scène 6

2494 J'en passe et des meilleurs.

acte IV, scène 2

2495 Charlemagne est ici! Comment, sépulcre sombre,
Peux-tu sans éclater contenir si grande ombre?
[...]
Ah! c'est un beau spectacle à ravir la pensée
Que l'Europe ainsi faite et comme il l'a laissée!

acte V, scène 3

2496 [...] Le bonheur, amie, est chose grave.
Il veut des cœurs de bronze et lentement s'y grave,
Le plaisir l'effarouche en lui jetant des fleurs.
Son sourire est moins près du rire que des pleurs.

2497 Dis, ne le crois-tu pas? sur nous, tout en dormant,
La nature à demi veille amoureusement.
Pas un nuage au ciel. Tout, comme nous, repose.
Viens, respire avec moi l'air embaumé de rose!

(Hernani, acte V) scène 6

2498 Partons d'un vol égal vers un monde meilleur.

Notre-Dame de Paris, III, 2

2499 Nos pères avaient un Paris de pierre, nos fils auront un Paris de plâtre.

V, 2, Ceci tuera cela

2500 Le livre de pierre, si solide et si durable, allait faire place au livre de papier, plus solide et plus durable encore. [...] L'imprimerie tuera l'architecture.

2501 A partir de la découverte de l'imprimerie, l'architecture se dessèche peu à peu, s'atrophie et se dénude.

2502 Avant l'imprimerie, la Réforme n'eût été qu'un schisme, l'imprimerie la fait révolution. [...] Gutenberg est le précurseur de Luther.

X, 5

2503 C'est une mauvaise manière de protéger les lettres que de pendre les lettrés.

2504 « Quand on est du peuple, Sire, on a toujours quelque chose sur le cœur. »

Les Feuilles d'automne
1

2505 Ce siècle avait deux ans! Rome remplaçait Sparte,
Déjà Napoléon perçait sous Bonaparte,
[...]
Alors dans Besançon, vieille ville espagnole,
Jeté comme la graine au gré de l'air qui vole,
Naquit d'un sang breton et lorrain à la fois
Un enfant sans couleur, sans regard et sans voix.
[...]
Cet enfant que la vie effaçait de son livre,
Et qui n'avait pas même un lendemain à vivre,
C'est moi. —

2506 Oh! l'amour d'une mère! amour que nul n'oublie!
Pain merveilleux qu'un dieu partage et multiplie!
Table toujours servie au paternel foyer!
Chacun en a sa part, et tous l'ont tout entier!

2507 [...] L'amour, la tombe, et la gloire et la vie,
L'onde qui fuit, par l'onde incessamment suivie,
Tout souffle, tout rayon ou propice ou fatal,
Fait reluire et vibrer mon âme de cristal,
Mon âme aux mille voix, que le Dieu que j'adore
Mit au centre de tout comme un écho sonore!

11, Dédain

2508 [...] Les grands hommes, mépris du temps qui les voit naître,
Religion de l'avenir!

14

2509 O mes lettres d'amour, de vertu, de jeunesse,
C'est donc vous! Je m'enivre encore à votre ivresse;
Je vous lis à genoux.

19

2510 Lorsque l'enfant paraît, le cercle de famille
Applaudit à grands cris. Son doux regard qui brille
Fait briller tous les yeux [...]

2511 Il est si beau, l'enfant, avec son doux sourire [...]

2512 Seigneur, préservez-moi, préservez ceux que j'aime,
Frères, parents, amis, et mes ennemis même
Dans le mal triomphants,
De jamais voir, Seigneur, l'été sans fleurs vermeilles,
La cage sans oiseaux, la ruche sans abeilles,
La maison sans enfants.

27, à mes amis L. B. et S.-B.

2513 [...] La vague inquiétude
Qui fait que l'homme craint son désir accompli.

2514 J'ai différé: la vie à différer se passe [...]

2515 Rêver, c'est le bonheur; attendre, c'est la vie.

29, La pente de la rêverie

2516 Amis, ne creusez pas vos chères rêveries.

32, Pour les pauvres

2517 Au banquet du bonheur bien peu sont conviés.

35, Soleils couchants

2518 J'aime les soirs sereins et beaux, j'aime les soirs [...]

2519 Je m'en irai bientôt au milieu de la fête
Sans que rien manque au monde immense et radieux!

38, Pan

2520 Mêlez toute votre âme à la création!

(Les Feuilles d'automne) 40

2521 Je hais l'oppression d'une haine profonde.

2522 Oh! La muse se doit aux peuples sans défense.
J'oublie alors l'amour, la famille, l'enfance,
Et les molles chansons, et le loisir serein,
Et j'ajoute à ma lyre une corde d'airain!

Les Chants du crépuscule
3, Hymne

2523 Ceux qui pieusement sont morts pour la patrie
Ont droit qu'à leur cercueil la foule vienne et prie.

5, Napoléon II

2524 Mil huit cent onze[1]! O temps où des peuples sans nombre
Attendaient, prosternés sous un nuage sombre,
Que le ciel eût dit oui!

2525 Non, l'avenir n'est à personne!
Sire, l'avenir est à Dieu!
A chaque fois que l'heure sonne,
Tout ici-bas nous dit adieu.

2526 Oh! demain, c'est la grande chose!
De quoi demain sera-t-il fait?

2527 L'Angleterre prit l'aigle, et l'Autriche l'aiglon.

2528 Oh! n'exilons personne! oh! l'exil est impie!

14

2529 Oh! n'insultez jamais une femme qui tombe!

25

2530 Mon cœur a plus d'amour que vous[2] n'avez d'oubli.

38, Que nous avons le doute en nous

2531 Aimer, c'est la moitié de croire.

Les Voix intérieures, préface

2532 [...] ce chant qui répond en nous au chant que nous entendons hors de nous.

---

1. Année de la naissance du fils de Napoléon Ier.
2. Le temps qui passe.

7, à Virgile

2533　O Virgile! ô poète! ô mon maître divin!

15, La vache

2534　O mère universelle! indulgente Nature!

29, à Eugène vicomte H

2535　Tu dois te souvenir des vertes Feuillantines[1] [...]

Ruy Blas
préface

2536　Le drame tient de la tragédie par la peinture des passions et de la comédie par la peinture des caractères. Le drame est la troisième grande forme de l'art.

acte I, scène 1

2537　Charge, emplois, honneurs, tout, en un instant, s'écroule
　　　Au milieu des éclats de rire de la foule.

2538　Je ne veux pas tomber, non, je veux disparaître.

scène 2

2539　Hum! visage de traître!
　　　Quand la bouche dit oui, le regard dit peut-être.

scène 3

2540　Sous l'habit d'un valet, les passions d'un roi.

2541　Vois-tu, pour cet amour, dont tes regards sont pleins,
　　　Mon frère, je t'envie autant que je te plains!

scène 4

2542　Les femmes aiment fort à sauver qui les perd.

scène 5

2543　La cour est un pays où l'on va sans voir clair.

2544　Couvrez-vous, don César. Vous êtes grand d'Espagne.

acte II, scène 1

2545　Il vient un jour où le cœur se reploie.
　　　Comme on perd le sommeil, enfant, on perd la joie.

---

1. Ancien couvent de Paris, près du Val-de-Grâce; Victor Hugo et son frère Eugène, mort jeune et à qui il s'adresse ici, y passèrent une partie de leur enfance.

(Ruy Blas, acte II, scène 1)
2546 Aujourd'hui je suis reine. Autrefois j'étais libre.

scène 2

2547 Que c'est faible, une reine, et que c'est peu de chose!

2548 Madame, sous vos pieds, dans l'ombre, un homme est là
Qui vous aime, perdu dans la nuit qui le voile;
Qui souffre, ver de terre amoureux d'une étoile;
Qui pour vous donnera son âme, s'il le faut;
Et qui se meurt en bas quand vous brillez en haut.

scène 5

2549 Dieu s'est fait homme; soit! Le diable s'est fait femme.

acte III, scène 1

2550 Toute fille de joie en séchant devient prude.

scène 2

2551 Bon appétit, messieurs! —
O ministres intègres!
Conseillers vertueux! Voilà votre façon
De servir, serviteurs qui pillez la maison!

2552 Tout se fait par intrigue et rien par loyauté.

2553 La moitié de Madrid pille l'autre moitié.

2554 Au secours, Charles Quint!
Car l'Espagne se meurt, car l'Espagne s'éteint!

scène 4

2555 Donc je marche vivant dans mon rêve étoilé!

scène 5

2556 Ah! toute nation bénit qui la délie.

2557 La popularité? c'est la gloire en gros sous.

acte IV, scène 4

2558 A galant dénouement, commencement dévot!

scène 7

2559 [...] Hasard?
Mets que font les fripons pour les sots qui le mangent.
Point de hasard!

Les Rayons et les Ombres
I, Fonction du poète, 2

2560 Honte au penseur qui se mutile,
Et s'en va, chanteur inutile,
Par la porte de la cité!

2561 Peuples! écoutez le poète!
Écoutez le rêveur sacré!
Dans votre nuit, sans lui complète,
Lui seul a le front éclairé!

IV, Regard jeté dans une mansarde, 5

2562 Voltaire alors régnait, ce singe de génie
Chez l'homme en mission par le diable envoyé.

XXI, À un poète

2563 Ami, cache ta vie et répands ton esprit.

XXXIV, Tristesse d'Olympio

2564 Les champs n'étaient point noirs, les cieux n'étaient pas mornes,
Non, le jour rayonnait dans un azur sans bornes
Sur la terre étendu,
L'air était plein d'encens et les prés de verdures
Quand il revit ces lieux où par tant de blessures
Son cœur s'est répandu!

2565 Que peu de temps suffit pour changer toutes choses!
Nature au front serein, comme vous oubliez!

2566 La borne du chemin, qui vit des jours sans nombre,
Où jadis pour m'attendre elle aimait à s'asseoir,
S'est usée en heurtant, lorsque la route est sombre,
Les grands chars gémissants qui reviennent le soir.

2567 Car personne ici-bas ne termine et n'achève;
Les pires des humains sont comme les meilleurs.
Nous nous réveillons tous au même endroit du rêve.
Tout commence en ce monde et tout finit ailleurs.

2568 Vous qui vivez, donnez une pensée aux morts.

2569 Toutes les passions s'éloignent avec l'âge,
L'une emportant son masque et l'autre son couteau,
Comme un essaim chantant d'histrions en voyage
Dont le groupe décroît derrière le coteau.

2570 Quand notre âme en rêvant descend dans nos entrailles,
[...]
Elle arrive à pas lents, par une obscure rampe,
Jusqu'au fond désolé du gouffre intérieur.

2571 C'est toi qui dors dans l'ombre, ô sacré souvenir!

XLII, Oceano nox

2572 Oh! combien de marins, combien de capitaines,
Qui sont partis joyeux pour des courses lointaines,
Dans ce morne horizon se sont évanouis!

Les Burgraves
préface

2573 Ce que la fable a inventé, l'histoire le reproduit parfois.

2574 Du coquillage on peut conclure le mollusque, de la maison on peut conclure l'habitant.

2575 Il y a aujourd'hui une nationalité européenne, comme il y avait, au temps d'Eschyle, de Sophocle et d'Euripide, une nationalité grecque.

2576 Oui, la civilisation tout entière est la patrie du poète.

deuxième partie, scène 6

2577 Vos pères,
Hardis parmi les forts, grands parmi les meilleurs,
Étaient des conquérants; vous êtes des voleurs!

2578 Les montagnes toujours ont fait la guerre aux plaines.

troisième partie, Le caveau perdu, scène 1

2579 Mon crime a sué goutte à goutte
Cette sueur de sang qu'on nomme le remords.

Les Châtiments
II, 7

2580 O soldats de l'an deux! ô guerres! épopées!
Contre les rois tirant ensemble leurs épées,
Prussiens, Autrichiens,
[...]
Contre toute l'Europe avec ses capitaines,
Avec ses fantassins couvrant au loin les plaines,
[...]
Ils chantaient, ils allaient, l'âme sans épouvante
Et les pieds sans souliers!

2581 La Révolution leur criait: — Volontaires,
Mourez pour délivrer tous les peuples vos frères! —
Contents, ils disaient oui.

III, 13

2582　L'histoire a pour égout des temps comme les nôtres.

IV, 9

2583　Ceux qui vivent, ce sont ceux qui luttent; ce sont
　　　Ceux dont un dessein ferme emplit l'âme et le front,
　　　Ceux qui d'un haut destin gravissent l'âpre cime,
　　　Ceux qui marchent pensifs, épris d'un but sublime,
　　　Ayant devant les yeux sans cesse, nuit et jour,
　　　Ou quelque saint labeur ou quelque grand amour.

V, 3

2584　Oh! vous dont le travail est joie,
　　　[...]
　　　Filles de la lumière, abeilles,
　　　Envolez-vous de ce manteau!
　　　Ruez-vous sur l'homme[1], guerrières!

8

2585　Sachons-le bien, la honte est la meilleure tombe.

13

2586　Il neigeait. On était vaincu par sa conquête.
　　　Pour la première fois l'aigle baissait la tête.
　　　Sombres jours! l'empereur revenait lentement,
　　　Laissant derrière lui brûler Moscou fumant.
　　　Il neigeait.

2587　Et chacun se sentant mourir, on était seul.

2588　Waterloo! Waterloo! Waterloo! morne plaine!

2589　L'espoir changea de camp, le combat changea d'âme,
　　　La mêlée en hurlant grandit comme une flamme.

2590　Tranquille, souriant à la mitraille anglaise,
　　　La garde impériale entra dans la fournaise.

2591　Le nom grandit quand l'homme tombe.

VI, 8

2592　Quand tout se fait petit, femmes, vous restez grandes.

13

2593　Le mal prend tout à coup la figure du bien.

---

1. Il s'agit de Napoléon III.

(Les Châtiments, VI) 15

2594 Debout, vous qui dormez! — car celui qui me suit,
Car celui qui m'envoie en avant la première,
C'est l'ange Liberté, c'et le géant Lumière!

VII, 1

2595 Sonnez, sonnez toujours, clairons de la pensée.

2596 A la septième fois, les murailles tombèrent.

2

2597 Donc l'épopée échoue avant qu'elle commence!
Annibal a pris un calmant.

14

2598 — On ne peut pas vivre sans pain;
On ne peut pas non plus vivre sans la patrie. —

17

2599 Si l'on n'est plus que mille, eh bien, j'en suis! Si même
Ils ne sont plus que cent, je brave encor Sylla;
S'il en demeure dix, je serai le dixième;
Et s'il n'en reste qu'un, je serai celui-là!

2600 O République universelle,
Tu n'es encor que l'étincelle,
Demain tu seras le soleil.

2601 Fêtes dans les cités, fêtes dans les campagnes!
Les cieux n'ont plus d'enfers, les lois n'ont plus de bagnes.
Où donc est l'échafaud? ce monstre a disparu.
Tout renaît.

Les Contemplations
préface

2602 Nul de nous n'a l'honneur d'avoir une vie qui soit à lui. [...] Hélas! quand je vous parle de moi, je vous parle de vous. [...] Ah! insensé qui crois que je ne suis pas toi!

Les Contemplations, Autrefois
I, Aurore, 2

2603 Le poète s'en va dans les champs; il admire [...].
Les grands arbres profonds qui vivent dans les bois
[...]
Contemplent de son front la sereine lueur,
Et murmurent tout bas: C'est lui! c'est le rêveur!

I, 6

2604 Tout homme est un livre où Dieu lui-même écrit.

2605 Dieu bénit l'homme
Non pour avoir trouvé, mais pour avoir cherché.

7

2606 Quand, tâchant de comprendre et de juger, j'ouvris
Les yeux sur la nature et sur l'art, l'idiome,
Peuple et noblesse, était l'image du royaume ;
La poésie était la monarchie ; un mot
Était un duc et pair, ou n'était qu'un grimaud.
[...]
La langue était l'État avant quatre-vingt-neuf.

2607 Je fis souffler un vent révolutionnaire.
Je mis un bonnet rouge au vieux dictionnaire.

2608 Sur le Racine mort, le Campistron pullule.

2609 Guerre à la rhétorique et paix à la syntaxe !

2610 J'ai jeté le vers noble aux chiens noirs de la prose.

8

2611 Car le mot, qu'on le sache, est un être vivant.

2612 De quelque mot profond tout homme est le disciple.

2613 Les mots sont les passants mystérieux de l'âme.

2614 Car le mot, c'est le verbe, et le verbe, c'est Dieu.

13

2615 Marchands de grec ! marchands de latin ! cuistres, dogues !
Philistins, magisters ! je vous hais, pédagogues !

2616 L'instituteur lucide et grave, magistrat
Du progrès, médecin de l'ignorance et prêtre
De l'idée.

22

2617 La chose fut exquise et fort bien ordonnée.

26

2618 Oui, brigand, jacobin, malandrin,
J'ai disloqué ce grand niais d'alexandrin.

II, L'âme en fleur, 11

2619 Si Dieu n'avait fait la femme,
Il n'aurait pas fait la fleur.

13

2620 Aimons-nous! aimons toujours!
La chanson la plus charmante
Est la chanson des amours.

III, 4

2621 Vous qui pleurez, venez à ce Dieu, car il pleure.
Vous qui souffrez, venez à lui, car il guérit.
Vous qui tremblez, venez à lui, car il sourit.
Vous qui passez, venez à lui, car il demeure.

10

2622 Bien lire l'univers, c'est bien lire la vie.

2623 L'homme injuste est celui qui fait des contresens.

21

2624 La musique est dans tout. Un hymne sort du monde.

30

2625 Une âme est plus grande qu'un monde.

Les Contemplations, Aujourd'hui — 1843-1855
IV, Pauca meæ, 5

2626 Elle avait pris ce pli dans son âge enfantin
De venir dans ma chambre un peu chaque matin.

9

2627 O souvenirs! printemps! aurore!

13

2628 Puisque mon cœur est mort, j'ai bien assez vécu.

15

2629 Nous ne voyons jamais qu'un seul côté des choses.

V, En marche, 3

2630 J'ai vu partout grandeur, vie, amour, liberté,
Et j'ai dit: — Texte: Dieu; contresens: royauté.

2631 Les Révolutions, qui viennent tout venger,
Font un bien éternel dans leur mal passager.

2632　Le rhumatisme antique appelé royauté.

11

2633　Toujours l'homme en sa nuit trahi par ses veilleurs!

13

2634　Je regarde, au-dessus du mont et du vallon,
Et des mers sans fin remuées,
S'envoler, sous le bec du vautour aquilon,
Toute la toison des nuées.

2635　Comme le souvenir est voisin du remords!

2636　L'été rit, et l'on voit sur le bord de la mer
Fleurir le chardon bleu des sables.

17

2637　Mugissement des bœufs au temps du doux Virgile.

2638　Le pâtre promontoire au chapeau de nuées
S'accoude et rêve au bruit de tous les infinis,
[...]
Pendant que l'ombre tremble et que l'âpre rafale
Disperse à tous les vents avec son souffle amer
La laine des moutons sinistres de la mer.

VI, Au bord de l'infini, 2

2639　J'irai lire la grande bible;
J'entrerai nu
Jusqu'au tabernacle terrible
De l'inconnu.

6

2640　Les promesses s'en vont où va le vent des plaines.

2641　Soyons l'immense oui.

8

2642　Où sont les enfants morts et les printemps enfuis,
Et tous les chers amours dont nous sommes les tombes,
Et toutes les clartés dont nous sommes les nuits?

16

2643　Nous entendons souffler les chevaux de l'espace,
Traînant le char, qu'on ne voit pas.

(Les Contemplations) 17

2644 La pensée est la pourpre de l'âme ;
Le blasphème en est le haillon.

19

2645 Sans cesse le progrès, roue au double engrenage,
Fait marcher quelque chose en écrasant quelqu'un.

22

2646 Ne dites pas : mourir. Dites : naître. Croyez.

23

2647 Pourquoi donc faites-vous des prêtres
Quand vous en avez parmi vous ?
[...]
Ces hommes, ce sont les poètes.

2648 Son éclat[1] de rire énorme
Est un des gouffres de l'esprit.

26

2649 Tout est plein d'âmes.

2650 La création sainte où rêve le prophète,
Pour être, ô profondeur, devait être imparfaite.

2651 Le mal, c'est la matière.

2652 Un affreux soleil noir d'où rayonne la nuit.

2653 Toute faute qu'on fait est un cachot qu'on s'ouvre.

2654 L'homme est une prison où l'âme reste libre.

2655 Ayez pitié. Voyez des âmes dans les choses.

Les Misérables
première partie, I, 2

2656 Cette cloison qui nous sépare du mystère des choses et que nous appelons la vie.

4

2657 On peut avoir une certaine indifférence sur la peine de mort [...] tant qu'on n'a pas vu une guillotine ; mais si l'on en rencontre une, [...] il faut se décider et prendre parti pour ou contre.

1. Il s'agit de Rabelais.

9

2658 [...] ce génie particulier de la femme qui comprend l'homme mieux que l'homme ne se comprend.

2659 La Révolution française est le plus puissant pas du genre humain depuis l'avènement du Christ.

14

2660 Point de système, beaucoup d'œuvres.

III, 6

2661 Le calembour est la fiente de l'esprit qui vole.

7

2662 Le mariage est une greffe ; cela prend bien ou mal.

IV, 3

2663 Certaines natures ne peuvent aimer d'un côté sans haïr de l'autre.

V, 3

2664 Les livres sont des amis froids et sûrs.

VI, 11

2665 Les galères font le galérien.

deuxième partie, I, 16

2666 Il n'y a que les peuples barbares qui aient des crues subites après une victoire. [...] Les peuples civilisés [...] ne se haussent ni ne s'abaissent par la bonne ou mauvaise fortune d'un capitaine.

III, 2

2667 Conscience déchirée entraîne vie décousue.

IV, 1

2668 La symétrie, c'est l'ennui, et l'ennui est le fond même du deuil. Le désespoir bâille.

7

2669 Abdiquer pour régner semble être la devise du monachisme.

8

2670 Nous sommes pour la religion contre les religions.

VII, 8

2671 Personne ne garde un secret comme un enfant.

(Les Misérables)
(deuxième partie, VII) 9

2672 La joie que nous inspirons a cela de charmant que, loin de s'affaiblir comme tout reflet, elle nous revient plus rayonnante.

troisième partie, I, 2

2673 Un enterrement passe. Parmi ceux qui accompagnent le mort, il y a un médecin. — Tiens, s'écrie un gamin, depuis quand les médecins reportent-ils leur ouvrage?

4

2674 Paris commence au badaud et finit au gamin [...]

6

2675 Respirer Paris, cela conserve l'âme.

II, 8

2676 Le propre de la pruderie, c'est de mettre d'autant plus de factionnaires que la forteresse est moins menacée.

2677 Une affection est une conviction.

6

2678 Être entre deux religions, l'une dont on n'est pas encore sorti, l'autre où l'on n'est pas encore entré, cela est insupportable ; et ces crépuscules ne plaisent qu'aux âmes chauves-souris.

V, 5

2679 On jugerait bien plus sûrement un homme d'après ce qu'il rêve que d'après ce qu'il pense.

2680 Nos chimères sont ce qui nous ressemble le mieux.

quatrième partie, I, 2

2681 On a voulu, à tort, faire de la bourgeoisie une classe. La bourgeoisie est tout simplement la portion contentée du peuple. Le bourgeois, c'est l'homme qui a maintenant le temps de s'asseoir. Une chaise n'est pas une caste.

4

2682 Une révolution est un retour du factice au réel.

2683 La première égalité, c'est l'équité.

5

2684 Ni despotisme ni terrorisme. Nous voulons le progrès en pente douce.

III, 6

2685 [...] c'est à peine si l'on ose dire maintenant que deux êtres se sont aimés parce qu'ils se sont regardés. C'est pourtant comme cela qu'on s'aime et uniquement comme cela. Le reste n'est que le reste, et vient après.

2686 Le premier symptôme de l'amour vrai chez un jeune homme, c'est la timidité, chez une jeune fille, c'est la hardiesse.

IV, 2

2687 Devenir un coquin, ce n'est pas commode. Il est moins malaisé d'être honnête homme.

V, 4

2688 Aimer un être, c'est le rendre transparent.

VI, 1

2689 A un certain degré de misère, on est gagné par une sorte d'indifférence spectrale.

VII, 1

2690 L'argot est tout ensemble un phénomène littéraire et un résultat social [...]. La misère a inventé une langue de combat qui est l'argot.

2691 Faire surnager et soutenir au-dessus de l'oubli [...] un fragment d'une langue quelconque que l'homme a parlée [...], c'est étendre les données de l'observation sociale, c'est servir la civilisation même.

2692 Qui sait si l'homme n'est pas un repris de justice divine?

2693 Êtes-vous ce qu'on appelle un heureux? Eh bien, vous êtes triste tous les jours. Chaque jour a son grand chagrin ou son petit souci.

3

2694 Le sens révolutionnaire est un sens moral.

2695 Le grand ressort du spectre rouge est cassé.

4

2696 Limiter la pauvreté sans limiter la richesse.

2697 Proportionner la jouissance à l'effort et l'assouvissement au besoin.

2698 Le travail ne peut être une loi sans être un droit.

2699 L'éclosion prochaine du bien-être universel est un phénomène divinement fatal.

(Les Misérables)
(quatrième partie) VIII, 1

2700 Je t'aime un peu plus de tout le temps qui s'est écoulé depuis ce matin.

2

2701 Le poids indéfinissable des voluptés immatérielles.

2702 C'est une erreur de croire que la passion, quand elle est heureuse et pure, conduit l'homme à un état de perfection ; elle le conduit simplement [...] à un état d'oubli.

6

2703 Dans le premier amour, on prend l'âme bien avant le corps ; plus tard on prend le corps bien avant l'âme, quelquefois on ne prend pas l'âme du tout.

IX, 2

2704 Les soupçons ne sont autre chose que des rides ; la première jeunesse n'en a pas.

X, 2

2705 La guerre du tout contre la fraction est insurrection, l'attaque de la fraction contre le tout est émeute.

2706 Les despotes sont pour quelque chose dans les penseurs. Parole enchaînée, c'est parole terrible.

XII, 2

2707 « A voir tant de misère partout, je soupçonne que Dieu n'est pas riche. Il a des apparences, c'est vrai, mais je sens la gêne[1]. »

2708 « [...] chastes sur la terre mais s'accouplant dans l'infini. [...] Ils couchent ensemble dans les étoiles[2] ».

XIII, 3

2709 Il vient une heure où protester ne suffit plus ; après la philosophie, il faut l'action ; la vive force achève ce que l'idée a ébauché.

cinquième partie, I, 4

2710 Le dix-neuvième siècle est grand, mais le vingtième sera heureux.

15

2711 Au moment où Gavroche débarrassait de ses cartouches un sergent gisant près d'une borne, une balle frappa le cadavre. « Fichtre ! fit Gavroche. Voilà qu'on me tue mes morts. »

---

1. Paroles d'un ivrogne.
2. Cf. citation précédente ; ici, il s'agit de Marius et Cosette, les jeunes héros des *Misérables*.

2712 Gavroche n'était tombé que pour se redresser; il resta assis sur son séant, un long filet de sang rayait son visage, il éleva ses deux bras en l'air, regarda du côté d'où était venu le coup et se mit à chanter.
Je suis tombé par terre,
C'est la faute à Voltaire,
Le nez dans le ruisseau,
C'est la faute à...[1]
Il n'acheva point. Une seconde balle du même tireur l'arrêta court. Cette fois il s'abattit la face contre le pavé, et ne remua plus. Cette petite grande âme venait de s'envoler.

20

2713 Le progrès est le mode de l'homme.

2714 Le présent a sa quantité excusable d'égoïsme; la vie momentanée a son droit, et n'est pas tenue de se sacrifier sans cesse à l'avenir. La génération qui a actuellement son tour de passage sur la terre n'est pas forcée de l'abréger pour les générations, ses égales après tout, qui auront leur tour plus tard.

II, 2

2715 L'histoire des hommes se reflète dans l'histoire des cloaques.

III, 10

2716 Le suicide, cette mystérieuse voie de fait sur l'inconnu.

V, 6

2717 Un mariage doit être royal et chimérique.

VI, 2

2718 Qu'est-ce qu'Adam? C'est le royaume d'Ève. Pas de 89 pour Ève.

2719 Depuis soixante siècles, l'homme et la femme se tirent d'affaire en aimant. Le diable, qui est malin, s'est mis à haïr l'homme; l'homme, qui est plus malin, s'est mis à aimer la femme.

Chansons des rues et des bois, Depuis...

2720 Depuis six mille ans, la guerre
Plaît aux peuples querelleurs,
Et Dieu perd son temps à faire
Les étoiles et les fleurs.

Chansons des rues et des bois, Saison des semailles: le soir

2721 L'ombre, où se mêle une rumeur,
Semble élargir jusqu'aux étoiles
Le geste auguste du semeur.

1. Chanson populaire de l'époque de la Restauration.

Chansons des rues et des bois, Le cheval

2722 Que fais-tu là? me dit Virgile
Et je répondis tout couvert
De l'écume du monstre agile
« Maître, je mets Pégase au vert. »

Les Travailleurs de la mer, première partie, III, 1

2723 Le joli, c'est le nécessaire.

À propos du général Trochu, président du gouvernement
de la Défense nationale et commandant en chef (1871)

2724 [Trochu]: Participe passé du verbe trop choir [...]

L'Année terrible, texte liminaire

2725 Ce siècle est à la barre et je suis son témoin.

L'Année terrible
décembre 1870, 7, À la France

2726 Je voudrais n'être pas Français pour pouvoir dire
Que je te choisis, France, et que, dans ton martyre,
Je te proclame, toi que ronge le vautour,
Ma patrie et ma gloire et mon unique amour!

8, Nos morts

2727 O morts pour mon pays, je suis votre envieux.

janvier 1871, 2, Lettre à une femme

2728 Nous mangeons du cheval, du rat, de l'ours, de l'âne.

4

2729 Je n'ai jamais connu l'art de désespérer;
Il faut pour reculer, pour trembler, pour pleurer,
Pour être lâche, et faire avec l'honneur divorce,
Se donner une peine au-dessus de ma force.

6, Une bombe aux Feuillantines

2730 Vieillir, c'est regarder une clarté décrue.

février, 2, Aux rêveurs de monarchie

2731 Je suis en république, et pour roi j'ai moi-même.

avril, 5, Pas de représailles

2732 On ne va point au vrai par une route oblique.

2733 Je sauverais Judas si j'étais Jésus-Christ.

2734 Je n'abdiquerai pas mon droit à l'innocence.

8

2735 Le grand rayon de l'art, c'est la fraternité.

mai, 3, Paris incendié

2736 J'accuse, ô nos aïeux, car l'heure est solennelle,
Votre société, la vieille criminelle!

juin, 4

2737 Les fautes que je fais sont des fautes sincères;
L'hypocrisie et moi sommes deux adversaires;
Je crois ce que je dis, je fais ce que je crois.

11

2738 La mort stupide eut honte et l'officier fit grâce.

13, À ceux qu'on foule aux pieds

2739 Comment peut-il penser, celui qui ne peut vivre?
En tournant dans un cercle horrible, on devient ivre;
La misère, âpre roue, étourdit Ixion.
Et c'est pourquoi j'ai pris la résolution
De demander pour tous le pain et la lumière.

2740 Flux, reflux. La souffrance et la haine sont sœurs.
Les opprimés refont plus tard des oppresseurs.

2741 Je suis le compagnon de la calamité.
[...]
Volontairement, j'entre en votre enfer, damnés.

16

2742 Par un sentier d'angoisse aux bleus sommets j'irai.

juillet, 11

2743 La mort sera toujours la haute délivrance.
Le ciel a le bonheur, la terre a l'espérance,
Rien de plus; mais l'espoir croissant, mais les regrets
S'effaçant, mais notre œil s'ouvrant, c'est le progrès.

Quatre-vingt-treize
première partie, 1

2744 La curiosité est une des formes de la bravoure féminine.

II, 3

2745 Les grands actes de guerre [...] veulent de la noblesse dans qui les accomplit. Ce sont choses de chevaliers et non de perruquiers.

(Quatre-vingt-treize, première partie) III, 2
2746 La bonté d'une guerre se juge à la quantité de mal qu'elle fait.

deuxième partie, I, 2
2747 Qui a été prêtre l'est.

II, 3
2748 Savoir distinguer le mouvement qui vient des convoitises du mouvement qui vient des principes, combattre l'un et seconder l'autre c'est là le génie et la vertu des grands révolutionnaires.

III, 9
2749 En même temps qu'elle dégageait de la révolution, cette assemblée[1] produisait de la civilisation. Fournaise mais forge.

troisième partie, II, 2
2750 La guérilla ne conclut pas ou conclut mal.

VII, 5
2751 — La république, c'est deux et deux font quatre. Quand j'ai donné à chacun ce qui lui revient... — Il vous reste à donner à chacun ce qui ne lui revient pas.

2752 Mieux vaudrait encore un enfer intelligent qu'un paradis bête.

L'Art d'être grand-père, Fenêtres ouvertes
2753 J'entends des voix. Lueurs à travers ma paupière.
[...]
L'eau clapote. On entend haleter un steamer.
Une mouche entre. Souffle immense de la mer.

L'Art d'être grand père, Jeanne était au pain sec
2754 Jeanne était au pain sec dans le cabinet noir.

L'Art d'être grand-père, Chanson de grand-père
2755 Dansez les petites filles,
Toutes en rond.
En vous voyant si gentilles,
Les bois riront.

Les Quatre Vents de l'esprit, Littérature
2756 Je suis de mon siècle et je l'aime !

---

1. La Convention.

Les Quatre Vents de l'esprit, Promenades dans les rochers
2757 La nature est l'encens, pur, éternel, sublime ;
Moi je suis l'encensoir intelligent et doux.

Les Quatre Vents de l'esprit, Le livre satirique
2758 Les sots, c'est un public.

Torquemada, première partie, II, 2
2759 Si l'homme est un bourreau, Dieu n'est plus qu'un tyran.

La Légende des siècles
préface de 1859
2760 C'est de l'histoire écoutée aux portes de la légende.

2761 L'épanouissement du genre humain de siècle en siècle, l'homme montant des ténèbres à l'idéal, la transfiguration paradisiaque de l'enfer terrestre, l'éclosion lente et suprême de la liberté, droit pour cette vie, responsabilité pour l'autre ; une espèce d'hymne religieux à mille strophes, ayant dans ses entrailles une foi profonde et sur son sommet une haute prière ; le drame de la création éclairé par le visage du créateur, voilà ce que sera, terminé, ce poème dans son ensemble ; si Dieu, maître des existences humaines, y consent.

La Légende des siècles, La vision d'où est sorti ce livre
2762 J'eus un rêve, le mur des siècles m'apparut.

La Légende des siècles, II, D'Ève à Jésus
1 Le sacre de la femme
2763 L'Être resplendissait, Un dans Tout, Tout dans Un.

2764 L'amour épars flottait comme un parfum s'exhale.

2, La conscience
2765 L'œil était dans la tombe et regardait Caïn.

6, Booz endormi
2766 Cet homme marchait pur loin des sentiers obliques,
Vêtu de probité candide et de lin blanc [...]

2767 Les femmes regardaient Booz plus qu'un jeune homme,
Car le jeune homme est beau, mais le vieillard est grand.

2768 Et l'on voit de la flamme aux yeux des jeunes gens,
Mais, dans l'œil du vieillard, on voit de la lumière.

2769 Et ceci se passait dans des temps très anciens.

2770 « Voilà longtemps que celle avec qui j'ai dormi,
O Seigneur! a quitté ma couche pour la vôtre;
Et nous sommes encor tout mêlés l'un à l'autre,
Elle à demi vivante et moi mort à demi. [...] »

2771 Un frais parfum sortait des touffes d'asphodèle;
Les souffles de la nuit flottaient sur Galgala.
L'ombre était nuptiale, auguste et solennelle.

2772 Une immense bonté tombait du firmament;
C'était l'heure tranquille où les lions vont boire.
Tout reposait dans Ur et dans Jérimadeth.

2773 Et Ruth se demandait,
Immobile, ouvrant l'œil à moitié sous ses voiles,
Quel Dieu, quel moissonneur de l'éternel été
Avait, en s'en allant, négligemment jeté
Cette faucille d'or dans le champ des étoiles.

X, Le cycle héroïque chrétien, 2, Le mariage de Roland

2774 Il n'aimait pas qu'on vînt faire après lui
Les générosités qu'il avait déjà faites.

3, Aymerillot

2775 Et les os des héros blanchissent dans la plaine.

2776 Deux liards couvriraient fort bien toutes mes terres,
Mais tout le grand ciel bleu n'emplirait pas mon cœur.

2777 Le lendemain, Aymery prit la ville.

XI, Le Cid exilé

2778 La moitié d'un ami, c'est la moitié d'un traître.

XII, Les sept merveilles du monde, 1, Le temple d'Éphèse

2779 Ce que j'étais hier, je le serai demain.

2780 Je suis l'art radieux, saint, jamais abattu;
Ma symétrie auguste est sœur de la vertu.

2781 Mon austère équilibre enseigne la justice;
Je suis la vérité bâtie en marbre blanc.

3, Le mausolée

2782 Je suis le monument du cœur démesuré;
La mort n'est plus la mort sous mon dôme azuré [...]

4, Le Jupiter olympien

2783 [...] L'immense apaisement de ma sérénité.

XIII, L'épopée du ver

2784 La création triste, aux entrailles profondes,
Porte deux Tout-puissants, le Dieu qui fait les mondes,
Le ver qui les détruit.

XV, Les chevaliers errants, 2, Le petit roi de Galice

2785 « Si tu veux, faisons un rêve :
Montons sur deux palefrois ;
Tu m'emmènes, je t'enlève.
L'oiseau chante dans les bois. [...] »

3, Éviradnus

2786 La mélodie encore quelques instants se traîne
Sous les arbres bleuis par la lune sereine
Puis tremble, puis expire, et la voix qui chantait
S'éteint comme un oiseau se pose : tout se tait.

XVI, Les trônes d'Orient, 3, Sultan Mourad

2787 Un seul instant d'amour rouvre l'Eden fermé.

XVII, Avertissements et châtiments : L'aigle du casque

2788 C'est pour ou contre un saint que tout combat se livre.

2789 O fleuves, ô forêts, cèdres, sapins, érables,
Je vous prends à témoin que cet homme est méchant !

XVIII, L'Italie-Ratbert, 3, La confiance du marquis Fabrice

2790 Vieillir, sombre déclin ! l'homme est triste le soir ;
Il sent l'accablement de l'œuvre finissante.
On dirait par instants que son âme s'absente.

XX, Les quatre jours d'Elciis

2791 Jésus disait : aimer ; l'église dit : payer.

XXI, Le cycle pyrénéen, 2, Masferrer

2792 Le prodige et le monstre ont les mêmes racines.

3, La paternité

2793 Le rêve du héros,
C'est d'être grand partout et petit chez son père.

XXII, Seizième siècle..., Le satyre

2794 C'était l'heure où sortaient les chevaux du soleil.

(La Légende des siècles)
2795 Le chaos est l'époux lascif de l'infini.

2796 Un roi c'est de la guerre, un dieu c'est de la nuit.
Liberté, vie et foi, sur le dogme détruit!
Partout une lumière et partout un génie!
Amour! tout s'entendra, tout étant l'harmonie!
L'azur du ciel sera l'apaisement des loups.
Place à Tout! Je suis Pan; Jupiter! à genoux.

XXVI, La rose de l'infante
2797 Elle est toute petite. Une duègne la garde.

XXVII, L'Inquisition, Les raisons du Momotombo
2798 J'ai regardé de près le dieu de l'étranger,
Et j'ai dit: — Ce n'est pas la peine de changer.

XXVIII, La chanson des aventuriers de la mer
2799 En partant du golfe d'Otrante,
Nous étions trente;
Mais, en arrivant à Cadiz,
Nous étions dix.

XXXIII, Le cercle des tyrans, 1, Liberté
2800 De quel droit mettez-vous des oiseaux dans des cages!

5, Un voleur à un roi
2801 Jouer la comédie est le faible de Dieu;
Il ne s'irrite pas, mais il se moque un peu;
C'est un poète.

XXXVI, Le groupe des idylles, 7, Bion
2802 L'amour est une mer dont la femme est la rive.

2803 Toutes nos passions reflètent les étoiles.

20, Diderot
2804 Le plus sage en ce monde immense est le plus ivre.
Femme, écoute ton cœur, ne lis pas d'autre livre.

XXXIX, L'amour
2805 Quand donc lèvera-t-on l'écrou du triste amour!

2806 L'homme cherche, la vierge attend, la femme attire.

2807 La prière est la sœur tremblante de l'amour.

XLII, À l'homme

2808   Un monde plus profond que l'astre, c'est l'atome.

2809   Les hommes en travail sont grands des pas qu'ils font ;
       Leur destination, c'est d'aller, portant l'arche ;
       Ce n'est pas de toucher le but, c'est d'être en marche.

XLIV, Tout le passé et tout l'avenir

2810   Hier était le monstre et demain sera l'ange ;
       Le point du jour blanchit nos fronts.

2811   Nul être, âme au soleil, ne sera solitaire ;
       L'avenir, c'est l'hymen des hommes sur la terre.

XLVII, Un poète...

2812   Un poète est un monde enfermé dans un homme.

2813   Pour la création le poète est sacré.

XLVIII, Le retour de l'Empereur

2814   Sire, vous reviendrez dans votre capitale [...]

XLIX, Le temps présent, 4, Après la bataille

2815   Mon père, ce héros au sourire si doux,
       Suivi d'un seul housard qu'il aimait entre tous,
       Pour sa grande bravoure et pour sa haute taille,
       Parcourait à cheval, le soir d'une bataille,
       Le champ couvert de morts sur qui tombait la nuit.

2816   Donne-lui tout de même à boire, dit mon père.

6, Le cimetière d'Eylau

2817   J'aime la vie, et vivre est la chose certaine,
       Mais rien ne sait mourir comme les bons vivants.

11, Dénoncé à celui qui chassa les vendeurs du Temple

2818   Ah ! Dieu veut qu'on le donne et non pas qu'on le vende !

12, Les enterrements civils

2819   Ce suicide affreux, le célibat.

L, L'élégie des fléaux

2820   France, France, sans toi, le monde serait seul.

LII, Les pauvres gens

2821   Il est nuit. La cabane est pauvre, mais bien close.

(La Légende des siècles)

2822 Et cinq petits enfants, nid d'âmes, y sommeillent.

2823 Le sinistre océan jette son noir sanglot.

2824 L'homme est en mer. Depuis l'enfance matelot,
Il livre au hasard sombre une rude bataille.
Pluie ou bourrasque, il faut qu'il sorte, il faut qu'il aille,
Car les petits enfants ont faim.

2825 Ces choses-là sont rudes.
Il faut pour les comprendre avoir fait des études.

LIII, Le crapaud

2826 — J'étais enfant, j'étais petit, j'étais cruel, —

LIV, La vision de Dante

2827 Une chute sans fin dans une nuit sans fond,
Voilà l'enfer.

LV, Les grandes lois

2828 Pourtant je hais le dogme, un dogme c'est un cloître.

2829 Mourir n'est pas finir, c'est le matin suprême.

LVI, Rupture avec ce qui amoindrit

2830 C'est à l'ironie
Que commence la liberté.

2831 Quand Beaumarchais est sur la scène,
Danton dans la coulisse attend.

LVII, Les petits

2832 Nul n'ira jusqu'au fond du rire d'un enfant.

LVIII, Vingtième siècle

2833 [...] Voici qu'enfin la traversée
Effrayante, d'un astre à l'autre est commencée.

Testament de Victor Hugo, 2 août 1883

2834 [...] je refuse l'oraison de toutes les églises; je demande une prière à toutes les âmes. Je crois en Dieu.

dernières paroles de Hugo, 1885

2835 C'est ici le combat du jour et de la nuit.

La Fin de Satan
Hors de la terre, I: Et nox facta est, I

2836 Depuis quatre mille ans il tombait dans l'abîme.

Hors de la terre, II: La Judée, II, 8

2837 L'enfer est tout entier dans ce mot: solitude.

La Fin de Satan, Jésus-Christ, II: Le cantique de Bethphagé

2838 J'aime. O vents, chassez l'hiver.
Les plaines sont embaumées.
L'oiseau semble, aux bois d'Aser,
Une âme dans les ramées.

2839 Qu'est-ce que des amants? Ce sont des nouveau-nés.

La Fin de Satan, Le crucifix

2840 Quand donc pourra-t-on dire: « Hommes, le mal n'est plus! »?

Hors de la terre, III: I, Satan dans la nuit, 2

2841 L'enfer, c'est l'absence éternelle.

11

2842 Ne pas mourir, ne pas dormir. Voilà mon sort.
En songe, on ne dort pas mais on croit que l'on dort.
C'est assez. Je n'ai point cette trêve.

Hors de la terre, IV
Satan pardonné: Dieu parle dans l'infini

2843 Satan est mort; renais, ô Lucifer céleste!

Choses vues

2844 La proclamation de l'abolition de l'esclavage se fit à la Guadeloupe avec solennité. [...]
Au moment où le gouverneur proclamait l'égalité de la race blanche, de la race mulâtre et de la race noire, il n'y avait sur l'estrade que trois hommes, représentant pour ainsi dire les trois races: un blanc, le gouverneur; un mulâtre qui lui tenait le parasol; et un nègre qui lui portait son chapeau.

Toute la lyre, Le calcul

2845 Loin de se dilater, tout esprit se contracte
Dans les immensités de la science exacte.

Toute la lyre, Honte..

2846 Honte au vain philosophe, à l'artiste inutile
Qui ne met pas son sang et son cœur dans son style.

Toute la lyre, À Théophile Gautier

2847 Lorsqu'un vivant nous quitte, ému, je le contemple;
Car, entrer dans la mort, c'est entrer dans le temple.

Toute la lyre, Ave, dea ; Moriturus te salutat

2848 Nous sommes tous les deux voisins du ciel, Madame,
Puisque vous êtes belle et puisque je suis vieux.

Toute la lyre, Le blasphème de l'amour

2849 Je rature
Une aventure en moi par une autre aventure.

Pierres (éd. Milieu du monde)

2850 J'ai fait dans ma jeunesse quatre ans de mathématiques. Mon professeur [...] me demandant [...] : « Eh bien, Monsieur, que pensez-vous des x et des y ? » Je lui ai répondu : « C'est bas de plafond. »

Pierres, 1863

2851 Je suis un homme qui pense à autre chose.

2852 J'aime mieux tout de quelque chose que quelque chose de tout.

Pierres, 4 mars 1869

2853 Lamartine est mort. C'était le plus grand des Racine, sans excepter Racine.

2854 Louis XIV. Napoléon. Je préfère ce qu'est la gloire, même ensanglantée, à ce qui n'est que la pompe.

2855 L'âme française est plus forte que l'esprit français, et Voltaire se brise à Jeanne d'Arc.

2856 Jamais les questions ne se décident par la raison directe [...]
La tangente a plus de puissance que la sécante.

2857 Le mal est un mulet : il est opiniâtre et stérile.

2858 Dans « connaître », il y a « naître ».

2859 Il y a toujours dans le bonheur, même des meilleures gens, un peu d'insolence aimable qui défie les autres d'en faire autant.

2860 Être contesté, c'est être constaté.

2861 Les vrais grands écrivains sont ceux dont la pensée occupe tous les recoins de leur style.

2862 Ce qu'on appelle l'adultère comme ce qu'on appelle l'hérésie est de droit naturel.

2863 Communisme.
Une égalité d'aigles et de moineaux, de colibris et de chauves-souris, qui consisterait à mettre toutes les envergures dans la même cage et toutes les prunelles dans le même crépuscule, je n'en veux pas.

2864 Venue inévitable d'un Spartacus russe.

Henri LACORDAIRE 1802-1861

1re conférence à Nancy

2865 Messieurs, soyons hommes de notre époque. De quel droit vous élèveriez-vous contre votre siècle ? Il m'est permis, à moi, de m'élever contre mon siècle, car j'ai pour piédestal l'éternité. Malheur à qui attaque son siècle ! Il faudra bien qu'il subisse les conséquences de cet attentat.

IIIe conférence à Nancy

2866 L'Église ne détruit pas, elle laisse tomber.

2867 Cependant savez-vous quel fut le dernier mot de ce puissant génie [Platon] ? Ce dernier mot, le voici : « Il est nécessaire qu'il vienne du ciel un maître pour nous instruire. »

IIIe conférence à Notre-Dame

2868 Il y a cette différence entre la certitude et l'infaillibilité que la certitude consiste à ne pas se tromper dans un cas donné, tandis que l'infaillibilité consiste à ne pas pouvoir se tromper.

XXVIe conférence à Notre-Dame

2869 Longin a dit : Le sublime, c'est le son que rend une grande âme ; et le peuple, Messieurs, n'a pas renoncé à rendre ce son-là.

2870 Vous n'êtes pas religieux par la même raison que vous n'êtes pas chastes.

XXXIIIe conférence à Notre-Dame

2871 Retournez, retournez à l'infini, lui seul est assez grand pour l'homme. Ni chemin de fer, ni longue cheminée à vapeur, ni aucune autre invention n'agrandiront la terre d'un pouce. L'âme seule a du pain pour tous, et de la joie pour une éternité. Rentrez-y à pleines voiles, rendez Jésus-Christ au pauvre.

XLe conférence à Notre-Dame

2872 Les autres peuples ont eu des historiens, des jurisconsultes, des sages, des poètes, mais qui sont à eux seuls et forment comme une gloire privée, le peuple juif a été l'historien, le sage, le poète de l'humanité.

LIe conférence à Notre-Dame

2873 Touchons la main du Malais et du Mongol; touchons la main du nègre; touchons la main du pauvre et du lépreux. Tous ensemble, unissant nos biens et nos maux dans une immense et sincère fraternité, allons à Dieu, notre premier Père.

Discours de distribution des prix prononcé à Sorèze le 10 août 1859

2874 Je ne parle pas au matérialisme, je le tiens pour ce qu'il est, une passion de se rabaisser pour faire à son corps une bauge libre dans l'univers.

XXVIe lettre à Mme de la Tour du Pin

2875 Quelle pitié que les politiques qui ne regardent pas en haut, et qui se croient assez forts pour gouverner le monde avec des écus de cinq francs et des gendarmes !

Hector BERLIOZ 1803-1869

Les Soirées de l'orchestre, septième soirée

2876 *Soignons* notre art, et veillons au salut de l'empire.

Mémoires

2877 Bach, c'est Bach, comme Dieu c'est Dieu.

2878 A Paris, le frère scrofuleux et adultérin de l'*art*, le *métier*, couvert d'oripeaux, étale à tous les yeux sa bourgeoise indolence [...]

2879 Les Médicis sont morts. Ce ne sont pas nos députés qui les remplaceront.

2880 L'industrialisme de l'art, suivi de tous les bas instincts qu'il flatte et caresse, marche à la tête de son ridicule cortège, promenant sur ses ennemis vaincus un regard niaisement superbe [...]

2881 Je ne ressemble point [...] à ce caporal qui avait *l'ambition d'être domestique.*

Auguste BRIZEUX 1803-1858

Raphaël

2882 A mon tour un ami que je n'ai pu connaître
Sur ma tombe... qui sait?... viendra pleurer peut-être.

Marie

2883 Dans l'ombre de mon cœur mes plus fraîches amours,
Mes amours de quinze ans refleuriront toujours!

Prosper MÉRIMÉE 1803-1870

Chronique du règne de Charles IX, préface

2884 [...] je donnerais volontiers Thucydide pour des mémoires authentiques d'Aspasie ou d'un esclave de Périclès.

2885 L'assassinat n'est plus dans nos mœurs.

2886 C'est Louis XI qui a dit : « Diviser pour régner. »

chap. 8

2887 Mais, dites-moi, pourquoi voulez-vous que je vous fasse faire connaissance avec des gens qui ne doivent point jouer de rôle dans mon roman ?

chap. 18

2888 Quand deux amants sont discrets, il se passe quelquefois plus de huit jours avant que le public soit dans leur confidence.

Mosaïque, Vision de Charles XI

2889 On se moque des visions et des apparitions surnaturelles ; quelques-unes, cependant, sont si bien attestées, que, si l'on refusait d'y croire, on serait obligé, pour être conséquent, de rejeter en masse tous les témoignages historiques.

Mosaïque, Le vase étrusque

2890 Quand une passion nous emporte, nous éprouvons quelque consolation d'amour-propre à contempler notre faiblesse du haut de notre orgueil. « Il est vrai que je suis faible, se dit-on, mais si je voulais ! »

La Double Méprise, chap. 2

2891 [...] il n'y a rien de plus odieux pour une femme que ces caresses qu'il est presque aussi ridicule de refuser que d'accepter.

chap. 12

2892 [...] comme tous les hommes, il était beaucoup plus éloquent pour demander que pour remercier.

La Vénus d'Ille

2893 L'énergie même dans les mauvaises passions excite toujours en nous l'étonnement et une sorte d'admiration.

Carmen, chap. 2

2894 Pour qu'une femme soit belle, disent les Espagnols, il faut qu'elle réunisse trente « si », ou, si l'on veut, qu'on puisse la définir au moyen de dix adjectifs, applicables chacun à trois parties de sa personne. Par exemple, elle doit avoir trois choses noires : les yeux, les paupières et les sourcils ; trois fines, les doigts, les lèvres, les cheveux, etc. Voyez Brantôme pour le reste.

chap. 4
2895 En close bouche, n'entre point mouche.

Portraits historiques et littéraires, Charles Nodier

2896 « Plutarque, disait Courier, ferait gagner à Pompée la bataille de Pharsale si cela pouvait arrondir tant soit peu sa phrase. » Il a raison. M. Nodier était de l'école de Plutarque.

Portraits historiques et littéraires, Henri Beyle

2897 Aujourd'hui, l'enterrement ne manque à personne, grâce à un règlement de police ; mais, nous autres païens, nous avons aussi des devoirs à remplir envers nos morts [...]

2898 « Nos parents et nos maîtres, disait-il, sont nos ennemis naturels quand nous entrons dans le monde. » C'était un de ses aphorismes.

Portraits historiques et littéraires, Alexandre Pouchkine

2899 Le plus sceptique a ses moments de croyance superstitieuse, et sous quelque forme qu'il se présente, le merveilleux trouve toujours une fibre qui tressaille dans le cœur humain.

2900 Tout gros mensonge a besoin d'un détail bien circonstancié, moyennant quoi il passe. C'est pourquoi notre maître Rabelais a laissé ce beau précepte : « *qu'il faut mentir par nombre impair.* »

Lettres à une inconnue
VI

2901 Les Turcs, qui marchandent une femme en l'examinant comme un mouton gras, valent bien mieux que nous qui avons mis sur ce vil marché [le mariage] un vernis d'hypocrisie, hélas ! bien transparent.

CVIII

2902 Les amants ne sont, à vrai dire, ici [Madrid] que des maris autorisés par l'Église.

CXIV

2903 Paris est absolument dépourvu d'habitants intelligents. Il n'y reste plus que des bonnetiers ou des députés, ce qui revient à peu près au même.

CLXII

2904 Il est bien malheureux de perdre ses amis, mais c'est une calamité qu'on ne peut éviter que par une autre bien plus grande, qui est de n'aimer rien.

CCI

2905 Je suis toujours malade et quelquefois je soupçonne que je suis sur le grand railway menant outre-tombe. Tantôt cette idée m'est très pénible, tantôt j'y trouve la consolation qu'on éprouve en chemin de fer : c'est l'absence de responsabilité devant une force supérieure et irrésistible.

CCCXXIII

2906 Le chassepot est tout-puissant et pourra donner à la populace de Paris une leçon historique, comme disait le général Changarnier ; mais saura-t-on s'en servir à propos ?

2907 Souviens-toi de te méfier[1].

Edgar QUINET 1803-1875

Introduction aux « Idées sur la philosophie de l'histoire de l'humanité » de Herder

2908 Aujourd'hui, comme aux jours de Pline et de Columelle, la jacinthe se plaît dans les Gaules, la pervenche en Illyrie, la marguerite sur les ruines de Numance, et pendant qu'autour d'elles les villes ont changé de maîtres et de nom, que plusieurs sont rentrées dans le néant, que les civilisations se sont choquées et brisées, leurs paisibles générations ont traversé les âges, et se sont succédé l'une à l'autre jusqu'à nous, fraîches et riantes comme aux jours des batailles.

L'Allemagne et la Révolution

2909 Je pourrais nommer les plus beaux génies de l'Allemagne à qui le sol manque sous les pas, et qui tombent à cette heure, épuisés et désespérés, sur la borne de quelque principauté, faute d'un peu d'espace pour s'y mouvoir à l'aise.

Avertissement au pays

2910 La bourgeoisie sans le peuple, c'est la tête sans le bras.
Le peuple sans la bourgeoisie, c'est la force sans la lumière.

2911 Si je pensais que la démocratie n'eût rien autre chose à faire qu'à augmenter et imiter la bourgeoisie, je serais volontiers d'avis qu'il est assez de bourgeois dans le monde, et je m'en tiendrais à ce que je vois.

L'Ultramontanisme

2912 Voltaire est l'ange d'extermination envoyé par Dieu contre son Église pécheresse.

---

1. Devise gravée dans le chaton de la bague que Mérimée portait constamment.

2913 Il [Voltaire] ébranle, avec un rire terrible, les portes de l'Église qui, posées par saint Pierre, se sont ouvertes pour les Borgia.

Les Révolutions d'Italie

2914 L'Italie, la France et tous les peuples qui ont fait dans le XVIᵉ siècle obstacle à la liberté religieuse, en sont punis par l'impossibilité d'entrer, au XIXᵉ siècle, dans la liberté politique.

L'Enseignement du peuple

2915 Imitez donc, hommes de la liberté, la franchise de vos adversaires. Ils osent être du moyen âge et vous n'oseriez être du XIXᵉ siècle!

La Révolution
livre I, chap. 5

2916 Les politiques, qui ont trouvé tant de moyens d'étouffer la liberté où elle est née, n'en ont encore trouvé aucun pour l'empêcher de naître et de faire explosion là où elle ne s'est montrée jamais; ce problème existe encore en son entier.

chap. 8

2917 Toute pensée qui se bornera aux combinaisons de l'économie politique sera infailliblement trompée dans les grandes affaires humaines.

livre IV, chap. 2

2918 Quand le progrès matériel s'accomplit par un despote, c'est un bail quasi-perpétuel de servitude; car tous ceux qui ont acquis quelque chose croient que le despotisme est leur meilleur garant.

2919 Il est certain que, dans un siècle, les hommes seront mieux nourris, mieux couverts, mieux vêtus, plus facilement transportés. Ils posséderont, à n'en pas douter, ce qu'ils appellent une meilleure vie animale. A moins d'un cataclysme, rien n'empêchera ce progrès. Mais cette chose divine, la dignité, compagne de la liberté, il faut qu'ils la méritent pour la posséder.

livre VI, chap. 11

2920 En 1796, c'est le peuple qui est harassé; il se retire en masse; il a besoin de sommeil, il va dormir pendant un tiers de siècle.

livre XI, chap. 3

2921 La véritable réponse au manifeste de Brunswick fut *la Marseillaise* de Rouget de Lisle.
Un chant sortit de toutes les bouches ; on eût pu croire que la nation entière l'avait composé ; car au même moment, il éclata en Alsace, en Provence, dans les villes et dans la plus misérable chaumière. [...] Un grand silence succède, pendant lequel résonnent les pas confus d'un peuple qui se lève ; puis ce cri imprévu, gigantesque, qui perce les nues : Aux armes ! Ce cri de la France, prolongé d'échos en échos, immense, surhumain, remplit la terre !... Et, encore une fois, le vaste silence de la terre et du ciel ! et comme un commandement militaire à un peuple de soldats ! Alors la marche cadencée, la danse guerrière d'une nation dont tous les pas sont comptés. A la fin, comme un coup de tonnerre, tout se précipite. La victoire a éclaté en même temps que la bataille.

livre XV, chap. 2

2922 Rien au monde ne fait plus d'honneur aux Français que d'avoir été capables de se donner froidement, impassiblement leur code civil au milieu du délire de 1793. C'est ce qui montre le mieux les énergies indomptables de cette race.

chap. 3

2923 Et Saint-Just, que n'était-il pas ? Accusateur, inquisiteur, écrivain, administrateur, financier, utopiste, tête froide, tête de feu, orateur, général, soldat ! Le civil achevait le militaire, et le militaire achevait le civil. Cela ne s'était pas vu depuis les Romains.

2924 Saint-Just promène l'épouvante sur tous les partis. Comme l'épervier qui paraît immobile et n'a pas encore trouvé la proie sur laquelle il veut fondre, il tient, pendant deux heures, la Convention sous sa vague menace. Il ne conclut pas. Il met chacun en présence de lui-même ; car il sait que la terreur, pour être un bon instrument de règne, doit d'abord entrer dans toutes les âmes.

2925 Où s'est-il vu jamais une assemblée d'hommes ainsi présents partout, occupés de tout, de ce qui est loin et de ce qui est près, de l'ensemble et du détail, de l'infiniment grand et de l'infiniment petit, d'armées et de médailles antiques, de peuples et de bibliothèques, d'échafauds et de vases étrusques ? Ubiquité, universalité, c'est le nom de la Convention.

2926 L'ère de l'an I a passé avant la génération qui l'a fondée. Où sont les mois qui promettaient la moisson, germinal, messidor, fructidor ? Ils sont passés comme ceux qui annonçaient les tempêtes, brumaire, frimaire, nivôse. Rien n'est resté, ni le printemps, ni l'hiver.

(La Révolution) livre XVIII, chap. 2

2927 Danton parlait les fenêtres ouvertes ; ses derniers rugissements allaient retentir sur les places publiques, sur les quais, jusqu'au-delà de la Seine ; chose qui semblerait incroyable, si tant de témoins n'empêchaient qu'on en doutât. Dans les moments de crise, nous savons de quel effrayant silence est capable une ville telle que Paris [...]

livre XX, chap. 6

2928 La terreur ne réussit pas à la démocratie, parce que la démocratie a besoin de justice, et que l'aristocratie et la monarchie peuvent s'en passer.

livre XXII, chap. 6

2929 Dans cette déroute morale, quand les anciens conventionnels de la Montagne, traqués par le Directoire, séparés par leurs propres mécomptes, se rencontraient, ils s'abordaient avec le ricanement de Hamlet parmi les fossoyeurs du cimetière.

chap. 9

2930 Les peuples libres sont les seuls qui aient une histoire ; les autres n'ont que des chroniques : matière pour l'érudit, le genre humain ne les connaît pas.

livre XXIV, chap. 3

2931 S'il est difficile d'empêcher de penser les peuples qui y sont accoutumés, il est cent fois plus difficile de forcer à penser ceux qui l'ont oublié ou désappris.

chap. 17

2932 Comme il n'y a pas eu de plèbe parmi nous, il n'y a pas non plus de prolétaires véritables ; c'est un nom ancien qui devrait être abandonné ; car il est offensant et ne répond point à la réalité.

2933 Véritablement, la lutte est trop inégale entre nous, qui n'avons qu'une heure, et les peuples, qui comptent sur des siècles. Nous nous exténuons à les gourmander ; à peine s'ils entendent nos murmures. Notre vie est déjà passée que la leur n'a pas vieilli d'un moment.

Critique de La Révolution, I

2934 Le vrai moyen d'honorer la Révolution est de la continuer, en portant une âme libre dans son histoire.

III

2935 Faisons-nous une âme libre pour révolutionner la Révolution.

Delphine Gay de GIRARDIN 1804-1855

Poèmes, Le bonheur d'être belle

2936 Quel bonheur d'être belle, alors qu'on est aimée !

Poèmes, La nuit

2937 Tu sais le secret de ma vie,
De ma courageuse gaieté;
Tu sais que ma philosophie
N'est qu'un désespoir accepté.

Poèmes, Les adieux

2938 Je sens à mon bonheur que je suis innocente.

La Canne de M. de Balzac

2939 Être bel homme est un métier.

2940 En bataille, en amour, en toute chose, le lendemain est un grand jour...

L'École des journalistes, acte I, scène 5

2941 Il n'est point de ces gens, banquiers imaginaires,
Qui promettent toujours, Célimènes d'affaires,
Qui ne donnent jamais; spéculateurs profonds
Que nous avons nommés *entrebailleurs* de fonds.

2942 Celui-là se croit Kant parce qu'il l'a traduit.

Jules JANIN 1804-1874

Vers écrits sur la garde d'un exemplaire des œuvres du chevalier de Bertin

2943 Avoir aimé, c'est ne plus vivre...

2944 Que l'innocence est un grand art
Et que le bonheur est un songe.

Nestor ROQUEPLAN 1804-1870

Nouvelles à la main

2945 Qui oblige s'oblige.

2946 Ce qui a déterminé beaucoup de gens à croire à l'urgence de la guerre, c'est que la majorité des Français porte aujourd'hui des moustaches.

2947 La lassitude publique deviendra, nous l'espérons, le bon sens des hommes d'État.

Charles Augustin SAINTE-BEUVE 1804-1869

Tableau de la poésie française au XVIe siècle

2948 Qu'on dise: il[1] osa trop, mais l'audace était belle.

---

1. Il s'agit de Ronsard.

Vie, Poésies et Pensées de Joseph Delorme
Vie de Joseph Delorme

2949 La médecine [...] est de tous les temps et de tous les lieux. Véritablement utile aux hommes lorsqu'on l'exerce avec zèle et intelligence, souvent elle leur donne plus que la santé, elle leur rend le bonheur; car tant de maladies viennent de l'âme [...]

2950 Le désespoir lui-même, pour peu qu'il se prolonge, devient une sorte d'asile dans lequel on peut s'asseoir et reposer.

Poésies de Joseph Delorme, Sonnets, I

2951 Pourquoi ne pas mourir? De ce monde trompeur
Pourquoi ne pas sortir sans colère et sans peur,
Comme on laisse un ami qui tient mal sa promesse?

Poésies de Joseph Delorme, Retour à la poésie

2952 Souvent à des festins de joie,
Convive malgré moi venu,
Assis sur des coussins de soie,
La coupe en main, je suis en proie
Au souci d'un mal inconnu.

Poésies de Joseph Delorme, Le rendez-vous

2953 Et mon bonheur, à moi, n'est pas de cette vie.

Pensées de Joseph Delorme, II

2954 Dans ce que nous écrivons, il y a toujours [...] les trois quarts d'inexact, [...] et qui donne beau jeu aux lecteurs de mauvaise volonté! Mais qui est-ce qui écrit pour les lecteurs de mauvaise volonté?

III

2955 Réduire l'art à une question de « forme », c'est le rapetisser et le rétrécir outre mesure.

XX

2956 Le sentiment de l'art implique un sentiment vif et intime des choses. [...] L'artiste [...] s'occupe [...] à sentir sous ce monde apparent l'autre monde tout intérieur qu'ignorent la plupart, et dont les philosophes se bornent à constater l'existence [...]

Les Consolations, à E. Fouinet

2957 Naître, vivre et mourir dans la même maison.

Volupté

2958 On croit posséder en son sein d'incomparables secrets ; on se flatte d'avoir été l'objet de fatalités singulières, et, pour peu que le cœur [...] de ceux qui nous coudoient dans la rue s'ouvre à nous, on s'étonne d'y apercevoir des misères toutes semblables, des combinaisons équivalentes.

III

2959 J'eus toujours le goût des intérieurs [...], des habitudes intimes, des convenances privées, du détail des maisons : un intérieur nouveau où je pénétrais était toujours une découverte agréable à mon cœur [...]

IV

2960 A mesure que les sens avancent et se déchaînent en un endroit, l'amour vrai tarit et s'en retire. Plus les sens deviennent prodigues et faciles, plus l'amour se contient, s'appauvrit ou fait l'avare [...]

2961 Rêver, [...] c'est ne rien vouloir, c'est répandre au hasard sur les choses la sensation présente et se dilater démesurément par l'univers, en se mêlant soi-même à chaque objet senti, tandis que la prière est voulue, qu'elle est humble, [...] et, jusqu'en ses plus chères demandes, couronnée de désintéressement.

2962 La moindre caresse de l'amour, la plus indifférente familiarité du mariage, laisse loin en arrière les plus vives avances de l'amitié.

V

2963 Idole et symbole, révélation et piège, voilà le double aspect de l'humaine beauté depuis Ève.

VI

2964 A défaut d'éclat glorieux, on réclamerait de sanglantes infortunes et des rigueurs acharnées, pour ne rien épouser qu'à demi.

VII

2965 Le dépaysement surtout et la variété des lieux, quand on commence d'aimer, tournent au profit de l'amour.

VIII

2966 Nous montons [...] l'escalier des amis d'aujourd'hui, nous disant que probablement, dans un an ou deux, nous en monterons quelque autre ; et le jour où cette prévoyance nous vient, nous sommes morts de cœur à l'amitié.

IX

2967 Qui de vous, amants humains, parmi les plus comblés, et au sein des accablantes faveurs, qui de vous n'a subi l'ennui ? [...] L'amour humain [...] a des sécheresses subites, inouïes ; c'est la pauvreté de notre nature qui fait cela.

(Volupté) X

2968 Mieux vaut [...] une passion éperdument manifeste qu'un amour caché.

XI

2969 L'avidité de savoir est distincte en nous de la fidélité d'aimer; [...] il y a dans l'homme une grande inquiétude d'apprendre qui a besoin d'errer, de se jeter au-dehors, pour ne pas dévorer le dedans [...]

XIV

2970 C'est d'espérance toujours que se nourrit obscurément et à la dérobée le désir, sans quoi il finirait par périr d'inanition et du sentiment de son inutilité.

2971 Tâcher de se guérir intimement, c'est déjà songer aux autres, c'est déjà leur faire du bien.

XIX

2972 Le monde se vante [...] qu'entre certaines gens bien nés, la querelle elle-même est décente, que la rupture n'admet point l'outrage. Le monde ment.

épilogue, la réponse de Sainte-Beuve à Amaury

2973 Si le Christ m'attendrit, Rome au moins m'embarrasse.

Églogue napolitaine, Suite de Joseph Delorme

2974 Paganisme immortel, es-tu mort? On le dit;
Mais Pan tout bas s'en moque et la Sirène en rit.

Critiques et Portraits littéraires

2975 Le point essentiel dans une vie de grand écrivain, de grand poète, est celui-ci : saisir, embrasser et analyser tout l'homme au moment où, par un concours plus ou moins lent ou facile, son génie, son éducation et les circonstances se sont accordés de telle sorte qu'il ait enfanté son premier chef-d'œuvre.

Critiques et Portraits littéraires, I, Millevoye

2976 Il se trouve, en un mot, dans les trois quarts des hommes, comme un poète qui meurt jeune, tandis que l'homme survit.

Portraits contemporains, tome IV

2977 Le style seul fait vivre.

Port-Royal
livre I, chap. 2

2978 Montaigne déjà avait trouvé [...] un style de génie, mais tout individuel et qui ne tirait pas à conséquence. Pascal a trouvé un style à la fois individuel, de génie, qui a sa marque et que nul ne peut lui prendre, et un style aussi de forme générale, logique et régulière, qui fait loi et auquel tous peuvent et doivent plus ou moins se rapporter : il a établi la prose française.

livre II, chap. 4

2979 Dans le monde, dans les divers ordres de talent et d'emploi, ces natures, que j'ai appelées « secondes », existent [...] : elles ont besoin de suivre et de s'attacher.

chap. 9

2980 Le goût[1] est un don [...] ; c'est un sens singulier que l'exercice cultive, que la pratique aiguise. Il ne paraît jamais plus noble, plus complet, plus véritablement délicat et élevé, qu'au sein d'une nature saintement morale ; mais il se voit souvent très développé chez des natures bien différentes. Une certaine corruption agréable [...] n'y messied pas, et en raffine même extrêmement plusieurs parties rares. Pour prendre des noms consacrés [...], qui donc a plus de goût que M. de Talleyrand ou que César ?

livre III, chap. 2

2981 Il y a du Montaigne en chacun de nous. Tout goût, toute humeur et passion, toute diversion, amusement et fantaisie, où le Christianisme n'a aucune part et où il est [...] ignoré [...], qu'est-ce autre chose que du Montaigne ?

chap. 15

2982 Molière, c'est la nature comme Montaigne, et sans le moindre mélange appréciable de ce qui appartient à « l'ordre de Grâce » ; il n'a pas été entamé plus que Montaigne [...] par le Christianisme [...].
Mais si Molière est « tout nature » comme Montaigne, j'oserai dire qu'il l'est encore plus richement, plus généreusement surtout. [...] Molière nous rend la nature, mais plus généreuse, plus large et plus franche [...]

livre VI, chap. 5

2983 Toute philosophie, quelle qu'elle soit au premier degré et dans son premier chef et parent, devient anti-chrétienne ou du moins hérétique à la seconde génération : c'est la loi.

---

1. Réplique à Vauvenargues : « Il faut [...] avoir l'âme pour avoir du goût » (*Introduction à la connaissance de l'esprit humain*, chap. 17).

chap. 6

2984 [...] Jésus-Christ lui-même, qui n'est plus tout à fait Dieu dans Malebranche, cessera même d'être un homme, tant le sens philosophique triomphera de l'anthropologique! Du plus haut de cette construction métaphysique de Malebranche, j'entrevois déjà tout au bout Hegel et son cortège.

Causeries du lundi
20 avril 1850

2985 Dis-moi qui t'admire et je te dirai qui tu es.

7 octobre 1850

2986 Chacun a son idéal dans le passé, et la nature, la vocation de chaque esprit ne se déclarerait jamais mieux, j'imagine, que par le choix du personnage qu'on irait d'abord chercher si l'on revenait dans un temps antérieur.

21 octobre 1850

2987 Un vrai classique, [...] c'est un auteur qui a enrichi l'esprit humain, qui en a réellement augmenté le trésor, qui lui a fait faire un pas de plus, qui a découvert quelque vérité morale non équivoque, ou ressaisi quelque passion éternelle dans ce cœur où tout semblait connu et exploré ; qui a rendu sa pensée, son observation ou son invention, sous une forme n'importe laquelle, mais large et grande, fine et sensée, saine et belle en soi ; qui a parlé à tous dans un style à lui et qui se trouve aussi celui de tout le monde, dans un style nouveau sans néologisme, nouveau et antique, aisément contemporain de tous les âges.

20 janvier 1851

2988 [...] cette faculté de *demi*-métamorphose, qui est le jeu et le triomphe de la critique, et qui consiste à se mettre à la place de l'auteur [...]

15 septembre 1851

2989 La postérité, de plus en plus, me paraît ressembler à un voyageur pressé qui fait sa malle, et qui ne peut y faire entrer qu'un petit nombre de volumes choisis.

27 septembre 1852

2990 Il y a la race des hommes qui, lorsqu'ils découvrent autour d'eux un vice, une sottise ou littéraire ou morale, gardent le secret et ne songent qu'à s'en servir ou à en profiter doucement [...] ; c'est le grand nombre. Et pourtant il y a la race encore de ceux qui, voyant ce faux et ce convenu hypocrite, n'ont pas de cesse que [...] la vérité, comme ils la sentent, ne soit sortie et proférée. Qu'il s'agisse de rimes ou même de choses un peu plus sérieuses, soyons de ceux-là.

8 novembre 1852

2991 Il faut une morale à tout. [...] Ma morale [...], c'est qu'en ayant tous nos défauts, le pire de tous encore est de ne pas être sincère, véridique, et de se rompre à mentir.

12 février 1853

2992 Il est un point élevé où l'art, la nature et la morale ne font qu'un et se confondent.

16 janvier 1854

2993 Qu'on ne voie entre les génies proprement dits et la médiocrité qui les entoure que du plus ou du moins [...], je ne saurais appeler cela que myopie.

20 octobre 1856

2994 Les jeunes gens [...] cherchent plutôt dans les hommes célèbres du passé et dans les noms en vogue des prétextes à leurs propres passions ou à leurs systèmes, des véhicules à leurs trains d'idées et à leurs ardeurs [...]. Voir les choses telles qu'elles sont et les hommes tels qu'ils ont été est l'affaire déjà d'une intelligence qui se désintéresse, et un effet, je le crains, du refroidissement.

5 février 1857

2995 [...] cet ordre stable et ce gouvernement qui seul rend possibles [...] les fêtes de l'esprit.

4 mai 1857

2996 Quand des œuvres vraies et vives passent devant nous, à notre portée et pavillon flottant, d'un air de dire: « Qu'en dites-vous? », si l'on est vraiment critique, [...] on pétille d'impatience, [...] on grille de lancer son mot, de les saluer au passage, ces nouveaux venus, ou de les canonner vivement. Il y a longtemps que Pindare l'a dit pour ce qui est des vers: Vive le vieux vin et les jeunes chansons!

12 avril 1858

2997 Le classique [...], dans son caractère le plus général et dans sa plus large définition, comprend les littératures à l'état de santé et de fleur heureuse, les littératures en plein accord et en harmonie avec leur époque, avec leur cadre social, avec les principes et les pouvoirs dirigeants de la société [...] qui sont et qui se sentent chez elles, dans leur voie, non déclassées, non troublantes, n'ayant pas pour principe le *malaise*, qui n'a jamais été un principe de beauté.

(Causeries du lundi, 12 avril 1858)

2998 Le romantique a la nostalgie, comme Hamlet; il cherche ce qu'il n'a pas, et jusque par delà les nuages; il rêve, il vit dans les songes. Au XIXe siècle, il adore le moyen âge; au XVIIIe siècle, il est déjà révolutionnaire avec Rousseau. Au sens de Goethe, il y a des romantiques de divers temps: le jeune homme de Chrysostome, Stagyre, Augustin dans sa jeunesse, étaient des romantiques, des Renés anticipés, des malades; mais c'étaient des malades pour guérir, et le Christianisme les a guéris: il a exorcisé le démon. Hamlet, Werther, Childe-Harold, les Renés purs, sont des malades pour chanter et souffrir, pour jouir de leur mal, des romantiques plus ou moins par dilettantisme: — la maladie pour la maladie.

Nouveaux lundis, 1862

2999 [...] tâchons de trouver ce nom caractéristique d'un chacun, et qu'il porte gravé moitié au front, moitié au-dedans du cœur [...]

Nouveaux lundis, 1864

3000 Lorsqu'on[1] dit et qu'on répète que la littérature est l'expression de la société, il convient de ne l'entendre qu'avec bien des précautions et des réserves [...] Il n'y a rien [...] de plus imprévu que le talent, et il ne serait pas le talent s'il n'était imprévu [...]

Les Cahiers

3001 La critique [...], c'est le plaisir de connaître les esprits, non de les régenter.

3002 Il faut écrire le plus possible comme on parle, et ne pas trop parler comme on écrit.

3003 La nature veut qu'on jouisse de la vie le plus possible, et qu'on meure sans y penser. Le christianisme a retourné cela.

3004 Le plus souvent, nous ne jugeons pas les autres, mais nous jugeons nos propres facultés dans les autres.

3005 Une des plus vraies satisfactions de l'homme, c'est quand la femme qu'il a passionnément désirée et qui s'est refusée opiniâtrement à lui, cesse d'être belle.

Mes poisons (Plon et Nourrit)
1, En guise de préface

3006 Dans mes portraits, le plus souvent la louange est extérieure, et la critique intestine. Pressez l'éponge, l'acide sortira.

2, Sur lui-même

3007 Tout roman est contraire au véritable christianisme, parce que tout roman renferme en soi et caresse plus ou moins un idéal de félicité sur terre, ou un idéal de douleurs.

1. Il s'agit de Taine.

20. Sur son œuvre

3008 Ce que je fais, c'est de l'*histoire naturelle littéraire*.

3009 De toutes les dispositions d'esprit, l'ironie est la moins intelligente.

21. Sur la critique

3010 La critique est pour moi une métamorphose : je tâche de disparaître dans le personnage que je reproduis.

3011 Je veux de l'érudition, mais une érudition maîtrisée par le jugement et organisée par le goût.

22. Pensées philosophiques

3012 Trop de libertinage dans la jeunesse dessèche le cœur, et trop de continence engorge l'esprit.

3013 Ce serait avoir gagné beaucoup dans la vie que de savoir rester toujours parfaitement naturel et sincère avec soi-même, de ne croire aimer que ce qu'on aime véritablement et de ne pas prolonger par amour-propre et par émulation vaine des passions déjà expirées en nous [...]

George SAND 1804-1876

Indiana
préface de 1832

3014 Nous vivons dans un temps de ruine morale, où la raison humaine a besoin de rideaux pour atténuer le trop grand jour qui l'éblouit.

3015 Peut-être que tout l'art du conteur consiste à intéresser à leur propre histoire les coupables qu'il veut ramener, les malheureux qu'il veut guérir.

première partie, 1

3016 Cette douceur qu'on a par générosité avec les gens qu'on aime, et par égard pour soi-même avec ceux qu'on n'aime pas.

2

3017 En France particulièrement, les mots ont plus d'empire que les idées.

4

3018 L'amour-propre est dans l'amour comme l'intérêt personnel est dans l'amitié.

5

3019 L'homme qui a un peu usé ses émotions est plus pressé de plaire que d'aimer.

(Indiana) deuxième partie, 10

3020 Le plus honnête des hommes est celui qui pense et qui agit le mieux, mais le plus puissant est celui qui sait le mieux écrire et parler.

3021 Réussir [...] à se faire une conviction contre toute espèce de vraisemblance et à la faire prévaloir quelque temps parmi les hommes sans conviction aucune, c'est l'art qui confond le plus.

3022 Toute sa conscience, c'était la loi ; toute sa morale, c'était son droit.

14

3023 Je crois que l'opinion politique d'un homme, c'est l'homme tout entier. Dites-moi votre cœur et votre tête, et je vous dirai vos opinions politiques.

troisième partie, 23

3024 Dieu ne veut pas qu'on opprime et qu'on écrase les créatures de ses mains. S'il daignait descendre jusqu'à intervenir dans nos chétifs intérêts, il briserait le fort et relèverait le faible ; il passerait sa grande main sur nos têtes inégales et les nivellerait comme les eaux de la mer [...]

30

3025 Le malheur, en s'attachant à moi, m'enseigna peu à peu une autre religion que la religion enseignée par les hommes.

conclusion

3026 La société ne doit rien exiger de celui qui n'attend rien d'elle.

La Mare au diable, note

3027 Le rêve de la vie champêtre a été de tout temps l'idéal des villes et même celui des cours.

3028 Tout ce que l'artiste peut espérer de mieux, c'est d'engager ceux qui ont des yeux à regarder aussi.

La Mare au diable, 1

3029 Il faut que tous soient heureux, afin que le bonheur de quelques-uns ne soit pas criminel et maudit de Dieu.

3030 L'Église du Moyen Age répondait aux terreurs des puissants de la terre par la vente des indulgences. Le gouvernement d'aujourd'hui calme l'inquiétude des riches en leur faisant payer beaucoup de gendarmes et de geôliers, de baïonnettes et de prisons.

3031 L'art n'est pas une étude de la réalité positive ; c'est une recherche de la vérité idéale.

2

3032 La nature est éternellement jeune, belle et généreuse. Elle verse la poésie et la beauté à tous les êtres, à toutes les plantes, qu'on laisse s'y développer à souhait.

3033 Un jour viendra où le laboureur pourra être aussi un artiste, sinon pour exprimer (ce qui importera assez peu alors), du moins pour sentir le beau.

3034 Celui qui puise de nobles jouissances dans le sentiment de la poésie est un vrai poète, n'eût-il pas fait un vers dans toute sa vie.

François le Champi, avant-propos

3035 Entre la « connaissance » et la « sensation », le rapport, c'est le « sentiment ».

3036 La nature est une œuvre d'art, mais Dieu est le seul artiste qui existe, et l'homme n'est qu'un arrangeur de mauvais goût.

3037 L'art est une démonstration dont la nature est la preuve.

3038 Les chansons, les récits, les contes rustiques, peignent en peu de mots ce que notre littérature ne sait qu'amplifier et déguiser.

3039 Les chefs-d'œuvre ne sont jamais que des tentatives heureuses.

3040 Quand un homme a fait deux ou trois chefs-d'œuvre, si courts qu'ils soient, on doit le couronner et lui pardonner ses erreurs.

Contes d'une grand-mère, La fée poussière

3041 Cette pauvre planète encore enfant est destinée à se tranformer indéfiniment. L'avenir fera de vous tous et de vous toutes, faibles créatures humaines, des fées et des génies qui possèdent la science, la raison et la bonté.

Correspondance
à Mme d'Agoult, mai 1835

3042 Écrivez, pendant que vous avez du génie, pendant que c'est le dieu qui vous dicte, et non la mémoire.

à M***, juin 1835

3043 Ce n'est pas grand'merveille que d'aimer […]. Il faut un travail rude et une haute volonté pour faire de la passion une vertu.

à Mme d'Agoult, juillet 1836

3044 Ne pas croire à d'autre Dieu que celui qui ordonne aux hommes la justice, l'égalité.

au prince Louis-Napoléon Bonaparte, décembre 1844

3045 Nous autres, cœurs démocrates, nous aurions peut-être préféré être conquis par vous que par tout autre ; mais nous n'aurions pas moins été conquis, [...] d'autres diraient délivrés.

à M. Charles Poncy, mars 1848

3046 Le gouvernement est composé d'hommes excellents pour la plupart, tous un peu incomplets et insuffisants à une tâche qui demanderait le génie de Napoléon et le cœur de Jésus.

à Maurice Sand, avril 1848

3047 La vérité n'a de vie que dans une âme droite et d'influence que dans une bouche pure.

à Joseph Mazzini, novembre 1848

3048 [...] il faut s'avouer impuissant devant cette fatalité politique d'un nouvel ordre dans l'histoire : *le suffrage universel*.

à M. E. Planchut, février 1849

3049 Les riches ne font tout ce mal que parce que le peuple tend le cou.

à Joseph Mazzini, septembre 1850

3050 Dans la politique, toute poésie est un mensonge auquel la conscience se refuse.

à M. Alphonse Fleury, avril 1852

3051 *Qui veut la fin veut les moyens*. Ce principe est vrai en fait, faux en morale, et un parti qui rompt avec la morale ne vivra jamais en France [...]

à Maurice Sand, septembre 1861

3052 Quant à l'État, qui n'est pas Dieu, il faut pourtant qu'il cherche à imiter Dieu dans sa logique, sa patience, sa protection universelle, sa douceur et sa prévoyante fécondité.

à Flaubert, septembre 1866

3053 Il n'y a rien là où règne le prêtre et où le vandalisme catholique a passé, rasant les monuments du vieux monde et semant les poux de l'avenir.

à Armand Barbès, mai 1867

3054 Le vrai est trop simple, il faut y arriver toujours par le compliqué.

Victor SCHŒLCHER 1804-1893

De l'esclavage des noirs et de la législation coloniale, chap. 11

3055 Si les nègres font partie de l'espèce humaine, ils ne nous appartiennent plus, ils sont nos égaux.
Si les nègres font partie de l'espèce brute, nous avons droit de les exploiter, de les utiliser à notre profit, comme les rennes, les bœufs et les chameaux ; nous avons même aussi le droit, c'est une conséquence forcée, de les manger comme des poulets et des chevreuils ; — il n'y a pas ici de juste milieu.

Des colonies françaises

3056 Tant que l'association du travail et du capital ne viendra pas faire de l'employeur et de l'employé des compagnons également intéressés à la chose commune par un bénéfice proportionnellement égal, forcé de choisir entre deux maux, nous aimerons mieux que l'ouvrier fasse la loi au maître qui gardera toujours une bonne table, plutôt que le maître à l'ouvrier qui souffre et pâtit, jusqu'à ce qu'il entre dans les demeures inconnues où nous allons tous et où personne n'a faim.

Vie de Toussaint Louverture, préface

3057 Ainsi que pour les individus, nul ne fait du mal à autrui sans s'en faire à soi-même ; ainsi pour les sociétés, celle qui en opprime, qui en dégrade une autre, se condamne elle-même à la souffrance. Les victimes d'hier sont les bourreaux de demain.

Eugène SUE 1804-1857

Les Mystères de Paris

3058 [...] les plus grands scélérats ont du moins quelques années de paix et d'innocence à opposer à leurs années criminelles et sanglantes. On ne naît pas méchant...

3059 La passion physique peut atteindre [...] à une incroyable intensité ; alors tous les phénomèmes qui, dans l'ordre moral, caractérisent l'amour irrésistible, unique, absolu, se reproduisent dans l'ordre matériel.

3060 Tu es laid... sois terrible, on oubliera ta laideur. Tu es vieux... sois énergique, on oubliera ton âge.

Le Juif errant

3061 Le Seigneur, dans ses vues impénétrables, m'a conduit jusqu'ici [Paris] à travers la France, en me faisant éviter sur ma route jusqu'au plus humble hameau ; aussi aucun redoublement de glas funèbre n'a signalé mon passage.

3062 Votre Éminence peut être convaincue que je suis romaine de cœur, d'âme et de conviction ; je ne fais aucune différence entre un gallican et un Turc, dit bravement la princesse.

3063 Ah ! Lyon est la digne capitale de la France catholique... Trois cent mille écus de donation... voilà de quoi confondre l'impiété... trois cent mille écus !!! Que répondront à cela messieurs les philosophes ?

3064 [...] une attaque horrible contre cette maxime qui est le catholicisme tout entier : *Hors de l'Église pas de salut.*

3065 Comme c'est intéressant, un vilain petit animal noirâtre tendant fil sur fil, renouant ceux-ci, renforçant ceux-là [...] Vous haussez les épaules, soit... mais revenez deux heures après ; que trouvez-vous ? le petit animal noirâtre bien gorgé, bien repu [...]

3066 Je vise toujours au cœur, moi ; c'est légal, et c'est sûr.

3067 Mort aux carabins[1] !

3068 Lorsque la multitude, égarée par une rage aveugle, se rue sur une victime en poussant des clameurs féroces et que chacun frappe son coup, cette espèce d'épouvantable meurtre en commun semble à tous moins horrible, parce que tous en partagent la solidarité...

Auguste BARBIER 1805-1882

Iambes et Poèmes, La curée, II

3069 [...] Et sous le sable détesté
La grande populace et la sainte canaille
Se ruaient à l'immortalité.

3070 C'est que la Liberté n'est pas une comtesse
Du noble faubourg Saint-Germain...
[...]
C'est une femme enfin qui, toujours belle et nue,
Avec l'écharpe aux trois couleurs,
Dans nos murs mitraillés tout à coup revenue ;
Vient de sécher nos yeux en pleurs...

Iambes et Poèmes, La popularité, V

3071 La popularité ! — c'est la grande impudique
Qui tient dans ses bras l'univers [...]

---

1. Pendant l'épidémie de choléra.

Iambes et Poèmes, L'idole, III

3072 O Corse aux cheveux plats! que ta France était belle
Au grand soleil de Messidor!

3073 Centaure impétueux, tu pris sa chevelure,
Tu montas botté sur son dos.

Satires, prologue

3074 Voilà ce que j'essaie... Ah! quand la veine s'use,
[...]
Il faut se départir des grands airs d'inventeur
Et faire volontiers métier d'imitateur.

Auguste BLANQUI 1805-1881

Critique sociale
tome I, Capital et travail

3075 L'économie politique est le code de l'usure [...]

I, prologue

3076 Le prêteur viole outrageusement cette loi mathématique: l'équivalence de l'échange.

3077 L'usure a changé de camp. Elle est avec César [...] et le Peuple est avec la République.

II, Capital et travail

3078 Définir, c'est savoir. Aussi la définition juste est-elle la plus rare des denrées.

3079 L'Épargne, cette divinité du jour, prêchée dans toutes les chaires, l'Épargne est une peste.

3080 Le capital est du *travail volé*.

III, Le luxe

3081 Pourquoi le sexe charmant a-t-il oublié les garnitures de clochettes? Les mules avaient pris l'initiative.

IV, Les apologies de l'usure

3082 « Le capital ne se formera plus, puisqu'il n'y aura plus *intérêt* à le former. »
Délicieux, le calembour! On n'en a jamais pondu de si frais.

V, Le communisme, avenir de la société

3083 Supposez, une belle nuit, tous les soldats transformés en savants. J'imagine que l'entrée des officiers dans la caserne, le lendemain matin, offrirait un spectacle des plus pittoresques, et que leur sortie s'opérerait pour le moins au pas gymnastique.

3084 C'est une chose réjouissante, quand on discute communisme, comme les terreurs de l'adversaire le portent d'instinct sur ce meuble fatal! « Qui videra le pot de chambre ? » C'est toujours le premier cri. « Qui videra *mon* pot de chambre », veut-il dire, au fond.

3085 Le communisme, qui est la Révolution même, doit se garder des allures de l'utopie et ne se séparer jamais de la politique.

tome II, X, La propriété intellectuelle

3086 Seuls, l'écrivain, le savant, l'inventeur, doivent leur gain au travail personnel, sans la plus légère souillure d'exploitation.

XXX, Lamartine et Rothschild

3087 M. de Rothschild pompe [...] énormément. Lorsqu'il n'est pas satisfait des révolutionnaires, il retient toutes les vapeurs pompées et ne lâche pas une goutte d'eau, moyen infaillible de rôtir les perturbateurs [...]

3088 M. de Lamartine [...] est bien toujours le même, un pied dans chaque camp et sur chaque rive, un vrai colosse de Rhodes, ce qui fait que le vaisseau de l'État lui passe toujours entre les jambes.

Eugénie de GUÉRIN 1805-1848

Lettre à Maurice de Guérin, 17 juin 1831

3089 J'ai vu des fous, j'ai vu des sages dans mes courses, car on voit un peu de tout en courant

3090 Israël deviendra un grand peuple.

Lettre à madame de Maistre, 23 octobre 1838

3091 Les rois peuvent voir tomber leurs palais, les fourmis auront toujours leur demeure.

Lettre à H. de la Morvonnais, 19 juillet 1940

3092 Les poètes ne meurent pas, ni les amis, je vous assure, Monsieur.

Henri MARET 1805-1884

La Commune, n° du 10 mai 1871

3093 On aurait beau frotter un bâton pendant deux mois, on n'en tirerait pas un verre de chartreuse.
Nous n'irons donc pas jusqu'à demander aux Versaillais d'avoir de l'esprit...

Henri MONNIER 1805-1877

Grandeur et décadence de M. Joseph Prudhomme
acte I, scène 7

3094 Ah! quel bonheur! avoir une fille baronne et un mari décoré!

acte II, scène 2

3095 Bons villageois! hommes primitifs qui avez gardé, malgré les révolutions, le respect des supériorités sociales, c'est parmi vous que je veux couler mes jours.

scène 5

3096 Quand on est riche, il faut le montrer.

scène 10

3097 Je l'ai toujours dit: les hommes sont égaux. Il n'y a de véritable distinction que la différence qui peut exister entre eux.

scène 13

3098 Messieurs! ce sabre... est le plus beau jour de ma vie.

acte III, scène 3

3099 Le char de l'État navigue sur un volcan...

acte IV, scène 2

3100 Comme il faut qu'un bourgeois soit riche pour avoir des opinions!

Mémoires de M. Joseph Prudhomme

3101 Qu'est-ce que la bourgeoisie en ce moment? Tout. Que doit-elle être? Je l'ignore.

3102 On ne va jamais plus loin que lorsqu'on ne sait pas où l'on va, a dit un homme politique célèbre.

3103 Un auteur doit toujours avoir son manuscrit dans sa poche, on ne sait pas ce qui peut arriver.

3104 Embêtant n'est pas français.

3105 C'est mon opinion, et je la partage.

Sous la gravure de L. Deghouy représentant Joseph Prudhomme

3106 Ce livre est le plus beau jour de ma vie!

Alexis de TOCQUEVILLE 1805-1859

De la démocratie en Amérique
introduction

3107 Le goût du luxe, l'amour de la guerre, l'empire de la mode, les passions les plus superficielles du cœur humain comme les plus profondes, semblent travailler à appauvrir les riches et à enrichir les pauvres.

3108 Il faut une science politique nouvelle à un monde tout nouveau.

3109 J'avoue que dans l'Amérique j'ai vu plus que l'Amérique ; j'y ai cherché une image de la démocratie elle-même.

livre I, première partie, chap. 2

3110 L'homme est pour ainsi dire tout entier dans les langes de son berceau. Il se passe quelque chose d'analogue chez les nations. Les peuples se ressentent toujours de leur origine.

3111 L'Amérique est le seul pays où l'on ait pu assister aux développements naturels et tranquilles d'une société, et où il ait été possible de préciser l'influence exercée par le point de départ sur l'avenir des États.

chap. 3

3112 L'état social est ordinairement le produit d'un fait, quelquefois des lois, le plus souvent de ces deux causes réunies ; mais une fois qu'il existe, on peut le considérer lui-même comme la cause première de la plupart des lois, des coutumes et des idées qui règlent la conduite des nations ; ce qu'il ne produit pas, il le modifie.

chap. 5

3113 Il n'y a au monde que le patriotisme, ou la religion, qui puisse faire marcher pendant longtemps vers un même but l'universalité des citoyens.
Il ne dépend pas des lois de ranimer les croyances qui s'éteignent ; mais il dépend des lois d'intéresser les hommes aux destinées de leur pays.

3114 Le plus redoutable de tous les maux qui menacent l'avenir des États-Unis naît de la présence des noirs sur leur sol.

3115 L'esclave est un serviteur qui ne discute point et se soumet à tout sans murmurer. Quelquefois il assassine son maître, mais il ne lui résiste jamais.

3116 Il y a aujourd'hui sur la terre deux grands peuples qui, partis de points différents, semblent s'avancer vers le même but : ce sont les Russes et les Anglo-Américains.

3117 L'Américain lutte contre les obstacles que lui oppose la nature ; le Russe est aux prises avec les hommes. L'un combat le désert et la barbarie, l'autre la civilisation revêtue de toutes ses armes : aussi les conquêtes de l'Américain se font-elles avec le soc du laboureur, celles du Russe avec l'épée du soldat.

livre II, première partie, chap. 12

3118 Les rapports qui existent entre l'état social et politique d'un peuple et le génie de ses écrivains sont toujours très nombreux ; qui connaît l'un n'ignore jamais complètement l'autre.

chap. 16

3119 Les hommes qui vivent dans les pays démocratiques ne savent guère la langue qu'on parlait à Rome et à Athènes. Mais il arrive quelquefois que ce sont les plus ignorants d'entre eux qui en font le plus souvent usage.

troisième partie, chap. 12

3120 Je pense que le mouvement social qui rapproche du même niveau le fils et le père, le serviteur et le maître, et, en général, l'inférieur et le supérieur, élève la femme et doit de plus en plus en faire l'égale de l'homme.

chap. 24

3121 Un peuple aristocratique qui, luttant contre une nation démocratique, ne réussit pas à la ruiner dès les premières campagnes, risque toujours beaucoup d'être vaincu par elle.

quatrième partie, chap. 8

3122 Il faut donc bien prendre garde de juger les sociétés qui naissent avec les idées qu'on a puisées dans celles qui ne sont plus.

L'Ancien Régime et la Révolution
avant-propos

3123 La destinée des individus est encore bien plus obscure que celle des peuples.

livre premier, chap. 1

3124 Les grandes révolutions qui réussissent, faisant disparaître les causes qui les avaient produites, deviennent ainsi incompréhensibles par leurs succès mêmes.

livre II, chap. 3

3125 Tel qui laisse volontiers le gouvernement de toute la nation dans la main d'un maître, regimbe à l'idée de n'avoir pas à dire son mot dans l'administration de son village.

(L'Ancien Régime et la Révolution) chap. 6

3126 L'histoire est une galerie de tableaux où il y a peu d'originaux et beaucoup de copies.

chap. 7

3127 Du temps de la Fronde, Paris n'est encore que la plus grande ville de France. En 1789, il est déjà la France même.

chap. 8

3128 Il n'y a rien qui s'égalise plus lentement que cette superficie de mœurs qu'on nomme les manières.

chap. 12

3129 On peut m'opposer sans doute des individus; je parle des classes, elles seules doivent occuper l'historien.

3130 Il faut se défier de la gaieté que montre souvent le Français dans ses plus grands maux; elle prouve seulement que, croyant sa mauvaise fortune inévitable, il cherche à s'en distraire en n'y pensant point, et non qu'il ne la sent pas.

livre III, chap. 1

3131 Ce qui est qualité dans l'écrivain est parfois vice dans l'homme d'État, et les mêmes choses qui souvent ont fait de beaux livres peuvent souvent mener à grandes révolutions.

chap. 2

3132 Si les Français qui firent la Révolution étaient plus incrédules que nous en fait de religion, il leur restait du moins une croyance admirable qui nous manque: ils croyaient en eux-mêmes.

chap. 3

3133 Qui cherche dans la liberté autre chose qu'elle-même est fait pour servir.

chap. 4

3134 Le régime qu'une révolution détruit vaut presque toujours mieux que celui qui l'avait immédiatement précédé, et l'expérience apprend que le moment le plus dangereux pour un mauvais gouvernement est d'ordinaire celui où il commence à se réformer.

chap. 6

3135 Le meilleur moyen d'apprendre aux hommes à violer les droits individuels des vivants est de ne tenir aucun compte de la volonté des morts.

chap. 8

3136 Le contraste entre la bénignité des théories et la violence des actes, qui a été l'un des caractères les plus étranges de la Révolution française, ne surprendra personne si l'on fait attention que cette révolution a été préparée par les classes les plus civilisées de la nation, et exécutée par les plus incultes et les plus rudes.

3137 C'est 89, temps d'inexpérience sans doute, mais de générosité, d'enthousiasme, de virilité et de grandeur, temps d'immortelle mémoire, vers lequel se tourneront avec admiration et avec respect les regards des hommes, quand ceux qui l'ont vu et nous-mêmes auront disparu depuis longtemps.

3138 [La France:] La plus brillante et la plus dangereuse des nations de l'Europe, et la mieux faite pour y devenir tour à tour un objet d'admiration, de haine, de pitié, de terreur, mais jamais d'indifférence.

Félix ARVERS 1806-1850

Mes heures perdues

3139 Mon âme a son secret, ma vie a son mystère,
Un amour éternel en un moment conçu.
Le mal est sans espoir, aussi j'ai dû le taire,
Et celle qui l'a fait n'en a jamais rien su.

3140 A l'austère devoir pieusement fidèle,
Elle dira, lisant ces vers tout remplis d'elle :
« Quelle est donc cette femme ? » et ne comprendra pas.

Sonnet

3141 Le ciel m'a donné plus que je n'osais prétendre :
L'amitié, par le temps, a pris un nom plus tendre,
Et l'amour arriva, qu'on ne l'attendait plus.

Michel CHEVALIER 1806-1879

Lettres sur l'Amérique du Nord
tome premier, 1

3142 Lorsque vous rapprochez deux hommes qui jusque-là avaient vécu éloignés l'un de l'autre, pour peu que ces hommes aient quelque qualité éminente, leur frottement produit inévitablement quelque étincelle. Si au lieu de deux hommes, les deux pôles de votre pile sont deux peuples, le résultat s'élargit dans la proportion d'un peuple à un homme.

II

3143 Un ébranlement général du crédit, pour peu qu'il dure, est plus redoutable ici [aux États-Unis] que le plus terrible tremblement de terre.

V

3144 Un peuple *absolu* peut aussi bien qu'un roi *absolu* dédaigner pour un temps les conseils de l'expérience et de la sagesse. Un peuple aussi bien qu'un roi peut avoir ses courtisans.

VI

3145 [Les] mots de *monopole* et d'*aristocratie* sont ici ce qu'était le mot de *jésuites* en France il y a quelques années.

3146 La *politique* des États-Unis, c'est l'extension de leur commerce [...]

IX

3147 [...] qui peut dire que ces deux jeunes colosses qui se regardent d'un bord à l'autre de l'Atlantique, et se touchent sur les rivages de l'océan Pacifique, ne se partageront pas bientôt la domination de l'Univers?

X

3148 A force d'exagérer les applications du grand principe d'unité, nous avons organisé la France comme si c'était, non un puissant royaume, mais une province d'un empire.

XIII

3149 En Amérique [...], une coalition signifie: Augmentez nos salaires, sinon nous allons à l'Ouest.

XV

3150 L'égoïsme américain est plus sage que le nôtre; il ne s'abaisse jamais à de misérables lésineries; il taille en pleine étoffe.

tome II, XXIII

3151 En toute chose le Français a besoin de sentir légèrement le coude du voisin, comme dans une ligne de bataille.

XXIV

3152 Dans une société travaillante, l'argent, fruit et objet du travail, ne sent pas mauvais.

3153 La France est un pays pauvre.

XXVII

3154 [...] la liberté américaine n'est pas une liberté mystique, indéfinie; c'est une liberté spéciale [...] C'est une liberté de travail et de locomotion, dont l'Amérique profite pour se répandre sur l'immense territoire que lui a donné la Providence [...]

XXXIV

3155 Luttons contre les États-Unis, moins en dénonçant leurs péchés au monde, qu'en nous efforçant de nous approprier leurs vertus et leurs facultés [...]

Émile de GIRARDIN 1806-1881

Le Socialisme et l'Impôt, introduction

3156 Le socialisme avait un levier ; ce levier, c'était le budget ; mais il lui manquait un point d'appui pour soulever le monde : ce point d'appui, la révolution de février le lui a donné ; c'est le suffrage universel.

deuxième partie, II

3157 La force des gouvernements est en raison inverse du poids des impôts.

3158 L'impôt est une chaîne dont les peuples fournissent le métal, cela est vrai, mais ce sont les gouvernements qui la traînent.

VI

3159 L'impôt sur le capital c'est l'œuf de Christophe Colomb ; c'est la pyramide qui, assise d'aplomb sur sa base, se consolide d'elle-même par sa propre pesanteur [...] ; c'est la révolution sans les révolutionnaires.

VII

3160 L'impôt sur le revenu agit comme le mors ; l'impôt sur le capital agit comme l'éperon.

VIII

3161 La Misère, entretenue par la Charité, disparaîtra par l'Épargne.

Les 52
I. Apostasie

3162 La France ne manque pas d'hommes ; mais un homme lui manque.

3163 Là où la liberté de la presse existe, la liberté de l'enseignement doit également exister, sous peine d'inconséquence, car ce sont deux branches d'un même arbre.

3164 [...] la liberté n'est pas à craindre, tant qu'elle n'a pas à craindre pour elle-même.

3165 Le calcul des probabilités, appliqué à la mortalité humaine [...] a donné naissance à une science nouvelle [...] : celle des assurances. Le calcul des probabilités appliqué à la vie des nations, aux cas de guerre et de révolution, est le fondement de toute haute politique [...] Gouverner, c'est prévoir.

III, L'équilibre financier par la réforme administrative

3166 L'Angleterre est à la France ce qu'un pôle est à l'autre.

3167 Longtemps on a dit, en parlant des hommes : — *Diviser pour régner ;* nous disons, nous, en parlant des choses : — *Diviser pour administrer.*

IV, La note du 14 décembre

3168 Le juré n'a qu'un juge, le juge n'a qu'un juré, c'est Dieu !

3169 [...] que le ministère le sache bien, il est condamné au succès.

3170 [...] la routine, cette préface des révolutions !

3171 *Usez-vous les uns les autres !* Ces paroles semblent avoir pris dans notre évangile politique la place de celles-ci empruntées au premier des livres : *Aimez-vous les uns les autres !*

V, Respect de la Constitution

3172 Respect de la Constitution, car on connaît la Constitution qu'on a, mais on n'est jamais sûr de celle qu'on aura.

3173 Un diadème posé sur une tête n'y a jamais fait entrer une idée de plus que ce qu'elle en pouvait contenir.

VI, La Constituante et la Législative

3174 Non, un journal ne peut ni ne doit abdiquer ; aussi n'abdiquons-nous pas.

3175 Une majorité vaut ce que vaut le gouvernement qui la met en mouvement.

Désiré NISARD 1806-1888

Histoire de la littérature française, livre I, chap. 1, § 1

3176 Dans l'ordre naturel, chaque individu est parfait [...] Au contraire, parmi les écrivains, plus on descend, plus l'imperfection se fait voir, jusqu'à ce qu'on en rencontre qui n'ont fait que sentir par la mémoire et écrire par l'imitation [...]

§ 2

3177 L'esprit français [...], c'est l'esprit pratique par excellence. La littérature française, c'est l'image idéalisée de la vie humaine, dans tous les pays et dans tous les temps [...] L'art français [...] c'est l'ensemble des procédés les plus propres à exprimer cet idéal sous des formes durables.

§ 3

3178 L'homme de génie, en France, c'est celui qui dit ce que tout le monde sait. Il n'est que l'écho intelligent de la foule.

§ 4, titre

3179 [...] l'image la plus exacte de l'esprit français est la langue française elle-même.

chap. 3, § 1

3180 La multitude des poètes ne prouve guère que l'ignorance ou le relâchement de l'art.

§ 2

3181 Le génie seul est le père des langues durables.

chap. 4, § 1

3182 Si un sourd-muet, disait-on, recouvrait la parole, il parlerait le français de Paris.

livre 4, conclusion

3183 [...] la valeur de chaque esprit sera toujours proportionnée à la part qu'il aura reçue de la force commune.

Louis dit **Aloysius BERTRAND** 1807-1841

Gaspard de la nuit
texte préliminaire

3184 Enfance et poésie! Que l'une est éphémère, et que l'autre est trompeuse! L'enfance est un papillon qui se hâte de brûler ses blanches ailes aux flammes de la jeunesse, et la poésie est semblable à l'amandier : ses fleurs sont parfumées et ses fruits sont amers.

3185 Toute originalité est un aiglon qui ne brise la coquille de son œuf que dans les aires sublimes et foudroyantes du Sinaï.

cinquième livre, La chanson du masque

3186 Ce n'est point avec le froc et le chapelet, c'est avec le tambour de basque et l'habit de fou que j'entreprends, moi, la vie, ce pèlerinage à la mort!

sixième livre, Chèvremorte

3187 Ainsi mon âme est une solitude où, sur le bord de l'abîme, une main à la vie et l'autre à la mort, je pousse un sanglot désolé.

Pièces détachées, à M. David, statuaire

3188 Non, Dieu, éclair qui flamboie dans le triangle symbolique, n'est point le chiffre tracé sur les lèvres de la sagesse humaine!

Jules BARBEY D'AUREVILLY 1808-1889

Une vieille maîtresse, chap. 2

3189 Les passions [...] font moins de mal que l'ennui, car les passions tendent toujours à diminuer, tandis que l'ennui tend toujours à s'accroître.

chap. 6

3190 Les petits soins sont les grands pour les femmes.

L'Ensorcelée, chap. 9

3191 C'est surtout ce qu'on ne comprend pas qu'on explique. L'esprit humain se venge de ses ignorances par ses erreurs.

Les Diaboliques, Le plus bel amour de Don Juan

3192 C'est un rude spiritualiste que Don Juan. Il l'est comme le démon lui-même, qui aime les âmes encore plus que les corps et qui fait même cette traite-là de préférence à l'autre, le négrier infernal.

3193 Je n'ai jamais vu moins de manège, moins de pruderie et de coquetterie, ces deux choses si souvent emmêlées dans les femmes, comme un écheveau dans lequel la griffe du chat aurait passé.

Les Diaboliques, Le bonheur dans le crime

3194 [...] les êtres heureux sont graves. Ils portent en eux attentivement leur cœur, comme un verre plein, que le moindre mouvement peut faire déborder ou briser.

3195 [...] l'oisiveté, sans laquelle il n'y a pas d'amour, mais qui tue aussi souvent l'amour qu'elle est nécessaire pour qu'il naisse.

Les Diaboliques, Le dessous de cartes

3196 Comme toutes les choses haïes et enviées, la naissance exerce physiquement sur ceux qui la détestent une action qui est peut-être la meilleure preuve de son droit.

3197 [...] l'égalité, cette chimère des vilains, n'existe vraiment qu'entre nobles.

Les Diaboliques, À un dîner d'athées

3198 Il y a plus loin d'une femme à son premier amant, que de son premier au dixième.

Les Diaboliques, La vengeance d'une femme

3199 Les marbres sont nus, et la nudité est chaste. C'est même la bravoure de la chasteté.

3200 Les crimes de l'extrême civilisation sont certainement plus atroces que ceux de l'extrême barbarie.

Victor CONSIDÉRANT 1808-1893

Manifeste de la démocratie, première partie

3201 Quand le temps est venu où le passé doit se transformer, si le passé livre bataille à ce qui doit être, il succombe fatalement.

3202 La Civilisation, qui a commencé par la FÉODALITÉ NOBILIAIRE [...], aboutit aujourd'hui à la FÉODALITÉ INDUSTRIELLE, qui opère les servitudes *collectives ou indirectes* des travailleurs.

3203 La libre concurrence, c'est-à-dire la concurrence anarchique et sans organisation, a donc cet inhumain, cet exécrable caractère, qu'elle est partout et toujours *dépréciative du salaire*.

3204 Notre régime industriel est un véritable *Enfer :* il réalise, sur une échelle immense, les conceptions les plus cruelles des mythes de l'antiquité.

3205 [...] faire travailler les machines POUR les *capitalistes* ET POUR le *peuple* et non plus POUR les *capitalistes* CONTRE le *peuple*.

deuxième partie

3206 Nous croyons que cette grande Association de la famille humaine arrivera à une UNITÉ parfaite, c'est-à-dire à un État Social où l'Ordre résultera naturellement, librement, de l'accord spontané de tous les éléments humains.

Alphonse KARR 1808-1890

Les Guêpes
1840

3207 Si l'on veut abolir la peine de mort, en ce cas que MM. les Assassins commencent.

1841

3208 J'ai toujours entendu dire que la *Henriade* de Voltaire est un poème épique ; un poème épique est une chose dont on est fier mais qu'on ne lit pas.

3209 La propriété littéraire est une propriété.

3210 Entre deux amis il n'y en a qu'un qui soit l'ami de l'autre.

1849

3211 Plus ça change, plus c'est la même chose.

3212 La patrie est en danger, mangeons du veau.

NAPOLÉON III 1808-1873

L'Idée napoléonienne

3213 La foi politique, comme la foi religieuse, a eu ses martyrs ; elle aura comme elle ses apôtres, comme elle son empire !

Des idées napoléoniennes, chap. 2

3214 Napoléon, en arrivant sur la scène du monde, vit que son rôle était d'être l'*exécuteur testamentaire* de la Révolution.

3215 L'Empereur doit être considéré comme le messie des idées nouvelles.

3216 Un jour seul ne fait pas d'une république de cinq cents ans une monarchie héréditaire, ni d'une monarchie de quatorze cents ans une république élective.

chap. 3

3217 La liberté est comme un fleuve : pour qu'elle apporte l'abondance et non la dévastation, il faut qu'on lui creuse un lit large et profond. Si, dans son cours régulier et majestueux, elle reste dans ses limites naturelles, les pays qu'elle traverse bénissent son passage ; mais si elle vient comme un torrent qui déborde, on la regarde comme le plus terrible des fléaux.

3218 En politique il faut guérir les maux, jamais les venger.

3219 Une constitution dont être faite uniquement pour la nation à laquelle on veut l'adapter. Elle doit être comme un vêtement qui, pour être bien fait, ne doit aller qu'à un seul homme.

chap. 5

3220 Plus le monde se perfectionne, plus les barrières qui divisent les hommes s'élargissent, plus il y a de pays que les mêmes intérêts tendent à réunir.

Rêveries politiques

3221 Malheur aux souverains dont les intérêts ne sont pas liés à ceux de la nation !

Mélanges, Du système électoral

3222 Lorsque le peuple vote en masse sur la place publique, et donne directement son suffrage, c'est pour ainsi dire tout le sang d'un corps qui afflue vers la tête ; il y a malaise, congestion, étourdissement.

3223 Surtout n'ayez pas peur du peuple, il est plus conservateur que vous!

> Mélanges, Améliorations à introduire dans nos mœurs
> et nos habitudes parlementaires

3224 C'est l'absence des femmes qui permet aux hommes d'aborder journellement les questions sérieuses.

3225 Avec une tribune, une Chambre ressemble trop à un théâtre, où les grands acteurs seuls peuvent réussir.

> Mélanges, Des gouvernements et de leurs soutiens

3226 Échafauder n'est point bâtir.

> L'Extinction du paupérisme, chap. 1

3227 Véritable Saturne du travail, l'industrie dévore ses enfants et ne vit que de leur mort.

3228 La quantité des marchandises qu'un pays exporte est toujours en raison directe du nombre de *boulets* qu'il peut envoyer à ses ennemis quand son honneur et sa dignité le commandent.

> chap. 3

3229 Voilà ce que nous proposons pour la classe ouvrière, cet autre fleuve, qui peut être à la fois une source de ruine ou de fertilité, suivant la manière dont on tracera son cours.

> chap. 5

3230 La pauvreté ne sera plus séditieuse, lorsque l'opulence ne sera plus oppressive.

3231 Aujourd'hui, le but de tout gouvernement habile doit être de tendre par des efforts à ce qu'on puisse dire bientôt: « Le triomphe du christianisme a détruit l'esclavage; le triomphe de la révolution française a détruit le servage; le triomphe des idées démocratiques a détruit le paupérisme! »

> Considérations sur la Suisse

3232 De même qu'une république sage et démocratique peut être le meilleur des gouvernements, une république tyrannique est le pire de tous, car il est plus facile de s'affranchir du joug d'un seul que de celui de plusieurs.

> Proclamation au peuple français, 13 juin 1849

3233 Il est temps que les bons se rassurent et que les méchants tremblent.

> Discours devant la commission consultative, 31 décembre 1851

3234 La France a répondu à l'appel loyal que je lui avais fait. Elle a compris que je n'étais sorti de la légalité que pour rentrer dans le droit.

Allocution à Abd-El-Kader, 16 octobre 1852

3235 Votre religion, comme la nôtre, apprend à se soumettre aux décrets de la Providence. Or, si la France est maîtresse de l'Algérie, c'est que Dieu l'a voulu, et la nation ne renoncera jamais à cette conquête.

Message du prince-président au Sénat, 4 novembre 1852

3236 Représentant à tant de titres la cause du peuple et la volonté nationale, ce sera la nation qui, en m'élevant au trône, se couronnera elle-même.

Allocution à la garde impériale, 20 mars 1855

3237 L'armée est la véritable noblesse de notre pays.

Gérard de NERVAL 1808-1855

Odelettes, Fantaisie

3238 Il est un air pour qui je donnerais
Tout Rossini, tout Mozart, et tout Weber,
Un air très-vieux, languissant et funèbre,
Qui pour moi seul a des charmes secrets.

Odelettes, Le point noir

3239 Oh! C'est que l'aigle seul — malheur à nous, malheur!
Contemple impunément le Soleil et la Gloire.

Odelettes, Les cydalises

3240 Où sont nos amoureuses?
Elles sont au tombeau!
Elles sont plus heureuses
Dans un séjour plus beau!

Odelettes, Une allée du Luxembourg

3241 Adieu, doux rayon qui m'as lui, —
Parfum, jeune fille, harmonie...
Le bonheur passait — il a fui!

Odelettes, Dans les bois

3242 Hélas! qu'elle doit être heureuse
La mort de l'oiseau — dans les bois!

Lettre à Linguay, 23 juin 1840

3243 S'il est vrai, comme la religion nous l'enseigne, qu'une partie immortelle survive à l'être humain décomposé, si elle se conserve indépendante et distincte, et ne va pas se fondre au sein de l'âme universelle, il doit exister dans l'immensité des régions ou des planètes, où ces âmes conservent une forme perceptible aux regards des autres âmes, et de celles mêmes qui ne se dégagent des liens terrestres que pour un instant, par le rêve, par le magnétisme ou par la contemplation ascétique.

Lettre à Jules Janin, 1843

3244 En somme, l'Orient n'approche pas de ce rêve éveillé que j'en avais fait il y a deux ans... J'en ai assez de courir après la poésie ; je crois qu'elle est à votre porte, et peut-être dans votre lit.

Voyage en Orient, Vers l'Orient
3

3245 Où vais-je ? Où peut-on souhaiter d'aller en hiver ? Je vais au-devant du printemps, je vais au-devant du soleil... il flamboie à mes yeux dans les brumes colorées de l'Orient.

4

3246 C'est une impression douloureuse, à mesure qu'on va loin, de perdre, ville à ville et pays à pays, tout ce bel univers qu'on s'est créé jeune, par les lectures, par les tableaux et par les rêves. Le monde qui se compose ainsi dans la tête des enfants est si riche et si beau, qu'on ne sait s'il est le résultat exagéré d'idées apprises, ou si c'est un ressouvenir d'une existence antérieure et la géographie magique d'une planète inconnue.

9

3247 L'Autriche est la Chine de l'Europe. J'en ai dépassé la grande muraille... et je regrette seulement qu'elle manque de mandarins lettrés.

19

3248 Je marche en pleine couleur locale, unique spectateur d'une scène étrange, où le passé renaît sous l'enveloppe du présent.

Voyage en Orient, Les femmes du Caire
I, Les mariages cophtes

3249 Qu'espérer de ce labyrinthe confus, grand peut-être comme Paris ou Rome, de ces palais et de ces mosquées que l'on compte par milliers ? Tout cela a été splendide et merveilleux sans doute, mais trente générations y ont passé ; partout la pierre croule, et le bois pourrit. Il semble que l'on voyage en rêve dans une cité du passé, habitée seulement par des fantômes, qui la peuplent sans l'animer.

II, Les esclaves

3250 Un miracle public est devenu une chose assez rare, depuis que l'homme s'est avisé, comme dit Henri Heine, de regarder dans les manches du bon Dieu... mais celui-là, si c'en est un, est incontestable. J'ai vu de mes yeux le vieux cheik des derviches, couvert d'un benich blanc, avec un turban jaune, passer à cheval sur les reins de soixante croyants pressés sans le moindre intervalle, ayant les bras croisés sous leur tête. Le cheval était ferré. Ils se relevèrent tous sur une ligne en chantant Allah !

3251 Il y a quelque chose de très séduisant dans une femme d'un pays lointain et singulier, qui parle une langue inconnue, dont le costume et les habitudes frappent déjà par l'étrangeté seule, et qui enfin n'a rien de ces vulgarités de détail que l'habitude nous révèle chez les femmes de notre patrie.

3252 L'étranger se trouve toujours en Orient dans la position de l'amoureux naïf ou du fils de famille des comédies de Molière.

3253 Le théâtre a cela de particulier, qu'il vous donne l'illusion de connaître parfaitement une inconnue. De là les grandes passions qu'inspirent les actrices.

3254 En Afrique, on rêve l'Inde comme en Europe on rêve l'Afrique ; l'idéal rayonne toujours au-delà de notre horizon actuel.

Les Illuminés, La bibliothèque de mon oncle

3255 Mon pauvre oncle disait souvent : « Il faut toujours tourner sa langue sept fois dans sa bouche avant de parler. »
Que devrait-on faire avant d'écrire ?

Les Illuminés, Histoire de l'abbé de Bucquoy

3256 Le grand siècle n'était plus : — il s'était en allé où vont les vieilles lunes et les vieux soleils. Louis XIV avait usé l'ère brillante des victoires. On lui reprenait ce qu'il avait gagné en Flandre, en Franche-Comté, aux bords du Rhin, en Italie. Le prince Eugène triomphait en Allemagne, Marlborough dans le Nord... Le peuple français ne pouvant mieux faire, se vengeait par une chanson.

Les Illuminés
Les confidences de Nicolas Restif de la Bretonne

3257 Rien de plus dangereux pour les gens d'un naturel rêveur qu'un amour sérieux pour une personne de théâtre ; c'est un mensonge perpétuel, c'est le rêve d'un malade, c'est l'illusion d'un fou.

3258 Les grands bouleversements de la nature font monter à la surface du sol des matières inconnues, des résidus obscurs, des combinaisons monstrueuses ou avortées. La raison s'en étonne, la curiosité s'en repaît avidement, l'hypothèse audacieuse y trouve les germes d'un monde.

3259 Le génie n'existe pas plus sans le goût que le caractère sans la moralité.

Les Nuits d'octobre
I, Le réalisme

3260 Avec le temps, la passion des grands voyages s'éteint, à moins qu'on n'ait voyagé assez longtemps pour devenir étranger à sa patrie. Le cercle se rétrécit de plus en plus, se rapprochant peu à peu du foyer.

3261 En effet, le roman rendra-t-il jamais l'effet des combinaisons bizarres de la vie ? Vous inventez l'homme, — ne sachant pas l'observer. Quels sont les romans préférables aux histoires comiques, — ou tragiques d'un journal de tribunaux ?

XXI, La femme mérinos

3262 Or, le vrai, c'est le faux, — du moins en art et en poésie. Quoi de plus faux que l'*Iliade,* que l'*Enéide,* que la *Jérusalem délivrée,* que la *Henriade ?* — que les tragédies, que les romans ?...

Petits châteaux de Bohême, à un ami

3263 La muse est entrée dans mon cœur comme une déesse aux paroles dorées ; elle s'en est échappée comme une pythie en jetant des cris de douleur.

3264 La vie d'un poète est celle de tous.

Les Filles du feu, préface, à Alexandre Dumas

3265 Puisque vous avez eu l'imprudence de citer un des sonnets composés dans cet état de rêverie *supernaturaliste,* comme diraient les Allemands, il faut que vous les entendiez tous. Vous les trouverez dans mes poésies. Ils ne sont guère plus obscurs que la métaphysique d'Hegel ou les *Mémorables* de Swedenborg, et perdraient de leur charme à être expliqués, si la chose était possible ; concédez-moi du moins le mérite de l'expression.

Les Filles du feu, Les chimères, El desdichado

3266 Je suis le Ténébreux, — le Veuf, — l'Inconsolé [...]

3267 Ma seule *Étoile* est morte, — et mon luth constellé
Porte le *Soleil noir* de la *Mélancolie.*

3268 Et j'ai deux fois vainqueur traversé l'Achéron :
Modulant tour à tour sur la lyre d'Orphée
Les soupirs de la Sainte et les cris de la Fée.

Les Filles du feu, Myrtho

3269 Je pense à toi, Myrtho, divine enchanteresse [...]

3270 Je sais pourquoi là-bas le volcan s'est rouvert...
C'est qu'hier tu l'avais touché d'un pied agile,
Et de cendres soudain l'horizon s'est couvert.

Les Filles du feu, Horus

3271 La déesse avait fui sur sa conque dorée,
La mer nous renvoyait son image adorée,
Et les cieux rayonnaient sous l'écharpe d'Iris.

Les Filles du feu, Antéros

3272 Ils m'ont plongé trois fois dans les eaux du Cocyte,
Et, protégeant tout seul ma mère Amalécyte,
Je ressème à ses pieds les dents du vieux dragon.

Les Filles du feu, Delfica

3273 La connais-tu, Dafné, cette ancienne romance [...]

3274 Reconnais-tu le TEMPLE au péristyle immense,
Et les citrons amers où s'imprimaient tes dents [...]

3275 Ils reviendront, ces Dieux que tu pleures toujours !
Le temps va ramener l'ordre des anciens jours ;
La terre a tressailli d'un souffle prophétique...

Les Filles du feu, Artémis

3276 La Treizième revient... C'est encor la première ;
Et c'est toujours la seule, — ou c'est le seul moment.

3277 Aimez qui vous aima du berceau dans la bière ;
Celle que j'aimai seul m'aime encor tendrement :
C'est la Mort — ou la Morte... O délice ! ô tourment !

Les Filles du feu, Le Christ aux oliviers

3278 « Frères, je vous trompais : abyme ! abyme ! abyme !
Le dieu manque à l'autel où je suis la victime...
Dieu n'est pas ! Dieu n'est plus ! » Mais ils dormaient toujours !...

3279 « Viens ! ô toi qui, du moins, as la force du crime ! »

Les Filles du feu, Vers dorés

3280 Homme ! Libre penseur — te crois-tu seul pensant
Dans ce monde, où la vie éclate en toute chose...

3281 Souvent dans l'être obscur habite un Dieu caché ;
Et, comme un œil naissant couvert par ses paupières,
Un pur esprit s'accroît sous l'écorce des pierres.

Autres chimères, à madame Ida Dumas

3282 Le Roi des rois dormait dans sa couche éclatante,
Et tous deux en rêvant nous pleurions Israël !

Autres chimères, Erythréa

3283 Si tu vois *Bénarès* sur son fleuve accoudée
Prends ton arc et revêts ton corset d'or bruni :
Car voici *le Vautour*, volant sur *Patani*,
Et de *papillons blancs* la Mer est inondée.

Autres chimères, Angélique

3284 Dans le Grand Siècle, le plus petit commis écrivait aussi pompeusement que Bossuet.

3285 Quoi qu'on puisse dire philosophiquement, nous tenons au sol par bien des liens. On n'emporte pas les cendres de ses pères à la semelle de ses souliers.

Autres chimères, Sylvie, Souvenirs du Valois

3286 Il ne nous restait pour asile que cette tour d'ivoire des poètes, où nous montions toujours plus haut pour nous isoler de la foule. A ces points élevés où nous guidaient nos maîtres, nous respirions enfin l'air pur des solitudes, nous buvions l'oubli dans la coupe d'or des légendes, nous étions ivres de poésie et d'amour. Amour, hélas! des formes vagues, des teintes roses et bleues, des fantômes métaphysiques! Vue de près, la femme réelle révoltait notre ingénuité! il fallait qu'elle apparût reine ou déesse, et surtout n'en pas approcher.

3287 Plongé dans une demi-somnolence, toute ma jeunesse repassait en mes souvenirs. Cet état, où l'esprit résiste encore aux bizarres combinaisons du songe, permet souvent de voir se presser en quelques minutes les tableaux les plus saillants d'une longue période de la vie.

3288 Cet amour vague et sans espoir, conçu pour une femme de théâtre, qui tous les soirs me prenait à l'heure du spectacle, pour ne me quitter qu'à l'heure du sommeil, avait son germe dans le souvenir d'Adrienne, fleur de la nuit éclose à la pâle clarté de la lune, fantôme rose et blond glissant sur l'herbe verte à demi baignée de blanches vapeurs.

3289 En un instant, je me transformais en marié de l'autre siècle. Sylvie m'attendait sur l'escalier, et nous descendîmes tous deux en nous tenant par la main. La tante poussa un cri en se retournant : « O mes enfants! » dit-elle, et elle se mit à pleurer, puis sourit à travers ses larmes. — C'était l'image de sa jeunesse, — cruelle et charmante apparition!

3290 Où sont les buissons de roses qui entouraient la colline? L'églantier et le framboisier en cachent les derniers plants, qui retournent à l'état sauvage. — Quant aux lauriers, les a-t-on coupés, comme le dit la chanson des jeunes filles qui ne veulent plus aller au bois?

3291 Voici les peupliers de l'île, et la tombe de Rousseau, vide de ses cendres. O sage! tu nous avais donné le lait des forts, et nous étions trop faibles pour qu'il pût nous profiter. Nous avons oublié les leçons que savaient nos pères, et nous avons perdu le sens de ta parole, dernier écho des sagesses antiques. Pourtant ne désespérons pas, et, comme tu fis à ton suprême instant, tournons nos yeux vers le soleil!

3292 Les illusions tombent l'une après l'autre, comme les écorces d'un fruit, et le fruit, c'est l'expérience. Sa saveur est amère ; elle a pourtant quelque chose d'âcre qui fortifie.

Autres chimères, Isis

3293 Ainsi périssait, sous l'effort de la raison moderne, le Christ lui-même, ce dernier des révélateurs, qui, au nom d'une raison plus haute, avait autrefois dépeuplé les cieux. O nature ! ô mère éternelle ! était-ce là vraiment le sort réservé au dernier de tes fils célestes ! Les mortels en sont-ils venus à repousser toute espérance et tout prestige, et, levant ton voile sacré, déesse de Saïs ! le plus hardi de tes adeptes s'est-il donc trouvé face à face avec l'image de la Mort ?

La Pandora

3294 Vous l'avez tous connue, ô mes amis ! la belle *Pandora* du théâtre de Vienne. Elle vous a laissé sans doute, ainsi qu'à moi-même, de cruels et doux souvenirs ! C'était bien à elle peut-être — à elle, en vérité — que pouvait s'appliquer l'indéchiffrable énigme gravée sur la pierre de Bologne : AELIA LAELIA. *Nec vir, nec mulier, nec androgyna* [...] « Ni homme, ni femme, ni androgyne, ni fille, ni jeune, ni vieille, ni *chaste*, ni *folle*, ni pudique, mais tout cela ensemble... » Enfin la Pandora, c'est tout dire, car je ne veux pas dire tout.

3295 Le nom de Prométhée me déplaît toujours singulièrement, car je sens encore à mon flanc le bec éternel du vautour dont Alcide m'a délivré. O Jupiter ! quand finira mon supplice ?

Aurélia

3296 Le Rêve est une seconde vie. Je n'ai pu percer sans frémir ces portes d'ivoire ou de corne qui nous séparent du monde invisible.

3297 Les premiers instants du sommeil sont l'image de la mort ; un engourdissement nébuleux saisit notre pensée, et nous ne pouvons déterminer l'instant précis où le *moi*, sous une autre forme, continue l'œuvre de l'existence. C'est un souterrain vague qui s'éclaire peu à peu, et où se dégagent de l'ombre et de la nuit les pâles figures gravement immobiles qui habitent le séjour des limbes. Puis le tableau se forme, une clarté nouvelle illumine et fait jouer ces apparitions bizarres ; — le monde des Esprits s'ouvre pour nous.

3298 Un soir, vers minuit, je remontais un faubourg où se trouvait ma demeure, lorsque, levant les yeux par hasard, je remarquai le numéro d'une maison éclairé par un réverbère. Ce nombre était celui de mon âge. Aussitôt, en baissant les yeux, je vis devant moi une femme au teint blême, aux yeux caves, qui me semblait avoir les traits d'Aurélia. Je me dis : « C'est *sa mort* ou la mienne qui m'est annoncée ! »

3299 L'un d'eux, nommé Paul, voulut me reconduire chez moi, mais je lui dis que je ne rentrais pas. « Où vas-tu ? me dit-il. — *Vers l'Orient !* » Et pendant qu'il m'accompagnait, je me mis à chercher dans le ciel une étoile, que je croyais connaître, comme si elle avait quelque influence sur ma destinée. L'ayant trouvée, je continuai ma marche en suivant les rues dans la direction desquelles elle était visible, marchant pour ainsi dire au-devant de mon destin, et voulant apercevoir l'étoile jusqu'au moment où la mort devait me frapper.

3300 Cette idée m'est revenue bien des fois, que, dans certains moments graves de la vie, tel Esprit du monde extérieur s'incarnait tout à coup en la forme d'une personne ordinaire, et agissait ou tentait d'agir sur nous, sans que cette personne en eût la connaissance ou en gardât le souvenir.

3301 Je crus tomber dans un abîme qui traversait le globe. Je me sentais emporté sans souffrance par un courant de métal fondu, et mille fleuves pareils, dont les teintes indiquaient les différences chimiques, sillonnaient le sein de la terre comme les vaisseaux et les veines qui serpentent parmi les lobes du cerveau. Tous coulaient, circulaient et vibraient ainsi, et j'eus le sentiment que ces courants étaient composés d'âmes vivantes, à l'état moléculaire, que la rapidité de ce voyage m'empêchait seule de distinguer.

3302 Notre passé et notre avenir sont solidaires. Nous vivons dans notre race, et notre race vit en nous.

3303 Dans les rêves on ne voit jamais le soleil, bien qu'on ait souvent la perception d'une clarté beaucoup plus vive. Les objets et les corps sont lumineux par eux-mêmes.

3304 Combien d'années encore le monde aura-t-il à souffrir, car il faut que la vengeance de ces éternels ennemis se renouvelle sous d'autres cieux ! Ce sont les tronçons divisés du serpent qui entoure la terre... Séparés par le fer, ils se rejoignent dans un hideux baiser cimenté par le sang des hommes.

3305 Je crois que l'imagination humaine n'a rien inventé qui ne soit vrai, dans ce monde ou dans les autres.

3306 Peut-être touchons-nous à l'époque prédite où la science, ayant accompli son cercle entier de synthèse et d'analyse, de croyance et de négation, pourra s'épurer elle-même et faire jaillir du désordre et des ruines la cité merveilleuse de l'avenir.

3307 Le désespoir et le suicide sont le résultat de certaines situations fatales pour qui n'a pas foi dans l'immortalité, dans ses peines et dans ses joies.

(Aurélia)

3308 Les étoiles brillaient dans le firmament. Tout à coup il me sembla qu'elles venaient de s'éteindre à la fois comme les bougies que j'avais vues à l'église. Je crus que les temps étaient accomplis et que nous touchions à la fin du monde annoncée dans l'Apocalypse de saint Jean. Je croyais voir un soleil noir dans le ciel désert et un globe rouge de sang au-dessus des Tuileries. Je me dis: « La nuit éternelle commence, et elle va être terrible. Que va-t-il arriver quand les hommes s'apercevront qu'il n'y a plus de soleil? »

3309 Rien n'est indifférent, rien n'est impuissant dans l'univers; un atome peut tout dissoudre, un atome peut tout sauver!

3310 Sur la cime d'un mont bleuâtre une petite fleur est née. — Ne m'oubliez pas! — Le regard chatoyant d'une étoile s'est fixé un instant sur elle, et une réponse s'est fait entendre dans un doux langage étranger. — *Myosotis!*

3311 Le sommeil occupe le tiers de notre vie. Il est la consolation des peines de nos journées ou la peine de leurs plaisirs; mais je n'ai jamais éprouvé que le sommeil fût un repos.

Lettres à Jenny Colon

3312 Il y a dans ma tête un orage de pensées dont je suis ébloui et fatigué sans cesse; il y a des années de rêves, de projets, d'angoisses qui voudraient se presser dans une phrase, dans un mot.

3313 Non, mon Dieu! vous ne m'avez pas créé pour mon éternelle souffrance. Je ne veux pas vous outrager par ma mort, mais donnez-moi la force, donnez-moi le pouvoir, donnez-moi surtout la résolution qui fait que les uns arrivent au trône, les autres à la gloire, les autres à l'amour!

3314 Dans l'affection que je vous porte il y a trop de passé pour qu'il n'y ait pas beaucoup d'avenir.

3315 J'arrange volontiers ma vie comme un roman, les moindres désaccords me choquent.

3316 La pensée se glace en se traduisant en phrases, et les plus douces émotions de l'amour ressemblent alors à ces plantes desséchées, que l'on presse entre des feuillets afin de les conserver.

3317 La conjugaison éternelle du verbe « aimer » ne convient peut-être qu'aux âmes tout à fait naïves.

3318 Mon Dieu! notre pauvre lune de miel n'a guère eu qu'un premier quartier...

Armand BARBÈS 1809-1870

Deux jours de condamnation à mort

3319 Ici, comme sur tous les autres globes analogues à ce premier échelon au rez-de-chaussée du monde, [l'homme] commence à mériter devant Dieu, et, lorsque ce phénomène que nous appelons *la mort* s'accomplit, il va, emporté par l'attraction du progrès, renaître [...] dans un astre supérieur [...]. Cet astre où vont habiter les bons a nécessairement son corrélatif dans un autre astre où sont enchaînés les méchants.

3320 *Citoyens de l'univers,* dans le vrai sens du mot, nous sommes partis de la croyance à la solidarité des nations et de l'humanité terrestre, pour en arriver enfin à la pratique du dogme de la solidarité de l'humanité universelle.

Pétrus BOREL 1809-1859

Rhapsodies, préface

3321 Oui! je suis républicain, mais ce n'est pas le soleil de juillet qui a fait éclore en moi cette haute pensée, je le suis d'enfance, mais non pas républicain à jarretière rouge ou bleue à ma carmagnole, pérorateur de hangar et planteur de peupliers, je suis républicain comme l'entendrait un loup-cervier, mon républicanisme, c'est de la lycanthropie!

3322 Je suis républicain parce que je ne puis pas être caraïbe.

3323 Heureusement que pour se consoler de tout cela, il nous reste l'adultère! le tabac de Maryland! et du *papel español por cigaritos.*

Rhapsodies, Désespoir

3324 Comme une louve ayant fait chasse vaine,
Grinçant les dents, s'en va par le chemin,
Je vais, hagard, tout chargé de ma peine,
Seul avec moi, nulle main dans ma main ;
Pas une voix qui me dise: A demain.

Rhapsodies, Heur et malheur

3325 C'est un oiseau, le barde! il doit vieillir austère,
Sobre, pauvre, ignoré, farouche, soucieux,
Ne chanter pour aucun, et n'avoir rien sur terre
Qu'une cape trouée, un poignard et les cieux!

Champavert, Contes immoraux, Passereau l'écolier.

3326 O Monsieur le bourreau, je voudrais que vous me guillotinassiez.

Xavier FORNERET 1809-1884

Sans titre, par un homme noir, blanc de visage

3327 L'Homme noir, l'auteur de ce quasi-livre, ne veut pas Écrire; c'est Écrire qui a voulu et veut l'auteur.

3328 Nous ne sommes bons que de côté.

3329 Le cercueil est le salon des morts, il y reçoivent des vers.

3330 Il n'y a donc de vrai que le jour qui se lève.

3331 Quand le soleil est pâle, il regarde les tombes.

Encore un an de sans titre

3332 J'ai vu une boîte aux lettres sur un cimetière.

3333 Ame, — femme échevelée;
Cœur, — homme pâle et maigre;
Corps, — maison de fous, où les deux premiers se regardent.

3334 *Tout ou Rien.* — Ces trois mots sont une paire de lunettes à envoyer à la femme qui dit ne pouvoir bien *lire* que dans notre cœur. *Tout* et *Rien* seront les deux verres, et *ou* — ce qui lui tiendra sur le nez.

3335 C'est le miroir qui se mire dans la Femme.

Broussailles de la pensée de la famille de sans titre

3336 Un parapluie ouvert est un beau ciel fermé.

3337 Les rêves sont seuls les réalités de la vie.

3338 La nuit passe à l'ordre... du jour.

Pièce de pièces, Temps perdu

3339 Son haleine? L'idéal d'une pureté de brise que chasse autour de lui un ruisseau qui court sur des fleurs qui soupirent.

Pièce de pièces, Un désespoir

3340 Je ne sais si l'abeille qui bourdonne et pique, si l'aigle qui trompette et déchire, si le gros chien qui hurle et mord, si le corbeau qui croasse et fouille, si le crocodile qui lamente et angoule, si l'éléphant qui barète et renverse, si l'épervier qui glapit et tiraille, si le hibou qui hue et crève les yeux, si le lion qui rugit et terrasse, si le perroquet qui cause et peut conduire à la mort, si le sanglier qui grommelle et déracine, si le serpent qui siffle et étreint, si enfin le tigre qui rauque et dévore, — je ne sais si ces quadrupèdes, reptiles et oiseaux, font plaies à ce qu'ils touchent, comme ce qu'on attend, et qui ne vient pas, nous jette au milieu du cœur l'amertume à gouttes, la déchirure au vif.

Lignes rimées, La tombe
3341 La Tombe est une boîte où l'on en place une autre.

Pierre Joseph PROUDHON 1809-1865

De l'utilité de la célébration du dimanche, chap. 5

3342 Il y a une science des quantités qui force l'assentiment, exclut l'arbitraire, repousse toute utopie ; une science des phénomènes physiques qui ne repose que sur l'observation des faits. Il doit exister aussi une science de la société, absolue, rigoureuse, basée sur la nature de l'homme et de ses facultés, et sur leurs rapports, science qu'il ne faut pas inventer, mais découvrir.

Qu'est-ce que la propriété ? premier mémoire, chap. 1

3343 Si j'avais à répondre à la question suivante : *Qu'est-ce que l'esclavage ?* et que d'un seul mot je répondisse : *c'est l'assassinat*, ma pensée serait d'abord comprise. Je n'aurais pas besoin d'un long discours pour montrer que le pouvoir d'ôter à un homme la pensée, la volonté, la personnalité, est un pouvoir de vie et de mort, et que faire un homme esclave, c'est l'assassiner. Pourquoi donc à cette autre demande : *Qu'est-ce que la propriété ?* ne puis-je répondre de même : c'est le vol ! sans avoir la certitude de n'être pas entendu, bien que cette seconde proposition ne soit que la première transformée.

3344 Je prétends que ni le travail, ni l'occupation, ni la loi ne peuvent créer la propriété : qu'elle est un effet sans cause.

chap. 5

3345 Anarchie, absence de maître, de souverain, telle est la forme de gouvernement dont nous approchons tous les jours.

De la création de l'ordre dans l'humanité, chap. 6

3346 L'homme, qu'il le veuille ou non, fait partie intégrante de la société qui, antérieurement à toute convention, existe par le fait de la division du travail et par l'unité de l'action collective.

Système des contradictions économiques, chap. 2

3347 Le champ d'observation de la science économique, c'est la société, c'est-à-dire encore le moi. Voulez-vous connaître l'homme, étudiez la société ; voulez-vous connaître la société, étudiez l'homme. L'homme et la société se servent réciproquement de sujet et d'objet.

3348 Il ne s'agit pas de tuer la liberté individuelle mais de la socialiser.

chap. 10

3349 L'État, quoi qu'on en dise et quoi qu'on en fasse, n'est, ni ne sera jamais la même chose que l'universalité des citoyens.

Solution du problème social

3350 Dans la république, tout citoyen, en faisant ce qu'il veut et rien que ce qu'il veut, participe directement à la législation et au gouvernement, comme il participe à la production et à la circulation de la richesse. Là, tout citoyen est roi parce qu'il a la plénitude du pouvoir. Il règne et gouverne. La république est une anarchie positive.

Toast à la Révolution, 7 octobre 1848

3351 La révolution après avoir été tour à tour religieuse, philosophique, politique, est devenue économique, et comme toutes ses devancières, ce n'est rien de moins qu'une contradiction au passé, une sorte de renversement de l'ordre établi qu'elle nous apporte.

3352 Qui dit donc révolution, dit nécessairement *progrès,* dit par cela même conservation. D'où il suit que la révolution est en permanence dans l'histoire, et qu'à proprement parler il n'y a pas eu plusieurs révolutions, il n'y a eu qu'une seule et même révolution.

Le Peuple, 21 mars 1849

3353 De système, je n'en ai pas, j'en repousse formellement la supposition. Le système de l'humanité ne sera connu qu'à la fin de l'humanité.

La Révolution sociale démontrée par le coup d'État du 2 décembre

3354 La plupart des révolutionnaires ne songent à l'instar des conservateurs qu'ils combattent, qu'à se bâtir des prisons.

Manuel d'un spéculateur à la Bourse, conclusion

3355 Rendre l'ouvrier copropriétaire de l'engin industriel et participant aux bénéfices au lieu de l'y enchaîner comme un esclave, qui oserait dire que telle ne soit pas la tendance du siècle ?

De la justice dans la Révolution et dans l'Église, 1re étude, IV

3356 La justice est humaine, tout humaine, rien qu'humaine ; c'est lui faire tort que de la rapporter, de près ou de loin, directement ou indirectement, à un principe supérieur ou antérieur à l'humanité.

Idée générale de la révolution au XIXe siècle

3357 Une liquidation générale est le préliminaire obligé de toute révolution.

3358 De deux choses l'une : ou le travailleur, nécessairement parcellaire, sera simplement le salarié du propriétaire-capitaliste-entrepreneur ; ou bien il *participera* aux chances de perte et de gain de l'établissement, il aura voix délibérative au conseil, en un mot, il deviendra associé.

3359 Direct ou indirect, simple ou composé, le gouvernement du peuple sera toujours l'escamotage du peuple. C'est toujours l'homme qui commande à l'homme ; la fiction qui fait violence à la liberté ; la force brutale qui tranche les questions, à la place de la justice qui seule peut les résoudre ; l'ambition perverse qui se fait un marchepied du dévouement et de la crédulité.

4ᵉ étude, II

3360 Religion pour religion, l'urne populaire est encore au-dessous de la sainte-ampoule mérovingienne. Tout ce qu'elle a produit a été de changer la science en dégoût, et le scepticisme en haine.

7ᵉ étude, III

3361 La Justice révolutionnaire et la Justice théologale ne sont pas deux puissances qui s'équilibrent, elles sont l'une à l'autre ce que l'idée positive est à l'allégorie, la science au mythe, la réalité au rêve, le corps à l'ombre.

11ᵉ étude, IV

3362 L'homme et la femme peuvent être équivalents devant l'Absolu : ils ne sont point égaux, ils ne peuvent pas l'être, ni dans la famille, ni dans la cité.

12ᵉ étude

3363 La Justice est plus grande que le moi. Elle ne vit pas en solitaire.

La Guerre et la Paix, livre I

3364 Salut à la guerre ! C'est par elle que l'homme, à peine sorti de la boue qui lui sert de matrice, se pose dans sa majesté et sa vaillance. C'est sur le corps d'un ennemi battu qu'il fait son premier rêve de gloire et d'immortalité.

chap. 5

3365 Agir c'est combattre.

Les Majorats littéraires

3366 Celui qui a son idée dans le creux de la main est souvent un homme de plus d'intelligence, en tout cas plus complet que celui qui la porte dans sa tête, incapable de l'exprimer autrement que par une formule.

Du principe fédératif, 1ʳᵉ partie, chap. 10

3367 Tout le mystère consiste à distribuer la nation en provinces indépendantes souveraines ou du moins qui, s'administrant elles-mêmes, disposent d'une force d'initiative et d'une influence suffisante.

2ᵉ partie, chap. 3

3368 En résumé, qui dit liberté, dit fédération ou ne dit rien.
Qui dit république, dit fédération ou ne dit rien.
Qui dit socialisme, dit fédération ou ne dit encore rien.

De la capacité politique des classes ouvrières
livre II, chap. 5

3369 Une révolution vraiment organique, produit de la vie universelle, bien qu'elle ait ses messagers et ses exécuteurs, n'est vraiment l'œuvre de personne.

chap. 8

3370 Si la démocratie ouvrière, satisfaite de faire l'agitation dans ses ateliers, de harceler le bourgeois et de se signaler dans des élections inutiles, reste indifférente sur les principes de l'économie politique qui sont ceux de la révolution, il faut qu'elle le sache, elle ment à ses devoirs et elle sera flétrie un jour devant la postérité.

Théorie de la propriété, chap. 6

3371 La puissance de l'État est une puissance de concentration. La propriété au rebours est une puissance de décentralisation.

conclusion

3372 Le monde moral comme le monde physique repose sur une pluralité d'éléments irréductibles et antagonistes et c'est de la contradiction de ces éléments que résultent la vie et le mouvement dans l'univers.

La Pornocratie ou les femmes dans les temps modernes
chap. 2

3373 L'homme est principalement une puissance d'*action*, la femme, une puissance de *fascination*.

chap. 5

3374 Pour moi, la société humaine est un être réel au même titre que l'homme qui en fait partie. Cet être formé d'hommes, mais qui n'est pas la même chose que l'homme, a sa vie, sa puissance, ses attributs, sa raison, sa conscience, ses passions.

Confessions d'un révolutionnaire, post-scriptum

3375 La nation française, quoique frondeuse et remuante, curieuse de nouveautés, incapable d'une discipline exacte, riche en esprits inventifs et en caractères entreprenants, n'en est pas moins au fond, et prise en masse, le représentant, en toute chose, du juste milieu et de la stabilité.

3376 Tous, tant que nous vivons, dévots et sceptiques, royalistes et républicains, en tant que nous raisonnons d'après les idées reçues et les intérêts établis, nous sommes conservateurs ; en tant que nous obéissons à nos instincts secrets, aux forces occultes qui nous pressent, aux désirs d'amélioration générale que les circonstances nous suggèrent, nous sommes révolutionnaires.

Lettre à Karl Marx, 17 mai 1846

3377 Il serait, à mon avis, d'une mauvaise politique pour nous, de parler en exterminateurs ; les moyens de rigueur viendront assez : le peuple n'a besoin pour cela d'aucune exhortation !

Lettre à Langlois, décembre 1851

3378 Le peuple voudrait en finir ; or il n'y a pas de fin.

Carnets (éd. Marcel Rivière)
2 août 1845

3379 Les communistes sont avec moi, bien que je ne sois pas communiste, et je suis avec eux, parce que, sans qu'ils le sachent, ils ne sont pas plus communistes que moi.

11 mars 1846

3380 Dans la société travailleuse, il n'y a pas des travailleurs, il y a un travailleur unique diversifié à l'infini.

29 novembre 1847

3381 La France est une maison de commerce qui ne tient pas d'écriture.

Eliphas LÉVI ou Alphonse Louis CONSTANT 1810-1875

L'Assomption de la femme ou le Livre de l'amour
Le Cantique des cantiques

3382 Aussi, comme l'on demandait un jour au Christ quand son royaume s'établirait sur la terre, il répondit :
« Lorsque deux ne feront qu'un, lorsque ce qui est au-dedans sera au-dehors, et quand l'homme et la femme, inséparablement unis, ne seront plus ni homme ni femme. »

III, « Sur mon humble couche, pendant la nuit... »

3383 Le mariage, dans une société ainsi faite, est un grand bagne où sont enchaînées des veuves qui n'ont jamais connu l'amour et des vierges violées et flétries.

IV, « Tes mamelles sont plus belles que le vin »

3384 Malheur à vous qui croyez que la femme est faite pour votre plaisir.

VIII, « Qui me donnera que tu sois mon frère... »

3385 Pourquoi une pudeur invincible détourne-t-elle les yeux du saint acte de la génération ? C'est que cet acte est un désordre obscène et monstrueux lorsqu'il est accompli sans amour et que l'amour est bien rare en ce monde !

Dogme et rituel de haute magie, discours préliminaire
3386 Le christianisme était encore un mystère, que déjà les Césars se sentaient détrônés par le Verbe chrétien.

3387 *Se créer soi-même*, telle est la sublime vocation de l'homme rétabli dans tous ses droits par le baptême de l'esprit.

3388 La religion est raisonnable. Voilà ce qu'il faut dire à la philosophie [...]. La Raison est sainte. Voilà ce qu'il faut dire à l'Église [...]

tome 2, Le livre d'Hermès
3389 L'homme est fils de ses œuvres : il est ce qu'il veut être ; il est l'image du Dieu qu'il se fait ; il est la réalisation de son idéal.

Pierre Charles de FAILLY 1810-1892

Télégramme au gouvernement français après la bataille
de Mentana (3 novembre 1867) où Garibaldi fut défait
par les troupes pontificales et françaises
3390 Nos fusils Chassepot ont fait merveille.

Maurice de GUÉRIN 1810-1839

Le Cahier vert
3391 Les plus belles journées, les plus douces études ne peuvent assoupir en moi cette pensée inquiète et geigneuse qui fait le fond de l'humanité.

3392 La vie ne descend pas dans la fraîcheur des nuits, ni répartie dans les gouttes des ondées, ni fondue et dissoute dans l'étendue entière de l'air ; elle tombe d'en haut comme un poids.

3393 La forme, c'est le bonheur de la matière, l'éternel embrassement de ses atomes ivres d'amour. Dans leur union, la matière jouit d'elle-même et se béatifie. C'est pourquoi l'âme, pauvre molécule d'intelligence, séparée de l'unité des esprits, contemple avec tant d'avidité, à travers les sens, la forme bienheureuse. L'âme dans ce monde est condamnée au spectacle de la volupté.

Lettre à H. de la Morvonnais, 5 décembre 1835
3394 Ma liberté se lève dans la nuit.

Charles de MONTALEMBERT 1810-1970

Œuvres polémiques et diverses, tome I
De l'impartialité ministérielle et de l'intervention des écoliers
dans le gouvernement représentatif (28 décembre 1830)

3395 Pauvre France, pendant le cours de ta longue histoire, tu es souvent descendue bien bas, tu as bu à longs traits dans la coupe des dérisions et des ignominies ; avais-tu donc besoin pour dernière épreuve, pour dernier affront, d'endurer la tyrannie des écoliers !

Du devoir des catholiques dans la question
de la liberté d'enseignement, IX

3396 L'Université ne représente pas seulement l'orgueil du rationalisme et l'anarchie intellectuelle où conduit l'incrédulité : elle représente surtout et elle sert merveilleusement cette tendance de l'État à tout ployer sous l'implacable niveau d'une stérile uniformité.

XVII

3397 Les catholiques, en France, sont nombreux, ils sont riches ; ils sont estimés même par leurs plus violents adversaires. Il ne leur manque qu'une seule chose, c'est le courage.

Du rapport de M. Liadières sur le projet de loi
contre la liberté d'enseignement, I

3398 Les catholiques de nos jours ont en France un goût prédominant et une fonction qui leur est propre : c'est le sommeil.

Quelques conseils aux catholiques, deuxième lettre

3399 Il ne faut pas prendre les puissantes sympathies que le christianisme proclame et inspire en faveur des pauvres et des faibles pour une conformité de principe avec le gouvernement démocratique.

De l'avenir politique de l'Angleterre, chap. 6

3400 Tant que l'esprit révolutionnaire n'a point envahi les classes agricoles d'un pays, ses victoires ne sont qu'éphémères et n'ont point de racines.

Le nouveau ministère et la dissolution de la Chambre
en Belgique

3401 On n'est jamais aussi vainqueur ni aussi vaincu qu'on se l'imagine.

Mélanges d'art et de littérature, Du vandalisme en France

3402 Les longs souvenirs font les grands peuples. La mémoire du passé ne devient importune que lorsque la conscience du présent est honteuse.

Mélanges d'art et de littérature
De l'état actuel de l'art religieux en France

3403 Quand on est réduit à faire de la philosophie religieuse, c'est qu'il n'y a plus de religion ; quand on fait de la philosophie de l'art, c'est qu'il n'y a plus d'art.

Hégésippe MOREAU 1810-1838

Le Myosotis, épître à M. Firmin-Didot

3404 Liberté, c'est en vain qu'on cherche à te flétrir !
Tu ne peux maintenant t'égarer ni mourir.

Le Myosotis, à M. C. Opoix, de Provins

3405 Le tocsin dans la Chambre étouffait la sonnette
Et l'émeute y frappait à coups de baïonnette...

Le Myosotis, Les noces de Cana

3406 Et chaque apôtre se signait,
Et Judas surtout s'indignait :
Hélas ! disait-il, mes amis,
Le Bon Dieu nous a compromis.

La Voulzie, élégie

3407 S'il est un nom bien doux fait pour la poésie,
Oh ! dites, n'est-ce pas le nom de la Voulzie ?

Alfred de MUSSET 1810-1857

Premières poésies
au lecteur des deux volumes de vers de l'auteur

3408 Mes premiers vers sont d'un enfant,
Les seconds d'un adolescent,
Les derniers à peine d'un homme.

Premières poésies, Venise

3409 Dans Venise la rouge,
Pas un bateau qui bouge,
Pas un pêcheur dans l'eau,
Pas un falot.

Premières poésies, Ballade à la lune

3410 C'était, dans la nuit brune,
Sur le clocher jauni,
La lune,
Comme un point sur un i.

Premières poésies, Mardoche, I

3411 [...] L'heure
Où (quand par le brouillard la chatte rôde et pleure)
Monsieur Hugo va voir mourir Phœbus le blond.

II

3412 [...] A peine
Le spleen le prenait-il quatre fois par semaine.

XVI

3413 L'amour (hélas! l'étrange et la fausse nature!)
Vit d'inanition, et meurt de nourriture.

Premières poésies, Les vœux stériles

3414 On croit au sang qui coule, et l'on doute des pleurs.

Premières poésies
Les secrètes pensées de Rafaël, gentilhomme français

3415 Racine, rencontrant Shakespeare sur ma table,
S'endort près de Boileau qui leur a pardonné.

Premières poésies, Chanson

3416 J'ai dit à mon cœur, à mon faible cœur:
N'est-ce point assez d'aimer sa maîtresse?
Et ne vois-tu pas que changer sans cesse,
C'est perdre en désirs le temps du bonheur?
[...]
Et ne vois-tu pas que changer sans cesse
Nous rend doux et chers les plaisirs passés?

Premières poésies, à mon ami Édouard B.

3417 Ah! frappe-toi le cœur, c'est là qu'est le génie.

Premières poésies, Le saule
I

3418 Fille de la douleur! harmonie! harmonie!
Langue que pour l'amour inventa le génie!

II

3419 Ah! blessures du cœur, votre trace est amère!
Promptes à vous ouvrir, lentes à vous fermer!

3420 Pâle étoile du soir, messagère lointaine [...]

VIII

3421 Et toi, charme inconnu dont rien ne se défend,
Qui fit hésiter Faust au seuil de Marguerite,
Doux mystère du toit que l'innocence habite,
Candeur des premiers jours, qu'êtes-vous devenus?

La Coupe et les lèvres
dédicace à M. Alfred Tattet

3422 Je ne fais pas grand cas, pour moi, de la critique.
Toute mouche qu'elle est, c'est rare qu'elle pique.

3423 Je hais comme la mort l'état de plagiaire ;
Mon verre n'est pas grand, mais je bois dans mon verre.

3424 Je hais les pleurards, les rêveurs à nacelles [...]

3425 Doutez si vous voulez de l'être qui vous aime,
D'une femme ou d'un chien, mais non de l'amour même.

3426 Qu'importe le flacon, pourvu qu'on ait l'ivresse ?

3427 Un artiste est un homme — il écrit pour des hommes.
Pour prêtresse du temple, il a la liberté,
Pour trépied, l'univers ; pour éléments, la vie ;
Pour encens, la douleur ; l'amour et l'harmonie ;
Pour victime, son cœur ; — pour dieu, la vérité.

acte IV

3428 Ah ! malheur à celui qui laisse la débauche
Planter le premier clou sous sa mamelle gauche !
Le cœur d'un homme vierge est un vase profond :
Lorsque la première eau qu'on y verse est impure,
La mer y passerait sans laver la souillure,
Car l'abîme est immense, et la tache est au fond.

À quoi rêvent les jeunes filles
acte 1, scène 1

3429 Ninon, Ninon, que fais-tu de la vie ?
L'heure s'enfuit, le jour succède au jour.
Rose ce soir, demain flétrie.
Comment vis-tu, toi qui n'as pas d'amour ?

3430 La vie est un sommeil, l'amour en est le rêve,
Et vous aurez vécu, si vous avez aimé.

scène 4

3431 Tout le réel pour moi n'est qu'une fiction.

3432 On a bouleversé la terre avec des mots.

3433 Croyez-moi, les enfants n'aiment que l'inconnu.

Namouna, chant 1, 3

3434 Nu comme le discours d'un académicien.

19

3435 Toujours le cœur humain pour modèle et pour loi.
Le cœur humain de qui? le cœur humain de quoi?
Celui de mon voisin a sa manière d'être;
Mais, morbleu! comme lui, j'ai mon cœur humain, moi!

59

3436 Manon! sphinx étonnant! véritable sirène,
Cœur trois fois féminin, Cléopâtre en paniers!

chant II, 2

3437 J'aime surtout les vers, cette langue immortelle.
C'est peut-être un blasphème, et je le dis tout bas;
Mais je l'aime à la rage. Elle a cela pour elle
Que les sots d'aucun temps n'en ont pu faire cas,
Qu'elle nous vient de Dieu, — qu'elle est limpide et belle,
Que le monde l'entend, et ne la parle pas.

7

3438 Eh! depuis quand un livre est-il donc autre chose
Que le rêve d'un jour qu'on raconte un instant;
Un oiseau qui gazouille et s'envole; — une rose
Qu'on respire et qu'on jette, et qui meurt en tombant; —
Un ami qu'on aborde, avec lequel on cause,
Moitié lui répondant, et moitié l'écoutant?

9

3439 Rien n'appartient à rien, tout appartient à tous.
Il faut être ignorant comme un maître d'école
Pour se flatter de dire une seule parole
Que personne ici-bas n'ait pu dire avant vous.
C'est imiter quelqu'un que de planter des choux.

Poésies nouvelles, Rolla
I

3440 Regrettez-vous le temps où le ciel sur la terre
Marchait et respirait dans un peuple de dieux;
Où Vénus Astarté, fille de l'onde amère,
Secouait, vierge encor, les larmes de sa mère,
Et fécondait le monde en tordant ses cheveux?

3441 O Christ! je ne suis pas de ceux que la prière
Dans tes temples muets amène à pas tremblants.

3442 Je ne crois pas, ô Christ! à ta parole sainte:
Je suis venu trop tard dans un monde trop vieux.
D'un siècle sans espoir naît un siècle sans crainte.

3443 Qui de nous, qui de nous va devenir un Dieu?

II

3444 L'habitude, qui fait de la vie un proverbe.

III

3445 Quinze ans! ô Roméo! l'âge de Juliette!

IV

3446 Dors-tu content, Voltaire, et ton hideux sourire
Voltige-t-il encor sur tes os décharnés?
Ton siècle était, dit-on, trop jeune pour te lire;
Le nôtre doit te plaire, et tes hommes sont nés.

Poésies nouvelles, Une bonne fortune, II

3447 Ce qu'on fait maintenant, on le dit; et la cause
En est bien excusable: on fait si peu de chose!

Poésies nouvelles, Lucie

3448 Mes chers amis, quand je mourrai,
Plantez un saule au cimetière.
J'aime son feuillage éploré [...]

Poésies nouvelles, La nuit de mai

3449 Poète, prends ton luth et me donne un baiser.

3450 Partons, nous sommes seuls, l'univers est à nous.
Voici la verte Écosse et la brune Italie,
[...]
Et le bleu Titarèse, et le golfe d'argent
Qui montre dans ses eaux, où le cygne se mire,
La blanche Oloossone à la blanche Camyre.

3451 Rien ne nous rend si grands qu'une grande douleur.

3452 Les plus désespérés sont les chants les plus beaux,
Et j'en sais d'immortels qui sont de purs sanglots.

3453 Lorsque le pélican, lassé d'un long voyage [...]

Poésies nouvelles, La nuit de décembre

3454 Partout où j'ai voulu dormir,
Partout où j'ai voulu mourir,
Partout où j'ai touché la terre,
Sur ma route est venu s'asseoir
Un malheureux vêtu de noir,
Qui me ressemblait comme un frère.

3455 Qui donc es-tu, spectre de ma jeunesse ?

3456 Viens à moi sans inquiétude.
Je te suivrai sur le chemin ;
Mais je ne puis toucher ta main,
Ami, je suis la Solitude.

Poésies nouvelles, La nuit d'août

3457 Crois-tu qu'on oublie autant qu'on le souhaite ?

3458 Crois-tu qu'en te cherchant tu te retrouveras ?

3459 De ton cœur ou de toi lequel est le poète ?
C'est ton cœur [...]

3460 J'aime, et je veux pâlir ; j'aime et je veux souffrir ;
J'aime, et pour un baiser je donne mon génie.

3461 Après avoir souffert, il faut souffrir encore ;
Il faut aimer sans cesse, après avoir aimé.

Poésies nouvelles, La nuit d'octobre

3462 Le mal dont j'ai souffert s'est enfui comme un rêve.

3463 Jours de travail ! seuls jours où j'ai vécu !

3464 Est-ce faire un récit fidèle
Que de renier ses beaux jours ?

3465 C'est ta voix, c'est ton sourire,
C'est ton regard corrupteur,
Qui m'ont appris à maudire
Jusqu'au semblant du bonheur.

3466 A défaut du pardon, laisse venir l'oubli.

3467 L'homme est un apprenti, la douleur est son maître,
Et nul ne se connaît tant qu'il n'a pas souffert.

Poésies nouvelles, Lettre à M. de Lamartine

3468 Qui de nous, Lamartine, et de notre jeunesse,
Ne sait par cœur ce chant, des amants adoré,
Qu'un soir, au bord d'un lac, tu nous as soupiré ?

3469 Quiconque aima jamais porte une cicatrice.

3470 Quel tombeau que le cœur, et quelle solitude !

3471 Qu'est-ce donc qu'oublier, si ce n'est pas mourir?

3472 Puisque tu sais chanter, ami, tu sais pleurer.

3473 Créature d'un jour qui t'agites une heure,
De quoi viens-tu te plaindre et qui te fait gémir?
Ton âme t'inquiète, et tu crois qu'elle pleure:
Ton âme est immortelle, et tes pleurs vont tarir.

     Poésies nouvelles, à la Malibran, XVII

3474 C'est cette voix du cœur, qui seule au cœur arrive,
Que nul autre, après toi, ne nous rendra jamais.

3475 Rien n'est bon que d'aimer, n'est vrai que de souffrir.

3476 Ce que l'homme ici-bas appelle le génie,
C'est le besoin d'aimer; hors de là, tout est vain.

     Poésies nouvelles, L'espoir en Dieu

3477 Malgré moi l'infini me tourmente.
Je n'y saurais songer sans crainte et sans espoir.

3478 Une immense espérance a traversé la terre;
Malgré nous vers le ciel il faut lever les yeux!

     Poésies nouvelles, Dupont et Durand

3479 Voilà bientôt trente ans que je suis sur la terre,
Et j'en ai passé dix à chercher un libraire.
Pas un être vivant n'a lu mes manuscrits.

3480 J'abolis la famille et romps le mariage;
Voilà. Quant aux enfants, en feront qui pourront.
Ceux qui voudront trouver leurs pères chercheront.

3481 Le monde sera propre et net comme une écuelle;
L'humanitairerie en fera sa gamelle.
Et le globe rasé, sans barbe ni cheveux,
Comme un grand potiron roulera dans les cieux.

3482 Ah! Dupont, qu'il est doux de tout déprécier!

     Poésies nouvelles, Idylle

3483 Non, l'amour qui se tait n'est qu'une rêverie.
[...]
Et c'est un vieux mensonge à plaisir inventé,
Que de croire au bonheur hors de la volupté!

3484 C'est une vision que la réalité.

3485 Le masque est si charmant que j'ai peur du visage.

3486 Le seul vrai langage au monde est un baiser.

Poésies nouvelles, Silvia

3487 Que ne demandez-vous un conte à La Fontaine?
[...]
Bien des choses auront vécu
Que nos enfants liront encore
Ce que le bonhomme a conté,
Fleur de sagesse et de gaîté.

Poésies nouvelles, à Ninon

3488 Si je vous le disais pourtant, que je vous aime,
Qui sait, brune aux yeux bleus, ce que vous en diriez!

Poésies nouvelles, Une soirée perdue

3489 Ce n'était que Molière, et nous savons de reste
Que ce grand maladroit, qui fit un jour *Alceste*,
Ignora le bel art de chatouiller l'esprit
Et de servir à point un dénouement bien cuit.
[...]
J'écoutais cependant cette simple harmonie,
Et comme le bon sens fait parler le génie.
J'admirais quel amour pour l'âpre vérité
Eut cet homme si fier en sa naïveté,
Quel grand et vrai savoir des choses de ce monde,
Quelle mâle gaîté, si triste et si profonde,
Que, lorsqu'on vient d'en rire, on devrait en pleurer!

3490 Notre siècle a ses mœurs, partant, sa vérité.

Poésies nouvelles, Simone

3491 Le bien perdu rend l'homme avare.

Poésies nouvelles, Tristesse

3492 J'ai perdu ma force et ma vie,
Et mes amis et ma gaîté,
J'ai perdu jusqu'à la fierté
Qui faisait croire à mon génie.

3493 Le seul bien qui me reste au monde
Est d'avoir quelquefois pleuré.

Poésies nouvelles, Le Rhin allemand

3494 Nous l'avons eu, votre Rhin allemand,
Il a tenu dans notre verre.

3495 Où le père a passé, passera bien l'enfant.

Poésies nouvelles, Souvenir

3496 J'espérais bien pleurer, mais je croyais souffrir
En osant te revoir, place à jamais sacrée,
O la plus chère tombe et la plus ignorée
Où dorme un souvenir!

3497 Dante, pourquoi dis-tu qu'il n'est pire misère
Qu'un souvenir heureux dans les jours de douleur?
[...]
Un souvenir heureux est peut-être sur terre
Plus vrai que le bonheur.

Poésie nouvelles, Après une lecture

3498 Vive le mélodrame où Margot a pleuré.

3499 Rien n'est vrai que le beau, rien n'est vrai sans beauté[1].

3500 Le jour où l'Hélicon m'entendra sermonner,
Mon premier point sera qu'il faut déraisonner.

Poésies nouvelles, Mimi Pinson

3501 Mimi Pinson porte une rose,
Une rose blanche au côté.
Cette fleur dans son cœur éclose,
Landerinette!
C'est la gaîté.

Les Caprices de Marianne
acte I, scène 4

3502 Figure-toi un danseur de corde, en brodequins d'argent, le balancier au poing, suspendu entre le ciel et la terre ; à droite et à gauche, de vieilles petites figures racornies, de maigres et pâles fantômes, des créanciers agiles, des parents et des courtisans [...]. Il va plus vite que le vent, et toutes les mains tendues autour de lui ne lui feront pas renverser une goutte de la coupe joyeuse qu'il porte à la sienne. Voilà ma vie [...]

scène 5

3503 — Quel âge avez-vous, Marianne?
— [...] Et si je n'avais que dix-huit ans [...]?
— Vous avez donc encore cinq ou six ans pour être aimée, huit ou dix pour aimer vous-même et le reste pour prier Dieu.

---

1. Réplique à Boileau (*Épîtres*, IX, vers 43).

scène 8

3504 Une sentence de mort est une chose superbe à lire à haute voix.

acte II, scène 4

3505 Vous êtes comme les roses du Bengale, Marianne, sans épines et sans parfum.

3506 Une femme, c'est une partie de plaisir! Ne pourrait-on pas dire, quand on en rencontre une : voilà une belle nuit qui passe?

Fantasio, acte I, scène 2

3507 — Tu as le mois de mai sur les joues.
— C'est vrai ; et le mois de janvier dans le cœur.

3508 Si je pouvais seulement sortir de ma peau pendant une heure ou deux! Si je pouvais être ce monsieur qui passe!

3509 C'est tout un monde que chacun porte en lui! un monde ignoré qui naît et qui meurt en silence! Quelles solitudes que tous ces corps humains!

3510 Il n'y a point de maître d'armes mélancolique.

3511 Jean-Paul[1] n'a-t-il pas dit qu'un homme absorbé par une grande pensée est comme un plongeur sous sa cloche, au milieu du vaste Océan?

3512 L'éternité est une grande aire, d'où tous les siècles, comme de jeunes aiglons, se sont envolés [...] ; le nôtre est arrivé à son tour au bord du nid ; mais on lui a coupé les ailes et il attend la mort en regardant l'espace dans lequel il ne peut s'élancer.

3513 L'amour n'existe plus [...]. La religion, sa nourrice, a les mamelles pendantes comme une vieille bourse [...]

3514 Tout est calembour ici-bas.

3515 Chacun a ses lunettes ; mais personne ne sait au juste de quelle couleur en sont les verres.

acte II, scène 5

3516 Je parle beaucoup au hasard : c'est mon plus cher confident.

titre de la comédie

3517 On ne badine pas avec l'amour.

---

1. Richter (1763-1825).

On ne badine pas avec l'amour
acte I, scène 4

3518 Les sciences sont une belle chose [...]; ces arbres et ces prairies enseignent à haute voix la plus belle de toutes, l'oubli de ce qu'on sait.

acte II, scène 5

3519 Tous les hommes sont menteurs, inconstants, faux, bavards, hypocrites, orgueilleux et lâches, méprisables et sensuels; toutes les femmes sont perfides, artificieuses, vaniteuses, curieuses et dépravées; le monde n'est qu'un égout sans fond où les phoques les plus informes rampent et se tordent sur des montagnes de fange; mais il y a au monde une chose sainte et sublime, c'est l'union de deux de ces êtres si imparfaits et si affreux.

acte III, scène 6

3520 Connaissez-vous le cœur des femmes [...]? Avez-vous bien réfléchi à la nature de cet être faible et violent, à la rigueur avec laquelle on le juge, aux principes qu'on lui impose? Et qui sait si, forcée à tromper par le monde, la tête de ce petit être sans cervelle ne peut pas y prendre plaisir, et mentir quelquefois par passe-temps, par folie, comme elle ment par nécessité?

scène 8

3521 Nous sommes deux enfants insensés, et nous avons joué avec la vie et la mort; mais notre cœur est pur. [...] Eh bien! Camille, qu'y a-t-il? — Elle est morte. Adieu, Perdican!

Lorenzaccio
acte II, scène 1

3522 La république, il nous faut ce mot-là. Et quand ce ne serait qu'un mot, c'est quelque chose, puisque les peuples se lèvent quand il traverse l'air.

scène 2

3523 Un peuple malheureux fait les grands artistes.

3524 Vous ne connaissez pas la véritable éloquence. On tourne une grande période autour d'un beau petit mot, pas trop court ni trop long, et rond comme une toupie. On rejette son bras gauche en arrière de manière à faire faire à son manteau des plis pleins d'une dignité tempérée par la grâce; on lâche sa période qui se déroule comme une corde ronflante, et la petite toupie s'échappe avec un murmure délicieux.

acte III, scène 3

3525 Je connais la vie et c'est une vilaine cuisine.

3526 Je me suis fait à mon métier. Le vice a été pour moi un vêtement, maintenant il est collé à ma peau. Je suis vraiment un ruffian.

3527 Sais-tu où vont les larmes des peuples, quand le vent les emporte?

acte IV, scène 5

3528 Je puis délibérer et choisir, mais non revenir sur mes pas quand j'ai choisi.

acte V, scène 2

3529 Tous les hommes ne sont pas capables de grandes choses, mais tous sont sensibles aux grandes choses.

La Quenouille de Barberine
acte I, scène 3

3530 Celui qui sait aimer peut seul savoir combien on l'aime.

scène 4

3531 Faites-vous rare, on vous aimera — c'est un proverbe des Turcs.

acte II, scène 1

3532 Beau chevalier qui partez pour la guerre,
Qu'allez-vous faire
Si loin de nous?
J'en vais pleurer, moi qui me laissais dire
Que mon sourire
Était si doux.

scène 3

3533 Il me semble que si j'étais homme, je mourrais plutôt que de parler d'amour à la femme de mon ami.

Le Chandelier, acte II, scène 3

3534 Si vous croyez que je vais dire
Qui j'ose aimer,
Je ne saurais pour un empire
Vous la nommer.

scène 4

3535 A l'âge où le cœur est riche, on n'a pas les lèvres avares.

acte III, scène 1

3536 Le moindre mot en ce monde vaut mieux que le plus gros écrit.

Il ne faut jurer de rien, acte III, scène 4

3537 Il ne faut jurer de rien, et encore moins défier personne.

Un caprice, scène 8

3538 Un homme marié n'en reste pas moins homme ; la bénédiction ne le métamorphose pas, mais elle l'oblige quelquefois à prendre un rôle et à en donner les répliques.

3539 Un jeune curé fait les meilleurs sermons.

Il faut qu'une porte soit ouverte ou fermée

3540 [...] quelle expérience pouvez-vous avoir ? Celle de ce voyageur, qui, à l'auberge, avait vu une femme rousse, et qui écrivait sur son journal : Les femmes sont rousses dans ce pays-ci.

3541 Être prude, cela se conçoit ; dire non, se boucher les oreilles, haïr l'amour, cela se peut ; mais le nier, quelle plaisanterie !

3542 Si l'amour est une comédie, cette comédie, vieille comme le monde, sifflée ou non, est, au bout du compte, ce qu'on a encore trouvé de moins mauvais [...]. Si la pièce ne valait rien, tout l'univers ne la saurait pas par cœur.

3543 L'Amour est mort, vive l'Amour !

3544 Voici mon second proverbe : c'est qu'il faut qu'une porte soit ouverte ou fermée.

On ne saurait penser à tout, scène 1

3545 Rien n'est plus pitoyable que d'arriver mal à propos, eût-on d'ailleurs le plus grand mérite, témoin ce célèbre diplomate qui arriva trop tard à la mort de son prince et vit la reine mettant ses papillotes.

Carmosine, acte I, scène 8

3546 Trouvez sur terre une chose plus gaie et plus divertissante qu'un sourire, quand c'est une belle fille qui sourit.

acte III, scène 8

3547 On peut aimer sans souffrir lorsque l'on aime sans rougir.

Bettine, scène 11

3548 Je répète, avec le vieux proverbe : celui qui aime et qui est aimé est à l'abri des coups du sort !

scène 17

3549 Demandez à celui qui touche aux cartes si elles ne lui représentent que cela. [...] Il y a plus de science au fond d'un cornet que n'en a rêvé d'Alembert.

L'Anglais mangeur d'opium, troisième partie

3550 Oh! gracieux, subtil et puissant opium! toi qui verses le baume sur la plaie ardente, la consolation sur les peines qui ne finiront jamais; [...] toi qui élèves dans les ténèbres ton architecture fantastique, devant laquelle pâlissent les Phidias et les Praxitèle [...]!

La Confession d'un enfant du siècle, première partie, chap. 2

3551 Alors s'assit sur un monde en ruines une jeunesse soucieuse. Tous ces enfants étaient des gouttes d'un sang brûlant qui avait inondé la terre; ils étaient nés au sein de la guerre, pour la guerre. Ils avaient rêvé pendant quinze ans des neiges de Moscou et du soleil des Pyramides. Ils n'étaient pas sortis de leurs villes; mais on leur avait dit que, par chaque barrière de ces villes, on allait à une capitale d'Europe. Ils avaient dans la tête tout un monde; ils regardaient la terre, le ciel, les rues et les chemins, tout cela était vide, et les cloches de leurs paroisses résonnaient seules dans le lointain.

3552 Quand les enfants parlaient de gloire, on leur disait: « Faites-vous prêtres »; quand ils parlaient d'ambition: « Faites-vous prêtres »; d'espérance, d'amour, de force, de vie: « Faites-vous prêtres ».

3553 Ce vêtement noir que portent les hommes de notre temps est un symbole terrible [...]. C'est la raison humaine qui a renversé toutes ses illusions; mais elle en porte elle-même le deuil, afin qu'on la console.

3554 Si le pauvre, ayant bien compris une fois que les prêtres le trompent, que les riches le dérobent, que tous les hommes ont les mêmes droits, que tous les biens sont de ce monde, et que sa misère est impie; si le pauvre [...] s'est dit un beau jour: « Guerre au riche! [...] », ô raisonneurs sublimes qui l'avez mené là, que lui direz-vous s'il est vaincu?

3555 Toute la maladie du siècle présent vient de deux causes: le peuple qui a passé par 93 et par 1814 porte au cœur deux blessures. Tout ce qui était n'est plus; tout ce qui sera n'est pas encore. Ne cherchez pas ailleurs le secret de nos maux.

3556 O peuples des siècles futurs! lorsque, par une chaude journée d'été, vous serez courbés sur vos charrues dans les vertes campagnes de la patrie; lorsque vous verrez, sous un soleil pur et sans tache, la terre, votre mère féconde, sourire dans sa robe matinale au travailleur, son enfant bien-aimé [...] ô hommes libres! quand alors vous remercierez Dieu d'être nés pour cette récolte, pensez à nous qui n'y serons plus, dites-vous que nous avons acheté bien cher le repos dont vous jouirez.

chap. 5

3557 La perfection [...] n'est pas plus faite pour nous que l'immensité.

3558 Ne confondez pas le vin avec l'ivresse ; ne croyez pas la coupe divine où vous buvez le breuvage divin.

Le Poète déchu, VII

3559 Une larme est ce qu'il y a de plus vrai, de plus impérissable au monde.

VIII

3560 Dans tout vers remarquable d'un vrai poète, il y a deux ou trois fois plus que ce qui est dit ; c'est au lecteur à suppléer le reste.

3561 La poésie est si essentiellement musicale qu'il n'y a pas de si belle pensée devant laquelle le poète ne recule si la mélodie ne s'y trouve pas.

3562 [...] le prosateur est un piéton et le poète un cavalier. Je veux dire que ce sont deux natures entièrement différentes, presque opposées et antipathiques l'une à l'autre.

3563 On naît poète, on devient prosateur. Le romancier, l'écrivain dramatique, le moraliste, l'historien, le philosophe, voient les rapports des choses ; le poète en saisit l'essence. [...] Regarder, sentir, exprimer, voilà sa vie ; tout lui parle, il cause avec un brin d'herbe ; dans tous les contours qui frappent ses yeux, même dans les plus difformes, il puise et nourrit incessamment l'amour de la suprême beauté ; dans tous les sentiments qu'il éprouve, dans toutes les actions dont il est témoin, il cherche la vérité éternelle. Tel il est, tel il meurt dans sa simplicité première ; [...] le dernier regard qu'il jette sur ce monde est encore celui d'un enfant.

Emmeline, chap. 5

3564 J'aime peu les proverbes [...], parce que ce sont des selles à tous chevaux ; il n'en est pas un qui n'ait son contraire, et, quelque conduite que l'on tienne, on en trouve un pour s'appuyer.

3565 Il y a un proverbe qui prétend que ce qui est différé n'est pas perdu. [...] Qu'on tienne ce langage en paradis, [...] c'est à merveille ; il sied à des gens qui ont devant eux l'éternité de jeter le temps par les fenêtres. Mais nous, pauvres mortels, notre chance n'est pas si longue.

chap. 7

3566 Ce qui vient du cœur peut s'écrire, mais non ce qui est le cœur lui-même.

chap. 8

3567 Ce qui est véritablement beau est l'ouvrage du temps et du recueillement, et [...] il n'y a pas de vrai génie sans patience.

Frédéric et Bernerette, chap. 3

3568 Dans un cœur troublé par le souvenir, il n'y a pas de place pour l'espérance.

Croisilles, chap. 5

3569 Le plus grand danger que courent les gens qui sont habituellement un peu fous, c'est de le devenir tout à fait par instants.

Pierre et Camille, chap. 2

3570 Il vaut mieux faire que dire.

Le Secret de Javotte, chap. 1

3571 Il n'y a rien qui porte moins conseil qu'une nuit passée sous le toit d'une jolie femme, et on ne dort jamais bien chez les gens dont on rêve.

Lettres de Dupuis et Cotonet, quatrième lettre

3572 La pioche voltairienne n'a pas encore trouvé de truelle à sa taille.

Louis BLANC 1811-1882

Organisation du travail
introduction

3573 Voilà deux mille ans déjà que des nations entières s'agenouillent devant un gibet, adorant dans celui qui voulut y mourir, le Sauveur des hommes. Et pourtant, que d'esclaves encore ! Que de lépreux dans le monde moral ! Que d'infortunés dans le monde visible et sensible ! Que d'iniquités triomphantes ! Que de tyrannies savourant à leur aise les scandales de leur impunité ! Le Rédempteur est venu ; mais la Rédemption, quand viendra-t-elle ?

3574 Une doctrine, quelle qu'elle soit, politique, religieuse ou sociale, ne se produit jamais sans trouver plus de contradicteurs que d'adeptes, et ne recrute quelques soldats qu'après avoir fait beaucoup de martyrs.

3575 Ce qui effraie le plus dans les partis, ce n'est pas ce qu'ils disent, c'est ce qu'ils négligent ou refusent de dire.

3576 Ce qui manque aux prolétaires pour s'affranchir, ce sont les instruments de travail : la fonction du gouvernement est de les leur fournir.

3577 La liberté consiste, non pas seulement dans le DROIT accordé, mais dans le POUVOIR donné à l'homme d'exercer, de développer ses facultés, sous l'empire de la justice et sous la sauvegarde de la loi.

3578 L'ordre n'a pas de meilleur bouclier que l'étude.

première partie, I

3579 Pour chaque indigent qui pâlit de faim, il y a un riche qui pâlit de peur.

3580 Une nation dans laquelle une classe est opprimée, ressemble à un homme qui a une blessure à la jambe : la jambe malade interdit tout exercice à la jambe saine.

II

3581 Lorsqu'un homme qui demande à vivre en servant la société en est fatalement réduit à l'attaquer sous peine de mourir, il se trouve dans son apparente agression, en état de légitime défense, et la société qui le frappe ne juge pas : elle assassine.

III

3582 Le *bon marché*, c'est l'exécuteur des hautes œuvres du monopole.

V

3583 La concurrence c'est l'embrasement nécessaire du monde.

Organisation du travail, Réponses à diverses objections

3584 L'homme qui s'adjuge, en vertu de sa supériorité intellectuelle, une plus large part des biens terrestres, perd le droit de maudire l'homme fort qui, aux époques de barbarie, asservissait le faible en vertu de sa supériorité physique.

3585 Lorsque, dans une société, la force organisée n'est nulle part, le despotisme est partout.

3586 Pour que le *travail fût un frein*, au moins faudrait-il que le travail ne fît jamais défaut à ceux qu'il doit contenir.

3587 Le saint-simonisme disait : « L'État propriétaire » ; c'était l'absorption de l'individu. Mais nous disons, nous, « la société propriétaire ».

3588 C'est avec les pauvres que les riches se font la guerre.

3589 Pour l'enfant la protection de la famille ; la protection de la société pour l'homme !

Louis CLAIRVILLE 1811-1879, Paul SIRAUDIN 1813-1883 et Victor KONING 1842-1894

La Fille de Mme Angot
acte, I, scène 4

3590 Clairette est venue au monde deux ans après que son père en était sorti !

3591 Pas bégueule!
Forte en gueule,
Telle était madame Angot!

scène 14

3592 C'n'était pas la peine,
Non, pas la peine, assurément,
De changer de gouvernement!

acte II, scène 7

3593 Comme tout se peut ici-bas,
Vous pouvez supposer de même,
Alors que vous ne l'aimez pas,
Que la République vous aime.

scène 12

3594 Quand, sans frayeur,
On peut se dire
Conspirateur,
Pour tout le monde
Il faut avoir
Perruque blonde
Et collet noir.

Victor DURUY 1811-1894

Histoire de France, préface de la première édition

3595 Un grand poète étranger appelait la France le soldat de Dieu. Voilà en effet plus de douze siècles qu'elle semble agir, combattre et vaincre ou souffrir pour le monde.

3596 La civilisation ne marche pas en ligne droite ; elle a des temps d'arrêt et des reculs qui feraient désespérer, si l'on ne savait pas que la vie de l'humanité est un long voyage sur une route difficile, où l'éternel voyageur monte et redescend en avançant toujours.

3597 Les peuples, réunions d'hommes actifs et libres, ont des besoins toujours nouveaux ; pour eux, l'immobilité serait la mort. Nées des besoins généraux et contraintes, pour durer, de les satisfaire, les constitutions doivent se plier aux transformations qui s'opèrent dans les idées et les habitudes, comme l'enveloppe élastique et souple qui, suivant la croissance cède et s'étend autour du germe qu'elle protège.

3598 On a dit bien souvent du génie littéraire de la France que son caractère distinctif est le bon sens, la raison ; j'ajouterais à un certain point de vue l'impersonnalité ; car Rabelais et Montaigne, Descartes et Molière, Pascal, Voltaire et Montesquieu écrivent pour le monde autant que pour leur patrie. Le but qu'ils poursuivent, c'est le vrai ; leur ennemi personnel, le faux ; et les types immortels qu'ils dessinent appartiennent à l'humanité bien plus qu'à la France. Dans ce sens, notre littérature, comme nos arts, est, de toutes les littératures, la plus humaine, parce qu'elle est la moins exclusivement nationale.

Théophile GAUTIER 1811-1872

Albertus, XCVIII

3599 J'en préviens les mères de famille,
Ce que j'écris n'est pas pour les petites filles
Dont on coupe le pain en tartines. Mes vers
Sont des vers de jeune homme et non un catéchisme.

Mademoiselle de Maupin, préface

3600 Il n'y a de vraiment beau que ce qui ne peut servir à rien ; tout ce qui est utile est laid, car c'est l'expression de quelque besoin et ceux de l'homme sont ignobles et dégoûtants, comme sa pauvre et infirme nature.

La Comédie de la Mort

3601 Oubli, seconde mort.

España, Ribeira

3602 Il est des cœurs épris du triste amour du laid.

3603 Les plus grands cœurs, hélas ! ont les plus grandes peines.

España, Deux tableaux de Valdès Léal

3604 Un vrai peintre espagnol, catholique et féroce.

España, L'horloge

3605 Chaque heure fait sa plaie et la dernière achève.

3606 Naître, c'est seulement commencer à mourir.

España, Le pin des Landes

3607 L'homme, avare bourreau de la création.

3608 Le poète est ainsi dans les landes du monde ;
Lorsqu'il est sans blessure, il garde son trésor.
Il faut qu'il ait au cœur une entaille profonde
Pour épancher ses vers, divines larmes d'or !

Émaux et Camées, Affinités secrètes

3609 Marbre, perle, rose, colombe,
Tout se dissout, tout se détruit;
La perle fond, le marbre tombe,
La fleur se fane et l'oiseau fuit.

Émaux et Camées
Nostalgies d'obélisques : L'obélisque de Louxor

3610 Produit des blancs reflets du sable
Et du soleil toujours brillant,
Nul ennui ne t'est comparable,
Spleen lumineux de l'Orient.

3611 L'Égypte, en ce monde où tout change,
Trône sur l'immobilité.

Émaux et Camées, Bûchers et tombeaux

3612 Le squelette était invisible
Au temps heureux de l'art païen;
L'homme, sous la forme sensible,
Content du beau, ne cherchait rien.

3613 Reviens, reviens, bel art antique,
De ton paros étincelant
Couvrir le squelette gothique;
Dévore-le, bûcher brûlant !

Émaux et Camées, Le souper des armures

3614 Les fantômes, quand minuit sonne,
Viennent armés de pied en cap [...]

La débauche devient farouche,
On n'entendrait pas tonner Dieu;
Car, lorsqu'un fantôme découche,
C'est le moins qu'il s'amuse un peu.

Émaux et Camées, Premier sourire de printemps

3615 Tandis qu'à leurs œuvres perverses
Les hommes courent haletants,
Mars qui rit, malgré les averses,
Prépare en secret le printemps.

Émaux et Camées, Noël

3616 Le Ciel est noir, la terre est blanche;
— Cloches, carillonnez gaîment ! —
Jésus est né ! — La Vierge penche
Sur lui son visage charmant.

Émaux et Camées, L'art

3617 Oui, l'œuvre sort plus belle
D'une forme au travail
Rebelle,
Vers, marbre, onyx, émail.

3618 Pont de contraintes fausses!
Mais que pour marcher droit
Tu chausses,
Muse, un cothurne étroit.

3619 Tout passe. — L'art robuste
Seul a l'éternité.
Le buste
Survit à la cité.

3620 Les dieux eux-mêmes meurent;
Mais les vers souverains
Demeurent
Plus forts que les airains.
Sculpte, lime, cisèle;
Que ton rêve flottant
Se scelle
Dans le bloc résistant!

Le Roman de la momie, chap. 5

3621 L'amour n'est pas le même sous les chaudes régions qu'embrase un vent de feu, qu'aux rives hyperborées d'où le calme descend du ciel avec les frimas.

Le Capitaine Fracasse

3622 — [...] Est-ce que Matamore est malade [...]?
— Il n'est pas malade [...]. Il est guéri à tout jamais d'une maladie pour laquelle aucun médecin, fût-ce Hippocrate, Galien ou Avicenne, n'ont jamais trouvé de remède, je veux dire la vie, dont on finit toujours par mourir.

3623 Une fervente prière pour celui qui venait de s'engloutir si subitement dans la trappe de l'éternité monta sur les ailes de la foi dans les profondeurs du ciel obscur.

Spirite

3624 Le génie est vraiment divin: il invente l'Idéal, il entrevoit la beauté supérieure et l'éternelle lumière. Où ne monte-il pas, lorsqu'il a pour ailes la foi et l'amour?

Histoire du romantisme

3625 Ce n'étaient pas les Huns d'Attila qui campaient devant le Théâtre-Français[1], malpropres, farouches, hérissés, stupides, mais bien les chevaliers de l'avenir, les champions de l'idée, les défenseurs de l'art libre ; et ils étaient beaux, libres et jeunes. Oui, ils avaient des cheveux, — on ne peut naître avec des perruques, — et ils en avaient beaucoup qui retombaient en boucles souples et brillantes, car ils étaient bien peignés. Quelques-uns portaient de fines moustaches et quelques autres des barbes entières. Cela est vrai, mais cela seyait fort bien à leurs têtes spirituelles, hardies et fières que les maîtres de la Renaissance eussent aimé à prendre pour modèles.

3626 [...] les routines et les mauvais instincts de la foule qui régimbe contre tout ascendant qu'elle ne subissait pas la veille et trouve qu'elle admire déjà bien assez de gens comme cela.

3627 Si l'on prononce le nom de Théophile Gautier devant un philistin, n'eût-il jamais lu de nous deux vers et une seule ligne, il nous connaît au moins par le gilet rouge que nous portions à la première représentation d'*Hernani*.

3628 La sphère de la littérature s'est élargie et renferme maintenant la sphère de l'art dans son orbe immense.

3629 Je suis un homme pour qui le monde extérieur existe.

Cité par Baudelaire, Journaux intimes

3630 Je mettrais l'orthographe même sous la main du bourreau.

Victor de LAPRADE 1812-1883

Poèmes civiques, Jeunes fous et jeunes sages

3631 Je renonce à la paix des sereines hauteurs ;
On dit que le sommeil y gagnait mes lecteurs [...]

Alphonse PEYRAT 1812-1891

*Études historiques et religieux
De la liberté politique en France*

3632 Trois choses fondamentales constituent la société et la distinguent de la barbarie : la liberté, la propriété et l'égalité des droits ; la Révolution qui les proclama ne fit donc que placer la France dans les conditions de toute société bien organisée.

---

1. Il s'agit des partisans de V. Hugo à la première d'*Hernani*.

mot rapporté par Gambetta
3633 Le cléricalisme? voilà l'ennemi.

Claude BERNARD 1813-1878

Introduction à l'étude de la médecine expérimentale
introduction

3634 Les idées que nous allons exposer ici n'ont certainement rien de nouveau.

première partie, chap. 1, § 1

3635 L'état physiologique et l'état pathologique sont régis par les mêmes forces, et ils ne diffèrent que par les conditions particulières dans lesquelles la loi vitale se manifeste.

§ 3

3636 On n'arrivera jamais à des généralisations vraiment fécondes et lumineuses sur les phénomènes vitaux, qu'autant qu'on aura expérimenté soi-même, et remué dans l'hôpital, l'amphithéâtre ou le laboratoire, le terrain fétide et palpitant de la vie.

§ 4

3637 L'*observation* est l'investigation d'un phénomène naturel, et l'*expérience* est l'investigation d'un phénomène modifié par l'investigateur.

§ 5

3638 Ces sortes d'expériences de tâtonnements, qui sont extrêmement fréquentes en physiologie, en pathologie et en thérapeutique, à cause de l'état complexe et arriéré de ces sciences, pourraient être appelées des *expériences pour voir*, parce qu'elles sont destinées à faire surgir une première observation imprévue et indéterminée d'avance, mais dont l'apparition pourra suggérer une idée expérimentale et ouvrir une voie de recherche [...]. On peut dire alors que l'expérience est une *observation provoquée dans le but de faire naître une idée*.

§ 6

3639 L'observateur doit être le photographe de la nature, son observation doit représenter exactement la nature. Il faut observer sans idée préconçue; l'esprit de l'observateur doit être passif, c'est-à-dire se taire; il écoute la nature et écrit sous sa dictée.

3640 L'expérimentateur pose des questions à la nature; mais, dès qu'elle parle, il doit se taire; il doit constater ce qu'elle répond, l'écouter jusqu'au bout, et, dans tous les cas, se soumettre.

chap. 2, § 3

3641 Il faut croire à la science, c'est-à-dire au déterminisme; au rapport absolu et nécessaire des choses, aussi bien dans les phénomènes propres aux êtres vivants que dans tous les autres.

§ 4

3642 Nos idées ne sont que des instruments intellectuels qui nous servent à pénétrer dans les phénomènes; il faut les changer quand elles ont rempli leur rôle, comme on change un bistouri émoussé quand il a servi assez longtemps.

3643 Un poète contemporain a caractérisé ce sentiment de la personnalité de l'art et de l'impersonnalité de la science par ces mots: l'art, c'est *moi*; la science, c'est *nous*.

§ 7

3644 Un fait n'est rien par lui-même, il ne vaut que par l'idée qui s'y rattache ou par la preuve qu'il fournit.

deuxième partie, chap. 1, § 3

3645 L'organisme vivant n'est qu'une machine admirable douée des propriétés les plus merveilleuses et mise en activité à l'aide des mécanismes les plus complexes et les plus délicats. Il n'y a pas des forces en opposition et en lutte les unes avec les autres; dans la nature, il ne saurait y avoir qu'arrangement et dérangement, harmonie et désharmonie.

§ 4

3646 Le physiologiste ou le médecin ne doivent pas s'imaginer qu'ils ont à rechercher la cause de la vie ou l'essence des maladies. Ce serait perdre complètement son temps à poursuivre un fantôme. Il n'y a aucune réalité objective dans les mots vie, mort, santé, maladie [...]. De même quand un physiologiste invoque la force vitale ou la vie, il ne la voit pas, il ne fait que prononcer un mot; le phénomène vital seul existe avec ses conditions matérielles et c'est là la seule chose qu'il puisse étudier et connaître.

§ 5

3647 Il faut admettre comme un axiome expérimental que *chez les êtres vivants aussi bien que dans les corps bruts les conditions d'existence de tout phénomène sont déterminées d'une manière absolue*. Ce qui veut dire en d'autres termes que la condition d'un phénomène une fois connue et remplie, le phénomène doit se reproduire toujours et nécessairement, à la volonté de l'expérimentateur.

§ 7

3648 La vie est le résultat du contact de l'organisme et du milieu; nous ne pouvons pas la comprendre avec l'organisme seul, pas plus qu'avec le milieu seul.

(Introduction à l'étude de la médecine expérimentale)
chap. 2, § 1

3649 S'il fallait définir la vie d'un seul mot, qui, en exprimant bien ma pensée, mît en relief le seul caractère qui, suivant moi, distingue nettement la science biologique, je dirais: la vie, c'est la *création*.

§ 3

3650 Le chirurgien, le physiologiste et Néron se livrent également à des mutilations sur des êtres vivants. Qu'est-ce qui les distingue encore, si ce n'est l'idée? [...] Le physiologiste n'est pas un homme du monde, c'est un savant, c'est un homme qui est saisi et absorbé par une idée scientifique qu'il poursuit: il n'entend plus les cris des animaux, il ne voit plus le sang qui coule, il ne voit que l'idée et n'aperçoit que des organismes qui lui cachent des problèmes qu'il veut découvrir.

§ 6

3651 S'il fallait tenir compte des services rendus à la science, la grenouille occuperait la première place.

§ 9

3652 La statistique ne saurait donc enfanter que les sciences conjecturales; elle ne produira jamais les sciences actives et expérimentales, c'est-à-dire les sciences qui règlent les phénomènes d'après les lois déterminées.

§ 10

3653 Toute science expérimentale ne peut donc faire de progrès qu'en avançant et en poursuivant son œuvre dans l'avenir. Ce serait absurde de croire qu'on doit aller la chercher dans l'étude des livres que nous a légués le passé. On ne peut trouver là que l'histoire de l'esprit humain, ce qui est tout autre chose.

3654 Je pense que la médecine ne finit pas à l'hôpital comme on le croit souvent, mais qu'elle ne fait qu'y commencer.

troisième partie, chap. 2

3655 Les principes et la méthode scientifiques sont supérieurs à la théorie, ils sont immuables et ne doivent jamais varier.

§ 1

3656 Il ne suffit pas de dire: Je me suis trompé; il faut dire comment on s'est trompé, et c'est là précisément ce qui est important.

chap. 3, § 1

3657 L'empirisme n'est point la négation de la science expérimentale, comme semblent le croire certains médecins, ce n'en est que le premier état.

chap. 4

3658 La médecine expérimentale est donc la médecine qui a la prétention de connaître les lois de l'organisme sain et malade de manière non seulement à prévoir les phénomènes, mais aussi de façon à pouvoir les régler et les modifier dans certaines limites.

§ 2

3659 La vie n'est rien qu'un mot qui veut dire ignorance, et quand nous qualifions un phénomène de *vital,* cela équivaut à dire que c'est un phénomène dont nous ignorons la cause prochaine ou les conditions.

Leçon sur le diabète et la glycogenèse animale
première leçon

3660 Un auteur a défini la maladie « une fonction qui conduit à la mort », par opposition à une fonction normale qui entretient la vie. Je n'ai pas besoin de dire que cette définition de la maladie me paraît une pure fantaisie. Toutes les fonctions ont pour objet l'entretien de la vie et tendent constamment à rétablir l'état physiologique quand il est troublé. Cette tendance persiste dans tous les états morbides, et c'est elle qui constituait déjà pour Hippocrate la force médicatrice de la nature.

Leçons sur les phénomènes de la vie communs
aux animaux et végétaux, première leçon

3661 Je considère qu'il y a nécessairement dans l'être vivant deux ordres de phénomènes :
1° Les phénomènes de *création vitale* ou de *synthèse organisatrice ;*
2° Les phénomènes de mort ou de *destruction organique.*

3662 Toute manifestation d'un phénomène dans l'être vivant est nécessairement liée à une destruction organique ; et c'est ce que j'ai voulu exprimer lorsque, sous une forme paradoxale, j'ai dit ailleurs *la vie c'est la mort.*

Frédéric OZANAM 1813-1853

La Civilisation au Ve siècle

3663 [...] Dieu, qui aime à se faire servir par des hommes éloquents, en trouve assez de nos jours pour justifier ses dogmes.

Les Poètes franciscains

3664 [...] le christianisme, si souvent accusé de fouler aux pieds la nature, a [...] seul appris à l'homme à la respecter, à l'aimer véritablement, en faisant paraître le plan divin qui la soutient, l'éclaire et la sanctifie.

Dante et la philosophie catholique au XIII° siècle
première partie, chap. 1

3665 La Providence divine et la liberté humaine, ces deux grandes puissances dont le concours explique l'histoire, s'accordent quelquefois pour mettre plus solennellement la main à l'œuvre et pour renouveler toutes choses.

troisième partie, chap. 1

3666 L'homme ne saurait apercevoir l'ordre qui règne dans la création, sans éprouver quelque chose de la joie d'un fils qui retrouverait la trace de son père.

Des devoirs littéraires des chrétiens

3667 Quant à nous, gens de lettres, la forme dont nous disposons, c'est la langue française, langue souverainement chrétienne et qui tient de la religion par ces trois grands caractères de majesté, de précision, de clarté.

3668 Si le doute et l'erreur ont rendu malades les sociétés modernes, nous savons que Dieu a fait les nations guérissables.

Eugène PELLETAN 1813-1884

Dieu est-il mort?
introduction

3669 Dieu est-il mort? Non, disent-ils.
Pour avoir le droit de mourir, il faut avoir vécu.

3670 Qui dit Dieu ne dit rien.

3671 [...] le monde n'est plus que l'hôpital des religions vieillies.

chap. 4

3672 « Vous rappelez-vous, disait Louis XIV au duc de Vendôme en lui montrant une colline de Versailles, qu'il y avait là un moulin?
— Oui, Sire ; mais si le moulin n'y est plus, le vent y est toujours. »
On en peut dire autant de l'Église : si l'Inquisition n'y fonctionne plus, le vent y est encore.

Félix RAVAISSON 1813-1900

Testament philosophique

3673 L'action est comme un instant qui durerait sans succession.

3674 Distinction est petitesse. Les idées distinctes sont de petites idées.

3675 L'humanité est donc la mesure esthétique comme la mesure scientifique de toutes choses.

Testament philosophique, Fragments, IV

3676 Devant l'idée de Dieu l'entendement humain se trouble comme se trouble devant le jour, suivant une parole d'Aristote, l'œil de l'oiseau de nuit.

Louis VEUILLOT 1813-1883

Les Libres Penseurs, avant-propos

3677 J'appelle « libres penseurs », comme ils se nomment eux-mêmes, les lettrés ou se croyant tels qui, par livres, discours et pratiques ordinaires, travaillent sciemment à détruire en France la religion révélée et sa morale divine.

3678 Je lutte donc en pleurant contre ce pauvre peuple, parce que, de tous les malheurs dont il est menacé, son triomphe serait le plus affreux.

3679 Liberté, égalité, fraternité! paroles vaines, funestes même, depuis qu'elles sont devenues politiques; car la politique en a fait trois mensonges.

Les Libres Penseurs (deuxième édition)

3680 La libre penseuse est un monstre, même lorsqu'elle se tait.

livre premier, I

3681 Sur cinquante écrivains de profession, nous en comptons trente-quatre plus ou moins timbrés et quinze tout à fait. Ces quinze sont philosophes.

livre III, I

3682 Prendre la femme et ne pas prendre le mariage, c'est (que l'on me pardonne la comparaison) manger crue une viande qui devait passer par le feu. Si friande qu'elle paraisse dans cet état de nature à l'appétit dépravé qui la dévore, l'arrière-goût en est horrible, la digestion s'en fait mal; et tout le corps ne tarde pas à sentir qu'au lieu d'une nourriture il a pris un poison.

3683 Le sacrement de mariage est un désinfectant.

Les Dialogues socialistes, L'esclave Vindex, préface

3684 On entendait de continuelles disputes entre les républicains et les anarchistes: c'est-à-dire entre les révolutionnaires arrivés et les révolutionnaires en marche.

Les Odeurs de Paris, Paris-Rome

3685 Véritablement Paris est une inondation qui a submergé la civilisation française, et l'emporte tout entière en débris.

Alphonse ESQUIROS 1814-1876

Les Vierges martyres
de la condition de la femme dans notre société

3686 Le pauvre est le seul qui soit forcé d'avoir de l'argent.

de l'état moral des femmes dans les classes laborieuses

3687 Tout le monde maintenant ne peut pas travailler: vérité terrible, puisqu'elle implique cette conclusion: tout le monde maintenant ne peut pas vivre!

3688 Il n'est pas encore bien prouvé si le bonheur se compose des biens qu'on a ou de ceux qu'on croit avoir.

des industries secrètes et immorales

3689 Les prétentions de la femme diminuent sensiblement à mesure qu'on se rapproche du soleil et de la nature: en Angleterre on la séduit avec des billets de banque, en France avec de l'or, en Italie avec de l'argent, en Espagne avec du cuivre, toujours ainsi jusqu'aux filles des tropiques, lesquelles se donnent pour un clou, — mais toujours pour quelque chose.

Jules LEQUIER 1814-1862

La Recherche d'une première vérité
Le problème de la science, introduction

3690 En matière de métaphysique, j'oserais mettre un enfant au-dessus même d'un bon et sage laboureur qui n'a rien lu.

première partie

3691 [...] si le doute est un moyen de se préparer à connaître, c'en est un aussi de se tromper: j'ai douté à tort quelquefois.

seconde partie

3692 Je veux ressusciter et j'hésite à mourir! On dirait que je ne peux sans devenir sacrilège immoler le vieil homme avec ses erreurs.

fragments

3693 Il semble que l'on cherche à affirmer quelque chose qui contraigne d'affirmer. Or c'est un acte de liberté qui affirme la liberté!

3694 L'instant présent existe présentement, l'Éternité est présentement du présent qui appartient à Dieu, sans que de ces deux présents ni l'un se rapetisse infiniment ni l'autre s'étende infiniment pour s'égaler à l'autre.

3695 [...] Dieu qui voit ces choses changer aussi en les regardant, ou il ne s'aperçoit pas qu'elles changent.

François PONSARD 1814-1867

Lucrèce, acte I, scène 1

3696 Les femmes de son temps mettaient tout leur souci
A surveiller l'ouvrage, à mériter ainsi
Qu'on lût sur leur tombeau, digne d'une Romaine :
« Elle vécut chez elle, et fila de la laine. »

scène 2

3697 Tel mont touche les cieux, qu'un brin d'herbe domine.

scène 3

3698 Je ne vaux pas la mort, c'est pourquoi je peux vivre.

Agnès de Méranie, acte III, scène 6

3699 Tout conseil est mauvais quand il est imposé.

Charlotte Corday, acte I, scène 1

3700 Qu'est-ce qu'une vertu qui ne s'indigne pas !

L'Honneur et l'argent, acte III, scène 6

3701 L'art, ce consolateur des misères humaines !

acte IV, scène 5

3702 L'argent, mon cher, l'argent, c'est la seule puissance.
On a quelque respect encor pour la naissance,
Pour le talent fort peu, point pour la probité ;
Mais qui sait s'enrichir est vraiment respecté [...]

scène 6

3703 Heureux, tu compteras des amitiés sans nombre,
Mais adieu les amis, si le temps devient sombre.

Anaïs SEGALAS 1814-1895

À une tête de mort

3704 La vie a mille aspects, le néant n'a qu'un moule.

Jules SIMON 1814-1896

La Liberté
première partie, chap. 1, § 4

3705 La Déclaration des droits de l'homme apprit au monde entier que la révolution française était pour lui.

chap. 3, § 2

3706 Le communisme pur, le despotisme sans limites, n'a peut-être jamais existé, parce qu'il est contre nature, mais on s'en est rapproché souvent.

3707 Il n'y a rien que l'homme foule aux pieds si aisément qu'un cadavre.

deuxième partie, chap. 2, § 1

3708 Quelques communistes, il est vrai, parlent de liberté comme le reste des hommes: c'est un air de bravoure que tout le monde aime à chantonner.

chap. 3, § 4

3709 Un danseur de corde se fatigue; il travaille; il ne produit pas; sa profession n'est pas honorable.

3710 Entre le droit de travailler et le droit au travail, il y a toute la distance qui sépare la liberté du communisme, le droit de la violation du droit, le respect de la nature humaine de l'asservissement de l'esprit et du corps à des lois factices, l'égalité proportionnelle, et par conséquent équitable et féconde, de l'égalité brutale, numérique, injuste, oppressive, homicide.

Eugène Emmanuel VIOLLET-LE-DUC 1814-1879

Dictionnaire raisonné de l'architecture française du XIe au XVIe siècle
tome I, « Architecture »

3711 Il n'est pas d'œuvre humaine qui ne contienne en germe, dans son sein, le principe de sa dissolution.

tome IV, « Construction »

3712 La construction gothique n'est point, comme la construction antique, tout d'une pièce, absolue dans ses moyens; elle est souple, libre et chercheuse comme l'esprit moderne.

tome VIII, « Style »

3713 Le style est, pour l'œuvre d'art, ce que le sang est pour le corps humain; il le développe, le nourrit, lui donne la force, la santé, la durée.

3714 Le style est comme le parfum d'un état primitif des esprits.

3715 Le jour où l'artiste *cherche* le style, c'est que le style n'est plus dans l'art.

Eugène LABICHE 1815-1888

Le Major Cravachon, scène 10

3716 La fortune ne fait pas le bonheur.

3717 L'éducation ne fait pas le bonheur.

3718 L'amour ne fait pas le bonheur.

3719 La jeunesse n'a qu'un temps.

titre d'un vaudeville

3720 Embrassons-nous, Folleville.

Un chapeau de paille d'Italie, acte I, scène 6

3721 Mon gendre, tout est rompu !

acte III, scène 4

3722 Le dévouement est la plus belle coiffure d'une femme.

acte IV, scène 7

3723 Vous n'êtes pas un beau-père... vous êtes un morceau de colle forte.

Mon Isménie, scène 2

3724 Tiens ! son habit !... si je l'interrogeais !... Montesquieu l'a dit : « C'est souvent dans la poche des hommes qu'on trouve l'histoire de leurs passions ! » Fouillons, furetons, mouchardons !

Le Voyage de M. Perrichon, acte II, scène 7

3725 Que l'homme est petit quand on le contemple du haut de la Mer de glace !

acte IV, scène 8

3726 Les hommes ne s'attachent point à nous en raison des services que nous leur rendons, mais en raison de ceux qu'ils nous rendent.

3727 Avant d'obliger un homme, assurez-vous bien d'abord que cet homme n'est pas un imbécile.

Les Vivacités du capitaine Tic, acte II, scène 7

3728 Il y a des circonstances où le mensonge est le plus saint des devoirs.

Le Plus heureux des trois, acte I, scène 2
3729 Ah! les hommes ne savent pas aimer!

acte III, scène 3
3730 Dieu, qu'il y a des maris bêtes!

Martin NADAUD 1815-1898

à l'Assemblée législative, en 1849
3731 Quand le bâtiment va, tout va.

Joséphin SOULARY 1815-1891

Pastels et mignardises, IV, Rêves ambitieux
3732 « Aussi loin que ton ombre ira sur le gazon,
Aussi loin je m'en vais tracer mon horizon. »
— Tout bonheur que la main n'atteint pas n'est qu'un rêve!

VI, Oaristys
3733 Et toi, Barde de Cô, souris, vieux Théocrite!
Vois! ton drame d'amour dure éternellement;
C'est, depuis deux mille ans, la seule page écrite
Où le temps ait passé sans aucun changement!

Clotilde de VAUX 1815-1846

Lucie
3734 [Le dévouement] est une magnifique vertu, mais qui vit bien plus volontiers de jouissances que de sacrifices.

3735 Il est indigne des grands cœurs de répandre le trouble qu'ils ressentent.

Joseph Arthur de GOBINEAU 1816-1882

Essai sur l'inégalité des races humaines
livre I, chap. 1
3736 La chute des civilisations est le plus frappant et en même temps le plus obscur de tous les phénomènes de l'histoire.

3737 Toute agglomération humaine, même protégée par la complication la plus ingénieuse de liens sociaux, contracte, au jour même où elle se forme, et caché parmi les éléments de sa vie, le principe d'une mort inévitable.

3738　Certains États, loin de mourir de leur perversité, en ont vécu.

3739　L'humanité éprouve, dans toutes les branches, une répulsion secrète pour les croisements.

chap. 15

3740　La hiérarchie des langues correspond rigoureusement à la hiérarchie des races.

chap. 16

3741　L'Histoire nous montre que toute civilisation découle de la race blanche, qu'aucune ne peut exister sans le concours de cette race et qu'une société n'est grande et brillante qu'à proportion qu'elle conserve plus longtemps le noble groupe qui l'a créée, et que ce groupe lui-même appartient au rameau le plus illustre de l'espèce.

conclusion générale

3742　Une société n'est, en elle-même, ni vertueuse ni vicieuse ; elle n'est ni sage ni folle ; *elle est.*

3743　L'espèce blanche, considérée abstractivement, a désormais disparu de la face du monde.

3744　La prévision attristante, ce n'est pas la mort, c'est la certitude de n'y arriver que dégradés.

Lettre à d'Héricault, 4 janvier 1873

3745　Le *mouvement* dans les œuvres littéraires c'est une invention jacobine, comme la pomme de terre en cuisine.

Les Pléiades
livre I, chap. 1

3746　Je suis, en face des vanités de ce monde, une sorte d'inspecteur aux revues. Je ne me mêle pas à l'escadron des passions, ni à l'infanterie des goûts, ni à l'artillerie des fantaisies, pour conduire les charges des unes, les attaques des autres, les évolutions des troisièmes. Non, je me mets là pour regarder tout, voir ce qui existe, ce qui fonctionne, et, bien que portant l'uniforme de l'armée, du moment que le tapage commence, je n'en suis plus, et mon état est de me tenir à l'écart, de distinguer ce qui tombe d'avec ce qui reste debout et d'en tenir registre. Sans vanité, je ne vois guère que les abeilles auxquelles je puisse justement me comparer. Je butine sur les surfaces.

chap. 2

3747　Je ne saurais m'intéresser à la masse de ce qui s'appelle hommes. Je suppose que, dans le plan de la création, ces créatures ont une utilité, puisque je les y vois : elles nous gênent et nous les poussons. Mais je ne me figure et je ne vois rien de beau et de bon que sans elles.

(Les Pléiades) chap. 7

3748 Dans tous les pays du monde, quand on n'est pas Français, on est étranger.

3749 C'est à l'éducation publique que nous, Français, nous devons le trait principal de notre caractère moderne, celui qui nous suit de l'enfance à la tombe, la peur horrible de passer pour dupes, et la résolution bien arrêtée de tout faire au monde afin d'éviter un pareil malheur.

livre III, chap. 1

3750 Je ne connais pas les mœurs futures pour les approuver, les costumes futurs pour les admirer, les institutions futures pour les respecter, et je m'en tiens à savoir que ce que j'approuve, ce que j'admire, ce que j'aime est parti. Je n'ai rien à faire avec ce qui succédera.

chap. 3

3751 Dans l'homme aimé, il arrive le plus ordinairement qu'on ne s'est épris que de l'amour. On n'a pas écouté ce que dit la musique, on s'est complu uniquement dans les sons qui flattent l'oreille, et, du merveilleux opéra que l'on se donne, on goûte surtout le ballet.

chap. 4

3752 Tout ce que la société perd ne disparaît pas, mais se réfugie dans des existences individuelles. L'ensemble est petit, misérable, honteux, répugnant. L'être isolé s'élève [...]

chap. 6

3753 Si tout se passait ici-bas suivant la régularité inflexible des théories, le moindre des inconvénients, c'est que personne ne vaudrait la peine d'être regardé, rien n'inspirerait ni la curiosité, ni l'intérêt; il n'y aurait pas de conflits à observer, et, finalement rien à décrire, rien à apprendre.

livre IV, chap. 5

3754 On n'est pas grand, on ne le devient pas, quelque effort qu'on y fasse, quand on n'est pas heureux. Être heureux, c'est une vertu et une des plus puissantes.

Nouvelles asiatiques, La guerre des Turcomans

3755 Gloire à Dieu qui a voulu, pour des raisons que nous ne connaissons pas, que la méchanceté et la bêtise conduisent l'univers!

Nouvelles asiatiques, La vie de voyage

3756 Remplissez le monde de votre amour, et votre amour de tout le charme infini du monde.

La Troisième République et ce qu'elle vaut

3757 La République, en France, a ceci de particulier, que personne n'en veut et que tout le monde y tient.

3758 Qu'est-ce qu'une basse-cour ? Un lieu assez malpropre où les coqs se battent à perpétuité, et battent les poules. La République est tout de même.

3759 Tout le monde, au nom de l'égalité, a conclu aussi avoir le mérite, et tout le monde a vociféré pour en obtenir les avantages.

3760 Le général qui délivrera la France n'aura pas été plus tôt acclamé, porté au faîte du pouvoir absolu et encouragé à tout faire, que la population entière, moins son entourage immédiat, va s'entendre à merveille sur ce point qu'il est une superfétation et que ce qui pourrait arriver de mieux serait d'en être débarrassé.

Eugène POTTIER 1816-1887

L'Internationale, juin 1871

3761 Debout! Les damnés de la terre...

Paul FÉVAL 1817-1887

La Fée des grèves

3762 [...] les choses passées ont leurs spectres comme les hommes décédés ; c'est que la nuit évoque le fantôme des mondes transformés aussi bien que les ombres humaines.

Le Bossu, prologue, scène 5

3763 Ta main gardera ma marque, et quand il en sera temps, si tu ne viens pas à Lagardère, Lagardère ira à toi !

acte I, scène 1

3764 Elle frémit de la pointe à la garde... elle s'élance d'elle-même hors du fourreau ; quand une fois elle est en jeu, elle touche, et quand elle touche, elle tue !...

Pierre LAROUSSE 1817-1875

Grand dictionnaire universel du XIXe siècle, art. « Bonaparte »

3765 BONAPARTE, — le nom le plus grand, le plus glorieux, le plus éclatant de l'histoire, sans excepter celui de NAPOLÉON, — général de la République française, né à Ajaccio (île de Corse) le 15 août 1769, mort au château de Saint-Cloud, près de Paris, le 18 brumaire, an VIII de la République française, une et indivisible.

Charles Marie Leconte, dit **LECONTE DE LISLE** 1818-1894

Poèmes antiques, préface

3766 Nous sommes une génération savante ; la vie instinctive, spontanée, aveuglément féconde de la jeunesse, s'est retirée de nous ; tel est le fait irréparable.

3767 L'art et la science, longtemps séparés [...], doivent [...] tendre à s'unir étroitement, sinon à se confondre.

Poèmes antiques, La Vénus de Milo

3768 Nul sanglot n'a brisé ton sein inaltérable,
Jamais les pleurs humains n'ont terni ta beauté.

Poèmes antiques, Midi

3769 Midi, Roi des étés, épandu sur la plaine,
Tombe en nappes d'argent des hauteurs du ciel bleu.
Tout se tait. L'air flamboie et brûle sans haleine ;
La Terre est assoupie en sa robe de feu.

Poèmes antiques, Dies irae

3770 L'homme a perdu le sens des paroles de vie :
L'esprit se tait, la lettre est morte pour jamais.

3771 [...] Mais nous, nous, consumés d'une impossible envie,
En proie au mal de croire et d'aimer sans retour,
Répondez, jours nouveaux ! nous rendrez-vous la vie ?
Dites, ô jours anciens ! nous rendrez-vous l'amour ?

3772 O vents ! emportez-nous vers les Dieux inconnus !

3773 Et toi, divine Mort, où tout rentre et s'efface,
Accueille tes enfants dans ton sein étoilé ;
Affranchis-nous du temps, du nombre et de l'espace
Et rends-nous le repos que la vie a troublé.

Poèmes barbares, La fontaine aux lianes

3774 La nature se rit des souffrances humaines ;
Ne contemplant jamais que sa propre grandeur,
Elle dispense à tous ses forces souveraines
Et garde pour sa part le calme et la splendeur.

Poèmes barbares, Le Manchy

3775 Maintenant, dans le sable aride de nos grèves,
Sous les chiendents, au bruit des mers
Tu reposes parmi les morts qui me sont chers,
O charme de mes premiers rêves !

Poèmes barbares, Solvet saeclum

3776 Tu te tairas, ô voix sinistre des vivants!

Poèmes barbares, éd. de 1872, Le dernier souvenir

3777 J'ai vécu, je suis mort. [...]
Inerte, blême, au fond d'un lugubre entonnoir
Je descends d'heure en heure et d'année en année,
A travers le Muet, l'Immobile, le Noir.

Poèmes tragiques, Sacra fames

3778 La Faim sacrée est un long meurtre légitime
Des profondeurs de l'ombre aux cieux resplendissants,
Et l'homme et le requin, égorgeur ou victime,
Devant ta face, ô Mort, sont tous deux innocents.

Poèmes tragiques, à un poète mort

3779 La honte de penser et l'horreur d'être un homme!

Derniers poèmes, L'aigu bruissement...

3780 Devant ta grâce et ta beauté, Nature!
Enfant qui n'avais rien souffert ni deviné,
Je sentais croître en moi l'homme prédestiné,
Et je pleurais, saisi de l'angoisse future,
Épouvanté de vivre, hélas! et d'être né.

Michel CARRÉ 1819-1872 et Jules BARBIER 1825-1901

Galathée, acte I, scène 4

3781 Le foyer appelle la flamme,
L'aurore va bien au ciel bleu!
La poussière demande une âme
Et la nature veut un Dieu!
Aimons!

acte II, scène 1

3782 Ah! qu'il est doux
De ne rien faire,
Quand tout s'agite autour de nous!

Faust
acte I, scène 1

3783 Salut! ô mon dernier matin!
J'arrive sans terreur au terme du voyage;
Et je suis, avec ce breuvage,
Le seul maître de mon destin!

acte II, scène 4

3784 Le veau d'or est encor debout,
On encense
Sa puissance
D'un bout du monde à l'autre bout!
[...]
Et Satan conduit le bal!

acte III, scène 4

3785 Salut! demeure chaste et pure, où se devine
La présence d'une âme innocente et divine.

scène 6

3786 Ah! je ris de me voir
Si belle en ce miroir!
Est-ce toi, Marguerite?

scène 7

3787 Hélas! ma belle, quand vous aurez un mari,
Les bijoux deviendront assez rares.

acte IV, scène 3

3788 N'ouvre ta porte, ma belle,
Que la bague au doigt!

acte V, scène 3

3789 Anges purs! anges radieux!
Portez mon âme au sein des cieux!

Mignon, acte I, scène 6

3790 Les bois ont reverdi, les fleurs se sont fanées,
Personne n'a pris soin de compter mes années.

3791 Connais-tu le pays où fleurit l'oranger,
Le pays des fruits d'or et des roses vermeilles,
Où la brise est plus douce et l'oiseau plus léger,
Où dans toute saison butinent les abeilles?

Gustave COURBET 1819-1877

Manuscrit, Cabinet des estampes

3792 A quoi sert la vie si les enfants n'en font pas plus que leurs pères.

3793 Ils sont morts en riant, comme des hommes sûrs de l'avenir, et qui avaient foi dans leurs convictions.

En 1871

3794 Les gens qui prient perdent du temps.

Auguste VACQUERIE 1819-1895

Mes premières années de Paris, à Paul M.

3795 Les tours de Notre-Dame étaient l'H de son nom[1].

Les Demi-Teintes, XVII

3796 Chaque année, à la Chambre, un tas de noirs bavards,
Que l'homœopathie à leur insu fascine,
Interdisent Shakespeare et prescrivent Racine...

Émile AUGIER 1820-1889

Le Gendre de M. Poirier
acte I, scène 4

3797 « Qui mettra la main au gouvernail, sinon ceux qui ont prouvé qu'ils savaient mener leur barque ?
— Une barque n'est pas un vaisseau, un batelier n'est pas un pilote, et la France n'est pas une maison de commerce... J'enrage quand je vois cette manie qui s'empare de toutes les cervelles. On dirait, ma parole, que dans ce pays-ci le gouvernement est le passe-temps naturel des gens qui n'ont rien à faire... »

scène 5

3798 — Pourquoi ai-je toujours adoré ta mère ? C'est que je n'avais jamais le temps de penser à elle.

acte II, scène 9

3799 « Je me brûlerais la cervelle plutôt que de manquer à mon nom.
— Encore un qui tient à son nom ! Brûlez-vous la cervelle, monsieur Vatel, mais ne brûlez pas vos sauces. »

acte III, scène 1

3800 « Vous avez réussi : je n'étais que votre mari, je veux être votre amant.
— Non, cher Gaston, restez mon mari ; il me semble qu'on peut cesser d'aimer son amant, mais non pas d'aimer son mari. »

Eugène FROMENTIN 1820-1876

Dominique

3801 J'ai trouvé la certitude et le repos, ce qui vaut mieux que toutes les hypothèses. Je me suis mis d'accord avec moi-même, ce qui est bien la plus grande victoire que nous puissions remporter sur l'impossible.

---

1. Hugo.

3802 Le mal était fait, si l'on peut appeler un mal le don cruel d'assister à sa vie comme à un spectacle donné par un autre, et j'entrai dans la vie sans la haïr [...] avec un ennemi inséparable, bien intime et positivement mortel : c'était moi-même.

3803 Le paradis de ce monde s'est renfermé sur les pas de nos premiers parents ; voilà quarante-cinq mille ans qu'on se contente ici-bas de demi-perfections, de demi-bonheurs et de demi-moyens.

3804 Sais-tu quel est mon plus grand souci ? C'est de tuer l'ennui. Celui qui rendrait ce service à l'humanité serait le vrai destructeur des monstres. Le vulgaire et l'ennuyeux ! toute la mythologie des païens grossiers n'a rien imaginé de plus subtil et de plus effrayant.

Les Maîtres d'autrefois, préambule

3805 L'art de peindre n'est que l'art d'exprimer l'invisible par le visible ; petites ou grandes, ses voies sont semées de problèmes qu'il est permis de sonder pour soi comme des vérités, mais qu'il est bon de laisser dans leur nuit comme des mystères.

Les Maîtres d'autrefois

3806 La peinture est à fleur de toile, la vie n'est qu'à fleur de peau.

3807 Une bête au pâturage qui *n'a pas son idée,* comme les paysans disent de l'instinct des bêtes, est une chose à ne pas peindre.

Gustave NADAUD 1820-1893

Chansons populaires, Pandore ou les Deux gendarmes

3808 Le premier dit d'un ton sonore :
« Le temps est beau pour la saison.
— Brigadier, répondit Pandore,
Brigadier, vous avez raison ! »

Chansons populaires, Nous sommes gris

3809 Nous étions gris,
Mes amis ;
Tout marche mal en ce bas monde ;
La terre est plate, et le ciel gronde ;
Nous étions gris.

Chansons populaires, Les pauvres d'esprit

3810 Le monde est vieux, il radote ;
Il devient savant, je croi ;
Tout ce qui porte culotte
Veut être un fragment de roi.

Chansons populaires, Les cerises de Montmorency

3811 Ma grand'mère vous dira
Que tout dégénère.
Si le siècle qui viendra
Ne vaut pas son père,
Nos descendants, Dieu merci,
En verront de grises...
Allons à Montmorency
Cueillir des cerises!

La Lorette

3812 Prudes sournoises,
Vertus bourgeoises,
Qui des attraits ignorez tout le prix
Arrière, arrière,
Pauvreté fière,
Je suis lorette et je règne à Paris.

3813 Être classique,
Et romantique,
Aimer Ponsard et sourire à Victor.

Louis-Auguste ROGEARD 1820-1896

Le Lion du Quartier latin, 1869

3814 Vous riez parce qu'il sommeille
Prenez garde qu'un beau matin
Il ne s'éveille
Il ne dort que sur une oreille
Le lion du Quartier latin.

Le Vengeur, 15 avril 1871

3815 L'Assemblée de Versailles est un législatif qui exécute, et M. Thiers est un exécutif qui commande.

Henri Frédéric AMIEL 1821-1881

Journal intime (éd. Pierre Cailler)
10 février 1846

3816 Respecter dans chaque homme l'*homme*, sinon celui qu'il est, au moins celui qu'il *pourrait* être, qu'il *devrait* être.

16 décembre 1847

3817 Chaque vie se fait son destin.

5 mai 1848

3818 Le devoir est la nécessité volontaire, la lettre de noblesse de l'homme.

31 mai 1848

3819 Le mariage doit être une éducation mutuelle et infinie.

4 février 1849

3820 Poésie et philosophie ont une même source, l'identification, l'assimilation, la consubstantialité de l'esprit et de l'objet.

19 février 1849

3821 Connaître est un acte. *La science est donc du ressort de la morale.* Agir c'est suivre une pensée. *La morale est donc du domaine de la science.*

Journal intime (éd. Georg)
31 octobre 1852

3822 La vraie poésie est plus vraie que la science, parce qu'elle est synthétique et saisit dès l'abord ce que la combinaison de toutes les sciences pourra tout au plus atteindre une fois comme résultat. L'âme de la nature est devinée par le poète, le savant ne sert qu'à accumuler les matériaux pour sa démonstration.

10 novembre 1852

3823 [...] tant que la majorité des hommes n'est pas libre, on ne peut concevoir l'homme libre [...]

27 octobre 1853

3824 Il y a deux degrés d'orgueil : l'un où l'on s'approuve soi-même ; l'autre où l'on ne peut s'accepter. Celui-ci est probablement le plus raffiné.

Journal intime (U.G.E.-Plon)
25 juin 1856

3825 J'ai dissipé mon individualité pour n'avoir rien à défendre ; je me suis enfoncé dans l'incognito pour n'avoir nulle responsabilité ; c'est dans le zéro que j'ai cherché ma liberté.

1er mars 1857

3826 Le moment où une pensée arrive à notre conscience est une phase avancée de son développement ; c'est son éclosion ; toute sa période fœtale et embryonnaire l'a précédée.

3 mars 1857

3827 Il y a une manière laborieuse de n'être rien, c'est d'être tout ; de ne rien vouloir, c'est de tout vouloir.

31 mars 1857

3828 Ce que l'homme redoute le plus, c'est ce qui lui convient.

Journal intime (éd. Georg)
25 novembre 1861

3829 L'inachevé n'est rien.

16 novembre 1864

3830 Apparu, disparu, — c'est toute l'histoire d'un homme, comme celle d'un monde et celle d'un infusoire.

Charles BAUDELAIRE 1821-1867

La Fanfarlo

3831 Parmi tous ces demi-grands hommes que j'ai connus dans cette terrible vie parisienne, Samuel fut, plus que tout autre, l'homme des belles œuvres ratées ; — créature maladive et fantastique dont la poésie brille bien plus dans sa personne que dans ses œuvres, et qui, vers une heure du matin, entre l'éblouissement d'un feu de charbon de terre et le tic tac d'une horloge, m'est toujours apparu comme le dieu de l'impuissance, — dieu moderne et hermaphrodite, — impuissance si colossale et si énorme qu'elle en est épique.

3832 Il considérait la reproduction comme un vice de l'amour, la grossesse comme une maladie d'araignée. Il a écrit quelque part : les anges sont hermaphrodites et stériles.

Du vin et du haschisch
II

3833 Le vin est semblable à l'homme : on ne saura jamais jusqu'à quel point on peut l'estimer et le mépriser, l'aimer et le haïr, ni de combien d'actions sublimes ou de forfaits monstrueux il est capable. Ne soyons donc pas plus cruels envers lui qu'envers nous-mêmes, et traitons-le comme notre égal.

3834 Un homme qui ne boit que de l'eau a un secret à cacher à ses semblables.

III

3835 Certaines boissons contiennent la faculté d'augmenter outre mesure la personnalité de l'être pensant, et de créer, pour ainsi dire, une troisième personne, opération mystique, où l'homme naturel et le vin, le dieu animal et le dieu végétal, jouent le rôle du Père et du Fils dans la Trinité ; ils engendrent un Saint-Esprit, qui est l'homme supérieur, lequel procède également des deux.

(Du vin et du haschisch) IV

3836 C'est une béatitude calme et immobile. Tous les problèmes philosophiques sont résolus. Toutes les questions ardues contre lesquelles s'escriment les théologiens, et qui font le désespoir de l'humanité raisonnante, sont limpides et claires. Toute contradiction est devenue unité. L'homme est *passé* dieu.

VI

3837 Le goût frénétique de l'homme pour toutes les substances, saines ou dangereuses, qui exaltent sa personnalité, témoigne de sa grandeur. Il aspire toujours à réchauffer ses espérances et à s'élever vers l'infini.

Les Paradis artificiels, dédicace

3838 Ceux qui mériteraient peut-être le bonheur sont justement ceux-là à qui la félicité, telle que la conçoivent les mortels, a toujours fait l'effet d'un vomitif.

3839 J'ai, quant à moi, si peu de goût pour le monde vivant, que, pareil à ces femmes sensibles et désœuvrées qui envoient, dit-on, par la poste leurs confidences à des amis imaginaires, volontiers je n'écrirais que pour les morts.

Les Paradis artificiels, Le poème du haschisch
I

3840 Ce seigneur visible de la nature visible (je parle de l'homme) a donc voulu créer le Paradis par la pharmacie, par les boissons fermentées, semblable à un maniaque qui remplacerait des meubles solides et des jardins véritables par des décors peints sur toile et montés sur châssis.

III

3841 L'homme n'échappera pas à la fatalité de son tempérament physique et moral : le haschisch sera, pour les impressions et les pensées familières de l'homme, un miroir grossissant, mais un pur miroir.

3842 Voilà donc le bonheur ! il remplit la capacité d'une petite cuiller ! le bonheur avec toutes ses ivresses, toutes ses folies, tous ses enfantillages ! Vous pouvez avaler sans crainte ; on n'en meurt pas.

3843 Toute débauche parfaite a besoin d'un parfait loisir.

IV

3844 La grammaire, l'aride grammaire elle-même, devient quelque chose comme une sorcellerie évocatoire ; les mots ressuscitent revêtus de chair et d'os, le substantif, dans sa majesté substantielle, l'adjectif, vêtement transparent qui l'habille et le colore comme un glacis, et le verbe, ange du mouvement qui donne le branle à la phrase.

3845 Tout homme qui n'accepte pas les conditions de la vie, vend son âme.

Les Paradis artificiels, Un mangeur d'opium

II

3846 Ainsi que l'a dit, je crois, Robespierre, dans son style de glace ardente, recuit et congelé comme l'abstraction : « L'homme ne voit jamais l'homme sans plaisir ! ».

IV

3847 Qui peut calculer la force de reflet et de répercussion d'un incident quelconque dans la vie d'un rêveur ? Qui peut penser, sans frémir, à l'infini élargissement des cercles dans les ondes spirituelles agitées par une pierre de hasard ?

VI

3848 La faculté de rêverie est une faculté divine et mystérieuse ; car c'est par le rêve que l'homme communique avec le monde ténébreux dont il est environné.

3849 Ne serait-il pas facile de prouver, par une comparaison philosophique entre les ouvrages d'un artiste mûr et l'état de son âme quand il était enfant, que le génie n'est que l'enfance nettement formulée, douée maintenant, pour s'exprimer, d'organes virils et puissants ?

VII

3850 Le goût précoce du *monde* féminin, *mundi muliebris*, de tout cet appareil ondoyant, scintillant et parfumé, fait les génies supérieurs.

VIII

3851 Tous les échos de la mémoire, si on pouvait les réveiller simultanément, formeraient un concert, agréable ou douloureux, mais logique et sans dissonances.

3852 Un homme de génie, mélancolique, misanthrope, et voulant se venger de l'injustice de son siècle, jette un jour au feu toutes ses œuvres encore manuscrites. Et comme on lui reprochait cet effroyable holocauste fait à la haine, qui, d'ailleurs était le sacrifice de toutes ses propres espérances, il répondit : « Qu'importe ? ce qui était important, c'était que ces choses fussent *créées* ; elles ont été créées, donc elles *sont*. »

Les Fleurs du mal, Au lecteur

3853 Chaque jour vers l'Enfer nous descendons d'un pas,
Sans horreur, à travers des ténèbres qui puent.

3854 Hypocrite lecteur, — mon semblable, — mon frère !

Les Fleurs du mal, Spleen et idéal
I, Bénédiction

3855 « Soyez béni, mon Dieu, qui donnez la souffrance
Comme un divin remède à nos impuretés.

II, L'albatros

3856 Le Poète est semblable au prince des nuées
Qui hante la tempête et se rit de l'archer ;
Exilé sur le sol au milieu des huées,
Ses ailes de géant l'empêchent de marcher.

III, Élévation

3857 Heureux celui qui peut d'une aile vigoureuse
S'élancer vers les champs lumineux et sereins !

Celui dont les pensers, comme des alouettes,
Vers les cieux le matin prennent un libre essor,
— Qui plane sur la vie, et comprend sans effort
Le langage des fleurs et des choses muettes !

IV, Correspondances

3858 Les parfums, les couleurs et les sons se répondent.

3859 Il est des parfums frais comme des chairs d'enfants,
Doux comme les hautbois, verts comme les prairies,
— Et d'autres, corrompus, riches et triomphants [...]

VI, Les phares

3860 Rubens, fleuve d'oubli, jardin de la paresse [...]

3861 Léonard de Vinci, miroir profond et sombre [...]

3862 Rembrandt, triste hôpital tout rempli de murmures [...]

3863 Michel-Ange, lieu vague où l'on voit des Hercules [...]

3864 Goya, cauchemar plein de choses inconnues [...]

3865 Delacroix, lac de sang hanté de mauvais anges [...]

3866 Car c'est vraiment, Seigneur, le meilleur témoignage
Que nous puissions donner de notre dignité,
Que cet ardent sanglot qui roule d'âge en âge
Et vient mourir au bord de votre éternité.

X, L'ennemi

3867 — O douleur ! ô douleur ! Le Temps mange la vie [...]

XI, Le guignon

3868 Mainte fleur épanche à regret
Son parfum doux comme un secret
Dans les solitudes profondes.

XII, La vie antérieure

3869 C'est là que j'ai vécu dans les voluptés calmes,
Au milieu de l'azur, des vagues, des splendeurs
Et des esclaves nus, tout imprégnés d'odeurs,

Qui me rafraîchissaient le front avec des palmes,
Et dont l'unique soin était d'approfondir
Le secret douloureux qui me faisait languir.

XIV, L'homme et la mer

3870 Homme libre, toujours tu chériras la mer !

XV, Don Juan aux enfers

3871 Tout droit dans son armure, un grand homme de pierre
Se tenait à la barre et coupait le flot noir ;
Mais le calme héros, courbé sur sa rapière,
Regardait le sillage et ne daignait rien voir.

XVI, Châtiment de l'orgueil

3872 « Jésus, petit Jésus ! je t'ai poussé bien haut ! [...] »

XVII, La beauté

3873 J'unis un cœur de neige à la blancheur des cygnes ;
Je hais le mouvement qui déplace les lignes [...]

XIX, La géante

3874 J'eusse aimé vivre auprès d'une jeune géante,
Comme aux pieds d'une reine un chat voluptueux.

XXI, Hymne à la Beauté

3875 Que tu viennes du ciel ou de l'enfer, qu'importe,
O Beauté ! monstre énorme, effrayant, ingénu !

XXIII, La chevelure

3876 Fortes tresses, soyez la houle qui m'enlève !

3877 Cheveux bleus, pavillon de ténèbres tendues,
Vous me rendez l'azur du ciel immense et rond [...]

XXVII

3878 La froide majesté de la femme stérile.

(Les Fleurs du mal, Spleen et idéal)
XXVIII, Le serpent qui danse

3879 Sur ta chevelure profonde
Aux âcres parfums,
Mer odorante et vagabonde
Aux flots bleus et bruns,

Comme un navire qui s'éveille
Au vent du matin,
Mon âme rêveuse appareille
Pour un ciel lointain.

XXIX, Une charogne

3880 Alors, ô ma beauté ! dites à la vermine
Qui vous mangera de baisers,
Que j'ai gardé la forme et l'essence divine
De mes amours décomposés.

XXX, De profundis clamavi

3881 Je jalouse le sort des plus vils animaux
Qui peuvent se plonger dans un sommeil stupide,
Tant l'écheveau du temps lentement se dévide !

XXXIII, Remords posthume

3882 — Et le ver rongera ta peau comme un remords.

XXXVII, Le possédé

3883 Il n'est pas une fibre en mon corps tout tremblant
Qui ne crie : *O mon cher Belzébuth, je t'adore !*

XL, Semper eadem

3884 — Quand notre cœur a fait une fois sa vendange,
Vivre est un mal. [...]

XLII

3885 Parfois il parle et dit : « Je suis belle, et j'ordonne
Que pour l'amour de moi vous n'aimiez que le Beau ;
Je suis l'Ange gardien, la Muse et la Madone. »

XLVIII, Le flacon

3886 Parfois on trouve un vieux flacon qui se souvient,
D'où jaillit toute vive une âme qui revient.

LIII, L'invitation au voyage

3887 Mon enfant, ma sœur,
Songe à la douceur,
D'aller là-bas vivre ensemble !
[...]
Là, tout n'est qu'ordre et beauté,
Luxe, calme et volupté.

LV, Causerie

3888 Ne cherchez plus mon cœur ; les bêtes l'ont mangé.

LVI, Chant d'automne

3889 Et, comme le soleil dans son enfer polaire,
Mon cœur ne sera plus qu'un bloc rouge et glacé.

LXII, Mœsta et errabunda

3890 Mais le vert paradis des amours enfantines,
Les courses, les chansons, les baisers, les bouquets,
Les violons vibrant derrière les collines,
Avec les brocs de vin, le soir, dans les bosquets,
— Mais le vert paradis des amours enfantines,

L'innocent paradis, plein de plaisirs furtifs,
Est-il déjà plus loin que l'Inde et que la Chine?

LXV, Tristesse de la lune

3891 Ce soir la lune rêve avec plus de paresse ;
Ainsi qu'une beauté, sur de nombreux coussins,
Qui d'une main distraite et légère caresse
Avant de s'endormir le contour de ses seins [...]

LXXII, Le mort joyeux

3892 Je hais les testaments et je hais les tombeaux [...]

3893 O vers! noirs compagnons sans oreille et sans yeux,
Voyez venir à vous un mort libre et joyeux [...]

LXXIV, La cloche fêlée

3894 Moi, mon âme est fêlée, et lorsqu'en ses ennuis
Elle veut de ses chants peupler l'air froid des nuits,
Il arrive souvent que sa voix affaiblie

Semble le râle épais d'un blessé qu'on oublie
Au bord d'un lac de sang, sous un grand tas de morts,
Et qui meurt, sans bouger, dans d'immenses efforts.

LXXVI, Spleen

3895 J'ai plus de souvenirs que si j'avais mille ans.

3896 — Je suis un cimetière abhorré de la lune,
Où comme des remords se traînent de longs vers
Qui s'acharnent toujours sur mes morts les plus chers.

LXXVIII, Spleen

3897 — Et de longs corbillards, sans tambours ni musique,
Défilent lentement dans mon âme ; l'Espoir,
Vaincu, pleure, et l'Angoisse atroce, despotique,
Sur mon crâne incliné plante son drapeau noir.

(Les Fleurs du mal, Spleen et idéal)
LXXIX, Obsession

3898 Comme tu me plairais, ô nuit! sans ces étoiles
Dont la lumière parle un langage connu!
Car je cherche le vide, et le noir, et le nu!

LXXXIII, L'héautontimorouménos

3899 Je suis la plaie et le couteau!
Je suis le soufflet et la joue!
Je suis les membres et la roue,
Et la victime et le bourreau.

LXXXV, L'horloge

3900 Trois mille six cents fois par heure, la Seconde
Chuchote: *Souviens-toi!* — Rapide, avec sa voix
D'insecte, Maintenant dit: Je suis autrefois,
Et j'ai pompé ta vie avec ma trompe immonde!

3901 Tantôt sonnera l'heure où le divin Hasard,
Où l'auguste Vertu, ton épouse encor vierge,
Où le Repentir même (oh! la dernière auberge!),
Où tout te dira: Meurs, vieux lâche! il est trop tard!

Les Fleurs du mal, Tableaux parisiens
LXXXIX, Le cygne

3902 Paris change! mais rien dans ma mélancolie
N'a bougé! palais neufs, échafaudages, blocs,
Vieux faubourgs, tout pour moi devient allégorie,
Et mes chers souvenirs sont plus lourds que des rocs.

XCI, Les petites vieilles

3903 Ruines! Ma famille! ô cerveaux congénères!
Je vous fais chaque soir un solennel adieu!
Où serez-vous demain, Eves octogénaires,
Sur qui pèse la griffe effroyable de Dieu?

XCIII, À une passante

3904 Ailleurs, bien loin d'ici! trop tard! jamais peut-être!
Car j'ignore où tu fuis, tu ne sais où je vais,
O toi que j'eusse aimée, ô toi qui le savais!

XCV, Le crépuscule du soir

3905 La Prostitution s'allume dans les rues
[...]
Elle remue au sein de la cité de fange
Comme un ver qui dérobe à l'Homme ce qu'il mange.

XCVII, Danse macabre

3906 Les charmes de l'horreur n'enivrent que les forts!

3907 En tout climat, sous tout soleil, la Mort t'admire
En tes contorsions, risible Humanité,
Et souvent, comme toi, se parfumant de myrrhe,
Mêle son ironie à ton insanité!

C

3908 La servante au grand cœur dont vous étiez jalouse,
Et qui dort son sommeil sous une humble pelouse,
Nous devrions pourtant lui porter quelques fleurs.
Les morts, les pauvres morts, ont de grandes douleurs [...]

CIII, Le crépuscule du matin

3909 L'aurore grelottante en robe rose et verte
S'avançait lentement sur la Seine déserte,
Et le sombre Paris, en se frottant les yeux,
Empoignait ses outils, vieillard laborieux.

Les Fleurs du mal, Le vin
CIV, L'âme du vin

3910 Un soir, l'âme du vin chantait dans les bouteilles [...]

CV, Le vin des chiffonniers

3911 Dieu, touché de remords, avait fait le sommeil;
L'Homme ajouta le Vin, fils sacré du Soleil!

CXIII, La fontaine de sang

3912 Il me semble parfois que mon sang coule à flots,
Ainsi qu'une fontaine aux rythmiques sanglots.
Je l'entends bien qui coule avec un long murmure,
Mais je me tâte en vain pour trouver la blessure.

CXVI, Un voyage à Cythère

3913 — Ah! Seigneur! donnez-moi la force et le courage
De contempler mon cœur et mon corps sans dégoût!

Les Fleurs du mal, Révolte
CXVIII, Le reniement de saint Pierre

3914 — Certes, je sortirai quant à moi satisfait
D'un monde où l'action n'est pas la sœur du rêve...

3915 Puissé-je user du glaive et périr par le glaive!
Saint Pierre a renié Jésus... il a bien fait!

(Les Fleurs du mal, Révolte) CXX, Les litanies de Satan

3916   O Satan, prends pitié de ma longue misère!

Les Fleurs du mal, La mort
CXXI, La mort des amants

3917   Nous aurons des lits pleins d'odeurs légères,
Des divans profonds comme des tombeaux,
Et d'étrangers fleurs sur les étagères,
Écloses pour nous sous des cieux plus beaux.

CXXV, Le rêve d'un curieux

3918   J'étais mort sans surprise, et la terrible aurore
M'enveloppait. — Eh quoi! n'est-ce donc que cela?
La toile était levée et j'attendais encore.

CXXVI, Le voyage

3919   Pour l'enfant, amoureux de cartes et d'estampes,
L'univers est égal à son vaste appétit.
Ah! que le monde est grand à la clarté des lampes!
Aux yeux du souvenir que le monde est petit!

3920   La Curiosité nous tourmente et nous roule,
Comme un Ange cruel qui fouette des soleils.

3921   Notre âme est un trois-mâts cherchant son Icarie [...]

3922   O le pauvre amoureux des pays chimériques!
Faut-il le mettre aux fers, le jeter à la mer,
Ce matelot ivrogne, inventeur d'Amériques
Dont le mirage rend le gouffre plus amer?

3923   L'Humanité bavarde, ivre de son génie,
Et, folle maintenant comme elle était jadis,
Criant à Dieu, dans sa furibonde agonie :
« O mon semblable, ô mon maître, je te maudis! »

3924   Amer savoir, celui qu'on tire du voyage!
Le monde, monotone et petit, aujourd'hui,
Hier, demain, toujours, nous fait voir notre image :
Une oasis d'horreur dans un désert d'ennui!

3925   O Mort, vieux capitaine, il est temps! levons l'ancre!
Ce pays nous ennuie, ô Mort! Appareillons!
Si le ciel et la mer sont noirs comme de l'encre,
Nos cœurs que tu connais sont remplis de rayons!

Verse-nous ton poison pour qu'il nous réconforte!
Nous voulons, tant ce feu nous brûle le cerveau,
Plonger au fond du gouffre, Enfer ou Ciel, qu'importe?
Au fond de l'Inconnu pour trouver du *nouveau!*

Les Fleurs du mal, pièces condamnées
III, Femmes damnées

3926 Mes baisers sont légers comme ces éphémères
Qui caressent le soir les grands lacs transparents,
Et ceux de ton amant creuseront leurs ornières
Comme des chariots ou des socs déchirants [...]

3927 Ombres folles, courez au but de vos désirs;
Jamais vous ne pourrez assouvir votre rage,
Et votre châtiment naîtra de vos plaisirs.

V, À celle qui est trop gaie

3928 Et le printemps et la verdure
Ont tant humilié mon cœur,
Que j'ai puni sur une fleur
L'insolence de la Nature.

Les Fleurs du mal, pièces diverses, XVIII, L'imprévu

3929 L'homme est aveugle, sourd, fragile, comme un mur
Qu'habite et que ronge un insecte!

Additions de la troisième édition des Fleurs du mal
I, Épigraphe pour un livre condamné

3930 Ame curieuse qui souffres
Et vas cherchant ton paradis,
Plains-moi... Sinon, je te maudis!

X, Le couvercle

3931 Le Ciel! couvercle noir de la grande marmite
Où bout l'imperceptible et vaste Humanité.

VIII, Le gouffre

3932 — Ah! ne jamais sortir des Nombres et des Êtres!

VII, Recueillement

3933 Ma Douleur, donne-moi la main; viens par ici,

Loin d'eux. Vois se pencher les défuntes Années,
Sur les balcons du ciel, en robes surannées;
Surgir du fond des eaux le Regret souriant;

Le Soleil moribond s'endormir sous une arche,
Et, comme un long linceul traînant à l'Orient,
Entends, ma chère, entends la douce Nuit qui marche.

Notes et documents pour mon avocat

3934 Le livre doit être jugé *dans son ensemble,* et alors il en ressort une terrible moralité.

3935 Il y a aussi plusieurs sortes de *Liberté*. Il y a la Liberté pour le Génie, et il y a une liberté très restreinte pour les polissons.

3936 Il était impossible de faire autrement un livre destiné à représenter l'AGITATION DE L'ESPRIT DANS LE MAL.

Projets de préface pour Les Fleurs du mal
II

3937 Ce livre, essentiellement inutile et absolument innocent, n'a pas été fait dans un autre but que de me divertir et d'exercer mon goût passionné de l'obstacle.

III

3938 Chaste comme le papier, sobre comme l'eau, porté à la dévotion comme une communiante, inoffensif comme une victime, il ne me déplairait pas de passer pour un débauché, un ivrogne, un impie et un assassin.

3939 Ne rien avoir, ne rien enseigner, ne rien vouloir, ne rien sentir, dormir, et encore dormir, tel est aujourd'hui mon unique vœu. Vœu infâme et dégoûtant, mais sincère.

Le Spleen de Paris
dédicace à Arsène Houssaye

3940 Quel est celui d'entre nous qui n'a pas, dans ses jours d'ambition, rêvé le miracle d'une prose poétique, musicale sans rythme et sans rime, assez souple et assez heurtée pour s'adapter aux mouvements lyriques de l'âme, aux ondulations de la rêverie, aux soubresauts de la conscience ?

I, L'étranger

3941 — J'aime les nuages... les nuages qui passent... là-bas... là-bas... les merveilleux nuages !

III, Le « confiteor » de l'artiste

3942 Que les fins de journées d'automne sont pénétrantes ! Ah ! pénétrantes jusqu'à la douleur ! car il est de certaines sensations délicieuses dont le vague n'exclut pas l'intensité ; et il n'est pas de pointe plus acérée que celle de l'Infini.

3943 L'étude du beau est un duel où l'artiste crie de frayeur avant d'être vaincu.

V, La chambre double

3944 Oui ! le Temps règne ; il a repris sa brutale dictature. Et il me pousse, comme si j'étais un bœuf, avec son double aiguillon. — « Et hue donc ! bourrique ! Sue donc, esclave ! Vis donc, damné ! »

X, À une heure du matin

3945 Ames de ceux que j'ai aimés, âmes de ceux que j'ai chantés, fortifiez-moi, soutenez-moi, éloignez de moi le mensonge et les vapeurs corruptrices du monde, et vous, Seigneur mon Dieu! accordez-moi la grâce de produire quelques beaux vers qui me prouvent à moi-même que je ne suis pas le dernier des hommes, que je ne suis pas inférieur à ceux que je méprise.

XII, Les foules

3946 Le poëte jouit de cet incomparable privilège, qu'il peut à sa guise être lui-même et autrui. Comme ces âmes errantes qui cherchent un corps, il entre, quand il veut, dans le personnage de chacun. Pour lui seul, tout est vacant; et si de certaines places paraissent lui être fermées, c'est qu'à ses yeux elles ne valent pas la peine d'être visitées.

XIII, Les veuves

3947 Il y a toujours dans le deuil du pauvre quelque chose qui manque, une absence d'harmonie qui le rend plus navrant. Il est contraint de lésiner sur sa douleur. Le riche porte la sienne au grand complet.

XVII, Un hémisphère dans une chevelure

3948 Mon âme voyage sur le parfum comme l'âme des autres hommes sur la musique.

3949 Laisse-moi mordre longtemps tes tresses lourdes et noires. Quand je mordille tes cheveux élastiques et rebelles, il me semble que je mange des souvenirs.

XXII, Le crépuscule du soir

3950 O nuit! ô rafraîchissantes ténèbres! vous êtes pour moi le signal d'une fête intérieure, vous êtes la délivrance d'une angoisse! Dans la solitude des plaines, dans les labyrinthes pierreux d'une capitale, scintillement des étoiles, explosion des lanternes, vous êtes le feu d'artifice de la déesse Liberté!

XXVIII, La fausse monnaie

3951 On n'est jamais excusable d'être méchant, mais il y a quelque mérite à savoir qu'on l'est; et le plus irréparable des vices est de faire le mal par bêtise.

XXXIII, Enivrez-vous

3952 « Il est l'heure de s'enivrer! Pour n'être pas les esclaves martyrisés du Temps, enivrez-vous sans cesse! De vin, de poésie ou de vertu, à votre guise. »

XLVII, Mademoiselle Bistouri

3953 Seigneur, ayez pitié des fous et des folles! O Créateur! peut-il exister des monstres aux yeux de Celui-là seul qui sait pourquoi ils existent, comment ils *se sont faits* et comment ils auraient pu *ne pas se faire?*

(Le Spleen de Paris)
XLVIII, Any where out of the world

3954 Cette vie est un hôpital où chaque malade est possédé du désir de changer de lit. Celui-ci voudrait souffrir en face du poêle, et celui-là croit qu'il guérirait à côté de la fenêtre.

3955 Installons-nous au pôle. Là le soleil ne frise qu'obliquement la terre, et les lentes alternatives de la lumière et de la nuit suppriment la variété et augmentent la monotonie, cette moitié du néant. Là, nous pourrons prendre de longs bains de ténèbres, cependant que, pour nous divertir, les aurores boréales nous enverront de temps en temps leurs gerbes roses, comme des reflets d'un feu d'artifice de l'Enfer !

XLIX, Assommons les pauvres !

3956 Celui-là seul est l'égal d'un autre, qui le prouve, et celui-là seul est digne de la liberté, qui sait la conquérir

L, Les bons chiens

3957 Je chante le chien crotté, le chien pauvre, le chien sans domicile, le chien flâneur, le chien saltimbanque, le chien dont l'instinct, comme celui du pauvre, du bohémien et de l'histrion, est merveilleusement aiguillonné par la nécessité, cette si bonne mère, cette vraie patronne des intelligences !

Curiosités esthétiques, Salon de 1845
II

3958 Si les ouvrages d'un homme célèbre, qui a fait votre joie, vous paraissent aujourd'hui naïfs et dépaysés, enterrez-le donc au moins avec un certain bruit d'orchestre, égoïstes populaces !

V

3959 Il y a une grande différence entre un morceau *fait* et un morceau *fini* — en général ce qui est *fait* n'est pas *fini*, et une chose très-*finie* peut n'être pas *faite* du tout.

VII

3960 Moins l'ouvrier se laisse voir dans une œuvre et plus l'intention en est pure et claire, plus nous sommes charmés.

Curiosités esthétiques
Le musée classique du bazar Bonne-Nouvelle

3961 Il est une chose mille fois plus dangereuse que le bourgeois, c'est l'artiste bourgeois, qui a été créé pour s'interposer entre le public et le génie ; il les cache l'un à l'autre.

3962 L'épicier est une grande chose, un homme céleste qu'il faut respecter, *homo bonae voluntatis!* Ne le raillez point de vouloir sortir de sa sphère, et aspirer, l'excellente créature, aux régions hautes. Il veut être ému, il veut sentir, connaître, rêver comme il aime; il veut être complet; il vous demande tous les jours son morceau d'art et de poésie, et vous le volez [...]. Servez-lui un chef-d'œuvre, il le digérera et ne s'en portera que mieux!

Curiosités esthétiques, Salon de 1846
aux bourgeois

3963 L'art est un bien infiniment précieux, un breuvage rafraîchissant et réchauffant, qui rétablit l'estomac et l'esprit dans l'équilibre naturel de l'idéal.

3964 Tout livre qui ne s'adresse pas à la majorité, — nombre et intelligence, — est un sot livre.

Salon de 1846, I

3965 Pour être juste, c'est-à-dire pour avoir sa raison d'être, la critique doit être partiale, passionnée, politique, c'est-à-dire faite à un point de vue exclusif, mais au point de vue qui ouvre le plus d'horizons.

II

3966 Pour moi, le romantisme est l'expression la plus récente, la plus actuelle du beau.

III

3967 Cette grande symphonie du jour, qui est l'éternelle variation de la symphonie d'hier, cette succession de mélodies, où la variété sort toujours de l'infini, cet hymne compliqué s'appelle la couleur.

3968 Les purs dessinateurs sont les philosophes et des abstracteurs de quintessences.
Les coloristes sont des poètes épiques.

VII

3969 Les poètes, les artistes et toute la race humaine seraient bien malheureux, si l'idéal, cette absurdité, cette impossibilité, était trouvé. Qu'est-ce que chacun ferait désormais de son pauvre *moi*, — de sa ligne brisée?

3970 L'idéal n'est pas cette chose vague, ce rêve ennuyeux et impalpable qui nage au plafond des académies; un idéal, c'est l'individu redressé par l'individu, reconstruit et rendu par le pinceau ou le ciseau à l'éclatante vérité de son harmonie native.

(Curiosités esthétiques, Salon de 1846) XI

3971 Dans le sens le plus généralement adopté, Français veut dire vaudevilliste, et vaudevilliste un homme à qui Michel-Ange donne le vertige et que Delacroix remplit d'une stupeur bestiale, comme le tonnerre certains animaux. Tout ce qui est abîme, soit en haut, soit en bas, le fait fuir prudemment. Le sublime lui fait toujours l'effet d'une émeute, et il n'aborde même son Molière qu'en tremblant et parce qu'on lui a persuadé que c'était un auteur gai.

XII

3972 Un éclectique est un navire qui voudrait marcher avec quatre vents.

XVIII

3973 Vous, ô Honoré de Balzac, vous le plus héroïque, le plus singulier, le plus romantique et le plus poétique parmi tous les personnages que vous avez tirés de votre sein !

Curiosités esthétiques, Exposition universelle de 1855

3974 *Le beau est toujours bizarre.* Je ne veux pas dire qu'il soit volontairement, froidement bizarre, car dans ce cas il serait un monstre sorti des rails de la vie. Je dis qu'il contient toujours un peu de bizarrerie, de bizarrerie naïve, non voulue, inconsciente, et que c'est cette bizarrerie qui le fait être particulièrement le Beau.

3975 La simplification dans le dessin est une monstruosité, comme la tragédie dans le monde dramatique.

3976 Qui n'a connu ces admirables heures, véritables fêtes du cerveau, où les sens plus attentifs perçoivent des sensations plus retentissantes, où le ciel d'un azur plus transparent s'enfonce comme un abîme plus infini, où les sons tintent musicalement, où les couleurs parlent, où les parfums racontent des mondes d'idées ? Eh bien, la peinture de Delacroix me paraît la traduction de ces beaux jours de l'esprit. Elle est revêtue d'intensité, et sa splendeur est privilégiée. Comme la nature perçue par des nerfs ultra-sensibles, elle révèle le surnaturalisme.

Curiosités esthétiques, De l'essence du rire

3977 L'artiste n'est artiste qu'à la condition d'être double et de n'ignorer aucun phénomène de sa double nature.

Curiosités esthétiques, Quelques caricaturistes étrangers

3978 Il y a dans les œuvres issues des profondes individualités quelque chose qui ressemble à ces rêves périodiques ou chroniques qui assiègent régulièrement notre sommeil.

3979 Le grand mérite de Goya consiste à créer le monstrueux vraisemblable. Ses monstres sont nés viables, harmoniques. Nul n'a osé plus que lui dans le sens de l'absurde possible. Toutes ces contorsions, ces faces bestiales, ces grimaces diaboliques sont pénétrées d'*humanité*.

Curiosités esthétiques, Salon de 1859

I

3980 Existe-t-il [...] quelque chose de plus charmant, de plus fertile et d'une nature plus positivement *excitante* que le lieu commun?

3981 L'artiste, aujourd'hui et depuis de nombreuses années, est, malgré son absence de mérite, un simple *enfant gâté*. Que d'honneurs, que d'argent prodigués à des hommes sans âme et sans instruction!

II

3982 Si l'artiste abêtit le public, celui-ci le lui rend bien. Ils sont deux termes corrélatifs qui agissent l'un sur l'autre avec une égale puissance.

3983 Parce que le Beau est *toujours* étonnant, il serait absurde de supposer que ce qui est étonnant est *toujours* beau.

3984 La poésie et le progrès sont deux ambitieux qui se haïssent d'une haine instinctive, et, quand ils se rencontrent dans le même chemin, il faut que l'un des deux serve l'autre.

III

3985 C'est l'imagination qui a enseigné à l'homme le sens moral de la couleur, du contour, du son et du parfum. Elle a créé, au commencement du monde, l'analogie et la métaphore. Elle décompose toute la création, et, avec les matériaux amassés et disposés suivant des règles dont on ne peut trouver l'origine que dans le plus profond de l'âme, elle crée un monde nouveau, elle produit la sensation du neuf.

3986 L'imagination est la reine du vrai, et le *possible* est une des provinces du vrai. Elle est positivement apparentée avec l'infini.

IV

3987 Comme l'imagination a créé le monde, elle le gouverne.

VIII

3988 Si tel assemblage d'arbres, de montagnes, d'eaux et de maisons, que nous appelons un paysage, est beau, ce n'est pas par lui-même, mais par moi, par ma grâce propre, par l'idée ou le sentiment que j'y attache.

Curiosités esthétiques, L'œuvre et la vie de Delacroix

3989 Il [Delacroix] disait une fois à un jeune homme de ma connaissance : « Si vous n'êtes pas assez habile pour faire le croquis d'un homme qui se jette par la fenêtre, pendant le temps qu'il met à tomber du quatrième étage sur le sol, vous ne pourrez jamais produire de grandes machines. » Je retrouve dans cette énorme hyperbole la préoccupation de toute sa vie, qui était, comme on le sait, d'exécuter assez vite et avec assez de certitude pour ne rien laisser s'évaporer de l'intensité de l'action ou de l'idée.

Curiosités esthétiques, Le peintre de la vie moderne

I

3990 Le beau est fait d'un élément éternel, invariable, dont la quantité est excessivement difficile à déterminer, et d'un élément relatif, circonstanciel, qui sera, si l'on veut, tour à tour ou tout ensemble, l'époque, la mode, la morale, la passion.

III

3991 L'enfant voit tout en *nouveauté*; il est toujours *ivre*. Rien ne ressemble plus à ce qu'on appelle l'inspiration, que la joie avec laquelle l'enfant absorbe la forme et la couleur.

3992 L'observateur est un *prince* qui jouit partout de son incognito.

IV

3993 Il est beaucoup plus commode de déclarer que tout est absolument laid dans l'habit d'une époque, que de s'appliquer à en extraire la beauté mystérieuse qui peut y être contenue, si minime ou si légère qu'elle soit.

3994 La modernité, c'est le transitoire, le fugitif, le contingent, la moitié de l'art, dont l'autre moitié est l'éternel immuable.

IX

3995 Le dandysme est le dernier éclat d'héroïsme dans les décadences. Le dandysme est un soleil couchant ; comme l'astre qui décline, il est superbe, sans chaleur et plein de mélancolie.

X

3996 La femme est sans doute une lumière, un regard, une invitation au bonheur, une parole quelquefois ; mais elle est surtout une harmonie générale, non seulement dans son allure et le mouvement de ses membres, mais aussi dans les mousselines, les gazes, les vastes et chatoyantes nuées d'étoffes dont elle s'enveloppe, et qui sont comme les attributs et le piédestal de sa divinité.

XI

3997 Le mal se fait sans effort, *naturellement*, par fatalité ; le bien est toujours le produit d'un art.

3998 La femme est bien dans son droit, et même elle accomplit une sorte de devoir en s'appliquant à paraître magique et surnaturelle ; il faut qu'elle étonne, qu'elle charme ; idole, elle doit se dorer pour être adorée.

3999 Qui ne voit que l'usage de la poudre de riz, si niaisement anathémisé par les philosophes candides, a pour but et pour résultat de faire disparaître du teint toutes les taches que la nature y a outrageusement semées, et de créer une unité abstraite dans le grain et la couleur de la peau, laquelle unité, comme celle produite par le maillot, rapproche immédiatement l'être humain de la statue, c'est-à-dire d'un être divin et supérieur ?

4000 Le rouge et le noir représentent la vie, une vie surnaturelle et excessive ; ce cadre noir rend le regard plus profond et plus singulier, donne à l'œil une apparence plus décidée de fenêtre ouverte sur l'infini ; le rouge, qui enflamme la pommette, augmente encore la clarté de la prunelle et ajoute à un beau visage féminin la passion mystérieuse de la prêtresse.

L'Art romantique
II, Prométhée délivré

4001 La poésie est essentiellement philosophique ; mais comme elle est avant tout *fatale*, elle doit être involontairement philosophique.

IV, Conseils aux jeunes littérateurs

4002 Ce n'est que par les beaux sentiments qu'on parvient à la fortune.

4003 La haine est une liqueur précieuse, un poison plus cher que celui des Borgia, — car il est fait avec notre sang, notre santé, notre sommeil et les deux tiers de notre amour ! Il faut en être avare !

4004 Tout homme bien portant peut se passer de manger pendant deux jours, — de poésie, jamais.

4005 C'est parce que tous les vrais littérateurs ont horreur de la littérature à de certains moments, que je n'admets pour eux, — âmes libres et fières, esprits fatigués, qui ont toujours besoin de se reposer leur septième jour, — que deux classes de femmes possibles : les filles ou les femmes bêtes, l'amour ou le pot-au-feu.

IX, Pierre Dupont

4006 Le poète, placé sur un des points de la circonférence de l'humanité, renvoie sur la même ligne en vibrations plus mélodieuses la pensée humaine qui lui fut transmise […]

(L'Art romantique)
X, Les drames et les romans honnêtes

4007 Le vice est séduisant, il faut le peindre séduisant ; mais il traîne avec lui des maladies et des douleurs morales singulières ; il faut les décrire.

4008 Je défie qu'on me trouve un seul ouvrage d'imagination qui réunisse toutes les conditions du beau et qui soit un ouvrage pernicieux.

XI, L'école païenne

4009 La passion frénétique de l'art est un chancre qui dévore le reste ; et, comme l'absence nette du juste et du vrai dans l'art équivaut à l'absence d'art, l'homme entier s'évanouit.

4010 Le temps n'est pas loin où l'on comprendra que toute littérature qui se refuse à marcher fraternellement entre la science et la philosophie est une littérature homicide et suicide.

4011 La Révolution a été faite par des voluptueux.

XVI, Les liaisons dangereuses

4012 *La jeune fille.* [Cécile Volanges]. La niaise, stupide et sensuelle. Tout près de l'ordure originelle.

XVII, Madame Bovary

4013 Balzac, ce prodigieux météore qui couvrira notre pays d'un nuage de gloire, comme un orient bizarre et exceptionnel, comme une aurore polaire inondant le désert glacé de ses lumières féeriques.

4014 Une véritable œuvre d'art n'a pas besoin de réquisitoire. La logique de l'œuvre suffit à toutes les postulations de la morale, et c'est au lecteur à tirer les conclusions de la conclusion.

XX, Théophile Gautier
2

4015 La sensibilité de cœur n'est pas absolument favorable au travail poétique. Une extrême sensibilité de cœur peut même nuire en ce cas. La sensibilité de l'imagination est d'une autre nature ; elle sait choisir, juger, comparer, fuir ceci, rechercher cela, rapidement, spontanément.

3

4016 Chaque écrivain est plus ou moins marqué par sa faculté principale. Chateaubriand a chanté la gloire douloureuse de la mélancolie et de l'ennui. Victor Hugo, grand, terrible, immense comme une création mythique, cyclopéen pour ainsi dire, représente les forces de la nature et leur lutte harmonieuse. Balzac, grand, terrible, complexe aussi, figure le monstre d'une civilisation, et toutes ses luttes, ses ambitions et ses fureurs. Gautier, c'est l'amour exclusif du Beau, avec toutes ses subdivisions, exprimé dans le langage le mieux approprié.

4017 Il y a dans le mot, dans le *verbe,* quelque chose de *sacré* qui nous défend d'en faire un jeu de hasard. Manier savamment une langue, c'est pratiquer une espèce de sorcellerie évocatoire.

4

4018 Bref, chacun chez Balzac, même les portières, a du génie. Toutes les âmes sont des armes chargées à volonté jusqu'à la gueule. C'est bien Balzac lui-même.

4019 C'est un des privilèges prodigieux de l'Art que l'horrible, artistement exprimé, devienne beauté, et que la *douleur* rythmée et cadencée remplisse l'esprit d'une *joie* calme.

5

4020 Quelque politique que soit le condiment, le Beau amène l'indigestion, ou plutôt l'estomac français le refuse immédiatement. Cela vient non seulement, je crois, de ce que la France a été providentiellement créée pour la recherche du Vrai préférablement à celle du Beau, mais aussi de ce que le caractère utopique, communiste, alchimique, de tous ses cerveaux, ne lui permet qu'une passion exclusive, celle des formules sociales.

4021 Il en est des vers comme de quelques belles femmes en qui se sont fondues l'originalité et la correction ; on ne les définit pas, on les *aime.*

XXI, Richard Wagner

4022 Tous les grands poètes deviennent naturellement, fatalement, critiques.

4023 Ce qui me paraît donc avant tout marquer d'une manière inoubliable la musique de ce maître [Wagner], c'est l'intensité nerveuse, la violence dans la passion et dans la volonté. Cette musique-là exprime avec la voix la plus suave ou la plus stridente tout ce qu'il y a de plus caché dans le cœur de l'homme.

4024 En matière d'art, j'avoue que je ne hais pas l'outrance ; la modération ne m'a jamais semblé le signe d'une nature artistique vigoureuse. J'aime ces excès de santé, ces débordements de volonté qui s'inscrivent dans les œuvres comme le bitume enflammé dans le sol d'un volcan.

4025 L'opéra de Wagner *est un ouvrage sérieux,* demandant une attention soutenue ; on conçoit tout ce que cette condition implique de chances défavorables dans un pays où l'ancienne tragédie réussissait surtout par les facilités qu'elle offrait à la distraction.

(L'Art romantique)
XXII, Réflexions sur quelques-uns de mes contemporains
1, Victor Hugo

4026 Quand on se figure ce qu'était la poésie française avant qu'il [Victor Hugo] apparût, et quel rajeunissement elle a subi depuis qu'il est venu ; quand on imagine ce peu qu'elle eût été s'il n'était pas venu ; combien de sentiments mystérieux et profonds, qui ont été exprimés, seraient restés muets ; combien d'intelligences il a accouchées, combien d'hommes qui ont rayonné par lui seraient restés obscurs, il est impossible de ne pas le considérer comme un de ces esprits rares et providentiels qui opèrent, dans l'ordre littéraire, le salut de tous, comme d'autres dans l'ordre moral et d'autres dans l'ordre politique.

4027 La musique des vers de Victor Hugo s'adapte aux profondes harmonies de la nature ; sculpteur, il découpe dans ses strophes la forme inoubliable des choses ; peintre il les illumine de leur couleur propre. Et, comme si elles venaient directement de la nature, les trois impressions pénètrent simultanément le cerveau du lecteur.

4028 Je vois dans la Bible un prophète à qui Dieu ordonne de manger un livre. J'ignore dans quel monde Victor Hugo a mangé préalablement le dictionnaire de la langue qu'il était appelé à parler ; mais je vois que le lexique français, en sortant de sa bouche, est devenu un monde, un univers coloré, mélodieux et mouvant.

4029 C'est de la force même et de la certitude qu'elle donne à celui qui la possède que dérive l'esprit de justice et de charité.

4030 La morale n'entre pas dans cet art à titre de but ; elle s'y mêle et s'y confond comme dans la vie elle-même. Le poète [Victor Hugo] est moraliste sans le vouloir, par abondance et plénitude de nature.

4031 En décrivant ce qui est, le poète se dégrade et descend au rang de professeur ; en racontant le possible, il reste fidèle à sa fonction ; il est une âme collective qui interroge, qui pleure, qui espère et qui devine quelquefois.

4032 Les personnes trop amoureuses d'utilité et de morale négligent volontiers la grammaire, absolument comme les personnes passionnées.

4, Théophile Gautier

4033 Le cri du sentiment est toujours absurde ; mais il est sublime, parce qu'il est absurde.

4034 La mythologie est un dictionnaire d'hiéroglyphes vivants.

4035 Phèdre en paniers a ravi les esprits les plus délicats de l'Europe ; à plus forte raison, Vénus, qui est immortelle, peut bien, quand elle veut visiter Paris, faire descendre son char dans les bosquets du Luxembourg.

4036　L'art moderne a une tendance essentiellement démoniaque.

10, Hégésippe Moreau

4037　Il y a dans la jeunesse littéraire, comme dans la jeunesse physique, une certaine beauté du diable qui fait pardonner bien des imperfections.

XXIII, Les martyrs ridicules

4038　La grammaire sera bientôt une chose aussi oubliée que la raison, et, au train dont nous marchons vers les ténèbres, il y a lieu d'espérer qu'en l'an 1900 nous serons plongés dans le noir absolu.

4039　Le génie (si toutefois on peut appeler ainsi le germe indéfinissable du grand homme) doit, comme le saltimbanque apprenti, risquer de se rompre mille fois les os en secret avant de danser devant le public ; l'inspiration, en un mot, n'est que la récompense de l'exercice quotidien.

XXVI, L'esprit et le style de M. Villemain

4040　Napoléon est un substantif qui signifie domination, et, règne pour règne, quelques-uns peuvent préférer celui de Chateaubriand à celui de Napoléon.

4041　Les Villemain ne comprendront jamais que les Chateaubriand ont droit à des immunités et à des indulgences auxquelles tous les Villemain de l'humanité ne pourront jamais aspirer.

4042　Pour taper sur le ventre d'un colosse, il faut pouvoir s'y hausser.

4043　Toute phrase doit être en soi un monument bien coordonné, l'ensemble de tous ces monuments formant la ville qui est le Livre.

XXIX, Projets de lettre à Jules Janin

4044　Faut-il qu'un homme soit tombé bas pour se croire heureux.

4045　J'ai de très sérieuses raisons pour plaindre celui qui n'aime pas la mort.

Notes sur Nerciat

4046　Quand Hugo parle de sauver le genre humain, je voudrais lui faire horreur en criant *Vive Tartuffe !*

4047　Quel que soit le parti qu'ils choisissent, les auteurs de 1780 ne s'appliquent qu'à paraître gracieux et spirituels. La saloperie leur est chère, mais ils ont le mérite de la défendre avec énergie.

Essais et notes, Choix de maximes consolantes sur l'amour

4048 Jeune homme, qui voulez être un grand poète, gardez-vous du paradoxe en amour ; laissez les écoliers ivres de leur première pipe chanter à tue-tête les louanges de la femme grasse ; abandonnez ces mensonges aux néophytes de l'école pseudo-romantique. Si la femme grasse est parfois un charmant caprice, la femme maigre est un puits de voluptés ténébreuses !

4049 La bêtise est souvent l'ornement de la beauté ; c'est elle qui donne aux yeux cette limpidité morne des étangs noirâtres, et ce calme huileux des mers tropicales. La bêtise est toujours la conservation de la beauté ; elle éloigne les rides.

Journaux intimes, Fusées
I

4050 Quand même Dieu n'existerait pas, la religion serait encore sainte et divine.

4051 Dieu est le seul être qui, pour régner, n'ait même pas besoin d'exister.

4052 Le plaisir d'être dans les foules est une expression mystérieuse de la jouissance de la multiplication du nombre. *Tout* est nombre. Le nombre est dans *tout*. Le nombre est dans l'individu. L'ivresse est dans le nombre.

III

4053 Moi, je dis : la volupté unique et suprême de l'amour gît dans la certitude de faire le *mal*.

VI

4054 L'enthousiasme qui s'applique à autre chose que les abstractions est un signe de faiblesse et de maladie.

4055 Aimer les femmes intelligentes est un plaisir de pédéraste.

VIII

4056 La musique creuse le ciel.

XI

4057 Ces beaux et grands navires, imperceptiblement balancés (dandinés) sur les eaux tranquilles, ces robustes navires, à l'air désœuvré et nostalgique, ne nous disent-ils pas dans une langue muette : Quand partons-nous pour le bonheur ?

XII

4058 Ce qui n'est pas légèrement difforme a l'air insensible ; d'où il suit que l'irrégularité, c'est-à-dire l'inattendu, la surprise, l'étonnement sont une partie essentielle et la caractéristique de la beauté.

XVII

4059 L'inspiration vient toujours, quand l'homme le *veut,* mais elle ne s'en va pas toujours, quand il le veut.

4060 Quand j'aurai inspiré le dégoût et l'horreur universels, j'aurai conquis la solitude.

XXI

4061 Le travail, n'est-ce pas le sel qui conserve les âmes momies?

XXII

4062 Le monde va finir. La seule raison, pour laquelle il pourrait durer, c'est qu'il existe. Que cette raison est faible, comparée à toutes celles qui annoncent le contraire, particulièrement à celle-ci: Qu'est-ce que le monde a désormais à faire sous le ciel?

Journaux intimes, Mon cœur mis à nu

II

4063 Le premier venu, pourvu qu'il sache amuser, a le droit de parler de lui-même.

V

4064 La femme est *naturelle,* c'est-à-dire abominable.
Aussi est-elle toujours vulgaire, c'est-à-dire le contraire du Dandy.

4065 Le Dandy doit aspirer à être sublime, sans interruption. Il doit vivre et dormir devant un miroir.

VII

4066 Il y a dans tout changement quelque chose d'infâme et d'agréable à la fois, quelque chose qui tient de l'infidélité et du déménagement. Cela suffit à expliquer la Révolution française.

IX

4067 Être un homme utile m'a paru toujours quelque chose de bien hideux.

4068 Robespierre n'est estimable que parce qu'il a fait quelques belles phrases.

XIV

4069 Les nations n'ont de grands hommes que malgré elles. Donc, le grand homme est vainqueur de toute sa nation.

XVIII

4070 Il faut travailler, sinon par goût, au moins par désespoir, puisque, tout bien vérifié, travailler est moins ennuyeux que s'amuser.

(Journaux intimes, Mon cœur mis à nu)

XIX

4071 Il y a dans tout homme, à toute heure, deux postulations simultanées, l'une vers Dieu, l'autre vers Satan.
L'invocation à Dieu, ou spiritualité, est un désir de monter en grade ; celle de Satan, ou animalité, est une joie de descendre.

XXII

4072 Il n'existe que trois êtres respectables : le prêtre, le guerrier, le poète. Savoir, tuer et créer.

XXIII

4073 Les abolisseurs d'âmes (*matérialistes*) sont nécessairement des abolisseurs d'*enfer* ; ils y sont, à coup sûr, *intéressés*. Tout au moins, ce sont des gens qui ont *peur de revivre*, — des paresseux.

XXIX

4074 Je m'ennuie en France, surtout parce que tout le monde y ressemble à Voltaire.

XXXV

4075 Ce qu'il y a d'ennuyeux dans l'amour, c'est que c'est un crime où l'on ne peut pas se passer d'un complice.

XXXVI

4076 L'homme aime tant l'homme que, quand il fuit la ville, c'est encore pour chercher la foule, c'est-à-dire pour refaire la ville à la campagne.

XLIX

4077 J'ai toujours été étonné qu'on laissât les femmes entrer dans les églises. Quelle conversation peuvent-elles avoir avec Dieu ?

LVII

4078 Il n'y a rien d'intéressant sur la terre que les religions.

LXI

4079 La jeune fille, ce qu'elle est en réalité.
Une petite sotte et une petite salope ; la plus grande imbécillité unie à la plus grande dépravation.

LXXX

4080 Toute forme créée, même par l'homme, est immortelle. Car la forme est indépendante de la matière, et ce ne sont pas les molécules qui constituent la forme.

LXXXI

4081 Je ne comprends pas qu'une main pure puisse toucher un journal sans une convulsion de dégoût.

LXXXIX

4082 Il n'y a de long ouvrage que celui qu'on n'ose pas commencer. Il devient cauchemar.

Pierre DUPONT 1821-1870

Mes bœufs, chanson

4083 J'ai deux grands bœufs dans mon étable.
[...]
Ils gagnent dans une semaine
Plus d'argent qu'ils n'en ont coûté.

4084 J'aime Jeanne ma femme, eh bien! j'aimerais mieux
La voir mourir, que voir mourir mes bœufs.

La Mère Jeanne, chanson

4085 Dans la vie on ne reste guère,
A l'âge riant des amours,
Les ans vont comme les rivières,
Et rien n'en peut barrer le cours.

Ma vigne, chanson

4086 Bon Français, quand je vois mon verre
Plein de son vin couleur de feu,
Je songe, en remerciant Dieu,
Qu'ils n'en ont pas dans l'Angleterre.

Le Chant des ouvriers

4087 Pauvres moutons, quels bons manteaux
Il se tisse avec votre laine.

4088 Que le canon se taise ou gronde,
Buvons
A l'indépendance du monde!

Gustave FLAUBERT 1821-1880

Madame Bovary
première partie, chap. 2

4089 Il réconforta le patient avec toutes sortes de bons mots, caresses chirurgicales qui sont comme l'huile dont on graisse les bistouris.

première partie, chap. 8

4090 A travers leurs manières douces, perçait cette brutalité particulière que communique la domination de choses à demi-faciles, dans lesquelles la force s'exerce et où la vanité s'amuse, le maniement des chevaux de race et la société des femmes perdues.

(Madame Bovary)
deuxième partie, chap. 4

4091 L'amour, croyait-elle, devait arriver tout à coup, avec de grands éclats et des fulgurations, — ouragan des cieux qui tombe sur la vie, la bouleverse, arrache les volontés comme des feuilles et emporte à l'abîme le cœur entier. Elle ne savait pas que, sur la terrasse des maisons, la pluie fait des lacs quand les gouttières sont bouchées, et elle fût ainsi demeurée en sa sécurité, lorsqu'elle découvrit subitement une lézarde dans le mur.

4092 Pauvre petite femme! Ça bâille après l'amour, comme une carpe après l'eau sur une table de cuisine.

chap. 12

4093 Le charme de la nouveauté, peu à peu tombant comme un vêtement, laissait voir à nu l'éternelle monotonie de la passion, qui a toujours les mêmes formes et le même langage.

4094 [...] comme si la plénitude de l'âme ne débordait pas quelquefois par les métaphores les plus vides, puisque personne, jamais, ne peut donner l'exacte mesure de ses besoins, ni de ses conceptions, ni de ses douleurs, et que la parole humaine est comme un chaudron fêlé où nous battons des mélodies à faire danser les ours, quand on voudrait attendrir les étoiles.

troisième partie, chap. 1

4095 La parole est un laminoir qui allonge toujours les sentiments.

chap. 2

4096 [...] et déjà elle se sentait au cœur cette lâche docilité qui est, pour bien des femmes, comme le châtiment tout à la fois et la rançon de l'adultère.

chap. 6

4097 Il ne faut pas toucher aux idoles: la dorure en reste aux mains.

4098 Tout bourgeois, dans l'échauffement de sa jeunesse, ne fût-ce qu'un jour, une minute, s'est cru capable d'immenses passions, de hautes entreprises. Le plus médiocre libertin a rêvé des sultanes; chaque notaire porte en soi les débris d'un poète.

Salammbô, chap. 1

4099 C'était à Mégara, faubourg de Carthage, dans les jardins d'Hamilcar.

L'Éducation sentimentale
première partie, chap. 1

4100 Elle ressemblait aux femmes des livres romantiques. Il n'aurait voulu rien ajouter, rien retrancher à sa personne. L'univers venait tout à coup de s'élargir. Elle était le point lumineux où l'ensemble des choses convergeait.

chap. 5

4101 Il tournait dans son désir, comme un prisonnier dans son cachot.

deuxième partie, chap. 1

4102 Si les regards pouvaient user les choses, Frédéric aurait dissous l'horloge à force d'attacher dessus les yeux.

4103 Les passions s'étiolent quand on les dépayse.

chap. 3

4104 Les affections profondes ressemblent aux honnêtes femmes ; elles ont peur d'être découvertes, et passent dans la vie les yeux baissés.

4105 Il reste toujours dans la conscience quelque chose des sophismes qu'on y a versés ; elle en garde l'arrière-goût, comme d'une liqueur mauvaise.

chap. 4

4106 La plupart des hommes qui étaient là avaient servi, au moins, quatre gouvernements ; et ils auraient vendu la France ou le genre humain, pour garantir leur fortune, s'épargner un malaise, un embarras, ou même par simple bassesse, adoration instinctive de la force [...]

4107 Il y a des hommes n'ayant pour mission parmi les autres que de servir d'intermédiaires ; on les franchit comme des ponts, et l'on va plus loin.

chap. 6

4108 Elle touchait au mois d'août des femmes, époque tout à la fois de réflexion et de tendresse, où la maturité qui commence colore le regard d'une flamme plus profonde, quand la force du cœur se mêle à l'expérience de la vie, et que, sur la fin de ses épanouissements, l'être complet déborde de richesses dans l'harmonie de sa beauté.

troisième partie, chap. 1

4109 « Les héros ne sentent pas bon ! »

4110 On se redit, pendant un mois, la phrase de Lamartine sur le drapeau rouge, « qui n'avait fait que le tour du Champ-de-Mars, tandis que le drapeau tricolore, etc. » ; et tous se rangèrent sous son ombre, chaque parti ne voyant des trois couleurs que la sienne — et se promettant bien, dès qu'il serait le plus fort, d'arracher les deux autres.

4111 On fut indigné, en vertu de cette haine que provoque l'avènement de toute idée parce que c'est une idée, exécration dont elle tire plus tard sa gloire, et qui fait que ses ennemis sont toujours au-dessous d'elle, si médiocre qu'elle puisse être.

chap. 4

4112 Les cœurs des femmes sont comme ces petits meubles à secret, pleins de tiroirs emboîtés les uns dans les autres ; on se donne du mal, on se casse les ongles, et on trouve au fond quelque fleur desséchée, des brins de poussière — ou le vide !

La Tentation de saint Antoine
chap. 4

4113 Par cela même que je connais les choses, les choses n'existent plus. Pour moi, maintenant, il n'y a pas d'espoir et pas d'angoisse, pas de bonheur, pas de vertu, ni jour ni nuit, ni toi, ni moi, absolument rien.

chap. 5

4114 Pour que la matière ait tant de pouvoir, il faut qu'elle contienne un esprit. L'âme des dieux est attachée à ses images...

chap. 6

4115 La Forme est peut-être une erreur de tes sens, la Substance une imagination de ta pensée.
A moins que le monde étant un flux perpétuel des choses, l'apparence au contraire ne soit tout ce qu'il y a de plus vrai, l'illusion, la seule réalité.
Mais es-tu sûr de voir ? es-tu même sûr de vivre ? Peut-être qu'il n'y a rien !

Un cœur simple, chap. 3

4116 Elle avait peine à imaginer sa personne ; car il [Dieu] n'était pas seulement oiseau, mais encore un feu, et d'autres fois un souffle. C'est peut-être sa lumière qui voltige la nuit aux bords des marécages, son haleine qui pousse les nuées, sa voix qui rend les cloches harmonieuses.

Bouvard et Pécuchet
chap. 1

4117 D'ailleurs, comment expliquer les sympathies ? Pourquoi telle particularité, telle imperfection, indifférente ou odieuse dans celui-ci, enchante-t-elle dans celui-là ? Ce qu'on appelle le coup de foudre est vrai pour toutes les passions.

4118 Ce qu'ils admirèrent du cèdre, c'est qu'on l'eût rapporté dans un chapeau.

4119 Les ouvrages dont les titres étaient pour eux inintelligibles leur semblaient contenir un mystère.

4120 Et ayant plus d'idées, ils eurent plus de souffrance.

chap. 3

4121 Quelle merveille que de retrouver chez les êtres vivants les mêmes substances qui composent les minéraux ! Néanmoins, ils éprouvaient une sorte d'humiliation à l'idée que leur individu contenait du phosphore comme les allumettes, de l'albumine comme les blancs d'œufs, du gaz hydrogène comme les réverbères.

chap. 8

4122 Si l'individu ne peut rien savoir, pourquoi tous les individus en sauraient-ils davantage ? Une erreur, fût-elle vieille de cent mille ans, par cela même qu'elle est vieille, ne constitue pas la vérité ! La foule invariablement suit la routine. C'est au contraire, le petit nombre qui mène le progrès.

Dictionnaire des idées reçues

4123 Crucifix. — Fait bien dans une alcôve et à la guillotine.

4124 Dictionnaire. — En dire : « N'est fait que pour les ignorants. » [...]

4125 Doigt. — Le doigt de Dieu se fourre partout.

4126 Échafaud. — S'arranger quand on y monte pour prononcer quelques mots éloquents avant de mourir.

4127 Ère (des révolutions). — Toujours ouverte puisque chaque nouveau gouvernement promet de la fermer.

4128 Érection. — Ne se dit qu'en parlant des monuments.

4129 Esprit. — Toujours suivi d'étincelant. Court les rues. Les beaux esprits se rencontrent.

4130 Extinction. — Ne s'emploie qu'avec paupérisme.

4131 Faubourgs. — Terribles dans les révolutions.

4132 Fusillade. — Seule manière de faire taire les Parisiens.

4133 Garde. — La garde meurt et ne se rend pas ! Huit mois pour remplacer cinq lettres.

4134 Habit noir. — Il faut dire frac, excepté dans le proverbe « l'habit ne fait pas le moine », auquel cas il faut dire froc [...]

4135 Hostilités. — Les hostilités sont comme les huîtres, on les ouvre. « Les hostilités sont ouvertes. » Il semble qu'il n'y a plus qu'à se mettre à table.

(Dictionnaire des idées reçues)

4136 **Légalité.** — La légalité nous tue. Avec elle aucun gouvernement n'est possible.

4137 **Libre-échange.** — Cause des souffrances du commerce.

4138 **Macadam.** — A supprimé les révolutions : plus moyen de faire des barricades. Est néanmoins bien incommode.

4139 **Ministre.** — Dernier terme de la gloire humaine.

4140 **Radicalisme.** — D'autant plus dangereux qu'il est latent. La république nous mène au radicalisme.

4141 **Républicains.** — Les républicains ne sont pas tous voleurs, mais les voleurs sont tous républicains.

Correspondance
à Louise Colet, 8 août 1846

4142 Quant à l'idée de la patrie, c'est-à-dire d'une certaine portion de terrain dessinée sur la carte et séparée des autres par une ligne rouge ou bleue, non, la patrie est pour moi le pays que j'aime, c'est-à-dire celui que je rêve, celui où je me trouve bien. — je suis autant Chinois que Français [...]

9 août 1846

4143 L'Idée seule est éternelle et nécessaire. — Il n'y en a plus de ces artistes comme autrefois, de ceux dont la vie et l'esprit étaient l'instrument aveugle de l'appétit du beau, organes de Dieu par lesquels il se prouvait à lui-même.

1846

4144 Ce qui m'empêche de me prendre au sérieux, quoique j'aie l'esprit assez grave, c'est que je me trouve très ridicule, non pas de ce ridicule relatif qui est le comique théâtral, mais de ce ridicule intrinsèque à la vie humaine elle-même, et qui ressort de l'action la plus simple ou du geste le plus ordinaire.

26 août 1846

4145 Il m'est doux de songer que je servirai un jour à faire croître des tulipes. Qui sait ! L'arbre au pied duquel on me mettra donnera peut-être d'excellents fruits ; je serai peut-être un engrais superbe, un guano supérieur.

18 septembre 1846

4146 L'amour, après tout, n'est qu'une curiosité supérieure, un appétit de l'inconnu qui vous pousse dans l'orage, poitrine ouverte et tête en avant.

10 octobre 1846

4147 Il y aurait une histoire magnifique à faire, mais ce n'est pas moi qui la ferai, ni personne, ce serait trop beau. C'est l'histoire de l'homme moderne depuis sept ans jusqu'à quatre-vingt-dix. Celui qui accomplira cette tâche restera aussi éternel que le cœur humain lui-même.

à Louis Bouilhet, 4 septembre 1850

4148 Oui, la bêtise consiste à vouloir conclure. Nous sommes un fil et nous voulons savoir la trame. [...] Quel est l'esprit un peu fort qui ait conclu, à commencer par Homère ? Contentons-nous du tableau, c'est aussi bon.

4149 Quand tout sera mort, avec des brins de moelle de sureau et des débris de pot de chambre l'imagination rebâtira des mondes.

à Louise Colet, 1851

4150 On ne se rencontre qu'en se heurtant, et chacun, portant dans ses mains ses entrailles déchirées, accuse l'autre qui ramasse les siennes.

1852

4151 La passion ne fait pas les vers, et plus vous serez personnel, plus vous serez faible. [...] *Moins on sent une chose, plus on est apte à l'exprimer comme elle est,* [...] mais il faut avoir la faculté *de se la faire sentir.*

4152 La censure quelle qu'elle soit me paraît une monstruosité, une chose pire que l'homicide ; l'attentat contre la pensée est un crime de lèse-âme. La mort de Socrate pèse encore sur le genre humain.

1853

4153 La critique est au dernier échelon de la littérature, comme forme presque toujours et comme *valeur morale,* incontestablement elle passe après le bout rimé et l'acrostiche, lesquels demandent au moins un travail d'invention quelconque.

à Mme X..., août 1853

4154 Réservons la moelle de notre cœur pour la doser en tartines, le jus intime des passions pour le mettre en bouteilles, faisons de tout notre nous-même un résidu sublime pour nourrir les postérités.

4155 L'art est assez vaste pour occuper tout un homme ; en distraire quelque chose est presque un crime, c'est un vol fait à l'idée, un manque au devoir.

4156 Tous les souvenirs de ma jeunesse crient sous mes pas, comme les coquilles de la plage.

(Correspondance) à Louis Bouilhet, 1854

4157 Les illusions tombent, mais les âmes-cyprès sont toujours vertes.

à Louis Bonenfant, 1856

4158 La morale de l'art consiste dans sa beauté même, et j'estime par-dessus tout d'abord le style, et ensuite le vrai.

à Mlle Leroyer de Chantepie, 18 mai 1857

4159 Il faut, si l'on veut vivre, renoncer à avoir une idée nette de quoi que ce soit. *L'humanité est ainsi*, il ne s'agit pas de la changer, mais de la connaître.

4160 La vie est un éternel problème, et l'histoire aussi, et tout. Il s'ajoute sans cesse des chiffres à l'addition. D'une roue qui tourne, comment pouvez-vous compter les rayons ?

4161 L'horizon perçu par les yeux humains n'est jamais le rivage, parce qu'au-delà de cet horizon, il y en a un autre, et toujours? Ainsi chercher la meilleure des religions, ou le meilleur des gouvernements, me semble une folie niaise. Le meilleur, pour moi, c'est celui qui agonise, parce qu'il va faire place à un autre.

4 novembre 1857

4162 Plus j'acquiers d'expérience dans mon art, et plus cet art devient pour moi un supplice : l'imagination reste stationnaire et le goût grandit. Voilà le malheur. Peu d'hommes, je crois, auront autant souffert que moi, par la littérature.

4163 Il y a tant de gens dont la joie est si immonde et l'idéal si borné, que nous devons bénir notre malheur, s'il nous fait plus dignes.

4164 Ah! quelle nécropole que le cœur humain! Pourquoi aller aux cimetières? Ouvrons nos souvenirs, que de tombeaux!

4165 C'est comme le corps et l'âme, la forme et l'idée ; pour moi c'est tout un et je ne sais pas ce qu'est l'un sans l'autre. Plus une idée est belle, plus la phrase est sonore [...]. La précision de la pensée fait (et est elle-même) celle du mot.

1er mars 1858

4166 Notre âme est une bête féroce ; toujours affamée, il faut la gorger jusqu'à la gueule pour qu'elle ne se jette pas sur nous. Rien n'apaise plus qu'un long travail. L'érudition est chose rafraîchissante.

4167 La manière dont parlent de Dieu toutes les religions me révolte, tant elles le traitent avec certitude, légèreté et familiarité. Les prêtres surtout, qui ont toujours ce nom-là à la bouche, m'agacent. C'est une espèce d'éternuement qui leur est habituel : *la bonté de Dieu, la colère de Dieu, offenser Dieu,* voilà leurs mots. C'est le considérer comme un homme et, qui pis est, comme un bourgeois.

à Ernest Feydeau, 1ᵉʳ mai 1858

4168 Il faut que les endroits faibles d'un livre soient mieux écrits que les autres.

à Mˡˡᵉ Leroyer de Chantepie, 11 juillet 1858

4169 Il faut écrire pour soi, avant tout. C'est la seule chance de faire beau.

à Ernest Feydeau, 1858

4170 Les livres ne se font pas comme les enfants, mais comme les pyramides, avec un dessin prémédité, et en apportant des grands blocs l'un par-dessus l'autre, à force de reins, de temps et de sueur, et ça ne sert à rien ! et ça reste dans le désert ! mais en le dominant prodigieusement. Les chacals pissent au bas et les bourgeois montent dessus, etc., continue la comparaison.

4171 [...] les appétits matériels les plus furieux se formulent *insciemment* par des élans d'idéalisme, de même que les extravagances charnelles les plus immondes sont engendrées par le désir pur de l'impossible, l'aspiration éthérée de la souveraine joie.

à Mᵐᵉ Royer des Genettes, 1859

4172 J'aime le grand Voltaire autant que je déteste le grand Rousseau [...] Son *Écrasons l'infâme* me fait l'effet d'un cri de croisade. Toute son intelligence était une machine de guerre. Et ce qui me le fait chérir, c'est le dégoût que m'inspirent les Voltairiens, des gens qui rient sur les grandes choses ! Est-ce qu'il riait, lui ? Il grinçait...

à Ernest Feydeau, 1859

4173 Les bourgeois ne se doutent guère que nous leur servons notre cœur. La race des gladiateurs n'est pas morte, tout artiste en est un. Il amuse le public avec ses agonies.

1860

4174 Le style est autant *sous* les mots que *dans* les mots. C'est autant l'âme que la chair d'une œuvre.

à Mˡˡᵉ Leroyer de Chantepie, 6 octobre 1864

4175 Je veux faire l'histoire morale des hommes de ma génération, sentimentale serait plus vrai. C'est un livre d'amour, de passion ; mais de passion telle qu'elle peut exister maintenant, c'est-à-dire inactive[1].

23 janvier 1866

4176 Quand le peuple ne croira plus à l'Immaculée conception, il croira aux tables tournantes.

---

1. L'Éducation sentimentale.

(Correspondance)
à George Sand, 1866

4177 Le sens du grotesque m'a retenu sur la pente des désordres. Je maintiens que le cynisme confine à la chasteté.

à Mlle Bosquet, 1866

4178 Un romancier, selon moi, *n'a pas le droit* de dire son avis sur les choses de ce monde. Il doit, dans sa vocation, imiter Dieu dans la sienne, c'est-à-dire faire et se taire.

à George Sand, 1866

4179 La femme, pour nous tous, est l'ogive de l'infini. Cela n'est pas noble, mais tel est le vrai fond du mâle.

1867

4180 Rugissons contre M. Thiers ! Peut-on voir un plus triomphant imbécile, un croûtard plus abject, un plus étroniforme bourgeois ! Non, rien ne peut donner l'idée du vomissement que m'inspire ce vieux melon diplomatique, arrondissant sa bêtise sur le fumier de la bourgeoisie ! [...] Il me semble éternel comme la médiocrité !

à Taine, 1868

4181 Dans l'hallucination proprement dite, il y a toujours terreur ; vous sentez que votre personnalité vous échappe ; on croit que l'on va mourir. Dans la vision poétique, au contraire, il y a joie ; c'est quelque chose qui entre en vous.

à Louis Bonenfant, 1868

4182 Un nom propre est une chose extrêmement importante dans un roman, une chose *capitale*. On ne peut pas plus changer un personnage de nom que de peau. C'est vouloir blanchir un nègre.

à George Sand, 1869

4183 Le néo-catholicisme d'une part et le socialisme de l'autre ont abêti la France. Tout se meurt entre l'Immaculée-Conception et les gamelles ouvrières.

4184 Tous les drapeaux ont été tellement souillés de sang et de m... qu'il est temps de n'en plus avoir du tout. A bas les mots ! Plus de symboles ni de fétiches ! La grande moralité de ce règne-ci sera de prouver que le suffrage universel est aussi bête que le droit divin, quoique un peu moins odieux !

4185 Les hommes purement intellectuels ont rendu plus de services au genre humain que tous les saint Vincent de Paul du monde ! Et la politique sera une éternelle niaiserie tant qu'elle ne sera pas une dépendance de la science. Le gouvernement d'un pays doit être une section de l'Institut, et la dernière de toutes.

2 juillet 1870
4186 La mort n'a peut-être pas plus de secrets à nous révéler que la vie ?

à Claudius Popelin, 1870
4187 Je suis convaincu que nous entrons dans un monde hideux où les gens comme nous n'aurons plus leur raison d'être. On sera utilitaire et militaire, économe, petit, pauvre, abject.

à Mme Régnier, 11 mars 1871
4188 Paganisme, christianisme, muflisme. Telles sont les trois grandes évolutions de l'humanité. Il est désagréable de se trouver dans la dernière.

à George Sand, 1871
4189 Tout le rêve de la démocratie est d'élever le prolétaire au niveau de bêtise du bourgeois. Le rêve est en partie accompli.

à Mme Tennant, Noël 1876
4190 Voici un principe d'esthétique [...], une règle, dis-je, pour les artistes. Soyez réglé dans votre vie et ordinaire comme un bourgeois, afin d'être violent et original dans vos œuvres.

à Mme Roger des Genettes, 1877
4191 *Bouvard et Pécuchet* m'emplissent à un tel point que je suis devenu eux ! Leur bêtise est mienne et j'en crève.

à Leconte de Lisle, 1877
4192 J'ai relu dans cette nouvelle édition mes pièces favorites, avec le *gueuloir* qui leur sied, et ça m'a fait du bien.

à Mme Roger des Genettes, 1879
4193 Ce qui m'indigne ce sont ceux qui ont le bon Dieu dans leur poche et qui vous expliquent l'incompréhensible par l'absurde. Quel orgueil que celui d'un dogme quelconque !

mot rapporté par Maupassant, dans Gustave Flaubert
4194 J'appelle bourgeois quiconque pense bassement.

Louis BOUILHET 1822-1869

Festons et Astragales, À une femme
4195 Tu n'as jamais été, dans tes jours les plus rares,
Qu'un banal instrument sous mon archet vainqueur,
Et, comme un air qui sonne, au bois creux des guitares,
J'ai fait chanter mon rêve au vide de ton cœur.

4196 Fut-elle blonde ou brune, insoucianteou sage ?
Que vous fait le trépied, si mon âme y brûla ?

À une jeune fille manquant de charmes

4197 On est plus près du cœur quand la poitrine est plate.

ERCKMANN-CHATRIAN
(Émile ERCKMANN 1822-1899 et Alexandre CHATRIAN 1826-1890)

Histoire d'un conscrit de 1813, chap. 5

4198 Il n'y a qu'une chose pour laquelle un peuple doit marcher [...], c'est quand on attaque notre liberté [...]; alors on meurt ensemble ou l'on **gagne ensemble.** [...] Voilà la seule guerre juste, où personne ne peut se plaindre ; toutes les autres sont honteuses, et la gloire qu'elles rapportent n'est pas la gloire d'un homme, c'est la gloire d'une bête sauvage !

chap. 14

4199 Le misérable souffle qui nous fait tant pleurer, tant souffrir, pourquoi donc craignons-nous de le perdre plus que tout au monde ? Que nous est-il donc réservé plus tard, puisqu'à la moindre crainte de mort tout frémit en nous ?

chap. 16

4200 La force est tout. On fait d'abord les conscrits par force ; car si on ne les forçait pas de partir, tous resteraient à la maison. Avec les conscrits on fait des soldats par force, en leur expliquant la discipline ; avec des soldats on gagne des batailles par force, et alors les gens vous donnent tout par force : ils vous dressent des arcs de triomphe et vous appellent des héros, parce qu'ils ont peur.

Waterloo, chap. 2

4201 Les gueux sont des gueux sous tous les gouvernements.

L'Ami Fritz, chap. 13

4202 Est-il possible que des hommes se tuent pour une cuisinière ? C'est tout à fait contre nature.

Edmond de GONCOURT 1822-1896
et Jules de GONCOURT 1830-1870

La Fille Élisa, I, chap. 7

4203 Elle en était venue à considérer la vente et le débit de l'amour comme une profession un peu moins laborieuse, un peu moins pénible que les autres, une profession où il n'y avait pas de morte-saison.

chap. 10

4204 [...] des êtres, pour la plupart, n'ayant, pour ainsi dire, rien de la femme dont elles faisaient le métier, et dont la parole libre et hardie n'était même jamais érotique, — des êtres qui paraissaient avoir laissé dans leurs chambres leur sexe, comme l'outil de leur travail.

La Duchesse de Châteauroux et ses sœurs, préface

4205 L'Histoire humaine, voilà l'histoire moderne ; l'histoire sociale, voilà la dernière expression de cette histoire.

Journal, Mémoires de la vie littéraire
décembre 1851

4206 [...] les coups d'État se passeraient encore mieux s'il y avait des places, des loges, des stalles, pour les bien voir et n'en rien perdre.

mars 1855

4207 Les deux plus belles conquêtes que l'homme ait faites sur lui-même, c'est le saut périlleux et la philosophie.

19 juillet 1855

4208 Dieu a fait le coït, l'homme a fait l'amour.

20-26 août 1857

4209 L'excès en tout est la vertu de la femme.

15 décembre 1857

4210 Penser qu'on ne sait pas le nom du premier cochon qui a trouvé une truffe !

17 février 1859

4211 Le beau est ce que ma maîtresse et ma servante trouvent d'instinct affreux.

31 octobre 1860

4212 Dans l'histoire du monde, c'est encore l'absurde qui a le plus de martyrs.

14 janvier 1861

4213 La statistique est la première des sciences inexactes.

2 mars 1861

4214 Le peuple n'aime ni le vrai ni le simple. Il aime le roman et le charlatan.

2 juin 1861

4215 La femme de quarante ans [...]. Un amant lui semble une protestation contre son acte de naissance.

(Journal, Mémoires de la vie littéraire)
30 juillet 1861

4216   Il faut retourner la phrase de Bonald : l'homme est une intelligence *trahie* par des organes.

12 novembre 1861

4217   La pensée de la femme moud dans le vide, comme la pensée du roulier marchant à côté de son cheval.

8 avril 1862

4218   Le sceptique doit être reconnaissant aux Napoléon des progrès qu'ils ont fait faire à la bassesse humaine.

3 janvier 1864

4219   Ne pas s'occuper des autres, c'est toute la distinction ; s'en occuper, c'est toute la politesse.

11 avril 1864

4220   Hugo, à l'heure qu'il est, c'est saint Jean dans l'île du Pathos.

23 juillet 1864

4221   Un livre n'est jamais un chef-d'œuvre : il le devient.

30 octobre 1864

4222   Pleurer, c'est diminuer son corps.

8 février 1866

4223   Peut-être dit-on moins de sottises qu'on n'en imprime.

21 mai 1866

4224   L'homme peut tout, mais il ne peut qu'une chose.

15 août 1867

4225   Il n'y a que les domestiques qui savent reconnaître les gens distingués.

5 septembre 1867

4226   Un bourgeois est l'océan du rien.

17 avril 1868

4227   La religion n'agit absolument que sur les enfances de l'homme à tous les âges de la vie.

15 décembre 1868

4228   Nous avons été les premiers les écrivains des nerfs.

Idées et Sensations

4229 La messe de l'amour, — on dirait que la musique est cela pour la femme.

4230 Trop suffit quelquefois à la femme.

4231 Qu'est-ce que la vie ? L'usufruit d'une agrégation de molécules.

4232 Ce qui entend le plus de bêtises dans le monde est peut-être un tableau de musée.

4233 La mort des animaux est humaine.

4234 L'histoire est un roman qui a été ; le roman est de l'histoire qui aurait pu être.

4235 Le mariage est la croix d'honneur des filles.

4236 La religion est une partie du sexe de la femme.

Louis MÉNARD 1822-1901

Rêveries d'un païen mystique, Thébaïde

4237 Mais je ne trouve, au lieu de la béatitude,
Au lieu du ciel rêvé dans l'âpre solitude,
Que la morne impuissance et l'incurable ennui.

Henri MURGER 1822-1861

Scènes de la vie de bohème, chap. 18

4238 Il existe [...] de ces Pygmalions singuliers qui, au contraire de l'autre, voudraient pouvoir changer en marbre leurs Galatées vivantes.

chap. 22

4239 Dans tes mains ma jeunesse est restée en lambeaux,
Mon cœur s'est en éclats brisé comme du verre,
Et ma chambre est le cimetière
Où sont enterrés les morceaux
De ce qui t'aima tant naguère.

chap. 23

4240 Notre jeunesse est enterrée
Au fond du vieux calendrier.
Ce n'est plus qu'en fouillant la cendre
Des beaux jours qu'il a contenus,
Qu'un souvenir pourra nous rendre
La clef des paradis perdus.

Louis PASTEUR 1822-1895

Discours du 14 novembre 1888
pour l'inauguration de l'Institut Pasteur

4241   La science n'a pas de patrie.

Correspondance réunie et annotée par Pasteur Vallery-Radot
lettre à Sainte-Beuve (Flammarion)

4242   Ma philosophie est toute du cœur et point de l'esprit.

4243   Je les admire tous nos grands philosophes ! Nous avons, nous autres, l'expérience qui redresse et modifie sans cesse nos idées et nous voyons constamment, pour ainsi dire, que la nature, dans la moindre de ses manifestations, est autrement faite que nous l'avions pressenti. Et eux qui devinent toujours, placés qu'ils sont derrière ce voile épais du commencement et de la fin de toutes choses, comment donc font-ils pour savoir ?

lettre adressée au ministre de l'Instruction publique, avril 1862

4244   Lorsque, dans un être vivant, les mouvements intestins que réglaient les lois de la vie viennent à s'arrêter, l'œuvre de mort ne fait que commencer. Il faut, pour qu'elle s'achève, que la matière organique du cadavre quel qu'il soit, animal ou végétal, fasse retour à la simplicité des combinaisons minérales.

4245   Après la mort, la vie reparaît sous une autre forme, et avec des propriétés nouvelles.

4246   Qu'il me suffise d'avoir essayé de faire comprendre le but vers lequel tendent toutes mes recherches actuelles. C'est la poursuite, à l'aide d'une expérience rigoureuse, du rôle physiologique, immense selon moi, des infiniment petits dans l'économie générale de la nature.

Hervey de SAINT-DENYS 1822-1892

Les Rêves et les moyens de les diriger
première partie, chap. 4

4247   L'image du rêve est donc exactement à l'idée qui l'appelle ce que l'image de la lanterne magique est au verre éclairé qui la produit.

deuxième partie, chap. 3

4248   Le sommeil, loi fondamentale qui régit tous les animaux, est un état essentiellement actif.

chap. 5

4249   Les sentiments du sommeil ressemblent parfois si peu à ceux de la veille, et le sentiment du bien notamment peut se trouver en rêve perverti de telle sorte qu'on s'imagine accomplir, comme une action la plus simple, des faits qui seraient monstrueux ou insensés en réalité.

troisième partie, chap. 4

4250 Les arcanes de notre mémoire sont comme d'immenses souterrains où la lumière de l'esprit ne pénètre jamais mieux que lorsqu'elle a cessé de briller au-dehors.

Théodore de BANVILLE 1823-1891

Les Cariatides, Le sang de la coupe

4251 Vous en qui je salue une nouvelle aurore,
Vous tous qui m'aimerez,
Jeunes hommes des temps qui ne sont pas encore,
O bataillons sacrés!

Les Cariatides, Nous n'irons plus au bois

4252 Nous n'irons plus aux bois, les lauriers sont coupés.

Odelettes, à Th. Gautier

4253 Et que, brillant et ferme,
Le beau rythme d'airain
Enferme
L'idée au front serein.

4254 Maître, qui nous enseignes
L'amour du vert laurier,
Tu daignes
Être un bon ouvrier.

Odelettes, à Adolphe Gaiffe

4255 « Cherchez les effets et les causes »,
Nous disent les rêveurs moroses.
Des mots! des mots! cueillons les roses!

Odes funambulesques, Le saut du tremplin

4256 Enfin, de son vil échafaud,
Le clown sauta si haut, si haut,
Qu'il creva le plafond de toiles
Au son du cor et du tambour,
Et, le cœur dévoré d'amour,
Alla rouler dans les étoiles.

Odes funambulesques, Occidentales

4257 Et ceux qui ne font rien ne se trompent jamais.

Gringoire, scène 2

4258 Je ne vois pas de différence entre une boutique et une prison.

scène 3

4259 Les gens n'aiment pas plus à tenir leur bonheur des mains d'un autre que les anguilles à être écorchées vives!

scène 4

4260 Les rimeurs sont une sorte de fous qu'on n'enferme pas, je ne sais pourquoi, bien que le plus sain d'entre eux soupe du clair de lune, et se conduise avec moins de jugement qu'une bête apprivoisée.

4261 Rien ne nous attire mieux que le sourire décevant des Chimères.

scène 5

4262 Tant que notre salut dépend de quelqu'un, et que nous n'avons pas la langue coupée, rien n'est perdu.

Petit traité de poésie française, chap. 4

4263 LICENCES POÉTIQUES: Il n'y en a pas.
DE L'INVERSION: Il n'en faut jamais.

chap. 11

4264 Sans la justesse de l'expression, pas de poésie.

Théodore BARRIÈRE 1823-1877 et Ernest CAPENDU 1826-1868

Les Faux Bonshommes, acte III, scène 20

4265 Les affaires sont les affaires.

Gustave Paul CLUSERET 1823-1900

Mémoires

4266 Le premier élément d'une dictature est une force militaire permanente comme le premier élément d'un civet est un lièvre.

Henri FABRE 1823-1915

Souvenirs entomologiques (Delagrave)
deuxième série, 1, L'harmas

4267 Ils craignent qu'une page qui se lit sans fatigue ne soit pas toujours l'expression de la vérité.

cinquième série, VI, Le scarabée au large cou

4268 La similitude d'organisation n'entraîne pas la parité des instincts. Un fond commun se maintient sans doute, conséquence d'un outillage identique; mais sur le thème essentiel bien des variations sont possibles, dictées par d'intimes aptitudes que l'organe ne peut en rien faire prévoir.

4269 L'instinct, qui, dans les conditions normales, nous émerveille par son impeccable lucidité, ne nous étonne pas moins par sa stupide ignorance quand surviennent des conditions non habituelles.

VII, Le copris espagnol, la ponte

4270 L'aveugle-né ne saurait avoir l'idée des couleurs. Nous sommes des aveugles-nés en face de l'insondable inconnu qui nous enveloppe ; mille et mille questions surgissent sans réponse possible.

IX, Les onthophages

4271 Hommes et bousiers, nous sommes tous à l'effigie d'un prototype immuable : les conditions changeantes de la vie nous modifient un peu à la surface ; dans la charpente, jamais.

XIX, La mante, les amours

4272 Le travail des ovaires pervertit le troupeau, lui inspire la frénésie de s'entre-dévorer.

4273 Manger l'amoureux après le mariage consommé, faire repas du nain épuisé, désormais bon à rien, cela se comprend, dans une certaine mesure, chez l'insecte peu scrupuleux en matière de sentiment ; mais le croquer pendant l'acte, cela dépasse tout ce qu'oserait rêver une atroce imagination.

huitième série, IV, La bruche des haricots

4274 S'il est un légume du bon Dieu sur la terre, c'est bien le haricot.

VI, Le réduve à masque

4275 Que ne ferait-on pas dans l'espoir d'une idée !

XIII, Les mangeurs de pucerons

4276 Le beau a sa raison d'être tout autant que l'utile.

4277 Sur la planète des premiers âges admettons une plante pour défricher le roc, un puceron pour exploiter la plante. Cela suffit : l'alchimie vitale est fondée, les créatures de haut rang sont possibles. L'insecte et l'oiseau peuvent venir : ils trouveront banquet servi.

XX, La guêpe

4278 Les ruines elles-mêmes doivent périr.

Ernest RENAN 1823-1892

Vie de Jésus, préface de la treizième édition (Calmann-Lévy)

4279 Par cela seul qu'on admet le surnaturel, on est en dehors de la science, on admet une explication qui n'a rien de scientifique, une explication dont se passent l'astronome, le physicien, le chimiste, le géologue, le physiologiste, dont l'historien doit aussi se passer.

4280 Mais il est une chose qu'un théologien ne saurait jamais être, je veux dire historien. L'histoire est essentiellement désintéressée. L'historien n'a qu'un souci, l'art et la vérité (deux choses inséparables, l'art gardant le secret des lois les plus intimes du vrai). Le théologien a un intérêt, c'est son dogme.

4281 Expliquer l'histoire par des incidents est aussi faux que de l'expliquer par des principes purement philosophiques. Les deux explications doivent se soutenir et se compléter l'une et l'autre.

4282 Un hasard n'est rien pour une âme froide ou distraite ; il est un signe divin pour une âme obsédée.

4283 Il y a eu des vols d'oiseaux, des courants d'air, des migraines qui ont décidé du sort du monde.

4284 Le talent de l'historien consiste à faire un ensemble vrai avec des traits qui ne sont vrais qu'à demi.

4285 Tel voudrait faire de Jésus un sage, tel un philosophe, tel un patriote, tel un homme de bien, tel un moraliste, tel un saint. Il ne fut rien de tout cela. Ce fut un charmeur.

Vie de Jésus, introduction

4286 [...] j'ai compris, depuis, que l'histoire n'est pas un simple jeu d'abstractions, que les hommes y sont plus que les doctrines. Ce n'est pas une certaine théorie sur la justification et la rédemption qui a fait la Réforme : c'est Luther, c'est Calvin.

4287 Pour faire l'histoire d'une religion, il est nécessaire, premièrement, d'y avoir cru (sans cela, on ne saurait comprendre par quoi elle a charmé et satisfait la conscience humaine) ; en second lieu, de n'y plus croire d'une manière absolue ; car la loi absolue est incompatible avec l'histoire sincère.

La Réforme intellectuelle et morale de la France (Calmann-Lévy)
première partie

4288 De nos jours (et cela rend la tâche des réformateurs difficile), ce sont les peuples qui doivent comprendre.

I

4289 Les besognes humbles, comme celle du magister, seront toujours chez nous pauvrement exécutées. La France excelle dans l'exquis ; elle est médiocre dans le commun.

4290 Le jour où la France coupa la tête à son roi, elle commit un suicide.

II

4291 La France du Moyen Age est une construction germanique, élevée par une aristocratie militaire germanique avec des matériaux gallo-romains. Le travail séculaire de la France a consisté à expulser de son sein tous les éléments déposés par l'invasion germanique, jusqu'à la Révolution, qui a été la dernière convulsion de cet effort.

4292 Il est incontestable que, s'il fallait s'en tenir à un moyen de sélection unique, la naissance vaudrait mieux que l'élection. Le hasard de la naissance est moindre que le hasard du scrutin.

4293 La colonisation en grand est une nécessité politique tout à fait de premier ordre. Une nation qui ne colonise pas est irrévocablement vouée au socialisme, à la guerre du riche et du pauvre. La conquête d'un pays de race inférieure par une race supérieure, qui s'y établit pour le gouverner, n'a rien de choquant.

4294 La nature a fait une race d'ouvriers ; c'est la race chinoise, d'une dextérité de main merveilleuse sans presque aucun sentiment d'honneur ; gouvernez-la avec justice, en prélevant d'elle pour le bienfait d'un tel gouvernement un ample douaire au profit de la race conquérante, elle sera satisfaite ; — une race de travailleurs de la terre, c'est le nègre ; soyez pour lui bon et humain, et tout sera dans l'ordre ; — une race de maîtres et de soldats, c'est la race européenne.

IV

4295 Le manque de foi à la science est le défaut profond de la France ; notre infériorité militaire et politique n'a pas d'autre cause ; nous doutons trop de ce que peuvent la réflexion, la combinaison savante.

VI

4296 Le but de l'humanité n'est pas de jouir ; acquérir et créer est œuvre de force et de jeunesse : jouir est de la décrépitude.

4297 Souvenons-nous que la tristesse seule est féconde en grandes choses.

Dialogues et fragments philosophiques (Calmann-Lévy)
préface

4298 Le but du monde est que la raison règne.

Dialogue et fragments philosophiques
Premier dialogue, Certitudes

4299 Le prétendu dieu des armées est toujours pour la nation qui a la meilleure artillerie, les meilleurs généraux.

Deuxième dialogue, Probabilités

4300 Le monde aspire à être de plus en plus ; or l'être dans sa plénitude, c'est l'être conscient. Tout l'effort du monde tend à se connaître, à s'aimer, à se voir, à s'admirer. Le but du monde est de produire la raison.

4301 Qu'on se figure le spectacle qu'eût offert la Terre, si elle eût été uniquement peuplée de nègres, bornant tout à la jouissance individuelle au sein d'une médiocrité générale, et substituant la jalousie et le désir du bien-être aux nobles poursuites de l'idéal?

Troisième dialogue, Rêves

4302 Consolons-nous, pauvres victimes; un Dieu se fait avec nos pleurs.

Souvenirs d'enfance et de jeunesse (Calmann-Lévy)
préface

4303 Ce qu'on dit de soi est toujours poésie.

4304 La femme nous remet en communication avec l'éternelle source où Dieu se mire.

4305 La vulgarité américaine ne brûlerait point Giordano Bruno, ne persécuterait point Galilée. Nous n'avons pas le droit d'être fort difficiles.

I, Le broyeur de lin, 1

4306 Au fond je sens que ma vie est toujours gouvernée par une foi que je n'ai plus. La foi a cela de particulier que, disparue, elle agit encore.

II, 1, Prière sur l'Acropole

4307 L'impression que me fit Athènes est de beaucoup la plus forte que j'aie jamais ressentie. Il y a un lieu où la perfection existe; il n'y en a pas deux: c'est celui-là.

4308 Un excellent architecte avec qui j'avais voyagé avait coutume de me dire que, pour lui, la vérité des dieux était en proportion de la beauté solide des temples qu'on leur a élevés.

prière que je fis sur l'Acropole
quand je fus arrivé à comprendre la parfaite beauté

4309 Je suis né, déesse aux yeux bleus, de parents barbares, chez les Cimmériens bons et vertueux qui habitent au bord d'une mer sombre, hérissée de rochers, toujours battue par les orages. On y connaît à peine le soleil; les fleurs sont les mousses marines, les algues et les coquillages colorés qu'on trouve au fond des baies solitaires. Les nuages y paraissent sans couleur, et la joie même y est un peu triste.

II, Saint Renan

4310 Ma formule ethnique serait de la sorte: « Un Celte, mêlé de Gascon, mâtiné de Lapon. » Une telle formule devrait, je crois, représenter, d'après les théories des anthropologistes, le comble du crétinisme et de l'imbécillité; mais ce que l'anthropologie traite de stupidité chez les vieilles races incomplètes n'est souvent qu'une force extraordinaire d'enthousiasme et d'intuition.

4311 La foi qu'on a eue ne doit jamais être une chaîne. On est quitte envers elle quand on l'a soigneusement roulée dans le linceul de pourpre où dorment les dieux morts.

4312 C'est M. Homais qui a raison. Sans M. Homais nous serions tous brûlés vifs.

IV

4313 [...] depuis que je vois l'espèce de rage avec laquelle des écrivains étrangers cherchent à prouver que la Révolution française n'a été que honte, folie, et qu'elle constitue un fait sans importance dans l'histoire du monde, je commence à croire que c'est peut-être ce que nous avons fait de mieux, puisqu'on en est si jaloux.

IV, Le séminaire d'Issy, II

4314 Un éternel *fieri*, une métamorphose sans fin, me semblait la loi du monde.

V, Le séminaire de Saint-Sulpice, II

4315 L'inexorable phrase de M. Littré : « Quelque recherche qu'on ait faite, jamais un miracle ne s'est produit là où il pouvait être observé et constaté », cette phrase, dis-je, est un bloc qu'on ne remuera point.

VI, Premiers pas hors de Saint-Sulpice, IV

4316 Un littérateur qui se respecte doit n'écrire que dans un seul journal, dans une seule revue, et n'avoir qu'un seul éditeur.

4317 Je vois très bien que le talent n'a de valeur que parce que le monde est enfantin. Si le public avait la tête assez forte, il se contenterait de la vérité.

L'Avenir de la Science (Calmann-Lévy)
Pensées de 1848, préface

4318 Une école où les écoliers feraient la loi serait une triste école.

4319 Il se peut que tout le développement humain n'ait pas plus de conséquence que la mousse ou le lichen dont s'entoure toute surface humectée.

4320 Ce qui paraît maintenant bien probable, c'est que le socialisme ne finira pas. Mais sûrement le socialisme qui triomphera sera bien différent des utopies de 1848.

II

4321 Pour la politique, dit Herder, l'homme est un moyen ; pour la morale, il est une fin. La révolution de l'avenir sera le triomphe de la morale sur la politique.

III

4322   Le moyen de ne pas varier, c'est de ne pas penser.

XVIII, note

4323   La mort d'un Français est un événement dans le monde moral; celle d'un Cosaque n'est guère qu'un fait physiologique: une machine fonctionnait qui ne fonctionne plus.

XXIII

4324   Il faut une religion autour du lit de mort; laquelle? n'importe; mais il en faut une. Il me semble bien en ce moment que je mourrai content dans la communion de l'humanité et dans la religion de l'avenir.

Georges DUCHÊNE 1824-1876

La Commune, 18 mai 1871

4325   La vérité, la loi, le droit, la justice dépendraient de quarante croupions qui se lèvent contre vingt-deux qui restent assis!

Alexandre DUMAS Fils 1824-1895

La Dame aux camélias
préface

4326   N'estime l'argent ni plus ni moins qu'il ne vaut: c'est un bon serviteur et un mauvais maître.

chap. 1

4327   Mon avis est qu'on ne peut créer des personnages que lorsqu'on a beaucoup étudié les hommes, comme on ne peut parler une langue qu'à la condition de l'avoir sérieusement apprise.

chap. 2

4328   Les larmes deviennent une chose si rare qu'on ne peut les donner à la première venue. C'est tout au plus si les parents qui paient pour être pleurés le sont en raison du prix qu'ils y mettent.

chap. 3

4329   Combien avaient raison les anciens qui n'avaient qu'un même dieu pour les marchands et les voleurs!

4330   L'humanité est depuis quinze ans dans un de ses plus audacieux élans. La science du bien et du mal est à jamais acquise; la foi se reconstruit, le respect des choses saintes nous est rendu, et si le monde ne se fait pas tout à fait bon, il se fait du moins meilleur.

chap. 7

4331 Moi qui aurais voulu souffrir pour cette femme, je craignais qu'elle ne m'acceptât trop vite et ne me donnât trop promptement un amour que j'eusse voulu payer d'une longue attente ou d'un grand sacrifice. Nous sommes ainsi, nous autres hommes, et il est bien heureux que l'imagination laisse cette poésie aux sens, et que les désirs du corps fassent cette concession aux rêves de l'âme.

chap. 8

4332 Que de routes prend et que de raisons se donne le cœur pour en arriver à ce qu'il veut!

chap. 11

4333 Il y a des incidents d'une minute qui font plus qu'une cour d'une année.

chap. 12

4334 L'amour physique, cette énergique conclusion des plus chastes impressions de l'âme.

chap. 13

4335 La famille, [...] l'ambition, ces secondes et dernières amours de l'homme.

4336 La vie est charmante, [...] c'est selon le verre par lequel on la regarde.

chap. 18

4337 Les femmes entretenues prévoient toujours qu'on les aimera, jamais qu'elles aimeront, sans quoi elles mettraient de l'argent de côté, et à trente ans elles pourraient se payer le luxe d'avoir un amant pour rien.

chap. 20

4338 L'amour vrai rend toujours meilleur, quelle que soit la femme qui l'inspire.

chap. 27

4339 Je ne suis pas l'apôtre du vice, mais je me ferai l'écho du malheur noble partout où je l'entendrai prier.

Le Demi-Monde, acte II, scène 9

4340 Les femmes qui vous entourent ont toutes une faute dans leur passé, une tache sur leur nom [...]. Avec la même origine, le même extérieur et les mêmes préjugés que les femmes de la société, elles se trouvent ne plus en être, et composent ce que nous appelons le demi-monde, qui vogue comme une île flottante sur l'océan parisien.

acte III, scène 2

4341 En amour, écrire est dangereux, sans compter que c'est inutile.

La Question d'argent, acte I, scène 4

4342 L'argent est l'argent, quelles que soient les mains où il se trouve. C'est la seule puissance que l'on ne discute jamais.

acte II, scène 7

4343 Les affaires ? C'est bien simple, c'est l'argent des autres.

Le Fils naturel, préface

4344 Inaugurons [...] le théâtre « utile », au risque d'entendre crier les apôtres de « l'art pour l'art », trois mots absolument vides de sens.

Émile OLLIVIER 1825-1913

Journal (Julliard)
20 février 1858

4345 Il y a une impartialité qui résulte de l'absence de passions, c'est la mauvaise. Il y en a une autre qui naît de la hauteur et de l'étendue de la passion, c'est la bonne...

10 octobre 1858

4346 On n'est pas obligé d'être révolutionnaire, mais on est injustifiable de vouloir, ne l'étant pas, accomplir œuvre de révolution.

12 janvier 1859

4347 La gloire de la France n'a pas besoin d'être accrue, c'est sa liberté qui demande à l'être.

Séance du Corps législatif du 15 juillet 1870

4348 Nous l'[1]acceptons le cœur léger...

Gustave Adolphe LEFRANÇAIS 1826-1901

La Revue blanche

4349 Le prolétariat n'arrivera à s'emanciper réellement qu'à la condition de se débarrasser de la République, dernière forme, et non la moins malfaisante, des gouvernements autoritaires.

1. La guerre.

Marcelin BERTHELOT 1827-1907

Lettre à Renan (Calmann-Lévy)
1863

4350 Aux débuts de l'humanité, tout phénomène était regardé comme le produit d'une volonté particulière. L'expérience perpétuelle nous a au contraire appris qu'il n'en était jamais ainsi. Toutes les fois que les conditions d'un phénomène se trouvent réalisées, il ne manque jamais de se produire.

4351 Sciences physiques, sciences morales, c'est-à-dire sciences des réalités démontrables par l'observation ou par le témoignage, telles sont les sources uniques de la connaissance humaine. C'est avec leurs notions générales que nous devons ériger la pyramide progressive de la science idéale.

Discours, avril 1894

4352 Un jour viendra, où chacun emportera pour se nourrir sa petite tablette azotée, sa petite motte de matière grasse, son petit morceau de fécule ou de sucre, son petit flacon d'épices aromatiques, accommodés à son goût personnel.

Science et Morale (Calmann-Lévy)

4353 La science domine tout: elle seule rend des services définitifs. Nul homme, nulle institution désormais n'aura une autorité durable, s'il ne se conforme à ses enseignements.

4354 La vie humaine n'a pas pour fin la recherche du bonheur.

4355 La morale humaine, pas plus que la science, ne reconnaît une origine divine: elle ne procède pas des religions. L'établissement de ses règles a été tiré du domaine interne de la conscience et du domaine externe de l'observation. Ce sont au contraire les religions, ou, pour préciser davantage, quelques-unes d'entre elles et les plus pures, qui ont cherché à prendre leur point d'appui sur le fondement solide d'une morale qu'elles n'avaient pas créée.

Discours, 1903

4356 Sans doute, les flots de la démocratie [...], sont mobiles comme la mer; mais n'importe! Ayons la foi. Ces flots nous porteront; ils porteront le vaisseau de la raison, construit avec tant de souffrances et souvent d'amertumes, par nous et par nos prédécesseurs, et dont la solidité a été éprouvée par tant de tempêtes.

Francisque SARCEY 1827-1899

Quarante ans de théâtre
tome I, Les droits et les devoirs du critique

4357 Le succès est la règle de ma critique. Ce n'est pas du tout qu'il prouve pour moi le mérite absolu de la pièce ; mais il montre évidemment qu'entre l'œuvre représentée et le goût actuel du public, il y a certains rapports secrets qu'il est curieux de découvrir : je les cherche.

Évolution de l'art dramatique

4358 Notre métier, à nous autres critiques est, je crois, d'expliquer au public pourquoi certaines choses lui plaisent ; quel rapport ces choses ont avec ses mœurs, ses idées et ses sentiments. C'est nous qui dressons les poteaux indicateurs sur lesquels on écrit : Passez par là, la route est ouverte ; ce n'est pas nous qui sommes chargés de la frayer, et, si nous voulons le faire, nous nous trompons presque toujours.

Hippolyte TAINE 1828-1893

La Fontaine et ses fables, préface

4359 On peut considérer l'homme comme un animal d'espèce supérieure qui produit des philosophies et des poèmes à peu près comme les vers à soie font leurs cocons et comme les abeilles font leurs ruches.

4360 Plus un poète est parfait, plus il est national. Plus il pénètre dans son art, plus il a pénétré dans le génie de son siècle et de sa race. Il a fallu la finesse, la sobriété, la gaieté, la malice gauloise, l'élégance, l'art et l'éducation du XVIIe siècle pour produire un La Fontaine.

4361 La fable, le plus humble des genres poétiques, ressemble aux petites plantes perdues dans une grande forêt ; les yeux fixés sur les arbres immenses qui croissent autour d'elle, on l'oublie, ou, si l'on baisse les yeux, elle ne semble qu'un point. Mais, si on l'ouvre pour examiner l'arrangement intérieur de ses organes, on y trouve un ordre aussi compliqué que dans les vastes chênes qui la couvrent de leur ombre […] ; et l'on peut découvrir en elles les lois générales, selon lesquelles toute plante végète et se soutient.

Voyage aux Pyrénées

4362 Qu'est-ce que notre pensée, si haute en dignité, si petite en puissance ? La substance minérale et ses forces sont les vrais possesseurs et les seuls maîtres du monde.

4363 Un os épais d'un demi-pouce est la misérable cuirasse qui défend ma pensée du délire et de la mort.

Essais de critique et d'histoire, préface de la 2ᵉ édition

4364 Par tous ses développements, l'animal humain continue l'animal brut.

4365 Il suit de là qu'une carrière semblable à celle des sciences naturelles est ouverte aux sciences morales ; que l'histoire, la dernière venue, peut découvrir des lois comme ses aînées.

Essais de critique et d'histoire
Philosophie religieuse : M. Jean Reynaud

4366 L'utile et le beau ne sont pas le vrai ; renverser les bornes qui les séparent, c'est détruire les fondements qui les soutiennent.

Essais de critique et d'histoire
M. Troplong et M. de Montalembert

4367 Chaque nation apparaît comme une grande expérience instituée par la nature. Chaque pays est un creuset où des substances distinctes en des proportions différentes sont jetées dans des conditions particulières. Ces substances sont les tempéraments et les caractères. Ces conditions sont les climats et la situation originelle des classes.

Histoire de la littérature anglaise, introduction

4368 Le vice et la vertu sont des produits comme le vitriol et le sucre.

4369 Lorsque nous avons considéré la race, le milieu, le moment, c'est-à-dire le ressort du dedans, la pression du dehors et l'impulsion déjà acquise, nous avons épuisé, non seulement toutes les causes réelles, mais encore toutes les causes possibles du mouvement.

4370 A proprement parler, l'homme est fou, comme le corps est malade, par nature ; la raison comme la santé n'est en nous qu'une réussite momentanée et un bel accident.

4371 Homme du monde et poète, il [Swift] a inventé la plaisanterie atroce, le rire funèbre, la gaieté convulsive des contrastes amers, et, tout en traînant comme une guenille obligée le harnais mythologique, il s'est fait une poésie personnelle par la peinture des détails crus de la vie triviale, par l'énergie du grotesque douloureux, par la révélation implacable des ordures que nous cachons.

4372 Un vrai peintre regarde avec plaisir un bras bien attaché et des muscles vigoureux, quand même ils seraient employés à assommer un homme. Un vrai romancier jouit par contemplation de la grandeur d'un sentiment nuisible ou du mécanisme ordonné d'un caractère pernicieux.

Nouveaux essais de critique et d'histoire
Balzac et Shakespeare

4373 J'aime mieux en rase campagne rencontrer un mouton qu'un lion ; mais, derrière une grille, j'aime mieux voir un lion qu'un mouton. L'art est justement cette sorte de grille ; en ôtant la terreur, il conserve l'intérêt.

Stendhal

4374 Nos tragiques ne sont que de grands orateurs. Ils sont bien plus rhétoriciens qu'observateurs ; ils savent mieux mettre en relief des vérités connues que trouver des vérités nouvelles. Beyle n'a point ce défaut, et le genre qu'il choisit aide à l'en préserver. Car un roman est bien plus propre qu'un drame à montrer la vérité et la rapidité des sentiments, leurs causes et leurs altérations imprévues.

seconde édition, Camille Selden

4375 L'un et l'autre [le roman et la critique] sont maintenant une grande *enquête sur l'homme,* sur toutes les variétés, toutes les situations, toutes les floraisons, toutes les dégénérescences de la nature humaine. Par leur sérieux, par leur méthode, par leur exactitude rigoureuse, par leur avenir et leurs espérances, tous deux se rapprochent de la science.

Voyage en Italie

4376 Certainement il est imprudent de noter ici ses premières impressions, telles qu'on les a ; mais puisqu'on les a, pourquoi ne pas les noter ? Un voyageur doit se traiter comme un thermomètre, et, à tort ou à raison, c'est ce que je ferai demain comme aujourd'hui.

4377 On aurait passé un an comme un fumeur d'opium, et ce serait tant mieux : le seul moyen efficace de supporter la vie, c'est d'oublier la vie.

Vie et opinions de Frédéric-Thomas Graindorge

4378 L'honnête homme à Paris ment dix fois par jour, l'honnête femme vingt fois par jour, l'homme du monde cent fois par jour. On n'a jamais pu compter combien de fois par jour ment une femme du monde.

4379 On s'étudie trois semaines, on s'aime trois mois, on se dispute trois ans, on se tolère trente ans, — et les enfants recommencent.

4380 La folie n'est pas un empire distinct et séparé ; notre vie ordinaire y confine, et nous y entrons tous par quelque portion de nous-mêmes. Il ne s'agit pas de la fuir, mais seulement de n'y tomber qu'à demi.

La Philosophie de l'art

4381 L'art a cela de particulier, qu'il est à la fois *supérieur et populaire :* il manifeste ce qu'il y a de plus élevé, et il le manifeste à tous.

XIXe siècle

L'Intelligence, préface

4382 De tout petits faits bien choisis, importants, significatifs, simplement circonstanciés et minutieusement notés, voilà aujourd'hui la manière de toute science.

4383 La linguistique et l'histoire sont des applications de la psychologie, à peu près comme la météorologie est une application de la physique.

4384 Notre perception extérieure est un rêve du dedans qui se trouve en harmonie avec les choses du dehors ; et, au lieu de dire que l'hallucination est une perception extérieure fausse, il faut dire que la perception extérieure est une *hallucination vraie*.

Jules VERNE 1828-1905

De la Terre à la Lune (Hachette)
chap. 1

4385 Les Yankees, ces premiers mécaniciens du monde, sont ingénieurs, comme les Italiens sont musiciens et les Allemands métaphysiciens, — de naissance.

4386 [...] l'unique préoccupation de cette société savante fut la destruction de l'humanité dans un but philanthropique, et le perfectionnement des armes de guerre, considérées comme instruments de civilisation.

chap. 3

4387 Bien qu'il ne s'agît encore que d'envoyer un boulet à l'astre des nuits, tous voyaient là le point de départ d'une série d'expériences ; tous espéraient qu'un jour l'Amérique pénétrerait les derniers secrets de ce disque mystérieux, et quelques-uns même semblèrent craindre que sa conquête ne dérangeât sensiblement l'équilibre européen.

chap. 5

4388 En remontant de l'atome à la molécule, de la molécule à l'amas nébuleux, de l'amas nébuleux à la nébuleuse, de la nébuleuse à l'étoile principale, de l'étoile principale au Soleil, du Soleil à la planète, et de la planète au satellite, on a toute la série des transformations subies par les corps célestes depuis les premiers jours du monde.

Le Tour du monde en 80 jours (Hachette)
chap. 3

4389 Un Anglais ne plaisante jamais quand il s'agit d'une chose aussi importante qu'un pari.

Michel Strogoff (Hachette)
I, chap. 4

4390 Avec la police russe, qui est très péremptoire, il est absolument inutile de vouloir raisonner. Les employés sont revêtus de grades militaires, et ils opèrent militairement.

chap. 9

4391 — L'hiver est l'ami du Russe.
— Oui, [...] mais quel tempérament à toute épreuve il faut pour résister à une telle amitié!

II, chap. 1

4392 Tous les Français sont un peu médecins!

4393 Tous les Anglais sont généreux!

chap. 3

4394 Eh! que diable! Il faut bien bouillir quelquefois! Dieu nous aurait mis de l'eau dans les veines et non du sang, s'il nous eût voulus toujours et partout imperturbables!

chap. 11

4395 Quant à Alcide Jolivet et à Harry Blount[1] ils n'avaient qu'une seule et même pensée : c'est que la situation était extrêmement dramatique et que, bien mise en scène, elle fournirait une chronique des plus intéressantes. L'Anglais songeait donc aux lecteurs du *Daily Telegraph* [...]. Au fond, ils n'étaient pas sans éprouver quelque émotion tous les deux. « Eh! tant mieux! pensait Alcide Jolivet. Il faut être ému pour émouvoir! Je crois même qu'il y a un vers célèbre à ce sujet, mais, du diable! si je sais... »

chap. 15

4396 On se rappelle qu'au moment du supplice, Marfa Strogoff était là [...]. Michel Strogoff la regardait comme un fils peut regarder sa mère, quand c'est pour la dernière fois. Remontant à flots de son cœur à ses yeux, des larmes, que sa fierté essayait en vain de retenir, s'étaient amassées sous ses paupières, et en se volatilisant sur la cornée, lui avaient sauvé la vue. La couche de vapeur formée par ses larmes, s'interposant entre le sabre ardent et ses prunelles, avait suffi à annihiler l'action de la chaleur.

4397 Michel Strogoff arriva, par la suite, à une haute situation dans l'empire. Mais ce n'est pas l'histoire de ses succès, c'est l'histoire de ses épreuves qui méritait d'être racontée.

L'Étoile du Sud (Hachette)
chap. 3

4398 — [...] Tout donc n'est que charbon en ce monde?
— [...] La science contemporaine [...] tend à réduire de plus en plus le nombre des corps simples élémentaires [...]. Aussi les soixante-deux substances classées jusqu'ici comme corps simples élémentaires ou fondamentaux pourraient-ils bien n'être qu'une seule et unique substance atomique [...]

1. Journalistes.

chap. 5

4399 « Si le monde savait toutes les injustices que ces Anglais, si fiers de leurs guinées et de leur puissance navale, ont semées sur le globe, il ne resterait pas assez d'outrages dans la langue humaine pour les leur jeter à la face[1] ! »

chap. 13

4400 Le spectacle de la mort, partout si auguste et si solennel, semble emprunter au désert une majesté nouvelle. En présence de la seule nature, l'homme comprend mieux que c'est là le terme inévitable [...]

Eugène CHATELAIN 1829-1902

22 mars 1871

4401 En politique toute faute est un crime.

Denis FUSTEL DE COULANGES 1830-1889

La Cité antique
introduction

4402 Heureusement, le passé ne meurt jamais complètement pour l'homme. L'homme peut bien l'oublier, mais il le garde toujours en lui. Car, tel qu'il est lui-même à chaque époque, il est le produit et le résumé de toutes les époques antérieures. S'il descend en son âme, il peut y retrouver et distinguer ces différentes époques d'après ce que chacune d'elles a laissé en lui.

I, 2

4403 S'il faut beaucoup de temps pour que les croyances humaines se transforment, il en faut encore bien davantage pour que les pratiques extérieures et les lois se modifient.

4404 La mort fut le premier mystère ; elle mit l'homme sur la voie des autres mystères. Elle éleva sa pensée du visible à l'invisible, du passager à l'éternel, de l'humain au divin.

II, 8

4405 La famille n'a pas reçu ses lois de la cité. [...] L'ancien droit n'est pas l'œuvre d'un législateur ; il s'est, au contraire, imposé au législateur. C'est dans la famille qu'il a pris naissance.

9

4406 L'histoire n'étudie pas seulement les faits matériels et les institutions ; son véritable objet d'étude est l'âme humaine.

---

1. C'est un vieux Boer qui parle.

III, 3

4407 Une croyance est l'œuvre de notre esprit, mais nous ne sommes pas libres de la modifier à notre gré. Elle est notre création, mais nous ne le savons pas. Elle est humaine, et nous la croyons dieu. Elle est l'effet de notre puissance et elle est plus forte que nous. Elle est en nous ; elle ne nous quitte pas ; elle nous parle à tout moment. Si elle nous dit d'obéir, nous obéissons ; si elle nous trace des devoirs, nous nous soumettons. L'homme peut bien dompter la nature, mais il est assujetti à sa pensée.

17

4408 On se trompe gravement sur la nature humaine si l'on suppose qu'une religion puisse s'établir par convention et se soutenir par imposture.

V, 3

4409 Le christianisme est la première religion qui n'ait pas prétendu que le droit dépendît d'elle.

Histoire des institutions politiques de l'ancienne France
La monarchie franque, I, 3

4410 Le meilleur des historiens est celui qui se tient le plus près des textes, qui les interprète avec le plus de justesse, qui n'écrit même et ne pense que d'après eux.

Histoire des institutions politiques de l'ancienne France
Les transformations de la royauté

4411 Telle est l'inévitable loi : les inégalités sociales sont toujours en proportion inverse de la force de l'autorité publique.

Questions contemporaines, De la manière d'écrire l'histoire

4412 Le véritable patriotisme n'est pas l'amour du sol, c'est l'amour du passé, c'est le respect pour les générations qui nous ont précédés.

Louise MICHEL 1830-1905

La Commune (Stock)
avant-propos

4413 On ne peut pas tuer l'idée à coups de canon ni lui mettre les poucettes.

La Commune, « À ceux qui veulent rester esclaves »

4414 Montmartre, Belleville, ô légions vaillantes,
Venez, c'est l'heure d'en finir.
Debout ! la honte est lourde et pesantes les chaînes,
Debout ! il est beau de mourir !

deuxième partie, IV

4415 Tout plébiscite, grâce à l'apeurement, à l'ignorance, donne toujours la majorité contre le droit, c'est-à-dire au gouvernement qui l'invoque.

troisième partie, II

4416 Les foules à certaines heures sont l'avant-garde de l'océan humain.

IV

4417 La proclamation de la Commune fut splendide ; ce n'était pas la fête du pouvoir, mais la pompe du sacrifice : on sentait les élus prêts pour la mort.

quatrième partie, I

4418 La race bourgeoise ne fut grande qu'un demi-siècle à peine, après 89.

IV

4419 Le bon Dieu est trop versaillais.

Lettre à la Commission des grâces, mai 1873

4420 On aura besoin du socialisme pour faire un monde nouveau.

Elisée RECLUS 1830-1905

L'Évolution, la révolution et l'idéal anarchique (Stock)
chap. 1

4421 L'évolution et la révolution sont les deux actes successifs d'un même phénomène, l'évolution précédant la révolution, et celle-ci précédant une évolution nouvelle, mère de révolutions futures.

chap. 2

4422 On peut dire que jusqu'à maintenant aucune révolution n'a été absolument raisonnée, et c'est pour cela qu'aucune n'a complètement triomphé.

chap. 4

4423 L'histoire nous dit que toute obéissance est une abdication, que toute servitude est une mort anticipée.

chap. 6

4424 Si le capital devait l'emporter, il serait temps de pleurer notre âge d'or, nous pourrions alors regarder derrière nous et voir, comme une lumière qui s'éteint, tout ce que la terre eut de doux et de bon, l'amour, la gaieté, l'espérance. L'Humanité aurait cessé de vivre.

chap. 9

4425 L'internationale ! Depuis la découverte de l'Amérique et la circumnavigation de la Terre, nul fait n'eut plus d'importance dans l'histoire des hommes. Colomb, Magellan, El Cano avaient constaté, les premiers, l'unité matérielle de la Terre, mais la future unité morale que désiraient les philosophes n'eut un commencement de réalisation qu'au jour où des travailleurs anglais, français, allemands, oubliant la différence d'origine et se comprenant les uns les autres malgré la diversité du langage, se réunirent pour ne former qu'une seule nation, au mépris de tous les gouvernements respectifs.

Henri ROCHEFORT 1830-1913

Le Soleil
9 mars 1866

4426 A la place du bon Dieu, je ne serais pas très flatté de n'amener à moi que les gens qui ne trouvent pas mieux.

24 juillet 1866

4427 La grande leçon qui, en effet, ressort de la mort du président Lincoln, c'est qu'on a bien tort d'être honnête lorsqu'on peut faire autrement.

18 novembre 1866

4428 L'incrédulité est un genre de foi au moins aussi respectable que l'autre.

La Lanterne (Librairie centrale)
n° 1, 31 mai 1868

4429 La France contient, dit l'*Almanach impérial*, trente-six millions de sujets, sans compter les sujets de mécontentement.

4430 L'arbitraire est une arme à un si grand nombre de tranchants, que ceux qui la tiennent s'y couperont éternellement les doigts.

4431 Comme bonapartiste, je préfère Napoléon II ; c'est mon droit. J'ajouterai même qu'il représente pour moi l'idéal du souverain.

n° 5, 27 juin 1868

4432 En France tout écrivain est un accusé.

4433 Avant peu de jours, nos différents marchés seront approvisionnés de légumes frais venant d'Alger.
Heureux pays ! Quand on n'y récolte pas des cadavres, on y récolte des petits pois.

n° 6, 4 juillet 1868

4434 Il est singulier que tout progresse ici-bas, excepté l'éloquence officielle. J'ai retrouvé ces jours-ci un discours de 1824 ; c'était exactement le même genre de niaiseries que ceux de 1868.

n° 7, 11 juillet 1868

4435 L'Empire c'est l'emprunt.

n° 8, 18 juillet 1868

4436 Je ne connais rien d'aussi immoral que les fonds secrets si ce n'est les fonds publics.

n° 10, 1ᵉʳ août 1868

4437 Les décorés du 15 août devraient être obligés d'aller chercher eux-mêmes la croix en haut du mât de cocagne de l'esplanade des Invalides.
Nous serions sûrs au moins qu'ils auraient fait quelque chose pour l'avoir.

n° 12, 15 août 1868

4438 Il paraît que la Constitution anglaise interdit à la Souveraine de parler politique.
La Constitution française est moins sévère ; elle ne l'interdit qu'aux journalistes.

n° 54, 5 juin 1869

4439 Si le silence des peuples est la leçon des rois, la résignation du condamné est la leçon de l'accusateur.

Le Mot d'ordre
16 avril 1871

4440 M. Thiers, tous les matins, annonce que dès le soir, entre les neuf heures, neuf heures un quart, il fera son entrée dans la capitale sauvage du monde civilisé.

5 mai 1871

4441 Il s'agit aujourd'hui, non plus de couper les têtes mais d'ouvrir les intelligences.

8 mai 1871

4442 Quand le président n'est pas absolument enchaîné par le peuple, c'est, à peu de temps de là, lui qui l'enchaîne.

La Lanterne, octobre 1874

4443 Il est assez difficile que M. Mac-Mahon nous dise ce qu'il veut puisqu'il ne peut même pas nous apprendre ce qu'il est. C'est ce qu'on appelle en photographie un négatif, et en histoire naturelle un mulet.

Henri MEILHAC 1831-1897 et Ludovic HALÉVY 1834-1908

La Grande-Duchesse de Gérolstein (Calmann-Lévy)
acte I, scène 2

4444 Tout ça... c'est des histoires de femmes.

scène 13

4445 Je reviendrai vainqueur, ou ne reviendrai pas.

acte III, scène 3

4446 C'est imprévu, mais c'est moral.
Ainsi finit la comédie.

Froufrou (Calmann-Lévy)
acte II, scène 4

4447 Mais, mon ami, ce serait à mourir... de bonheur,
Je le veux bien, mais enfin à mourir...

La Belle Hélène (Calmann-Lévy)
acte I, scène 11

4448 Je m'adresse à Calchas et je lui dis:
La différence n'est pas maigre
Entre les cornichons et toi!
Ils sont confits dans du vinaigre...
Calchas est confident du roi.

La Vie parisienne (Calmann-Lévy)
acte I, scène 8

4449 Comme c'est drôle! une femme que je ne connais pas, et je suis ému en l'attendant!

acte II, scène 6

4450 Je veux m'en fourrer jusque-là.

La Périchole (Calmann-Lévy)
acte I, scène 5

4451 Il grandira, car il est espagnol!

acte II, scène 5

4452 Voyez, messieurs, comme ils sont tristes,
Les gens qui rêvent le pouvoir!

Les Brigands (Calmann-Lévy)
acte II, scène 13

4453 Nous sommes les carabiniers,
La sécurité des foyers...

Carmen (Calmann-Lévy)
acte I, scène 1

4454 Je reviendrai, quand la garde montante
Remplacera la garde descendante.

scène 5

4455 L'amour est un oiseau rebelle
Que nul ne peut apprivoiser,
Et c'est bien en vain qu'on l'appelle
S'il lui convient de refuser.

4456 L'amour est enfant de Bohême,
Il n'a jamais connu de loi;
Si tu ne m'aimes pas, je t'aime;
Si je t'aime, prends garde à toi!

acte II, scène 2

4457 Toréador, en garde!
Et songe en combattant
Qu'un œil noir te regarde
Et que l'amour t'attend.

Victorien SARDOU 1831-1908

La Tosca (Albin Michel)
acte I, scène 3

4458 « Allez en liberté, ma fille, vous attendrirez tous les cœurs comme le mien, vous ferez verser de douces larmes... et c'est encore une façon de prier Dieu. »

Théodora (Albin Michel)
acte II, scène 6

4459 Alors, beauté fatale,
Tu valais un sou d'or.
Que l'empereur détale,
Tu vaudras moins encor.

Madame Sans-Gêne (Albin Michel)
acte I, scène 6

4460 « Ça nous a rivés l'un à l'autre, c'passé-là; ça nous a fait un même cœur, un même sang, une même chair!... Vous la couperiez en deux, qu'les morceaux se r'colleraient d'eux-mêmes! » V'là c'que j'lui aurais répondu, à l'empereur!

scène 14

4461 L'hospitalité du lit, j'laisse ça à d'plus grandes dames que moi, qui n'y reçoivent qu'les gens bien portants.

acte II, scène 6

4462 Vous vous figurez que l'empereur va régler vos comptes de blanchisseuse ?

Jules FERRY 1832-1893

Discours et opinions, La lutte électorale en 1863

4463 Ce n'est pas le Gouvernement, c'est la centralisation que j'accuse ; non l'héritier, mais l'héritage.

Discours et opinions, titre de l'article

4464 Les comptes fantastiques d'Haussmann.

Discours et opinions, Sur l'égalité d'éducation

4465 L'égalité [...], c'est la loi même du progrès humain ! C'est plus qu'une théorie : c'est un fait social, c'est l'essence même et la légitimité de la société à laquelle nous appartenons.

Discours et opinions, Discours au Congrès pédagogique

4466 Messieurs, ce que nous vous demandons à tous, c'est de nous faire des hommes avant de nous faire des grammairiens !

Testament

4467 Je désire reposer [...] en face de cette ligne bleue des Vosges d'où monte jusqu'à mon cœur fidèle la plainte des vaincus.

Lettres de Jules Ferry (Calmann-Lévy)
à Gambetta, 23 juillet 1869

4468 Il ne faut délibérer qu'entre gens qui peuvent s'entendre, combiner son action en petit comité, et arriver armé aux réunions, qu'on prend d'assaut.

à Charles Ferry, 8 décembre 1871

4469 Comme il est dans les destinées de ce pays de trouver des hommes toujours inférieurs aux situations ! Voilà le signe implacable, la révélation chronique de notre décadence !

Jules LACHELIER 1832-1918

Psychologie et Métaphysique (P.U.F.)

4470 Ne craignons pas de suspendre en quelque sorte la pensée dans le vide ; car elle ne peut reposer que sur elle-même, et tout le reste ne peut reposer que sur elle : le dernier point d'appui de toute vérité et de toute existence, c'est la spontanéité de l'esprit.

Conversation avec Bouglé, Œuvres, tome I

4471 On interprète souvent mal le mot d'Aristote : l'homme ne pense pas seulement parce qu'il a une main ; l'homme a une main, parce qu'il devait penser.

4472 On ne peut pas partir de l'infini, on peut y aller.

Lettres à Espinas du 1ᵉʳ février 1872 (Recueil de lettres)

4473 L'homme ne peut rester lui-même qu'en travaillant sans cesse à s'élever au-dessus de lui-même.

Théodore SIX 1832 env. - apr. 1882

Le Peuple au peuple

4474 Alors j'ai dit :
Abolition de l'exploitation de l'homme par l'homme.
J'ai dit :
La Terre à celui qui la cultive.
J'ai dit :
Celui qui ne produit pas n'est pas digne de vivre.
C'est alors qu'ils m'ont assassiné.

Jules VALLÈS 1832-1885

L'Événement, 26 février 1866

4475 Et toi, vieil Homère, aux Quinze-Vingts !

Jacques Vingtras : L'Insurgé, 1886
chap. 2

4476 Vais-je descendre jusqu'au cimetière en ne faisant que me défendre contre la vie, sans sortir de l'ombre, sans avoir au moins une bataille au soleil ?

chap. 3

4477 Moi qui suis sauvé, je vais faire l'histoire de ceux qui ne le sont pas, des gueux qui n'ont pas trouvé leur écuelle. C'est bien le diable si, avec ce bouquin-là, je ne sème pas la révolte sans qu'il y paraisse, sans que l'on se doute que sous les guenilles que je pendrai, comme à la morgue, il y a une arme à empoigner, pour ceux qui ont gardé de la rage ou que n'a pas dégradés la misère.

4478 J'ai pris des morceaux de ma vie, et je les ai cousus aux morceaux de la vie des autres, riant quand l'envie m'en venait, grinçant des dents quand des souvenirs d'humiliation me grattaient la chair sur les os — comme la viande sur un manche de côtelette, tandis que le sang pisse sous le couteau.

(Jacques Vingtras: L'Insurgé, chap. 3)

4479 [...] quel trou font, dans un cœur d'homme, dix ans de jeunesse perdue!

chap. 4

4480 Pour faire trou dans ces cervelles, j'ai emmanché mon arme comme un poignard de tragédie grecque, je les ai éclaboussés de latin, j'ai grandsièclisé ma parole — ces imbéciles me laissent insulter leurs religions et leurs doctrines parce que je le fais dans un langage qui respecte leur rhétorique [...]. C'est entre deux périodes à la Villemain que je glisse un mot de réfractaire, cru et cruel.

chap. 7

4481 Vous voulez un égayeur, je suis un révolté. Révolté je reste, et je reprends mon rang dans le bataillon des pauvres.

chap. 8

4482 L'ironie me prête du cerveau et du cœur.

chap. 10

4483 Robespierre est le frère aîné de Bonaparte, et [...] quiconque défend la République au nom de l'autorité est un Gribouille de l'Empire.

chap. 14

4484 Ah! jeune homme! ce n'est pas la Marianne qui est tout, c'est la Sociale!

4485 Le Capital mourrait si, tous les matins, on ne graissait pas les rouages de ses machines avec de l'huile d'homme.

chap. 16

4486 Elle me fait horreur, votre *Marseillaise* de maintenant! Elle est devenue un cantique d'État. Elle n'entraîne point des volontaires, elle mène des troupeaux. Ce n'est pas le tocsin sonné par le véritable enthousiasme, c'est le tintement de la cloche au cou des bestiaux.

chap. 17

4487 Les convaincus sont terribles.

chap. 18

4488 Ce sont les indisciplinés qui font plier la discipline.

chap. 18, 3 septembre 1870

4489 La patrie sociale, qui seule peut sauver la patrie classique.

chap. 20

4490 Je croyais que le grade donnait de l'autorité — il en ôte.

chap. 21

4491 Ah! ceux qui croient que les chefs mènent les insurrections sont de grands innocents!

4492 Halte-là!... l'éternel halte-là qui m'attend à toutes les portes, depuis que je suis au monde.

chap. 24

4493 Allons! C'est la Révolution!
La voilà donc, la minute espérée et attendue depuis la première cruauté du père, depuis la première gifle du cuistre, depuis le premier jour passé sans pain, depuis la première nuit passée sans logis — voilà la revanche du collège, de la misère, et de décembre!

chap. 28

4494 Pour ceux qui ont cru au ciel, souvent la terre est trop petite.

chap. 35

4495 Les fureurs des foules sont crimes d'honnêtes gens.

Le Cri du peuple, 28 février 1871

4496 Ne tire pas demain, républicain!
Ne tire pas, parce que peut-être on voudrait que tu tires... Et ne te fais pas tuer, lâche héroïque, quand il y a encore de la peine à avoir, du bien à faire; quand, à côté de la patrie en deuil, il y a la révolution à faire.

Lettre à Secondigné, 3 août 1881

4497 Je n'ai rien moins que l'amour des parlements.
J'appartiens à la race de ceux qui préfèrent y entrer par les fenêtres que par les portes.

Jean-Baptiste CLÉMENT 1836-1903

Le Temps des cerises

4498 C'est de ce temps-là que je garde au cœur
Une plaie ouverte.

Henri BECQUE 1837-1899

L'Enfant prodigue, acte IV, scène 11

4499 Les illusions sur une femme qu'on a aimée, cela ressemble aux rhumatismes: on ne s'en défait jamais complètement.

scène 14

4500 [...] les femmes, c'est comme les photographies : il y a un imbécile qui conserve précieusement le cliché, pendant que les gens d'esprit se partagent les épreuves.

Léon DIERX 1838-1912

Poésies, Le vieux solitaire (Lemerre, S.G.L.)

4501 Tel je suis. Vers quels ports, quels récifs, quels abîmes,
Dois-tu les charrier les secrets de mon cœur?
Qu'importe? Viens à moi, Caron, vieux remorqueur,
Écumeur taciturne aux avirons sublimes!

Gustave FLOURENS 1838-1871

Athènes, 23 juillet 1870

4502 A quand donc l'avènement de la raison dans l'humanité? Quand se délivrera-t-elle de ces dieux parasites : les rois, les aristocrates et les jongleurs?

Léon GAMBETTA 1838-1882

Discours et plaidoyers choisis
plaidoyer pour M. Delescluze, 1868

4503 La centralisation et la terreur ont tout fait [...]. La vapeur, le télégraphe sont devenus des instruments du règne.

contre le plébiscite, 1871

4504 C'est l'essence même du suffrage universel, de ne pouvoir pas stipuler sur sa propre aliénation.

discours prononcé à Saint-Quentin, 1871

4505 Ne parlons jamais de l'étranger, mais que l'on comprenne que nous y pensons toujours.

sur les lois constitutionnelles, 1875

4506 Un Sénat? Non, citoyens, il en sortira le Grand Conseil des Communes françaises.

sur les menées ultramontaines, 1877

4507 Nous en sommes arrivés à nous demander si l'État n'est pas maintenant dans l'Église... [...] A l'encontre de la vérité des principes qui veut que l'Église soit dans l'État.

discours prononcé à Lille, 1877

4508 Quand la France aura fait entendre sa voix souveraine, croyez-le bien, Messieurs, il faudra se soumettre ou se démettre.

sur l'amnistie, 1880

4509 [...] et elle [La France] dit à ses gouvernants [...] : Quand me débarrasserez-vous de ce haillon de guerre civile ?

discours prononcé dans le XXe arrondissement, 1881

4510 Pour une chose mal conçue, il fallait un vocable mal conçu : on l'a appelée « opportunisme ».

sur les affaires d'Égypte, 1881

4511 Eh bien, j'ai assez vu les choses pour vous dire ceci : au prix des plus grands sacrifices, ne rompez jamais l'alliance anglaise.

Auguste VILLIERS DE L'ISLE-ADAM 1838-1889

Contes cruels, Véra

4512 La Mort n'est une circonstance définitive que pour ceux qui espèrent des cieux.

Contes cruels, Deux augures

4513 La seule devise qu'un homme de lettres sérieux doive adopter de nos jours est celle-ci : SOIS MÉDIOCRE !

Contes cruels, La machine à Gloire

4514 La Claque est à la Gloire dramatique ce que les Pleureuses étaient à la Douleur.

Contes cruels, Le convive des dernières fêtes

4515 Les objets se transfigurent selon le magnétisme des personnes qui les approchent, toutes choses n'ayant d'autre signification, pour chacun, que celle que chacun *peut* leur prêter.

4516 Un fou ne saurait être égalé en *perfection* sur le point où il déraisonne.

Contes cruels, Sentimentalisme

4517 J'espère qu'il y aura bientôt quatre ou cinq cents théâtres par capitale, où les événements usuels de la vie étant joués sensiblement mieux que dans la réalité, personne ne se donnera plus beaucoup la peine de vivre soi-même.

L'Ève future, livre I, 3

4518 Il y a toujours du bon dans la folie humaine.

Nouveaux contes cruels, L'amour du naturel

4519 Le premier des bienfaits dont nous soyons, positivement, redevables à la Science, est d'avoir placé les choses simples, essentielles et « naturelles » de la vie, HORS DE LA PORTÉE DES PAUVRES.

Axel
première partie, scène 4

4520 Tout *s'efforce* autour de nous ! Le grain de blé qui pourrit dans la terre et dans la nuit, voit-il donc le soleil ? Non, mais il a la foi. C'est pourquoi il monte, par et à travers la mort, vers la lumière... Nous, nous sommes le blé de Dieu.

deuxième partie, scène 13

4521 L'intérêt de tous ! But généreux, dont, au cri des siècles, les princiers spoliateurs sanctionnèrent, par tous pays, les exactions de leur bon plaisir et qui permet encore d'extorquer la bénédiction des plèbes en les dépouillant froidement au nom même de leurs intérêts.

4522 Nul, jamais, n'eut d'autres droits que ceux qu'il prit — et sut garder.

4523 Passant, — tu es passé.

4524 Tu tombes au profond de la Mort comme une pierre dans le vide, — sans attirance et sans but. La vitesse d'une telle chute, multipliée par le seul poids idéal, est à ce point... sans mesure... que cette pierre, en réalité, *n'est plus nulle part*. — Disparais donc ! même d'entre mes deux sourcils.

troisième partie, scène 1

4525 Comprendre, c'est le reflet de créer.

scène 2

4526 La Science constate, mais n'explique pas : c'est la fille aînée des chimères.

quatrième partie, scène 3

4527 Contempler des ossements, c'est se regarder au miroir.

scène 5

4528 La qualité de notre espoir ne nous permet plus la terre.

4529 Vivre ? les serviteurs feront cela pour nous.

4530 J'ai trop pensé pour daigner agir.

4531 L'homme n'emporte dans la mort que ce qu'il renonça de posséder dans la vie. En vérité — nous ne laissons ici qu'une écorce vide. Ce qui fait la valeur de ce trésor est en nous-mêmes.

Léon OLLÉ-LAPRUNE 1839-1898

De la certitude morale, introduction

4532 La métaphysique, prise en ce qu'elle a d'essentiel, est présente partout, mêlée à tout, parce que l'homme se retrouve partout.

chap. 7

4533 Il n'y a partout qu'une seule et même raison ; entre la connaissance et la croyance, entre la science et la foi, il n'y a contradiction ni désaccord ; mais il y a un ordre supérieur de vérités où la croyance s'unit et s'ajoute à la connaissance, où la foi est une des conditions de la certitude.

René François Armand Prudhomme dit SULLY PRUDHOMME 1839-1907

Stances et Poèmes (Lemerre, S.G.L.)
Le vase brisé

4534 Le vase où meurt cette verveine
D'un coup d'éventail fut fêlé ;
Le coup dut l'effleurer à peine,
Aucun bruit ne l'a révélé.
[...]
Personne encore ne s'en doute.
N'y touchez pas, il est brisé.
[...]
Il est brisé, n'y touchez pas.

Stances et Poèmes, Les yeux

4535 Bleus ou noirs, tous aimés, tous beaux,
Des yeux sans nombre ont vu l'aurore ;
Ils dorment au fond des tombeaux,
Et le soleil se lève encore.
[...]
Bleus ou noirs, tous aimés, tous beaux ;
Ouverts à quelque immense aurore,
De l'autre côté des tombeaux,
Les yeux qu'on ferme voient encore.

Stances et Poèmes, Les chaînes

4536 J'ai voulu tout aimer et je suis malheureux,
Car j'ai de mes tourments multiplié les causes ;
D'innombrables liens, frêles et douloureux,
Dans l'univers entier vont de mon âme aux choses.
[...]
Et je suis le captif des mille êtres que j'aime.

Les Épreuves, Un songe

4537 Le laboureur m'a dit en songe : Fais ton pain,
Je ne te nourris plus, gratte la terre et sème.
[...]
Je connus mon bonheur et qu'au monde où nous sommes,
Nul ne peut se vanter de se passer des hommes ;
Et depuis ce jour-là je les ai tous aimés.

Eugène VARLIN 1839-1871

Deuxième procès de l'Internationale, 1868

4538 Lorsqu'une classe a perdu la supériorité morale qui l'a faite dominante, elle doit se hâter de s'effacer, si elle ne veut pas être cruelle, parce que la cruauté est le lot ordinaire de tous les pouvoirs qui tombent.

Alphonse DAUDET 1840-1897

Lettres de mon moulin, La diligence de Beaucaire

4539 La haine, c'est la colère des faibles !

Lettres de mon moulin, Le secret de maître Cornille

4540 [...] les ailes de notre dernier moulin cessèrent de virer [...]. Que voulez-vous, monsieur !... tout a une fin en ce monde, et il faut croire que le temps des moulins à vent était passé, comme celui des coches sur le Rhône, des parlements et des jaquettes à grandes fleurs.

Lettres de mon moulin, Les étoiles

4541 Si vous avez jamais passé la nuit à la belle étoile, vous savez qu'à l'heure où nous dormons, un monde mystérieux s'éveille dans la solitude et le silence [...]. Le jour, c'est la vie des êtres, mais la nuit, c'est la vie des choses.

Lettres de mon moulin, La mule du pape

4542 A quinze lieues autour de mon moulin, quand on parle d'un homme rancunier, vindicatif, on dit : « Cet homme-là ! méfiez-vous !... il est comme la mule du pape, qui garde sept ans son coup de pied. »

Tartarin de Tarascon, épigraphe

4543 En France, tout le monde est un peu de Tarascon.

Tartarin de Tarascon, IIIe épisode, chap. 5

4544 Où serait le mérite, si les héros n'avaient jamais peur ?

Contes du lundi, première partie, La dernière classe

4545 Quand un peuple tombe esclave, tant qu'il tient bien sa langue, c'est comme s'il tenait la clé de sa prison.

première partie, La vision du juge de Colmar

4546 Rêver qu'on est mort et se pleurer soi-même, il n'y a pas de sensation plus horrible.

Souvenirs d'un homme de lettres
Histoire de mes livres : Les rois en exil

4547 Le roman est l'histoire des hommes et l'histoire le roman des rois.

Claude MONET 1840-1926

cité par M. Guillemot

4548 J'avais envoyé une chose faite au Havre, de ma fenêtre ; du soleil dans la buée, et, au premier plan, quelques mâts de navires pointant... On me demanda le titre pour le catalogue, ça ne pouvait vraiment pas passer pour une vue du Havre ; je répondis : « Mettez : Impression. » On en fit impressionnisme et les plaisanteries s'épanouirent.

Odilon REDON 1840-1916

à soi-même

4549 Mes dessins *inspirent* et ne se définissent pas. Ils ne déterminent rien. Ils nous placent, ainsi que la musique, dans le monde ambigu de l'indéterminé...

4550 Le peintre qui a trouvé sa technique ne m'intéresse pas [...]. Je lui soupçonne un certain ennui propre à l'ouvrier vertueux qui continue sa tâche sans l'éclair imprévu de la minute heureuse. Il n'a pas le tourment sacré dont la source est dans l'inconscient et l'inconnu ; il n'attend rien de ce qui sera. J'aime ce qui ne fut jamais.

Auguste RODIN 1840-1917

propos recueillis par Paul Gsell

4551 Il n'y a réellement ni beau style, ni beau dessin, ni belle couleur : il n'y a qu'une seule beauté, celle de la vérité qui se révèle...

4552 Il n'y a de laid dans l'Art que ce qui est sans caractère, c'est-à-dire ce qui n'offre aucune vérité extérieure ni intérieure.

4553 [...] il faut que tous les traits soient expressifs, c'est-à-dire utiles à la révélation d'une conscience.

Émile ZOLA 1840-1902

Livres d'aujourd'hui et de demain
Le Journal populaire de Lille, 16 avril 1864

4554 Si la poésie n'est pas susceptible de progrès, en ce sens qu'elle est la voix de l'âme ; si elle doit rester éternellement jeune et nouvelle, quoique toujours semblable, il n'en est pas moins vrai que, fille de l'humanité, elle doit en refléter les diverses phases, rétrécir ou élargir son horizon, selon que baisse ou grandit le savoir humain.

Mes haines, préface

4555 Je hais les gens bêtement graves et les gens bêtement gais, les artistes et les critiques qui veulent sottement faire de la vérité d'hier la vérité d'aujourd'hui. Ils ne comprennent pas que nous marchons et que les paysages changent.

Mes haines, Proudhon et Courbet, I

4556 Ma définition d'une œuvre d'art serait, si je la formulais : « Une œuvre d'art est un coin de la création vu à travers un tempérament. »

II

4557 L'objet ou la personne à peindre sont les prétextes ; le génie consiste à rendre cet objet ou cette personne dans un sens nouveau, plus vrai ou plus grand. Quant à moi, ce n'est pas l'arbre, le visage, la scène qu'on me représente qui me touchent : c'est l'homme que je trouve dans l'œuvre, c'est l'individualité puissante qui a su créer, à côté du monde de Dieu, un monde personnel que mes yeux ne pourront plus oublier et qu'ils reconnaîtront partout.

Mes haines, Les chansons des rues et des bois

4558 La science du beau est une drôlerie inventée par les philosophes pour la plus grande hilarité des artistes.

Mes haines, M. H. Taine, artiste

4559 Une école n'est jamais qu'une halte dans la marche de l'art, de même qu'une royauté est souvent une halte dans la marche des sociétés.

Chroniques, L'Événement illustré, 16 juillet 1868

4560 Je comprends qu'au Moyen Age, à l'heure du réveil des intelligences, on se soit adressé à l'étude des langues mortes pour se refaire une provision d'idées et de mots. Je comprends encore qu'au dix-septième siècle, sous le Grand Roi, lorsqu'un petit nombre de privilégiés cultivait seul l'art du bien-dire, on ait continué à baser l'instruction sur la connaissance du grec et du latin ; mais aujourd'hui, quand le peuple entier s'assoit sur les bancs, quand l'instruction devrait être un outil pratique mis sous la main du plus grand nombre, je vous demande un peu ce que signifient ces balbutiements de langages disparus.

####### Chroniques, La Tribune, 27 septembre 1868

4561 Émanciper la femme, c'est excellent ; mais il faudrait avant tout lui enseigner l'usage de la liberté.

####### Livres d'aujourd'hui et de demain
####### La Tribune, 29 novembre 1868

4562 On ne saurait aller trop loin dans la connaissance de l'homme.

####### Chroniques

4563 Parlez du vice, si vous voulez, mais parlez-en avec des calembredaines de vaudevillistes, risquez des mots ordurier dans un éclat de rire, faites un couplet dont toutes les honnêtes femmes rougiront. Tout cela est permis. Ce qui est défendu, c'est de parler du vice avec un fouet à la main, comme Juvénal.

####### Le Roman expérimental, chap. 1

4564 Le romancier est fait d'un observateur et d'un expérimentateur. L'observateur chez lui donne les faits tels qu'il les a observés, pose le point de départ, établit le terrain solide sur lequel vont marcher les personnages et se développer les phénomènes. Puis l'expérimentateur paraît et institue l'expérience, je veux dire fait mouvoir les personnages dans une histoire particulière, pour y montrer que la succession des faits y sera telle que l'exige le déterminisme des phénomènes mis à l'étude.

####### chap. 2

4565 Le roman expérimental est une conséquence de l'évolution scientifique du siècle ; il continue et complète la physiologie, qui elle-même s'appuie sur la chimie et la physique ; il substitue à l'étude de l'homme abstrait, de l'homme métaphysique, l'étude de l'homme naturel, soumis aux lois physico-chimiques et déterminé par les influences du milieu ; il est en un mot la littérature de notre âge scientifique, comme la littérature classique et romantique a correspondu à un âge de scolastique et de théologie.

####### Le Roman expérimental, Le naturalisme au théâtre
####### I

4566 Le naturalisme, c'est le retour à la nature, c'est cette opération que les savants ont faite le jour où ils se sont avisés de partir de l'étude des corps et des phénomènes, de se baser sur l'expérience, de procéder par l'analyse. Le naturalisme, dans les lettres, c'est également le retour à la nature et à l'homme, l'observation directe, l'anatomie exacte, l'acceptation et la peinture de ce qui est.

####### II

4567 Les chefs-d'œuvre du roman contemporain en disent beaucoup plus long sur l'homme et sur la nature, que de graves ouvrages de philosophie, d'histoire et de critique.

Le Roman expérimental, L'argent dans la littérature, III

4568 A cette heure, l'idée la plus haute que nous nous faisons d'un écrivain est celle d'un homme libre de tout engagement, n'ayant à flatter personne, ne tenant sa vie, son talent, sa gloire, que de lui-même, se donnant à son pays et ne voulant rien en recevoir.

Le Roman expérimental, Du roman : l'expression personnelle

4569 Un grand romancier est, de nos jours, celui qui a le sens du réel et qui exprime avec originalité la nature, en la faisant vivante de sa vie propre.

Le Roman expérimental, La République et la littérature, II

4570 Les gouvernements suspectent la littérature parce qu'elle est une force qui leur échappe.

Le Roman expérimental
Les romanciers naturalistes, Stendhal, III

4571 J'estime, pour mon compte, qu'entre le fossé des conteurs et le fossé des psychologues, il y a une voie très large, la vie elle-même, la réalité des êtres et des choses, ni trop basse ni trop haute, avec son train moyen et sa bonhomie puissante, d'un intérêt d'autant plus grand qu'elle nous donne l'homme plus au complet et avec plus d'exactitude.

Le Roman expérimental
Les romanciers contemporains, III

4572 Une langue est une logique. On écrit bien, lorsqu'on exprime une idée ou une sensation par le mot juste. Tout le reste n'est que pompons et falbalas.

Le Roman expérimental
Le naturalisme au théâtre, La critique et le public, II

4573 Le spectateur pris isolément est parfois un homme intelligent ; mais les spectateurs pris en masse sont un troupeau que le génie ou même le simple talent doit conduire le fouet à la main.

Les Mystères de Marseille, préface

4574 Je suis d'avis qu'un écrivain doit se donner tout entier au public, sans choisir lui-même parmi les œuvres, car la plus faible est souvent la plus documentaire sur son talent.

Germinal, VIIe partie, chap. 6

4575 Des hommes poussaient, une armée noire, vengeresse, qui germait lentement dans les sillons, grandissant pour les récoltes du siècle futur, et dont la germination allait faire bientôt éclater la terre.

Le Docteur Pascal
chap. 2

4576 Je crois que l'avenir de l'humanité est dans le progrès de la raison par la science. Je crois que la poursuite de la vérité par la science est l'idéal divin que l'homme doit se proposer. Je crois que tout est illusion et vanité, en dehors du trésor des vérités lentement acquises et qui ne se perdront jamais plus. Je crois que la somme de ces vérités, augmentées toujours, finira par donner à l'homme un pouvoir incalculable, et la sérénité, sinon le bonheur...

4577 Le seul intérêt à vivre est de croire à la vie, de l'aimer et de mettre toutes les forces de son intelligence à la mieux connaître.

chap. 5

4578 Ah! l'animalité, tout ce qui se traîne et tout ce qui se lamente au-dessous de l'homme, quelle place d'une sympathie immense il faudrait lui faire, dans une histoire de la vie!

chap. 8

4579 Aucun bonheur n'est possible dans l'ignorance, la certitude seule fait la vie calme.

Discours aux étudiants de Paris, 18 mai 1893

4580 La science a-t-elle promis le bonheur? Je ne le crois pas. Elle a promis la vérité, et la question est de savoir si l'on fera jamais du bonheur avec la vérité.

4581 Certes, il est beau de rêver l'éternité. Mais il suffit à l'honnête homme d'avoir passé, en faisant son œuvre.

4582 C'est un grand bonheur certainement que de se reposer dans la certitude d'une foi, n'importe laquelle; et le pis est qu'on n'est pas maître de la grâce et qu'elle souffle où elle veut.

Nouvelle campagne, 1897, La vertu de la République

4583 Le moindre progrès demande des années de gestation douloureuse, on met un siècle pour obtenir des hommes un peu plus d'équité et de vérité. Toujours l'animal humain reste au fond, sous la peau de l'homme civilisé, prêt à mordre, lorsque l'appétit l'emporte.

Nouvelle campagne, 1897, Le solitaire

4584 Pour moi, le solitaire est l'écrivain qui s'est enfermé dans son œuvre, dans sa volonté de la faire aussi haute, aussi puissante qu'il en aura le souffle, et qui la réalise, malgré tout. Il peut se mêler aux hommes, vivre de leur vie ordinaire, accepter les mœurs sociales, être d'apparence tel que les autres. Il n'en est pas moins le solitaire, s'il a réservé le champ de sa volonté, libre de toute influence, s'il ne fait littérairement que ce qu'il veut et comme il le veut, inébranlable sous les injures, seul et debout.

Nouvelle campagne, 1897, À la jeunesse

4585 J'ai la faiblesse de n'être pas pour les cités de brume et de songe, les peuples de fantômes errant par les brouillards, tout ce que le vent de l'imagination apporte et emporte. Je trouve nos démocraties d'un intérêt poignant, travaillées par le terrible problème de la loi du travail, si débordantes de souffrance et de courage, de pitié et de charité humaines, qu'un grand artiste ne saurait, à les peindre, épuiser son cerveau ni son cœur.

4586 J'ai mis ma foi en la vie, je la crois l'éternellement bonne, l'unique ouvrière de la santé et de la force. Elle seule est féconde, elle seule travaille à la cité de demain. Si je m'entête dans la règle étroite du positivisme, c'est qu'elle est le garde-fou de la démence des esprits, de cet idéalisme qui verse si aisément aux pires perversions, aux plus mortels dangers sociaux.

Nouvelle campagne, 1897, Le crapaud

4587 La preuve est infaillible : on m'attaque toujours, donc je suis encore.

Nouvelle campagne, 1897, Pour les Juifs

4588 Au cours des siècles, l'histoire des peuples n'est qu'une leçon de mutuelle tolérance, si bien que le rêve final sera de les ramener tous à l'universelle fraternité, de les noyer tous dans une commune tendresse, pour les sauver tous le plus possible de la commune douleur. Et, de notre temps, se haïr et se mordre, parce qu'on n'a pas le crâne absolument construit de même, commence à être la plus monstrueuse des folies.

4589 L'antisémitisme, dans les pays où il a une réelle importance, n'est jamais que l'arme d'un parti politique ou le résultat d'une situation économique grave.

Nouvelle campagne, 1897, Les droits du romancier

4590 Pour mon compte, ma méthode n'a jamais varié depuis le premier roman que j'ai écrit. J'admets trois sources d'informations : les livres, qui me donnent le passé ; les témoins, qui me fournissent, soit par des œuvres écrites, soit par la conversation, des documents sur ce qu'ils ont vu ou sur ce qu'ils savent ; et enfin l'observation personnelle, directe, ce qu'on va voir, entendre ou sentir sur place.

Nouvelle campagne, 1897, Auteurs et éditeurs

4591 La propriété littéraire est une propriété, et le travail littéraire doit être soumis aux lois qui règlent actuellement l'exploitation de tout travail, quel qu'il soit.

La Vérité en marche, M. Scheurer-Kestner

4592 La vérité et la justice sont souveraines, car elles seules assurent la grandeur des nations.

4593 La vérité est en marche, et rien ne l'arrêtera.

La Vérité en marche, Procès-Verbal

4594 Quelle tristesse, ces cerveaux de polémistes vieillis, d'agitateurs déments, de patriotes étroits, devenus des conducteurs d'hommes, commettant le plus noir des crimes, celui d'obscurcir la conscience publique et d'égarer tout un peuple !

La Vérité en marche, Lettre à la jeunesse

4595 Jeunesse, jeunesse ! sois humaine, sois généreuse. Si même nous nous trompons, sois avec nous, lorsque nous disons qu'un innocent subit une peine effroyable, et que notre cœur révolté s'en brise d'angoisse.

La Vérité en marche
Lettre à M. Félix Faure, président de la République

4596 Puisqu'ils ont osé, j'oserai aussi, moi. La vérité, je la dirai ; car j'ai promis de la dire, si la justice, régulièrement saisie, ne la faisait pas, pleine et entière. Mon devoir est de parler, je ne veux pas être complice.

4597 C'est un crime d'empoisonner les petits et les humbles, d'exaspérer les passions de réaction et d'intolérance, en s'abritant derrière l'odieux antisémitisme, dont la grande France libérale des droits de l'homme mourra, si elle n'en est pas guérie.

4598 Je n'ai qu'une passion, celle de la lumière, au nom de l'humanité qui a tant souffert et qui a droit au bonheur.

La Vérité en marche, Déclaration au jury

4599 Tout semble être contre moi, les deux Chambres, le pouvoir civil, le pouvoir militaire, les journaux à grand tirage, l'opinion publique qu'ils ont empoisonnée. Et je n'ai pour moi que l'idée, un idéal de vérité et de justice. Et je suis bien tranquille, je vaincrai.

4600 Je n'ai pas voulu que mon pays restât dans le mensonge et l'injustice. On peut me frapper ici. Un jour, la France me remerciera d'avoir aidé à sauver son honneur.

Georges CLEMENCEAU 1841-1929

Discours de guerre (Plon)
Ni défendus, ni gouvernés in l'Homme libre, 15 juillet 1914

4601 Il ne suffit pas d'être des héros. Nous voulons être des vainqueurs.

Discours de guerre, discours au Sénat, 22 juillet 1917

4602 L'homme absurde est celui qui ne change jamais.

(Discours de guerre, discours au Sénat, 22 juillet 1917)

4603 Le Parlement est le plus grand organisme qu'on ait inventé pour commettre des erreurs politiques, mais elles ont l'avantage supérieur d'être réparables, et ce, dès que le pays en a la volonté.

4604 Le droit de grève doit rester intact, mais le droit de grève n'est pas le droit à l'internationalisme sans patrie !

4605 Le gouvernement a pour mission de faire que les bons citoyens soient tranquilles, que les mauvais ne le soient pas.

déclaration ministérielle à la Chambre des députés
20 novembre 1917

4606 Tout pour la France saignante dans sa gloire, tout pour l'apothéose du droit triomphant. Un seul devoir, si simple : demeurer avec le soldat, vivre, souffrir, combattre avec lui.

4607 Nous voulons vaincre pour être justes.

discours à la Sorbonne, 1er mars 1918

4608 Je ne suis qu'un humble soldat qui passe.

discours à la Chambre des députés, 8 mars 1918

4609 Je fais la guerre.

Discours de paix (Plon)
discours à la Chambre des députés, 5 novembre 1918

4610 On ne peut pas servir l'humanité aux dépens de la France.

discours à Verdun, juillet 1919

4611 Il est plus facile de faire la guerre que la paix.

Au soir de la pensée (Plon)
tome I, chap. 2

4612 Il y a quelque chose de moi dans l'étoile que je ne verrai jamais, il y a quelque chose d'elle au plus profond de moi.

chap. 3

4613 C'est plutôt la conscience de ce qui lui manque que la sensation de ce qu'il possède, qui place l'homme au-dessus des reptations de l'animalité.

chap. 5

4614 L'absolu, c'est le simple, et la recherche de l'absolu n'est qu'une originelle conséquence du moindre effort.

chap. 6

4615 Connaître, penser, c'est classer.

4616 La métaphysique est en l'air. Nous ne pouvons que l'y laisser.

Albert de MUN 1841-1914

Discours (éd. de Gigord), 7 mai 1882

4617 [...] si c'est être socialistes que de reconnaître qu'il y a une question sociale, je comprends qu'on nous en accuse.

Discours, Projet d'organisation du parti catholique, 1885

4618 La France veut vivre, et la Révolution la tue. Elle la tue par l'athéisme officiel [...]

Auguste RENOIR 1841-1919

propos rapportés par G. Coquiot

4619 En Italie, s'il y a de hauts maîtres, tout pour moi se présente comme des *ruines* [...]. Les musées, c'est de la foutaise ; on y perd son temps ; il ne faut rien acquérir de seconde main.

4620 Vous arrivez devant la nature avec des théories, la nature flanque tout par terre... La vérité est que, dans la peinture comme dans les autres arts, il n'y a pas un seul procédé, si petit soit-il, qui s'accommode d'être mis en formule.

4621 Un matin, l'un de nous manquant de noir, se servit de bleu : l'impressionnisme était né.

Auguste VERMOREL 1841-1871

Le parti socialiste, 10 mars 1870

4622 Ce qu'on appelle liberté, dans le langage politique, c'est le droit de faire des lois, c'est-à-dire d'enchaîner la liberté.

François COPPÉE 1842-1908

Les Récits et les élégies (Lemerre, S.G.L.)
Blasphème et prière

4623 Quand le déluge eut fait son œuvre salutaire,
La race de Noé pullula sur la terre,
Ainsi que les yeux d'or sur les plumes du paon.

Les Récits et les élégies, À un amant

4624 La vie est un éclair, la beauté dure un jour !
Songe aux têtes de mort qui se ressemblent toutes.

Les Récits et les élégies, Les mois, Juillet
4625 Je jette à pleines mains mon sang
A ce grand soleil ironique.

Poèmes divers (Lemerre, S. G. L.), Ritournelle
4626 Je serai poète et toi poésie...

Intimités (Lemerre, S.G.L.), I
4627 O les premiers baisers à travers la voilette!

4628 Mais l'horloge implacable avec son timbre d'or
Recommence. Tu veux te sauver; tu te troubles.

Hélas! et nous devons mettre les baisers doubles.

Poèmes modernes (Lemerre, S.G.L.), La bénédiction
4629 Amen! dit un tambour en éclatant de rire.

Les Humbles (Lemerre, S.G.L.), Le petit épicier
4630 C'était un tout petit épicier de Montrouge.

Charles CROS 1842-1888

Le Coffret de santal, Le but
4631 Et, surtout, que le vent emporte mes paroles!

Le Coffret de santal, Passé, Triolets fantaisistes
4632 Sidonie a plus d'un amant,
Qu'on le lui reproche ou l'en loue
Elle s'en moque également,
Sidonie a plus d'un amant.
Aussi jusqu'à ce qu'on la cloue
Au sapin de l'enterrement,
Qu'on le lui reproche ou l'en loue,
Sidonie aura plus d'un amant.

Le Coffret de santal, Vingt sonnets, Avenir
4633 O lecteurs à venir, qui vivez dans la joie
Des seize ans, des lilas et des premiers baisers,
Vos amours font jouir mes os décomposés.

Le Coffret de santal, Grains de sel, Le hareng saur
4634 J'ai composé cette histoire — simple, simple, simple,
Pour mettre en fureur les gens — graves, graves, graves,
Et amuser les enfants — petits, petits, petits.

Le Coffret de santal, Chanson des sculpteurs

4635 Proclamons les princip's de l'art!
Que tout l'mond' s'entende!
Les contours des femm's, c'est du lard,
La chair, c'est d'la viande.

Le Collier de griffes, Douleurs et colères, Aux femmes

4636 Ceux qui dédaignent les amours
Ont tort, ont tort,
Car le soleil brille toujours;
La Mort, la Mort
Vient vite et les sentiers sont courts.

Monologues, Le maître d'ar es

4637 Je ne sais pas ce qu'ils ont, ils ne se battent plus, il faut se battre. Si on ne se bat pas un peu entre soi, que devient la société? Plus de civilisation, plus de progrès, plus rien!

Monologues, L'homme raisonnable

4638 Que les femmes, que les hommes, que les choses, que la nature entière deviennent exagérés, je retrouverai mon chapeau, je retrouverai ma femme et je resterai raisonnable!

José Maria de HEREDIA 1842-1905

Les Trophées (Lemerre, S.G.L.), La trebbia

4639 Et là-bas, sous le pont, adossé contre une arche,
Hannibal écoutait, pensif et triomphant,
Le piétinement sourd des légions en marche.

Les Trophées, Après Cannes

4640 Un des consuls tué, l'autre fuit vers Linterne
Ou Venuse. L'Aufide a débordé, trop plein
De morts et d'armes. La foudre au Capitolin
Tombe [...]

Les Trophées, Le cydnus

4641 [...] les deux Enfants divins, le Désir et la Mort.

Les Trophées, Les conquérants

4642 Comme un vol de gerfauts hors du charnier natal,
Fatigués de porter leurs misères hautaines,
De Palos de Moguer, routiers et capitaines
Partaient ivres d'un rêve héroïque et brutal.

(Les Trophées, Les conquérants)

4643 Chaque soir espérant des lendemains épiques,
L'azur phosphorescent de la mer des Tropiques
Enchantait leur sommeil d'un mirage doré ;

Ou penchés à l'avant des blanches caravelles,
Ils regardaient monter en un ciel ignoré
Du fond de l'Océan des étoiles nouvelles.

Paul LAFARGUE 1842-1911

Le Droit à la paresse (éd. H. Oriol)
Réfutation du Droit au travail de 1848, I

4644 Une étrange folie possède les classes ouvrières des nations où règne la civilisation capitaliste. Cette folie traîne à sa suite des misères individuelles et sociales qui, depuis deux siècles, torturent la triste humanité. Cette folie est l'amour du travail, la passion furibonde du travail, poussée jusqu'à l'épuisement des forces vitales de l'individu et de sa progéniture.

II

4645 Dans la société capitaliste, le travail est la cause de toute dégénérescence intellectuelle, de toute déformation organique.
Je me bornerai à démontrer qu'étant donné les moyens de production modernes et leur puissance reproductive illimitée, il faut mater la passion extravagante des ouvriers pour le travail et les obliger à consommer les marchandises qu'ils produisent.

Stéphane MALLARMÉ 1842-1898

Poésies (Gallimard), Le guignon

4646 O Mort le seul baiser aux bouches taciturnes !

Poésies, Apparition

4647 La lune s'attristait. Des séraphins en pleurs
Rêvant, l'archet aux doigts, dans le calme des fleurs
Vaporeuses, tiraient de mourantes violes
De blancs sanglots glissant sur l'azur des corolles.
— C'était le jour béni de ton premier baiser.

4648 La cueillaison d'un Rêve au cœur qui l'a cueilli.

Poésies, Les fenêtres

4649 Je fuis et je m'accroche à toutes les croisées
D'où l'on tourne l'épaule à la vie, et, béni,
Dans leur verre, lavé d'éternelles rosées,
Que dore le matin chaste de l'Infini

Je me mire et me vois ange! et je meurs, et j'aime
— Que la vitre soit l'art, soit la mysticité —
A renaître, portant mon rêve en diadème,
Au ciel antérieur où fleurit la Beauté!

Poésies, Renouveau

4650 L'hiver, saison de l'art serein, l'hiver lucide [...]

Poésies, Angoisse

4651 Je demande à ton lit le lourd sommeil sans songes
Planant sous les rideaux inconnus du remords,
Et que tu peux goûter après tes noirs mensonges,
Toi qui sur le néant en sais plus que les morts.

Poésies, Las de l'amer repos...

4652 Imiter le Chinois au cœur limpide et fin [...]

Poésies, Le sonneur

4653 J'ai beau tirer le câble à sonner l'Idéal [...]

Poésies, Tristesse d'été

4654 L'insensibilité de l'azur et des pierres.

Poésies, L'azur

4655 De l'éternel azur la sereine ironie
Accable, belle indolemment comme les fleurs,
Le poète impuissant qui maudit son génie
A travers un désert stérile de Douleurs.

4656 Et toi, sors des étangs léthéens et ramasse
Et t'en venant la vase et les pâles roseaux,
Cher Ennui, pour boucher d'une main jamais lasse
Les grands trous bleus que font méchamment les oiseaux.

4657 — Le Ciel est mort. — Vers toi, j'accours! donne, ô matière,
L'oubli de l'Idéal cruel et du Péché [...]

4658 Où fuir dans la révolte inutile et perverse?
Je suis hanté. L'Azur! l'Azur! l'Azur! l'Azur!

Poésies, Brise marine

4659 La chair est triste, hélas! et j'ai lu tous les livres.
Fuir! là-bas fuir! Je sens que des oiseaux sont ivres
D'être parmi l'écume inconnue et les cieux!

4660 Mais, ô mon cœur, entends le chant des matelots!

Poésies, Don du poème

4661 Je t'apporte l'enfant d'une nuit d'Idumée!

Poésies, Hérodiade, II. Scène

4662 O miroir!
Eau froide par l'ennui dans ton cadre gelée [...]

4663 Oui, c'est pour moi, pour moi, que je fleuris, déserte!

4664 J'aime l'horreur d'être vierge [...]

Poésies, L'après-midi d'un faune

4665 Ces nymphes, je les veux perpétuer.

4666 Réfléchissons...
ou si les femmes dont tu gloses
Figurent un souhait de tes sens fabuleux [...]

4667 Et de faire aussi haut que l'amour se module
Évanouir du songe ordinaire de dos
Ou de flanc pur suivis avec mes regards clos,
Une sonore, vaine et monotone ligne.

4668 Couple, adieu; je vais voir l'ombre que tu devins.

Poésies, Sainte

4669 Musicienne du silence.

Poésies, Toast funèbre

4670 [...] Nous sommes
La triste opacité de nos spectres futurs.

4671 Vaste gouffre apporté dans l'amas de la brume
Par l'irascible vent des mots qu'il n'a pas dits [...]

4672 L'espace a pour jouet le cri: « Je ne sais pas! »

4673 Le splendide génie éternel n'a pas d'ombre.

Poésies, Prose [pour des Esseintes]
4674 Gloire du long désir, Idées [...]

Poésies, Autre éventail [de Mademoiselle Mallarmé]
4675 Vertige! voici que frissonne
L'espace comme un grand baiser
Qui, fou de naître pour personne,
Ne peut jaillir ni s'apaiser.

Poésies, Plusieurs sonnets
I
4676 L'espace à soi pareil qu'il accroisse ou se nie [...]

II
4677 Le vierge, le vivace et le bel aujourd'hui [...]

4678 Fantôme qu'à ce lieu son pur éclat assigne,
Il s'immobilise au songe froid de mépris
Que vêt parmi l'exil inutile le Cygne.

III
4679 Victorieusement fui le suicide beau [...]

IV
4680 Sur les crédences, au salon vide : nul ptyx,
Aboli bibelot d'inanité sonore,
(Car le Maître est allé puiser des pleurs au Styx
Avec ce seul objet dont le Néant s'honore).

Poésies, Hommages et tombeaux, Le tombeau d'Edgar Poe
4681 Tel qu'en Lui-même enfin l'éternité le change,
Le Poète suscite avec un glaive nu
Son siècle épouvanté de n'avoir pas connu
Que la mort triomphait dans cette voix étrange!

4682 Donner un sens plus pur aux mots de la tribu [...]

4683 Calme bloc ici-bas chu d'un désastre obscur [...]

Poésies, Hommages et tombeaux, Tombeau
4684 Un peu profond ruisseau calomnié la mort.

Poésies, Hommages et tombeaux, Hommage
4685 Toute l'âme résumée
Quand lente nous l'expirons
Dans plusieurs ronds de fumée
Abolis en autres ronds [...]

(Poésies, Hommage)

4686 Ainsi le chœur des romances
A la lèvre vole-t-il
Exclus-en si tu commences
Le réel parce que vil

Le sens trop précis rature
Ta vague littérature.

Poésies, Autres poèmes et sonnets, III

4687 Une dentelle s'abolit
Dans le doute du Jeu suprême
A n'entr'ouvrir comme un blasphème
Qu'absence éternelle de lit.

Poésies, Autres poèmes et sonnets

4688 M'introduire dans ton histoire
C'est en héros effarouché
S'il a du talon nu touché
Quelque gazon de territoire [...]

Les Poèmes d'Edgar Poe, Scolies

4689 Le devoir est de vaincre, et un inéluctable despotisme participe du génie.

Les Poèmes d'Edgar Poe, Le corbeau

4690 [...] la poésie lyrique, fille avérée de la seule inspiration.

4691 [...] tout hasard doit être banni de l'œuvre moderne et n'y peut être que feint.

Proses de jeunesse, Hérésies artistiques, L'art pour tous

4692 Comme tout ce qui est absolument beau, la poésie force l'admiration ; mais cette admiration sera lointaine, vague —, bête, elle sort de la foule. Grâce à cette sensation générale, une idée inouïe et saugrenue germera dans les cervelles, à savoir, qu'il est indispensable de l'*enseigner* dans les collèges, et irrésistiblement, comme tout ce qui est enseigné à plusieurs, la poésie sera abaissée au rang d'une science.

4693 L'homme peut être démocrate, l'artiste se dédouble et doit rester aristocrate.

4694 Que les masses lisent la morale, mais de grâce ne leur donnez pas notre poésie à gâter.

4695 O poètes, vous avez toujours été orgueilleux ; soyez plus, devenez dédaigneux.

Proses de jeunesse, Symphonie littéraire, I

4696 Muse moderne de l'Impuissance, qui m'interdis depuis longtemps le trésor familier des Rhythmes, et me condamnes (aimable supplice) à ne faire plus que relire [...]

Poèmes en prose, Le démon de l'analogie

4697 Des paroles inconnues chantèrent-elles sur vos lèvres, lambeaux maudits d'une phrase absurde?

Poèmes en prose, L'ecclésiastique

4698 [...] parmi cette robe spéciale portée avec l'apparence qu'on est pour soi tout même sa femme.

Crayonné au théâtre, Hamlet

4699 [...] car il n'est point d'autre sujet, sachez bien: l'antagonisme de rêve chez l'homme avec les fatalités à son existence départies par le malheur.

Crayonné au théâtre, Ballets

4700 [...] l'incohérent manque hautain de signification qui scintille en l'alphabet de la Nuit [...]

4701 [...] la danseuse *n'est pas une femme qui danse,* pour ces motifs juxtaposés qu'elle *n'est pas une femme,* mais une métaphore résumant un des aspects élémentaires de notre forme, glaive, coupe, fleur, etc., et *qu'elle ne danse pas,* suggérant, par le prodige de raccourcis ou d'élans, avec une écriture corporelle ce qu'il faudrait des paragraphes en prose dialoguée autant que descriptive, pour exprimer, dans la rédaction: poème dégagé de tout appareil du scribe.

Crayonné au théâtre, Le genre ou des modernes

4702 Le Théâtre est d'essence supérieure.

Crayonné au théâtre, Solennité

4703 Que tout poème composé autrement qu'en vue d'obéir au vieux génie du vers, n'en est pas un...

4704 [...] un livre, dans notre main, s'il énonce quelque idée auguste supplée à tous les théâtres, non par l'oubli qu'il en cause mais les rappelant impérieusement, au contraire.

Variations sur un sujet, Crise de vers

4705 Parler n'a trait à la réalité des choses que commercialement: en littérature, cela se contente d'y faire une allusion ou de distraire leur qualité qu'incorporera quelque idée.

(Variations sur un sujet, Crise de vers)

4706 L'œuvre pure implique la disparition élocutoire du poète, qui cède l'initiative aux mots, par le heurt de leur inégalité mobilisés ; ils s'allument de reflets réciproques comme une virtuelle traînée de feux sur des pierreries, remplaçant la respiration perceptible en l'ancien souffle lyrique ou la direction personnelle enthousiaste de la phrase.

4707 Je me figure par un indéracinable sans doute préjugé d'écrivain, que rien ne demeurera sans être proféré.

4708 Narrer, enseigner, même décrire, cela va et encore qu'à chacun suffirait peut-être pour échanger la pensée humaine, de prendre ou de mettre dans la main d'autrui en silence une pièce de monnaie, l'emploi élémentaire du discours dessert l'universel *reportage* dont, la littérature exceptée, participe tout entre les genres d'écrits contemporains.

4709 Je dis : une fleur ! et, hors de l'oubli où ma voix relègue aucun contour, en tant que quelque chose d'autre que les calices sus, musicalement se lève, idée même et suave, l'absente de tous bouquets.

4710 Le vers qui de plusieurs vocables refait un mot total, neuf, étranger à la langue et comme incantatoire [...]

Variations sur un sujet, Quant au livre, L'action restreinte

4711 L'écrivain, de ses maux, dragons qu'il a choyés, ou d'une allégresse, doit s'instituer, au texte, le spirituel histrion.

4712 Impersonnifié, le volume, autant qu'on s'en sépare comme auteur, ne réclame approche de lecteur. Tel, sache, entre les accessoires humains, il a lieu tout seul : fait, étant. Le sens enseveli se meut et dispose, en chœur, des feuillets.

Variations sur un sujet, Le livre, instrument spirituel

4713 Une proposition qui émane de moi — si, diversement, citée à mon éloge ou par blâme — je la revendique avec celles qui se presseront ici — sommaire veut, que tout, au monde, existe pour aboutir à un livre.

4714 Le livre, expansion totale de la lettre, doit d'elle tirer, directement, une mobilité et spacieux, par correspondances, instituer un jeu, on ne sait, qui confirme la fiction.

4715 La Poésie, proche l'Idée, est Musique, par excellence — ne consent pas d'infériorité.

Variations sur un sujet, Le mystère dans les Lettres

4716 Je préfère, devant l'agression, rétorquer que des contemporains ne savent pas lire [...]

Variations sur un sujet, Offices, Plaisir sacré

4717 Les célébrations officielles à part, la Musique s'annonce le dernier et plénier culte humain.

Variations sur un sujet, Grands faits divers, Magie

4718 Évoquer, dans une ombre exprès, l'objet tu, par des mots allusifs, jamais directs, se réduisant à du silence égal, comporte tentative proche de créer [...]

4719 Le vers, trait incantatoire! et, on ne déniera au cercle que perpétuellement ferme, ouvre la rime une similitude avec les ronds, parmi l'herbe, de la fée ou du magicien.

Igitur, I

4720 « Adieu, nuit, que je fus, ton propre sépulcre, mais qui, l'ombre survivante, se métamorphosera en Éternité. »

V

4721 Le Néant parti, reste le château de la pureté

Un coup de dés jamais n'abolira le hasard, préface

4722 [...] appliquer un regard aux premiers mots du Poème pour que de suivants, disposés comme ils sont, l'amènent aux derniers, le tout sans nouveauté qu'un espacement de la lecture.

Quelques médaillons et portraits en pied
Villiers de L'Isle-Adam

4723 Sait-on ce que c'est qu'écrire? Une ancienne et très vague mais jalouse pratique, dont gît le sens au mystère du cœur.

Quelques médaillons et portraits en pied
Verlaine

4724 La tombe aime tout de suite le silence.

Quelques médaillons et portraits en pied
Arthur Rimbaud

4725 Éclat, lui, d'un météore, allumé sans motif autre que sa présence, issu seul et s'éteignant. Tout, certes, aurait existé, depuis, sans ce passant considérable, comme aucune circonstance littéraire vraiment n'y prépara : le cas personnel demeure, avec force.

Le « ten o' clock » de M. Whistler

4726 Écoutez! il n'y a jamais eu de période artistique.
Il n'y a jamais eu un peuple amant de l'Art.

La Musique et les lettres

4727 Les gouvernements changent : toujours la prosodie reste intacte.

4728 Oui, que la littérature existe et, si l'on veut, seule, à l'exception de tout.

4729 La littérature, d'accord avec la faim, consiste à supprimer le Monsieur qui reste en l'écrivant [...]

Proses diverses, Autobiographie

4730 [...] à part les morceaux de prose et les vers de ma jeunesse et la suite, qui y faisait écho, publiée un peu partout, chaque fois que paraissaient les premiers numéros d'une Revue Littéraire, j'ai toujours rêvé et tenté autre chose, avec une patience d'alchimiste, prêt à y sacrifier toute vanité et toute satisfaction, comme on brûlait jadis son mobilier et les poutres de son toit, pour alimenter le fourneau du Grand Œuvre. Quoi ? c'est difficile à dire : un livre, tout bonnement, en maints tomes, un livre qui soit un livre, architectural et prémédité, et non un recueil des inspirations de hasard fussent-elles merveilleuses... J'irai plus loin, je dirai : le Livre, persuadé qu'au fond il n'y en a qu'un, tenté à son insu par quiconque a écrit, même les Génies.

4731 [...] mon travail personnel qui, je crois, sera anonyme, le Texte y parlant de lui-même et sans voix d'auteur.

4732 Au fond je considère l'époque contemporaine comme un interrègne pour le poète qui n'a point à s'y mêler : elle est trop en désuétude et en effervescence préparatoire pour qu'il ait autre chose à faire qu'à travailler avec mystère en vue de plus tard ou de jamais et de temps en temps à envoyer aux vivants sa carte de visite, stances ou sonnet, pour n'être point lapidé d'eux, s'ils le soupçonnaient de savoir qu'ils n'ont pas lieu.

Proses diverses, notes I, 1869

4733 DE LA SCIENCE. — La Science ayant dans le Langage trouvé une confirmation d'elle-même, doit maintenant devenir une CONFIRMATION du Langage.

Proses diverses
Réponses à des enquêtes, Sur l'évolution littéraire

4734 *Nommer* un objet, c'est supprimer les trois quarts de la jouissance du poème qui est faite de deviner peu à peu : le *suggérer*, voilà le rêve.

4735 Au fond, voyez-vous [...] le monde est fait pour aboutir à un beau livre.

Paul LEROY-BEAULIEU 1843-1916

La Question ouvrière au XIX° siècle (Fasquelle)
chap. 3

4736 L'*Internationale,* en effet, ressemble assez à la cigale de La Fontaine : elle s'amuse à faire des grèves incessantes ; elle consacre tout son temps, tous ses soins, toutes ses faibles ressources, à troubler perpétuellement l'industrie. Elle a oublié que le principal, c'était de se constituer un trésor.

2° partie, chap. 1

4737 Le régime des primes est infiniment supérieur au régime de la participation. Il en offre tous les avantages et en repousse tous les inconvénients ; il stimule l'ouvrier par la perspective d'un gain assuré, il ne lui fournit aucun prétexte d'immixtion dans la gestion de l'entreprise.

Gabriel TARDE 1843-1904

La Logique sociale (P.U.F.)

4738 La langue est donc pour ainsi dire, *l'espace social* des idées.

4739 Quand il cesse de se contredire, le philosophe s'endort à moins qu'il ne s'entende contredire par autrui, ce qui, par reflet interne de la croyance d'autrui, le fait se combattre plus ou moins lui-même, plus qu'il ne le croit, en combattant son adversaire.

L'Opposition universelle (P.U.F.)

4740 Il n'est donc pas vrai, malgré la fausse définition de Bichat, que la vie soit une lutte contre la mort ; elle en est la poursuite.

Anatole FRANCE 1844-1924

Le Livre de Pierre (Calmann-Lévy)
chap. 10, Les humanités

4741 [...] ce petit bonhomme est une ombre : c'est l'ombre du *moi* que j'étais il y a vingt-cinq ans.

La Vie littéraire (Calmann-Lévy)
lettre-préface

4742 Ce n'est pas avec la philosophie qu'on soutient les ministères.

4743 Le bon critique est celui qui raconte les aventures de son âme au milieu des chefs-d'œuvre.

(La Vie littéraire, lettre préface)

4744 La critique est la dernière en date de toutes les formes littéraires; elle finira peut-être par les absorber toutes.

4745 Le livre est l'opium de l'Occident.

tome I, Le quai Malaquais

4746 [...] qui nous assure que nous n'aurons pas, nous aussi, une postérité barbare?

tome I, L'hypnotisme dans la littérature

4747 Si la science un jour règne seule, les hommes crédules n'auront plus que des crédulités scientifiques.

tome I, Propos de rentrée

4748 Le peuple fait bien les langues. Il les fait imagées et claires, vives et frappantes. Si les savants les faisaient, elles seraient sourdes et lourdes.

tome II, Les torts de l'Histoire

4749 Le beau nous apporte la plus haute révélation du divin qu'il soit permis de connaître.

4750 L'histoire narrative est inexacte par essence [...] mais elle est encore, avec la poésie, la plus fidèle image que l'homme ait tracé de lui-même.

tome II, Sur le scepticisme

4751 Il est difficile d'être insensible quand on pense vivement, et c'est pour la plupart des hommes un exemple décourageant que la sérénité d'un cochon.

tome II, M. Charles Morice

4752 Il fut des temps barbares et gothiques où les mots avaient un sens; alors les écrivains exprimaient des pensées.

Thaïs (Calmann-Lévy)
Le papyrus

4753 Cotta se frappait le front:
— Mourir? vouloir mourir quand on peut encore servir l'État, quelle aberration!

La Rôtisserie de la reine Pédauque (Calmann-Lévy)

4754 [...] on est obligé de reconnaître que Dieu, dans sa perfection, ne manque ni d'esprit ni de fantaisie, ni de force comique; qu'il excelle au contraire dans l'imbroglio [...]

4755 L'idée d'un Dieu à la fois parfait et créateur n'est qu'une rêverie gothique, d'une barbarie digne d'un Welche ou d'un Saxon.

4756 Dieu, dans sa bonté, veut qu'un seul moment nous sauve; encore faut-il que ce moment soit le dernier [...]

Les Opinions de M. Jérôme Coignard (Calmann-Lévy)
chap. 4

4757 L'État est comme le corps humain. Toutes les fonctions qu'il accomplit ne sont pas nobles.

chap. 10

4758 [...] hors quelques rares exceptions [...], l'homme peut être défini un animal à mousquet.

4759 La pensée est une maladie particulière à quelques individus et qui ne se propagerait pas sans amener promptement la fin de l'espèce.

chap. 17

4760 [...] l'histoire est condamnée, par un vice de nature, au mensonge.

chap. 21

4761 Les vérités découvertes par l'intelligence demeurent stériles.

Le Jardin d'Épicure (Calmann-Lévy)

4762 Les choses en elles-mêmes ne sont ni grandes ni petites, et quand nous trouvons que l'univers est vaste, c'est là une idée tout humaine.

4763 Le christianisme a beaucoup fait pour l'amour en en faisant un péché.

4764 L'artiste doit aimer la vie et nous montrer qu'elle est belle. Sans lui, nous en douterions.

4765 Nous mettons l'infini dans l'amour. Ce n'est pas la faute des femmes.

4766 Si l'on ne souffre que sur la terre, elle est plus grande que tout le reste du monde.

4767 Je tiens à mon imperfection comme à ma raison d'être.

4768 Il y a toujours un moment où la curiosité devient un péché, et le diable s'est toujours mis du côté des savants.

4769 Poète, sénateur ou cordonnier, on se résigne mal à n'être pas la fin définitive des mondes et la raison suprême de l'univers.

4770 Songez-y, un métaphysicien n'a, pour constituer le système du monde, que le cri perfectionné des singes et des chiens.

(Le Jardin d'Épicure)

4771 Le style simple est semblable à la clarté blanche. Il est complexe mais il n'y paraît pas.

4772 Il faut, dans la vie, faire la part du hasard. Le hasard, en définitive, c'est Dieu.

4773 L'histoire n'est pas une science, c'est un art. On n'y réussit que par l'imagination.

4774 Mourir, c'est accomplir un acte d'une portée incalculable.

Monsieur Bergeret à Paris (Calmann-Lévy)
chap. 7

4775 Quand les lois seront justes, les hommes seront justes.

chap. 9

4776 Sur la meule de la royauté ou du césarisme s'aiguise l'amour de la liberté, qui s'émousse dans un pays libre, ou qui se croit libre.

chap. 17

4777 Si Napoléon avait été aussi intelligent que Spinoza, il aurait écrit quatre volumes dans une mansarde.

Crainquebille, Putois, Riquet et plusieurs autres récits profitables
(Calmann-Lévy)
Crainquebille

4778 Et, voyant tout à coup sa voiture en fourrière, sa liberté perdue, l'abîme sous ses pas et le soleil éteint, Crainquebille murmura :
— Tout de même !...

4779 Ce sont d'anciens soldats, et qui restent soldats. Soldats, ce mot dit tout...

4780 La méthode qui consiste à examiner les faits selon les règles de la critique est inconciliable avec la bonne administration de la justice.

4781 [...] l'agent 64, abstraction faite de son humanité, ne se trompe pas. C'est une entité !

4782 Quand l'homme qui témoigne est armé d'un sabre, c'est le sabre qu'il faut entendre et non l'homme.

4783 Ruiner l'autorité de l'agent 64, c'est affaiblir l'État. Manger une des feuilles de l'artichaut, c'est manger l'artichaut, comme dit Bossuet en son sublime langage. *(Politique tirée de l'Écriture sainte, passim.)*

4784 La justice est la sanction des injustices établies.

4785 [...] il n'y a entre le crime et l'innocence que l'épaisseur d'une feuille de papier timbré.

4786 On appelle gens de bien ceux qui font comme les autres.

Sur la pierre blanche (Calmann-Lévy)
I

4787 « Sainte mère de Dieu, vous qui avez conçu sans pécher, accordez-moi la grâce de pécher sans concevoir. »

II

4788 De quel droit les dieux immortels abaisseraient-ils un homme vertueux jusqu'à le récompenser ?

III

4789 Le christianisme ne s'établit que lorsque l'état des mœurs s'accommoda de lui et que lui-même s'accommoda de l'état des mœurs.

V

4790 [...] le principe fondamental de toute guerre coloniale est que l'Européen soit supérieur aux peuples qu'il combat ; sans quoi la guerre n'est pas coloniale, cela saute aux yeux.

4791 Le péril blanc a créé le péril jaune. Ce sont de ces enchaînements qui donnent à la vieille Nécessité qui mène le monde une apparence de justice divine [...]

4792 Un peuple n'existe que par le sentiment qu'il a de son existence. Il y a trois cents millions de Chinois ; mais ils ne le savent pas. Tant qu'ils ne se seront pas comptés ils ne compteront pas.

4793 Pour mettre en valeur le globe terrestre, il faut d'abord mettre l'homme en valeur.

L'Ile des pingouins, livre V, chap. 3

4794 Les imbéciles ont dans la fourberie des grâces inimitables.

livre VII, chap. 1

4795 Encore aujourd'hui le devoir des filles est déterminé, dans la morale religieuse, par cette vieille croyance que Dieu, le plus puissant des chefs de guerre, est polygame, qu'il se réserve tous les pucelages, et qu'on ne peut en prendre que ce qu'il en a laissé.

La Révolte des Anges (Calmann-Lévy)
chap. 7

4796 « Connaissance, où me conduis-tu ? Où m'entraînes-tu, pensée ? »

(La Révolte des Anges) chap. 15

4797 Un chrétien ne se laisse pas séduire par de vaines apparences. La foi le garde contre les séductions du merveilleux ; il laisse la crédulité aux libres penseurs !

chap. 21

4798 [...] le commun des hommes, qui ne sait que faire de cette vie, en veut une autre, qui ne finisse point.

Paul VERLAINE 1844-1896

Poèmes saturniens, prologue

4799 Le rire est ridicule autant que décevant.

Poèmes saturniens, Melancholia
II, Nevermore

4800 Souvenir, souvenir, que me veux-tu ? L'automne
Faisait voler la grive à travers l'air atone
Et le soleil dardait un rayon monotone
Sur le bois jaunissant où la bise détone.

4801 Ah ! Les premières fleurs qu'elles sont parfumées !
Et qu'il bruit avec un murmure charmant
Le premier *oui* qui sort des lèvres bien-aimées !

IV, Vœu

4802 Ah ! les oarystis ! les premières maîtresses !

VI, Mon rêve familier

4803 Je fais souvent ce rêve étrange et pénétrant
D'une femme inconnue, et que j'aime, et qui m'aime,
Et qui n'est, chaque fois, ni tout à fait la même,
Ni tout à fait une autre, et m'aime et me comprend.

4804 Son regard est pareil au regard des statues,
Et pour sa voix, lointaine, et calme, et grave elle a
L'inflexion des voix chères qui se sont tues.

Poèmes saturniens, Paysages tristes
V, Chanson d'automne

4805 Les sanglots longs
Des violons
De l'automne
Blessent mon cœur
D'une langueur
Monotone.

4806 Et je m'en vais
　　 Au vent mauvais
　　 Qui m'emporte
　　 Deçà, delà
　　 Pareil à la
　　 Feuille morte.

Poèmes saturniens, épilogue

4807 Ah! l'Inspiration, on l'évoque à seize ans!

4808 Pauvres gens! l'Art n'est pas d'éparpiller son âme;
　　 Est-elle en marbre ou non, la Vénus de Milo?

Fêtes galantes, Clair de lune

4809 Votre âme est un paysage choisi [...]

Fêtes galantes, Mandoline

4810 Les donneurs de sérénades
　　 Et les belles écouteuses
　　 Échangent des propos fades
　　 Sous les ramures chanteuses.

Fêtes galantes, Colloque sentimental

4811 — Te souvient-il de notre extase ancienne?
　　 — Pourquoi voulez-vous donc qu'il m'en souvienne?

4812 Tels ils marchaient dans les avoines folles
　　 Et la nuit seule entendit leurs paroles.

La Bonne Chanson, VI

4813 La lune blanche
　　 Luit dans les bois;
　　 De chaque branche
　　 Part une voix
　　 Sous la ramée...

4814 Un vaste et tendre
　　 Apaisement
　　 Semble descendre
　　 Du firmament
　　 Que l'astre irise...

　　 C'est l'heure exquise.

XIX

4815 Donc, ce sera par un clair jour d'été;
　　 Le grand soleil, complice de ma joie,
　　 Fera, parmi le satin et la soie,
　　 Plus belle encor votre chère beauté.

Romances sans paroles, Ariettes oubliées, III

4816 Il pleure dans mon cœur
Comme il pleut sur la ville;
Quelle est cette langueur
Qui pénètre mon cœur?

4817 C'est bien la pire peine
De ne savoir pourquoi
Sans amour et sans haine
Mon cœur a tant de peine!

VII

4818 O triste, triste était mon âme
A cause, à cause d'une femme.

Je ne me suis pas consolé
Bien que mon cœur s'en soit allé [...]

Romances sans paroles, Paysages belges, Birds in the night

4819 Hélas! on se prend toujours au désir
Qu'on a d'être heureux malgré la saison...

Romances sans paroles, Aquarelles, Green

4820 Voici des fruits, des fleurs, des feuilles et des branches
Et puis voici mon cœur, qui ne bat que pour vous.
Ne le déchirez pas avec vos deux mains blanches
Et qu'à vos yeux si beaux l'humble présent soit doux.

Sagesse, I, 1

4821 Bon chevalier masqué qui chevauche en silence,
Le Malheur a percé mon vieux cœur de sa lance.

7

4822 Les faux beaux jours ont lui tout le jour, ma pauvre âme.

4823 Si ces hiers allaient manger nos beaux demains?

8

4824 La vie humble, aux travaux ennuyeux et faciles
Est une œuvre de choix qui veut beaucoup d'amour.

16

4825 Écoutez la chanson bien douce
Qui ne pleure que pour vous plaire.
Elle est discrète, elle est légère:
Un frisson d'eau sur de la mousse!

II, 1

4826 O mon Dieu, vous m'avez blessé d'amour,
Et la blessure est encore vibrante,
O mon Dieu, vous m'avez blessé d'amour [...]

2

4827 Je ne veux plus aimer que ma mère Marie.

4

4828 Mon Dieu m'a dit : « Mon fils, il faut m'aimer [...] »

III, 3

4829 L'espoir luit comme un brin de paille dans l'étable.

4830 Ah! quand refleuriront les roses de septembre?

4

4831 Je suis venu, calme orphelin,
Riche de mes seuls yeux tranquilles,
Vers les hommes des grandes villes :
Ils ne m'ont pas trouvé malin.

4832 Suis-je né trop tôt ou trop tard?
Qu'est-ce que je fais en ce monde?
O vous tous, ma peine est profonde :
Priez pour le pauvre Gaspard!

6

4833 Le ciel est, par-dessus le toit,
Si bleu, si calme!
Un arbre, par-dessus le toit,
Berce sa palme!

4834 Qu'as-tu fait, ô toi que voilà
Pleurant sans cesse,
Dis, qu'as-tu fait, toi que voilà
De ta jeunesse?

Jadis et Naguère
Jadis, Dizain mil huit cent trente

4835 Je suis né romantique et j'eusse été fatal [...]

Jadis et Naguère
Jadis, Art poétique

4836 De la musique avant toute chose,
Et pour cela préfère l'Impair,
Plus vague et plus soluble dans l'air,
Sans rien en lui qui pèse ou qui pose.

4837 Pas la Couleur, rien que la Nuance!

4838 Fuis du plus loin la Pointe assassine
L'Esprit cruel et le Rire impur.

4839 Prends l'éloquence et tords-lui son cou!

4840 O qui dira les torts de la Rime?
Quel enfant sourd ou quel nègre fou
Nous a forgé ce bijou d'un sou
Qui sonne creux et faux sous la lime?

4841 Que ton vers soit la bonne aventure
Éparse au vent crispé du matin
Qui va fleurant la menthe et le thym...
Et tout le reste est littérature.

Jadis et Naguère
Jadis, Les uns et les autres

4842 Hélas, il fut frivole encor plus que barbare,
Et son esprit surtout fit que son cœur pécha.

4843 La morale la meilleure,
En ce monde où les plus fous
Sont les plus sages de tous,
C'est encor d'oublier l'heure.

Jadis et Naguère
Jadis, Vers jeunes: Les vaincus

4844 La Vie est triomphante et l'Idéal est mort [...]

4845 Car les morts sont bien morts et nous vous l'apprendrons.

Jadis et Naguère
Jadis, À la manière de plusieurs, II, Langueur

4846 Je suis l'Empire à la fin de la décadence,
Qui regarde passer les grands Barbares blancs [...]

III, Pantoum négligé

4847 Trois petits pâtés, ma chemise brûle.
Monsieur le curé n'aime pas les os.
Ma cousine est blonde, elle a nom Ursule,
Que n'émigrons-nous vers les Palaiseaux?

V, Conseil falot

4848 Bois pour oublier!
L'eau-de-vie est une
Qui porte la lune
Dans son tablier.

Jadis et Naguère, Naguère, Crimen Amoris

4849 « Oh! je[1] serai celui-là qui sera[2] Dieu! »

4850 « Nous avons tous trop souffert, anges et hommes,
De ce conflit entre le Pire et le Mieux. »

Jadis et Naguère, Naguère, La grâce

4851 « Damne-toi! Nous serons heureux à deux. [...] »

Jadis et Naguère, Naguère, L'impénitence finale

4852 O le premier amant! Souvenez-vous, Mesdames!

Jadis et Naguère, Naguère, Don Juan pipé

4853 La chair est sainte! Il faut qu'on la vénère.

4854 On est le Diable, on ne le devient point.

Jadis et Naguère, Naguère, Amoureuse du Diable

4855 Elle ne savait pas que l'Enfer, c'est l'absence.

Parallèlement, dédicace

4856 Vous[3] souvient-il, cocodette un peu mûre,
Qui gobergez vos flemmes de bourgeoise,
Du temps joli quand, gamine un peu sûre,
Tu m'écoutais, blanc-bec fou qui dégoise?

Parallèlement, Filles, V, à Mademoiselle***

4857 Je meurs si je mens,
Je les trouve heureux,
Tous ces culs-terreux,
D'être tes amants.

Parallèlement, Révérence parler, I, prologue

4858 J'ai perdu ma vie et je sais bien
Que tout blâme sur moi s'en va fondre :
A cela je ne puis que répondre
Que je suis vraiment né Saturnien.

II, Impression fausse

4859 Dame souris trotte,
Noire dans le gris du soir,
Dame souris trotte,
Grise dans le noir.

---

1. C'est Rimbaud qui parle.
2. Variante : « qui *créera* Dieu ».
3. Verlaine s'adresse à sa femme.

XIXe siècle

                (Parallèlement) IV, Réversibilités

4860 Ah, dans ces tristes décors,
Les Déjàs sont les Encors!

4861 Ah, dans ces mornes séjours,
Les Jamais sont les Toujours!

                           Dédicaces, 62

4862 Mortel, ange et démon, autant dire Rimbaud [...]

                      Chansons pour elle, 25

4863 Je fus mystique et je ne le suis plus
(La femme m'aura repris tout entier)
Non sans garder des respects absolus
Pour l'idéal qu'il fallut renier.

Tristan CORBIÈRE 1845-1875

              Les Amours jaunes (éd. Émile-Paul), Ça, Ça?

4864 L'Art ne me connaît pas. Je ne connais pas l'Art.

              Les Amours jaunes, Après la pluie

4865 La passion c'est l'averse
Qui traverse!
Mais la femme n'est qu'un grain
Grain de beauté, de folie
Ou de pluie...
Grain d'orage — ou de serein.

              Les Amours jaunes, Un jeune qui s'en va

4866 Oh le printemps! je veux écrire!
Donne-moi mon bout de crayon
— Mon bout de crayon, c'est ma lyre —
Et — là — je me sens un rayon.

              Les Amours jaunes, Raccrocs, Décourageux

4867 Ce fut un vrai poète: il n'avait pas de chant.
Mort, il aimait le jour et dédaigna de geindre.
Peintre: il aimait son art — Il oublia de peindre...
Il voyait trop. — Et voir est un aveuglement.

                      Les Amours jaunes, Paria

4868 Ma pensée est un souffle aride:
C'est l'air. L'air est à moi partout.
Et ma parole est l'écho vide
Qui ne dit rien — et c'est tout.

Les Amours jaunes, Gens de mer, La fin
4869 Eh bien, tous ces marins — matelots, capitaines,
Dans leur grand Océan à jamais engloutis,
Partis insoucieux pour leurs courses lointaines,
Sont morts — absolument comme ils étaient partis.

Charles FERRÉ 1845-1871

à Vallès, le 19 mars 1871

4870 Les trahisons se châtient, tandis que les faiblesses s'excusent. Mieux vaudrait des criminels et point des hésitants.

Jules GUESDE 1845-1922

Les Droits de l'homme
8 avril 1871

4871 Pour qu'un assassinat devienne un acte de justice, il suffit qu'au lieu d'être accompli sous le couvert de la République il soit d'ordre monarchique et clérical.

13 mai 1871

4872 Nous ne sommes séparés d'une restauration que par l'épaisseur de Paris.

octobre 1876

4873 Non, la place de la femme n'est pas plus au foyer qu'ailleurs. Comme celle de l'homme, elle est partout, partout où son activité peut et veut se déployer. Pourquoi, de quel droit l'enfermer, la parquer dans son sexe, transformé, qu'on le veuille ou non, en profession, pour ne pas dire en métier?

4874 Une classe quelle qu'elle soit, qu'elle soit fermée comme la Noblesse d'avant 1789, ou qu'elle soit, comme la Bourgeoisie d'aujourd'hui, à l'état de perpétuel recrutement, ne se suicide jamais.

En garde! « à Monsieur Léon XIII Pape de son état
en son palais du Vatican, Rome » (éd. Rouff)

4875 La Révolution sociale qui se poursuit actuellement est fille — et fille mieux que légitime, naturelle — de la Révolution religieuse du seizième siècle et de la Révolution politique du dix-huitième.

L'Égalité, 18 mars 1879

4876 Oui[1], c'étaient des maçons, des relieurs, des cordonniers, c'est-à-dire une nouvelle couche sociale qui entrait en ligne, le Quatrième-État qui émergeait à coups de fusil.

1. A propos de la Commune.

Le Collectivisme par la Révolution (Bureau d'éditions)

4877 [...] un seul patron, un seul capitaliste : Tout le monde ! mais tout le monde travaillant, obligé de travailler et maître de la totalité des valeurs sorties de ses mains.

4878 Par Révolution nous n'entendons pas les coups de fusil au hasard et en permanence, l'insurrection pour l'insurrection, sans préparation, sans chance de succès et presque sans but.

Le Citoyen, 24 février 1882

4879 Ils [les radicaux] ne se distinguent des conservateurs que par l'hypocrisie.

9 juin 1882

4880 Il n'est pas jusqu'aux sergents de ville qui ne songent avec terreur — leur menace de grève en fait foi — au jour où il leur faudra, faute d'avoir pu trouver à abriter leur fatigue et leur « instrument de travail », s'arrêter eux-mêmes pour vagabondage.

Eugène VERMERSCH 1845-1878

Les Incendiaires

4881 Sur un front de bataille épouvantable et large
L'émeute se relèvera
Et, sortant des pavés pour nous sonner la charge
Le spectre de Mai parlera.

Léon BLOY 1846-1917

Le Désespéré (Mercure de France)

4882 Toute la philosophie chrétienne est dans l'importance inexprimable de l'acte libre et dans la notion d'une enveloppante et indestructible solidarité. Si Dieu, dans une éternelle seconde de sa puissance, voulait faire ce qu'il n'a jamais fait, anéantir un seul homme, il est probable que la création s'en irait en poussière.

4883 La richesse aurait fait de moi une de ces charognes ambulantes et dûment calées, que les hommes du monde flairent avec sympathie dans leurs salons et dont se pourlèche la friande vanité des femmes.

4884 Le monde moderne, avec toutes ses institutions et toutes ses idées [...] : une Atlantide submergée dans un dépotoir.

La Femme pauvre (Mercure de France), dédicace

4885 Que Dieu vous garde du feu, du couteau, de la littérature contemporaine et de la rancune des mauvais morts.

4886 Mon existence est une campagne triste où il pleut toujours...

4887 Tout le présent volume n'est [...] qu'une longue digression sur le mal de vivre, sur l'infernale disgrâce de subsister, sans groin, dans une société sans Dieu.

4888 Les femmes sont universellement persuadées que « tout leur est dû ». Cette croyance est dans leur nature comme le triangle est inscrit dans la circonférence qu'il détermine.

4889 Une sainte peut tomber dans la boue et une prostituée monter dans la lumière, mais jamais ni l'une ni l'autre ne pourra devenir une honnête femme.

4890 Il n'y a que les saints ou les antagonistes des saints capables de délimiter l'histoire.

4891 L'homme est si surnaturel que ce qu'il réalise le moins, ce sont les notions de temps et d'espace.

4892 La *folie* des Croisades est ce qui a le plus honoré la raison humaine. Antérieurement au Crétinisme scientifique, les enfants savaient que le Sépulcre du Sauveur est le centre de l'univers, le pivot et le cœur des mondes.

4893 Le monde ressemble à ces cavernes d'Algérie où s'empilaient, avec leur bétail, des populations rebelles qu'on y enfumait pour que les hommes et les animaux, suffoqués et rendus fous, se massacrassent dans les ténèbres. [...] Le parricide et l'inceste, pour ne rien dire de quelques autres abominations, y prospèrent, Dieu le sait ! à la condition d'être discrets et de paraître plus beaux que la vertu.

4894 [...] il y a la multitude infinie de ceux qui ne sont plus à naître et qui n'ont pas encore assez souffert pour mourir. Il y a ceux qu'on écorche vivants, qu'on coupe en morceaux, qu'on brûle à petit feu, qu'on crucifie, qu'on flagelle, qu'on écartelle, qu'on tenaille, qu'on empale, qu'on assomme ou qu'on étrangle, en Asie, en Afrique, en Amérique, en Océanie, sans parler de notre Europe délectable [...]

4895 En présence de la mort d'un petit enfant, l'Art et la Poésie ressemblent vraiment à de très grandes misères.

4896 Il n'y a qu'une tristesse, [...] c'est de N'ÊTRE PAS DES SAINTS.

Le Mendiant ingrat (Mercure de France), préface

4897 Malheur à celui qui n'a pas mendié ! Il n'y a rien de plus grand que de mendier. Dieu mendie. Les anges mendient. Les rois, les prophètes et les Saints mendient.

(Le Mendiant ingrat, préface)

4898 Le manque d'argent est tellement le mystère de ma vie que, même lorsque je n'en ai pas du tout, il a l'air de diminuer.

4899 Il n'y a pas de hasard, parce que le hasard est la Providence des imbéciles, et la Justice veut que les imbéciles soient sans Providence.

4900 La plus ruineuse des folies, décidément, c'est de n'être pas un maquereau ou un imbécile.

Exégèse des lieux communs (Mercure de France)

4901 Évidemment, si on donne sa parole d'honneur que « rien n'est absolu », l'arithmétique, du même coup, devient exorable et l'incertitude plane sur les axiomes les plus incontestés de la géométrie rectiligne. Aussitôt, c'est une question de savoir s'il est meilleur d'égorger ou de ne pas égorger son père, de posséder vingt-cinq centimes ou soixante-quatorze millions, de recevoir des coups de pied dans le derrière ou de fonder une dynastie.

4902 J'avais cru jusqu'ici qu'on prouvait ou qu'on ne prouvait pas. J'apprends tout à coup qu'on peut prouver trop. Voilà qui renverse toutes mes idées. On peut manger trop, boire trop, cela se comprend. On peut être trop bête ou trop cochon, cela s'est vu. Il paraît même qu'on peut être trop honnête, ce qui est rarement le cas du Bourgeois, homme d'équilibre et de juste tempérament. Mais prouver trop, et par là même ne prouver rien, c'est un prodige qui me dépasse.

4903 Il est permis de se demander, et même de demander aux autres, pourquoi un homme qui a vécu comme un cochon a le désir de ne pas mourir comme un chien.

Quatre ans de captivité à Cochons-sur-Marne
(Mercure de France)

4904 Réponse excellente à un ecclésiastique objectant que le moment où on fait la guerre aux prêtres est mal choisi pour jeter de la boue sur les soutanes. — Il vaut mieux, riposta quelqu'un, que la boue soit sur la soutane que dedans.

4905 Tout chrétien sans héroïsme est un porc.

4906 On exige de moi ce qui n'est exigé de personne. On veut absolument que j'écrive toujours du Léon Bloy [...]

4907 Voici deux bourgeois, l'homme et la femme, ayant passé ensemble un demi-siècle, sans avoir jamais dit autre chose que des lieux communs, sans s'être jamais rien dit. Si Dieu voulait qu'ils s'aperçussent tout à coup dans la Lumière, « ils ne se reconnaîtraient pas ».

Belluaires et Porchers (Stock)

4908 L'effroyable translation « de l'utérus au sépulcre » qu'on est convenu d'appeler cette vie, comblée de misères, de deuils, de mensonges, de déceptions, de trahisons, de puanteurs et de catastrophes.

4909 Tout nous manque indiciblement. Nous crevons de la nostalgie de l'Être.

4910 La maîtresse faculté de l'artiste, l'Imagination, est naturellement et passionnément anarchique.

Paul DÉROULÈDE 1846-1914

Chants du soldat (Calmann-Lévy)
Vive la France

4911 Et les Français s'en vont rabaissant les Français.

Chants du soldat, Le clairon

4912 L'air est pur, la route est large,
Le Clairon sonne la charge [...]

Chants du soldat, La Marseillaise

4913 Comme de fiers vaincus, qui, sûrs de leurs effort,
N'ont qu'un but: la revanche, ou qu'un recours: la mort.

Chants du soldat, La cocarde

4914 Ma cocarde a les trois couleurs,
Les trois couleurs de la patrie,
Le sang l'a bien un peu rougie [...]

De profundis

4915 Le pauvre garçon est pris d'un transport:
De blanc qu'il était, il en devient rouge,
De rouge violet, et de violet... mort.

De profundis, Sur Corneille

4916 Ces mots qui sont la langue et qui furent l'Histoire,
Ces grands mots qu'un Corneille a faits Cornéliens [...]

Nouveaux chants du soldat (Calmann-Lévy)
En avant!

4917 En avant! tant pis pour qui tombe,
La mort n'est rien. Vive la tombe,
Quand le Pays en sort vivant.
En avant!

Nouveaux chants du soldat, Le bon gîte

4918 Et la bonne vieille de dire,
Moitié larme, moitié sourire :

« J'ai mon gars soldat comme toi ! »

Nouveaux chants du soldat, épilogue

4919 O mère, ta tendresse a mal formé cette âme,
S'il ne sait pas mourir, tu n'as pas su créer !

Isidore Ducasse, comte de LAUTRÉAMONT 1846-1870

Les Chants de Maldoror
chant premier

4920 Plût au ciel que le lecteur, enhardi et devenu momentanément féroce comme ce qu'il lit, trouve, sans se désorienter, son chemin abrupt et sauvage, à travers les marécages désolés de ces pages sombres et pleines de poison.

4921 Il n'est pas bon que tout le monde lise les pages qui vont suivre ; quelques-uns seuls savoureront ce fruit amer sans danger.

4922 Lecteur, c'est peut-être la haine que tu veux que j'invoque dans le commencement de cet ouvrage !

4923 J'établirai dans quelques lignes comment Maldoror fut bon pendant ses premières années, où il vécut heureux ; c'est fait. Il s'aperçut ensuite qu'il était né méchant.

4924 Il n'était pas menteur, il avouait la vérité et disait qu'il était cruel.

4925 Celui qui chante ne prétend pas que ses cavatines soient une chose inconnue ; au contraire, il se loue de ce que les pensées hautaines et méchantes de son héros soient dans tous les hommes.

4926 Homme, n'as-tu jamais goûté de ton sang, quand par hasard tu t'es coupé le doigt ? Comme il est bon, n'est-ce pas ; car il n'a aucun goût.

4927 Vieil océan, tes eaux sont amères. C'est exactement le même goût que le fiel que distille la critique sur les beaux-arts, sur les sciences, sur tout. Si quelqu'un a du génie, on le fait passer pour un idiot ; si quelque autre est beau de corps, c'est un bossu affreux. Certes, il faut que l'homme sente avec force son imperfection, dont les trois quarts d'ailleurs ne sont dus qu'à lui-même, pour la critiquer ainsi ! Je te salue, vieil océan !

4928 Oui, quel est le plus profond, le plus impénétrable des deux : l'océan ou le cœur humain ?

4929 Vieil océan, ô grand célibataire, quand tu parcours la solitude solennelle de tes royaumes flegmatiques, tu t'enorgueillis à juste titre de ta magnificence native, et des éloges vrais que je m'empresse de te donner.

4930 Reprends la route qui va où tu dors...

4931 La fin du XIXe siècle verra son poète (cependant, au début, il ne doit pas commencer par un chef-d'œuvre mais suivre la loi de la nature); il est né sur les rives américaines, à l'embouchure de la Plata, là où deux peuples, jadis rivaux, s'efforcent actuellement de se surpasser par le progrès matériel et moral. Buenos-Ayres, la reine du Sud, et Montevideo, la coquette, se tendent une main amie, à travers les eaux argentines du grand estuaire.

chant deuxième

4932 Ma poésie ne consistera qu'à attaquer, par tous les moyens, l'homme, cette bête fauve, et le Créateur, qui n'aurait pas dû engendrer une pareille vermine. Les volumes s'entasseront sur les volumes, jusqu'à la fin de ma vie, et, cependant, l'on n'y verra que cette seule idée, toujours présente à ma conscience!

4933 D'où peut venir cette répugnance profonde pour tout ce qui tient à l'homme?

4934 O mathématiques sévères, je ne vous ai pas oubliées, depuis que vos savantes leçons, plus douces que le miel, filtrèrent dans mon cœur, comme une onde rafraîchissante.

4935 Arithmétique! algèbre! géométrie! trinité grandiose! triangle lumineux!

chant troisième

4936 Mais, je ne me plaindrai pas. J'ai reçu la vie comme une blessure, et j'ai défendu au suicide de guérir la cicatrice. Je veux que le Créateur en contemple, à chaque heure de son éternité, la crevasse béante.

4937 Ainsi donc, Maldoror, tu as été vainqueur! Ainsi donc, Maldoror, tu as vaincu l'Espérance!

chant quatrième

4938 C'est un homme ou une pierre ou un arbre qui va commencer le quatrième chant.

4939 Si le lecteur trouve cette phrase trop longue, qu'il accepte mes excuses; mais, qu'il ne s'attende pas de ma part à des bassesses.

(Les Chants de Maldoror, chant quatrième)

4940 Et, pour ne pas m'éloigner davantage du cadre de cette feuille de papier, ne voit-on pas que le laborieux morceau de littérature que je suis à composer, depuis le commencement de cette strophe, serait peut-être moins goûté, s'il prenait son point d'appui dans une question épineuse de chimie ou de pathologie interne?

4941 Je ne puis m'empêcher de rire, me répondrez-vous; j'accepte cette explication absurde, mais, alors, que ce soit un rire mélancolique. Riez, mais pleurez en même temps. Si vous ne pouvez pleurer par les yeux, pleurez par la bouche. Est-ce encore impossible, urinez; mais, j'avertis qu'un liquide quelconque est ici nécessaire, pour atténuer la sécheresse que porte, dans ses flancs, le rire, aux traits fendus en arrière.

chant cinquième

4942 Que le lecteur ne se fâche pas contre moi, si ma prose n'a pas le bonheur de lui plaire.

4943 La frontière entre ton goût et le mien est invisible; tu ne pourras jamais la saisir: preuve que cette frontière elle-même n'existe pas.

4944 O pédérastes incompréhensibles, ce n'est pas moi qui lancerai des injures à votre grande dégradation.

4945 Moi, je n'aime pas les femmes! Ni même les hermaphrodites! Il me faut des êtres qui me ressemblent, sur le front desquels la noblesse humaine soit marquée en caractères plus tranchés et ineffaçables!

4946 Que ne puis-je regarder à travers ces pages séraphiques le visage de celui qui me lit.

chant sixième

4947 Ce sentiment de remarquable stupéfaction, auquel on doit généralement chercher à soustraire ceux qui passent leur temps à lire des livres ou des brochures, j'ai fait tous mes efforts pour le produire.

Poésies, exergue

4948 Je remplace la mélancolie par le courage, le doute par la certitude, le désespoir par l'espoir, la méchanceté par le bien, les plaintes par le devoir, le scepticisme par la foi, les sophismes par la froideur du calme et l'orgueil par la modestie.

4949 Souffrir est une faiblesse, lorsqu'on peut s'en empêcher et faire quelque chose de mieux.

4950 Je veux que ma poésie puisse être lue par une jeune fille de quatorze ans.

4951   Donc, laissez-moi tranquille avec les chercheurs. A bas les pattes, à bas chiennes cocasses, faiseurs d'embarras, poseurs. Ce qui souffre, ce qui dissèque les mystères qui nous entourent, n'espère pas.

4952   La description de la douleur est un contresens. Il faut faire voir tout en beau.

4953   Ne pleurez pas en public.

4954   Si vous êtes malheureux, il ne faut pas le dire au lecteur. Gardez cela pour vous.

4955   La poésie personnelle a fait son temps de jongleries relatives et de contorsions contingentes. Reprenons le fil de la poésie impersonnelle, brusquement interrompu depuis la naissance du philosophe manqué de Ferney, depuis l'avortement du grand Voltaire.

4956   La poésie est la géométrie par excellence. Depuis Racine, la poésie n'a pas progressé d'un millimètre. Elle a reculé. Grâce à qui? aux Grandes-Têtes-Molles de notre époque. Grâce aux femmelettes, Chateaubriand, le Mohican-Mélancolique; Senancour, l'Homme-en-Jupon; Jean-Jacques Rousseau, le Socialiste Grincheur; Anne Radcliffe, le Spectre-Toqué; Edgar Poe, le Mameluck-des-Rêves-d'Alcool; Maturin, le Compère-des-Ténèbres; George Sand, l'Hermaphrodite-Circoncis; Théophile Gautier, l'Incomparable-Épicier; Leconte, le Captif-du-Diable; Goethe, le Suicidé-pour-Pleurer; Sainte-Beuve, le Suicidé-pour-Rire; Lamartine, la Cigogne-Larmoyante; Lermontoff, le Tigre-qui-Rugit; Victor Hugo, le Funèbre-Echalas-Vert; Mickiéwicz, l'Imitateur-de-Satan; Musset, le Gandin-Sans-Chemise-Intellectuelle; et Byron, l'Hippopotame-des-Jungles-Infernales.

4957   Il faut que la critique attaque la forme, jamais le fond de vos idées, de vos phrases. Arrangez-vous.

4958   Toute l'eau de la mer ne suffirait pas à laver une tache de sang intellectuelle.

II

4959   Les grandes pensées viennent de la raison.

4960   Bonté, ton nom est homme.

4961   L'homme est un chêne. La nature n'en compte pas de plus robuste.

4962   L'amour d'une femme est incompatible avec l'amour de l'humanité.

(Poésies, II)

4963 Un pion pourrait se faire un bagage littéraire, en disant le contraire de ce qu'ont dit les poètes de ce siècle. Il remplacerait leurs affirmations par des négations. Réciproquement.

4964 Si la morale de Cléopâtre eût été moins courte, la face de la terre aurait changé. Son nez n'en serait pas devenu plus long.

4965 La poésie doit avoir pour but la vérité pratique.

4966 Le plagiat est nécessaire. Le progrès l'implique. Il serre de près la phrase d'un auteur, se sert de ses expressions, efface une idée fausse, la remplace par l'idée juste.

4967 Quelques philosophes sont plus intelligents que quelques poètes. Spinoza, Malebranche, Aristote, Platon ne sont pas Hégésippe Moreau, Malfilâtre, Gilbert, André Chénier.

4968 Les jugements sur la poésie ont plus de valeur que la poésie. Ils sont la philosophie de la poésie. La philosophie, ainsi comprise, englobe la poésie. La poésie ne pourra pas se passer de la philosophie. La philosophie pourra se passer de la poésie.

4969 Cache-toi, guerre.

4970 La poésie doit être faite par tous. Non par un. Pauvre Hugo! Pauvre Racine! Pauvre Coppée! Pauvre Corneille! Pauvre Boileau! Pauvre Scarron! Tics, tics, et tics.

4971 Une logique existe pour la poésie. Ce n'est pas la même que celle de la philosophie. Les philosophes ne sont pas autant que les poètes. Les poètes ont le droit de se considérer au-dessus des philosophes.

4972 On ne peut juger de la beauté de la vie que par celle de la mort.

4973 Rien n'est dit. L'on vient trop tôt depuis plus de sept mille ans qu'il y a des hommes.

4974 On ne peut juger de la beauté de la mort que par celle de la vie.

Raoul RIGAULT 1846-1871

> à la Préfecture de police, en prenant ses fonctions de délégué le 20 mars 1871

4975 Je ne fais pas de la légalité ici, je fais de la révolution.

4976 Dieu c'est l'absurde.

> au commandant du bataillon du Père Duchêne
> quelques heures avant d'être tué

4977 Si on meurt, il faut au moins mourir proprement. Ça sert pour la prochaine...

Émile FAGUET 1847-1916

Études littéraires (Hatier), XVIᵉ siècle, Rabelais

4978 Le secret de Rabelais, c'est qu'il sait conter ; c'est qu'il est un grand conteur. Rien n'est plus rare. [...] Les grands conteurs sont plus rares dans l'humanité que les grands lyriques, les grands élégiaques et même les grands poètes dramatiques.

4979 C'est le merveilleux qui a fait tort au surnaturel, comme de chaque chose, institution, doctrine, opinion, métier, les parties basses ont toujours fait tort aux parties supérieures.

Études littéraires, XVIᵉ siècle, Calvin

4980 L'invention du christianisme, c'est l'infini. Au point de vue moral, il a apporté d'autres choses au monde ; au point de vue philosophique, il a apporté cette idée-là.

Études littéraires, XVIᵉ siècle, Ronsard

4981 Ce beau désordre, installé par Ronsard, proscrit par Malherbe, réhabilité et consacré par Boileau, a été une plaie de notre littérature lyrique. Rien n'étant plus contraire à l'esprit français, quand les Français s'y livrent, c'est qu'ils s'y efforcent, et il n'y a rien de plus gauche que le désordre prémédité.

Georges SOREL 1847-1922

Réflexions sur la violence (Marcel Rivière)
introduction

4982 La légende du Juif errant est le symbole des plus hautes aspirations de l'humanité, condamnée à marcher toujours sans connaître le repos.

4983 Vous savez, aussi bien que moi, que ce qu'il y a de meilleur dans la conscience moderne est le tourment de l'infini.

chap. 1

4984 La conservation d'un langage marxiste par des gens devenus complètement étrangers à la pensée de Marx, constitue un grand malheur pour le socialisme.

(Réflexions sur la violence) chap. 2

4985 Non seulement la violence prolétarienne peut assurer la révolution future, mais encore elle semble être le seul moyen dont disposent les nations européennes, abruties par l'humanitarisme, pour retrouver leur ancienne énergie. Cette violence force le capitalisme à se préoccuper uniquement de son rôle matériel et tend à lui rendre les qualités belliqueuses qu'il possédait autrefois.

chap. 3

4986 Les députés socialistes trouveraient peu d'électeurs s'ils ne parvenaient à convaincre le grand public qu'ils sont des gens très raisonnables, fort ennemis des anciennes violences et uniquement occupés à méditer sur la philosophie du droit futur.

chap. 4

4987 Il importe peu que la grève générale soit une réalité partielle, ou seulement une production de l'imagination populaire. Toute la question est de savoir si la grève générale contient bien tout ce qu'attend la doctrine socialiste du prolétariat révolutionnaire.

4988 Plus la politique des réformes sociales deviendra prépondérante, plus le socialisme éprouvera le besoin d'opposer au tableau du progrès qu'elle s'efforce de réaliser, le tableau de la catastrophe totale que la grève générale fournit d'une manière vraiment parfaite.

4989 La révolution apparaît comme une pure et simple révolte et nulle place n'est réservée aux sociologues, aux gens du monde amis des réformes sociales, aux intellectuels qui ont embrassé la *profession de penser pour le prolétariat.*

4990 La science est pour la bourgeoisie un moulin qui produit des solutions pour tous les problèmes qu'on se pose : la science n'est plus considérée comme une manière perfectionnée de connaître, mais seulement comme une recette pour se procurer certains avantages.

chap. 7

4991 La grève générale, tout comme les guerres de la Liberté, est la manifestation la plus éclatante de la *force individualiste dans des masses soulevées.*

4992 C'est à la violence que le socialisme doit les hautes valeurs morales par lesquelles il apporte le salut au monde moderne.

Paul GAUGUIN 1848-1903

Lettre à Daniel de Monfreid

4993 Le métier vient tout seul, malgré soi, avec l'exercice, et d'autant plus facilement qu'on pense à autre chose que le métier.

Joris-Karl HUYSMANS 1848-1907

À rebours (Fasquelle)
chap. 2

4994 Est-ce qu'il existe, ici-bas, un être conçu dans les joies d'une fornication et sorti des douleurs d'une matrice dont le modèle, dont le type soit plus éblouissant, plus splendide que celui de ces deux locomotives adoptées sur la ligne du chemin de fer du Nord [...] A coup sûr, on peut le dire: l'homme a fait, dans son genre, aussi bien que le Dieu auquel il croit.

chap. 12

4995 Baudelaire était allé plus loin; il était descendu jusqu'au fond de l'inépuisable mine, s'était engagé à travers des galeries abandonnées ou inconnues, avait abouti à ces districts de l'âme où se ramifient les végétations monstrueuses de la pensée.
Là, près de ces confins où séjournent les aberrations et les maladies, le tétanos mystique, la fièvre chaude de la luxure, les typhoïdes et les vomitos du crime, il avait trouvé, couvant sous la morne cloche de l'Ennui, l'effrayant retour d'âge des sentiments et des idées.

chap. 14

4996 En un mot, le poème en prose représentait, pour des Esseintes, le suc concret, l'Osmazome de la littérature, l'huile essentielle de l'art.

Là-bas (Plon)
chap. 1

4997 — Je ne reproche au naturalisme ni ses termes de pontons, ni son vocabulaire de latrines et d'hospices, car ce serait injuste et ce serait absurde; d'abord, certains sujets les hèlent, puis avec des gravats d'expressions et du brai de mots, l'on peut exhausser d'énormes et de puissantes œuvres, l'*Assommoir*, de Zola, le prouve; non, la question est autre; ce que je reproche au naturalisme, ce n'est pas le lourd badigeon de son gros style; c'est l'immondice de ses idées; ce que je lui reproche, c'est d'avoir incarné le matérialisme dans la littérature, d'avoir glorifié la démocratie de l'art!

4998 Il faudrait, se disait-il, garder la véracité du document, la présicion du détail, la langue étoffée et nerveuse du réalisme, mais il faudrait aussi se faire puisatier d'âme et ne pas vouloir expliquer le mystère par les maladies des sens ; le roman, si cela se pouvait, devrait se diviser de lui-même en deux parts, néanmoins soudées ou plutôt confondues, comme elles le sont dans la vie, celle de l'âme, celle du corps, et s'occuper de leurs réactifs, de leurs conflits, de leur entente. Il faudrait en un mot, suivre la grande voie si profondément creusée par Zola, mais il serait nécessaire aussi de tracer en l'air un chemin parallèle, une autre route, d'atteindre les en deçà et les après, de faire, en un mot, un naturalisme spiritualiste ; ce serait autrement fier, autrement complet, autrement fort !

4999 Mais où il [l'argent] devient vraiment monstrueux, c'est lorsque, cachant l'éclat de son nom sous le voile noir d'un mot, il s'intitule le capital. Alors son action ne se limite plus à des incitations individuelles, à des conseils de vols et de meurtres, mais elle s'étend à l'humanité tout entière.

chap. 2

5000 A l'heure actuelle, dans le raclage têtu des vieux cartons, l'histoire ne sert plus qu'à étancher les soifs littéraires des hobereaux qui préparent ces rillettes de tiroirs auxquelles l'Institut décerne, en salivant, ses médailles d'honneur et ses grands prix.

chap. 8

5001 On peut l'affirmer : la société n'a fait que déchoir depuis les quatre siècles qui nous séparent du Moyen Age.

chap. 12

5002 L'édition des vertus et des vices est une édition *ne varietur*. L'on ne peut inventer de nouveaux péchés, mais l'on n'en perd pas.

chap. 14

5003 Aimer sans espoir, à blanc, ce serait parfait s'il ne fallait pas compter avec les intempéries de sa cervelle !

5004 Le cœur qui est réputé la partie noble de l'homme a la même forme que le pénis qui en est, soi-disant, la partie vile ; c'est très symbolique, car tout amour de cœur finit par l'organe qui lui ressemble. L'imagination humaine, lorsqu'elle se mêle d'animer des êtres d'artifice, en est réduite à reproduire les mouvements des animaux qui se propagent. Vois les machines, le jeu des pistons dans les cylindres ; ce sont dans des Juliette en fonte des Roméo d'acier [...]

chap. 16

5005 Vraiment, quand j'y songe, la littérature n'a qu'une raison d'être, sauver celui qui la fait du dégoût de vivre !

En route (Plon)
première partie, chap. 1

5006 Ah ! la vraie preuve du catholicisme, c'était cet art qu'il avait fondé, cet art que nul n'a surpassé encore ! c'était, en peinture et en sculpture les Primitifs ; les mystiques dans les poésies et dans les proses ; en musique, c'était le plain-chant ; en architecture, c'était le roman et le gothique.

chap. 3

5007 Les ordres contemplatifs sont les paratonnerres de la société.

deuxième partie, chap. 2

5008 L'ignorance du clergé, son manque d'éducation, son inintelligence des milieux, son mépris de la mystique, son incompréhension de l'art, lui ont enlevé toute influence sur le patriciat des âmes. Il n'agit plus que sur les cervelles infantiles des bigotes et des mômiers ; et, c'est sans doute providentiel, c'est sans doute mieux ainsi, car s'il devenait le maître, s'il parvenait à hisser, à vivifier la désolante tribu qu'il gère, ce serait la trombe de la bêtise cléricale s'abattant sur un pays, ce serait la fin de toute littérature, de tout art en France.

chap. 5

5009 L'âme est une sorte d'aérostat qui ne peut monter, atteindre ses fins dernières dans l'espace, qu'en jetant son lest.

chap. 6

5010 Toute partie d'église, tout objet matériel servant au culte est la traduction d'une vérité théologique. Dans l'architecture scripturale, tout est souvenir, tout est écho et reflet, et tout se tient.

chap. 13

5011 Au moment de la conversion, c'est le printemps ; l'âme est en liesse et le Christ sème en elle ses graines ; puis viennent le froid et l'obscurité ; l'âme terrifiée se croit abandonnée et se plaint, mais sans qu'elle le sente, pendant ces épreuves de la vie purgative, les graines germent sous la neige ; elles lèvent dans la douceur contemplative des automnes, fleurissent enfin dans la vie unitive des étés.

5012 [...] chacun doit être l'aide-jardinier de sa propre âme...

L'Oblat (Plon), chap. V

5013 [...] le démon ne peut rien sur la volonté, très peu sur l'intelligence et tout sur l'imagination.

chap. 13

5014 La liturgie est un terrain d'alluvions ; chaque siècle y joint un apport qui change selon l'esprit dont il est lui-même imbu.

(L'Oblat, chap. 13)
5015 Le bréviaire est une sorte de géologie ecclésiale.

Octave MIRBEAU 1848-1917

Le Journal d'une femme de chambre (Fasquelle)
chap. 2

5016 Voilà de l'argent qui n'est guère propre, si tant est qu'il y en ait qui le soit... Pour moi, c'est bien simple, je n'ai vu que du sale argent et que de mauvais riches.

chap. 5

5017 [...] dans ce milieu, on ne commence à être âme qu'à partir de cent mille francs de rentes.

chap. 6

5018 [...] moi aussi, bien sûr, je suis pour l'armée, pour la patrie, pour la religion et contre les juifs... Qui donc, parmi nous, les gens de maison, [...] ne professe pas ces chouettes doctrines?...

chap. 8

5019 Si infâmes que soient les canailles, ils ne le sont jamais autant que les honnêtes gens.

chap. 17

5020 Chez moi, tout crime — le meurtre principalement — a des correspondances secrètes avec l'amour.

Ferdinand BRUNETIÈRE 1849-1906

Questions de critique (Calmann-Lévy)
Le Code civil et le théâtre

5021 Non seulement dans l'histoire ou dans la critique, cela va sans dire, mais dans la poésie même, peut-être, mais dans le roman, et surtout au théâtre, je ne connais pas d'écrivain vraiment digne de ce nom qui ne se soit plus ou moins proposé de « prouver » quelque chose, et qui n'ait soutenu, par conséquent, avec une fortune plus ou moins heureuse, ce que l'on appelle une « thèse ».

Questions de critique, Théophile Gautier

5022 En art, comme en science, et autre part encore, la vérité, une fois trouvée, devient vite anonyme, et c'est l'erreur, assez souvent, qui perpétue dans la mémoire des hommes le renom de ses inventeurs.

5023 Ce n'est pas [...] une mauvaise chose qu'il y ait des écrivains, ou des poètes du moins, qui ne se soucient que de leur poésie, ou, comme ils disent maintenant, que de leur « écriture ».

Questions de critique, La littérature personnelle

5024 Si je ne craignais que le mot n'eût l'air d'une raillerie, [...] je dirais volontiers que pour faire un grand poète lyrique, il y faut beaucoup d'autres qualités sans doute, mais qu'il en est une sans laquelle toutes les autres sont stériles, — et c'est tout simplement l'égoïsme.

Georges de PORTO-RICHE 1849-1930

Le Passé (Ollendorf-Albin Michel), acte I, scène 4

5025 [...] un diplomate qui s'amuse est moins dangereux qu'un diplomate qui travaille.

Bonheur manqué

5026 J'aurai peut-être un nom dans l'histoire du cœur.

Jean RICHEPIN 1849-1926

La Chanson des gueux (Fasquelle)
préface

5027 Ce livre est non seulement un mauvais livre, mais une mauvaise action.

La Chanson des gueux, Ballade du roi des gueux

5028 Venez à moi, claquepatins[1],
Loqueteux, joueurs de musettes,
Clampins[2], loupeurs[3], voyous, catins,
[...]
Je suis du pays dont vous êtes:
Le poète est le *Roi* des Gueux.

La Chanson des gueux
Gueux des champs, Chansons de mendiants, Les vrais gueux

5029 Qui qu'est gueux?
C'est-il nous
Ou ben ceux
Qu'a de sous?

La Chanson des gueux, Tristesse des bêtes

5030 Ah! la nuit! C'est la nasse
Que la Mort tous les soirs tend par où nous passons,
Et qui tous les matins est pleine de poissons.

---

1. traînards.
2. fainéants.
3. vagabonds.

La Chanson des gueux
Gueux de Paris, Les quatre saisons, première gelée

5031 Voici venir l'Hiver, tueur des pauvres gens.

La Chanson des gueux, La fin des gueux

5032 La rime est un jupon, je m'amuse à la suivre.

Pierre LOTI 1850-1923

Les Désenchantées (Calmann-Lévy), XIII

5033 Guerre aux institutrices, aux professeurs transcendants, à tous ces livres qui élargissent le champ de l'angoisse humaine. Retour à la paix heureuse des aïeules.

Quelques aspects du vertige mondial (Flammarion)
Un petit monde que n'ont pas atteint nos vertiges

5034 Oh! l'éternelle dérision que ce besoin d'embrasser et d'étreindre qui nous talonne tous, qui parfois nous semblerait presque un appel divin, un élan sublime pour fondre deux âmes en une seule, mais qui n'est plutôt que le piège grossier de la matière toujours obstinée à se reproduire.

Quelques aspects du vertige mondial
Une demi-douzaine de constatations

5035 Le cochon n'est devenu sale que par suite de ses fréquentations avec l'homme. A l'état sauvage, c'est un animal très propre.

Guy de MAUPASSANT 1850-1893

Les Dimanches d'un bourgeois de Paris

5036 Si la guerre est une chose horrible, le patriotisme ne serait-il pas l'idée-mère qui l'entretient?

Mont-Oriol, I, 3

5037 Une œuvre d'art n'est supérieure que si elle est, en même temps, un symbole et l'expression exacte d'une réalité.

Moiron

5038 Dieu, [...] c'est un massacreur. Il lui faut tous les jours des morts [...] Et il se paie des guerres de temps en temps [...]

Le Horla

5039 Ces profondes et délicates racines qui attachent un homme à la terre où sont nés et morts ses aïeux, qui l'attachent à ce que l'on pense et à ce que l'on mange, aux usages comme aux nourritures, aux locutions locales, aux intonations des paysans, aux odeurs du sol, des villages et de l'air lui-même [...]

Pierre et Jean, préface

5040 Quels sont [...] les caractères essentiels du critique ?
Il faut que, sans parti pris, sans opinions préconçues, sans idée d'école, sans attaches avec aucune famille d'artistes, il comprenne, distingue et explique toutes les tendances les plus opposées, les tempéraments les plus contraires, et admette les recherches d'art les plus diverses.

5041 Le talent provient de l'originalité, qui est une manière spéciale de penser, de voir, de comprendre et de juger.

5042 Si le Romancier d'hier choisissait et racontait les crises de la vie, les états aigus de l'âme et du cœur, le Romancier d'aujourd'hui écrit l'histoire du cœur, de l'âme et de l'intelligence à l'état normal.

5043 Le réaliste, s'il est un artiste, cherchera, non pas à nous montrer la photographie banale de la vie, mais à nous en donner la vision plus complète, plus saisissante, plus probante que la réalité même.

5044 Raconter tout serait impossible.

5045 Faire vrai consiste [...] à donner l'illusion complète du vrai, suivant la logique ordinaire des faits, et non à les transcrire servilement dans le pêle-mêle de leur succession.
J'en conclus que les Réalistes de talent devraient s'appeler plutôt des Illusionnistes.

5046 Nos yeux, nos oreilles, notre odorat, notre goût diffèrent, créent autant de vérités qu'il y a d'hommes sur la terre.

5047 Chacun de nous se fait [...] simplement une illusion du monde, illusion poétique, sentimentale, joyeuse, mélancolique, sale ou lugubre suivant sa nature. Et l'écrivain n'a d'autre mission que de reproduire fidèlement cette illusion avec tous les procédés d'art qu'il a appris et dont il peut disposer.

5048 Les grands artistes sont ceux qui imposent à l'humanité leur illusion particulière.

5049 La moindre chose contient un peu d'inconnu. Trouvons-le.

5050 Quelle que soit la chose qu'on veut dire, il n'y a qu'un mot pour l'exprimer, qu'un verbe pour l'animer et qu'un adjectif pour la qualifier.

5051 La langue française [...] est une eau pure que les écrivains maniérés n'ont jamais pu et ne pourront jamais troubler.

(Pierre et Jean) chap. 5

5052 Le baiser frappe comme la foudre, l'amour passe comme un orage, puis la vie, de nouveau, se calme comme le ciel, et recommence ainsi qu'avant. Se souvient-on d'un nuage?

Fort comme la mort, II, 1

5053 On finirait par devenir fou, ou par mourir, si on ne pouvait pas pleurer.

2

5054 Quand on est jeune, on peut être amoureux de loin, par lettres, par pensées, par exaltation pure, peut-être parce qu'on sent la vie devant soi, peut-être aussi parce qu'on a plus de passion que de besoins du cœur; à mon âge, au contraire, l'amour est devenu une habitude d'infirme, c'est un pansement de l'âme, qui, ne battant plus que d'une aile, s'envole moins dans l'idéal.

Notre cœur, II, 5

5055 La parole éblouit et trompe, parce qu'elle est mimée par le visage, parce qu'on la voit sortir des lèvres, et que les lèvres plaisent et que les yeux séduisent. Mais, les mots noirs sur le papier blanc, c'est l'âme toute nue.

5056 Aimer beaucoup, comme c'est aimer peu! On aime, rien de plus, rien de moins.

Léon BOURGEOIS 1851-1925

Solidarité (Armand Colin)
I, Solidarité, chap. 1

5057 Les partis sont toujours en retard sur les idées.

chap. 4

5058 L'homme naît débiteur de l'association humaine.

II, Solidarité, Justice, Liberté, chap. 1

5059 Trois faits essentiels nous apparaissent tout d'abord:
1° L'homme vit dans un état de solidarité naturelle et nécessaire avec tous les hommes. C'est la condition de la *vie;*
2° La société humaine ne se développe que par la liberté de l'individu. C'est la condition du *progrès;*
3° L'homme conçoit et veut la justice. C'est la condition de l'*ordre.*

III, L'idée de solidarité et ses conséquences sociales, chap. 2

5060 La liberté de l'homme commence à la libération de sa dette sociale.

Aristide BRUANT 1851-1925

Dans la rue (Seghers)
tome I, V'là l'choléra qu'arrive

5062 L'bon Dieu, du haut du Sacré-Cœur,
Chante, avec tout'sa clique,
Et les cagots reprenn'nt en chœur :
Crève la République !!!

tome I, Belleville-Ménilmontant

5063 Papa c'était un lapin
Qui s'app'lait J.-B. Chopin
Et qu'avait son domicile
A Bell'ville [...]
On l'a mis dans d'la terr'glaise,
Pour un prix exorbitant,
Tout en haut du Pèr'-Lachaise,
A Ménilmontant [...]

tome I, À la Bastille

5064 Alle a pas encore eu d'amant,
Alle a qu'son père et sa maman,
C'est ell' qui soutient la famille,
A la Bastille.

tome II, Pus d'patrons

5065 C'est d'un' simplicité biblique,
D'abord faut pus d'gouvernement,
Pis faut pus non pus d'République [...]

tome II, Nini-Peau-d'chien

5066 A la Bastille
On aime bien
Nini-Peau d'chien :
Alle est si bonne et si gentille [...]

Jules LAGNEAU 1851-1894

De l'existence de Dieu (P.U.F.)
I

5067 Agir en s'élevant au-dessus de soi, c'est aimer, car il est impossible d'agir sans but ; mais une action qui ne tend qu'à un but sensible, à un but égoïste, comme le bonheur, n'est pas une action véritable. Autrement dit, l'acte réel, véritable, c'est l'acte de l'amour.

5061 Le trust, c'est du collectivisme au profit d'un seul. A ce compte, j'aimerais mieux l'autre, qui serait, dit-on, au profit de tout le monde.

(De l'existence de Dieu, I)

5068 La réalité de Dieu serait purement illusoire si elle ne consistait dans l'excédent de la pensée sur les choses. Dieu, c'est, non pas l'impossible, mais c'est la raison de l'impossible.

IV

5069 Démontrer l'existence de Dieu est impossible en un sens, mais il y a impossibilité, pour la pensée, de se justifier elle-même à ses propres yeux si elle ne pose Dieu.

5070 Nous sommes donc amenés à attribuer à Dieu un mode de réalité qui n'est ni l'existence, puisque l'existence la présuppose, ni, pour la même raison, l'être. Cette réalité absolue, de laquelle tout dépend et qui ne dépend de rien, peut, en un sens, être définie par la liberté.

V

5071 Être ou ne pas être, soi et toutes choses, il faut choisir.

Célèbres leçons de Jules Lagneau (P.U.F.)
I, Évidence et certitude

5072 Pour un esprit qui n'agirait pas, tout serait objet de doute ; rien ne serait certain. Mais cet esprit n'existe pas : le frein du scepticisme est dans la nature, dans l'impulsion qui nous pousse naturellement à l'action.

5073 L'action vraie, c'est l'action contre la nature, contre l'égoïsme.

II

5074 L'étendue est la marque de ma puissance. Le temps est la marque de mon impuissance.

III

5075 Comment la pensée comprendrait-elle le déterminisme si elle n'y échappait pas ? Ce qui pense doit être d'une autre nature que ce qui est pensé.

Germain NOUVEAU 1851-1920

Sonnets du Liban (Gallimard), Musulmanes

5076 Frère, n'est-ce pas là la femme que tu veux :
Complètement pudique, absolument obscène,
Des racines des pieds aux pointes de cheveux ?

Valentines, La maxime

5077 La Rochefoucauld dit, Madame,
Qu'on ne doit pas parler de soi,
Ni ?.. ni ?.. de ?.. de ?.. sa ?.. sa ?.. sa femme.

Valentines, Sphinx

5078 Toutes les femmes sont des fêtes,
Toutes les femmes sont parfaites.

Valentines, Le refus

5079 Or, je ne suis pas pédéraste ;
Que serait-ce si je l'étais !

Valentines, Dernier madrigal

5080 Tout simplement que l'on m'enterre,
En faisant un trou... dans ma Mère [...]

Poèmes (1885-1918), Memorare

5081 J'ai fait à Dieu d'horribles guerres.

Paul BOURGET 1852-1935

Le Disciple (Plon)
À un jeune homme

5082 Le suffrage universel, la plus monstrueuse et la plus inique des tyrannies, — car la force du nombre est la plus brutale des forces, n'ayant même pas pour elle l'audace et le talent.

IV, Confession d'un jeune homme d'aujourd'hui

5083 Les natures abstraites sont plus incapables que les autres de résister à la passion, lorsque cette passion s'éveille, peut-être parce que le rapport quotidien entre l'action et la pensée est brisé en elles.

5084 Le langage a été créé par des hommes faits pour exprimer des idées et des sentiments d'hommes faits.

5085 Respectons-nous le joueur qui passe dix fois de suite à la roulette avec la rouge ou la noire ? Hé bien ! Dans cette loterie hasardeuse de l'univers, la vertu et le vice, c'est la rouge et la noire. Une honnête fille et un joueur heureux ont juste autant de mérite.

L'Émigré (Plon), chap. 2

5086 Vérité sociale profonde : il n'y a d'accroissement de la force d'un pays, que si les efforts des générations s'additionnent, si les vivants se considèrent comme des usufruitiers entre leurs morts et leurs descendants.

Le Démon de midi (Plon)

5087 Il faut vivre comme on pense, sans quoi l'on finira par penser comme on a vécu.

Essais de psychologie contemporaine (Plon)
tome I, Charles Baudelaire

5088 Un style de décadence est celui où l'unité du livre se décompose pour laisser place à l'indépendance de la page, où la page se décompose pour laisser place à l'indépendance de la phrase, et la phrase pour laisser place à l'indépendance du mot.

tome I, M. Taine

5089 Tout système — l'histoire nous le démontre — se rattache par le plus étroit lien aux autres productions de l'époque dans laquelle il a paru.

tome I, Stendhal

5090 L'homme, en se civilisant, n'a-t-il fait vraiment que compliquer sa barbarie et raffiner sa misère ?

tome II, Edmond et Jules de Goncourt

5091 Se découvrir un style, c'est tout simplement avoir le courage de noter les mouvements de son *moi*.

Jules LEMAITRE 1853-1914

En marge des vieux livres (Hatier)
Ire série, 1905 (Contes)

5092 Le jour où il sera dûment constaté que tous les hommes sont bons et qu'ils sont égaux en vertus et en lumières, je prie celui de mes successeurs qui régnera à cette époque d'abdiquer le pouvoir et d'établir dans ce pays le suffrage universel et la République parlementaire.

Vincent VAN GOGH 1853-1890

Lettres (Gallimard / Grasset)
à son frère Théo, juillet 1880

5093 Loin du pays, j'ai souvent le mal du pays pour le pays des tableaux.

5094 Quelqu'un aurait assisté pour un peu de temps seulement aux cours gratuits de la grande université de la misère, et aurait fait attention aux choses qu'il voit de ses yeux, et qu'il entend de ses oreilles, et aurait réfléchi là-dessus, il finira aussi par croire et il en apprendrait peut-être plus long qu'il ne saurait dire. Cherchez à comprendre le dernier mot de ce que disent dans leurs chefs-d'œuvre les grands artistes, les maîtres sérieux, il y aura Dieu là-dedans.

mai 1888

5095 Même cette vie artistique, que nous savons ne pas être *la* vraie, me paraît si vivante et ce serait ingrat que de ne pas s'en contenter.

mai 1889

5096 La folie est salutaire pour cela, qu'on devient peut-être moins exclusif.

début juillet 1889

5097 Apprendre à souffrir sans se plaindre, apprendre à considérer la douleur sans répugnance, c'est justement un peu là qu'on risque le vertige [...]

été 1889

5098 Mon brave, n'oublions pas que les petites émotions sont les grands capitaines de nos vies et qu'à celles-là nous y obéissons sans le savoir.

Henri POINCARÉ 1854-1912

La Science et l'hypothèse (Flammarion)
introduction

5099 Douter de tout ou tout croire, ce sont deux solutions également commodes, qui l'une et l'autre nous dispensent de réfléchir.

chap. 2

5100 L'esprit n'use de sa faculté créatrice que quand l'expérience lui en impose la nécessité.

chap. 3

5101 Les axiomes géométriques ne sont donc ni des jugements synthétiques *a priori* ni des faits expérimentaux.
Ce sont des *conventions*.

5102 Une géométrie ne peut pas être plus vraie qu'une autre ; elle peut seulement être *plus commode*.
Or la géométrie euclidienne est et restera la plus commode.

chap. 8

5103 Il y a un demi-siècle [...] on proclamait que la nature aime la simplicité ; elle nous a donné depuis trop de démentis. Aujourd'hui on n'avoue plus cette tendance et on n'en conserve que ce qui est indispensable pour que la science ne devienne pas impossible.

chap. 9

5104 Le savant doit ordonner ; on fait la science avec des faits comme une maison avec des pierres ; mais une accumulation de faits n'est pas plus une science qu'un tas de pierres n'est une maison.

Dernières pensées (Flammarion)
chap. 8

5105 Il ne peut pas y avoir de morale scientifique ; mais il ne peut pas non plus y avoir de science immorale.

(Dernières pensées) appendice III
5106 La liberté est pour la Science ce que l'air est pour l'animal.

Arthur RIMBAUD 1854-1891

Poésies, Sensation

5107 Par les soirs bleus d'été, j'irai dans les sentiers,
Picoté par les blés, fouler l'herbe menue.

5108 Et j'irai loin, bien loin, comme un bohémien,
Par la Nature, — heureux comme avec une femme.

Poésies, Soleil et Chair, I

5109 Et tout croît, et tout monte!
— O Vénus, ô Déesse!

5110 Son double sein versait dans les immensités
Le pur ruissellement de la vie infinie.

5111 — Et pourtant, plus de dieux! plus de dieux! l'Homme est Roi,
L'Homme est Dieu!

II

5112 La Femme ne sait plus même être courtisane!

III

5113 Si les temps revenaient, les temps qui sont venus!
— Car l'Homme a fini! l'Homme a joué tous les rôles!

5114 Singes d'hommes tombés de la vulve des mères,
Notre pâle raison nous cache l'infini!

Poésies, Ophélie, II

5115 Ciel! Amour! Liberté! Quel rêve, ô pauvre Folle!
Tu te fondais à lui comme une neige au feu.

Poésies, Le forgeron

5116 « Non. Ces saletés-là datent de nos papas!
Oh! Le Peuple n'est plus une putain [...] »

5117 Nous nous sentions si forts, nous voulions être doux!

5118 Nous sommes Ouvriers, Sire! Ouvriers! Nous sommes
Pour les grands temps nouveaux où l'on voudra savoir,
Où l'Homme forgera du matin jusqu'au soir,
Chasseur des grands effets, chasseur des grandes causes,
Où, lentement vainqueur, il domptera les choses
Et montera sur Tout, comme sur un cheval!

Poésies, Roman, I
5119 On n'est pas sérieux, quand on a dix-sept ans.

II
5120 Nuit de juin! Dix-sept ans! — On se laisse griser.
La sève est du champagne et vous monte à la tête...

Poésies, Le mal
5121 — Pauvres morts! dans l'été, dans l'herbe, dans ta joie,
Nature! ô toi qui fis ces hommes saintement!... —

Poésies, Le dormeur du val
5122 C'est un trou de verdure où chante une rivière [...]

5123 Nature, berce-le chaudement: il a froid.

Les parfums ne font pas frissonner sa narine;
Il dort dans le soleil, la main sur sa poitrine
Tranquille. Il a deux trous rouges au côté droit.

Poésies, Ma bohème (fantaisie)
5124 Mon paletot aussi devenait idéal;
J'allais sous le ciel, Muse! et j'étais ton féal;
Oh! là là! que d'amours splendides j'ai rêvées!

Poésies, Oraison du soir
5125 Tels que les excréments chauds d'un vieux colombier,
Mille Rêves en moi font de douces brûlures [...]

Poésies, Mes petites amoureuses
5126 O mes petites amoureuses,
Que je vous hais!

Poésies, Les poètes de sept ans
5127 C'était bon. Elle avait le bleu regard, — qui ment!

5128 Des rêves l'oppressaient chaque nuit dans l'alcôve.
Il n'aimait pas Dieu; mais les hommes, qu'au soir fauve,
Noirs, en blouse, il voyait rentrer dans le faubourg [...]

Poésies, Les pauvres à l'église
5129 Une prière aux yeux et ne priant jamais [...]

Poésies, Le cœur volé
5130 O flots abracadabrantesques,
Prenez mon cœur, qu'il soit lavé!
Ithyphalliques et pioupiesques
Leurs quolibets l'ont dépravé!

Poésies, L'orgie parisienne ou Paris se repeuple

5131 Syphilitiques, fous, rois, pantins, ventriloques,
Qu'est-ce que ça peut faire à la putain Paris,
Vos âmes et vos corps, vos poisons et vos loques?
Elle se secouera de vous, hargneux pourris!

5132 [...] quoiqu'on n'ait fait jamais d'une cité
Ulcère plus puant à la Nature verte,
Le Poète te dit: « Splendide est ta Beauté! »

L'orage te sacra suprême poésie.

Poésies, Les mains de Jeanne-Marie

5133 Elles ont pâli, merveilleuses,
Au grand soleil d'amour chargé,
Sur le bronze des mitrailleuses
A travers Paris insurgé!

Poésies, Les sœurs de charité

5134 Mais, ô Femme, monceau d'entrailles, pitié douce,
Tu n'es jamais la Sœur de charité, jamais,
Ni regard noir, ni ventre où dort une ombre rousse,
Ni doigts légers, ni seins splendidement formés.

5135 O Mort mystérieuse, ô sœur de charité!

Poésies, Voyelles

5136 A noir, E blanc, I rouge, U vert, O bleu: voyelles,
Je dirai quelque jour vos naissances latentes.

Poésies, Les premières communions, IX

5137 Christ! ô Christ, éternel voleur des énergies,
Dieu qui pour deux mille ans vouas à ta pâleur,
Cloués au sol, de honte et de céphalalgies,
Ou renversés, les fronts des femmes de douleur.

Poésies, Les chercheuses de poux

5138 [...] et leurs doigts électriques et doux
Font crépiter parmi ses grises indolences
Sous leurs ongles royaux la mort des petits poux.

Poésies, Le bateau ivre

5139 Comme je descendais des Fleuves impassibles,
Je ne me sentis plus guidé par les haleurs [...]

5140 Et dès lors, je me suis baigné dans le Poème
De la Mer, infusé d'astres, et lactescent,
Dévorant les azurs verts; où, flottaison blême
Et ravie, un noyé pensif parfois descend.

5141 [...] je sais le soir,
L'Aube exaltée ainsi qu'un peuple de colombes,
Et j'ai vu quelquefois ce que l'homme a cru voir!

5142 J'ai heurté, savez-vous, d'incroyables Florides
Mêlant aux fleurs des yeux de panthères à peaux
D'hommes! Des arcs-en-ciel tendus comme des brides [...]

5143 Je regrette l'Europe aux anciens parapets!

5144 — Est-ce en ces nuits sans fonds que tu dors et t'exiles,
Million d'oiseaux d'or, ô future Vigueur?

5145 Mais, vrai, j'ai trop pleuré! Les Aubes sont navrantes,
Toute lune est atroce et tout soleil amer [...]

5146 O que ma quille éclate! O que j'aille à la mer!

*Lettre du baron de Petdechèvre
à son secrétaire au château de Saint-Magloire*

5147 — Et la gauche? — La gauche!... qu'est-ce que c'est que ça, la gauche, Voyons, Anatole [...]

5148 Versailles est un faubourg de Paris et pourtant ce n'est plus Paris. Tout est là. Être et ne pas être à Paris.

*Derniers vers, Fêtes de la patience
1, Bannières de mai*

5149 Mais moi je ne veux rire à rien;
Et libre soit cette infortune.

2, Chanson de la plus haute tour

5150 Ah! Que le temps vienne
Où les cœurs s'éprennent.

3, L'éternité

5151 Elle est retrouvée.
Quoi? — L'Éternité.
C'est la mer allée
Avec le soleil.

5152 Science avec patience,
Le supplice est sûr.

Derniers vers, Fêtes de la faim

5153 Si j'ai du *goût*, ce n'est guères
Que pour la terre et les pierres.

Fêtes de la faim, « Qu'est-ce pour nous, mon cœur... »

5154 Oh! mes amis! — Mon cœur, c'est sûr, ils sont des frères:
Noirs inconnus, si nous allions! Allons! Allons!

5155 Ce n'est rien: j'y suis, j'y suis toujours.

Fêtes de la faim, « O saisons, ô châteaux... »

5156 O saisons, ô châteaux,
Quelle âme est sans défauts?

Les Déserts de l'amour, avertissement

5157 N'ayant pas aimé de femmes, — quoique plein de sang! — il eut son âme et son cœur, toute sa force, élevés en des erreurs étranges et tristes.

Une saison en enfer, « Jadis, si je me souviens bien »

5158 Un soir, j'ai assis la Beauté sur mes genoux. — Et je l'ai trouvée amère. — Et je l'ai injuriée.

5159 Le malheur a été mon dieu. Je me suis allongé dans la boue. Je me suis séché à l'air du crime. Et j'ai joué de bons tours à la folie.

Une saison en enfer, Mauvais sang

5160 J'ai de mes ancêtres gaulois l'œil bleu blanc, la certitude étroite, et la maladresse dans la lutte.

5161 J'ai horreur de tous les métiers. Maîtres et ouvriers, tous paysans, ignobles. La main à plume vaut la main à charrue. — Quel siècle à mains! — Je n'aurai jamais ma main.

5162 Je ne me souviens pas plus loin que cette terre-ci et le christianisme.

5163 Me voici sur la plage armoricaine. Que les villes s'allument dans le soir. Ma journée est faite; je quitte l'Europe.

5164 J'aurai de l'or: je serai oisif et brutal. Les femmes soignent ces féroces infirmes retour des pays chauds.

5165 On ne part pas.

5166 La vie dure, l'abrutissement simple — soulever, le poing desséché, le couvercle du cercueil, s'asseoir, s'étouffer. Ainsi point de vieillesse, ni de dangers: la terreur n'est pas française.

5167 Je n'ai jamais été de ce peuple-ci; je n'ai jamais été chrétien je suis de la race qui chantait dans le supplice.

5168 Je suis une bête, un nègre. Mais je puis être sauvé. Vous êtes de faux nègres, vous maniaques, féroces, avares. Marchand, tu es nègre ; magistrat, tu es nègre ; général, tu es nègre ; empereur, vieille démangeaison, tu es nègre : tu as bu d'une liqueur non taxée, de la fabrique de Satan.

Une saison en enfer, Nuit de l'enfer

5169 Je me crois en enfer, donc j'y suis.

5170 Je suis esclave de mon baptême. Parents, vous avez fait mon malheur et vous avez fait le vôtre.

Une saison en enfer, Délires, I, Vierge folle

5171 « Quelle vie ! La vraie vie est absente. Nous ne sommes pas au monde. »

5172 Il dit : « Je n'aime pas les femmes. L'amour est à réinventer, on le sait ».

5173 « Il a peut-être des secrets pour *changer la vie ?* »

II, Alchimie du verbe

5174 J'aimais les peintures idiotes, dessus de portes, décors, toiles de saltimbanques, enseignes, enluminures populaires ; la littérature démodée, latin d'église, livres érotiques sans orthographe, romans de nos aïeules, contes de fées, petits livres de l'enfance, opéras vieux, refrains niais, rythmes naïfs.

5175 J'inventai la couleur des voyelles ! — *A* noir, *E* blanc, *I* rouge, *O* bleu, *U* vert. — Je réglai la forme et le mouvement de chaque consonne, et, avec des rythmes instinctifs, je me flattai d'inventer un verbe poétique accessible, un jour ou l'autre, à tous les sens. Je réservais la traduction.

5176 J'écrivais des silences, des nuits, je notais l'inexprimable. Je fixais des vertiges.

5177 Je devins un opéra fabuleux : je vis que tous les êtres ont une fatalité de bonheur : l'action n'est pas la vie, mais une façon de gâcher quelque force, un énervement. La morale est la faiblesse de la cervelle.

5178 J'étais mûr pour le trépas, et par une route de dangers ma faiblesse me menait aux confins du monde et de la Cimmérie, patrie de l'ombre et des tourbillons.

5179 Le Bonheur était ma fatalité, mon remords, mon ver : ma vie serait toujours trop immense pour être dévouée à la force et à la beauté.

(Une saison en enfer, Délires, II, Alchimie du verbe)
5180 Cela s'est passé. Je sais aujourd'hui saluer la beauté.

Une saison en enfer, L'impossible

5181 Ah! cette vie de mon enfance, la grande route par tous les temps, sobre naturellement, plus désintéressé que le meilleur des mendiants, fier de n'avoir ni pays, ni amis, quelle sottise c'était.

5182 La nature pourrait s'ennuyer, peut-être! M. Prudhomme est né avec le Christ.

5183 Philosophes, vous êtes de votre Occident.

Une saison en enfer, Matin

5184 Esclaves, ne maudissons pas la vie.

Une saison en enfer, Adieu

5185 Moi! moi qui suis dit mage ou ange, dispensé de toute morale, je suis rendu au sol, avec un devoir à chercher, et la réalité rugueuse à étreindre! Paysan!

5186 Il faut être absolument moderne.

Illuminations (painted plates), Après le déluge

5187 Aussitôt que l'idée du Déluge se fut rassise,
Un lièvre s'arrêta dans les sainfoins et les clochettes mouvantes et dit sa prière à l'arc-en-ciel à travers la toile de l'araignée.

Illuminations, Conte

5188 Il prévoyait d'étonnantes révolutions de l'amour, et soupçonnait ses femmes de pouvoir mieux que cette complaisance agrémentée de ciel et de luxe. Il voulait voir la vérité, l'heure du désir et de la satisfaction essentiels.

Illuminations, Vies, II

5189 Je suis un inventeur bien autrement méritant que tous ceux qui m'ont précédé; un musicien même, qui ai trouvé quelque chose comme la clef de l'amour.

III

5190 Je suis réellement d'outre-tombe, et pas de commissions.

Illuminations, À une raison

5191 Un coup de ton doigt sur le tambour décharge tous les sons et commence la nouvelle harmonie.

Illuminations, Matinée d'ivresse

5192 O *mon* Bien! O *mon* Beau! Fanfare atroce où je ne trébuche point! Chevalet féerique! Hourra pour l'œuvre inouïe et pour le corps merveilleux, pour la première fois! Cela commença sous les rires des enfants, cela finira par eux.

5193 Voici le temps des *Assassins*.

Illuminations, Ville

5194 Je suis un éphémère et point trop mécontent citoyen d'une métropole crue moderne [...]

Illuminations, Aube

5195 J'ai embrassé l'aube d'été.

Illuminations, Barbare

5196 Oh! Le pavillon en viande saignante sur la soie des mers et des fleurs arctiques (elles n'existent pas).

5197 A vendre l'anarchie pour les masses; la satisfaction irrépressible pour les amateurs supérieurs; la mort atroce pour les fidèles et les amants!

Illuminations, Guerre

5198 — Je songe à une Guerre, de droit ou de force, de logique bien imprévue.
C'est aussi simple qu'une phrase musicale.

Illuminations, Démocratie

5199 « Aux centres nous alimenterons la plus cynique prostitution. Nous massacrerons les révoltes logiques.
« Aux pays poivrés et détrempés! — au service des plus monstrueuses exploitations industrielles ou militaires.

5200 Conscrits du bon vouloir nous aurons la philosophie féroce; ignorants pour la science, roués pour le confort; la crevaison pour le monde qui va. C'est la vraie marche. En avant, route! »

Correspondance (Gallimard)
à Théodore de Banville, 24 mai 1870

5201 — C'est que j'aime tous les poètes, tous les bons Parnassiens, — puisque le poète est un Parnassien, — épris de la beauté idéale.

5202 — Je jure, cher maître, d'adorer toujours les deux déesses, Muse et Liberté.

à Georges Izambard, 13 mai 1871

5203 — Je serai un travailleur: c'est l'idée qui me retient quand les colères me poussent vers la bataille de Paris, — où tant de travailleurs meurent pourtant encore tandis que je vous écris! Travailler maintenant, jamais, jamais; je suis en grève.

(Correspondance) à Paul Demeny, 15 mai 1871

5204 On n'a jamais bien jugé le romantisme. Qui l'aurait jugé? Les critiques! Les romantiques? qui prouvent si bien que la chanson est si peu souvent l'œuvre, c'est-à-dire la pensée chantée *et comprise* du chanteur?
Car JE est un autre. Si le cuivre s'éveille clairon, il n'y a rien de sa faute. Cela m'est évident: j'assiste à l'éclosion de ma pensée: je la regarde, je l'écoute: je lance un coup d'archet: la symphonie fait son remuement dans les profondeurs, ou vient d'un bond sur la scène. Si les vieux imbéciles n'avaient pas trouvé du Moi que la signification fausse nous n'aurions pas à balayer ces millions de squelettes qui, depuis un temps infini, ont accumulé les produits de leur intelligence borgnesse, en s'en clamant les auteurs!

5205 Je dis qu'il faut être *voyant*, se faire *voyant*.
Le poète se fait *voyant* par un long, immense et raisonné *dérèglement* de *tous les sens*. Toutes les formes d'amour, de souffrance, de folie; il cherche lui-même, il épuise en lui tous les poisons, pour n'en garder que les quintessences. Ineffable torture où il a besoin de toute la foi, de toute la force surhumaine, où il devient entre tous le grand malade, le grand criminel, le grand maudit, — et le suprême Savant! — Car il arrive à l'*inconnu!* Puisqu'il a cultivé son âme, déjà riche, plus qu'aucun! Il arrive à l'inconnu, et quand, affolé, il finirait par perdre l'intelligence de ses visions, il les a vues! Qu'il crève dans son bondissement par les choses inouïes et innommables: viendront d'autres horribles travailleurs; ils commenceront par les horizons où l'autre s'est affaissé!

5206 Cette langue sera de l'âme pour l'âme, résumant tout, parfums, sons, couleurs, de la pensée accrochant la pensée et tirant. Le poète définirait la quantité d'inconnu s'éveillant en son temps dans l'âme universelle: il donnerait plus — que la formule de sa pensée, que la notation de *sa marche au Progrès!* Enormité devenant norme, absorbée par tous, il serait vraiment *un multiplicateur de progrès!*

5207 Cet avenir sera matérialiste, vous le voyez [...]

5208 La Poésie ne rythmera plus l'action; elle sera *en avant*.

5209 Tout [chez Musset] est français, c'est-à-dire haïssable au suprême degré; français, pas parisien! Encore une œuvre de cet odieux génie qui a inspiré Rabelais, Voltaire, Jean La Fontaine! commenté par M. Taine! Printanier, l'esprit de Musset!

5210 [...] Baudelaire est le premier voyant, roi des poètes, *un vrai Dieu*. Encore a-t-il vécu dans un milieu trop artiste; et la forme si vantée en lui est mesquine: les inventions d'inconnu réclament des formes nouvelles.

François de CUREL 1854-1928

La Nouvelle Idole (Stock), acte II, scène 5

5211 Le penseur marche sur un chemin jonché de cadavres auxquels il ajoute souvent le sien. Celui qui écrit une ligne vraiment neuve peut s'attendre à ce que, dans l'avenir, des créatures soient tuées à cause d'elle.

5212 Le soleil qui vous attire est la vérité biologique. Le mien, c'est la vérité psychologique [...]. Autant de soleils que de sciences !

Hubert LYAUTEY 1854-1934

Le Rôle social de l'officier, 1891 (La Revue des Deux Mondes)

5213 Aux officiers qu'on y appelle [dans les écoles], qu'il soit demandé, avant tout, d'être des convaincus et des persuasifs ; osons dire le mot, des apôtres, doués au plus haut point de la faculté d'allumer le « feu sacré » dans les jeunes âmes...

5214 Notre vœu, c'est que, dans toute *éducation*, vous introduisiez le facteur de cette idée nouvelle qu'à l'obligation *légale* du service militaire correspond l'obligation *morale* de lui faire produire les conséquences les plus salutaires au point de vue social.

Laurent TAILHADE 1854-1919

Hymne à Aphrodite (Mercure de France)

5215 Garde-moi de l'ennui, de la vieillesse immonde ;
Garde-moi, si jamais l'espoir toucha ton cœur,
O reine qui maintiens et gouvernes le monde,
Avant tout, garde-moi de l'infâme laideur !

Poèmes aristophanesques

5216 Si tu veux, prenons un fiacre
Vert comme un chant de hautbois.
Nous ferons le simulacre
Des gens urf qui vont au Bois.

Alphonse ALLAIS 1855-1905

Le Captain Cap (U.G.E.)
première partie, Une réunion électorale du Captain Cap

5217 Avant d'éblouir le peuple en lui promettant de l'eau chaude, il faut donc lui fournir des récipients pour la recueillir.

(Le Captain Cap)

5218 Après vingt ans passés sur mer, qu'ai-je trouvé, en rentrant au pays ?
Haines, hypocrisie, malversation, népotisme, nullité...
L'origine de tous ces maux, citoyens, n'allez pas la chercher plus loin :
c'est le microbe de la bureaucratie.
Or, on ne parlemente pas avec les microbes.
ON LES TUE !

Deux et deux font cinq, Une drôle de lettre

5219 Je vous le demande : toutes les fois qu'on a l'occasion de réaliser une métaphore, doit-on hésiter un seul instant ?

Loufoc-House (éd. Belleford)

5220 Les asiles de déments comportent dans leur personnel des internes et des internés.
J'ai beaucoup fréquenté ces deux classes de gens, et la vérité me contraint à déclarer qu'entre ceux-ci et ceux-là, ne se dresse que l'épaisseur d'un accent aigu.

Silvérie ou les Fonds hollandais (Flammarion)

5221 Il faut vous dire qu'à la suite d'une chute de cheval j'ai perdu tout sens moral.

Georges RODENBACH 1855-1898

La Jeunesse blanche (Mercure de France), La maison paternelle

5222 Inoubliable est la demeure
Qui vit fleurir nos premiers jours !
Maison des mères ! C'est toujours
La plus aimée et la meilleure.

Le Règne du silence, Paysages de ville, XV

5223 Nous sommes tous les deux la tristesse d'un port :
Toi, ville ! toi ma sœur douloureuse qui n'as
Que du silence et le regret des anciens mâts ;
Moi, dont la vie aussi n'est qu'un grand canal mort !

Émile VERHAEREN 1855-1916

Les Forces tumultueuses (Mercure de France), Un matin

5224 Oh quels tombeaux creusent les livres
Et que de fronts armés y descendent vaincus !

Les Villages illusoires, Les pêcheurs

5225 Les minuits lourds sonnent là-bas,
A battants lents, comme des glas ;
De tour en tour, les minuits sonnent,
Les minuits lourds des nuits d'automne,
Les minuits las.

La Multiple Splendeur, Le monde
5226 Le monde est fait avec des astres et des hommes.

La Multiple Splendeur, Le verbe
5227 Mon esprit triste, et las des textes et des gloses,
Souvent s'en va vers ceux qui, dans leur prime ardeur,
Avec des cris d'amour et des mots de ferveur,
Un jour, les tout premiers, ont dénommé les choses.

La Multiple Splendeur, Les penseurs
5228 Autour de la terre obsédée
Circule, au fond des nuits, au cœur des jours,
Toujours,
L'orage amoncelé des montantes idées.

La Multiple Splendeur, Les rêves
5229 Homme, tout affronter vaut mieux que tout comprendre
La vie est à monter, et non pas à descendre.

Les Vignes de ma muraille, Novembre
5230 Les grand'routes tracent des croix
A l'infini, à travers bois.

CHRISTOPHE 1856-1949

L'Idée fixe du savant Cosinus (A. Colin)
5231 « Madame, je suis assez bien de ma personne, et membre de plusieurs sociétés savantes. Je suis un mobile qui cherche à se fixer. Voulez-vous être le cercle dont je serai le centre, l'hyperbole dont je serai le foyer, le tétraèdre dont je serai le sommet, la strophoïde dont je serai l'asymptote ? En un mot, voulez-vous de moi pour époux ? »

Octave HAMELIN 1856-1907

Essai sur les éléments principaux de la représentation (P.U.F.)
5232 Il n'y a pas de savoir qui ne soit systématique.

5233 Si donc la connaissance a des limites, cela ne peut avoir qu'un sens : c'est qu'un moment arrive où elle s'achève ; mais cela revient précisément à dire qu'elle constitue un système.

5234 La conscience est à nos yeux le moment le plus haut de la réalité et par là le connaître est au cœur de l'être.

(Essai sur les éléments principaux de la représentation)

5235 Exister c'est être voulu.

Le Système de Renouvier (Vrin)

5236 Il n'y a pas de remède à la malfaisance de l'inconnaissable; ce qu'il faut, c'est l'anéantir.

Edmond HARAUCOURT 1856-1942

Rondel de l'adieu (Lemerre, S.G.L.)

5237 Partir, c'est mourir un peu;
C'est mourir à ce qu'on aime:
On laisse un peu de soi-même
En toute heure et dans tout lieu.

Jean MORÉAS 1856-1910

Le Pèlerin passionné (Mercure de France), Le bocage

5238 Je naquis au bord d'une mer dont la couleur passe
En douceur le saphir oriental.

Les Stances
premier livre, XI

5239 Ne dites pas: la vie est un joyeux festin;
Ou c'est d'un esprit sot ou c'est d'une âme basse.
Surtout ne dites point: elle est malheur sans fin;
C'est d'un mauvais courage et qui trop tôt se lasse.

quatrième livre, VII

5240 Compagne de l'éther, indolente fumée,
Je te ressemble un peu:
Ta vie est d'un instant, la mienne est consumée,
Mais nous sortons du feu.

XVII

5241 La vie est la fumée et la mort est son ombre;
Intérêt, capitaux,
Tout est dans la balance: il faut chercher le nombre
Qui règle les plateaux.

cinquième livre, XII

5242 Ne te contente pas, Océan, de jeter
Sur mon visage un peu d'écume:
D'un coup de lame alors il te faut m'emporter
Pour dormir dans ton amertume.

Manifeste du symbolisme, Le Figaro, 18 septembre 1886

5243 Il faut au symbolisme un style archétype et complexe : d'impollués vocables, la période qui s'arc-boute alternant avec la période aux défaillances ondulées, les pléonasmes significatifs, les mystérieuses ellipses, l'anacoluthe en suspens, tout trope hardi et multiforme.

ROSNY AÎNÉ 1856-1940

Le Bagne (© R. Borel-Rosny)

5244 La haute société européenne vit sur un ordre de choses conventionnel ; elle ne peut, elle ne doit absorber la vérité qu'à petites doses et surtout n'adopter que des vérités de seconde main.

Les Âmes perdues (© R. Borel-Rosny)

5245 Brûler ses vaisseaux peut être un acte admirable chez un conquérant : ce n'est qu'une folie chez un socialiste.

Gustave LANSON 1857-1934

Histoire de la littérature française (Hachette)
avant-propos

5246 Tous les secours de l'érudition et de la critique, toute l'écriture amassée autour des textes, celle des autres comme la mienne, ont pour fin dernière la lecture personnelle des textes.

conclusion de 1920

5247 La littérature commence là où commence la notation de la personnalité ; au-delà, c'est la science. D'autre part, la personnalité pure, l'émotion pure, ne s'expriment pas avec des mots : les mots sont des signes qui, par fonction, représentent des objets ou des rapports. L'expression de l'émotion pure et de la personnalité pure appartient à la musique. Entre la musique et la science se situe la littérature.

Lucien LÉVY-BRUHL 1857-1939

Les Fonctions mentales dans les sociétés inférieures (P.U.F.)

5248 [...] dans les représentations collectives de la mentalité primitive, les objets, les êtres, les phénomènes peuvent être, d'une façon incompréhensible pour nous, à la fois eux-mêmes et autre chose qu'eux-mêmes. D'une façon non moins incompréhensible, ils émettent et ils reçoivent des forces, des vertus, des qualités, des actions mystiques, qui se font sentir hors d'eux, sans cesser d'être où elles sont.

La Mythologie primitive (P.U.F.)

5249 Les mythes d'une tribu donnée, sauf exception, ne forment guère un ensemble. On a souvent remarqué qu'ils restent extérieurs, et pour ainsi dire indifférents les uns aux autres. La mythologie d'une tribu peut être d'une richesse inépuisable sans que rien paraisse la coordonner.

Les Carnets de Lucien Lévy-Bruhl (P.U.F.)

5250 Corrigeons expressément ce que je croyais exact en 1910 ; il n'y a pas une mentalité primitive qui se distingue de l'autre par *deux* caractères qui lui sont propres (mystique et prélogique). Il y a une mentalité mystique plus marquée et plus facilement observable chez les « primitifs » que dans nos sociétés, mais présente dans tout esprit humain.

Ferdinand de SAUSSURE 1857-1913

Cours de linguistique générale (Payot)
introduction, chap. 3, § 3

5251 On peut donc concevoir *une science qui étudie la vie des signes au sein de la vie sociale* ; elle formerait une partie de la psychologie sociale, et par conséquent de la psychologie générale ; nous la nommerons *sémiologie*.

chap. 6, § 2

5252 La langue littéraire accroît encore l'importance imméritée de l'écriture. Elle a ses dictionnaires, ses grammaires ; c'est d'après le livre et par le livre qu'on enseigne à l'école.

première partie, chap. 1, § 1

5253 Le signe linguistique unit non une chose et un nom, mais un concept et une image acoustique.

§ 2

5254 Le lien unissant le signe au signifié est arbitraire, ou encore, puisque nous entendons par signe le total résultant de l'association d'un signifiant à un signifié, nous pouvons dire plus simplement : *le signe linguistique est arbitraire*.

deuxième partie, chap. 4, § 4

5255 *Dans la langue il n'y a que des différences.* Bien plus : une différence suppose en général des termes positifs entre lesquels elle s'établit ; mais dans la langue il n'y a que des différences *sans* termes positifs.

troisième partie, chap. 5, § 1

5256 Rien n'entre dans la langue sans avoir été essayé dans la parole, et tous les phénomènes évolutifs ont leur racine dans la sphère de l'individu.

Lettre à Antoine Meillet (4 janvier 1894)
Cahiers Ferdinand de Saussure, n° 21, 1964

5257 Mais je suis bien dégoûté [...] de la difficulté qu'il y a en général à écrire dix lignes ayant le sens commun en matière de faits de langage.

Cahiers Ferdinand de Saussure, n° 12, 1954

5258 La loi tout à fait finale du langage est, à ce que nous osons dire, qu'il n'y a jamais rien qui puisse résider dans *un* terme, par suite directe de ce que les symboles linguistiques sont sans relation avec ce qu'ils doivent désigner.

cité par J. Starobinski
« Les anagrammes de Ferdinand de Saussure »
Mercure de France, février 1964

5259 Que les éléments qui forment un mot *se suivent*, c'est là une vérité qu'il vaudrait mieux ne pas considérer, en linguistique, comme une chose sans intérêt parce qu'évidente, mais qui donne d'avance au contraire le principe central de toute réflexion utile sur les mots.

cité par J. Starobinski
« Le texte dans le texte »
Tel Quel 37, printemps 1969

5260 Toute théorie claire, plus elle est claire, est inexprimable en linguistique ; parce que je mets en fait qu'il n'existe pas un seul terme quelconque dans cette science qui ait jamais reposé sur une idée claire.

Eugène BRIEUX 1858-1932

La Robe rouge (Stock)
acte I, scène 4

5261 Aujourd'hui, l'instruction ne se fait pas dans le cabinet du juge, mais sur la place publique ou dans les bureaux de rédaction.

scène 6

5262 Il y a dans la vie du vagabond un besoin essentiel qui vient immédiatement après la faim, c'est celui des chaussures.

Les Avariés, acte I, scène 2

5263 C'est un accident qui peut arriver à tout le monde, et c'est sous une représentation de ce mal, si improprement appelé mal français, car il n'y en a pas de plus universel, qu'on pourrait presque, en s'adressant aux professionnels de l'amour vénal, écrire les vers fameux : *Voilà ton maître... Il l'est, le fut, ou le doit être.*

Alfred CAPUS 1858-1922

Les Maris de Léontine (Fasquelle)
acte III, scène 2

5264 — Il y a des hommes qu'on méprise quand on les trompe, et, d'autres, au contraire, qu'on estime davantage. Édouard est de ceux-là.
— Oui, il gagne à être trompé.

scène 9

5265 Ah! on parle des liens du mariage! Mais les liens du divorce sont encore plus indissolubles!...

La Bourse ou la vie, acte II, scène 4

5266 On est volé à la Bourse, comme on est tué à la guerre, par des gens qu'on ne voit pas.

La Veine, acte I, scène 2

5267 Un homme capable d'offrir un hôtel à une femme n'est jamais le premier venu.

Georges COURTELINE 1858-1929

Boubouroche (Flammarion)
acte I, scène 3

5268 « Tromper », toute la femme [...] est là. Croyez-en un vieux philosophe qui sait les choses dont il parle et a fait la rude expérience des apophtegmes qu'il émet. Les hommes trahissent les femmes dans la proportion modeste d'un sur deux; les femmes, elles, trahissent les hommes dans la proportion effroyable de 97 %. Parfaitement! 97!

L'Article 330

5269 Malheureusement, il est, pour l'homme, deux difficultés insolubles : savoir au juste l'heure qu'il est, et obliger son prochain. Dans ces conditions, écœuré d'avoir tout fait au monde pour être un bon garçon et de n'avoir réussi qu'à n'être qu'une poire, dupé, trompé, estampé, acculé, finalement, à cette conviction, que le raisonnement de l'humanité tient tout entier dans cette bassesse : « Si je ne te crains pas, je me fous de toi », j'ai résolu de réfugier désormais mon égoïsme bien acquis sous l'abri du toit à cochons qui s'appelle la Légalité.

5270 [...] considérant, enfin que si les juges se mettent à donner gain de cause à tous les gens qui ont raison, on ne sait plus où l'on va, si ce n'est à la dislocation d'une société qui tient debout parce qu'elle en a pris l'habitude [...]

Sigismond

5271 La récitante. — Tel, sous l'azur des ciels limpides,
Que parcourt le vol des ramiers,
Avril voit les fleurs des pommiers
S'écrouler en neiges rapides ;
Le chœur. — Tel nous voyons, émerveillés,
Couler à torrents des lumières.
La récitante. — Il pleut des vérités premières.
Le chœur. — Tendons nos rouges tabliers.

Les Balances

5272 — Ah, dis-moi ; tu parlais du Bon Dieu, tout à l'heure. Est-ce que tu le connais ?
— Oui et non. Je le connais pour avoir entendu parler de lui ; mais notre intimité ne va pas jusqu'à jouer au billard ensemble.
— C'est regrettable.

Émile DURKHEIM 1858-1917

De la division du travail social (P.U.F.)
livre I, chap. 2, 1

5273 L'ensemble des croyances et des sentiments communs à la moyenne des membres d'une même société forme un système déterminé qui a sa vie propre ; on peut l'appeler *la conscience collective* ou *commune*.

5274 Il ne faut pas dire qu'un acte froisse la conscience commune parce qu'il est criminel, mais qu'il est criminel parce qu'il froisse la conscience commune. Nous ne le réprouvons pas parce qu'il est un crime, mais il est un crime parce que nous le réprouvons.

livre III, chap. 1, 3

5275 La philosophie est comme la conscience collective de la science, et, ici comme ailleurs, le rôle de la conscience collective diminue à mesure que le travail se divise.

Les Règles de la méthode sociologique (P.U.F.)
chap. 2

5276 La première règle et la plus fondamentale est de *considérer les faits sociaux comme des choses*.

chap. 3, 3

5277 Le devoir de l'homme d'État n'est plus de pousser violemment les sociétés vers un idéal qui lui paraît séduisant, mais son rôle est celui du médecin : il prévient l'éclosion des maladies par une bonne hygiène et, quand elles sont déclarées, il cherche à les guérir.

(Les Règles de la méthode sociologique) chap. 5, 2

5278 Il y a entre la psychologie et la sociologie la même solution de continuité qu'entre la biologie et les sciences physicochimiques. Par conséquent, toutes les fois qu'un phénomène social est directement expliqué par un phénomène psychique, on peut être assuré que l'explication est fausse.

conclusion

5279 Le moment est venu pour la sociologie de renoncer aux succès mondains, pour ainsi parler, et de prendre le caractère ésotérique qui convient à toute science.

Le Suicide, étude de sociologie (P.U.F.)
livre III, chap. 1, 1

5280 C'est la constitution morale de la société qui fixe à chaque instant le contingent des morts volontaires. Il existe donc pour chaque peuple une force collective, d'une énergie déterminée, qui pousse les hommes à se tuer.

Charles de FOUCAULD 1858-1916

Écrits spirituels, Méditations sur l'Évangile (éd. de Gigord)
première partie, I

5281 L'action de grâce doit tenir une très grande place dans nos prières, car la bonté de Dieu précède tous nos actes [...]

II

5282 C'est une des choses que nous devons absolument à Notre-Seigneur de n'avoir jamais peur...

III

5283 Envelopper tous les hommes, en vue de Dieu, dans un même amour et un même oubli.

IV, Memento

5284 Vivre comme si tu devais mourir martyr aujourd'hui.

Remy de GOURMONT 1858-1915

Le Livre des masques (Mercure de France)
Villiers de L'Isle-Adam

5285 Villiers cumula pour nous ces deux fonctions : il fut l'exorciste du réel et le portier de l'idéal.

Le Livre des masques, Lautréamont

5286 Unique ce livre [*Les Chants de Maldoror*] le demeurera, et dès maintenant il reste acquis à la liste des œuvres qui, à l'exclusion de tout classicisme, forment la brève bibliothèque et la seule littérature admissibles pour ceux dont l'esprit, mal fait, se refuse aux joies, moins rares, du lieu commun et de la morale conventionnelle.

Le Livre des masques, Arthur Rimbaud

5287 [...] l'intelligence, consciente ou inconsciente, si elle n'a pas tous les droits, a droit à toutes les absolutions.

Le Livre des masques, deuxième série, préface

5288 Nous n'avons plus de principes et il n'y a plus de modèles ; un écrivain crée son esthétique en créant son œuvre : nous en sommes réduits à faire appel à la sensation bien plus qu'au jugement.

Le Livre des masques, Paul Claudel

5289 Celui qui ne meurt pas une fois par jour ignore la vie.

Physique de l'amour (Mercure de France)
Essai sur l'instinct sexuel, chap. 7

5290 Le mâle est un accident ; la femelle aurait suffi.

Épilogues, Paradoxe sur le citoyen

5291 Le citoyen est une variété de l'homme ; variété dégénérée ou primitive, il est à l'homme ce que le chat de gouttière est au chat sauvage.

Épilogues, Hoche et l'idéalisme historique

5292 Contrairement à la consolante croyance, la vérité ne se fait jamais jour ; une erreur entrée dans le domaine public n'en sort jamais ; les opinions se transmettent, héréditairement, comme des terrains — on y bâtit — cela finit par faire une ville : cela finit par faire l'histoire.

Esthétique de la langue française (Mercure de France), préface

5293 Il ne faut jamais hésiter à faire entrer la science dans la littérature ou la littérature dans la science ; le temps des belles ignorances est passé.

Albert SAMAIN 1858-1900

Au Jardin de l'Infante (Mercure de France), L'Infante

5294 Mon Ame est une infante en robe de parade.

XXᵉ siècle

Henri BERGSON 1859-1900

Essai sur les données immédiates de la conscience (P.U.F.)
avant-propos

5295 Nous nous exprimons nécessairement par des mots, et nous pensons le plus souvent dans l'espace.

chap. 1

5296 L'art vise à imprimer en nous des sentiments plutôt qu'à les exprimer ; il nous les suggère, et se passe volontiers de l'imitation de la nature quand il trouve des moyens plus efficaces.

chap. 2

5297 Nous tendons instinctivement à solidifier nos impressions, pour les exprimer par le langage. De là vient que nous confondons le sentiment même, qui est dans un perpétuel devenir, avec son objet extérieur permanent, et surtout avec le mot qui exprime cet objet.

5298 Les opinions auxquelles nous tenons le plus sont celles dont nous pourrions le plus malaisément rendre compte, et les raisons mêmes par lesquelles nous les justifions sont rarement celles qui nous ont déterminés à les adopter.

5299 Considérés en eux-mêmes, les états de conscience profonds n'ont aucun rapport avec la quantité ; ils sont qualité pure ; ils se mêlent de telle manière qu'on ne saurait dire s'ils sont un ou plusieurs, ni même les examiner à ce point de vue sans les dénaturer aussitôt.

chap. 3

5300 Nous sommes libres quand nos actes émanent de notre personnalité entière, quand ils l'expriment, quand ils ont avec elle cette indéfinissable ressemblance qu'on trouve parfois entre l'œuvre et l'artiste.

conclusion

5301 Qu'est-ce que la durée au-dedans de nous ? Une multiplicité qualitative, sans ressemblance avec le nombre ; un développement organique qui n'est pourtant pas une quantité croissante ; une hétérogénéité pure au sein de laquelle il n'y a pas de qualités distinctes. Bref, les moments de la durée interne ne sont pas extérieurs les uns aux autres.

Matière et mémoire
Essai sur la relation du corps à l'esprit (P.U.F.)
chap. 1

5302 Notre représentation de la matière est la mesure de notre action possible sur les corps ; elle résulte de l'élimination de ce qui n'intéresse pas nos besoins et plus généralement nos fonctions.

chap. 2

5303 Reconnaître un objet usuel consiste surtout à savoir s'en servir.

5304 [...] la logique du corps n'admet pas les sous-entendus.

chap. 3

5305 *Imaginer* n'est pas *se souvenir*.

5306 Rien n'*est* moins que le moment présent, si vous entendez par là cette limite indivisible qui sépare le passé de l'avenir.

5307 Un être humain qui *rêverait* son existence au lieu de la vivre tiendrait sans doute ainsi sous son regard, à tout moment, la multitude infinie des détails de son histoire passée.

chap. 4

5308 Le corps, toujours orienté vers l'action, a pour fonction essentielle de limiter, en vue de l'action, la vie de l'esprit.

résumé et conclusion

5309 L'esprit emprunte à la matière les perceptions d'où il tire sa nourriture, et les lui rend sous forme de mouvement, où il a imprimé sa liberté.

Le Rire, Essai sur la signification du comique (P.U.F.)
chap. 1, 1

5310 Il n'y a pas de comique en dehors de ce qui est proprement *humain*.

3

5311 Si donc on voulait définir ici le comique en le rapprochant de son contraire, il faudrait l'opposer à la grâce plus encore qu'à la beauté. Il est plutôt raideur que laideur.

5

5312 *Du mécanique plaqué sur du vivant.*

chap. 2, 2

5313 Dès que notre attention se concentre sur la matérialité d'une métaphore, l'idée exprimée devient comique.

chap. 3

5314 Le rire châtie certains défauts à peu près comme la maladie châtie certains excès.

L'Évolution créatrice (P.U.F.)
introduction

5315 On serait fort embarrassé pour citer une découverte biologique due au raisonnement pur.

chap. 1

5316 Un moi qui ne change pas ne dure pas, et un état psychologique qui reste identique à lui-même tant qu'il n'est pas remplacé par l'état suivant ne dure pas davantage.

5317 Nous cherchons seulement quel sens précis notre conscience donne au mot « exister », et nous trouvons que, pour un être conscient, exister consiste à changer, changer à se mûrir, se mûrir à se créer indéfiniment soi-même. En dirait-on autant de l'existence en général ?

5318 Si je veux me préparer un verre d'eau sucrée, j'ai beau faire, je dois attendre que le sucre fonde.

5319 Partout où quelque chose vit, il y a, ouvert quelque part, un registre où le temps s'inscrit.

5320 Originellement, nous ne pensons que pour agir. C'est dans le moule de l'action que notre intelligence a été coulée. La spéculation est un luxe, tandis que l'action est une nécessité.

chap. 2

5321 Le rôle de la vie est d'insérer de l'indétermination dans la matière.

5322 L'instinct achevé est une faculté d'utiliser et même de construire des instruments organisés ; l'intelligence achevée est la faculté de fabriquer et d'employer des instruments inorganisés.

5323 Nous ne sommes à notre aise que dans le discontinu, dans l'immobile, dans le mort. *L'intelligence est caractérisée par une incompréhension naturelle de la vie.*

Les Deux Sources de la morale et de la religion (P.U.F.)
chap. 14

5324 L'humanité gémit, à demi écrasée sous le poids des progrès qu'elle a faits. Elle ne sait pas assez que son avenir dépend d'elle. A elle de voir d'abord si elle veut continuer à vivre. A elle de se demander ensuite si elle veut vivre seulement, ou fournir en outre l'effort nécessaire pour que s'accomplisse, jusque sur notre planète réfractaire, la fonction essentielle de l'univers, qui est une machine à faire des dieux.

Écrits et Paroles (P.U.F.)
tome II, Introduction à la conférence du pasteur Hollard...

5325 Nous devons entendre par esprit une réalité qui est capable de tirer d'elle-même plus qu'elle ne contient.

Maurice DONNAY 1859-1945

La Douloureuse (Ollendorff), acte I, scène 8

5326 En sentiments comme en chimie, il y a un principe que je crois vrai : c'est que rien ne se crée, rien ne se perd. De sorte que, lorsque nous avons failli, il arrive toujours un moment où sous forme de souffrance, de ruine, de maladie, de remords... et de mort même, nous payons l'addition.

acte II, scène 2

5327 Il y a dans ce mot mariage un étrange pouvoir dissolvant.

Georgette Lemeunier, acte II, scène 9

5328 On peut, on doit abuser de la confiance d'une femme, mais jamais de sa méfiance... C'est dangereux.

Jean JAURÈS 1859-1914

L'Armée nouvelle (éd. L'Humanité), chap. 1

5329 Tout ce que la France fera pour ajouter à sa puissance défensive accroîtra les chances de paix dans le monde. Tout ce que la France fera dans le monde pour organiser juridiquement la paix et la fonder immuablement sur l'arbitrage et le droit ajoutera à sa puissance défensive.

chap. 2

5330 Au fond de notre système militaire il y a un préjugé persistant qui en limite la force et en contrarie les effets, et ce préjugé c'est que la nation ne peut guère compter que sur la partie encasernée de l'armée.

5331 M. Bersot disait : « En France, on fait sa première communion pour en finir avec la religion ; on prend son baccalauréat pour en finir avec les études, et on se marie pour en finir avec l'amour. » Il aurait pu ajouter : « et on fait son service pour en finir avec le devoir militaire ».

chap. 4

5332 Donner la liberté au monde par la force est une étrange entreprise pleine de chances mauvaises. En la donnant, on la retire.

chap. 8

5334 Il y a donc, dans les choses de l'armée, une conspiration universelle de silence, de mystère puéril, d'esprit de clan, de routine et d'intrigue.

chap. 9

5335 Il faut que la bourgeoisie ne puisse plus faire un mouvement sans rencontrer sur son chemin un témoignage de la force et de la grande ambition prolétarienne.

chap. 10

5336 Parce que le milliardaire n'a pas récolté sans peine, il s'imagine qu'il a semé.

5337 Capitalisme et prolétariat, dans l'ordre de la production aussi et du progrès technique, en se heurtant et se combattant, ont concouru, à travers les douleurs et les haines, à un commun progrès, dont les deux classes bénéficient inégalement aujourd'hui, dont bénéficieront un jour également les individus des deux classes, dans une société où il n'y aura plus de classes, et où les longs frissons de la guerre terrible et bienfaisante à la fois ne se survivront plus, parmi les hommes égaux et réconciliés, qu'en une vaste émulation de travail et de justice.

L'Esprit du socialisme (P.U.F.)
Idéalisme et Matérialisme dans la conception de l'histoire

5338 Je veux montrer que la conception matérialiste de l'histoire n'empêche pas son interprétation idéaliste.

L'Esprit du socialisme
Question de méthode : « Le Manifeste communiste »

5339 Désormais, le socialisme et le prolétariat sont inséparables : le socialisme ne réalisera toute son idée que par la victoire du prolétariat ; et le prolétariat ne réalisera tout son être que par la victoire du socialisme.

5340 Marx et Engels attendent, pour le prolétariat, la faveur d'une Révolution bourgeoise. Ce que propose le *Manifeste*, ce n'est pas la méthode de Révolution d'une classe sûre d'elle-même et dont l'heure est enfin venue : c'est l'expédient de Révolution d'une classe impatiente et faible, qui veut brusquer par artifice la marche des choses.

5341 De la Commune victorieuse, c'est tout au plus une République radicale qui serait sortie.

5342 Ce n'est pas par l'effondrement de la bourgeoisie capitaliste, c'est par la croissance du prolétariat que l'ordre communiste s'installera graduellement dans notre société.

L'Esprit du socialisme, Discours à la jeunesse

5343 Le soleil lui-même a été jadis une nouveauté, et la terre fut une nouveauté, et l'homme fut une nouveauté.

L'Esprit du socialisme, Discours de Toulouse

5344 J'espère que nous aboutirons à des formules d'ensemble, mais il vaudrait mieux, pour l'avenir du Parti, nous diviser sur des formules nettes que nous confondre dans des formules obscures.

L'Esprit du socialisme, Pour la laïque

5345 On n'enseigne pas ce que l'on veut ; je dirai même que l'on n'enseigne pas ce que l'on sait ou ce que l'on croit savoir : on n'enseigne et on ne peut enseigner que ce que l'on est.

5346 C'est à l'heure où la foi chrétienne était dans les âmes au plus bas que la patrie était au plus haut.

5347 Le squelette est toujours plus consistant que le germe.

Émile MEYERSON 1859-1933

Identité et réalité (P.U.F.)
chap. 1

5348 Ainsi, remonter aux causes, pour un phénomène quel qu'il soit, constitue une tâche impossible. Il faut la limiter, se contenter d'une satisfaction partielle.

chap. 2

5349 Le monde extérieur, la nature, nous apparaît comme infiniment changeant, se modifiant sans trêve dans le temps. Cependant le principe de causalité postule le contraire : nous avons besoin de comprendre, et nous ne le pouvons qu'en supposant l'identité dans le temps. C'est donc que le changement n'est qu'apparent, qu'il recouvre une identité qui est seule réelle.

chap. 9

5350 Le *causalisme* — s'il est permis d'user de ce terme — n'est pas un privilège du savant. Il est le propre de l'homme.

5351 « *Primum vivere, deinde philosophari* » semble être un précepte dicté par la sagesse. C'est en réalité une règle chimérique, à peu près aussi inapplicable que si l'on nous conseillait de nous affranchir de la force de gravitation. *Vivere est philosophari*.

5352 Nous n'apercevons pas, entre le sens commun et la science, la grande différence qu'on a voulu y voir parfois.

Jules LAFORGUE 1860-1887

Le Sanglot de la terre, Farce éphémère

5353 L'Homme, ce pou rêveur d'un piètre mondicule,
Quand on y pense bien est par trop ridicule.

Le Sanglot de la terre
Marche funèbre pour la mort de la terre

5354 O convoi solennel des soleils magnifiques,
Nouez et dénouez vos vastes masses d'or,
Doucement, tristement, sur de graves musiques,
Menez le deuil très lent de votre sœur qui dort.

Le Sanglot de la terre, Noël sceptique

5355 Je suis le paria de la famille humaine,
A qui le vent apporte en son sale réduit
La poignante rumeur d'une fête lointaine.

Le Sanglot de la terre, L'impossible

5356 Les astres, c'est certain, un jour s'aborderont!
Peut-être alors luira l'Aurore universelle
Que nous chantent ces gueux qui vont, l'Idée au front!
Ce sera contre Dieu la clameur fraternelle!

Le Sanglot de la terre, Sonnet pour éventail

5357 L'homme entre deux néants n'est qu'un jour de misère.

Les Complaintes
Complainte des voix sous le figuier bouddhique
(Les Communiantes)

5358 O femme, mammifère à chignon, ô fétiche [...]

5359 Vie ou Néant! choisir. Ah! quelle discipline!
Que n'est-il un Éden entre ces deux usines?

Les Complaintes, Complainte d'un certain dimanche

5360 Tâchons de vivre monotone.

Les Complaintes, Complainte de Lord Pierrot

5361 Au clair de la lune,
Mon ami Pierrot,
Filons, en costume,
Présider là-haut!
Ma cervelle est morte.
Que le Christ l'emporte!
Béons à la Lune,
La bouche en zéro.

Les Complaintes, Complainte sur certains temps déplacés

5362 Le couchant de sang est taché
Comme un tablier de boucher;
Oh! qui veut aussi m'écorcher!

Les Complaintes, Complainte-litanies de mon sacré-cœur

5363 Mon cœur, cancer sans cœur, se grignote lui-même.

L'Imitation de Notre-Dame la Lune
Locutions des Pierrots, XVI

5364 Je ne suis qu'un rêveur lunaire
Qui fait des ronds dans les bassins,
Et cela, sans autre dessein
Que devenir un légendaire.

L'Imitation de Notre-Dame la Lune, États

5365 Ah! ce soir, j'ai le cœur mal, le cœur à la Lune.

Moralités légendaires, Hamlet ou les suites de la pitié filiale

5366 Dans les Jardins
De nos instincts,
Allons cueillir
De quoi guérir.

5367 Ah! tout est bien qui n'a pas de fin.

Moralités légendaires
Persée et Andromède ou le plus heureux des trois

5368 La mer! de quelque côté qu'on la surveille, des heures et des heures, à quelque moment qu'on la surprenne: toujours elle-même, jamais en défaut, toujours seule, empire de l'insociable, grande histoire qui se fait, cataclysme mal digéré; — comme si l'état liquide où nous la voyons n'était qu'une déchéance!

5369 Autre part, autre part, dans l'espace infini, l'Inconscient est plus avancé. Quelles fêtes!...

Paul MARGUERITTE 1860-1918
et Victor MARGUERITTE 1866-1942

Une époque (Plon), Le désastre

5370 Si la guerre n'était, du souverain au dernier caporal, qu'une somme de convoitises, je ne connaîtrais rien de plus abject. Non! pour quiconque n'a pas un cœur de bouc, elle contient quelque chose de sacré. C'est l'école du sacrifice, du sacrifice le plus grand qu'un homme puisse faire, celui de sa vie.

5371 La haine de race? un enseignement d'école, voilà tout. [...] Rien n'émeut au fond que l'émotion individuelle.

Raymond POINCARÉ 1860-1934

Au service de la France (Plon), tome 5, L'invasion, chap. 1

5372 L'union sacrée [...] s'est réalisée dans tout le pays comme par enchantement.

Maurice BLONDEL 1861-1949

L'Action (P.U.F.), introduction

5373 Si je ne suis pas ce que je veux être, ce que je veux, non en désir ou en projet, mais de tout mon cœur, par toutes mes forces, dans mes actes, je ne suis pas. Au fond de mon être, il y a un vouloir et un amour de l'être, ou bien il n'y a rien.

conclusion

5374 Le besoin de l'homme, c'est de s'égaler soi-même, en sorte que rien de ce qu'il est ne demeure étranger ou contraire à son vouloir, et rien de ce qu'il veut ne demeure inaccessible ou refusé à son être.

5375 La charité est l'organe de la parfaite connaissance.

L'Être et les Êtres (P.U.F.), I, 2, 2

5376 La pensée ne peut se résigner à n'aller que de la nuit à la nuit; et, après avoir pris conscience d'elle-même, elle ne peut retomber dans un abîme d'obscurité en se contentant d'apercevoir à la surface de cet océan quelques épaves qu'elle décorerait du nom d'êtres.

L'Être et les Êtres, Excursus, 17

5377 Il y a déjà dans toute sensibilité humaine une immanence de la raison.

5378 Du pessimiste ou de l'homme de foi et de caractère qui reste, dans la douleur même, plein de confiance et de générosité, c'est [...] celui-ci qui seul est conséquent, seul dans le vrai, seul dans une joie supérieure à toute adversité.

31

5379 Concluons [...] en affirmant l'existence permanente en notre pensée d'une sorte de connaissance indéterminée, d'une lumière que l'on peut appeler, avec les mystiques, obscure, quoique sans elle rien ne pourrait être connu.

Correspondance philosophique (Le Seuil)
Lettre à L. Laberthonnière, 10 mars 1921

5380 Oui, l'élément mauvais contenu dans l'Église est, pour ceux qui savent en souffrir, le plus perfectionnant instrument de détachement et de sainteté.

Lucien DESCAVES 1861-1949

Sous-offs (Stock)
cinquième et dernière partie, *Sous-offs en cour d'assises*

5381 La caserne n'est une école de corruption que lorsqu'on parle d'y envoyer les séminaristes.

Sous-offs, dédicace
citée dans le réquisitoire de l'avocat général, cinquième partie

5382 « A tous ceux dont la *Patrie* prend le sang, non pour le verser, mais pour le soumettre, dans l'obscure paix des chais militaires, aux tares du mouillage et de la sophistication, je dédie ces analyses de laboratoire. »

Édouard DUJARDIN 1861-1949

Les Lauriers sont coupés (Messein), I

5383 [...] sous le chaos des apparences, parmi les durées et les sites, dans l'illusion des choses qui s'engendrent et qui s'enfantent, un parmi les autres, un comme les autres, distinct des autres, semblable aux autres, un le même et un de plus, de l'infini des possibles existences, je surgis [...]

Félix FÉNÉON 1861-1944

Œuvres (Gallimard), *Sur la peinture moderne*

5384 Réservant au peintre la tâche sévère et contrôlable de commencer les tableaux, attribuons au spectateur le rôle avantageux, commode et gentiment comique de les achever par sa méditation ou son rêve.

Œuvres, Exposition nationale des beaux-arts

5385 Que l'État veuille diriger le mouvement artistique, soit! Mais voici qui est moins compréhensible: les artistes souffrent placidement cette ingérence scandaleuse.

Charles MORICE 1861-1919

La Littérature de tout à l'heure (Librairie académique Perrin)

5386 Les grandes époques artistiques disent: l'Art. Les époques médiocres disent: les arts.

Paul Roux dit SAINT-POL-ROUX 1861-1940

Anciennetés (Le Seuil), *La magdeleine aux parfums*

5387 [...] la femme au cœur plus grand qu'un lever de soleil.

> Les Féeries intérieures, Les reposoirs de la procession
> Idéo-plastie

5388 Poésie = Création. La grandiose promesse de ce terme n'est pas un mythe, et l'on peut jurer que la *créature* sera saisissable dans un avenir plus ou moins distant.

> Les Féeries intérieures, Les reposoirs de la procession
> Sur les allées de Meilhan

5389 Mon œuvre est un amoindrissement de ma conception, je ne me livre qu'en réduction, j'ampute mon aigle et je châtre mon lion, — je m'humilie.

5390 [...] le goût, critérium officiel contraignant l'étalon à se conduire en mulet s'il veut être admiré.

5391 L'art véritable est anticipateur.

> Les Féeries intérieures, Les reposoirs de la procession
> La carafe d'eau pure

5392 La mamelle de cristal, seule, affirme la merveille de son eau candide.

> La Randonnée

5393 Par l'esprit fusant de notre limon nous pénétrons la pensée terrestre, car la terre pense à sa manière, certaines manifestations sont ses idées visibles, les fleurs et les fruits de ses végétations sont les caractères avec quoi la terre écrit son intarissable et savoureux poème, elle pense massivement mais sa pensée s'affine en approchant de l'homme sous la forme, par exemple, d'une rose, d'une orange, d'un grain quelconque.

5394 Nous entrons en couteau dans le fruit des villages.

> Offrande à Divine

5395 La Bretagne est universelle et toutes les races en retour se retrouvent en elle comme dans un cercle, le cercle du celtisme, lequel est assurément la bague circonférentielle du monde.

> Pour dire aux funérailles des poètes

5396 Allez bien doucement, Messieurs les Fossoyeurs.

Maurice BARRÈS 1862-1923

> Sous l'œil des Barbares, 1888 (Plon)

5397 Prenez [...] le Moi pour un terrain d'attente sur lequel vous devez vous tenir jusqu'à ce qu'une personne énergique vous ait reconstruit une religion. Sur ce terrain d'attente, nous camperons, [...] tout à la fois religieux et sceptiques.

5398 Le sens de l'ironie est une forte garantie de liberté.

Un homme libre, 1889 (Perrin)

5399 Quelque jour un statisticien dressera la théorie des émotions, afin que l'homme à volonté les crée toutes en lui et toutes au même moment.

5400 L'âme qui habite aujourd'hui en moi est faite de parcelles qui survécurent à des milliers de morts.

Trois stations de psychothérapie, 1891 (Perrin)

5401 D'une certaine manière, des gens qui renoncent à tout et des gens qui désirent tout sont bien faits pour s'entendre.

Le Jardin de Bérénice, 1891 (Perrin)

5402 Je m'écarte des êtres triomphants pour aimer [...] les beaux yeux résignés des ânes, les tapisseries fanées, ou encore, [...] les petites malades qui n'ont pas de poupées. C'est qu'il n'est pas de caresse plus tendre que de consoler.

L'Ennemi des lois, 1892 (Perrin)

5403 Si vous désignez par égoïsme le désir de contenter ses besoins, en ce sens je suis et chaque parcelle de la nature est égoïste. [...] Tous, du plus touchant des lichens qui s'efforce de percer les neiges du Nord jusqu'à Robinson Crusoé, méritent ce qualificatif.

Du sang, de la volupté et de la mort
La haine emporte tout, 1894 (Plon)

5404 La haine n'est pas un bas sentiment, si l'on veut bien réfléchir qu'elle ramasse notre plus grande énergie dans une direction unique, et qu'ainsi, nécessairement, elle nous donne sur d'autres points d'admirables désintéressements.

Les Déracinés, 1897 (Plon)

5405 La grande affaire pour les générations précédentes fut le passage de l'absolu au relatif ; il s'agit aujourd'hui de passer des certitudes à la négation sans y perdre toute valeur morale.

Programme électoral de Nancy

5406 Aux sommets de la société comme au fond des provinces, dans l'ordre de la moralité comme dans l'ordre matériel, dans le monde commercial, industriel, agricole, et jusque sur les chantiers où il fait concurrence aux ouvriers français, l'étranger, comme un parasite, nous empoisonne.
Un principe essentiel selon lequel doit être conçue la nouvelle politique française, c'est de protéger tous les nationaux contre cet envahissement, et c'est aussi qu'il faut se garder contre ce socialisme trop cosmopolite ou plutôt trop allemand qui énerverait la défense de la patrie.

Sciences et doctrines du nationalisme, 1902 (Hatier)

5407 Une poignée d'hommes mettent çà et là de légers points de pourriture sur notre admirable race. Garde à nous, patriotes !

Amori et Dolori sacrum, 1903 (Hatier), préface

5408 Ce qui fait les dessous de ma pensée, ma nappe inépuisable, c'est ma Lorraine.

Les Amitiés françaises, 1919 (Hatier)

5409 Grandeur d'âme, beauté, passion, sacrifice, l'on vous situe d'abord dans les villes légendaires, car l'on voit trop que vous ne croissez pas aux pavés de notre ville de naissance ; mais au retour d'un long voyage à travers les réalités, quand on n'a vu qu'un sable aride, ou pis encore d'irritantes fièvres, si l'on garde assez de ressort pour échapper au désabusement, on n'attend plus rien que de cette musique intérieure transmise avec leur sang par les morts de notre race.

Le Voyage de Sparte, 1906 (Hatier)

5410 Il est trop certain que la vie n'a pas de but et que l'homme pourtant a besoin de poursuivre un rêve.

Colette Baudoche, 1909 (Hatier)

5411 J'entends servir les intérêts de notre race. Je continue la chanson de nos pères. Mais nous sommes au deuxième couplet. Ils ont conquis le sol ; à nous de conquérir les fruits du sol.

Le Greco ou le Secret de Tolède, 1911 (Émile-Paul)

5412 Ce coucher de soleil sur Tolède [...] assemble toutes les formes, toutes les couleurs, tous les rêves, pour nous parler d'une vraie vie à laquelle nous nous croyons prédestinés et qu'il nous reste à conquérir.

La Colline inspirée, titre du chap. 1 (Émile-Paul)

5413 Il est des lieux où souffle l'esprit.

chap. 1

5414 Les quatre vents de la Lorraine et le souffle inspirateur qui s'exhale d'un lieu éternellement consacré au divin, ravivent en nous une énergie indéfinissable : rien qui relève de la pensée, mais plutôt une vertu.

chap. 20

5415 « Je suis, dit la prairie, l'esprit de la terre et des ancêtres les plus lointains, la liberté, l'inspiration. »
Et la chapelle répond :
« Je suis la règle, l'autorité, le lien, je suis un corps de pensées fixes et la cité ordonnée des âmes. »

La Grande Pitié des églises de France, 1914 (Émile-Paul)
chap. 5

5416 Il y a tout au fond de nous [...] un domaine obscur, et ces psychologues scientifiques le reconnaissent comme la nappe profonde qui alimente nos pensées claires. Les plus grandes et les plus fortes pensées dont nous prenons conscience sont comme des pointes d'îlots qui émergent, mais qui ont des stratifications immenses sous la mer.

chap. 16

5417 Ce n'est pas la raison qui nous fournit une direction morale, c'est la sensibilité.

chap. 18

5418 Où manque la force, le droit disparaît; où apparaît la force, le droit commence de rayonner.

Un jardin sur l'Oronte, 1922 (Plon)

5419 Préférer à soi-même une autre qui, elle-même, nous préfère à soi; désirer de mourir à deux, pour épanouir une seule vie plus belle; appeler la volupté avec la certitude d'y tuer nos humanités et d'en surgir créature céleste... premières minutes sublimes d'un [...] amour comblé.

Mes cahiers, année 1910, 1922 (Plon)

5420 Je sens depuis des mois que je glisse du nationalisme au catholicisme. C'est que le nationalisme manque d'infini.

Aristide BRIAND 1862-1932

Paroles de paix (Figuière)

5421 La France, dans l'état actuel du monde, ne peut pas s'abstraire de toute préoccupation d'idéalisme. Il y a une atmosphère morale en dehors de laquelle un pays qui s'isole est un pays qui va aux pires déceptions.

5422 Pour faire la paix, il faut être deux: soi-même et le voisin d'en face.

5423 Moi, je dis que la France [...] ne se diminue pas, ne se compromet pas, quand, libre de toutes visées impérialistes et ne servant que des idées de progrès et d'humanité, elle se dresse et dit à la face du monde: « Je vous déclare la Paix! »...

Georges DARIEN 1862-1921

La Belle France (Pauvert)
avant-propos

5424 Bien que je sois Français, je ne suis pas un vaincu.

2

5425 Il y a quelque chose de plus terrible encore à contempler que l'Ignorance agissante. C'est l'Ignorance qui n'agit pas, mais qui braille.

3

5426 La seule politique que veuille la France, c'est une politique incolore, insipide, flasque ; elle est prête à payer n'importe quoi pour avoir cette politique-là ; et elle paye, et elle l'a.

5427 La France ne veut pas d'hommes. Ce qu'il lui faut, c'est des castrats.

6

5428 La France est catholique parce que la femme est catholique. Et la femme est catholique parce qu'elle n'est pas libre.

5429 Il faut être intolérant pour être libre.

8

5430 Le *système* capitaliste *se laisse vivre* ; le *parti* socialiste *se laisse vivre*. Ils se laissent donc vivre réciproquement ; voilà toute la situation.

5431 La France doit appartenir aux Français, non pas nominalement, mais effectivement. C'est le Nationalisme réel, intégral, qui seul peut conduire à L'internationalisme. Voilà ce que le Socialisme aurait dû comprendre.

Claude DEBUSSY 1862-1918

Monsieur Croche antidilettante (Gallimard)

5432 Monsieur, je n'aime pas les spécialistes. Pour moi, se spécialiser, c'est rétrécir d'autant son univers [...]

5433 Voir le jour se lever est plus utile que d'entendre la Symphonie pastorale.

5434 Tâcher de faire tomber ceux que l'on imite est le premier principe de la sagesse chez certains artistes [...]

5435 [...] on ne commande pas plus aux foules d'aimer la beauté qu'on ne peut décemment exiger qu'elles marchent sur les mains.

Georges FEYDEAU 1862-1921

La Dame de chez Maxim (© Éd. du Bélier)
acte II, scène 9

5436 N'est-elle pas plus morale, l'union libre de deux amants qui s'aiment, que l'union légitime de deux êtres sans amour ?

acte III, scène 5

5437 Comme il n'y a pas de fumée sans feu... il n'y a pas de feu sans allumage!

Un fil à la patte, acte I, scène 3

5438 Il paraît que quand on aime, eh bien! un garçon qui n'a plus le sou, c'est encore meilleur!

acte II, scène 2

5439 Dans n'importe quel ménage, quand il y a deux hommes, c'est toujours le mari qui est le plus laid.

Le Dindon, acte I, scène 1

5440 Les maris des femmes qui nous plaisent sont toujours des imbéciles.

acte II, scène 15

5441 Comment veux-tu que je te comprenne!... Tu me parles à contrejour, je ne vois pas ce que tu me dis!

Occupe-toi d'Amélie, acte II, scène 1

5442 Ah! que je suis fatigué! Tout de même, il est midi!... Et midi, c'est une heure!... Non, midi, ce n'est pas une heure, c'est midi!... Ah! je ne sais plus ce que je dis!... Je dors à moitié! Et dire... et dire que si Paris était aux antipodes, il serait seulement minuit!... Je pourrais dormir encore sept heures, et je passerais pour un homme matinal!... Quel est l'idiot contrariant qui a fichu Paris de ce côté-ci du globe?...

Abel HERMANT 1862-1950

Xavier ou les Entretiens sur la grammaire française (Flammarion)
II

5443 [...] l'histoire, tant qu'elle dure, n'a que des tournants.

IX

5444 Les mots participent de la divinité d'une façon illégitime puisque notre raison ne l'avoue pas.

Remarques de Monsieur Lancelot pour
la défense de la langue française (Flammarion)

5445 La sagesse, quand on se trouve en présence d'une difficulté de langage, est de s'informer, de s'éclairer, ensuite de prendre une décision et de s'y tenir. La fiction de la chose jugée n'est pas moins indispensable en ces matières qu'en matière de justice pratique.

5446 Je ne me mêle point de politique; mais, dans l'ordre de la grammaire, l'étatisme, voilà l'ennemi.

Maurice MAETERLINCK 1862-1949

Serres chaudes (Vanier), Ame de nuit

5447 Mon âme en est triste à la fin ;
Elle est triste enfin d'être lasse,
Elle est lasse enfin d'être en vain.
Elle est triste et lasse à la fin
Et j'attends vos mains sur ma face.

Pélléas et Mélisande (Fasquelle)

5448 Si j'étais Dieu, j'aurais pitié du cœur des hommes.

La Vie des termites (Fasquelle), introduction

5449 Les années apprennent peu à peu, à tout homme, que la vérité seule est merveilleuse.

5450 La monographie d'un insecte, surtout d'un insecte aussi singulier, n'est en somme que l'histoire d'une peuplade inconnue, d'une peuplade qui semble par moments originaire d'une autre planète, et cette histoire demande à être traitée de la même façon méthodique et désintéressée que l'histoire des hommes.

La Vie des termites, La puissance occulte, I

5451 Nous n'avons pas d'exemple, en nos annales, qu'une république réellement démocratique ait duré plus de quelques années sans se décomposer et disparaître dans la défaite ou la tyrannie, car nos foules ont, en politique, le nez du chien qui n'aime que les mauvaises odeurs. Elles ne choisissent que les moins bons et leur flair est presque infaillible.

La Vie des termites, Les destinées, I

5452 On dirait que ces cités d'insectes qui nous précèdent dans le temps, ont voulu nous offrir une caricature, une parodie anticipée des paradis terrestres vers lesquels s'acheminent la plupart des peuples civilisés ; et l'on dirait surtout que la nature ne veut pas le bonheur.

III

5453 L'intelligence est la faculté à l'aide de laquelle nous comprenons finalement que tout est incompréhensible.

La Grande Loi (Fasquelle)
La gravitation universelle et la force centripète

5454 Si les astres étaient immobiles, le temps et l'espace n'existeraient plus.

5455 Les mondes tombent ou montent et rencontrent parfois dans l'immense désert, de millénaire en millénaire, un autre monde qui les attire. Est-ce là toute la tragédie de l'espace et de l'éternité ?

5456 Un Dieu qui d'un seul coup voudrait anéantir les mondes, n'aurait qu'à enlever à la matière sa force d'attraction. A l'instant tout se dissoudrait dans ce que nous ne pourrions plus appeler l'espace, puisqu'il n'y aurait plus d'espace, attendu que seuls les mouvements et les déplacements de la matière créent son existence.

5457 Il est assez probable qu'une descente au centre de la terre, si, grâce à je ne sais quelles découvertes, elle devenait un jour possible, nous révèlerait sur la gravitation, noyau de toutes les énigmes, plus de secrets cosmiques qu'un voyage dans la lune.

La Grande Loi, L'éther

5458 Le mot éther est comme le mot Dieu ; il masque et déguise somptueusement ce que nous ignorons.

La Grande Loi, La dilatation de l'univers

5459 Rien n'ayant été créé, rien ne pourra jamais être créé. L'Univers ne pourra jamais être augmenté ou diminué. Ce qu'on lui enlèverait ne le quitterait point, ce qu'on ajouterait serait déjà en lui.

Émile MALE 1862-1954

L'Art religieux du XIIIe siècle en France (Armand Colin)
préface

5460 La cathédrale eût mérité d'être appelée de ce nom touchant qui fut donné par les imprimeurs du XVe siècle à un de leurs premiers livres : « la Bible des pauvres ». Les simples, les ignorants, tous ceux qu'on appelait « la sainte plèbe de Dieu », apprenaient par les yeux presque tout ce qu'ils savaient de leur foi.

introduction, chap. 1, 1

5461 L'art du Moyen Age est d'abord une écriture sacrée dont tout artiste doit apprendre les éléments.

Marcel PRÉVOST 1862-1941

Lettres à Françoise (Éditions de France), Lettre liminaire

5462 [La femme] est, dans le sein des nations lasses, un grand peuple neuf.

Paul SIGNAC 1863-1935

D'Eugène Delacroix au Néo-Impressionnisme (Floury)

5463 [...] un peintre rend-il un plus bel hommage à la nature en s'efforçant, comme font les néo-impressionnistes, de restituer sur la toile son principe essentiel, la lumière, ou en la copiant servilement du plus petit brin d'herbe au moindre caillou ?

Francis VIELÉ-GRIFFIN 1863-1937

Joies (Mercure de France)
préface

5464 Le vers est libre.

La Clarté de la vie (Mercure de France), Octobre

5465 Saluons d'un baiser l'Automne aux yeux pensifs ;
La Vie est un sourire aux lèvres de la Mort...

Georges FOUREST 1864-1945

La Négresse blonde (Corti), Le Cid

5466 « Dieu ! » soupire à part soi la plaintive Chimène,
« Qu'il est joli garçon l'assassin de Papa ! »

Le Géranium ovipare (Corti), Épîtres
Épître de Cassandre à Colombine

5467 Comme le champ pierreux qu'en vain le colon bine
Votre cœur est un roc, aimable Colombine !

5468 [...] et je lirai (trouvant Hegel et Kant arides)
Ces beaux récits d'amour poivrés de cantharides.

Le Géranium ovipare, Postlude

5469 Tout bas-bleu présent ou futur
Sans hésiter je le rature !
Cœtera desiderantur
C'est assez de littérature.

Henri de RÉGNIER 1864-1936

Les Jeux rustiques et divins (Mercure de France), Odelette

5470 Un petit roseau m'a suffi
Pour faire frémir l'herbe haute
Et tout le pré
Et les doux saules
Et le ruisseau qui chante aussi ;
Un petit ruisseau m'a suffi
A faire chanter la forêt.

Vestigia Flammae (Mercure de France)
Poèmes divers, Le bonheur

5471 Le Bonheur est un Dieu qui marche les mains vides
Et regarde la Vie avec des yeux baissés.

Jules RENARD 1864-1910

L'Écornifleur (Gallimard)
XVIII

5472 Heureux ceux qui peuvent dire simplement d'une belle chose : « Voilà une chose qui est belle ! »
J'y renonce.

XXXII

5473 La pudeur de la femme est un mur mitoyen. N'allez pas, imprudent, le dégrader vous-même, car il s'effritera, à la longue fera brèche, et les voisins entreront chez vous.

Poil de Carotte (Flammarion), Coup de théâtre

5474 Tout le monde ne peut pas être orphelin.

Journal (Gallimard)
13 septembre 1887

5475 Le plus artiste sera d'écrire, par petits bonds, sur cent sujets qui surgiront à l'improviste, d'émietter pour ainsi dire sa pensée. De la sorte, rien n'est forcé. Tout a le charme du non voulu, du naturel. On ne provoque pas : on attend.

15 novembre 1888

5476 Les mots sont la menue monnaie de la pensée. Il y a des bavards qui nous payent en pièces de dix sous. D'autres, au contraire, ne donnent que des louis d'or.

23 novembre 1888

5477 Faunes, vous avez eu votre temps : c'est maintenant avec l'arbre que le poète veut s'entretenir.

29 décembre 1888

5478 Que de gens ont voulu se suicider, et se sont contentés de déchirer leur photographie !

22 mai 1889

5479 Par les soleils couchants, il semble qu'au-delà de notre horizon commencent les pays chimériques, les pays brûlés, la Terre de Feu, les pays qui nous jettent en plein rêve, dont l'évocation nous charme, et qui sont pour nous des paradis accessibles, l'Égypte et ses grands sphinx, l'Asie et ses mystères, tout, excepté notre pauvre petit maigre et triste monde.

28 janvier 1890

5480 Les bourgeois, ce sont les autres.

2 juin 1890

5481 J'ai bâti de si beaux châteaux que les ruines m'en suffiraient.

12 août 1890

5482 La postérité appartiendra aux écrivains secs, aux constipés.

7 avril 1891

5483 Le style, c'est l'oubli de tous les styles.

25 janvier 1892

5484 Ah! les grands jours de petits ennuis! Le tire-bouton n'attrape aucun bouton, mes bretelles font vrille sur mon dos et ces loques, c'est mes chaussettes. Mes yeux *renvoient les images*, et tous mes sens ont mal.

27 janvier 1892

5485 Il faut que l'homme libre prenne quelquefois la liberté d'être esclave.

30 avril 1892

5486 L'ironie est la pudeur de l'humanité.

7 octobre 1892

5487 La clarté est la politesse de l'homme de lettres.

29 janvier 1893

5488 La conversation est un jeu de sécateur, où chacun taille la voix du voisin aussitôt qu'elle pousse.

27 janvier 1894

5489 Prononcer vingt-cinq aphorismes par jour et ajouter à chacun d'eux : « Tout est là. »

10 avril 1895

5490 Écrire, c'est une façon de parler sans être interrompu.

17 avril 1896

5491 Le mot est l'excuse de la pensée.

juillet 1896

5492 C'est une duperie que de s'efforcer d'être bon. Il faut naître bon, ou ne s'en mêler jamais.

14 juillet 1896

5493 Les absents ont toujours tort de revenir.

Tristan BERNARD 1866-1947

Théâtre sans directeur (Calmann-Lévy), La sacoche

5494 Le repos éternel, est-ce un bobard de l'homme?
Je crois qu'il est prudent de faire un petit somme,
Afin à tout hasard d'être au moins plus dispos...

Théâtre sans directeur, L'étrangleuse

5495 Ce qu'il y a d'admirable, c'est que ça prend toujours avec les étrangleurs. Aussitôt qu'on raidit les jambes, ils vous croient morte, et il vous lâchent.

Théâtre I (Calmann-Lévy)
Le Fardeau de la liberté, scène 2

5496 Ah! Que ne suis-je riche, pour venir en aide au pauvre que je suis!

scène 11

5497 Ah! ces braves agents, cognent-ils! Non, ce qu'ils cognent! Et tout ça pour cent sous par jour! On devrait leur donner dix francs!

Théâtre I, Le Captif, scène 2

5498 On ne pense pas à tous les frais que nous avons, nous autres bigames. Deux mariages, vous savez, ça vaut un incendie.

Romain ROLLAND 1866-1944

Vie de Beethoven (Hachette), préface

5499 Où le caractère n'est pas grand, il n'y a pas de grand homme, il n'y a même pas de grand artiste ni de grand homme d'action [...]. Peu nous importe le succès. Il s'agit d'être grand, et non de le paraître.

Jean-Christophe (Albin Michel)
livre I, L'aube

5500 Le chagrin aiguise les sens; il semble que tout se grave mieux dans les regards, après que les pleurs ont lavé les traces fanées des souvenirs.

5501 La musique veut être modeste et sincère. Autrement, qu'est-ce qu'elle est? Une impiété, un blasphème contre le Seigneur, qui nous a fait présent du beau chant pour dire des choses vraies et honnêtes.

livre II, Le matin

5502 Ces petites saletés morales que tant de gens de la société ne regardent pas tout à fait comme des fautes.

livre III, L'adolescent

5503 Combien la musique des musiciens est pauvre auprès de cet océan de musique, où grondent des milliers d'êtres: c'est la faune sauvage, le libre monde des sons, auprès du monde domestiqué, catalogué, froidement étiqueté par l'intelligence humaine.

5504 La joie délirante et absurde de vivre, que la douleur, la pitié, le désespoir, la blessure déchirante d'une perte irréparable, tous les tourments de la mort, ne font qu'aiguillonner et raviver chez les forts, en labourant leurs flancs d'un éperon furieux.

5505 On ne fait pas ce qu'on veut. On veut, et on vit: cela fait deux.

5506 Tu ne vivrais pas, si tu ne croyais pas. Chacun croit.

5507 Un héros, c'est celui qui fait ce qu'il peut. Les autres ne le font pas.

livre IV, La révolte

5508 Certaines âmes à elles seules valent un peuple tout entier ; elles pensent pour lui ; et, ce qu'elles ont pensé, il faudra qu'il le pense.

5509 Ceux qui aiment le mieux doivent se faire violence pour desserrer les dents et pour dire qu'ils aiment.

5510 La France, éternel recours de l'Allemagne en désarroi.

livre V, La foire sur la place

5511 La vie n'est pas raffinée. La vie ne se prend pas avec des gants.

5512 Tous écrivaient — prétendaient écrire. C'était une névrose, sous la Troisième République. C'était surtout une forme de paresse vaniteuse — le travail intellectuel étant de tous le plus difficile à contrôler, et celui qui prête le plus au « bluff ».

5513 Ce peuple de France, qui donne l'impression d'une durée éternelle, qui fait corps avec sa terre, qui a vu passer, comme elle, tant de races conquérantes, tant de maîtres d'un jour et qui ne passe pas.

livre VI, Antoinette

5514 Ce ne sont pas les pays les plus beaux, ni ceux où la vie est la plus douce, qui prennent le cœur davantage, mais ceux où la terre est le plus simple, le plus humble, près de l'homme, et lui parle une langue intime et familière.

livre VII, Dans la maison

5515 Notre génie ne s'affirme pas en niant ou détruisant les autres, mais en les absorbant. [...] La Gaule a bon estomac: en vingt siècles, elle a digéré plus d'une civilisation. [...]

5516 S'il y a des frontières en art, elles sont moins des barrières de races que des barrières de classes. Je ne sais pas s'il y a un art français et un art allemand ; mais il y a un art des riches, et un art de ceux qui ne le sont pas.

(Jean-Christophe) livre IX, Le buisson ardent

5517 La foule[1] avait flairé le sang. En un instant, elle devint une meute féroce. On tirait, de tous côtés. Aux fenêtres des maisons parut le drapeau rouge. Et le vieil atavisme des révolutions parisiennes fit surgir une barricade.

5518 Dieu souffre. Dieu combat. Avec ceux qui combattent et pour tous ceux qui souffrent. Car il est la Vie, la goutte de lumière qui, tombée dans la nuit, s'étend et boit la nuit. Mais la nuit est sans bornes, et le combat divin ne s'arrête jamais; et nul ne peut savoir quelle en sera l'issue. Symphonie héroïque, où les dissonances même qui se heurtent et se mêlent forment un concert serein! Comme la forêt de hêtres qui livre dans le silence des combats furieux, ainsi la Vie guerroie dans l'éternelle paix.

livre X, La nouvelle journée

5519 La vie passe. Le corps et l'âme s'écoulent comme un flot. Les ans s'inscrivent sur la chair de l'arbre qui vieillit. Le monde entier des formes s'use et se renouvelle. Toi seule ne passes pas, immortelle Musique. Tu es la mer intérieure. Tu es l'âme profonde.

5520 A mesure que l'on vit, à mesure que l'on crée, à mesure que l'on aime et qu'on perd ceux qu'on aime, on échappe à la mort. A chaque nouveau coup qui nous frappe, à chaque œuvre qu'on frappe, on s'évade de soi, on se sauve dans l'œuvre qu'on a créée, dans l'âme qu'on aimait et qui nous a quittés. A la fin, Rome n'est plus dans Rome; le meilleur de soi est en dehors de soi.

Au-dessus de la mêlée (Albin Michel), chap. 3

5521 La fatalité, c'est ce que nous voulons.

Clérambault, histoire d'une conscience libre pendant la guerre
(Albin Michel), introduction

5522 Tout homme qui est un vrai homme doit apprendre à rester seul au milieu de tous, à penser seul pour tous — et au besoin contre tous.

Le Voyage intérieur (Albin Michel)
4ᵉ partie, Le Sagittaire

5523 La vie est l'arc; et la corde est le rêve. Où est le Sagittaire?

Erik SATIE 1866-1925

Le Piège de Méduse, acte I, scène 9 (Galerie Simon)

5524 Désormais, j'ai confiance en vous, vous vous feriez certainement tuer pour moi, et sans en jamais parler à personne.

---

1. A Paris, le 1ᵉʳ mai 1906.

Éloge des critiques, Action, n° 8, août 1921

5525 Je suis aussi reconnaissant que reconnaissable.

5526 Il y a trois sortes de critiques : ceux qui ont de l'importance ; ceux qui en ont moins ; ceux qui n'en ont pas du tout. Les deux dernières sortes n'existent pas : tous les critiques ont de l'importance...

5527 Celui qui a dit que la critique était aisée n'a pas dit quelque chose de bien remarquable. C'est même honteux d'avoir dit cela : on devrait le poursuivre, pendant au moins un kilomètre ou deux.

Julien BENDA 1867-1956

La Trahison des clercs (Grasset)

chap. 1

5528 La condensation des passions politiques en un petit nombre de haines très simples et qui tiennent aux racines les plus profondes du cœur humain est une conquête de l'âge moderne.

5529 Il me semble assez juste de dire, avec les monarchistes français que « la démocratie c'est la guerre », à condition qu'on entende par démocratie l'avènement des masses à la susceptibilité nationale et qu'on reconnaisse qu'aucun changement de régime n'enrayera ce phénomène.

5530 Notre siècle aura été proprement le siècle de l'*organisation intellectuelle des haines politiques*. Ce sera un de ses grands titres dans l'histoire morale de l'humanité.

chap. 3

5531 A la fin du XIXe siècle, se produit un changement capital : *les clercs se mettent à faire le jeu des passions politiques* ; ceux qui formaient un frein au réalisme des peuples s'en font les stimulants.

2

5532 La valeur de l'artiste, ce qui fait de lui la haute parure du monde, c'est qu'il *joue* les passions humaines au lieu de les vivre et trouve dans cette émotion de jeu la même source de désirs, de joies et de souffrances que le commun des hommes dans la poursuite des choses réelles.

3

5533 Notre âge aura vu ce fait inconnu jusqu'à ce jour, du moins au point où nous le voyons : la métaphysique prêchant l'adoration du contingent et le mépris de l'éternel.

5534 Le Clerc s'est fait de nos jours ministre de la guerre.

(La Trahison des clercs, chap. 3)

5535 Jusqu'à nos jours les hommes n'avaient entendu, en ce qui touche les rapports de la politique et de la morale, que deux enseignements : l'un, de Platon, qui disait : « La morale détermine la politique » ; l'autre, de Machiavel, qui disait : « La politique n'a pas de rapport avec la morale ». Ils en entendent aujourd'hui un troisième ; M. Maurras enseigne : « La politique détermine la morale. »

5536 Le moraliste est par essence un utopiste et [...] le propre de l'action morale est précisément de créer son objet en l'affirmant.

5537 Le clerc moderne aura fait ce travail assurément nouveau : il aura appris à l'homme à nier sa divinité.

5538 Nous ne demandons pas au chrétien de ne point violer la loi chrétienne ; nous lui demandons, s'il la viole, de savoir qu'il la viole.

5539 Ce sera une des grandes responsabilités de l'État moderne de n'avoir pas maintenu (mais le pouvait-il?) une classe d'hommes exempts des devoirs civiques, et dont l'unique fonction eût été d'entretenir le foyer des valeurs non pratiques.

5540 L'humanité moderne entend avoir dans ceux qui se disent ses docteurs, non des guides, mais des serviteurs. C'est ce que la plupart d'entre eux ont admirablement bien compris.

chap. 4

5541 Orphée ne pouvait cependant pas prétendre que jusqu'à la fin des âges les fauves se laisseraient prendre à sa musique. Toutefois on pouvait peut-être espérer qu'Orphée lui-même ne deviendrait pas un fauve.

Jehan RICTUS 1867-1933

Les Soliloques du pauvre (Bibliothèque nationale), Le revenant

5542 Je m'dis : « Tout d'mêm ; si qu'y r'viendrait ! »
Qui ça ?... Ben quoi ! vous savez bien.
Eul' l'trimardeur galiléen,
L'Rouquin au cœur pus grand qu'la Vie !

Si qu'y r'viendrait ! Si qu'y r'viendrait !

5543 T'as tout à fait l'air d'un artiste !
D'un d'ces poireaux qui font des vers
Malgré les conseils les plus sages,
Et qu'les bourgeois guign'nt de travers
Jusqu'à c'qu'y fass'nt un rich' mariage !

Paul-Jean TOULET 1867-1920

Contrerimes (Émile-Paul)
63

5544 Toute allégresse a son défaut
Et se brise elle-même.
Si vous voulez que je vous aime,
Ne riez pas trop haut.

70

5545 La vie est plus vaine une image
Que l'ombre sur le mur.

Chansons, Romances sans musique

5546 Dans Arle, où sont les Aliscans,
Quand l'ombre est rouge, sous les roses,
Et clair le temps,

Prends garde à la douceur des choses
Lorsque tu sens battre sans cause
Ton cœur trop lourd.

II

5547 Le temps irrévocable a fui. L'heure s'achève.
Mais toi, quand tu reviens, et traverses mon rêve,
Tes bras sont plus frais que le jour qui se lève,
Tes yeux plus clairs.

A travers le passé ma mémoire t'embrasse.

Contrerimes, Coples

5548 Les violettes sont le sourire des morts.

5549 Deux vrais amis vivaient au Monomotapa
... Jusqu'au jour où l'un vint voir l'autre, et le tapa.

5550 J'ai connu dans Séville, une enfant brune et tendre
Nous n'eûmes aucun mal, hélas! à nous entendre.

5551 Si vivre est un devoir, quand je l'aurai bâclé,
Que mon linceul au moins me serve de mystère.
Il faut savoir mourir, Faustine, et puis se taire:
Mourir comme Gilbert en avalant sa clé.

Émile Charbier dit ALAIN 1868-1951

Mars ou la Guerre jugée (Gallimard), XII

5552 L'honneur national est comme un fusil chargé.

XVIII

5553 Tout plaisir est vil qui fleurit sur la mort.

XL

5554 Le Prolétariat tient pour l'Humanité contre les Pouvoirs.

Système des beaux-arts (Gallimard)
I, I

5555 La psychologie de notre temps ne se relèvera point de son erreur principale qui est d'avoir trop cru les fous et les malades.

5556 Désordre dans le corps, erreur dans l'esprit, l'un nourrissant l'autre, voilà le réel de l'imagination.

I, IV

5557 Le corps humain est le tombeau des dieux.

I, VI

5558 Aucun possible n'est beau ; le réel seul est beau.

Éléments de philosophie (Gallimard)
VI, 3

5559 Il y a une forte raison de ne pas dire au premier arrivant ce qui vient à l'esprit, c'est qu'on ne le pense point.

VII, 7

5560 Le théâtre est comme la messe ; pour en bien sentir les effets il faut y revenir souvent.

Entretiens au bord de la mer (Recherche de l'entendement) (Gallimard), septième entretien

5561 Les hommes aiment tous d'un amour inexplicable cette nature qui refuse l'idée. Ils voudraient bien mettre leur espoir en ce qui ne promet rien.

Avec Balzac, Politique (Gallimard)

5562 Ce que j'appelle République c'est plutôt une énergique résistance à l'esprit Monarchique, d'ailleurs nécessaire partout.

Propos sur le bonheur (Gallimard)
IV, Neurasthénie

5563 Un esprit subtil trouve toujours assez de raisons d'être triste s'il est triste, assez de raisons d'être gai s'il est gai ; la même raison souvent sert à deux fins.

VIII, De l'imagination

5564 Nous n'avons pas toujours assez de force pour supporter les maux d'autrui.

XIII, Accidents

5565 Toute douleur veut être contemplée, ou bien elle n'est pas sentie du tout.

XXI, Des caractères

5566 L'ingénieux système de Freud, un moment célèbre, perd déjà de son crédit par ceci, qu'il est trop facile de faire croire tout ce que l'on veut à un esprit inquiet et qui, comme dit Stendhal, a déjà son imagination pour ennemie.

XXIV, Notre avenir

5567 Nos fautes périssent avant nous ; ne les gardons point en momies.

XLIII, Hommes d'action

5568 Un préfet de police est, pour mon goût, l'homme le plus heureux.

XLVIII, Heureux agriculteurs

5569 C'est toujours par l'ennui et ses folies que l'ordre social est rompu.

LXI, Le culte des morts

5570 Les morts ne sont pas morts, c'est assez clair puisque nous vivons.

XCIII, Il faut jurer

5571 Le pessimisme est d'humeur ; l'optimisme est de volonté.

Histoire de mes pensées (Gallimard), Enfance

5572 De l'enfance je dirai peu ; car elle ne fut que bêtise.

Histoire de mes pensées, Lagneau

5573 Oui tous les matins n'importe quel homme reconstruit le monde ; tel est le réveil, telle est la conscience ; et tous les matins le philosophe, par un réveil redoublé, admire ce réveil même, et reconquiert l'âme de l'âme.

Histoire de mes pensées, L'école

5574 Une idée que j'ai, il faut que je la nie ; c'est ma manière de l'essayer.

Histoire de mes pensées, Lorient

5575 Qu'est-ce que mille ans ? Les temps sont courts à celui qui pense, et interminables à celui qui désire.

Histoire de mes pensées, Abstractions

5576 C'est alors que je commençai à comprendre que les idées, même les plus sublimes, ne sont jamais à inventer, et qu'elles se trouvent inscrites dans le vocabulaire consacré par l'usage.

5577 J'étais destiné à devenir journaliste, et à relever l'entrefilet au niveau de la métaphysique.

Histoire de mes pensées, La liberté

5578 Si les révolutionnaires pouvaient demeurer gais d'esprit sans cesser d'être fermes d'action, nous aurions vu déjà des merveilles. Un homme libre devrait savoir que la dissidence est l'âme de la révolution.

Histoire de mes pensées, Les poètes

5579 Je voyais donc l'imagination à sa naissance, l'imagination qui n'est que naissance, car elle n'est que le premier état de toutes nos idées. C'est pourquoi tous les dieux sont au passé.

Histoire de mes pensées, Encore Hegel

5580 Et remarquez que nos propres pensées sont naturellement assez obscures pour que le Hegel le plus hardi soit encore clair à côté.

Propos sur l'esthétique (P.U.F.), Visages

5581 Je plains ceux qui ont l'air intelligent ; c'est une promesse qu'on ne peut tenir.

Propos sur l'esthétique, Du style

5582 Je vois dans les Mémoires de Tolstoï qu'à vingt ans il connaissait déjà les deux choses qui importent pour la formation de l'esprit, c'est-à-dire un emploi du temps et un cahier.

Propos sur la religion (P.U.F.), V, La vraie foi

5583 La religion condamne la religion. Ce n'est pas l'école qui est sans Dieu, c'est l'Église qui est sans dieu.

XIX, La peur du diable

5584 Un peu de catholicisme ne nuit pas.

XXVI, De la foi

5585 Il faut croire d'abord. Il faut croire avant toute preuve, car il n'y a point de preuve pour qui ne croit rien.

XXIX, Christianisme et socialisme

5586 Je repousse ce mélange sans saveur, où socialisme et christianisme perdent chacun leur vertu propre.

XXXIII, Cardinaux
5587 Le pur esprit dès qu'il se formule, se trouve athée.

LVII, De la théologie
5588 On doit appeler machine, dans le sens le plus étendu, toute idée sans penseur.

LXIV, L'homme devant l'apparence
5589 Penser, c'est dire non. Remarquez que le signe du oui est d'un homme qui s'endort ; au contraire le réveil secoue la tête et dit non.

LXXIV, Le nouveau dieu
5590 Rien n'est plus dangereux qu'une idée quand on n'a qu'une idée.

Théodore BOTREL 1868-1925

La Paimpolaise, chanson des pêcheurs d'Islande
5591 Le ciel est moins bleu, n'en déplaise
A Saint Yvon notre Patron,
Que les yeux de ma Paimpolaise...
Qui m'attend au pays breton.

Paul CLAUDEL 1868-1955

Tête d'or, première version (Mercure de France)
première partie
5592 Me voici,
Imbécile, ignorant,
Homme nouveau devant les choses inconnues [...]

deuxième partie
5593 Oui ! Quelle chose étonnante c'est que de vivre !
Celui qui vit et pose ses deux pieds sur la terre, qu'envie-t-il donc aux dieux ?

5594 O ce monde ennuyeux ! l'homme, comme un fœtus parmi les glaires,
Se repaît de son imbécillité.

deuxième version, première partie
5595 La parole n'est qu'un bruit et les livres ne sont que du papier.

L'Échange, première version (Mercure de France)
acte premier
5596 La femme sans l'homme, que ferait-elle ?
Mais de l'homme envers la pauvre femme, dans son cœur,
Il n'y a rien de nécessaire et de durable.

5597 Il est honteux à un homme de parler de ces choses quand il fait jour.

5598 Car le commerce tient
Une balance aussi, comme la justice;
Et je suis l'aiguille qui est entre les plateaux.

Vers d'exil (Mercure de France), VII

5599 [...] quelqu'un qui soit en moi plus moi-même que moi.

Connaissance de l'Est (Mercure de France), Religion du signe

5600 L'écriture a ceci de mystérieux qu'elle parle.

Connaissance de l'Est, Tristesse de l'eau

5601 Il est une conception dans la joie, je le veux, il est une vision dans le rire.

Connaissance de l'Est, Dissolution

5602 Quand je serai mort, on ne me fera plus souffrir.

Art poétique (Mercure de France)
Connaissance du temps, I, De la cause

5603 L'homme connaît le monde non point par ce qu'il y dérobe mais par ce qu'il y ajoute.

Art poétique
Traité de la connaissance du monde et de soi-même

5604 Nous ne naissons pas seuls. Naître, pour tout, c'est connaître. Toute naissance est une connaissance.

Art poétique, article premier

5605 Vraiment le bleu connaît la couleur d'orange, vraiment la main son ombre sur le mur [...] Toute chose qui est, de toutes parts, désigne cela sans quoi elle n'aurait pu être.

article quatrième

5606 L'univers n'est qu'une manière totale de ne pas être ce qui est.

Cinq grandes odes (Gallimard), Les muses

5607 Le poème n'est point fait de ces lettres que je plante comme des clous, mais du blanc qui reste sur le papier.

5608 O grammairien dans mes vers! Ne cherche point le chemin, cherche le centre!

Cinq grandes odes, L'esprit et l'eau

5609 O mon Dieu [...] Je suis libre, délivrez-moi de la liberté!

5610 O credo entier des choses visibles et invisibles, je vous accepte avec un cœur catholique!
Où que je tourne la tête
J'envisage l'immense octave de la Création!

Cinq grandes odes, Magnificat

5611 O les longues rues amères autrefois et le temps où j'étais seul et un!
La marche dans Paris, cette longue rue qui descend vers Notre-Dame!

5612 Soyez béni, mon Dieu, qui m'avez délivré des idoles,
Et qui faites que je n'adore que Vous seul, et non point
Isis et Osiris,
Ou la Justice, ou le Progrès, ou la Vérité, ou la Divinité, ou l'Humanité, ou les lois de la Nature, ou l'Art, ou la Beauté [...]

5613 Qui ne croit plus en Dieu, il ne croit en l'Être, et qui hait l'Être, il hait sa propre existence.

Cinq grandes odes, La muse qui est la grâce

5614 Les mots que j'emploie,
Ce sont les mots de tous les jours, et ce ne sont point les mêmes!

Cinq grandes odes, La maison fermée

5615 Mon désir est d'être le rassembleur de la terre de Dieu!

La Cantate à trois voix (Gallimard)

5616 Car il faut que le mot passe afin que la phrase existe; il faut que le son s'éteigne afin que le sens demeure.

Partage de midi (Gallimard)
acte I

5617 Ce n'est point le temps qui manque, c'est nous qui lui manquons.

5618 Que craignez-vous de moi puisque je suis l'impossible?

5619 Heureuse la femme qui trouve à qui se donner! celle-là ne demande point à se reprendre!

5620 Ah! tu n'es pas le bonheur! tu es cela qui est à la place du bonheur!

acte III

5621 [...] moi-même, la forte flamme fulminante, le grand mâle dans la gloire de Dieu.
L'homme dans la splendeur de l'août, l'esprit vainqueur dans la transfiguration de Midi!

L'Otage (Gallimard)
acte I, scène 2

5622 L'homme n'a rien qu'il n'ait de Dieu seul.

acte II, scène 1

5623 Celui-là est *sans foi*, qui n'est capable de rien d'éternel.

5624 Et tant qu'il y aura des Français, vous ne leur ôterez pas le vieil enthousiasme, vous ne leur ôterez pas le vieil esprit risque-tout d'aventure et d'invention!

scène 2

5625 Tout est facile, ô mon Dieu, à celui qui Vous aime,
Excepté de ne pas faire Votre volonté adorable.

L'Annonce faite à Marie, première version (Gallimard)
acte II, scène 3

5626 O ma fiancée à travers les branches en fleurs, salut!

5627 [...] c'est une belle chose aussi et digne de Dieu même, un cœur d'homme que l'on remplit sans en rien laisser vide.

acte III, scène 3

5628 Puissante est la souffrance quand elle est aussi volontaire que le péché!

acte IV, scène 5

5629 De quel prix est le monde auprès de la vie? et de quel prix la vie, sinon pour la donner?

Corona benignitatis anni Dei (Gallimard)
Le chemin de la Croix, Onzième station

5630 Je n'ai plus rien à chercher au ciel avec l'hérétique et le fou. Ce Dieu est assez pour moi qui tient entre quatre clous.

La Messe là-bas (Gallimard), Consécration

5631 La chose qui a mis Rimbaud en marche et qui l'a chassé de lieu en lieu toute sa vie [...]

Feuilles de Saints (Gallimard), Verlaine, II

5632 Le malheureux fait des vers pour lesquels Anatole France n'est pas tendre:
Quand on écrit en français, c'est pour se faire comprendre.

Le Père humilié (Gallimard)
acte II, scène 1

5633 Le soleil est à la même place. C'est toujours la même Samarie et le Vicaire de Jésus-Christ n'est pas moins abandonné que le Fils de l'Homme.

scène 2

5634 Tant qu'on n'aura pas trouvé autre chose que les femmes pour en être les enfants, jusque-là sur un cœur d'homme elles conserveront leur droit et leur empire.

5635 [...] le mariage n'est point le plaisir, c'est le sacrifice du plaisir, c'est l'étude de deux âmes qui pour toujours désormais et pour une fin hors d'elles-mêmes
Auront à se contenter l'une de l'autre.

Le Soulier de satin (Gallimard)
titre

5636 LE PIRE N'EST PAS TOUJOURS SÛR.

première journée, scène 1

5637 C'est le mal seul à dire vrai qui exige un effort, puisqu'il est contre la réalité [...]

scène 6

5638 [...] ce n'est pas l'esprit qui est dans le corps, c'est l'esprit qui contient le corps, et qui l'enveloppe tout entier.

scène 7

5639 Jamais autrement que l'un pour l'autre nous ne réussirons à nous débarrasser de la mort [...]

deuxième journée, scène 4

5640 C'est de ne rien espérer qui est beau! c'est de savoir qu'on en a pour toujours!

scène 14

5641 Ce paradis que Dieu ne m'a pas ouvert et que tes bras pour moi ont refait un court moment, ah! femme, tu ne me le donnes que pour me communiquer que j'en suis exclu.

Le Livre de Christophe Colomb (Gallimard)
deuxième partie, 4

5642 Ah! je ne croirai jamais que cette terre ronde sur laquelle la croix a été plantée, et ce globe que j'ai mis sous la croix, soit une chose sans importance.

Jeanne d'Arc au bûcher (Gallimard), scène 9

5643 Il y a l'espérance qui est la plus forte! il y a la joie qui est la plus forte!

*Ode jubilaire pour le six-centième anniversaire
de la mort de Dante* (Gallimard)

5644 Il y a les Saints qui ont résolu la question une fois pour toutes. Il y a les Saints qui laissent le monde où il est et trouvent plus simple d'occuper immédiatement l'Éternel.

Positions et propositions, Réflexions et propositions
sur le vers français (Gallimard)

5645 On ne pense pas d'une manière continue, pas davantage qu'on ne sent d'une manière continue ou qu'on ne vit d'une manière continue. Il y a des coupures, il y a intervention du néant.

5646 Tout ne va pas bien dans le mélange d'Animus et d'Anima, l'esprit et l'âme.

Accompagnements (Gallimard)
introduction à un poème sur Dante

5647 L'objet de la poésie, ce n'est donc pas, comme on le dit souvent, les rêves, les illusions ou les idées. C'est la sainte réalité, donnée une fois pour toutes, au centre de laquelle nous sommes placés. C'est l'univers des choses invisibles. C'est tout cela qui nous regarde et que nous regardons.

5648 [...] il y a une *poesis perennis* qui n'invente pas ses thèmes, mais qui reprend éternellement ceux que la Création lui fournit [...] Le but de la poésie n'est pas, comme dit Baudelaire, de plonger « au fond de l'Infini pour trouver du nouveau », mais au fond du défini pour y trouver de l'inépuisable.

Accompagnements, Mallarmé, La catastrophe d'Igitur

5649 Mallarmé est le premier qui se soit placé devant l'extérieur, non pas comme devant un spectacle, ou comme un thème à devoirs français, mais comme devant un texte, avec cette question : *Qu'est-ce que cela veut dire ?*

Accompagnements, Notes sur Mallarmé

5650 Le drame de la vie de Mallarmé est celui de toute la poésie du XIXe siècle qui, séparée de Dieu, ne trouve plus que l'*absence réelle*.

Accompagnements, Arthur Rimbaud

5651 Arthur Rimbaud fut un mystique *à l'état sauvage*, une source perdue qui ressort d'un sol saturé.

Conversation dans le Loir-et-Cher (Gallimard)

5652 Où c'est qu'il y a le moins d'union, où le moins d'amour, où le moins d'église, c'est là qu'il y a le moins de salut.

5653 C'est la guerre qui nous a appris à aimer ce qui n'est pas à nous et à compter pour rien ce que nous possédons.

Mardi

5654 [...] avec le rond d'un simple Oui nous achetons la vie éternelle.

Léon DAUDET 1868-1942

Paris vécu (Gallimard), *Du Marais au Père-Lachaise*

5655 L'âme existe, elle est tout autre chose que l'esprit, que le « noos » avec lequel on la confond souvent. Elle est indépendante de l'instruction, de l'éducation, de la connaissance, étant elle-même une connaissance appliquée à Dieu. Un fou peut parfaitement garder son âme intacte.

Le Courrier des Pays-Bas (Grasset)
tome II, *Aphorismes sur la polémique*

5656 L'invective est indispensable à la polémique. Mais elle doit être choisie et enchâssée. Rien n'est plus difficile à bien situer qu'un gros mot.

tome III, *Montaigne et l'ambiance*

5657 Atteindre le doute du doute, c'est le commencement de la certitude, et de la certitude religieuse.

tome III, *Les atmosphères politiques*

5658 La démocratie, c'est la Révolution couchée, et qui fait ses besoins dans ses draps.

tome III, *Remarques sur les modes*

5659 La guerre et la fatigue qui suivit ont mis à la mode la servilité et le conformisme. Quelqu'un disait : « Nous avions en France des médecins, des prêtres et des soldats. Nous avons maintenant des docteurs, des curés et des militaires. »

Écrivains et Artistes (éd. Le Capitole)
tome troisième, *Rosny aîné*

5660 L'homme naît tout prêt pour la douleur, avec un appareil héréditaire de transformation et de résistance, dont la pièce majeure est la joie.

Francis JAMMES 1868-1938

De l'Angélus de l'aube à l'Angélus du soir (Mercure de France)
Le pauvre pion...

5661 Le pauvre pion doux si sale m'a dit : j'ai
Bien mal aux yeux et le bras droit paralysé.

Bien sûr que le pauvre diable n'a pas de mère
Pour le consoler doucement de sa misère.

Le Deuil des primevères (Mercure de France)
Prière pour aller au paradis avec les ânes

5662 Je prendrai mon bâton et sur la grande route
J'irai, et je dirai aux ânes, mes amis :
Je suis Francis Jammes et je vais au Paradis [...]

5663 Mon Dieu, faites, qu'avec ces ânes je Vous vienne.

Le Deuil des primevères, Prière pour louer Dieu

5664 Mon Dieu, calmez mon cœur, calmez mon pauvre cœur,
Et faites qu'en ce jour d'été où la torpeur
S'étend comme de l'eau sur les choses égales,
J'aie le courage encor, comme cette cigale,
Dont éclate le cri dans le sommeil du pin,
De vous louer, mon Dieu, modestement et bien.

Charles MAURRAS 1868-1952

Gazette de France, 23 mars 1898

5665 La Pensée étant ce qu'il y a de plus honorable dans l'homme, je ne vois pas pourquoi l'on n'y mettrait point quelque risque de souffrance et même de mort.

Le Soleil, 13 mai 1900

5666 Les pâles images suggérées par la réflexion ont rarement la force de conduire un homme à l'action.

Anthinea (Flammarion)

5667 Aucune origine n'est belle. La beauté véritable est au terme des choses.

L'Action française, 20 juillet 1902

5668 Une politique se juge par ses résultats.

L'Action française, 24 août 1902

5669 La politique, art de faire durer les États.

L'Avenir de l'intelligence (Flammarion)

5670 Tout désespoir en politique est une sottise absolue.

Enquête sur la monarchie (Fayard)

5671 Le privilège du succès est, dans l'ordre de l'action, une marque de vérité.

L'Action française, 20 janvier 1913

5672 Les faiblesses du cœur ne font tort qu'à l'homme. Celles de l'intelligence blessent et vicient profondément l'œuvre même.

L'Étang de Berre (Flammarion)

5673 Un amour vrai ne varie point, voilà pourquoi le désespoir sera pardonné à l'amour.

5674 L'égalité ne peut régner qu'en nivelant les libertés, inégales de leur nature.

Quand les Français ne s'aimaient pas
(Nouvelle librairie nationale)

5675 La subordination n'est pas la servitude, pas plus que l'autorité n'est la tyrannie.

L'Action française, 5 janvier 1917

5676 Les théories servent à voir et les doctrines à savoir, mais l'homme d'action qui enfourche le dada système est perdu. Il n'y a point de recette pour réussir ni de formulaire pour vaincre.

L'Action française, 22 février 1918

5677 Il faut s'attendre à tout en politique, où tout est permis, sauf de se laisser surprendre.

La Démocratie religieuse (Nouvelle librairie nationale)

5678 L'État, quel qu'il soit, est le fonctionnaire de la société.

Romantisme et Révolution (Nouvelle librairie nationale)

5679 Aimer l'amour, c'est s'aimer soi.

L'Allée des philosophes (Flammarion)

5680 Il n'y a rien de plus oublieux qu'un peuple, il n'y a rien de plus fidèle.

L'Action française, 7 avril 1924

5681 Les imbéciles ont des grâces d'état pour devenir très rapidement des coquins.

L'Action française, 26 août 1939

5682 La sottise est sans honneur.

Edmond ROSTAND 1868-1918

Cyrano de Bergerac (Fasquelle)
acte I, scène 4

5683 Voilà ce qu'à peu près, mon cher, vous m'auriez dit,
Si vous aviez un peu de lettres et d'esprit:
Mais d'esprit, ô le plus lamentable des êtres,
Vous n'en eûtes jamais un atome, et de lettres,
Vous n'avez que les trois qui forment le mot: sot!
Eussiez-vous eu, d'ailleurs, l'invention qu'il faut
Pour pouvoir là, devant ces nobles galeries,
Me servir toutes ces folles plaisanteries,
Que vous n'en eussiez pas articulé le quart
De la moitié du commencement d'une, car
Je me les sers moi-même, avec assez de verve,
Mais je ne permets pas qu'un autre me les serve.

(Cyrano de Bergerac, acte I, scène IV)

5684 Moi, c'est moralement que j'ai mes élégances.

5685 Prince, demande à Dieu pardon!
Je quarte du pied, j'escarmouche,
Je coupe, je feinte... Hé là, donc!
A la fin de l'envoi, je touche.

acte II, scène 7

5686 Ce sont les cadets de Gascogne,
De Carbon de Castel-Jaloux;
Bretteurs et menteurs sans vergogne,
Ce sont les cadets de Gascogne!
Parlant blason, lambel, bastogne,
Tous plus nobles que des filous,
Ce sont les cadets de Gascogne,
De Carbon de Castel-Jaloux.

scène 8

5687 Bref, dédaignant d'être le lierre parasite,
Lors même qu'on n'est pas le chêne ou le tilleul,
Ne pas monter bien haut, peut-être, mais tout seul.

acte III, scène 10

5688 [...] un baiser, mais à tout prendre, qu'est-ce?
Un serment fait d'un peu plus près, une promesse
Plus précise, un aveu qui veut se confirmer,
Un point rose qu'on met sur l'i du verbe aimer.

acte V, scène 6

5689 Le Bret, je vais monter dans la lune opaline,
Sans qu'il faille inventer aujourd'hui de machine...

L'Aiglon (Fasquelle)
acte II, scène 9

5690 ... Et nous, les petits, les obscurs, les sans-grades,
Nous qui marchions fourbus, blessés, crottés, malades,
Sans espoir de duchés ni de dotations;
Nous qui marchions toujours et jamais n'avancions;
Trop simples et trop gueux pour que l'espoir nous berne
De ce fameux bâton qu'on a dans sa giberne...

acte III, scène 3

5691 Tu vois, vieil aigle noir, n'osant y croire encor,
Sur un de tes aiglons pousser des plumes d'or.

scène 7

5692 C'est ainsi que, debout, chaque nuit, sur ton seuil,
Se donnant à lui-même un mot d'ordre d'orgueil,
Fier de faire une chose énorme et goguenarde,
Un grenadier français monte, à Schoenbrunn, la garde!

acte VI, scène 3

5693 Approchez ce berceau du petit lit de camp
Où mon père a dormi dans cette chambre, quand
La Victoire éventait son sommeil de ses ailes.

5694 Oui, j'attendrai la mort
En berçant le passé dans ce grand berceau d'or.

Chantecler (Fasquelle)
acte I, scène 2

5695 O Soleil! Toi sans qui les choses
Ne seraient que ce qu'elles sont.

acte II, scène 3

5696 C'est la nuit qu'il est beau de croire à la lumière.

acte IV, scène 4

5697 Il n'est de grand amour qu'à l'ombre d'un grand rêve.

scène 6

5698 Sache donc cette triste et rassurante chose
Que nul, Coq du matin ou Rossignol du soir,
N'a tout à fait le chant qu'il rêverait d'avoir!

André SUARÈS 1868-1948

Le Voyage du Condottiere (Émile-Paul)
livre I, vers Venise

5699 Le voyageur est encore ce qui importe le plus dans un voyage [...].
Tant vaut l'homme, tant vaut l'objet.

5700 Le monde est plein d'aveugles aux yeux ouverts sous une taie.

5701 Comme tout ce qui compte dans la vie, un beau voyage est une œuvre d'art.

5702 Toute l'histoire est sujette au doute. La vérité des historiens est une erreur infaillible.

13, La déroute de la vie

5703 La beauté des traits seuls ne me touche point: elle est sotte; elle est bête, et souvent même sans bonhomie. C'est le caractère qui fait la beauté. [...]

20, Stendhal en Lombardie

5704 Le caractère, c'est-à-dire la passion d'être soi, à tout prix.

(Le Voyage du Condottiere, livre I)
31, lumière au cœur de la gemme

5705 Le dégoût sans borne de la couleur pour la ligne droite est un mystère ; et ce dégoût n'est pas froid. La froideur seule est haïssable.

livre II, Fiorenza

5706 Nous sommes tout action. La pensée, source des actions, est aussi la reine de toutes.

8, Lys, œillets, narcisses

5707 Aimer pour être toujours trahi : si tu ne l'es pas par l'objet de ton amour, tu l'es par la vie.

livre III, Sienne la bien-aimée, 4, La duchesse Contadine

5708 Où que ce soit, un parti est un mensonge en armes. La haine est le parti des partis.

13, En douce Sienne

5709 Sors de l'espèce si tu veux être homme.

21, Le Condottiere couronne la ville

5710 Se surpasser est la seule loi. [...] L'âme ne se surpasse qu'en connaissance. La connaissance ne se surpasse qu'en amour.

Voici l'homme (Albin Michel)

5711 Dieu est mort, disent-ils. — Sans doute.
Mais l'homme aussi.
Si Dieu est mort, tout est mort. Je n'appelle pas cette misérable étincelle sur un petit tas de boue, une vie.

Poète tragique (Émile-Paul)

5712 L'imagination est la grande créatrice. Ce qu'elle a conçu, elle le produit. Quand elle a toute sa puissance, elle est aussi bien l'action qui embrasse le monde, et la passion qui le subit.

5713 Un rêve et un rêveur, voilà le terme de la nature et de la pensée.

5714 L'art est le lieu de la liberté parfaite.

5715 Shakespeare achève Montaigne : non seulement il voit l'envers de la toile, il sait qu'il l'a peinte et qu'il l'a tendue sur son désir.

5716 Être soi avec assez de puissance pour enfin se quitter. Toute liberté ne mène qu'à celle-là.

Trois hommes, Le portrait d'Ibsen, Morale de l'anarchie

I

5717 Il n'y a de société sincère qu'entre ceux qui parlent également mal leur langue. Quant aux autres, chacun ne la parle bien que pour soi. Il n'est pas de beau style commun à deux hommes : comme la grandeur même, le style fait la prison.

IV

5718 Dans sa pleine liberté, l'esprit est pareil à cet insecte stupide qui passe la moitié de son existence à filer un cocon, et l'autre moitié à le détruire.

V

5719 Je plains ceux pour qui il n'y a pas de mystère : ils n'ont de mystère pour personne ; et aussi peu de vie, à proportion.

Léon BRUNSCHVICG 1869-1944

*Le Progrès de la conscience
dans la philosophie occidentale* (P.U.F.)
première partie, livre I, chap. 1, § 8

5720 Tout contribue à faire de la connaissance de Socrate lui-même un thème d'ironie socratique. La seule chose que nous sachions sûrement de lui, c'est que nous ne savons rien.

deuxième partie, livre V, chap. 13

5721 Le nietzschéisme a été soumis à la même épreuve que l'hégélianisme. Et sans doute ici et là les thèmes philosophiques ont servi surtout de prétextes pour couvrir le retour offensif de la barbarie.

livre VIII, chap. 22, § 343

5722 La caractéristique d'un chef-d'œuvre est qu'il s'arrête à sa propre affirmation ; comme on dit communément, il est une impasse.

De la vraie et de la fausse conversion (P.U.F), chap. 2

5723 Dogmatisme et inconscience s'impliquent.

chap. 4

5724 Celui qui, une fois dans son existence, a lu par anticipation le texte banal du faire-part de son décès, qui en a mesuré l'exact effet dans l'ensemble de la statistique démographique, qui, pour emprunter le titre de l'admirable livre de M. Maurice Kellersohn, a *vécu la vie de sa mort*, est seul capable d'aller en toute liberté, par suite en tout vérité, à la rencontre du problème religieux, et d'y relier sérieusement sa conduite.

*De la vraie et de la fausse conversion
La querelle de l'athéisme*

5725 Le mot d'Hamlet : *il y a plus de choses sur la terre et dans le ciel que dans toute votre philosophie*, était assurément vrai du temps de Shakespeare. Mais pourquoi voulez-vous qu'il en soit encore de même, depuis que la philosophie a franchi le seuil de l'intelligence, depuis qu'elle a délaissé les généralités logiques, la chimère de l'intelligible en soi, pour concevoir, ou, plus exactement, pour constituer, le ciel et la terre dans leur réalité concrète ?

André GIDE 1869-1951

Paludes (Gallimard)
Hubert, mardi

5726 Il faut être persuadé que les événements sont appropriés aux caractères ; c'est ce qui fait les bons romans ; rien de ce qui nous arrive n'est fait pour autrui.

Le banquet, jeudi

5727 Un livre, Hubert, est clos, plein, lisse comme un œuf. On n'y saurait faire entrer rien, pas une épingle, que par force, et sa forme en serait brisée.

5728 La perception commence au changement de sensation ; d'où la nécessité du voyage.

5729 L'art est de peindre un sujet particulier avec assez de puissance pour que la généralité dont il dépendait s'y comprenne.

5730 Il semble que chaque idée, dès qu'on la touche, vous châtie ; elles ressemblent à ces goules de nuit qui s'installent sur vos épaules, se nourrissent de vous et pèsent d'autant plus qu'elles vous ont rendu plus faible...

Les Nourritures terrestres (Gallimard)
livre I, I

5731 Que l'*importance* soit dans ton regard, non dans la chose regardée.

5732 Je te le dis en vérité, Nathanaël, chaque désir m'a plus enrichi que la possession toujours fausse de l'objet même de mon désir.

5733 Nathanaël, je t'enseignerai la ferveur.

5734 La mélancolie n'est que de la ferveur retombée.

livre III

5735 Ne distingue pas Dieu du bonheur et place tout ton bonheur dans l'instant.

5736 Nathanaël ! quand aurons-nous brûlé tous les livres !

livre II

5737 Si ce que tu manges ne te grise pas, c'est que tu n'avais pas assez faim.

5738 Il y en a qui prouvent Dieu par l'amour que l'on sent pour Lui. Voilà pourquoi, Nathanaël, j'ai nommé Dieu tout ce que j'aime, et pourquoi j'ai voulu tout aimer.

livre III

5739 Oh! si tu savais, si tu savais, terre excessivement vieille et si jeune, le goût amer et doux, le goût délicieux qu'a la vie si brève de l'homme!

livre IV

5740 « Don du poète, m'écriais-je, tu es le don de perpétuelle rencontre » — et j'accueillais de toutes parts.

5741 Mon âme était l'auberge ouverte au carrefour ; ce qui voulait entrer entrait.

5742 Familles, je vous hais! foyers clos; portes refermées; possessions jalouses du bonheur.

5743 Chaque instant de notre Vie est essentiellement irremplaçable : sache parfois t'y concentrer uniquement.

5744 La vue — le plus désolant de nos sens...
Tout ce que nous ne pouvons pas toucher nous désole.

livre VI

5745 Commandements de Dieu, vous avez rendu malade mon âme,
Vous avez entouré de murs les seules eaux pour me désaltérer.

5746 Je voudrais être né dans un temps où n'avoir à chanter, poète, que, simplement en les dénombrant, toutes les choses. Mon admiration se serait posée successivement sur chacune et sa louange l'eût démontrée; c'en eût été la raison suffisante.

livre VIII

5747 Je ne suis chez moi que partout; et toujours le désir m'en chasse.

envoi

5748 Nathanaël, jette mon livre ; ne t'y satisfais point. Ne crois pas que *ta* vérité puisse être trouvée par quelque autre ; plus que de tout, aie honte de cela.

5749 Ne t'attache en toi qu'à ce que tu sens qui n'est nulle part ailleurs qu'en toi-même, et crée de toi, impatiemment ou patiemment, ah! le plus irremplaçable des êtres.

Le Prométhée mal enchaîné (Gallimard)
Chronique de la moralité privée, II

5750 C'est une vaine ambition que de tâcher de ressembler à tout le monde, puisque tout le monde est composé de chacun et que chacun ne ressemble à personne.

Le Prométhée mal enchaîné
La détention de Prométhée, III

5751 Je n'aime pas les hommes; j'aime ce qui les dévore.

L'Immoraliste (Mercure de France)
première partie, VIII

5752 Rien de plus tragique, pour qui crut mourir, qu'une lente convalescence. Après que l'aile de la mort a touché, ce qui paraissait important ne l'est plus; d'autres choses le sont, qui ne paraissent pas importantes, ou qu'on ne savait même pas exister.

5753 Rien n'empêche le bonheur comme le souvenir du bonheur.

deuxième partie, II

5754 On ne peut à la fois être sincère et le paraître.

La Porte étroite (Mercure de France)
Journal d'Alissa, 27 mai

5755 La tristesse est une complication.

10 juin

5756 Je voudrais me garder de cet insupportable défaut commun à tant de femmes: le trop écrire.

Les Caves du Vatican (Gallimard)
V, 1

5757 Ce n'est pas tant des événements que j'ai curiosité, que de moi-même. Tel se croit capable de tout, qui devant que d'agir, recule... Qu'il y a loin entre l'imagination et le fait!

V, 3

5758 Sa raison de commettre le crime, c'est précisément de le commettre sans raison.

Si le grain ne meurt (Gallimard)
première partie, III

5759 Toute chose appartient à qui sait en jouir.

VIII

5760 La joie, en moi, l'emporte toujours; c'est pourquoi mes arrivées sont plus sincères que mes départs.

deuxième partie, II

5761 Nos actes les plus sincères sont aussi les moins calculés; l'explication qu'on en cherche après coup reste vaine.

Dostoïevsky (Plon)

5762 *Et nunc...* C'est dans l'éternité que, dès à présent, il faut vivre. Et c'est *dès à présent* qu'il faut vivre dans l'éternité.

Incidences (Gallimard)

5763 Le classicisme — et par là j'entends : le classicisme français — tend tout entier vers la litote. C'est l'art d'exprimer le plus en disant le moins.

5764 L'auteur romantique reste toujours en deçà de ses paroles ; il faut toujours chercher l'auteur classique par-delà.

Les Faux-Monnayeurs (Gallimard)

5765 Il est bon de suivre sa pente, pourvu que ce soit en montant.

Journal des Faux-Monnayeurs (Gallimard)

5766 J'en tiens pour le paradoxe de Wilde en art : la nature imite l'art ; et la règle de l'artiste doit être, non pas de s'en tenir aux propositions de la nature, mais de ne lui proposer rien qu'elle ne puisse, qu'elle ne doive imiter.

Nouvelles nourritures (Gallimard), livre I

5767 J'admire combien le désir, dès qu'il se fait amoureux, s'imprécise.

5768 Chaque animal n'est qu'un paquet de joie.

5769 Que l'homme est né pour le bonheur, certes toute la nature l'enseigne.

5770 La sagesse n'est pas dans la raison, mais dans l'amour.

5771 L'immortelle n'a pas d'odeur.

5772 Avenir, que je t'aimerais, infidèle !

5773 C'est dans l'abnégation que chaque affirmation s'achève.

5774 C'est en se renonçant que toute vertu se parachève. C'est à la germination que prétend l'extrême succulence du fruit.

5775 Tous les secrets de la nature gisent à découvert et frappent nos regards chaque jour sans que nous y fassions attention.

5776 Il y a sur terre de telles immensités de misère, de détresse, de gêne et d'horreur, que l'homme heureux n'y peut songer sans prendre honte de son bonheur. Et pourtant ne peut rien pour le bonheur d'autrui celui qui ne sait être heureux lui-même.

(Nouvelles nourritures) livre III

5777 *Connais-toi toi-même*. Maxime aussi pernicieuse que laide. Quiconque s'observe arrête son développement. La chenille qui chercherait à « bien se connaître » ne deviendrait jamais papillon.

5778 Le plus précieux de nous-mêmes est ce qui reste informulé.

livre IV

5779 Ce n'est pas seulement le monde qu'il s'agit de changer; mais l'homme. D'où surgira-t-il, cet homme neuf? Non du dehors. Camarade, sache le découvrir en toi-même, et, comme du minerai l'on extrait un pur métal sans scories, exige-le de toi, cet homme attendu.

Thésée (Gallimard), XII

5780 Les hommes, lorsqu'ils s'adressent aux dieux, ne savent pas que c'est pour leur malheur, le plus souvent, que les dieux les exaucent.

5781 Obscurité, tu seras dorénavant, pour moi, la lumière.

Journal (Gallimard), Littérature et morale

5782 L'homme est plus intéressant que les hommes; c'est lui et non pas eux que Dieu a fait à son image. Chacun est plus précieux que tous.

5783 L'œuvre d'art, c'est une idée qu'on exagère.

5784 L'œuvre d'art est un équilibre hors du temps, une santé artificielle.

Journal, 1907, 22 juin

5785 Je ne suis qu'un petit garçon qui s'amuse — doublé d'un pasteur protestant qui l'ennuie.

Journal, Feuillets, 1911

5786 Certainement l'art hait la nature; s'il la recherche toujours, c'est comme un chasseur en embuscade et comme son rival qui ne l'embrasse que pour l'étrangler.

Journal, 1918, Feuillets

5787 Toute théorie n'est bonne qu'à condition de s'en servir pour passer outre.

Journal, 2 septembre 1940

5788 J'ai écrit, et je suis prêt à récrire encore ceci qui me paraît d'une évidence vérité: « C'est avec les beaux sentiments qu'on fait de la mauvaise littérature. »

13 février 1943

5789 Il y a et il y aura toujours en France (sinon sous la pressante menace d'un danger commun) divisions et partis ; c'est-à-dire dialogue. Grâce à quoi le bel équilibre de notre culture ; équilibre dans la diversité. Toujours, en regard d'un Pascal, un Montaigne ; et de nos jours, en face d'un Claudel, un Valéry. Parfois, c'est une des deux voix qui l'emporte, en force et en magnificence. Mais malheur aux temps où l'autre serait réduite au silence !

24 février 1946

5790 Le monde ne sera sauvé, s'il peut l'être, que par des *insoumis*.

Henri MATISSE 1869-1954

article, *in* La Grande Revue (25 décembre 1908)

5791 Une œuvre doit porter en elle-même sa signification entière et l'imposer au spectateur avant même qu'il en connaisse le sujet.

5792 Les règles n'ont pas d'existence en dehors des individus, sinon aucun professeur ne le céderait en génie à Racine.

propos recueillis par André Verdet dans
« Prestiges de Matisse » (Émile-Paul)

5793 C'est en rentrant dans l'objet qu'on rentre dans sa propre peau.

Henry BORDEAUX 1870-1963

Les Roquevillard (Plon), III⁣ᵉ partie, chap. 8

5794 A quoi bon transmettre la vie, si ce n'est pour lui fournir un cadre digne d'elle, l'appui du passé, l'occasion d'un avenir étayé, — car transmettre la vie, c'est admettre l'immortalité...

La Robe de laine (Plon), IIᵉ partie, premier cahier

5795 L'arbre, comme l'homme, s'affine en société.

Édouard LE ROY 1870-1954

L'Exigence idéaliste et le Fait de l'évolution (Hatier)
avant-propos

5796 Le matérialisme [...] reste par nature impuissant à se comprendre lui-même, incapable de concilier le phénomène de sa propre élaboration avec les thèses qu'il affirme [...] ; il succombe sous l'obligation qu'il s'impose d'expliquer la genèse du principe qui l'engendre lui-même [...]

La Pensée intuitive (Hatier), tome 1, chap. 1

5797 Résorber la nature et l'histoire dans un éclair de conscience qui soit indivisiblement une vision et un acte: voilà [...] le problème immense et un de la Philosophie.

tome 2, épilogue

5798 Ou doit penser sa vie, afin de la vivre toute vraiment, et vivre sa pensée, afin de parvenir à penser toute sa vie.

Pierre LOUŸS 1870-1925

Pages (éd. Montaigne), poésie

5799 Le poëte fait comme la nature: il donne la vie à ce qui n'a pas vécu. L'historien rêve une chimère. Il veut ressusciter ce qui est mort à jamais.

Pages, Amour

5800 L'Amour est un petit mot, mot si petit qu'il est comble, même si l'on ne met rien dedans.

Les Aventures du Roi Pausole (Albin Michel), livre I, chap. 1

5801 Les peuples heureux n'ayant point d'histoire, les peuples prospères n'ont pas de géographie.

Le Crépuscule des Nymphes (éd. Montaigne)
Léda ou la Louange des bienheureuses ténèbres

5802 Il ne faut pas déchirer les Formes, car elles ne cachent que l'invisible.

Le Crépuscule des Nymphes, Danaë ou le Malheur

5803 Le malheur, c'est toujours la même chose. C'est un bonheur ancien qui ne veut pas recommencer.

Les Chansons de Bilitis (Albin Michel), La flûte

5804 Nous n'avons rien à nous dire, tant nous sommes près de l'un de l'autre.

Rosemonde GÉRARD 1871-1953

Les Pipeaux (Lemerre-S.G.I.), L'éternelle chanson

5805 Car, vois-tu, chaque jour je t'aime davantage.
Aujourd'hui plus qu'hier et bien moins que demain.

5806 Lorsque tu seras vieux et que je serai vieille,
Lorsque mes cheveux blonds seront des cheveux blancs [...]

Marcel PROUST 1871-1922

À la recherche du temps perdu (Gallimard)
Du côté de chez Swann

5807 Notre personnalité sociale est une création de la pensée des autres.

5808 Un homme qui dort tient en cercle autour de lui le fil des heures, l'ordre des années et des mondes.

À la recherche..., À l'ombre des jeunes filles en fleurs

5809 Le bonheur est dans l'amour un état anormal.

5810 L'amour le plus exclusif pour une personne est toujours l'amour d'autre chose.

5811 Ce qui rapproche, ce n'est pas la communauté des opinions, c'est la consanguinité des esprits.

5812 L'adolescence est le seul temps où l'on ait appris quelque chose.

5813 On devient moral dès qu'on est malheureux.

5814 La part des sentiments désintéressés est plus grande qu'on ne croit dans la vie des hommes.

5815 La permanence et la durée ne sont promises à rien, pas même à la douleur.

5816 On ne reçoit pas la sagesse, il faut la découvrir soi-même, après un trajet que personne ne peut faire pour nous, ne peut nous épargner.

À la recherche..., Le côté de Guermantes

5817 Les contempteurs de l'amitié peuvent sans illusions et non sans remords être les meilleurs amis du monde.

5818 Croire à la médecine serait la suprême folie si n'y pas croire n'en était pas une plus grande, car de cet amoncellement d'erreurs se sont dégagées, à la longue, quelques vérités.

5819 Chez le prêtre, comme chez l'aliéniste, il y a toujours quelque chose du juge d'instruction.

À la recherche..., Sodome et Gomorrhe

5820 Il n'y avait pas d'anormaux quand l'homosexualité était la norme.

5821 Dans l'attente on souffre tant de l'absence de ce qu'on désire qu'on ne peut supporter une autre présence.

(À la recherche du temps perdu)
(Sodome et Gomorrhe)

5822 On serait à jamais guéri du romanesque, si l'on voulait, pour penser à celle qu'on aime, tâcher d'être celui qu'on sera quand on ne l'aimera plus.

5823 Il y a toujours moins d'égoïsme dans l'imagination que dans le souvenir.

5824 Le sommeil est comme un second appartement que nous aurions et où, délaissant le nôtre, nous serions allés dormir.

5825 La médecine, faute de guérir, s'occupe à changer le sens des verbes et des pronoms.

5826 La médecine a fait quelques petits progrès dans ses connaissances depuis Molière, mais aucun dans son vocabulaire.

5827 Les hommes peuvent avoir plusieurs sortes de plaisirs. Le véritable est celui pour lequel ils quittent l'autre.

À la recherche..., La prisonnière

5828 L'amour, c'est l'espace et le temps rendus sensibles au cœur.

5829 Pour posséder, il faut avoir désiré. Nous ne possédons une ligne, une surface, un volume que si notre amour l'occupe.

5830 La possession de ce qu'on aime est une joie plus grande encore que l'amour.

5831 Sous toute douceur charnelle un peu profonde, il y a la permanence d'un danger.

5832 La jalousie n'est souvent qu'un inquiet besoin de tyrannie appliquée aux choses de l'amour.

5833 Les maris trompés qui ne savent rien, savent tout tout de même.

5834 Ainsi qu'au début il est formé par le désir, l'amour n'est entretenu, plus tard, que par l'anxiété douloureuse.

5835 L'univers est vrai pour nous tous et dissemblable pour chacun.

5836 Le snobisme est une maladie grave de l'âme, mais localisée et qui ne la gâte pas tout entière.

5837 Autrui nous est indifférent et l'indifférence n'invite pas à la méchanceté.

5838 Les grands littérateurs n'ont jamais fait qu'une seule œuvre ou plutôt n'ont jamais que réfracté à travers des milieux divers une même beauté qu'ils apportent au monde.

5839 Mort à jamais? Qui peut le dire?

5840 La musique est peut-être l'exemple unique de ce qu'aurait pu être — s'il n'y avait pas eu l'invention du langage, la formation des mots, l'analyse des idées — la communication des âmes.

5841 L'idée qu'on mourra est plus cruelle que mourir, mais moins que l'idée qu'un autre est mort.

À la recherche..., Albertine disparue

5842 Laissons les jolies femmes aux hommes sans imagination.

5843 Notre tort n'est pas de priser l'intelligence, la gentillesse d'une femme que nous aimons, si petites que soient celles-ci. Notre tort est de rester indifférents à la gentillesse, à l'intelligence des autres.

5844 Les homosexuels seraient les meilleurs maris du monde s'ils ne jouaient pas la comédie d'aimer les femmes.

5845 On a tort de parler en amour de mauvais choix, puisque dès qu'il y a choix il ne peut être que mauvais.

5846 On désire être compris parce qu'on désire être aimé, et on désire être aimé parce qu'on aime. La compréhension des autres est indifférente et leur amour importe peu.

5847 Dans la souffrance physique, au moins, nous n'avons pas à choisir nous-mêmes notre douleur. Mais dans la jalousie il nous faut essayer en quelque sorte des souffrances de tout genre et de toute grandeur avant de nous arrêter à celle qui nous paraît pouvoir convenir.

5848 Il est vraiment rare qu'on se quitte bien, car si on était bien, on ne se quitterait pas.

5849 L'homme est l'être qui ne peut sortir de soi, qui ne connaît les autres qu'en soi, et, en disant le contraire, ment.

5850 Comme il y a une géométrie dans l'espace, il y a une psychologie dans le temps, où les calculs d'une psychologie plane ne seraient plus exacts parce qu'on n'y tiendrait pas compte du temps, et d'une des formes qu'il revêt, l'oubli.

5851 Le mensonge est essentiel à l'humanité. Il y joue peut-être un aussi grand rôle que la recherche du plaisir, et d'ailleurs est commandé par cette recherche.

(À la recherche du temps perdu)
(Albertine disparue)

5852   Agir est autre chose que parler, même avec éloquence, et que penser, même avec ingéniosité.

5853   La Muse qui a recueilli tout ce que les Muses plus hautes de la philosophie et de l'art ont rejeté, tout ce qui n'est pas fondé en vérité, tout ce qui n'est que contingent, mais relève aussi d'autres lois, c'est l'Histoire.

5854   Plus le désir avance, plus la possession véritable s'éloigne. De sorte que si le bonheur, ou du moins l'absence de souffrance peut être trouvé, ce n'est pas la satisfaction mais la réduction progressive, l'extinction finale du désir qu'il faut chercher.

5855   Il y a dans ce monde où tout s'use, où tout périt, une chose qui tombe en ruine, qui se détruit encore plus complètement, en laissant encore moins de vestiges que la beauté, c'est le chagrin.

5856   La réalité des êtres ne survit pour nous que peu de temps après leur mort, et au bout de quelques années ils sont comme ces dieux des religions abolies qu'on offense sans crainte parce qu'on a cessé de croire à leur existence.

5857   Notre amour de la vie n'est qu'une vieille liaison dont nous ne savons pas nous débarrasser. Sa force est dans sa permanence. Mais la mort qui la rompt nous guérira du désir de l'immortalité.

À la recherche..., Le temps retrouvé

5858   Aimer est un mauvais sort, comme ceux qu'il y a dans les contes, contre quoi on ne peut rien jusqu'à ce que l'enchantement ait cessé.

5859   Si nous n'avions pas de rivaux, le plaisir ne se transformerait pas en amour.

5860   A l'être que nous avons le plus aimé, nous ne sommes pas si fidèles qu'à nous-mêmes.

5861   Si notre vie est vagabonde, notre mémoire est sédentaire [...]

5862   Tous les altruismes féconds de la nature se développent selon un mode égoïste. L'altruisme humain qui n'est pas égoïste est stérile.

5863   Le bonheur est salutaire pour les corps, mais c'est le chagrin qui développe les forces de l'esprit.

5864   Ce ne sont pas les êtres qui existent réellement, mais les idées.

5865   C'est avec des adolescents qui durent un assez grand nombre d'années que la vie fait ses vieillards.

5866 L'art véritable n'a que faire de proclamations et s'accomplit dans le silence.

5867 L'artiste qui renonce à une heure de travail pour une heure de causerie avec un ami sait qu'il sacrifie une réalité pour quelque chose qui n'existe pas.

5868 Le style, pour l'écrivain aussi bien que pour le peintre, est une question non de technique mais de vision.

5869 Les vrais livres doivent être les enfants non du grand jour et de la causerie, mais de l'obscurité et du silence.

5870 Pour écrire ce livre essentiel, le seul livre vrai, un grand écrivain n'a pas, dans le sens courant, à l'inventer puisqu'il existe déjà en chacun de nous, mais à le traduire.

5871 Un livre est un grand cimetière où sur la plupart des tombes on ne peut plus lire les noms effacés.

5872 Une œuvre où il y a des théories est comme un objet sur lequel on laisse la marque du prix.

Paul VALÉRY 1871-1945

Introduction à la méthode de Léonard de Vinci (Gallimard)

5873 Il reste d'un homme ce que donnent à songer son nom, et les œuvres qui font de ce nom un signe d'admiration, de haine ou d'indifférence.

Monsieur Teste (Gallimard)
La soirée avec Monsieur Teste

5874 La bêtise n'est pas mon fort.

5875 Je suis étant, et me voyant ; me voyant me voir, et ainsi de suite... Pensons de tout près.

Monsieur Teste, Extraits du Log-book de Monsieur Teste

5876 Otez toute chose que j'y voie.

5877 Homme toujours debout sur le cap Pensée, à s'écarquiller les yeux sur les limites ou des choses, ou de la vue...

Monsieur Teste, Dialogue

5878 L'infini, mon cher, n'est plus grand-chose, — c'est une affaire d'écriture. *L'univers n'existe que sur le papier.*

Monsieur Teste, Quelques pensées de Monsieur Teste

5879 Le fond de la pensée est pavé de carrefours.

Poésies (Gallimard)
Album de vers anciens, Air de Sémiramis

5880 ... Existe!... Sois enfin toi-même ! dit l'Aurore,
O grande âme, il est temps que tu formes un corps ! [...]

Poésies, La jeune Parque

5881 Va ! Je n'ai plus besoin de ta race naïve,
Cher Serpent... Je m'enlace, être vertigineux !

5882 Je sais... Ma lassitude est parfois un théâtre.

5883 Harmonieuse MOI, différente d'un songe [...]

Poésies, Charmes, Fragments du Narcisse, II

5884 Mais moi, Narcisse aimé, je ne suis curieux
Que de ma seule essence ;
Tout autre n'a pour moi qu'un cœur mystérieux,
Tout autre n'est qu'absence.

5885 Toi seul, ô mon corps, mon cher corps,
Je t'aime, unique objet qui me défends des morts !

Poésies, Charmes, La Pythie

5886 Honneur des hommes, Saint LANGAGE [...]

Poésies, Charmes, Ébauche d'un serpent

5887 Soleil, soleil !... Faute éclatante !
Toi qui masques la mort, Soleil [...]

5888 O Vanité ! Cause Première !
[...]
Dieu lui-même a rompu l'obstacle
De sa parfaite éternité [...]

5889 Génie ! O longue impatience !

Poésies, Charmes, Le Cimetière marin

5890 O récompense après une pensée
Qu'un long regard sur le calme des dieux !

5891 Le Temps scintille et le songe est Savoir.

5892 Je hume ici ma future fumée [...]

5893 Ici venu, l'avenir est paresse.

5894 Ils ont fondu dans une absence épaisse,
L'argile rouge a bu la blanche espèce,
Le don de vivre a passé dans les fleurs [...]

5895 Allez! Tout fuit! Ma présence est poreuse,
La sainte impatience meurt aussi.

5896 Tout va sous terre et rentre dans le jeu!

5897 Ah! le soleil... Quelle ombre de tortue
Pour l'âme, Achille immobile à grands pas!

5898 Le vent se lève!... Il faut tenter de vivre!

Poésies, Charmes, Palme

5899 Patience, patience,
Patience dans l'azur!
Chaque atome de silence
Est la chance d'un fruit mûr!

Poésies, Pièces diverses de toute époque
Le philosophe et la jeune Parque

5900 Quoi de plus prompt que de fermer un livre?
[...]
C'est ainsi que l'on se délivre
De ces écrits si clairs qu'on n'y trouve que soi.

Mélange

5901 Amour — *Aimer* — c'est *imiter*.

5902 Les hommes se distinguent par ce qu'ils montrent et se ressemblent par ce qu'ils cachent.

5903 Le talent sans génie est peu de chose. Le génie sans talent n'est rien.

5904 Les vilaines pensées viennent du cœur.

Variété (Gallimard), Cantiques spirituels

5905 [...] la Poésie devrait être le Paradis du Langage [...]

Variété, Sur une pensée [de Pascal]

5906 Une phrase bien accordée exclut la renonciation totale.

5907 Pascal avait « trouvé », mais sans doute parce qu'il ne cherchait plus.

Variété, Au sujet d'Adonis

5908 La véritable condition d'un véritable poète est ce qu'il y a de plus distinct de l'état de rêve.

5909 Les exigences d'une stricte prosodie sont l'artifice qui confère au langage naturel les qualités d'une matière résistante, étrangère à notre âme, et comme sourde à nos désirs.

Variété, Situation de Baudelaire

5910 *L'essence du classicisme est de venir après. L'ordre* suppose un certain désordre qu'il vient réduire.

5911 Le poète se consacre et se consume [...] à définir et à construire un langage dans le langage.

Variété, Stéphane Mallarmé

5912 Un homme qui renonce au monde se met dans la condition de le comprendre.

5913 Il [Mallarmé] a essayé, pensai-je, *d'élever enfin une page à la puissance du ciel étoilé!*

Variété, Lettre sur Mallarmé

5914 La définition du Beau est facile: *il est ce qui désespère.*

5915 Tu ne me lirais pas si tu ne m'avais déjà compris.

5916 Que si je devais écrire, j'aimerais infiniment mieux écrire en toute conscience et dans une entière lucidité quelque chose de faible, que d'enfanter à la faveur d'une transe et hors de moi-même un chef-d'œuvre d'entre les plus beaux.

Variété, Une vue de Descartes

5917 [...] tout système est une entreprise de l'esprit contre soi-même.

Variété, Au sujet d'Eurêka

5918 Il semble [...] que l'histoire de l'esprit se puisse résumer en ces termes: *il est absurde par ce qu'il cherche, il est grand par ce qu'il trouve.*

Variété, Discours aux chirurgiens

5919 Tantôt je pense et tantôt je suis.

Variété, La Crise de l'esprit, première lettre

5920 Nous autres, civilisations, nous savons maintenant que nous sommes mortelles.

deuxième lettre

5921 L'Europe deviendra-t-elle *ce qu'elle est en réalité,* c'est-à-dire : un petit cap du continent asiatique?

Dialogues (Gallimard), Dialogue de l'arbre

5922 Le manque d'un seul mot fait mieux vivre une phrase : elle s'ouvre plus vaste et propose à l'esprit d'être un peu plus esprit pour combler la lacune.

Dialogues, L'idée fixe

5923 J'ai mal à... mon temps !...

5924 Ce qu'il y a de plus profond dans l'homme c'est la peau.

5925 Un homme seul est toujours en mauvaise compagnie.

Dialogues, « Mon Faust »

5926 MÉPHISTOPHÉLÈS
Quoi, le veau d'or...
FAUST
Vaudra demain moins cher que le veau naturel.

5927 Ha ha! Érôs énergumène... Prenez garde à l'Amour... Amour, amour... Hi hi hi! Convulsion grossière... ha ha ha!...

Histoires brisées (Gallimard), L'île Xiphos

5928 La tête tranchée regarde les choses, telles qu'elles sont, le Présent pur, sans nulle signification, sans haut ni bas, sans symétries, sans figures.

Tel quel (Gallimard), Choses tues

5929 La syntaxe est une faculté de l'âme.

5930 L'inspiration est l'hypothèse qui réduit l'auteur au rôle d'observateur.

5931 On ne sait jamais avec qui l'on couche.

5932 L'homme est adossé à sa mort comme le causeur à la cheminée.

5933 Tout crime tient du rêve.

Tel quel, Moralités

5934 Il faut n'appeler Science : que *l'ensemble des recettes qui réussissent toujours.* Tout le reste est littérature.

5935 *Le royaume de N'importe quoi est habité par le peuple de N'importe qui —* dit l'âme...

Tel quel, Littérature

5936 Entre deux mots il faut choisir le moindre.

Tel quel, Cahier B 1910

5937 Idéal littéraire, finir par savoir ne plus mettre sur sa page que du « lecteur ».

Tel quel, Rhumbs

5938 Écrire en Moi-naturel. Tels écrivent en Moi-dièse.

Tel quel, Analecta

5939 Le réel ne peut s'exprimer que par l'absurde.

Mauvaises pensées et autres (Gallimard)

5940 La nuque est un mystère pour l'œil.

Regards sur le monde actuel (Gallimard), De l'Histoire

5941 L'Histoire justifie ce que l'on veut. Elle n'enseigne rigoureusement rien, car elle contient tout, et donne des exemples de tout.

Regards sur le monde actuel, Des partis

5942 Tout état social exige des fictions.

Mémoires du poète (Gallimard), Calepin d'un poète

5943 BÊTISE ET POÉSIE. Il y a des relations subtiles entre ces deux ordres. L'ordre de la bêtise et celui de la poésie.

Léon BLUM 1872-1950

Nouvelles conversations de Goethe avec Eckermann (Gallimard)
8 juillet 1897

5944 Un écrivain, un penseur ne doit jamais avoir d'influence personnelle. Sinon il cesse d'être un penseur ou un artiste; il est un apôtre.

21 juillet 1897

5945 Les plus beaux romans, dit Goethe, sont ceux qui projettent brusquement un jour nouveau sur les sentiments les plus communs, sur les situations les plus triviales. Aussi ce ne sont pas les philosophes qui les écriront.

15 février 1898

5946 L'abnégation, la charité résultent le plus souvent d'un défaut de vie personnelle.

7 juillet 1898

5947 Toute société qui prétend assurer aux hommes la liberté, doit commencer par leur garantir l'existence.

12 avril 1899

5948 Ce qui constitue la persécution, ce n'est pas telle mesure vexatoire, c'est l'état d'esprit avec lequel elle est reçue et subie.

Du mariage (Albin Michel), chap. 4

5949 Les passions humaines, comme les plantes, comme les êtres, ne se forment pas à la lumière ; leur premier développement exige l'obscurité chaude et close des bas-fonds de la conscience. Jeter sur elles pendant qu'elles germent dans leur ombre, le rayon cru d'un aveu, c'est presque toujours les frapper d'une atteinte mortelle.

chap. 6

5950 Dès que nous en avons le pouvoir, nous avons le droit de transformer la procréation en un acte réfléchi et volontaire, et il est prodigieux que des créatures pensantes aient pu, pendant tant de siècles, lier à l'accomplissement d'un instinct l'acte le plus grave qu'il leur soit donné d'accomplir.

Déclarations de Léon Blum devant la cour de Riom (février-mars 1942)

5951 Le patronat de droit divin est mort.

Préface à James Burnham (Calmann-Lévy) L'ère des organisateurs

5952 Une fois détruite la propriété privée capitaliste, le jeu libre de la démocratie est nécessaire et suffisant pour extirper les résidus du capitalisme, pour empêcher la constitution d'une propriété capitaliste collective, pour interdire la constitution en classe privilégiée des chefs techniques, pour réserver à la masse des travailleurs sa part légitime dans le contrôle et la gestion des moyens de production, pour assurer à l'ensemble du travail collectif son caractère essentiel d'égalité.

5953 La transformation révolutionnaire du régime de propriété et de la production n'est pas une fin en soi, mais le moyen nécessaire et la condition indispensable de la libération de la personne humaine, qui est, elle, une fin en soi et la dernière du socialisme.

Robert de FLERS 1872-1927
et Gaston Arman de CAILLAVET 1869-1915

L'Habit vert (éd. Billaudot)
acte I, scène 4

5954 — Le plus fort, c'est que je croyais la duchesse une très honnête femme !
— Mais c'est une très honnête femme. Elle a toujours été parfaitement fidèle à ses amants...

scène 11

5955 La démocratie est le nom que nous donnons au peuple toutes les fois que nous avons besoin de lui.

acte IV, scène 3

5956 Chamfort s'est plaint fort justement jadis qu'on eût laissé tomber l'état de cocu. Il regrettait avec bon sens de le voir désormais accessible aux petites gens. J'ai formé le dessein de le relever.

Paul FORT 1872-1960

Ballades françaises (Flammarion), 5ᵉ série, L'adieu

5957 — J'irai sur la grève te jeter mon baiser.
— Le vent vient de mer, ma mie, il te le rapportera.
— Je te ferai des signes avec mon tablier.
— Le vent vient de mer, ma mie, ça reviendra sur toi.
— Je verserai mes larmes en te voyant partir.
— Le vent vient de mer, ma mie, il te les séchera,
— Eh bien, je penserai seulement à toi.
— Te voici raisonnable, te voici raisonnable.

5ᵉ série, La ronde

5958 Si toutes les filles du monde voulaient s'donner la main, tout autour de la mer elles pourraient faire une ronde [...]

6ᵉ série, Meudon

5959 Ah ! c'est bête qu'on se rappelle de ces choses qui ne sont pas, qui sont en rêve et sont cruelles, et puis que l'on oublie déjà !

Édouard HERRIOT 1872-1957

Créer (Payot), introduction

5960 *La science et la science seule* doit créer la France nouvelle.

5961 La tradition, c'est le progrès dans le passé ; le progrès, dans l'avenir, ce sera la tradition.

chap. III

5962 Créer, c'est d'abord peupler.

5963 La jeunesse française se compose de deux parties : la jeunesse secondaire à qui le baccalauréat ouvre les portes rouillées de toutes les carrières ; la jeunesse primaire, lancée directement de l'école à l'atelier.

5964 La culture antique ne convient qu'aux élites de l'esprit. C'est un luxe, pour les intelligences riches ; il devrait être interdit de le vulgariser.

chap. XVII

5965 Il y a, pour des écrivains français, une qualité plus belle que la couleur : la lumière.

5966 Peut-être finira-t-on par s'apercevoir que, pour un peuple libre, la question du théâtre est à peine moins importante que la question de l'école.

chap. XVIII

5967 A notre race idéaliste il faut aussi proposer un but autre que la satisfaction de besoins matériels. La France démocratique n'accepterait pas, à l'égard de ses colonies, l'impérialisme brutal qu'on lui a parfois proposé. Elle veut pour elles moins une domination qu'une direction.

Paul LANGEVIN 1872-1946

La Pensée et l'Action (Éditeurs français réunis)
La physique nouvelle de l'atome

5968 Le concret c'est de l'abstrait rendu familier par l'usage. La notion d'objet, abstraite à l'origine, arbitrairement découpée dans l'univers, nous est devenue familière à tel point que certains d'entre nous pensent que nous ne pouvions pas utiliser autre chose comme base pour construire notre représentation du monde [...] J'ai, pour ma part, plus de confiance dans les possibilités de notre évolution mentale.

La Pensée et l'Action
Déterminisme mécanique et déterminisme ondulatoire

5969 Loin de conduire au fatalisme devant la marche inéluctable de l'Univers-projectile au sens de Laplace, le nouveau déterminisme est une doctrine d'action, bien conforme au rôle que doit jouer la science, à ses origines, à ses buts. [...] L'action devient possible puisque, grâce au halo ondulatoire, le présent ne détermine, ne contient l'avenir qu'avec une précision décroissante à mesure que celui-ci devient plus lointain [...]

La Pensée et l'Action
Matérialisme mécaniste et matérialisme dialectique

5970 L'expérience nous montre [...] que notre raison, et la science qu'elle crée en s'adaptant de plus en plus près de la réalité, sont, comme tous les êtres vivants et l'univers lui-même, soumis à la loi d'évolution, et que celle-ci se fait à travers une série de crises où chaque contradiction ou opposition surmontée se traduit par un enrichissement nouveau.

La Pensée et l'Action, Contribution de l'enseignement des sciences physiques à la culture générale

5971 [...] la culture générale, c'est ce qui permet à l'individu de sentir pleinement sa solidarité avec les autres hommes, dans l'espace et dans le temps, avec ceux de sa génération comme avec les générations qui l'ont précédé et avec celles qui le suivront.

Paul LÉAUTAUD 1872-1956

Journal littéraire (Mercure de France)
décembre 1895

5972 Tout ce qui est l'autorité me donne envie d'injurier.

5973 C'est une force que n'admirer rien.

4 septembre 1898

5974 Petites choses dures et serrées, pleines de reflets et insaisissables, à la fin unes et multiples, tantôt frémissantes et tantôt glacées, petites vies éternelles et sans limites : idées, tout l'art, peut-être, ne vaut pas votre rigueur.

18 mars 1901

5975 Si tous les écrivains avaient ressemblé à M. France nous en serions encore à Homère.

5 janvier 1904

5976 Homme de lettres : ce n'est pas loin aujourd'hui de homme de peine.

31 décembre 1907

5977 On me demandait l'autre jour : « Qu'est-ce que vous faites ? — Je m'amuse à vieillir, répondis-je. C'est une occupation de tous les instants. »

Marcel MAUSS 1872-1950

Essai sur le don (P.U.F.), deuxième partie, chap. 2, 3

5978 On *se* donne en donnant.

conclusion, III

5979 Les historiens sentent et objectent à juste titre que les sociologues font trop d'abstractions et séparent trop les divers éléments des sociétés les uns des autres. Il faut faire comme eux : observer ce qui est donné. Or, le donné, c'est Rome, c'est Athènes, c'est le Français moyen, c'est le Mélanésien de telle ou telle île, et non pas la prière ou le droit en soi.

Rapports réels et pratiques de la psychologie
et de la sociologie (P.U.F.)
chap. 3 (Anthropologie et Sociologie)

5980 La sociologie serait, certes, bien plus avancée si elle avait procédé partout à l'imitation des linguistes et si elle n'avait pas versé dans ces deux défauts : la philosophie de l'histoire et la philosophie de la société.

Henri BARBUSSE 1873-1935

Le Feu (Flammarion), I, La vision

5981 L'avenir est dans les mains des esclaves, et on voit bien que le vieux monde sera changé par l'alliance que bâtiront un jour entre eux ceux dont le nombre et la misère sont infinis.

XXIV, L'aube

5982 La liberté et la fraternité sont des mots, tandis que l'égalité est une chose.

La Lueur dans l'abîme (© H. Barbusse)
II, La révolte de la raison

5983 Mieux vaudrait encore une société où tous seraient privés de satisfactions qui ne sont peut-être que des habitudes — que la monstrueuse société actuelle, qui fabrique de la mort avec du mensonge, et qui est, elle et elle seule, la guerre civile légalisée.

5984 Un homme bon, un homme sain, un homme raisonnable ne doit pas saluer les drapeaux.

5985 Il y a d'innombrables drapeaux multicolores comme il y a d'innombrables intérêts d'affaires qui se heurtent ; il n'y a qu'un drapeau rouge, comme il n'y a qu'une espèce de sang humain, qu'une justice et qu'une vérité.

Jésus (Flammarion), chap. 9, 29

5986 Il ne faut plus commencer par l'au-delà. Ce qui n'a pas commencé en nous, n'est pas. Nous ne tombons pas du ciel, nous qui nous levons.

chap. 10, 1

5987 Chacun est trop pour être seul.

Staline (Flammarion), VII, Les deux mondes

5988 Il y a deux mondes : celui du socialisme, et celui du capitalisme. Entre les deux il n'y a que le mirage monstrueux d'un troisième monde démocratique en paroles, féodal en fait.

VIII, L'homme à la barre

5989 Lénine et Staline n'ont pas créé l'histoire — mais ils l'ont rationalisée. Ils ont rapproché l'avenir.

Alexis CARREL 1873-1944

L'Homme, cet inconnu (Plon)
chap. 2, 4

5990 Le meilleur moyen d'augmenter l'intelligence des savants serait de diminuer leur nombre.

chap. 4, 3

5991 Peut-être la civilisation moderne nous a-t-elle apporté des formes de vie, d'éducation et d'alimentation qui tendent à donner aux hommes les qualités des animaux domestiques [...]

6

5992 L'intelligence est presque inutile à celui qui ne possède qu'elle.

8

5993 [Dans la prière] l'homme s'offre à Dieu, comme la toile au peintre ou le marbre au sculpteur.

chap. 5, 9

5994 Nous sommes à la fois un fluide qui se solidifie, un trésor qui s'appauvrit, une histoire qui s'écrit, une personnalité qui se crée.

COLETTE 1873-1954

Claudine à Paris (Albin Michel)

5995 Les femmes libres ne sont pas des femmes.

Claudine en ménage (Mercure de France)

5996 Le vice, c'est le mal qu'on fait sans plaisir.

La Retraite sentimentale (Mercure de France)

5997 En somme, j'apprenais à vivre. On apprend donc à vivre ? Oui, si c'est sans bonheur. La béatitude n'enseigne rien. Vivre sans bonheur et n'en point dépérir, voilà une occupation, presque une profession.

5998 Il n'y a pas de peine irrémédiable, sauf la mort.

La Naissance du jour (Flammarion)

5999 Une femme se réclame d'autant de pays natals qu'elle a eu d'amours heureux.

Prisons et paradis (Hachette)

6000 On ne fait bien que ce qu'on aime. Ni la science ni la conscience ne modèlent un grand cuisinier. De quoi sert l'application où il faut l'inspiration?

Les Plaisirs (Hachette)

6001 Qu'il s'agisse d'une bête ou d'un enfant, convaincre c'est affaiblir.

Mes apprentissages (Hachette)

6002 Il y a toujours un moment dans la vie des êtres jeunes où mourir leur est tout juste aussi normal et aussi séduisant que vivre.

6003 Qui donc conte volontiers ce qui a trait au véritable amour?

Gigi (Hachette)

6004 La belle avance que de définir, nommer ou prévoir ce que l'ignorance me permet de tenir pour merveilleux!

En pays connu (Hachette)

6005 Le visage humain fut toujours mon grand paysage.

Lettres au petit corsaire (Flammarion)

6006 On n'écrit pas un roman d'amour pendant qu'on fait l'amour.

Élie FAURE 1873-1937

Histoire de l'art (Pauvert)
L'art moderne I, Introduction à la première édition

6007 Quand l'individu est si fort qu'il tend à tout absorber, c'est qu'il a besoin d'être absorbé lui-même, de se fondre et de disparaître dans la multitude et l'univers.

Histoire de l'art, La passion rationaliste, II

6008 Un mot d'esprit ébranle un monde, et il s'en fait cent mille chaque jour.

L'Esprit des formes (Pauvert)
tome I, introduction

6009 L'esprit des formes est un. Il circule au-dedans d'elles comme le feu central qui roule au centre des planètes et détermine la hauteur et le profil de leurs montagnes selon le degré de résistance et la constitution du sol.

(L'Esprit des formes, tome 1, introduction)

6010 Un dieu ne devient dieu qu'au moment où il devient forme. C'est vrai. Mais il est vrai, aussi, qu'au moment où il devient forme, il commence de mourir.

6011 Dieu est un enfant qui s'amuse, passe du rire aux larmes sans motifs et invente chaque jour le monde pour le tourment des abstracteurs de quintessence, des cuistres et des prédicants qui prétendent lui apprendre son métier de créateur.

tome I, Le grand rythme, IV

6012 La statue émerge du temple dans la mesure presque exacte où l'homme sort de la foule, et du même pas que lui.

VII

6013 Le nom, l'anonymat sont les signes d'une époque. Selon que l'un ou l'autre règne, on sait par quoi se définissent les rapports de chacun des hommes avec le corps social ou avec l'individu : ici par le roman, la psychologie, la peinture ; là par l'architecture, la métaphysique, la loi.

tome I, Les empreintes, IV

6014 Le squelette de la planète est le maître des sculpteurs, l'atmosphère est celui des peintres.

VII

6015 Si la race apporte l'esprit, le milieu fournit l'image, et le drame de l'art tourne autour du point d'équilibre où cet esprit et cette image se voient contraints de s'accorder.

tome I, L'acrobate, image de Dieu, IV

6016 L'artiste nous apparaît comme la conscience des peuples, chargé par eux en même temps de réagir contre les désordres et les excès de leurs instincts et de trouver, dans ces excès et ces désordres mêmes, les signes de leurs plus constants et de leurs plus réels désirs.

tome II, Utilisation de la mort, I

6017 En somme, l'art entier est une représentation symbolique, dans la vie de l'espèce, du drame d'amour qui transfigure et bouleverse la vie de l'individu.

IV

6018 L'homme ne peut choisir qu'entre le suicide et l'effort : l'utilité supérieure de l'art, c'est de donner à cet effort un accent d'enthousiasme dont la morale le prive et de replacer sans lassitude un cœur vivant dans la poitrine de la mort.

6019 Si terrible que soit la vie, l'existence de l'activité créatrice sans autre but qu'elle-même suffit à la justifier. Le jeu, évidemment, paraît, au premier abord, le moins utile de nos gestes, mais il en devient le plus utile dès que nous constatons qu'il multiplie notre ferveur à vivre et nous fait oublier la mort.

Alfred JARRY 1873-1907

Ubu roi (Fasquelle), acte III, scène 4 (Père Ubu)

6020 J'ai changé le gouvernement et j'ai fait mettre dans le journal qu'on paierait deux fois tous les impôts et trois fois ceux qui pourront être désignés ultérieurement. Avec ce système, j'aurai vite fait fortune, alors je tuerai tout le monde et je m'en irai.

Douze arguments sur le théâtre
in Dossiers acénonètes du Collège de Pataphysique n° 10

6021 Maintenir une tradition même valable est atrophier la pensée qui se transforme dans la durée ; et il est insensé de vouloir exprimer des sentiments nouveaux dans une forme « conservée ».

6022 Nous ne croyons qu'à l'applaudissement du silence.

Questions de théâtre in La Revue blanche (1er janvier 1897)

6023 C'est parce que la foule est une masse inerte et incompréhensive et passive qu'il la faut frapper de temps en temps, pour qu'on connaisse à ses grognements d'ours où elle est — et où elle en est. Elle est assez inoffensive, malgré qu'elle soit le nombre, parce qu'elle combat contre l'intelligence.

Ubu enchaîné (Fasquelle), acte I, scène 2

6024 L'indiscipline aveugle et de tous les instants fait la force principale des hommes libres.

scène 4

6025 Vive l'armerdre !

Ubu cocu (Fasquelle), chanson de Memnon

6026 Voyez, voyez la machin' tourner,
Voyez, voyez la cervell' sauter,
Voyez, voyez les rentiers trembler ;
Hourra, cornes-au-cul, vive le père Ubu !

La Chandelle verte (Librairie générale française), Spéculations
« M. Faguet et l'alcoolisme » (1er mars 1901)

6027 Quand ne sera-t-il plus besoin de rappeler que les antialcooliques sont des malades en proie à ce poison, l'eau, si dissolvant et corrosif qu'on l'a choisi entre toute substances pour les ablutions et lessives, et qu'une goutte versée dans un liquide pur, l'absinthe par exemple, le trouble ?

« Essai de définition du courage » (15 mai 1901)

6028 Chaque peuple se répète qu'il est le plus puissant et le plus courageux de la terre, qu'il est « à la tête » de l'humanité. Malheureusement, l'humanité est une espèce de bête ronde avec des têtes tout autour.

Le journal d'Alfred Jarry, « De la douceur dans la violence »
(15 décembre 1902)

6029 Il y a ceci de déloyal dans l'attitude de la Justice sur le terrain (les opérations judiciaires sont bien un duel, cf. les « témoins ») que si elle laisse, en principe, son adversaire tirer le premier, elle sait fort bien que celui-ci, par un échange de courtoisie dont elle abuse, ne la blesse jamais elle-même, mais décharge son arme sur une tierce personne ; l'arme de l'adversaire déchargée, la Justice tire à son tour, sans peur.

Le périple de la littérature et de l'art « Toomai des éléphants »
(1ᵉʳ janvier 1903)

6030 L'oubli est la condition indispensable de la mémoire.

« Livres d'étrennes: le calendrier du facteur »(15 janvier 1903)

6031 La durée est chose trop transparente pour être perçue autrement que colorée de quelques divisions.

« Le Canard sauvage », « Pensées hippiques »
(28 mars-3 avril 1903)

6032 La plus noble conquête du cheval, c'est la femme.

« L'affaire est l'Affaire » (18-24 avril 1903)

6033 Les balances de la Justice trébuchent ; et pourtant l'on dit : Raide comme la justice. La justice serait-elle ivre?

Les Minutes de sable mémorial (Fasquelle), Linteau

6034 Suggérer au lieu de dire, faire dans la route des phrases un carrefour de tous les mots.

6035 Qu'on pèse donc les mots, polyèdres d'idées, avec des scrupules comme des diamants à la balance de ses oreilles, sans demander pourquoi telle et telle chose, car il n'y a qu'à regarder, et c'est écrit dessus.

Les Jours et les nuits
roman d'un déserteur (Mercure de France), livre I, III

6036 Et comme il n'y avait que six corps nus, il n'y avait pas d'attentat public à la pudeur.

livre V, I

6037 « Dieu en vain tu ne jureras » est la seule courtoisie valable ; il est ridicule de cracher sur son miroir.

L'Amour absolu (Mercure de France), XII

6038 Les femmes montent par le chemin des écoliers.

Le Surmâle (Fasquelle), I

6039 L'amour est un acte sans importance, puisqu'on peut le faire indéfiniment.

II

6040 Il est moins sûr de tuer les êtres plus faibles que soi que de les imiter. Ce ne sont pas les plus forts qui survivent, car *ils sont seuls*.

Gestes et opinions du docteur Faustroll pataphysicien (Mercure de France)
II, VIII

6041 DÉFINITION. — La pataphysique est la science des solutions imaginaires.

X

6042 « Ha ha », disait-il en français ; et il n'ajoutait rien d'avantage.

VIII, XXXVII

6043 La mort n'est que pour les médiocres.

XLI

6044 Dieu est le point tangent de zéro et de l'infini.

Charles PÉGUY 1873-1914

Jeanne d'Arc (Gallimard)
première pièce : à Domrémy, dédicace

6045 A toutes celles et à tous ceux qui auront vécu leur vie humaine,
A toutes celles et à tous ceux qui seront morts de leur mort humaine
pour l'établissement de la République socialiste universelle,
Ce poème est dédié.

première partie, deuxième acte

6046 Oui je sais bien, mon Dieu, que ma plainte est mauvaise,
Que nos blés sont à vous pour faire la moisson...
[...]
Et vous avez raison quand vous sauvez une âme,
Et vous avez raison quand vous la condamnez [...]

deuxième partie, troisième acte

6047 O maison de mon père où j'ai filé la laine,
Où, les longs soirs d'hiver, assise au coin du feu,
J'écoutais les chansons de la vieille Lorraine,
Le temps est arrivé que je vous dise adieu.

troisième partie, en un acte

6048 O Meuse inépuisable et douce à mon enfance,
Qui passes dans les prés auprès de la maison,
C'est en ce moment-ci que je m'en vais en France :
O ma Meuse, à présent, je m'en vais pour de bon.

6049 Mon âme sait aimer ceux qui ne sont pas là ;
Mon âme sait aimer ceux qui restent loin d'elle.

troisième pièce : Rouen, première partie, deuxième acte

6050 Oh j'irais dans l'enfer avec les morts damnés,
Avec les condamnés et les abandonnés,
Faut-il que je m'en aille avec les morts damnés [...] ?

Le Mystère de la charité de Jeanne d'Arc (Gallimard)

6051 Celui qui manque trop du pain quotidien n'a plus aucun goût au pain éternel.

6052 Heureux ceux qui l'[1] ont vu passer dans son pays ; heureux ceux qui l'ont vu marcher sur cette terre.

Notre jeunesse (Gallimard)

6053 Tout commence en mystique et finit en politique.

6054 La Révolution est éminemment une opération de l'ancienne France.

6055 Tout parti vit de sa mystique et meurt de sa politique.

6056 La politique se moque de la mystique, mais c'est encore la mystique qui nourrit la politique même.

6057 [...] ces profondeurs de bonté douce incroyables qui ne peuvent être qu'à base de désabusement.

6058 Le monde souffre infiniment plus du sabotage bourgeois et capitaliste que du sabotage ouvrier.

6059 Il faut tout de même voir qu'il y a des ordres apparents qui recouvrent, qui sont les pires désordres.

6060 La mystique républicaine, c'était quand on mourait pour la République, la politique républicaine, c'est à présent qu'on en vit.

6061 La seule force, la seule valeur, la seule dignité de tout ; c'est d'être aimé.

---

1. Jésus-Christ.

Victor-Marie comte Hugo (Gallimard)

6062 Heureux deux amis qui s'aiment assez pour (savoir) se taire ensemble.

6063 Il n'y a point de réalité sans « confessions », et [...] une fois qu'on a goûté à la réalité des confessions, toute autre réalité, tout autre essai paraît bien littéraire.

6064 Quarante ans est un âge terrible.

6065 [...] c'est que d'être peuple, il n'y a encore que ça qui permette de n'être pas démocrate.

6066 Nous les gars de la Loire, c'est nous qui parlons le fin langage français.

6067 Les références qu'on ne vérifie pas sont les bonnes.

6068 Les blessures que nous recevons, nous les trouvons dans Racine. Les êtres que nous sommes, nous les trouvons dans Corneille.

6069 Les victimes de Racine sont elles-mêmes plus cruelles que les bourreaux de Corneille.

6070 Par son impotence même de mal, de cruauté, Corneille va plus profond que Racine. Car la cruauté n'est point, tant s'en faut, ce qu'il y a de plus profond. [...] La charité va infiniment plus profond.

6071 Le saint est infiniment plus la proie de la charité que le cruel de la cruauté.

6072 L'ordonnance règne surtout dans le détail. L'ordre règne dans le corps même.

6073 Les tragédies de Racine sont des sœurs séparées alignées qui se ressemblent. Les quatre tragédies de Corneille sont une famille liée.

6074 Cette Sorbonne, que nous avons tant aimée, [...] est devenue une maîtresse d'erreur et de barbarie.

6075 [...] une Sorbonne qui fait trop parler d'elle ; en dehors de l'enseignement, en dehors du travail. Une Sorbonne dont le moins qu'on puisse dire est qu'elle fait trop parler d'elle, pour une honnête Sorbonne.

6076 Peuvent seuls mener une vie chrétienne, c'est-à-dire peuvent seuls être chrétiens, ceux qui ne sont pas assurés du pain quotidien.

6077 « Le Kantisme a les mains pures[1] », *mais*[2] il n'a pas de mains.

---
1. Affirmation des partisans de Kant.
2. Souligné par Péguy.

(Victor-Marie comte Hugo)

6078 Je fonde le parti des hommes de quarante ans.

Le Porche du mystère de la deuxième vertu (Gallimard)

6079 La vertu que j'aime le mieux, dit Dieu, c'est l'espérance.

6080 Je n'aime pas celui qui ne dort pas, dit Dieu.
Le sommeil est l'ami de l'homme.
Le sommeil est l'ami de Dieu.

Le Mystère des Saints Innocents (Gallimard)

6081 C'est embêtant, dit Dieu. Quand il n'y aura plus ces Français, il y a des choses que je fais, il n'y aura plus personne pour les comprendre.

6082 Rien n'est beau comme un enfant qui s'endort en faisant sa prière, dit Dieu.

Sonnets (Gallimard), L'épave

6083 Un regret plus mouvant que la vague marine
A roulé sur ce cœur envahi jusqu'au bord.

Châteaux de Loire (Gallimard)

6084 Le long du coteau courbe et des nobles vallées
Les châteaux sont semés comme des reposoirs,
Et dans la majesté des matins et des soirs
La Loire et ses vassaux s'en vont par ces allées.

La Tapisserie de sainte Geneviève et de Jeanne d'Arc (Gallimard)
1ᵉʳ jour

6085 Comme elle avait gardé les moutons à Nanterre,
On la mit à garder un bien autre troupeau,
La plus énorme horde où le loup et l'agneau
Aient jamais confondu leur commune misère.

La Tapisserie de Notre-Dame (Gallimard)
Présentation de Paris à Notre-Dame

6086 Étoile de la mer[1] voici la lourde nef
Où nous ramons tout nus sous vos commandements
Voici notre détresse et nos désarmements ;
Voici le quai du Louvre, et l'écluse, et le bief.

---

1. Le poète s'adresse à la Vierge.

La Tapisserie de Notre-Dame
Présentation de la Beauce à Notre-Dame de Chartres

6087 Étoile de la mer voici la lourde nappe
Et la profonde houle et l'océan des blés
Et la mouvante écume et nos greniers comblés
Voici votre regard sur cette immense chape.

La Tapisserie de Notre-Dame
Les quatre prières dans la cathédrale de Chartres
2, Prière de demande

6088 Nous ne demandons pas que la grappe écrasée
Soit jamais replacée au fronton de la treille,
Et que le lourd frelon et que la jeune abeille
Y reviennent jamais se gorger de rosée.

6089 Nous ne demandons rien, refuge du pécheur,
Que la dernière place en votre Purgatoire,
Pour pleurer longuement notre tragique histoire
Et contempler de loin votre jeune splendeur.

Les Tapisseries (Gallimard), Ève

6090 Quand les ressuscités s'en iront par les bourgs,
Encor tout ébaubis et cherchant leur chemin,
Et les yeux éblouis et se tenant la main,
Et reconnaissant mal ces tours et ces détours

Des sentiers qui menaient leur candide jeunesse [...]

6091 [...] quand ils reconnaîtront les jours de leur détresse
Plus profonds et plus beaux que les jours de bonheur.

6092 Heureux ceux qui sont morts dans une juste guerre.
Heureux les épis mûrs et les blés moissonnés.

6093 [...] car le surnaturel est lui-même charnel
Et l'arbre de la grâce est raciné profond [...]

Quatrains (Gallimard)

6094 O cœur îles de joie
Sur fond de peine,
La joie est une soie
Sur fond de laine.

6095 L'honneur est plus facile
O moraliste
Que le bonheur mobile
O réaliste.

(Quatrains)

6096 Cœur tu n'es qu'un théâtre,
Mais on y joue
Dans les décors de plâtre
Un drame fou.

6097 Tu[1] avais tout pourvu
Fors cette fièvre,
Tu avais tout prévu
Fors ces deux lèvres.

6098 Le jeune enfant bonheur
Vint en courant.
Mais le seigneur honneur
Parut plus grand.

Suite d'Ève (Gallimard)

6099 Voici monsieur le corps avec sa jeune dame.
Il veut la présenter parmi la compagnie.
Elle toujours absente et toujours ennemie
Regarde le tison, et la cendre, et la flamme.

Marc SANGNIER 1873-1950

L'Esprit démocratique (Perrin)
première partie, chap. 11

6100 Que de disputes stériles seraient évitées et quelle magnifique puissance d'expansion acquerrait notre foi, si les catholiques arrivaient à se persuader enfin que la vérité de la religion ne saurait se démontrer comme un théorème, que le christianisme peut bien, sans doute, dans un certain sens, être *prouvé*, mais qu'il doit surtout être *expérimenté!*

chap. 4

6101 Nous ne saurions trop répéter que la famille n'est pas un but mais un moyen. Il n'y a qu'un but: Dieu.

chap. 5

6102 Ce qui seul importe c'est de vivre notre catholicisme, de faire porter des fruits à l'arbre dont nous sommes les rameaux, en un mot d'être *intégralement,* c'est-à-dire par cela même, *socialement* catholiques.

deuxième partie, chap. 11

6103 Nous savons que le catholicisme n'est pas seulement une religion faite pour sauver les âmes des individus; c'est aussi une merveilleuse *force sociale.*

---

1. Le poète s'adresse à son cœur.

6104 Le Christ est pour nous, à la fois, la plus large expression de l'intérêt général et la plus étroite expression de l'intérêt particulier.

troisième partie, chap. 1

6105 Ce que Dieu demande de nous, c'est un geste seulement, et c'est lui qui fera le reste.

Charles-Louis PHILIPPE 1874-1909

Bubu-de-Montparnasse (Fasquelle)
première partie, chap. 1

6106 Nous parcourons le temps présent avec notre bagage, nous allons et nous sommes complets à tous les instants.

6107 Il y a des soirs où l'amitié ne suffit pas. [...] Nous avons besoin de nous fatiguer aussi.

chap. 2

6108 Les travailleurs qui peinent et qui souffrent sont des dupes.

chap. 4

6109 Les mots sont les fantômes des imaginations malades, au-dessus desquels il y a la vie qu'il faut vivre sans penser aux mots.

Albert THIBAUDET 1874-1936

Réflexions sur la critique (Gallimard)
Une querelle littéraire sur le style de Flaubert

6110 L'écriture qui ne prend pas de près contact avec la parole se dessèche comme la plante sans eau.

Réflexions sur la critique
épilogue à la « Poésie de Stéphane Mallarmé »

6111 La perle est d'ailleurs une maladie de l'huître et le fromage lui-même une maladie du lait. Mallarmé a réalisé le type non seulement d'une littérature sur la littérature, mais d'une littérature pour les littérateurs. Il en faut.

Histoire de la littérature française de 1789 à nos jours (Stock)
première partie, chap. 5, Chateaubriand

6112 [...] la mesure du bonheur d'un grand homme n'est pas donnée par ce qui de sa destinée comblerait un médiocre.

chap. 7, Madame de Staël

6113 Après tout, les résultats vitaux d'un système original devraient devenir intelligibles à un esprit cultivé en un temps qui va de un à trois quarts d'heure.

chap. 12, Courier et Béranger
6114 [...] Le retraité est, comme le bouilleur de cru, un personnage éminemment français.

deuxième partie, chap. 2, Le romantisme
6115 L'art classique [...] est défendeur [...]. Le romantique est demandeur [...]

chap. 3. Lamartine
6116 Le mythe [...] c'est une idée portée par un récit, une idée qui est une âme, un récit qui est un corps, et l'un de l'autre inséparables.

Albert SCHWEITZER 1875-1965

Les Grands Penseurs de l'Inde (Payot), préface
6117 La philosophie, celle de l'Europe comme celle de l'Inde, se trouve en face de deux problèmes fondamentaux : celui de l'attitude affirmative ou négative vis-à-vis de la vie et du monde, et celui de l'éthique.

6118 Nous devons tendre vers une pensée plus profonde et plus puissante, plus riche en énergies morales et spirituelles, capable de s'emparer des hommes et des peuples et de s'imposer à eux.

chap. 16, Coup d'œil rétrospectif. Perspectives d'avenir
6119 Pourquoi la spiritualité indienne est-elle si pauvre en œuvres ? [...] La pensée indienne [...], durant des siècles, n'a pas daigné s'intéresser aux choses de ce monde. [...] L'idée de l'amour actif ne commence à y jouer un rôle qu'à l'époque moderne.

Ma vie et ma pensée (Albin Michel)
chap. 6
6120 L'idéal serait que Jésus eût prêché la vérité religieuse sous une forme intemporelle et directement accessible à toutes les générations successives de l'humanité. Mais il ne l'a pas fait et il y a sans doute une raison à cela.

chap. 9
6121 En homme qui pense que l'idéalisme exige la clarté de l'esprit, je savais que toute entreprise dans une voie non frayée implique un risque et n'a de sens ou de chances de réussite que dans certains cas.

6122 Il n'y a pas de héros de l'action. Il n'y a de héros que dans le renoncement et la souffrance.

6123 La force qui ne connaît que la révolte s'y use.

6124 Que chacun s'efforce dans le milieu où il se trouve de témoigner à d'autres une véritable humanité. C'est de cela que dépend l'avenir du monde.

chap. 18

6125 Toute pensée qui pénètre en profondeur s'achève en un mysticisme moral.

épilogue

6126 La seule possibilité de donner un sens à son existence, c'est d'élever sa relation naturelle avec le monde à la hauteur d'une relation spirituelle.

6127 L'homme qui pense est plus indépendant à l'égard de la vérité religieuse traditionnelle que celui qui ne pense pas ; mais il ressent bien plus vivement ce qu'il y a de profond et d'impérissable en elle.

André SIEGFRIED 1875-1959

Tableau des Partis en France (Grasset)
I, Le caractère français

6128 Quand il s'agit de la France, tout de suite on arrive à parler d'individus.

6129 La politique, chez nous, est justement ce qu'il y a de moins adapté aux préoccupations nouvelles qui tendent à dominer le monde.

6130 Qu'est-ce qu'un bourgeois ? Je proposerai cette définiton : c'est quelqu'un qui a des réserves.

II, Les facteurs déterminants de la politique intérieure

6131 La France demeure en somme un pays où l'opinion considère les grandes affaires avec une jalousie mêlée d'hostilité : la banque, l'industrie, le haut commerce y arrivent sans doute, comme partout ailleurs, à leurs fins, mais ne peuvent le faire qu'en se cachant.

Jean-Pierre BRISSET dates inconnues

La Science de Dieu ou la Création de l'homme (éd. Chamuel)
première partie

6132 Le vrai Dieu est l'esprit de l'homme ; mais cet Esprit est infiniment plus grand que l'esprit de toute l'humanité. L'homme ne connaît point la force qui l'anime, il ne connaît pas Dieu : nul ne se connaît soi-même.

6133 [...] les premiers livres sont les lèvres.

(La Science de Dieu ou la Création de l'homme)

6134 Les questions: *ai que ce? est que ce?* disaient: *ai* ou *est quoi ici?* et créèrent le mot *exe*, le premier nom du *sexe* [...] On questionna ensuite: *ce exe, sais que ce?* = ce point, sais-tu quoi c'est? ce qui devint: *sexe*. — *Sais que c'est? ce exe est, sexe est, ce excès. Ce excès*, c'est le sexe. — On voit que le sexe fut le premier *excès*.

6135 Chaque son est un esprit d'ancêtre qui saisit le penseur et le conduit de tous côtés parmi ses relations, son parentage et lui raconte sa naissance et sa généalogie.

6136 On peut dire que nous continuons à parler comme si nous étions restés amphibies. Le langage figuré fait à chaque instant allusion à des actes que seuls des êtres aquatiques et rampants, des grenouilles, ont pu exécuter.

Léon-Paul FARGUE 1876-1947

Poèmes (Gallimard)

6137 La musique dira ces mots de lumière pour lesquels sont faits tous les autres, qui les coiffent de leurs feuilles sombres.

6138 Il est des pensées qu'on sent qui se cachent derrière toutes les autres.

6139 Sache souffrir. Mais ne dis rien qui puisse troubler la souffrance des autres.

6140 Qu'est-ce donc que toute notre tendresse? Rien, — qu'une petite vague qui racle sur la terre et s'en retourne à la haute mer...

Vulturne (Gallimard)

6141 [...] la vie m'a tant giflé que la tête m'en tournait comme la vis d'un tabouret de piano.

Ludions (Gallimard), Merdrigal, en dédicrasse

6142 Dans mon cœur en ta présence
Fleurissent des harengs saurs.
Ma santé, c'est ton absence,
Et quand tu parais, je sors.

Sous la lampe (Gallimard), Suite familière

6143 Le génie est une question de muqueuses. L'art est une question de virgules.

6144 J'appelle bourgeois quiconque renonce à soi-même, au combat et à l'amour, pour sa sécurité.
J'appelle bourgeois quiconque met quelque chose au-dessus du sentiment.

6145 En art pas de hiérarchie, pas de sujets, pas de genres.

Sous la lampe, Banalité
6146 Gare de la douleur j'ai fait toutes tes routes.

Le Piéton de Paris (Gallimard), Par ailleurs
6147 L'inspiration, dans le royaume obscur de la pensée, c'est peut-être quelque chose comme un jour de grand marché dans le canton. Il y a réjouissance en quelque endroit de la matière grise. [...]

6148 Il faut [...] que l'un de nous se décide à écrire ce que l'on n'écrit pas. Car, en somme, en dehors de certains chefs-d'œuvre, aussi nécessaires au rythme universel que les sept merveilles du monde, et qui finissent par se confondre avec la nature, avec les arbres, avec les visages, avec les maisons, l'on n'écrit rien.

6149 Sensible... s'acharner à être sensible, infiniment sensible, infiniment réceptif. Toujours en état d'osmose. Arriver à n'avoir plus besoin de regarder pour voir. Discerner le murmure des mémoires, le murmure de l'herbe, le murmure des gonds, le murmure des morts. Il s'agit de devenir silencieux pour que le silence nous livre ses mélodies, douleur pour que les douleurs se glissent jusqu'à nous, attente pour que l'attente fasse enfin jouer ses ressorts. Écrire, c'est savoir dérober des secrets qu'il faut encore savoir transformer en diamants.

Le Piéton de Paris, Mon quartier
6150 Point n'est besoin d'écrire pour avoir de la poésie dans ses poches.

Déjeuners de soleil (Gallimard), Le lendemain
6151 [...] l'esprit parisien ne s'apprend ni ne s'enseigne.

Déjeuners de soleil, Dialogue
6152 Le slogan est une maladie de la formule...

Déjeuners de soleil, Soyons polis pour être honnêtes
6153 L'amabilité provient d'une bonne santé, d'une bonne conscience, ou de beaucoup d'épreuves. Quand on a suffisamment souffert, on devient méchant ou excellent.

Lanterne magique (Laffont)
6154 On n'est pas poète parce qu'il y a eu des poètes avant vous. On écrit de la poésie parce qu'on a besoin de mettre de l'ordre dans le désordre sentimental intérieur, parce qu'on a de l'oreille et qu'on sait du français.

6155 Que le poème soit [...] de l'ordre quintessencié, comme un produit de la nature, un aboutissement.

Max JACOB 1876-1944

Le Cornet à dés (Gallimard), préface de 1916

6156 Tout ce qui existe est situé.

6157 Le style est la volonté de s'extérioriser par des moyens choisis.

6158 On n'estime que les œuvres longues, or il est difficile d'être longtemps beau.

6159 L'art est proprement une « distraction ».

6160 Je suis convaincu que l'émotion artistique cesse où l'analyse et la pensée interviennent.

6161 Surprendre est peu de chose, il faut « transplanter ».

6162 Distinguons le style d'une œuvre de sa situation. Le style ou volonté crée, c'est-à-dire sépare. La situation éloigne, c'est-à-dire excite à l'émotion artistique [...]. Certaines œuvres de Flaubert ont du style ; aucune n'est située. Le théâtre de Musset est situé et n'a pas beaucoup de style. L'œuvre de Mallarmé est le type de l'œuvre située [...]

première partie, Le coq et la perle

6163 Le mystère est dans cette vie, la réalité dans l'autre ; si vous m'aimez, si vous m'aimez, je vous ferai voir la réalité.

La Défense de Tartuffe (Gallimard)
première partie, préface, antithèse

6164 Le poète cache sous l'expression de la joie le désespoir de n'en avoir pas trouvé la réalité.

deuxième partie, Ascension

6165 Écoutez bien le ciel, vous entendrez les anges.
Écoutez-moi penser, vous entendrez mon Dieu.
Docteur, auscultez-moi et convertissez-vous.

Le Laboratoire central (Gallimard), le Kamichi

6166 L'ÉCHAFAUD, c'est la guillotine,
On n'en veut plus, c'est pour les rois !

Les Pénitents en maillots roses (Gallimard), Voyages

6167 Je ne veux que des hommes tels que, Dieu, vous les faites.

Œuvres burlesques et mystiques de frère Matorel
mort au couvent (éd. Kahnweiler)
Jeunes filles modernes à Douarnenez

6168 Hélas mon cœur n'a pas changé
Il saute quand passe un garçon
et j'ai peur quand il y a du vent.

Œuvres burlesques et mystiques..., Encore un Noël
6169 Une personne de la Trinité
est ici sur un peu de paille.

Conseils à un jeune poète (Gallimard)
6170 J'ouvrirai une école de vie intérieure, et j'écrirai sur la porte : école d'art.

6171 Le « qu'est-ce que ça veut dire ? » est le reproche qu'on fait au poète qui n'a pas su vous émouvoir.

6172 Si je crois à l'inspiration ? Mais bien sûr ! Je crois même que tous les hommes sont inspirés. Ça s'appelle intuition.

6173 L'érudition c'est la mémoire et la mémoire c'est l'imagination.

6174 Le propre du lyrisme est l'inconscience, mais une inconscience surveillée.

Conseils à un étudiant (Gallimard)
6175 La vie est un livre suffisant.

Anna de NOAILLES 1876-1933

Le Cœur innombrable (Calmann-Lévy)
I, Le baiser
6176 La douleur et la mort sont moins involontaires
Que le choix du désir.

III, Voix intérieure
6177 Aimez la mort aussi, votre bonne patronne,
Par qui votre désir de toutes choses croît.

IV, Chanson du temps opportun
6178 Il n'est rien de réel que le rêve et l'amour.

6179 Retenez, du savoir, ce qu'il faut au bonheur ;
On est assez profond pour le jour où l'on meurt.

Oscar Vladislas de Lubicz-Milosz dit O.V. de L. MILOSZ 1877-1939

Les Sept solitudes (éd. André Silvaire)
Dans un pays d'enfance...
6180 Mais le jour pleut sur le vide de tout.

Les Sept solitudes, Tous les morts sont ivres...

6181 Les morts, les morts sont au fond moins morts que moi.

L'Amoureuse Initiation (éd. André Silvaire)

6182 Escabeau velouté pour les genoux de la prière [...], Venise est aussi le lacrymatoire précieux de toute l'amoureuse douleur humaine [...]

La Confession de Lemuel (éd. André Silvaire)
Cantique de la Connaissance

6183 Je ne m'adresse qu'aux esprits qui ont reconnu la prière comme le premier entre tous les devoirs de l'homme.

Les Arcanes (éd. André Silvaire), Prière de Hiram

6184 Qu'il n'y ait plus ni fini ni infini. Que seul l'amour devenu lieu demeure.

Poésies II (éd. André Silvaire), Nihumîm

6185 Quarante ans.
Je connais peu ma vie. Je ne l'ai jamais vue
S'éclairer dans les yeux d'un enfant né de moi.

6186 Quarante ans.
Pour apprendre à parler sans mépris de la femme.

Déclaration à Armand Godoy (éd. André Silvaire)

6187 Il n'y a que les oiseaux, les enfants et les Saints qui soient intéressants.

Ars Magna (éd. André Silvaire), Épître à Storge

6188 Nous n'apportons, à la vérité, ni l'espace ni le temps dans la nature, mais bien le mouvement de notre corps et la connaissance, ou, plus exactement, la constatation et l'amour de ce mouvement, constatation et amour que nous appelons Pensée et qui sont l'origine de la science première et fondamentale de situer toutes choses, en commençant par nous-mêmes.

6189 Où rien n'est situé, il n'y a pas de passage d'un lieu à un autre, mais seulement d'un état — et d'un état d'amour — à un autre ; et voilà pourquoi l'amour se rit et de la vie et de la mort.

Ars Magna, Nombres

6190 Le sang est l'étalon des valeurs métaphysiques.

Ars Magna, Turba magna

6191 Le mouvement est antérieur à la chose qui se meut. Le mouvement, matière-espace-temps, est déjà la chose. Et cependant, il est antérieur à la chose.

Raymond ROUSSEL 1877-1933

Nouvelles impressions d'Afrique (Pauvert), III
6193 Dans ces pays à sieste où l'on ignore l'âtre,
La femme a, blanche ou noire, un rejeton mulâtre.

Comment j'ai écrit certains de mes livres (Pauvert)
6194 Je me suis toujours proposé d'expliquer de quelle façon j'avais écrit certains de mes livres.

6195 On a fait beaucoup de jeux de mots sur *Locus Solus; Loufocus Solus, Cocus Solus, Blocus Solus ou les bâtons dans les Ruhrs, Locus Salus* (à propos du *Lac Salé* de Pierre Benoit), *Locus Coolus, Coolus Solus* (à propos d'une pièce de Romain Coolus), *Gugus Solus, Locus Saoulus*, etc. Il y en a un qui manque et qui, il me semble, méritait d'être fait, c'est *Logicus Solus*.

6196 Et je me réfugie, faute de mieux, dans l'espoir que j'aurai peut-être un peu d'épanouissement posthume à l'endroit de mes livres.

Lucien FEBVRE 1878-1956

Combats pour l'histoire (A. Colin), *Examen de conscience*
6197 Pénétrer de présent la tradition elle-même : premier moyen de lui résister.

Combats pour l'histoire, Face au vent
6198 [...] *une* civilisation peut mourir. *La* civilisation ne meurt pas.

Combats pour l'histoire, Sur l'esprit politique de la Réforme
6199 Comprendre, c'est compliquer. C'est enrichir en profondeur. C'est élargir de proche en proche. C'est mêler à la vie.

Charles-Ferdinand RAMUZ 1878-1947

Adieu à beaucoup de personnages (Les Cahiers vaudois)
6200 C'est à cause que tout doit finir que tout est si beau.

6201 Adieu à tous ceux qui m'ont entouré, que j'ai aimés, que j'ai connus; que je sois dépouillé d'eux, que je sois nu, que je retombe à la solitude; qu'il y ait autour de moi cette privation d'amour qui est l'occasion du désir.

Fête des Vignerons (Horizons de France), chap. 13

6202 [...] et, parce qu'il lève son verre, il lève dans le jour du jour ressuscité; il lève dans la transparence une transparence plus grande.

Livret de famille du canton de Vaud

6203 Viens te mettre à côté de moi sur le banc devant la maison, femme, c'est bien ton droit; il va y avoir quarante ans qu'on est ensemble.

Journal (Grasset), 10 décembre 1896

6204 Être isolé du reste des hommes, c'est se sentir inutile. Se sentir inutile est pire encore que de se sentir coupable.

25 juin 1901

6205 La poésie n'est ni dans la pensée, ni dans les choses, ni dans les mots; elle n'est ni philosophie, ni description, ni éloquence: elle est inflexion.

3 décembre 1902

6206 Ni l'amitié ni les petits plaisirs ne remplacent ce sentiment qu'on a d'élever enfin son front par-dessus le mur.

14 décembre 1903

6207 Je ne crois pas à la science. Je ne crois plus qu'à la croyance. Et je ne suis pas croyant.

11 avril 1904

6208 Il n'y a d'éternellement neuf que l'éternellement vieux. Il n'y a d'inépuisable que les lieux communs. Il n'y a que deux choses qui intéressent: l'amour et la mort. Tout *sujet* qui sort de l'ordinaire de la vie ne mérite aucune attention.

4 juin 1904

6209 Les voyages sont amers et vains. Je fixerai ma vie comme on attache une bête à son pieu.

28 septembre 1905

6210 Je déteste un certain socialisme parce qu'il a la haine de l'argent au lieu d'en avoir le mépris.

7 janvier 1906

6211 Tout le secret de l'art est peut-être de savoir *ordonner* des émotions désordonnées, mais de les ordonner de telle façon qu'on en fasse sentir encore mieux le désordre.

####### 5 avril 1908

6212 Il faut que mon style ait la démarche de mes personnages.

####### 10 septembre 1917

6213 Je sens que je progresse à ceci que je recommence à ne rien comprendre à rien.

Victor SEGALEN 1878-1919

Les Immémoriaux (Plon), première partie

6214 L'heure était propice à répéter sans trêve, afin de n'en pas omettre un mot, les beaux parlers originels [...]

troisième partie

6215 On sait que les filles se disputent tous les mâles qu'un dieu, il n'importe lequel, anime et rend puissants.

Stèles (Plon), Aux dix mille années

6216 L'immuable n'habite pas vos murs, mais en vous, hommes lents, hommes continuels.

6217 Point de révolte : honorons les âges dans leurs chutes successives et le temps dans sa voracité.

Stèles, Conseils au bon voyageur

6218 Ainsi, sans arrêt ni faux pas, sans licol et sans étable, sans mérites ni peines, tu parviendras, non point, ami, au marais des joies immortelles,
Mais aux remous pleins d'ivresses du grand fleuve Diversité.

Stèles, Nom caché

6219 Mais fondent les eaux dures, déborde la vie, vienne le torrent dévastateur plutôt que la Connaissance!

Équipée (Plon), 28

6220 [...] le Divers dont il s'agit ici est fondamental. L'exotisme n'est pas celui que le mot a déjà tant de fois prostitué. L'exotisme est tout ce qui est Autre. Jouir de lui est apprendre à déguster le Divers.

Jacques BAINVILLE 1879-1936

Napoléon (Fayard), La transfiguration

6221 La guerre est une révolution comme les révolutions sont la guerre.

La Fortune de la France (Plon)
À quoi tient la supériorité des Blancs

6222 La supériorité des Occidentaux tient [...], en dernière analyse, au capitalisme, c'est-à-dire à la longue accumulation de l'épargne. C'est l'absence de capitaux qui rend les peuples sujets.

Journal (1901-1918) (Plon)
12 novembre 1911

6223 Le nationalisme est une attitude de défense, rendue nécessaire par la faiblesse de l'État français.

18 août 1916

6224 Nous mourons de l'ignorance et de l'inintelligence de notre passé, du sot préjugé démocratique d'après lequel le « temps marche ».

Léon JOUHAUX 1879-1954

La C.G.T., Ce qu'elle est, Ce qu'elle veut (Gallimard)
II, Après la guerre

6225 Le mouvement ouvrier est essentiellement internationaliste et pacifiste. Un syndicalisme — ou un socialisme — national est un mensonge des dictatures fascistes : ce n'est qu'un prétexte à asservir les forces ouvrières et à les utiliser pour les fins d'un nationalisme exaspéré et belliqueux.

6226 On ne détruit que ce que l'on remplace.

Vincent MUSELLI 1879-1956

Les Masques, Les buveurs

6227 Et vos coups de souliers aux portes impartis,
Dans leurs lits inquiets font trembler les concierges.

Francis PICABIA 1879-1953

Râteliers platoniques, L'amazone porte-serviettes
6228 L'art, la science sont objectifs comme les femmes.

Unique eunuque (Au Sans Pareil)
6229 L'avenir n'existe pas quoique j'aille mieux.

Jésus-Christ Rastaquouère (collection Dada), Bonheur nouveau
6230 La morale est le contraire du bonheur
depuis que j'existe.

Jésus-Christ Rastaquouère, Colin-Maillard
6231 L'avenir est un instrument monotone.

Thalassa dans le désert, De l'autre côté
6232 La mort est le prolongement horizontal
d'un rêve factice,
la vie n'étant pas vérifiable.

Poèmes de Dingalari (P.A.B.)
6233 Je pense que les femmes
sont les dépositaires de la liberté.

Henri WALLON 1879-1962

De l'acte à la pensée (Flammarion), troisième partie, chap. 1
6234 La fonction symbolique est le pouvoir de trouver à un objet sa représentation et à sa représentation un signe.

conclusion
6235 Il n'y a pas de concept, si abstrait soit-il, qui n'implique quelque image sensorielle, et il n'y a pas d'image, pour si concrète qu'elle soit, qu'un mot ne sous-tende et qui ne fasse entrer les limites de l'objet dans celles du mot : c'est en ce sens que nos expériences les plus individuelles sont déjà moulées par la société.

Introduction à « l'Émile » (Éd. sociales)
6236 « Nature » et société, aux antipodes l'une de l'autre, forment un couple aux termes complémentaires. Cette contradiction peut être résolue par une interprétation dialectique de l'éducation, qui est action, mouvement, passage d'un état à un autre, et dont c'est l'office de faire qu'un être devient ce qu'il n'était pas, ou ce qu'il n'était qu'incomplètement.

Guillaume APOLLINAIRE 1880-1918

L'Hérésiarque et Cie (Stock), L'Hérésiarque
6237 La vérité est que l'hérésiarque était pareil à tous les hommes, car tous sont à la fois pécheurs et saints, quand ils ne sont pas criminels et martyrs.

Le Bestiaire ou Cortège d'Orphée (éd. de la Sirène)
L'écrevisse
6238 Incertitude, ô mes délices
Vous et moi nous nous en allons
Comme s'en vont les écrevisses,
A reculons, à reculons.

Les Peintres cubistes, Méditations esthétiques (Hermann)
Sur la peinture I

6239 Les vertus plastiques : la pureté, l'unité et la vérité maintiennent sous leurs pieds la nature terrassée.

6240 On ne peut pas transporter partout avec soi le cadavre de son père.

6241 Avant tout, les artistes sont des hommes qui veulent devenir inhumains.

II

6242 Si le but de la peinture est toujours comme il fut jadis : le plaisir des yeux, on demande désormais à l'amateur d'y trouver un autre plaisir que celui qui peut lui procurer aussi bien le spectacle des choses naturelles. On s'achemine ainsi vers un art entièrement nouveau, qui sera à la peinture, telle qu'on l'avait envisagée jusqu'ici, ce que la musique est à la littérature.
Ce sera de la peinture pure, de même que la musique est de la littérature pure.

6243 Un Picasso étudie un objet comme un chirurgien dissèque un cadavre.

III

6244 La géométrie est aux arts plastiques ce que la grammaire est à l'art de l'écrivain.

VII

6245 [Le cubisme] c'est l'art de peindre des ensembles nouveaux avec les éléments empruntés, non à la réalité de vision, mais à la réalité de connaissance.

6246 J'aime l'art d'aujourd'hui parce que j'aime avant tout la lumière et tous les hommes aiment avant tout la lumière, ils ont inventé le feu.

Les Peintres cubistes, Peintres nouveaux, Picasso

6247 C'est par la quantité de travail fournie par l'artiste, que l'on mesure la valeur d'une œuvre d'art.

Georges Braque

6248 Voici donc Georges Braque. Son rôle fut héroïque. Son art paisible est admirable. Il s'efforce gravement. Il exprime une beauté pleine de tendresse et la nacre de ses tableaux irise notre entendement. Ce peintre est angélique.

Alcools (Gallimard), Zone

6249 L'Européen le plus moderne c'est vous Pape Pie X.

6250 C'est le Christ qui monte au ciel mieux que les aviateurs
Il détient le record du monde pour la hauteur

6251 Adieu Adieu
Soleil cou coupé.

Alcools, Le pont Mirabeau

6252 Sous le pont Mirabeau coule la Seine
Et nos amours
Faut-il qu'il m'en souvienne
La joie venait toujours après la peine

Vienne la nuit sonne l'heure
Les jours s'en vont je demeure

6253 Comme la vie est lente
Et comme l'Espérance est violente

Alcools, La chanson du mal-aimé

6254 *Mon beau navire ô ma mémoire*
Avons-nous assez navigué
Dans une onde mauvaise à boire
Avons-nous assez divagué
De la belle aube au triste soir.

6255 *Voie lactée ô sœur lumineuse*
Des blancs ruisseaux de Chanaan
Et des corps blancs des amoureuses
Nageurs morts suivrons-nous d'ahan
Ton cours vers d'autres nébuleuses

Alcools, Les colchiques

6256 Le pré est vénéneux mais joli en automne
Les vaches y paissant
Lentement s'empoisonnent

Alcools, Le voyageur

6257 Ouvrez-moi cette porte où je frappe en pleurant

Alcools, Marie

6258 Vous y dansiez petite fille
Y danserez-vous mère-grand
C'est la maclotte qui sautille
Toutes les cloches sonneront
Quand donc reviendrez-vous Marie

Alcools, L'émigrant de Landor Road

6259 Au-dehors les années
Regardaient la vitrine
Les mannequins victimes
Et passaient enchaînées

Alcools, Nuit rhénane

6260 Le Rhin le Rhin est ivre où les vignes se mirent.

6261 Mon verre s'est brisé comme un éclat de rire.

Alcools, À la Santé, V

6262 Que lentement passent les heures
Comme passe un enterrement
[...]
Tu pleureras l'heure où tu pleures
Qui passera trop vitement
Comme passent toutes les heures.

Vitam impendere amori (Mercure de France)

6263 O ma jeunesse abandonnée
Comme une guirlande fanée
Voici que s'en vient la saison
Des regrets et de la raison.

L'Esprit nouveau et les poètes (Gallimard)

6264 L'on peut prévoir le jour où, le phonographe et le cinéma étant devenus les seules formes d'impression en usage, les poètes auront une liberté inconnue jusqu'à présent.

6265 L'art, de plus en plus, aura une patrie.

6266 N'y a-t-il rien de nouveau sous le soleil? Il faudrait voir. Quoi! On a radiographié ma tête. J'ai vu, moi vivant, mon crâne et cela ne serait en rien de la nouveauté? A d'autres!

6267 Les fables s'étant pour la plupart réalisées et au-delà, c'est au poète d'en imaginer des nouvelles, que les inventeurs puissent à leur tour réaliser.

6268 On peut être poète dans tous les domaines : il suffit que l'on soit aventureux et que l'on aille à la découverte.

6269 Le moindre fait est pour le poète le postulat, le point de départ d'une immensité inconnue où flambent les feux de joie des significations multiples.

6270 Qui oserait dire que, pour ceux qui sont dignes de la joie, ce qui est nouveau ne soit pas beau ?

Calligrammes (Gallimard), Lundi rue Christine

6271 L'Honneur tient souvent à l'heure que marque la pendule

Calligrammes, C'est Lou qu'on la nommait

6272 Il est des loups de toute sorte
Je connais le plus inhumain
Mon cœur que le diable l'emporte
Et qu'il le dépose à sa porte
N'est plus qu'un jouet dans sa main

Calligrammes, Reconnaissance

6273 Le galop bleu des souvenances
Traverse les lilas des yeux

Et les canons des indolences

Tirent mes songes vers
les
cieux

Calligrammes, L'adieu du cavalier

6274 Ah Dieu ! que la guerre est jolie
Avec ses chants ses longs loisirs

Les Mamelles de Tirésias (éd. S.I.C.), prologue

6275 Il est grand temps de rallumer les étoiles.

Il y a, Onirocritique (Gallimard)

6276 Les charbons du ciel étaient si proches que je craignais leur ardeur. Ils étaient sur le point de me brûler. Mais j'avais la conscience des éternités différentes de l'homme et de la femme.

Poèmes à Lou (Gallimard), XII, Si je mourais là-bas...

6277 Si je mourais là-bas sur le front de l'armée
Tu pleurerais un jour ô Lou ma bien-aimée
Et puis mon souvenir s'éteindrait comme meurt
Un obus éclatant sur le front de l'armée
Un bel obus semblable aux mimosas en fleur

6278 La nuit descend
On y pressent
Un long un long destin de sang.

Bernard GROETHUYSEN 1880-1946

Introduction à la pensée allemande depuis Nietzsche (Stock), II

6279 Toute pensée a le droit d'être « pensée », de se penser elle-même, si j'ose dire. En tant que pensée originairement donnée, elle porte sa justification en elle-même.

6280 Pourquoi donc ne rangerait-on pas les systèmes des philosophes parmi les œuvres d'art ?

Philosophie de la Révolution française (Gallimard), II

6281 L'homme raisonnable ne déraisonne jamais. Il en est autrement de l'homme d'esprit.

conclusion

6282 Les hommes valent ce que valent leurs droits. Ce qui fait d'un homme un homme est en même temps ce que lui donne ses droits.

Mythes et portraits (Gallimard), Bayle

6283 Dieu, comme le diable, et comme la belle Hélène, risquera de se voir finalement emprisonné dans des in-folio, sans pouvoir sortir des rayons de la bibliothèque, où il n'est plus qu'un objet d'érudition.

Mythes et portraits, La vie de Goethe

6284 Chaque biographie est une histoire universelle.

Jean-Marc BERNARD 1881-1915

Sub tegmine fagi (éd. du Temps présent)

6285 Jetons les livres allemands,
Par les fenêtres, à brassées.
Foin des cuistres et des pédants,
Et vivent les claires pensées !

Henri FOCILLON 1881-1943

Vie des formes (P.U.F.)
I, Le monde des formes

6286 Les relations formelles dans une œuvre et entre les œuvres constituent un ordre, une métaphore de l'univers.

6287 Le signe signifie, alors que la forme *se* signifie.

6288 L'état de liberté indéterminée conduit fatalement à l'imitation.

II, Les formes dans l'espace

6289 L'espace où se meut la vie est une donnée à laquelle elle se soumet, l'espace de l'art est matière plastique et changeante.

6290 La vie des formes, sans cesse renouvelée, ne s'élabore pas selon des données fixes, constamment et universellement intelligibles, mais [...] elle engendre diverses géométries, à l'intérieur de la géométrie même, comme elle se crée les matières dont elle a besoin.

IV, Les formes dans l'esprit

6291 Le propre de l'esprit, c'est de se décrire constamment lui-même. C'est un dessin qui se fait et se défait, et son activité, en ce sens, est une activité artistique.

V, Les formes dans le temps

6292 Dans ces mondes imaginaires, dont l'artiste est le géomètre et le mécanicien, le physicien et le chimiste, le psychologue et l'historien, la forme, par le jeu des métamorphoses, va perpétuellement de sa nécessité à sa liberté.

Bernard GRASSET 1881-1955

Les Chemins de l'écriture (Grasset), première partie

6293 « Fraîcheur » est un mot de peintre. Il n'est pas moins heureux en littérature.

6294 La poursuite chimérique de la perfection est toujours liée à quelque manque sensible, souvent à l'impuissance d'aimer.

Valery LARBAUD 1881-1957

Les Poésies de A. O. Barnabooth (Gallimard), Ode

6295 Prête-moi ton grand bruit, ta grande allure si douce,
Ton glissement nocturne à travers l'Europe illuminée,
O train de luxe ! [...]

Les Poésies de A. O. Barnabooth, L'eterna voluttà

6296 Je veux baiser le mépris à pleines lèvres ;
Allez dire à la Honte que je meurs d'amour pour elle.

Les Poésies de A. O. Barnabooth, Musique après une lecture

6297 Assez de mots, assez de phrases! ô vie réelle,
Sans art et sans métaphores, sois à moi.

Les Poésies de A. O Barnabooth, Ma muse

6298 Je suis agi par les lois invincibles du rythme,
Je ne les comprends pas moi-même : elles sont là.
O Diane, Apollon, grands cieux neurasthéniques
Et farouches, est-ce vous qui me dictez ces accents,
Ou n'est-ce qu'une illusion, quelque chose
De moi-même purement — un borborygme?

Les Poésies de A. O. Barnabooth, Le don de soi-même

6299 Et où que j'aille, dans l'univers entier,
Je rencontre toujours,
Hors de moi comme en moi,
L'irremplissable Vide,
L'inconquérable Rien.

Les Poésies de A. O. Barnabooth, Europe, III

6300 Pour moi,
L'Europe est comme une seule grande ville
Pleine de provisions et de tous les plaisirs urbains,
Et le reste du monde
M'est la campagne ouverte où, sans chapeau,
Je cours contre le vent en poussant des cris sauvages!

Les Poésies de A. O. Barnabooth, Journal intime

6301 [...] les liaisons commencent dans le champagne et finissent dans la camomille.

6302 Vous connaissez le dicton français : noblesse oblige. Eh bien, c'est toute la définition de la noblesse : elle oblige et ne fait pas autre chose.

6303 Le peuple, c'est tout ce qui n'est pas médiocre. Nous sommes des espèces de castrats moralement, eux, ils sont entiers.

6304 Et vous, ô vérité, pourquoi n'êtes-vous pas évidente? Pauvres idées, il faut être bien jeune pour ne pas s'apercevoir, du premier coup, qu'elles sont moins réelles que la brume d'un soir d'il y a trois mille ans...

6305 [...] je n'ai jamais pu voir les épaules d'une jeune femme sans songer à fonder une famille.

Jaune, bleu, blanc (Gallimard)
Le vain travail de voir divers pays

6306 Chaque pays a son ange gardien. C'est lui qui préside au climat, au paysage, au tempérament des habitants, à leur santé, à leur beauté, à leurs bonnes mœurs, à leur bonne administration. C'est l'ange géographique [...] Mais, dans chaque pays un méchant et puissant démon s'oppose à ce bon ange. A lui sont attribuables les disettes, les épidémies, les difformités, les crimes, les guerres, la vie chère, et l'esprit de persécution, de sottise et de haine. C'est le démon politique.

Jaune, bleu, blanc, 200 chambres, 200 salles de bains

6307 J'en arrivais à me demander si, dans la vie comme aux courses de taureaux, les meilleures places ne sont pas celles du côté de l'ombre.

Jaune, bleu, blanc, Lettre de Lisbonne

6308 Qui sait si notre vie la plus réfléchie, et les ouvrages qu'elle produit, ne doivent pas autant à l'étude attentive du nu qu'à celle des livres et qu'à l'audition de la meilleure musique ? Pour moi, il m'arrive de distinguer à peine, quand je compose, les souvenirs et les images de la forme féminine de la matière linguistique que je mets en œuvre. Je crois les pétrir, les caresser, les recréer ensemble.

Roger MARTIN DU GARD 1881-1958

Souvenirs (Gallimard)

6309 Tout écrit [...] doit avoir les caractères et les qualités d'une construction.

Journal, 17 mars 1942

6310 Pour moi, le fond et la forme sont aussi distincts que le lièvre et sa sauce. Est-ce que le lièvre naît en civet ?

Jean Barois (Gallimard)
deuxième partie, Le semeur, chap. 2

6311 Ceux qui sont « bien pensants », parce qu'ils ne peuvent pas être « pensants » tout court.

chap. 3

6312 Une conviction qui commence par admettre la légitimité d'une conviction adverse se condamne à n'être pas agissante.

6313 Nous avons tous une faculté particulière — un don, si vous voulez, — par lequel nous resterons toujours absolument distincts des autres êtres. C'est ce don-là qu'il faut arriver à trouver en soi et à exalter, à l'exclusion du reste.

deuxième partie, Le calme, chap. 2

6314 Il n'y aurait pour l'Église qu'une seule chance de salut : « évoluer », afin de rendre ses formules acceptables aux consciences modernes.

6315 La religion, c'est la science d'autrefois, desséchée, devenue dogme ; ce n'est que l'enveloppe d'une explication scientifique dépassée depuis longtemps.

6316 Quand la vérité est libre et l'erreur aussi, ce n'est pas l'erreur qui triomphe.

(Jean Barois, deuxième partie) chap. 3

6317 Je ne crois pas à l'âme humaine, substantielle et immortelle.
Je ne crois pas que la matière s'oppose à l'esprit.
[...]
Je crois au déterminisme universel [...]
Le bien et le mal sont des distinctions arbitraires.
[...]

troisième partie, La fêlure, chap. 2

6318 La République porte en elle-même une vertu précieuse : elle est le seul régime perfectible par nature.

6319 Les vainqueurs prennent immédiatement les vices des vaincus.

6320 — Vous aurez beau dire, c'est un fameux siècle, celui qui a commencé par la Révolution et qui finit par l'Affaire : — C'est aussi celui de la fièvre, des utopies et des incertitudes, des échafaudages hâtifs et des malfaçons. Nous ne savons pas. On l'appellera peut-être : le siècle de la camelote !

troisième partie, L'âge critique, chap. 1

6321 Si l'on déracine les dogmes, le sentiment religieux persistera.

6322 L'homme n'est peut-être pas capable de profiter, plusieurs générations de suite, des enseignements de sa raison.

Les Thibault (Gallimard)
deuxième partie, Le pénitencier, chap. 11

6323 Les « comment » m'intéressent assez pour que je renonce sans regret à la vaine recherche des « pourquoi ». D'ailleurs, [...] entre ces deux ordres d'explications, il n'y a peut-être qu'une différence de degré.

quatrième partie, La consultation, chap. 13

6324 Liberté complète à condition de voir clair...

6325 Tout est permis du moment qu'on n'est pas dupe de soi-même ; du moment qu'on sait ce qu'on fait, et, autant que possible, pourquoi on le fait.

sixième partie, La mort du père, chap. 3

6326 Au fond, la mort seule existe : elle réfute tout, elle dépasse tout... absurdement !

chap. 10

6327 Si l'on ne fait pas le bien par goût naturel, que ce soit par désespoir ; ou du moins pour ne pas faire le mal.

6328 Une faute non commise ne peut-elle pas provoquer dans le caractère d'un homme autant de déformations et faire dans sa vie intérieure autant de ravages qu'un crime réel ? Rien n'y manque : pas même les morsures du remords.

chap. 14

6329 Pourquoi vouloir imaginer à tout prix un Ordre suprême ? Tentation de nos esprits logiciens. Pourquoi vouloir trouver une direction commune à ces mouvements qui ricochent les uns sur les autres, à l'infini ?

septième partie, l'été 14, chap. 2

6330 Ce ne sont pas les patriotes, ce sont les nationalistes du XIXe siècle qui, dans chaque pays, ont faussé la notion de patrie.

6331 Le problème de la patrie n'est peut-être, au fond, qu'un problème de langage ! Où qu'il soit, où qu'il aille, l'homme continue à penser avec les mots, avec la syntaxe de son pays.

6332 L'homme peut s'expatrier, mais il ne peut pas se « dépatrier ».

chap. 4

6333 Les deux types de révolutionnaires : les « apôtres » et les « techniciens ».

chap. 5

6334 Dans chaque Français, il y a un sceptique qui ne dort jamais que d'un demi-œil.

chap. 8

6335 Pour moi, la vraie révolution, la révolution qui mérite qu'on lui voue toutes ses forces elle ne s'accomplira jamais dans le déni des valeurs morales !

chap. 17

6336 Tout régime social est fatalement condamné à refléter ce qu'il y a d'irrémédiablement mauvais dans la nature humaine.

chap. 25

6337 Tous les gestes engagent ; surtout les gestes généreux.

Pablo PICASSO 1881-1973

Conversation avec Marius de Zayas, The Art, 25 mai 1923

6338 Je fus surpris de l'emploi et de l'abus qu'on fait du mot évolution. Je n'évolue pas, je suis. Il n'y a, en art, ni passé, ni futur. L'art qui n'est pas dans le présent ne sera jamais.

Conversation avec E. Tériade, L'Intransigeant, 15 juin 1932

6339 Tout l'intérêt de l'art se trouve dans le commencement. Après le commencement, c'est déjà la fin.

Conversations avec Christian Zervos, Cahiers d'Art, 1935

6340 Un tableau était une somme d'additions. Chez moi, un tableau est une somme de destructions.

6341 On doit prendre son bien où on le trouve, sauf dans ses propres œuvres.

Étude de femme

6342 Je ne cherche pas, je trouve.

André SALMON 1881-1969

Montparnasse (éd. André Bonne), V

6343 Traversons le boulevard en franchissant des haies de vieux calendriers.

VII

6344 Le nu est toujours chaste. Ce n'est point l'opinion de la Garde républicaine.

L'Entrepreneur d'illuminations (Gallimard)
première partie, chap. 1

6345 Les dévots du passé admirent ce qui leur donne à rêver, à penser, à écrire ou à peindre, mais quant à loger en ces nids de fièvre, sous ces poutrelles farcies d'antique vermine, pas si bêtes ! Ils laissent cet agrément aux pauvres avec le soin de la figuration.

6346 Quel poète fit de Dieu un marchand ? Boutiquier cossu avec ses balances de corne blonde, transparente, lumineuse et sonore, et qui, parfois, donne un coup de pouce à ces balances, par pure bonté.

chap. 10

6347 Les prolétaires sont des candidats bourgeois qui se gorgent de vaudeville.

deuxième partie, chap. 2

6348 Je voudrais [...] qu'on rayât « politique », ce sale mot, du dictionnaire et que jamais plus on n'osât parler d'autre chose que de Vie publique.

Pierre TEILHARD DE CHARDIN 1881-1955

L'Apparition de l'Homme (Le Seuil), chap. 17
Les singularités de l'espèce humaine, introduction

6349 A ceux qui qualifieront de fantaisiste ou de poétique l'interprétation des faits que je présente, je demande simplement de me montrer (pour que je m'y range) une perspective qui intègre plus complètement et plus naturellement que la mienne, dans les cadres de notre Biologie et de notre Energétique, l'extraordinaire (et si méconnu!) Phénomène humain.

1. La singularité originelle de l'espèce humaine
ou le pas de la réflexion

6350 « L'Homme, un animal raisonnable », disait Aristote.
« L'Homme, un animal réfléchi », précisons-nous aujourd'hui, mettant l'accent sur les caractères évolutifs d'une propriété où s'exprime le passage d'une conscience encore diffuse à une conscience assez bien centrée pour pouvoir coïncider avec elle-même. L'Homme non plus seulement « un être qui sait », mais « un être qui sait qu'il sait » [...]

6351 Fonctionnellement la Réflexion planétise.

2. la singularité présente de l'espèce humaine
son pouvoir de co-réflexion

6352 L'Humanité du XXe siècle, une espèce qui finit?... Non point [...]: mais au contraire, [...] une espèce qui entre dans la plénitude de sa *Genèse particulière;* quelque chose de tout nouveau, en Biologie, qui commence.

6353 L'homme-individu est essentiellement famille, tribu, nation. Tandis que l'Humanité, elle, n'a pas encore trouvé autour de soi d'autres Humanités pour se pencher sur elle et lui expliquer où elle va.

6354 [...] l'immense et universel processus biologique de Socialisation.

6355 En toutes circonstances avancer toujours dans la direction montante, où techniquement, mentalement et affectivement, toutes choses (en nous et autour de nous) le plus rapidement convergent.

6356 Anatomiquement, c'est vrai, l'homme ne paraît pas avoir appréciablement changé depuis quelque trente mille ans. Mais, psychiquement, est-il certain que nous soyons les mêmes ? c'est-à-dire sommes-nous bien sûrs, par exemple, de ne pas naître aujourd'hui avec la faculté de percevoir et d'accepter [...] certaines évidences qui échappaient à nos devanciers.

6357 Il est, en toute rigueur, illégitime de comparer entre eux deux hommes non contemporains l'un de l'autre.

3. La singularité terminale de l'espèce humaine
Un point critique supérieur d'ultra-réflexion?

6358 Nous ne sommes pas égarés, bien au contraire, dans l'Univers : puisque, si épaisse soit la brume à l'horizon, la loi cosmique de « convergence du Réfléchi » est là pour nous signaler, avec la certitude d'un radar, la présence d'une cime vers l'avant.

B. Les réserves matérielles

6359 Rien, d'un point de vue économique, ne nous empêche de continuer à penser que, pour l'Homme, « la vie commence demain ».

L'Apparition de l'Homme, Unanimisation

6360 Ce ne sont pas seulement les cerveaux, ce sont les cœurs que, inévitablement, la connaissance cimente.

6361 Une certaine chaleur affective est sûrement en train de se développer, sous les sommets glacés de la spéculation, dans les zones profondes de la Noosphère.

C. Activation

6362 Que servirait-il à l'Homme d'accumuler à portée de sa main des montagnes de blé, de charbon, de pétrole et de tous métaux s'il venait par malheur à perdre le *goût* [...] d'*agir*, c'est-à-dire de devenir toujours plus Homme [...]?

6363 Par nature [...] toute conscience, plus elle est cérébralisée, ne s'oriente-t-elle pas invinciblement vers l'*être* plutôt que vers le *non-être* ?

6364 [...] ce qui, malgré toutes sortes de dénégations, soutient dans leur effort les savants les plus agnostiques et les plus sceptiques, est la conviction obscure de collaborer, comme disait le vieux Thucydide, à une œuvre qui ne finira jamais.

6365 A quel paroxysme de conscience (trop éblouissant pour que nous puissions le « fixer ») n'étions-nous pas en droit d'estimer qu'atteindra la Noosphère lorsque, aux approches de sa maturation, il n'y aura plus seulement sur Terre une seule Physique, ni même seulement une seule Ethique, mais encore (par polarisation des esprits et des cœurs sur un foyer *enfin en vue* de convergence évolutive) une seule passion, c'est-à-dire une seule « Mystique » ?

6366 Comment pour nous le Monde finira-t-il ?
Qu'importe, en somme, pourvu que [...] nous puissions escompter que la différence tende à s'annuler pour l'Homme entre la volonté de survivre et l'ardeur à s'évader (fût-ce au prix d'une mort apparente) hors de la phase spatio-temporelle de son évolution ?

conclusion, L'univers personnel

6367 L'Univers [...] ne tend aucunement, comme nous pourrions le craindre, à écraser, mais au contraire à exalter par son énormité nos valeurs individuelles.

6368 Au degré du « Vivant simple », [...] l'Union différencie les éléments qu'elle rapproche.
Au degré du Réfléchi, [...] elle les personnalise.
A force de co-réflexion, [...] elle les totalise en un « je ne sais quoi » où toute différence disparaît à la limite entre Univers et Personne.

appendice [...] De la singularité du phénomène chrétien

6369 Explicitée aux dimensions du monde moderne, la Charité évangélique est en train de s'apercevoir qu'elle n'est pas autre chose, tout au fond, que l'amour d'une Cosmogenèse « christifiée » jusque dans ses racines.
[...] Elle re-paraît ainsi, cette Charité rajeunie et universalisée, comme le type rêvé de l'excitant évolutif dont nous avions besoin.

La Place de l'homme dans la nature (Albin Michel)
avertissement

6370 Nous découvrons avec émotion que si l'Homme n'est plus (comme on pouvait le penser jadis) le centre immobile d'un Monde déjà tout fait, — en revanche il tend désormais à représenter, pour notre expérience, la flèche même d'un Univers en voie, simultanément, de « complexification » matérielle et d'intériorisation psychique toujours accélérées.

Georges BRAQUE 1882-1963

Le Jour et la Nuit (Gallimard)

6371 L'art est fait pour troubler. La science rassure.

6372 Le progrès en art ne consiste pas à étendre ses limites, mais à les mieux connaître.

6373 Il ne faut pas imiter ce qu'on veut créer.

6374 Il faut se contenter de découvrir, mais se garder d'expliquer.

6375 Il faut détruire les idées pour parvenir au fatal.

Charles du BOS 1882-1939

Approximations, deuxième série (éd. Crès)
François Fosca critique d'art et quelques remarques sur Degas

6376 Avec Degas on aboutit toujours à citer un mot de lui que tout le monde connaît. Si je choisis celui-ci : « De mon temps, Monsieur, on n'avait pas de goût », c'est parce qu'il porte la marque du meilleur ascétisme français.

Shakespeare

6377 Aussi naturellement que nous émettons des lieux communs, Shakespeare émet des vérités; ces vérités atteignent toutes le fond, mais, parallèles les unes aux autres, elles touchent ce fond en des points inconciliables.

Approximations, sixième série (Buchet-Chastel)
L'humanité de Goethe

6378 Si j'avais à définir la civilisation, je dirais que *la civilisation est la révolution même, mais une révolution qui a trahi,* qui s'est trahie elle-même, une révolution incomplète, qui s'est arrêtée en route.

La notion de littérature et la beauté du langage

6379 La littérature, c'est la pensée accédant à la beauté dans la lumière.

De la souffrance physique

6380 Le malentendu fondamental, permanent, inévitable autour de la souffrance physique, c'est que le bien portant invite toujours le malade à la *transcender,* et qu'elle est essentiellement ce qui, en deçà de la sainteté, *ne peut pas être transcendé.* Peut-être faudrait-il dire, en deux mots: la santé *bouge,* la maladie *ne bouge pas.*

Jean GIRAUDOUX 1882-1944

L'École des indifférents (© J.-P. Giraudoux)

6381 Le bonheur est exigeant comme une épouse légitime.

Siegfried et le Limousin (© J.-P. Giraudoux), chap. 4

6382 Le mot France et le mot Allemagne ne sont à peu près plus, et n'ont jamais été pour le monde, des expressions géographiques; ce sont des termes moraux.

Juliette au pays des hommes (© J.-P. Giraudoux)

6383 Le fait d'être homme primait pour toi le fait d'être Bayard ou Spinoza.

Adorable Clio (© J.-P. Giraudoux), en exergue

6384 Pardonne-moi ô guerre, de t'avoir, — toutes les fois où je l'ai pu, — caressée...

Adorable Clio, Nuit à Châteauroux

6385 [...] vertus de mon enfance qui depuis avez changé de sexe, « espoir » que je retrouve « attente », « enthousiasme » que je retrouve « indulgence »...

Littérature (© Jean-Pierre Giraudoux), Discours sur le théâtre

6386 Le public ne connaît pas, au théâtre, en entendant un texte, ce que les demi-lettrés appellent l'ennui. Son fauteuil au théâtre a l'exterritorialité d'une ambassade dans le royaume antique ou héroïque, dans le domaine de l'illogisme et de la fantaisie, et il entend en maintenir le caractère solennel.

Siegfried (© Jean-Pierre Giraudoux), acte I, scène 2

6387 L'Allemagne n'est pas une entreprise sociale et humaine, c'est une conjuration poétique et démoniaque.

acte I, scène 6

6388 Le plagiat est la base de toutes les littératures, excepté de la première, qui d'ailleurs est inconnue.

6389 Changer un homme d'État que l'on hait en un écrivain que l'on aime, c'est une chance.

Amphitryon 38 (© Jean-Pierre Giraudoux), acte I, scène 2

6390 — Quoi de plus beau qu'un général qui vous parle de la paix des armes dans la paix de la nuit?
[...]
— Deux généraux.

Judith (© J.-P. Giraudoux), acte II, scène 2

6391 Il n'y a vraiment que les Juifs pour croire aussi sérieusement à l'éternité. Ils l'ont inventée comme intérêt à une minute, une seule minute de charité ou d'honnêteté. C'est leur idéal du placement.

scène 7

6392 Dieu se délègue. Il se délègue aux satyres, aux romanciers, aux généraux en chef.

Intermezzo (© Jean-Pierre Giraudoux), acte I, scène 6

6393 Le plafond dans l'enseignement, doit être compris de façon à faire ressortir la taille de l'adulte vis-à-vis de la taille de l'enfant. Un maître qui adopte le plein air avoue qu'il est plus petit que l'arbre, moins corpulent que le bœuf, moins mobile que l'abeille, et sacrifie la meilleure preuve de sa dignité.

acte III, scène 1

6394 L'humanité est... est une entreprise surhumaine.

La guerre de Troie n'aura pas lieu (© Jean-Pierre Giraudoux)
acte I, scène 1

6395 [Le destin], c'est simplement la forme accélérée du temps.

(La Guerre de Troie n'aura pas lieu, acte I) scène 4

6396 Il aime les femmes distantes, mais de près.

6397 Un seul être vous manque, et tout est repeuplé...

acte II, scène 4

6398 Dès que la guerre est déclarée, impossible de tenir les poètes. La rime, c'est encore le meilleur tambour.

scène 5

6399 L'anéantissement d'une nation ne modifie en rien l'avantage de sa position morale internationale.

6400 [...] le droit est la plus puissante des écoles de l'imagination. Jamais poète n'a interprété la nature aussi librement qu'un juriste la réalité.

scène 12

6401 L'eau sur le canard marque mieux que la souillure sur une femme.

6402 Zeus, le maître des Dieux, vous fait dire que ceux qui ne voient que l'amour dans le monde sont aussi bêtes que ceux qui ne le voient pas.

scène 13

6403 Il n'est pas très prudent d'avoir des dieux et des légumes trop dorés.

6404 Les nations, comme les hommes, meurent d'imperceptibles impolitesses.

Électre (© Jean-Pierre Giraudoux), acte I, scène 3

6405 Rien n'entretient mieux la fixité divine que la même atmosphère égale autour des assassinats et des vols de pain.

acte II, scène 3

6406 La terre est ronde pour ceux qui s'aiment.

scène 8

6407 Il est des vérités qui peuvent tuer un peuple.

scène 10

6408 — Comment cela s'appelle-t-il, quand le jour se lève, comme aujourd'hui, et que tout est gâché, que tout est saccagé
[...], que les innocents s'entretuent [...]?
[...]
— [...] Cela s'appelle l'aurore.

Ondine (© Jean-Pierre Giraudoux), acte II, scène 1

6409 C'est le grand avantage du théâtre sur la vie, il ne sent pas le rance...

Sodome et Gomorrhe (© Jean-Pierre Giraudoux)
acte I, scène 1

6410 C'est la leçon du mariage. Tous les charmes se sont posés sur celui que vous épousez. Il est un orme surchargé de pinsons qui vous accueillent. Puis, semaine à semaine, chaque pinson s'envole sur un autre homme, et, au terme de l'année, votre vrai mari est disséminé sur tous les autres.

scène 2

6411 C'est de là que vient tout le mal: Dieu est un homme.

scène 3

6412 Il était un pauvre serpent qui collectionnait toutes ses peaux. C'était l'homme.

scène 4

6413 Les femmes ont toujours aimé le navire mieux que le pilote...

acte II, scène 2

6414 On appelle fin du monde le jour où le monde se montre juste ce qu'il est : explosible, submersible, combustible, comme on appelle guerre le jour où l'âme humaine se donne à sa nature.

scène 6

6415 O Dieu, si tu veux que jamais plus femme n'élève la voix, crée enfin un homme adulte!

scène 7

6416 Il n'y a jamais eu de créature. Il n'y a jamais eu que le couple. Dieu n'a pas créé l'homme et la femme l'un après l'autre, ni l'un de l'autre. Il a créé deux corps jumeaux unis par des lanières de chair qu'il a tranchées depuis, dans un accès de confiance, le jour où il a créé la tendresse.

La Folle de Chaillot (© Jean-Pierre Giraudoux), acte I

6417 [...] nous ne commettons pas l'erreur des romanciers, qui se croient tenus, quand ils ont leur titre, d'écrire en supplément le roman lui-même.

Pour Lucrèce (© Jean-Pierre Giraudoux), acte III, scène 6

6418 Les héros sont ceux qui magnifient une vie qu'ils ne peuvent plus supporter.

Robert de JOUVENEL 1882-1924

La République des camarades (Grasset)

6419 [...] la République n'est plus qu'une grande camaraderie.

6420 La démocratie, qui reposait sur le contrôle, s'est endormie sur la complaisance.

6421 Ainsi a pu naître un régime curieux: celui du bon plaisir, tempéré par les relations.

6422 Il y a moins de différence entre deux députés dont l'un est révolutionnaire et l'autre ne l'est pas, qu'entre deux révolutionnaires, dont l'un est député et l'autre ne l'est pas.

Pierre MAC ORLAN 1882-1970

Le Bal du pont du nord (éd. du Bateau ivre)
La nuit de Zeebruge, chap. 2

6423 [...] la profession d'écrivain devient, à certaines heures, une des formes les plus nécessaires de l'autorité sociale. Chacun accepte cette autorité parce qu'elle s'accommode de toutes les révoltes.

chap. 10

6424 Le hasard est une force merveilleuse, une force comparable à un Dieu voyageur chargé de documents, de fiches et de dossiers, de portraits aussi.

chap. 13

6425 Quand on possède le goût des gens exceptionnels, on finit toujours par en rencontrer partout.

Les Dés pipés (Gallimard), chap. 6

6426 L'honnêteté est pour les filles pauvres un défaut qui peut devenir mortel.

Petit manuel du parfait aventurier (éd. de la Sirène)
chap. 2

6427 Il est nécessaire d'établir comme une loi que l'aventure n'existe pas. Elle est dans l'esprit de celui qui la poursuit et, dès qu'il peut la toucher du doigt, elle s'évanouit, pour renaître bien plus loin, sous une autre forme, aux limites de l'imagination.

6428 Une mauvaise action ne meurt jamais; bien au contraire elle porte ses fruits, avec une abondance progressive.

chap. 3

6429 L'aventurier aime la discipline. [...] C'est la seule forme d'art qu'il puisse comprendre.

Chansons pour accordéon (Gallimard), Prélude sentimental, § 2

6430 La boue est un déchet de purification: elle contient, parfois, des parcelles de lumière précieuse, dans le genre du diamant. Mais le fait est exceptionnel. Des écrivains sont doués pour retrouver ces paillettes souvent inestimables. Ils possèdent les dons des chercheurs d'or et leurs mains peuvent tamiser la boue sans se souiller.

Chansons pour accordéon, Chansons de charme pour situations difficiles, II, Le Havre

6431 Le pétrole me paraît très nettement être l'odeur la plus parfaite du désespoir humain, si le désespoir humain a une odeur.

Chansons pour accordéon, La chanson de Margaret

6432 Mon Dieu ram'nez-moi dans ma belle enfance
Quartier Saint-François, au Bassin du roi.
Mon Dieu rendez-moi un peu d'innocence
Et l'odeur des quais quand il faisait froid.

Chansons pour accordéon, La fille de Londres

6433 Un rat est venu dans ma chambre. [...]

6434 C'était un couteau perfide et glacé,
Un sal' couteau rouge de vérités,
Un sal' couteau roug'... sans spécialités.

Jacques MARITAIN 1882-1973

Court traité de l'existence et de l'existant (Hartmann)

6435 L'angoisse ne vaut rien comme catégorie philosophique. Elle n'est pas la matière dont on fait la philosophie, non plus que celle dont on fait les scaphandres.

Art et scolastique (Louis Rouart), VII

6436 Si vous voulez faire une œuvre chrétienne, soyez chrétien et cherchez à faire œuvre belle, où passera votre cœur ; ne cherchez pas à « faire chrétien ».

IX

6437 Dieu est infiniment plus aimable que l'art.

Réponse à Jean Cocteau (Stock)

6438 Si le diable se repentait, il serait tout de suite pardonné.

6439 On n'abaisse pas la poésie en l'abaissant devant Dieu.

6440 Dans les choses de l'esprit c'est la virginité qui est féconde.

6441 [...] l'art lui-même va spontanément à Dieu [...] Dès qu'il atteint dans sa ligne propre un certain niveau de grandeur et de pureté, il annonce sans les comprendre l'ordre et la gloire invisibles dont toute beauté n'est qu'un signe ; chinois ou égyptien il est déjà chrétien, en espérance et en figure. (L'art, et non l'artiste.)

6442 En fait de comité de salut public, je n'admire que la sainte Inquisition.

Le Paysan de la Garonne (Desclée de Brouwer), chap. 1

6443 On exulte de penser que l'Église, qui comme telle n'est occupée que du domaine spirituel, ou des choses *quae sunt Dei,* affirme et bénit la mission temporelle du chrétien.

6444 [...] aimer c'est donner ce qu'on est, son être même, au sens le plus absolu, le plus effrontément métaphysique, le moins phénoménalisable de ce mot.

chap. 2, 1

6445 Ce n'est pas le langage qui fait les concepts, ce sont les concepts qui font le langage. Et le langage qui les exprime les trahit toujours plus ou moins. Il y a des langues primitives qui n'ont pas de mot pour l'idée d'être, cela ne signifie nullement que l'homme qui parle cette langue n'a pas cette idée dans l'esprit.

chap. 3, 2

6446 Le christianisme n'a [...] plus à compter sur l'aide et la protection des structures sociales. C'est à lui, au contraire, d'aider et protéger ces structures en s'appliquant à les imprégner de son esprit.

chap. 5

6447 La charité a affaire aux personnes ; la vérité, aux idées et à la réalité atteinte par elles. Une parfaite charité envers le prochain et une fidélité parfaite à la vérité ne sont pas seulement compatibles, elles s'appellent l'une l'autre.

chap. 7, 2

6448 La justice est inhumaine sans l'amour, et l'amour pour les hommes et pour les peuples, « qui va bien au-delà de ce que la justice peut apporter », est lui-même fragile sans la charité théologale. Sans l'amour de charité on aura beau faire, on ne fera *rien.*

Louis PERGAUD 1882-1915

La Guerre des boutons (Mercure de France), préface

6449 Foin des pudeurs (toutes verbales) d'un temps châtré ; qui, sous leur hypocrite manteau, ne fleurent trop souvent que la névrose et le poison !

livre III, De l'argent!, chap. 6

6450 Nul n'ignore [...], et mon excellent maître Octave Mirbeau nous l'a plus particulièrement [...] fait savoir, qu'on ne commence à être une âme du ressort de M. Paul Bourget qu'à partir de cent mille francs de rente.

livre III, La cabane, chap. 10

6451 « Dire que, quand nous serons grands, nous serons peut-être aussi bêtes qu'eux ! »

Igor STRAVINSKY 1882-1971

Poétique musicale (Plon)
II, Du phénomène musical

6452 Ce n'est pas de l'art qui nous tombe du ciel avec un chant d'oiseau ; mais la plus simple modulation correctement conduite est déjà de l'art, sans conteste possible.

6453 Le phénomène musical n'est autre chose qu'un phénomène de spéculation.

6454 Toute musique n'est qu'une suite d'élans qui convergent vers un point défini de repos.

III, De la composition musicale

6455 Plus l'art est contrôlé, limité, travaillé, et plus il est libre.

VI, De l'exécution

6456 J'ai dit quelque part qu'il ne suffisait pas d'entendre la musique, mais qu'il fallait encore la voir.

Auguste DETŒUF 1883-1947

Propos de O.-L. Barenton confiseur (éd. du Tambourinaire)
L'argent

6457 On fait tout avec de l'argent, excepté des hommes.

6458 [...] un capital investi ne se rend jamais.

Propos…, Le petit La Rochefoucauld

6459 Il y a de bons métiers; il n'y en a pas de délicieux.

6460 Il n'existe pas de procédé pratique pour l'exploitation de l'orgueil.

6461 La publicité, c'est la gloire du riche […]

6462 Il n'y a que d'immortels principes, puisque, du jour où un principe meurt, on s'aperçoit que ce n'était qu'un paradoxe.

Propos…, Conseils d'administration

6463 [L'ingénieur des Ponts] introduit dans la maison l'ordre et la méthode : grâce à cela, il arrête tout.

6464 Plus un contrat règle d'éventualités prévues, plus il crée de dangers pour le cas où il s'en produit d'imprévues.

Propos…, Techniciens et ouvriers

6465 Personne ne croit pas aux experts, mais tout le monde les croit.

Propos…, Des écoles

6466 On disait d'Alcide : c'est un homme intelligent — et il sort de Polytechnique.
Pourquoi, diable, dit Gérard, l'a-t-on laissé sortir ?

Propos…, Le chef

6467 Ayez de la bonne humeur. L'idée, c'est la semence : le travail la fait lever ; mais la bonne humeur, c'est le soleil qui la fait mûrir.

6468 Une des erreurs que peut commettre un chef d'entreprise, c'est de se croire le seigneur de l'affaire qu'il dirige.

Propos…, Conduite d'une entreprise

6469 La nature ne fait pas de bonds ; l'industrie non plus.

6470 Il est heureux que la proportion des gens intelligents soit faible ; si tous l'étaient, rien ne serait plus possible.

Louis LAVELLE 1883-1951

L'Erreur de Narcisse (Grasset)
chap. 2, Le secret de l'intimité, 1, connais-toi toi-même

6471 La conscience n'est pas une lumière qui éclaire sans la changer une réalité préexistante, mais une activité qui s'interroge sur sa décision et qui tient entre ses mains mon propre destin.

chap. 3, Être soi-même, 1, Polyphonie de la conscience

6472 La difficulté d'être sincère, c'est la difficulté d'être présent à ce que l'on dit, à ce que l'on fait, avec la totalité de soi-même, qui toujours se divise et dont on ne montre que certains aspects, dont aucun n'est vrai.

2, Cynisme

6473 Il y a tout l'homme dans chaque homme, avec le meilleur et le pire.

10, Vérité et sincérité

6474 La sincérité n'est pas la vérité. [...] Et l'on peut dire que, par opposition à la vérité qui cherche à conformer l'acte de ma conscience au spectacle des choses, la sincérité essaie de conformer à l'acte de ma conscience le spectacle que je montre.

chap. 4, L'action visible et l'action invisible
11, Notre essence fixée

6475 Chaque homme s'invente lui-même. Mais c'est une invention dont il ne connaît pas le terme : dès qu'elle s'arrête, l'homme se convertit en chose.

chap. 9, Commerce entre les esprits, 9, Recevoir et donner

6476 Le plus grand bien que nous faisons aux autres hommes n'est pas de leur communiquer notre richesse, mais de leur découvrir la leur.

chap. 11, La sagesse et les passions, 7, La passion et l'absolu

6477 Il ne faut pas mépriser la passion qui nous découvre le sens de notre destinée, qui suscite, exalte, unifie toutes les puissances de notre être et qui, dans chaque événement de notre vie, introduit la présence de l'absolu et de l'infini. Ceux qui la méprisent tant sont aussi ceux qui sont incapables de l'éprouver.

Pierre LECOMTE DU NOÜY 1883-1947

L'Homme et sa Destinée (Fayard), livre I, chap. 1

6478 Du point de vue de l'homme, *c'est l'échelle d'observation qui crée le phénomène.*

chap. 2

6479 Le hasard est en même temps le fondement de nos lois scientifiques et l'origine de leurs exceptions.

chap. 3

6480 [...] du point de vue de l'homme, *l'Ordre est né du Désordre.*

(L'Homme et sa destinée) livre II, chap. 2

6481 Tout se passe toujours comme s'il y avait un but à atteindre et comme si ce but était la raison véritable, le secret de l'évolution.

chap. 3

6482 Si le téléfinalisme, en postulant l'intervention d'une Idée, d'un Vouloir, d'une Intelligence suprême, jette un peu de lumière sur l'ensemble des transformations qui conduisent par une ligne ininterrompue jusqu'à l'Homme, il semble impossible de ne pas voir dans les transformations particulières, limitées aux espèces, quelque chose de plus que le simple jeu des forces physico-chimiques et du hasard.

Louis MASSIGNON 1883-1962

Situation de l'Islam (Libraire orientaliste Paul Geuthner)
introduction

6483 C'est en se haussant, par un effort de compréhension et d'adaptation, de sympathie, que notre race, fidèle en cela à sa vocation historique, peut donner toute sa mesure humaine ; pourvu qu'en maintenant intact son héritage propre, et en rivalisant d'endurance avec eux, elle sache au moins goûter certaines qualités exquises des musulmans.

VI, L'évolution du monde musulman

6484 C'est tout le monde musulman que nous devons comprendre pour que la France survive.

« Étude sur une courbe personnelle de vie : Le cas de Hallaj
martyr mystique de l'Islam » *in* Dieu vivant n° 4

6485 Le tiers-exclu ne s'applique plus en amour ; l'autre n'y est plus le non-moi, surtout quand l'amour de l'autre devient l'amour de Dieu.

6486 Ni l'échec, ni la mort ne flétrissent pour toujours le bon vouloir inachevé d'âmes immortelles, et l'avortement prétendu de leur passé défleuri ne les prive pas de pouvoir refleurir et fructifier enfin, chez les autres comme chez nous-mêmes.

6487 Notre finalité est plus que notre origine.

« Un vœu et un destin : Marie-Antoinette, reine de France »
in Lettres nouvelles n° 30-31

6488 La vraie, la seule histoire d'une personne humaine, c'est l'émergence graduelle de son vœu secret à travers sa vie publique.

6489 La vraie, la seule histoire d'un peuple, c'est la montée folklorique de ses réactions collectives, thèmes archétypiques lui servant à classer et à juger les témoins « engendrés » par sa masse.

Marie NOËL 1883-1967

Les Chansons et les Heures (Stock), Connais-moi...

6490 Connais-moi si tu peux, ô passant, connais-moi!
Je suis ce que tu crois et suis tout le contraire.
[...]

6491 Connais-moi! connais-moi! Ce que j'ai dit, le suis-je?
Ce que j'ai dit est faux — Et pourtant c'était vrai! —
L'air que j'ai dans le cœur est-il triste ou bien gai?
Connais-moi si tu peux. Le pourras-tu?... Le puis-je?
[...]

Les Chants de la Merci (Stock), Chant de la divine Merci

6492 Père, ô sagesse profonde
Et noire, Vous savez bien
A quoi sert le mal du monde,
Mais le monde n'en sait rien.

Chants et Psaumes d'automne (Stock)
Chant au bord de la rivière

6493 J'avais dans mes mains, j'avais un cœur d'homme
— Je ne savais pas que je l'avais —.
[...]

Ernest PSICHARI 1883-1914

Le Voyage du centurion (Librairie L'Abbaye)
1re partie, chap. 1, « Inter mundanas varietates »

6494 Il y a moins loin de l'ignorance à la Science que de la fausse science à la vraie science.

chap. 5, « A finibus terrae ad te clamavi »

6495 Tout ici le proclame: une certaine simplicité du corps est en raison inverse de la simplicité de l'esprit, et, plus rudes deviennent les mœurs, plus fine et plus ailée se fait l'intelligence, s'efforçant sur les choses difficiles, et sur cela même qui paraissait simple dans l'armature occidentale.

6496 Malheur à ceux qui n'ont pas connu le silence! Le silence est un peu de ciel qui descend vers l'homme. Il vient de si loin qu'on ne sait pas, il vient des grands espaces interstellaires, des parages sans remous de la lune froide. Il vient de derrière les espaces, de par-delà les temps.

2e partie, chap. 3, « Le temps des lys »

6497 [...] le riche plaisir de la possession, dans la mesure, par exemple, où les âmes du Purgatoire possèdent Dieu, par le désir torride qu'elles en ont.

Gaston BACHELARD 1884-1962

La Formation de l'esprit scientifique (Vrin)
discours préliminaire, I

6498 On ne peut se prévaloir d'un esprit scientifique tant qu'on n'est pas assuré, à tous les moments de la vie pensive, de reconstruire tout son savoir.

6499 Une expérience *scientifique* est [...] une expérience qui *contredit* l'expérience *commune*.

chap. 1, 1

6500 Quand il se présente à la culture scientifique, l'esprit n'est jamais jeune. Il est même très vieux, car il a l'âge de ses préjugés.

6501 Rien ne va de soi. Rien n'est donné. Tout est construit.

chap. 2, 1

6502 Nous comprenons la Nature en lui résistant.

4

6503 Une psychanalyse de la connaissance objective doit résister à toute valorisation. Elle doit non seulement transmuter toutes les valeurs ; elle doit dévaloriser radicalement la culture scientifique.

chap. 6, 7

6504 Au fond, le progrès de la pensée scientifique revient à *diminuer* le nombre des adjectifs qui conviennent à un substantif et non point à les augmenter.

Le Nouvel Esprit scientifique (P.U.F.)
introduction, I

6505 Une expérience bien faite est toujours positive.

chap. 6, 4

6506 Nous venons précisément d'entrer dans le siècle de la *molécule* après de longues années consacrées aux pensées atomistiques.

5

6507 C'est encore en méditant l'objet que le sujet a le plus de chance de s'approfondir. Au lieu de suivre le métaphysicien qui entre dans son poêle, on peut donc être tenté de suivre un mathématicien qui entre au laboratoire.

L'Air et les songes (José Corti)
introduction, I

6508 On veut toujours que l'imagination soit la faculté de *former* des images. Or elle est plutôt la faculté de *déformer* les images fournies par la perception, elle est surtout la faculté de nous libérer des images premières, de *changer* les images.

III

6509 Un être privé de la *fonction de l'irréel* est un névrosé aussi bien que l'être privé de la *fonction du réel*.

IV

6510 L'homme en tant qu'homme ne peut vivre horizontalement. Son repos, son sommeil est le plus souvent une chute.

conclusion, 1re partie

6511 Il faut que l'imagination prenne trop pour que la pensée ait assez. Il faut que la volonté imagine trop pour réaliser assez.

La Terre et les rêveries de la volonté (José Corti)
préface pour deux livres, III

6512 Nous sommes dans un siècle de l'image. Pour le bien comme pour le mal, nous subissons plus que jamais l'action de l'image.

6513 Le poème est une grappe d'images.

avant-propos, II

6514 Les images ne sont pas des concepts. Elles ne s'isolent pas dans leur signification. Précisément elles tendent à dépasser leur signification.

6515 L'imagination n'est rien d'autre que le sujet transporté dans les choses.

première partie, chap. 1, 3

6516 A son apparition le microscope fut le kaléidoscope du minuscule.

4

6517 [...] l'imagination [...] trouve plus de réalité à ce qui se cache qu'à ce qui se montre.

6

6518 Toute image matérielle adoptée sincèrement est immédiatement une valeur.

chap. 3, 1

6519 La *valeur de la qualité* est en nous verticalement ; au contraire la *signification* de la qualité est dans le contexte des sensations objectives — horizontalement.

Jacques CHARDONNE 1884-1968

Claire (Grasset), chap. 1

6520 Il n'est pas facile de distinguer dans nos réflexions ce qui se rapporte à nous ou à nos proches. On est habité par ceux qu'on aime ou qu'on hait.

chap. 3

6521 Rien de précieux n'est transmissible. Une vie heureuse est un secret perdu.

6522 L'homme n'est pas fait pour vivre longtemps: l'expérience le corrompt. Le monde n'a besoin que de jeunesse et de poètes.

Vivre à Madère (Grasset), chap. 3

6523 On ne fait rien d'utile pour le prochain, sauf des livres.

Lettres à Roger Nimier (Grasset)

6524 Ce sont les critiques qui font la littérature.

6525 Quand une science qui touche au vivant a trouvé son vocabulaire, elle est finie. Les formules rabâchées tournent dans le vide.

6526 Une philosophie fortement étayée par la science vieillit vite, comme la science qui se transforme sans cesse.

Le Ciel dans la fenêtre (Albin Michel), chap. 1

6527 Le mariage est une longue conversation, a dit Nietzsche. Sur ce point les époux sont bien dotés en France.

chap. 3

6528 L'U.R.S.S., c'est Louis XIV pour la forme, Louis XI dans le fond.

chap. 5

6529 Le communisme convient aux peuples asiatiques débutant dans la vie moderne. [...] L'Occident n'a rien de mieux à leur offrir.

chap. 8

6530 Le mariage est une religion; il promet le salut mais il faut la grâce. Vivre ensemble, c'est se meurtrir l'un l'autre.

Georges DUHAMEL 1884-1966

Chronique des Pasquier (Mercure de France)
Le Notaire du Havre, préface

6531 Miracle n'est pas œuvre.

6532 Nul doute: l'erreur est la règle; la vérité est l'accident de l'erreur.

Chronique..., Le Jardin des bêtes sauvages, chap. 5

6533 Les morts n'ont pas de voix, heureusement. Si les morts pouvaient se plaindre, quel cri [...]! Quelle clameur! On ne s'entendrait plus vivre.

chap. 12

6534 Construire un pont, discerner une loi de la nature, composer un livre, ordonner une symphonie, voilà de grands et difficultueux travaux. Faire une famille, la réchauffer sans cesse, l'étreindre jusqu'aux suprêmes démembrements, c'est une œuvre d'art aussi, la plus fuyante, la plus décevante de toutes.

Chronique..., La Nuit de la Saint-Jean, préambule

6535 Je tiens que le romancier est l'historien du présent, alors que l'historien est le romancier du passé.

Chronique..., Cécile parmi nous, chap. 3

6536 Le désir d'ordre est le seul ordre du monde.

Chronique..., Le Combat contre les ombres, chap. 21

6537 Pour être internationaliste, il faut d'abord avoir une patrie.

Chronique..., La Passion de Joseph Pasquier, chap. 15

6538 Il n'y a de repos, dit Goethe, que sur les cimes glacées. Hélas! ce n'est même pas vrai. Il n'y a de rémission que sur les planètes mortes, quand toute vie est abolie depuis des millions de siècles et que les souvenirs même sont endormis pour toujours.

Civilisation (Mercure de France)

6539 Si [la civilisation] n'est pas dans le cœur de l'homme, eh bien! elle n'est nulle part.

Biographie de mes fantômes (Paul Hartmann-Flammarion)
chap. 5

6540 La moitié du monde, bientôt, jouera pour l'autre moitié le rôle de garde-chiourme.

6541 Ce qui distingue les hommes de leurs frères innocents, les animaux aux mille formes, ce n'est pas le langage articulé, ce n'est pas l'art, ce n'est pas la raison, ce n'est même pas cette civilisation qui ne se grave pas dans notre chair et qui demeure dans nos livres, non, ce qui distingue les hommes, c'est leur grand appétit de souffrance.

chap. 6

6542 L'expression « faire l'amour » prête à toutes les erreurs. Nos aïeux disaient naïvement « faire la joie », et ce n'était pas moins absurde. L'amour est un don, la volupté une servitude, et, entre cette servitude et la joie, il n'y a certes aucune commune mesure.

Le Bestiaire et l'Herbier (Mercure de France)
La nouvelle Apocalypse

6543 Les hommes de la prochaine saison ne s'enchanteront plus de ce qui faisait nos délices. Le rationnel, jour après jour, étouffera le raisonnable. La joie, la joie sacrée, changera de signe, de sens et de drapeau. Les pôles de la douleur chercheront de nouveaux sièges dans le désert du monde humain. Les mots perdront leur suc et les pensées leur armature.

Étienne GILSON 1884-1978

Héloïse et Abélard (Vrin), chap. 8

6544 Ce n'est pas pour nous débarrasser d'elle que nous étudions l'histoire, mais pour sauver du néant tout le passé qui s'y noierait sans elle ; c'est pour faire que ce qui, sans elle, ne serait même plus du passé, renaisse à l'existence dans cet unique présent hors duquel rien n'existe.

L'École des Muses (Vrin), chap. 1

6545 La psychologie individuelle est une limite infranchissable de l'histoire.

6546 Dès qu'il est plus qu'un simple fabricant, l'artiste use du langage de la religion.

Jean PAULHAN 1884-1968

Les Hain-tenys (Gallimard), introduction

6547 Il se peut bien que la poésie soit l'événement le plus simple du monde : cette simplicité n'aide guère à parler d'elle, ni même à la penser.

conclusion

6548 C'est le trait essentiel de tout art sans doute, et non pas de la seule poésie, qu'à la fois il nous ébranle et nous détache de la nature et de la réalité — non pas tant cependant que nous ne formions le sentiment d'accéder, en nous abandonnant à lui, à une vérité plus authentique, et, si je peux dire, plus réelle.

Jacob Cow le pirate ou Si les mots sont des signes (Cercle du livre précieux), 1

6549 Il est difficile de parler des mots de façon détachée, comme un peintre décrit le broyage des couleurs ; ils se mêlent de si près à notre souci de les faire servir que l'on ne distingue jamais très bien où le souci commence et où finit le mot.

2

6550 On a supprimé la vieille rhétorique, par quoi nous sommes obligés de faire tous métier de rhétoriqueurs.

La rhétorique renaît de ses cendres (Cercle du livre précieux)

6551 Rien ne fait *littéraire*, en lettres, comme l'authentique.

I

6552 Si les règles et les genres ont jamais été imaginés, c'était pour assurer à l'esprit humain sa pleine liberté, pour lui permettre les cris, et la surprise, et le chant profond.

Éléments (Cercle du livre précieux), I

6553 Qui veut se connaître, qu'il ouvre un livre.

La Demoiselle aux miroirs (Cercle du livre précieux), 2

6554 Nous ne réfléchissons jamais — la réflexion étant *aussi* pensée — qu'une pensée diminuée de cette réflexion. L'homme ne saisit pas plus son esprit *intact* qu'il ne voit directement sa nuque ou son cou.

Les Fleurs de Tarbes ou la Terreur dans les Lettres (Gallimard)
1, Portrait de la Terreur

6555 On ne voulait mettre à mort que l'artiste, et c'est l'homme qui a la tête coupée.

3, Invention d'une rhétorique

6556 On appelle *mots* les idées dont on ne veut pas [...]

6557 [...] la Terreur, pour éviter un cliché qui risque d'être mal entendu, en ruine cent qui le seraient exactement.

6558 [...] toute idée *se paie* d'autant de mots, toute pensée d'autant de langage ; comme si la patience à entretenir la matière obtenait sa récompense d'esprit.

Clef de la poésie (Gallimard)

6559 [...] toute loi poétique, pour être exacte ou complète, devrait de façon ou d'autre comprendre le mystère.

6560 D'un mot, le mystère fait autour de lui clarté. (Et peut-être n'est-il pas de clarté que ne suppose quelque mystère.)

6561 [...] le mystère est en quelque façon nécessaire au jeu régulier et comme à la respiration de notre langage de tous les instants [...].

6562 [...] l'œuvre sera poétique, et le poème excellent à proportions que les mots et les idées [...] se trouveront doués, chacun dans son ordre, de la structure la plus complexe.

Entretien sur des faits divers (Gallimard)
3, La compensation et la perspective mentale

6563 [...] nous nous piquons à nos opinions avec d'autant plus de violence que nous les sentons plus discutées ou plus douteuses, les tenant ainsi pour certaines à proportion qu'elles ne le sont pas.

4, L'usage des arguments ou les palais de la raison

6564 [...] un bon syllogisme n'a jamais convaincu personne.

Les Contes de Noël Devaulx (Cercle du livre précieux)

6565 Que le poète obscur persévère dans son obscurité, s'il veut trouver la lumière.

Le Marquis de Sade et sa Complice
ou les Revanches de la pudeur
(Cercle du Livre précieux), 3

6566 Qu'y a-t-il de plus surprenant, à tout prendre, que de porter à bout de bras ces bizarres organes préhensiles, pas mal rougeâtres et plissés, les mains, et de petites pierres (d'ailleurs transparentes) aux extrémités divergentes de ces mains. Parfois, nous nous surprenons à manger, tout occupés à broyer entre d'autres pierres, dont notre bouche est armée, des fragments d'animaux morts.

4

6567 L'exemple est unique [...], dans nos Lettres, de quelques romans — car il s'agit de romans — qui fondent, cinquante ans après leur publication, toute une science de l'homme.

Guide d'un petit voyage en Suisse (Gallimard), 4

6568 Tel est l'esprit humain, même en voyage: il occupe à chaque instant tout l'espace dont il dispose.

De la paille et du grain (Gallimard), I

6569 C'est le langage qui a besoin d'être simple, et les opinions un peu compliquées.

6570 [...] la littérature aussi est un langage, et (bien qu'il n'y apparaisse pas toujours) une fête pour tout le monde, où tout le monde est invité.

III

6571 L'ennui, c'est que j'ai raison. Il faut avouer que ce n'est pas gai.

6572 Tout ce que je demande aux Politiques, c'est qu'ils se contentent de changer le monde, sans commencer par changer la vérité.

Notes, en introduction au tome IV des « Œuvres complètes »
(Cercle du livre précieux)

6573 Qu'est-ce que l'inspiration? C'est d'avoir une seule chose à dire, que l'on n'est pas fatigué de dire.

6574 Tout a été dit. Sans doute. Si les mots n'avaient changé de sens; et les sens, de mots.

Lettre aux Directeurs de la Résistance (éd. de Minuit)

6575 La force a les droits de la force. Elle se dégrade et s'humilie — et nous humilie tous — dès qu'elle ment, et couvre d'un manteau légal ses assassinats.

Braque le Patron (Gallimard), VI

6576 Il n'est rien de parfait et de simple — de limité, d'harmonieux — comme un tableau accompli. On dirait une pensée.

Le Bonheur dans l'esclavage (Pauvert)

6577 Chose étrange, le bonheur dans l'esclavage fait de nos jours figure d'idée neuve.

Le Clair et l'Obscur (Cercle du livre précieux)
4, La tentation de la pensée

6578 L'esprit parie à tout instant contre l'esprit. Telle est l'ambiguïté essentielle de notre réflexion que toute preuve contre-prouve et (si je peux dire) toute pensée contre-pense. Former une opinion, c'est aussitôt la perdre.

6, Le renversement des clartés

6579 [...] il n'est pas un objet du monde ni une pensée qui supporte d'être directement saisie, et de face : pas un qui n'exige d'être observé suivant mystère — pas un dont la clarté ne suppose une face obscure [...]

Fautrier l'Enragé (Gallimard)

6580 [...] toutes les critiques sont justes. Tous les critiques sont justes. Il ne reste qu'à les comprendre.

III

6581 La bonne règle pour juger de la perfection en art est simple, et chacun la soupçonne ou la sait. Si l'on n'ose guère la dire, c'est pour ne fâcher personne.

6582 Où est le temps où les peintres étaient sots ? Ils n'arrêtent pas aujourd'hui de poser des problèmes. Ils vont jusqu'à les résoudre.

Rimbaud d'un seul trait (Cercle du livre précieux)

6583 Il n'est pas de grammaire, de logique, ni de philosophie qui ne pose, à son point de départ, sous le nom de principe d'identité [...], l'affirmation qu'un son est un son, et qu'une idée est une idée ; en bref, que A est A [...]. Cependant, je ne fais ici qu'une hypothèse de travail : je suppose qu'il soit donné à certains hommes — et par exemple à Rimbaud — d'admettre le principe contraire : c'est à savoir que toute chose est autre qu'elle-même et par exemple, pour préciser, son contraire.

Le Don des langues (Cercle du livre précieux), I, 1

6584 [...] il est peu de livres qui ne semblent écrits par des bourreaux : trop heureux, le ramoneur épisodique, la petite blanchisseuse, le balayeur obscur, qui échappent à la griffe de l'auteur.

3.

6585 [Le langage] semble parfois, par un étrange renversement, diriger et commander un esprit qui semble n'avoir dès lors d'autre fonction que de l'exprimer à son tour.

6586 [La littérature] nous offre une machine de langage, où les données élémentaires de l'expression devraient se trouver redoubler, plus évidentes, grossies et comme un langage du langage.

II, 4

6587 Telle est l'étrange condition du langage : il n'existe pas un mot qui ne porte dans ses articulations la raison de sa ruine, et comme une machine à renverser sa première acception.

11

6588 Le secret que nous poursuivons se dirait assez bien : il n'y a dans le monde aucune des différences dont vous faites si grand cas. Tout est *un*.

Jules SUPERVIELLE 1884-1960

Poèmes (Gallimard)

6589 Ah! ne me réponds pas qu'il est toujours facile
De plier à son goût une muse docile
Et que le vers sait bien que le poète ment [...]

Gravitations (Gallimard), Le portrait

6590 Je te parle durement, ma mère,
Je parle durement aux morts parce qu'il faut leur parler dur [...]

Gravitations, Une étoile tire de l'arc

6591 Jusqu'aux astres indéfinis
Qu'il fait humain, ô destinée!
L'univers même s'établit
Sur des colonnes étonnées.

Gravitations, Prophétie

6592 Un jour la Terre ne sera
Qu'un aveugle espace qui tourne,
Confondant la nuit et le jour

Gravitations, Le survivant

6593 Est-ce donc la mort cela, cette rôdeuse douceur
Qui s'en retourne vers nous par une obscure faveur ?

Gravitations, Souffle

6594 Rien ne consent à mourir
De ce qui connut le vivre
Et le plus faible soupir
Rêve encore qu'il soupire.

Le Forçat innocent (Gallimard), Soleil

6595 Et peut-être que Dieu partage notre faim
Et que tous ces vivants et ces morts sur la terre
Ne sont que des morceaux de sa grande misère,
Dieu toujours appelé, Dieu toujours appelant,
Comme le bruit confus de notre propre sang.

Le Forçat innocent, Saisir

6596 Saisir, saisir le soir, la pomme et la statue,
Saisir l'ombre et le mur et le bout de la rue.

Saisir le pied, le cou de la femme couchée
Et puis ouvrir les mains. Combien d'oiseaux lâchés

Combien d'oiseaux perdus qui deviennent la rue,
L'ombre, le mur, le soir, la pomme et la statue !

Le Forçat innocent, La malade

6597 Je cherche autour de moi plus d'ombre et de douceur
Qu'il n'en faut pour noyer un homme au fond d'un puits [...]

Le Forçat innocent, Peurs, Le

6598 [...] Que voulez-vous de moi,
Présences, parlez bas,
On pourrait nous entendre
Et me vendre à la mort,
Cachez-moi la figure
Derrière la ramure
Et que l'on me confonde
Avec l'ombre du monde.

L'Enfant de la haute mer (Gallimard)

6599 Marins qui rêvez en haute mer, les coudes appuyés sur la lisse, craignez de penser longtemps dans le noir de la nuit à un visage aimé. Vous risqueriez de donner naissance, dans des lieux essentiellement désertiques, à un être doué de toute la sensibilité humaine et qui ne peut pas vivre ni mourir, ni aimer, et souffre pourtant comme s'il vivait, aimait et se trouvait toujours sur le point de mourir, un être infiniment déshérité dans les solitudes aquatiques [...]

Les Amis inconnus (Gallimard), S.T.

6600 Le monde est plein de voix qui perdirent visage
Et tournent nuit et jour pour en demander un.

Les Amis inconnus, Un poète

6601 J'entasse dans ma nuit, comme un vaisseau qui sombre,
Pêle-mêle, les passagers et les marins,
Et j'éteins la lumière aux yeux, dans les cabines,
Je me fais des amis des grandes profondeurs.

Les Amis inconnus, Naufrage

6602 Un homme à la mer lève un bras, crie : « Au secours ! »
Et l'écho lui répond : « Qu'entendez-vous par là ? »

La Fable du monde (Gallimard), Dieu crée l'homme

6603 Silence, Dieu fait l'homme pour toujours,
Il le devine, il en aime le tour.
Place pour l'ordre ou bien pour la folie,
Place pour tous les souffles de la vie.

La Fable du monde, Ô Dieu très atténué

6604 O Dieu très atténué
Des bouts de bois et des feuilles,
Dieu petit et séparé,
On te piétine, on te cueille
Avec les herbes des prés.

La Fable du monde, Bonne garde

6605 Mais le silence en sait plus sur nous que nous-mêmes,
Il nous plaint à part soi de n'être que vivants,
Toujours près de périr, fragiles il nous aime
Puisque nous finirons par être ses enfants.

1939-1945 (Gallimard), Souffrir

6606 [...] O cœur éponge de détresse
Même lorsque tu fus sans peur
Il n'est de terre sans un cri
Que la terre des cimetières [...]

Poèmes récents (Gallimard), Vivre encore

6607 [...] Ce qu'il faut d'obscur
Pour que le sang batte,
Ce qu'il faut de pur
Au cœur écarlate,
Ce qu'il faut de jour
Sur la page blanche,
Ce qu'il faut d'amour
Au fond du silence.

Les Poèmes de l'humour triste (Gallimard), L'escalier

6608 Soyez bon pour le Poète,
Le plus doux des animaux ;
Nous prêtant son cœur, sa tête,
Incorporant tous nos maux,
Il se fait notre jumeau ;
Au désert de l'épithète,
Il précède les prophètes
Sur son douloureux chameau [...]

Gaston BATY 1885-1952

Témoignage (Plon), « L'essence du théâtre » de Henri Gouhier

6609 Tout ce qui est, est matière dramatique [...]
[...] Il ne s'agit pas de *parler* de tout cela, mais de rendre tout cela *sensible*.

Henri BÉRAUD 1885-1958

Le Martyre de l'obèse (Albin Michel)

6610 C'est dans les administrations qu'on voit le mieux ce qu'il en coûte de faire envie à ceux qui font pitié.

6611 La vérité, que personne n'avoue, c'est qu'une fois les illusions enfuies, on passe sa vie à souffler sur le miroir aux regrets. Mais toujours la buée s'efface.

Quinze jours avec la mort (Plon), deuxième partie, chap. 8

6612 On juge entièrement un homme sur sa façon de braver la mort. Rien ne dit mieux ce qu'il vaut. Que ceux qui n'ont jamais eu de courage en aient une fois, une seule, et ils verront comme, après, on se sent fort et libre, comme on est le maître du monde.

Charles DULLIN 1885-1949

Souvenirs et notes de travail d'un acteur (Odette Lieutier)
chap. 3

6613 [...] avant de mâcher les mots je mange les idées.

Paul GÉRALDY 1885-1983

Toi et moi (Stock), Épigraphe

6614 Si tu m'aimais, et si je t'aimais, comme je t'aimerais !

(Toi et moi) 2, Nerfs

6615 En toi ce que je déteste
C'est le mal que je te fais.

4, Abat-jour

6616 Baisse un peut l'abat-jour, veux-tu? Nous serons mieux.
C'est dans l'ombre que les cœurs causent,
Et l'on voit beaucoup mieux les yeux
Quand on voit un peu moins les choses.

21, Méditation

6617 Et puis comme au fond de soi-même
On s'aime beaucoup,
Si quelqu'un vous aime, on l'aime
Par conformité de goût.

Sacha GUITRY 1885-1957

Si j'ai bonne mémoire (Librairie académique Perrin)
Mes pensions

6618 A cette époque, je n'avais pas la foi. Ceux qui me l'ont donnée, ce sont quelques athées, plus tard, que j'ai connus.

6619 Les classes devraient être passionnantes. Seulement, pour cela, [...] il faudrait des professeurs passionnés [...]

6620 On parle beaucoup trop aux enfants du passé et pas assez de l'avenir — c'est-à-dire trop des autres et pas assez d'eux-mêmes.

N'écoutez pas, mesdames! (Librairie académique Perrin)
acte I

6621 [...] il est à noter qu'on met la femme au singulier quand on a du bien à en dire — et qu'on en parle au pluriel sitôt qu'elle vous a fait quelque méchanceté.

6622 Les vraies menteuses ne savent pas dire la vérité.

acte II

6623 On n'est jamais trompé par celles qu'on voudrait.

Elles et Toi (Solar)

6624 Faire des concessions?
Oui, c'est un point de vue — mais sur un cimetière.

6625 Que s'aimer modérément soit l'apanage des médiocres.

6626 Je vais donc enfin vivre seul! Et, déjà, je me demande avec qui.

6627 Elles ont un redoutable avantage sur nous : elles peuvent faire semblant — nous, pas.

6628 On les a dans ses bras — puis un jour sur les bras — et bientôt sur le dos.

L'Esprit (Librairie académique Perrin)

6629 Redouter l'ironie, c'est craindre la raison.

André LHOTE 1885-1962

La Peinture, le Cœur et l'Esprit (Denoël)
L'enseignement de Cézanne

6630 Il y a des génies dont la destinée est d'être compris à rebours, prisés pour des raisons qu'ils eussent pu avoir de se mépriser.

Peinture d'abord (Denoël), avant-propos

6631 Au lieu d'être séduit par l'évidence picturale, qui n'est pas l'évidence du fait divers, [le public] demande sans cesse, sur l'air des lampions : Ressemblance, ressemblance!

Peinture d'abord, Divagation sur les tissus

6632 [...] peindre n'est pas prendre sur la palette des couleurs variées, mais les faire naître de rien sur la toile complice [...]

François MAURIAC 1885-1970

Le Désert de l'amour (Grasset), chap. 3

6633 Ces blessures qu'un seul être au monde, celui qui les a faites, pourrait guérir.

chap. 4

6634 Le désert qui sépare les classes comme il sépare les êtres.

6635 Qui de nous possède la science de faire tenir dans quelques paroles notre monde intérieur ? Comment détacher de ce fleuve mouvant telle sensation et non telle autre ? On ne peut rien dire dès qu'on ne peut tout dire.

6636 Rien que cela, le sexe, nous sépare plus que deux planètes.

Thérèse Desqueyroux (Grasset), chap. 4

6637 N'importe qui sait proférer des paroles menteuses ; les mensonges du corps exigent une autre science. Mimer le désir, la joie, la fatigue bienheureuse, cela n'est pas donné à tous.

chap. 6

6638 La politique [...] suffisait à mettre hors des gonds ces personnes qui, de droite ou de gauche, n'en demeuraient pas moins d'accord sur ce principe essentiel : la propriété est l'unique bien de ce monde, et rien ne vaut de vivre que de posséder la terre.

La Vie de Jean Racine (Plon), XIV

6639 Telle est [...] la leçon de Racine : il est donné à tous de se haïr quelquefois, de céder un instant au dégoût de soi-même ; le difficile est de persévérer dans cette haine et dans cette horreur.

Le Roman (éd. Artisan du Livre), I

6640 Le romancier est, de tous les hommes, celui qui ressemble le plus à Dieu : il est le singe de Dieu.

VII

6641 Unir l'extrême audace à l'extrême pudeur, c'est une question de style.

Dieu et Mammon (Le Capitole), II

6642 Comme le flux de l'Océan émeut les grands fleuves bien en deçà de leur embouchure, la mort se mêle à toute vie chrétienne avant qu'elle en approche.

IV

6643 [Barrès] a mis le Palais-Bourbon entre le néant et lui.

V

6644 Un écrivain est essentiellement un homme qui ne se résigne pas à la solitude. Chacun de nous est un désert : une œuvre est toujours un cri dans le désert [...]

6645 Il y a souvent un vice jugulé, dominé, à la source de vies admirables.

Souffrances et Bonheur du chrétien (Grasset)
Souffrances du pécheur

6646 Le christianisme ne fait pas sa part à la chair ; il la supprime.

6647 Si vous aimez votre péché, il ne vous sert de rien d'être crucifié par lui ; et toutes vos larmes sont vaines : telle est la loi.

6648 Le vrai concupiscent n'aime la gloire que parce qu'elle prolonge le temps où l'homme peut être encore aimé.

Bonheur du chrétien

6649 Le péché qui tue l'âme, repétrit le corps à son affreuse ressemblance.

Vie de Jésus (Flammarion), I

6650 La méditation des mystères a commencé là, dans cette ombre de Nazareth où la Trinité respirait.

VII

6651 [...] s'il est une part de message chrétien que les hommes ont refusée et rejetée avec une obstination invincible, c'est bien la foi en la valeur égale de toutes les âmes, de toutes les races, devant le Père qui est au ciel.

X

6652 Quel arbre humain n'est, par quelques-uns de ses fruits, un mauvais arbre ?

XII

6653 Chaque personnage engagé dans le drame de la Rédemption apparaît comme un prototype dont nous coudoyons encore dans la vie les répliques multipliées.

XXII

6654 Nous croyons de toute notre âme à la résurrection de la chair ; mais il faut que chaque être humain donne son consentement à cette vocation de pourrir.

XXVI

6655 Désormais, dans le destin de tout homme, il y aura ce Dieu à l'affût.

Journal (Grasset)
I, Voyage

6656 J'ai peine à croire à l'innocence des êtres qui voyagent seuls.

I, Être pardonné

6657 Quelle jeunesse n'a été meurtrière ? Quel homme ne garde, au fond de soi, le reproche muet d'une bouche à jamais scellée ?

I, Journal de Gide

6658 Atteindre à tout, non pour en jouir, mais pour n'avoir plus à y penser, c'est la méthode dont usent certains chrétiens qui veulent guérir de l'ambition [...]

II, Défense de « Carmen »

6659 Comme il existe une fausse délicatesse, il existe une fausse vulgarité.

II, Le Proust russe attendu

6660 Je salue d'avance ce Proust inconnu qui, peut-être aujourd'hui, dans quelque ville perdue de Russie, étudie de l'intérieur cette humanité dont nous ne savons rien, sinon qu'elle souffre atrocement.

(Journal) II, Page d'un carnet

6661 Mort, la seule de mes aventures que je ne commenterai pas...

II, Solitude au seuil de la guerre

6662 Une œuvre sincère ne saurait être plus condamnable qu'un cri. Tout drame inventé reflète un drame qui ne s'invente pas.

Orages (Grasset), Autre péché

6663 En vain! Nous serons vaincus
Par le Dégoût, ce complice
Du Dieu qui nous aime plus
Que nous n'aimons nos délices.

Orages, David vaincu

6664 [...] et ma main, se levant vers l'arbre de science,
A la forme du fruit qu'elle voudrait saisir.

Orages, Le sang d'Atys

6665 Un jeune pin tendu vers l'essence divine
Fait des signes au ciel avec ses longues mains.
Sa cime cherche un dieu, mais ses lentes racines
Dans mon corps ténébreux creusent de lents chemins.

6666 Innombrables Atys! Vous êtes ma poussière,
Ma poussière, c'est vous qui ressusciterez.

Le Bâillon dénoué (Grasset), L'avenir de la bourgeoisie

6667 La juste condamnation d'un régime ne doit pas devenir l'injuste condamnation d'une classe.

Le Bâillon dénoué, L'amour lucide

6668 Le déclin de l'âge nous apporte ce bienfait : c'est que les êtres, et les nations, ne peuvent plus nous surprendre que par leurs vertus. La bassesse va de soi [...]

Le Bâillon dénoué, Autour d'un verdict

6669 Faire, c'est agir. C'est parce que nos actes nous suivent, que nos écrits nous suivent.

Mes grands hommes (éd. du Rocher), Pascal

6670 Le christianisme attire la foule de ceux qui croient que l'Évangile les autorise à se glorifier du néant.

Mes grands hommes, Molière

6671 L'homme, la quarantaine passée, se tient au plus épais d'une bataille finissante, d'un charnier : toutes ces pourritures qui respirent encore !

Le Sagouin (éd. La Palatine), I

6672 Comme on dit « faire l'amour », il faudrait pouvoir dire « faire la haine ». C'est bon de faire la haine, ça repose, ça détend.

L'Agneau (Flammarion), I

6673 Être prêtre, ce serait cela, qu'il n'y eût plus une créature vers qui il ne pût aller, avec laquelle il ne se trouvât de plain-pied.

Mémoires intérieurs (Flammarion), I

6674 Une œuvre, tant qu'elle survit, c'est une blessure ouverte par où toute une race continue de saigner.

III

6675 Le poète se saisit de l'ascendance bourgeoise qui le ligote et il en tire des types. Il se paie sur la bête.

Ce que je crois (Grasset)
chap. 1, Le point de départ

6676 Je ne puis dire en vérité que j'aime l'Église catholique pour elle-même. Si je ne croyais pas qu'elle a reçu les paroles de la vie éternelle, je n'aurais aucune admiration pour ses structures, ni pour ses méthodes, et je détesterais bien des chapitres de son histoire. [...] Je suis, sur ce point, aux antipodes d'un positiviste d'Action française, qui ne croit pas que l'Église enseigne la vérité, mais qui l'admire en tant qu'institution.

chap. 3, Le mystère accepté et refusé

6677 Le chrétien est essentiellement un homme qui refuse le mystère, qui ne consent pas à ce mystère que le matérialiste a accepté, lui, et qu'il fait plus qu'accepter [...]. « Qui sommes-nous ? D'où venons-nous ? Où allons-nous ? » Ces trois questions que Gauguin a inscrites au bas d'un fameux triptyque, le chrétien juge qu'elles exigent une réponse.

chap. 4, L'exigence de pureté

6678 Je crois que le Mal existe et je juge de ce qu'il est le Mal à la lumière du Christ.

6679 Nous possédons à tout jamais la créature à laquelle nous avons renoncé.

chap. 5, Les frères ennemis

6680 Au-dedans de l'Église, les tenants du dépôt s'opposent aux tenants du message.

6681 Tout parti pris théologique comporte une attitude politique.

6682 L'Occident chrétien a manqué à sa vocation, voilà le vrai.

chap. 6, Le petit Poucet

6683 Ma solitude n'aura connu d'autre remède que l'écriture en ce monde et que Dieu dans l'autre. Mais d'abord dans celui-ci où Il s'est incarné et où Il a été et où Il demeure quelqu'un.

chap. 7, Le démon

6684 Et si la vérité était enfantine [...] ?

Nouveaux mémoires intérieurs (Flammarion)
chap. 1

6685 Le silence n'existe pas : vivre, c'est se tenir au centre d'un ruissellement que la mort seule arrêtera.

chap. 3

6686 Un vieil homme est toujours Robinson.

chap. 6

6687 Le renversement nietzschéen de toutes les valeurs marque la frontière entre deux natures d'esprits, ceux pour qui le mal reste le mal, leur vie fût-elle criminelle — et c'est l'univers du péché et de la Grâce, l'univers de la Rédemption — et ceux aux yeux de qui il n'y a pas de faute hors de ce qui lèse la collectivité, et nos actes n'ont à leurs yeux aucune portée métaphysique.

chap. 7

6688 L'art abstrait témoigne que l'homme n'a rien à dire, rien à exprimer ni à fixer, s'il se coupe du monde tel que le capte le regard d'un enfant.

chap. 13

6689 Le christianisme n'est pas une philosophie, n'est pas un système, il n'est rien d'autre qu'une histoire.

André MAUROIS 1885-1967

Les Silences du colonel Bramble (Grasset), chap. 1

6690 Le véritable esprit sportif participe toujours de l'esprit religieux.

Le Cercle de famille (Grasset)
deuxième partie, chap. 10

6691 Les traits de caractère qui permettent à un être d'acquérir une grande fortune sont presque toujours ceux qui l'empêchent aussi d'en tirer des jouissances autres que celles du pouvoir et du travail.

troisième partie, chap. 4

6692 La vérité, c'est que l'on ne fait pas de grandes choses sans être une brute.

chap. 8

6693 L'homme d'action est avant tout un poète.

chap. 9

6694 La vieillesse n'est pas apaisée... Voyez Chateaubriand lui-même, et Anatole France, et Goethe... Le diable est vieux.

6695 Presque toutes les vies sont ratées [...] et c'est pourquoi, vous autres écrivains, vous formez des destins imaginaires. Vous avez bien raison.

6696 L'écrivain moderne n'atteint pas les profondes masses populaires parce qu'il ne connaît plus assez la misère. La douleur du pauvre, voilà la grande tragédie [...]

chap. 17

6697 Les gouvernements ont l'âge de leurs finances, comme les hommes ont l'âge de leurs artères.

Les Mondes impossibles (Gallimard)
La machine à lire les pensées, chap. 16, Surprises

6698 Un patronat dont les droits sont limités par la loi apporte à une société les précieux avantages de l'initiative et de la responsabilité.

Les Mondes impossibles, Le peseur d'âmes, chap. 3

6699 Je crois apercevoir dans la nature les traces d'un ordre, d'un plan, et si vous voulez le reflet du divin... Mais le plan lui-même me paraît inintelligible pour un esprit humain.

Les Mondes impossibles, Voyage au pays des Articoles, chap. 6

6700 La seule atmosphère favorable au créateur est celle de la naissance de l'amour. [...] Le mariage ou toute relation permanente avec une femme est la mort d'un grand artiste.

Jules **ROMAINS** 1885-1972

Les Copains (Gallimard), chap. 4

6701 Trois copains qui s'avancent sur une ligne n'ont besoin de personne, ni de la nature ni des dieux.

chap. 5

6702 Un peu d'embonpoint, un certain avachissement de la chair et de l'esprit, je ne sais quelle descente de la cervelle dans les fesses, ne messiéent pas à un haut fonctionnaire.

Lucienne (Gallimard), chap. 1

6703 Il ne suffit pas qu'une idée soit difficile à exprimer raisonnablement pour qu'elle soit moins bonne qu'une autre.

chap. 8

6704 Une erreur n'est pas souvent qu'une vérité coupée en herbe.

chap. 13

6705 Moi, je suis assez terrorisé par les femmes sportives. [...] Leur sang a une façon de circuler que je trouve un peu voyante. Elles respirent comme si, chaque fois, elles découvraient l'oxygène.

chap. 14

6706 La circulation d'une forte nourriture rend savoureuse l'obéissance au destin.

Knock (Gallimard), acte I

6707 Les gens bien portants sont des malades qui s'ignorent.

6708 Malgré toutes les tentations contraires, nous devons travailler à la conservation du malade.

acte II, scène 1.

6709   KNOCK
Attention. Ne confondons pas. Est-ce que ça vous chatouille, ou est-ce que ça vous gratouille?

    LE TAMBOUR DE LA VILLE
Ça me gratouille. *(Il médite)*. Mais ça me chatouille bien un peu aussi.

scène 3

6710 La santé n'est qu'un mot, qu'il n'y aurait aucun inconvénient à rayer de notre vocabulaire. Pour ma part, je ne connais que des gens plus ou moins atteints de maladies plus ou moins nombreuses à évolution plus ou moins rapide.

acte III, scène 6

6711 Par elle-même la consultation ne m'interesse qu'à demi: c'est un art un peu rudimentaire, une sorte de pêche au filet. Mais le traitement, c'est de la pisciculture.

Les Hommes de bonne volonté (Flammarion)
vol. III, Les Amours enfantines, chap. 1

6712 Ce qu'il faut pour oser faire le rêve de modifier la Société, ce qu'aucune énergie ne remplace, le vieux mot « d'idéal » le désigne. Mais d'une façon si usée, si convenue, que la bouche a l'impression de mâcher de la phrase morte pour bavards.

6713 L'individu ne peut pas avoir raison indéfiniment contre l'humanité. Tout ce qu'il peut espérer, c'est d'avoir raison plus tôt qu'elle.

chap. 5

6714 Le temps passe. Et chaque fois qu'il y a du temps qui passe, il y a quelque chose qui s'efface.

chap. 14

6715 Un dîner dans le monde est une sorte d'animal mince et transparent, qui absorbe de la lumière, un peu de nourriture, et qui produit continuellement des paroles.

vol. IV, Éros de Paris, chap. 9

6716 J'oppose l'action individuelle moins encore à l'action de masse, qu'à l'absence de toute espèce d'action, à ce fatalisme inconscient, qui se déguise en soi-disant profondeur philosophique.

vol. V, Les Superbes, chap. 1

6717 La volonté règne moins loin dans le corps qu'on ne croit. Il y a des répugnances qui la défient, des refus de la chair que tout notre esprit ne ferait qu'exaspérer en s'acharnant dessus. Oui, le grand attirail des muscles nous obéit tant bien que mal. Mais des mécanismes plus intimes se moquent de nous.

chap. 8

6718 La façon dont un homme fait l'amour est un des traits les plus caractéristiques de son signalement ; et ce serait dans la pratique un des plus précieux à connaître, s'il n'y avait malheureusement trop peu de personnes aussi bien pour le recueillir que pour en tirer parti.

chap. 26

6719 Le péché n'est pas horrible : il est vide. Tout est vide. Même le repentir au loin et le pardon ne sont pas désirables.

6720 L'excitation amoureuse et l'approche du plus grand plaisir s'accordent mieux avec les pensées de bravoure qu'avec le sang-froid.

vol. VI, Les Humbles, chap. 11

6721 Le malheur arrive sur vous, d'une seule pièce, comme glisserait un couvercle.

vol. VII, Recherche d'une église, chap. 1

6722 L'amour, même le plus léger, ne peut que parfumer la place où l'amitié un jour se posera.

chap. 11

6723 Le vrai patron est quelqu'un qui se mêle passionnément de votre travail, qui le fait avec vous, par vous.

(Les Hommes de bonne volonté) vol. VIII, Province, chap. 11

6724 Une démocratie, c'est d'abord ça : une façon de vivre où les gens osent se communiquer les choses importantes, toutes les choses importantes, où ils se sentent le droit de parler comme des adultes, et non comme des enfants dissimulés...

chap. 27

6725 La concupiscence est une fièvre qui vous met en état d'infériorité. L'œuvre de chair peut être une pratique paisible, qui vous prémunit contre des troubles plus profonds et des égarements plus graves.

ALAIN-FOURNIER 1886-1914

Le Grand Meaulnes (Émile-Paul)
deuxième partie, chap. 12, Les trois lettres de Meaulnes

6726 Notre aventure est finie. L'hiver de cette année est mort comme la tombe. Peut-être quand nous mourrons, peut-être la mort seule nous donnera la clé et la suite et la fin de cette aventure manquée.

troisième partie, chap. 4, La grande nouvelle

6727 Un homme qui a fait une fois un bond dans le Paradis, comment pourrait-il s'accommoder ensuite de la vie de tout le monde ?

Lettres d'Alain-Fournier à sa famille (Émile-Paul)
7 février 1906

6728 Je ne crois qu'au fleuve vie, je ne veux être que les flots de ce fleuve. Je ne veux pas de formules ; rien que des mots qui suivent pas à pas dans ses moindres détours, retours et rencontres, la marche complexe de la vie.

19 décembre 1906

6729 Il y a là [dans Mallarmé], pour la première fois dans la langue, une puissance presque surhumaine de précision, un effort vers les sources du langage qui atteint en même temps les sources de la pensée — en un mot le principe même de cette évolution admirable de la langue et de la philosophie, à laquelle se rattachent tous ceux qui ont écrit quelque chose de durable depuis trente ans.

4 août 1914

6730 Belle et grande et juste guerre. Je ne sais pourquoi je sens profondément qu'on sera vainqueurs.

Pierre BENOIT 1886-1962

L'Atlantide (Albin Michel)
chap. 12, Morhange se lève et disparaît

6731 [...] on doit laisser en paix les gens chargés de la cuisine. Ainsi le comprenait Jésus, [...] à qui l'idée ne vint jamais de détourner Marthe de ses fourneaux pour lui conter des sornettes.

chap. 19, Le Tanezrouft

6732 Je puis le dire hautement, plus hautement que personne: les grandes passions, cérébrales ou sensuelles, sont affaires de gens dûment repus, désaltérés et reposés.

Alberte (Albin Michel), chap. 1

6733 Mon crime [...] fut d'avoir cru qu'un grand amour lave tout, purifie tout, justifie tout. Et ce crime, quoi qu'il advienne, je maintiendrai qu'il est en puissance dans le cœur de tout être qui aura véritablement aimé.

Kœnigsmark (Albin Michel), chap. 1

6734 L'argent ne fait pas le bonheur? Qui le fait donc, je vous le demande? Qui me donnerait cette démarche assurée, cette confiance, cette joie?

Marc BLOCH 1886-1944

Apologie de l'histoire ou Métier d'historien (A. Colin)
introduction

6735 L'histoire dût-elle être éternellement indifférente à l'*homo faber* ou *politicus* qu'il lui suffirait, pour sa défense, d'être reconnue comme nécessaire au plein épanouissement de l'*homo sapiens*.

6736 [...] l'histoire n'est pas seulement une science en marche. C'est aussi une science dans l'enfance: comme toutes celles qui, pour objet, ont l'esprit humain, ce tard-venu dans le champ de la connaissance rationnelle.

La Société féodale (Albin Michel), introduction

6737 Mais l'historien n'a rien d'un homme libre. Du passé, il sait seulement ce que ce passé même veut bien lui confier.

première partie, livre deuxième, chap. 11, 1

6738 Une histoire plus digne de ce nom que les timides essais auxquels nous réduisent aujourd'hui nos moyens ferait leur place aux aventures du corps. C'est une grande naïveté de prétendre comprendre les hommes sans savoir comment ils se portaient.

Francis CARCO 1886-1958

Rendez-vous avec moi-même (Albin Michel), chap. 4

6739 Hélas! la grande tristesse actuelle est que les choses n'ont plus le temps de vieillir.

L'Ami des peintres (Gallimard)
chap. 4, De Barbizon aux « Deux Magots »

6740 L'œuvre vaut plus que la formule.

chap. 10, Conversation avec Matisse

6741 [...] pour peu qu'on y réfléchisse, on est en droit de se demander si les artistes ne font pas fausse route en ne jouant que la difficulté. [...] Tout art s'adresse aux sens, d'abord, plus qu'à l'esprit. [...] Certaines limites exigent qu'on ne les franchisse point.

Petits airs (Davis)

6742 Villon que l'on cherchait céans
N'est plus là, ni Verlaine,
Dans ce caveau sombre et puant.

On y soupire la rengaine,
On y boit, comme avant,
Entre filous et tire-laine.

Roland DORGELÈS 1886-1973

Les Croix de bois (Albin Michel)
chap. 16, Le retour du héros

6743 J'trouve que c'est une victoire, parce que j'en suis sorti vivant.

Le Château des Brouillards (Albin Michel)
chap. 12, Un trésor sur le toit

6744 La femme rend lâche, voilà ce que tu ne peux pas comprendre [...]. C'est elle qui conseille au gréviste de rentrer à l'usine, à l'artiste de faire du commerce, au soldat de plier le dos. Parce qu'elle ne pense qu'à la pâtée, qu'elle a un pot-au-feu dans le cœur. Faites-en [...] une machine à plaisir, mais pas un moule à gosses.

6745 Pour réformer le monde, il ne suffit pas de tuer le capital, il faut tuer l'amour.

chap. 17, Où l'auteur évoque des ombres

6746 La jeunesse, mais on ne la franchit jamais assez rapidement. Les vieux vous mentent lorsqu'ils vous disent : « Profitez-en. » C'est un os qu'ils vous jettent à ronger pour qu'on se tienne tranquille. Vingt ans ; le printemps de la vie ? Qu'ils aillent le demander aux dalles de la Morgue !

Le Château des Brouillards, L'été de Régine

6747 Il faut déshonorer le mariage! [...] C'est le viol qui sauvera l'amour.

Henri MASSIS 1886-1970

D'André Gide à Marcel Proust (éd. Lardanchet)
Gide et nous, introduction

6748 Se définir à propos d'un grand écrivain, si on l'entend d'un effort vers sa perfection, c'est-à-dire vers la Perfection, y a-t-il façon plus digne d'honorer la littérature ?

L'Occident et son destin (Grasset), introduction

6749 Plus encore que de conquêtes, d'annexions de territoires, c'est d'une colonisation *morale* que nous sommes aujourd'hui menacés; c'est l'âme même des peuples soumis que Russes et Américains entendent transformer.

6750 Par *Occident,* redisons-le une fois encore pour dissiper toute équivoque, c'est un *esprit* que nous entendons désigner, car l'Occident est plus une région de l'esprit humain qu'une partie du monde. Ce qui le caractérise essentiellement, c'est *le trait chrétien* et c'est par là que le mot d'Occident échappe à la délimitation des frontières géographiques.

Hans ARP 1887-1966

Jours effeuillés (Gallimard)
Le style éléphant contre le style bidet

6751 La raison, cette laide verrue, est tombée de l'homme.

Jours effeuillés, Kandinsky

6752 Si quelqu'un a des oreilles, qu'il voie, si quelqu'un a des yeux, qu'il entende !

Jours effeuillés, On my way, L'art est un fruit

6753 L'art est un fruit qui pousse dans l'homme, comme un fruit sur une plante ou l'enfant dans le sein de sa mère. Mais, tandis que le fruit de la plante, le fruit de l'animal, le fruit dans le sein de sa mère, prend des formes autonomes et naturelles, l'art, le fruit spirituel de l'homme, fait preuve la plupart du temps d'une ressemblance avec l'aspect d'autre chose.

Jours effeuillés, Un mouton à quatre tiges

6754 J'aime les calculs faux
car ils donnent
des résultats plus justes.

Blaise CENDRARS 1887-1961

Du monde entier (Denoël), Les Pâques à New York

6755 Seigneur, quand vous mourûtes, le rideau se fendit,
Ce que l'on vit derrière, personne ne l'a dit.

Du monde entier
Prose du Transsibérien et de la petite Jehanne de France

6756 Le Kremlin était comme un immense gâteau tartare [...]

6757 Pourtant j'étais fort mauvais poète.
Je ne savais pas aller jusqu'au bout.

Du monde entier
Le Panama ou les Aventures de mes sept oncles

6758 La poésie date d'aujourd'hui.

Dix-neuf poèmes élastiques, 11

6759 La critique d'art est aussi imbécile que l'espéranto.

Hors la loi!... (Grasset), troisième partie, New York

6760 Sans l'appui de l'égoïsme, l'animal humain ne se serait jamais développé. L'égoïsme est la liane après laquelle les hommes se sont hissés hors des marais croupissants pour sortir de la jungle. Cette liane est sans dimension. Elle pousse jusqu'au ciel, permettant d'atteindre Dieu et les anges [...]

L'Homme foudroyé (Denoël), Le vieux port, IV

6761 Écrire est une vue de l'esprit. C'est un travail ingrat qui mène à la solitude.

L'Homme foudroyé
Rhapsodies gitanes, Deuxième rhapsodie, 11

6762 Je ne trempe pas ma plume dans un encrier, mais dans la vie. Écrire, ce n'est pas vivre. C'est peut-être se survivre. Mais rien n'est moins garanti. En tout cas, dans la vie courante et neuf fois sur dix, écrire... c'est peut-être abdiquer. J'ai dit.

Quatrième rhapsodie, 25

6763 Que font tous ces artistes, mes contemporains? Ma parole, on dirait qu'ils n'ont jamais vécu! Et pourtant, il n'y a qu'une seule chose de sublime au monde pour un créateur; l'homme et son habitat. Dieu nous en a donné l'exemple qui s'est mêlé à nous [...]

6764 Les sages sont des gens vites. Les saints sont plus vites encore qui bénéficient de la lévitation. Voyez saint Joseph de Coupertine, cet as, qui devrait être le véritable patron de l'aviation.

Bourlinguer (Denoël), Gênes
6765 La folie est le propre de l'homme.

6766 Et Dieu jaugera et Dieu jugera.

6767 [...] l'on ne peut secouer un vice sans secouer tous les autres tellement cette broussaille vivace est passionnément enchevêtrée par les branches, les tiges, les troncs, la ramure et les racines plus longues et plus noueuses et plus emmêlées que chiendent.

6768 Vivez, ah! vivez donc, et qu'importe la suite! N'ayez pas de remords, vous n'êtes pas Juge.

Le Lotissement du ciel (Denoël), Le jugement dernier
6769 Personnellement, comme je n'ai pas la foi, je n'assisterai pas à la parousie.

Le Lotissement du ciel, La tour Eiffel sidérale, XII
6770 Partir!...
Mais le monde entier est sophistiqué, même la Russie, malgré les purges.

Emmène-moi au bout du monde (Denoël), 2
6771 L'univers est une digestion.
Vivre est une action magique

Marcel DUCHAMP 1887-1965

Marchand du sel, Rrose Sélavy, Jugements et critiques
(Le Terrain vague)
6772 Ce sont les REGARDEURS qui font les tableaux. On découvre aujourd'hui le Greco; le public peint les tableaux trois cents ans après l'auteur en titre.

Pierre Jean JOUVE 1887-1976

Paulina 1880 (Mercure de France), 51
6773 La nudité c'est le charme, l'enfance, ou encore la guerre.

Le Monde désert (Mercure de France), 9
6774 Montagne, à toi montagne! tu es la fille de mon cœur, tu es l'objet de ma main. Montagne quand on est sur toi et que l'on écoute ta pensée immobile. On dit oui à Dieu.

Les Noces (Mercure de France), Songe
6775 Le sang humain n'a qu'une manière de couler.

Les Noces, Humilis
6776 L'arbre se sauve en laissant tomber ses feuilles.

Sueur de sang (Mercure de France), avant-propos
6777 La poésie c'est la vie même du grand Éros morte et par là survivante.

6778 Je ne crois pas à la poésie qui, dans le processus inconscient, choisit le cadavre et reste fixée sur lui ; il n'y a, par le cadavre, ni révolution ni action. Dieu est vie ; et si la mort doit finalement s'intégrer dans le monde ou dans Dieu, ce ne doit jamais être par le « sens du cadavre » que, chose extraordinaire, l'homme porte en lui dès qu'il naît — comme un pouvoir diabolique engendreur de faute.

6779 La révolution comme l'acte religieux a besoin d'amour.
La poésie est un véhicule intérieur de l'amour.

Sueur de sang, Crachats
6780 Les crachats sur l'asphalte m'ont toujours fait penser
A la face imprimée au voile des saintes femmes.

Louis JOUVET 1887-1951

Le Comédien désincarné (Flammarion)
Interrogations sur le théâtre
6781 [..] le théâtre est chose spirituelle ; un culte de l'esprit ou des esprits.

6782 Le théâtre est une de ces ruches où l'on transforme le miel du visible pour en faire de l'invisible.

6783 Le public trompe le comédien, n'est-il pas vrai, et le comédien trompe le public. C'est un jeu de sincérité, un marché ! C'est ce jeu qu'il importe de considérer, dans son honnêteté, ses procédés.

Le Comédien désincarné, Vocation
6784 Il y a une hérédité de nous à nous-mêmes.

Le Comédien désincarné, Comportement de l'acteur
6785 S'appuyer sur son sentiment, pour exécuter ensuite avec lucidité, sans se laisser troubler.

Témoignage, le théâtre et la scène, l'espace scénique
in *L'Essence du théâtre*, de Henri Gouhier (Plon)
6786 [...] je rêve parfois que, à l'instar de Cuvier, je pourrai, quelque jour, étudier l'art théâtral à partir de son architecture, [...] faire jaillir d'une pierre comme d'une vertèbre, le grand corps vivant d'un mystère passé.

LE CORBUSIER 1887-1965

La Ville radieuse (éd. de l'Architecture d'aujourd'hui)

6787 Paris est devenu un monstre aplati sur une région entière, un monstre du type de biologie le plus primaire : un protoplasma, une flaque.

Lettre adressée par Le Corbusier au groupe des architectes de Johannesbourg, 23 septembre 1936

6788 L'architecture, c'est une tournure d'esprit et non un métier.

Des canons, des munitions ? merci, des logis s.v.p. (éd. de l'Architecture d'aujourd'hui)

6789 La mort de la société présente est inscrite dans la dégénérescence du logis.

Le Modulor (éd. de l'Architecture d'aujourd'hui)

6790 L'architecture (et dans ce terme, j'englobe la presque totalité des objets construits), doit être charnelle, substantielle autant que spirituelle et spéculative.

Les Plans Le Corbusier de Paris, 1922 (éd. de Minuit)

6791 Le logis, c'est le temple de la famille. Il est permis d'y vouer toute sa ferveur, toutes les ferveurs.

6792 Le rassemblement des foyers réalise les phénomènes d'entraide, de défense et de sécurité, d'économie et d'épanouissement.
L'urbanisme des temps modernes apportera dans ces conditions nouvelles la reprise de contact avec les « conditions de nature ».

SAINT-JOHN PERSE 1887-1975

La Gloire des rois (Gallimard), Amitié du prince, II

6793 « Qu'on m'apporte — je veille et je n'ai point sommeil — qu'on m'apporte ce livre des plus vieilles Chroniques... Sinon l'histoire, j'aime l'odeur de ces grands livres en peau de chèvre (et je n'ai point sommeil). »

Anabase (Gallimard), X

6794 Terre arable du songe ! Qui parle de bâtir ?

Exil (Gallimard), V

6795 Il n'est d'histoire que de l'âme, il n'est d'aisance que de l'âme.

VI

6796 « J'habiterai mon nom », fut ta réponse aux questionnaires du port.

(Exil) VII

6797 Et c'est l'heure, ô Poète, de décliner ton nom, ta naissance et ta race...

Pluies (Gallimard), VII

6798 Innombrables sont nos voies, et nos demeures incertaines.

6799 « O Pluies ! lavez au cœur de l'homme les plus beaux dits de l'homme : les plus belles sentences, les plus belles séquences ; les phrases les mieux faites, les pages les mieux nées. »

Vents (Gallimard), I, 6

6800 Notre maxime est la partialité, la sécession notre coutume.

II, 3

6801 On ne fréquente pas sans s'infecter la couche du divin.

III, 4

6802 Mais c'est de l'homme qu'il s'agit ! Et de l'homme lui-même quand donc sera-t-il question ? — Quelqu'un au monde élèvera-t-il la voix ?

IV, 6

6803 Et nos poèmes encore s'en iront sur la route des hommes, portant semence et fruit dans la lignée des hommes d'un autre âge.

Amers (Gallimard), Invocations, 5

6804 Moi j'ai pris charge de l'écrit, j'honorerai l'écrit. Comme à la fondation d'une grande œuvre votive, celui qui s'est offert à rédiger le texte et la notice ; et fut prié par l'Assemblée des Donateurs, y ayant seul vocation.

Chronique (Gallimard), 8

6805 C'est assez d'engranger, il est temps d'éventer et d'honorer notre aire.

6806 Grand âge, nous voici. Prenez mesure du cœur d'homme.

Lettre à Archibald Mac Leish, Cahiers de la Pléiade
été-automne 1950

6807 En fait de doctrine littéraire, je n'ai rien à dire : je n'ai jamais eu de goût pour la cuisine des chimistes.

Poésie (Gallimard), Discours de Stockholm

6808 Et c'est assez pour le poète d'être la mauvaise conscience de son temps.

Georges BERNANOS 1888-1948

Sous le soleil de Satan (Plon)
prologue, Histoire de Mouchette, chap. 1

6809 Le doctrinaire en révolte, dont le temps s'amuse avec une profonde ironie, ne fait souche que de gens paisibles. La postérité spirituelle de Blanqui a peuplé l'enregistrement, et les sacristies sont encombrées de celle de Lamennais.

chap. 2

6810 Un médecin [...], c'est le curé du républicain.

6811 Hasard, dit-on. Mais le hasard nous ressemble.

6812 Si longtemps qu'on en ait goûté la délectation amère et douce, la mauvaise pensée n'est point capable d'émousser par avance l'affreuse joie du mal enfin saisi, possédé — d'une première révolte pareille à une seconde naissance.

première partie, La tentation du désespoir, chap. 1

6813 J'imagine nos saints ainsi que des géants puissants et doux dont la force surnaturelle se développe avec harmonie, dans une mesure et selon un rythme que notre ignorance ne saurait percevoir, car elle n'est sensible qu'à la hauteur de l'obstacle, et ne juge point de l'ampleur et de la portée de l'élan.

chap. 2

6814 La Sainteté ! [...] Vous n'ignorez pas ce qu'elle est : une vocation, un appel. Là où Dieu vous attend, il vous faudra monter, monter ou vous perdre. N'attendez aucun secours humain.

chap. 3

6815 Certes, notre propre nature nous est, partiellement, donnée ; nous nous connaissons sans doute un peu plus clairement qu'autrui, mais chacun doit « descendre » en soi-même et à mesure qu'il descend les ténèbres s'épaississent jusqu'au tuf obscur, au moi profond, où s'agitent les ombres des ancêtres, où mugit l'instinct, ainsi qu'une eau sous la terre.

6816 Nous sommes mauvais juges en notre propre cause, et nous entretenons souvent l'illusion de certaines fautes, pour mieux nous dérober la vue de ce qui en nous est tout à fait pourri et doit être rejeté à peine de mort.

(Sous le soleil de Satan)
(première partie, La tentation du désespoir, chap. 3)

6817 La langue humaine ne peut être contrainte assez pour exprimer en termes abstraits la certitude d'une présence réelle, car toutes nos certitudes sont déduites, et l'expérience n'est pour la plupart des hommes, au soir d'une longue vie, que le terme d'un long voyage autour de leur propre néant. Nulle certitude autre que logique ne jaillit de la raison, nul autre univers n'est donné que celui des espèces, et des genres.

6818 La charité des grandes âmes, leur surnaturelle compassion, semblent les porter d'un coup au plus intime des êtres. La charité comme la raison, est un des éléments de notre connaissance.

6819 Que le péché qui nous dévore laisse à la vie peu de substance!

6820 [...] l'enfer aussi a ses cloîtres.

chap. 4

6821 Tel prêtre n'ose seulement prononcer le nom du diable. Que font-ils de la vie intérieure? Le morne champ de bataille des instincts. De la morale? Une hygiène des sens: La grâce n'est plus qu'un raisonnement juste qui sollicite l'intelligence [...]

6822 Chacun de nous est tour à tour, de quelque manière, un criminel ou un saint.

deuxième partie, Le saint de Lumbres, chap. 3

6823 Il donnait à pleines mains cette paix dont il était vide.

chap. 4

6824 Le monde n'est pas une mécanique bien montée. Entre Satan et Lui, Dieu nous jette, comme son dernier rempart. C'est à travers nous que depuis des siècles et des siècles la même haine cherche à l'atteindre, c'est dans la pauvre chair humaine que l'ineffable meurtre est consommé [...]

L'Imposture (Plon), première partie

6825 Certaines formes particulières du renoncement échappent à toute analyse parce que la sainteté tire d'elle-même à tout moment ce que l'artiste emprunte au monde des formes.

quatrième partie

6826 [...] il faut pleurer, parce que c'est la seule réponse efficace à certaines contradictions plus féroces, à certaines incompatibilités essentielles de la vie, simplement enfin parce que l'injustice existe, et qu'il est vain de la nier.

Dialogues d'ombres (Gallimard)

6827 On fait sa part à l'ennui, au vice, au désespoir même ; on ne fait pas à l'orgueil sa part.

La Joie (Plon), première partie, chap. 21

6828 [...] aux dures expériences de la vie intérieure à la déception fondamentale qui doit tremper, un jour ou l'autre, un cœur à Dieu prédestiné.

6829 Qui cherche la vérité de l'homme doit s'emparer de sa douleur.

chap. 4

6830 Ce rien de comique que le malheur lui-même recèle — auquel n'échappe jamais tout à fait la majesté du malheur.

chap. 5

6831 L'amour, [...] c'est dur, ça n'a pas d'entrailles, ça pourrait même rire de tout, comme une tête de mort.

La Grande Peur des bien-pensants (Grasset)
introduction

6832 J'ai juré de vous émouvoir — d'amitié ou de colère, qu'importe ?

chap. 4, Le maréchal Gribouille

6833 Une classe, comme un homme, peut être victime de ses fautes, mais elle n'est réellement déshonorée que par son cœur.

chap. 5, La danse devant le buffet

6834 Je n'écris pas pour réjouir les dévots ni les dévotes, je les connais : ils s'aiment assez.

chap. 9, Le bienheureux Léo Taxil

6835 L'un des principaux responsables, le seul responsable peut-être, de l'avilissement des âmes [...] est le prêtre médiocre.

chap. 10, Gogo idéaliste

6836 Comme l'écrivait jadis fort justement Georges Clemenceau, la Démocratie se doit d'être [...] une création continue.

chap. 13, Trois balles à vingt pas

6837 Les beaux militaires, depuis un siècle, remplissent merveilleusement leurs culottes, mais ils ne remplissent pas leurs destins.

conclusion

6838 La science ne libère qu'un bien petit nombre d'esprits faits par elle, prédestinés. Elle asservit les autres.

(La Grande Peur des bien-pensants, conclusion)

6839 Révolution, démocratie, laïcisme, c'était là pour nous, sous des noms divers, l'expression de ce même individualisme anarchique où a risqué de sombrer tant de fois le génie de notre race, et dont les brusques poussées [...] semblent marquer chaque grave défaillance du spirituel.

Journal d'un curé de campagne (Plon)
chap. 1

6840 La Sainte Église aura beau se donner du mal, elle ne changera pas ce pauvre monde en reposoir de la Fête-Dieu.

chap. 2

6841 La parole de Dieu! c'est un fer rouge.

6842 Dieu nous préserve des saints!

6843 Il n'y a pas de vérités moyennes.

6844 L'enfer, [...] c'est de ne plus aimer.

chap. 3

6845 Le goût du suicide est un don, un sixième sens, je ne sais quoi, on naît avec.

6846 La jeunesse est un don de Dieu, et comme tous les dons de Dieu, il est sans repentance. Ne sont jeunes, vraiment jeunes, que ceux qu'Il a désignés pour ne pas survivre à leur jeunesse.

6847 Il est plus facile que l'on croit de se haïr. La grâce est de s'oublier.

6848 Tout est grâce[1].

Les Grands Cimetières sous la lune (Plon)

6849 [...] les classes moyennes sont presque seules à fournir le véritable imbécile, la supérieure s'arrogeant le monopole d'un genre de sottise parfaitement inutilisable, d'une sottise de luxe, et l'inférieure ne réussissant que de grossières et parfois admirables ébauches d'animalité.

6850 Les imbéciles sont travaillés par l'idée de rédemption.

6851 On ne refera pas la France par les élites, on la refera par la base. Cela coûtera plus cher, tant pis! Cela coûtera ce qu'il faudra. Cela coûtera moins cher que la guerre civile.

---

1. Ce sont les dernières paroles du curé de campagne mourant; il les emprunte à sainte Thérèse de Lisieux.

6852 Le monde va être jugé par les enfants. L'esprit d'enfance va juger le monde.

Nous autres Français (Gallimard), I

6853 Il n'y a aucun orgueil à être français, mais beaucoup de peine et de travail, un grand labeur.

6854 Nous sommes toujours une chrétienté en marche, nous sommes une chrétienté en travail.

6855 Les raisons de l'honneur ne tiennent pas debout. Mais les peuples ne peuvent pas se passer d'honneur, nous paierons cher d'avoir cru en nous plutôt qu'en lui.

Lettre aux Anglais (Gallimard)

6856 Je ne me flatte pas de vous faire comprendre la France. J'ignore si je la comprends moi-même. Je n'essaie pas de la comprendre, parce qu'elle ne m'en laisse pas le loisir, elle m'emporte avec elle dans sa grande aventure [...]

Monsieur Ouine (Plon)

6857 Une vraie jeunesse est aussi rare que le génie, ou peut-être ce génie même, un défi à l'ordre du monde, à ses lois, un blasphème.

6858 On parle toujours du feu de l'enfer, mais personne ne l'a vu [...]. L'enfer, c'est le froid.

6859 Le diable, voyez-vous, c'est l'ami qui ne reste jamais jusqu'au bout.

6860 Le berceau est moins profond que la tombe.

La France contre les robots (Laffont)

I

6861 Le mot de Révolution n'est pas pour nous, Français, un mot vague. Nous savons que la Révolution est une rupture, la Révolution est un absolu. Il n'y a pas de révolution modérée [...]

II

6862 Lorsqu'un homme crie : « Vive la Liberté ! » il pense évidemment à la sienne. Mais il est extrêmement important de savoir s'il pense à celle des autres. Car un homme peut servir la liberté par calcul, ainsi qu'une simple garantie de la sienne.

III

6863 [...] une civilisation disparaît avec l'espèce d'homme, le type d'humanité, sorti d'elle. L'homme de notre civilisation [...] a disparu pratiquement de la scène de l'Histoire le jour où fut décrétée la conscription. Du moins n'a-t-il plus fait depuis que se survivre.
Cette déclaration surprendra beaucoup d'imbéciles. Mais je n'écris pas pour les imbéciles.

Dialogues des Carmélites (Le Seuil)
1ᵉʳ tableau, scène 2

6864 Je meurs chaque nuit pour ressusciter chaque matin. [...] Chaque nuit où l'on entre est celle de la Très Sainte Agonie...

scène 4

6865 Il n'est pas d'incident si négligeable où ne s'inscrit la volonté de Dieu comme toute l'immensité du ciel dans une goutte d'eau.

2ᵉ tableau, scène 1

6866 Qui s'aveugle volontairement sur le prochain, sous prétexte de charité, ne fait souvent rien autre chose que de briser le miroir afin de ne pas se voir dedans. Car l'infirmité de notre nature veut que ce soit d'abord en autrui que nous découvrions nos propres misères.

6867 Une fois sorti de l'enfance, il faut très longtemps souffrir pour y rentrer, comme tout au bout de la nuit on retrouve une nouvelle aurore.

scène 8

6868 Il est très difficile de se mépriser sans offenser Dieu en nous.

3ᵉ tableau, scène 1

6869 On ne meurt pas chacun pour soi, mais les uns pour les autres, ou même les uns à la place des autres, qui sait?

scène 6

6870 Lorsque Adam labourait et qu'Ève filait, où était le gentilhomme?

scène 9

6871 Toute guerre civile tourne en guerre de religion.

scène 12

6872 On est toujours indigne de ce qu'on reçoit, [...] car on ne reçoit jamais rien que de Dieu.

4ᵉ tableau, scène 8

6873 Il n'est d'autre remède à la peur que de se jeter à corps perdu dans la volonté de Dieu.

La Liberté pour quoi faire? (Gallimard)
La France devant le monde de demain

6874 L'avenir est quelque chose qui se surmonte. On ne subit pas l'avenir, on le fait.

6875 L'optimisme est une fausse espérance à l'usage des lâches et des imbéciles.

6876 La légende française n'a pas fait qu'enchanter l'imagination des hommes, elle les a défendus, protégés, parfois sauvés.

> La Liberté pour quoi faire ?
> L'esprit européen et le monde des machines

6877 Les civilisations sont mortelles, les civilisations meurent comme les hommes, et cependant elles ne meurent pas à la manière des hommes. La décomposition, chez elles, précède leur mort, au lieu qu'elle suit la nôtre.

Fernand CROMMELYNCK 1888-1970

> Le Cocu magnifique (éd. de la Sirène), acte 1

6878 Comment savoir tout sans vieillir ?

> Chaud et Froid, ou l'Idée de Monsieur Dom (Le Seuil), acte I

6879 Si le bonheur ou le malheur va tout nu, il n'est jamais assez visible ! Les gens ne le reconnaissent que lorsqu'ils l'ont emplumé à leurs couleurs !

> Une femme qui a le cœur trop petit (Le Seuil), acte I

6880 Divine diversité de la symétrie ! Dès qu'il y a symétrie, il y a échange, circulation, — ou inversement.

> acte II

6881 Puisque le mal n'est pas dans la chair indemne ni dans l'esprit oublieux et qu'il peut pourtant les détruire, où est le lieu de la douleur qui épargne l'homme endormi ?

6882 Fragments épars d'un jeu de patience pour longues soirées, la jeune fille n'est pas rassemblée.

Jacques DORIOT 1888-1945

> La France ne sera pas un pays d'esclaves
> (éd. Les Œuvres françaises) introduction

6883 Or, sans aucun doute, les soviets c'est la guerre.
Or, sans aucun doute, les soviets c'est la misère généralisée.

Marcel JOUHANDEAU 1888-1979

> Algèbre des valeurs morales (Gallimard)
> premier livre, première partie, II

6884 La seule tendresse qui me toucherait : celle du tigre.

V
6885 Les vertus sont sujettes à des vices particuliers qui les rendent inutiles.

deuxième livre, I
6886 Ceux qui nous aiment sont des indiscrets.

6887 Bien connaître quelqu'un, c'est l'avoir aimé et haï.

6888 Qui sait si ce n'est pas « la Même Chose », à un autre degré, qui m'attire dans les autres, qui attire Dieu en moi ?

VI
6889 Aimer, c'est n'avoir plus droit au soleil de tout le monde. On a le sien.

VII
6890 Savoir aimer, c'est ne pas aimer. Aimer, c'est ne pas savoir.

6891 Il y a un Arbre, le même en toi et en moi.

troisième livre, I
6892 La passion et la folie ne sont qu'une autre forme du sommeil.

6893 Chaque âme est à elle seule une société secrète.

II, 1
6894 Si je dois l'être à Dieu, Dieu me doit la réalité, une certaine réalité, une réalité certaine parmi toutes les réalités possibles.

2
6895 Le miracle, ce n'est pas Dieu, c'est nous.

III, 4
6896 Le caractère de Dieu ne peut pas être retranché de moi.

De l'abjection (Gallimard)
A, première partie
6897 Tu as l'âge de l'Enfer.

B, troisième partie
6898 L'Homme depuis la chute est dans la nature un accident pathologique, une maladie.
Nécessairement malsain dans ses rapports avec la nature, avec Dieu, les autres et lui-même, tout homme a droit à sa maladie.

cinquième partie
6899 Quand on a fait sa part à la Folie, on se croit sage, mais la Folie, seulement plus forte, se rencoigne.

C, sixième partie

6900 Le vrai blason de chacun, c'est son visage.

huitième partie, 1

6901 La sainteté n'est peut-être que le comble de la politesse.

Essai sur moi-même (Gallimard), I

6902 Toute création est remplie de dangers, si elle en vaut la peine. Dieu a donné l'exemple. Timidité n'engendre que néant.

6903 Tout bon livre est un attentat et appelle au moins le martyre de celui qui le commet.

III

6904 Éternellement, si à Dieu je me refuse et si Dieu m'aime, ce n'est plus Dieu qui me condamne et me damne et me torture, mais moi Dieu ; c'est Dieu qui est en enfer.

Éloge de la volupté (Gallimard), Considérations sur le plaisir

6905 La volupté fait de notre corps une sorte de mausolée incomparable, dont la gloire n'est sensible qu'à nous seul, mais de loin la plus chère, dût-elle se payer de tout le mépris du monde.

Éloge de la volupté, Innocence et plaisir

6906 La multitude de ceux qui se livrent au plaisir sans respect a plus fait pour le déshonorer que ceux qui le condamnent et s'en abstiennent.

De la grandeur (Grasset), première partie

6907 Qui a le pouvoir de résister sans fin à l'Éternel n'a que faire de se révolter dans le temps.

6908 Le cœur a ses prisons que l'intelligence n'ouvre pas.

deuxième partie

6909 La modestie n'est qu'une sorte de pudeur de l'orgueil.

6910 On perd en soi toute la place que l'on tient en ce monde.

Éléments pour une éthique (Grasset)
premier cahier, I

6911 On s'installe dans l'existence à la faveur d'un désordre et l'on ne s'y maintient que par un semblant d'ordination.

XII

6912 L'unique nécessaire, c'est d'improviser sans cesse un chant qui ne laisse rien hors du sublime.

XVIII

6913 Le Mal, c'est ce qu'on ne peut se pardonner.

deuxième cahier, I

6914 A partir d'un certain degré de veulerie, le vice en est réduit à lui-même, c'est-à-dire à moins que rien.

III

6915 Celui-ci naît, celui-là meurt. Le Tout demeure. Ma place dans le royaume de Dieu est ma part d'éternité.

IV

6916 Médiocre, on a beau s'exercer à toutes les vertus, on les gâte, on les déshonore à mesure.

V

6917 Le bien est dans le bon usage que l'on fait de n'importe quoi.

VIII

6918 On a son secret, dont on fait d'abord mystère à soi.

conclusion

6919 [...] on se doit d'être l'Homme tout entier [...]

Réflexions sur la vieillesse et la mort (Grasset)
2

6920 Dieu me préserve d'une lassitude qui me déroberait ma mort.

3

6921 La mort est un état d'âme.

4

6922 La douceur envers soi est la source de toute politesse.

Carnets de l'écrivain (Gallimard), deuxième carnet, IX

6923 Il me semble que rien n'est plus urgent et essentiel que de rester dans sa ligne.
Un chef-d'œuvre qui vous en ferait sortir est tout près de ressembler à une faute.

6924 Une phrase heureuse parfois, où affleure le sacré, peut tenir lieu de ce qu'on a vainement cherché ailleurs [...]

Paul MORAND 1888-1976

Ouvert la nuit (Gallimard), préface à l'édition de 1957

6925 La nouvelle opère à chaud, le roman, à froid. La nouvelle est une nacelle trop exiguë pour embarquer l'Homme : un révolté, oui, la Révolte, non.

Ouvert la nuit, La nuit écossaise..., I

6926 Les miroirs sont des glaces qui ne fondent pas ; ce qui fond, c'est qui s'y mire.

Ouvert la nuit, La nuit des Six-Jours

6927 Tout ce que je fais, je le fais vite et mal, de peur de cesser trop tôt d'en avoir envie.

6928 L'apéritif, c'est la prière du soir des Français.

Fermé la nuit, La nuit de Charlottenburg

6929 Ce « doux sommeil qui dénoue l'écheveau compliqué des soucis » comme dit Shakespeare, dans ces immortels sonnets qui sont l'*Internationale* du prolétariat amer des pédérastes.

Fermé la nuit, La nuit de Babylone

6930 Le monde est une vallée de pleurs, mais, somme toute, bien irriguée.

Fermé la nuit, La nuit de Putney

6931 L'amour est aussi une affection de la peau.

Lewis et Irène, troisième partie, I

6932 L'amitié entre hommes, vous savez ce que les femmes en pensent : ça fait de l'ombre sur leurs robes.

V

6933 Pour la plupart des gens, l'amour est devenu une chose si ennuyeuse qu'on se met à plusieurs pour en venir à bout.

Rien que la terre (Grasset)

6934 Nos pères furent sédentaires. Nos fils le seront davantage car ils n'auront, pour se déplacer, que la terre.

6935 Il restera d'entrer à la Trappe, — cette légion étrangère de Dieu, — et de chercher désormais en hauteur un infini que l'étendue ne peut plus nous donner, ou d'aller conquérir d'autres planètes.

6936 Les États-Unis d'Europe. Il y avait là une formule lapidaire : les politiciens pouvaient-ils ne pas lui faire un sort ? Reste, — pour parler comme eux, — à réaliser la chose.

6937 La terre cesse d'être un drapeau aux couleurs violentes : c'est l'âge sale du métis.

Jean WAHL 1888-1974

Études kierkegaardiennes (Vrin), chap. 3

6938 Une existence de poète est une existence malheureuse. Mais on n'atteint pas encore la profondeur de la véritable douleur: le monde de la vraie douleur est radicalement séparé du monde du bonheur et du malheur.

chap. 8, II

6939 Intérioriser le cloître, c'est vivre dans le monde.

III

6940 Il ne faut pas dire que la voie est étroite ; c'est l'étroitesse qui est la voie.

Poésie, Pensée, Perception (Calmann-Lévy)
première partie, La poésie comme union des contraires, V

6941 La poésie vient de l'au-delà et va vers l'au-delà. Elle est essentiellement sentiment de transcendance. C'est pour cela qu'elle est existence exaltée et connaissance ambiguë.

troisième partie, Note sur la philosophie de l'existence

6942 Il n'y a de philosophie de l'existence que si celle-ci (l'existence) enferme autre chose qu'elle-même, que si la philosophie de l'existence est philosophie d'autre chose que de l'existence ; et il n'y a d'existence que si l'existence est autre chose que philosophie.

Léon BRILLOUIN 1889-1969

Vie, matière et observation (Albin Michel)
chap. 3, 7

6943 Un système vivant est un système ouvert et pourtant stable. On peut le comparer à une flamme.

8

6944 Le principe de Carnot est un décret de mort ; il s'applique brutalement dans le monde inanimé, monde déjà mort par avance. La vie fait, pour un temps limité, échec à ce décret. Elle joue sur le fait que le décret de mort est issu sans préciser le délai d'application.

13

6945 Ils [les savants et les philosophes] apportèrent à l'humanité des informations jusque-là inconnues. D'où la conclusion : la pensée crée de l'entropie négative. La réflexion et le travail du cerveau vont à l'inverse des lois physiques usuelles.

Jean COCTEAU 1889-1963

Le Potomak (Stock), Après coup

6947 L'avenir n'appartient à personne. Il n'y a pas de précurseurs, il n'existe que des retardataires.

6948 Ce que le public te reproche, cultive-le, c'est toi.

6949 Prends garde, celui-là n'est pas un révolutionnaire. C'est un conservateur de vieilles anarchies.

Le Coq et l'Arlequin (Stock)

6950 L'art c'est la science faite clair.

6951 Le tact dans l'audace c'est de savoir *jusqu'où on peut aller trop loin.*

6952 La vérité est trop nue, elle n'excite pas les hommes.

6953 Nous abritons un ange que nous choquons sans cesse. Nous devons être les gardiens de cet ange.

6954 Un artiste original ne peut pas copier. Il n'a donc qu'à copier pour être original.

Discours du grand sommeil (Gallimard)
L'adieu aux fusiliers marins

6955 Adieu marins, naïfs adorateurs du vent.

Poésies, 1920 (Gallimard), Pauvre Jean

6956 Quand il releva son visage,
Il n'eut pas la force de crier ;
Car les uns étaient en voyage
Et les autres s'étaient mariés.

Poésies, 1920, Iles

6957 A Palma de Majorque
Tout le monde est heureux.
On mange dans la rue
Des sorbets au citron.
[...]
Racontez-moi encore
Palma des Baléares ;
Je ne connais qu'une île
Au milieu de la Marne.

Vocabulaire, 1922 (Gallimard), À force de plaisirs...

6958 A force de plaisirs notre bonheur s'abîme.

Plain-Chant, 1923 (Gallimard), II

6959 Je n'aime pas dormir quand ta figure habite,
La nuit, contre mon cou;
Car je pense à la mort laquelle vient si vite
Nous endormir beaucoup.

6960 Ah! je voudrais, gardant ton profil sur ma gorge,
Par ta bouche qui dort
Entendre de tes seins la délicate forge
Souffler jusqu'à ma mort.

6961 Notre entrelacs d'amour à des lettres ressemble,
Sur un arbre se mélangeant;
Et, sur ce lit, nos corps s'entortillent ensemble,
Comme à ton nom le nom de Jean.

III

6962 Muses qui ne songez à plaire ou à déplaire
Je sens que vous partez sans même dire adieu.

Le Secret professionnel (Stock)

6963 [Le style] est une façon très simple de dire des choses compliquées.

6964 C'est [...] cette manière d'épauler, de viser, de tirer vite et juste, que je nomme le style.

6965 Écrire, surtout des poèmes, égale transpirer. L'œuvre est une sueur.

6966 Un vrai poète se soucie de poésie. De même un horticulteur ne parfume pas ses roses.

6967 Le poète ne rêve pas: il compte.

Lettre à Jacques Maritain (Stock)

6968 [...] le mystère commence après les aveux. L'hypocrisie, la cachotterie qu'on a coutume de prendre pour le mystère, ne font pas une belle ombre.

6969 L'opinion déchire le personnage qu'elle invente. Au lieu de nous brûler, elle nous brûle en effigie.

6970 Jouer cœur est simple. Il faut en avoir, voilà tout.

6971 L'art d'un pays en révolution, c'est sa révolution.

6972 Dieu ne saurait être déifié sans ridicule. Il aime être vécu.

6973 L'art pour l'art, l'art pour la foule sont également absurdes. Je propose l'art pour Dieu.

Opéra (Stock), Par lui-même

6974 Toute ma présence est là: Je décalque
L'invisible (invisible à vous).

Orphée (Stock), scène 7

6975 Les miroirs sont les portes par lesquelles la Mort va et vient. [...] Du reste, regardez-vous toute votre vie dans une glace et vous verrez la Mort travailler comme des abeilles dans une ruche de verre.

scène 9

6976 Que pense le marbre dans lequel un sculpteur taille un chef-d'œuvre? Il pense: on me frappe, on m'abîme, on m'insulte, on me brise, je suis perdu. Ce marbre est idiot. La vie me taille! [...] Elle fait un chef-d'œuvre.

Opium (Stock)

6977 Plus on est avide, plus il est indispensable de reculer coûte que coûte les bornes du merveilleux.

6978 Tout ce qui n'est pas cru reste décoratif.

6979 Le génie est l'extrême pointe du sens pratique.

Les Enfants terribles (Grasset), première partie

6980 Les privilèges de la beauté sont immenses. Elle agit même sur ceux qui ne la constatent pas.

Essai de critique indirecte (Grasset)

6981 [...] la poésie est un monde fermé où l'on reçoit très peu et où il arrive même qu'on ne reçoive personne.

6982 Une chose permise ne peut pas être pure.

6983 On s'apercevra vite que mes calembours n'étaient pas l'esprit mais le cœur de mon livre.

6984 L'homme génial, c'est l'homme capable de tout. Quelquefois, brutalement, une question se pose: les chefs-d'œuvre seraient-ils des *alibis*?

6985 La lune est le soleil des statues.

6986 Combien d'hommes profondément distraits pénétrèrent dans des trompe-l'œil et ne sont pas revenus.

6987 Les miroirs feraient bien de réfléchir un peu plus avant de renvoyer les images.

La Difficulté d'être (Éd. du Rocher), préface

6988 En fin de compte, tout s'arrange, sauf la difficulté d'être, qui ne s'arrange pas.

La Difficulté d'être, De la France

6989 Qu'est-ce que la France, je vous le demande? Un coq sur un fumier. Otez le fumier, le coq meurt.

La Difficulté d'être, De la lecture

6990 Qui sait écrire? C'est se battre avec l'encre pour se faire entendre.

La Difficulté d'être, De la frivolité

6991 La frivolité est un crime en cela qu'elle singe la légèreté [...]

La Difficulté d'être, Du rire

6992 Comme le cœur et comme le sexe, le rire procède par érection Rien ne l'enfle qui ne l'excite. Il ne se dresse pas à volonté.

La Difficulté d'être, De la jeunesse

6993 L'enfance sait ce qu'elle veut. Elle veut sortir de l'enfance.

La Difficulté d'être, Des mœurs

6994 Écrire est un acte d'amour. S'il ne l'est pas il n'est qu'écriture.

Journal d'un inconnu (Grasset), De l'invisibilité

6995 La poésie est une religion sans espoir. Le poète s'y épuise en sachant que le chef-d'œuvre n'est, après tout, qu'un numéro de chien savant sur une terre peu solide.

6996 L'art consacre le meurtre d'une habitude. L'artiste se charge de lui tordre le cou.

Journal d'un inconnu, D'une conduite

6997 Courir plus vite que la beauté.

6998 Trouver d'abord, chercher après.

6999 Qui s'affecte d'une insulte, s'infecte.

7000 Être torchon. Ne pas se mélanger avec les serviettes.

Tristan DERÈME 1889-1941

La Verdure dorée (éd. Émile-Paul)

7001 Car c'est vous, Écho de la Mode,
Qui faites pâlir l'*Iliade*.
Et qu'on préfère à l'*Énéide*
Comme au *Discours de la Méthode*.

Gabriel MARCEL 1889-1973

Journal métaphysique (Gallimard), première partie

7002 [...] les vérités philosophiques sont relatives aux exigences des pensées qui les constituent. La hiérarchie des vérités se définit en fonction de celle des exigences.

7003 [...] le donné commun à ma conscience et aux autres consciences possibles est mon corps.

7004 Penser la foi, c'est [...] penser la foi en Dieu.

7005 [...] la religion est l'affirmation perpétuelle du présent, l'histoire est la négation perpétuelle du présent.

Être et Avoir (Aubier)

7006 La pensée est tournée vers l'Autre, elle est appétence de l'Autre. Toute la question est de savoir si cet Autre, c'est l'Être.

7007 La mystérieuse relation entre la grâce et la foi existe partout où il y a fidélité; et là où toute relation de ce genre fait défaut, il n'y a place que pour une ombre de la fidélité, une contrainte peut-être coupable et mensongère à laquelle l'âme se soumet.

7008 La mort comme tremplin d'une espérance absolue. Un monde où la mort ferait défaut serait un monde où l'espérance n'existerait qu'à l'état larvé.

Les Hommes contre l'humain (Fayard)
première partie, I, Qu'est-ce qu'un homme libre?

7009 A l'affirmation proférée par Nietzsche: Dieu est mort, près de trois quarts de siècle plus tard une autre affirmation, moins proférée que murmurée dans l'angoisse, vient aujourd'hui faire écho: l'homme est en agonie.

7010 [...] l'homme dépend, dans une très large mesure, de l'idée qu'il se fait de lui-même [...]. Cette idée ne peut pas être dégradée sans être du même coup dégradante.

III. Les techniques d'avilissement

7011 [...] une civilisation où la technique tend à s'émanciper de plus en plus de la connaissance spéculative, et finalement à mettre celle-ci en question, une civilisation où l'on peut dire que toute possibilité de contemplation est finalement récusée, s'achemine inévitablement vers une philosophie qu'il vaudrait mieux qualifier de *misosophie*.

Pierre REVERDY 1889-1960

Le Livre de mon bord (Mercure de France), Notes 1930-1936

7012 On peut dire que la nature est chaste — mais l'homme, qui se croit pourtant dans la nature, s'en exclut par la chasteté.

7013 Le plus solide et le plus durable trait d'union entre les êtres, c'est la barrière.

7014 J'ai tellement besoin de temps pour ne rien faire, qu'il ne m'en reste plus assez pour travailler.

7015 Je suis armé d'une cuirasse qui n'est faite que de défauts.

7016 La poésie ne mène à rien — à condition de ne pas en sortir.

7017 Ce n'est pas tellement de liberté qu'on a besoin, mais de n'être enchaîné que par ce qu'on aime.

7018 Le poète pense en pièces détachées, idées séparées, images formées par contiguïté ; le prosateur s'exprime en développant une succession d'idées qui sont déjà en lui et qui restent logiquement liées. Il déroule. Le poète juxtapose et rive, dans les meilleurs cas, les différentes parties de l'œuvre dont le principal mérite est précisément de ne pas présenter trop de raison trop évidente d'être ainsi rapprochées.

7019 L'éthique c'est l'esthétique de dedans.

7020 Un poète ne vit guère que de sensations, aspire aux idées et, en fin de compte, n'exprime que des sentiments.

7021 Un bon poème sort tout fait.

Charles de GAULLE 1890-1970

Vers l'armée de métier (Berger-Levrault)
Pourquoi?, Couverture

7022 Comme la vue d'un portrait suggère à l'observateur l'impression d'une destinée, ainsi la carte de France révèle notre fortune.

Vers l'armée de métier, Comment ?, Commandement, II
7023 La véritable école du Commandement est [...] la culture générale.

7024 [...] la gloire se donne seulement à ceux qui l'ont toujours rêvée.

III

7025 L'épée est l'axe du monde et la grandeur ne se divise pas.

Le Fil de l'épée (Berger-Levrault), Du caractère, I
7026 [...] le Caractère, vertu des temps difficiles.

II

7027 [...] l'autorité ne va pas sans prestige, ni le prestige sans l'éloignement.

Le Fil de l'épée, Le politique et le soldat, IV
7028 [...] il n'y a pas dans les armes de carrière illustre qui n'ait servi une vaste politique, ni de grande gloire d'homme d'État que n'ait dorée l'éclat de la défense nationale.

La France et son armée (Plon), Origines, I
7029 La France fut faite à coups d'épée.

La France et son armée, Napoléon, II
7030 Les âmes, comme la matière, ont des limites.

La France et son armée, Grande Guerre, I
7031 La Grande Guerre est une révolution.

Mémoires de guerre (Plon), L'Appel, La pente
7032 Toute ma vie je me suis fait une certaine idée de la France.

7033 [...] la France ne peut être la France sans la grandeur.

7034 Le moteur confère aux moyens de destruction modernes une puissance, une vitesse, un rayon d'action, tels que le conflit présent sera, tôt ou tard, marqué par des mouvements, des surprises, des irruptions, des poursuites, dont l'ampleur et la rapidité dépasseront infiniment celles des plus fulgurants événements du passé.

7035 La guerre commence infiniment mal. Il faut donc qu'elle continue.

7036 Face aux grands périls, le salut n'est que dans la grandeur.

L'Appel, La chute
7037 Winston Churchill m'apparut, d'un bout à l'autre du drame, comme le grand champion d'une grande entreprise et le grand artiste d'une grande Histoire.

7038 La vieillesse est un naufrage. Pour que rien ne nous fût épargné, la vieillesse du maréchal Pétain allait s'identifier avec le naufrage de la France.

7039 [...] toujours, le Chef est seul en face du mauvais destin.

L'Appel, L'Orient

7040 Vers l'Orient compliqué, je volais avec des idées simples.

L'Appel, Les Alliés

7041 Si la règle soviétique revêtait d'un carcan sans fissure la personnalité de ses serviteurs, elle ne pouvait empêcher qu'il restât un homme dessous.

L'Appel, La France combattante

7042 Dans le mouvement incessant du monde, toutes les doctrines, toutes les écoles, toutes les révoltes, n'ont qu'un temps. Le communisme passera. Mais la France ne passera pas.

7043 Je parle. Il le faut bien. L'action met les ardeurs en œuvre. Mais c'est la parole qui les suscite.

7044 Trêve de doutes! Penché sur le gouffre où la patrie a roulé, je suis son fils qui l'appelle, lui tient la lumière, lui montre la voie du salut. Beaucoup, déjà, m'ont rejoint. D'autres viendront, j'en suis sûr! Maintenant, j'entends la France me répondre. Au fond de l'abîme, elle se révèle, elle marche, elle gravit la pente. Ah! mère, tels que nous sommes, nous voici pour vous servir.

L'Appel, conclusion du discours prononcé à Londres le 1ᵉʳ avril 1942

7045 Une France en révolution préfère toujours gagner la guerre avec le général Hoche plutôt que de la perdre avec le maréchal de Soubise.

Mémoires de guerre (Plon)
L'Unité, Tragédie

7046 « Un seul combat, pour une seule patrie! »

L'Unité, Politique

7047 Au total, voyant autour de moi ces compagnons courageux et d'une immense bonne volonté, je me sentais rempli d'estime pour tous et d'amitié pour beaucoup. Mais aussi, sondant leurs âmes, j'en venais à me demander si, parmi tous ceux-là qui parlaient de révolution, je n'étais pas, en vérité, le seul révolutionnaire.

7048 « Délibérer est le fait de plusieurs. Agir est le fait d'un seul. »

7049 Ma nature m'avertit, mon expérience m'a appris, qu'au sommet des affaires on ne sauvegarde son temps et sa personne qu'en se tenant méthodiquement assez haut et assez loin.

Mémoires de guerre (Plon)
Le Salut, La libération

7050 La libération du pays devait être accompagnée d'une profonde transformation sociale. [...] Ou bien il serait procédé d'office et rapidement à un changement notable de la condition ouvrière et à des coupes sombres dans les privilèges de l'argent, ou bien la masse souffrante et amère des travailleurs glisserait à des bouleversements où la France risquerait de perdre ce qui lui restait de substance.

7051 Au fond, comme chef de l'État[1], deux choses lui avaient manqué: qu'il fût un chef, qu'il y eût un État.

7052 Plus le trouble est grand, plus il faut gouverner. Sortant d'un immense tumulte, ce qui s'impose, d'abord, c'est de remettre le pays au travail. Mais la première condition est que les travailleurs puissent vivre.

Le Salut, L'ordre

7053 Dès lors qu'au lieu de la révolution les communistes prennent pour but la prépondérance dans un régime parlementaire, la société court moins de risques.

7054 Dans les lettres[2], comme en tout, le talent est un titre de responsabilité.

7055 Ce n'est point que je sois convaincu par des arguments théoriques. En économie, non plus qu'en politique ou en stratégie, il n'existe, à mon sens, de vérité absolue. Mais il y a les circonstances.

Le Salut, Discordances

7056 Quant à moi, qui ne connais que trop mes limites et mon infirmité et qui sais bien qu'aucun homme ne peut se substituer à un peuple, comme je voudrais faire entrer dans les âmes la conviction qui m'anime!

7057 Mais quels sont ces cris, péremptoires et contradictoires, qui s'élèvent bruyamment au-dessus de la nation? Hélas! Rien autre chose que les clameurs des partisans.

Le Salut, Désunion

7058 Quant au pouvoir, je ne saurais, en tout cas, quitter les choses avant qu'elles ne me quittent.

---

1. A propos du président Lebrun.
2. A propos de l'exécution de Brasillach.

Le Salut, Départ

7059 Dans le tumulte des hommes et des événements, la solitude était ma tentation. Maintenant, elle est mon amie. De quelle autre se contenter quand on a rencontré l'Histoire ?

Jean GUÉHENNO 1890-1978

Changer la vie (Grasset), Actions de grâces

7060 Nos manques nous servent presque autant que nos biens.

Changer la vie, Peïné ou le Paradis perdu

7061 Rien, dans les hommes de religion ou leurs ouailles, ne me choque davantage que cette prétention qu'ils ont souvent à être les seuls hommes religieux.

7062 Faut-il si tôt nous persuader que le mal est en nous? On n'échappe plus à ce mécontentement morose de soi si on l'a trop tôt connu, et il arrive qu'on n'ose plus vivre.

Changer la vie, Histoires de souliers

7063 Les philosophies ne sont jamais plus belles que quand elles sont encore poésie, découverte et conquête du monde.

7064 On défend bien plus férocement sa chance que son droit.

Changer la vie, Souvenirs du bonheur

7065 Dans le chant le plus naïf, pour peu qu'il soit chanté d'une voix pure et naturelle, il peut se rencontrer telle note si exacte, si bien placée, si éloquente, qu'elle semble contenir toute la vérité de l'homme et toute l'harmonie de l'univers.

Changer la vie, Une grève en 1906

7066 La plus grande et la plus émouvante histoire serait l'histoire des hommes sans histoire, des hommes sans papiers, mais elle est impossible à écrire.

Changer la vie, La découverte du logos

7067 On ne pourrait pas vivre si on avait tout le cœur qu'il faut. On ne vit que parce qu'on est dur.

Changer la vie, Plongées dans le monde

7068 Chacun a son dictionnaire.

Max ERNST 1891-1978

« Au-delà de la peinture » (éd. Cahiers d'art)
I, Cahiers d'art : Max Ernst

7069 Si ce sont les plumes qui font le plumage, ce n'est pas la colle qui fait le collage.

Martial GUÉROULT 1891-1976

Descartes selon l'ordre des raisons (Aubier)
tome I, avant-propos

7070 Il est possible, en effet, de s'imaginer comprendre sans expliquer, lorsque, croyant comprendre autrui, on ne fait à ce propos que se comprendre soi-même.

Leçon inaugurale au Collège de France

7071 Pour savoir exactement ce que le philosophe a voulu dire, il est nécessaire de savoir exactement comment il a cru pouvoir l'établir.

7072 Chaque philosophie comporte expressément ou implicitement son discours de la méthode.

Louis de BROGLIE 1892-1987

Physique et microphysique (Albin Michel)
deuxième partie, chap. 7

7073 C'est le microscopique qui est la réalité profonde, car il sous-tend le macroscopique : c'est en lui qu'il faut chercher les ultimes arcanes de la réalité qui, dans le macroscopique, se dissimulent sous l'imprécision des données sensorielles et dans la masse confuse des moyennes statistiques.

7074 La Physique quantique dans le domaine, qui lui est propre, des phénomènes à très petites échelles, est incapable de maintenir le déterminisme, c'est-à-dire la prévisibilité parfaite, des phénomènes observables.

chap. 11

7075 On ne s'étonne pas assez de ce fait que quelque science soit possible, c'est-à-dire que notre raison nous fournisse les moyens de comprendre au moins certains aspects de ce qui se passe autour de nous dans la nature.

troisième partie, chap. 13

7076 Pour le savant, croire la science achevée est toujours une illusion aussi complète qui le serait pour l'historien de croire l'histoire terminée.

Alexandre KOYRÉ 1892-1964

Études galiléennes (Hermann)
À l'aube de la science classique, introduction

7077 L'attitude intellectuelle de la science classique pourrait être caractérisée par ces deux moments, étroitement liés d'ailleurs : géométrisation de l'espace, et dissolution du Cosmos ; substitution à l'espace concret de la physique prégaliléenne de l'espace abstrait de la géométrie euclidienne.

Études galiléennes, Galilée et la loi d'inertie

7078 Ce n'est que d'une *métaphysique nouvelle* que la nouvelle physique peut sortir.

Études d'histoire de la pensée philosophique (Armand Colin)
*De l'influence des conceptions philosophiques
sur l'évolution des théories scientifiques*

7079 La philosophie — peut-être n'est-ce pas celle qui s'enseigne aujourd'hui dans les facultés, mais il en était de même du temps de Galilée et de Descartes — est redevenue la racine dont la physique est le tronc et la mécanique le fruit.

*Études d'histoire de la pensée philosophique
Les philosophies de la machine*

7080 Il est incontestable, du moins *grosso modo*, que la sagesse antique cherche avant tout et surtout à nous apprendre à renoncer, à nous apprendre à nous passer des choses que nous désirons ou pourrions désirer : des bonnes choses de ce monde ; et que la non-sagesse moderne s'applique, au contraire, à satisfaire nos désirs, et même à les provoquer.

*Études d'histoire de la pensée philosophique
Du monde de l'« à-peu-près » à l'univers de la précision*

7081 Ce n'est pas l'utilisation d'un objet qui en détermine la nature : c'est la structure ; un chronomètre reste un *chronomètre,* même si ce sont des marins qui l'emploient.

Paul VAILLANT-COUTURIER 1892-1937

Au service de l'esprit (éd. Hier et Aujourd'hui)
*Pour la convocation des États généraux de l'intelligence française
rapport présenté au Comité central du P.C.F. le 16 octobre 1936*

7082 L'intelligence défend la paix. L'intelligence a horreur de la guerre [...]

7083 Les communistes [...] sont des missionnaires historiques de la liberté.

7084 Le communisme ce n'est pas l'inhumain, c'est l'humain.

*Discours au IIe Congrès international des écrivains
pour la défense de la culture*

7085 Nous proclamons l'individu.

Pierre DRIEU LA ROCHELLE 1893-1945

Interrogation (Gallimard)

7086 Que soit bénie la foi des hommes qui osent renouveler la figure du monde selon l'idéal qu'ils chérissent.

État civil (Gallimard)

7087 Dans le sport, l'homme reprend ses droits. Il reconquiert la discipline, la seule liberté qui soit douce.

N.R.F., janvier 1923

7088 L'art aide à mieux vivre, à mieux mûrir la vie ; si d'abord on a su vivre, plus tard quand certaines sources se tarissent, alors il est temps de rechercher le temps perdu.

Plainte contre Inconnu (Gallimard)

7089 L'art, en donnant du prix aux sensations, offre aux hommes leur seule chance de réaliser la vie.

Genève ou Moscou (Gallimard)

7090 L'idée de patrie est liée à l'idée de guerre. Étant donné ce qu'est devenue la guerre dans le monde actuel, elle fait de la Patrie la force la plus immédiatement dangereuse qui circule au milieu de nous.

Le Feu follet (Gallimard)

7091 L'homme n'existe que dans le combat, l'homme ne vit que s'il risque la mort.

L'Europe contre les patries (Gallimard)

7092 La Révolution russe est une révolution nationale comme toutes les révolutions.

Nouvelles littéraires, 28 janvier 1933

7093 Un véritable intellectuel est toujours un partisan, mais toujours un partisan exilé : toujours un homme de foi, mais toujours un hérétique.

La Comédie de Charleroi (Gallimard)

7094 La guerre moderne est une révolte maléfique de la matière asservie par l'homme.

7095 Le snobisme est la seule démarche possible pour des gens qui ne vivent plus guère qu'en imagination, toute tournée vers le passé. Le snobisme c'est une retombée sur un passé quelconque.

Beloukia (Gallimard)

7096 On doute finalement de ce qu'on a pris quand on est visité par le sentiment qu'on n'a pas tout donné.

Gilles (Gallimard)

7097 La ville, ce n'est pas la solitude parce que la ville anéantit tout ce qui peuple la solitude. La ville c'est le vide.

N.R.F., novembre 1939

7098 Rien ne se fait que par la gauche. Et la lumière vient de l'Orient.

L'Homme à cheval (Gallimard)

7099 Je n'ai jamais vu la dignité de l'homme que dans la sincérité de ses passions.

7100 Donnez-nous de grands hommes et de grandes actions pour que nous retrouvions le sens des grandes choses.

Histoires déplaisantes (Gallimard)

7101 Jamais je ne pardonnerai aux religions, aux philosophies, aux politiques d'avoir laissé se perpétrer cette ignominie du corps des hommes.

Les Chiens de paille (Gallimard)

7102 L'extrême civilisation engendre l'extrême barbarie.

Louis-Ferdinand CÉLINE 1894-1961

Voyage au bout de la nuit (Gallimard)

7103 L'amour c'est l'infini à la portée des caniches.

7104 On est puceau de l'Horreur comme on l'est de la volupté.

7105 Quand on a pas d'imagination, mourir c'est peu de chose, quand on en a, mourir c'est trop.

7106 La grande défaite, en tout, c'est d'oublier, et surtout ce qui vous a fait crever, et de crever sans comprendre jamais jusqu'à quel point les hommes sont vaches.

7107 Invoquer la postérité c'est faire un discours aux asticots.

7108 La plupart des gens ne meurent qu'au dernier moment; d'autres commencent et s'y prennent vingt ans d'avance et parfois davantage. Ce sont les malheureux de la terre.

7109 Tout est permis en dedans.

7110 [...] des pauvres, c'est-à-dire des gens dont la mort n'intéresse personne.

7111 L'âme, c'est la vanité et le plaisir du corps tant qu'il est bien portant, mais c'est aussi l'envie d'en sortir, du corps, dès qu'il est malade ou que les choses tournent mal.

7112 Je vous le dis, petits bonshommes, couillons de la vie, battus, rançonnés, transpirants de toujours, je vous préviens, quand les grands de ce monde se mettent à vous aimer, c'est qu'ils vont vous tourner en saucissons de bataille...

7113 Le mensonge, ce rêve pris sur le fait, et seul amour des hommes.

7114 Il existe pour le pauvre en ce monde deux grandes manières de crever, soit par l'indifférence absolue de vos semblables en temps de paix, ou par la passion homicide des mêmes la guerre venue.

7115 Lapin ici, héros là-bas, c'est le même homme, il ne pense pas plus ici que là-bas. Tout ce qui n'est pas gagner de l'argent le dépasse décidément infiniment. Tout ce qui est vie ou mort lui échappe. Même sa propre mort, il la spécule mal et de travers. Il ne comprend que l'argent et le théâtre.

7116 Quand on a pu s'échapper vivant d'un abattoir international en folie, c'est tout de même une référence sous le rapport du tact et de la discrétion.

7117 Quand la haine des hommes ne comporte aucun risque, leur bêtise est vite convaincue, les motifs viennent tout seuls.

7118 Toute possibilité de lâcheté devient une magnifique espérance à qui s'y connaît. C'est mon avis. Il ne faut jamais se montrer difficile sur le moyen de se sauver de l'étripade, ni perdre son temps non plus à rechercher les raisons d'une persécution dont on est l'objet. Y échapper suffit au sage.

7119 Il n'y a pas de vanité intelligente.

7120 C'est effrayant ce qu'on en a des choses et des gens qui ne bougent plus dans son passé. Les vivants qu'on égare dans les cryptes du temps dorment si bien avec les morts qu'une même ombre les confond déjà. On ne sait plus qui réveiller en vieillissant, les vivants ou les morts.

7121 Faire confiance aux hommes c'est déjà se faire tuer un peu.

7122 La vérité, c'est une agonie qui n'en finit pas. La vérité de ce monde c'est la mort. Il faut choisir, mourir ou mentir. Je n'ai jamais pu me tuer moi.

7123 Presque tous les désirs du pauvre sont punis de prison.

7124 Philosopher n'est qu'une autre façon d'avoir peur et ne porte guère qu'aux lâches simulacres.

(Voyage au bout de la nuit)

7125 La vie des gens sans moyens n'est qu'un long refus dans un long délire et on ne connaît vraiment bien, on ne se délivre aussi que de ce qu'on possède.

7126 L'égoïsme des êtres qui furent mêlés à notre vie, quand on pense à eux, vieilli, se démontre indéniable, tel qu'il fut, c'est-à-dire, en acier, en platine, et bien plus durable encore que le temps lui-même.

7127 Les pauvres sont fadés. La misère est géante, elle se sert pour essuyer les ordures du monde de votre figure comme d'une toile à laver. Il en reste.

7128 Il n'existe en somme que les misères bien présentées pour faire recette, celles qui sont bien préparées par l'imagination.

7129 C'est peut-être ça qu'on cherche à travers la vie, rien que cela, le plus grand chagrin possible pour devenir soi-même avant de mourir.

7130 Tant qu'il faut aimer quelque chose, on risque moins avec les enfants qu'avec les hommes, on a au moins l'excuse d'espérer qu'ils seront moins carnes que nous autres plus tard. On ne savait pas.

7131 La médecine, c'est ingrat. Quand on se fait honorer par les riches, on a l'air d'un larbin, par les pauvres on a tout du voleur.

7132 On n'est jamais très mécontent qu'un adulte s'en aille, ça fait toujours une vache de moins sur la terre, qu'on se dit, tandis que pour un enfant, c'est tout de même moins sûr. Il y a l'avenir.

7133 J'étais comme arrivé au moment, à l'âge peut-être, où on sait bien ce qu'on perd à chaque heure qui passe.
[...] déjà on est moins fier d'elle, de sa jeunesse, on ose pas encore l'avouer en public que ce n'est peut-être que cela sa jeunesse, de l'entrain à vieillir.
On découvre dans tout son passé ridicule tellement de ridicule, de tromperie, de crédulité qu'on voudrait peut-être s'arrêter tout net d'être jeune, attendre de la jeunesse qu'elle se détache, attendre qu'elle vous dépasse, la voir s'en aller, s'éloigner, regarder toute sa vanité, porter la main dans son vide, la voir repasser encore devant soi, et puis soi partir, être sûr qu'elle s'en est bien allée sa jeunesse et tranquillement alors, de son côté, bien à soi, repasser tout doucement de l'autre côté du Temps pour regarder vraiment comment qu'ils sont les gens et les choses.

7134 C'est à cela que ça sert, à ça seulement, un homme, une grimace, qu'il met toute une vie à confectionner, et encore, qu'il arrive même pas toujours à la terminer, tellement qu'elle est lourde et compliquée la grimace qu'il faudrait faire pour exprimer toute sa vraie âme sans rien en perdre.

7135   Personne ne lui résiste au fond à la musique. On n'a rien à faire avec son cœur, on le donne volontiers. Faut entendre au fond de toutes les musiques l'air sans notes, fait pour nous, l'air de la Mort.

7136   ... La zone... cette espèce de village qui n'arrive jamais à se dégager tout à fait de la boue, coincé dans les ordures et bordé de sentiers où les petites filles trop éveillées et morveuses, le long des palissades, fuient l'école pour attraper d'un satyre à l'autre vingt sous, des frites et la blennorragie.

7137   Quand on n'a pas d'argent à offrir aux pauvres, il vaut mieux se taire. Quand on leur parle d'autre chose que d'argent, on les trompe, on ment, presque toujours. Les riches c'est facile à amuser rien qu'avec des glaces par exemple, pour qu'ils s'y contemplent, puisqu'il n'y a rien de mieux au monde à regarder que les riches. Pour les ravigoter, on les remonte les riches, à chaque dix ans, d'un cran dans la Légion d'Honneur comme un vieux nichon et les voilà occupés pendant dix ans encore.

7138   Trahir, qu'on dit, c'est vite dit. Faut encore saisir l'occasion. C'est comme d'ouvrir une fenêtre dans une prison, trahir. Tout le monde en a envie mais c'est rare qu'on puisse.

7139   Le cinéma ce nouveau petit salarié de nos rêves on peut l'acheter lui, se le procurer pour une heure ou deux, comme un prostitué.

7140   C'est la manie des jeunes de mettre toute l'humanité dans un derrière, un seul, le sacré rêve, la rage d'amour.

7141   Par exemple c'est facile de nous raconter des choses à propos de Jésus-Christ. Est-ce qu'il allait aux cabinets devant tout le monde Jésus-Christ ? J'ai idée que ça n'aurait pas duré longtemps son truc s'il avait fait caca en public. Très peu de présence, tout est là, surtout pour l'amour.

7142   Les jeunes c'est toujours si pressés d'aller faire l'amour, ça se dépêche tellement de saisir tout ce qu'on leur donne à croire pour s'amuser qu'ils y regardent pas à deux fois en fait de sensations. C'est un peu comme ces voyageurs qui vont bouffer tout ce qu'on leur passe au buffet entre deux coups de sifflet.

7143   Être seul c'est s'entraîner à la mort.

7144   Après tout quand l'égoïsme nous relâche un peu, quand le temps d'en finir est venu, en fait de souvenir on ne garde au cœur que celui des femmes qui aimaient vraiment un peu les hommes, pas seulement un seul, même si c'était vous, mais tous.

(Voyage au bout de la nuit)

7145 De nos jours, faire le « La Bruyère » c'est pas commode. Tout l'inconscient se débine devant vous dès qu'on approche.

7146 Entre le pénis et les mathématiques [...] il n'existe rien. Rien! C'est le vide!

7147 Chacun possède ses raisons pour s'évader de sa misère intime et chacun de nous pour y parvenir emprunte aux circonstances quelque ingénieux chemin. Heureux ceux auxquels le bordel suffit!

7148 Avec les mots on ne se méfie jamais suffisamment, ils ont l'air de rien les mots, pas l'air de dangers bien sûr, plutôt de petits vents, de petits sons de bouche, ni chauds, ni froids et facilement repris dès qu'ils arrivent par l'oreille par l'énorme ennui gris et mou du cerveau. On ne se méfie pas d'eux les mots et le malheur arrive.
Des mots il y en a des cachés parmi les autres comme des cailloux. On les reconnaît pas spécialement et puis les voilà qui vous font trembler pourtant toute la vie qu'on possède et tout entière, et dans son faible et dans son fort... C'est la panique alors... Une avalanche... On en reste là comme un pendu au-dessus des émotions... C'est une tempête qui est arrivée, qui est passée, bien trop forte pour vous, si violente qu'on l'aurait jamais crue possible rien qu'avec des sentiments... Donc on ne se méfie jamais assez des mots, c'est ma conclusion.

Les Beaux Draps (Nouvelles éditions françaises)

7149 Pas de pognon, pas de fifres, pas de grosses caisses, pas d'émeutes par conséquent.
Pas d'or, pas de révolution! Pas plus de Volga que de beurre en branche, pas plus de bateliers que de caviar! C'est cher les ténors qui vibrent, qui vous soulèvent les foules en transe.

L'Église (Gallimard)

7150 C'est un garçon sans importance collective, c'est tout juste un individu.

Semmelweis (Gallimard)

7151 Rien n'est gratuit en ce bas monde. Tout s'expie, le bien comme le mal, se paie tôt ou tard. Le bien c'est beaucoup plus cher forcément.

7152 La Rue, chez nous?
Que fait-on dans la rue, le plus souvent? On rêve.
On rêve de choses plus ou moins précises, on se laisse porter par ses ambitions, par ses rancunes, par son passé. C'est un des lieux les plus méditatifs de notre époque, c'est notre sanctuaire moderne, la Rue.

7153 La Musique, la Beauté sont en nous et nulle part ailleurs dans le monde insensible qui nous entoure.
Les grandes œuvres sont celles qui réveillent notre génie, les grands hommes sont ceux qui lui donnent une forme.

Georges GURVITCH 1894-1965

Études sur les classes sociales
(Éd. du centre de documentation universitaire), introduction

7155 Certes, je reconnais l'historicité des classes sociales, c'est-à-dire leur rôle primordial dans la transformation des sociétés présentes, mais je nie la possibilité d'une philosophie de l'histoire, qui constitue, selon moi, une contradiction dans les termes. Si nous connaissions le sens et la direction de l'histoire, celle-ci de ce fait même prendrait fin...

huitième leçon

7156 L'absence de psychologie collective des classes représente donc une lacune très sérieuse dans la théorie marxiste et une de ses limitations les plus indiscutables.

dix-huitième leçon

7157 La sociologie est incapable de prophétiser. Elle peut seulement aider à éviter tout dogmatisme en s'efforçant à la fois d'assouplir et de clarifier ses concepts pour les rendre aptes à suivre de près les sinuosités mouvantes du réel.

Jean ROSTAND 1894-1977

Science et génération (Fasquelle), avant-propos

7158 Ne tenons pas à malchance d'avoir vécu à l'époque barbare où les parents devaient se contenter des présents du hasard, car il est douteux que ces fils rectifiés et calculés inspirent les mêmes sentiments que nous inspirent les nôtres, tout fortuits, imparfaits et décevants qu'ils sont.

Science et génération, IX

7159 Qu'on le veuille ou non, l'édifice de l'amour humain, avec tout ce que ce mot implique de bestialité et de sublimation, de fureur et de sacrifice, avec tout ce qu'il signifie de léger, de touchant ou de terrible, est construit sur les minimes différences moléculaires de quelques dérivés du phénanthrène.

Les Grands Courants de la biologie (Gallimard)
La génétique en 1950

7160 Des « races humaines » pures ont peut-être existé dans le passé, peut-être en existera-t-il dans l'avenir ; mais, à coup sûr, il n'en existe pas dans le présent.

7154 L'homme est un être sentimental. Point de grandes créations hors du sentiment, et l'enthousiasme vite s'épuise chez la plupart d'entre eux à mesure qu'ils s'éloignent de leur rêve.

Esquisse d'une histoire de la biologie (Gallimard), conclusions

7161 Chaque fois que nous entendrons dire : de deux choses l'une, empressons-nous de penser que, de deux choses, c'est vraisemblablement une troisième.

Maternité et biologie (Gallimard), III

7162 On peut imaginer une humanité composée exclusivement de femmes ; on n'en saurait imaginer une qui ne comptât que des hommes.

Pensées d'un biologiste (Stock)

7163 Tous les espoirs sont permis à l'homme, même celui de disparaître.

7164 L'homme est un miracle sans intérêt.

7165 On tue un homme, on est un assassin. On tue des millions d'hommes, on est un conquérant. On les tue tous, on est un dieu.

7166 Être adulte, c'est être seul.

Inquiétudes d'un biologiste (Stock), 2

7167 Le masculin est mêlé de féminité, le féminin est pur.

7168 Recherche scientifique : la seule forme de poésie qui soit rétribuée par l'État.

3

7169 Le biologiste passe, la grenouille reste.

5

7170 Moins on croit en Dieu, plus on comprend que d'autres y croient.

6

7171 Sortant de certaines bouches, la vérité elle-même a mauvaise odeur.

Albert COHEN 1895-1981

Belle du Seigneur (Gallimard)

7172 Sous les rires, les sourires et les plaisanteries cordiales, un sérieux profond régnait, tout d'inquiétude et d'attention, chaque invité veillant au grain de ses intérêts mondains. Remuant le glaçon de son verre ou se forçant à sourire, mais triste en réalité et dégoûté par l'inévitable inférieur qui lui cassait les pieds, chaque important se tenait prêt à s'approcher tendrement d'un surimportant enfin repéré, mais hélas déjà pris en main par un raseur, rival haï, surveillait sa proie future tout en feignant d'écouter le négligeable, se tenait sur le qui-vive, les yeux calculateurs et distraits, prêt à lâcher le bas de caste après un hâtif « à bientôt j'espère » (ne pas se faire d'ennemis, même chétifs) et à s'élancer, chasseur expert et prompt à saisir l'occasion, vers le surimportant, bientôt libre, il le sentait soudain. Aussi, ne le lâchait-il plus des yeux et tenait-il prêt un sourire. Mais le surimportant, pas bête, avait flairé le danger. S'étant brusquement débarrassé de son actuel raseur et faisant mine de n'avoir pas vu le regard et le sourire de l'humble important, regard d'aimante convoitise et sourire de vassalité à peine esquissé mais tout prêt à s'élargir, le surimportant, feignant donc la distraction, s'esbignait en douce et disparaissait dans la foule buvante et mastiquante, tandis que le pauvre important, déçu mais non découragé, triste mais tenace et ferme en son propos, s'apprêtait, débarrassé de son casse-pieds personnel, à forcer et traquer une nouvelle proie.

7173 Affreux. Car cette beauté qu'elles veulent toutes, paupières battantes, cette beauté virile qui est haute taille, muscles durs et dents mordeuses, cette beauté qu'est-elle sinon témoignage de jeunesse et de santé, c'est-à-dire de force physique, c'est-à-dire de ce pouvoir de combattre et de nuire qui en est la preuve, et dont le comble, la sanction et l'ultime secrète racine est le pouvoir de tuer, l'antique pouvoir de l'âge de pierre, et c'est ce pouvoir que cherche l'inconscient des délicieuses, croyantes et spiritualistes. D'où leur passion pour les officiers de carrière. Bref, pour qu'elles tombent en amour il faut qu'elles me sentent tueur virtuel, capable de les protéger. Quoi ? Parlez, je vous y autorise.

Paul ÉLUARD 1895-1952

Poésie et vérité 1942, Liberté (Gallimard)

7174 Sur mes cahiers d'écolier
Sur mon pupitre et les arbres
Sur le sable sur la neige
J'écris ton nom

Sur toutes les pages lues
Sur toutes les pages blanches
Pierre sang papier ou cendre
J'écris ton nom

Sur les images dorées
Sur les armes des guerriers
Sur la couronne des rois
J'écris ton nom

Sur la santé revenue
Sur le risque disparu
Sur l'espoir sans souvenir
J'écris ton nom

Et par le pouvoir d'un mot
Je recommence ma vie
Je suis né pour te connaître
Pour te nommer

Liberté.

Poésie et vérité, Du dedans (Gallimard)

7175 Une rose écorchée bleuit.

Donner à voir, Poésie pure (Gallimard)

7176 On a pu penser que l'écriture automatique rendait les poèmes inutiles. Non : elle augmente, développe seulement le champ de l'examen de conscience poétique, en l'enrichissant.

Donner à voir, Man Ray (Gallimard)

7177 Tu es trop belle pour prêcher la chasteté.

L'Immaculée Conception
Essai de simulation de la démence précoce (Gallimard)

7178 Il faut des légumes frais aux missionnaires, car l'anthropophagie est contagieuse et l'on ne soupçonne que les sauvages.

L'amour la poésie
Premièrement (Gallimard)

7179 La terre est bleue comme une orange.

Facile (Gallimard)

7180 Ô mes raisons le loir en a plus de dormir
    Que moi d'en découvrir de valables à la vie à moins d'aimer.

Les sentiers et les routes de la poésie
Invraisemblances et hyperboles
(Gallimard)

7181 La Bêtise, essentiellement, milite. Elle sert des systèmes qui se prétendent de première utilité parce qu'ils sont exclusivement raisonnables. L'Innocence, elle, est capable d'attirer l'attention des hommes les meilleurs pour les persuader que, plus loin que les solutions hâtives à des problèmes mal connus et mal posés, une folle sagesse, plus savante que les livres, affirme tranquillement des vérités qui n'ont rien à faire avec le mensonge.

Jean GIONO 1895-1970

Le Grand Troupeau (Gallimard)
1re partie, La mouche à viande

7182 Que je te dise pour le lapin. Ne fais pas de civet, le sang cuit trop, ça n'a pas de goût : voilà ce que tu fais : tu fais revenir la viande au poêlon avec des oignons et de la tomate, puis, quand c'est cuit, juste avant de servir, tu verses le sang frais là-dedans, juste avant de servir, juste avant. Le sang frais, ça t'a un goût !

Un roi sans divertissement (Gallimard)

7183 Belle ? Il faut de gros mollets, de grosses cuisses, une grosse poitrine et se bouger assez vite ; alors c'est beau. Sinon, on considère que c'est du temps perdu.

7184 On ne peut pas vivre dans un monde où l'on croit que l'élégance exquise du plumage de la pintade est inutile.

7185 Méfiez-vous de la vérité, dit ce procureur (paraît-il), elle est vraie pour tout le monde.

7186 On sent que [les loups] ce sont des bêtes avec lesquelles on peut s'entendre, sinon avec des paroles en tout cas avec des coups de fusil.

Noé (Gallimard)

7187 Le musicien peut faire entendre simultanément un très grand nombre de timbres. Il y a évidemment une limite qu'il ne peut pas dépasser, mais nous, avec l'écriture, nous serions même bien contents de l'atteindre, cette limite. Car nous sommes obligés de raconter à la queue leu leu ; les mots s'écrivent les uns à la suite des autres, et, les histoires, tout ce qu'on peut faire c'est de les faire enchaîner.

7188 Quoi qu'on fasse, c'est toujours le portrait de l'artiste par lui-même qu'on fait. Cézanne, c'était une pomme de Cézanne.

7189 Les spectateurs sont indispensables au bonheur des gourmands primaires de la volonté de puissance.

7190 L'incendie est un très beau personnage dramatique. Ce n'est pas, comme la tempête, ou le tremblement de terre, ou la foudre, les manifestations d'un dieu : c'est un dieu en chair et en os.

7191 Les princesses de naissance n'ont jamais l'air princesse en gros ; elles ne l'ont qu'en détail.

7192 Imaginer c'est choisir.

Notes sur l'affaire Dominici (Gallimard)

7193 Je ne dis pas que Gaston Dominici n'est pas coupable, je dis qu'on ne m'a pas prouvé qu'il l'était.

7194 Tout accusé disposant d'un vocabulaire de deux mille mots serait sorti à peu près indemne de ce procès. Si, en plus, il avait été doué du don de parole et d'un peu d'art de récit, il serait acquitté. Malgré les aveux.

Le Hussard sur le toit (Gallimard)
chap. 1

7195 Il y a des guerriers de l'Arioste dans le soleil. C'est pourquoi tout ce qui n'est pas épicier essaye de se donner du sérieux avec des principes sublimes.

7196 « Je ne déteste pas les marchands de mort subite. »

chap. 2

7197 Le mystère est toujours résolument italien.

chap. 6

7198 « Les hommes sont bien malheureux, se disait Angélo. Tout le beau se fait sans eux. »

7199 Il était de ces hommes qui ont vingt-cinq ans pendant cinquante ans.

7200 « La première vertu révolutionnaire, c'est l'art de faire foutre les autres au garde-à-vous. »

chap. 8

7201 L'homme est aussi un microbe têtu.

7202 « Crois-tu que la générosité soit toujours bonne ? Neuf fois sur dix elle est impolie. Et elle n'est jamais virile. »

7203 Prends donc l'habitude de considérer que les choses ordinaires arrivent aussi.

chap. 9

7204 Quand le peuple ne parle pas, ne crie pas ou ne chante pas, il ferme les yeux. Il a le tort de fermer les yeux.

Marcel PAGNOL 1895-1974

Marius (© Marcel Pagnol)
acte I, scène 3

7205 Moi, il a fallu que j'attende l'âge de trente-deux ans pour que mon père me donne son dernier coup de pied au derrière. Voilà ce que c'était que la famille, de mon temps.

acte III, scène 2

7206 Si on ne peut plus tricher avec ses amis, ce n'est plus la peine de jouer aux cartes.

scène 5

7207 Il se peut que tu aimes la marine française, mais la marine française te dit m...

acte IV, scène 5

7208 Et puis, quand elles ont commencé, elles n'ont plus rien à perdre! Marius, l'honneur, c'est comme les allumettes: ça ne sert qu'une fois...

Fanny (© Marcel Pagnol)
acte I, premier tableau, scène 3

7209 Allez, on ne meurt pas d'amour, Norine. Quelquefois, on meurt de l'amour de l'autre, quand il achète un revolver — mais quand on ne voit pas les gens, on les oublie...

scène 8

7210 Au fond, voyez-vous, le chagrin, c'est comme le ver solitaire: le tout, c'est de le faire sortir.

scène 11

7211 Les observations d'un ancien cocu et d'un cocu de l'active n'ont sur moi aucune influence.

acte II, scène 3

7212 Si vous voulez aller sur la mer, sans aucun risque de chavirer, alors, n'achetez pas un bateau: achetez une île!

César (© Marcel Pagnol)

7213 La mort, c'est tellement obligatoire que c'est presque une formalité.

7214 De mourir ça ne me fait rien. Mais ça me fait de la peine de quitter la vie.

7215 [...] un secret, ce n'est pas quelque chose qui ne se raconte pas. Mais c'est une chose qu'on se raconte à voix basse, et séparément.

7216 Quand le vin est tiré, il faut le boire, même s'il est bon.

La Gloire de mon père (© Marcel Pagnol)
avant-propos

7217 Il y a trois genres littéraires bien différents: la poésie, qui est chantée, le théâtre, qui est parlé, et la prose, qui est écrite.

Jacques VACHÉ 1895-1919

Lettres de guerre de Jacques Vaché (Au Sans Pareil)
à monsieur André Breton, X, 29.4.17

7218 Rien ne vous tue un homme comme d'être obligé de représenter un pays.

7219 L'umour dérive trop d'une sensation pour ne pas être très difficilement exprimable — Je crois que c'est une sensation — J'allais presque dire un SENS — aussi — de l'inutilité théâtrale (et sans joie) de tout.

7220 Nous avons le Génie — puisque nous savons l'UMOUR — Et donc tout — vous n'en aviez d'ailleurs jamais douté ? — nous est permis.

à monsieur T. Fraenkel, 29.4.17

7221 Je serai ennuyé de mourir si jeuneeeee.

à monsieur André Breton, 18.8.17

7222 Nous ne connaissons plus Apollinaire, ni Cocteau — Car — Nous les soupçonnons de faire de l'art trop sciemment, de rafistoler du romantisme avec du fil téléphonique et de ne pas savoir les dynamos.

à monsieur André Breton, 9.5.18

7223 L'ART EST UNE SOTTISE.

Antonin ARTAUD 1896-1948

Correspondance avec Jacques Rivière (Gallimard), II

7224 Je suis un homme qui a beaucoup souffert de l'esprit, et à ce titre j'ai le *droit* de parler. Je sais comment ça se trafique là-dedans.

L'Ombilic des limbes (Gallimard)

7225 Là où d'autres proposent des œuvres je ne prétends pas autre chose que de montrer mon esprit.

Le Pèse-nerfs (Les Cahiers du Sud)

7226 Toute l'écriture est de la cochonnerie.

Enquête : Le suicide est-il une solution ?

7227 Je ne sens pas l'appétit de la mort, je sens l'appétit *du ne pas être,* de n'être jamais tombé dans ce déduit d'imbécillités, d'abdications, de renonciations et d'obtuses rencontres qui est le moi d'Antonin Artaud, bien plus faible que lui.

La Coquille et le Clergyman (Gallimard)
Cinéma et réalité

7228 La peau humaine des choses, le derme de la réalité, voilà avec quoi le cinéma joue d'abord.

Sorcellerie et cinéma (Gallimard)

7229 Le cinéma se rapprochera de plus en plus du fantastique, ce fantastique dont on s'aperçoit toujours plus qu'il est en réalité tout le réel, ou alors il ne vivra pas.

Le Théâtre et son double (Gallimard), préface

7230 Jamais, quand c'est la vie elle-même qui s'en va, on n'a autant parlé de civilisation et de culture.

Le Théâtre et son double,
Le théâtre et la peste

7231 Si le théâtre essentiel est comme la peste, ce n'est pas parce qu'il est contagieux, mais parce que comme la peste il est la révélation, la mise en avant, la poussée vers l'extérieur d'un fond de cruauté latente par lequel se localisent sur un individu ou sur un peuple toutes les possibilités perverses de l'esprit.
Comme la peste il est le temps du mal, le triomphe des forces noires, qu'une force encore plus profonde alimente jusqu'à l'extinction.

7232 Il y a longtemps que l'Éros platonicien, le sens génésique, la liberté de vie, a disparu sous le revêtement sombre de la *Libido* que l'on identifie avec tout ce qu'il y a de sale, d'abject, d'infamant dans le fait de vivre, de se précipiter avec une vigueur naturelle et impure, avec une force toujours renouvelée vers la vie.

Le Théâtre et son double
La mise en scène et la métaphysique

7233 Un théâtre qui soumet la mise en scène et la réalisation, c'est-à-dire tout ce qu'il y a en lui de spécifiquement théâtral, au texte, est un théâtre d'idiot, de fou, d'inverti, de grammairien, d'épicier, d'anti-poète et de positiviste, c'est-à-dire d'Occidental.

Le Théâtre et son double
Théâtre oriental et théâtre occidental

7234 La révélation du théâtre Balinais a été de nous fournir du théâtre une idée physique et non verbale, où le théâtre est contenu dans les limites de tout ce qui peut se passer sur une scène, indépendamment du texte écrit, au lieu que le théâtre tel que nous le concevons en Occident, a partie liée avec le texte et se trouve limité par lui. Pour nous, au théâtre la Parole est tout et il n'y a pas de possibilité en dehors d'elle.

Le Théâtre et son double, Le théâtre de la cruauté, premier manifeste

7235 Sans un élément de cruauté à la base de tout spectacle, le théâtre n'est pas possible. Dans l'état de dégénérescence où nous sommes c'est par la peau qu'on fera rentrer la métaphysique dans les esprits.

Les Cenci (Gallimard), acte I, scène 1

7236 Ce qui distingue les forfaits de la vie de ceux du théâtre, c'est que dans la vie on fait plus et on dit moins, et qu'au théâtre on parle beaucoup pour faire une toute petite chose. Eh bien, moi, je rétablirai l'équilibre, et je le rétablirai au détriment de la vie.

Les Tarahumaras
(éd. Marc Barbezat, L'Arbalète)
Le rite du Peyotl, note

7237 La MYSTIQUE n'a jamais été qu'une copulation d'une tartufferie très savante et très raffinée contre laquelle le PEYOTL tout entier proteste, car avec lui l'HOMME est seul, et raclant désespérément la musique de son squelette, sans père, mère, famille, amour, dieu ou société.

Les Tarahumaras, Supplément au voyage...
Lettre à Henri Parisot, 7 septembre 1945

7238 Ce n'est pas Jésus-Christ que je suis allé chercher chez les Tarahumaras mais moi-même, moi, M. Antonin Artaud, né le 4 septembre 1896 à Marseille, 4, rue du Jardin-des-Plantes, d'un utérus où je n'avais que faire et dont je n'avais rien eu à faire même avant, parce que ce n'est pas une façon de naître, que d'être copulé et masturbé neuf mois par la membrane, la membrane bâillante qui dévore sans dents comme disent les UPANISHADS, et je sais que j'étais né autrement, de mes œuvres et non d'une mère, mais la MÈRE a voulu me prendre et vous en voyez le résultat dans ma vie.

Pour en finir avec le jugement de Dieu
(Gallimard), La recherche de la fécalité

7239 Là où ça sent la merde
ça sent l'être

Gaston BERGER 1896-1960

Phénoménologie du temps et prospective (P.U.F.)
IV, La prospective, 2

7240 Je dirai que les animaux ont un futur, que les individus ont un destin, que les âmes ont une destinée, mais qu'il appartient aux hommes, ces esprits incarnés, d'avoir un avenir, dans la mesure où ils sont capables de le construire.

7241 Demain ne sera pas comme hier. Il sera nouveau et il dépendra de nous. Il est moins à découvrir qu'à inventer. L'avenir de l'homme antique devait être révélé. Celui du savant d'hier pouvait être prévu. Le nôtre est à construire — par l'invention et par le travail.

7242 Loin de vieillir, l'humanité devient progressivement de plus en plus jeune.

7243 La phénoménologie n'exclut pas la métaphysique : elle la prépare. [...] Ainsi une phénoménologie de l'accélération pourrait-elle s'épanouir en une métaphysique de l'espérance.

6

7244 Regarder un atome le change, regarder un homme le transforme, regarder l'avenir le bouleverse.

André BRETON 1896-1966

Manifeste du surréalisme (Pauvert)

7245 Tant va la croyance à la vie, à ce que la vie a de plus précaire, la vie *réelle* s'entend, qu'à la fin cette croyance se perd.

7246 Chère imagination, ce que j'aime surtout en toi, c'est que tu ne pardonnes pas.

7247 Le seul mot de liberté est tout ce qui m'exalte encore.

7248 Les confidences des fous, je passerais ma vie à les provoquer. Ce sont gens d'une honnêteté scrupuleuse, et dont l'innocence n'a d'égale que la mienne.

7249 Ce n'est pas la crainte de la folie qui nous forcera à laisser en berne le drapeau de l'imagination.

7250 Si les profondeurs de notre esprit recèlent d'étranges forces capables d'augmenter celles de la surface, ou de lutter victorieusement contre elles, il y a tout intérêt à les capter, à les capter d'abord, pour les soumettre ensuite, s'il y a lieu, au contrôle de notre raison.

7251 A quand les logiciens, les philosophes dormants ?

7252 Tranchons-en : le merveilleux est toujours beau, il n'y a même que le merveilleux qui soit beau.

note

7253 Ce qu'il y a d'admirable dans le fantastique, c'est qu'il n'y a plus de fantastique : il n'y a que le réel.

7254 SURRÉALISME, n. m. Automatisme psychique pur par lequel on se propose d'exprimer, soit verbalement, soit par écrit, soit de toute autre manière, le fonctionnement réel de la pensée. Dictée de la pensée, en l'absence de tout contrôle exercé par la raison, en dehors de toute préoccupation esthétique ou morale.

ENCYCL. *Philos.* Le surréalisme repose sur la croyance à la réalité supérieure de certaines formes d'associations négligées jusqu'à lui, à la toute puissance du rêve, au jeu désintéressé de la pensée. Il tend à ruiner définitivement tous les autres mécanismes psychiques et à se substituer à eux dans la résolution des principaux problèmes de la vie.

Manifeste du surréalisme
Secrets de l'art magique surréaliste

7255 Dites-vous bien que la littérature est un des plus tristes chemins qui mènent à tout. Écrivez vite sans sujet préconçu, assez vite pour ne pas retenir et ne pas être tenté de vous relire.

Manifeste du surréalisme, Contre la mort

7256 Je demande, pour ma part, à être conduit au cimetière dans une voiture de déménagement.

7257 Le surréalisme ne permet pas à ceux qui s'y adonnent de le délaisser quand il leur plaît.

Lettre aux voyantes (Pauvert)

7258 L'épingle la fameuse épingle qu'il n'arrive quand même pas à tirer du jeu, ce n'est pas l'homme d'aujourd'hui qui consentirait à en chercher la tête parmi les étoiles.

7259 Nous sommes à la recherche, nous sommes sur la trace d'une vérité morale dont le moins qu'on puisse dire est qu'elle nous interdit d'agir avec circonspection. Il faut que cette vérité soit aveuglante.

Nadja (Gallimard)

7260 Je persiste à réclamer les noms, à ne m'intéresser qu'aux livres qu'on laisse battants comme des portes, et desquels on n'a pas à chercher la clé.

7261 Autant en emporte le vent du moindre fait qui se produit, s'il est vraiment imprévu.

7262 Rien ne sert d'être vivant, s'il faut qu'on travaille.

7263 L'événement dont chacun est en droit d'attendre la révélation du sens de sa propre vie, cet événement que peut-être je n'ai pas encore trouvé mais sur la voie duquel je me cherche, *n'est pas au prix du travail.*

7264 Elle me dit son nom, celui qu'elle s'est choisi : « Nadja, parce qu'en russe c'est le commencement du mot espérance, et parce que ce n'en est que le commencement. »

7265 Je hais, moi, de toutes mes forces, cet asservissement qu'on veut me faire valoir. Je plains l'homme d'y être condamné, de ne pouvoir en général s'y soustraire, mais ce n'est pas la dureté de sa peine qui me dispose en sa faveur, c'est et ce ne saurait être que la vigueur de sa protestation.

7266 Il peut y avoir de ces fausses annonciations, de ces grâces d'un jour, véritables casse-cou de l'âme, abîme, abîme où s'est rejeté l'oiseau splendidement triste de la divination.

7267 Ne pas alourdir ses pensées du poids de ses souliers.

7268 La beauté sera CONVULSIVE ou ne sera pas.

préface à la réimpression du
« Manifeste du surréalisme », 1929 (Pauvert)

7269 Ah ! il faut bien le dire, nous sommes mal, nous sommes très mal avec le temps.

Second manifeste du surréalisme (Pauvert)

7270 Tout porte à croire qu'il existe un certain point de l'esprit d'où la vie et la mort, le réel et l'imaginaire, le passé et le futur, le communicable et l'incommunicable, le haut et le bas cessent d'être perçus contradictoirement. Or, c'est en vain qu'on chercherait à l'activité surréaliste un autre mobile que l'espoir de détermination de ce point.

7271 Il est clair, aussi, que le surréalisme n'est pas intéressé à tenir grand compte de ce qui se produit à côté de lui sous prétexte d'art, voire d'anti-art, de philosophie ou d'anti-philosophie, en un mot de tout ce qui n'a pas pour fin l'anéantissement de l'être en un brillant, intérieur et aveugle, qui ne soit pas plus l'âme de la glace que celle du feu.

7272 L'acte surréaliste le plus simple consiste, revolvers aux poings, à descendre dans la rue et à tirer au hasard, tant qu'on peut, dans la foule. Qui n'a pas eu, au moins une fois, envie d'en finir de la sorte avec le petit système d'avilissement et de crétinisation en vigueur a sa place toute marquée dans cette foule, ventre à hauteur de canon.

7273 En matière de révolte, aucun de nous ne doit avoir besoin d'ancêtres.

7274 Inutile de discuter encore sur Rimbaud : Rimbaud s'est trompé, Rimbaud a voulu nous tromper. Il est coupable devant nous d'avoir permis, de ne pas avoir rendu tout à fait impossibles certaines interprétations déshonorantes de sa pensée, genre Claudel.

7275 Crachons, en passant, sur Edgar Poe.

7276 Nous combattons sous toutes leurs formes l'indifférence poétique, la distraction d'art, la recherche érudite, la spéculation pure, nous ne voulons rien avoir de commun avec les petits ni avec les grands épargnants de l'esprit.

7277 Le problème de l'action sociale n'est, je tiens à y revenir et j'y insiste, qu'une des formes d'un problème plus général que le surréalisme s'est mis en devoir de soulever et qui est *celui de l'expression humaine sous toutes ses formes.*

7278 En poésie, en peinture, le surréalisme a fait l'impossible pour multiplier ces courts-circuits.

7279 Je demande l'occultation profonde véritable du surréalisme.

Position politique de l'art d'aujourd'hui (Pauvert)

7280 L'art, de par toute son évolution dans les temps modernes, est appelé à savoir que sa qualité réside dans l'imagination seule, indépendamment de l'objet extérieur qui lui a donné naissance. A savoir que tout dépend de la liberté avec laquelle cette imagination parvient à se mettre en scène et à ne mettre en scène qu'elle-même.

7281 Il semble que de toutes parts la civilisation bourgeoise se trouve plus inexorablement condamnée du fait de son manque absolu de justification poétique.

Discours au congrès des écrivains (Pauvert), 1935

7282 Aujourd'hui comme hier, c'est au rationalisme positiviste que nous continuons à en avoir. C'est lui qu'intellectuellement nous avons combattu, que nous combattrons encore comme l'ennemi principal, comme *l'ennemi dans notre propre pays*. Nous demeurons fermement opposés à toute revendication par un Français du seul patrimoine culturel de la France, à toute exaltation en France du sentiment français.

7283 « Transformer le monde », a dit Marx; « changer la vie », a dit Rimbaud : ces deux mots d'ordre pour nous n'en font qu'un.

L'Amour fou (Gallimard)
I

7284 L'œuvre d'art, au même titre d'ailleurs que tel fragment de la vie humaine considérée dans sa signification la plus grave, me paraît dénuée de valeur si elle ne présente pas la dureté, la rigidité, la régularité, le lustre sur toutes ses faces extérieures, intérieures, du cristal.

III

7285 Il s'agit de *ne pas*, derrière soi, *laisser s'embroussailler les chemins du désir.*

7286 La trouvaille d'objet remplit ici rigoureusement le même office que le rêve, en ce sens qu'elle libère l'individu de scrupules affectifs paralysants, le réconforte et lui fait comprendre que l'obstacle qu'il pouvait croire insurmontable est franchi.

VII

7287 Je ne nie pas que l'amour ait maille à partir avec la vie. Je dis qu'il doit vaincre et pour cela s'être élevé à une telle conscience poétique de lui-même que tout ce qu'il rencontre nécessairement d'hostile se fonde au foyer de sa propre gloire.

7288 Je vous souhaite d'être follement aimée.

Jacques DUCLOS 1896-1975

Les Droits de l'intelligence
(Éd. sociales internationales)

7289 Tout prouve qu'une littérature durable ne peut être que l'expression, ou le reflet, de l'histoire humaine en marche.

7290 Non, non, la pornographie n'a jamais été et ne sera jamais révolutionnaire, pas plus que l'immoralité.

7291 Si nous le voulons tous, et nous ne pouvons pas ne pas le vouloir, le pays de Descartes demeurera le pays de la raison victorieuse.

Célestin FREINET 1896-1966

L'Éducation du travail
(Delachaux et Niestlé), XXII

7292 Un bon conseil: ne parlez pas trop de volonté à l'école, pas plus que dans la vie d'ailleurs. C'est un mot qui s'est définitivement usé parce qu'il a trahi les espoirs qu'on avait mis en ses vertus.

7293 C'est une grave erreur de penser qu'il ne saurait y avoir une éducation puissante de la volonté sans cet inhumain refoulement de toutes les tendances euphoriques de l'individu, comme si le devoir avait partout, et toujours, ce masque sombre d'obligation violente, de privation et de douleur.

Henri de LUBAC 1896-1989

Paradoxes (Le Seuil), 1

7294 C'est se flatter, que de croire qu'en reniant le progrès de son siècle, on s'assure l'héritage de tous les trésors des siècles anciens.

7295 Si l'esprit vient à manquer, le dogme n'est plus qu'un mythe et l'Église n'est plus qu'un parti.

4

7296 La pensée est d'essence si rare que partout où l'on en découvre une manifestation, l'on est tenté, non seulement de la goûter, mais de l'approuver.

7297 N'est vivant que ce qui est enraciné. Mais pour s'enraciner vraiment, il faut souvent paraître détaché.

7

7298 Avant d'être une espérance pour l'avenir, la vie éternelle est, pour le présent, une exigence.

André MASSON 1896-1987

« Le peintre et le temps », I
in Les Temps modernes n° 10 (1946)

7299 Paradoxe du peintre : affirmateur du mouvant, de l'éphémère, il se trouve qu'il doit, de toute manière, vouloir *éterniser*. La vague succède à la vague, l'ombre lutte avec la lumière, la vie est une jungle ; cependant il lui faudra, après avoir tracé nombre d'entrelacs — comme en sourdine — de conflits naissants, de « repentirs » que jaillisse la ligne décisive : celle qui éternise.

Henry de MONTHERLANT 1895-1972

La Relève du matin (Gallimard)
Le jeudi de Bagatelle

7300 Donnez des passions aux enfants pour qu'ils puissent vivre la passion de la religion[1].

VII

7301 O collège ! horizon suprême de nos âmes* !

conclusion

7302 O prêtres, dans certaines âmes, pour l'amour de Dieu et pour l'amour d'elles, systématiquement créez de la crise*.

Chant funèbre pour les morts de Verdun (Gallimard)
IV

7303 La volupté est candide comme la mort. Le plaisir et le tragique grand ont le même goût, et il est bon*.

---

1. Seules les citations marquées d'un astérisque doivent être attribuées personnellement à l'auteur. Les autres sont mises dans la bouche d'un personnage de fiction (N. de l'É.).

V

7304 Les idées nous tombent de l'esprit comme du cœur les bien-aimées*.

7305 Il faut faire une paix qui ait la grandeur d'âme de la guerre*.

Les Olympiques (Gallimard)

7306 Hermès, dieu des gymnases. Athéné, déesse de l'intelligence. Indissolubles*.

Aux fontaines du désir (Gallimard)
Syncrétisme et alternance

7307 Être à la fois, ou plutôt faire alterner en soi, la Bête et l'Ange, la vie corporelle et charnelle et la vie intellectuelle et morale, que l'homme le veuille ou non, la nature l'y forcera, qui est toute alternances, qui est toute contractions et détentes*.

Aux fontaines du désir, Sans remède

7308 La possession des êtres qui me plaisent, dans la paix et dans la poésie. Pour le reste, me désolidariser*.

La Petite Infante de Castille (Gallimard)
seconde partie, II

7309 Pour moi, l'absolu, ce n'est pas « Dieu », c'est le réel, une manière de prise immédiate et certaine [...]*.

7310 En réalisant ses désirs, autrement dit en se réalisant soi-même, l'homme réalise l'absolu*.

Mors et Vita (Gallimard), Explicit mysterium

7311 Une vie est belle, où l'on commence par se croire quelque chose, et finit par ne se croire rien*.

Service inutile (Gallimard)
Chevalerie du néant

7312 Je n'ai que l'idée que je me fais de moi pour me soutenir sur les murs du néant*.

L'Équinoxe de septembre (Gallimard)
La France et la morale de midinette

7313 [...] nous ne croyons pas que la morale de midinette, non plus que la morale de vieille fille, puisse s'opposer très longtemps encore [...] à la morale léonine qui a cours dans plusieurs nations d'Europe*.

Le Solstice de juin (Gallimard)
Les révolutions, les esprits et les mœurs

7314 Les révolutions pénètrent les esprits et ne pénètrent pas les mœurs*.

Le Solstice de juin, Le sourire et le silence

7315 Le sourire de la pensée la plus profonde*.

Carnets, 1930-1944 (Gallimard)

7316 Tout ce qui est naturel est injuste*.

7317 Je méprise qui désire quelque chose. Je ne méprise pas qui désire quelqu'un*.

7318 Publier un livre, c'est parler à table devant les domestiques*.

7319 On blesse l'amour-propre ; on ne le tue pas*.

La Reine morte (Gallimard)
acte I, scène 1

7320 Si Dieu voulait me donner le ciel, mais qu'il me le différât, je préférerais me jeter en enfer, à devoir attendre le bon plaisir de Dieu.

scène 3

7321 Je vous reproche de ne pas respirer à la hauteur où je respire*.

scène 7

7322 Allez, allez, en prison ! En prison pour médiocrité*.

acte II, scène 1

7323 Ce qui est effrayant dans la mort de l'être cher, ce n'est pas sa mort, c'est comme on en est consolé*.

Malatesta (Gallimard)
acte I, scène 8

7324 [...] si vous n'êtes pas prêt à tuer ce que vous prétendez haïr, ne dites pas que vous haïssez : vous prostituez ce mot.

scène 9

7325 Il ne faut jamais mettre un homme d'esprit dans l'obligation d'agir comme tel*.

acte II, scène 5

7326 Si je pouvais changer un peu de contemporains*!

acte IV, scène 7

7327 Les pires ennemis d'un homme, ce sont ses compatriotes.

Le Maître de Santiago (Gallimard)
acte I, scène 4

7328 [...] la jeunesse retarde toujours un peu*.

7329 [...] je sais quelle gêne un homme qui n'a nulle ambition peut causer dans une société*.

7330 Les grandes idées ne sont pas charitables.

7331 Les colonies sont faites pour être perdues*.

7332 Malheur aux honnêtes... Malheur aux meilleurs...

acte III, scène 3

7333 Le parfait mépris souhaite d'être méprisé par ce qu'il méprise, pour s'y trouver justifié.

postface

7334 Il y a dans mon œuvre une veine chrétienne et une veine « profane » (ou pis que profane), que je nourris alternativement, j'allais dire simultanément, comme il est juste, toute chose en ce monde méritant à la fois l'assaut et la défense [...] *

La Ville dont le prince est un enfant (Gallimard)
acte II, scène 7

7335 Avoir une affection, c'est cela qui donne le plus l'idée de ce que doit être le ciel*.

Port-Royal (Gallimard)

7336 Quand on est bien à Dieu, on est solitaire partout*.

7337 Rien de tel qu'une affection humaine pour porter de l'ombre sur le soleil de Dieu*.

7338 L'Église a plus maintenu ses vérités par ses souffrances, que par les vérités mêmes*.

Va jouer avec cette poussière (Gallimard)

7339 En prison pour médiocrité! Libéré pour crétinisme*.

Jean PIAGET 1896-1980

Six études de psychologie (Gonthier)
Le développement mental de l'enfant, IV, B

7340 La tendance la plus profonde de toute activité humaine est la marche vers l'équilibre, et la raison, qui exprime les formes supérieures de cet équilibre, réduit en elle l'intelligence et l'affectivité.

Six études de psychologie
Genèse et structure en psychologie de l'intelligence

7341 Nous ne connaissons pas en psychologie de commencement absolu et la genèse se fait toujours à partir d'un état initial qui comporte lui-même éventuellement une structure.

7342 Équilibre est synonyme d'activité.

Jacques RUEFF 1896-1978

Les Dieux et les Rois (Hachette)
première partie, chap. 2, Individu et société, 1

7343 Si la notion d'individu est l'instrument nécessaire de l'explication dans les domaines les plus divers, c'est qu'il est partout, dans le monde qui nous entoure, des « choses » dont la réalité n'est pas dans la substance qui les compose, mais dans la qualité mystérieuse qui fait leur unité et engendre leur « existence ».

chap. 4, À contre-courant:
la montée de l'ordre, 1

7344 Le drame de l'ordre est qu'une fois établi, il tend à fondre, comme neige au soleil. De ce fait, toute « création » est précaire, puisque, inévitablement, l'ordre qui la constitue se défera progressivement, par le retour de ses parties à l'état le plus probable dans lequel elles retrouveront stabilité et durée.

quatrième partie, chap. 10, Les rois, 6

7345 La montée de la personne humaine démembre le pouvoir temporel en l'obligeant à concéder d'abord à quelques personnes privilégiées, ensuite à toutes les personnes physiques et morales, des facultés de libre décision qui constituent des « droits ».

chap. 11, Les dieux, 3

7346 L'esprit qui ne connaîtrait l'homme que par les tables de mortalité des compagnies d'assurances, ignorerait tout des jaillissements imprévisibles de sa liberté créatrice.

Elsa TRIOLET 1896-1970

Mille regrets (Denoël)

7347 Le vrai rêveur est celui qui rêve de l'impossible.

7348 Si j'avais devant moi l'éternité ce n'est pas la résignation, c'est la patience que je prêcherais.

7349 On peut tuer le temps ou soi-même, cela revient au même, strictement.

7350 J'ai appris que pour être prophète, il suffisait d'être pessimiste.

7351 Le temps a beau cracher le feu, le destin personnel existe et tous les meurtres ne sont pas des attentats politiques [...] Le cœur peut battre à l'unisson avec des millions d'hommes et avoir en même temps des battements secrets qui ne dépassent pas les limites du cœur.

Le Cheval blanc (Denoël)

7352 « Vous êtes des somnambules... — c'est plein de somnambules dans la littérature et dans les rues. Il me semble toujours que vous ne prenez pas part au développement de votre destin. »

Personne ne m'aime
(Éditeurs français réunis)

7353 Le plus grave est que les autres finissent pas vous dégoûter de vous-même : on se dit si personne ne vous aime c'est que vous n'êtes pas aimable.

Les Fantômes armés
(Éditeurs français réunis)

7354 Je ne me fais pas entendre si personne ne me répond.

7355 Mes lieux communs sur les hommes sont : vaniteux comme un homme, intéressé comme un homme, illusionniste comme un homme, traître comme un homme.
— Qu'est-ce qu'ils vous ont fait ?
— A moi, rien. Ils ont fait tout le mal qui est sur terre et ils s'en vantent.

7356 La solitude est une infirmité, voilà ce que c'est, on devient seule comme on devient impotente.

7357 Le ménage du monde est comme celui d'un logement. Il faut recommencer tous les jours.

7358 Il n'y a pas de suicides, il n'y a que des meurtres.

7359 Il y a une certaine marge pour les ennemis politiques, sorti de laquelle on est tout simplement chez les assassins.

L'Écrivain et le Livre ou la Suite dans les idées
(Éd. sociales)

7360 Le chemin de la création n'est pas toujours le même que celui de l'intelligence politique.

7361 Si c'est un symptôme d'art nouveau que de ne pas être compris par tous, l'avant-garde d'aujourd'hui est cet art qui s'exprime en langage clair, mais qui est incompréhensible cette fois-ci non pour la foule mais pour les spécialistes.

Le Cheval roux ou les Intentions humaines
(Éditeurs français réunis)

7362 Le silence est comme le vent: il attise les grands malentendus et n'éteint que les petits.

7363 Deux êtres humains. Deux. Une raison pour ne pas penser qu'à soi.

7364 L'homme ne peut rien contre la loi de la pesanteur, mais il sait utiliser la chute d'eau.

7365 Nous sommes mieux avec un rossignol que sans rossignol.

7366 Encore plus important que de conserver les vieux serait de ne pas faire périr les jeunes.

7367 Aller au-delà sans fin, parce que nous sommes des hommes.

7368 L'avenir n'est pas une amélioration du présent. C'est autre chose.

Le Rendez-vous des étrangers (Gallimard)

7369 Elle appartenait au milieu des sans-milieu. C'est un milieu aussi fermé et sélect que le Jockey-Club. Pour appartenir aux sans-milieu, il fallait être bien seul, vivre en marge de la société, n'avoir personne pour authentifier votre nom, votre situation. Pas de témoins dans le procès de votre vie, pas d'alibi. Ni père, ni mère, ni cousins, ni ami d'enfance.

7370 Je vous prie d'apprécier cette chanson: les paroles sont d'un Russe, la musique d'un Hongrois, elle est chantée, en français, par un Espagnol qui la chante pour un petit Italien... Vous allez voir ce qu'elle dit.

Le Monument (Gallimard)

7371 Un créateur n'est pas un homme bien élevé, c'est un grossier personnage qui se fout du respect humain.

7372 Les expressions toutes faites sont les plus intelligentes.

7373 Qui nous? Vous c'est nous, et nous c'est vous.

« Le métier de Shéhérazade »
article, *in* Les Lettres françaises

7374 Comme la parole elle-même, la chose contée distingue l'homme de la bête, elle distingue aussi l'homme de l'homme puisqu'elle est sa pensée, son imagination, son rêve liés ensemble et qui diffèrent d'un homme à l'autre.

Luna-Park (Gallimard)

7375 Le langage humain va peut-être s'adjoindre pour exprimer nos sentiments et nos pensées des éléments autres que les mots, mais ce ne seront jamais que de nouveaux instruments que s'adjoint un orchestre.

7376 La connaissance de la vie est comme le sable : elle ne salit pas.

7377 Aujourd'hui Icare est femme.

7378 On devrait toujours se voir comme des gens qui vont mourir le lendemain. C'est ce temps qu'on croit avoir devant soi qui vous tue.

7379 La naïveté jointe à la foi... Il y a mieux, le grand savoir-faire et la maîtrise joints à la foi, le pire c'est le demi-chemin, l'homme médiocre, le petit-bourgeois qui a perdu la simplicité du cœur sans atteindre à la sagesse. Quand il y a de la technique sans avoir de la maîtrise, alors nous arrivons à la médiocrité générale des « œuvres d'art ».

7380 La science elle-même progresse grâce à l'artiste. Les scientifiques sont arrêtés par l'idée de l'absurde, de l'hérésie scientifique, l'artiste rien ne l'arrête, il n'est pas embarrassé par la science... C'est ainsi qu'il pénètre derrière les portes fermées à la science.

L'Âme (Gallimard)

7381 Un automate *ressemble*, il n'est pas... Vous ressemblez à un homme, vous n'en êtes pas un.

postface à « L'Âme »
(dans l'édition des Œuvres romanesques croisées)

7382 Ah ! Le repos d'écrire totalement en dehors de soi ! Même si, dans l'écriture on s'évite difficilement, si c'est encore votre visage que vous renvoie la structure d'une phrase, le choix des mots, si on n'arrive pas à se rendre vraiment méconnaissable, et que moi, petite et blonde — blanche à l'heure qu'il est — ne me réveillerai jamais un beau matin, grande et brune...

Le Grand Jamais (Gallimard)

7383 Il y a des romanciers tout aussi véreux que les historiens. Ce n'est pas parce qu'ils écrivent sur leurs bouquins le mot *roman*, qui équivaut à *prière de ne pas y croire*, qu'ils sont plus honnêtes...

7384 C'est de l'intérieur que, d'un commun élan, l'Univers attaque le temps, dévorant le moment suivant. Où que l'on se trouve et quoi que l'on fasse on en liquide le même tronçon. Hop ! et on passe sur le dos de l'instant jamais vécu, vierge et on le laisse derrière soi, usé, inutilisable... Le Temps n'a d'autre fonction que de se consumer : il brûle sans laisser de cendres.

7385 Il n'y a que le temps lui-même qui soit invulnérable... Il y a des transformations dans l'espace mais que voulez-vous qui arrive à l'intérieur de cette outre vide, le temps ? [...] Le temps ce n'est qu'une enveloppe, un creux [...] Le temps ne se transforme pas, n'évolue pas, c'est nous qui nous transformons, évoluons, et nous en accusons le temps qui n'en peut mais... Le temps n'est que l'activité de l'espace.

7386 « L'anatomie de l'homme est la clef pour l'anatomie du singe » disait encore le sculpteur citant de grands auteurs [...] Pourquoi n'appliquerait-on pas ce système à l'histoire ? Il nous donnerait une possibilité de nous expliquer les événements à reculons [...] Nous sommes les singes de l'avenir.

7387 L'art qui transforme l'homme, lui donne des possibilités nouvelles pour la conception de l'univers, est, paradoxalement, lui-même inconcevable.

7388 Je doute, parce que je crois que l'avenir saura mieux.

7389 Le roman ne se contente pas de courir parallèlement aux événements ; c'est un art-fiction, une réalité à venir.

7390 Le roman ce n'est jamais qu'une maquette d'après laquelle il nous est proposé d'imaginer la même chose grandeur nature.

Écoutez voir (Gallimard)

7391 Le passé a des blancs qui sont noirs, on y place les rêves qu'on veut, on n'est pas obligé de se conformer aux manuels d'histoire.

7392 Les chefs-d'œuvre ne font pas de progrès, ils restent c'est tout ce qu'ils font. [...] Ils ne passent pas, ça ne se tasse pas, ne s'arrange pas. Ils peuvent tout au plus devenir illisibles.

La Mise en mots (Skira)

7393 Quand on défie la mort on ne gagne qu'en perdant définitivement.

7394 Si tout se tait, c'est ma faute.

7395 Les romans les moins historiques sont sans doute les romans historiques, mensongers comme l'histoire.

7396 L'écriture d'un roman n'est pas fonctionnelle. [...] Le style n'est pas le vêtement mais la peau d'un roman. Il fait partie de son anatomie comme ses entrailles.

7397 Le lecteur peut être considéré comme le personnage principal du roman, à égalité avec l'auteur, sans lui, rien ne se fait. [...] Le lecteur, personnage actant du roman.

7398 Dans le roman tout court, le non-fonctionnel, l'inutile est indispensable, il est utile autrement. Or l'inutile est imprévisible...

7399 L'écriture, c'est comme les palpitations du cœur, cela se produit.

7400 C'est quelqu'un que l'homme puisqu'il a trouvé l'écriture. [...] L'écriture la plus noble conquête de l'homme. Le roman, intermédiaire entre l'homme et la vie.

7401 L'énoncé d'un fait serait : celle que j'aime n'est pas avec moi, alors je me sens bien seul...
Un seul être vous manque et tout est dépeuplé
est l'art de dire *immensement*.

7402 L'hermétisme, né de l'avance prise par le créateur sur son époque, est temporaire ; l'hermétisme bon teint restera piste d'envol, copistes et faussaires iront au rebut.

7403 Les mots sont ces quelques feuilles qui créent l'illusion d'un arbre avec *toutes* ses feuilles, l'illusion de tout dire.

Le rossignol se tait à l'aube (Gallimard)

7404 A perpétuité ! Pour qui se prennent-ils, les hommes ?

7405 Qui veille la nuit a pour lui toute la place.

7406 Je crois aux surprises de l'histoire. J'espère comprendre si peu, si mal ce qui se passe, que ça ne m'étonnerait pas si nous débouchions à notre grande surprise sur le Paradis.

7407 Les optimistes sont des drôles.

Tristan TZARA 1896-1963

Sept manifestes Dada (Pauvert)
« Manifeste Dada 1918 »

7408 Dada ne signifie rien.

7409 Liberté : DADA DADA DADA, hurlement de couleurs crispées, entrelacements des contraires et de toutes les contradictions, des grotesques, des inconséquences : LA VIE.

« Note sur le comte de Lautréamont et le cri »
in Littérature n° 1

7410 La liberté de ses facultés [Lautréamont], que rien ne lie, qu'il tourne de tous les côtés et surtout envers lui-même, la force de s'abaisser, de démolir, de s'accrocher à toutes les tares, avec une sincérité beaucoup trop intime pour nous intéresser, est la plus haute attitude humaine — parce que transformée en action, elle devrait aboutir à l'anéantissement de cet étrange mélange d'os, de farine et de végétation : l'humanité.

« Essai sur la situation de la poésie »
in Le Surréalisme au service de la Révolution n° 4

7411 Si dans la société actuelle la poésie constitue un *refuge*, une *opposition* à la classe dominante, la bourgeoisie, dans la société future où l'antagonisme économique des classes disparaîtra, la poésie ne sera plus soumise aux mêmes conditions.

De nos oiseaux (Kra)
La mort de Guillaume Apollinaire

7412 [...] la mort serait un beau long voyage
et les vacances illimitées de la chair des

[structures et des os.

Louis ARAGON 1897-1982

Feu de joie (Au Sans Pareil)

7413 Le monde à bas je le bâtis plus beau.

Le Libertinage (Gallimard)

7414 La parole n'a pas été donnée à l'homme : il l'a prise.

Une vague de rêves (hors commerce)

7415 O déments incrédules, vous aussi vous avez alors baissé la tête devant les mots armés qui soulevaient un long pan de l'azur.

Le Mouvement perpétuel (Gallimard)

7416 Je m'échappe indéfiniment sous le chapeau de l'infini.

Le Paysan de Paris (Gallimard)

7417 Le vice appelé surréalisme est l'emploi déréglé et passionnel du stupéfiant image, ou plutôt de la provocation sans contrôle de l'image pour elle-même et pour ce qu'elle entraîne dans le domaine de la représentation de perturbations imprévues et de métamorphoses : car chaque image, à chaque coup, vous force à reviser tout l'univers.

7418 C'est à la poésie que tend l'homme.
Il n'y a de connaissance que du particulier.
Il n'y a de poésie que du concret.

Traité du style (Gallimard)

7419 On sait que le propre du génie est de fournir des idées aux crétins une vingtaine d'années plus tard.

La Grande Gaîté (Gallimard)

7420 Sais-tu quand cela devient vraiment une histoire
L'amour.

Persécuté persécuteur (Éditions surréalistes)

7421 Il y a dans tout ce qui précède plusieurs
　　　　　　　　　　　　　　[choses très claires pour toi seule.
Pour toi seule j'ai l'impression
que cette expression-là terriblement égoïste m'a beaucoup servi dans ces derniers jours.

Les Cloches de Bâle (Denoël)

7422 Là commence la nouvelle romance. Ici finit le roman de chevalerie. Ici pour la première fois dans le monde la place est faite au véritable amour. Celui qui n'est pas souillé par la hiérarchie de l'homme et de la femme, par la sordide histoire des robes et des baisers, par la domination d'argent de l'homme sur la femme ou de la femme sur l'homme. La femme des temps modernes est née, et c'est elle que je chante. Et c'est elle que je chanterai.

7423 Il y a des livres qui ferment un monde. Ils sont un point final ; on les laisse ou on s'en va. Plus loin, ailleurs, n'importe. Il en est d'autres qui sont les portes de notre propre pays.

préface aux « Cloches de Bâle »
(dans l'édition des Œuvres romanesques croisées)

7424 L'extraordinaire du roman, c'est que pour comprendre le réel objectif, il invente d'inventer. Ce qui est *menti* dans le roman libère l'écrivain, lui permet de montrer le réel dans sa nudité. Ce qui est menti dans le roman est l'ombre sans quoi vous ne verriez pas la lumière. Ce qui est menti dans le roman sert de substratum à la vérité. On ne se passera jamais du roman, pour cette raison que la vérité fera toujours peur, et que le mensonge romanesque est le seul moyen de tourner l'épouvante des ignorantins dans le domaine propre au romancier. Le roman, c'est la clef des chambres interdites de notre maison.

Les Beaux Quartiers (Denoël), dédicace

7425 Je dédie Le Monde Réel à Elsa Triolet à qui je dois d'être ce que je suis, à qui je dois d'avoir trouvé, au fond de mes nuages, l'entrée du monde réel où cela vaut la peine de vivre et de mourir.

7426 La sensualité des hommes jeunes est très bornée. Le plaisir les retient à peine. Ils sont trop préoccupés de trop de choses nouvelles et ils continuent à jouer. Ils sont encore possédés de chimères et ils quittent la proie pour l'ombre.

Les Voyageurs de l'impériale (Gallimard)

7427 La vie est un voyageur qui laisse traîner son manteau derrière lui, pour effacer ses traces.

7428 Je pensais que cette impériale était une bonne image de l'existence, ou plutôt l'omnibus tout entier, car il y a deux sortes d'hommes dans le monde, ceux qui, pareils aux gens de l'impériale, sont emportés sans rien savoir de la machine qu'ils habitent et les autres qui connaissent le mécanisme du monstre, qui jouent à y tripoter... Et jamais les premiers ne peuvent rien comprendre de ce que sont les seconds, parce que de l'impériale on ne peut que regarder les cafés, les réverbères et les étoiles.

Le Crève-cœur (Gallimard)

7429 O mon amour ô mon amour toi seule existe
A cette heure pour moi du crépuscule triste
Où je perds à la fois le fil de mon poème
Et celui de ma vie et la joie et la voix
Parce que j'ai voulu te redire Je t'aime
Et que ce mot fait mal quand il est dit sans toi.

7430 Jamais peut-être faire chanter les choses n'a été plus urgente et noble mission à l'homme, qu'à cette heure où il est le plus profondément humilié, plus entièrement dégradé que jamais. Et nous sommes sans doute plusieurs à en avoir conscience, qui aurons le courage de maintenir, même dans le fracas de l'indignité, la véritable parole humaine et son orchestre à faire pâlir les rossignols.

7431 Et l'on verra tomber du front du Fils de l'Homme
La couronne de sang symbole du malheur
Et l'Homme chantera tout haut cette fois comme
Si la vie était belle et l'aubépine en fleur.

Les Yeux d'Elsa (Cahiers du Rhône)

7432 Je chante parce que l'orage n'est pas assez fort pour couvrir mon chant et que quoi que demain l'on fasse, on pourra m'ôter cette vie, mais on n'éteindra pas mon chant.

7433 En étrange pays dans mon pays lui-même
Je sais bien ce que c'est qu'un amour malheureux.

7434 Mon amour tu es ma seule famille avouée, et je vois par tes yeux le monde et c'est toi qui me rends cet univers sensible et qui donnes sens en moi aux sentiments humains. Tous ceux qui, d'un même blasphème, nient et l'amour, et ce que j'aime, fussent-ils puissants à écraser la dernière étincelle de ce feu de France, j'élève devant eux ce petit livre de papier, cette misère des mots, ce grimoire perdu; et qu'importe ce qu'il en adviendra, si, à l'heure de la plus grande haine, j'ai un instant montré à ce pays déchiré le visage resplendissant de l'amour.

7435 Tu me dis Si tu veux que je t'aime et je t'aime
Il faut que ce portrait de moi que tu peindras
Ait comme un ver vivant au fond du chrysanthème
Un thème caché dans son thème
Et marie à l'amour le soleil qui viendra.

Le Musée Grévin
(Bibliothèque française et Éditions de Minuit)

7436 Patrie également à la colombe ou l'aigle
De l'audace et du chant doublement habitée
Je vous salue ma France où les blés et les seigles
Mûrissent au soleil de la diversité.

Servitude et grandeur des Français
(Éditeurs français réunis)

7437 C'est un grand moment de la vie d'un peuple que celui où tout le monde, ou presque tout le monde s'applique à employer les mots dans leur sens véritable ; et c'est un moment terrible de cette vie, quand, à nouveau, ceux qui avaient cessé de le faire, se remettent à jouer avec ces mots...

Chronique du Bel-Canto (Skira)

7438 [...] l'amour de l'homme et de la femme dans le couple trouve son harmonie précisément lorsque l'homme et la femme s'élèvent simultanément à une même conception du monde où leur aventure s'élargit et l'amour au devenir humain s'identifie.

7439 Il n'y a pas de poésie, si lointaine qu'on la prétende des circonstances, qui ne tienne des circonstances sa force, sa naissance et son prolongement.

7440 Il y a une chose qui est interdite aux critiques, c'est de déposer des commentaires le long des images.

7441 La poésie ne se borne plus à nier le fait, elle le seconde. Car nous avons passé des temps de la divine utopie à ceux de l'efficience humaine.

article *in* L'Humanité

7442 C'est par le travail que l'homme se transforme... Je suis un homme donné et non un autre. J'ai mon métier, je suis défini socialement par là. Et à ceux qui me demandent : « A la fin qu'êtes-vous, communiste ou écrivain ? je réponds toujours : je suis d'abord écrivain et c'est pourquoi je suis communiste. Les choses pour moi ont pris ce tour logique. C'est parce que dans mon métier, là où je sais mieux qu'un autre, j'ai touché les limites imposées, que je suis devenu ce que je suis. »

Le Roman inachevé (Gallimard)

7443 Pardonnez-moi cette amertume
Mais l'âge d'aimer quand nous l'eûmes
Comme le regain sous la faux
Tout y sonnait mortel et faux
Et qu'opposer sinon nos songes
Aux pas triomphants du mensonge
Nous qui n'avions pour horizon
Qu'hypocrisie et trahison...

7444 *Tu* n'as pas eu le choix entre l'âge d'or et l'âge de pierre.

7445 Il n'est plus de chemin privé si l'histoire un jour y chemine.

7446 De la femme vient la lumière
Et le soir comme le matin
Autour d'elle tout s'organise.

7447 Le chant ne remue pas les pierres
Il n'y a que de faux Orphées.

7448 L'histoire qui naît de leurs mains ne sait plus le nom des héros.

7449 Moi j'ai tout donné mes illusions
Et ma vie et mes hontes
Pour vous épargner la dérision
De n'être au bout du compte
Que ce qu'à la fin nous aurons été.

7450 La rose naît du mal qu'a le rosier
Mais elle est la rose.

7451 Ce qu'il m'aura fallu de temps pour tout comprendre
Je vois souvent mon ignorance en d'autres yeux
Je reconnais ma nuit Je reconnais ma cendre
Ce qu'à la fin j'ai su comment le faire entendre
Comment ce que je sais le dire de mon mieux.

7452 Et le roman s'achève de lui-même
J'ai déchiré ma vie et mon poème

Plus tard plus tard on dira qui je fus

J'ai déchiré des pages et des pages
Dans le miroir j'ai brisé mon visage

Le grand soleil ne me reconnaît plus
J'ai déchiré mon livre et ma mémoire
Il y avait dedans trop d'heures noires
[...]
Déchiré mon cœur déchiré mes rêves
Que de leurs débris une aube se lève

Qui n'ait jamais vu ce que moi j'ai vu.

Elsa (Gallimard)

7453 Nous étions faits pour être libres
Nous étions faits pour être heureux
Le monde l'est lui pour y vivre
Et tout le reste est de l'hébreu.

7454 Je ne suis pas de ceux qui trichent avec l'univers
J'appartiens tout entier à ce troupeau
        [grandiose et triste des hommes
On ne m'a jamais vu me dérober à la tempête
J'ai battu de mes bras chaque fois l'incendie
J'ai connu la tranchée et les chars
J'ai toujours dit sans prudence au grand jour mes pires pensées
[...]
Mais il y a sous le cuir de ma face et les
        [lanières tannées de mon apparence
Autre chose sans quoi je ne serais que pierre parmi les pierres
[...]
Il y a ce qui est ma vie
Il y a toi ma tragédie
Mon grand théâtre intérieur.

Les Poètes (Gallimard)

7455 Quand je me retourne je vois derrière moi cette ombre de moi-même
une longue tapisserie
usée ici et là mon existence que des doigts maladroitement rapiécèrent

Je ne sais plus trop dans l'ensemble ce que ces feuillages signifient ni
ce qu'y font les personnages figurés
mais c'est pourtant la chair de ma vie et je la parcours et je m'étonne et
voici
qu'à ma stupéfaction je constate avoir donné le plus clair de mon
temps en ce siècle d'aventures
d'écroulement et de fracas ce siècle de tragédies
le plus clair de mon temps mental au passage du mot à l'image et de
l'image au mot.

7456 J'aurais tant voulu vous aider
[...]
J'aurais tant aimé cependant
Gagner pour vous pour moi perdant
Avoir été peut-être utile

C'est un rêve modeste et fou
Il aurait mieux valu le taire
Vous me mettrez avec en terre
Comme une étoile au fond d'un trou.

Le Fou d'Elsa (Gallimard)

7457 L'avenir c'est ce qui dépasse
La main tendue et c'est l'espace
Au-delà du chemin battu
C'est l'homme vainqueur par l'espèce
Abattant sa propre statue
Debout sur ce qu'il imagine
Comme un chasseur de sauvagines
Dénombrant les oiseaux qu'il tue

À lui j'emprunte mon ivresse
Il est ma coupe et ma maîtresse
Il est mon inverse Chaldée
Le mystère que je détrousse
Comme une lèvre défardée
Il est l'œil ouvert dans la tête
Mes entrailles et ma conquête
Le genou sur Dieu de l'idée [...]

7458 J'ai réinventé le passé pour voir la beauté de l'avenir.

7459 L'avenir de l'homme est la femme
Elle est la couleur de son âme
Elle est sa rumeur et son bruit
Et sans elle il n'est qu'un blasphème
Il n'est qu'un noyau sans le fruit
Sa bouche souffle un vent sauvage
Sa vie appartient aux ravages
Et sa propre main le détruit

Je vous dis que l'homme est né pour
La femme et né pour l'amour
Tout du monde ancien va changer
D'abord la vie et puis la mort
Et toutes choses partagées
Le pain blanc les baisers qui saignent
On verra le couple et son règne
Neiger comme les orangers.

Histoire parallèle (Presses de la Cité)

7460 L'Utopie, c'est contre elle, sans aucun doute, que les bolcheviks se sont pendant tant d'années battus. Elle est nuisible pour ce qu'elle recèle de possibilités de désillusions, pour ce qu'elle confronte à chaque pas la réalité à une fausse image, pour ce qu'elle comporte de découragement du fait de la disproportion entre la perspective rêvée et la tâche à faire, elle est, pourrait-on dire, un *terrible briseur de grève*, et plus encore la débaucheuse perfide des chantiers. Nous n'avons pas fini de nous étonner de ses ravages. Mais il faut bien comprendre que, dans le monde où à des catégories immenses d'hommes et de femmes, la vie et l'univers étaient désespérément donnés comme des choses immuables, l'avenir bouché par une société fixe à quoi toute correction apportée était qualifiée crime, dans le monde où le rêve ne peut être qu'immoral, la disproportion de l'utopie est la première forme, toute spéculative, d'une libération de l'esprit, et le jardin de l'avenir pousse dans le malheur de l'homme.

J'abats mon jeu (Éditeurs français réunis)

7461 La beauté du diable... on voudrait bien nous faire prendre la jeunesse pour le diable, c'est rassurant pour ceux que leurs miroirs attristent.

7462 Si minutieux qu'ait pu être le travail de l'auteur pour, à chaque étape, restituer l'atmosphère historique des lieux, il ne suffit pas à y créer la vie, c'est-à-dire le roman. L'histoire linéaire, superficielle, ne suffit pas à donner la profondeur à ce qu'on appelle le roman. Il faut ici inventer, créer, c'est-à-dire mentir. L'art du roman est de savoir mentir.

7463 Tout autant que la négation du réalisme, est dangereux son apparent accaparement par les faux créateurs, les fabricants de la peinture ou de la littérature en série, les *illustrateurs médiocres*... qui se bornent tout simplement à courir du côté du plus fort et, dans notre camp même, étant sans principes, donneront toujours nos erreurs en exemple, étrangers à notre combat et parasites de nos malheurs.

7464 La critique devrait, en matière de littérature, être une sorte de pédagogie de l'enthousiasme.

7465 La littérature est une affaire sérieuse pour un pays, elle est au bout du compte, son visage.

7466 Il n'y a pas de lumière sans ombre. Un livre sans ombre est un non-sens, et ne mérite pas d'être ouvert. Rien n'est dangereux comme les belles images. C'est avec cela qu'on pervertit les esprits.

7467 Le réalisme socialiste est l'aile marchande de la littérature, mais ceci suppose que cette littérature existe au-delà de cette aile. Si vous coupez dans la littérature entre vous et le reste vous amputez simplement le corps de cette aile et l'aile ne sera plus qu'un membre amputé... Ce n'est pas la littérature qui disparaîtra, c'est le réalisme socialiste.

La Mise à mort (Gallimard)

7468 Un jour elle a si bien chanté, que j'en ai perdu mon image. Que je suis resté à jamais comme si elle chantait encore, comme si elle chantait toujours. J'ai vu le monde *objectivement*, c'est-à-dire sans ma couleur. Je ne peux plus le voir autrement. Est-ce que vous entrez bien dans ce que je dis : c'est Fougère, c'est la voix de Fougère, son chant, c'est-à-dire cette création permanente qu'est son chant, cette découverte, cette transmission d'une Amérique intérieure, cette objectivation du rêve dont elle est tourmentée qui m'ont appris que je n'étais pas seul au monde [...] Comprenez-vous que c'est de Fougère, de cette musique d'elle, que je tiens l'existence des autres, et comment voulez-vous que de cette donnée étrange, *il existe d'autres que moi-même*, je n'aie pas été de fond en comble modifié, changé, bouleversé.

7469 Je crois à l'extension illimitée des connaissances humaines, mais je sais, je sais que ces connaissances ne feront jamais qu'accroître le domaine de la souffrance, qu'elles pourront éclairer celui-ci, mais ne permettront jamais par exemple à l'homme d'acquérir la certitude d'être aimé.

Je n'ai jamais appris à écrire ou les Incipit (Skira)

7470 Je crois encore qu'on pense à partir de ce qu'on écrit et pas le contraire.

7471 Je n'ai jamais écrit mes romans, *je les ai lus*. Tout ce qu'on en dit, en a dit, en dirait, sans cette connaissance préalable du fait, ne peut être que vue *a priori*, jugement mécanique, ignorance de l'essentiel. Comprenez-moi bien : *je n'ai jamais su qui était l'assassin*.

Les Chambres (Éditeurs français réunis)
7472 Un soir d'aubépines en fleurs aux confins des
[parfums et de la nuit
Un soir profond comme la terre de se taire
Un soir si beau que je vais croire jusqu'au bout
Dormir du sommeil de tes bras
Dans le pays sans nom sans éveil et sans rêves

Le lieu de nous où toute chose se dénoue.

Georges BATAILLE 1897-1962

Somme athéologique (Gallimard)
I. L'expérience intérieure, deuxième partie, I

7473 J'enseigne l'art de tourner l'angoisse en délice.

7474 Qui ne « meurt » pas de n'être qu'un homme ne sera jamais qu'un homme.

quatrième partie

7475 La vie va se perdre dans la mort, les fleuves dans la mer et le connu dans l'inconnu. La connaissance est l'accès de l'inconnu. Le non-sens est l'aboutissement de chaque sens possible.

quatrième partie, VI

7476 De la poésie, je dirai maintenant qu'elle est, je crois, le sacrifice où les mots sont victimes.

L'expérience intérieure
Méthode de méditation, première partie

7477 Je marche à l'aide de pieds, je philosophe à l'aide des sots. Même à l'aide des philosophes.

7478 Je pense comme une fille enlève sa robe.

Somme athéologique, II, Le coupable
L'amitié, III

7479 Les êtres sont inachevés l'un par rapport à l'autre, l'animal par rapport à l'homme, ce dernier par rapport à Dieu, qui n'est achevé que pour être imaginaire.

Somme athéologique, II, L'alléluiah, IV

7480 Les passions ne favorisent pas la faiblesse. L'ascèse est un repos, comparée aux voies fiévreuses de la chair.

Sur Nietzsche (Gallimard), préface, I

7481 Ce qui m'oblige d'écrire, j'imagine, est la crainte de devenir fou.

Sur Nietzsche, 6

7482 Je l'ai dit, l'exercice de la liberté se situe du côté du mal, tandis que la lutte pour la liberté est la conquête d'un *bien*.

deuxième partie, I

7483 [...] la « communication », sans laquelle, pour nous, rien ne serait, est assurée par le crime. La « communication » est l'amour et l'amour souille ceux qu'il unit.

appendice IV

7484 Chaque livre est aussi la somme des malentendus dont il est l'occasion.

L'Abbé C. (Éd. de Minuit), quatrième partie

7485 Qu'il est beau, qu'il est sale de savoir !

7486 Mais les mots disent difficilement ce qu'ils ont pour fin de nier.

L'Impossible (Éd. de Minuit), L'Orestie

7487 La poésie qui ne s'élève pas au non-sens de la poésie n'est que le vide de la poésie, que la belle poésie.

Le Petit (Pauvert), Le mal

7488 Je donne à qui veut bien une ignorance de plus.

Le Petit, Un peu plus tard

7489 Écrire est rechercher la chance.

La Part maudite (Éd. de Minuit)
avant-propos

7490 L'acte sexuel est dans le temps ce que le tigre est dans l'espace.

première partie, chap. II, 6

7491 De tous les luxes concevables, la mort sous sa forme fatale et inexorable, est certainement le plus coûteux.

L'Érotisme (Éd. de Minuit), introduction

7492 De l'érotisme, il est possible de dire qu'il est l'approbation de la vie jusque dans la mort.

première partie, chap. 13

7493 Si la beauté, dont l'achèvement rejette l'animalité, est passionnément désirée, c'est qu'en elle la possession introduit la souillure animale.

La Littérature et le Mal (Gallimard)
avant-propos

7494 La littérature, je l'ai, lentement, voulu montrer, c'est l'enfance enfin retrouvée.

7495 A la fin la littérature se devait de plaider coupable.

Joë BOUSQUET 1897-1950

Le Meneur de lune (éd. J.-B. Janin)

7496 [...] asservis-toi à l'existence des choses, si tu n'es pas ce qui leur manque tu n'es rien [...]

7497 L'instant qui ne m'apporte pas un enrichissement ouvre en moi une blessure.

La Connaissance du soir (Gallimard)
Pensefables et dansemuses, Ouverture

7498 Je vous aimais avec mes yeux
Mon amour en aimait une autre
Que me reste-t-il de nous deux ?

Brice PARAIN 1897-1971

Recherches sur la nature et les fonctions du langage
(Gallimard), introduction

7499 L'absurde se nomme. Le désespoir se chante. Tout vient se perdre dans les mots et y ressusciter.

chap. 2, La dénomination

7500 Aussi ne puis-je m'empêcher de craindre, chaque fois que j'ouvre la bouche, d'être engagé dans une opération infinie.

7501 La lumière, la tristesse, le vent existeraient-ils sans les mots de notre langage ? N'y aurait-il pas, à leur place, que des vibrations, des chocs d'atomes, des moments indétachables de ma durée, des nuages fuyant sous le ciel, des arbres gémissants, un souffle de l'air, disparus aussitôt qu'apparus, n'apparaissant pas même ?

conclusion

7502 Ne pas juger c'est secourir. Juger c'est se séparer. Ne pas juger c'est se taire. Dans le silence, je rêve d'aimer ; par le langage je ne peux que promettre, et que d'autres tiennent.

René CLAIR 1898-1981

À nous la liberté

7504 La liberté c'est toute l'existence,
Mais les humains ont créé les prisons
Les règlements, les lois, les convenances
Et les travaux, les bureaux, les maisons.

7505 Partout, si l'on en croit l'histoire,
Partout, on peut rire et chanter,
Partout, on peut aimer et boire...
A nous, à nous la liberté!

« Rythme » *in* Les Cahiers du mois n° 16-17
Cinéma (octobre 1925)

7506 Réclamons pour le cinéma le droit de n'être jugé que sur ses promesses.

Eugène DABIT 1898-1936

Hôtel du Nord (Denoël), chap. 2

7507 Toute vie mérite qu'on s'y attache.

chap. 10

7508 La vie à deux use le cœur d'un homme.

Georges DUMÉZIL 1898-1986

Jupiter, Mars, Quirinius (Gallimard)
introduction, V

7509 Il ne faut pas oublier qu'une religion [...] est un *système*, un *équilibre*. Elle n'est pas faite de pièces et de morceaux assemblés au hasard, avec des lacunes, des redondances et des disproportions scandaleuses. Si nous osions risquer après tant d'autres une définition, toujours extérieure, nous dirions qu'une religion est une explication générale et cohérente de l'univers soutenant et animant la vie de la société et des individus.

7503 Le langage est le seuil du silence que je ne puis franchir. Il est l'épreuve de l'infini.

Mitra-Varuna (Gallimard), préface de la seconde édition

7510 Nous vivons dans un âge peu favorable aux grands desseins ; au cours de ce qu'on appelait naguère une vie, le travail risque maintes fois d'être interrompu et détruit ; les villes, les bibliothèques disparaissent, les professeurs d'université se perdent, comme les mères et les enfants, dans les remous d'une déportation ou dans les cendres d'un four, ou bien se volatilisent, avec les chrysanthèmes et les bonzes, en dangereux corpuscules.

L'Héritage indo-européen à Rome (Gallimard), chap. 2

7511 C'est moins chaque figure divine, chaque concept religieux qu'il faut étudier que les rapports qu'ils soutiennent entre eux et les équilibres que révèlent ces rapports. Bref, la plus sûre définition d'un dieu est différentielle, classificatoire.

Les Dieux des Germains (P.U.F.), chap. 2

7512 Les dieux qui rassurent occupent moins les hommes que les dieux qui inquiètent.

Jean GRENIER 1898-1971

Inspirations méditerranéennes (Gallimard)
La villa d'Hadrien

7513 Comme tout ce qui existe est beau par la seule force qu'il a d'exister ! Il ne faut pas trop choisir puisque nous ne sommes pas nous-mêmes choisis ; il ne faut pas désirer uniquement ceci ou cela, puisque nous ne sommes pas l'objet d'un désir unique.

Entretiens sur le bon usage de la liberté (Gallimard)
première partie, Existence et liberté

7514 L'idéal change, la Nature demeure ; et le meilleur usage que l'homme puisse faire de la liberté, c'est de n'en faire aucun.

deuxième partie, Existence et destinée

7515 L'existence de l'absolu se cache et bouge derrière la tapisserie du monde. On ne la voit pas, elle se manifeste par une absence qui est plus active que les présences, comme dans une soirée à laquelle manque le maître de maison.

À propos de l'humain (Gallimard)
L'Histoire a-t-elle un sens ?

7516 Mon opinion sur *ce qui sera* est sujette à changement ; ma croyance en *ce qui devrait être* ne passera pas.

À propos de l'humain
L'attachement aux choses

7517 Si tout est condamné à mourir, dira l'un, à quoi bon regretter des arbres et des pierres ? Mais l'autre répondra : précisément parce qu'ils doivent partager notre sort, un peu plus tard.

Lexique (Gallimard)

7518 *Pourquoi :* Pourquoi écrivez-vous ? — La grenade finit par faire éclater l'écorce.

7519 *Vérité :* Je n'ai jamais pu faire coïncider ce que je croyais être la vérité avec ce qui m'aidait à vivre.

Alfred SAUVY 1898-1990

La Population (P.U.F.)
deuxième partie, chap. 3

7520 C'est le degré de culture et de prévoyance plus que le degré d'aisance qui paraît régler la restriction des naissances.

chap. 5

7521 La restriction des naissances n'a assuré à la France aucune supériorité sur les autres pays. La diminution de l'esprit d'entreprise, l'atrophie de l'esprit de création ont compensé et au-delà les avantages matériels de la faible descendance.

troisième partie, chap. 3

7522 Tout pays où la diminution du nombre paraîtrait favorable en soi se trouve donc pris dans le dilemme : *croître ou vieillir.*

Marcel ACHARD 1899-1974

Nous irons à Valparaiso (La Table ronde)
acte I

7523 Ne disons surtout pas la vérité : [...] la vérité salit les puits.

Patate (La Table ronde), épigraphe

7524 Le remède est dans le poison.

7525 Le plus grand prix qu'on puisse payer pour quoi que ce soit, c'est de le demander.

7526 Pour faire un mot drôle, je tuerais père et mère. Heureusement que je suis orphelin.

7527 L'amour est à ceux qui y pensent.

Marcel ARLAND 1899-1986

La Route obscure (Gallimard)

7528 Je ne conçois pas de littérature sans éthique. Aucune doctrine ne peut me satisfaire ; mais l'absence de doctrine m'est un tourment. Le premier fondement d'une morale, c'est que nous sommes portés à chercher une morale.

Où le cœur se partage (Gallimard)

7529 Le corps est un des noms de l'âme, et non pas le plus indécent.

Carnets de Gilbert (Gallimard)

7530 Il faut juger un homme à son enfer.

7531 Suicide de Judas? Par remords? ou parce que trahir Dieu, ce n'était donc que cela?

Sur une terre menacée (Stock)

7532 Un art, une langue ne sont pas des constructions fortuites : ils sont à la fois l'aveu et le rêve de tout un peuple, c'est-à-dire son chant.

La Grâce d'écrire (Gallimard)

7533 J'aime avant tout dans l'œuvre d'art — sans négliger un plaisir plus candide — l'un des hauts modes où l'homme s'exprime, se délivre et trouve son harmonie, l'un des moyens, le plus pur peut-être, par où il tend à s'accomplir.

7534 J'imagine volontiers la littérature comme un ordre.

La Consolation du voyageur (Stock)

7535 Que ferait un conteur s'il ne trouvait parfois un peu d'appui dans le silence?

Jacques AUDIBERTI 1899-1965

Race des Hommes (Gallimard)
Demandez le programme

7536 Assez de vie! Assez de songes!
Vive la mort et mes amours!
Mes organes sont des éponges,
Les membres des pieux noirs et lourds.

Race des Hommes, Martyrs

7537 Un trésor, c'est pour qu'on y touche.

Des tonnes de semence (Gallimard)
Finit l'angoisse…, Latvia

7538 S'il meurt et s'il ne meurt l'homme triste se plaint.

Des tonnes de semence
La fin de l'ère du capital

7539 La vie, à fond, me touche enfin.
Je dois crever, puisque j'existe.

Des tonnes de semence, Connaît Dieu, Voûtes

7540 Seigneur, donnez-moi la force.
Seigneur, donnez-moi le goût.
Seigneur, levez-moi l'écorce.
Seigneur, que je sache tout!

Rempart (Gallimard), Le citoyen

7541 Un homme ne vit pas dessus, non, ni dessous.
Un homme, c'est du mitoyen.

Le Mal court (Gallimard), acte I

7542 Le mariage, c'est l'état, c'est le trône de la femme.

acte II

7543 Méfions-nous des mots qui disent d'avance, pour ainsi dire, ce qu'ils veulent dire, et qui le tuent dans l'œuf, des mots qui sont une musique, une propagande, une fumée.

acte III

7544 Il faut que le monde soit clair. Si les cœurs étaient clairs, le monde serait clair.

L'Effet Glapion (Gallimard), acte I

7545 L'effet Glapion, décrit pour la première fois par le professeur Émile Glapion, consiste dans l'usufruit d'une donnée concrète objective par la logique visionnaire subjective. […] Vous vous trouvez devant une personne qui vous frappe par je ne sais quoi d'inattendu, de curieux. A partir de cette apparence, vous devinez tout un roman, énorme, instantané, délirant. Effet Glapion!

acte II

7546 Une fille qui vous occupe équivaut à l'immensité. En même temps il n'y a rien de plus simple, de plus souple, d'aussi pratique, commode, portatif.

Louis GUILLOUX 1899-1980

Le Sang noir (Gallimard), tome I

7547 Le talent, c'est le courage, ce qu'il en faut pour se tuer.

7548 Le monde est absurde, jeune homme, et toute la grandeur de l'homme consiste à connaître cette absurdité, toute sa probité aussi.

7549 La vie, c'est ce dont on s'empare.

tome II

7550 Si l'on avait pu rêver que les bœufs aient jamais vécu en société à l'image des hommes, et qu'eût germé, dans leur cervelle de bœufs, l'idée de construire une église à leur image de bœufs, cette bâtisse opaque eût fourni un merveilleux exemple d'architecture bovine, sur quoi la sagacité des petits archéologues bovins eût pu s'exercer.

Henri MICHAUX 1899-1984

Qui je fus (Gallimard)

7551 Il l'emparouille et l'endosque contre terre ;
Il le rague et le roupète jusqu'à son drâle ;
Il le pratèle et le libucque et lui barufle les ouillais ;
Il le tocarde et le marmine,
Le manage rape à ri et ripe à ra.
Enfin il l'écorcobalisse.
L'autre hésite, s'espudrine, se défaisse, se torse et se ruine.
C'en sera bientôt fini de lui [...]

Ecuador (Gallimard)

7552 Tout homme qui n'aide pas à mon perfectionnement : zéro.

7553 Rends-toi, mon cœur.
Nous avons assez lutté.
Et que ma vie s'arrête.
On n'a pas été des lâches,
On a fait ce qu'on a pu.

Mes propriétés (Gallimard)

7554 Autrefois, j'avais trop le respect de la nature. Je me mettais devant les choses et les paysages et je les laissais faire. Fini, maintenant J'INTERVIENDRAI.

La nuit remue (Gallimard)

7555 Dans ma nuit, j'assiège mon Roi, je me lève progressivement et je lui tords le cou.
Il reprend des forces, je reviens sur lui, et lui tords le cou une fois de plus.
[...] Eh bien, il me faut recommencer le lendemain.
Il est revenu ; il est là. Il est toujours là. Il ne peut pas déguerpir pour de bon. Il doit absolument m'imposer sa maudite présence royale dans ma chambre déjà si petite.

7556 Je vous construirai une ville avec des loques, moi !

Plume (Gallimard), Animaux fantastiques

7557 La maladie accouche infatigablement d'une création animale inégalable.

Plume, L'insoumis

7558 Tristesse du réveil !
Il s'agit de redescendre, de s'humilier.
L'homme retrouve sa défaite : le quotidien.

7559 Tout est drogue à qui choisit pour y vivre l'autre côté.

Plume, Repos dans le malheur

7560 Le Malheur, mon grand laboureur,
Le Malheur, assois-toi,
Repose-toi.
Reposons-nous un peu toi et moi.

Plume, Vieillesse

7561 Soirs ! Soirs ! Que de soirs pour un seul matin !

7562 Vieillesse, veilleuse, souvenirs : arènes de la mélancolie !

Plume, Dans la nuit

7563 Dans la nuit
Dans la nuit
Je me suis uni à la nuit
A la nuit sans limites
A la nuit

Mienne, belle, mienne.

Plume, Comme pierre dans le puits

7564 Je cherche un être à envahir
Montagne de fluide, paquet divin,
Où es-tu mon autre pôle? Étrennes toujours remises,
Où es-tu marée montante?
Refouler en toi le bain brisant de mon intolérable tension!
Te pirater.

Présence de soi: outil fou.

7565 Oh! Heureux médiocres
Tettez le vieux et la couenne des siècles
et la civilisation des désirs à bon marché
Allez, c'est pour vous tous ça.

La rage n'a pas fait le monde
mais la rage y doit vivre.
Camarades du « Non » et du crachat mal rentré
Camarades... mais il n'y a pas de camarades du « Non »!

Plume, Avenir

7566 Jamais, Jamais, non JAMAIS, vous aurez beau faire, jamais ne saurez quelle misérable banlieue c'était que la Terre. Comme nous étions misérables et affamés de plus Grand.

Plume, Difficultés, Le portrait de A

7567 Il cherche la jeunesse à mesure qu'il vieillit. Il l'espérait. Il l'attend encore. Mais il va bientôt mourir.

7568 Les choses sont une façade, une croûte. Dieu seul est. Mais dans les livres, il y a quelque chose de divin.

7569 Si un contemplatif se jette à l'eau, il n'essaiera pas de nager, il essaiera d'abord de comprendre l'eau. Et il se noiera.

Plume, postface

7570 On n'est peut-être pas fait pour un seul moi. On a tort de s'y tenir. Préjugé de l'unité. (Là comme ailleurs la volonté appauvrissante et sacrificatrice).

7571 On veut trop être quelqu'un.

7572 L'histoire de la Philosophie est l'histoire des fausses positions d'équilibre conscient adoptées successivement.

7573 Gardons-nous de suivre la pensée d'un auteur (fût-il du type Aristote), regardons plutôt ce qu'il a derrière la tête, où il veut en venir, l'empreinte que son désir de domination et d'influence quoique bien caché essaie de nous imposer.

7574 Toute science crée une nouvelle ignorance.
Tout conscient, un nouvel inconscient.
Tout apport nouveau crée un nouveau néant.
Lecteur, *tu tiens donc ici,* comme il arrive souvent, *un livre que n'a pas fait l'auteur* quoiqu'un monde y ait participé. Et qu'importe ?
Signes, symboles, élans, chutes, départs, rapports, discordances, tout y est pour rebondir, pour chercher, pour plus loin, pour autre chose.
Entre eux, sans s'y fixer l'auteur poussa sa vie.
Tu pourrais essayer, peut-être, toi aussi ?

Exorcismes (Gallimard), préface

7575 L'exorcisme, réaction en force, en attaque de bélier, est le véritable poème du prisonnier.

Face aux verrous (Gallimard)

7576 Le phallus en ce siècle devient doctrinaire.

Connaissance par les gouffres (Gallimard)
I, Comment agissent les drogues

7577 Les drogues nous ennuient avec leur paradis.
Qu'elles nous donnent plutôt un peu de savoir.
Nous ne sommes pas un siècle à paradis.

Jean MOULIN 1899-1943

Premier combat (Journal posthume)
Appendices, extrait du discours prononcé à Chartres
au banquet Marceau (éd. de Minuit)

7578 Je suis de ceux qui pensent que la République ne doit pas renier ses origines et qu'elle doit, tout au contraire, se pencher, avec fidélité, avec respect, sur les grandes heures qui ont marqué sa naissance.

Premier combat
Lettre à sa mère et à sa sœur
(15 juin 1940)

7579 Je ne savais pas que c'était si simple de faire son devoir quand on est en danger.

Benjamin PÉRET 1899-1959

Il était une boulangère... (éd. du Sagittaire)

7580 A quoi bon marcher, se coucher, couper des têtes, planter des choux, être saint, honnête ou puéril, à quoi bon !

Le Déshonneur des poètes
(Le Terrain vague)

7581 Le révolutionnaire de l'An II ou de 1917 créait la société nouvelle tandis que le patriote ou le stalinien d'aujourd'hui en profitent.

7582 Tant que les fantômes malveillants de la religion et de la patrie heurteront encore l'aire sociale et intellectuelle sous quelque déguisement qu'ils empruntent, aucune liberté ne sera concevable : leur expulsion préalable est une des conditions préalables capitales de l'avènement de la liberté.

Francis PONGE 1899-1988

Tome premier (Gallimard)
Proêmes, Natare piscem doces, 1924

7583 Le poète ne doit jamais proposer une pensée mais un objet, c'est-à-dire que même à la pensée il doit faire prendre une pose d'objet.

Tome premier, Douze petits écrits, I, 1925

7584 Quelconque de ma part la parole me garde mieux que le silence. Ma tête de mort paraîtra dupe de son expression. Cela n'arrivait pas à Yorick quand il parlait.

Proêmes
Notes d'un poème (sur Mallarmé), 1926

7585 Le langage ne se refuse qu'à une chose, c'est à faire aussi peu de bruit que le silence.

7586 Poésie n'est point caprice si le moindre désir y fait maxime. [...] Proverbes du gratuit. Folie capable de victoire dans une discussion pratique.

Le Parti pris des choses
Le galet, 1927

7587 Un esprit en mal de notions doit d'abord s'approvisionner d'apparences.

Proêmes, Pas et le saut, 1927

7588 A bas le mérite intellectuel ! Voilà encore un cri de révolte acceptable.

Proêmes, Des raisons d'écrire, 1929-1930

7589 Une seule issue : parler contre les paroles. Les entraîner avec soi dans la honte où elles nous conduisent, de telle sorte qu'elles s'y défigurent.

Proêmes, Ad litem, 1931

7590 Puisqu'il est de la nature de l'homme d'élever la voix au milieu de la foule des choses silencieuses, qu'il le fasse du moins parfois à leur propos.

Proêmes, introduction au Galet, 1933

7591 O ressources infinies de l'épaisseur des choses, rendues par les ressources infinies de l'épaisseur sémantique des mots.

Proêmes, Mémorandum, 1935

7592 Il faut d'abord se décider en faveur de son propre esprit et de son propre goût.

Proêmes, Réflexions en lisant « L'Essai sur l'absurde », 1943

7593 Rien de désespérant. Rien qui flatte le masochisme humain.

7594 [...] la philosophie me paraît ressortir à la littérature comme l'un de ses genres [...]. J'en préfère d'autres. Moins volumineux.

Proêmes, Notes premières de « l'homme » 1943-1944

7595 Comment s'y prendrait un arbre qui voudrait exprimer la nature des arbres ? Il ferait des feuilles, et cela ne nous renseignerait pas beaucoup.

7596 L'homme est à venir. L'homme est l'avenir de l'homme.

Le Grand Recueil (Gallimard), Méthodes
Le monde muet est notre seule patrie, 1952

7597 Il suffit d'abaisser notre prétention à dominer la nature et d'élever notre prétention à en faire physiquement partie, pour que la réconciliation ait lieu. Quand l'homme sera fier d'être non seulement le lieu où s'élaborent les idées et les sentiments, mais aussi bien le nœud où ils se détruisent et se confondent, il sera près alors d'être sauvé.

Le Grand Recueil, Méthodes
La société du génie, 1952

7598 Baigné dans le monde muet, nous en pratiquons la ressource ; à chacun selon ses moyens. Pour nous, ce seront ceux de notre langue maternelle, qui nous semblent, en effet, non seulement nos instruments de communication naturels, mais vraiment — hors l'amour — notre unique façon d'être.

Pour un Malherbe (Gallimard)

7599 Une nécessité encore, au bout de la nuit, fait que le jour se fait. Il ne faut cesser de s'enfoncer dans sa nuit. C'est alors que brusquement la lumière se fait. Un pas de plus pour se perdre et l'on se trouve.

Le Grand Recueil, Méthodes
Entretien avec Breton et Reverdy, 1952

7600 Peut-être la leçon est-elle qu'il faut *abolir les valeurs dans le moment même que nous les découvrons...*
Voilà à mon sens l'importance (et aussi bien l'importance sociale) de la poésie.

Pour un Malherbe

7601 Le monde entier n'est que l'orchestration des harmoniques variées de la Parole : les articulations du OUI.

Le Grand Recueil, Pièces
Le soleil placé en abîme, 1954

7602 [...] ironique et tonique à la fois, le fonctionnement verbal, sans aucun coefficient laudatif ou péjoratif : l'objeu.

Pour un Malherbe, 1955

7603 C'est la fondation d'une *raison* qui est en but. D'une raison convaincante, frappante : donc, d'une *réson*.

Le Grand Recueil, Lyres
Les illuminations à l'Opéra-Comique, 1956

7604 [...] au point où nous en sommes, ce n'est pas un utopique retour en arrière mais, seul, un progrès nouveau et décisif dans l'artifice, qui peut nous rendre notre naturelle liberté.

Nouveau recueil (Gallimard), À la rêveuse matière, 1963

7605 Sans doute suffit-il de *nommer* quoi que ce soit — d'une certaine manière — pour exprimer tout de l'homme et, du même coup, glorifier la matière, exemple pour l'écriture et providence de l'esprit.

Nouveau recueil, Braque lithographe, 1963

7606 L'art ne nous intéresse que dans la mesure où l'ostentation des mystères conduit infailliblement à une morale.

Nouveau recueil, Nouvelles notes sur Fautrier, 1964

7607 Pas de chef-d'œuvre inconnu [...] Savoir offrir un objet [...] Sans flatter cependant. Sans laisser d'illusions quant au sérieux des choses et aux cruautés du destin.

Jacques RIGAUT 1899-1929

Écrits (Gallimard), Roman d'un jeune homme pauvre

7608 Chaque Rolls-Royce que je rencontre prolonge ma vie d'un quart d'heure. Plutôt que de saluer les corbillards, les gens feraient mieux de saluer les Rolls-Royce.

Écrits, Publications posthumes, Le miroir

7609 ET MAINTENANT, RÉFLÉCHISSEZ, LES MIROIRS.

Écrits, Publications posthumes, Pensées

7610 Partez les premiers, Messieurs les idiots.

7611 Un livre devrait être un geste.

7612 Essayez, si vous le pouvez, d'arrêter un homme qui voyage avec son suicide à la boutonnière.

7613 Il n'y a de progrès, de découverte, que vers la mort.

7614 Aidez-moi, j'aiderai le ciel.

7615 Dieu s'aigrit, il envie à l'homme sa mortalité.

Armand SALACROU 1899

L'Inconnue d'Arras (Gallimard), acte I

7616 Les regrets, ce n'est que de la rature: on n'efface pas. L'homme est sans un seul moment de repos, créateur de choses définitives.

acte III

7617 La vraie grandeur de l'homme est de se savoir médiocre, et non pas de s'y résigner mais d'y trouver sa loi.

7618 Un homme sans souvenirs est un homme perdu.

La Terre est ronde (Gallimard)
acte II, scène 1

7619 Les gouvernements se conduisent aujourd'hui comme n'oserait pas se conduire un homme d'affaires, même déconsidéré.

acte III, scène 1

7620 Le bon sens n'aura donc jamais de héros?

Histoire de rire (Gallimard), acte II

7621 Nous sommes beaucoup plus malheureux dans le malheur qu'heureux dans le bonheur.

7622 Le bonheur n'est jamais triste ou gai. Il est le bonheur.

acte III
7623 Nous croyons être leurs amants, nous ne sommes que leurs complices.

Boulevard Durand (Gallimard)
prologue
7624 Comme les hommes aiment la justice quand ils jugent les crimes d'autrefois !

première partie, scène 3
7625 La vie, c'est une grande réclamation qu'il n'est pas commode d'apaiser.

René CREVEL 1900-1935

L'Esprit contre la raison (Tchou)
7626 L'acte gratuit dans sa forme idéale serait un pont de l'ambition minuscule à la liberté, du relatif à l'absolu.

7627 Il faut beaucoup de naïveté pour faire de grandes choses.

7628 Toute poésie, toute vie intellectuelle, morale, est une révolution, car toujours il s'agit pour l'être de briser les chaînes qui le rivent au rocher conventionnel.

7629 L'imagination est peut-être sur le point de reprendre ses droits.

Le Clavecin de Diderot (Pauvert)
Linguistique
7630 La Sorbonne, ce musée Dupuytren de toutes les sénilités.

Le Clavecin de Diderot, Pourquoi ces souvenirs ?
7631 Une très élémentaire politesse ne tolère ni la crasse des scrupules ni les verrues des regrets.

7632 Digne confrère de toutes les hargneuses théologies, l'humanisme donne pour une pensée libre sa pensée vague, et ainsi décide n'importe qui à reconnaître de droit sinon divin, du moins nouménal, l'exercice de ses facultés et métiers envers et contre les autres.

Le Clavecin de Diderot, Dieu et ses murs
7633 Le monde n'est devenu une telle cochonnerie que parce qu'il a été si bien, si totalement, empli de Dieu.

Robert DESNOS 1900-1945

Corps et Biens (Gallimard), Le fard des Argonautes

7634 — Nous reviendrons chantant des hymnes obsolètes
Et les femmes voudront s'accoupler avec nous.

Corps et Biens, Rrose Selavy

7635 Rrose Selavy demande si les Fleurs du Mal ont modifié les mœurs du phalle : qu'en pense Omphale?

7636 Plus que poli pour être honnête
Plus que poète pour être honni.

Les Quatre sans cou (Gallimard)

7637 Ils étaient quatre qui n'avaient plus de tête,
Quatre à qui l'on avait coupé le cou,
On les appelait les quatre sans cou.

État de veille (Gallimard), Demain

7638 Si nous ne dormons pas c'est pour guetter l'aurore
Qui prouvera qu'enfin nous vivons au présent.

État de veille, Le cimetière

7639 Puis-je défendre ma mémoire contre l'oubli.
Comme une seiche qui s'enfuit à perdre sang, à perdre haleine?
Puis-je défendre ma mémoire contre l'oubli?

État de veille, L'épitaphe

7640 J'ai vécu dans ces temps et depuis mille années
Je suis mort. Je vivais, non déchu mais traqué.
Toute noblesse humaine étant emprisonnée
J'étais libre parmi les esclaves masqués.

Chantefables et chantefleurs (Librairie Gründ) Le pélican

7641 Le pélican de Jonathan,
Au matin, pond un œuf tout blanc
Et il en sort un pélican
Lui ressemblant étonnamment,
Et ce deuxième pélican
[...]
Cela peut durer pendant très longtemps
Si l'on ne fait pas d'omelette avant.

Chantefables et chantefleurs, La fourmi

7642 Une fourmi parlant français,
Parlant latin et javanais,
Ça n'existe pas, ça n'existe pas.
Eh! Pourquoi pas?

Pierre FRANCASTEL 1900-1970

Peinture et société (© Pierre Francastel), préface

7643 Les œuvres d'art ne sont pas de purs symboles, mais de véritables objets nécessaires à la vie des groupes sociaux.

Peinture et société, 3

7644 Je suis convaincu que les peintres d'aujourd'hui, comme ceux du XVe siècle, sont parmi les premiers groupes sociaux à compter parmi eux des hommes tournés davantage vers l'avenir que vers le passé.

7645 Nous n'entendons pas davantage un jour Mozart que nous n'entendons les chœurs de la tragédie antique. L'œuvre d'art, musique ou peinture, exige des rites secrets et une communication collective.

Julien GREEN 1900

Journal (Plon), 15 novembre 1920

7646 On ne raconte pas le bonheur, on ne raconte pas l'amour.

9 juin 1937

7647 Le plaisir tue en nous quelque chose.

6 février 1939

7648 Dieu est si jaloux de notre liberté qu'il n'y veut point toucher que nous ne le lui permettions, et cela jusqu'à la mort, où il nous l'ôtera.

4 septembre 1940

7649 La Bible contient pour chacun de nous un message chiffré. Le chiffre, c'est la foi qui nous le donne.

30 mars 1944

7650 Rien ne nous vieillit comme la mort de ceux que nous avons connus depuis notre enfance. Je suis aujourd'hui plus vieux d'un mort.

26 mai 1945

7651 On ne peut pas écrire quand on a la crainte perpétuelle de pécher en écrivant.

14 juin 1946

7652 Les fautes charnelles apprennent à certains ce qu'ils n'auraient pu savoir autrement, et j'entends cela d'une façon largement humaine et non pas seulement érotique.

31 mars 1950

7653 Il faut quelquefois se promener au fond de l'abîme. Même si je descends jusqu'en enfer, le bras de Dieu est assez long pour m'en retirer.

27 octobre 1958

7654 Il me paraît certain que l'aboutissement normal de l'érotisme est l'assassinat.

28 décembre 1958

7655 La mort perd de sa terreur. Elle est la porte de sortie d'un monde qui devient plus effrayant que la mort ne le fut jamais.

5 février 1959

7656 Dieu n'ayant pu faire de nous des humbles fait de nous des humiliés !

16 mai 1960

7657 Un critique a dit que dans mon livre se voyait le petit jour de l'éternité.

26 mars 1961

7658 L'âme humaine est comme un gouffre qui attire Dieu, et Dieu s'y jette.

Georges LIMBOUR 1900-1970

Entretiens
avec Georges Charbonnier (Julliard)

7659 L'homme se déchire à la herse qui le sépare du secret des choses.

7660 [...] Nature et Surréalisme sont ennemis.

Jacques PRÉVERT 1900-1977

Paroles (Gallimard)
Tentative de description d'un dîner de têtes à Paris-France

7661 La plus noble conquête de l'homme, c'est le cheval, dit le Président... et s'il n'en reste qu'un, je serai celui-là.

7662 Ceux qui crèvent d'ennui le dimanche après-midi
parce qu'ils voient venir le lundi
et le mardi, et le mercredi, et le jeudi, et le vendredi
et le samedi
et le dimanche après-midi.

Paroles, Événements

7663 Restez ensemble hommes pauvres
restez unis
crient les petits de l'hirondelle
restez ensemble hommes pauvres

restez unis
crient les petits
quelques hommes les entendent
saluent du poing
et sourient.

Paroles, L'accent grave

7664 L'élève Hamlet
Être ou ne pas être dans les nuages !

Paroles, Pater noster

7665 Notre Père qui êtes aux cieux
Restez-y
Et nous nous resterons sur la terre
Qui est quelquefois si jolie.

Paroles, Le cancre

7666 Il dit non avec la tête
mais il dit oui avec le cœur
il dit oui à ce qu'il aime
il dit non au professeur.

7667 et malgré les menaces du maître
sous les huées des enfants prodiges
avec les craies de toutes les couleurs
sur le tableau noir du malheur
il dessine le visage du bonheur.

Paroles, Fleurs et couronnes

7668 Homme
Tu as regardé la plus triste la plus morne de toutes les fleurs de la terre
Et comme aux autres fleurs tu lui as donné un nom
Tu l'as appelée Pensée.

Paroles, La grasse matinée

7669 Il est terrible
le petit bruit de l'œuf dur cassé sur un comptoir d'étain
il est terrible ce bruit
quand il remue dans la mémoire de l'homme qui a faim.

Paroles, Chasse à l'enfant

7670 Bandit ! Voyou ! Voleur ! Chenapan !

C'est la meute des honnêtes gens
qui fait la chasse à l'enfant.

Paroles, Le paysage changeur

7671 De deux choses lune
L'autre c'est le soleil.

Paroles, Pour faire le portrait d'un oiseau

7672 Si l'oiseau ne chante pas
c'est mauvais signe
signe que le tableau est mauvais
mais s'il chante c'est bon signe
signe que vous pouvez signer.

Paroles, Sables mouvants

7673 Démons et merveilles
Vents et marées
Au loin déjà la mer s'est retirée.

Paroles, La brouette ou les grandes inventions

7674 Le paon fait la roue
le hasard fait le reste
Dieu s'assoit dedans
et l'homme le pousse.

Paroles, Les paris stupides

7675 Un certain Blaise Pascal
etc... etc...

Paroles, Inventaire

7676 Une pierre
deux maisons
trois ruines
quatre fossoyeurs
un jardin
des fleurs

un raton laveur

Paroles, Il ne faut pas...

7677 Répétons-le Messsssssieurs
Quand on le laisse seul
Le monde mental
Ment
Monumentalement.

Paroles, L'amiral

7678 L'amiral Larima
Larima quoi
la rime à rien
l'amiral Larima
l'amiral Rien.

Spectacle (Gallimard), La transcendance

7679 Il y a des gens qui dansent sans entrer en transe et il y en a d'autres qui entrent en transe sans danser. Ce phénomène s'appelle la Transcendance et dans nos régions il est fort apprécié.

Spectacle, Le retour à la maison

7680 Dieu est un petit bonhomme sans queue qui fume sa pipe au coin du feu.

Spectacle, Représentation

7681 — Qu'est-ce que cela peut faire que je lutte pour la mauvaise cause puisque je suis de bonne foi ?
— Et qu'est-ce que ça peut faire que je sois de mauvaise foi puisque c'est pour la bonne cause ?

Spectacle, Intermède

7682 Les jeux de la Foi ne sont que cendres auprès des feux de la Joie.

7683 Enfants, en Italie, Sacco et Vanzetti rêvaient peut-être à l'électrification des campagnes.

7684 Tout est perdu sauf le bonheur.

Antoine de SAINT-EXUPÉRY 1900-1944

Courrier Sud (Gallimard)
deuxième partie, chap. 13

7685 O femme après l'amour démantelée et découronnée du désir de l'homme. Rejetée parmi les étoiles froides. Les paysages du cœur changent si vite...

Vol de nuit (Gallimard), chap. 6

7686 « Si les insomnies d'un musicien lui font créer de belles œuvres, ce sont de belles insomnies. »

chap. 11

7687 « [...] c'est du mystère seul que l'on a peur. Il faut qu'il n'y ait plus de mystère. Il faut que des hommes soient descendus dans ce puits sombre, et en remontent, et disent qu'ils n'ont rien rencontré. »

chap. 14

7688 — [...] si la vie humaine n'a pas de prix, nous agissons toujours comme si quelque chose dépassait, en valeur, la vie humaine... Mais quoi ?

chap. 15

7689 [...] il n'y a pas de fatalité extérieure. Mais il y a une fatalité intérieure : vient une minute où l'on se découvre vulnérable ; alors les fautes vous attirent comme un vertige.

chap. 19

7690 « [...] dans la vie, il n'y a pas de solutions. Il y a des forces en marche : il faut les créer et les solutions suivent. »

Terre des hommes (Gallimard)

7691 La terre nous en apprend plus long sur nous que tous les livres. Parce qu'elle nous résiste. L'homme se découvre quand il se mesure avec l'obstacle.

chap. 1, La ligne

7692 [...] un spectacle n'a point de sens, sinon à travers une culture, une civilisation, un métier.

7693 « Ce que d'autres ont réussi, on peut toujours le réussir. »

chap. 2, Les camarades, § 2

7694 « Ce que j'[1]ai fait, je te le jure, jamais aucune bête ne l'aurait fait. »

7695 « Ma femme, si elle croit que je vis, croit que je marche. Les camarades croient que je marche. Ils ont tous confiance en moi. Et je suis un salaud si je ne marche pas. »

7696 « Ce qui sauve, c'est de faire un pas. Encore un pas. C'est toujours le même pas que l'on recommence... »

7697 [...] une fois pris dans l'événement, les hommes ne s'en effraient plus. Seul l'inconnu épouvante les hommes. Mais, pour quiconque l'affronte, il n'est déjà plus l'inconnu.

7698 Être homme, c'est précisément être responsable. C'est connaître la honte en face d'une misère qui ne semblait pas dépendre de soi. C'est être fier d'une victoire que les camarades ont remportée. C'est sentir, en posant sa pierre, que l'on contribue à bâtir le monde.

chap. 3, L'avion

7699 [...] la machine n'est pas un but. L'avion n'est pas un but : c'est un outil. Un outil comme la charrue.

chap. 6, Dans le désert, § 6

7700 L'esclave fait son orgueil de la braise du maître.

---

1. Guillaumet.

chap. 7, Au centre du désert, § 6

7701 On croit que l'homme peut s'en aller droit devant soi. On croit que l'homme est libre... On ne voit pas la corde qui le rattache au puits, qui le rattache, comme un cordon ombilical, au ventre de la terre. S'il fait un pas de plus, il meurt.

chap. 8, Les hommes, § 1

7702 Nous avons tous goûté, en retrouvant des camarades, l'enchantement des mauvais souvenirs.

7703 La vérité, ce n'est point ce qui se démontre. [...] Si cette religion, si cette culture, si cette échelle des valeurs, si cette forme d'activité et non telles autres favorisent dans l'homme cette plénitude, délivrent en lui un grand seigneur qui s'ignorait, c'est que cette échelle des valeurs, cette culture, cette forme d'activité, sont la vérité de l'homme. La logique ? Qu'elle se débrouille pour rendre compte de la vie.

§ 3

7704 [...] la vérité, vous le savez, c'est ce qui simplifie le monde et non ce qui crée le chaos. La vérité, c'est le langage qui dégage l'universel. [...] La vérité, ce n'est point ce qui se démontre, c'est ce qui simplifie.

7705 Ce qui me tourmente, les songes populaires ne le guérissent point. Ce qui me tourmente, ce ne sont ni ces creux, ni ces bosses, ni cette laideur. C'est un peu, dans chacun de ces hommes, Mozart assassiné.

§ 4

7706 Seul l'Esprit, s'il souffle sur la glaise, peut créer l'Homme.

Pilote de guerre (Gallimard), chap. 2

7707 [...] l'Esprit ne considère point les objets, il considère le sens qui les noue entre eux. Le visage qui est lu au travers.

chap. 7

7708 Être tenté, c'est être tenté, quand l'Esprit dort, de céder aux raisons de l'Intelligence.

7709 Connaître, ce n'est point démontrer, ni expliquer. C'est accéder à la vision. Mais, pour voir, il convient d'abord de participer. Cela est dur apprentissage...

chap. 10

7710 Vivre, c'est naître lentement. Il serait un peu trop aisé d'emprunter des âmes toutes faites !

7711 La guerre n'est pas une aventure. La guerre est une maladie. Comme le typhus.

chap. 14

7712 [...] rien de ce qui concerne l'homme ne se compte, ni ne se mesure. L'étendue véritable n'est point pour l'œil, elle n'est accordée qu'à l'esprit. Elle vaut ce que vaut le langage, car c'est le langage qui noue les choses.

7713 Si une civilisation est forte, elle comble l'homme, même si le voilà immobile.

chap. 15

7714 La paix est lecture d'un visage qui se montre à travers les choses, quand elles ont reçu leur sens et leur place. Quand elles font partie de plus vaste qu'elles, comme les minéraux disparates de la terre une fois qu'ils sont noués dans l'arbre.

chap. 24

7715 Nul ne peut se sentir, à la fois, responsable et désespéré.

7716 L'intelligence ne vaut qu'au service de l'amour. [...] Ni l'intelligence, ni le jugement ne sont créateurs. Si le sculpteur n'est que science et intelligence, ses mains manqueront de génie.

7717 Chacun est responsable de tous. Chacun est seul responsable. Chacun est seul responsable de tous.

chap. 27

7718 On ne fonde en soi l'Être dont on se réclame que par des actes. Un Être n'est pas de l'empire du langage, mais de celui des actes. Notre Humanisme a négligé les actes. Il a échoué dans sa tentative.

7719 On meurt pour une cathédrale. Non pour des pierres. On meurt pour un peuple. Non pour une foule. On meurt par amour de l'Homme, s'il est clef de voûte d'une Communauté. On meurt pour cela seul dont on peut vivre.

7720 Il faut commencer par le sacrifice, pour fonder l'amour. L'amour, ensuite, peut solliciter d'autres sacrifices, et les employer à toutes les victoires. L'homme doit toujours faire les premiers pas. Il doit naître avant d'exister.

7721 Je combattrai pour la primauté de l'Homme sur l'individu — comme de l'universel sur le particulier.
Je crois que le culte de l'Universel exalte et noue les richesses particulières — et fonde le seul ordre véritable, lequel est celui de la vie. Un arbre est en ordre, malgré ses racines qui diffèrent des branches.

Lettre à un otage (Gallimard), chap. 2

7722 L'homme est gouverné par l'Esprit. Je vaux, dans le désert, ce que valent mes divinités.

chap. 5

7723 L'ordre pour l'ordre châtre l'homme de son pouvoir essentiel, qui est de transformer et le monde et soi-même. La vie crée l'ordre, mais l'ordre ne crée pas la vie.

7724 [...] la vérité de demain se nourrit de l'erreur d'hier, et [...] les contradictions à surmonter sont le terreau même de notre croissance.

7725 Une civilisation [...] est d'abord, dans l'homme, désir aveugle d'une certaine chaleur. L'homme, ensuite, d'erreur en erreur, trouve le chemin qui conduit au feu.

Le Petit Prince (Gallimard), X

7726 Il ne savait pas que, pour les rois, le monde est très simplifié. Tous les hommes sont des sujets.

XXI

7727 Je ne suis pour toi qu'un renard semblable à cent mille renards. Mais, si tu m'apprivoises, nous aurons besoin l'un de l'autre. Tu seras pour moi unique au monde. Je serai pour toi unique au monde...

7728 On ne connaît que les choses que l'on apprivoise, dit le renard. Les hommes n'ont plus le temps de rien connaître. Ils achètent des choses toutes faites chez les marchands. Mais comme il n'existe point de marchands d'amis, les hommes n'ont plus d'amis.

7729 On ne voit bien qu'avec le cœur.

7730 Tu deviens responsable pour toujours de ce que tu as apprivoisé.

XXIV

7731 Ce qui embellit le désert [...], c'est qu'il cache un puits, quelque part.

Citadelle (Gallimard), chap. 1

7732 [...] celui-là que la mort a choisi, occupé de vomir son sang ou de retenir ses entrailles, découvre seul la vérité — à savoir qu'il n'est point d'horreur de la mort.

chap. 3

7733 Et les rites sont dans le temps ce que la demeure est dans l'espace. Car il est bon que le temps qui s'écoule ne nous paraisse point nous user et nous perdre, comme la poignée de sable, mais nous accomplir. Il est bon que le temps soit une construction.

chap. 5

7734 [...] ce n'est point dans l'objet que réside le sens des choses, mais dans la démarche.

chap. 6

7735 [...] n'espère rien de l'homme s'il travaille pour sa propre vie et non pour son éternité.

7736 Je n'aime pas les sédentaires du cœur. Ceux-là qui n'échangent rien ne deviennent rien.

chap. 7

7737 [...] le bonheur n'est que chaleur des actes et contentement de la création.

chap. 9

7738 Il n'est de fertile que la grande collaboration de l'un à travers l'autre. Et le geste manqué sert le geste qui réussit. Et le geste qui réussit montre le but qu'ils poursuivaient ensemble à celui qui a manqué le sien.

chap. 16

7739 Si je veux bâtir une cité, je prends la pègre et la racaille et je l'ennoblis par le pouvoir. Je lui offre d'autres ivresses que l'ivresse médiocre de la rapine, de l'usure et du viol.

chap. 55, 1

7740 Préparer l'avenir, ce n'est que fonder le présent. [...] Il n'est jamais que du présent à mettre en ordre. A quoi bon discuter cet héritage. L'avenir, tu n'as pas à le prévoir mais à le permettre.

chap. 57

7741 Et certes il existe l'irréparable. Mais il n'y a rien là qui soit triste ou gai. C'est l'essence même de ce qui fut. Est irréparable ma naissance puisque me voici. Le passé est irréparable mais le présent vous est fourni comme matériaux en vrac aux pieds du bâtisseur et c'est à vous d'en forger l'avenir.

chap. 86

7742 « Faut-il nous soumettre ou lutter ? » Il faut se soumettre pour survivre et lutter pour continuer d'être. Laisse faire la vie. Car telle est la misère du jour que la vérité de la vie, laquelle est une, prendra pour s'exprimer des formes contraires.

chap. 87

7743 La pierre n'a point d'espoir d'être autre chose que pierre. Mais de collaborer elle s'assemble et devient temple.

chap. 89

7744 Unifier c'est nouer mieux les diversités particulières, non les effacer pour un ordre vain.

chap. 95

7745 Je ne connais qu'une liberté qui est exercice de l'âme. Et non l'autre qui n'est que risible, car te voilà contraint quand même de chercher la porte pour franchir les murs et tu n'es point libre d'être jeune ni d'user du soleil la nuit.

chap. 97

7746 [...] le pouvoir s'il est amour de la domination, je le juge ambition stupide. Mais s'il est acte de créateur et exercice de la création [...] alors le pouvoir je le célèbre.

chap. 112

7747 Fruits et racines ont même commune mesure qui est l'arbre.

chap. 126

7748 Si je cherche, j'ai trouvé car l'esprit ne désire que ce qu'il possède. Trouver, c'est voir. Et comment chercherais-je ce qui pour moi n'a point de sens encore? [...] Pourquoi aurais-je marché dans la direction de vérités que je ne pouvais concevoir?

chap. 127

7749 Le beau cantique naît des cantiques manqués car si nul ne s'exerce au cantique, il ne naîtra point de beaux cantiques.

chap. 193

7750 Tu dis: « Que l'on partage cette perle entre tous. Chacun des plongeurs l'eût pu trouver. » [...] Mais je te veux te dépouillant de ta maigre part afin que celui-là qui trouvera la perle entière revienne chez soi tout rayonnant de son sourire [...] Et tous sont enrichis. Car il est preuve que la fouille de la mer est autre chose qu'un simple labeur de misère.

chap. 199

7751 [...] peu me tente le bonheur, lequel n'a point de forme. Mais me gouverne la révélation de l'amour.

chap. 200

7752 Celui-là qui se plaint que le monde lui a manqué, c'est qu'il a manqué au monde. Celui-là qui se plaint que l'amour ne l'a point comblé, c'est qu'il se trompe sur l'amour: l'amour n'est point cadeau à recevoir.

Maurice THOREZ 1900-1964

Fils du peuple (éd. sociales)
chap. 3, La lutte pour l'unité

7753 Le fascisme, c'est la guerre. La lutte contre le fascisme, c'était la lutte contre la guerre.

7754 Nous aimons notre France, terre classique des révolutions, foyer de l'humanisme et des libertés.

chap. 4, Le Front populaire

7755 Il vaut mieux [...] s'unir pour obtenir le bonheur sur la terre que de se disputer sur l'existence d'un paradis dans le ciel.

7756 La propriété des grands moyens de production est la seule qui doive être socialisée, si l'on veut jeter les bases d'une économie rationnelle.

7757 S'il est important de bien conduire un mouvement revendicatif, il faut aussi savoir le terminer.

chap. 8, Ce que veulent les communistes

7758 Les communistes, qui combattent pour une société d'où l'inégalité sociale sera bannie, ne sont ni des « partageux », ni des « égalitaristes » [...] Se partager les machines, c'est les détruire.

Jean DUBUFFET 1901-1985

Prospectus aux amateurs de tout genre (Gallimard)
avant-projet d'une conférence populaire sur la peinture

7759 Vive l'invention merveilleuse, les trouvailles qui nous enchantent ! Les artistes qui nous ennuient, c'est tout à fait comme ces inventeurs professionnels qui n'ont jamais rien inventé.

7760 La grande peinture, c'est des tableaux très ennuyeux ; plus ils sont ennuyeux et plus ils sont délicats et de bon goût.

Prospectus aux amateurs de tout genre
notes pour les fins-lettrés

7761 Peindre n'est pas teindre.

Prospectus aux amateurs de tout genre
Correspondance et divers, à J.P.

7762 L'homme écrit sur le sable. Moi ça me convient bien ainsi ; l'effacement ne me contrarie pas ; à marée descendante, je recommence.

Alberto GIACOMETTI 1901-1966

« Notes sur les copies », II
in L'Éphémère n° 1 (hiver 1966)

7763   Je ne sais pas si je suis un comédien, un filou, un idiot ou un garçon très scrupuleux. Je sais qu'il faut que j'essaye de copier un nez d'après nature.

III

7764   L'écart entre toute œuvre d'art et la réalité immédiate de n'importe quoi est devenu trop grand et en fait, il n'y a plus que la réalité qui m'intéresse et je sais que je pourrais passer le restant de ma vie à copier une chaise.

Jean GUITTON 1901

Essai sur l'amour humain (Aubier), chap. 1

7765   Le jansénisme et le quiétisme ont pu historiquement s'opposer : ils sont tout voisins pour la pensée qui cherche l'essence ; car, si l'on condamne la nature, il est aussi vrai d'affirmer qu'elle est toute mauvaise que toute bonne.

7766   La faute moderne s'entoure d'un contexte de justification, de compensation, de sublimation qui la rend difficilement discernable au sujet ; le conflit de la chair et de l'esprit s'y dissimule et tend à ne plus apparaître devant la conscience.

chap. 4

7767   Comme toute vérité créée, l'amour se compose de deux éléments inséparables en fait, souverainement distincts en droit et dont l'un est subordonné à l'autre, si du moins l'amour se développe selon l'ordre.

chap. 6

7768   [Dans la virginité, l'être] se soustrait à l'histoire et il s'engage dans un état plus proche de l'éternité que du temps, puisque l'imagination la plus réaliste ne peut admettre que l'amour sexuel et la génération subsistent dans l'éternité.

Jacques LACAN 1901-1981

Écrits, 1
(Éditions du Seuil)

7769   [...] le petit d'homme à un âge où il est pour un temps court, mais encore pour un temps, dépassé en intelligence instrumentale par le chimpanzé, reconnaît pourtant déjà son image dans le miroir comme telle. Reconnaissance signalée par la mimique illuminative du *Aha-Erlebnis*, où pour Köhler s'exprime l'aperception situationnelle, temps essentiel de l'acte d'intelligence.

7770 Il suffit de comprendre le stade du miroir *comme une identification* au sens plein que l'analyse donne à ce terme : à savoir la transformation produite chez le sujet quand il assume une image [...]
L'assomption jubilatoire de son image spéculaire par l'être encore plongé dans l'impuissance motrice et la dépendance du nourrissage qu'est le petit homme à ce stade *infans*, nous paraîtra dès lors manifester en une situation exemplaire la matrice symbolique où le *je* se précipite en une forme primordiale, avant qu'il ne s'objective dans la dialectique de l'identification à l'autre et que le langage ne lui restitue dans l'universel sa fonction de sujet.

7771 [...] le désir de l'homme trouve son sens dans le désir de l'autre, non pas tant parce que l'autre détient les clefs de l'objet désiré, que parce que son premier objet est d'être reconnu par l'autre.

7772 [...] le symptôme [psychopathologique] se résout tout entier dans une analyse de langage, parce qu'il est lui-même structuré comme un langage, qu'il est langage dont la parole doit être délivrée.

7773 [...] la fonction du langage n'y est pas d'informer, mais d'évoquer. Ce que je cherche dans la parole, c'est la réponse de l'autre. Ce qui me constitue comme sujet, c'est ma question. Pour me faire reconnaître de l'autre, je ne profère ce qui fut qu'en vue de ce qui sera. Pour le trouver, je l'appelle d'un nom qu'il doit assumer ou refuser pour me répondre.

7774 La parole en effet est un don de langage, et le langage n'est pas immatériel. Il est corps subtil, mais il est corps. Les mots sont pris dans toutes les images corporelles qui captivent le sujet ; ils peuvent engrosser l'hystérique, s'identifier à l'objet du *penis-neid*, représenter le flot d'urine de l'ambition urétrale, ou l'excrément retenu de la jouissance avaricieuse.

7775 Le phallus est le signifiant privilégié de cette marque où la part du logos se conjoint à l'avènement du désir.
On peut dire que ce signifiant est choisi comme le plus saillant de ce qu'on peut attraper dans le réel de la copulation sexuelle, comme aussi le plus symbolique au sens littéral (typographique) de ce terme, puisqu'il y équivaut à la copule (logique). On peut dire aussi qu'il est par sa turgidité l'image du flux vital en tant qu'il passe dans la génération.

Michel LEIRIS 1901-1990

L'Afrique fantôme (Gallimard)
17 avril 1932

7776 Voici enfin L'AFRIQUE, la terre des 50° à l'ombre, des convois d'esclaves, des festins cannibales, des crânes vides, de toutes les choses qui sont mangées, corrodées, perdues.

L'Âge d'homme (Gallimard)
De la littérature considérée comme une tauromachie

7777 Ce qui se passe dans le domaine de l'écriture n'est-il pas dénué de valeur si cela reste « esthétique », anodin, dépourvu de sanction, s'il n'y a rien, dans le fait d'écrire une œuvre, qui soit un équivalent (et ici intervient l'une des images les plus chères à l'auteur) de ce qu'est pour le *torero* la corne acérée du taureau, qui seule — en raison de la menace matérielle qu'elle recèle — confère une réalité humaine à son art, l'empêche d'être autre chose que grâces vaines de ballerine ?

L'Âge d'homme, L'infini

7778 Je dois mon premier contact précis avec la notion d'infini à une boîte de cacao de marque hollandaise, matière première de mes petits déjeuners.

L'Âge d'homme, Lupanars et musées

7779 Rien ne me paraît ressembler autant à un bordel qu'un musée.

La Règle du jeu I (Gallimard)
Biffures, Tambour-trompette

7780 [...] secouer les dés de la parole comme dans un cornet pour en faire jaillir des idées au lieu de les employer à l'expression de pensées préexistantes [...]

Cinq études d'ethnologie, introduction
(Bibliothèque Médiations, Denoël-Gonthier)

7781 Liquider l'ethnocentrisme, faire admettre que chaque culture a sa valeur et qu'il n'en est aucune dont, sur certains points, une leçon ne puisse être tirée, tel est, en tout cas, le programme minimum qu'un ethnologue conscient de la portée de sa discipline se voit poussé, par la nature même de sa recherche, à mettre en pratique de son mieux.

Brisées (Mercure de France)
Glossaire : j'y serre mes gloses

7782 Une monstrueuse aberration fait croire aux hommes que le langage est né pour faciliter leurs relations mutuelles.

Brisées, La vie aventureuse de Jean-Arthur Rimbaud

7783 Toute poésie vraie est inséparable de la Révolution.

Louis LEPRINCE-RINGUET 1901

Des atomes et des hommes (Fayard)
II, Psychologie nouvelle du chercheur

7784 Celui qui trouve ce qu'il cherche fait en général un bon travail d'écolier ; pensant à ce qu'il désire, il néglige souvent les signes, parfois minimes, qui apportent autre chose que l'objet de ses prévisions. Le vrai chercheur doit savoir faire attention aux signes qui révéleront l'existence d'un phénomène auquel il ne s'attend pas.

André MALRAUX 1901-1976

Les Conquérants (Grasset)
première partie, Les approches

7785 « Quels livres valent d'être écrits, hormis les *Mémoires* ? »

deuxième partie, Les puissances

7786 « Les grèves malades, ça se soigne avec des victoires. »

7787 La Révolution, [...], tout ce qui n'est pas elle est pire qu'elle, il faut bien le dire, même quand on en est dégoûté...

postface

7788 Qu'il s'agisse de faire acheter le savon ou d'obtenir le bulletin de vote, il n'y a pas une technique psychologique qui ne soit à base de mépris de l'acheteur ou du votant : sinon, elle serait inutile.

7789 Si l'humanité porte en elle une donnée éternelle, c'est bien cette hésitation tragique de l'homme qu'on appellera ensuite, pour des siècles, un artiste — en face de l'œuvre qu'il ressent plus profondément qu'aucun, qu'il admire comme personne, mais que seul au monde il veut en même temps souterrainement détruire.

La Voie royale (Grasset), première partie, I

7790 « Jusqu'à la quarantaine, on se trompe, on ne sait pas se délivrer de l'amour : un homme qui pense, non à une femme comme au complément d'un sexe, mais au sexe comme au complément d'une femme, est mûr pour l'amour : tant pis pour lui. »

II

7791 La soumission à l'ordre de l'homme sans enfants et sans dieu est la plus profonde des soumissions à la mort.

La Condition humaine (Gallimard)
première partie, 21 mars 1927

7792 « Les hommes ne sont pas mes semblables, ils sont ceux qui me regardent et me jugent ; mes semblables, ce sont ceux qui m'aiment et ne me regardent pas, qui m'aiment contre tout, qui m'aiment contre la déchéance, contre la bassesse, contre la trahison, moi et non ce que j'ai fait ou ferai, qui m'aimeraient tant que je m'aimerais moi-même — jusqu'au suicide, compris... Avec elle seule, j'ai en commun cet amour déchiré ou non, comme d'autres ont, ensemble, des enfants malades et qui peuvent mourir... »

troisième partie, 29 mars

7793 Dans le meurtre, le difficile n'est pas de tuer. C'est de ne pas déchoir. D'être plus fort que... ce qui se passe en soi à ce moment-là.

septième partie

7794 « Une civilisation se transforme, lorsque son élément le plus douloureux — l'humiliation chez l'esclave, le travail chez l'ouvrier moderne — devient tout à coup une valeur, lorsqu'il ne s'agit plus d'échapper à cette humiliation, mais d'en attendre son salut, d'échapper à ce travail, mais d'y trouver sa raison d'être. »

7795 « Tous souffrent, [...] et chacun souffre parce qu'il pense. Tout au fond, l'esprit ne pense l'homme que dans l'éternel, et la conscience de la vie ne peut être qu'angoisse. »

Le Temps du mépris (Gallimard), préface

7796 [...] on peut aimer que le sens du mot art soit tenter de donner conscience à des hommes de la grandeur qu'ils ignorent en eux.

7797 L'individu s'oppose à la collectivité, mais il s'en nourrit. Et l'important est bien moins de savoir à quoi il s'oppose que ce dont il se nourrit. Comme le génie, l'individu vaut par ce qu'il renferme.

L'Espoir (Gallimard)
première partie, I, L'illusion lyrique, III, 3

7798 Comment sont nées les barricades ? Pour lutter contre les cavaleries royales, le peuple n'ayant jamais de cavalerie.

7799 J'appelle révolution la conséquence d'une insurrection dirigée par des cadres (politiques, techniques, tout ce que vous voudrez) formés dans la lutte, susceptibles de remplacer rapidement ceux qu'ils détruisent.

7800 J'ai vu les démocraties intervenir contre à peu près tout, sauf contre les fascismes.

II, Exercice de l'Apocalypse, II, 1

7801 [...] les fascistes, au fond, croient toujours à la race de celui qui commande. Ce n'est pas parce que les Allemands sont racistes qu'ils sont fascistes, c'est parce qu'ils sont fascistes qu'ils sont racistes. Tout fasciste commande de droit divin.

7802 « D'une façon générale, le courage personnel d'un chef est d'autant plus grand qu'il a une plus mauvaise conscience de chef. »

7803 « Le courage est une chose *qui s'organise,* qui vit et qui meurt, qu'il faut entretenir comme les fusils... »

7804 [...] être aimé sans séduire est un des beaux destins de l'homme.

II, 4

7805 Quand les hommes sortent de prison, neuf fois sur dix leur regard ne se pose plus. Ils ne regardent plus comme des hommes. Dans le prolétariat aussi, il y a beaucoup de regards qui ne se posent plus.

II, 5

7806 Les hommes ne meurent que pour ce qui n'existe pas.

deuxième partie, Le Manzanares
I, Être et faire, I, 7

7807 « Il y a un espoir terrible et profond en l'homme... [...] La révolution joue, entre autres rôles, celui que joua jadis la vie éternelle, ce qui explique beaucoup de caractères.

II, « Sang de gauche », 12

7808 Le grand intellectuel est l'homme de la nuance, du degré, de la qualité, de la vérité en soi, de la complexité. Il est par définition, par essence, antimanichéen. Or, les moyens de l'action sont manichéens parce que *toute action est manichéenne.* A l'état aigu dès qu'elle touche les masses ; mais même si elle ne les touche pas. Tout vrai révolutionnaire est un manichéen-né. Et tout politique. »

7809 « Il y a des guerres justes, [...] il n'y a pas d'armées justes. [...] Il y a une politique de la justice, mais il n'y a pas de parti juste. »

troisième partie, L'espoir, 6

7810 On ne découvre qu'une fois la guerre, mais on découvre plusieurs fois la vie.

Les Noyers de l'Altenburg (Gallimard)
Chartres, 21 juin 1940

7811 Je sais maintenant qu'un intellectuel n'est pas seulement celui à qui les livres sont nécessaires, mais tout homme dont une idée, si élémentaire soit-elle, engage et ordonne la vie. Ceux qui m'entourent, eux, vivent au jour le jour depuis des millénaires.

deuxième partie, chap. 1

7812 « L'homme est ce qu'il fait ! »

7813 Le plus grand mystère n'est pas que nous soyons jetés au hasard entre la profusion de la matière et celle des astres ; c'est que, dans cette prison, nous tirions de nous-mêmes des images assez puissantes pour nier notre néant.

chap. 3

7814 La culture ne nous enseigne pas l'homme, elle nous enseigne tout modestement l'homme cultivé, dans la mesure où il est cultivé ; comme l'introspection ne nous enseigne pas l'homme, mais tout modestement l'homme qui a l'habitude de se regarder !

7815 Le coup d'état du christianisme, c'est d'avoir installé la fatalité *dans* l'homme. De l'avoir fondée sur notre nature. Un Grec était concerné par ses héros historiquement — quand il l'était. Il extériorisait ses démons en mythes, et le chrétien intériorise ses mythes en démons.

7816 « Quand je dis que chaque homme ressent avec force la présence du destin, j'entends qu'il ressent — et presque toujours tragiquement, du moins à certains instants — l'indépendance du monde à son égard. »

Les Voix du silence (© André Malraux)
première partie, Le musée imaginaire

7817 [...] un musée imaginaire s'est ouvert, qui va pousser à l'extrême l'incomplète confrontation imposée par les vrais musées : répondant à l'appel de ceux-ci, les arts plastiques ont inventé leur imprimerie.

II

7818 L'œuvre magistrale n'est plus l'œuvre parfaitement accordée à une tradition [...], mais le point extrême du style, de la spécificité ou du dépouillement de l'artiste *par rapport à lui-même*.

7819 Le génie du vitrail finit quand le sourire commence.

III

7820 Si Athènes ne fut jamais blanche, ses statues blanchies ont ordonné la sensibilité artistique de l'Europe.

V

7821 Que devenait une peinture qui n'imitait plus, n'imaginait plus et ne transfigurait plus? Peinture.

deuxième partie
Les métamorphoses d'Apollon, I

7822 Il y a des artistes maladroits, il n'y a pas de styles maladroits.

III

7823 Il fallut autant de génie pour oublier l'homme à Byzance qu'il en avait fallu pour le découvrir sur l'Acropole.

IV

7824 Le gothique commence aux larmes... Car, depuis la première composition où avait surgi la Présence médiatrice, tout sculpteur tendait confusément à ce qu'elle fût exprimée par chaque ligne sur chaque visage; et, dans l'étendue du monde chrétien autant que dans sa profondeur, le gothique, comme le roman à son origine, est une Incarnation.

V

7825 [...] A: « Qu'est-ce que l'art? » nous sommes portés à répondre: « Ce par quoi les formes deviennent style. »

troisième partie, La création artistique, I

7826 Un artiste n'est pas nécessairement plus sensible qu'un amateur, et l'est souvent moins qu'une jeune fille; il l'est autrement.

II

7827 Les artistes ne viennent pas de leur enfance, mais de leur conflit avec des maturités étrangères.

III

7828 L'artiste naît [...] prisonnier du style, qui lui a permis de ne plus l'être du monde.

7829 *Un style n'est pas seulement son écriture,* ne se réduit à son écriture que lorsqu'il cesse d'être conquête pour devenir convention.

7830 [...] la représentation est un moyen du style, non le style un moyen de la représentation.

VI

7831 La langue que le génie a conquise ne lui permet nullement de tout dire: elle lui permet de dire tout ce qu'il veut.

7832 Les grands artistes ne sont pas les transcripteurs du monde, ils en sont les *rivaux*.

7833 O monde épars, monde éphémère et éternel qui, pour se survivre au lieu de se répéter, a tellement besoin des hommes!

quatrième partie, La monnaie de l'absolu, I

7834 L'agnosticisme n'est pas une nouveauté: le nouveau c'est une civilisation agnostique.

7835 Une civilisation de l'homme seul ne dure pas très longtemps [...]

II

7836 *Toute vertu collective naît d'une communion.* Et aucune communion profonde ne se limite au sentiment [...]

7837 Il n'y a pas d'art sans style, et tout style implique une signification de l'homme, son orientation par une valeur suprême [...]

7838 Tout ce qui naît du désir d'assouvissement [...] est *ce qui naît là où les valeurs meurent*, et qui ne les remplace pas.

III

7839 Mourant ou non, à coup sûr menacée, l'Europe, toute chargée des résurrections qu'elle embrasse encore, semble se penser moins en mots de liberté qu'en termes de destin.

IV

7840 La force suprême de l'art et de l'amour est de nous contraindre à vouloir épuiser en eux l'inépuisable.

VI

7841 L'histoire de l'art entière, quand elle est celle du génie, devrait être une histoire de la délivrance: car l'histoire tente de transformer le destin en conscience, et l'art de le transformer en liberté.

VII

7842 [...] le destin n'est pas la mort, il est fait de tout ce qui impose à l'homme la conscience de sa condition; même la joie de Rubens ne l'ignore pas, car le destin est plus profond que le malheur.

7843 L'art ne délivre pas l'homme de n'être qu'un accident de l'univers; mais il est l'âme du passé au sens où chaque religion antique fut une âme du monde.

7844 L'art est un anti-destin.

7845 Qu'importe Rembrandt à la dérive des nébuleuses? Mais c'est l'homme que les astres nient, et c'est à l'homme que parle Rembrandt.

7846 L'humanisme, ce n'est pas dire: « Ce que j'ai fait, aucun animal ne l'aurait fait », c'est dire: « Nous avons refusé ce que voulait en nous la bête, et nous voulons retrouver l'homme partout où nous avons trouvé ce qui l'écrase. »

La Métamorphose des dieux (© André Malraux)
première partie, introduction

7847 Si l'homme n'avait pas opposé à l'apparence ses successifs mondes de Vérité, il ne serait pas devenu rationaliste, il serait devenu singe.

7848 L'œuvre surgit dans son temps et de son temps, mais elle devient œuvre d'art par ce qui lui échappe.

troisième partie, La foi, III

7849 Si la cathédrale est miroir du monde, elle est d'abord le monde reflété dans le miroir divin.

Antimémoire (© André Malraux), 1

7850 Presque tous les écrivains que je connais aiment leur enfance, je déteste la mienne.

7851 Le démon aime les collectivités, plus encore les assemblées; la grandeur aussi.

Antimémoires, 3

7852 Connaître un homme aujourd'hui, veut surtout dire connaître ce qu'il y a en lui d'irrationnel, ce qu'il ne contrôle pas, ce qu'il effacerait de l'image qu'il se fait de lui.

Antimémoires, La condition humaine, 2

7853 La condition humaine, c'est la condition de créature, qui impose le destin de l'homme comme la maladie mortelle impose le destin de l'individu. Détruire cette condition, c'est détruire la vie: tuer.

7854 La vrai barbarie, c'est Dachau; la vraie civilisation, c'est d'abord la part de l'homme que les camps ont voulu détruire.

DANIEL-ROPS 1901-1965

Mort, où est ta victoire ? (Plon)

7855 L'homme est un animal qui sécrète de la souffrance, pour lui-même et pour les autres.

Jésus en son temps (Fayard), introduction

7856 Il y a une connaissance de Jésus qui n'appartient à proprement parler qu'aux saints, aux mystiques, aux âmes privilégiées qui ont réussi une sorte d'identification de leur être à celui du Messie.

Jésus en son temps
La Vierge-Mère et l'Enfant-Dieu

7857 L'humble couple des parents [...]; la jeune mère qui lange et couche elle-même son petit; l'enfant-Dieu qui repose sur la paille de sa crèche [...] — quel homme d'Occident ne porte encore aujourd'hui de telles images dans cette zone secrète de la mémoire où survit, à toutes les attaques du scepticisme, un royaume de tendresse et d'enchantement?

Jésus en son temps
Un canton dans l'Empire

7858 Pour refaire une morale il faut autre chose que la volonté d'un souverain.

7859 Le fait historique de l'Empire romain a grandement permis au grain semé en Palestine de germer et de croître loin et vite, mais tout manifeste que ce grain était nécessaire, et que, dans le fond de sa conscience, le monde l'attendait.

Jésus en son temps
Signe de contradiction

7860 Les philosophies grecques de la raison n'excluaient pas le divin ni son intervention sur la terre. Le monde païen acceptait le surnaturel comme allant de soi (y compris jusqu'à la superstition). Et les témoignages de scepticisme qu'on relève portent moins contre la puissance divine que contre les formes puériles dont la tradition l'affublait.

Jésus en son temps
La victoire sur la mort

7861 L'histoire du Dieu vivant désormais se prolonge dans celle du « corps mystique » [...], cette grande réalité inscrite au cœur des siècles: l'Église de Jésus-Christ.

Alexandre VIALATTE 1901-1971

Les Champignons du détroit de Behring
(Julliard)

7862 L'homme se réveille chaque jour comme sur une île déserte (il regarde où se trouve le soleil). La nuit le prive de ses références, de ses repères, presque de son identité. Il cherche à se situer dans le monde ; il est pareil à un point sur un plan, qui a perdu ses coordonnées ; à un homme qui revient sur l'eau et qui tente d'attraper une branche. Il prend sa plume, il va écrire à un ami ; il se rappelle soudain que cet ami est mort ; c'est pourtant encore avec lui qu'il partage les trois quarts des choses. A tel autre ; il est mort aussi. Et tel, et tel. Ils sont rangés sous terre, comme les livres, une fois lus, sur des rayons. L'humanité est une bibliothèque dont presque tous les livres sont lus. L'humanité est aux archives. Que reste-t-il à parcourir qui en vaille la peine en attendant le prochain facteur ? On se reproche d'avoir rangé beaucoup d'ouvrages sans les avoir entièrement coupés.

Peut-être la plus belle page était-elle dans le passage qu'on a sauté.

7863 Où allons-nous ? Ma grand-mère en était fort curieuse. Elle se le demandait souvent. En même temps, elle levait les deux bras vers les cieux. Ensuite, elle hochait la tête et revenait, soulagée, de l'abîme entrevu, car elle se rejetait dans la conversation avec une passion décuplée. Au besoin, pour se soutenir un peu après des visions si tragiques, elle prenait une pastille Valda ou acceptait un doigt de porto si elle se trouvait en visite. Vingt fois par jour, elle s'interrogeait ainsi ; vingt fois par jour elle montait à sa tour, inspectait l'horizon, découvrait des ténèbres où se perpétraient des catastrophes, et revenait à ses occupations d'une âme égale et même rassérénée. Elle vécut à la proue de notre civilisation, à l'affût de tous les récifs, comme une sentinelle avancée et généralement pessimiste. C'était plus beau quand elle avait le chapeau à plumes parce qu'on hochant la tête elle était obligée de hocher également les plumes, ce qui amplifiait et magnifiait l'oscillation. On eût dit que l'angoisse humaine se balançait dans le vent du soir comme un arbre exotique aux couleurs éclatantes. C'était bien plus majestueux.
[...]
Où allons-nous ? Les clients du *Café du Commerce* se le demandaient comme ma grand-mère dans ma jeunesse, avec une éloquence aidée par les alcools. Les humoristes en riaient bien. Et pourtant nous y sommes allés ; et même plus loin qu'ils ne le disaient sans le croire eux-mêmes ; nous n'y allons plus ; nous en revenons.

7864 Le principal de mon collège, dans mon enfance, terminait son cours de morale, à la fin de l'année de troisième, par une leçon qu'il faisait en plus, par un grand scrupule de conscience, pour expliquer qu'il ne fallait pas trop croire ce qu'il avait prêché pendant un an. Que si nous étions honnêtes, vertueux et sensibles, comme il nous l'avait recommandé, nous serions les dindons de la farce, que les prébendes, la gloire et la fortune allaient à ceux qui connaissent le code pour s'en servir. Le pauvre homme mourut d'alcoolisme pendant un cours sur la sobriété. Il n'en avait pas moins raison. Et c'est pourquoi nous sommes en pleine déliquescence. Au point que pour faire un grand éloge d'un de ses amis, un de mes amis me disait un jour qu'il n'avait eu que les « lâchetés nécessaires ». Et il faut convenir que c'est très beau.

Marcel AYMÉ 1902-1967

Silhouette du scandale (éd. du Sagittaire)

7865 Le mouvement de révolte qui soulève la conscience devant l'iniquité est une initiative de luxe, le privilège des gens qui ont une vue déjà un peu cavalière de la vie et n'en éprouvent pas trop directement le contact.

7866 Quand Paris se sent morveux, c'est la France tout entière qui se mouche.

7867 C'est la faiblesse de presque tous les écrivains qu'ils donneraient le meilleur d'eux-mêmes et ce qu'ils ont écrit de plus propre pour obtenir un emploi de cireur de bottes dans la politique.

7868 Les idées scandaleuses sont de vieilles rengaines qui passent inaperçues en s'abritant sous des habitudes.

7869 L'injustice sociale est une évidence si familière, elle est d'une constitution si robuste, qu'elle paraît facilement naturelle à ceux mêmes qui en sont victimes et qu'elle ne choquerait peut-être personne si quelque événement significatif n'en imposait parfois le spectacle violent.

La Vouivre (Gallimard)

7870 Le surnaturel n'étant pas d'un usage pratique ni régulier, il [est] sage et décent de n'en pas tenir compte.

7871 La nature se ne perd pas. Ce qui se défait d'un côté se refait d'un autre.

Le Chemin des écoliers (Gallimard)

7872 [...] un garçon qui étudie jusqu'à vingt ou vingt-cinq ans est un petit monsieur qui capitalise sa jeunesse au lieu d'en faire un usage normal, immédiat.

Uranus, chap. 1 (Gallimard)

7873 En temps de guerre, le malheur qui ne doit rien à la guerre, qui n'a pas de référence nationale, est déjà un peu honteux.

7874 Ma petite fille, souviens-toi que dans la vie, la seule chose qui compte, c'est l'argent.

7875 Le mépris distingué, les reparties sèches, s'ils n'imposent pas à l'adversaire, sont à peine des satisfactions intimes.

chap. 6

7876 On ne s'évade de sa condition [...] qu'en se hissant à une autre.

7877 Ah! que j'aime la Terre et tout ce qui est d'elle, la vie et la mort. Et les hommes. On ne peut rien penser de plus beau, de plus doux que les hommes. [...] Leurs guerres, leurs camps de concentration, leurs œuvres de justice, je les vois comme des espiègleries et des turbulences.

chap. 7

7878 Une certaine sentimentalité peut, au même titre qu'un certain romantisme, être considérée comme un excellent matériau révolutionnaire.

chap. 10

7879 On vient nous parler de la poésie de la nature. Quelle blague! Il n'y a que la poésie de l'homme et il est lui-même toute la poésie.

chap. 12

7880 Seules, les femmes voient vraiment les choses. Les hommes n'ont jamais qu'une idée.

chap. 13

7881 La notion d'équilibre s'oppose formellement, dans le monde actuel, à celle d'intelligence.

chap. 15

7882 Peut-être le décalage entre les générations est-il beaucoup plus dans la forme que dans le fond.

7883 Le grand ennemi de la France, c'est la culture générale qui poétise et dramatise l'univers et nous en dérobe la réalité.

Le Confort intellectuel (Flammarion), 1

7884 Accueillir une révolution dans l'art poétique et en goûter la nouveauté, c'est se familiariser avec l'idée de révolution tout court et, bien souvent, avec les rudiments de son vocabulaire.

II

7885 En France même, nos écrivains communistes sont depuis longtemps très ouverts à la notion de confort intellectuel. Ils savent que la poésie est un alcool et que moins on en prend, mieux on se porte.

III

7886 *Homme libre, toujours tu chériras la mer.* Affirmation péremptoire et gratuite. Un homme libre peut très bien détester la mer.

V

7887 Il [Baudelaire] réunit en lui, poussées à l'extrême, toutes les caractéristiques du romantisme : le flou, le mou, le ténébreux, le narcissisme, les infinis faciles. Ce qui ne l'empêche pas, soyons juste, d'avoir un petit fumet assez personnel de viande décomposée et de savonnette.

Émile BENVENISTE 1902-1976

Problèmes de linguistique générale (Gallimard)
I, chap. 2

7888 Le langage reproduit le monde, mais en le soumettant à son organisation propre.

7889 Il n'y a pas de relation naturelle, immédiate et directe entre l'homme et le monde, ni entre l'homme et l'homme.

V, chap. 21

7890 Nous n'atteignons jamais l'homme séparé du langage et nous ne le voyons jamais l'inventant.

7891 C'est dans et par le langage que l'homme se constitue comme *sujet*.

Hubert BEUVE-MÉRY 1902-1989

Réflexions politiques 1932-1952 (Le Seuil)
IV, 2, La leçon de Gandhi

7892 Le vrai mérite de Gandhi est d'avoir manifesté l'existence des réalités spirituelles, et, si l'on peut dire, d'armements spirituels plus efficaces que les autres.

Réflexions politiques 1932-1952
La condition du salut

7893 Athées qui proclamez la mort de Dieu, matérialistes de toutes obédiences, agnostiques, mes frères, n'en doutez plus : ce monde meurt d'avoir perdu la foi et l'amour. Il compte trop de héros au service de toutes les causes, il lui manque des saints, quelle que soit leur religion.

Fernand BRAUDEL 1902-1985

Écrits sur l'histoire (Flammarion)
II, La longue durée, 1

7894 La science sociale a presque horreur de l'événement. Non sans raison : le temps court est la plus capricieuse, la plus trompeuse des durées.

7895 Pour nous, historiens, une structure est sans doute assemblage, architecture, mais plus encore une réalité que le temps use mal et véhicule très longuement.

IV

7896 Le marxisme est un peuple de modèles [...] Ajouterai-je que le marxisme actuel me paraît l'image même du péril qui guette toute science sociale éprise du modèle à l'état pur, du modèle pour le modèle.

Georges FRIEDMANN 1902-1977

Sept études sur l'homme et la technique
(Bibliothèque Médiation - Denoël-Gonthier), III, 6

7897 L'homme, au fur et à mesure que naissent et vieillissent les civilisations, se transforme. Rien n'autorise à dire que ces transformations aient un sens, pas plus que n'en a la séquence des civilisations — mortelles.

V

7898 La civilisation technicienne est d'essence universalisatrice.

VII

7899 D'une part, la civilisation technicienne offre à l'homme-d'après-le-travail (et bientôt à l'homme-au-delà-du-travail) les conditions théoriques permettant un épanouissement de la culture, de l'art, de la vie spirituelle. De l'autre, elle le livre au « conditionnement » par le milieu technique et aux pires dangers de la dégradation.

Problèmes humains du machinisme industriel (Gallimard)
première partie, I

7900 Si l'on met de côté des apports considérables, mais relevant strictement de la mécanique appliquée et de la métallurgie, on a eu tort de nommer science ce qui [le taylorisme] n'est qu'un système perfectionné de moyens pour augmenter le rendement immédiat de l'outillage et de la main-d'œuvre.

VII

7901 Qu'il s'agisse du dépistage de la fatigue, de la durée du travail, de son ambiance physique, de l'adaptation des machines à l'homme, des accidents, en chaque occasion les savants attachés aux réalités de l'industrie et mêlés à elles, s'écartent de la perspective *techniciste*, selon laquelle vitesse et rendement sont les seuls critères : ils ne perdent jamais de vue la constitution organique et psychique de l'ouvrier et l'exigence fondamentale est pour eux celle de son bien-être physique et mental, dont ils savent l'unité profonde dans le tout indivisible d'une personnalité.

conclusions

7902 Il n'est pas exact que la machine supprime *par elle-même* toute joie au travail. Ce sont les conditions imposées par une rationalisation étroitement techniciste, au service d'intérêts particuliers, qui approfondissent la scission entre l'ouvrier et son travail mécanisé.

Alexandre KOJÈVE 1902-1968

Introduction à la lecture de Hegel (Gallimard)
En guise d'introduction

7903 Pour qu'il y ait Conscience de soi, il faut donc que le Désir porte sur un objet non-naturel, sur quelque chose qui dépasse la réalité donnée. Or la seule chose qui dépasse ce réel donné est le Désir lui-même.

7904 Tous les Désirs de l'animal sont en dernière analyse une fonction du désir qu'il a de conserver la vie. Le Désir humain doit donc l'emporter sur ce désir de conservation. Autrement dit, l'homme ne « s'avère » humain que s'il risque sa vie (animale) en fonction de son Désir humain.

7905 Si la Maîtrise oisive est une impasse, la Servitude laborieuse est au contraire la source de tout progrès humain, social, historique. L'Histoire est l'Histoire de l'Esclave travailleur.

VI, douzième conférence
note de la seconde édition

7906 Si les Américains font figure de sino-soviétiques enrichis, c'est parce que les Russes et les Chinois ne sont que des Américains encore pauvres, d'ailleurs en voie de rapide enrichissement.

Alfred MÉTRAUX 1902-1963

Entretiens avec Alfred Métraux (Mouton)
I, Comment et pourquoi devient-on ethnologue ?

7907 La plupart des ethnographes [...] sont [...] des rebelles, des anxieux, des gens qui se sentent mal à l'aise dans leur propre civilisation.

7908 Cette prise de contact avec les civilisations primitives m'a fait sentir qu'au fond, la protestation qui m'avait précisément poussé vers des civilisations tellement éloignées de la nôtre, trouvait son motif dans [...] la nostalgie du néolithique.

7909 L'humanité a peut-être eu tort d'aller au-delà du néolithique. [...] Si le néolithique avait connu l'art dentaire, je m'en serais fort bien contenté.

7910 D'autres civilisations que la nôtre ont pu, infiniment mieux que nous ne l'avons fait, résoudre les problèmes qui se posent à l'homme.

III, Le vaudou

7911 La possession relèverait [...] des processus psychologiques que l'expérience théâtrale nous permet de comprendre.

Georges POULET 1902

Études sur le temps humain (Plon), introduction

7912 L'homme du Moyen Age ne se sentait pas être et vivre d'une existence uniquement naturelle. Il se sentait encore exister surnaturellement.

7913 Le XVIIe siècle est l'époque où l'être individuel découvre son isolement.

7914 La grande découverte du XVIIIe siècle, c'est [...] celle du phénomène de la mémoire.

chap. 18, Proust

7915 La mort, c'est d'être différent de soi-même. Et la peur de la mort, ce n'est pas de ne plus sentir et de ne plus se sentir, c'est la peur de ne plus sentir ce que l'on sent, de ne plus se sentir tel qu'on se sent.

Nathalie SARRAUTE 1902

L'Ère du soupçon (Gallimard), préface

7916 On commence maintenant à comprendre qu'il ne faut pas confondre sous la même étiquette la vieille analyse des sentiments, cette étape nécessaire mais dépassée, avec la mise en mouvement de forces psychiques inconnues et toujours à découvrir dont aucun roman moderne ne peut se passer.

7917 [...] des mouvements indéfinissables, qui glissent très rapidement aux limites de notre conscience, sont à l'origine de nos gestes, de nos paroles, des sentiments que nous manifestons, que nous croyons éprouver et qu'il est possible de définir... Leur déploiement constitue de véritables drames qui se dissimulent derrière les conversations les plus banales, les gestes les plus quotidiens. Ils débouchent à tout moment sur ces apparences qui à la fois les masquent et les révèlent.

L'Ère du soupçon
Conversation et sous-conversation

7918 Il est donc permis de rêver — sans se dissimuler tout ce qui sépare ce rêve de sa réalisation — d'une technique qui parviendrait à plonger le lecteur dans le flot de ces drames souterrains que Proust n'a eu le temps que de survoler et dont il n'a observé et reproduit que les grandes lignes immobiles : une technique qui donnerait au lecteur l'illusion de refaire lui-même ces actions avec une conscience plus lucide, avec plus d'ordre, de netteté et de force qu'il ne peut le faire dans la vie, sans qu'elles perdent cette part d'indétermination, cette opacité et ce mystère qu'ont toujours ses actions pour celui qui les vit.

L'Ère du soupçon,
L'ère du soupçon

7919 Le roman que seul l'attachement à des techniques périmées fait passer pour un art mineur...

L'Ère du soupçon
Ce que voient les oiseaux

7920 Ainsi, au nom d'impératifs moraux, on aboutit à cette immoralité que constitue en littérature une attitude négligente, conformiste, peu sincère et loyale à l'égard de la réalité.

article *in* Tel Quel (printemps 1962)

7921 Le lien indissoluble entre la réalité inconnue et la forme neuve qui la crée, fait que toute exploration de cette réalité constitue une exploration du langage.

7922 Tout romancier qui ne se contente pas de « restituer le visible », mais cherche à « rendre visible », crée forcément une forme neuve. Cette forme, entre les mains de ses imitateurs, se fige en un académisme que toute recherche nouvelle va briser. A cette recherche, constamment renouvelée, comment assigner une limite ?

7923 Pour moi, la poésie dans une œuvre, c'est ce qui fait apparaître l'invisible. Plus fort sera l'élan qui permettra de percer les apparences — et parmi ces apparences je compte ce qu'il est convenu de considérer comme « poétique » — plus grande sera dans l'œuvre la part de la poésie.

VERCORS 1902-1991

Les Animaux dénaturés (Albin Michel), chap. 13

7924 Chacun a les gris-gris de son âge [...] Les peuples aussi, sans doute.

chap. 14

7925 Le langage n'étant qu'un besoin de communication, c'est le besoin de communiquer (et les choses qu'un être veut communiquer) qui sont vraiment spécifiques.

chap. 15

7926 La définition légale de la personne humaine est un problème d'intérêt national et universel.

7927 L'animal fait *un* avec la nature. L'homme fait *deux*. Pour passer de l'inconscience passive à la conscience interrogative, il a fallu ce schisme, ce divorce, il a fallu cet arrachement. [...] Animal avant l'arrachement, homme après lui? Des animaux dé-naturés, voilà ce que nous sommes.

chap. 17

7928 L'humanité n'est pas un état à subir. C'est une dignité à conquérir.

Jean CAVAILLÈS 1903-1944

Sur la logique et la théorie de la science (P.U.F.), I

7929 La mathématique en premier lieu est un devenir autonome, « plus un acte qu'une doctrine », dont une définition à l'origine est impossible mais dont les moments, dans leur nécessaire solidarité, trahissent une essence originale.

7930 Une théorie de la science ne peut être que théorie de l'unité de la science.

7931 La science est un volume riemannien qui peut être à la fois fermé et sans extérieur à lui.

II

7932 La théorie de la science peut être clarifiée et précisée grâce aux formalisations, elle n'est pas constituée par elle.

Jean FOLLAIN 1903-1971

Usage du temps (Gallimard)
Ode au paysan joueur de clairon et à ses payses

7933 L'homme est hanté par la douceur de l'homme.

Usage du temps
Le carême de Notre-Dame

7934 Il ne s'agit pas de panégyrique, ô poète, mais de voir les choses telles qu'elles sont.

Tout instant (Gallimard), Objets

7935 La finesse des choses donne sa noblesse à l'univers.

Entretiens sur le temps (Mouton)
Le temps du poème

7936 La poésie orchestre parfois le temps en faisant valoir la continuité de notre moi et du monde, l'un pris dans l'autre.

Exister (Gallimard), *L'histoire*

7937 Dans les champs de son enfance éternelle le poète se promène qui ne veut rien oublier.

Vladimir JANKÉLÉVITCH 1903-1985

L'Ironie (Flammarion)

7938 [...] les plaintes des philosophes et des poètes sur l'« inexprimable », sur l'*ineffable* et l'*indicible* s'expliquent, en somme, par un dogmatisme déçu : en droit, le langage devrait être fidèle comme la perception devrait être véridique ; et l'on s'indigne d'être trahi, et l'on déclame contre le logos grammatical, et l'on donne volontiers dans un illusionnisme qui n'est que le dépit amoureux des dogmatiques.

7939 Ce n'est pas tout de dire la vérité, « toute la vérité », n'importe quand, comme une brute : l'articulation de la vérité veut être graduée ; on l'administre comme un élixir puissant et qui peut être mortel, en augmentant la dose chaque jour, pour laisser à l'esprit le temps de s'habituer. [...] Il est « pédagogique » de laisser l'esprit s'égarer pour, insensiblement, l'infléchir vers une de ces vérités augustes qu'on n'aborde que de biais, — car leur vue nous briserait le cœur ; la vraisemblance sert de vestibule au vrai comme le mythe, chez Platon, prend la place de la science dans les questions relatives à la destinée de l'âme.

7940 [...] l'ironie sollicite l'intellection ; elle éveille en l'autre un écho fraternel, compréhensif, intelligent. A jeu agile, ouïe subtile ! L'ironie est un appel qu'il faut entendre ; un appel qui nous dit : complétez vous-mêmes, rectifiez vous-mêmes, jugez par vous-mêmes ! Pour les sceptiques, comme on l'a très bien remarqué, le partenaire est simplement un adversaire qu'il faut réduire au silence : seule l'ironie socratique a connu l'*interlocuteur* dans l'amitié du dialogue.

7941 L'humour [...] n'est pas sans la sympathie. C'est vraiment le « sourire de la raison », non le reproche ni le dur sarcasme. Alors que l'ironie misanthrope garde par rapport aux hommes l'attitude polémique, l'humour compatit avec la chose plaisantée ; il est secrètement complice du ridicule, se sent de connivence avec lui. [...] L'humour, c'est l'orinie ouverte : car si l'ironie close ne désire pas instruire, l'ironie ouverte est finalement principe d'entente et de communauté spirituelle.

Georges POLITZER 1903-1942

Critique des fondements de la psychologie (P.U.F.)
introduction, § 5

7942 Les psychologues sont scientifiques comme les sauvages évangélisés sont chrétiens.

conclusion, § 11

7943 Un geste que je fais est un fait psychologique, parce qu'il est un segment du drame que représente ma vie. La manière dont il s'insère dans ce drame est donnée au psychologue par le récit que je peux faire au sujet de ce geste. Mais c'est *le geste éclairé par le récit* qui est le fait psychologique et non le geste à part, ni le contenu réalisé du récit.

§ 25

7944 La psychologie concrète, tout en ayant le même objet, offre plus que le théâtre et la littérature : elle offre la *science*.

Raymond QUENEAU 1903-1976

Chêne et chien (Gallimard)

7945 Chêne et chien voilà mes deux noms,
étymologie délicate :
comment garder l'anonymat
devant les dieux et les démons ?

Les Enfants du limon (Gallimard)

7946 — J'ai tant prié Dieu et ses saints, monsieur, que je ne trouve pas étonnant d'être exaucée.
— Vous croyez que Dieu est comme ça, Clémence ? Qu'il s'occupe de votre dot ?
— Pourquoi pas ? Il s'occupe bien des petits oiseaux. Mais monsieur est israélite, monsieur n'a pas lu l'Évangile.

7947 Mme Hachamoth soupira.
— Tout de même cela m'aurait fait plaisir de voir ma fille sauver la France.

Pierrot mon ami (Gallimard)

7948 — Monsieur a l'air rêveur, dit le veilleur de nuit.
— C'est pas mon genre, dit Pierrot. Mais ça m'arrive souvent de ne penser à rien.
— C'est déjà mieux que de ne pas penser du tout, dit le veilleur de nuit.

Les Ziaux (Gallimard)

7949 Loin du temps, de l'espace, un homme est égaré,
Mince comme un cheveu, ample comme l'aurore,
Les naseaux écumants, les deux yeux révulsés,
Et les mains en avant pour tâter le décor.

IV, L'explication des métaphores

7950 Si je parle du temps, c'est qu'il n'est pas encore,
Si je parle d'un lieu, c'est qu'il a disparu,
Si je parle d'un homme, il sera bientôt mort,
Si je parle du temps, c'est qu'il n'est déjà plus.

Loin de Rueil (Gallimard), I, chap. 1

7951 — Qu'est-ce que vous avez? demanda Lulu Doumer à des Cigales.
— Une ontalgie, répondit Thérèse.
— Une quoi?
— Une ontalgie.
— Qu'est-ce que c'est que ça?
— Une maladie existentielle, répondit Thérèse, ça ressemble à l'asthme mais c'est plus distingué.

L'Instant fatal (Gallimard)

7952 Je crains pas ça tellment la mort de mes entrailles
et la mort de mon nez et celle de mes os
Je crains pas ça tellment moi cette moustiquaille
qu'on baptisa Raymond d'un père dit Queneau.

7953 J'connaîtrai jamais le bonheur sur terre
je suis bien trop con.

Petite cosmogonie portative (Gallimard)
quatrième chant

7954 Aimable banditrix des hommes volupté
qui donnes à l'être un trou pour éjaculer
aux montagnes le val aux pistons le cylindre
aux éléphants l'infante aux Tigres le Bengale
aux taureaux une vache aux cigaux la cigale [...]

sixième et dernier chant

7955 Le singe sans effort le singe devint homme
lequel un peu plus tard désagrégea l'atome [...]

Zazie dans le métro (Gallimard), chap. 1

7956 Napoléon mon cul, réplique Zazie. Il m'intéresse pas du tout, cet enflé, avec son chapeau à la con.

Les Fleurs bleues (Gallimard), III

7957 Et les houatures? Viennent-elles de Dieu ou du Diable?

Raymond RADIGUET 1903-1923

Le Diable au corps (Grasset)

7958 Ce que fut la guerre pour tant de très jeunes garçons: quatre ans de grandes vacances.

7959 Dans l'extrême jeunesse, l'on est trop enclin, comme les femmes, à croire que les larmes dédommagent de tout.

7960 Ce n'est pas dans la nouveauté, c'est dans l'habitude que nous trouvons les plus grands plaisirs.

7961 Envisager la mort avec calme ne compte que si nous l'envisageons seul. La mort à deux n'est plus la mort, même pour les incrédules. Ce qui chagrine, ce n'est pas de quitter la vie, mais de quitter ce qui lui donne un sens. Lorsqu'un amour est notre vie, quelle différence y a-t-il entre vivre ensemble ou mourir ensemble?

7962 Croire une femme « au moment où elle ne peut pas mentir », c'est croire à la fausse générosité d'un avare.

7963 Il existe en nous des germes de ressemblance que développe l'amour. Un geste, une inflexion de voix, tôt ou tard, trahissent les amants les plus prudents.

7964 Souvent les ressemblances les plus profondes sont les plus secrètes.

7965 Le malheur ne s'admet point. Seul le bonheur semble dû.

7966 L'homme très jeune est un animal rebelle à la douleur.

7967 L'ordre, à la longue, se met de lui-même autour des choses.

Le Bal du comte d'Orgel (Grasset)

7968 Les manœuvres inconscientes d'une âme pure sont encore plus singulières que les combinaisons du vice.

7969 Cette pudeur absurde, essentiellement moderne, qui consiste à ne pas vouloir paraître dupe de certains mots sérieux et de certaines formules de respect. Pour n'en pas prendre la responsabilité, on les prononce comme entre guillemets.

7970 Plus que nos manières, dont le public est juge, importe la politesse du cœur et de l'âme, dont chacun de nous a seul le contrôle. Pourquoi ne serait-on pas envers soi de bonne compagnie ?

Georges SIMENON 1903-1989

Le Grand Bob (Presses de la Cité)

7971 Il faut croire que l'homme a voulu vivre en société, puisque la société existe, mais aussi, depuis qu'elle existe, l'homme emploie une bonne part de son énergie et de son astuce à lutter contre elle.

Le Fils (Presses de la Cité)

7972 Nous avons bâti un homme type — qui varie selon les époques — et nous nous y raccrochons si bien que nous considérons comme un malade ou comme un monstre tout ce qui ne lui ressemble pas.
Une des causes de nos propres tortures n'est-elle pas la découverte, que nous ne tardons pas à faire, que nous n'y ressemblons pas nous-mêmes ?

Pierre-Henri SIMON 1903-1972

Ce que je crois (Grasset), I

7973 Il y a une dignité à vieillir comme on a vécu [...]

II

7974 Être sûr qu'on est parmi les choses dont on est sûr qu'elles sont : ce point de départ réaliste n'est pas une expérience aussi banale qu'on pourrait le croire.

7975 L'être est, et je suis dans l'être ; et l'être qui est inconscience et fatalité dans les choses, appétit et spontanéité irréfléchie dans l'animal, étant aussi cela en moi aux niveaux infimes, y est au sommet conscience, adhésion aux valeurs et liberté.

Jean TARDIEU 1903

La Comédie du langage
Un mot pour un autre (Gallimard)

7976 MADAME
Quoi-quoi : yaque-yaque ?

IRMA, *prenant son élan.*
Y-a que, Madame, yaque j'ai pas de gravats pour mes haridelles, plus de stuc pour le bafouillis de ce soir, plus d'entregent pour friser les mouches... plus rien dans le parloir, plus rien pour émonder, plus rien... plus rien... *(Elle fond en larmes).*

La Comédie du langage
Ce que parler veut dire (Gallimard)

7977 MONSIEUR X..., [à Madame, à propos de « ce que... l'on appelle quelquefois le "devoir conjugal" »] *d'un air entendu.*
Dis donc, Arlette, ma chérie, si nous allions réviser la Constitution !...

Gustave THIBON 1903

Diagnostics (éd. M.-T. Génin)
De l'esprit d'économie

7978 L'esprit d'économie, au sens le plus haut du mot, se confond avec l'esprit de fidélité et de sacrifice.

Diagnostics, Sur l'égalité
et le problème des classes

7979 [...] La fraternité n'a pas ici-bas de pire ennemi que l'égalité.

Diagnostics, Biologie des révolutions

7980 Dieu n'est pas seulement descendu *sur* la terre, il s'est *enfoncé* en elle : dans cet enlisement de l'amour réside la « bassesse » du christianisme. Mais rien, en réalité, n'est plus haut que cette bassesse, et rien n'est plus opposé au mensonge révolutionnaire.

Marguerite YOURCENAR 1903-1987

Les Mémoires d'Hadrien (Plon)
Animula Vagula Blandula

7981 Les historiens nous proposent du passé des systèmes trop complets, des séries de causes et d'effets trop exacts et trop clairs pour avoir jamais été entièrement vrais ; ils réarrangent cette docile matière morte, et je sais que même à Plutarque échappera toujours Alexandre.

7982 Presque tout ce que nous savons d'autrui est de seconde main. Si par hasard un homme se confesse, il plaide sa cause [...]

Les Mémoires d'Hadrien,
Varius Multiplex Multiformis

7983 Notre grande erreur est d'essayer d'obtenir de chacun en particulier les vertus qu'il n'a pas, et de négliger de cultiver celles qu'il possède.

7984 Un homme qui lit, ou qui pense, ou qui calcule, appartient à l'espèce et non au sexe ; dans ses meilleurs moments, il échappe même à l'humain.

7985 La philosophie épicurienne, ce lit étroit mais propre.

Les Mémoires d'Hadrien, Tellus Stabilita

7986 Chaque race se limite à certains sujets, à certains modes parmi les modes possibles, chaque époque opère encore un tri parmi les possibilités offertes à chaque race.

7987 Ce dieu qu'est pour ceux qui l'ont aimé tout être mort à vingt ans.

Les Mémoires d'Hadrien
Sæculum Aureum

7988 La passion comblée a son innocence, presque aussi fragile que toute autre.

7989 Tout bonheur est un chef-d'œuvre : la moindre erreur le fausse, la moindre hésitation l'altère, la moindre lourdeur le dépare, la moindre sottise l'abêtit.

Les Mémoires d'Hadrien
Disciplina Augusta

7990 Il y a plus d'une sagesse, et toutes sont nécessaires au monde ; il n'est pas mauvais qu'elles alternent.

Georges CANGUILHEM 1904

La Connaissance de la vie (Hachette)
introduction

7991 Nous soupçonnons que, pour faire des mathématiques, il nous suffirait d'être anges, mais pour faire de la biologie, même avec l'aide de l'intelligence, nous avons besoin parfois de nous sentir bêtes.

II, La théorie cellulaire

7992 Les théories ne procèdent jamais des faits. Les théories ne procèdent que de théories antérieures souvent très anciennes. Les faits ne sont que la voie, rarement droite, par laquelle les théories procèdent les unes des autres.

III, Le vivant et son milieu

7993 Vivre c'est rayonner, c'est organiser le milieu à partir d'un centre de référence qui ne peut lui-même être référé sans perdre sa signification originale.

III, Le normal et le pathologique

7994 L'homme n'est vraiment sain que lorsqu'il est capable de plusieurs normes, lorsqu'il est plus que normal. [...] Sans intention de plaisanterie, la santé c'est le luxe de pouvoir tomber malade et de s'en relever. Toute maladie est au contraire la réduction du pouvoir d'en surmonter d'autres.

Salvador DALI 1904-1989

Les Cocus du vieil art moderne (Fasquelle)

7995 Peintre, si tu veux t'assurer une place prédominante dans la Société, il faut que, dès ta première jeunesse, tu lui donnes un terrible coup de pied dans la jambe droite.

7996 Le moins que l'on puisse demander à une sculpture, c'est qu'elle ne bouge pas.

7997 Breton a dit : « La beauté sera convulsive ou ne sera pas. » Le nouvel âge surréaliste du « cannibalisme des objets » justifie également cette conclusion. « La beauté sera comestible ou ne sera pas. »

René DUMONT 1904

L'Afrique noire est mal partie (Le Seuil), introduction

7998 L'Afrique doit apprendre tout à la fois l'écriture et la monnaie, la charrue et l'état centralisé, que l'Asie connaît de longue date ; tout en s'efforçant d'aborder efficacement la Révolution industrielle.

chap. 1

7999 L'homme noir se trouve donc enfermé dans le cercle infernal d'une agriculture sous-productive, réalisée par des hommes sous-alimentés, sur une terre non fertilisée.

chap. 3

8000 Toute politique qui s'intitule glorieusement « sociale », dans les pays en retard, sacrifie aux satisfactions immédiates les possibilités d'accroissement de la production : elle est donc en réalité *antisociale à long terme* [...] Le social devrait être le bénéfice même du développement, et garder de cette manière un caractère de récompense.

chap. 5

8001 La « *décolonisation* » désormais la plus urgente, *est celle de la majorité des dirigeants africains.*

8002 Pour la première fois peut-être dans l'histoire, les nations riches *ont le plus strict intérêt à se montrer beaucoup plus généreuses.*

Louis ARMAND 1905-1971

Plaidoyer pour l'avenir (Calmann-Lévy)
L'organisation à l'ère technique

8003 Ce n'est pas la technique qui représente le vrai danger pour la civilisation, c'est l'inertie des structures.

Plaidoyer pour l'avenir
La technique, moyen de civilisation

8004 Quand le standard de vie s'élève, le rapport $\frac{\text{condition de l'homme}}{\text{condition de la femme}}$ tend vers 1.

Plaidoyer pour l'avenir
La formation et l'information
qu'impose l'équipement technique

8005 Une démocratie est d'autant plus solide qu'elle peut supporter un plus grand volume d'informations de qualité.

Plaidoyer pour l'avenir, conclusion

8006 La liberté véritable suppose une discipline adaptée à l'équipement.

Raymond ARON 1905-1983

Dimensions de la conscience historique (Plon)
première partie, chap. 1

8007 L'homme n'a vraiment un passé que s'il a conscience d'en avoir un, car seule cette conscience introduit la possibilité du dialogue et du choix.

8008 La sélection historique est dirigée par les questions que le présent pose au passé. Le renouvellement des images que les hommes se font des civilisations disparues est lié à ce changement des questions inspiratrices.

deuxième partie, chap. 4

8009 L'homme qui, par l'action, se veut libre dans l'histoire, se veut aussi libre par le savoir. Connaître le passé est une manière de s'en libérer puisque seule la vérité permet de donner assentiment ou refus en toute lucidité.

8010 La connaissance historique ne consiste pas à raconter ce qui s'est passé d'après les documents écrits qui nous ont été par accident conservés, mais, sachant ce que nous voulons découvrir et quels sont les principaux aspects de toute collectivité, à nous mettre en quête des documents qui nous ouvriront l'accès au passé.

troisième partie, chap. 7

8011 Jamais les hommes n'ont eu autant de motifs de ne plus s'entre-tuer. Jamais ils n'ont eu autant de motifs de se sentir associés dans une seule et même entreprise. Je n'en conclus pas que l'âge de l'histoire universelle sera pacifique. Nous le savons, l'homme est un être raisonnable mais les hommes le sont-ils ?

conclusion

8012 La prétention du philosophe à détenir, avec la vérité absolue le secret du régime le meilleur, le rêve de confier à des « savants » une autorité inconditionnelle est la racine même de la tyrannie totalitaire.

8013 Le philosophe est celui qui dialogue avec lui-même et avec les autres, afin de surmonter en acte cette oscillation. Tel est son devoir d'état, tel est son devoir à l'égard de la cité.

Pierre KLOSSOWSKI 1905

Roberte ce soir, III (éd. de Minuit)

8014 Or comme on ne connaît guère les choses fausses, sinon qu'il est vrai qu'elles sont fausses, parce que le faux n'a pas d'existence, vouloir connaître des choses obscènes n'est jamais autre chose que le fait de connaître que ces choses sont dans le silence. Quant à connaître l'obscène en soi, c'est ne rien connaître du tout.

Le Souffleur ou le Théâtre de société (Pauvert), XII

8015 Supprimez-vous le mariage, les notions de fidélité conjugale, l'ordre, la décence, la chasteté dans leurs aspects représentatifs, qui orientent notre vouloir et stimulent nos désirs — et l'interdit n'est jamais qu'une digue, un réservoir d'énergies — alors tout se disperse, se dégrade, s'anéantit dans une amorphie totale.

Le Bain de Diane (Pauvert)
Besoins et soins corporels de Diane

8016 La divinité seule est bien-heureuse de son inutilité.

Le Bain de Diane, La curiosité de Diane

8017 Les dieux ont enseigné aux hommes à se contempler eux-mêmes dans le spectacle comme les dieux se contemplent eux-mêmes dans l'imagination des hommes.

Le Bain de Diane,
Diane et le démon intermédiaire

8018 Tel est l'état d'esprit du démon. Il s'ennuie et il est voyeur. Sa distraction est d'assister à des scènes honteuses et humiliantes pour les dieux autant que pour les hommes.

Un si funeste désir (Gallimard), I

8019 S'il est une leçon que la lecture de Nietzsche procure à tout lecteur attentif, c'est l'horreur de la futilité : or aujourd'hui immoralisme et futilité sont synonymes.

8020 La femme *tentée* est un oiseau rare.

IV

8021 La structure de l'âme humaine est ainsi faite qu'elle ne saurait se passer d'interdit, ni se constituer sans lui : l'adhésion à l'athéisme, pour se soutenir, ressuscite tous les interdits sur lesquels s'appuyait la croyance, dès lors qu'il lui faut se prémunir contre son retour.

V

8022 La pureté appartient au silence et donc à l'absence du dicible.

8023 La profanation de l'hostie supprime les limites de l'esprit.

VI

8024 La mort s'introduit dans notre corps par le langage afin d'achever par lui notre unité et notre fermeté.

8025 Une civilisation use son corps et recherche toujours d'autres corps pour incarner son âme.

VII

8026 Le langage serait le Très-Haut à l'instant même où il nommerait le Plus-Bas.

VIII

8027 Le rire est [chez Nietzsche] comme la suprême image, la suprême manifestation du divin réabsorbant les dieux prononcés, et prononçant les dieux par un nouvel éclat de rire [...]

*Origines cultuelles et mythiques
d'un certain comportement
des dames romaines*
(éd. Fata Morgana), V

8028 La femme qui se prostitue obéit à une *image* comme celui qui recherche le contact avec elle : ceci appartient à l'ordre de la fiction.

Nietzsche et le cercle vicieux
(Mercure de France)
introduction

8029 Nul ne voit que la science est elle-même aphasique. Que si elle prononçait seulement son absence de fondement aucune réalité ne subsisterait — d'où lui vient un pouvoir qui la décide à calculer : c'est sa décision qui invente la réalité. Elle calcule pour ne point parler sous peine de retomber dans le néant.

Emmanuel LEVINAS 1905

De l'existence à l'existant (Vrin), introduction

8030 La question de l'être : *qu'est-ce que l'être ?* n'a jamais comporté de réponse. L'être est sans réponse [...] La question est la manifestation même de la relation avec l'être.

De l'existence à l'existant, Le monde

8031 Les personnes ne sont pas l'une devant l'autre, simplement, elles sont les unes avec les autres autour de quelque chose. Le prochain, c'est le complice.

De l'existence à l'existant, L'hypostase

8032 L'espace intersubjectif est initialement asymétrique.

Le Temps et l'Autre (Arthaud)
III, *in* Le Choix, le monde, l'existence

8033 Mourir, c'est revenir à cet état d'irresponsabilité, c'est être la secousse enfantine du sanglot.

8034 La mort n'est donc jamais assumée; elle vient. Le suicide est un concept contradictoire.

Henri LEFEBVRE 1901-1991

Critique de la vie quotidienne (Grasset), I

8035 Le monde est l'avenir de l'homme.

IV

8036 La littérature ne peut nous apporter le salut parce qu'elle a besoin elle-même d'être sauvée.

La Vie quotidienne dans le monde moderne (Gallimard)
chap. 1

8037 Lorsque la philosophie se proclame totalité définie et achevée, en excluant le non-philosophique, elle réalise sa propre contradiction et se détruit elle-même.

8038 Nous déclarons la vie quotidienne objet de la philosophie, précisément en tant que non-philosophie. Nous décrétons même qu'à ce titre elle est l'objet philosophique.

8039 Notre vie quotidienne se caractérise par la nostalgie du style, par son absence et sa poursuite obstinée. Elle n'a pas de style, elle échoue à se donner un style malgré les efforts pour se servir des styles anciens ou s'installer dans les restes et ruines et souvenirs de ces styles.

Emmanuel MOUNIER 1905-1950

Révolution personnaliste et communautaire (Le Seuil)

8040 On connaît cette loi, solide encore parmi tant de ruines : *l'identification du spirituel et du réactionnaire*. Le réactionnaire est trop heureux de cette faveur, et d'admettre en réciproque que tout ce qui naît à gauche naît contre l'esprit.

Manifeste au service du personnalisme
(éd. Montaigne)

8041 Nous appelons personnaliste toute doctrine, toute civilisation affirmant le primat de la personne humaine sur les nécessités matérielles et sur les appareils collectifs qui soutiennent son développement.

I

8042 [...] l'optimisme que le marxisme professe, contrairement au fascisme, sur l'avenir de l'homme, est *un optimisme de l'homme collectif recouvrant un pessimisme radical de la personne.*

III

8043 La paix, comme tout ordre, ne peut jaillir que de la personne spirituelle qui seule apporte aux cités les éléments de l'universalité.

L'Affrontement chrétien (Le Seuil)

8044 Rien ne ressemble [...] moins que le christianisme à un système d'explication destiné à colmater les brèches de la métaphysique et à couvrir les dissonances de l'expérience. Il est un principe de vie, et s'il est aussi un principe de vérité, il l'est dans la vie qu'il communique.

8045 Notre destin immédiat, c'est d'avancer dans l'histoire et de faire de l'histoire, même dans une perspective éternelle où tout ce labeur humain aurait sa foi suprême au-delà de lui-même.

Feu la Chrétienté (Le Seuil)
De l'usage du mot catholique

8046 Les hommes de l'an 2000 attendent leur bonheur ou leur malheur de notre inlassable sang-froid.

Paul NIZAN 1905-1940

Aden Arabie (Maspero), I

8047 J'avais vingt ans. Je ne laisserai personne dire que c'est le plus bel âge de la vie.

II

8048 Comment deviner que les fondements de notre peur et de notre esclavage sont dans les usines, les banques, les casernes, les commissariats de police, tout ce qui est pays étranger.

IX

8049 Ce sont les maîtres des hommes qu'il faut combattre et mettre à bas. Les belles connaissances viendront après cette guerre.

XIII

8050 L'Europe n'est pas une morte, c'est une souche qui a laissé tomber un peu partout des racines adventices comme un figuier banyan: attaquons la souche d'abord. Tout le monde meurt à l'ombre de ses feuilles.

XV

8051 La révolution n'est jamais passée.

Ambition du roman moderne
in Paul Nizan intellectuel communiste, II, 1 (Maspero)

8052 Jamais l'utopie n'a présenté un caractère plus réactionnaire que maintenant.

8053 L'histoire est bien plus rusée que les histoires et les réalités plus rusées que les réalistes.

Ambition du roman moderne
Notes-programme sur la philosophie, III, 1

8054 Il faut une naïveté considérable pour croire qu'un agrégé de philosophie est nécessairement un terre-neuve, ou même une personne respectable.

8055 Parmi les philosophes, les uns sont satisfaits et les autres non. Épicure n'est pas comblé, Spinoza non plus. Mais Leibniz juge que le monde va assez bien; M. Brunschvicg n'est pas mécontent non plus.

8056 La philosophie française est indifférente; comme les grandes affaires des hommes la troublent, elle demeure enfoncée dans ses petites affaires.

8057 Qui sert la bourgeoisie ne sert pas les hommes.

Ambition du roman moderne
Les enfants de la lumière, 4

8058 La lutte communiste contre l'individualisme ne signifie pas autre chose que la lutte réelle pour le développement de l'individu.

8059 L'individu ne s'épanouira que lorsque les conditions de la solitude capitaliste auront été abolies.

Ambition du roman moderne
Les conséquences du refus, IV, 1

8060 La Révolution des intellectuels n'aura d'autre contenu que les caprices du vide.

8061 La France donne le spectacle d'un abaissement continu de la culture.

V, 17 octobre 1939

8062 Tous les écrivains mobilisés passent leur temps à reconstruire *Bérénice* et à se réciter du Montaigne.

24 octobre 1939

8063 Par le temps qui court je ne reconnais qu'une vertu, ni le courage, ni la volonté du martyre, ni l'abnégation, ni l'aveuglement, mais seulement la volonté de comprendre. Le seul honneur qui nous reste est celui de l'entendement.

9 janvier 1940

8064 L'hivernage, excellent pour les loirs, les marmottes, les animaux à sang froid, ne vaut rien pour l'homme ni pour le romancier.

6 février 1940

8065 Si Pascal avait été militaire comme Descartes, il n'aurait pas écrit les inepties qu'il a écrites sur l'avantage qu'il y a à rester dans une chambre.

Jean-Paul SARTRE 1905-1980

La Nausée, 1938 (Gallimard, 1954), p. 58
[*in* Grand Robert de la langue française]

8066 [...] pour que l'événement le plus banal devienne une aventure, il faut et il suffit qu'on se mette à le raconter.

Le Mur, 1939 (Gallimard, 1958), p. 170
[*in* Grand Robert de la langue française]

8067 J'aime les êtres qui sont en désarroi, disait Bergère : et je trouve que vous avez une chance extraordinaire. Car enfin cela vous a été donné. Vous voyez tous ces porcs ? Ce sont des assis. Il faudrait les donner aux fourmis rouges pour les asticoter un peu.

L'Être et le Néant, 1943 (Gallimard, 1946), pp. 11 et 12
[*in* Grand Robert de la langue française]

8068 [...] le dualisme de l'être et du paraître ne saurait plus trouver droit de cité en philosophie. L'apparence renvoie à la série totale des apparences et non à un réel caché.

p. 19

8069 [...] la conscience réflexive pose la conscience réfléchie comme son objet : je porte, dans l'acte de réflexion des jugements sur la conscience réfléchie, j'en ai honte, j'en suis fier, je la veux, je la refuse, etc.

p. 46

8070 [...] la négation est refus d'existence. — Par elle, un être (ou une manière d'être) est posé puis rejeté au néant.

p. 51

8071 L'usage que nous faisons de la notion de néant sous sa forme familière suppose toujours une spécification préalable de l'être. Il est frappant [...] que la langue nous fournisse un néant de choses (« Rien ») et un néant d'êtres humains (« Personne »).

8072 Lorsque Hegel écrit : « [l'être et le néant] sont des abstractions vides et l'une d'elles est aussi vide que l'autre », il oublie que le vide est vide de quelque chose. Or, l'être est vide de toute détermination autre que l'identité avec lui-même ; mais le non-être est vide d'être [...]. L'être est et [...] le néant n'est pas.

I, I, 5, p. 77

8073 L'angoisse [...] s'oppose à l'esprit de sérieux qui saisit les valeurs à partir du monde et qui réside dans la substantification rassurante et chosiste des valeurs.

p. 165

8074 [...] une analyse rigoureuse qui prétendrait débarrasser le présent de tout ce qui n'est pas lui, c'est-à-dire du passé et de l'avenir immédiat, ne trouverait plus en fait qu'un instant infinitésimal, c'est-à-dire [...] le terme idéal d'une division poussée à l'infini : un néant [...]. Quelle est la signification première du Présent ? Il est clair que ce qui existe au présent se distingue de toute autre existence par son caractère de présence. Lors de l'appel nominal, le soldat ou l'élève répond « Présent ! » au sens de « adsum ». Et présent s'oppose à absent aussi bien qu'à passé. Ainsi le sens du présent c'est la présence à [...]. La présence à [...] est un rapport interne de l'être qui est présent avec les êtres auxquels il est présent.

p. 118

8075 [...] c'est cette notion même de soi qu'il faut étudier, car elle définit l'être même de la conscience [...]. Par nature [le soi] est un réfléchi, comme l'indique assez la syntaxe et, en particulier, la rigueur logique de la syntaxe latine [...]. Le soi renvoie, mais il renvoie précisément au sujet. Il indique un rapport du sujet avec lui-même [...] une dualité particulière puisqu'elle exige des symboles verbaux particuliers.

pp. 141-142

8076 Nous ne saisissons nullement le possible dans l'usage courant que nous en faisons, comme un aspect de notre ignorance, ni non plus comme une structure non contradictoire appartenant à un monde non réalisé et en marge de ce monde-ci. Le possible nous apparaît comme une propriété des êtres.

p. 175

8077 Sans la succession des « après », je serais tout de suite ce que je veux être, il n'y aurait plus de distance entre moi et moi, ni de séparation entre l'action et le rêve. C'est essentiellement sur cette vertu séparatrice du temps que les romanciers et les poètes ont insisté, ainsi que sur une idée voisine [...] c'est que tout « maintenant » est destiné à devenir « autrefois ». Le temps ronge et creuse, il sépare, il fuit. Et c'est encore à titre de séparateur — en séparant l'homme de sa peine ou de l'objet de sa peine — qu'il guérit.

p. 209

8078 Par Psychè nous entendons l'Ego, ses états, ses qualités et ses actes. L'Ego sous la double forme grammaticale du Je et du Moi représente notre personne, en tant qu'unité psychique transcendante.

p. 259

8079 Les expériences de la Gestalttheorie montrent clairement que la pure apparition est toujours saisie comme surgissement dynamique, l'apparu vient en courant à l'être, du fond du néant.

« L'Écueil du solipsisme », p. 284

8080 Il ne reste donc que deux solutions pour l'idéaliste : ou bien se débarrasser entièrement du concept de l'autre et prouver qu'il est inutile à la constitution de mon expérience ; ou bien affirmer l'existence réelle d'autrui [...]. La première solution est connue sous le nom de solipsisme [...]

p. 306

8081 [...] il n'y a de spécifications d'une loi que dans deux circonstances : ou bien la loi est tirée inductivement de faits empiriques et singuliers [...] ou bien elle est a priori et unifie l'expérience, comme les concepts kantiens.

p. 307

8082 Si autrui doit pouvoir nous être donné, c'est par une appréhension directe qui laisse à la rencontre son caractère de facticité, comme le cogito lui-même laisse toute sa facticité à ma propre pensée [...]

p. 462

8083 [...] le désir est l'engluement d'un corps par le monde ; et le monde se fait engluant, la conscience s'enlise dans un corps qui s'enlise dans le monde.

p. 494

8084 Nous ne sommes nous qu'aux yeux des autres et c'est à partir du regard des autres que nous nous assumons comme nous.

p. 537

8085 Nous accordons aux psychanalystes que toute réaction humaine est, a priori, compréhensible. Mais nous leur reprochons d'avoir justement méconnu cette « compréhensibilité » initiale en tentant d'expliquer la réaction considérée par une réaction antérieure, ce qui réintroduit le mécanisme causal : la compréhension doit se définir autrement. Est compréhensible toute action comme projet de soi-même vers un possible.

p. 561

8086 L'histoire d'une vie quelle qu'elle soit, est l'histoire d'un échec. Le coefficient d'adversité des choses est tel qu'il faut des années de patience pour obtenir le plus infime résultat.

p. 630

8087 [...] l'homme [...] est responsable du monde et de lui-même en tant que manière d'être. Nous prenons le mot de « responsabilité » en son sens banal de « conscience d'[être] l'auteur incontestable d'un événement ou d'un objet » [...]. Cette responsabilité absolue n'est pas acceptation d'ailleurs : elle est simple revendication logique des conséquences de notre liberté.

p. 633

8088 Ma position au milieu du monde [...] c'est-à-dire la découverte des dangers que je cours dans le monde, des obstacles que je peux y rencontrer, des aides qui peuvent m'être offertes [...] voilà ce que nous nommons la situation.

p. 683

8089 [...] utiliser, c'est user. En usant de ma bicyclette, je l'use c'est-à-dire que la création [...] appropriative se marque par une destruction partielle. Cette usure peut peiner [...] mais, dans la plupart des cas, elle cause une joie secrète [...] c'est qu'elle vient de nous ; nous consommons.

III, I, IV

8090 Chaque regard nous fait éprouver concrètement [...] que nous existons pour tous les hommes vivants [...]

Huis Clos, 1944 (Gallimard, 1949), V
[*in* Grand Robert de la langue française]

8091 Alors, c'est ça l'enfer. Je n'aurais jamais cru... Vous vous rappelez : le soufre, le bûcher, le gril... Ah ! quelle plaisanterie. Pas besoin de gril, l'enfer, c'est les Autres.

8092 Moi, je suis méchante : ça veut dire que j'ai besoin de la souffrance des autres pour exister. Une torche. Une torche dans les cœurs. Quand je suis toute seule, je m'éteins.

8093 [...] j'ai pensé : c'est ma mort qui décidera ; si je meurs proprement, j'aurai prouvé que je ne suis pas un lâche [...]

L'existentialisme est un humanisme (Nagel, 1946), p. 15
[in Grand Robert de la langue française]

8094 La plupart des gens qui utilisent ce mot seraient bien embarrassés pour le justifier, puisqu'aujourd'hui, que c'est devenu une mode, on déclare volontiers qu'un musicien ou qu'un peintre est existentialiste [...]. Il semble que, faute de doctrine d'avant-garde analogue au surréalisme, les gens avides de scandale et de mouvement s'adressent à cette philosophie, qui ne peut d'ailleurs rien leur apporter dans ce domaine ; en réalité, c'est la doctrine la moins scandaleuse, la plus austère ; elle est strictement destinée aux techniciens et philosophes.

p. 21

8095 Qu'est-ce que signifie ici que l'existence précède l'essence ? Cela signifie que l'homme existe d'abord, se rencontre, surgit dans le monde, et qu'il se définit après. L'homme, tel que le conçoit l'existentialiste, s'il n'est pas définissable, c'est qu'il n'est d'abord rien. Il ne sera qu'ensuite, et il sera tel qu'il se sera fait. Ainsi, il n'y a pas de nature humaine, puisqu'il n'y a pas de Dieu pour la concevoir.

p. 38

8096 L'homme sans aucun appui et sans aucun secours est condamné chaque instant à inventer l'homme. Ponge a dit dans un très bel article « L'homme est l'avenir de l'homme ».

p. 90

8097 Par humanisme on peut entendre une théorie qui prend l'homme comme fin et comme valeur supérieure.

Situations I, 1947 (Gallimard), p. 48
[in Grand Robert de la langue française]

8098 Seules les choses sont : elles n'ont que des dehors. Les consciences ne sont pas : elles se font.

p. 201

8099 [...] les mots boivent notre pensée avant que nous ayons eu le temps de la reconnaître ; nous avions une vague intention, nous la précisons par des mots et nous voilà en train de dire tout autre chose que ce que nous voulions dire.

p. 266

8100 En un sens [...] tout est expression, puisque les choses tendent d'elles-mêmes vers le Verbe, comme la Nature aristotélicienne tend vers Dieu ; tout exprime, s'exprime ou cherche à s'exprimer et la nomination, qui est l'acte le plus humain, est aussi la communion de l'homme avec l'univers.

p. 301

8101 [...] nous, qui trouvons aujourd'hui toutes les voies libres, qui pensons que tout est à dire et sommes pris de vertige, parfois, devant ces espaces vides qui s'étendent devant nous.

p. 310

8102 L'écrivain contemporain se préoccupe avant tout de présenter à ses lecteurs une image complète de la condition humaine. Ce faisant, il s'engage. On méprise un peu, aujourd'hui, un livre qui n'est pas un engagement. Quant à la beauté, elle vient par surcroît, quand elle peut.

Les Mains sales (Gallimard, 1948), V, 3
[*in* Grand Robert de la langue française]

8103 Comme tu tiens à ta pureté, mon petit gars ! Comme tu as peur de te salir les mains [...]. Moi j'ai les mains sales. Jusqu'aux coudes. Je les ai plongées dans la merde et dans le sang. Et puis après ? Est-ce que tu t'imagines qu'on peut gouverner innocemment ?

Situations II, 1948 (Gallimard), p. 15
[*in* Grand Robert de la langue française]

8104 Chaque époque découvre un aspect de la condition humaine, à chaque époque l'homme se choisit en face d'autrui, de l'amour, de la mort, du monde [...]

8105 [...] en prenant parti dans la singularité de notre époque, nous rejoignons finalement l'éternel et c'est notre tâche d'écrivain que de faire entrevoir les valeurs d'éternité qui sont impliquées dans ces débats sociaux ou politiques.

p. 30

8106 [...] dans la « littérature engagée », l'engagement ne doit, en aucun cas, faire oublier la littérature [...] notre préoccupation doit être de servir la littérature en lui infusant un sang nouveau, tout autant que de servir la collectivité en essayant de lui donner la littérature qui lui convient.

p. 90

8107 Un des principaux motifs de la création artistique est certainement le besoin de nous sentir essentiels par rapport au monde. Cet aspect des champs ou de la mer, cet air de visage que j'ai dévoilés, si je les fixe sur une toile, dans un écrit [...] j'ai conscience de les produire, c'est-à-dire que je me sens essentiel par rapport à ma création.

p. 125

8108 [...] je suis auteur d'abord par mon libre projet d'écrire. Mais tout aussitôt vient ceci : c'est que je deviens un homme que les autres hommes considèrent comme écrivain, c'est-à-dire qui doit répondre à une certaine demande et que l'on pourvoit [...] d'une certaine fonction sociale [...]. Aussi le public intervient [...] il cerne l'écrivain, il l'investit et ses exigences [...] ses refus, ses fuites sont les données à partir de quoi l'on peut construire une œuvre.

p. 166

8109 Il [l'écrivain du XIXe siècle] parle volontiers de sa solitude et, plutôt que d'assumer le public qu'il s'est sournoisement choisi, il invente qu'on écrit pour soi seul ou pour Dieu, il fait de l'écriture une occupation métaphysique, une prière, un examen de conscience, tout sauf une communication.

p. 240

8110 [...] comme c'est en écrivant que l'auteur se forge ses idées sur l'art d'écrire, la collectivité vit sur les conceptions littéraires de la génération précédente [...]

p. 306

8111 [...] comme l'écrivain s'adresse à la liberté de son lecteur et comme chaque conscience mystifiée [...] tend à persévérer dans son état, nous ne pourrons sauvegarder la littérature que si nous prenons à tâche de démystifier notre public.

Situations III, 1949 (Gallimard), p. 21
[*in* Grand Robert de la langue française]

8112 Le concept d'ennemi n'est tout à fait ferme et tout à fait clair que si l'ennemi est séparé de nous par une barrière de feu.

p. 87

8113 [...] les buildings sont des ex-votos à la réussite, ils sont derrière la statue de la Liberté, comme les statues d'un homme ou d'une entreprise qui se sont élevés au-dessus des autres.

p. 117

8114 Ces longues lignes tirées au cordeau m'ont donné soudain la sensation de l'espace. Nos villes d'Europe sont construites pour nous protéger contre lui : les maisons s'y groupent comme des moutons. Mais l'espace traverse New York, l'anime, le dilate. L'espace, le grand espace vide des steppes et des pampas, coule dans ses artères comme un courant d'air froid, séparant les riverains de droite des riverains de gauche.

p. 266

8115 Le blé mûr est un microcosme parce qu'il a fallu, pour qu'il lève, le concours du soleil, des pluies et du vent ; un épi, c'est à la fois la chose la plus naturelle et la chance la plus improbable.

p. 273

8116 C'est pendant les siècles de l'esclavage que le noir a bu la coupe d'amertume jusqu'à la lie ; et l'esclavage est un fait passé que nos auteurs ni leurs pères n'ont connu directement. Mais c'est aussi un énorme cauchemar dont même les plus jeunes d'entre eux ne savent pas s'ils sont bien réveillés.

Louis SCUTENAIRE 1905-1987

Mes inscriptions (Gallimard)

8117 Cela ne m'intéresse pas, cela me hante.

8118 Je méprise trop ces gens pour me déplaire en leur compagnie.

8119 Un monde se condamne, qui pense à Napoléon quand il est question de grandeur, et à Sade quand il s'agit d'ordure.

8120 Plus je vais, le grand amour, j'ai bien peur que ça existe vraiment.

8121 Il n'y a rien d'extérieur à toi qui soit sans valeur.

8122 Souvent, au lieu de penser, on se fait des idées.

8123 Nous avons aboli Dieu, démasqué la Morale, blanchi la Magie, rassis la Raison sur son trône de mythe. Ne vous en autorisez pourtant point pour vous conduire comme des salauds car, en enlevant ces repeints, nous avons peut-être mis au jour un fond plus répressif encore.

8124 Ce que je reproche au mystique, c'est la brièveté de son imagination. Mieux vaut n'en pas avoir que de l'avoir si courte, comme disait à son époux une femme charmante et qui préférait à des escarmouchettes d'avant-poste un sommeil sans alerte.

8125 Le misanthrope est celui qui reproche aux hommes d'être ce qu'il est.

8126 Je ne fais pas cela par vice, je le fais pour avoir du plaisir.

8127 Au cours d'une maladie, je constate que la peur et le dégoût de la souffrance me font crier presqu'autant que le fait la souffrance elle-même.

Samuel BECKETT 1906-1991

Molloy (Éditions de Minuit)

8128 [...] je ne fais que me plier aux exigences d'une convention qui veut qu'on mente ou se taise.

8129 Je ne supporterai plus d'être un homme, je n'essaierai plus.

Malone meurt (Éditions de Minuit)

8130 Plus la peine de faire le procès aux mots. Ils ne sont pas plus creux que ce qu'ils charrient.

8131 Le sujet s'éloigne du verbe et... le complément direct vient se poser quelque part dans le vide.

En attendant Godot (Éditions de Minuit)
acte I

8132 Voilà l'homme tout entier, s'en prenant à sa chaussure alors que c'est son pied le coupable.

8133 Tu me ferais rire, si cela m'était permis.

8134 Ne disons donc pas de mal de notre époque, elle n'est pas plus malheureuse que les précédentes. (Silence.) N'en disons pas de bien non plus. (Silence.) N'en parlons pas. (Silence.) Il est vrai que la population a augmenté.

acte II

8135 Je suis comme ça. Ou j'oublie tout de suite ou je n'oublie jamais.

8136 Alors fous-moi la paix avec tes paysages! Parle-moi du sous-sol!

8137 En attendant, essayons de converser sans nous exalter, puisque nous sommes incapables de nous taire.

8138 Nous naissons tous fous. Quelques-uns le demeurent.

L'Innommable (Éditions de Minuit)

8139 Moi je ne pense... que dépassé un certain degré de terreur.

8140 C'est peut-être ça que je suis, la chose qui divise le monde en deux... [...] je suis le tympan, d'un côté c'est le crâne, de l'autre le monde, je ne suis ni de l'un ni de l'autre...

8141 Je dis je en sachant que ce n'est pas moi.

8142 Il faut dire des mots, tant qu'il y en a, il faut les dire, jusqu'à ce qu'ils me trouvent, jusqu'à ce qu'ils me disent, étrange peine, étrange faute, il faut continuer...

Nouvelles et textes pour rien
(Éditions de Minuit)

8143 Tout est faux, il n'y a personne... il n'y a rien.

8144 Bien choisir son moment et se taire, serait-ce le seul moyen d'avoir être et habitat?

Oh les beaux jours (Éditions de Minuit), acte I

8145 Les mots vous lâchent, il est des moments où même eux vous lâchent.

8146 Peut-on mieux magnifier le Tout-Puissant qu'en riant avec lui de ses petites plaisanteries, surtout quand elles sont faibles?

Denis de ROUGEMONT 1906-1985

L'Amour et l'Occident (Plon)
livre premier, Le mythe de Tristan

8147 Ce qui exalte le lyrisme occidental, ce n'est pas le plaisir des sens, ni la paix féconde du couple. C'est moins l'amour comblé que la *passion* d'amour. Et passion signifie souffrance.

8148 [...] le caractère le plus profond du mythe, c'est le pouvoir qu'il prend sur nous, généralement à notre insu.

8149 La mort, qui est le but de la passion, la tue.

livre II

8150 Nos grandes *littératures* sont pour une bonne partie des laïcisations du mythe [...]: des « profanations » successives de son contenu et de sa forme.

Léopold Sédar SENGHOR 1906

Chants d'ombre (Le Seuil)
Que m'accompagnent kôra et balafong, III

8151 J'ai choisi mon peuple noir peinant, mon peuple paysan, toute la race paysanne par le monde.

Au congrès de l'Union nationale de la jeunesse du Mali
Dakar, 1960

8152 Au contraire de l'Européen classique, le Négro-Africain ne se distingue pas de l'objet, il ne le tient pas à distance, il ne le regarde pas, il ne l'analyse pas [...] Il le touche, il le palpe, il le *sent*.

8153 [...] danser, c'est découvrir et recréer, surtout lorsque la danse est danse d'amour. C'est, en tout cas, le meilleur mode de connaissance.

Éthiopiques (Le Seuil), postface

8154 Le mot [dans les langues négro-africaines] est plus qu'image, il est image analogique sans même le secours de la métaphore ou comparaison. Il suffit de nommer la chose pour qu'apparaisse le *sens* sous le *signe*. Car tout est signe et sens en même temps pour les Négro-Africains.

8155 Seul le rythme provoque le court-circuit poétique et transmue le cuivre en or, la parole en verbe.

Maurice BLANCHOT 1907

La Part du feu (Gallimard)
La littérature et le droit à la mort

8156 Tant que je vis, je suis un homme mortel, mais, quand je meurs, cessant d'être un homme, je cesse aussi d'être mortel, je ne suis plus capable de mourir, et la mort qui s'annonce me fait horreur parce que je la vois telle qu'elle est : non plus mort, mais impossibilité de mourir.

8157 L'immortalité littéraire est le mouvement même par lequel, jusque dans le monde, un monde miné par l'existence brute, s'insinue la nausée d'une survie qui n'en est pas une, d'une mort qui ne met fin à rien. L'écrivain qui écrit une œuvre se supprime dans cette œuvre, et il s'affirme en elle.

L'Espace littéraire (Gallimard), I

8158 L'œuvre est solitaire : cela ne signifie pas qu'elle reste incommunicable, que le lecteur lui manque. Mais qui la lit entre dans cette affirmation de la solitude de l'œuvre, comme celui qui l'écrit appartient au risque de cette solitude.

8159 La solitude au niveau du monde est une blessure sur laquelle il n'y a pas ici à épiloguer.

8160 L'écrivain ne lit jamais son œuvre. Elle est, pour lui, l'illisible, un secret, en face de quoi il ne demeure pas.

II

8161 Le poème — la littérature — semble lié à une parole qui ne peut s'interrompre, car elle ne parle pas, elle est.

IV, 1

8162 L'œuvre attire celui qui s'y consacre vers le point où elle est à l'épreuve de son impossibilité.

V, 1

8163 Le risque de se livrer à l'inessentiel est lui-même essentiel.

2

8164 Pour écrire, il faut déjà écrire.

VII, 3

8165 Oui, nous sommes liés au désastre, mais quand l'échec revient, il faut entendre que l'échec est justement ce retour.

annexes, II

8166 On ne cohabite pas avec les morts sous peine de voir *ici* s'effondrer dans l'insondable *nulle part*.

Le Livre à venir (Gallimard)
I, Le chant des sirènes, I

8167 Le récit est mouvement vers un point, non seulement inconnu, ignoré, étranger, mais tel qu'il ne semble avoir, par avance et en dehors de ce mouvement, aucune sorte de réalité, si impérieux cependant que c'est de lui seul que le récit tire son attrait, de telle manière qu'il ne peut même « commencer » avant de l'avoir atteint, mais cependant c'est seulement le récit et le mouvement imprévisible du récit qui fournissent l'espace où le point devient réel, puissant et attirant.

II, La question littéraire, II

8168 Étranges rapports. Est-ce que l'extrême pensée et l'extrême souffrance ouvriraient le même horizon ? Est-ce que souffrir serait, finalement, penser ?

VIII

8169 Écrire son journal intime, c'est se mettre momentanément sous la protection des jours communs, mettre l'écriture sous cette protection, et c'est aussi se protéger de l'écriture en la soumettant à cette régularité heureuse qu'on s'engage à ne pas menacer.

IV, Où va la littérature ? II

8170 Écrire, c'est finalement se refuser à passer le seuil, se refuser à « écrire ».

8171 L'expérience qu'est la littérature est une expérience totale, une question qui ne supporte pas de limites, n'accepte pas d'être stabilisée ou réduite, par exemple, à une question de langage (à moins que sous ce seul point de vue tout ne s'ébranle). Elle est la passion même de sa propre question et elle force celui qu'elle attire à entrer tout entier dans cette question.

L'Attente (Gallimard), L'oubli, I

8172 L'attente commence quand il n'y a plus rien à attendre, ni même la fin de l'attente. L'attente ignore et détruit ce qu'elle attend. L'attente n'attend rien.

II

8173 L'oubli est rapport avec ce qui s'oublie, rapport qui, rendant secret cela avec quoi il y a rapport, détient le pouvoir et le sens du secret.

8174 Chaque fois que tu oublies, c'est la mort que tu te rappelles en oubliant.

8175 Lorsque tu affirmes, tu interroges encore.

L'Entretien infini (Gallimard),
I, La parole plurielle, II

8176 La réponse est le malheur de la question.

8177 La question attend la réponse, mais la réponse n'apaise pas la question et, même si elle y met fin, elle ne met pas fin à l'attente qui est la question de la question.

II, L'expérience-limite, IV

8178 Le langage est le lieu de l'attention.

V, 2

8179 L'homme est l'indestructible, et cela signifie qu'il n'y a pas de limite à la destruction de l'homme.

IX, 1

8180 Non, il n'y a pas d'issue pour les morts, ceux qui meurent après avoir écrit, et je n'ai jamais distingué dans la postérité la plus glorieuse qu'un enfer prétentieux où les critiques — nous tous — faisons figure d'assez tristes diables.

IX, 3

8181 Il faut tout dire. La première des libertés est la liberté de tout dire.

XI, note

8182 L'importance de la « culture de masse », c'est de mettre en question l'idée même de culture en la réalisant d'une manière qui la met à découvert.

XIII

8183 Quand, pour la première fois, dans l'histoire du monde, on détient le pouvoir matériel de mettre fin à cette histoire et à ce monde, c'est qu'on est déjà sorti de l'espace historique. Le changement d'époque a eu lieu. Cela peut s'exprimer simplement : désormais, le monde est une bâtisse que l'on peut brûler.

III, L'absence du livre, XVI

8184 Ainsi, nous savons que compte moins l'œuvre que l'expérience de sa recherche et qu'un artiste est toujours prêt à sacrifier l'accomplissement de son ouvrage à la vérité du mouvement qui y conduit.

René CHAR 1907-1988

Le Marteau sans maître (José Corti)
Artine, La manne de Lola Abba

8185 Ceux qui ont vraiment le goût du néant brûlent leurs vêtements avant de mourir.

Dehors la nuit est gouvernée... (G.L.M.)
L'essentiel intelligible

8186 Depuis toujours les justes meurent mutilés
Pour s'être exposés nus au toucher du bien.

Fureur et mystère (Gallimard)
Seuls demeurent, Partage formel, V

8187 Magicien de l'insécurité, le poète n'a que des satisfactions adoptives. Cendre toujours inachevée.

XXX

8188 Le poème est l'amour réalisé du désir demeuré désir.

XLIX

8189 A chaque effondrement des preuves le poète répond par une salve d'avenir.

Fureur et mystère, Feuillets d'Hypnos, 28

8190 Il existe une sorte d'homme toujours en avance sur ses excréments.

59

8191 Si l'homme parfois ne fermait pas *souverainement* les yeux, il finirait par ne plus voir ce qui vaut d'être regardé.

Fureur et mystère, Le poème pulvérisé
argument

8192 Comment vivre sans inconnu devant soi ?

Fureur et mystère, Jacquemard et Julia

8193 Jadis, terre et ciel se haïssaient mais terre et ciel vivaient.

Fureur et mystère, À la santé du serpent
VII

8194 Ce qui vient au monde pour ne rien troubler ne mérite ni égard ni patience.

XX

8195 Ne te courbe que pour aimer. Si tu meurs, tu aimes encore.

XXIV

8196 Si nous habitons un éclair, il est le cœur de l'éternel.

Art bref (G.L.M.), Pierre Charbonnier

8197 L'artiste doit se faire regretter déjà de son vivant !

Les Matinaux (Gallimard),
Rougeur des matinaux, XIX

8198 Ne te plains pas de vivre plus près de la mort que les mortels.

À une sérénité crispée (Gallimard)

8199 L'obsession de la moisson et l'indifférence à l'Histoire sont les deux extrémités de mon arc.

La Parole en archipel (Gallimard)
Lettera amorosa, dédicace

8200 Tôt dépourvu serait l'ambitieux qui resterait incroyant en la femme.

8201 Laide saison où l'on croit regretter, où l'on projette, alors qu'on s'aveulit.

La Parole en archipel
La paroi et la prairie, Lascaux, VI

8202 La sagesse aux yeux pleins de larmes.

La Parole en archipel, Transir

8203 O vitre, ô givre, nature conquise, dedans fleurie, dehors détruite.

La Parole en archipel
Poèmes des deux années
Le rempart de brindilles

8204 Les poèmes sont des bouts d'existence incorruptibles que nous lançons à la gueule répugnante de la mort, mais assez haut pour que, ricochant sur elle, ils tombent dans le monde nominateur de l'unité.

8205 Le sentiment, comme tu sais, est enfant de la matière, il est son regard admirablement nuancé.

La Parole en archipel
La bibliothèque est en feu

8206 La poésie me volera ma mort.

8207 La terre qui reçoit la graine est triste. La graine qui va tant risquer est heureuse.

La Parole en archipel
Les compagnons dans le jardin

8208 XXe siècle, l'homme fut au plus bas.

8209 Mourir, c'est devenir, mais *nulle part*, vivant?

La Parole en archipel, Autres poèmes,
Sur une nuit sans ornement

8210 La nuit ne succède qu'à elle.

La Parole en archipel, Au-dessus du vent,
Pour un Prométhée saxifrage

8211 La réalité sans l'énergie disloquante de la poésie, qu'est-ce?

La Parole en archipel, Quitter, Nous avons

8212 Faire un poème, c'est prendre possession d'un au-delà nuptial qui se trouve bien dans cette vie, très rattaché à elle, et cependant à proximité des urnes de la mort.

8213 L'homme fut sûrement le vœu le plus fou des ténèbres ; c'est pourquoi nous sommes ténébreux, envieux et fous sous le puissant soleil.

La Parole en archipel, Dans la marche

8214 La seule signature au bas de la vie blanche, c'est la poésie qui la dessine.

La Parole en archipel, Contrevenir

8215 Obéissez à vos porcs qui existent. Je me soumets à mes dieux qui n'existent pas.

La Parole en archipel
Les dentelles de Montmirail

8216 La poésie vit d'insomnie perpétuelle.

8217 Nous n'avons qu'une ressource avec la mort : faire de l'art avant elle.

Jean FOURASTIÉ 1907-1990

Le Grand Espoir du XXe siècle (Gallimard), introduction

8218 Le retard des sciences économiques et sociales sur les sciences de la matière est l'une des causes des malheurs actuels de l'humanité. La technique emporte l'homme vers des horizons imprévus.

chap. 6, 2

8219 Ainsi, la prospérité est conservatrice, tandis que la dépression est dans le sens de l'histoire. De là, le danger d'une lutte inintelligente contre les crises, qui, par des renflouements d'entreprises périmées, paralyse le progrès économique.

troisième partie, 8, 2

8220 La limite idéale vers laquelle tend la nouvelle organisation du travail est celle où le travail se bornerait à cette seule forme de l'action : l'initiative.

conclusion générale

8221 Rien ne sera moins industriel que la civilisation née de la révolution industrielle.

8222 La machine conduit ainsi l'homme à se spécialiser dans l'humain.

Eugène GUILLEVIC 1907

Terraqué (Gallimard), Rites

8223 Vivre c'est pour apprendre
A bien poser sa tête
Sur un ventre de femme.

Terraqué, Ensemble

8224 Nous construisons le monde
Qui nous le rendra bien.
Car nous sommes au monde
Et le monde est à nous.

Terraqué, Art poétique

8225 Les mots, les mots
Ne se laissent pas faire
Comme des catafalques
Et toute langue
Est étrangère.

Exécutoire (Gallimard), Souvenir

8226 Il ne faut pas mentir,
Rien n'est si mort qu'un mort.

Pierre MENDÈS FRANCE 1907-1982

Sept mois et dix-sept jours (Julliard)
Nous étions en 1788...

8227 La République doit se construire sans cesse car nous la concevons éternellement révolutionnaire, à l'encontre de l'inégalité, de l'oppression, de la misère, de la routine des préjugés, éternellement inachevée tant qu'il reste un progrès à accomplir.

Sept mois et dix-sept jours
Les problèmes de la jeunesse

8228 A partir du moment où, dans un pays, s'établit un divorce entre l'orientation du régime et les aspirations de la jeunesse, alors, oui, la catastrophe est proche — alors, le totalitarisme menace à plus ou moins long terme.

La Politique et la Vérité (Julliard), quatrième partie
La crise de la démocratie

8229 Voter communiste, si l'on évoque l'action constructive nécessaire de chaque jour, la réforme de tout ce qui peut et doit être amélioré ou transformé, c'est [...] perdre sa voix, c'est s'abstenir [...]

La République moderne (Gallimard)
IV, Le gouvernement de législature

8230 Le moyen d'éviter la précarité, l'instabilité gouvernementales sans tomber dans le pouvoir personnel, réside dans une solution qui associe étroitement l'action, la tâche et la durée de l'Assemblée à l'action, à la tâche et à la durée du gouvernement.

VI, L'État et la planification économique
8231 A régime faible, planification faussée.

Pour préparer l'avenir (Denoël), VI, conclusion
8232 Un plébiscite, ça se combat.

Roger VAILLAND 1907-1965

Le Surréalisme contre la révolution (© E. Vailland), III
8233 De toutes les « inventions » surréalistes, la tentation du communisme est bien sûr la plus démoniaque.

8234 Les surréalistes furent tentés par le combat communiste, comme les enfants sont tentés par les métiers héroïques (ou qu'ils imaginent tels), par les *combats* du marin, de l'aviateur, du chauffeur de locomotive.

IV
8235 Tout le progrès de l'homme, toute l'histoire des sciences est l'histoire de la lutte de la *raison* contre le *sacré*.

V
8236 Toute pensée libératrice qui n'est pas liée à une volonté de transformer le monde, à une action révolutionnaire, a finalement des conséquences réactionnaires.

Un jeune homme seul (Buchet-Chastel), chap. 4
8237 La police pour la police, ultime expression de l'art bourgeois.

Éloge du cardinal de Bernis (Fasquelle)
8238 L'histoire n'est pas à quelques dizaines d'années près.

8239 Chaque homme a besoin d'être fils de roi. Les fils de roi d'aujourd'hui ne sont que la préfiguration de l'homme futur.

Laclos par lui-même (Le Seuil)
Sur les diverses vertus qu'exige le libertinage
8240 Il serait plus plaisant aujourd'hui d'écrire sur les mathématiques : c'est que dans une société sans mœurs, seule l'austérité est aimable.

La Fête (Gallimard), chap. 1
8241 J'aime la désinvolture des riches. Je n'aime pas le contentement des riches.

8242 J'aime la pudeur, l'absence de pudeur, je n'aime pas l'impudence, l'impudeur.

8243 J'aime les grands hommes, Brutus, César ; je n'aime pas qu'on vénère les grands hommes...

8244 Un roman commence par un coup de dés.

chap. 4

8245 Je n'aime pas les spectacles, j'aime les fêtes.

Écrits intimes (Gallimard), 1942
Sur l'argent

8246 L'homme riche est nécessairement fou au sens le plus profond ; le capitalisme est le « désaccord » c'est-à-dire la folie dans les rapports de l'économie mondiale.

1948

8247 Il y a un point commun et singulièrement important entre les civilisés de toutes les civilisations et les racés de toutes les races. C'est précisément qu'ils sont civilisés ou racés.

Écrits intimes, Lettre à Pierre Berger
novembre 1951, III

8248 [...] la vie sous toutes ses formes (biologiques, sociales, politiques, psychologiques) ne m'apparaît pensable et exprimable que *dramatiquement*.

Écrits intimes, 1964, Éloge de la politique

8249 [...] Quand on a pris l'habitude de brûler au feu de la politique, si le foyer s'éteint, on reste infirme.

Arthur ADAMOV 1908-1970

L'Aveu (Éditions Le Sagittaire),
introduction

8250 L'homme ne saurait connaître la loi, mesurer ses limites, qu'en passant outre. L'homme d'aujourd'hui, plus encore que l'homme de naguère, s'il veut connaître au péril de l'esprit, doit transgresser la loi.

8251 Poète est celui qui se sert des mots moins pour dévoiler leur sens immédiat que pour les contraindre à livrer ce que cache leur silence.

L'Aveu, Ce qu'il y a

8252 Le seul courage est de parler à la première personne.

8253 Les mots, ces gardiens du sens, ne sont pas immortels, invulnérables. Ils sont revêtus d'une chair saignante et sans défense. Comme les hommes, les mots souffrent.

L'Aveu, L'humiliation sans fin, I

8254 Je dis que ce seul mot : exister, par l'analyse de sa structure, suffit à rendre compte du malheur inséparable de l'existence humaine.

II

8255 La symbolique pansexuelle est vraie. Mais elle est elle-même signe de réalités qui la dépassent.

Ici et maintenant (Gallimard), première partie
avertissement à La Parodie et à L'Invasion

8256 Une pièce de théâtre doit [...] être le lieu où le monde visible et le monde invisible se touchent et se heurtent, autrement dit la mise en évidence, la manifestation du contenu caché, latent, qui recèle les germes du drame.

8257 Un théâtre vivant, c'est-à-dire un théâtre où les gestes, les attitudes, la vie propre du corps ont le droit de se libérer de la convention du langage, de passer outre aux conventions psychologiques, en un mot d'aller jusqu'au bout de leur signification profonde.

Simone de BEAUVOIR 1908-1986

L'Invitée (Gallimard)
première partie, chap. 1

8258 On ne peut pas réaliser que les autres gens sont des consciences qui se sentent du dedans comme on se sent soi-même [...]. Quand on entrevoit ça, [...] c'est terrifiant : on a l'impression de ne plus être qu'une image dans la tête de quelqu'un d'autre.

chap. 3

8259 Pour désirer laisser des traces dans le monde, il faut en être solidaire.

8260 [...] ce sont des gens qui ont le rire austère. Ils me font penser à ce philosophe [...] qui riait en voyant une tangente à un cercle : parce que ça ressemble à un angle et que ça n'en est pas un.

chap. 4

8261 Quand on respecte profondément quelqu'un, on se refuse à lui crocheter l'âme sans son aveu.

chap. 5

8262 Chacun expérimente sa propre conscience comme un absolu.
Comment plusieurs absolus seraient-ils compatibles ? C'est aussi mystérieux que la naissance ou que la mort. C'est même un tel problème que toutes les philosophies s'y cassent les dents.

Pyrrhus et Cinéas (Gallimard)
première partie, Le jardin de Candide

8263 Est mien seulement ce en quoi je reconnais mon être, et je ne peux le reconnaître que là où il est engagé.

8264 On n'« est » le prochain de personne, on « fait » d'autrui un prochain en se faisant son prochain par un acte.

L'instant

8265 Toute jouissance est projet.

L'humanité

8266 Nous savons que chaque homme est mortel, mais non que l'humanité doit mourir.

Dieu

8267 L'humanité est une suite discontinue d'hommes libres qu'isole irrémédiablement leur subjectivité.

deuxième partie, Les autres

8268 Si je prétendais assumer à l'infini les conséquences de mes actes, je ne pourrais plus rien vouloir.

Le dévouement

8269 L'esclave qui obéit choisit d'obéir.

8270 Il faut trahir l'enfant pour l'homme ou l'homme pour l'enfant.

8271 Nous ne créons jamais pour autrui que des points de départ.

La communication

8272 Le nom, c'est ma présence totale rassemblée magiquement dans l'objet.

L'action

8273 Le respect de la liberté d'autrui n'est pas une règle abstraite: il est la condition première du succès de mon effort.

8274 Autrui ne peut accompagner ma transcendance que s'il est au même point du chemin que moi.

8275 Renoncer à la lutte, ce serait renoncer à la transcendance, renoncer à l'être. Mais cependant aucune réussite n'effacera jamais le scandale absolu de chaque échec singulier.

Pour une morale de l'ambiguïté (Gallimard), chap. 1

8276 Sans échec, pas de morale.

8277 Bien loin que l'absence de Dieu autorise toute licence, c'est au contraire parce que l'homme est délaissé sur la terre que ses actes sont des engagements définitifs, absolus.

8278 Ma liberté ne doit pas chercher à capter l'être, mais à le dévoiler.

8279 C'est parce qu'il y a un vrai danger, de vrais échecs, une vraie damnation terrestre, que les mots de victoire, de sagesse ou de joie ont un sens.

chap. 2

8280 Le refus de l'existence est encore une manière d'exister, personne ne peut connaître vivant la paix du tombeau.

8281 L'homme sérieux est dangereux ; il est naturel qu'il se fasse tyran.

8282 En me dérobant le monde, autrui me le donne aussi, puisqu'une chose ne m'est donnée que par le mouvement qui l'arrache de moi.

8283 Se vouloir libre, c'est aussi vouloir les autres libres.

chap. 3, 1, L'attitude esthétique

8284 Le présent n'est pas un passé en puissance, il est le moment du choix et de l'action.

8285 L'homme ne contemple jamais : il fait.

chap. 3, 2, Liberté et libération

8286 Il s'agit pour l'homme de poursuivre l'expansion de son existence et de récupérer comme absolu cet effort même.

8287 Une liberté qui ne s'emploie qu'à nier la liberté doit être niée.

8288 Affirmer le règne humain, c'est reconnaître l'homme dans le passé comme dans l'avenir. Les Humanistes de la Renaissance sont un exemple du secours que l'enracinement dans le passé peut apporter à un mouvement de libération.

8289 Ni dans le passé ni dans l'avenir on ne peut préférer une Chose à l'Homme, qui seul peut constituer la raison de toutes choses.

chap. 3, 3, Les antinomies de l'action

8290 Aucune action ne peut se faire pour l'homme sans se faire aussitôt contre des hommes.

8291 C'est au sein du transitoire que l'homme s'accomplit, ou jamais.

conclusion

8292 S'il advenait que chaque homme fasse ce qu'il doit, en chacun l'existence serait sauvée sans qu'il y ait lieu de rêver d'un paradis où tous seraient reconciliés dans la mort.

Le Deuxième Sexe (Gallimard)
I, Les faits et les mythes, introduction

8293 Nous intéressant aux chances de l'individu, nous ne définirons pas ces chances en termes de bonheur, mais en termes de liberté.

I, troisième partie, Mythes, chap. 3

8294 Sans doute il est plus confortable de subir un esclavage aveugle que de travailler à s'affranchir : les morts aussi sont mieux adaptés à la terre que les vivants.

II, L'expérience vécue, introduction

8295 Les femmes d'aujourd'hui sont en train de détrôner le mythe de la féminité ; elles commencent à affirmer concrètement leur indépendance ; mais ce n'est pas sans peine qu'elles réussissent à vivre intégralement leur condition d'être humain.

II, première partie, Formation, chap. 1, Enfance

8296 On ne naît pas femme : on le devient.

deuxième partie, Situation, chap. 5
La femme mariée

8297 Ce ne sont pas les individus qui sont responsables de l'échec du mariage : c'est [...] l'institution elle-même qui est originellement pervertie.

8298 La femme pèse si lourdement sur l'homme parce qu'on lui interdit de se reposer sur soi : il se délivrera en la délivrant, c'est-à-dire en lui donnant quelque chose à « faire » en ce monde.

quatrième partie, chap. 14
La femme indépendante

8299 La femme n'est victime d'aucune mystérieuse fatalité : [...] il ne [...] faut pas conclure que ses ovaires la condamnent à vivre éternellement à genoux.

Mémoires d'une jeune fille rangée (Gallimard)
première partie

8300 Le privilège de l'enfance pour qui la beauté, le luxe, le bonheur sont des choses qui se mangent.

deuxième partie

8301 Il m'était plus facile de penser un monde sans créateur qu'un créateur chargé de toutes les contradictions du monde.

8302 Renoncer à l'amour me paraissait aussi insensé que de se désintéresser de son salut quand on croit à l'éternité.

troisième partie

8303 Un enfant, c'est un insurgé.

8304 Je trouvais d'autant plus affreux de mourir que je ne voyais pas de raison de vivre.

8305 Le volontarisme ne paie pas.

La Force de l'âge (Gallimard), prologue

8306 Samuel Pepys ou Jean-Jacques Rousseau, médiocre ou exceptionnel, si un individu s'expose avec sincérité, tout le monde, plus ou moins, se trouve mis en jeu.

chap. 1

8307 Dans toute activité une liberté se découvre, et particulièrement dans l'activité intellectuelle parce qu'elle fait peu de place à la répétition.

8308 « Entre nous, m'expliquait-il [Sartre] [...], il s'agit d'un amour nécessaire : il convient que nous connaissions aussi des amours contingentes. »

La Force des choses (Gallimard), chap. 1

8309 Ce sont les fascistes qui attachent plus d'importance à la façon de mourir qu'aux actes.

chap. 2

8310 Peindre l'héroïsme, ce n'est pas payant.

épilogue

8311 Rien n'aura eu lieu. Je revois la haie de noisetiers que le vent bousculait et les promesses dont j'affolais mon cœur quand je contemplais cette mine d'or à mes pieds, toute une vie à vivre. Elles ont été tenues. Cependant, tournant un regard incrédule vers cette crédule adolescente, je mesure avec stupeur à quel point j'ai été flouée.

Une mort très douce (Gallimard)

8312 On ne meurt pas d'être né, ni d'avoir vécu, ni de vieillesse. On meurt de *quelque chose*.

8313 Il n'y a pas de mort naturelle : rien de ce qui arrive à l'homme n'est jamais naturel puisque sa présence met le monde en question. Tous les hommes sont mortels : mais pour chaque homme sa mort est un accident et, même s'il la connaît et y consent, une violence indue.

La Femme rompue (Gallimard)
L'âge de discrétion

8314 La sexualité pour moi n'existe plus. J'appelais sérénité cette indifférence ; soudain je l'ai comprise autrement : c'est une infirmité, c'est la perte d'un sens ; elle me rend aveugle aux besoins, aux douleurs, aux joies de ceux qui le possèdent.

8315 Atroce contradiction de la colère née de l'amour et qui tue l'amour.

8316 Qu'est-ce qu'un adulte? Un enfant gonflé d'âge.

8317 Voilà le privilège de la littérature [...]. Les images se déforment, elles pâlissent. Les mots, on les emporte avec soi.

René DAUMAL 1908-1944

Chaque fois que l'aube paraît (Gallimard)
Le nœud gordien

8318 L'homme qui jure ne coule plus. Le serment gèle, et non seulement les pensées, mais le visage même et tout le corps.

Chaque fois que l'aube paraît
La poésie et la critique

8319 La critique devra détruire sans pitié toute œuvre inutile: ce qui n'est pas nécessaire est mauvais.

8320 La poésie elle aussi a trahi en venant vers l'Ouest, en devenant l'Art.

Chaque fois que l'aube paraît
Le surréalisme et le grand jeu

8321 Le vice originel du surréalisme, qui est *le* vice humain universel, c'est cette recherche de la Machine à Penser. Il n'y a pas *moyen* de penser: je pense, immédiatement, ou je dors.

Chaque fois que l'aube paraît
Le livre des morts tibétain

8322 Il faut se méfier des livres religieux et philosophiques de l'Orient comme de la peste. Sauf si vous les lisez dans le texte.

Chaque fois que l'aube paraît
Les limites du langage philosophique

8323 La philosophie discursive est aussi nécessaire à la connaissance que la carte géographique au voyage: la grande erreur, je le répète, est de croire qu'on voyage en regardant une carte.

Chaque fois que l'aube paraît
La « vie de Marpa, le Traducteur »

8324 Aujourd'hui, l'intéressant et le curieux priment le vrai; l'étrange et l'émouvant priment le vrai. On s'intéresse à des doctrines qu'on n'adopte pas; on admire des exemples qu'on ne suit pas. De fait, il n'est rien dont on fasse meilleur marché en notre siècle que la vérité. Sans doute, la vérité oblige.

Chaque fois que l'aube paraît
Poésie noire et poésie blanche

8325 Comme la magie, la poésie est noire ou blanche, selon qu'elle sert le sous-humain ou le surhumain.

Poésie noire, poésie blanche (Gallimard)
Le contre-ciel

8326 Désapprendre à rêvasser, apprendre à penser, désapprendre à philosopher, apprendre à dire, cela ne se fait pas en un jour. Et pourtant nous n'avons que peu de jours pour le faire.

Le Mont Analogue (Gallimard), I

8327 La porte de l'invisible doit être visible.

8328 Du toc, des tics et des trucs, voilà toute notre vie, entre le diaphragme et la voûte crânienne.

notes

8329 Tiens l'œil sur la voie du sommet, mais n'oublie pas de regarder à tes pieds. Le dernier pas dépend du premier. Ne te crois pas arrivé parce que tu vois la cime. Veille à tes pieds, assure ton pas prochain, mais que cela ne te distraie pas du but *le plus haut*. Le premier pas dépend du dernier.

Edgar FAURE 1908-1988

Philosophie d'une réforme (Plon), introduction

8330 La politique du dialogue, de l'échange, de l'ouverture, lorsqu'on la choisit, on ne peut pas la fractionner, ou alors il ne faut pas la choisir.

8331 La France n'a pas deux jeunesses. Pour une jeunesse, aurons-nous deux âmes ?

Philosophie d'une réforme
Fondements et objectifs de la réforme

8332 La société précédente connaissait une culture de sécurité ; *la société actuelle doit acquérir une culture de promotion.*

Claude LÉVI-STRAUSS 1908

Les Structures élémentaires de la parenté (Mouton)
préface de la deuxième édition

8333 Sitôt terminé, le livre devient un corps étranger, un être mort incapable de fixer mon attention, moins encore mon intérêt. Ce monde où j'ai si ardemment vécu se referme, m'excluant de son intimité. C'est à peine si, parfois, j'arrive à le comprendre.

conclusion, chap. 29

8334 La prohibition de l'inceste est moins une règle qui interdit d'épouser mère, sœur ou fille, qu'une règle qui oblige à donner mère, sœur ou fille à autrui. C'est la règle du don par excellence.

Race et histoire (Unesco)

8335 On ne saurait [...] prétendre avoir résolu par la négative le problème de l'inégalité des *races* humaines, si l'on ne se penche pas aussi sur celui de l'inégalité — ou de la diversité — des *cultures* humaines qui, en fait sinon en droit, lui est, dans l'esprit public, étroitement lié.

8336 La diversité des cultures humaines est, en fait dans le présent, en fait et aussi en droit dans le passé, beaucoup plus grande et plus riche que tout ce que nous sommes destinés à en connaître jamais.

8337 Le barbare, c'est d'abord l'homme qui croit à la barbarie.

8338 En vérité, il n'existe pas de peuples enfants; tous sont adultes, même ceux qui n'ont pas tenu le journal de leur enfance et de leur adolescence.

8339 Il n'y a pas, il ne peut y avoir, une civilisation mondiale au sens absolu que l'on donne souvent à ce terme, puisque la civilisation implique la coexistence de cultures offrant entre elles le maximum de diversité, et consiste même en cette coexistence. La civilisation mondiale ne saurait être autre chose que la coalition, à l'échelle mondiale, de cultures préservant chacune son originalité.

8340 L'humanité est constamment aux prises avec deux processus contradictoires dont l'un tend à instaurer l'unification, tandis que l'autre vise à maintenir ou à rétablir la diversification.

Tristes tropiques (Plon), première partie, I

8341 Je hais les voyages et les explorateurs.

troisième partie, IX

8342 Les tropiques sont moins exotiques que démodés.

septième partie, XXVIII

8343 [...] la fonction primaire de la communication écrite est de faciliter l'asservissement. L'emploi de l'écriture à des fins désintéressées, en vue de tirer des satisfactions intellectuelles et esthétiques, est un résultat secondaire, si même il ne se réduit pas le plus souvent à un moyen pour renforcer, justifier ou dissimuler l'autre.

XXIX

8344 J'avais cherché une société réduite à sa plus simple expression. Celle des Nambikwara l'était au point que j'y trouvais seulement des hommes.

neuvième partie, XXXVIII

8345 La vie sociale consiste à détruire ce qui lui donne son arôme.

8346 Aucune société n'est parfaite. Toutes comportent par nature une impureté incompatible avec les normes qu'elles proclament, et qui se traduit concrètement par une certaine dose d'injustice, d'insensibilité, de cruauté.

XL

8347 Le monde a commencé sans l'homme et il s'achèvera sans lui.

Anthropologie structurale (Plon), chap. 5

8348 Les règles de la parenté et du mariage servent à assurer la communication des femmes entre les groupes, comme les règles économiques servent à assurer la communication des biens et des services, et les règles linguistiques, la communication des messages.

chap. 6

8349 [...] l'ethnologie pourrait se définir comme une technique du dépaysement.

chap. 12

8350 Peut-être découvrirons-nous un jour que la même logique est à l'œuvre dans la pensée mythique et dans la pensée scientifique, et que l'homme a toujours pensé aussi bien.

La Pensée sauvage (Plon), chap. 8

8351 [...] cette « pensée sauvage » qui n'est pas, pour nous, la pensée des sauvages, ni celle d'une humanité primitive ou archaïque, mais la pensée à l'état sauvage, distincte de la pensée cultivée ou domestiquée en vue d'obtenir un rendement.

Le Cru et le Cuit (Plon), ouverture, I

8352 Le savant n'est pas l'homme qui fournit les vraies réponses ; c'est celui qui pose les vraies questions.

8353 Nous ne prétendons donc pas montrer comment les hommes pensent dans les mythes, mais comment les mythes se pensent dans les hommes, et à leur insu.

quatrième partie, III, a

8354 Les mythes sont construits sur la base d'une logique des qualités sensibles qui ne fait pas de distinction tranchée entre les états de la subjectivité et les propriétés du cosmos.

8355 La pensée mythique n'est pas pré-scientifique ; elle anticipe plutôt sur l'état futur d'une science que son mouvement passé et son orientation actuelle montrent progressant toujours dans le même sens.

Du miel aux cendres (Plon)
quatrième partie, II

8356 La « dormance » de la graine, c'est-à-dire le temps imprévisible qui s'écoulera avant que le mécanisme ne se déclenche, ne relève pas de sa structure, mais d'un ensemble infiniment complexe de conditions qui mettent en cause l'histoire individuelle de chaque graine et toutes sortes d'influences externes. Il en est de même pour les civilisations.

8357 Pour être viable, une recherche tout entière tendue vers les structures commence par s'incliner devant la puissance et l'inanité de l'événement.

L'Origine des manières de table (Plon), VII, 3

8358 Quand ils proclament [...] que « l'enfer, c'est nous-mêmes », les peuples sauvages donnent une leçon de modestie qu'on voudrait croire que nous sommes encore capables d'entendre.

8359 Un humanisme bien ordonné ne commence pas par soi-même, mais place le monde avant la vie, la vie avant l'homme, le respect des autres êtres avant l'amour-propre.

Maurice MERLEAU-PONTY 1908-1961

Structure du comportement (P.U.F.)

8360 Tout organisme est une mélodie qui se chante elle-même.

Phénoménologie de la perception (Gallimard)
avant-propos

8361 La vérité n'« habite » pas seulement l'« homme intérieur », ou plutôt il n'y a pas d'homme intérieur, l'homme est au monde, c'est dans le monde qu'il se connaît.

8362 Il ne faut donc pas se demander si nous percevons vraiment un monde, il faut dire au contraire: le monde est cela que nous percevons.

première partie, Le corps

8363 Chaque objet est le miroir de tous les autres.

première partie, V

8364 Si l'histoire sexuelle d'un homme donne la clef de sa vie, c'est parce que dans la sexualité de l'homme se projette sa manière d'être à l'égard du monde, c'est-à-dire à l'égard du temps et à l'égard des autres hommes.

VI

8365 Le sens d'un ouvrage littéraire est moins fait par le sens commun des mots qu'il ne contribue à le modifier.

8366 La parole est l'excès de notre existence sur l'être naturel.

deuxième partie, Le monde perçu, I

8367 Mon corps n'est pas seulement un objet parmi tous les autres objets, un complexe de qualités sensibles parmi d'autres, il est un objet *sensible* à tous les autres, qui résonne pour tous les sons, vibre pour toutes les couleurs, et qui fournit aux mots leur signification primordiale par la manière dont il les accueille.

Sens et non-sens (Nagel)
I, Ouvrages, Le doute de Cézanne

8368 L'artiste selon Balzac ou selon Cézanne ne se contente pas d'être un animal cultivé, il assume la culture depuis son début et la fonde à nouveau, il parle comme le premier homme a parlé et peint comme si l'on n'avait jamais peint.

I, Ouvrages
Le cinéma et la nouvelle psychologie

8369 Il nous faut retrouver un commerce avec le monde et une présence au monde plus vieux que l'intelligence.

II, Idées, Marxisme et philosophie

8370 La pensée communiste ne doit pas donner moins que la religion mais plus, à savoir la religion ramenée à ses sources et à sa vérité qui sont les relations concrètes des hommes entre eux et avec la nature.

Éloge de la philosophie (Gallimard)

8371 On ne peut être juste tout seul, à l'être tout seul on cesse de l'être.

Signes (Gallimard), préface

8372 La prescription, qui enveloppe tout, innocente l'injuste et déboute les victimes. L'histoire n'*avoue* jamais.

8373 En un sens, le plus haut point de la philosophie n'est peut-être que de retrouver ces truismes : le penser pense, la parole parle, le regard regarde, — mais entre les deux mots identiques, il y a chaque fois tout l'écart qu'on enjambe pour penser, pour parler et pour voir.

I

8374 La vie personnelle, l'expression, la connaissance et l'histoire avancent obliquement, et non pas droit vers des fins ou vers des concepts. Ce qu'on cherche trop délibérément, on ne l'obtient pas, et les idées, les valeurs ne manquent pas, au contraire, à celui qui a su dans sa vie méditante en délivrer la source spontanée.

V, I

8375 L'homme « sain » n'est pas tant celui qui a éliminé de lui-même les contradictions : c'est celui qui les utilise et les entraîne dans son travail.

Robert BRASILLACH 1909-1945

Le Marchand d'oiseaux (Plon)
La difficulté de sentiments

8376 Il n'y a pas d'erreur romantique plus forte que celle de l'utilité de la douleur. Rien ne sert à rien.

Poèmes de Fresnes (Éditions Les Sept Couleurs)
Chant pour André Chénier

8377 [...] Et ceux que l'on mène au poteau
Dans le petit matin glacé,
Au front la pâleur des cachots,
Au cœur le dernier chant d'Orphée,
Tu leur tends la main sans un mot,
O mon frère au col dégrafé...

Poèmes de Fresnes
Le testament d'un condamné

8378 L'an trente-cinq de mes années,
Ainsi que Villon prisonnier,
Comme Cervantès enchaîné,
Condamné comme André Chénier,
Devant l'heure des destinées,
Comme d'autres en d'autres temps.
Sur ces feuilles mal griffonnées
Je commence mon testament.

Poèmes de Fresnes, Psaume VI

8379 Ma vie est un oiseau aux filets du chasseur.

René ÉTIEMBLE 1909

Confucius (Club français du livre), préface

8380 Marx n'était pas marxiste, et le disait. Nul ne saurait lui imputer ni Beria, ni Staline.

8381 J'ignore si Confucius fut droitier, centriste ou gauchisant. Je sais seulement que j'admire Voltaire et que celui-ci n'avait pas grand tort d'admirer Confucius.

Parlez-vous franglais? (Gallimard)
première partie, chap. 1

8382 L'anglomanie (ou l'« anglofolie » comme l'écrivit un chroniqueur), l'anglofolie donc, dont nous payons l'anglophilie de nos snobs et snobinettes, se voit déplacée par une américanolâtrie dont s'inquiètent les plus sages Yanquis.

André PIEYRE DE MANDIARGUES 1909-1991

Feu de braise (Grasset), Le diamant

8383 Il est un degré, dans le vierge et le pur, qui par son excès peut faire peur. Et nuire (ainsi des plus beaux diamants l'on a pu dire qu'ils portaient malheur), quand des êtres vains ont l'imprudence d'y exposer leurs corps amollis, leurs âmes faiblement trempées.

L'Âge de craie (Gallimard), introduction

8384 Dans le cas du poète [...] l'aventure admirable est d'inscrire une émotion dans une forme approchant autant qu'il se peut le cristal, et l'acte poétique ainsi conçu est plutôt une opération de clôture en soi-même que d'ouverture vers autrui, l'apposition d'un sceau magistral plutôt qu'une offre de main tendue.

8385 La poésie, comme l'art, est inséparable de la merveille.

Le Belvédère (Grasset), Germaine Richier

8386 [...] les climats particuliers aux romantismes du Nord et du Sud sont à leur paroxysme, le premier à l'heure de minuit dans une ville ou près de l'eau, le second à celle de midi dans un petit bois touffu.

8387 Il n'est sculpteur, en vérité, qui ne fasse penser à la mort (quoique nombre de sculpteurs, tant pis pour eux, n'y aient point pensé du tout).

Le Belvédère, À cœur ouvert

8388 Pour ressaisir les valeurs élémentaires qui font si tragiquement défaut à l'homme contemporain, il n'est que de se mettre à l'écoute des « grands messages isolés », de se rendre attentif aux voix qui conservent un écho des anciennes révélations, de se tourner vers l'enseignement des occultistes, des alchimistes, de certains mystiques et illuminés [...]

Le Belvédère
Les fers, le feu, la nuit de l'âme

8389 [...] le temps d'un récit, de par le tissu et la continuité, est toujours une sorte de passé, bon gré mal gré qu'en ait l'auteur, tandis que le temps de l'amour (physique) est spécifiquement l'instant.

8390 Les livres érotiques [...] se ressemblent presque tous ; ou bien ils travaillent à bâtir une morale révolutionnaire, ou ils sont un écho de celle de leur temps, contre laquelle ils protestent.

Le Belvédère, Préliminaires
à un voyage au Mexique

8391 Il n'est rien d'essentiel à l'homme qui ne soit figuré naturellement, dans le caillou, la plante ou la bête.

Le Belvédère, Les monstres de Bomarzo

8392 Il est assez évident que le beau n'existe pas hors de l'esprit humain. Ce qui est moins évident [...], c'est que la beauté *naît et meurt continuellement dans l'esprit humain,* à mesure que des générations *succèdent à leurs devancières.*

Deuxième Belvédère (Grasset)
La nuit-Le Mexique, La nuit illuminée

8393 Oui, la nuit est illuminée et elle est illuminatrice ; elle éclaire comme un miroir ; elle est un condensateur de lumière profonde ; elle ouvre à l'hommes des yeux intérieurs qui vont lui permettre de voir ce qui lui était demeuré caché jusqu'alors.

Deuxième Belvédère, La poésie-La mort, Pourquoi ?

8394 Quelle étroite, étriquée, minable communication que celle qui ne s'étend qu'aux pauvres hommes ! Les professeurs (profiteurs) de philosophie ont-ils jamais regardé la nature ?

8395 Il n'est œuvre digne d'attention qui n'ait un peu de l'éclair et de la foudre ! Dans le monde entier (sauf les pays à régime pénitentiaire), la poésie moderne et l'art moderne sont les témoins illuminés de cet effort tendu vers la merveille.

8396 L'écrivain est une sorte de voyant émerveillé. Qu'il émerveille (au moins lui-même). Alors le cycle se referme et le monde s'ouvre comme une fleur énorme.

Deuxième Belvédère, Le corps du poème

8397 Nous n'aurons jamais fini de déplanter, d'arracher, de jeter au fumier des racines grecques, si nous voulons que notre prose ne ressemble pas à un jardin de curé janséniste.

Deuxième Belvédère, Le point de vue
Certains visionnaires

8398 La vision admirable sera toujours celle qui nous donne l'impression de l'inconnu en s'imposant à notre mémoire comme une révélation.

La Motocyclette (Gallimard)

8399 « L'enfer [...] est peut-être un démon immense, et le ciel est peut-être contenu dans les limites d'un corps humain de grandeur démesurée. »

La Marge (Gallimard)

8400 « Caresser est plus merveilleux que se souvenir. »

Le point où j'en suis (Gallimard)
Mouton Rothschild

8401 Le souffle s'épanouit en baiser ; le naturel fruit de la participation au monde extérieur est l'amour.

8402 La femme monte au ciel
En s'élevant sur soi-même
Comme une corde de fakir,

Je veux être ivre et m'y pendre.

Le point où j'en suis, Exaltation

8403 Mourir m'amusera peut-être,

Je mourrai sans désaimer.

Ruisseau des solitudes (Gallimard)
Les lettres à vos pieds

8404 Je jette à vos pieds les lettres
Qui composent le nom de mandiargues,

Beaux piliers dont les seins ont éclairé ma route,

Un aveugle au toucher me lira
Puis ses doigts iront jusqu'à vos lèvres.

Ruisseau des solitudes, Retrait

8405 Quand au langage du poète
Les couleurs seront retirées,
Quand les noms même des fleurs
Ne diront rien à sa mémoire,
Cependant qu'en lui demeure
L'adorable mot *noir*
Renvoyé par le miroir blanc
De la page où il sut écrire.

Simone WEIL 1909-1943

La Condition ouvrière (Gallimard)
Expérience de la vie d'usine

8406 Il faut que la vie sociale soit corrompue jusqu'en son centre lorsque les ouvriers se sentent chez eux dans l'usine quand ils font grève, étrangers quand ils travaillent. Le contraire devrait être vrai.

L'Enracinement (Gallimard)
première partie, L'obéissance

8407 Mille signes montrent que les hommes de notre époque étaient depuis longtemps affamés d'obéissance. Mais on en a profité pour leur donner l'esclavage.

deuxième partie, Déracinement et nation

8408 Il n'y aura de mouvement ouvrier sain s'il ne trouve à sa disposition une doctrine assignant une place à la notion de patrie, et une place déterminée, c'est-à-dire limitée.

La Pesanteur et la Grâce (Plon)
Vide et compensation

8409 Toute forme de récompense constitue une dégradation d'énergie.

La Pesanteur et la Grâce, Détachement

8410 Si on aime Dieu en pensant qu'il n'existe pas, il manifestera son existence.

La Pesanteur et la Grâce, Le moi

8411 Nous ne possédons rien au monde — car le hasard peut tout nous ôter — sinon le pouvoir de dire je. C'est cela qu'il faut donner à Dieu, c'est-à-dire détruire. Il n'y a absolument aucun autre acte libre qui nous soit permis, sinon la destruction du je.

La Pesanteur et la Grâce, Idolâtrie

8412 L'homme voudrait être égoïste et ne peut pas. C'est le caractère le plus frappant de sa misère et la source de sa grandeur.

La Pesanteur et la Grâce
Celui qu'il faut aimer est absent

8413 Dieu ne change rien à rien. On a tué le Christ, par colère, parce qu'il n'était que Dieu.

L'Attente de Dieu (Fayard), lettre IV

8414 La plus belle vie possible m'a toujours paru être celle où tout est déterminé soit par la contrainte des circonstances soit par de telles impulsions, et où il n'y a jamais place pour aucun choix.

L'Attente de Dieu
Formes de l'amour implicite de Dieu
L'amour du prochain

8415 La Création est de la part de Dieu un acte non pas d'expansion de soi, mais de retrait, de renoncement. Dieu et toutes les créatures, cela est moins que Dieu seul.

Écrits historiques et politiques (Gallimard)
première partie : Histoire
Quelques réflexions sur les origines de l'hitlérisme

8416 Le véritable, le premier précurseur d'Hitler depuis l'antiquité est sans doute Richelieu. Il a inventé l'État.

8417 Tout peuple qui devient une nation en se soumettant à un État centralisé, bureaucratique et utilitaire devient aussitôt et reste longtemps un fléau pour ses voisins et pour le monde.

première partie : Histoire
Réflexions sur la barbarie

8418 Sauf au prix d'un effort de générosité aussi rare que le génie, on est toujours barbare envers les faibles.

deuxième partie: Politique, I
Guerre et paix, Réflexions sur la guerre

8419 Des armes maniées par un appareil d'État souverain ne peuvent apporter la liberté à personne.

Jean ANOUILH 1910-1987

Pièces roses (La Table ronde)
Le Rendez-vous de Senlis, acte I

8420 Nous voulons tous louer à l'année et nous ne pouvons jamais louer que pour une semaine ou pour un jour. C'est l'image de la vie.

Pièces noires (La Table ronde)
L'Hermine, acte I

8421 Faire l'amour avec une femme qui ne vous plaît pas, c'est aussi triste que de travailler.

8422 Nous avons tous une fois une chance d'amour, il faut l'accrocher, cette chance, quand elle passe, et construire son amour humblement, impitoyablement, même si chaque pierre en est une année ou un crime.

acte II

8423 Je sais de quelles petitesses meurent les plus grandes amours.

8424 On ne s'aime jamais comme dans les histoires, tout nus et pour toujours. S'aimer, c'est lutter constamment contre des milliers de forces cachées qui viennent de vous ou du monde. Contre d'autres hommes, contre d'autres femmes.

8425 Chaque volupté, chaque dévouement, chaque enthousiasme nous abrège.

Pièces noires, La Sauvage, acte III

8426 J'aurai beau tricher et fermer les yeux de toutes mes forces... Il y aura toujours un chien perdu quelque part qui m'empêchera d'être heureuse.

Pièces noires, Eurydice, acte I

8427 La mort ne fait jamais mal. La mort est douce... Ce qui fait souffrir avec certains poisons, certaines blessures maladroites, c'est la vie. C'est le reste de vie. Il faut se confier franchement à la mort comme une amie.

acte II

8428 Il ne faut pas croire exagérément au bonheur. Surtout quand on est de la bonne race. On ne se ménage que des déceptions.

acte III

8429 Vous êtes tous les mêmes. Vous avez soif d'éternité et dès le premier baiser vous êtes verts d'épouvante parce que vous sentez obscurément que cela ne pourra pas durer. Les serments sont vite épuisés. Alors vous vous bâtissez des maisons, parce que les pierres, elles, durent ; vous faites un enfant, comme d'autres les égorgeaient autrefois, pour rester aimés. Vous misez allégrement le bonheur de cette petite recrue innocente dans ce combat douteux sur ce qu'il y a de plus fragile au monde, sur votre amour d'homme et de femme... Et cela se dissout, cela s'effrite, cela se brise tout de même comme pour ceux qui n'avaient rien juré.

Nouvelles pièces noires (La Table Ronde), *Antigone*

8430 Comprendre ; toujours comprendre. Moi, je ne veux pas comprendre.

8431 C'est bon pour les hommes de croire aux idées et de mourir pour elles.

8432 C'est plein de disputes, un bonheur.

8433 C'est propre, la tragédie. C'est reposant, c'est sûr... Dans le drame, avec ces traîtres, avec ces méchants acharnés, cette innocence persécutée, ces vengeurs, ces terre-neuve, ces lueurs d'espoir, cela devient épouvantable de mourir, comme un accident. [...] Dans la tragédie, on est tranquille. D'abord, on est entre soi. On est tous innocents, en somme !

8434 Les rois ont autre chose à faire que du pathétique personnel.

8435 Rien n'est vrai que ce qu'on ne dit pas...

8436 Chacun de nous a un jour, plus ou moins triste, plus ou moins lointain, où il doit enfin accepter d'être un homme.

Nouvelles pièces noires
Roméo et Jeannette, acte III

8437 Mourir, ce n'est rien. Commence donc par vivre. C'est moins drôle et c'est plus long.

Jean-Louis BARRAULT 1910

Nouvelles réflexions sur le théâtre (Flammarion)
I, Comment le théâtre naît en nous

8438 Le théâtre est aussi vieux que l'homme. Il lui est accroché comme son double. Tous deux sont inséparables et, plus généralement encore, le jeu du théâtre, dans son essence, est inséparable de tout être vivant.

8439 Contentons-nous de dire que le théâtre, comme la Vie, est un songe, sans trop nous soucier du mensonge.

8440 [Le théâtre] est essentiellement *l'art de la Sensation*. Il est l'art du Présent, donc de la Réalité [...]

8441 [...] le théâtre est le premier sérum que l'homme ait inventé pour se protéger de la maladie de l'Angoisse.

8442 Pour jouer, l'homme dispose avant tout de lui-même. Dès l'origine, il est son propre instrument.

Jean GENET 1910-1986

Journal du voleur (Gallimard)

8443 Jean Cocteau me croit un mauvais voleur. C'est parce qu'auprès de lui je suis d'abord un écrivain. Les voleurs me croient un mauvais écrivain.

Œuvres complètes (Gallimard)
IV, Ce qui est resté d'un Rembrandt...

8444 L'œuvre d'art, si elle est achevée, ne permet pas, à partir d'elle, les aperçus, les jeux intellectuels. Elle semblerait même brouiller l'intelligence, ou la ligoter.

8445 Tout homme est tout autre et moi comme tous les autres.

IV, L'étrange mot...

8446 Si mon théâtre pue c'est parce que l'autre sent bon.

8447 Dans les villes actuelles, le seul lieu — hélas encore vers la périphérie — où un théâtre pourrait être construit, c'est le cimetière.

IV, Lettres à Roger Blin

8448 Si nous opposons la vie à la scène, c'est que nous pressentons que la scène est un lieu voisin de la mort, où toutes les libertés sont possibles.

8449 L'Homme, la Femme, l'attitude ou la parole qui, dans la vie, apparaissent comme abjects, au théâtre doivent émerveiller, toujours, étonner, toujours, par leur élégance et leur force d'évidence.

IV, Les Nègres, épigraphe

8450 Ce qu'il nous faut, c'est la haine. D'elle naîtront nos idées.

Julien GRACQ 1910

Un beau ténébreux (José Corti)
Journal de Gérard

8451 Que j'aimerais qu'on s'accepte tel qu'on est, qu'on serve les fatalités de sa nature avec intelligence : il n'y a pas d'autre génie.

8452 [...] cette chose plus compliquée et plus confondante que l'harmonie des sphères : un couple.

8453 Toute œuvre est un palimpseste — et si l'œuvre est réussie, le texte effacé est toujours un texte magique.

8454 L'intérêt est sans doute fort peu de chose pour mouvoir les hommes — mais leur instinct dramatique toujours en éveil, voilà un ressort auquel on ne fera presque jamais appel en vain.

Le Rivage des Syrtes (José Corti)
Une conversation

8455 Toutes choses sont tuées deux fois : une fois dans la fonction et une fois dans le signe, une fois dans ce à quoi elles servent et une fois dans ce qu'elles continuent à désirer à travers nous.

Le Rivage des Syrtes
Les instances secrètes de la ville

8456 Le monde [...] fleurit par ceux qui cèdent à la tentation.

Préférences (José Corti)
La littérature à l'estomac

8457 Le public français se conçoit à la manière d'un corps électoral où le vote est obligatoire, et où chaque écrivain, chaque livre un peu voyant, par sa seule apparition remet en route un perpétuel référendum.

Préférences
Pourquoi la littérature respire mal

8458 [...] en littérature, une œuvre neuve peut être, au sens précis du mot, réactionnaire.

8459 Il est certain que le signe *moins* n'est pas moins productif en art que le signe *plus*.

Jacques MONOD 1910-1976

Leçon inaugurale, Collège de France
Chaire de biologie moléculaire
3 novembre 1967

8460 Il y a des systèmes vivants ; il n'y a pas de « matière » vivante.

8461 L'on peut dire que les mêmes événements fortuits qui, dans un système non-vivant, entraîneraient, par leur accumulation, la disparition de toute structure, aboutissent, dans la biosphère, à la création de structures nouvelles et de complexité croissante.

8462 L'apparition du langage aurait pu précéder, peut-être d'assez loin, l'émergence du système nerveux central propre à l'espèce humaine et contribuer en fait de façon décisive à la sélection des variants les plus aptes à en utiliser les ressources. En d'autres termes, c'est le langage qui aurait créé l'homme, plutôt que l'homme le langage.

8463 Mais l'univers existe, il faut bien qu'il s'y produise des événements, tous également improbables, et l'homme se trouve être l'un d'eux.

Le Hasard et la Nécessité (Grasset)

8464 Nous nous voulons nécessaires, inévitables, ordonnés, de tout temps. Toutes les religions, presque toutes les philosophies, une partie même de la science témoignent de l'inlassable, héroïque effort de l'humanité niant désespérément sa propre contingence.

8465 La valeur de performance d'une idée tient à la modification de comportement qu'elle apporte à l'individu ou au groupe qui l'adopte.

8466 Armées de tous les pouvoirs, jouissant de toutes les richesses qu'elles doivent à la science, nos sociétés tentent encore de vivre et d'enseigner des systèmes de valeurs déjà ruinés, à la racine, par cette science même.

p. 191

8467 La connaissance vraie ignore les valeurs, mais il faut pour la fonder un jugement, ou plutôt un axiome de valeur.

pp. 194-195

8468 L'homme sait enfin qu'il est seul dans l'immensité indifférente de l'Univers d'où il a émergé par hasard. Non plus que son destin, son devoir n'est écrit nulle part.

Jean VAUTHIER 1910

Capitaine Bada (Éditions L'Arche), acte I

8469 Dis-moi comment les bonnes grâces de Dieu ne suscitent pas une telle demande, un tel assaut que des bagarres inouïes pour le vrai bonheur n'éclatent ?

acte III

8470 Ne comprends-tu pas que plus mon œuvre est pure, plus j'ai besoin de me nourrir de saleté ?

8471 Je veux être compris! je veux la vérité et la vie. Je suis méconnu! C'est odieux, tourne-broche et fiente d'anchois!

8472 Je m'enfuis loin de la poésie assassinée.
Je vais vers mon destin, aux reposoirs de la démesure...

Jean CAYROL 1911

Lazare parmi nous (Le Seuil)

8473 La littérature ne peut-elle esquisser en quelque sorte un Romanesque concentrationnaire, c'est-à-dire, pour prendre un mot à la mode, un réalisme concentrationnaire dans chaque scène de notre vie privée?

Pour tous les temps (Le Seuil)

8474 Tout poème est une mise en demeure.

Écrire 1 (Le Seuil)

8475 Écrire c'est aussi inspirer autrui, le pousser vers sa ressemblance, vers sa préférence.

Tel quel 13 (Le Seuil)

8476 Lier le *plus tard* au *jamais plus* grâce à la texture d'une inspiration qui ne se veut pas idolâtre mais toujours originelle, capable d'assumer ses paradis intermittents. La littérature n'est-elle pas au fond la seule manière d'envisager l'avenir de toute mémoire?

Je l'entends encore (Le Seuil)

8477 Le tout est d'approfondir même un murmure.

De l'espace humain (Le Seuil)

8478 L'habitude du cinéma nous entretient dans un climat de découvertes perpétuelles, ne nous évacue pas de notre époque en nous faisant ses vieux bâtards, mais au contraire nous remet dans le fantastique d'un art et d'une technique qui n'ont pas fini de nous parler même de nos mutismes.

Histoire d'une prairie (Le Seuil)

8479 Il n'y a ni regard, ni paysage, ni fait divers qui ne recèle le reste du monde, en toute propriété.

Emil CIORAN 1911

Syllogismes de l'amertume (Gallimard)

8480 Dans les tourments de l'intellect, il y a une tenue que l'on chercherait vainement dans ceux du cœur. Le scepticisme est l'élégance de l'anxiété.

8481 Être moderne, c'est bricoler dans l'Incurable.

8482 Avant d'être une erreur de fond, la vie est une faute de goût que la mort ni même la poésie ne parviennent à corriger.

8483 Si loin s'étend la mort, tant elle prend de place, que je ne sais plus *où* mourir.

8484 Dans l'édifice de la pensée, je n'ai trouvé aucune catégorie sur laquelle reposer mon front. En revanche, quel oreiller que le Chaos!

8485 L'instant où nous croyons avoir *tout* compris nous prête l'apparence d'un assassin.

8486 Quelques générations encore, et le rire, réservé aux initiés, sera aussi impraticable que l'extase.

Le Mauvais Démiurge (Gallimard)

8487 Quand on a compris que rien n'est, que les choses ne méritent même pas le statut d'apparences, on n'a plus besoin d'être sauvé, on est sauvé, et malheureux à jamais.

8488 L'obsession du suicide est le propre de celui qui ne peut, ni vivre ni mourir, et dont l'attention ne s'écarte jamais de cette double impossibilité.

8489 Au Moyen Age, on s'astreignait au salut, on croyait avec énergie: le cadavre était à la mode; la foi y était vigoureuse, indomptable, elle aimait le livide et le fétide, elle savait le bénéfice qu'on pouvait tirer de la pourriture et de la laideur. Aujourd'hui, une religion édulcorée ne s'attache plus qu'à des fantasmes gentils, à l'Évolution et au Progrès. Ce n'est pas elle qui nous fournirait l'équivalent moderne de la Danse macabre.

8490 Le tourment chez certains est un besoin, un appétit, et un accomplissement. Partout ils se sentent diminués, sauf en enfer.

8491 Une pleine expérience métaphysique n'est rien d'autre qu'une stupeur ininterrompue, qu'une stupeur triomphale.

Patrice de LA TOUR DU PIN 1911-1975

Une somme de poésie (Gallimard)
premier livre, La Genèse

8492 Voici que l'homme s'est penché sur sa Genèse.

8493 Un Dieu mélancolique pris à sa création!

8494 Le Royaume de l'Homme est une chose immense
Qui tremble doucement entre le monde et Dieu...

quatrième livre, La vie recluse en poésie
La règle de la vie recluse

8495 Je me méfie de ceux qu'on dit visionnaires : les voyants vont vers leur plaisir en vision comme tout homme vers ses amours.

cinquième livre, La quête de joie, prélude

8496 Tous les pays qui n'ont plus de légende
Seront condamnés à mourir du froid...

cinquième livre, Enfants de septembre

8497 Et je me dis : Je suis un enfant de Septembre,
Moi-même, par le cœur, la fièvre et l'esprit [...]

sixième livre, Correspondance de Laurent de Cayeux
Lettre à un novice

8498 J'ai envie de te dire, à toi, non à n'importe qui : n'aborde pas le mal de front, mais dévie-le, aie de l'ironie pour combattre certaines gravités, de la gravité pour remettre en place certaines voluptés, de la sensualité pour recouvrir l'intellect trop froid.

sixième livre, Psaumes, XI

8499 Je vous ai demandé d'être pur, — mais m'avez-vous défendu l'amour ?

André LEROI-GOURHAN 1911-1986

Les Religions de la préhistoire (P.U.F.), introduction

8500 La préhistoire est une sorte de colosse-à-la-tête-d'argile, d'autant plus fragile qu'on s'élève de la terre vers le cerveau. Ses pieds, faits de témoins géologiques, botaniques ou zoologiques, sont assez fermes ; ses mains sont déjà plus friables, car l'étude des techniques préhistoriques est marquée d'une large auréole conjecturale. La tête, hélas, éclate au moindre choc et, bien souvent, on s'est contenté de substituer à la pensée du colosse décapité celle du préhistorien.

8501 La principale différence entre les sources du préhistorien et celles de l'historien, c'est que le premier détruit son document en le fouillant.

Le Geste et la Parole (Albin Michel)
Technique et langage

8502 [...] le problème du langage est dans le cerveau et non dans la mandibule.

8503 Constater avec le Zinjanthrope que l'humanisation commence par les pieds est moins exaltant peut-être que d'imaginer la pensée fracassant les cloisons anatomiques pour se construire un cerveau, mais c'est une voie assez sûre.

André ROUSSIN 1911-1987

Un amour qui ne finit pas (Calmann-Lévy)
prologue

8504 Très vite rien ne ressemble à une femme légitime comme une femme qui ne l'est pas.

acte I, scène 6

8505 L'amour est la fantaisie de Dieu.

acte II, scène 4

8506 On épouse une femme... on s'aperçoit un jour qu'on est le mari d'une autre.

La Voyante (Calmann-Lévy), acte I

8507 La seule chose qui compte pour une femme, c'est de savoir si on la quitte ou si c'est elle qui s'en va.

acte II

8508 Le cœur peut souffrir éternellement de la blessure d'un vivant, — il ne saigne plus sur un mort.

Michel DEBRÉ 1912

Ces princes qui nous gouvernent (Plon)
Redressement sans révolution?

8509 [...] le Parlement ne doit pas gouverner. Une grande nation suppose un gouvernement qui ait sa responsabilité, c'est-à-dire dont la responsabilité ne soit pas chaque jour mise en cause, et qui ait sa durée, c'est-à-dire qui ne sacrifie pas les intérêts de la nation à de pseudo-succès publicitaires.

Ces princes qui nous gouvernent
Où l'on revient à nos princes

8510 Les hommes ne manquent pas: les révolutions en découvrent toujours.

8511 La légitimité est le mot clef des époques difficiles.

Jean GROSJEAN 1912

La Gloire (Gallimard), I

8512 La lenteur des altérations nous trompe et Dieu sans doute est pour nous plus lent que les lenteurs, mais il n'est pas idée, il est vivant, rien ne le lie à sa perfection.

8513 L'exode est la nature même du dieu, non point le voyage qui suppose retour, non point l'agitation trop brusque pour être sans retour, ni même l'action qui n'est jamais que coup de tête, mais l'invincible usure de soi, le glissement irréversible de l'existence qui dépayse l'être.

8514 Dieu n'est pas si désert, l'inhabitable n'est pas inhabité, il y a langage chez le dieu.

8515 [...] la parole honore le dieu en lui montrant les stigmates du dieu, elle qui est la plaie congénitale de Dieu. Car il y a en Dieu du malheur.

III

8516 La demi-conscience nous donne cette perfection et cette fixité que, par illusion ou blasphème, les sages attribuent à Dieu.

Eugène IONESCO 1912

La Cantatrice chauve (Gallimard), scène 1

8517 Un médecin consciencieux doit mourir avec le malade s'ils ne peuvent pas guérir ensemble.

scène 4

8518 Comme c'est bizarre, curieux, étrange! alors, Madame, nous habitons dans la même chambre et nous dormons dans le même lit, chère Madame. C'est peut-être là que nous nous sommes rencontrés!

scène 5

8519 Il a beau croire qu'il est Donald, elle a beau se croire Élizabeth. Il a beau croire qu'elle est Élizabeth. Elle a beau croire qu'il est Donald: ils se trompent amèrement. [...] Qui donc a intérêt à faire durer cette confusion?

scène 7

8520 L'expérience nous apprend que lorsqu'on entend sonner à la porte, c'est qu'il n'y a jamais personne.

scène 11

8521 Prenez un cercle, caressez-le, il deviendra vicieux!

La Leçon (Gallimard)

8522 Il ne faut pas uniquement intégrer. Il faut aussi désintégrer. C'est ça la vie. C'est ça la philosophie. C'est ça la science. C'est ça le progrès, la civilisation.

8523 Seuls, tombent les mots chargés de signification, alourdis par leur sens, qui finissent toujours par succomber, s'écrouler... dans les oreilles des sourds.

8524 Les racines des mots sont-elles carrées?

Jacques ou la Soumission (Gallimard)

8525 O paroles, que de crimes on commet en votre nom!

Les Chaises (Gallimard)

8526 Je me sens tout brisé, j'ai mal, ma vocation me fait mal, elle s'est cassée.

Victimes du devoir (Gallimard)

8527 Toutes les pièces qui ont été écrites, depuis l'Antiquité jusqu'à nos jours, n'ont jamais été que policières. Le théâtre n'a jamais été que réaliste et policier. Toute pièce est une enquête menée à bonne fin.

Amédée (Gallimard), acte III

8528 [...] périphrasez, périphrasons... Ne pas rester immobile, on devient clou, on devient pointe...

Le roi se meurt (Gallimard)

8529 Je meurs, que tout meure, non, que tout reste, non, que tout meure puisque ma mort ne peut remplir les mondes! Que tout meure. Non que tout reste.

Notes et contre-notes (Gallimard)
L'auteur et ses problèmes

8530 Plutôt que le maître d'école, le critique doit être l'élève de l'œuvre.

Notes et contre-notes
Expérience du théâtre

8531 Le comique étant l'intuition de l'absurde, il me semble plus désespérant que le tragique.

Notes et contre-notes
Discours sur l'avant-garde

8532 Seul le théâtre impopulaire a des chances de devenir populaire. Le « populaire » n'est pas le peuple.

8533 L'homme d'avant-garde est comme un ennemi à l'intérieur même de la cité qu'il s'acharne à disloquer, contre laquelle il s'insurge, car, tout comme un régime, une forme d'expression établie est aussi une forme d'oppression.

Notes et contre-notes, Entretiens

8534 Ceux qui n'arrivent pas à bâtir une œuvre d'art ou simplement un pan de mur isolé, rêvent, mentent ou se jouent la comédie à eux-mêmes.

8535 Où il n'y a pas d'humour, il n'y a pas d'humanité; où il n'y a pas d'humour (cette liberté prise, ce détachement vis-à-vis de soi-même), il y a le camp de concentration.

8536 Tout vrai créateur est classique.

8537 Le *petit bourgeois* est celui qui a oublié l'archétype pour se perdre dans le stéréotype.

Notes et contre-notes
Communication pour une réunion d'écrivains

8538 S'il faut absolument que l'art ou le théâtre serve à quelque chose, je dirai qu'il devrait servir à apprendre aux gens qu'il y a des activités qui ne servent à rien et qu'il est indispensable qu'il y en ait.

Journal en miettes (Mercure de France)
Images d'enfance en mille morceaux

8539 [...] toute œuvre réaliste ou engagée n'est que mélodrame.

8540 En dehors de l'enfance et de l'oubli, il n'y a que la grâce qui puisse vous consoler d'exister [...]

8541 Une conscience inutile et qui ne peut pas ne pas être et qui se manifeste, c'est cela la littérature.

Journal en miettes, La crise du langage

8542 La connaissance est impossible. Mais je ne peux pas me résigner à ne connaître que les murs de la prison.

Journal en miettes, Chocs

8543 L'expérience profonde n'a pas de mots.
Plus je m'explique, moins je me comprends.
Tout n'est pas incommunicable par les mots, bien sûr, mais la vérité vivante.

8544 Le mot ne montre plus. Le mot bavarde. Le mot est littéraire. Le mot est une fuite. Le mot empêche le silence de parler. Le mot assourdit. [...] La garantie du mot doit être le silence.

8545 L'univers de chacun est universel.

8546 La Raison c'est la folie du plus fort. La raison du moins fort c'est de la folie.

Jean VILAR 1912-1971

De la tradition théâtrale (L'Arche)
chap. 2, XXVI

8547 [...] éliminer tous les moyens d'expression qui sont extérieurs aux lois pures et spartiates de la scène et réduire le spectacle à l'expression du corps et de l'âme de l'acteur.

chap. 3

8548 N'oubliez pas que le seul *plateau* résout par la réussite ou l'échec les conceptions et les théories théâtrales.

chap. 4

8549 Il s'agit donc de faire une société, après quoi nous ferons peut-être du bon théâtre.

chap. 7

8550 Il n'est pas d'art qui, plus nécessairement que le théâtre, ne doive unir illusion et réalité. Cela, à l'insu du public et en pleine lumière cependant. Complices.

Charles BETTELHEIM 1913

Planification et croissance accélérée (Maspero), 1

8551 Un pays est socialiste ou capitaliste, non en raison des idées ou des intentions de ceux qui le gouvernent, mais en raison de la *structure sociale* qui le caractérise et de la *nature des classes* qui y jouent un rôle effectivement dirigeant.

8552 Tant que n'ont pas été mis en place les éléments essentiels d'une structure socialiste de la société, il ne peut pas non plus être question d'une planification socialiste.

2

8553 La planification socialiste représente le premier effort de l'humanité pour calculer d'avance le temps de travail que la société devra consacrer aux différentes productions et ce que devra être le coût social de chaque unité produite.

Roger CAILLOIS 1913-1978

L'Homme et le Sacré (Gallimard), 5

8554 Le sacré est ce qui donne la vie et ce qui la ravit, c'est la source d'où elle coule, l'estuaire où elle se perd.

8555 Tout ce qui ne se consume pas, pourrit. Aussi la vérité permanente du sacré réside-t-elle simultanément dans la fascination du brasier et l'horreur de la pourriture.

Instincts et société
(Bibliothèque Médiations, Denoël-Gonthier)
préface

8556 Ce qu'on appelle culture — soit une plus fine sensibilité à l'équité, à la cohérence et à l'harmonie, et qui est pour moi l'essentiel de l'effort humain — demeure superficiel, pour ne pas dire pelliculaire. Il ne faut pas, sur ce point, se faire d'illusion.

Instincts et société
Sociologie du bourreau

8557 Le bourreau et le souverain forment couple. Ils assurent de concert la cohésion de la société.

Instincts et société
Le pouvoir charismatique

8558 Dans un régime totalitaire, le pouvoir est toujours charismatique à quelque degré.

Albert CAMUS 1913-1960

L'Envers et l'Endroit (Gallimard), préface

8559 [...] une œuvre d'homme n'est rien d'autre que ce long cheminement pour retrouver par les détours de l'art les deux ou trois images simples et grandes sur lesquelles le cœur une première fois s'est ouvert.

8560 Pour corriger une indifférence naturelle, je fus placé à mi-distance de la misère et du soleil. La misère m'empêcha de croire que tout est bien sous le soleil et dans l'histoire ; le soleil m'apprit que l'histoire n'est pas tout.

L'Envers et l'Endroit, Amour de vivre

8561 Il n'y a pas d'amour de vivre sans désespoir de vivre.

8562 Je tiens au monde par tous mes gestes, aux hommes par toute ma pitié et ma reconnaissance. Entre cet endroit et cet envers du monde, je ne veux pas choisir, je n'aime pas qu'on choisisse [...]

8563 Le grand courage c'est encore de tenir les yeux ouverts sur la lumière comme sur la mort.

L'Envers et L'Endroit, Entre oui et non

8564 Qu'on ne nous dise pas du condamné à mort : « Il va payer sa dette à la société », mais : « On va lui couper le cou. » Ça n'a l'air de rien. Mais ça fait une petite différence. Et puis, il y a des gens qui préfèrent regarder leur destin dans les yeux.

8565 Ce qui compte, c'est d'être vrai et alors tout s'y inscrit, l'humanité et la simplicité.

Noces (Gallimard), Noces à Tipasa

8566 Je comprends ici ce qu'on appelle gloire : le droit d'aimer sans mesure.

8567 Il n'y a pas de honte à être heureux. Mais aujourd'hui l'imbécile est roi, et j'appelle imbécile celui qui a peur de jouir.

8568 J'aime cette vie avec abandon et veux en parler avec liberté: elle me donne l'orgueil de ma condition d'homme.

Noces, Le vent à Djémila

8569 Pour moi, devant ce monde, je ne veux pas mentir ni qu'on me mente. Je veux porter ma lucidité jusqu'au bout et regarder ma fin avec toute la profusion de ma jalousie et de mon horreur.

8570 Le monde finit toujours par vaincre l'histoire. Ce grand cri de pierre que Djémila jette entre les montagnes, le ciel et le silence, j'en sais bien la poésie: lucidité, indifférence, les vrais signes du désespoir ou de la beauté.

Noces, Le désert

8571 Le monde est beau, et hors de lui, point de salut.

Noces, L'été à Alger

8572 [...] s'il y a un péché contre la vie, ce n'est peut-être pas tant d'en désespérer que d'espérer une autre vie, et se dérober à l'implacable grandeur de celle-ci.

8573 [...] l'espoir, au contraire de ce qu'on croit, équivaut à la résignation. Et vivre, c'est ne pas se résigner.

Lettres à un ami allemand (Gallimard)

8574 Qu'est-ce que l'homme? Il est cette force qui finit toujours par balancer les tyrans et les dieux.

8575 Qu'est-ce sauver l'homme? Mais je vous le crie de tout moi-même, c'est de ne pas le mutiler et c'est donner ses chances à la justice qu'il est le seul à concevoir.

Le Mythe de Sisyphe (Gallimard)
L'absurde et le suicide

8576 Il n'y a qu'un problème philosophique vraiment sérieux: c'est le suicide. Juger que la vie vaut ou ne vaut pas la peine d'être vécue, c'est répondre à la question fondamentale de la philosophie.

Le Mythe de Sisyphe, Les murs absurdes

8577 L'absurde dépend autant de l'homme que du monde. Il est pour le moment leur seul lien.

8578 Je disais que le monde est absurde et j'allais trop vite. Ce monde en lui-même n'est pas raisonnable, c'est tout ce qu'on en peut dire. Mais ce qui est absurde c'est la confrontation de cet irrationnel et de ce désir éperdu de clarté dont l'appel résonne au plus profond de l'homme.

Le Mythe de Sisyphe
Le suicide philosophique

8579 L'absurde, c'est la raison lucide qui constate ses limites.

Le Mythe de Sisyphe, La liberté absurde

8580 Vivre, c'est faire vivre l'absurde. Le faire vivre, c'est avant tout le regarder.

8581 Dans l'attachement d'un homme à sa vie, il y a quelque chose de plus fort que toutes les misères du monde. Le jugement du corps vaut bien celui de l'esprit [...]

8582 J'installe ma lucidité au milieu de ce qui la nie. J'exalte l'homme devant ce qui l'écrase et ma liberté, ma révolte et ma passion se rejoignent alors dans cette tension, cette clairvoyance et cette répétition démesurée.

8583 Le suicide est une méconnaissance. L'homme absurde ne peut donc épuiser, et s'épuiser. L'absurde est sa tension la plus extrême, celle qu'il maintient constamment d'un effort solitaire, car il sait que, dans cette conscience et dans cette révolte au jour le jour, il témoigne de sa seule vérité qui est le défi.

Le Mythe de Sisyphe, Kirilov

8584 Tous les héros de Dostoïevsky s'interrogent sur le sens de la vie. C'est en cela qu'ils sont modernes : ils ne craignent pas le ridicule.

Le Mythe de Sisyphe, Le mythe de Sisyphe

8585 La lutte elle-même vers les sommets suffit à remplir un cœur d'homme. Il faut imaginer Sisyphe heureux.

Carnets I (Gallimard)

8586 On ne pense que par image. Si tu veux être philosophe, écris des romans.

Actuelles I (Gallimard), Autocritique

8587 La justice est à la fois une idée et une chaleur de l'âme. Sachons la prendre dans ce qu'elle a d'humain, sans la transformer en cette terrible passion abstraite qui a mutilé tant d'hommes.

Actuelles I, Morale et politique

8588 Sauver ce qui peut encore être sauvé pour rendre l'avenir seulement possible, voilà le grand mobile, la passion et le sacrifice demandés.

8589 Le christianisme dans son essence (et c'est sa paradoxale grandeur) est une doctrine de l'injustice. Il est fondé sur le sacrifice de l'innocent et l'acceptation de ce sacrifice. La justice au contraire [...] ne va pas sans la révolte.

Actuelles I, Pessimisme et tyrannie

8590 [...] il s'agit de savoir pour nous si l'homme, sans le secours de l'éternel ou de la pensée rationaliste, peut créer à lui seul ses propres valeurs.

Actuelles I, Défense de l'intelligence

8591 Ce goût de l'homme sans quoi le monde ne sera jamais qu'une immense solitude.

Actuelles I, Deux réponses à Emmanuel d'Astier de La Vigerie

8592 [...] je n'ai pas appris la liberté dans Marx. Il est vrai : je l'ai apprise dans la misère.

8593 Il y a l'histoire et il y a autre chose, le simple bonheur, la passion des êtres, la beauté naturelle. Ce sont là aussi des racines, que l'histoire ignore, et l'Europe, parce qu'elle les a perdues, est aujourd'hui un désert.

Actuelles I, Trois interviews

8594 [...] parce que des gouvernements chrétiens ont la vocation de la complicité, nous n'oublierons pas que le marxisme est une doctrine d'accusation dont la dialectique ne triomphe que dans l'univers des procès. Et nous appellerons concentrationnaire ce qui est concentrationnaire, même le socialisme.

Actuelles I, Le témoin de la liberté

8595 [...] ce succédané malheureux et déchaîné de l'amour, qui s'appelle la morale.

8596 Dans le monde de la condamnation à mort qui est le nôtre, les artistes témoignent pour ce qui dans l'homme refuse de mourir [...]

La Peste (Gallimard)

8597 [...] il vient toujours une heure dans l'histoire où celui qui ose dire que deux et deux font quatre est puni de mort [...] Et la question n'est pas de savoir quelle est la récompense ou la punition qui attend ce raisonnement. La question est de savoir si deux et deux, oui ou non, font quatre.

8598 Il y a dans les hommes plus de choses à admirer que de choses à mépriser.

Les Justes (Gallimard), acte I, scène 1

8599 La liberté est un bagne aussi longtemps qu'un seul homme est asservi sur la terre.

8600 Nous acceptons d'être criminels pour que la terre se couvre enfin d'innocents.

8601 Mourir pour l'idée, c'est la seule façon d'être à la hauteur de l'idée. C'est la justification.

L'État de siège (Gallimard)
troisième partie

8602   DIEGO
Déshabille-toi! Quand les hommes de la force quittent leur uniforme, ils ne sont pas beaux à voir!

    LA PESTE
Peut-être. Mais leur force est d'avoir inventé l'uniforme!

8603   LE PÊCHEUR
O vague, ô mer, patrie des insurgés, voici ton peuple qui ne cédera jamais. La grande lame de fond, nourrie dans l'amertume des eaux, emportera vos cités horribles.

Carnets II (Gallimard)

8604 Qu'est-ce que l'immortalité pour moi? Vivre jusqu'à ce que le dernier homme ait disparu de la terre. Rien de plus.

8605 Le seul problème moral vraiment sérieux, c'est le meurtre. Le reste vient après. Mais de savoir si je puis tuer cet autre devant moi, ou consentir à ce qu'il soit tué, savoir que je ne sais rien avant de savoir si je puis donner la mort, voilà ce qu'il faut apprendre.

8606 L'amour est injustice, mais la justice ne suffit pas.

8607 J'ai la plus haute idée, et la plus passionnée, de l'art. Bien trop haute pour consentir à le soumettre à rien. Bien trop passionnée pour vouloir le séparer de rien.

8608 L'homme n'est rien en lui-même. Il n'est qu'une chance infinie. Mais il est le responsable infini de cette chance.

8609 Tout accomplissement est une servitude. Il oblige à un accomplissement plus haut.

L'Homme révolté (Gallimard), introduction

8610 Il s'agit de savoir si l'innocence, à partir du moment où elle agit, ne peut s'empêcher de tuer.

L'Homme révolté, L'homme révolté

8611 Dans l'épreuve quotidienne qui est la nôtre, la révolte joue le même rôle que le « cogito » dans l'ordre de la pensée: elle est la première évidence. Mais cette évidence tire l'individu de sa solitude. Elle est un lien commun qui fonde sur tous les hommes la première valeur. Je me révolte, donc nous sommes.

L'Homme révolté
Le terrorisme d'État et la terreur irrationnelle

8612 Le fascisme, c'est le mépris [...] Inversement, toute forme de mépris, si elle intervient en politique, prépare ou instaure le fascisme.

L'Homme révolté, Révolte et révolution

8613 Une révolution qu'on sépare de l'honneur trahit ses origines qui sont du règne de l'honneur.

L'Homme révolté, Roman et révolte

8614 L'homme [...] cherche en vain cette forme qui lui donnerait les limites entre lesquelles il serait roi. Qu'une seule chose vivante ait sa forme en ce monde et il sera réconcilié!

L'Homme révolté, Révolte et meurtre

8615 L'action révoltée authentique ne consentira à s'armer que pour des institutions qui limitent la violence, non pour celles qui la codifient.

L'Homme révolté, Mesure et démesure

8616 L'irrationnel limite le rationnel qui lui donne à son tour sa mesure. Quelque chose a du sens, enfin, que nous devons conquérir sur le non-sens.

8617 [...] l'absolutisme historique, malgré ses triomphes, n'a jamais cessé de se heurter à une exigence invincible de la nature humaine, dont la Méditerranée, où l'intelligence est sœur de la dure lumière, garde le secret.

8618 La mesure n'est pas le contraire de la révolte. C'est la révolte qui est la mesure, qui l'ordonne, la défend et la recrée à travers l'histoire et ses désordres.

L'Homme révolté, Au-delà du nihilisme

8619 La vraie générosité envers l'avenir consiste à tout donner au présent.

Actuelles II (Gallimard), Justice et haine

8620 Qui répondrait en ce monde à la terrible obstination du crime si ce n'est l'obstination du témoignage?

Actuelles II, Le pain et la liberté

8621 [...] si quelqu'un vous retire votre pain, il supprime en même temps votre liberté. Mais si quelqu'un vous ravit votre liberté, soyez tranquille, votre pain est menacé, car il ne dépend plus de vous et de votre lutte, mais du bon plaisir d'un maître.

8622 [...] séparer la liberté de la justice revient à séparer la culture et le travail, ce qui est le péché social par excellence.

Actuelles II, L'artiste et son temps

8623 Sans la culture, et la liberté relative qu'elle suppose, la société, même parfaite, n'est qu'une jungle. C'est pourquoi toute création authentique est un don à l'avenir.

L'Été (Gallimard), Les amandiers

8624 Si la seule solution est la mort, nous ne sommes pas sur la bonne voie. La bonne voie est celle qui mène à la vie, au soleil.

8625 Je ne crois pas assez à la raison pour souscrire au progrès, ni à aucune philosophie de l'Histoire. Je crois du moins que les hommes n'ont jamais cessé d'avancer dans la conscience qu'ils prenaient de leur destin.

L'Été
Petit guide pour des villes sans passé

8626 Après tout, la meilleure façon de parler de ce qu'on aime est d'en parler légèrement. En ce qui concerne l'Algérie, j'ai toujours peur d'appuyer sur cette corde intérieure qui lui correspond en moi et dont je connais le chant aveugle et grave. Mais je puis bien dire au moins qu'elle est ma vraie patrie et qu'en n'importe quel lieu du monde, je reconnais ses fils et mes frères à ce rire d'amitié qui me prend devant eux.

L'Été, L'exil d'Hélène

8627 L'ignorance reconnue, le refus du fanatisme, les bornes du monde et de l'homme, le visage aimé, la beauté enfin, voici le camp où nous rejoindrons les Grecs.

L'Été, L'énigme

8628 Au centre de notre œuvre, fût-elle noire, rayonne un soleil inépuisable, le même qui crie aujourd'hui à travers la plaine et les collines.

8629 Une littérature désespérée est une contradiction dans les termes.

L'Été, Retour à Tipasa

8630 A l'heure difficile où nous sommes, que puis-je désirer d'autre que de ne rien exclure et d'apprendre à tresser de fil blanc et de fil noir une même corde tendue à se rompre ? [...] Oui, il y a la beauté et il y a les humiliés. Quelles que soient les difficultés de l'entreprise, je voudrais n'être jamais infidèle ni à l'une ni aux autres.

L'Été, La mer au plus près

8631 Grande mer, toujours labourée, toujours vierge, ma religion avec la nuit !

8632 J'ai toujours eu l'impression de vivre en haute mer, menacé, au cœur d'un bonheur royal.

La Chute (Gallimard)

8633 « Maintenant encore, les matches du dimanche, dans un stade plein à craquer, et le théâtre, que j'ai aimé avec une passion sans égale, sont les seuls endroits du monde où je me sente innocent. »

8634 « Le mensonge [...] est un beau crépuscule, qui met chaque objet en valeur. »

8635 « Je vais vous dire un grand secret mon cher: "N'attendez pas le jugement dernier. Il a lieu tous les jours. »

Aimé CÉSAIRE 1913

Sur la poésie (Seghers)
troisième proposition

8636 La connaissance poétique est celle où l'homme éclabousse l'objet de toutes ses richesses mobilisées.

septième et dernière proposition

8637 Le beau poétique n'est pas seulement beauté d'expression ou euphorie musculaire. Une conception trop apollinienne, ou trop gymnastique de la beauté risque paradoxalement d'empailler ou de durcir le beau.

corollaire

8638 La musique de la poésie ne saurait être extérieure. La seule *acceptable* vient de plus loin que le son. La recherche de la musique est le crime contre la musique poétique qui ne peut être que le battement de la vague mentale contre le rocher du monde.

Ferrements (Le Seuil)
Pour saluer le Tiers-Monde

8639 Je vois l'Afrique multiple et une
verticale dans la tumultueuse péripétie
avec ses bourrelets, ses nodules,
un peu à part, mais à portée
du siècle, comme un cœur de réserve.

Cahier d'un retour au pays natal
(Présence africaine)

8640 Ma bouche sera la bouche des malheurs qui n'ont point de bouche, ma voix, la liberté de celles qui s'affaissent au cachot du désespoir.

Pierre DANINOS 1913

Les Carnets du major Thompson (Hachette)
Le cas du comte Renaud de La Chasselière

8641 En France, plus on est cru, plus on est cru.

Les Carnets...
Le français tel qu'on le parle

8642 La France? Une nation de bourgeois qui se défendent de l'être en attaquant les autres parce qu'ils le sont.

Vacances à tout prix (Hachette)
Le supplice de l'heure

8643 Chesterton me l'a enseigné: la seule façon sûre de prendre un train, c'est de manquer le précédent.

Snobissimo (Hachette)
De la noblesse du roturier

8644 On ne naît plus roturier. On le devient. A titre exceptionnel. N'est pas roturier qui veut.

Roger GARAUDY 1913

D'un réalisme sans rivages (Plon), *Picasso*

8645 La réalité c'est l'unité des choses et de l'homme dans le travail. Une réalité ouvrière et militante au sein de laquelle l'homme se sent responsable de tout [...]

D'un réalisme sans rivages
En guise de postface

8646 Le réalisme, en art, est la prise de conscience de cette participation à la création continuée de l'homme par l'homme, forme la plus haute de la liberté.
Être réaliste, ce n'est pas imiter l'image du réel, mais imiter son activité [...]

Jean MARCENAC 1913-1984

Le Ciel des fusillés (Bordas)

8647 Que ceux qui ne veulent pas des fantômes se promènent avec nous parmi les fantômes d'Oradour. Que ceux qui veulent parler justement de l'homme pèsent d'abord dans Oradour ce qui s'oppose à la venue de l'homme.

Le Cavalier de coupe (Gallimard)

8648 Avenir métropolitain aux grandes lignes
Nous étions seul Nous étions deux Nous étions trois
Nous voici dix Nous voici cent Nous voici mille
Et quand nous serons tous je serai de ceux-là.

La Marche de l'homme (Seghers)

8649 Muet j'annonce un chant dont la nuit est absente.

Les Petits Métiers
(Éditeurs français réunis)

8650 Les corbeaux ont tous cent ans
Et chaque jour vient de naître.

L'Amour du plus lointain (Julliard)

8651 Il demeure beaucoup à faire et à refaire
Mais le chant consacré à la juste louange
Reste béni.

Paul RICŒUR 1913

Histoire et vérité (Le Seuil)
préface

8652 Je crois à l'efficacité de la réflexion, parce que je crois que la grandeur de l'homme est dans la dialectique du travail et de la parole ; le dire et le faire, le signifier et l'agir sont trop mêlés pour qu'une opposition durable et profonde puisse être instituée entre « theoria » et « praxis ».

première partie
L'histoire de la philosophie et l'unité du vrai

8653 Il ne peut y avoir de *totalité* de la communication. Or la communication serait la vérité si elle était totale.

Histoire de la philosophie et historicité, 2

8654 Ce qui caractérise la communication, c'est d'être unilatérale ; l'histoire est ce segment de l'inter-subjectivité où la réciprocité est impossible, parce que des hommes du passé je n'ai pas la présence, mais seulement la trace.

3

8655 Toute philosophie est, d'une certaine façon, la fin de l'histoire.

Le christianisme et le sens de l'histoire

8656 Ainsi le chrétien c'est l'homme qui vit dans l'ambiguïté de l'histoire profane, mais avec le trésor précieux d'une histoire sainte dont il aperçoit le « sens », et aussi avec les suggestions d'une histoire personnelle où il discerne le lien de la culpabilité à la rédemption.

deuxième partie, Travail et parole

8657 Toute civilisation humaine sera à la fois une civilisation du travail ET une civilisation de la parole.

Claude SIMON 1913

Histoire (Éditions de Minuit)

8658 [...] essaie au moins de te rappeler non pas comment les choses se sont passées (cela tu ne le sauras jamais — du moins celles que tu as vues : pour les autres tu pourras toujours lire plus tard les livres d'Histoire) [...]

8659 ou plutôt comme quand on a un étourdissement ou qu'on a trop bu c'est-à-dire quand le monde visible se sépare en quelque sorte de vous perdant ce visage familier et rassurant qu'il a (parce qu'en réalité on ne le regarde pas), prenant soudain un aspect inconnu vaguement effrayant, les objets cessant de s'identifier avec les symboles verbaux par quoi nous les possédons [...]

8660 [...] la femme penchant son mystérieux buste de chair blanche enveloppé de dentelles ce sein qui déjà peut-être me portait dans son ténébreux tabernacle sorte de têtard gélatineux lové sur lui-même avec ses deux énormes yeux sa tête de ver à soie sa bouche sans dents son front cartilagineux d'insecte, moi ?...

Marguerite DURAS 1914

Les Petits Chevaux de Tarquinia, 1953 (Gallimard)
chap. 2, p. 71

8661 Même les plus grands de tes philosophes sont d'accord sur ce point qu'il est nécessaire de se retremper de temps en temps dans l'intelligence du monde.

p. 76

8662 Les erreurs de langage sont des crimes.

chap. 3, p. 168

8663 Aucun amour au monde ne peut tenir lieu de l'amour.

p. 219

8664 Il n'y a pas de vacances à l'amour [...], ça n'existe pas. L'amour, il faut le vivre complètement avec son ennui et tout, il n'y a pas de vacances possibles à ça.

Hiroshima mon amour, 1960 (Gallimard)

8665 Elle : « C'est comme l'intelligence, la folie, tu sais. On ne peut pas l'expliquer. Tout comme l'intelligence. Elle vous arrive dessus, elle vous remplit et alors on la comprend. Mais, quand elle vous quitte, on ne peut plus la comprendre du tout. »

Pierre Jakez HÉLIAS 1914

Le Cheval d'orgueil, 1975 (Plon), p. 429

8666 Au reste, il me semble que nous respectons la fonction, le rang ou l'état plus que la personne et que nous obéissons pour préserver une subtile hiérarchie dont nous bénéficions par ailleurs plutôt que par passivité, humilité vraie ou feinte, prudence ou calcul.

8667 [...] il n'est pas interdit de paraître plus qu'on est dès l'instant qu'on a décidé de faire ce qu'il faut pour devenir effectivement ce qu'on paraît être.

8668 On ne peut pas toujours résister à la pression d'une société qui, malgré ses inégalités et ses aspirations diverses, a pour première ambition de persister comme elle est.

8669 Les pauvres ont les coudées plus franches que les riches. Au sens propre.

8670 Ils étaient placés au bas de l'échelle, la meilleure place pour cracher à l'aise. Leur vrai nom, c'était le *peuple*.

8671 Le visage du monde se farde de plus en plus. L'artifice l'envahit à mesure que l'homme s'en rend maître.

Roland BARTHES 1915-1980

Mythologies (Le Seuil), I, Martiens

8672 C'est l'un des traits constants de toute mythologie petite-bourgeoise, que cette impuissance à imaginer l'Autre.

I, La nouvelle Citroën

8673 Le toucher est le plus démystificateur de tous les sens, à la différence de la vue, qui est le plus magique.

I, L'art vocal bourgeois

8674 La forme la plus haute de l'expression artistique est du côté de la littéralité, c'est-à-dire en définitive d'une certaine algèbre : il faut que toute forme tende à l'abstraction, ce qui, on le sait, n'est nullement contraire à la sensualité.

II. Le mythe, aujourd'hui

8675 La parole de l'opprimé est réelle, comme celle du bûcheron, c'est une parole transitive: elle est quasi-impuissante à mentir, le mensonge est une richesse, il suppose un avoir, des vérités, des formes de rechange.

8676 Tout refus du langage est une mort.

Essais critiques (Le Seuil)
À l'avant-garde de quel théâtre ?

8677 L'avant-garde n'a jamais été menacée que par une seule force, et qui n'est pas bourgeoise: la conscience politique.

Essais critiques
Tacite et le baroque funèbre

8678 C'est peut-être cela, le baroque: comme le tourment d'une finalité dans la profusion.

Essais critiques, Ouvriers et pasteurs

8679 Toute littérature sait bien que, tel Orphée, elle ne peut, sous peine de mort, se retourner sur ce qu'elle voit: elle est condamnée à la médiation, c'est-à-dire en un sens au mensonge.

Fragments d'un discours amoureux, 1977 (Le Seuil)
Absence, p. 20

8680 [...] dans tout homme qui parle l'absence de l'autre, *du féminin* se déclare: cet homme qui attend et qui en souffre est miraculeusement féminisé. Un homme n'est pas féminisé parce qu'il est inverti, mais parce qu'il est amoureux.

8681 L'amoureux qui n'oublie pas *quelquefois* meurt par excès, fatigue et tension de mémoire (tel Werther).

Fragments..., Cacher, p. 54

8682 Ce que je cache par mon langage, mon corps le dit. [...] Mon corps est un enfant entêté, mon langage est un adulte très civilisé...

Fragments..., Comprendre, p. 72

8683 Comprendre, n'est-ce pas scinder l'image, défaire le *je*, organe superbe de la méconnaissance ?

Fragments..., Déclaration, p. 87

8684 Le langage est une peau: je frotte mon langage contre l'autre.

8685 Parler amoureusement, c'est dépenser sans terme, sans crise; c'est pratiquer un rapport sans orgasme. Il existe peut-être une forme littéraire de ce *coitus reservatus:* c'est le marivaudage.

Fragments..., Dédicace, p. 93

8686 Quand j'écris, je dois me rendre à cette évidence [...] il n'y a aucune bienveillance dans l'écriture, plutôt une terreur : elle suffoque l'autre, qui, loin d'y percevoir le don, y lit une affirmation de maîtrise, de puissance, de jouissance, de solitude.

Fragments..., Obscène, p. 209

8687 (Renversement historique : ce n'est plus le sexuel qui est indécent, c'est le *sentimental* — censuré au nom de ce qui n'est, au fond, qu'une *autre morale*.)

8688 Tout ce qui est anachronique est obscène.

Fragments..., Identification, p. 155

8689 Nul ne peut *plaider* contre la structure.

Fragments..., Image, p. 157

8690 L'image est péremptoire, elle a toujours le dernier mot : aucune connaissance ne peut la contredire, l'aménager, la subtiliser.

Roland Barthes par Roland Barthes

8691 La mauvaise foi ordinaire des majuscules devient, en littérature, vérité, puisqu'elle affiche la situation de celui qui les parle.

La réponse de Kafka

8692 Pour l'écrivain, la littérature est cette parole qui dit jusqu'à la mort : je ne commencerai pas à vivre avant de savoir quel est le sens de la vie.

Écrivains et écrivants

8693 La littérature est au fond une activité tautologique.

Littérature et discontinu

8694 La littérature : un code qu'il faut accepter de déchiffrer.

Qu'est-ce que la critique ?

8695 Il n'y a pas de grande œuvre qui soit dogmatique.

8696 La critique n'est pas un « hommage » à la vérité du passé, ou à la vérité de l'« autre », elle est construction de l'intelligible de notre temps.

8697 La littérature ne permet pas de marcher, mais elle permet de respirer.

Gaëtan PICON 1915-1976

Un champ de solitude (Gallimard), VI

8698 [...] écrire n'étant rien d'autre qu'avoir le temps de dire : je meurs.

Les Lignes de la main (Gallimard), I
Le sujet de l'art

8699 Justifier les maisons de la culture ou les musées par les cathédrales, la diffusion du livre de poche par la diffusion de la Bible, c'est confondre la proximité vraie avec celle d'un carrefour d'égarement.

8700 L'art doit chercher son langage dans le langage et contre le langage.

Pierre BOUTANG 1916

La Terreur en question (Fasquelle)

8701 [L'État] a tous les prétextes pour ne pas réfléchir, et d'abord celui de la frivolité, la diversité, l'irresponsabilité de ses censeurs.

Le Secret de René Dorlinde (Fasquelle)
Journal sans date

8702 Il est frivole de parler de la musique, avant d'avoir une fois dans sa vie défini pour soi-même le terme aujourd'hui proscrit, entre tous, de nos livres et de nos écoles : la transcendance.

8703 Privilège du concept de la mort : il vise une singularité absolue ; il est collection d'un objet unique et de sa disparition.

Pierre EMMANUEL 1916-1984

Le Goût de l'Un (Le Seuil)
I, L'amour du mot

8704 La tentation de l'intelligence moderne est de se croire détachée de son objet, libre de modifier la matière sans tenir compte de notre incarnation, de notre réciprocité au monde. Détaché, l'esprit multiplie le divers : il y admire sa fécondité, et tient l'idée d'unité pour stérile.

8705 Nous sommes langage incarné : jusque dans la hauteur des symboles, nous n'échappons jamais à la présence concrète du mot. Si nous y échappions, nous cesserions d'être.

I, Le désert et le puits

8706 Croire au mystère c'est croire que tout *est* signe, et que tout *n'est que* signe. Toute chose, y compris moi, est une figure toujours prête à signifier.

I, La considération de l'extase

8707 Il y a *du* réel en toute existence : mais aucune n'épuise *la* réalité. La réalité donne *du* réel, s'y manifeste en figures : mais, indivisible, y demeure en même temps infigurée. Inépuisable, infiguré, l'Être se retire infiniment dans la surabondance même de ses figures [...]

8708 Durer: devenir sa propre histoire. Autant que nos actes, nous prenons en charge ce qui nous advient. Tout nous fait signe: à nous d'en faire sens.

II, L'histoire apocryphe

8709 L'ordre véritable de l'histoire, c'est la communion des saints.

François MITTERRAND 1916

Le Coup d'État permanent (Plon)
deuxième partie, I

8710 Il existe dans notre pays une solide permanence de bonapartisme où se rencontrent la vocation de la grandeur nationale, tradition monarchique, et la passion de l'unité nationale, tradition jacobine.

II

8711 L'Europe abstraite, forme géométrique dessinée sur un papier blanc, c'est la caricature qu'en donnent ses détracteurs. La véritable Europe a besoin des patries comme un corps vivant de chair et de sang.

troisième partie

8712 A chaque recul de la souveraineté populaire, à chaque disparition de la République correspond un retour en force, franc ou dissimulé, de la justice régalienne. « Dis-moi par qui tu fais juger et je te dirai qui tu es » [...] Il n'est pas en politique d'axiome plus sûr.

8713 Régime oblige: le pouvoir absolu a des raisons que la République ne connaît pas.

Louis ALTHUSSER 1918-1990

Pour Marx (Maspero)
Marxisme et humanisme, III

8714 On ne peut *connaître* quelque chose des hommes qu'à la condition de réduire en cendres le mythe philosophique (théorique) de l'homme. Toute pensée qui se réclamerait alors de Marx pour restaurer d'une manière ou d'une autre une anthropologie ou un humanisme théoriques ne serait *théoriquement* que cendres.

Lire Le Capital (Maspero)
tome II, L'objet du Capital, III, note 5

8715 L'idéologie guette la science en chaque point où défaille sa rigueur, mais aussi au point extrême où une recherche actuelle atteint ses *limites*.

V

8716 Le marxisme n'est pas plus, du point de vue théorique, un historicisme qu'il n'est un humanisme.

VI

8717 Nous voilà bel et bien voués à ce destin théorique : de ne pouvoir *lire* le discours scientifique de Marx sans écrire en même temps, sous sa propre dictée, le texte d'un autre discours, inséparable du premier, mais distinct de lui : le discours de la *philosophie* de Marx.

Lénine et la philosophie (Maspero), II

8718 Tout ce qui touche à la politique peut être mortel à la philosophie, car elle en vit.

IV

8719 Le marxisme n'est pas une (nouvelle) philosophie de la praxis, mais une pratique (nouvelle) de la philosophie.

Louis-René DES FORÊTS 1918

Le Bavard (Gallimard), chap. 3

8720 Donc je vais me taire. Je me tais parce que je suis épuisé par tant d'excès : ces mots, ces mots, tous ces mots sans vie qui semblent perdre jusqu'au sens de leur son éteint. Je me demande si quelqu'un est encore près de moi à m'écouter ?

« La littérature, aujourd'hui », III
in Tel Quel n° 10 (été 1962)

8721 L'un des buts auxquels je vise — si tant est que je vise à un but précis — serait de pouvoir exprimer, par une concentration de plus en plus grande des éléments rythmiques, la pulsation intérieure, la scansion de l'être. Il s'agirait, en d'autres termes, de traduire la réalité en espace d'harmonie favorable à l'éclosion de nouveaux rapports, et où s'affirmerait, avec l'évidence d'un chant, quelque chose comme une modulation secrète.

8722 Menacé par sa réussite comme par son échec, tout écrivain est en état d'insécurité permanente.

8723 De toutes façons, ce que nous cherchons à atteindre se trouve toujours détourné et modifié par l'acte médiateur qu'il nous faut accomplir pour l'atteindre.

8724 L'écrivain cherche à atteindre à travers les mots cette réalité des choses que précisément les mots abolissent en s'affirmant comme sens, car on ne peut parler de leur absence de sens, sinon en lui donnant un sens qu'elle n'a pas.

Robert PINGET 1919

Graal Flibuste
(Éditions de Minuit)

8725 Mais il y a des soirs où rien ne va, où les pensées et les mouvements sont en cul-de-sac. Je pense que ces sortes de soir se multiplient à mesure qu'on prend de l'âge et, un beau matin, comme une pendule non remontée, on marque l'heure sans issue du soir précédent ; on est mort dans son lit.
Le plafond se met à descendre. Une bataille, pense l'ivrogne, ils sont du côté des blancs, je suis rouge, je suis vaincu d'avance. Arrière ! Les canons sont de l'autre côté, la mer éteindra le chat, l'ennemi, qu'est-ce qu'il tient dans sa bouche, ma lettre, il va la détruire, il va l'avaler, la seule, viens ici que je t'étrangle, la lettre que j'attendais, les blancs n'y croient plus. Tant d'années, tant d'années avec cette bouteille pour une lettre qui n'est pas arrivée... Marin, dis-moi si cette lettre est parvenue, elle est mouillée, trempée au fond de ta poche, rien au monde à part le chat qui me traque n'a plus d'importance, que cette lettre au fil de l'eau. L'ivrogne s'endort sur la table et le vin l'emporte au pays des cadavres de lettres. Beaucoup de lettres n'atteignent pas leur destinataire, elles attendent dans les postes, puis l'ange des lettres les assassine. C'est l'ange ennemi de l'amour, l'ange sec aux ailes de papier.

8726 Je me plaisais, dans une demi-somnolence, à composer la préface d'un livre imaginaire :
« Je suis né dans un désert, près d'une fontaine qui disparaissait sitôt qu'on avait soif. Mes parents s'étaient habitués à vivre sur leur réserve et j'allais prendre le pli, lorsqu'une caravane me soustrayait à leur tendresse et m'emmena dans des contrées où l'on n'avait pas plutôt soif que surgissaient mille fontaines. En somme, je n'ai jamais connu l'équilibre entre le bien et le besoin, comme disent les économistes. Cela teinta mon caractère d'une sorte de méfiance qui me dépouilla, tandis que je prenais de l'âge, de tout ce qui fait la force des autres : l'expérience. J'ai progressé pour ainsi dire à rebours et me voilà plus démuni qu'un nouveau-né. J'entends bien surseoir, puisque j'ai pris le parti d'écrire, à l'arrêt de mort qu'il me faudra prononcer contre moi, mais tiens à prévenir le lecteur que ce livre, à l'instar de qui le composa, diminue d'importance à mesure qu'il grossit, contrairement à l'usage... »

Maurice CLAVEL 1920-1979

Le Temple de Chartres

8727 Mais moi je n'étais pas un homme, mais un enfant. Et Délia m'emportait par cet élan impossible qui défie Dieu, pousse les bornes du monde, aime la vie, la mort, les montées, les descentes, le jour, la nuit, l'éveil, le sommeil, le rêve, le bruit et le silence, les gros souliers et le vent, sait tout, ne sait rien, s'en moque, s'en désespère ; cette inepte et admirable manière de s'exalter de l'infini qu'on était d'abord et de lui courir après : la Jeunesse...

8728 Et la mémoire en moi n'est pas plus au ras de terre que l'existence. Rien ne s'imprime ici-bas, c'est vrai. Je me souviens par la haute entremise d'un Temps, pur et concret, ni vide, ni plein, d'origine, qui est à celui du monde ce qu'est à une œuvre faite l'inspiration.

8729 L'homme n'a pas la force de dire ce qu'à vingt ans son cœur n'a pu concevoir.

La Pourpre de Judée

8730 Rufus, nous sommes tous finis et infinis. Platon, je crois, le dit de toutes les choses qui sont. Mais à vivre, pour des personnes, c'est effrayant, impossible, et pourtant on ne peut plus guère s'y dérober.

8731 Dieu ne peut pas tout, Rufus, nous sommes terriblement libres. Nous sommes des noyés animés, loin, très loin de la surface, le dos sur le fond des eaux, un souffle, un vent faisant dans le même sens mille vagues, et le cercle idéal du soleil nous est brouillé, cassé dans un chaos infini, tandis que les avances, reculs, soulèvements, retombées de n'importe quelle épave, vus du fond, nous sont la Droite parfaite !

Qui est aliéné ? (Gallimard)

8732 Peut-être qu'une attention extrême, une maïeutique existentielle en acte, pourrait aider une nouvelle culture à naître, en évitant trop de mal, en évitant le chaos sinon la cassure.

8733 Le rêve ne peut se nourrir indéfiniment de lui-même : comme certains rêves proches du réveil, à l'aube et même à l'aurore, rêves qu'on veut poursuivre pour lutter contre le matin, il s'use, il s'effiloche, se désagrège, se rattrape, se recompose de plus en plus mal.

8734 *L'homme* est un faux absolu. C'est pour cela qu'il « n'y arrive pas... », qu'il n'y arrivera jamais. Ces deux siècles ont raté...

François JACOB 1920

Le Jeu des possibles (Fayard)

8735 Avec l'invention de la perspective et de l'éclairage, de la profondeur et de l'expression, c'est la fonction même de la peinture qu'a transformée l'Europe en quelques générations humaines : au lieu de symboliser, la peinture s'est mise à représenter. La visite d'un musée révèle ainsi une suite d'efforts assez semblables à ceux de la science. Des primitifs aux baroques, les peintres n'ont cessé de perfectionner leurs moyens de représentation, de chercher sans relâche à montrer les choses et les êtres de la manière la plus fidèle et la plus convaincante.

8736 De fait, le début de la science moderne date du moment où aux questions générales se sont substituées des questions limitées ; où au lieu de se demander : « Comment l'univers a-t-il été créé ? De quoi est faite la matière ? Quelle est l'essence de la vie ? », on a commencé à se demander : « Comment tombe une pierre ? Comment l'eau coule-t-elle dans un tube ? Quel est le cours du sang dans le corps ? » Ce changement a eu un résultat surprenant. Alors que les questions générales ne recevaient que des réponses limitées, les questions limitées se trouvèrent conduire à des réponses de plus en plus générales. Cela s'applique encore à la science d'aujourd'hui. Juger des problèmes devenus mûrs pour l'analyse, décider quand il est temps d'explorer à nouveau un vieux territoire, reprendre des questions naguère considérées comlme résolues ou insolubles, tout cela constitue l'une des qualités majeures d'un scientifique. Pour une bonne part, c'est à la sûreté de jugement en ce domaine que correspond la créativité en science. Bien souvent, le jeune scientifique inexpérimenté, comme l'amateur, ne savent se contenter de questions restreintes. Ils veulent s'attaquer seulement à ce qu'ils considèrent comme des problèmes généraux.

8737 C'est secondairement que le langage aurait servi de système de communication entre individus, comme le pensent de nombreux linguistes. Sa première fonction aurait plutôt été, comme dans les étapes évolutives qui ont accompagné l'apparition des premiers mammifères, la représentation d'une réalité plus fine et plus riche, une manière de traiter plus d'information avec plus d'efficacité [...]
Ce qui donne au langage son caractère unique, c'est moins, semble-t-il, de servir à communiquer des directives pour l'action que de permettre la symbolisation, l'évocation d'images cognitives. Nous façonnons notre « réalité » avec nos mots et nos phrases comme nous la façonnons avec notre vue et notre ouïe. Et la souplesse du langage humain en fait aussi un outil sans égal pour le développement de l'imagination. Il se prête à la combinatoire sans fin des symboles. Il permet la création mentale de mondes possibles.

8738 L'imprévisible est dans la nature même de l'entreprise scientifique. Si ce qu'on va trouver est vraiment nouveau, alors c'est par définition quelque chose d'inconnu à l'avance.

8739 Le XVIIe siècle a eu la sagesse de considérer la raison comme un outil nécessaire pour traiter les affaires humaines. Les Lumières et le XIXe siècle eurent la folie de penser qu'elle n'était pas seulement nécessaire, mais aussi suffisante pour résoudre tous les problèmes. Aujourd'hui, il serait plus fou encore de décider, comme certains le voudraient, que sous prétexte que la raison n'est pas suffisante, elle n'est pas non plus nécessaire.

Jean STAROBINSKI 1920

Le Plein et le Vide (Fata Morgana)

8740 Le *plein* du savoir, survenu trop tard, n'est pas supportable.

8741 Perçu rétrospectivement, le vide est hors d'atteinte, irréparable.

8742 Toute musique rompt le silence, toute peinture comble le vide : seulement les vrais musiciens, par la manière dont ils attaquent le silence, le rendent plus profond ; les peintres qui nous émeuvent le plus, par les chemins qu'ils ouvrent, rendent le vide plus frais et plus dangereux.

Boris VIAN 1920-1959

L'Écume des jours (Pauvert)

8743 Ce qui m'intéresse, ce n'est pas le bonheur de tous les hommes c'est celui de chacun.

L'Automne à Pékin (Éditions de Minuit)

8744 Vous savez [...], en général, on ne sait rien. Et les gens qui devraient savoir même, c'est-à-dire qui savent manipuler les idées, les triturer et les présenter de telle sorte qu'ils s'imaginent avoir une pensée originale, ne renouvellent jamais leur fond de choses à triturer, de sorte que leur mode d'expression est toujours de vingt ans en avance sur la matière de cette expression. Il résulte de ceci qu'on ne peut rien apprendre avec eux parce qu'ils se contentent de mots.

L'Herbe rouge (Pauvert), chap. 16

8745 [...] cette réaction contre la tendresse, ce souci du jugement d'autrui, c'était un pas vers la solitude. Parce que j'ai eu peur, parce que j'ai eu honte, parce que j'ai été déçu, j'ai voulu jouer les héros indifférents. Quoi de plus seul qu'un héros ?

chap. 18

8746 Tout ce qui n'est ni une couleur, ni un parfum, ni une musique, c'est de l'enfantillage.

chap. 19

8747 [...] sexuellement, c'est-à-dire avec mon âme [...]

L'Arrache-cœur (Pauvert)
deuxième partie, chap. 3

8748 Je conteste qu'une chose aussi inutile que la souffrance puisse donner des droits quels qu'ils soient, à qui que ce soit, sur quoi que ce soit.

Les Bâtisseurs d'empire (L'Arche)

8749 Je me demande si je ne suis pas en train de jouer avec les mots. Et si les mots étaient faits pour ça?

Je voudrais pas crever (Pauvert)

8750 [...] je n'ai pas
Assez de goût pour les livres
Et je songe trop à vivre
Et je pense trop aux gens
Pour être toujours content
De n'écrire que du vent.

Textes et chansons (Julliard)
Lettre ouverte à M. Paul Faber

8751 S'il s'agit de défendre ceux que j'aime, je veux bien me battre tout de suite. S'il s'agit de tomber au hasard d'un combat ignoble sous la gelée de napalm, pion obscur dans une mêlée guidée par des intérêts politiques, je refuse.

Edgar MORIN 1921

Le Paradigme perdu : la nature humaine
1973, p. 22

8752 L'esprit humain et la société humaine, uniques dans la nature, doivent trouver leur intelligibilité non seulement en eux-mêmes, mais en antithèse à un univers biologique sans esprit et sans société.

p. 45

8753 Société et individualité ne sont pas deux réalités séparées s'ajustant l'une à l'autre, mais il y a ambisystème où complémentairement et contradictoirement individu et société sont constitutifs l'un de l'autre tout en se parasitant l'un l'autre.

p. 50

8754 [...] une société s'autoproduit sans cesse parce qu'elle s'autodétruit sans cesse.

p. 66

8755 Ce qui pour nous est l'essentiel de l'hominisation : un procès de complexification multidimensionnel, en fonction d'un principe d'auto-organisation ou autoproduction.

p. 67

8756 Les déviants heureux transforment en déviants ceux dont ils étaient les déviants.

p. 206

8757 Le double jeu de l'histoire est […] un jeu à trois, entre l'ambivalence du désordre, la basse complexité et l'hypercomplexité.

p. 231

8758 Toute théorie, y compris scientifique, ne peut épuiser le réel, et enfermer son objet dans ses paradigmes.

p. 233

8759 Le grand problème est celui de l'ambiguïté préalable entre l'erreur féconde et l'erreur fatale.

p. 234

8760 Il est tonique de troquer la sécurité mentale pour le risque, puisqu'on gagne ainsi de la chance.

8761 Il est tonique de s'arracher à jamais au maître mot qui explique tout, à la litanie qui prétend tout résoudre.

p. 235

8762 L'ouverture, brèche sur l'insondable et le néant, blessure originaire de notre esprit et de notre vie, est aussi la bouche assoiffée et affamée par quoi notre esprit et notre vie désirent, respirent, s'abreuvent, mangent, baisent.

interview

8763 Je suis quelqu'un qui voudrait que le circuit entre le concret et l'idée, comme entre le sociologique et le biologique par exemple, devienne productif, que ce circuit ne produise pas seulement de la connaissance mais un principe de connaissance.

8764 Toute science naturelle a une origine culturelle mais toute culture est elle-même issue de la nature. Or nous vivons sous l'empire d'un principe de disjonction qui rend l'homme surnaturel et qui rend les sciences physiques inhumaines.

8765 La connaissance progresse en intégrant en elle l'incertitude, non en l'exorcisant.

8766 Le désordre est, tout en demeurant potentiellement dispersion et destruction, inséparable de tout ce qui est création.

8767 La science est incapable de se concevoir scientifiquement elle-même, incapable de concevoir son pouvoir de manipulation et sa manipulation par les pouvoirs.

Alain ROBBE-GRILLET 1922

Pour un nouveau roman (Éditions de Minuit)
À quoi servent les théories

8768 [Nouveau Roman:] Il n'y a là qu'une appellation commode englobant tous ceux qui cherchent de nouvelles formes romanesques, capables d'exprimer (ou de créer) de nouvelles relations entre l'homme et le monde, tous ceux qui sont décidés à inventer le roman, c'est-à-dire à inventer l'homme.

8769 L'écrivain doit accepter avec orgueil de porter sa propre date, sachant qu'il n'y a pas de chef-d'œuvre dans l'éternité, mais seulement des œuvres dans l'histoire; et qu'elles ne se survivent que dans la mesure où elles ont laissé derrière elles le passé, et annoncé l'avenir.

8770 Loin de respecter des formes immuables, chaque nouveau livre tend à constituer ses lois de fonctionnement en même temps qu'à produire leur destruction.

8771 La fonction de l'art n'est jamais d'illustrer une vérité — ou même une interrogation — connue à l'avance, mais de mettre au monde des interrogations (et aussi peut-être, à terme, des réponses) qui ne se connaissent pas encore elles-mêmes.

Pour un nouveau roman
Une voie pour le roman futur

8772 Autour de nous, défiant la meute de nos adjectifs animistes ou ménagers, les choses *sont là*. Leur surface est nette et lisse, intacte, sans éclat louche ni transparence. Toute notre littérature n'a pas encore réussi à en entamer le plus petit coin, à en amollir la moindre courbe.

Pour un nouveau roman
Sur quelques notions périmées

8773 Une explication, quelle qu'elle soit, ne peut être qu'en trop face à la présence des choses.

8774 L'œuvre doit s'imposer comme nécessaire, mais nécessaire *pour rien*; son architecture est sans emploi; sa force est une force inutile.

Ahmed SÉKOU TOURÉ 1922-1984

La Guinée, l'Afrique et le socialisme
in Tri-continental n° 14
(octobre-novembre 1969, Maspero)

8775 La révolution et son emprise sur le monde n'est pas une affaire de troc, de mercantilisme déguisé. Son raffermissement n'est pas du domaine de l'économie marchande mais de l'économie politique. Car on n'achète ni ne vend l'idéal révolutionnaire : on se sacrifie pour lui, on se donne pour lui pour le faire triompher. La révolution est qualité et en elle le plus petit pays vaut le plus grand.

8776 Le socialisme est sans nationalité et il ne peut pas être la propriété d'un seul pays.

Yves **BONNEFOY** 1923

L'Improbable (Mercure de France)
Paul Valéry, 1

8777 La poésie comme l'amour doit décider que des êtres sont. Elle doit se vouer à cet Ici et ce Maintenant que Hegel orgueilleusement avait révoqués au nom du langage, et faire de ses mots qui, en effet, quittent l'être, un profond et paradoxal retour vers lui.

L'Improbable, L'acte et le lieu de la poésie, I

8778 Je voudrais réunir, je voudrais identifier presque la poésie et l'espoir.

IX

8779 Le vrai lieu est donné par le hasard, mais au vrai lieu le hasard perdra son caractère d'énigme.

8780 La poésie se poursuit dans l'espace de la parole, mais chaque pas en est vérifiable dans le monde réaffirmé.

Un rêve fait à Mantoue (Mercure de France)
II, La poésie française et le principe d'identité, 5

8781 L'invisible [...], ce n'est pas la disparition, mais la délivrance du visible.

Les mots et la parole dans le « Roland » (U.G.E.)
postface à « La Chanson de Roland »

8782 Contre qui luttons-nous jamais sinon contre notre double? Contre cet *autre* en nous qui cherche à nous faire entendre que le monde n'a pas de sens?

René GIRARD 1923

La Violence et le sacré
(Grasset)

8783 Entre la non-violence et la violence, il n'y a pas, dans les sociétés primitives, le frein automatique et tout-puissant d'institutions qui nous déterminent d'autant plus étroitement que leur rôle est plus oublié. C'est ce frein toujours présent qui nous permet de franchir impunément, sans même nous en douter, des limites interdites aux primitifs. Dans les sociétés « policées », les rapports, même entre parfaits étrangers, se caractérisent par une familiarité, une mobilité et une audace incomparables.

8784 Le sacré, c'est tout ce qui maîtrise l'homme d'autant plus sûrement que l'homme se croit plus capable de le maîtriser. C'est donc, entre autres choses mais secondairement, les tempêtes, les incendies de forêts, les épidémies qui terrassent une population. Mais c'est aussi et surtout, bien que de façon plus cachée, la violence des hommes eux-mêmes, la violence posée comme extérieure à l'homme et confondue, désormais, à toutes les autres forces qui pèsent sur l'homme du dehors. C'est la violence qui constitue le cœur véritable et l'âme secrète du sacré.

8785 La psychanalyse triomphe absolument. Elle est partout, ce qui revient à dire qu'elle n'est plus nulle part ; elle n'échappe à la banalité des fausses évidences populaires que pour tomber dans le formalisme ésotérique.

8786 On sait, désormais, que dans la vie animale, la violence est pourvue de freins individuels. Les animaux d'une même espèce ne luttent jamais à mort ; le vainqueur épargne le vaincu. L'espèce humaine est privée de cette protection. Au mécanisme biologique individuel se substitue le mécanisme collectif et culturel de la victime émissaire. Il n'y a pas de société sans religion parce que sans religion aucune société ne serait possible.
Les données ethnologiques convergentes auraient dû nous éclairer depuis longtemps sur la fonction et même sur l'origine des interdits. La transgression rituelle et festive désigne clairement cette origine puisqu'elle s'articule sur le sacrifice ou sur les cérémonies dites « totémiques ». Si on examine, d'autre part, les conséquences désastreuses ou simplement fâcheuses attribuées à la transgression non rituelle, on s'aperçoit qu'elles se ramènent toujours à des symptômes, mi-mythiques, mi-réels de la crise sacrificielle.

Michel TOURNIER 1924

Vendredi ou les Limbes du Pacifique, 1972 (Gallimard)

8787 [...] l'homme est semblable à ces blessés au cours d'un tumulte ou d'une émeute qui demeurent debout aussi longtemps que la foule les soutient en les pressant, mais qui glissent à terre dès qu'elle se disperse.

8788 Autrui, pièce maîtresse de mon univers.

8789 Le langage relève d'une façon fondamentale de cet univers *peuplé* où les autres sont comme autant de phares créant autour d'eux un îlot lumineux à l'intérieur duquel tout est — sinon connu — du moins connaissable.

8790 Le sujet est un objet disqualifié. Mon œil est le cadavre de la lumière, de la couleur. Mon nez est tout ce qui reste des odeurs quand leur irréalité a été démontrée. Ma main réfute la chose tenue.

8791 Ce qui complique tout, c'est que ce qui n'existe pas s'acharne à faire croire le contraire.

8792 C'est apparemment un plaisir égoïste que poursuivent les amants, alors même qu'ils marchent dans la voie de l'abnégation la plus folle.

Le Roi des Aulnes, 1970 (Gallimard)
Écrits sinistres d'Abel Tiffauges

8793 Il y a deux sortes de femmes. La femme-bibelot que l'on peut manier, manipuler, embrasser du regard, et qui est l'ornement d'une vie d'homme. Et la femme-paysage. Celle-là, on la visite, on s'y engage, on risque de s'y perdre. La première est verticale, la seconde horizontale...

8794 Tout est signe. Mais il faut une lumière ou un cri éclatant pour percer notre myopie ou notre surdité.

8795 Quant à la paperasserie administrative, elle doit répondre à une exigence du grand nombre, ou plutôt à une peur élémentaire: *la peur d'être une bête*. Car vivre sans papiers, c'est vivre comme une bête.

8796 Il n'y a sans doute rien de plus émouvant dans une vie d'homme que la découverte fortuite de la perversion à laquelle il est voué.

8797 Dès l'instant qu'un homme fait la loi, il se place hors la loi et échappe du même coup à sa protection. C'est pourquoi la vie d'un homme exerçant un pouvoir quelconque a moins de valeur que celle d'une blatte ou d'un morpion.

8798 *La pureté est opaque* [...], voilà la vérité qu'il faut avoir le courage de regarder en face!

8799 Je me demande si la guerre n'éclate pas dans le seul but de permettre à l'adulte de *faire l'enfant*, de régresser avec soulagement jusqu'à l'âge des panoplies et des soldats de plomb.

8800 Si on définit l'intelligence comme la faculté d'apprendre des choses *nouvelles*, de trouver des solutions à des problèmes se présentant pour la première fois, qui donc est plus intelligent que l'enfant?

Henri PICHETTE 1924

Apoèmes (1947 ; édition définitive 1979)

8801 J'écris avec des mots qui boxent, car je n'ai pas de santé.
Depuis ma tendre enfance, les sports splendides m'ont ignoré.

Les Épiphanies (1947 ; édition définitive 1969)

p. 44

8802 Mesdames,
L'argent, c'est la couille majeure des familles !

p. 45

8803 La poésie est une salve contre l'habitude.

8804 L'homme, c'est l'ange + le sexe.

8805 Le racisme, le chauvinisme, le sectarisme, le fanatisme, le caporalisme, le césaropapisme, l'étiquette, la ploutocratie, la théocratie, la propagande à toutes sauces, le mercantilisme, le capitalisme, etc., engluent la raison, l'esprit volant, l'homme naturel.
Ce sont des fléaux.

p. 52

8806 Le lit des choses est grand ouvert.

8807 Il me souvient que l'ivresse nous emporta dans un vivant exercice : le mariage.

p. 105

8808 Néanmoins, la vie sera élucidée.
Car à vingt ans tu optes pour l'enthousiasme, tu vois rouge, tu ardes, tu arques, tu astres, tu happes, tu hampes, tu décliques, tu éclates, tu ébouriffes, tu bats en neige, tu rues dans les brancards, tu manifestes, tu lampionnes, tu arpentes la lune [...]

Le Point vélique (1950)

8809 Jouir avec conscience est la seule condition qui prévale sur le nombre fou des arts, des espèces et des manières.

Nucléa (1952), p. 17

8810 L'aurore... Il fut un temps où elle ne s'accompagnait d'aucune suspicion. Dès le principe, le jour déclarait la paix aux campagnes ; il ne portait pas en lui la ruine, la cendre, le décombre, le désastre ; il y avait de grandes marges pour la réflexion avant d'atteindre le coucher du soleil. Même la mort mettait des formes. Comme les temps ont changé ! On a ôté jusqu'au sommeil aux défenseurs de l'innocence.

p. 29

8811 GLADIOR [...] Ça me rappelle les règles fabuleuses du Théâtre de la Guerre. Oui, ces règles de l'art suivant lesquelles sur douze cartouches que tire un peloton d'exécution il y en a une à blanc, personne ne sait dans quel fusil placée, de façon que chaque soldat du peloton peut espérer en Dieu et supposer n'être pour rien dans la mort du fusillé. Je suis cette douzième cartouche comme Judas était le douzième apôtre.

Odes à chacun (1988)
Ode à Charles Péguy, p. 42

8812 J'irai par poésie au beau métier de France,
Voulant faire chef-d'œuvre en digne compagnon.

Odes à chacun
Ode à la neige, p. 72

8813 [la neige] blanche telle
une belle absence de paroles.

Odes à chacun
Ode à l'instant et aux siècles des siècles, p. 85

8814 Qu'on m'arrache le cœur, il germerait encore.

Pierre BOULEZ 1925

Relevés d'apprenti (Le Seuil)
I, La corruption dans les encensoirs

8815 Que nous enseignent-ils [Debussy, Cézanne, Mallarmé]? Peut-être ceci: qu'il faut aussi rêver sa révolution, pas seulement la construire.

I, Aléa

8816 Introduire le hasard dans la composition? N'est-ce pas une folie, ou, au plus, une tentative vaine? Folie, peut-être, mais ce sera une *folie utile*.

II, « Auprès et au loin »

8817 Sauvegardons cette liberté inaliénable: le bonheur constamment espéré d'une dimension irrationnelle.

IV, Notices

8818 La pensée tonale classique est fondée sur un univers défini par la gravitation et l'attraction ; la pensée sérielle, sur un univers en perpétuelle expansion.

Gilles DELEUZE 1925

Présentation de Sacher-Masoch (Éditions de Minuit)
Sade, Masoch et leur langage

8819 Le masochiste élabore des contrats, tandis que le sadique abomine et déchire tout contrat. Le sadique a besoin d'institutions, mais le masochiste, de relations contractuelles.

Logique du sens (Éditions de Minuit), onzième série

8820 Le non-sens ne possède aucun sens particulier, mais s'oppose à l'absence de sens, et non pas au sens qu'il produit en excès, sans jamais entretenir avec son produit le rapport simple d'exclusion auquel on voudrait le ramener. Le non-sens est à la fois ce qui n'a pas de sens, mais qui, comme tel, s'oppose à l'absence de sens en opérant la donation de sens.

8821 Il est donc agréable que résonne aujourd'hui la bonne nouvelle : le sens n'est jamais principe ou origine, il est produit. Il n'est pas à découvrir, à restaurer ni à re-employer, il est à produire par de nouvelles machineries.

vingt et unième série

8822 Ou bien la morale n'a aucun sens, ou bien c'est cela qu'elle veut dire, elle n'a rien d'autre à dire : ne pas être indigne de ce qui nous arrive.

L'Anti-Œdipe, 1972 (Gallimard)
[en collaboration avec Félix Guattari]

8823 Qu'est-ce que l'inconscient ? Ce n'est pas un théâtre, mais une usine, un lieu et un agent de production. *Machines désirantes :* l'inconscient n'est ni figuratif ni structural, mais machinique.

8824 Si le désir produit, il produit du réel. Si le désir est producteur, il ne peut l'être qu'en réalité, et de réalité.

8825 En vérité, *la production sociale est uniquement la production désirante elle-même dans des conditions déterminées.*

8826 Le schizophrène se tient à la limite du capitalisme : il en est la tendance développée, le surproduit, le prolétaire et l'ange exterminateur.

8827 Ce n'est pas la sexualité qui est un moyen au service de la génération, c'est la génération des corps qui est au service de la sexualité comme autoproduction de l'inconscient.

8828 C'est que le désir n'est jamais trompé. L'intérêt peut être trompé, méconnu ou trahi, mais pas le désir. [...] Il arrive qu'on désire contre son intérêt : le capitalisme en profite, mais aussi le socialisme, le parti et la direction du parti.

Frantz FANON 1925-1961

Les Damnés de la terre (Maspero), 1

8829 Pour le colonisé, la vie ne peut surgir que du cadavre en décomposition du colon.

8830 Au niveau des individus, la violence désintoxique. Elle débarrasse le colonisé de son complexe d'infériorité, de ses attitudes contemplatives ou désespérées. Elle le rend intrépide, le réhabilite à ses propres yeux.

4

8831 La culture nationale n'est pas le folklore où un populisme abstrait a cru découvrir la vérité du peuple. Elle n'est pas cette masse sédimentée de gestes purs, c'est-à-dire de moins en moins rattachables à la réalité présente du peuple. La culture nationale est l'ensemble des efforts faits par un peuple sur le plan de la pensée pour décrire, justifier et chanter l'action à travers laquelle le peuple s'est constitué et s'est maintenu.

Jean-Pierre FAYE 1925

Que peut la littérature ? (U.G.E.)

8832 [...] aucun récit n'a pris le Pouvoir, ou fait la Révolution. Mais à maintenir et poursuivre plus loin le récit, la « littérature » peut de loin amorcer des transformations. Elle peut aussi *faire* en sorte que, dans le meilleur des cas, la révolution qui se fait soit celle où l'on communiquera mieux qu'avant.

8833 La littérature (ou le récit) sans doute ne peut rien — rien, sinon montrer, justement, comment les signes nous sont parlés. Et par quels signes s'annonce — à long terme ou dès cet instant — la réalité où nous sommes, qui est désormais et de plus en plus, et chaque jour plus dangereusement, une réalité parlée. La littérature ? C'est pouvoir dire par quels signes notre réalité vient vers nous.

Roger NIMIER 1925-1962

Le Hussard bleu (Gallimard)
première partie

8834 J'appartenais à cette génération heureuse qui aura eu vingt ans pour la fin du monde civilisé.

8835 La guerre, ça devient la barbe quand tout est mort, éteint, embaumé. Il faudrait lui trouver des limites. Par exemple, le foutebôle, on y joue dans des endroits spéciaux. Il devrait y avoir des terrains de guerre pour ceux qui aiment bien mourir en plein air. Ailleurs on danserait et on rirait.

deuxième partie

8836 Tu n'as jamais connu Shang-Haï, ni Kleist, ni les grands obliques, ni Hegel, encore moins la Patagonie et pas du tout Nietzsche, ce grand type hâbleur dont on parle en buvant du cognac. Mon Dieu, qu'un petit Français est désarmé dans la vie!

troisième partie

8837 La philo n'est pas mal non plus. Malheureusement, elle est comme la Russie: pleine de marécages et souvent envahie par les Allemands.

Alain TOURAINE 1925

La Société invisible (Le Seuil)

8838 Une société qui ne se pense pas ne peut que s'enfoncer dans la décadence, lentement ou brutalement. Le refus d'analyser et de prévoir, l'abandon à la pure consommation des idées comme à celle des produits matériels annoncent la fin d'un monde.

8839 L'intellectuel ne peut plus être un technicien de l'absolu, parlant au nom d'un ordre transcendant, celui des dieux, des idées, de l'histoire. Il est pris dans l'ordre social. Celui-ci lui demande des connaissances, mais surtout des justifications.

8840 Servir le Prince est s'aveugler, car l'ordre établi cache toujours le mouvement et les drames des rapports sociaux. Il faut donc être un intellectuel critique.

8841 Il est plus difficile et plus important aujourd'hui de se dégager des mots qui sonnent faux, des idées creuses et des organisations étouffantes que de composer de nouveaux hymnes.

8842 Le changement du monde n'est pas seulement création, progrès, il est d'abord et toujours décomposition, crise [...] La société qui se produit elle-même est à la fois dieu et diable.

8843 Lorsque la loi, la coutume semblent s'imposer, on peut avoir l'illusion de l'ordre et de la rationalité des moyens. Quand il faut sauter d'une société à une autre, il faut flotter un instant sur le gouffre, ange et démon à la fois.

8844 Il n'y a jamais à choisir entre la violence et l'ordre, mais entre la violence et le conflit ou le débat.

8845 Les philosophes croient faire leur miel de tout, mais ce n'est que de la cire.

8846 L'action n'est pas surgissement, absolu, liberté. Elle est toujours rapport social.

Lettres à une étudiante

8847 Il faut quitter le calme rassurant des utopies et des prophéties, fussent-elles catastrophiques, pour descendre dans le mouvement, déconcertant mais réel, des relations sociales.

8848 Je ne regarde pas l'agitation du monde assis, sur le rocher de la science ou grimpé dans l'arbre d'une idéologie. J'y suis plongé, je m'y débats avec effort et souvent en désespérant de m'y orienter et d'y trouver un point d'appui.

Michel BUTOR 1926

Répertoire (Éditions de Minuit)
Le roman comme recherche

8849 Le roman tend naturellement et doit tendre à sa propre élucidation.

8850 Toute véritable transformation de la forme romanesque, toute féconde recherche dans ce domaine, ne peut que se situer à l'intérieur d'une transformation de la notion même de roman, qui évolue très lentement mais inévitablement (toutes les grandes œuvres romanesques du XXe siècle sont là pour l'attester) vers une espèce nouvelle de poésie à la fois épique et dramatique.

Répertoire, Intervention à Royaumont

8851 Je n'écris pas des romans pour les vendre, mais pour obtenir une unité dans ma vie ; l'écriture est pour moi une colonne vertébrale.

Histoire extraordinaire (Gallimard), 7
Les limbes, h

8852 Le dandysme, forme moderne du stoïcisme, est finalement une religion dont le seul sacrement est le suicide.

Répertoire II (Éditions de Minuit)
Sur la déclaration dite des 121

8853 « Il faut tout dire », s'il y a une tradition française c'est bien celle-ci.

Répertoire II, Réponses à « Tel Quel »

8854 Il ne peut y avoir de réalisme véritable que si l'on fait sa part à l'imagination, si l'on comprend que l'imaginaire est dans le réel, et que nous voyons le réel par lui.

René DEPESTRE 1926

Alléluia pour une femme-jardin
(Leméac)

8855 La mer tissait devant nous des kilomètres de dentelle où, à intervalles, l'espièglerie d'une vague de fond levait une énorme fleur d'écume. Zaza me précédait dans le sentier. A la regarder ondoyer sensuellement devant moi, j'étais saisi d'une rage homicide envers tous ceux qui ont discrédité la chair de la femme. Où étaient-ils enterrés les prophètes écumants d'éjaculation précoce qui ont inventé que les charmes de la femme induisent en erreur et au mal ? Je ferais éclater de la dynamite sur la tombe de ces procureurs vindicatifs et barbares qui, au long des âges, ont cherché à séparer la cadence du corps féminin de celle des saisons, des arbres, du vent, de la pluie et de la mer. A regarder Zaza marcher, roulant sous le soleil ses flots sensuels, sa chair aux rondeurs de fruit, ses fesses qui avaient la rotondité de la bonne terre prête aux labours, je pensai à la terreur et au dégoût que les religions du salut ont suscités autour des organes sexuels de la femme.

8856 A leur lumière, je découvris qu'il y avait à la cité universitaire, à Paris, des femmes de tous les pays, et beaucoup d'entre elles somptueusement douées pour les services dionysiaques de la vie. Elles devinrent mes hémisphères Nord et Sud. Elles étaient la marée montante de la vie. Elles étaient le nombril électrique de la terre, le grand influx nerveux qui protège le soleil, la lune, les saisons et les récoltes. Le bien, le juste, l'idéal, le vrai, le beau et le bon, le merveilleux, le singulier et l'universel, de même que tous les autres concepts abstraits du jour et de la nuit, une fois mis dans la position horizontale, devenaient concrets comme un sein, une bouche, un ventre, ou un grand cri glorieux de jeune femme qui jouit.

Michel FOUCAULT 1926-1984

Maladie mentale et psychologie (P.U.F.), chap. 5

8857 Jamais la psychologie ne pourra dire sur la folie la vérité, puisque c'est la folie qui détient la vérité de la psychologie.

Histoire de la folie à l'âge classique (Plon), préface

8858 Interroger une culture sur ses expériences-limites, c'est la questionner aux confins de l'histoire, sur un déchirement qui est comme la naissance même de son histoire.

8859 Qu'est-ce donc que la folie, dans sa forme la plus générale, mais la plus concrète, pour qui récuse d'entrée de jeu toutes les prises sur elle du savoir ? Rien d'autre, sans doute, que l'*absence d'œuvre*.

première partie, chap. 3

8860 N'est-il pas important pour notre culture que la déraison n'ait pu y devenir objet de connaissance que dans la mesure où elle a été au préalable objet d'excommunication?

troisième partie, chap. 5

8861 De *l'homme à l'homme vrai*, le chemin passe par *l'homme fou*.

Les Mots et les Choses (Gallimard)
I, chap. 2, v

8862 Tout au long du XIXe siècle et jusqu'à nous encore — de Hölderlin à Mallarmé, à Antonin Artaud —, la littérature n'a existé dans son autonomie, elle ne s'est détachée de tout autre langage par une coupure profonde qu'en formant une sorte de « contre-discours », et en remontant ainsi de la fonction représentative ou signifiante du langage à cet être brut oublié depuis le XVIe siècle.

II, chap. 10, III

8863 Tout se passe comme si la dichotomie du normal et du pathologique tendait à s'effacer au profit de la bipolarité de la conscience et de l'inconscient.

v

8864 Par rapport aux « sciences humaines », la psychanalyse et l'ethnologie sont plutôt des « contre-sciences » ; ce qui ne veut pas dire qu'elles sont moins « rationnelles » ou « objectives » que les autres, mais qu'elles les prennent à contre-courant, les ramènent à leur socle épistémologique, et qu'elles ne cessent de « défaire » cet homme qui dans les sciences humaines fait et refait sa positivité.

VI

8865 Une chose en tout cas est certaine : c'est que l'homme n'est pas le plus vieux problème ni le plus constant qui se soit posé au savoir humain.

8866 L'homme est une invention dont l'archéologie de notre pensée montre aisément la date récente. Et peut-être la fin prochaine.

Appendice à l'Histoire de la folie (Gallimard)

8867 Il n'y a pas une seule culture au monde où il soit permis de tout faire. Et on sait bien depuis longtemps que l'homme ne commence pas avec la liberté mais avec la limite et la ligne de l'infranchissable.

Surveiller et punir, 1975 (Gallimard)

8868 L'homme dont on nous parle et qu'on invite à libérer est déjà en lui-même l'effet d'un assujettissement bien plus profond que lui. Une

« âme » l'habite et le porte à l'existence, qui est elle-même une pièce dans la maîtrise que le pouvoir exerce sur le corps. L'âme, effet et instrument d'une anatomie politique; l'âme, prison du corps.

8869 Le châtiment est passé d'un art des sensations insupportables à une économie des droits suspendus.

8870 Dans la torture, pour faire avouer, il y a de l'enquête, mais il y a du duel.

8871 Le rôle du criminel dans la punition, c'est de réintroduire, en face du code et des crimes, la présence réelle du signifié — c'est-à-dire de cette peine qui selon les termes du code doit être infailliblement associée à l'infraction.

8872 Dans le droit monarchique, la punition est un cérémonial de souveraineté [...] Dans le projet des juristes réformateurs, la punition est une procédure pour requalifier les individus comme sujets de droit.

8873 L'examen combine les techniques de la hiérarchie qui surveille et celles de la sanction qui normalise [...] En lui viennent se rejoindre la cérémonie du pouvoir et la forme de l'expérience, le déploiement de la force et l'établissement de la vérité.

8874 La naissance des sciences humaines? Elle est vraisemblablement à chercher dans ces archives de peu de gloire où s'est élaboré le jeu moderne des coercitions sur les corps, les gestes, les comportements.

La Volonté de savoir, 1976 (Gallimard)

8875 On dit souvent que nous n'avons pas été capables d'imaginer des plaisirs nouveaux. Nous avons au moins inventé un plaisir autre : plaisir à la vérité du plaisir, plaisir à la savoir, à l'exposer, à la découvrir, à se fasciner de la voir, à la dire, à captiver et capturer les autres par elle, à la confier dans le secret, à la débusquer par la ruse ; plaisir spécifique au discours vrai sur le plaisir.

8876 Nous sommes, après tout, la seule civilisation où des préposés reçoivent rétribution pour écouter chacun faire confidence de son sexe...

Édouard GLISSANT 1928

L'Intention poétique (Le Seuil)

8877 L'Occident, qui avait dominé le monde, ne s'y était pas, hormis le gain palpable et l'avantage de l'esprit, *intéressé ;* contestant l'Occident, le reste du monde prend le relais agissant et constitue un des éléments, non pas prédominant, d'une possible civilisation planétaire.

8878 L'ère des langues orgueilleuses dans leur pureté doit finir pour l'homme : l'aventure des langages (des poétiques du monde diffracté mais recomposé) commence.

8879 Le langage poétique doit garantir une vocation d'unité que la poésie opposerait au discernement de toutes choses.

8880 Là où les histoires se joignent, finit l'Histoire.

Jean BAUDRILLARD 1929

De la séduction (Galilée)

8881 Le déni de l'anatomie et du corps comme destin ne date pas d'hier. Il fut bien plus virulent dans toutes les sociétés antérieures à la nôtre. Ritualiser, cérémonialiser, affubler, masquer, mutiler, dessiner, torturer — pour séduire : séduire les dieux, séduire les esprits, séduire les morts. Le corps est le premier grand support de cette gigantesque entreprise de séduction. Ce n'est que pour nous qu'elle prend une allure esthétique et décorative (et qu'elle est du même coup niée en profondeur : la dénégation morale de toute magique du corps prend effet avec l'idée même de décoration. Pour les sauvages pas plus que pour les animaux, ce n'est une décoration : c'est une parure. Et c'est la règle universelle. Celui qui n'est pas peint est stupide, disent les Caduvéo).

Kateb YACINE 1929-1989

Nedjma (Éditions du Seuil)

8882 Les pères tués dans les chevauchées d'Abd-el-Kader (seule ombre qui pût couvrir pareille étendue, homme de plume et d'épée, seul chef capable d'unifier les tribus pour s'élever au stade de la nation, si les Français n'étaient venus briser net son effort d'abord dirigé contre les Turcs ; mais la conquête était un mal nécessaire, une greffe douloureuse apportant une promesse de progrès à l'arbre de la nation entamé par la hache ; comme les Turcs, les Romains et les Arabes, les Français ne pouvaient que s'enraciner, otages de la patrie en gestation dont ils se disputaient les faveurs) n'avaient pas dressé d'inventaire : et les fils des chefs vaincus se trouvaient riches d'argent et de bijoux, mais frustrés ; ils n'étaient pas sans ressentir l'offense, sans garder au fond de leurs retraites le goût du combat qui leur était refusé.

8883 Ni les Numides ni les Barbaresques n'ont enfanté en paix dans leur patrie. Ils nous la laissent vierge dans un désert ennemi, tandis que se succèdent les colonisateurs, les prétendants sans titre et sans amour [...] Et c'est à moi, Rachid, nomade en résidence forcée, d'entrevoir l'irrésistible forme de la vierge aux abois, mon sang et mon pays.

8884 Gloire aux cités vaincues ; elles n'ont pas livré le sel des larmes, pas plus que les guerriers n'ont versé notre sang : la primeur en revient aux épouses, les veuves éruptives qui peuplent toute mort, les veuves conservatrices qui transforment en paix la défaite, n'ayant jamais désespéré des semailles, car le terrain perdu sourit aux sépultures, de même que la nuit n'est qu'ardeur et parfum, ennemie de la couleur et du bruit, car ce pays [l'Algérie] n'est pas encore venu au monde : trop de pères pour naître au grand jour, trop d'ambitieuses races déçues, mêlées, confondues, contraintes de ramper dans les ruines...

Emmanuel LE ROY-LADURIE 1929

Interview à l'Express (septembre 1973)

8885 Le grand danger de l'ordinateur, c'est sa gigantesque productivité. Plus il accumule les données, plus la part consacrée à la réflexion doit être grande.

8886 Le danger, c'est de faire une Histoire où la pensée serait la plus courte distance entre deux citations de Lénine ou de Gramsci.

8887 L'historien est comme un mineur de fond. Il va chercher les données au fond du sol et les ramène à la surface pour qu'un autre spécialiste — économiste, climatologue, sociologue — les exploite.

8888 Ce sont les masses qui font l'Histoire quand il ne se passe rien. Si l'on veut comprendre les masses, il faut étudier l'homme moyen. Plutôt un berger pyrénéen du XVe siècle que Jeanne d'Arc.

8889 L'historien est bien obligé d'avoir recours à l'écrit, aux archives, mais l'écrit est trompeur. Il ne reflète pas la réalité. L'Histoire est un cône qui repose sur sa base, alors que les archives sont un cône qui repose sur sa pointe.

8890 L'historien se borne à dresser des constats. Le reste est affaire de choix politiques qui dépassent la compétence de Clio.

Michel DEGUY 1930

Fragment du cadastre (Gallimard)
quatrième partie, À Marcel Proust

8891 Chaque chose est proche d'une autre, et dans cette proximité est enfouie sa propre essence, sa manière d'être en relation. Cette disposition de soi du monde dans la diversité du spectacle, il appartient à la métaphysique d'en saisir l'ordre.

8892 La vérité que cherche l'œuvre d'art, c'est la vérité universelle de ce qui est singulier.

Poèmes de la presqu'île (Gallimard)
4, Poésie quotidienne

8893 Le *phénomène*, ça n'est pas si simple ; avant le poème, il n'y a pas encore de phénomène.

Actes (Gallimard)
II, Réponse à un journaliste qui questionnait sur Dante

8894 Pour un poète, ce sont les *figures* de *sa* langue (et en droit de toutes *les* langues) qui constituent la logique la plus originale de l'être. La *mesure* de l'être est enfouie au plus profond de chaque langue comme son *mètre*. L'être est son propre figurant ; le langage est figuré. Les figures du langage sont la trame du linge de Véronique sur les traits de l'être.

Ouï-dire (Gallimard), Épigrammes
Les jours ne sont pas comptés

8895 Comment appellerons-nous ce qui donne le ton ?
La poésie comme l'aurore risque tout sur des signes.

Figurations (Gallimard), 3, Utopiques
Le voyage

8896 Ré-indiquant que le vide qui soutient la figure en ses métamorphoses manque (à tomber sous nos prises) et, joint indéfectible en son absence, se dérobe (à la violence), le faire tacite de la poésie, sans « réagir », sans raison comme la rose d'Angelus Silésius, laisse l'aile virer à l'éventail et l'éventail à l'aile en suspension dans le milieu de leur différence — qui (n') est *rien*.

Jacques DERRIDA 1930

De la grammatologie (Éditions de Minuit)
première partie, exergue

8897 L'avenir ne peut s'anticiper que sous la forme du danger absolu. Il est ce qui rompt absolument avec la normalité constituée et ne peut donc s'annoncer, se *présenter*, que sous l'espèce de la monstruosité.

chap. 1

8898 Ou bien l'écriture n'a jamais été un simple « supplément », ou bien il est urgent de construire une nouvelle logique du « supplément ».

chap. 1, Le signifiant et la vérité

8899 L'idée du livre, qui renvoie toujours à une totalité naturelle, est profondément étrangère au sens de l'écriture. Elle est la protection encyclopédique de la théologie et du logocentrisme contre la disruption de l'écriture, contre son énergie aphoristique et [...] contre la différence en général.

chap. 1, L'être écrit

8900 Il faut qu'il y ait signifié transcendantal pour que la différence entre signifié et signifiant soit quelque part absolue et irréductible.

chap. 2, La brisure

8901 L'espacement comme écriture est le devenir-absent et le devenir-inconscient du sujet [...] Comme rapport du sujet à sa mort, ce devenir est la constitution même de la subjectivité. [...] Tout graphème est d'essence testamentaire.

L'Écriture et la Différence (Le Seuil)
Cogito et histoire de la folie

8902 Le fait du langage est sans doute le seul qui résiste finalement à toute mise entre parenthèses.

L'Écriture et la Différence
Freud et la scène de l'écriture

8903 C'est le retard qui est originaire. Différer ne peut donc signifier retarder un possible présent, ajourner un acte, surseoir à perception déjà et maintenant possibles. Ce possible n'est possible que par la différence qu'il faut donc concevoir autrement que comme un calcul ou une mécanique de la décision.

8904 La différence est l'articulation de l'espace et du temps.

L'Écriture et la Différence
De l'économie restreinte à l'économie générale

8905 Une trace ineffaçable n'est pas une trace.

Bernard NOËL 1930

L'Outrage aux mots
(De nulle part)

8906 La culture n'est pas quantifiable, ni réductible. La culture ne peut se ramener à un savoir. Elle est instable. Elle inclut même l'oubli. La culture dépense ; l'information capitalise, mais paradoxalement elle aboutit à un savoir vide, car elle est plate, et tout y est égal. L'important n'est pas de savoir, mais de relativiser. L'homme gavé d'information ne fait pas la différence, et bientôt il devient indifférent. Je crois que la généralisation de la torture est liée au culte de l'information. Quand il s'agit de savoir, rien que de savoir, qu'importe le moyen employé puisque la fin justifie d'avance le moyen. Le grave est que l'enseignement lui-même tourne à la simple information. La preuve : la machine à enseigner est en train de prendre la place de l'enseignement — ou du moins on prépare ce moment.

Michel SERRES 1930

Éléments d'histoire des sciences
Gnomon : les débuts de la géométrie en Grèce (Bordas)

8907 Mathématique en grec ancien veut dire : ce qu'on enseigne ou qu'on apprend ; où et quand ne l'enseigne-t-on pas ? Iraniens, Espagnols, Français, Anglais, Tamouls, nous avons tous parlé grec en disant parallélogramme, logarithme et topologie. Cette langue en ce système vit encore et nous unit. Rien ne reste de ces villes, ni de Cyrène ni de Pergé, rien ne demeure de ces écoles, ni d'Élée ni de Crotone, ni temple, ni arme, ni échange, ni atelier de production, mais la liste qui court des entiers aux sections coniques n'a pas pris une ride, même si parfois nous n'entendons pas sous les vocables de nombre ou de diagonale les mêmes choses que les anciens Grecs. Qui se moqua mieux de l'histoire et de ses fluctuations que le petit collectif qui, si vite, établit cette rubrique, unique dans le temps et résistant à son usure ?

8908 De profonds linguistes prétendent que le mot populaire « baratin » émane aussi de la pratique ou du verbe grec correspondant à notre verbe faire [*prattein*] puisque le discours favori des intellectuels consiste à exalter l'action, dont ils se gardent, au détriment de l'abstraction, dont ils ne se séparent jamais. Le comble du baratin consiste à parler de faire alors qu'on disserte seulement. Bref.

8909 On peut tenir pour une curiosité historique le fait paradoxal qu'aux dates exactes où la science commence à se constituer en groupe, sinon encore en profession, adonnée aux choses mêmes, à la nature, à la physique, apparaisse une philosophie du sujet individuel connaissant, comme si celle-ci soulignait l'exception en ignorant superbement ce qui devenait la loi commune ou le règlement de la communauté.

8910 Toutes les mythologies et les religions sont des sciences humaines d'exquise manière, infiniment plus précises, efficaces et sensées que ce que nous appelons de ce nom aujourd'hui.

Éléments d'histoire des sciences
Paris 1800

8911 Le temps monodrome naît avec le christianisme. Finalisé par le salut, il entraîne l'histoire irréversiblement, depuis saint Augustin qui recueille à la fois les intuitions de Platon et les enseignements des prophètes écrivains d'Israël. En Grèce, la démonstration d'irrationalité rompit le cercle de l'Éternel Retour et, en Israël, un dieu unique et transcendant se révèle dans l'histoire immanente du peuple élu. Judéo-grec comme le nom propre de son fondateur, le christianisme lance le temps linéaire de l'histoire sainte au confluent augustinien de ces deux sources. Or le christianisme caractérise, à ce jour, la seule culture où se développe totalement la totalité des sciences. La religion y laïcise la religion, en permettant la sortie du sacré.

Le Contrat naturel
(Bourin)

8912 D'un vieux mot de la langue sacrée, qui signifiait souillure et profanation, insulte, viol et déshonneur, nous appelons la rupture de cette équipollence : pollution. Comment des paysages divins, la montagne sainte et la mer au sourire innombrable des dieux, ont-ils pu se transformer en des champs d'épandage ou réceptacles abominables de cadavres ? Par dispersion de l'ordure matérielle et sensorielle, nous recouvrons ou effaçons la beauté du monde et réduisons la prolifération luxueuse de ses multiplicités à l'unicité désertique et solaire de nos seules lois.

Jacques ROUBAUD 1932

∈ (Gallimard)

8913 abri des signes   constructions comme un arbre abstrait qui se ramifie chaque branche   frottant son nom son dessin plutôt qui la nomme   ramille substituable où prendra place cette forme qu'il faut dire   (ainsi : le Nom que tu Verbe un autre le Verbe)

1.1.8

8914 chaque mot avoue ton nom où tu ne voulais donner que la tache abstraite unique   quelque chose est apparu dans tes constructions   une signature gribouille sur tes ordres les plus purs

1.1.9

8915 tu trouveras ton bien dans les plus éloignés des mots   trésor protégé des oies au jabot rouge   c'est le minerai qui n'est pas à ciel ouvert c'est l'union des usages contraires de la parole

1.1.11

8916 donnez moi des ondes porteuses du passé   des tubes si fins qu'ils aspirent les moins extricables des moments (ô escalade chromatique du souvenir)   donnez moi des toiles mouvantes   des films fourrures des pinceaux de photons des caractères goûts donnez moi des graphies jamais employées [...]
ne me donnez pas le vin s'il ne se peut mais   un hublot   une lunette par où j'aille vienne   dans sa couleur   par où je lise sa genèse donnez moi vite car je n'ai qu'

1.1.13

Quelque chose noir (Gallimard)

8917 Ta mort parle vrai. ta mort parlera toujours vrai. ce que parle ta mort est vrai parcequ'elle parle. certains ont pensé que la mort parlait vrai parceque la mort est vraie. d'autres que la mort ne pouvait parler vrai parceque le vrai n'a pas affaire avec la mort. mais en réalité la mort parle vrai dès qu'elle parle.

IV

8918 De ce que rien désormais ne lui est semblable [à sa jeune femme, morte] on conclura qu'il n'y a que du dissemblable et de là, qu'il n'y a aucun rapport, qu'aucun rapport n'est définissable.

On conclura à l'impropriété.

Tout se suspend au point où surgit un dissemblable. et de là quelque chose, mais quelque chose noir.

V

8919 Je n'ai jamais pensé à un poème comme étant un monologue parti quelque part de l'arrière de ma bouche ou de ma main

Un poème se place toujours dans les conditions d'un dialogue virtuel

L'hypothèse d'une rencontre   l'hypothèse d'une réponse l'hypothèse de quelqu'un

VIII

8920 Jakobson dit que l'aphasie mange la langue à l'envers de son acquisition. Les articulations les plus récentes partent les premières.

Une bouche qui se défait commence par les lèvres.

J'ai pensé la même chose du vers. les règles du vers disparaissent une à une dans sa destruction, selon un ordre, aussi, aphasique. Comme si les poètes défaisaient leur bâtiment étage par étage.

VIII

Le grand incendie de Londres
La lampe (Le Seuil)

8921 Dans le segment de nuit finissante, qui mord d'un côté sur la boue de mon sommeil, de l'autre sur le déroulement ordinaire désertique de mes journées, chaque *fragment de mémoire* que j'extirperai du temps, aussitôt posé noir ici, s'évaporera, comme la lumière posée jaune par la lampe devant la plus décidée lumière qui est celle du jour.
Ce qui restera sera cette narration

Le grand incendie de Londres
(Du chapitre 5)

8922 Le monde sceptique est un monde de l'incroyable, on ne peut y entrer que par fragments courts de temps délimité où cette impossibilité à accepter que les choses, que les mondes sont, sera mise entre parenthèses. Et c'est ainsi qu'on pénètre dans un monde romanesque, que le monde romanesque des grands romans impose sa force de conviction, non en ce qu'il est copie exacte ou révélation d'un monde qui serait le réel nôtre, mais parce que en y plongeant on se laisse aller à consentir, avec le sentiment intime d'être maître de ce choix, à l'invraisemblance générale de toute vie.

Yves BERGER 1934

Que peut la littérature ? (U.G.E.)

8923 Deux choses me sont également intolérables : savoir que les enfants meurent de faim, l'une ; et l'autre, que l'on puisse conseiller à un écrivain de renoncer à écrire.

8924 Qu'il choisisse l'imaginaire ou que l'imaginaire le choisisse, c'est toujours contre le réel que l'écrivain travaille et de façon à l'oublier.

8925 La littérature est quelque chose qui n'empêche pas de dormir parce que, d'une certaine façon, on la fait en dormant. C'est un masque, et si parfait le masque (qu'on le porte ou qu'on en pressente l'efficacité) que la grande tentation des écrivains c'est de rester dans les livres et, follement, de se faire livres eux-mêmes.

8926 [...] l'idée que je me fais de la littérature comme *activité de mort* me semble bien plus juste que l'idée de la littérature implicite dans ce jugement rebattu, que l'on entend formuler à propos d'un livre qui plaît : « C'est la vie même. » Et non, ce n'est pas la vie — mais la mort.

Françoise SAGAN 1935

La Garde du cœur (Julliard), chap. 9

8927 Quel mur s'impose donc toujours entre les êtres humains et leur désir le plus intime, leur effroyable volonté de bonheur ? [...] Est-ce une nostalgie cultivée depuis l'enfance ?

8928 Je n'ai rien [...] contre les drogues : simplement, l'alcool me suffit et le reste me fait peur. J'ai peur aussi des avions, de la pêche sous-marine et de la psychiatrie. La terre seule me rassure, quelle que soit la part de boue qu'elle contient.

Jean-Pierre CHANGEUX 1936

L'homme neuronal
(Fayard)

8929 Mais « le cœur a ses raisons que la raison ne connaît pas », ce qu'on peut traduire par : le système hypothalamo-limbique (le « cœur ») est doué d'une autonomie connexionnelle suffisante vis-à-vis du cortex pour que, sous la pression de stimulations sensorielles particulièrement fortes, le niveau de motivation monte, voire déclenche le passage à l'acte même si les résonances corticales disent *non* à l'acte en question.

Georges PEREC 1936-1982

Je me souviens (Hachette/P.O.L.)
n° 69

8930 Je me souviens qu'à Villard-de-Lans j'avais trouvé très drôle le fait qu'un réfugié qui se nommait Normand habite chez un paysan nommé Breton. Des années plus tard, à Paris, j'ai ri tout autant de savoir qu'un restaurant appelé *le Lamartine* était célèbre pour ses chateaubriands.

n° 285

8931 Je me souviens que tous les nombres dont les chiffres donnent un total de neuf sont divisibles par neuf (parfois je passais des après-midi à le vérifier...).

Histoire du lipogramme
dans *Oulipo, la littérature potentielle* (Gallimard)

8932 L'on ne prétend pas que les artifices systématiques se confondent avec l'écriture, mais seulement qu'ils en constituent une dimension non négligeable. Au lieu de pourchasser l'on ne sait trop où l'ineffable, ne vaut-il pas mieux d'abord s'interroger sur la persistance du sonnet ?

Les revenentes (Julliard)

8933 — Certes, reprends-je, Bérengère, Bérengère « The Qeen », Bérengère « The Legs », celle qe Dresde et qe Leeds révèrent, celle qe vénèrent et le Rex et le Sélect et Pleyel ! Bérengère, déesse éthérée des scènes, vedette d'entre les vedettes, fée des kermesses et des fêtes ! Sept cent trente sept prêtres l'encensent : dès q'elle entre en scène et entreprend d'enlever ses vêtements, cent mecs se pètent le cervelet !

Philippe SOLLERS 1936

Logiques (Le Seuil), Littérature et totalité

8934 Il nous faut donc réaliser la possibilité du texte comme théâtre en même temps que celle du théâtre et de la vie comme texte si nous voulons occuper notre situation dans l'écriture qui nous définit.

Logiques, La pensée émet ses signes

8935 Espace singulier, évident et insaisissable, qui attend celui dont le corps est devenu un voyage sans fin, sous la protection de l'inconscience commune, corps qui a refusé d'être agi (d'être un *tiers*), pour venir occuper jusqu'à sa propre surface. C'est alors, sans doute, que la pensée devient une scène visible et vraie, et demande à être jouée.

Logiques, Le toit

8936 Autrement dit, il faut qu'à un système de relations formelles, à un PROCÈS, corresponde, selon une logique « mourante », un EXCÈS qui, quelle que soit la logique en cours, ne cesse pas de la mettre à mort. Le procès constitue et produit un excès qui consume le procès et le fonde. Celui qui écrit et copie ces lignes laissera à son tour derrière lui un squelette et une suite de mots.

Logiques, La poésie oui ou non

8937 Le langage est notre corps et notre air, notre monde et notre pensée, notre perception et notre inconscient même.

Logiques, Le roman et l'expérience des limites

8938 Les hommes demanderont de plus en plus aux machines de leur faire oublier les machines et peut-être l'apothéose de l'individu civilisé sera-t-elle de vivre un jour de manière entièrement romancée [...]

Nombres (Le Seuil)

8939 De même que j'étais devenu un mot pour un autre mot dans le décollement des mots en surface, elle ne pouvait être autre chose qu'un sexe pour un autre sexe dans la disparition partagée du sexe qui l'obligeait à penser qu'un des deux sexes était mort...

Théorie d'ensemble (Le Seuil)
Écriture et révolution

8940 Toute écriture, qu'elle le veuille ou non, est politique. L'écriture est la continuation de la politique par d'autres moyens.

Hélène CIXOUS 1937

Dedans (Grasset)

8941 Je découvre où va l'enfance quand on la repousse dans un temps mort.

8942 [...] je me souvenais de la fin des nuits, et je découvris la profondeur et l'extensibilité de la seconde vécue pour qui veut la remplir.

8943 [...] il m'arrive de penser que tout n'est pas fini parce qu'il n'y a pas eu de commencement, il m'arrive, quand tout est épuisé, de perdre aussi le passé, et cette pensée me précipite du haut du balcon dans la baie où toutes les significations se noient.

8944 Le temps et le monde et la personne ne se rencontrent qu'une seule fois.

8945 Tout obéit à l'ordre du silence : il y a beaucoup de curieux, d'ennemis, d'indifférents, d'animaux.

8946 Dehors le mystère des choses s'asséchera, les générations reflueront morts sur morts sous le soleil, mais dedans nous aurons cessé de mourir.

8947 Pas de passage qui s'écoule sans sa poignante révélation.

8948 Chaque fois qu'une vision annonce qu'elle va être réveillée, elle s'éloigne encore un peu plus.

8949 Écris! En plus net, plus visible, plus sonore, c'est la clé de l'autre musique! Prends des notes destinées à toi seule. Écris. Comme à une autre personne, pour qui tu n'existes pas. Pour qui tu vis. Pour ne pas mourir.

8950 [...] infiniment corps, étendu partout, j'ai reçu sans fuir les messages de toutes les forces, j'ai pris l'air, ses nœuds, ses puits, ses tours, sa folie, j'ai pris les mille manières de l'eau.

8951 [...] la force de la féminité, ses quatre pouvoirs:
— le pouvoir d'être l'Hier et l'Aujourd'hui;
— le pouvoir d'être les autres qu'on est;
— le pouvoir d'entrer et sortir à son gré de ses quatre inconscients:
« Personne ne peut me saisir
Moi je peux vous saisir »;
— le pouvoir de garder autour d'elle ses lumières, ses musiques, ses dons d'harmonie, et de s'envelopper de toutes ses époques.

8952 [La femme] Elle ignore le non, le nom, la négativité.

8953 [...] elle est faite pour cette souffrance entre toutes les souffrances: l'incarcération de tous ses désirs dans une geôle beaucoup trop petite pour elle.

8954 Se vouloir délivrée! Sentir tous ses cris qui ne sont pas poussés. Ses sanglots étranglés.

André GLUCKSMANN 1937

La Cuisinière et le Mangeur d'homme, 1975 (Grasset)

8955 Nous n'avons pas à ventriloquer, à prêter notre voix au silence des camps; venu d'au-delà de l'espoir et de la peur, il introduit dans le fracas savant du siècle une pudeur qui lui manque cruellement.

8956 Il n'est de parole sérieuse que « parole de maître ».

8957 C'est toute une culture qui se dévoile ainsi comme *horizon indépassable* du marxisme, et chaque fois cette culture se révèle celle, centenaire ou millénaire, d'une élite qui monopolise la parole et d'un État qui s'arroge le monopole de la violence.

8958 On ausculte une société par son haut ou par son bas.

8959 Comme on gouverne sa société, on théorise celle des autres : ce savoir va du haut vers le bas, comme le commandement.

8960 La théorie travaille dans l'éternel depuis Platon ; depuis ce temps-là l'élite s'emploie à planifier son règne millénaire en éliminant les scories : plèbes ignorantes des grands desseins, temps rebelles, mauvais esprits.

8961 L'élite habite une forteresse, l'État. Autour : la plèbe et les désordres du temps. Au-delà : l'éternité. Entre la forteresse et l'éternité, un pont : la théorie.

8962 Couronne de la Raison nouvelle, l'Hôpital général préfigure le camp de concentration.

8963 La légitimité du pouvoir est celle de la *raison*, « discours sans contradiction » qui s'appuie, tout en s'en distinguant, sur la « pratique sans commentaire » de la police qui enferme.

8964 Tenir le langage est, pour le gouvernement, nécessité.

8965 Les maîtres aiment à se donner un air de rigueur définitive, ils se mireraient volontiers dans la nécessité déductive attribuée aux mathématiques, leur fidélité est « inébranlable » et leur discipline « monolithique » — miroir aux alouettes.

8966 [...] le détenu dévisage son geôlier, à l'occasion lui crache à la gueule — cette salive est plus concentrée que bien des chapitres de la *Phénoménologie de l'esprit* consacrés à la reconnaissance réciproque du Maître et de l'Esclave, et plus spirituelle. Ne pas tendre au maître le mouchoir de la théorie, ne pas attendre qu'il se soit refait une beauté, tenter de le voir avec l'œil du détenu.

8967 L'art suscite une communication sauvage de peau à peau, de plaie à plaie, qui dans la plèbe ne cesse jamais.

8968 L'économie qui fait du travail la mesure de toute richesse tend à enfermer les pauvres, le jacobin tourne au nazi, le pédagogue devient flic.

Les Maîtres penseurs (Grasset)

8969 Demain tu seras un homme, et libre, à condition que tu ne retournes pas d'où l'éducation te détourne...

8970 Les manières changent, la prétention demeure de coïncider avec le centre du monde, de couler dans le bronze de l'histoire un je pense qui soit l'absolu et inébranlable fondement de la vérité.

8971 Qu'est-ce qui conteste [...] moins le pouvoir de l'État moderne qu'une conception religieuse de la politique doublée d'une conception politique de la religion.

8972 Le bourgeois exploiteur évacué depuis longtemps reste l'homme officiel qui règle l'organisation et la distribution du travail social, et l'homme privé qui la subit.

8973 Un homme agence, sur une scène, la grande machinerie du pouvoir moderne : il met en marche les discours, creuse les imbroglios, actionne les phantasmes. Ça fonctionne. [...] Il nous éclate. De rire. Au nez.

Clément ROSSET 1939

Le Réel. Traité de l'idiotie
(Éditions de Minuit)

8974 [...] si le philosophe peut, en toute justice, s'étonner que les choses soient (qu'il y ait de l'être), il ne devrait en revanche nullement s'étonner que les choses soient justement telles qu'elles sont, y subodorant ainsi on ne sait quelle signification occulte. Signification obscure autant que tautologique : si les choses sont justement ce qu'elles sont, ce n'est pas par hasard, décide une certaine raison philosophique (alors que la véritable raison ordonnerait plutôt de penser : si les choses sont ce qu'elles sont, c'est qu'elles ne peuvent échapper à la nécessité d'être quelconques).

8975 Le grand philosophe de la signification imaginaire est Hegel : celui qui pense que tout le réel est rationnel, que rien n'arrive au hasard, que tout ce qui se produit est la marque d'un destin secret qu'il appartient au philosophe de comprendre et de dévoiler. A l'envers du déroulement anodin de l'histoire, le philosophe hégélien lit la signification et la nécessité de ce qui se produit, apparemment mais seulement apparemment, sans finalité ni raison ; dès lors toute réalité se double d'une signification imaginaire.

8976 On insistera volontiers ici sur les innombrables incidences morales, religieuses et politiques de cette folie — cette folie du sens qui est la folie par excellence, folie à laquelle il n'est aucun autre antidote philosophique qu'un matérialisme intransigeant (c'est-à-dire celui de Lucrèce et d'Epicure, pas celui de Marx). La prise au sérieux de ce qui est justement non sérieux (l'anodin devient l'essentiel, la lecture du journal devient la « prière du matin »), la perception complaisante d'une importance là où il n'est rien qui importe, l'esprit religieux et docile, prêt à reconnaître en toute personne parlant haut et fort un messager de l'Histoire, sinon un messager de Dieu, l'idée d'un bien et d'un mal (selon qu'on favorise l'avènement du sens ou qu'on y résiste), le souci de contribuer à la réalisation du sens, avec les dangers qui s'ensuivent et que l'on connaît, la fatalité des intolérances et des persécutions — telles sont quelques-unes, parmi d'autres, de ces plus fâcheuses incidences.

8977 Ce double visage de la mort — chacun terrible mais le second bien davantage que le premier — se trouve exprimé dans une brève formule de l'*Art poétique* d'Horace : *Debemur morti nos nostraque* — nous sommes dus à la mort, nous et « nos choses ». *Nos nostraque :* nous et toutes nos affaires ; nous, mais aussi Phidias et Shakespeare. Ce qui meurt est bien moi, mais aussi tout ce dont ce moi a été instruit et nourri : c'est-à-dire tout ce qui s'est présenté ou aurait pu se présenter à moi d'aimable ou d'admirable. Le sujet meurt, mais aussi tous ses compléments d'objets possibles.

8978 Le pouvoir de la mort, qui est sans commune mesure avec ma mort, sans commune mesure même, comme on va le voir, avec le fait que tout meure, que tout ait une fin, est donc finalement assez semblable à celui — exorbitant aux yeux de certains théologiens — reconnu à Dieu par saint Pierre Damien dans son *Traité de l'omnipotence divine* : pouvoir d'annuler le passé, de faire en sorte que ce qui a eu lieu n'ait pas lieu. La mort n'est pas seulement la *fin* de la chose ; elle est aussi et surtout son *annulation*. Aucune chose n'existe ni n'a existé, puisque sous menace d'être bientôt à jamais biffée par l'oubli, en sorte qu'il n'y aura, tôt ou tard, plus de différence entre « ceci s'est passé » et « ceci ne s'est pas passé ».

J.-M. G. LE CLÉZIO 1940

Le Procès-verbal (Gallimard), avant-propos

8979 A mon sens, écrire et communiquer, c'est être capable de faire croire n'importe quoi à n'importe qui.

Le Procès-verbal, C

8980 L'important, c'est de toujours parler de façon à être écrit ; comme ça, on sent qu'on n'est pas libre. On n'est pas libre de parler comme si on était soi.

La Fièvre (Gallimard), avant-propos

8981 Des poèmes, des récits, pour quoi faire ? L'écriture, il ne reste plus que l'écriture, l'écriture seule, qui tâtonne avec ses mots, qui cherche et décrit, avec minutie, avec profondeur, qui s'agrippe, qui travaille la réalité sans complaisance.

Le Livre des fuites (Gallimard)

8982 Comment échapper au roman ?
Comment échapper au langage ?
Comment échapper, ne fût-ce qu'une fois, ne fût-ce qu'au mot COUTEAU ?

8983 La littérature, en fin de compte, ça doit être quelque chose comme l'ultime possibilité de jeu offerte, la dernière chance de fuite.

8984 Ce qui me tue, dans l'écriture, c'est qu'elle est trop courte. Quand la phrase s'achève, que de choses sont restées au-dehors!

Régis DEBRAY 1941

Révolution dans la révolution? (Maspero)
avertissement

8985 Lutter pour un maximum d'efficacité, c'est lutter en toute occasion *pour* la réunion de la théorie et de la pratique, et non *contre* la théorie au nom de la pratique à tout prix.

8986 Entre une pratique sans tête et une théorie sans jambes, il n'y aura jamais à choisir.

I

8987 Nous ne sommes jamais tout à fait contemporains de notre présent. L'histoire s'avance masquée: elle rentre en scène avec le masque de la scène précédente, et nous ne reconnaissons plus rien à la pièce.

Les Rendez-vous manqués

8988 La perversion d'une idée juste est l'hommage des pervers à sa vertu.

8989 Qui pourrait nous éduquer, sinon la pâle éducation des images et des mots?

8990 Cinéphiles faute de mieux, le cinéma, prothèse des inactifs, nous a permis de vivre à peu près comme des hommes normaux, et nous a quelquefois caché à nous-mêmes notre infirmité.

8991 Les idées dominantes d'une époque sont comme le mobilier ou les tableaux des appartements de la classe dominante: ils datent de l'époque précédente.

Julia KRISTEVA 1941

interview

8992 Les trois grands maux du XXe siècle ne sont-ils pas la misogynie, l'antisémitisme et l'anti-intellectualisme?

8993 Tout se passe [...] comme s'il y avait un fonctionnement conscient et un fonctionnement inconscient des signes.

8994 Dès qu'une entente sociale s'instaure, même si elle exprime une volonté de mieux-être pour le plus grand nombre, elle représente par sa massivité un germe de totalité et, à terme, une promesse de totalitarisme. L'intellectuel, par son travail de critique minutieuse, peut essayer de déverrouiller ces systèmes de certitudes.

8995 Dissidente éternelle par rapport au consensus social et politique, en exil par rapport au pouvoir, une femme est toujours singulière, pis même, morcelée, démoniaque, sorcière.

Pascal LAINÉ 1942

B. comme Barabbas (Gallimard)

8996 Il n'y avait qu'un seul infime défaut dans cette pleine horreur des choses brutes, et j'étais ce défaut : exister ainsi, n'être qu'une écharde de vie sous les tonnes de glaise, dérober l'instant de mon existence à l'éternité stupide du flux et du reflux me semblait une bien plus grande merveille que d'avoir un Dieu, que d'être Dieu.

8997 Je me sens comme « de passage » dans l'existence, à la manière d'un voyageur de commerce, également étranger à tous les pays que je traverse.

8998 Les hommes, en mourant, sombrent dans l'imparfait. Le temps, où tout finit par se perdre, les engloutit, et l'existence se referme derrière eux.

8999 Le réel n'avait pas plus d'épaisseur qu'une image, une image qui s'étirait à l'infini, mais sans rien faire d'autre que se recommencer sans cesse, comme par jeu, ou par la crainte de s'anéantir tout à fait.

La Femme et ses images, 1974 (Gallimard)

9000 Le monde [...] n'est plus seulement le milieu abstrait de nos transformations, mais l'objet changeant de notre désir. Le langage moderne reflète et détermine à la fois cette évolution, en multipliant dans les *mass media* les signes de ce désir.

9001 L'objet vaut comme signe, mais inversement le signe nous renvoie presque toujours à quelque objet.

9002 Le processus économique moderne suscite son discours nécessaire, mais inversement notre langage comporte une fonction, une finalité économique.

9003 Réduite à n'être que son « image », la femme trouve sa véritable importance au lieu même de son aliénation. Car c'est au prix de sa liberté, de son identité, qu'elle se « réalise » dans sa fonction d'objet ou de *médiateur* du désir.

9004 Tenant à leur discrétion les *mass media*, dont la capacité de suggestion et d'incitation ne cesse de croître, les publicitaires et les firmes sont en mesure de gérer, en permanence et selon leurs intérêts propres, tout le fonds de l'imaginaire dans les cultures occidentales modernes.

9005 On peut croire [...] que la révolte féministe, encore minoritaire, mal connue, réduite si possible par les *media* à n'être qu'une nouvelle fantaisie de la mode, trouvera pourtant un terrain propice dans la masse anonyme des femmes, impatientes précisément d'échapper à cet anonymat et de résoudre le problème chaque jour plus aigu de leur identité.

L'Irrévolution (Gallimard)

9006 La philosophie, en moi, c'est quelque chose comme le voisin du dessus qui ferait les cent pas dans sa chambre, avec des chaussures cloutées sur son parquet, et qui vous piétinerait les pensées. C'est ça: un bruit étranger à la pièce, mais dans la pièce, et jusque dans mon sommeil, comme un écho, s'éteignant interminablement.

9007 C'est rassurant qu'on trouve l'ignorance et l'intelligence où l'on veut qu'elles se trouvent. Ou bien le monde ne serait pas ce qu'il est.

9008 Pourquoi prétendre que je doive choisir ? C'est mon existence qui me choisit, petit à petit. Mon personnage s'enfonce en moi, doucement, et m'investit.

9009 L'érotisme est tout d'ambiguïté, [...] et se nourrit de son jeûne apparent. [...] C'est un jeu, un simple jeu, gratuit, d'une perverse pureté.

9010 Les mots, ça fait du bruit ; on écoute les mots ; on écoute ceux qui les disent ; pas les autres, ceux qui n'osent pas faire tant de bruit. [...] ils n'osent pas à cause du cambouis sur leurs mains, par exemple, et parce qu'on leur a dit qu'il faut parler les mains blanches.

Jacques ATTALI 1943

Bruits (Flammarion)

9011 Science et message et temps, la musique est tout cela à la fois, car elle est, par sa présence, mode de communication entre l'homme et son environnement, mode d'expression sociale et durée.

9012 Miroir, car, production immatérielle, elle renvoie à la structuration des paradigmes théoriques, très en avance sur la production concrète.

9013 La musique est vécue dans le travail de tous. Elle est sélection collective dans la fête, accumulation et stockage de code collectif.

Tony DUVERT 1946

Journal d'un innocent, 1976
(Éditions de Minuit)

9014 Les puritains jurent que la pornographie est lassante, qu'elle montre toujours la même chose. J'ai peur qu'ils surestiment la variété du reste.

9015 [...] nul ne sait lire le corps ; les moins aveugles de nous découvrent seulement que, sur ses parois que des mètres de boue ont si longtemps enfouies, une langue inconnue est tracée.

9016 [...] presque tous les livres ont des centres mous, des concavités de hamac. C'est sans doute le creux qu'on voit dans les lits, les fauteuils qui ont servi trop longtemps. Ressorts à changer.

9017 La demande d'ordre et d'éducation, de normes, de boucherie vient des enfants mêmes, d'où qu'ils sortent. Car ils veulent devenir aussi humains que nous, les monstres.

9018 Or le bonheur, quant à lui, est un sommeil éternel. Rien de plus légitime que de le protéger contre les malades atteints d'insomnie.

9019 Je n'en finis pas de m'émerveiller que la nature soit si vulnérable, et l'antinature si résistante. Que l'on construise si difficilement ce qui est construit d'avance, et qu'on échoue à détruire ce qui n'est que petite œuvre d'infirme.

9020 Seuls parlent au nom des hommes ceux qui pourraient pointer un fusil sur eux.

9021 Je n'oublie pas que la charité est une vertu désuète : c'est la justice sociale qu'il faut. Heureusement, si l'une appartient au passé l'autre est pour l'avenir : ce qui nous dispense des deux.

Patrick GRAINVILLE 1947

Les Flamboyants, 1976 (Le Seuil)

9022 Il lui aurait fallu quelque limon ! quelque volcan ! quelque fauve traqué : un baobab ! un baboin ! pour exprimer son bonheur. Ah ! bondir ! voler aux cimes d'un arbre géant et entonner un hymne de reconnaissance à la terre... ou bien empoigner un grand singe et rouler au sol avec lui et mordre ! se faire mordre et saigner la bête et l'homme !

9023 C'était surchargé, boursouflé, sordide. Un tel délire de réalité écœurait, rendait idiot.

9024 Hannibal eût-il franchi les Alpes à dos de girafes, il serait entré dans Rome chevauchant de grandes portions de planètes vives, hermaphrodites !

9025 La clarté de la lune et son parfum de cuivre.

9026 La nuit laissait glisser ses voiles ténébreux pour resplendir nue, blonde. La clarté n'était donc qu'une nuit nue et les ténèbres son simple affublement.

9027 Des hyènes crient et mangent des bouts de ténèbres. [...] Ces fripouilles nocturnes sorties de la terre et nécrophages dont les aboiements saccagent les ténèbres.

9028 Ah! vos éducations judéo-chrétiennes vous ont crétinisés, rationalisés. Moi je suis resté un grand métaphorique, un Grand Analogique!

9029 Laissons nos morts à la nature, qu'ils servent à quelque chose au moins.

Émile AJAR (pseudonyme de Romain Gary) 1914-1980

Pseudo (Mercure de France)

9030 Je suis un linguiste-né. J'entends et je comprends même le silence. C'est une langue particulièrement effrayante, et la plus facile à comprendre. Les langues vivantes qui sont tombées dans l'oubli et l'indifférence et que personne n'entend sont celles qui hurlent avec le plus d'éloquence.

9031 [...] je voyais la réalité, qui est le plus puissant des hallucinogènes.

9032 Le besoin d'affabulation, c'est toujours un enfant qui refuse de grandir.

9033 De nouvelles routes bien tracées, pour aller toujours plus loin nulle part.

Pascal QUIGNARD 1948

Petits traités (Clivages)

9034 Sans lien avec le souffle la virgule et le point sont sans doute comme le symptôme écrit de la grammaire et de la soustraction de l'oral.

9035 Les mots que l'on prononce ne sont pas les mots qu'on écrit. Autre syntaxe, autre monde. La page est imprononçable.

Bernard Henri LÉVY 1949

La Barbarie à visage humain (Grasset)

9036 [...] il n'y a pas de révoltés en cette histoire qui ne soient d'abord des *fuyards*.

9037 Le pouvoir n'est pas l'allogène de la société: il fait corps avec elle, il est l'instituteur de ses états.

9038 Le Maître a toujours raison parce qu'il est l'autre nom du Monde...

9039 [...] si le pouvoir mobilise du désir et en gère l'économie, c'est aussi que ce désir, il en est d'abord l'ingénieur et en a forgé les figures.

9040 Parler, c'est, inévitablement, dire et articuler la loi. Il n'y a pas de parole pleine qui ne soit pleine d'interdit.

9041 [...] il n'y a pas d'autre définition du Pouvoir, de la prise et de la conquête du Pouvoir, que la prise et la conquête du Temps, la proclamation par quelques-uns du discours historien qu'une Société tient sur elle-même.

9042 Il faut [...] dire de l'individu ce que Nietzsche dit de la conscience, qu'il est nécessairement tard venu, pur et plastique effet de ce qui advient avant lui.

9043 Le bonheur n'est pas, ne sera jamais plus une idée neuve, sauf à rompre avec tout ce qui, depuis que les sociétés existent, les a rendues possibles.

9044 L'homme, même révolté, n'est jamais qu'un Dieu manqué et une espèce ratée.

9045 L'idéologie du désir est une figure de barbarie [...]: partant d'une adoration sans réserve de l'ordre du monde comme il va, elle ne fait rien d'autre que le faire aller, le faire tourner, plus vite et plus fort encore.

9046 La technique, le désir et le socialisme : voilà bien les trois figures matricielles de la tragédie contemporaine.

9047 Non, le monde n'erre ni ne se perd dans le méandre du possible, il va tout droit vers l'uniforme, l'étiage et la moyenne ; et c'est pour cela qu'il faut, aujourd'hui pour la première fois, se proclamer antiprogressiste.

9048 [...] l'État totalitaire [...] ce n'est pas la force déchaînée, c'est la vérité enchaînée.

9049 [...] il y a menace de totalitarisme chaque fois qu'une société nous fait devoir de *tout dire*.

9050 La barbarie de demain a pour elle toute la ressource de l'avenir et du progrès.

9051 Le pessimisme ne vaut que s'il dégage au bout du compte une mince mais dure plage de *certitude* et de *refus*.

9052 [...] je crois aux vertus [de...] quelque chose comme un libertinage austère pour temps de catastrophe.

INDEX THÉMATIQUE

A

A 160, 5136, 5175
Abandonnée *(Femme)* 2356
Abat-jour *(Baisse un peu l')* 6616
Abattoir *(international)* 7116
Abd el-Kader 8882
Abdiquer 2669, 3174, 6762
Abeille 2379, 2584, 3746, 4359
Aberration 7782
Abîme 2002, 2836, 3301
Abject 4187
Abnégation 2308, 5773, 5946
Abolition *(de l'esclavage)* 2844
Abominable 4064
Abondance 1049
Abracadabrantesque *(Flot)* 5130
Abréger 8425
Absence Hugo 2841/ Valéry 5884/ 6142 ; *(L'Enfer c'est l')* 4855 ; *(réelle)* 5650
Absent (e) 1771, 5493 ; *(de moi-même)* 2487
Absinthe 429, 6027
Absolu 4614, 5405, 7309, 7310, 7515, 8262, 8286 ; *(Rien n'est)* 4811
Absolution 2357, 5287
Absolutisme *(historique)* 8617
Abstenir (s') 8229
Abstraction 4054, 8655
Abstrait (e) 5968 ; *(Force)* 1849 ; *(Nature)* 5083
Absurde 1622, 4212, 4976, 5939, 7499 /Camus 8582, 8584, 8585 ; *(Homme)* 4602 ; *(Le monde est)* 8583 ; *(L'homme)* 8588
Absurdité 8572 ; *(du monde)* 7548
Abus 416
Abyme 3278
Académicien *(Discours d'un)* 3434
Accablement 2790
Accent *(aigu)* 5220
Accident 4370, 5290, 7843
Accomplissement 8614
Accouchement 2054
Accueillir 5740
Accusateur 4439
Accusé 4432
Achéron 3268
Achille 660, 1159
Acropole 4309, 7823
Acrostiche 4153, 6278
Acte 807, 7718 ; *(de l'amour)* 5067 ; *(libre)* 4882 ; *(médiateur)* 8808, *(surréaliste)* 7272
Acteur 479, 1930
Action (s) Stendhal 1248/ Balzac 2316/ Hugo 2709/ 3673 /Baudelaire 3915/ 5072, 5073, 5177, 5320, 5373, 5666, 5671, 5706, 5712, 6943, 8085, 8908 ; *(d'éclat)* 570 ; *(individuelle)* 6716 ; *(Mauvaise)* 5027, 6428 ; *(sociale)* 7277
Activité 346, 7342 ; *(intellectuelle)* 8307

INDEX

Actrice 2212, 3253, 3257, 3288
Actualité 2124
Adam 160, 1131, 2718, 6870
Addition 4160; *(Payer l')* 5326
Adepte 3574
Adieu 738, 6201; *(conquêtes)* 1577; *(Soupir d')* 1781
Administration (s) 941, 6610
Administrer 3167
Admirables *(Vies)* 6645
Admiration 2073, 2289, 4692
Admirer 1485, 2472, 2985, 8593; *(rien)* 5973
Adolescence 5812
Adolescent (e, s) 5865, 8311
Adoration *(d'une jeune fille)* 2075
Adorer 3798
Adroit 132
Adulte 7132, 7166, 8316; *(Homme)* 6415
Adultère 2862, 3323, 4096
Adversité 729
Aelia Laelia 3294
Aérostat 5009
Affaiblir 6001
Affaire (s) 166, 415, 4343; *(Homme d')* 7619; *(Les affaires sont les)* 4265; *(Sommet des)* 7049
Affection (s) 2677, 3314, 7335; *(humaines)* 7337; *(profonde)* 4104
Affiche 2176
Affirmation 5773
Affirmer 3693, 8175; *(s')* 1638
Affliger (s') 580
Affranchir (s') 8294
Affreux 4211
Affronter 5229
Africains *(Dirigeants)* 8001
Afrique 7769, 7998, 8000, 8639
Age (s) 3503, 6217; *(Déclin de l')* 6668; *(de pierre)* 7444; *(d'or)* 7444; *(Grand)* 6806; *(Moyen)* 1979, 1985, 1987; *(Océan des)* 1421
Agent 4781, 4783; *(de police)* 5497
Agglomération *(humaine)* 3737
Agir 4530, 5067, 5852, 7048
Agitation 3936
Agnosticisme 7834

Agonie *(de Jésus-Christ)* 7122
Agoniser 4161
Agression 2208, 3581, 4716
Agricole *(Classe)* 3400
Agriculture 1061; *(africaine)* 7999
Ah *(je ris!)* 3786
Aide-jardinier 5012
Aïeux 703, 1815
Aigle 1629, 2413, 2527, 2586, 2863, 3239, 5691; *(impériale)* 970
Aiglon (s) 2527, 3185, 3512, 5691
Aiguille (s) 788
Aiguillon 3944
Aile (s) 8896; *(de géant)* 3856; *(vigoureuse)* 3857
Ailleurs 3904
Aimable 1337
Aime *(Personne ne m')* 7353
Aimé ; *(Avoir)* 2943; *(Être)* 469, 1725, 6061, 7804
Aimée *(Être)* ; *(Être follement)* 7288
Aimer Rousseau 297, 405, 1121, 1127, 1131 /Stendhal 1189/ 1370 /Lamartine 1409, 1411, 1451, 1456/ 1674 /Vigny 1791/ Balzac, 2261/ Hugo 2531, 2663, 2685, 2688, 2700, 2719, 2838/ 3043 /Nerval 3277, 3317/ Musset 3430, 3460, 3461, 3475, 3530, 3547/ 3729, 5067, 5438, 5509, 5707 /Proust 5858/ Valéry 5811/ 6444, 6889, 6890 /Céline 7130/ 8195/ 7180; *(beaucoup)* 5056; *(les autres)* 1685; *(Qui j'ose)* 3534; *(S')* 8424; *(sans espoir)* 5003
Aimerais *(Comme je t')* 6614
Aimez *(-vous les uns les autres)* 1142, 1143
Air 42; *(musical)* 3238; *(pur)* 4912
Airain 305; *(Cordes d')* 2522
Aire 2413, 3512
Albatros 3856
Alchimiste 4730
Alcool 104
Alcyons *(Pleurez, doux)* 284
Alembert (d') 1245, 3549
Alexandre *(le Grand)* 757, 1058
Alexandrin 2618; *(vers)* 1208
Algèbre 4935

Algébriste 1215, 1891
Alger 4433
Algérie 8626 ; *(française)* 3235
Alibi 6984
Aliénation 4504
Aliéniste 5819
Aliscans 5546
Alizés *(Vents)* 1356
Allée *(C'est la mer)* 5151
Allégresse 5544
Allemagne 472, 1205, 1976, 2909, 5510, 6382, 6387
Allemand (s) 462, 463, 468, 471, 878, 2226, 4385, 7801, 8837 ; *(Livres)* 6285
Aller *(plus loin)* 3102
Alliance (s) 420 ; *(anglaise)* 4511
Allumette (s) 4121, 7208
Alouette 2029, 3857
Alphabet *(de la nuit)* 4700
Altérations *(Lenteur des)* 8512
Altruisme 5862
Amabilité 6153
Amalécyte 3272
Amant (s) /Chateaubriand 621 / Stendhal·1168/ Balzac 2145, 2216, 2328/ Hugo 2839/2888, 2902, 3198, 3800, 4215, 7623 ; *(Premier)* 4852
Ambitieux (se) 1230, 8200
Ambition 203, 1070 /Lamartine 1541/2881, 3359/Musset 3552/ 4335, 6658, 7329 ; *(prolétarienne)* 5335
Ame (s) 24, 27, 336, 4752/Chateaubriand 826, 880/ Stendhal 1346/ Lamartine 1467, 1476, 1496/ 1925 /Balzac 2349/Hugo 2520, 2570, 2649, 2655/3333, 3393/Musset 3473/ Baudelaire 3879, 3921/ Flaubert 4166/5009, 5017, 5400 /Claudel 5646/ 5655 /Gide 5741/ 6049, 6893, 6795, 7030 /Céline, 7111/ 7529 ; *(Avilissement des)* 6835 ; *(communes)* 1219 ; *(-cyprès)* 4157 ; *(d'élite)* 5508 ; *(du vin)* 3910 ; *(humaine)* 4406, 6317, 6414, 8021 ; *(immortelles)* 6486 ; *(Nid d')* 2822 ; *(noble)* 1226 ; *(Triste était mon)* 4818 ; *(Vendre son)* 3845 ; *(vivante)* 3301
Amen *(dit un tambour)* 4629
Américain (s) 763, 3117, 4305, 7906
Américanolâtrie 8382
Amérique 1276, 1282
Amertume 3340, 7443
Ami (e, s) 119, 288, 403, 614 /Stendhal 1168, 1318/ Balzac 2228, 2233/ Hugo 2664/2882, 2904, 3092, 3210 /Musset 3438/ Rimbaud 5154/ 5549, 6859, 7728 ; *(donné par la nature)* 373 ; *(Moitié d'un)* 2778
Amitié 402/Chateaubriand 697/1111 /Lamartine 1495/ Balzac 2150, 2221/ 2962, 3141, 3703, 4391, 6107, 6722 ; *(Contempteurs de l')* 5817 ; *(entre hommes)* 6932 ; *(entre femmes)* 2200 ; *(Paisible)* 1959
Amoindrissement 5389
Amorphie 8015
Amour (s) 291, 292, 303, 335, 356, 402, 519 /Constant 553/ Chateaubriand 697, 715, 742, 1776/ Stendhal 1188, 1190, 1216, 1221, 1229, 1231, 1288, 1299, 1306, 1314, 1330, 1355/ 1363, 1365, 1369 /Lamartine 1413, 1455, 1471, 1476, 1480/1567 /Vigny 1697, 1798/ 1865, 1941, 2031, 2032, 2036, 2038, /Balzac 2088, 2094, 2102, 2131, 2284, 2307, 2309, 2314, 2355, 2357/ Hugo 2530, 2541, 2764, 2787, 2802, 2805/ 2883, 2960, 3141, 3195 /Nerval 3286/ Musset 3425, 3513/ 3624, 3718, 3751, 3756 /Baudelaire 4075/ Flaubert 4091, 4092, 4146/ 4208, 4338, 4455 /Mallarmé 4667/ 4763, 4765, 4962, 5020/ Maupassant 5054/ 5673, 5679, 5710 /Gide 5738, 5765/ 5800 /Proust 5809, 5828, 5830, 5834, 5845, 5846/ Valéry 5927/ 6003, 6039, 6178, 6184, 6188, 6402, 6448, 6722, 6745, 6779, 6831, 6931, 6933 /Céline 7103/7287/ Aragon 7420, 7434/7527, 7716,

7720, 7767/Malraux 7840/ 7893, 8315, 8423, 8429/ Camus 8566; *(Chance d')* 8422; *(Chanson des)* 2620; *(charnel)* , ; *(Clef de l')* 5189; *(Code d')* 302; *(comblé)* 5419; *(contingentes)* 8308; *(d'une jeune fille)* 2076, 2306; *(est injustice)* 8606; *(Faire l')*, 6718, 8430; *(Grand)* 5697, 6733, 8120; *(heureux)*, ; *(humain)* 7159; *(Lettre d')* 2509; *(Livre d')* 4175; *(nécessaire)* 8308; *(On ne badine pas avec l')* 3517; *(On ne meurt pas d')* 7209; *(passion)* 1178; *(paternel)* 219; *(physique)* 4334, 7768; *(Premières)* 2703; *(Privation d')* 6201; *(qui meurt)* 714; *(qui se tait)* 3484; *(Rage d')* 7140; *(À réinventer)* 5172; *(Renoncer à l')* 8302; *(Révélation de l')* 7751, 7752; *(Roman d')* 6006; *(splendide)* 5124; *(Temps de l')* 8389; *(vénal)* 4203; *(Véritable)* 2194, 2249, 2686; *(Vive l')* 3543; *(de vivre)* 8556

Amoureuse (s) 3240; *(Mes petites)* 5126

Amoureux 1277, 2189; *(naïf)* 3252

Amour-goût 1178

Amour-propre 338 /Balzac 2059, 2129, 2156/3013, 3018, 7319; *(des autres)* 1685; *(du peuple)* 586

Amphibie 6136

Amusement 572

Amuser (s') 2365, 4070

An (s) 4085; *(deux mille)* 8046; *(Dix-sept)* 5119; *(Quarante)* 6064, 6078, 6185, 6186, 6203; *(Vingt)* 445, 6746, 8047, 8734; *(Vingt-cinq)* 7199; *(Vingt et un)* 614

Anacoluthe 5243

Anarchie 829, 2485, 3345, 3350, 5197; *(intellectuelle)* 1853; *(occidentale)* 1876

Anarchique 4910

Anarchiste 3684

Ancêtre (s) 990, 7273; *(Esprit d')* 6135

Ancien 560, 561

Ancre *(Jeter l')* 1421

Ane (s) 2364, 5402, 5662, 5663

Anéantissement *(de l'être)* 7271; *(de l'humanité)* 6662; *(d'une nation)* 6399

Ange (s) 1896, 2810, 3832, 5185, 6953, 7307; *(géographique)* 6306; *(purs)* 3789; *(radieux)* 3789

Anglais 1334, 1937, 4389, 4393, 4399

Anglaise (s) 2355; *(oligarchie)* 975

Angleterre 973, 1200, 1246, 1335, 1976, 1981, 2464, 2527, 3166, 8073; *(Famille régnante d')* 983

Anglo-Américain 3116

Anglomanie 8382

Angoisse 3312, 3897, 4113, 6435, 7473, 8441; *(humaine)* 5033; *(Sentier d')* 2742

Angot *(Madame)* 3591

Anguille (s) 4259

Anima 5646

Animal (aux) 3881, 5768, 6541, 7846, 7927; *(à mousquet)* 4758; *(humain)* 4364; *(Règne)* 803

Animalité 4578, 4613

Animus 5646

Année (s) 1151, 3790

Annibal 2597 *(voir aussi Hannibal)*

Annonciations *(fausses)* 7266

Anonymat 6013

Anonyme 5022

Antagonisme 4699

Antée 729

Anthropologie 4310

Anthropophagie 7178

Antialcooliques 6027

Antichrétienne 2983

Anticipateur 5391

Antidestin 7844

Antinature 2047

Antipathie 1046

Antipodes 5442

Antiquité (s) 6345

Antisémitisme 4589, 4597

Antithèse (s) 503

Anxiété 5834, 8480

Août *(des femmes)* 4108

Apaisement 2783, 4814

Apéritif 6928

Aphasie 8920
Aphasique 8029
Aphorisme 5489
Apocalypse 3308
Apollinaire 7222
Apôtre (s) 1631, 3406, 5213, 5944
Apparence (s) 4115, 7587, 7847, 7917, 7923, 8068, 8487
Apparition 3289, 8079 ; *(surnaturelle)* 2889
Appartenir 5759
Apparu 3830
Appauvrir ; *(les riches)* 3107
Appétit 2412 ; *(Bon)* 2551 ; *(de ne pas être)* 7227 ; *(matériel)* 3971
Applaudir 2418
Applaudissement *(du silence)* 6022
Application 6000
Apprendre 2443, 2969, 5812, 8223 ; *(par cœur)* 214
Apprenti *(L'homme est un)* 3467
Apprivoiser 7727, 7728, 7730
Aquilon ; *(Vautour)* 2634
Araignée 3065
Arbitraire 538, 545, 4430
Arbre (s) 2603, 4938, 5477, 5795, 6776, 6891, 7714, 7721 ; *(de science)* 6664 ; *(humain)* 6652 ; *(Nature des)* 7595 ; *(taillé)* 1322
Arc 5523
Arc *(Jeanne d')* 2855
Arc-en-ciel 5142
Arche *(simple)* 2005
Archéologue (s) *(bovins)* 7550
Archet 1303, 1309 ; *(vainqueur)* 4195
Archevêque *(de Grenade)* 2229
Architecte 1943 ; *(Éternel)* 1913
Architecture 640, 2500, 6788, 6790
Argent Stendhal 1274/ Vigny 1748/ 3152, 3686, 3702, 4326, 4342, 4999, 6457, 6734 /Céline 7137/ 7874 ; *(des autres)* 4343 ; *(Haine de l')* 6210 ; (Manque d') 4898 ; *(Sale)* 5016
Argile 5894
Argot 2197, 2690
Arioste (L') 529, 7195
Aristocrate 1290, 2085, 4502, 4693

Aristocratie 3145
Aristocratique *(Nation)* 3121
Aristote 4471
Arithmétique 4935
Arles 5546
Armée (s) 934, 1754, 1755, 1760, 1762, 1765, 3237, 5334, 7809 ; *(Licenciement de l')* 267
Armèrdre *(Vive l')* 6025
Armes 8419
Arôme 8345
Arrangeur 3036
Arrêter (s') 2444
Art (s) 167, 296/Chateaubriand 687/ Stendhal 1191, 1192, 1198, 1199, 1203, 1225, 1317/ Vigny 1729, 1821/ 1858, 2097, 2285, 2307 /Hugo 2453, 2454, 2475, 2780/ 2876, 2878, 2880, 2955, 2956, 2992, 3031, 3037, 3180, 3403, 3628, 3643, 3701, 3767 /Baudelaire 3963, 4009, 4019, 4036/ Flaubert 4155, 4162/ 4373, 4381, 4552, 4559, 4864, 4895, 5296, 5714/Gide 5729, 5766, 5786/ 5866, 6015, 6017, 6143, 6145, 6159, 6211, 6228 /Apollinaire 6265/6338, 6339, 6371, 6437, 6441, 6452, 6455 /Paulhan 6548/ 6753, 6950, 6971, 6996, 7088, 7089, 7223, 7280, 7387, 7532 /Malraux 7796, 7825, 7837, 7840, 7843, 7844/ 8217, 8320 /Camus 8607/ 8771 ; *(abstrait)* 6688 ; *(antique)* 3613 ; *(bourgeois)* 8237 ; *(chrétien)* 5006 ; *(d'aujourd'hui)* 6246 ; *(d'être court)* 1558 ; *(français)* 3177 ; *(Histoire de l')* 7841 ; *(Les)* 5386 ; *(moderne)* 1980 ; *(Morale de l')* 4158 ; *(Œuvre d')* 5037, 5783, 5784, 6247, 7533, 8453 ; *(pour l'art)* 6973 ; *(Rayons de l')* 2735 ; *(Règles de l')* 2451 ; *(robuste)* 3619 ; *(véritable)* 5391
Artichaut 4783
Artifice (s) 5909, 7604 ; *(d'écriture)* 8932
Artillerie 4299
Artiste (s) 313 /Chateaubriand 856/

1936, 2030 /Balzac 2245, 2251, 2294/ 3028, 3033, 3036 /Musset 3427/ Baudelaire 3943, 3969, 3977, 3981, 3982/ Flaubert 4143, 4173, 4190/ Zola 4555, 4558, 4585/ 4764, 4910 /Maupassant 5048/ 5385, 5434, 5532, 5543 /Proust 5867/ 6016 /Apollinaire 6241, 6247/ 6546 /Paulhan 6555/ 6741, 6763, 7380 /Malraux 7789, 7826, 7827, 7828, 7832/8184, 8197, 8368 /Camus 8596/ *(bourgeois)* 3961 ; *(Grand)* 3523 ; *(inutile)* 2846 ; *(original)* 6954 ; *(Portrait de l')* 7188 ; *(qui nous ennuie)* 7759

Artistique *(Émotion)* 6160 ; *(Mouvement)* 5385
Ascèse 7480
Aser *(Bois d')* 2838
Asiatiques ; *(Peuples)* 6529
Asie 5479
Asile 315 ; *(d'aliénés)* 5220 ; *(de mort)* 2481
Aspasie 2884
Asphalte 6780
Asphodèle 2771
Aspiration (s) 1676 ; *(de la jeunesse)* 8228
Assassin (s) 1764, 3207, 7165, 7359, 8480 ; *(Voici le temps des)* 5193
Assassinat (s) 1275, 2198, 2885, 3343, 4871, 6405, 6575, 7654
Assassiner 2422 ; *(judiciairement)* 1118
Assemblée (s) 7851 ; *(du peuple)* 599 ; *(nationale)* 270, 8230
Asservissement 7269, 8343
Assis 8067
Assister *(à sa vie)* 3802
Assouvissement 2697 ; *(Désir d')* 7838
Assumer 8268
Asticots 7107
Astre (s) 1472, 2808, 5226, 5356, 5454
Atala 625, 626, 785
Athée (s) 5587, 6618

Athéisme 8021 ; *(officiel)* 4618 ; *(politique)* 849
Athéné 7306
Athènes 4307, 7820
Atlantide 4884
Atmosphère 6014
Atome (s) 2808, 3309, 7955
Atomique *(Substance)* 4398
Atrocité 201
Atteindre *(à tout)* 6658 ; *(Ce que nous cherchons à)* 8723
Attendre 2515 ; *(une femme)* 4449
Attendrissement 1267, 1323
Attentat 6903
Attente 5821, 6149, 8172
Attentif 1188
Attention (s) 242, 8178
Attirer 6888
Attitude 6117
Attraction *(Force d')* 5456 ; *(matérielle)* 1039 ; *(passionnée)* 1039
Atys 6666
Aube *(d'été)* 5195 ; *(exaltée)* 5141 ; *(navrante)* 5145
Aubépine (s) 720, 7472 ; *(en fleurs)* 7431
Auberge 5741 ; *(Dernière)* 3901
Audace 195, 1255, 2948 ; *(extrême)* 6641
Au-delà 3243, 3319, 5986 ; *(aller)* 7367 ; *(nuptial)* 8212
Aujourd'hui 5805, 6758 ; *(Le vierge, le vivace et le bel)* 4677
Aumône 1477
Aurélia 3298
Aurore 897, 2627, 3909, 5880 ; *(Ample comme l')* 7949 ; *(boréale)* 3955 ; *(Cela s'appelle l')* 6408 ; *(Guetter l')* 7638 ; *(Nouvelle)* 4251 ; *(Terrible)* 3918 ; *(universelle)* 5356
Auscultez-moi 6165
Austérité 8240
Auteur (s) 237 /Hugo 2461/ 3103, 7573
Authentique 6551
Automate 7381
Automne 1157, 2373, 3942, 4800 ; *(aux yeux pensifs)* 5465

Autorité /Constant 551/ 1022, 1586, 4483, 4490, 5972, 7027 ; *(publique)* 4411
Autre (s) 7006 /Sartre 8084, 8091; *(imaginer l')* 8683; *(L')* 6485; *(Les)* 5480; *(Mon amour en aimait une)* 7498; *(que moi-même)* 7468, *(Tout homme est tout)* 8445
Autrefois 3900
Autriche 2527, 3247
Autrui 8082, 8264, 8271, 8274
Auvergnat 2234
Avant *(En)* 4917
Avantage 3759
Avant-garde 7361, 8533, 8677
Avare 3491 ; *(Lèvre)* 3535
Avarice 2148
Avenir 355, 380 /Constant 547 /Chateaubriand 877/ 919, 1359 /Lamartine 1523/ Balzac 2265/ 2376, 2394 /Hugo 2525, 2714, 2811/ 3041 /Nerval 3302, 3306, 3314/ 3793 /Rimbaud 5207/ Gide 5772/ 5893, 5981, 6229, 6231, 6620, 6874, 6947, 7240, 7241, 7368, 7388 /Aragon 7457, 7458, 7459/ 7740/ Camus 8588, 8619/ 8897 ; *(de l'homme)* 8035 ; *(métropolitain)* 8648 ; *(Salve d')* 8189
Aventure (s) 2849, 6427, 8066 ; *(Bonne)* 4841 ; *(manquée)* 6726
Aventurier (s) 1764, 2202, 6429
Averse 3615, 4865
Aveugle (s) 523, 3929, 5700, 8404 ; *(-né)* 4270
Aveuglement 4867
Aveugler (s') 6866
Aviateurs 6250
Aviation 6764
Avide 6977
Avilissement *(des âmes)* 6835
Avion 7699
Avis 121
Avocat (s) 2260
Avoine 4812
Avoir 1770, 5622
Avouer 2343
Axiome 5101
Aymery 2777
Azur 4655, 4658

B

Babel 822
Bach 2877
Bacon 173, 1861
Badaud 2674
Bagage *(littéraire)* 4963
Bagne (s) 2484, 2601, 3383
Bague *(au doigt)* 3788
Bâiller 2407, 4092
Baïonnette (s) 979, 1601
Baiser (s) /Musset 3449/ Baudelaire 3880, 3926/ 4627 /Maupassant 5052/ 5688, 8401 ; *(double)* 4628 ; *(Premier)* 4633 ; *(Un)* 3460, 3486
Bal 2483
Balance 5598
Balcon *(du ciel)* 3933
Balle 2480
Ballet 3691
Balzac *(Honoré de)* 3973, 4013, 4016, 4018
Banc *(devant la maison)* 6203
Banditrix 7954
Banlieue *(misérable)* 7566
Banquet ; *(de la vie)* , 323
Baptême 5170
Baratin 8908
Barbares 718, 2486, 4842, 4846, 8418
Barbarie 858, 1763, 1787, 3200, 3632, 5090 ; *(extrême)* 7102 ; *(vraie)* 7854
Barde 3325

Barère 936
Baronne 3094
Baroque 8678
Barque *(de la mort)* 895 ; *(Mener sa)* 3797
Barrès *(Maurice)* 6681
Barricades 5517
Barrière 7013
Bas-Bleu 5469
Basse-cour 3758
Bassesse 4106, 4218, 4939, 6668 ; *(des courtisans)* 387 ; *(du christianisme)* 7980
Bastille 5064, 5066 ; *(Chute de la)* 2445
Bataillon (s) *(sacré)* 4251 ; *(serrés)* 1612
Bateau *(à vapeur)* 858
Bâtiment 935, 3731
Bâton 1117 ; *(de maréchal)* 157
Battre (se) 4637, 8751
Baudelaire 4995, 5210, 5648, 7886, 7887
Bauge *(libre)* 2874
Baume 3550
Bavardage 2117
Bayard 5683
Béatitude 3836, 4237
Beau 45/ Constant 550/ Stendhal 1202/ 1650, 1651, 1658, 1659, 1660 /Vigny 1702/ 1910, 1952, 2360 /Hugo 2446/ Musset 3499/ Baudelaire 3974, 3983, 3988, 3990, 4010, 4020/ 4211, 4276, 4366, 3749, 5558 /Valéry 5914/ Apollinaire 6270/ 7198, 8392 ; *(Science du)* 4558
Beaumarchais 2449, 2831
Beauté (s) 995 /Stendhal 1344/ Lamartine 1407/ Balzac 2143/ Baudelaire 3875, 3993, 4049, 4058/ 4551 /Rimbaud 5158, 5180/ 5435, 5667, 5703 /Céline 7183, 7493 /Camus 8630 ; *(de la mort)* 4972, 4974 ; *(de la vie)* 4972, 4974 ; *(de style)* 782 ; *(du diable)* 7461 ; *(fatale)* 4459 ; *(humaine)* 2963 ; *(Privilège de la)* 6980 ; *(Signes de la)* 8570 ; *(virile)* 7173

Beaux-arts 1843
Bel *(homme)* 2939
Belge 2355
Belgique 1975
Belle (s) 1077, 1171, 2848 ; *Cesser d'être)* 3005 ; *(Être)* 2936 ; *(Femme)* 2894
Belleville 4414, 5063
Belzébuth 3883
Bénarès 3283
Bengale *(Roses du)* 3505
Berceau 335, 722, 1452, 5693, 5694, 6860
Berry *(Duc de)* 1554
Besançon 2505
Besoin (s) 170, 1388, 3600, 5302 ; *(Faire ses)* 5658
Bête (s) 336, 3888, 7307
Bêtise 2366, 3755, 3951, 4049, 4148, 4191, 4232, 5572, 5874, 5943, 7181, 7117 ; *(cléricale)* 5008 ; *(du bourgeois)* 4189
Bible 1257, 2639, 7649 ; *(des pauvres)* 5460
Biche , *(aux abois)* 1709
Bien (s) 140, 396 /Lamartine 1442/ Musset 3493/ 3688 /Baudelaire 3997/ 6317, 6917, 7060 /Céline 7151 ; *(de la terre)* 635 ; *(excessif)* 135 ; *(Faire le)* 2109, 6327, 6476 ; *(Figure du)* 2593 ; *(général)* 613 ; *(Gens de)* 4686 ; *(Prendre son)* 6341 ; *(Toucher du)* 8186
Bien-aimées 7304
Bien-être *(universel)* 2699
Bienfaisance 2099
Bienvenue 322
Bière *(boisson)* 2366
Bigame 5498
Bigote 5008
Bijou (x) 3787 ; *(d'un sou)* 4840
Billard *(Jouer au)* 5272
Biographie 6284
Biologie 7991
Biologiste 7169
Biosphère 8461
Bistouri 3642, 4089
Blâmer 1594
Blanc (s) 2440, 5607 ; *(Cheveux)* 5806 ; *(Homme)* 2844

INDEX

Blanc-bec 4856
Blanche *(Race)* 1504
Blanchir *(un nègre)* 4182
Blanchisseuse *(Comptes de)* 4462
Blanqui 6809
Blason 6900
Blasphème 2644
Blasphémer 1146
Blé 2053, 4520; *(de Dieu)*, 4520
Blessé *(d'amour)* 4826
Blessure (s) 4936, 6068, 6633, 6674, 7497, 8159, 8508; *(d'amour)* 2035; *(du cœur)* 3419
Bleu 4621, 5605
Bloc *(Calme)* 4683
Bluff 5512
Bœuf (s) 2637, 3944, 7550; *(Mes)* 4083
Bohème *(L'amour est enfant de)* 4456
Bohémien 5108
Boire 1566, 2411; *(Donne-lui tout de même à)* 2816
Bois 1157, 1780, 3790; *(pour oublier!)* 4848
Boisseau 2300
Boisson 3835
Boîte 3341; *(aux lettres)* 3332
Bolcheviks 7460
Bon 1132, 1702, 3233, 3319, 3328, 4923; *(À quoi)* 7580; *(Naître)* 5492
Bonald 4216
Bonaparte 175, 486, 488, 491, 492 /Chateaubriand 751, 800, 801, 813, 819, 833, 834, 838/ Stendhal 1263, 1264, 1280, 1289, 1291, 1292/ 1857, 3765, 4483
Bonapartisme 8683
Bonheur 22, 150, 207, 461, 594 /Chateaubriand 727, 729, 747/ 962, 1125, 1138 /Stendhal 1307/ Balzac 2106, 2286/ Hugo 2496, 2859/ 2938, 2953, 3029 /Musset 3483/ 3688, 3716 /Baudelaire 3838, 3842/ 4259, 4354 /Zola 4579, 4580, 4582/ 5471 /Claudel 5620/ Gide 5735, 5753, 5776/ Proust 5809, 5854, 5863/6098, 6112, 6179, 6230, 6381, 6734, 6879, 6958, 7621, 7622, 7646, 7684, 7737, 7751, 7965, 7989, 8428, 8432, /Camus 8593, 8632/ 8743; *(ancien)* 5703; *(Banquet du)* 2517; *(d'amour)* 1177; *(dans l'esclavage)* 6577; *(Désir de)* 737; *(des peuples)* 2282; *(Fatalité du)* 5177, 5179; *(fou)* 1331; *(mobile)* 6095 *(parfait)* 1326; *(sur la terre)* 7755
Bonhomme *(Ce petit)* 4741; *(Petits bonshommes)* 7346
Bonnet (s) *(rouge)* 2485, 2607
Bonnetier 2903
Bonté 4960, 6057
Booz 2766, 2767
Borborygme 6298
Bordel 7147
Borgnes *(Quand mes amis sont)* 61
Borne *(du chemin)* 2566
Bossu 2080, 2135
Bossuet 677, 3284
Botanique 2074
Botté 3073
Bottes *(Cireurs de)* 7867
Bouche 312, 2895, 7171; *(taciturne)* 4646
Boucher 5362, 7150
Bouchon 2176
Bouddha 1830
Boue 4904, 5159, 5430
Bouilleur *(de cru)* 6114
Bouillir *(de colère)* 4394
Boulet 3228
Boulevard *(de Paris)* 1667
Bouleversement *(de la nature)* 3258
Bouquet 4709
Bourbier 1250
Bourbons 969
Bourgeois 3100 /Baudelaire 3961/ Flaubert 4098, 4167, 4170, 4173, 4189, 4194/ 4226, 5480, 6130, 6144, 6675, 8642; *(Petit)* 8537
Bourgeoise *(Race)* 4418
Bourgeoisie 2681, 2910, 2911, 3101, 4180, 4874, 4990, 5335, 5342, 7411; *(Servir la)* 8057
Bourget *(Paul)* 6450

INDEX

Bourrasque 2824
Bourreau (x) 199, 273, 330, 1635, 2476, 2759, 3057, 3326, 3630, 3899, 6069, 6584, 8557 ; *(de la Création)* 3607
Bourse 1051, 5266
Bousier 4271
Bouteille (s) 2176, 3910
Boutique 4258
Boutiquier 1276
Bout-rimé 4153
Bouvard *(et Pécuchet)* 4191
Bovary *(Madame)* 4014
Bovine *(Architecture)* 7550
Braise *(du maître)* 7700
Branche 4820
Braque 6248
Bras *(Sur les)* 6628
Brasier 8555
Brave 1599
Bravoure 1298 ; *(féminine)* 2744
Brescia 1280
Bretagne 5395
Bretelle 5484
Breton 7997

Breuvage 3783, 3963
Bréviaire 5015 ; *(des rois)* 268
Brigadier *(vous avez raison)* 3808
Brigandage 181
Brisé *(N'y touchez pas, il est)* 4534
Britannique *(Foyer du peuple)* 972
Bronze *(Le cœur se)* 2069
Brûle *(Ma chemise)* 4847
Brûler 234 ; *(ses vaisseaux)* 5245
Brune *(aux yeux bleus)* 3488
Brusquerie 2269
Brutalité 4090
Brute 6692
Bûcher 2026
Budget 3156
Buée 6611
Buenos-Ayres 4931
Buffet *(de la gare)* 7142
Buffon 176, 205, 206, 2245
Buildings 8113
Bureaucratie 5218
But *(de la vie)* 5410 ; *(Grand)* 207
Butiner 3746
Byzance 304, 7823

C

Cabane 2821
Cabinet 448
Cabinets *(Aller aux)* 7141
Câble 4653
Cabriolet 2237
Cacao *(Boîte de)* 7778
Caché 133 ; *(Amour)* 2968
Cacher 555, 5902 ; *(Se)* , 6517
Cache-sottise 1208
Cachot 2653, 4101
Cadavre (s) 80, 3707, 4433, 5211, 8693 ; *(de son père)* 6240 ; *(Sens du)* 6778
Cage 2800
Cagot 5062
Cahier 4582
Caïn 2765
Caire (Le) 3249

Calamité 2470, 2741 ; *(publique)* , 609
Calchas 4448
Calcul (s) 2845 ; *(Faux)* 6754
Calculateur 1738
Calembour (s) 1275, 2661, 3082, 3514, 6983
Calendrier (s) 6343 ; *(républicain)* 1353
Calmant 2597
Calomnie 2144
Calvin 4286
Calvinisme 2400
Camaraderie 6419
Camarades 7702 ; *(du « non »)* 7565
Camelote *(Siècle de)* 6320
Camille 3521
Camomille 6301

Campagne 55, 558, 4076; *(Gens de la)* 2207; *(triste)* 4886
Campistron 2608
Camps *(de concentration)* 7877
Camyre 3450
Canaille 180, 3069, 5019
Canal 5223
Canard 6401
Cancer 5363
Candeur ; *(des premiers jours)* 3421
Candidat 1087
Caniches 7103
Cannibale (s) 7769; *(Festins de)* 750
Cannibalisme *(des objets)* 7997
Canon (s) 4088
Cantharide 5468
Cantique 7749; *(d'État)* 4486
Cap *(du continent asiatique)* 5921
Capitaine (s) 2572; *(de nos vies)* 5098
Capital 1866, 3056, 3080, 3082, 4424, 4485, 4999, 6458, 6745
Capitale 2814; *(sauvage)* 4440
Capitaliser *(sa jeunesse)* 7872
Capitalisme 4985, 5337, 5952, 5988, 6222, 8246
Capitaliste 2439, 3205, 5430, 8551
Caporal 2881
Caprice (s) 2317
Captif (ve) 4536
Caquetage 708
Carabas *(Marquis de)* 1083
Carabinier 4453
Carabins *(Mort aux)* 3067
Caractère (s) /Stendhal 1187, 1321/ 5499, 5703, 5704 /Gide 5726/ 6691, 6726; *(de Dieu)* 6896; *(Grand)* 1820
Caractéristique 2455
Caraïbes 3322
Caravelle 4643
Carcan 7041
Caresse (s) 242, 1798, 2891, 2962; *(chirurgicale)* 4089
Caresser 8400
Carme *(prêcheur)* 2438
Carnot *(Principe de)* 6944
Caron 4501
Carpe 4092
Carrefour (s) 5879; *(De tous les)* 6034
Carrière 249, 363; *(des armes)* 7028
Carte 3549; *(de visite)* 4732
Cartouche *(citoyenne)* 1600
Caserne 1840, 5381, 5382
Caste 2681
Castor (s) 5427, 6303
Castries *(Duc de)* 1245
Catafalques 8225
Catéchisme 1643, 3599; *(positiviste)* 1879; *(Vrai)* 618
Cathédrale 1979, 5460, 7719, 7849
Catholicisme 3064, 5006, 5420, 5584, 6102, 6103; *(Néo-)* 4183
Catholique 1641, 3396, 3397, 3398, 5428; *(Cœur)* 5610; *(France)* 3063; *(Vandalisme)* 3053
Cauchemar 3864, 4082
Causalisme 5350
Causalité *(Principe de)* 5349
Cause (s) 1897; *(Bonne)* 7681; *(Mauvaise)* 7681; *(Remonter aux)* 5348
Causeur 5932
Cautériser *(une plaie)* 2288
Cavalerie (s) *(royales)* 7798
Cavatine 4925
Caveau 6742
Caverne *(d'Algérie)* 4893
Cèdre 4118
Ceinture 1368
Célébration *(officielle)* 4717
Célèbre *(Homme)* 2994
Céleste *(Corps)* 4388
Célibat 2819
Celtisme 5395
Celui-là *(Je serai)* 7661
Cendre (s) 287, 1718, 3270, 7451; *(de Napoléon)* 976; *(de ses pères)* 3285; *(des morts)* 1492
Censure 1244, 4152
Centaure (s) 3073
Centralisation 4463, 4503
Centre 5608; *(de la Terre)* 5457; *(droit)* 516
Céphalalgie 5137
Cercle 4719, 8521; *(Quadrature du)* 2400

Cercueil 2523, 3329, 5166
Cerise 3811
Certitude 2868, 3801, 5405, 5657, 6817 ; *(étroite)* 5160
Cervelle ; *(Ce petit être sans)* 3520 ; *(Se brûler la)* 3799
César (s) 2399, 3386
Cézanne 7188
Chacal 4170
Chacun 1387, 1388, 5750, 5782, 7717, 8743
Chagrin (s) Chateaubriand 773/ Balzac 2100, 2201/ 2361, 5500 /Proust 5855, 5863/ Céline 7129/ 7210 ; *(d'amour)* 153
Chaîne 1435
Chair 4853, 6646, 6717, 7766 ; *(Couleur de)* 1350 ; *(est triste)* 4659 ; *(Œuvre de)* 6725
Chais 5382
Chaise 2681
Chaleur 7725
Chambre 335 ; *(des députés)* 3225
Chameau *(douloureux)* 6608
Champ (s) 291, 1780, 2564 ; *(de l'histoire)* 164
Champagne 5120, 6301
Champêtre *(Vie)* 3027
Champmeslé 1064
Champs-Élysées 1241 ; *(mythologiques)* 759
Chance 6389, 7064 ; *(de l'homme)* 8608
Change ; *(Plus ça)* 3211 ; *(Tout)* 1431, 1434
Changement 4066, 5349
Changer 1622, 1681, 1682, 2033 /Hugo 2565/ 3695, 5316, 5317 ; *(sans cesse)* 3416
Chanson (s) 2996, 3038, 3256, 7370 ; *(bien douce)* 4825 ; *(nouvelle)* 290
Chant (s) 629, 1194, 2532, 5698, 7065, 8649 ; *(d'oiseau)* 6452 ; *(les plus beaux)* 3452
Chante *(Celui qui)* 4925
Chanter 1450, 1451, 2371, 3472, 5167, 7432
Chanteur *(inutile)* 2560

Chaos 2795, 8484 ; *(des apparences)* 5383
Chapeau (x) 4118, 4638
Chapelet 3186
Chapelle 5415
Char 1453, 2566
Charbon (s) 4398 ; *(du ciel)* 6276
Chardon (s) 2636
Charge (s) *(Le clairon sonne la)* 4912
Charismatique *(Pouvoir)* 8558
Charitable (s) 7334
Charité /Vigny 1827/ 3161 /Baudelaire 4029/ 5375, 5946, 6070, 6447, 6448, 6818, 6866 ; *(évangélique)* 6369 ; *(Sœur de)* 5134
Charlatan (s) 4214
Charlemagne 15, 937, 1714, 2495
Charles *(X)* 1693 ; *(Quint)* 2554
Charmeur 4285
Charnel 6093
Charnier (s) 6671
Charogne 3880 ; *(ambulante)* 4883
Charrue 2266, 7699
Charte 1062
Chartreuse *(de Parme)* 1278 ; *(Un verre de)* 3093
Chassepot 2906, 3390
Chasseur 5118, 5786
Chaste 2175, 2708, 2870, 3938, 7012 ; *(Homme)* 2118
Chasteté 3199, 4177, 7177
Chat (s) 535, 1035 ; *(de gouttière)* 5291 ; *(voluptueux)* 3874
Château (x) 5156, 5481 ; *(de la Loire)* 6084 ; *(en Espagne)* ,
Chateaubriand 1310, 1554, 4016, 4040, 4041
Chatouiller 6709
Chaudron 4094
Chaume 1092
Chaumière 1047, 1573
Chaussette 5484
Chaussure 5262, 8132
Chauve-souris 2678, 2863
Chavirer 7212
Chef (s) 4491, 7039, 7051, 7802
Chef-d'œuvre /Chateaubriand 705/ Stendhal 1211, 1214/ Balzac 2224/ 2975, 3039, 3040 /Baude-

laire 3962/ 4221, 5722 /Valéry 5916/ 6923, 7392, 7989; *(inconnu)* 7607
Chemin ; *(de fer)* 858; *(privé)* 7445
Cheminée 5932
Chêne 4961, 7945
Chenille 5777
Cher *(aux dieux)* 147
Chercher 2604, 5918, 6998, 7748, 7784; *(au sens philosophique)* , ; *(Se)* 3458; *(trop délibérément)* 8374
Chercheur (s) 4951
Cheval (aux) 228, 7661; *(de l'espace)* 2643; *(de race)* 4090; *(La plus noble conquête du)* 6032
Chevalet *(féerique)* 5192
Chevalier (s) 529, 2745, 3532; *(Âme des)* 1711
Chevelure 3879
Cheveu (x) 1012, 1367, 3877, 3949; *(Mince comme un)* 7949
Chiaja 1193
Chien (s) 118, 228, 1035, 1584 /Baudelaire 3957/ 4770, 7945; *(Mourir comme un)* 4903; *(Odorat des)* 2228; *(perdu)* 8426; *(savant)* 6995
Chiffrer 2198
Chignon *(Mammifère à)* 5358
Chimène 5466
Chimère (s) 825, 853, 1107, 2680, 4261, 4526, 5799, 7426
Chimérique 1859, 2717; *(Monde)* 663; *(Pays)* 3922, 5479; *(Règle)* 5351
Chimie 4940, 5326
Chine 2375
Chinois 4294, 4301, 4652, 4792, 7906
Chio 2479
Chirurgicale *(Caresse)* 4089
Chirurgien 3650, 6243
Chloé *(Qui baisera)* 1015
Choisir 418, 2243, 2455, 3528, 7192, 7513, 8562
Choix 5845; *(Place pour aucun)* 8414
Chose (s) /Hugo 2629, 2655, 5227/ 8098, 8714; *(Belles)* 5472; *(Cours des)* 522; *(essentielles)* 4519; *(Grandes)* , 3529, 7100; *(qu'on veut dire)* 5050
Chouan 2264
Choux *(Planter des)* 3439
Chrétienne (s) 454 /Chateaubriand 753, 889/ Lamartine 1487, 1531/ 4797 /Rimbaud 5167/ 5538, 6658, 6677, 8656; *(Fatalité)* 719; *(Occident)* 6682; *(Œuvre)* 6436; *(Philosophie)* 4882; *(sans héroïsme)* 4905; *(Trait)* 6750; *(Veine)* 7334
Chrétienté *(en marche)* 6854
Christ 600, 1140, 1154 /Lamartine 1458/ Hugo 2659/ 2973 /Nerval 3293/ 3382 /Musset 3441, 3442/ Rimbaud 5137, 5182/ 6104; 8413; *(Lumière du)* 6678; *(qui monte au ciel)* 6250
Christianisme 1085 /Chateaubriand 633, 637, 675, 791/ Lamartine 1546/ 1686 /Vigny 1840/ 2028, 3003, 3007, 3386, 3399, 3664 /Flaubert 4188/ 4409, 4763, 4789, 4980, /Rimbaud 5162/ 5586, 6100, 6446, 6646, 6670, 6689 /Malraux 7815/ 8044 /Camus 8589; *(inflexible)* 677
Chronomètre 7081
Chrysanthème 7435
Churchill *(Winston)* 7037
Chute 534, 4524; *(de cheval)* 5221; *(sans fin)* 2827
Cicatrice 3469
Ciel 1687 /Verlaine 4833/ 5986, 7320, 7335, 8193, 8399; *(Aidez-moi, j'aiderai le)* 7614
Cieux 1463, 2564; *(L'homme est un dieu tombé qui se souvient des)* 1403
Cigale 5664; *(de La Fontaine)* 4736
Cime 2413
Cimetière 3332, 3448, 3896, 4476, 6606, 6624, 7256, 8447
Cimier 1813
Cimmerie 5178
Cinéma 6264, 7139, 7228, 7229, 7506, 8478

Circonstances 7055, 7439
Cité (s) *(de brume)* 4585 ; *(de demain)* 4586 ; *(de l'avenir)* 3306 ; *(vaincues)* 8884
Citoyen (s) 595, 611, 3349, 3350 /Rimbaud 5194/ 5291 ; *(Bon)* 4605 ; *(de l'univers)* 3320 ; *(Mauvais)* 4605
Citron *(amer)* 3274
Civet 4266, 6310, 7172
Civilisation (s) /Chateaubriand 636, 805, 808, 858/ Stendhal 1231/ 1843, 2377, 2398 /Hugo 93720/ 2908, 3200, 5090 /Valéry 5920/ 6198, 6378, 6539, 6863, 6877, 7230, 7725, /Malraux 7854/ 7897, 7910, 8003, 8025, 8221, 8247 ; *(bourgeoise)* 7281, *(Chute des)* 3736 ; *(contemporaine)* 7011 ; *(de l'homme seul)* 7835 ; *(extrême)* 7102 ; *(forte)* 7820 ; *(humaine)* 8657 ; *(moderne)* 5991 ; *(mondiale)* 8339 ; *(primitives)* 7908 ; *(technicienne)* 7898, 7899
Civique *(Devoir)* 5539
Clair (e) 7544 ; *(Être)* 1279 ; *(Idée)* 5260 ; *(Théorie)* 5260
Clairette 3590
Clairon *(de la pensée)* 2595
Clairvaux 711
Clameur (s) 1726 ; *(des partisans)* 7057
Claque *(des théâtres)* 4514
Clarté (s) 2642, 5487, 6560, 6579 ; *(blanche)* 4771
Classe 4874, 6619, 6833 ; *(moyennes)* 6849 ; *(ouvrière)* 3229 ; *(sociales)* 3129, 3580, 4367, 7155
Classer 4615
Classicisme 667, 686, 1206, 5910 ; *(français)* 5763
Classique 2997, 5764, 8531 ; *(Art)* 6115 ; *(Vrai)* 2987
Claudel 7274
Clé 5551
Clémence 231, 252
Cléopâtre ; *(Morale de)* 4964
Clerc 5531, 5534, 5537

Clergé *(Ignorance du)* 5008
Cléricalisme 3633
Cliché 6557
Cloaque 2715
Cloche (s) 3894
Clochette 3081
Cloître (s) 2828, 6820, 6939
Clôture 8384
Clou 1134, 3428, 3689, 8528
Clown 4256
Co *(Barde de)* 3733
Cocagne *(Mât de)* 4437
Cocarde 4914
Cochon (s) 4210, 4751, 5035 ; *(Vivre comme un)* 4903
Cochonnerie 7226, 7633
Cocodette 4856
Cocon 5718
Cocteau 7222
Cocu (s) 5956 ; *(de l'active)* 7211
Cocyte 3272
Code 8694 ; *(civil)* 1278, 2922
Cœur (s) 296, 297, 428, 514 /Chateaubriand 629, 737, 781, 844/ 1366 /Vigny 1768/ Hugo 2628, 2804/ 3333 /Musset 3459, 3566/ Baudelaire 3884, 3888, 3889/ 4332 /Verlaine 4816/ 5004, 6096, 6097, 6168 /Apollinaire 6272/ 7685, 7729, 8556 ; *(a ses raisons)* 8929 ; *(à la lune)* 5365 ; *(Cri du)* 1212 ; *(d'homme)* 5627, 5634, 6493 ; *(des femmes)* 4112 ; *(d'une mère)* 2104 ; *(Frappe-toi le)* 3417 ; *(Homme de)* , ; *(humain)* , 3435, 4928 ; *(Jouer)* 6970 ; *(léger)* 4348 ; *(Mal au)* 1304 ; *(Mémoire du)* 556 ; *(Paix du)* 1068 ; *(Quelque chose sur le)* 2504 ; *(Repos du)* 412 ; *(sec)* 1219 ; *(solitaire)* 628 ; *(unis)* 1483 ; *(Un même)* 4460 ; *(Viser au)* 3066 ; *(Voix du)* 3474
Coexistence *(de cultures)* 8339
Cogito *(Rôle du)* 8611
Cogner 5497
Cohabiter *(avec les morts)* 8166
Coiffure (s) 3722
Coït 4208
Colbert 1227

Colère 1271, 8315
Colibri 2863
Colimaçon 444
Colisée 646
Collaboration 7738
Collage 7069
Colle 7069 ; *(forte)* 3723
Collectionner 2220
Collectivisme 4877, 5061
Collectivité 7797
Collège (s) 2319, 4692, 7301
Colomb 1015, 2040 ; *(Œuf de)* 3159
Colombe 2095, 5141
Colombier 5125
Colombine 5467
Colon 8829
Colonies 7331 ; *(françaises)* 5967
Colonisation 4293 ; *(morale)* 6749
Colonisé 8829, 8830
Coloniser 1632
Colonne (s) 1624 ; *(étonnées)* 6591 ; *(vertébrale)* 8851
Coloriste 3968
Colosse 4040 ; *(à tête d'argile)* 8500
Colporteur 1487
Combat (s) 1981, 2589, 2788, 7091
Combattre 3365
Comédie (s) / Hugo 2536, 4446/ *(Jouer la)* 2801 ; *(L'amour est une)* 3542
Comédiens 1758, 6783
Comestible *(La beauté sera)* 7997
Comète 1094
Comique 1323, 5310, 5311, 5313, 6830, 8531
Commandement (s) 255 ; *(École du)* 7023
Commander 953
Commencement 91, 1481, 6339 ; *(absolu)* 7341
Comment 2292, 6323
Commentaires 7440
Commerce 052 /Balzac 2176, 2180/ 3146 ; 3381 /Claudel 5598/ 8369
Commun (s) *(Lieux)* 3980 ; *(Sens)* 5352
Commune 4876, 5341 ; *(De)* 4417
Communication 7483, 8394, 8653, 8654 ; *(Besoin de)* 7925 ; *(écrite)* 8343

Communion 1641, 7836
Communiquer 8974
Communisme 2863, 3084, 3085, 3706, 3708, 3710, 4474, 6529, 7042, 7084 ; *(Tentation du)* 8233
Communiste (s) 1393, 3379, 7053, 7083, 7442, 7758 ; *(Écrivains)* 7885 ; *(Lutte)* 8058 ; *(Pensée)* 8370 ; *(Voter)* 8229
Compagnie *(Mauvaise)* 5925
Compagnons *(gaullistes)* 7047
Comparer *(des hommes)* 6357
Compassion 6179
Compatriotes 7327
Compensation 1221, 2412
Complaisance 5188, 6420
Complément *(direct)* 8131
Complet *(Homme)* 1534
Complication *(de l'esprit)* 580
Complice (s) 4075, 7623, 8031
Compliqué 3054
Composition *(littéraire)* 1306
Compréhension 5846
Comprendre 455, 4525, 5229, 5912, 5915, 6199, 7070, 7451, 8430 ; *(Ne rien)* 6213 ; *(Volonté de)* 8063
Comprends *(Plus je m'explique, moins je me)* 8543
Compris *(Avoir tout)* 8485 ; *(Je veux être)* 8471
Compromis 1958
Comptabilité 1072
Compte (s) *(fantastiques)* 4464
Compter 6967
Comptoir *(d'étain)* 7669
Con *(Je suis bien trop)* 7953
Concentration *(Camps de)* 4442
Concentrationnaire 8594
Concept (s) 6235, 6445, 6514, 8856
Conception 1872, 2210, 5601 ; *(du monde)* 7438
Concessions 6624
Concevoir *(bien)* ; *(sans pécher)* 4787
Concierges 6227
Concision 2117
Conclure *(Vouloir)* 4148
Concret 5968
Concupiscence 6725
Concupiscent 6648

Concurrence 3583; *(Libre)* 3203
Condamnation *(d'un régime)* 6667
Condamné 2186, 4439; *(à mort)* 8564
Condamner 2225
Condition ; *(d'homme)* 8568; *(humaine)* 7853, 8102; *(ouvrière)* 7050; *(S'évader de sa)* 7876
Conditionnement 7899
Conducteur *(d'hommes)* 4594
Confesser ; *(Se)* 7982
Confesseur (s) 220
Confession (s) 6063
Confiance 5524, 7695; *(Abuser de la)* 5328; *(Faire)* 7121
Confidence (s) 1178, 2888
Confiteor 3942
Conformisme 5659
Confort *(intellectuel)* 7885
Confucius 8381
Congestion 3222
Conjecture (s) 243
Conjugale *(Vie)* 4907; *(Union)* 105
Conjuration 422
Connais (-moi) 6490, 6491
Connaissance (s) 502, 503, 3035, 4533, 4796, 5233, 5375 /Claudel 5604/ 5710, 6219, 6340, 6818, 7011, 7475, 8049, 8153, 8542; *(de la vie)* 7376; *(humaine)* 7469; *(indéterminée)* 5379; *(intuitive)* 519; *(objective)* 6503; *(Objet de)* 8860; *(Réalité de la)* 348, 6245
Connaître /Hugo 2858/ 3821, 7709, 8250; *(le monde)* 5603; *(quelqu'un)* 6887; *(Qui veut se)* 6553; *(Se)* 5777; *(un homme)* 7852
Connu 1919
Conquérant (s) 2577, 5245, 7165
Conquérir 1951, 2419
Conquête (s) ; *(amoureuse)* , 499, 1617, 2419, 7829
Conquis *(Peuple)* 981
Consanguinité *(des esprits)* 5811
Conscience 9, 883 /Stendhal 1235/ Lamartine 1548/ Vigny 1742/ Hugo 2667/ 3022, 3826 /Flaubert 4105/ 4553, 4613, 5234, 5299, 6363, 6471, 7003 /Malraux 7842/ 7862, 7903, 7975, 8007, 8075, 8098, 8258, 8262; *(Bonne)* 1108; *(collective)* 5273, 5274, 5275; *(des peuples)* 6016; *(exaltée)* 1777; *(interrogative)* 7927; *(inutile)* 8541; *(Mauvaise)* 6808; *(politique)* 8677
Conscient 7574
Conscription 6904
Conscrit 4200, 5200
Conseil (s) 3699
Conséquence (s) 414, 8268
Conservateur 546, 3223, 3354, 3376, 4879; *(de vieilles anarchies)* 6949
Conservation *(Désir de)* 7904
Conservatoire 1193
Considération 1116
Consolateur 3701
Consolation 2233, 2311, 3311, 3550
Consoler 1179; *(Se)* , 1352, 7323
Conspirateur 422, 3594
Conspiration 869; *(universelle)* 5334
Constatation 6188
Constaté 2860
Constipé 5482
Constitution 184, 270, 524, 536, 967, 3172, 3219, 3597, 4438; *(« réviser la »)* 7977
Construction 6309, 7733
Consultation *(médicale)* 6711
Consulter *(la nation)* 1691
Contagion 2253
Contée *(Chose)* 7374
Contemplatif (ve) 7569; *(Âme)* 1741
Contempler 8285; *(Se)* 8017
Contemporains 7326
Content 395
Contentement (s) ; *(de la création)* 7727
Contester 2860
Conteur 4571, 7535; *(Art du)* 3015; *(Grand)* 4978
Continence 1006, 3012
Contingent 5533
Continue *(Manière)* 5645
Continuer 1681, 1682
Continuité 7936

INDEX

Contorsion *(contingente)* 4955
Contradicteur 3574
Contradiction (s) 3372, 8375
Contrariété 2116
Contraste 2136
Contrat (s) 10, 6464
Contredire (se) 4739
Contre-discours 8862
Contrefaçon 2097
Contrefaire 1757 ; *(du langage)* 7682
Contrepèterie 7682
Contre-révolution 1994
Contre-sciences 8864
Contresens 2623, 2630
Convaincre 378, 6001
Convaincu 4487
Convalescence 5752
Convenance 577
Convenir 3828
Convention 2649, 2924, 2925, 4408, 7829, 8117 ; *(du langage)* 8257 ; *(en mathématiques)* 5101
Conventionnel 766, 2929
Convergent *(Où toutes choses)* 6355
Conversation (s) 5488, 6527
Converser 8137
Conversion 5011
Convertissez *(-vous)* 6165
Conviction 2677, 3021, 3793, 6312, 7056 ; *(religieuse)* 889
Convoitise 2748
Convulsion *(grossière)* 5927
Convulsive *(Beauté)* 7062
Copains 6701
Copier 2203, 6954 ; *(une chaise)* 7764 ; *(un nez d'après nature)* 7763
Copulation *(des pôles)* 1055
Coq (s) 5698, 6989
Coquetterie (s) 3193
Coquillage 2574
Coquille 1076 ; *(de la plage)* 4156
Coquin (s) 2687, 5681
Cor 1711, 1714 ; *(Son du)* 1709, 1710
Corbeau (x) 8650
Corbillard 3897
Cordon *(ombilical)* 7701
Cordonnier 4769

Corinne 457
Corneille *(Pierre)* 64, 4916, 6068, 6069, 6070, 6073
Cornélien 4916
Cornes *(au cul)* 6026
Cornet 7780 ; *(à dés)* 3549
Cornichon 4448
Corps /Chateaubriand 872, 880/ 3333, 5308, 5557 /Claudel 5638/ Céline 7111/ 7529, 8367, 8881, 8935 ; *(Aventures du)* 6738 ; *(féminin)* 8855 ; *(Jugement du)* 8581 ; *(Mon cher)* 5885 ; *(mystique)* 7861
Corriger 1953, 2461
Corrompre 2352 ; *(Se)* 598
Corrupteur (s) ; *(Regard)* 3465
Corruption 498, 2276 ; *(agréable)* 2980 ; *(École de)* 5381
Corse 368, 982, 2312 ; *(aux cheveux plats)* 3072 ; *(La)* 909
Cosaque 974, 4323
Cosmogenèse *(christifiée)* 6369
Côté 2629 ; *(Autre)* 7559 ; *(De)* 3328
Côtelette 4478
Cothurne 3618
Cou 4839 ; *(Les quatre sans)* 7637
Couchant 1139, 2373, 5362
Couche *(On ne sait jamais avec qui l'on)* 5931
Coucher 2367
Coude *(du voisin)* 3151
Couleur (s) 3858, 3967, 4837, 5705 ; *(de la peau)* 1505 ; *(Écharpe aux trois)* 3070 ; *(locale)* 3248
Coup *(de foudre)* 4117 ; *(de pied)* 4901 ; *(de pistolet)* 1251 ; *(d'État)* 4206
Coupable (s) 200 /Constant 573/ Chateaubriand 770, 840/ Stendhal 1255/ 6205, 7193 ; *(Plaider)* 7495
Coupe 1360 ; *(du plaisir)* 2220
Coupé (e) *(Soleil cou)* 6251 ; *(Tête)* 6555
Couper *(les têtes)* 4441
Couple 4668, 6416, 7438, 8452
Coupures 5645
Cour (s) /Stendhal 1276/ Hugo

Courage 391 /Constant 566/ Stendhal 1272/ 3397, 4948, 6612, 7547, 8252, 8563; *(actif)* 216; *(d'un chef)* 7802, 7803; *(passif)* 216
Courber (se) 85, 8195
Courir 3089, 6997
Couronne 177; *(de sang)* 7431; *(effeuillée)* 1372
Court 56
Courtier 1051
Courtisan (s) 2416 /Flaubert 3144
Courtisane (s) 2317, 2331, 5112; *(amoureuse)* 2151
Courtisanerie 2232
Courts-circuits 7278
Couteau (x) 2569, 3899, 5394; *(Le mot)* 8977; *(perfide et glacé)* 6434
Coûter 2120
Couvent 2428
Couvercle 6721
Crachat (s) 6780
Cracher *(le feu)* 7351; *(sur son miroir)* 6037
Craindre 523
Crainte (s) 375, 398 /Stendhal 1185
Crayon 4866
Créateur 4932, 6011, 7371, 8301, 8536; *(Artiste)* 6700
Création /Lamartine 1491/ Hugo 2520, 2784/ 3649 /Zola 4556/ 4994, 5388, 5459, 6902, 7344, 7360 /Sartre 8107/ 8415 /Camus 8623/ *(animale)* 7557; *(continue)* 6836; *(divine)* 2813; *(Immense octave de la)* 5610; *(sainte)* 2650
Créatrice *(Activité)* 6019; *(Faculté)* 5100
Créature (s) 3747; *(d'un jour)* 3473
Crèche 7857
Crédence 4680
Crédit 3143
Credo 5610
Crédulité 245, 1102, 4797; *(des peuples)* 387; *(scientifique)* 4747
Créer 1429, 2454, 3852, 4296, 4525, 4919, 5962, 6373, 8580; *(Se)* 3387

2543/; *(galante)* 4333; *(royales)* 85

Crépuscule 1516; *(des cœurs)* 1495; *(triste)* 7429
Crésus 1110
Crétinisme 4310, 7339, 7342; *(scientifique)* 4892
Crétins 7419
Crevaison 5200
Crevasse 4936
Crever 7114, 7539
Cri (s) 63, 2043, 6662; *(du sentiment)* 4033
Crier ; *(La force de)* 6956
Crime (s) 69, 70, 186, 229, 318, 603 /Chateaubriand 744, 769, 802/ 905, 1147 /Stendhal 1290/ Lamartine 1527/ Vigny 1703, 1704/ Balzac 2200, 2218/ Nerval 3279/ 4401, 4785 /Gide 5758/ Valéry 5933/ 6733, 7483, 7624, 8525; *(L'air du)* 5159; *(Obstination du)* 8620
Criminel (s) 367, 6822, 8600; *(Acte)* 5274
Crise 2666, 7302; *(Moments de)* 752
Cristal 7284; *(Âme de)* 2507; *(Mamelle de)* 5392
Cristallisation 1165; *(amoureuse)* 1163
Critique (s) /Chateaubriand 669/ 1560 /Hugo 2460/ 2988, 2996, 3001, 3006, 3010 /Musset 3022/ Baudelaire 3965, 4022/ Flaubert 4153/ 4357, 4358, 4375 /Zola 4555/ 4743, 4744, 4780 4927, 4957 /Maupassant 5040/ 5246, 5526, 5527, 6524 /Paulhan 6580/ Aragon 7440, 7464/ 8319, 8530, 8696; *(d'art)* 6759
Crocheter *(l'âme)* 8261
Croire /Chateaubriand 632, 778/ 1121, 1126 /Hugo 2531, 2646/, 5506, 5585; *(à la vie)* 4576, 4577, 4586; *(au ciel)* 4494; *(aux idées)* 8431; *(en Dieu)* 7170; *(en soi)* 3132; *(Finir par)* 5094; *(Mal de)* 3771; *(Se)* 7311; *(Tout)* 5099; *(une femme)* 7962
Croisade (s) 4892
Croisée 4649
Croisement 3739

Croître 5109, 7522
Croix 676, 1766, 5230, 5642 ; *(d'honneur)* 4235
Cromwell ; *(Nouveau)* 370
Croquis 1950
Croupion 4325
Croyance 760, 2235, 2899, 4403, 4407, 4533, 4888, 6207 ; *(à la vie)* 7245
Croyant *(Vrai)* 925
Cruauté 4493, 4538, 6070, 6071, 7235
Crucifier 6647
Crucifix 4123
Cruel (le) 1497, 2826, 4924
Cryptes *(du temps)* 7120
Cubisme 6245
Cueillaison *(d'un rêve)* 4648
Cuirasse 7015
Cuisine 2354, 3525, 6731 ; *(Latin de)* 2354
Cuisinier (ère) 101, 106, 4202, 6000

Cuistre 1822
Cul *(Napoléon mon)* 7956
Culotte *(Porter)* 3810 ; *(Remplir sa)* 6837
Cul-terreux 4857
Culture(s) 7230, 7692 /Malraux 7814/ 8368, 8556 /Camus 8622, 8623/ 8858, 8906 ; *(antique)* 5964 ; *(Coexistence des)* 8339 ; *(de masse)* 8182 ; *(de sécurité)* 8332 ; *(Diversité des)* 8335, 8336 ; *(générale)* 5971, 7023, 7883 ; *(Maisons de la)* 8699 ; *(nationale)* 8831 ; *(scientifique)* 6500, 6503
Curé 6810 ; *(Jeune)* 3539
Curieux 8324
Curiosité (s) /Hugo 2744/ 3753 /Baudelaire 3920/ 4768, 5757 ; *(supérieure)* 4146
Cygne 1438, 1439, 3873, 4678
Cynisme 4177

D

Dada 7408, 7409
Dafné 3273
Dalila 1799
Dame (s) 6099
Damnation *(terrestre)* 8279
Damner (se) 4851
Damnés 6050 ; *(de la Terre)* 3761
Dandy 4064, 4065
Dandysme 3995, 8852
Danger (s) 399, 575, 2369, 5831, 6902 ; *(absolu)* 8897 ; *(Être en)* 7579
Danse ; *(macabre)* 8489
Danser 351, 8153
Danseur (s) ; *(de corde)* 3502, 3709
Danseuse 1170, 4701
Dante 686, 3497
Danton 770, 1256, 2021, 2831, 2927
Date (s) 164, 8769
Débauche 3428, 3614, 3843
Débauché 3938

Débile 1803
Débiteur 5058
Debout *(les damnés de la Terre)* 3761
Décadence (s) 4469, 4846 ; *(Époque des)* 1942
Décalquer 2381
Déception (s) 8428 ; *(fondamentale)* 6828
Déchirer 7452
Déchirure 3340
Déchoir 5001
Déclaration (s) *(des Droits de l'Homme)* 3, 3705 ; *(des Droits de Dieu)* 3
Décolonisation 8001
Décomposition 6877
Décor 4860
Décoratif 6978
Décoration 408
Décoré 4437
Décousu (e) *(Vie)* 2667

Découverte (s) 505, 7613
Découvrir 6374
Dédaigneux 4695
Dédain 1386
Dedans *(Se sentir du)* 8258
Dédicace 6045
Déesse (s) 3271
Défaite (s) 7110
Défaut (s) 123, 2275, 2289, 5314; *(de la cuirasse)* 7015
Défendre *(ceux que j'aime)* 8751
Défense *(Légitime)* 3581
Défi *(seule vérité)* 8583
Défini 5648
Définir 3078, 6004; *(Se)* 6748
Déflorer *(le bonheur)* 1333
Degas 6376
Dégoût 3913, 4060, 5705, 6663; *(de soi)* 1592; 6639; *(de vivre)* 5005
Dégradation *(morale)* 833
Dégradé 3744
Dégustation 94
Déjà 4860
Delacroix 3865, 3976, 3989
Délation 1993
Délibérer 3528, 4468, 7048
Délicatesse ; *(Fausse)* 6659
Délice (s) 6663, 7473
Délier 2556
Délire 4363, 7125
Délivrance 2369, 7841
Délivrer ; *(la France)* 3760; *(les peuples)* 2581; *(Se)* 5900
Déluge 4623, 5187
Demain 2526, 2779, 4823, 5805; *(Cité de)* 4586; *(La vie commence)* 6359
Demander 2892, 7525
Démarche 7734
Déménagement *(Voiture de)* 7256
Déments *(incrédules)* 7415
Démettre (se) 4508
Demeure (s) 7733; *(chaste et pure)* 3785; *(incertaines)* 6798
Demi-bonheur 3803
Demi-conscience 8516
Demi-monde 4340
Démocrate 772, 2166, 3045, 4693, 6065

Démocratie (s) 350 /Chateaubriand 812/ 1066, 1384, 1391 /Vigny 1794/ 2911, 2928, 3109 /Flaubert 4189/ 4325, 4356 /Zola 4585/ 5658, 5955, 6420, 6724, 6836 /Malraux 7800/ 8005; *(c'est la guerre)* 5529; *(de l'art)* 4997; *(ouvrière)* 3370
Démocratique *(Génie)* 1966; *(Gouvernement)* 3399; *(Nation)* 3121; *(Parti)* 879; *(Pays)* 3119
Démodés 8342
Demoiselle (s) ; *(Cruauté des)* 2127
Démon (s) 3192, 5013, 7673, 7851, 8018; *(politique)* 6306
Démoniaque *(Tendance)* 4036
Démonstration 3037
Dénigrement 778
Dénouement *(bien cuit)* 3489
Dent (s) *(Arracheur de)* 2368
Dentaire *(Art)* 7909
Dentelle (s) 4687
Départ 1957; *(Point de)* 8271
Dépatrier (se) 6332
Dépaysement 2965, 8349
Dépayser *(les passions)* 4103
Dépeuplé *(Un seul être vous manque, et tout est)* 1398
Dépotoir 4884
Dépraver 898
Déprécier 3482
Député 1281, 1587, 2879, 2903, 6422
Déraison 8860
Dérangée *(Vie)* 2286
Dérision 7449; *(éternelle)* 5034
Derme *(de la réalité)* 7228
Dernier (s) ; *(Rira bien qui rira le)* 143
Dérober *(le monde)* 8282
Déroute 82
Derrière *(Un)* 7140
Derviches 3250
Dés ; *(Coup de)* 4722, 8244
Désabusé 636
Désabusement 5409, 6057
Désaccord 3315
Désaimer 8412
Désapprendre 8326

Désarmé 8836
Désarroi 8067
Désastre 8165 ; *(obscur)* 4683
Descartes 40, 343, 1861, 8065
Descendre *(en soi-même)* 6815
Désenchantement 2160
Désert 621, 628, 4400, 6634, 6644, 7722, 7731, 8514
Désespère *(Ce qui)* 5914
Désespéré (e, s) 7715 ; *(Les plus)* 3452
Désespérer 2729
Désespoir 325 /Chateaubriand 625/ Stendhal 1218/ Vigny 1734 /Hugo 2668/ 2950 /Nerval 3307/ 3324, 5670, 5673, 6164, 7499, 8640 ; *(de vivre)* 8561 ; *(humain)* 6431 ; *(Signe du)* 8570
Déshonoré 6874
Désinfectant 3683
Désintégrer 8522
Désintéressé (s) ; *(Sentiments)* 5814
Désintéressement 5404
Désinvolture *(des riches)* 8241
Désir (s) 271, 410 /Lamartine 1443/ 2058 /Balzac 2346/ Hugo 2513/ 2970 /Flaubert 4101/ 4641 /Mallarmé 4674/ Gide 5732, 5767/ Proust 5834, 5854/ 6176, 6177, 7685, 7903, 7904, 8083, 8188, 7771 ; *(Chemins du)* 7285 ; *(du pauvre)* 7123 ; *(torride)* 6497
Désirer 1962, 5829, 7513 ; *(quelqu'un)* 7317
Désœuvré *(remuant)* 1741
Désolidariser (se) 7308
Désordre (s) 5556, 6059, 6480, 6911 ; *(Beau)* 4981
Despote (s) 1196, 1257, 1684, 2706
Despotisme 829/ 1611, 1616 /Balzac 2166/ Hugo 2684/ 2918, 3585, 3706 /Mallarmé 4689
Desseins *(de Dieu)* ; *(Grands)* 7510
Dessin 4549
Dessinateur 3968
Destin (s) 274, 957 /Balzac 2306/ 3817, 6395, 6655, 6837 /Malraux 7816, 7839, 7841, 7842, /Camus 8564, 8565, 8980 ; *(imaginaires)* 6695 ; *(immédiat)* 8045 ; *(Mauvais)* 7039 ; *(Obéissance au)* 6706 ; *(personnel)* 7351
Destinée (s) 830, 854, 977, 1820, 2468, 6477 ; *(Devant l'heure des)* 8378
Destruction 2171 ; *(de l'humanité)* 4386 ; *(Moyens modernes de)* 7034
Détachement 5380
Déterminisme 3641, 3647, 3652, 5075, 7074 ; *(nouveau)* 5969 ; *(universel)* 6317
Détresse 6091
Détruire 435, 1429, 6226
Dette (s) 2153 ; *(sociale)* 5060
Deuil 1508, 2668, 3553, 5354 ; *(de la nature)* 1437 ; *(de l'Univers)* 372 ; *(du pauvre)* 3947
Deux 3382, 4851, 7363 ; *(et deux font quatre)* , 8597 ; *(L'an)* 2580
Développement *(intellectuel)* 1378
Développer 898 ; *(Se)* 1652
Devenir 8901
Devoir 82 /Chateaubriand 863/ 1043, 1153, 1898, 3728, 3818, 7293 ; *(conjugal)* 7977 ; *(Faire son)* 7579
Dévorer 5751
Dévot (s) 6834 ; *(Commencement)* 2558
Dévote ; *(Vie)* 1240
Dévotion 2083, 2084
Dévouement 3722, 3734
Diable 1671, 2427 /Hugo 2549, 2719/ 4768 /Verlaine 4854/ 6438, 6859 ; *(Beauté du)* 4037
Diadème 3173, 4649
Dialogue 236 ; *(Politique du)* 8330
Diamant 2227
Dictature 1539, 1764, 3944, 4266
Dictionnaire 2607, 4124
Diderot 498, 1883
Dieu (x) 5, 28, 46, 227, 251, 252, 513, 514 /Chateaubriand 637, 726/ 963, 992, 1085, 1144, 1145, 1146, 1155 /Stendhal 1257/ Lamartine 1395, 1404, 1436, 1454, 1489, 1497, 1516, 1530/ 1585 /Vigny 1716, 1797, 1831/ 1908,

1998, 2006, 2017, 2406, 2427, 2436, 2488 /Hugo 2549, 2621, 2707, 2759, 2784, 2801,2834/ Musset 3443/ 3663, 3670, 3676, 3695 /Baudelaire 3923, 4050, 4051, 4071/ Flaubert 4116, 4167, 4193/ 4302, 4308, 4419, 4426, 4754, 4755, 4756, 4772 /Verlaine 4826, 4828/ 4976 /Maupassant 5038/ 5070, 5094, 5283, 5448, 5458, 5518, 5579 /Claudel 5612, 5613, 5622/ Gide 5735, 5738, 5780, 5782/ 5993, 6010, 6011, 6044, 6046, 6081, 6101, 6105, 6283, 6346, 6403, 6437, 6439, 6441, 6595, 6683, 6824, 6894, 6904, 6972, 7165, 7479, 7633, 7680, 7946, 7987, 8413, 8415; *(Absence de)* 8277; *(Aimer)* 8359; *(à l'affût)* 6655; *(ancien)* 3275; *(Bon)* 5272; *(Bras de)* 7653; *(caché)* 3281; *(Commandements de)* 5745; *(Croire en)* 7170; *(Définition d'un)* 7511; *(de la fortune)* 929; *(de la guerre)* 929; *(des armées)* 4299; *(des idées)* 1810; *(est-il mort?)* 3669; *(est mort)* 5711, 7009; *(est un homme)* 6411; *(Être à)* 7336; *(Existence de)* 5069; *(Fantaisie de)* 8505; *(Je serai)* 4849; *(Le bon plaisir de)* 7320; *(Les bonnes grâces de)* 8469; *(Main de)* 1545; *(mélancolique)* 8493; *(n'est plus)* 3278; *(Plus de)* 5111; *(qui rassurent)* 7512; *(Réalité de)* 5068; *(Royaume de)* 6578; *(se délègue)* 6392; *(Soldat de)* 3595; *(Soleil de)* 7337; *(Spéculer sur)* 1996; *(très atténué)* 6604; *(Volonté de)* 6865, 6873

Différé 3565
Différer 2514, 8775
Difficulté (s) 6741; *(d'être)* 6988
Difforme 4058
Digestion 1949, 2315, 6771
Dignité 2919; *(de l'homme)* 7099
Diminuer *(les adjectifs)* 6504
Dindons de la farce 7864

Dîner 432, 2412
Diphtongue 2436
Diplomate 5025
Dire ; *(Plus rien à)* 3447, 3570; *(Il faut tout)* 8181, 8853; *(que l'on aime)* 5509; *(Rien)* 6635; *(Tout)* 6635, 7831
Diriger *(les masses)* 936
Disais *(Si je vous le)* 3488
Disciple 2612
Discipline 4488, 6429, 7087; *(militaire)*
Discontinu 5323
Discorde 369; *(civile)* 1561
Discours 2392, 4708; *(d'un académicien)* 3434
Discrétion 890, 7116
Discussion 2316; *(métaphysique)* 504, 507
Disgrâce (s) 2416
Disparaître 2538
Disparu 3830
Dispute (s) 8432
Dissemblable 8918
Dissidence 5578
Dissimulation 2256
Dissolution 3711; *(du cosmos)* 7077
Dissolvant *(Pouvoir)* 5327
Dissout *(Tout se)* 3609
Distance 2433
Distinction 3674, 4219
Distingué (s) *(Gens)* 4225
Distinguer 1247
Distraction 6159
Distraits 6986
Dit (s) *(Ce qui a été)* 1928; *(de l'homme)* 6799; *(Rien n'est)* 4973
Divan 3917
Divers 6220, 8704
Diversification 8340
Diversité (s) *(Le grand fleuve)* 6218; *(particulières)* 7744
Divin 4749, 5414, 8027; *(Esprit)* 518; *(La couche du)* 6801
Divination *(Oiseau de la)* 7266
Diviniser 2399
Divinité (s) 5537, 8016
Diviser ; *(pour administrer)* 3167; *(pour régner)* 2886

Divisions 5789
Divorce ; *(Liens du)* 5265
Dix *(contre un)* 2424
Dix-huitième *(siècle)* 927, 7914
Dix-neuvième *(siècle)* 2710, 6320
Dix-septième *(siècle)* 7913
Docteur (s) 359, 5540
Doctrinaire 6809
Doctrine (s) 3574, 4286, 5676, 7528 ; *(Chouette)* 5018
Document 8496
Dogmatique 8695
Dogmatisme 5723
Dogme (s) 2321, 2828, 3663, 4193, 4280, 6321, 7295
Doigt (s) ; *(de Dieu)* 4125
Doit *(Ce qu'on)* 8292
Dollar 1282
Domaine *(obscur)* 5416
Domestique (s) 2268, 2881, 4225, 7318
Domination 81, 2308 ; *(Désir de)* 7573
Domitien 430
Dom Juan 1284 *(Voir aussi Don Juan)*
Don ; *(de vivre)* 5894 ; *(du poète)* 5740 ; *(particulier)* 6313
Donald 8514
Don Juan 1184, 1285, 1313, 3192 *(Voir aussi Dom Juan)*
Donné 5979, 7003
Donner 152, 1373, 5978, 6444 ; *(Dieu)* 2818 ; *(Se)* 5619
Dormance *(de la graine)* 8356
Dormir 527, 2345, 2842, 3939, 6959, 8925
Dors *(Où tu)* 4930
Dort *(Un homme qui)* 5808
Dorure 4097
Dostoievsky 8584
Dot 7946 ; *(Sans)*
Double *(Notre)* 8721
Douceur (s) 3016, 6597 ; *(charnelle)* 5831 ; *(contemplative)* 5011 ; *(des choses)* 5546 ; *(envers soi)* 6585 ; *(rôdeuse)* 6593
Douleur (s) Constant 566/ 1358, 1841 /Balzac 2090/ Musset 3451, 3467/ Baudelaire 3867, 3933/ Mallarmé 4655/ 5097, 5565, 5660, 6176, 6829, 6938/Albert-Birot 6179 ; *(Description de la)* 4952 ; *(éternelle)* 1417 ; *(Fille de la)* 3418 ; *(Gare de la)* 6146, 6149 ; *(Lieu de la)* 6881 ; *(muette)* 2096 ; *(oubliée)* 1982 ; *(que l'on cause)* 559 ; *(Rebelle à la)* 7966 ; *(Utilité de la)* 8376
Doute 567, 2298, 2303, 3668, 3691, 4295, 5657, 5702 ; *(partiel)* 1037
Douter 2103, 2261, 3425, 7096, 7388 ; *(de tout)* 5099
Doux 3407, 5117 ; *(Qu'il est)* 1708
Dramatique 2447 ; *(Matière)* 6609
Dramatiquement *(Exprimable)* 8248
Drame 1722, 2402, 2457, 2536, 8433
Drapeau (x) 1499, 1625, 1627, 4184, 5984, 5985 ; *(rouge)* 1551, 5985 ; *(tricolore)* 1551, 4110
Drogue (s) 7559, 7577, 8928
Droit (s) 863, 910, 1550, 1897, 2467, 2698, 3234, 3577, 4522, 7064, 7345, 8747 ; *(de l'homme)* 1020, 6282 ; *(des gens)* ; *(des hommes)* 1547 ; *(des lois)* 4405 ; *(des juristes)* 6400 ; *(des vivants)* 3135 ; *(politique)* 1383
Droite 8619 ; *(Ligne)* 1019
Duc 990
Duègne 2797
Duel (s) 3943
Dumolet 1036
Dupe (s) 74, 3749, 6108 ; *(de soi-même)* 6325
Duperie 1351
Duplicité 544
Dupont *(Ah!)* 3482
Dupuytren *(Musée)* 7648
Dur *(Être)* 7067
Durée 5301, 6031
Durer 8708
Dynastie 2263

E

E 5136, 5175
Eau (x) 5745, 6027; *(Boire de l')* 3834; ; *(chaude)* 5217; *(froide)* 4662; *(sucrée)* 5318; *(Voie d')* 2386
Eau-de-vie 4848
Écart 8373; *(absolu)* 1038
Ecclésiastique 4698, 4904
Échafaud 607, 1527, 2601, 4126; *(Au pied de l')* 328
Échafauder 3226
Échasse 389
Échec (s) 6486, 8086, 8165, 8276
Écheveau *(du temps)* 3881
Écho 7001; *(intelligent)* 3178; *(vide)* 4868
Éclabousser 8636
Éclair 8196, 8395
Éclairé *(Homme)* 438
Éclatant *(Homme)* 710
École 436, 4318, 5966, 7292; *(artistique)* 4559; *(d'art)* 6170; *(en poésie)* 1735; *(Maître d')* 3439
Écolier (s) 4318
Économie 1114; *(Esprit d')* 7976
Économise *(L'amour qui)* 2295
Écorce 4531, 7540
Écouter 939
Écouteuse *(Belle)* 4810
Écrevisse (s) 6238
Écrire 425 /Chateaubriand 660, 687/ 1033, 1105, 2954, 3002, 3042, 3327 /Musset 3566/ 4341 /Mallarmé 4723/ 4906, 5490, 5512 /Valéry 5916/ 6148, 6149, 6669, 6761, 6762, 6965, 6990, 6994, /Aragon 7470/ 7481, 7651, 8164, 8164, 8475, 8698, 8974; *(en dehors de soi)* 7382; *(pour soi)* 4169; *(Renoncer à)* 8906; *(trop)* 5756
Écrit (s) 1817, 3536, 6309, 6804
Écriture (s) 18, 54, 5023 /Claudel 5600/ 6110, 6683, 6994, 7226, 7399, 7400, 7777 /Malraux 7829/ 8169 /Sartre 8109, 8110, 8343, 8851, 8898, 8899, 8932, 8940, 8976, 8979; *(automatique)* 7176; *(comptable)* 3381

Écrivain (s) 241 /Chateaubriand 892/ Stendhal 1207, 1209/ 1226, 1606, 1911 /Balzac 2061, 2064/ Hugo 2861/ 3118, 3131, 3176, 3681, /Baudelaire 4016/ 4432 /Zola 4568, 4574, 4584/ Mallarmé 4711/ 4752, 5021, 5023 /Maupassant 5047/ 5288 /Proust 5870/ 5944, 5965, 6644, 6695, 6696 /Aragon 7442/ Malraux 7850/ 7867 /Sartre 8102, 8105, 8108/ 8157, 8160, 8396, 8443, 8722, 8724, 8924; *(des nerfs)* 4228; *(Grand)* 2975; *(maniéré)* 5051; *(mobilisés)* 8062; *(Préjugé d')* 4707; *(Profession d')* 6423, 6430; *(sec)* 5482
Écrou 1134, 2805
Écu 2202
Écueil *(Sombre)* 2479
Écumeur *(taciturne)* 4501
Éden 776, 2787, 5359
Édition *(des vertus et des vices)* 5002
Éducateur 2014
Éducation 15 /Stendhal 1315/ 1855 /Balzac 2133, 2231/ 3717, 3819, 6236, 7293
Effacement 7762
Effort (s) 6018
Effrayer 2241
Effronté 1236
Effusion 1871
Égal (aux) 3956, 604; *(Les hommes sont)* 3097
Égaler (s') 5374
Égalitaristes 7758
Égalité 179 /Chateaubriand 791, 832/ 1383, 1391 /Lamartine 1546/ 1673 /Hugo 2683, 2863/ 3044, 3197, 3679, 3710, 3759, 3956, 4465, 5674, 5982, 6651, 7979; *(de l'homme et de la femme)* 3362; *(intellectuelle)* 563; *(passagère)* 2077
Égarement ; *(Carrefour d')* 8699
Égayeur 4481
Églantier 3290

Église /Stendhal 1239/ 1998 /Hugo 2791/ 2866, 3030, 3672, 4077, 4507, 5010, 5380, 5583 /Claudel 5652/ 6314, 6443, 6680/ 7338, 7861; *(catholique)* 6676; *(fiscale)* 2217; *(Sainte)* 6840
Égoïsme 1311, 1893, 2714, 5024, 5073, 5403, 5813, 6760, 7126, 7144; *(américain)* 3150
Égoïste (s) 444, 1893, 8412
Égorger (s') 434; *(son père)* 4901
Égout 2582
Égrillard 2175
Égypte 2420, 3611, 5479
Égyptien 638
Électeur 1087
Élection 2262, 4292
Électricité *(sociale)* 860
Électrification *(des campagnes)* 7683
Électrique 3972
Élégance (s) 2139, 5684
Élégie *(animée)* 2078
Élever (s'); *(au-dessus de soi-même)* 4473
Élite (s) 2372, 6892
Élisabeth 8519
Éloquence 2438 /Musset 3524; *(despotique)* 2096; *(officielle)* 4434; *(Prends l')* 4839
Éloquent (s); *(Homme)* 3663
Élucidation 8838
Émanciper *(la femme)* 4561
Embêtant 3104
Embonpoint 6702
Embrasement (s) 3583
Embrasser 5034
Émersion 1676
Émerveiller 8458
Émeute (s) 1663, 2705, 3405, 4881
Émietter *(sa pensée)* 5475
Émile 1315
Émotion (s) 479, 531, 2235, 3019, 3316, 5247, 5399; *(Petite)* 5098; *(populaires)*
Émouvoir 6171, 6832
Emparer (s') 7549
Empereur 814, 1812, 2586, 3215
Empire (s) 370, 838, 2466, 4435, 4846; *(des mots)* 3017; *(napoléonien)* 2222; *(romain)* 7859

Empirisme 3657
Emploi (s) *(du temps)* 5582
Employé 2245
Emprunt (s) 4435
Émulation 3013
Encens 124, 2564, 2757
Encensoir 1781, 2757
Enchanté *(Pays)* 702
Encor 4860
Encre *(Cuver son)* 33
Encyclopédie 1991
Endormir (s') 2338
Endroit *(du monde)* 8562
Énergie 913, 2893
Enfance 1452, 3184, 3849, 4227, 5181, 5572, 6867, 6993, 7494, 7827, 7850; *(Dans ma belle)* 6432; *(éternelle)* 7937; *(Privilège de l')* 8300
Enfant (s) 219, 227, 509 /Lamartine 1469, 1482/ Vigny 1705/ Balzac 2070/ Hugo 2510, 2511, 2642, 2671, 2822, 2826, 2832/ Musset 3433, 3563/ 3690, 3792 /Baudelaire 3991/ Flaubert 4170/ 4895, 6011, 6082, 6852 /Céline 7130/ 7132, 7158, 7300, 8234, 8270, 8303, 8429; *(Chasse à l')* 7670; *(-dieu)* 7857; *(du siècle)* 3551, 3552;*(gâté)* 3981; *(gonflé d'âge)* 8316; *(insensé)* 3521; *(Maison sans)* 2512; *(Mon)* 3887; *(petit, petit, petit)* 4634
Enfantement 1841
Enfantillage 8704
Enfantin (es) *(Age)* 2626; *(Vert paradis des amours)* 3890
Enfer (s) /Hugo 2601, 2741, 2827, 2837, 2841/ 3204 /Baudelaire 3853, 4073/ Verlaine 4855/ Rimbaud 5169/ 6820, 6844, 6858, 7320, 7530, 7653, 8091, 8358, 8399, 8490; *(de Dante)* 1666; *(intelligent)* 2752; *(L'âge de l')* 6897; *(polaire)* 3889; *(prétentieux)* 8180
Enfroqués *(Prolétaires)* 772
Enfumer 4893
Engagement 8106

INDEX

Engels 5340
Enghien *(Sang d')* 490 ; *(Duc d')* 801
Engrais 4145
Engranger 6805
Énigme 8628
Enivrer 3906 ; *(s')* 3952
Ennemi (s) 7282, 7327 /Sartre 8112 ; *(Autant de pris sur l')* 1078
Ennemie *(Puissance)* 850
Ennui (s) 339 /Constant 570, 572/ Chateaubriand 662/ 761, 867/ Stendhal 1297/ 1581, 1944 /Hugo 2668/ 2967, 3189, 3610, 3804 /Baudelaire 3924, 3925/ 4237 /Mallarmé 4656/ 4995, 5215, 5569, 6386, *(Ceux qui crèvent d')* 7662 ; *(Les grands jours de petits)* 5484 ; *(superbe)* 293
Ennuyé *(Air)* 1252
Ennuyeux 7760
Énormité 5206
Enquête 8527
Enraciné 7297
Enrichir ; *(les pauvres)* 3107
Enrichissement 7497
Enseignement 1858, 6393, 6620
Enseigner 5345
Entendement 8063
Entendre 393 ; *(s')* 5550 ; *(Se faire)* 7354
Entends *(la douce nuit qui marche)* 3933
Enterre *(Que l'on m')* 5080
Enterrement 2673, 2897, 6262
Enthousiasme 485, 1266, 1786, 4054, 5624, 6385, 7154 ; *(Pédagogie de l')* 7464
Enthousiasmer (s') 2124
Entier *(Chacun en a sa part et tous l'ont tout)* 2506
Entité 4781
Entonnoir *(Lugubre)* 3777
Entraille (s) 2570, 6831, 7732 ; *(déchirée)* 4150 ; *(La mort de mes)* 7952
Entrebailleur *(de fonds)* 2941
Entrefilet 5577
Entrelacs *(d'amour)* 6961
Entreprise (s) *(chefs d')* 6468

Entretuer *(Ne plus s')* 8011
Envahir *(Je cherche un être à)* 8452
Envers *(du monde)* 8562
Envie *(Faire)* 152 ; *(Impossible)* 3771
Envieux 2727
Épaisseur *(des choses)* 7591
Épanouissement *(du genre humain)* 2761
Épargnants *(de l'esprit)* 7276
Épargne 3079, 3161
Éparpiller *(son âme)* 4808
Épaules *(d'une jeune femme)* 6305
Épée 3764 ; *(axe du monde)* 7025 ; *(Coups d')* 7029
Éphémère 1262, 2093, 3926, 5194
Éphèse *(Temple d')* 1630
Épi 319, 8115
Épicier 3962, 4630
Épicurienne *(Philosophie)* 7985
Épidémie *(morale)* 1689 ; *(physique)* 1689
Épinards 1325
Épine (s) 3505
Épingle *(du jeu)* 7258
Épique 2447 ; *(Forme)* 1698 ; *(Poème)* 3208
Épitaphe 2368
Éponge (s) 2290, 7536 ; *(de détresse)* 6606 ; *(Pressez l')* 3006
Épopée 616, 2597
Époque 7986, 8104 ; *(Notre)* 8134
Épouse (s) 110, 112, 1870, 8884
Époux 2313, 2795 *(Voir aussi Mari)*
Éprendre (s') 5150
Épreuve 4397
Équilibre 5784, 7340, 7881
Équipement 8006
Équité 2683
Ère *(des révolutions)* 4127
Érection 4128, 6992
Éros 6818 ; *(énergumène)* 5927 ; *(platonicien)* 7232
Érostrate 1630
Érotiques *(Livres)* 8390
Érotisme 7492, 7654
Errer 286, 294
Erreur (s) 377 /Constant 549/ 3191, 3668 /Flaubert 4122/ 5022/ 5022, 5391, 6316, 6532, 6704 ; *(anti-*

INDEX

ques) ; *(d'hier)* 7724; *(étrange)* 5157; *(L'accident de l')* 6532; *(politique)* 608, 4603

Érudition 1606, 1935, 3011, 5246, 6173

Escabeau 6182

Escalier *(dérobé)* 2486; *(des amis)* 2966

Escamotage *(du peuple)* 3359

Esclavage 906, 3231, 3343, 8048, 8116, 8407; *(Abolition de l')* 2844; *(aveugle)* 8294; *(Bonheur dans l')* 6577

Esclave (s) 1568, 1599, 1612, 1684, 1934 /Balzac 2339/ 3115 /Baudelaire 3869/ Rimbaud 5184/ 5485, 5981, 7700, 7905, 8269; *(masqués)* 7640; *(Peuple)* 4545

Espace (s) 36, 37, 38, 58, 2310, 4672, 4675, 4676, 5454, 5456, 6496, 8114; *(aveugle)* 6592; *(Chevaux de l')* 2643; *(de l'art)* 6289; *(de la vie)* 6289; *(social)* 4738

Espagne 600, 690, 2344, 2554

Espagnol 4451

Espèce (s) ; *(animales)* 784, 7984; *(humaine)* 7457; *(Vie de l')* 6017

Espérance (s) 222, 245, 375, 388, 398, 413 /Chateaubriand 825/ 978, 1358 /Lamartine 1410/ Vigny 1819, 1827/ 2391, 2970 /Musset 3478, 3568/ 4937 /Claudel 5643/ 6079 /Apollinaire 6253/ 7264; *(absolue)* 7008; *(Fausse-)* 6875; *(Magnifique)* 7118; *(vaines)*

Espéranto 6759

Espérer 276, 1409, 1962, 2199; *(Rien)* 5640

Espiègleries 7877

Espion (s) 2186, 2187, 2272

Espoir (s) /Hugo 2589/ Baudelaire 3897/ Flaubert 4113/ 4528 /Voltaire 4829/ 6385, 7163 /Camus 8573/ 8778; *(terrible et profond)* 7807; *(Un siècle sans)* 3442

Esprit (s) 38, 221, 225, 379, 383, 607 /Chateaubriand 683, 733, 737 /Stendhal 1246, 1266, 1320, 1324/ Balzac 2247/ 2429, 2430 /Hugo 2563/ 3183 /Nerval 3300/ Flaubert 4122, 4129/ 4250, 5308, 5309, 5325, 5393 /Claudel 5638, 5646/ 5655, 5683, 5718 /Valéry 5918/ 6291 /Paulhan 6578, 6585, 6717, 7706, 7707, 7722, 7766; *(Avoir souffert de l')* 7224, 7225; *(Beaux)* ; *(Bel)* ; *(cruel)* 4838; *(de l'homme)* 6132; *(Dépravation de l')* 688; *(de sérieux)* 8073; *(des formes)* 6009; *(faible)* 753; *(fort)* 753; *(Gens d')* 2152; *(Homme d')* 1337, 7325; *(humain)* 505, 1844, 6568; *(Il est des lieux où souffle l')* 5413; *(Jugement de l')* 8581; *(Mot d')* 6008; *(pur)* 1816, 5587; *(Son propre)* 7592; *(synthétique)* 1059; *(Travail de l')* 412

Esprit-principe 745

Esprit-saint 1486, 1538

Essaim *(dévorant)* 1023

Essence 5884, 8095; *(des choses)* 3563

Essentiel 8391

Est *(Ce qui)* 84; *(Rien n')* 8487

Estampe 3919

Esthétique 4190, 5288, 7777; *(du dedans)* 7019

Estime 1116

Estimer 938, 5264

Estomac 1602

Étable 4829; *(J'ai deux grands bœufs dans mon)* 4083

Étagère 3917

Étalon 5390

Étang *(léthéen)* 4656

Étant *(Je suis)* 5875

État 259, 416, 420, 3052, 3349, 3371, 3738, 4507, 4757, 5539, 5678, 7051, 8416, 8701; *(Affaiblir l')* 4783; *(centralisé)* 8417; *(Char de l')* 3099; *(Coup d')* 4206; *(Hommes d')* 5277; *(Servir l')* 4753; *(social)* 3112

Étatisme 5446

États-Unis *(d'Amérique)* 3109, 3111,

3114, 3143, 3146, 3149, 3155; *(d'Europe)* 6936
Été 4815
Étendue 5074; *(véritable)* 7712
Éternel 5533, 5623, 5644, 8575, 8585
Éterniser 7299
Éternité 252 /Constant 581/ 897, 1002 /Lamartine 1418/ 2865 /Musset 3512/ 3694 /Zola 4581/ Mallarmé 4681, 4720/ Rimbaud 5151/ 5455 /Gide 5762/ 6391, 7657, 7735, 7768; *(Soif d')* 8429
Éternuement 4167
Éther 5458; *(Compagne de l')* 5240
Éthique 6117, 6365, 7019, 7528
Ethnigraphes 7907
Ethnique *(Formule)* 4310
Ethnocentrisme 7781
Ethnologie 8349, 8864
Ethnologue 7781
Étincelle 2389, 2600, 3142, 5711
Étiquette 2176, 2485
Étoile (s) 2037, 2803, 3267, 3299, 3308, 3898, 4612, 7456; *(Belle)* 4541; *(Champ des)* 2773; *(de la mer)* 6086, 6087; *(nouvelle)* 4643; *(Rallumer les)* 6275; *(Ver de terre amoureux d'une)* 2548
Étonnant 3983
Étonnement 1102
Étrange *(Erreur)* 5157
Étranger (s) 279, 451, 1458, 2798, 3252, 3748, 4505, 5406, 8567
Étrangleur 5495
Être (s) 47, 3932, 5613, 5864, 5919, 6068, 6363, 8072, 8263; *(Difficulté d')* 6988; *(divin)* 2763; *(fantastique)* 255; *(Le plus irremplaçable des)* 5749; *(Manière d')* 8364; *(Ne pas)* 5606; *(organisé)* 987; *(ou ne pas être)* 5071; *(Qu'est-ce que l')* 8030; *(suprême)* 333; *(Un seul)* 6397; *(Verbe)* 4300; *(vivant)* 4121
Étripade 7118
Étroitesse 6940
Étroniforme *(Bourgeois)* 4180
Étude (s) 315, 1932, 2825, 3578; *(d'avoué)* 2111
Étudiant 7872
Étudier 1536

Eunuque 1010
Europe 269 /Chateaubriand 811/ 907, 974 /Hugo 2465, 2495/ Valéry 5921/ 6300 /Malraux 7839/ 8050, 8711; *(aux anciens parapets)* 5143; *(est un désert)* 8593; *(Loi d')* 1795
Européen (ne) 4294; *(Nationalité)* 2575
Euthanasie 173
Évangile (s) 10, 888; *(nouveau)* 880
Ève (s) 2718, 2963, 6099, 6870; *(octogénaires)* 3903
Événement (s) 578, 1374, 5726, 7697, 7894, 8463; *(Envers de l')* 828; *(Inanité de l')* 8357
Éventail 4534, 8896
Évêque (s) 1029
Évidence ; *(picturale)* 6631
Évolution 4421, 5970, 6355, 6356, 6481
Exact 56
Exactitude 101, 156
Exagération 83
Exaucer 5780
Exceptionnels *(Gens)* 6425
Excès 2173, 6134, 8383, 8936; *(en tout)* 4209
Excitation *(amoureuse)* 6720
Excité *(à produire)* 1926
Exclusif 5096
Excrément (s) 5125, 8190
Excuse (s) 4939, 5491
Exécuteur *(testamentaire de la Révolution)* 3214
Exécution 1931, 1932, 1935; *(d'une œuvre)* 2210
Exemple (s) 310, 927, 2404
Exigences 7002
Exiger 4906
Exil 1466, 2528
Exilé 1149
Existe 5880; *(Tout ce qui)* 6156
Existence 743, 4792, 4886, 5613, 5947, 6126, 6911, 7343, 8095; *(Bouts d')* 8204; *(des choses)* 7496; *(Philosophie de l')* 6942; *(Refus de l')* 8280
Existentialisme 8094
Existentielle *(Maladie)* 7951
Exister 169, 300, 501, 5235, 5317, 7513, 8254

Exode 8513
Exorcisme 7575
Exorciste *(du réel)* 5285
Exotisme 6220
Expansion *(de l'existence)* 8286
Expédition 941
Expérience /Vigny 1772/ Nerval 3292/ 3637, 3638, 3640, 4243, 4367, 6522, 6817; *(bien faite)* 6505; *(commune)* 6499; *(scientifique)* 6499
Expérimenter 3636
Experts 6465
Explication 8773
Expliquer 6374, 7070
Exploitation 3086, 5199; *(de l'homme par l'homme)* 4474
Explorateurs 8341
Exportation 3228
Exposer (s') 8306
Expressif 4553
Expression (s) 8100, 8744; *(Force de l')* 394; *(Forme d')* 8533; *(humaine)* 7277; *(toutes faites)* 7372
Exprimer 4151
Exquise 2617; *(C'est l'heure)* 4814
Extase (s) 8486; *(ancienne)* 4811; *(morale)* 1826; *(physique)* 1826
Extérieur *(Monde)* 3629, 8121
Extérioriser (s') 6157
Exterminateur 3377
Extinction 4130
Extravagance 4171
Extrême (s) 1248

F

Fable (s) 2230, 2573, 4361, 6267
Facile 5625
Factice 2682
Factions 72
Faculté (s) 170; *affective* 517; *(cognitive)* 517
Faible (s) 997, 1143, 2319, 6040, 8418; *(Endroit)* 4168; *(Plus)* 765
Faiblesse (s) 72, 391, 2000, 2890, 4870, 4949; *(de l'homme)* 1571; *(de l'intelligence)* 5672; *(des femmes)* 400; *(du cerveau des femmes)* 954; *(du cœur)* 5672; *(Tout le reste est)* 1804
Faillite 2094
Faim 280, 3778, 4729, 5262, 5737; *(Mourir de)* 882, 8906
Faire 3447, 3570, 8285
Faire-part *(décès)* 5724
Fais *(Tout ce que je)* 6927
Fait (s) 678, 2323, 3644, 3959, 5757, 7992; *(Ce que j'ai)* 7694; *(Le moindre)* 7261; *(social)* 5276; *(Voie de)* 2716
Fait divers 8474

Faites *(ce que je dis)* 1593
Fakir 8402
Famille (s) /Chateaubriand 779/ Lamartine 1490, 1521/ 1683 /Balzac 2256/ Musset 3480/ Baudelaire 3903/ 4335, 4405, 6101, 6534, 6791, 7205; *(Cercle de)* 2510; *(Fonder une)* 6305; *(humaine)* 3206; *(Je vous hais!)* 5742; *(Récit de)* 1759
Fanfan *(La Tulipe)* 1628
Fanfare *(atroce)* 5192
Fanfaron 2299
Fange 2173; *(Cité de)* 3905
Fantassin 2580
Fantastique 7229, 7253; *(Conte)* 1103; *(Histoire)* 1100
Fantôme (s) 644, 3614, 3885, 4585, 4678, 8647
Fard 4000
Fardeau 1362, 1435
Fascination 3373
Fascisme (s) 7753, 7703, 8607
Fascistes 7801, 8309
Fatal (e) 4001, 4835, 6375

Fatalité 1823, 4699, 5521, 7689, 7815, 8299; *(de sa nature)* 8451; *(singulière)* 2958
Fatuité 2091, 2165
Faubourg 3902, 4131, 5128
Faucille *(d'or)* 2773
Faune 5477
Fausseté 1198
Faust 3421
Faute (s) 416, 496, 499, 1572 /Hugo 2653/ 4401, 5502, 5567, 6687, 6833, 6923, 7734; *(charnelles)* 7652; *(d'impression)* 218; *(éclatante)* 5887; *(moderne)* 7766; *(non commise)* 6328; *(sincère)* 2737
Fauteuil 1837
Fauve 5541
Faux (sses) 1836; *(Choses)* 8014; *(Gens)* 2269; *(Tout est)* 8143
Faveur (s) 274, 401, 1217
Favori (tes) 1603
Fédératif *(Principe)* 3367
Fédération 3368
Félicité 2201, 3007, 3838
Femelle (s) 5290
Féminin 7167
Féminité *(Mythe de la)* 8295
Femme (s) 8, 213, 239, 401, 402 /Chateaubriand 824/ 916, 917, 1004, 1005, 1127 /Stendhal 1180, 1189/ Vigny 1746, 1753, 1800, 1802/ 1864, 1885, 1941, 2022, 2033, 2034, 2039, 2041, 2042 /Balzac 2088, 2089, 2125, 2244, 2336, 2351, 2352/ 2362, 2443 /Hugo 2465, 2592, 2619, 2719, 2802/ 3373, 3384 /Musset 3506, 3519/ 3682 /Baudelaire 3996, 3998, 4064, 4077/ Flaubert 4179/ 4304, 4500 /Mallarmé 4698/ 4765, 4865, 4873, 4888, 5078 /Rimbaud 5134/ 5268, 5428, 5462 /Claudel 5596, 5619, 5634, 5641/ 5999, 6032, 6038, 6233, 6744 /Céline 7144, 7162 /Aragon 7446, 7459/ 7685 /Malraux 7790/ 7880, 8223, 8298, 8299, 8856; *(Absence des)* 3224; *(au pluriel)* 6621; *(au singulier)* 6621; *(bête)* 4005; *(Cœur des)* 3520; *(Communication des)* 8348; *(Connaissance des)* 1351; *(Cruauté des)* 2079; *(d'aujourd'hui)* 8295; *(de douleur)* 5137; *(de quarante ans)* 4215; *(des temps modernes)* 7422; *(Devenir)* 8296; *(distantes)* 6396; *(d'un ami)* 3533; *(d'un pays lointain)* 3251; *(Égalité des)* ; *(entretenues)* 4337; *(Épouses)* ; *(Esprit de la)* 174; *(Faiblesse du cerveau des)* 954; *(grasse)* 4048; *(Histoire de)* 4444; *(Honnêtes)* 2327, 5954; *(inconnue)* 4803; *(intelligente)* 4055; *(Jolies)* 5842; *(légitime)* 7721; *(libres)* 5995; *(maigre)* 4048; *(mariée)* 2339; *(Muscles de la)* 174; *(perdue)* 4090; *(Promotion de la)* 3120; *(Quelle est donc cette)* 3140; *(Ruse de)* 1797; *(sage)* ; *(sportives)* 6705; *(volage)* 2044
Fendre 2421
Fenêtre (s) 2121, 4649
Féodalité *(industrielle)* 3202; *(nobiliaire)* 3202
Fer *(rouge)* 1662, 6841
Fermer *(les yeux)* 7204
Féroce *(Bête)* 4166
Ferveur 5733, 5734
Festin 98; *(Joyeux)* 5239
Fête (s) 465, 5078, 6570, 8245; *(lointaine)* 5355
Feu (x) 1156, 7725; *(Brûlé de plus de)* ; *(d'artifice)* 3950; *(humide)* 31; *(Mettre le)* 815; *(sans allumage)* 5437
Feuillage *(éploré)* 3448
Feuillantines 2535
Feuille (s) 4820, 7595; *(de laurier)* 443; *(de rose)* 443; *(morte)* 4806
Fiacre 5216
Fiancée 5626
Fibre 3883
Fichte 481
Fiction (s) 3431, 4714, 5942
Fidèle *(à demi)* 2463

Fidélité 1183 /Proust 5860/ 7007; *(Esprit de)* 7976
Fiel 4927
Fiente *(de l'esprit qui vole)* 2661
Fieri 4314
Fierté 386, 725, 3492
Figure (s) *(du langage)* 8894
Fil *(Tire son)* 2271
Fille (s) 1870, 2037, 6215, 7546; *(Jeunes)* 2482, 4012, 4079, 4950, 6882; *(La main de ma)* 1013; *(Petite)* 2755; *(prostituées)* 1082, 4005
Fils 493, 1869, 4396
Fin 91, 1481, 3021, 8616; *(Qui n'a pas de)* 5367; *(Regarder sa)* 8569; *(Tout a une)* 4540
Finalité 6487
Financer 6697
Finance (s) 155
Finesse (s) 1228, 1311; *(des choses)* 7935; *(Esprit de)*
Fini 3959, 6184; *(L'homme a)* 5113
Finir 3378; *(Tout doit)* 6210
Firmament 340, 531, 2772
Fixe 1961
Fixité *(divine)* 6405
Flacon 3886; *(Qu'importe le)* 3426
Flair 5451
Flambeau 3885
Flamme 31, 5621, 6943
Flaneur *(parisien)* 2172
Flaque 6787
Flatter 113, 164
Fléaux 8581
Flétrie *(Demain)* 3429
Fleur (s) 1361, 2619, 3310, 3790, 3868, 3908, 4820
Fleuve (s) 894, 6642; *(impassible)* 5139
Flot 1474
Flouée *(À quel point j'ai été)* 8311
Fluide 5994
Fœtus 1011, 5594
Fo-Hi-Can 1018
Foi /Chateaubriand 741/ Lamartine 1507/ Vigny 1827/ 2019 /Balzac 2303/ 3624, 4287, 4306, 4311, 4428, 4520 /Zola 4582/ 4797, 5346 /Claudel 5623/ 6618, 6769, 7004, 7007, 7086, 7379, 7893, 8489; *(Bonne)* 1204, 7681; *(Homme de)* 5378; *(Mauvaise)* 7681; *(politique)* 3213
Fol (s) *(Voir aussi Fou)*
Folie 171, 254 /Constant 571/ Chateaubriand 714/ Stendhal 1199/ Vigny 1744, 1819/ 4380, 4518, 4644, 4900, 5096 /Rimbaud 5159/ 6892, 6765, 6899, 7249, 8246, 8546, 8855, 8859; *(du sens)* 8976; *(utile)* 8816
Folklore 8831
Folleville *(Embrassons-nous)* 3720
Fonction 4757, 5302
Fonctionnaire (s) 611; *(Haut)* 6702
Fond (s) 6310; *(public)* 4436; *(secret)* 4436
Fontaine (s) 2284; *(de sang)* 3912
Fontanarosa 1570
Forçat 1812
Force (s) 528, 1379, 2000, 2467, 4200, 5418, 6678; *(brutale)* 3359; *(commune)* 3183; *(D'étranges)* 7250; *(en marche)* 7690; *(individualiste)* 4991; *(surnaturelle)* 6813
Forêt (s) 640, 666, 2278, 4361
Forfait (s) 682, 7236
Forge *(délicate)* 6960
Formalisations 7932
Forme (s) 305, 2955, 3393 /Baudelaire 4080/ Flaubert 4115/ 5802, 6010, 6287, 6292, 6310; *(Vie des)* 6290
Formule (s) 6740; *(d'ensemble)* 5344
Fort (s) 997, 1143, 2319, 5117, 6040; *(Homme)* 2126; *(Plus)* 765
Fortuits *(Événements)* 8461
Fortune (s) 397, 1113 /Stendhal 1235/ 1378, 1576, 1579 /Balzac 2146/ 3716 /Baudelaire 4002/ 6691; *(Bonnes)* 400
Fossoyeur 5396
Fou (folle, s) 1104, 1597, 3089 /Musset 3569/ Baudelaire 3953/ 4516 /Verlaine 4843/ 5555 /Claudel 5630/ 7248, 8138, 8861;

INDEX

(*Bonheur*) 1331 ; (*Devenir*) 7481 ; (*Pauvre*) 5115
Fouché 936
Foudre 2347, 4640, 5052, 8395 ; (*Coup de*) 4117
Fouet 4563, 4573
Foule (s) 1501, 1512, 2273, 3626, 4052, 4076, 4122, 4416, 5435, 5451, 5517, 6012, 6023, 7719 ; (*Fureurs des*) 4495 ; (*furieuse*) 1668
Fourberie (s) 4794
Fourmi (s) 3091, 7642
Fournaise 2590
Fourrer (*S'en*) 4450
Foutaise 4619
Foutebôle 8835
Foyer 3260, 3781, 5742, 6792 ; (*d'une âme*) 1522
Frac 4134
Fraction 2705
Fragment (*de mémoire*) 8921
Fraîcheur 6293
Framboisier 3290
Français (e) Molière 1276, 463, 468, 471, 489 /Chateaubriand 642, 832, 878/ 920, 925 /Stendhal 1224, 1225/ 1626, 1628, 1666, 2009, 2036 /Balzac 2297/ Hugo 2726/ 2922, 3130, 3132, 3151, 3748, 3749 /Baudelaire 3971/ 4392, 4911, 5424 /Claudel 5624/ 6081, 6861, 6928, 8836 ; (*Ame*) 2855 ; (*Cela n'est pas*) 965 ; (*c'est-à-dire haïssable*) 5209 ; (*Esprit*) 4981 ; (*Estomac*) 4020 ; (*Être*) 6853 ; (*Fier d'être*) 1624 ; (*Langage*) 1017, 2441 ; (*Langue*) 2354, 2459 ; (*Mort d'un*) 4323 ; (*Nation*) 3375 ; (*Peuple*)
France 107, 251, 263, 472, 492 /Chateaubriand 664, 671, 751/ 933, 962, 966, 967, 971, 1074, 1081, 1376, 1380 /Lamartine 1540/ 1562, 1588, 1613, 1614, 1690 /Vigny 1809/ 1900, 1965, 1969, 1976, 2004, 2008, 2009, 2014, 2016, 2017, 2018, 2024 /Balzac 2142, 2259/ 2375 /Hugo 2820/ 3017, 3138, 3148, 3153, 3162, 3166, 3234, 3381, 3395 /Baudelaire 4074/ 4289, 4290, 4295, 4610, 5426, 5427, 5428, 5431, 5510 /Gide 5789/ 6128, 6129, 6131, 6382, 6851, 6856, 6989, 7029, 7033, 7042, 7044, 7050, 7282, 7754, 7866, 7883, 8061, 8331, 8641, 8642 ; (*Carte de la*) 7022 ; (*en révolution*) 7045 ; (*Je vous salue, ma*) 7436 ; (*Sauvez la*) 7947 ; (*Une certaine idée de la*) 7032
France (*Anatole*) 5632, 5975
Fraternité 1499, 1546, 2735, 3679, 5982, 7979 ; (*universelle*) 4588
Frein 3586
Frère (s) 373, 1869, 3454, 5154
Freud 5566
Fripon (s) 1260, 2559
Frisson (*d'eau*) 4825
Frivole (s) 4842
Frivolités 374, 6991
Froc 177, 3186, 4134
Froid (e, s) 1028, 6899 ; (*Mourir de*) 8496
Froideur 5705
Fromage 6111
Fronde 3127
Frondeur (*Esprit*) 2193
Front 1012 ; (*armé*) 5224 ; (*Élever son*) 6206
Frontière 543 ; (*en art*) 5516
Fruit (s) 6753, 7747 ; (*amer*) 4921 ; (*de douleur*) 1515 ; (*défendu*) 2475 ; (*des villages*) 5394 ; (*mûr*) 5889 ; (*Voici des*) 4820
Fugitive (*heure*) 1424
Fui (*Victorieusement*) 4679
Fuite 8978
Fulguration 4091
Fumé 5240, 5241 ; (*Ma future*) 5892 ; (*sans feu*) 5437
Fumer 1989
Fumeur (*d'opium*) 4377
Fumier 6989
Fusil 5552 ; (*Coups de*) 7186 ; (*d'infanterie*) 979
Fusillade 4132
Futilité 8019

Futur 851

Futures *(Mœurs)* 3750

G

Gagne-pain 2207
Gagner 151, 1770
Gai 5563, 5578
Gai(e)té 150, 456, 3130, 3501 ; *(courageuse)* 2937 ; *(Quelle mâle)* 3489
Gain *(de cause)* 5270
Galant (s) 1569 ; *(Dénouement)* 2558 ; *(Termes)*
Galanterie (s) /Stendhal 1288
Galatée 4238
Galère 2665
Galérien 2665
Galgala 2771
Galilée 1015, 4305
Galiléen *(L'trimardeur)* 5542
Gallican 3062
Gamelle *(ouvrière)* 4183
Gamin 2674
Gandhi 7892
Garçon 5785
Garde 4133 ; *(descendante)* 4454 ; *(impériale)* 2590 ; *(meurt et ne se rend pas)* 994 ; *(montante)* 4454 ; *(républicaine)* 6344
Garde-à-vous 7200
Garde-chiourme 6540
Gardiens 6953 ; *(du sens)* 8253
Gascogne *(Cadets de)* 5686
Gaspard *(Le pauvre)* 4832
Gastronomie 98 ; *(Mélancolie matérielle de la)* 2315
Gastronomiques *(Connaissances)* 99
Gâteau *(tartare)* 6756
Gâter *(un tableau)* 1947
Gauche 5147, 7098
Gaule 5515
Gaulois *(Mes ancêtres)* 5160
Gautier *(Théophile)* 4016, 4254
Gavroche 2711, 2712

Gazon 4688
Géant (e, s) 3874 ; *(Ailes de)* 3856
Geigneuse *(Pensée)* 3391
Gémir 1805
Gendarme 1027, 2875, 3030
Gendarmerie 1667, 1762
Gendre 3721
Gêne 7329
Général (aux) 2364, 3760, 6390
Génération (s) 93, 565, 718, 995, 2408, 2908, 5086, 7882 ; *(Organes de la)* 171 ; *(Saint acte de la)* 3385 ; *(savante)* 3766
Générosité 390, 407, 2774, 7202
Genèse 7341, 8487
Génie (s) 59, 205, 208, 211, 215, 221, 303, 336, 383, 447, 499 /Chateaubriand 685, 686, 689, 705, 859/ 912, 920 /Stendhal 1192, 1199, 1213, 1214, 1246 /Lamartine 1406/ 1557, 1924, 1928, 1942 /Balzac 2130, 2223, 2273, 2353/ 2398 /Hugo 2466/ 2909, 2993, 3042, 3181 /Nerval 3259/ Musset 3476, 3492, 3567/ 3624 /Baudelaire 3849, 3935, 4039/ Zola 4557/ Mallarmé 4673/ Valéry 5889, 5903/ 6143, 6630, 6857, 6979, 6984, 7220 /Aragon 7419 ; *(Adolescent de)* 2299 ; *(C'est là qu'est le)* 3417 ; *(de la femme)* 2658 ; *(de la France)* 5515, 6839 ; *(destructeur)* 473 ; *(du vers)* 4703 ; *(Homme de)* 3178, 3852 ; *(Je donne mon)* 3460 ; *(littéraire de la France)* 3598 ; *(Singe de)* 2562
Genoux 5428
Genre (s) 6552 ; *(littéraires)*

INDEX

Gens (*Bonnes*) ; (*de lettres*)
Gentilhomme 2424, 6870
Gentillesse 5843
Géographie 1978, 5801
Géométrie 4935, 4956, 6244, 6290 ; (*euclidienne*) 5102
Géométrisation (*de l'espace*) 7077
Gerfauts (*Vol de*) 4642
Germe 5347
Germination 4575, 5774
Geste (s) 6337, 7611, 7738, 7943
Gestion (*de l'entreprise*) 4737
Gibet (s) 3573
Gifle 4493
Giflé (*La vie m'a tant*) 6141
Gilbert 5551
Gilet (*rouge*) 3627
Givre 8203
Glace ; (*à la crème*) 1286 ; (*miroir*) 338
Gladiateur 4173
Glaires 5594
Glaise (*On l'a mis dans d'la terr'*) 5063
Glaive 317, 3914
Glapion (*Effet*) 7545
Glas 3061
Glèbe 725
Globe 5642 ; (*terrestre*) 4793
Gloire 357, 360, 510 /Chateaubriand 654, 660, 684/ 926, 1013, 1016, 1125, 1136 /Lamartine, 1436, 1445, 1449/ Vigny 1697/ Balzac 2304/ Hugo 2557, 2854/ Nerval 3239/ Musset 3552/ 4198, 6648, 7024, 8567 ; (*d'autrui*) 193 ; (*de la France*) 4347
Glorieux ; (*Éclat*) 2964
Glu (*des rois*) 1095
Goethe 473, 2013, 5945
Gothique 3712, 7824
Gouffre 4671, 7658 ; (*de l'esprit*) 2648 ; (*intérieur*) 2570
Goules 5730
Gourmandise 96, 105
Goût (s) 685/ 2980 /Nerval 3239/ Flaubert 4162/ 4926, 4943, 5390, 6376 ; (*Bon*) 478, 1559 ; (*Conformité de*) 6617 ; (*d'après*) 6362 ; (*des femmes*) 3850 ; (*Manque de*) 2084 ; (*Mauvais*) 1559
Goutte (*d'eau*) 6865
Gouttière 1519, 4091
Gouvernail 3797
Gouvernement (s) 100 / Constant 536, 541, 574/ Stendhal 1347/ 1609, 1664, 2995, 3030, 3046, 3125, 3157, 3175, 3797 /Flaubert 4161/ 4463 /Zola 4570/ Mallarmé 4727/ 5065, 6020, 6697, 7619, 8509 ; (*absolu*) 876 ; (*chrétiens*) 8594 ; (*monarchique*) ; (*populaire*) 423 ; (*républicain*) 423
Gouverner 202, 418, 424, 589, 595, 938, 1588, 1610, 1693 /Balzac 2344/ 2875 ; (*c'est prévoir*) 3165
Goya 3864, 3979
Grâce (s) 275 /Lamartine 1509/ 5311 6821, 6848, 7007, 8540 ; (*Action de*) 5281 ; (*de Dieu*) ; (*Faire*) 2738 ; (*Ordre de*) 2982
Grade 4490
Grain 4865
Graine 8207, 8356
Grammaire 21, 2471, 3844, 4032, 4038, 5446, 6244
Grammairien 4466, 5608
Grand (e, s) (*chose*) 2132 ; (*d'Espagne*) 2544 ; (*du monde*) 1025 ; (*homme*) 5499 ; (*Plus*) 956 ; (*Quand nous serons*) 6451 ; (*Rien ne nous rend si*) 3451
Grandeur /Chateaubriand 756/ 926 /Balzac 2351/ 7033, 7036 /Malraux 7796/ (*d'âme*) 5409 ; (*Dehors de la*) 2277
Grand-mère 1093
Grand'route 5230
Grandsiécliser (*sa parole*) 4480
Grappe (*d'images*) 6513
Gratouiller 6709
Gratuit (*Acte*) 7626
Gravitation 1680, 5457
Gravité (*des sots*) 358
Gravure 1327
Grec (que) 304, 440, 638, 4560 ; (*Enfant*) 2479, 2480 ; (*Langage*) 1017, 1018, 3119, 8622 ; (*Marchands de*) 2615

Grèce 655, 2476
Greffe 2662
Grégeois *(Feu)* 491
Grenade *(fruit)* 7518
Grenadier (s) *(français)* 5692
Grenier 1090, 1091
Grenoble 1304
Grenouille (s) 3651, 6136, 7169
Grève (s) 3775, 4736, 8406; *(Droit de)* 4604; *(générale)* 4987, 4988, 4991; *(malades)* 7786
Griffes 134
Grimace 622, 7134
Gris *(Nous étions)* 3809
Grisette 2388
Gris-gris 7924
Groin 4887
Gros 1302
Grossesse 3832
Grotesque 2346; *(douloureux)* 4371; *(Sens du)* 4177
Guadeloupe 2844
Guano 4145
Guérilla 2750
Guérir 244, 2971, 8517
Guerre (s) 188, 356 /Chateaubriand 764/ Vigny 1754, 1755, 1765, 1776, 1817/ 1964, 1975 /Hugo 2720, 2745, 2746/ 2946, 3588, 4611, 4969 /Maupassant 5036, 5198/ 5266, 5370 /Claudel 5653/ 5983, 6221 /Apollinaire 6274/ 6384, 6398, 6414, 7034, 7035, 7090, 7305, 7711, 7753, 7877, 7958, 8835; *(Art de la)* 949; *(civiles)* 0, 861, 4509, 6871; *(coloniale)* 4790; *(de religion)* 6871; *(Grande)* 7031; *(Horrible)* 5081; *(Je fais la)* 4609; *(justes)* 4198, 6092, 6730, 7809, 7810; *(moderne)* 7094; *(Rêves de)* 2474; *(Salut à la)* 3364; *(Temps de)* 7873
Guerrier 1207, 4072
Gueuloir 4192
Gueux 4201, 4477, 5029; *(Roi des)* 5028
Guide (s) 5540
Guillemets 7969
Guillotinassiez *(Je voudrais que vous me)* 3326
Guillotine 2657
Guillotiner 1256
Gutenberg 2502
Gymnase 174

H

Habit 1080, 1756, 1761, 3724; *(flottant)* 211; *(neuf)* 1318; *(noir)* 4134
Habitat 8144
Habiter *(son nom)* 6796
Habitude 542, 2337, 3444, 7960; *(d'infirme)* 5054; *(Meurtre d'une)* 6996
Ha-ha 6042
Haillon 2644
Haine (s) 352, 922 /Stendhal 1165, 1210/ 1365 /Balzac 2131, 2174, 2272, 2293/ Hugo 2740/ Baudelaire 4003/ Flaubert 4111, 4539, 4922, 5404, 5528, 5708 /Aragon 7434/ 8459; *(des hommes)* 7117; *(Faire la)* 6672; *(politique)* 5530
Haïr 367 /Hugo 2663, 2719 /7324; *(le monde)* 631; *(Se)* 6847
Hais *(Que je vous)* 5126
Haleine 1510, 3339
Haleur 5139
Hallucination 4181, 4384
Halte 4559; *(-là!)* 4492
Hamilcar 4099
Hamlet 5725
Hannibal 4639 *(Voir aussi Annibal)*
Hanter 8117
Hardie *(Femme)* 2402
Hardiesse 83, 2686

INDEX

Harengs *(saurs)* 6142
Haricot 2440, 4274
Harmonie 2074, 2384, 3418; *(de l'univers)* 7065; *(native)* 3970
Hasard (s) 944 /Balzac 2060, 2149/ 2396 /Hugo 2466, 2559/ 4282 /Mallarmé 4691, 4722/ 4772, 4899, 6424, 6479, 7308, 8779, 8816; *(Je parle au)* 3516; *(Pierre de)* 3847
Hasardeux 3841
Haussmann 4464
Hautbois 2477, 3859
Hébreu 7453
Hegel 2984, 5580
Hégélianisme 5721
Hélicon 3500
Henri *(de Lorraine)* 2414
Henriade 3208
Hérédité 6784
Hérésiarque 6237
Hérésie 2862
Hérétique (s) 5630, 7093
Héritage 7294; *(des Français)* 368
Hermaphrodite 3831, 4945
Hermès 7306
Hermétisme 7402
Hermine 1575
Hernani 3627; *(Bataille d')* 3625
Héroïsme 8310
Héros /Stendhal 1271, 1340, 1343/ Hugo 2775, 2793/ Flaubert 4109/ 4544, 4601, 5507, 6122, 6418 /Céline 7115/ Aragon 7448/ 7620, 7893; *(au sourire si doux)* 2815; *(effarouché)* 4688; *(Quoi de plus seul qu'un)* 8745
Herse 7659
Heure (s) 347, 3605, 3901, 6262; *(crépusculaire)* 1518; *(fugitive)* 1424; *(Oublier l')* 4843; *(qu'il est)* 5269; *(qui passe)* 7133
Heureux Diderot 82, 111, 133 /Vigny 1746/ Hugo 2693/ 3194, 3703 /Verlaine 4819/ 5568, 8426; *(ceux qui sont morts)* 6092; *(Être)* 3754; *(Se croire)* 4044
Heurter (se) 4150
Hideux 4067; *(Monde)* 4187

Hier 2779, 4823, 5805
Hiérarchique *(Organisation)* 1384
Hiéroglyphe (s) 1133, 4034
Hippocrate 806, 3660
Hirondelle *(Les petits de l')* 7663
Histoire 268 /Chateaubriand 672, 673, 828, 893/ 927, 933, 1875, 1964, 1971, 1973, 1978, 1984, 1988, 2006, 2015 /Hugo 2573, 2582, 2715, 2760/ 3126 /Flaubert 4160/ 4205, 4234, 4281, 4286, 4287, 4365, 4383, 4406, 4547, 4750, 4760, 4773, 4890, 5000, 5338, 5443, 5702 /Proust 5797, 5801, 5853/ Valéry 5941/ 5994, 6544, 6545, 6735, 6736, 6738, 7005 /Aragon 7448, 7462/ 7905, 8009, 8053, 8183, 8238, 8658, 8880, 8907, 8911, 8982; *(Abstractions de l')* 8585; *(de France)* 1615; *(de l'homme moderne)* 4147; *(des hommes sans histoire)* 7066; *(du cœur)* 5026; *(d'une personne humaine)* 6488; *(d'un peuple)* 6489; *(du temps passé)* 1708; *(en marche)* 7289; *(Indifférence à l')* 8199; *(morale)* 4175; *(n'est pas tout)* 8560; *(Rencontrer l')* 7059; *(simple, simple, simple)* 4634; *(Surprises de l')* 7406; *(terminée)* 7076; *(tragique)* 6089
Historien (s) 235, 668, 1618, 1620, 4279, 4280, 4284, 4410, 5979, 6535, 6737, 7383, 7981
Historique *(Connaissance)* 8010; *(Dissertation)* 1619; *(Peuple)* 1589; *(sélection)* 8008; *(Vie)* 1968
Histrion (s) 2569; *(spirituel)* 4711
Hitler 8416
Hiver (s) 558, 3245, 4391, 5031; *(lucide)* 4650
Hivernage 8064
Hobereau 5000
Hochet 775
Hollandaise 2355; *(Tempérament à la)* 1223
Hollande 2400, 2430
Holocauste 3852

Homais *(Monsieur)* 4312
Homéopathie 3796
Homère 360, 660, 673, 1159, 4475
Hominal *(Règne)* 903
Hommage *(à la nature)* 5463
Homme (s) 9, 11, 147, 213, 228, 337, 415 /Chateaubriand 803, 824, 847/ 902, 903, 908, 993, 1004, 1005, 1156 /Lamartine 1465, 1489/ 1585, 1586, 1679, 1688 /Vigny 1727, 1800/ 1864, 1946/ 2041 /Balzac 2062/ 2362 /Hugo 2719, 2759/ 3347, 3373, 3389 /Musset 3519/ 3581, 3816, 4359, 4466, 4775, 4891, 4932, 4933, 5353, 5522 /Claudel 5596/ 5709 /Gide 5751, 5779, 5780, 5782/ 5795 /Proust 5849/ 5993, 6167 /Apollinaire 6237/ 6282, 6350, 6362, 6383, 6412, 6473, 6510, 6522, 6898 /Paulhan 6555/ 6603, 6671, 6802, 7010, 7091 /Céline 7134/ 7162, 7698, 7701, 7706, 7721 /Malraux 7812/ 7880, 7889, 7890, 7891, 7927 /Sartre 8095, 8096/ 8270, 8289, 8313, 8347, 8866 ; *(Accepter d'être un)* 8436 ; *(Bonheur de l')* 167 ; *(Bonté de l')* 1797 ; *(centre du monde)* 6370 ; *(charnel)* 515 ; *(Cœur de l')* 6539, 6541 ; *(Comme un)* 7355 ; *(Commun des)* 4798 ; *(Connaissance de l')* 4562 ; *(cultivé)* 7814, 7816 ; *(d'action)* 6693 ; *(d'esprit)* 6281 ; *(d'état)* 3131, 5277 ; *(d'honneur)* 1767 ; *(de lettres)* 5976 ; *(Douceur de l')* 7933 ; *(fait)* 5084 ; *(Grands)* 1767, 2134, 2211, 2508, 4069, 6112, 8243 ; *(Honnête)* 112, 2687, 4581 ; *(individu)* 6313 ; *(Jeune)* 2767, 2768, 7426 ; *(La route des)* 6803 ; *(L'homme est l'avenir de l')* 7596 ; *(libre)* 3823 ; *(Limites de l')* 8609 ; *(N'être qu'un)* 7474 ; *(noir)* 3327 ; *(Petit)* 837 ; *(Petitesse de l')* ; *(Pour l')* 8290 ; *(Qu'est-ce que l')* 8569 ; *(raisonnable)* 6281 ; *(Royaume de l')* 8494 ; *(Sauver l')* 8575 ; *(Science de l')* 168 ; *(spirituel)* 515 ; *(tout entier)* 6919 ; *(Vieil)* 6686 *(Voir aussi Honnête)*
Homo *(sapiens)* 6735
Homosexualité 5820
Honnête (s) 3020, 4427 ; *(femme)* 2327, 4889 *(Voir aussi Femme)* ; (fille) 5085 ; *(gens)* 5019 *(Voir aussi Gens)* ; *(homme) (Voir aussi Homme)* ; *(Malheur aux)* 7332
Honnêteté 6426
Honneur 407 ; /Chateaubriand 839/ 961 /Vigny 1777, 1778/ Hugo 2537/ Zola 4600/ 6095, 6098/ Apollinaire 6271/ 6865, 7208 ; *(national)* 5552
Honni 7636
Honorer 1260
Honte (s) /Hugo 2585/ Gide 5776/ 6296
Honteux 5597
Hôpital 3654, 3671, 3862, 3954
Horde 6085 ; *(septentrionale)* 907
Horizon 531, 1508, 3732, 4161
Horizontalement *(Vivre)* 6510
Horloge 4102 ; *(implacable)* 4628
Horreur 3906, 3924, 4060 ; *(de la mort)* 7732 ; *(d'être un homme)* 3779 ; *(d'être vierge)* 4664
Horticulteur 6966
Hosanna 776
Hospitalité ; *(du lit)* 4461
Hostie *(Profanation de l')* 8023
Hostilités 4135
Houatures 7957
Houle 3876
Housard 2815
Hugo 3795, 4016, 4026, 4027, 4028, 4030 ; *(Monsieur)* 3411
Huile ; *(d'homme)* 4485
Huître 4135
Humain (e, s) 316 ; *(Bétail)* 1948 ; *(Comédie)* 1790 ; *(Développement)* 4319 ; *(Espèce)* 536, 539 ; *(Règne)* 8288 ; *(Science)* 2349
Humanisation 8503
Humanisme 7632, 7718, 7754, 7846, 8097 ; *(bien ordonné)* 8359
Humanitairerie 3481

Humanitarisme 4985
Humanité 366 /Chateaubriand 803/ Lamartine 1479/ 1686, 1688, 1864, 1877, 1879, 1902, 2872, 3596, 3675, 3739 /Baudelaire 3907, 3923/ Flaubert 4159/ 4330, 4424, 4610, 5324, 6028, 6124, 6394, 6713, 7242, 7862, 7928, 8266, 8267; *(du XXe siècle)* 6352, 6353; *(est une bibliothèque)* 7862; *(Religion de l')* 1865
Humble (s) 7656; *(besogne)* 4289
Hume 1883
Humiliation 7794
Humilier 8625
Humour 7941, 8530; *(noir)* 4371
Hutte 66
Hydrogène 4121
Hymen (s), 1567, 2808
Hymne 2624
Hyperbole 5231
Hypocrisie 74, 1298, 1305, 1550, 2737, 4879, 6968
Hypocrite 1261; *(lecteur)* 3854

I

I 161, 5136, 5175; *(du verbe aimer)* 5688; *(Un point sur un)* 3410
Icare 7377
Ici 8777
Idéal 3254, 3969, 3970, 4844, 4863, 5937, 6712, 7086; *(borné)* 4163; *(Personnage)* 2986
Idéalisme 4171, 5338, 5421, 6121
Idéaliste (s) 8080
Idée (s) 19, 93, 158, 166, 460 /Constant 533/ Chateaubriand 678, 683, 874/ 902, 924 /Stendhal 1319/ Lamartine 1479, 1542/ 1589, 1853, 1944 /Balzac 2138, 2323/ Hugo 2458/ 3122, 3173, 3366, 3634, 3642, 3644, 3650 /Flaubert 4111, 4120, 4143, 4159, 4165/ 4275, 4413 /Mallarmé 4674/ 5057, 5559, 5574, 5576, 5588, 5590 /Gide 5730/ Proust 5864/ 5974, 6304 /Paulhan 6556, 6558/ 6703, 7020, 7304, 7330; *(Application des)* 1730; *(Atmosphère des)* 2255; *(de soi-même)* 7010; *(Entrer dans nos)* 66; *(fausse)*; *(Mange les)* 6613; *(montante)* 5228; *(Mourir pour l')* 8601; *(négatives)* 261; *(Polyèdres d')* 6035; *(positives)* 261; *(simples)* 7040; *(sociale)* 1525

Identité 5349; *(Principe d')* 6583
Idéologie 8715; *(Science des facultés intellectuelles)* 14
Idiome 2606
Idiot (e, s); *(Messieurs les)* 7610
Idole (s) 2073, 2321, 3998, 4097, 5612
Idumée 4661
Ignominie 952, 7101
Ignorance 924 /Balzac 2122, 2218/ 3191 /Zola 4579/ 6224, 6494 /Aragon 7451/ 7488, 7574; *(agissante)* 5425; *(qui braille)* 5425
Ignorant (s) 5592
Ignorer 1401; *(le monde)* 293
Ile (s) 6957, 7212; *(de joie)* 6094
Illégitime *(Passion)* 2332
Illisible 8160
Illuminatrice *(Nuit)* 8393
Illusion (s) 34 /Constant 552/ 1001, 1922 /Balzac 2246/ Nerval 3292/ Flaubert 4157/ 4499 /Maupassant 5048/ Aragon 7449/ 8550; *(du monde)* 5047
Illusionniste 5045
Illustrateurs *(médiocres)* 7463
Illustrer *(un nom)* 1814
Ilot 5416
Image (s) 5545, 6235, 6508, 7417, 8028, 8154, 8559; *(de ce qu'on*

aime) 453; *(matérielle)* 6518; *(Siècle de l')* 6512
Imaginaire (s) 7479, 8854, 8975, 8924; *(livre)* 8726; *(signification)* 8975; *(Solutions)* 6041
Imagination (s) 27, 385, 1007 /Stendhal 1300/ 1606, 1924 /Nerval 3305/ Baudelaire 3985, 3986, 4015/ Flaubert 4149, 4162/ 4331, 4773, 4910, 5556, 5579, 5712 /Gide 5757/ 6173, 6508, 6511, 6515, 6517 /Céline 7105/ 7246, 7249, 7280, 7629; *(malades)* 6109
Imaginer 5305, 7192
Imbécile (s) 3727, 4794, 4899, 4900, 5440, 5592, 5681, 6850, 8567; *(Je n'écris pas pour les)* 6863; *(véritable)* 6849
Imbécillité 1694, 5594
Imbroglio 4754
Imitateur 3074
Imitation (s) 6288
Imiter 2472, 5434, 5901, 6373
Immaculée *(conception)* 4176, 4183
Immanence *(de la raison)* 5377
Immensité 3557, 7546
Immersion 1676
Immobile 8528
Immobilité 3611
Immoralisme 8019
Immoralité 2064, 7294, 7920
Immortalité 360, 3069, 5794, 8604; *(de l'âme)* ; *(littéraire)* 8157
Immortel (le) 5771 ; *(Ame)* 3243; *(Chant)* 3452
Immuable 6216
Impair 4836; *(Nombre)* 2900
Imparfait 23, 2171
Impartialité 4345
Impatience ; *(Longue)* 5889; *(Sainte)* 5895
Imperfection 4767
Impériale 7428
Impérialiste 784
Impersonnalité 3598
Imperturbable 4394
Implacable 2358
Impolitesses 6404

Importance 5731, 8726
Important 7172
Importunité 401
Impossibilité 8162
Impossible 345, 4171, 5618, 7347; *(Raison de l')* 5068
Imposture 4408
Impôt (s) 1281, 3157, 3158, 6020; *(sur le capital)* 3159, 3160; *(sur le revenu)* 3160; *(sur les fenêtres)* 2121
Impression 4548, 5297; *(Première)* 4376
Impressionnisme 4548, 4621
Imprévisible 8738
Imprévu 4446
Imprimer 1033
Imprimerie 2500, 2501, 2502
Impropriété 8918
Improvisation 1931
Impudeur 8242
Impuissance 3831, 4696, 5074
Impur *(Douze fois)* 1802
Inachevé (s) 3829; *(Les êtres sont)* 7479
Inanimé *(Objet)* 1467
Inanité *(sonore)* 4680
Inanition 3413
Incarnation 7824
Incarner (s') 3300
Incendie 5498, 7190
Incertitude 243, 571, 6238; *(de la vie)* 581
Inceste 4893, 8334
Incident (s) 4333
Incognito 3825, 3992
Incohérent 4700
Incompréhensible 5453
Inconnaissable 5236
Inconnu 2639, 3258, 3433, 3925, 5205, 7475, 7697; *(Un peu d')* 5049
Inconscience 5723, 6174, 7975
Inconscient 5369, 7574
Inconsolable *(Femme)* 108
Inconsolé 3266
Inconstance 362
Incrédule (s) 889
Incrédulité 3396, 4428

Incroyant *(en la femme)* 8200
Incurable *(Bricoler dans l')* 8481
Indéfinissables *(mouvements)* 7917
Indépendance 1616; *(de la page)* 5088; *(de la pensée)* 540; *(privée)* 560, 561
Indestructible 8179
Indétermination 5321
Indéterminé 45, 4549
Indienne *(Spiritualité)* 6119
Indifférence 5837; *(spectacle)* 2689
Indifférent *(Spectateur)* 557
Indigent 3579
Indigne 6872
Indiscipline *(aveugle)* 6024
Indiscipliné 4488
Indiscret (s) 6886
Indispensable 8538
Individu (s) 107 /Chateaubriand 674/ 1868, 1915, 2382, 3123 /Flaubert 4122/ 5792, 6007, 6017, 6713, 7085, 7343 /Céline 7150/ 7721 /Malraux 7797/ 8058, 8059, 8293
Individualisme *(anarchique)* 6839
Individualité 3825
Individuelle *(Existence)* 3752
Indolences 6273
Industrialisme 2880
Industrie 257, 1048, 1049, 3227, 6469
Industriel (le, s) *(Capacité)* 260; *(Classe)* 265; *(Fait)* 1633; *(Intérêts)* 864; *(Principe)* 876; *(Régime)* 3204; *(Révolution)* 7998, 8221
Ineffable 7938
Inégalité *(sociale)* 4411
Inépuisable 5648, 7840
Inessentiel 8163
Inexprimable 5176
Infaillibilité 2868
Infâme 326, 5019; *(Vie)* 2192
Infamie 548
Infante 5294
Inférieur (e) 1901, 2277; *(Classe)* 2209; *(Homme)* 4469
Infidèle (s) 925, 1071, 1373, 1578, 5772

Infidélité (s) 1707
Infini 384, 449, 483, 500 /Hugo 2795/ 2871 /Musset 3477/ 4472, 4765, 4980 /Valéry 5878/ 6184, 7778; *(Chapeau de l')* 7416; *(Épreuve de l')* 7503; *(S'élever vers l')* 3837; *(Tourment de l')* 4983
Infirme 8249; *(Féroce)* 5164
Infirmité (s) 768, 8314; *(des beaux-arts)* 1194
Inflexion 6205
Information (s) 8005, 8906; *(infinie)* 6946; *(Source d')* 4590
Informulé 5778
Infortune (s) 161, 245, 386, 1739, 5149; *(sanglante)* 2964
Infortuné (s) 620
Infusoire 3830
Ingénieur 1854, 6463
Ingrat (s) 1605, 5095
Ingratitude 2113, 2342
Ingres 1302
Inhabitable 8509
Inhumain (e, s) 1577; *(Devenir)* 6241
Iniquité 7862
Initiative 8220
Injure (s) 2239
Injuste 8389; *(Homme)* 2623
Injustice (s) 67, 4600, 4784, 6826, 8346, 8589; *(de la création)* 1825; *(sociale)* 7869
Innocence 1704/ Balzac 2123/ 2944, 3058 /Musset 3421/ 4785, 6656, 7181, 7248, 7988 /Camus 8610; *(Droit à l')* 2734
Innocent (e, s) 317 /Constant 573/ Chateaubriand 840/ 905, 1119, 1591, 2939 /Baudelaire 3937/ Zola 4595/ 8433 /Camus 8600, 8633/; *(Se sentir)* 8628
Inoffensif 3938
Inquiet *(Esprit)* 5566
Inquiétude 2513
Inquisition *(Sainte)* 6442
Insecte (s) 902, 1514, 5450; *(Cités d')* 5452
Insécurité 8698

INDEX

Insensibilité 4654
Insensible 4751
Insolence 2859 ; *(de la nature)* 3928
Insomnie (s) 7686, 8216
Insoucieux 4869
Insoumis 5790
Inspecteur *(aux revues)* 3746
Inspiration 3991, 4039, 4059, 4690, 4807, 5930, 6000, 6147, 6172, 6573
Inspirer *(autrui)* 8475
Instabilité *(gouvernementale)* 8230
Instable 1961
Instant 298, 1221, 8389
Instinct 2162, 4268, 4269, 5322 ; *(dramatique)* 8454
Institut *(de France)* 5000
Instituteur 2616 (Voir aussi *Institutrices*)
Institutrices *(Guerre aux)* 5033
Instruction *(des femmes)* 2344 ; *(judiciaire)* 5261
Instrument 5322 ; *(banal)* 4195 ; *(de la liberté)* 2226 ; *(de musique)* 1194, 2226
Insulaire 2312
Insulte 6999
Insurgé 8303
Insurrection 185, 568, 2445, 2705, 4491, 4878, 7799
Intégrer 8522
Intellectuel (le) 4185, 7093, 7808 7811 ; *(Force)* 1844
Intelligence /Chateaubriand 883/ Lamartine 1415, 1428/ Balzac 2243/ Baudelaire 3957/ 4216, 5287, 5320, 5322, 5323, 5453 /Proust 5843/ 5992, 6023, 6495, 7082, 7708, 7716, 7881 ; *(moderne)* 8677
Intelligent (s) 5581 ; *(Gens)* 6470
Intelligible 8696
Intempérie *(de la cervelle)* 5003
Interdit 8015, 8021
Intéressants 6187
Intérêt (s) 121, 129, 139, 356, 390 /Constant 541, 542/ 1153 /Balzac 2062, 2247/ 2397, 8454 ; *(collectif)* 1048 ; *(de tous)* 4521 ; *(général)* 6104 ; *(individuel)* 1048 ; *(industriels)* 864 ; *(moraux)* 864 ; *(particuliers)* 6104
Intérieur *(Foyer)* 2959 ; *(Homme d')* 8361
Intermédiaire 4107
Internationale *(ouvrière)* 4425, 4736
Internationalisme 4604, 5431
Internationaliste 6537
Interne 5220
Interné 5220
Interrègne 4732
Interrogation (s) 8771 ; *(Point d')* 2292
Interroger 8175
Inter-subjectif *(Espace)* 8032
Inter-subjectivité 8654
Interviendrai *(J')* 7554
Intime 2469 ; *(Pensée)* 1270
Intolérant 5429
Intrigant (s) 2130
Intrigue (s) 917, 1276, 2552
Intriguer 1565
Intuition 6172
Inutile 3937, 6204, 7398
Inutilité (s) 2434, 8016
Invective (s) 5656
Inventer 2203
Inventeur 2393, 5188
Invention (s) 6475 ; *(merveilleuse)* 7759
Inversion 4263
Invisible (s) 1656, 1788, 5802, 6782, 7923, 8720 ; *(Décalquer l')* 6974 ; *(Porte de l')* 8327
Invraisemblance 8922
Ira *(Ah! ça)* 617
Irai *(Je m'en)* 2519
Iris *(Écharpe d')* 3271
Ironie 2830, 3009, 4482, 5398, 5486, 6629, 7940, 7941 ; *(socratique)* 5720
Irrationnel (le) 7852, 8578, 8616 ; *(Dimension)* 8817
Irréel *(Fonction de l')* 6509
Irreligion 8
Irréparable 7741
Irrespect 959
Irresponsabilité 8033

INDEX

Isis 5612
Israël 3090, 3282
Italie 1273, 1462, 4619; *(Soldats d')* 918
Italien (nes) 4385, 7197; *(Cœur)* 1267; *(Langage)* 458

Ithyphallique 5130
Ivoire *(Tour d')* 3286
Ivre 2804, 3991
Ivresse 3426, 3558
Ivrogne (s) 3922, 3938; *(Paroles d'un)* 2707

J

Jacobin (e, s) 2020; *(Invention)* 3745; *(Journaux)* 1232
Jagarnaut 1018
Jakobson 8920
Jalousie Proust 5832, 5847
Jaloux 1598, 2161; *(Lecteur)* 1345
Jamais 3904, 4861, 7566; *(Ce qui ne fut)* 4550
Jammes *(Je suis Francis)* 5662
Jansénisme 7765
Janvier 3507
Jardin 2248
Jaugera 6766
Je 8141; *(est un autre)* 5204; *(Le pouvoir de dire)* 8411
Jean *(Le nom de)* 6961; *(qui pleure)* 1034; *(qui rit)* 1034
Jeanne *(d'Arc)* 2025, 2026, 2027; *(était au pain sec)* 2754; *(ma femme)* 4084
Jean-Paul 3511
Jérimadeth 2772
Jérusalem 649
Jésuite (s) Chateaubriand 846/ 1994, 1995, 1999 /Balzac 2258/ 3145
Jésuitisme 1993
Jésus *(-Christ)* 1390, 1393 /Vigny 1807/ Hugo 2733, 2791/ 2871, 2984 /Baudelaire 3872/ 4285, 6052, 6120, 6731 /Céline 7141; *(Connaissance de)* 7856; *(sans-culotte)* 233
Jeu (x) 5896, 6019, 8799; *(Mettre en)* 8306; *(suprême)* 4687
Jeun *(À)* 240

Jeune (s) 7140, 7142 7366, 7966, 8591
Jeunesse /Chateaubriand 809/ 1574 /Vigny 1723/ Balzac 2241/ 3719, 3766, 4239, 4240 /Zola 4595/ 6522, 6746, 6846, 6857 /Céline 7133/ 7332, 7567, 7959, 8331; *(abandonnée)* 6263; *(française)* 5963; *(littéraire)* 4037; *(malheureuse)* 1328; *(meurtrière)* 6657; *(perdue)* 4479; *(soucieuse)* 3551; *(Spectre de ma)* 3455; *(Qu'as-tu fait de ta)* 4834
Jocrisse 1357
John *(Bull)* 1269
Joie (s) 1987 /Balzac 2082, 2291/ Hugo 2672/ Flaubert 4181/ Claudel 5601, 5643/ 5660 /Gide 5760/ 6164, 8279; *(de vivre)* 5504; *(Faire la)* 6542; *(Festins de)* 2952; *(Fille de)* 2550; *(immonde)* 4163; *(Paquet de)* 5768
Joli (e) 2167, 2723, 7636; *(Ah! Dieu que la guerre est)* 6274
Jonglerie 853
Jongleur 4772
Joubert 786, 1787
Jouer 8442
Jouet 1705, 4672, 6272
Joueur 5085
Joug 1568
Jouir 131, 299, 314, 904, 4296, 5759; *(de la vie)* 3003; *(Peur de)* 8562
Jouissance (s) 388, 1837, 2697, 3734, 8265; *(de l'imagination)* 2067; *(que promet le démon)* 2296

Jour (s) 1362, 1580, 1782, 2835, 3330, 7599; *(Absence du)* 648; *(Attenter à ses)* 739; *(de misère)* 5357; *(Faux beau)* 4822; *(Ordre du)* 3338
Journal (aux) 1643, 3174, 4081, 5261; *(Être propriétaire d'un)* 2250; *(intime)* 8169
Journaliste (s) 4395, 4438, 5577
Journée *(J'ai fini ma)* 289
Juan *(Don) (Voir Don Juan)*
Judas 2733, 3406, 7531
Juge (s) 1154, 191, 2484, 3168, 5261; *(des arts)* 313; *(Mauvais)* 6816
Jugée *(Chose)* 5445
Jugement (s) *(dernier)* 1831, 8635; *(du corps)* 6475; *(esthétique)* 1650; *(sur la poésie)* 4968
Juger 374 /Balzac 2068, 2275/ 3004, 7502,
Jugera *(Et Dieu)* 6766
Juif (s) 1487, 2207, 2234, 6391; *(errant)* 3061, 4982; *(Peuple)* 2872
Juliette *(en fonte)* 5004; *(L'âge de)* 3445

Jupiter 148
Jupon 5032
Juré 3168
Jurer 6037, 8318; *(de rien)* 3537
Jurisprudence *(des femmes)* 2147
Jus *(des passions)* 4157
Juriste 6400
Juste (s) 604, 1835, 8186; *(Ame des)* 459; *(tout seul)* 8371
Justesse 4264
Justice 72, 187, 331 /Chateaubriand 818/ 1155, 1379 /Lamartine 1489/ 1673 /Hugo 2781/ 3044, 3356, 3363 /Baudelaire 4029/ Zola 4592, 4599/ 4780, 4784, 5059, 5270 /Claudel 5598/ 6029, 6033, 6448, 7624 /Camus 8587, 8589, 8622/; *(Demander)* 612; *(militaire)* 2112; *(ne suffit pas)* 8606 *(Officier de)* 1117; *(régalienne)* 8712; *(révolutionnaire)* 3361; *(théologale)* 3361
Justification 8601
Justifier 5298, 5941
Juvénal 4563

K

Kaaba 1531
Kaléidoscope 6516

Kant 481, 1590, 2942, 6077
Kremlin 6756

L

Là *(Quelque chose)* 332
Labeur *(de la tête)* 1740
Laboureur(s) 3033, 3690, 4537, 7560
La Bruyère 7145
Labyrinthe 3249

Lac 1326, 1425, 3468; *(de sang)* 3894
Lâche (s) 1805, 7553, 8093
Lâcheté (s) 79, 7118, 7864
Lacrymatoire *(précieux)* 6182
Lactée *(Voie)* 6255

INDEX

Lacune 5922
Lafargue 2226
La Fontaine 65, 1396, 3487, 4360,
Lagardère *(ira à toi)* 3763
Laïcisme 6839
Laid (e) 2446, 3600, 3602, 3993, 4552, 5439; *(Amours du)* 688
Laideur 3060, 5215
Laine *(Filer la)* 3696
Laisser-aller 1231
Lamartine 2853, 3088, 3468
Lambeau 4697
Lame *(océanique)* 5242
Lamennais 706, 6809
Lamiel 1299
Laminoir 4095
Landais *(Napoléon)* 2436
Lande 3608
Landerneau 582
Langage (s) 17, 20, 21, 308, 1021, 1654, 1655 /Musset 3486/ Mallarmé 4673/ 5084, 5257, 5258, 5297 /Valéry 5911/ 6136, 6445 /Paulhan 6569, 6570, 6585, 6587/ 6729, 7501, 7503, 7585, 7712, 7782, 7888, 7890, 7772, 7774, 7891, 7925, 7938, 8024, 8026, 8178, 8462, 8700, 8737, 8878, 8902, 8937; *(Difficulté de)* 5445; *(du langage)* 6586; *(Exploration du)* 7921; *(fonction du)* 7773; *(humain)* 7375; *(incarné)* 8705; *(nouveau)* 290; *(poétique)* 8879; *(Problème du)* 8502; *(Refus du)* 8676; *(saint)* 5886; *(universel)* 886
Lange 2263, 3110
Langue *(Remuer la)* ; *(Tenir sa)* 4545
Langue (s) 808, 899, 1118 /Stendhal 1213/ Hugo 2606, 2691/ 4262, 4327 /Zola 4572/ 4738, 4748 /Rimbaud 5206/ 5255, 5256, 5717, 7532 /Malraux 7831; *(du XVIIe siècle)* 713; *(du peuple)* 2051; *(française)* 3179, 5051; *(Hiérarchie des)* 3740; *(Histoire de la)* 2405; *(littéraire)* 5252; *(maternelle)* 7598; *(morte)* 4560; *(nouvelle)* 2057; *(orgueilleuses)* 8878; *(primitive)* 900; *(universelle)* 900, 901; *(vulgaires)*
Langueur 4816; *(sereine)* 1517
Lanterne *(Éclairer sa)* 130; *(magique)* 4247
Lapin 2442, 7115; *(Papa, c'était un)* 5063
Lapons 7172
Larbin 7131
Lard 4635
Larima *(L'amiral)* 7678
Larme (s) 1176, 1369, 1370, 3559, 4328, 4918, 7959; *(Ce monde de)* 1555; *(des peuples)* 3527; *(Don des)* 1972
La Rochefoucauld 5077
Lasse 5447
Lassitude 5882, 6920; *(publique)* 2947
Latin 4560; *(de cuisine)* 2354; *(Marchands de)* 2615
Lauréat 2223
Laurier (s) 3290; *(coupé)* 4252
Lautréamont 5286, 7410
Lave 2283
Lazzaroni 1193
Lebrun *(Président)* 7051
Lecteur (s) 425, 1338, 2954, 5937, 7397; *(Hypocrite)* 3854; *(Je n'écris que pour cent)* 1161
Lecture (s) 4722, 5246
Légalité 3234, 4136, 4975, 5269
Légende (s) 698, 2760, 8496; *(française)* 6876
Légion (s) *(d'Honneur)* 7137; *(en marche)* 4639
Législateur 431, 1842, 2183, 4405
Légitimité 8511
Légumes 6403
Leibniz 1039
Lendemain 2940; *(épique)* 4643
Lénine 5989
Léonidas 653
Lépreux *(moral)* 2187
Lèse-million *(Crime de)* 2072
Lespinasse *(Mademoiselle de)* 1226
Lest 5009
Lettre 8725; *(de créance)* 446

Lettré 2503
Lettres *(littérature)* 795, 2485, 2503, 5683; *(Belles)* 1773; *(Gens de)* 3667; *(Hommes de)* 946, 2239
Levain 777
Lève *(Le vent se)* 5898
Lever *(Voir le jour se)* 5333
Lèvres 6133
Lézarde 4091
Liaison (s) 1005; *(Âge des)* 774; *(amoureuses)* 554, 6301
Liane 6760
Liard 2776
Libéralité 1114
Libération *(du pays)* 7050
Liberté 22, 79, 80, 184, 187, 333, 437, 487 /Constant 537/ 587, 596, 598, 602 /Chateaubriand 691, 744, 749, 755, 818, 832, 862, 884/ 906, 923, 1147, 1148 /Stendhal 1211, 1280/ 1376, 1381 /Lamartine 1455, 1546, 1548/ 1609, 1634 /Vigny 1796/ 1834, 1969, 1997, 2001, 2010 /Balzac 2282/ Hugo 2830/ 2916, 3070, 3133, 3164, 3217, 3348, 3394, 3404, 3577, 3665, 3679, 3693, 3708, 3710 /Baudelaire 3935, 3956/ 4198, 4622, 4776, 5059, 5060, 5106 /Rimbaud 5202/ 5398 /Claudel 5609/ 5674, 5714, 5716, 5718, 5947, 5982, 6233, 6324, 7017, 7174, 7247, 7409, 7504, 7514, 7582, 7604, 7648, 7745 /Malraux 7839/ 8006, 8181, 8278, 8287, 8293, 8307, 8419, 8448 /Camus 8592, 8599, 8621, 8622, 8623; *(Allez en)* 4458; *(américaine)* 3154; *(Ange)* 2594; *(À nous la)* 7505; *(civile)* 619; *(créatrice)* 7346; *(de dire)* 8101; *(de la presse)* 232, 891, 3163; *(de l'enseignement)* 3163; *(de pensée)* 945, 1244; *(du monde)* 590; *(exercice de la)* 7482; *(Homme de la)* 2915; *(indéterminée)* 6288; *(Missionnaire de la)* 7083; *(morale)* 5, 480; *(Oreille de la)* 599; *(par la force)* 5332; *(politique)* 480, 563; *(primitive)* 665; *(religieuse)* 2914; *(républicaine)* ; *(Vivre la)* 6862
Libertin (s) 2213
Libertinage 3012
Libido 7232
Libraire 3479
Libre (s) 604, 1164, 1511, 2546, 3823, 5300, 5429, 7453, 7701, 8009; *(Acte)* 8411; *(Âme)* 2934, 2935; *(États)* ; *(Hommes)* 3870, 5485, 6024, 7886; *(Je suis)* 6192; *(Peuple)* 2930; *(Se vouloir)* 8283
Libre-échange 4137
Libre-penseur (se) 3677, 3680
Licence 80, 1507, 8277; *(de la presse)* 202; *(poétique)* 4263
Lichen 4319
Liens ; *(innombrables)* 4536
Lieu (x) 7950; *(communs)* 441, 6208; *(où souffle l'esprit)* 5413; *(vrai)* 8830
Lièvre (s) ; 4266, 5187, 6310
Ligne 3873, 4667; *(bleue des Vosges)* 4467; *(d'écriture)* 5211
Lilas 4633
Limites 5877; *(Mes)* 7056; *(de l'homme)* 8614
Lin *(blanc)* 2766
Linceul 2408, 5551; *(de pourpre)* 4311
Lincoln 4427
Linéaire *(Série)* 2392
Linguistique 4383, 5251 à 5260; *(Matière)* 6308
Linterne 4640
Lion 2772, 4373; *(superbe et généreux)* 2493
Liquidation *(générale)* 3357
Lire 349, 5915; *(sans fatigue)* 4267
Lis 1781
Lisette 2387; *(Caressons-nous)* 1629
Lit (s) 335; *(Changer de)* 3954; *(Nous dormons dans le même)* 8518; *(pleins d'odeurs légères)* 3917
Litote 5763
Littéraire 6551; *(Doctrine)* 6807; *(Histoire naturelle)* 3008;

(Monde) 2086 ; *(Ouvrage)* 1210, 8365 ; *(Propriété)* 4591 ; *(Réputation)* 1822 ; *(Théorie)* 1735
Littéralité 8685
Littérateur (s) 164, 4005, 5838 ; *(qui se respecte)* 4316
Littérature 7, 241 /Constant 529/ 1105 /Stendhal 1251/ 1933, 2997, 3000, 3038, 3628 /Baudelaire 4005, 4010/ Zola 4565, 4570/ Mallarmé 4686, 4705, 4728, 4729/ 5005, 5247, 5293 /Valéry 5934/ 6109 /Apollinaire 6242/ 6379, 6388, 6524 /Paulhan 6570, 6586/ 6748, 7255 /Aragon 7465, 7467/ 7494, 7495, 7528, 7534, 7594, 8036 /Sartre 8110, 8111/ 8150, 8161, 8171, 8386, 8473, 8476, 8541, 8679, 8692, 8693, 8694, 8697, 8832, 8833, 8862, 8925, 8926, 8978 ; *(contemporaine = 1990)* 4885 ; *(démodée)* 5174 ; *(désespérée)* 8624 ; *(durable)* 7289, *(française)* 3177 ; *(engagée)* 8106 ; *(lyrique)* 4981 ; *(Mauvaise)* 5788 ; *(Privilège de la)* 8317 ; *(Souffrir par la)* 4162 ; *(Tout le reste est)* 4841
Littré 4315
Liturgie 5014
Livre (s) 425, 463, 464 /Constant 525/ 1047 /Lamartine 1463, 1465/ 1958, 2003, 2374 /Hugo 2604, 2664, 2804/ 3106 /Musset 3438/ 3653 /Baudelaire 3934, 3936, 3937, 4043/ Flaubert 4170/ 4221 /Mallarmé 4704, 4713, 4714, 4735/ 4745, 4947, 5033, 5224, 5252 /Claudel 5595/ Gide 5727, 5736/ Proust 5871/ Valéry 5900/ 6133, 6523, 6566 /Paulhan 6553, 6584/ Aragon 7423/ 7484, 7568, 7611, 7691, 8333, 8770, 8899 ; *(battant comme des portes)* 7260 ; *(Comment j'ai écrit certains de mes)* 6194 ; *(en peau de chèvre)* 6793 ; *(J'ai lu tous les)* 4659 ; *(Jette mon)* 5748 ; *(Le)* 4730 ; *(Mauvais)* 5027 ; *(Peuples du)* 2049 ; *(populaire)* 2050 ; *(Publier un)* 7318 ; *(Sot)* 3964 ; *(vrais)* 5869, 5870
Livrée 2268
Locomotive 4994
Locus *(solus)* 6195
Logique 44, 4572, 4971, 7703, 8350, 8936 ; *(des qualités sensibles)* 8354 ; *(du corps)* 5304
Logis 6789, 6791
Loi (s) 196, 226, 609, 908, 1379 /Vigny 1796/ Balzac 2164, 2273/ Hugo 2698/ 4403, 4622, 4775 /Sartre 8081 ; *(Force restera à la)* 1696 ; *(poétique)* 6559 ; *(salique)* 873 ; *(Transgresser la)* 8250 ; *(vitale)* 3635
Loin *(Jusqu'où l'on peut aller trop)* 6951
Lointaine *(Messagère)* 3420
Loire 6084 ; *(Nous, les gars de la)* 6066
Loisir 3843
Londres 1050
Loques 7556
Lorette 3812
Lorraine 6047
Loterie 2048
Lou *(ma bien-aimée)* 6277
Louange (s) 3006, 5746 ; *(Juste)* 8646
Louer *(Dieu)* 5664
Louer *(à l'année)* 8390
Louis ; *(d'or)* 5476 ; *(Saint)* 1972
Louis XI 2886
Louis XIV 462 /Chateaubriand 661, 695, 707, 721/ Stendhal 1227/ 1990 /Hugo 2854/ Nerval 3256/ 3672
Louis XVI 676, 937
Louis XVIII 820, 933
Louis-Philippe 866
Loup (ve, s) 117, 3324, 6272, 7186.
Loup-cervier 3321
Louverture *(Toussaint)* 1503
Loyauté 2552
Lucidité 5916, 6785, 8582
Lucifer 1701, 2843
Lumière (s) 464 /Constant 549/

1378, 2013 /Balzac 2300/ Hugo 2739/ Zola 4598/ 5696, 5965 /Apollinaire 6246/ Paulhan 7466/ 7501 ; *(Le Géant)* 2594 ; *(Mots de)* 6137 ; *(Temps de)* 2018
Lumineux (se) *(Ô sœur)* 6255 ; *(Point)* 4100
Lune 2435, 2478, 3410, 3891, 6985 ; *(blanche)* 4813 ; *(Conquête de la)* 4387 ; *(De deux choses)* 7671 ; *(de miel)* 3318 ; *(Je vais monter dans la)* 5689

Lunette (s) 3515
Luth *(Poète, prends ton)* 3449
Luther 2502, 4286
Lutte 8580 ; *(communiste)* 8058
Lutter 7742, 8424
Luxe (s) 7491, 7862
Lycanthropie 3321
Lycée 174
Lyon 3063
Lyre 328, 810
Lyrique 2378, 2447
Lyrisme 6174 ; *(occidental)* 8147

M

M 162
Macadam 4138
Machiavel 5535
Machine (s) 3205, 5588, 7902, 8222, 8938 ; *(souffrante)* 532
Machinisme 2011
Machiniste *(de l'Opéra)* 2406
Maclotte 6258
Mac-Mahon 4443
Macroscopique 7073
Madrid 2553, 2902
Magasin *(des revendeuses)* 2111
Mage ; 5185
Magie 8325
Magister 4289
Magistrat (s) 183, 612, 2202
Magnétisme 4515
Mahomet 2274
Mai 3507 ; *(Le spectre de)* 4881
Main (s) 1367, 4471, 5605, 6566, 6663 ; *(Seconde)* 7982 ; *(Siècle à)* 5161
Maintenant 3900, 8777
Maison 1520, 2957 ; *(d'arrêt)* 437 ; *(des mères)* 5222 ; *(Gens de)* 2181
Maistre *(Joseph de)* 1765
Maître (s) Stendhal 1249/ Vigny 1735/ Balzac 2299/ 2898, 4254 ; *(d'armes)* 3510 ; *(des hommes)* 8049

Maîtresse (s) 403, 1182, 2089, 2216, 2328, 4211
Maîtrise 7905
Majesté 1792, 3878
Majorité 362, 3175, 3964
Majuscules 8691
Mal (maux) 396 /Lamartine 1442/ 1675 /Hugo 2593, 2651, 2840, 2857/ Musset 3462/ Baudelaire 3997/ Gide 5637/ 6317, 6913, 6678, 6687, 6881 /Céline 7151/ 8498 ; *(avec le temps)* 7269 ; *(d'autrui)* 5564 ; *(de vivre)* 4887 ; *(du monde)* 6492 ; *(Faire le)* 3951, 4053 ; *(français)* 5263 ; *(Joie du)* 6812 ; *(que je te fais)* 6615
Malade (s) 2905, 5402, 5555, 6708 ; *(qui s'ignore)* 6707
Maladie (s) 1963, 2949, 3660, 6380, 6898, 6710, 7557 ; *(épidémiques)* 144
Maladroit (s) 7822 ; *(Ce grand)* 3489
Malais 2997
Malaise 2873
Maldoror 4923, 4937
Mâle (s) 5290, 5621, 6215
Malebranche 2984
Malentendus 7484
Malheur (s) 119, 413, 460 /Chateaubriand 794, 802/ Stendhal 1348/

Balzac 2286, 2291, 2311/ 3025 /Flaubert 4163/ Verlaine 4821/ Rimbaud 5159/ 5239, 5803, 6721, 6879, 7560, 7621, 7965; *(Ame de)* 2492; *(de Dieu)* 8515; *(de naître)* 730; *(Majesté du)* 6830; *(Noble)* 4339; *(Porter)* 2491; *(Tableau noir du)* 7667; *(Vin du)* 2191
Malheureux 115, 240, 342, 1389 /Balzac 2168/ 4954 /Proust 5813/; *(vêtu de noir)* 3454
Malin 4831
Mallarmé 5649, 5650, 6003, 6111, 6729
Malsains *(Gens)* 501
Malveillance 778
Mamelle *(de cristal)* 5392
Manant 2424
Mancini *(Marie)* 462
Mandibule 8497
Manger 97, 152, 2411, 4004, 5737; *(l'amoureux)* 4273; *(mal)* 2728; *(Plaisir de)* 95; *(Savoir)* 97; *(un livre)* 4028
Manichéen 7808
Manie 2220
Manière (s) 7970; *(Bonnes)* 3128
Manifeste *(Passion)* 2968
Mannequins 6259
Manon 3436
Manque (s) 7060; *(Tout nous)* 4909
Mansarde 4777
Mante 4272, 4273
Manteau 2584, 4087
Manufacture 263
Manuscrit 3103, 3479
Maquereau *(souteneur)* 4900
Marais 1346
Marbre 3199, 6976
Marchand (e) 4329, 6346
Marchander *(une femme)* 2901
Marchandise 3228
Marche 1845; *(Être en)* 2809
Marché *(Jour de)* 6147
Marcher 351, 7695; *(sur les mains)* 5435
Marécage 4920
Maréchal 1123

Margot 3498
Marguerite *(Est-ce toi?)* 3786
Mari (s) 239, 361, 1008 /Stendhal 1270, 1343/ Balzac 2089, 2336, 2343/ 3800, 5034, 5439, 5440 /Proust 5844/; *(bête)* 3730; *(d'une autre)* 8506 *(Voir aussi Époux)*
Mariage (s) 482, 1040, 1041, 1042 /Stendhal 1172, 1183/ Balzac 2334, 2335, 2337/ Hugo 2662, 2717/ 2962, 3383 /Musset 2480/ 3682, 3683, 3819, 4235, 5327 /Claudel 5635/ 6410, 6527, 6530, 6700, 6747, 7542, 8297, 8348; *(Demande en)* 5231; *(Liens du)* 5265; *(Mauvais)* 109
Marianne 3503, 3505, 4484
Marie ; *(Ma mère)* 4827
Marié *(Un homme)* 3538
Marier ; *(Se)* 880
Marin (s) 2572, 4869; *(Adieu!)* 6955; *(qui rêvez)* 6599
Marmite *(Grande)* 3931
Mars *(Lauriers de)* 1289; *(qui rit)* 3615
Marseillaise *(La)* 2921, 4486
Marseille 914
Marthe 6731
Martyr (s) 2189, 2301, 2476, 3574, 4212; *(Mourir)* 5284
Marx 5340, 7283, 8380, 8592, 8714, 8717
Marxisme 7896, 8042, 8594, 8716, 8719
Marxiste 8380; *(Langage)* 4984; *(Théorie)* 7156
Masculin 7167
Masochisme 7593
Masochiste 8819
Masque 1940, 2569, 3485, 8925
Masquée *(L'histoire s'avance)* 8982
Masse 1915; *(des hommes)* 4287; *(populaire)* 4694
Matamore 3622
Matches 8633
Matelot (s) 2824; *(Chant des)* 4660
Matérialisme 1646, 2320, 2874, 5338, 5796
Matérialiste 1890, 4073, 6677

Maternité 2054
Mathématicien 6507
Mathématique (s) 266, 1305, 2850, 7146, 7929, 7991, 8240, 8907; *(sévère)* 4934
Matière (s) 1914, 2651, 3393, 4080, 4114, 5302, 5309; *(vivante)* 8460
Matin 1459, 7561; *(de la vie)* 627; *(Feux du)* 324; *(O mon dernier)* 3783; *(suprême)* 2829
Matrimonio segreto 1313, 1329
Maturité 4108
Maudire 3465, 3930, 5184
Maudit *(Grand)* 5205
Maurras 5535
Mausolée 2782
Mécanique 1776, 5312
Méchanceté 2247, 3755
Méchant (e, s) /Stendhal 1348/ 1389 /Hugo 2789/ 3233, 3319 /Baudelaire 3951/ 4923 /Sartre 8092; *(Gens)* 2363; *(Règne des)* 77
Méconnu 8471
Mécontentement *(morose)* 7062
Mecque (La) 1531
Médecin (s) 165 /Chateaubriand 806 /Balzac 2179/ Hugo 2673, 3646, 4392, 5277, 6810; *(consciencieux)* 8517
Médecine 2237, 2949, 3654, 5818, 5825, 5826, 6708, 7131
Médiation 8690
Médicis 2879
Médiocre (s) 2086, 6043, 6112, 6916, 7617; *(Sois)* 4513; *(Soyons)* 2403
Médiocrité 2167, 2384, 2993, 7322, 7339
Méditation 6650
Méditerranée 8617
Méfiance 1239, 5328
Méfier (se) 2907
Mégara 4099
Meilleur (s) *(j'en passe et des)* 2494; *(Monde)* 2498
Mélancolie 3902, 4948, 5734; *(Ange de la)* 626; *(Arènes de la)* 7562; *(de la nature)* 911; *(Soleil noir de la)* 3267; *(matérielle de la gastronomie)* 2315

Mélancolique 210, 461
Mélodie 2074, 2786, 3561, 8360
Mélodrame 3498, 8539
Melon *(diplomatique)* 4180
Mémoire Chateaubriand 728/ 955, 1300 /Lamartine 1492, 1542/ 1954, 3042 /Baudelaire 3851/ 4250, 5547 /Proust 5861/ 6030 /Aragon 7452 /7639 /Malraux 7785/ 7914, 8476; *(du cœur)* 556; *(fragment de)* 8921
Ménage 2181, 5439; *(du monde)* 7357; *(Être heureux en)* 2353
Mendier 4897
Ménilmontant 5063
Mensonge (s) 311, 353 /Chateaubriand 868/ 1122 /Stendhal 1175, 1347/ Lamartine 1470/ Balzac 2165, 2213, 2285/ 2900, 3050, 3679, 3728 /Baudelaire 3945/ Zola 4600/ Mallarmé 4651/ 4760 /Verlaine 5851/ Céline 7113// Aragon 7443/, 8634; *(du corps)* 6637; *(en armes)* 5708; *(révolutionnaire)* 7980
Mental *(Monde)* 7677
Mentalité *(primitive)* 5248, 5250
Menteur (ses) 4924; *(Paroles)* 6637; *(Vraies)* 6622
Menti *(Ce qui est)* 7424
Mentir 354, 1347, 2368, 2900, 2972, 2991, 3520, 4378, 6038, 7462, 8117, 8226, 8569
Mépris 486, 6301, 7333, 7788, 8118, 8612; *(de la femme)* 6186; *(de la vie)* 575; *(distingué)* 7875
Mépriser 5264, 8593; *(Se)* 6868
Mer 449, 450, 531, 793, 1179, 1974, 2802, 3870, 3879, 5238, 5368, 8603, 8631, 8632; *(de glace)* 3725; *(Détester la)* 7886; *(humaine)* 1512; *(Mal de)* 527
Merde 7239; *(La marine française te dit)* 7207
Mère 1469, 1870, 2037, 2310, 2342, 4396, 4919; *(Amour d'une)* 2506; *(Ce sexe à qui tu dois ta)* 371; *(de famille)* 3599
Mère-grand 6258

INDEX

Mérite 2441, 3759
Merveille 8394
Merveilleux 1124, 4979, 6004, 5977, 7252
Message *(chiffré)* 7649 ; *(chrétien)* 6651
Messager *(de mort)* 329
Messe 5560 ; *(de l'amour)* 4229
Messie 656, 3215
Mesure 8613 ; *(esthétique)* 3675 ; *(scientifique)* 3675
Métamorphose (s) 3010, 4314 ; *(Demi-)* 2988
Métaphore (s) 4701, 5219, 5313, 6297, 7950 ; *(de l'univers)* 6286 ; *(vide)* 4094
Métaphysicien 1851, 4770, 6507
Métaphysique (s) 44, 504, 559, 3690, 4532, 4616, 5533, 5577, 7243, 8491, 8891 ; *(Dame)* 1096 ; *(État)* 1847, 1849 ; *(Nouvelle)* 7078 ; *(Valeurs)* 6190
Météore (s) 912, 4725
Météorologie 4383
Méthode 3655 ; *(Discours de la)* 7072
Métier (s) 2878, 5431, 6459 ;
Meure *(Que tout)* 8524
Meurs *(sans parler)* 1805
Meurtre 5020, 7793, 8605 ; *(en commun)* 3068 ; *(légitime)* 3778
Meuse 6048
Michel *(Colonel)* 994
Michel-Ange 3863
Microbe *(de la démocratie)* 5218 ; *(têtu)* 7201
Microscope (s) 6516
Microscopique 7073
Midi 452, 467, 3769, 5442
Miel 321 ; *(Lune de)* 3318
Mien 8263
Mieux 4850 ; *(Tout est au)*
Migraine 4283
Milan 1200, 1263, 1264
Mil huit cent onze 2524
Milieu 3648, 4369, 6015
Militaire (s) 4187 ; *(Beaux)* 6837 ; *(Chais)* 5382 ; *(Force)* 4266 ; *(Service)* 5331 ; *(Système)* 5330
Milliardaire 5336

Mil neuf cent trente-cinq *(Être lu en)* 1310
Mil sept cent quatre-vingt-neuf 3127, 3137
Mimi *(Pinson)* 3501
Mimosas *(en fleur)* 6277
Minerai 5779
Minéraux 4121, 7714
Ministère 87, 1623, 4742
Ministre (s) /Stendhal 1293/ Flaubert 4139/ *(de la guerre)* 5534
Minuit *(lourd)* 5225
Mirabeau 751, 1544
Mirabeau *(Sous le pont)* 6252
Miracle (s) 539, 1174, 1533, 4315, 6531, 6895 ; *(public)* 3250 ; *(sans intérêt)* 7164
Mirage 3922
Miroir (s) 1250, 1336, 3335, 4527, 4662, 6926, 6975, 6987 ; *(aux regrets)* 6611 ; *(de la divinité)* 477 ; *(Réfléchissez les)* 7609 ; *(stade du)* 7769, 7770
Misanthrope 1223, 8125
Mise *(en demeure)* 8474
Misère (s) Chateaubriand 740/ 1390 /Balzac 2231/ Hugo 2689, 2707, 2739/ 3161 /Baudelaire 3916/ 5090/ Gide 5776/ Céline 7127, 7128, 7147/ Camus 8560, 8592
Misosophie 7011
Mitoyen 7541
Mitrailleuse 5133
Mobile 1364
Mode (s) 2713
Modèle (s) 2451
Modérément *(S'aimer)* 6625
Moderne ; *(Histoire de l'Homme)* 4147 ; *(Il faut être absolument)* 5186 ; *(Monde)* 4884
Modernité 3994
Modestie /Balzac 2059/ 6909, 8358
Modification 533
Moelle *(de notre cœur)* 4154
Mœurs 93, 610, 639 /Chateaubriand 812/ 1089 /Balzac 2267/ Musset 3490/ 4789, 6495, 7314
Mohican 2340
Moi 513, 517, 3643, 5091 /Rimbaud

5204/ 5316, 5397 /Valéry 5883/ 6904, 8141, 8660 ; *(Un seul)* 7570 ; *(Plus moi-même que)* 5599 ; *(C'est pour)* 4663 ; *(Pourquoi suis-je)* 1253 ; *(Napoléon)* 966 ; *(Je parle éternellement de)* 651

Moi-dièse 5938
Moi-même 3802
Moineau 2863
Moins 8459
Moïse 1486, 1699, 2439
Moisson ; *(Obsession de la)* 8199
Molécule 6506
Molière 1227 /Stendhal 1284/ Hugo 2449/ 2982 ; *(Ce n'était que)* 3489
Molle *(Grande tête)* 4956
Mollusque 2574
Moment 4369 ; *(céleste)* 1494 ; *(Dernier)* 4756
Momie *(Âme)* 4061
Mômier 5008
Monachisme 2669
Monarchie (s) 609, 862, 2063, 3216
Monarchique *(Esprit)* 5562
Monarchiste 5529
Monarque (s) 814
Monastère 1840
Mondains 7172
Monde 1565 /Balzac 2115 ; *(des esprits)* 3297
Monde (s) 510 /Constant 535/ 1094 /Lamartine 1402, 1485, 1537/ 1654 /Vigny 1782/ Balzac 2318/ 2427 /Hugo 2625/ 3220 /Nerval 3304/ 3519, 3671, 3756, 3810 /Baudelaire 4062/ 5455 /Claudel 5629/ Gide 5779/ 7544, 7752, 7888, 7889, 8183, 8301, 8347, 8570, 8571 ; *(À bas)* 7413 ; *(Absurde)* 8578 ; *(Changer le)* 6572 ; *(Choses de ce)* 4178 ; *(Conquête du)* 7063 ; *(Construire le)* 8224 ; *(épars)* 7833 ; *(Fin du)* 3308, 6366, 6414 ; *(imaginaires)* 6292 ; *(intérieur)* 2956 ; *(invisible)* 3296 ; *(Moitié du)* 6540 ; *(Ombre du)* 6598 ; *(Reconstruire le)* 5573 ; *(réel)* 7425 ; *(Sauver le)* 5790 ; *(Si toutes les filles du)* 5958

Mondicule 5353
Mongol 2873
Moniteur 2086
Monnaie 1190
Monomotapa 5549
Monopole 3145, 3582
Monosyllabe (s) 2417
Monotone *(Instrument)* 6231 ; *(Tâchons de vivre)* 5360
Monotonie 466, 3955 ; *(de la passion)* 4093
Monstre (s) 589, 624, 2792, 2810, 3875, 3953, 6787
Monstruosité 3975
Mont 3697
Montagne (s) 1322, 2578, 6774
Montaigne 851, 1020, 2978, 2981, 2982, 5715
Monter 2007, 2177, 5765 ; *(tout seul)* 5687
Montesquieu 1301, 3724
Montevideo 4931
Montmartre 4414
Montmorency 990 ; *(Allons à)* 3811
Montrer 5902
Monument 657, 1895
Moral 4446, 5813 ; *(But)* 1317 ; *(Pouvoir)* 2254 ; *(Sens)* 883 ; *(Système)* 426
Morale (s) 266 /Chateaubriand 681, 716/ 932, 1649, 2991, 2992, 3022, 3051, 3821 /Baudelaire 4030, 4032/ 4321, 4351, 4355 /Mallarmé 4694/ Verlaine 4783/ Rimbaud 5177/ 5535, 6230, 7528, 7606, 8276 /Camus 8595/ 8822/ 7864 ; *(Atmosphère)* 5421 ; *(chrétienne)* ; *(de l'art)* 4158 ; *(de midinette)* 7317 ; *(de vieille folle)* 7317 ; *(Direction)* 5417 ; *(Faiseur de)* 1956 ; *(Force)* 2252 ; *(léonine)* 7273 ; *(Refaire une)* 7858 ; *(religieuse)* 4795 ; *(révolutionnaire)* 8390 ; *(Ruine)* 3014 ; *(scientifique)* 5105 ; *(Supériorité)* 4538 ; *(Unité)* 4425
Moraliste 165, 1003, 5536
Moralité 3934, 7895 ; *(de littérature)* 4940 ; *(Tables de)* 7346

Morphine *(Acétate de)* 1032
Mort (s) 79, 92, 286, 288, 325, 337, 511 /Constant 526/ Chateaubriand 723, 724, 726, 895/ 961, 991 /Lamartine 1408, 1417, 1445, 1446/ Vigny 1718, 1744, 1752/ 1863, 2032 /Balzac 2317, 2324/ 2409 /Hugo 2568, 2738, 2743, 2782, 2847/ Nerval 3277/ Musset 3430/ 3662, 3698, 3773 /Baudelaire 3907, 3925/ Flaubert 4186/ 4233, 4244, 4245, 4363, 4400, 4404, 4512, 4524, 4531, 4636, 4641 /Mallarmé 4684/ 4740 /Verlaine 4845/ Rimbaud 5135, 5197/ 5520, 5553, 5570 /Claudel 5602, 5639/ Proust 5839, 5857/ Valéry 5932/ 5998, 6043, 6177, 6181, 6232, 6326, 6533, 6590, 6593, 6642, 6661, 6877, 6920, 6921, 6959, 6975, 7008 /Céline 7143, 7213, 7412, 7491, 7613, 7650, 7655, 7732, 8024, 8093, 8149, 8156, 8217, 8387, 8427, 8448, 8483, 8564, 8917, 8926, 8977; *(à demi)* 2770; *(Aimer la)* 4045; *(à vingt ans)* 7987; *(Braver la)* 6612; *(Concept de la)* 8703; *(Condamnation à)* 1247, 8563; *(d'amour)* ; *(Défier la)* 7393; *(de l'être cher)* 7323; *(Donner la)* 8605; *(d'un petit enfant)* 4895; *(Écrire pour les)* 3839; *(égalisatrice)* ; *(Envisager la)* 7961; *(libre et joyeux)* 3893; *(Lit de)* 2442, 4324; *(Mauvais)* 4885; *(Messieurs les)* 1967; *(Millions de)* 5400; *(naturelle)* 8313; *(Pauvre)* 5121; *(Peine de)* 2657, 3207; *(Peur de la)* 7915; *(pour la patrie)* 2727; *(pouvoir de la)* 8978; *(sans surprise)* 3918; *(Soldat)* 817; *(Tête de)* 4624, 6831; *(Vertu de la)* 1983; *(Vivre la vie de sa)* 5724; *(Volonté des)* 3135
Mortel (le, s) 3293, 5928, 8198, 8266; *(Civilisations)* 5920
Moscou 232, 816
Mot (s) 50 /Stendhal 1215/ Vigny 1737/ 2405 /Hugo 2606, 2611, 2612, 2613, 2614/ Musset 3432, 3536/ Mallarmé 4706, 4722/ 4752, 5227, 5259, 5295, 5444, 5476 /Claudel 5614, 5616/ 6109 /Paulhan 6556, 6558, 6574, 6587/ 6728 /Céline 7148/ 7187, 7403, 7486, 7543 /Sartre 8099/ 8130, 8145, 8154, 8225, 8251, 8253, 8544, 8659, 8720, 9035; *(Bons)* ; *(chargés de signification)* 8523; *(de la tribu)* 4682; *(drôle)* 7526; *(écrit)* 5055; *(Entre deux)* 5936; *(Grand)* 4916; *(Gros)* 5656; *(Jeux de)* 6195; *(Jouer avec les)* 7437, 8721; *(Le manque d'un seul)* 5922; *(Mâcher les)* 6613; *(nouveau)* 2242; *(Parler des)* 6549; *(Racines des)* 8524
Mouchard 2187
Mouche (s) 2895, 3422, 8591
Moule 305, 3704; *(à gosses)* 6744
Moulin 189, 192, 3672; *(à vent)* 4540
Mourir 319, 330, 442 /Chateaubriand 625, 771/ Lamartine 2340, 2341, 2344/ 1568, 1610 /Hugo 2587, 2646, 2817, 2829, 2842/ 2951 /Musset 3471/ 4753, 4774, 5551 /Gide 5752/ Proust 5841/ 6002, 6594, /Céline 7105/ 7214, 7517, 8033, 8156, 8209, 8304, 8312, 8437; *(à deux)* 5419; *(au dernier moment)* 7108; *(chacun pour soi)* 6869; *(de bonheur)* 4447; *(ensemble)* 7961; *(Façon de)* 8309; *(Frère il faut)* 645; *(Il est beau de)* 4414; *(Je ne sais plus où)* 8483; *(le lendemain)* 7378; *(pour)* 7806; *(pour des idées)* 8431; *(Pour elle, un Français doit)* 364; *(pour l'idée)* 8596; *(proprement)* 4977; *(Refus de)* 8596; *(seule solution)* 8624; *(si jeuneeee!)* 7221; *(une fois par jour)* 5289
Mousquet 4758
Mousse *(végétal)* 4319, 4825
Mousseline 3996

Moustache 2946
Moustiquaille 7952
Mouton (s) 4087, 4373, 6085 ; *(de la mer)* 2638
Mouvement 2748, 3873, 6191 ; *(littéraire)* 3745 ; *(ouvrier)* 8408 ; *(Premier)* 90
Mouvoir (se) 502
Moyen (s) 409, 3051
Moyen Age 679, 3030, 4291 ; *(Art du)* 5451 ; *(Homme du)* 7912
Mozart 1195 ; *(assassiné)* 7705
Muet (tes) 8644 ; *(Monde)* 7598 ; *(Pays)* 1793 ; *(Sourd et)* 2137
Muflisme 4188
Mugissement 2637
Mulâtre 2844 ; *(Rejeton)* 6193
Mule *(du pape)* 4542
Mulet 2857, 4443, 5390
Multitude 3068, 6007
Muqueuses 6143
Mur (s) 1519, 1806, 3929, 5745, 8927 ; *(mitoyen)* 5473
Mûr ; *(Âge)* 1723
Muraille (s) 2596
Mûrir *(le crime)* 585
Murmure 8477
Murmurer 162
Muscle 4372
Muse (s) 292 /Chateaubriand 622/ Vigny 1750/ Hugo 2522/ Nerval 3263/ Rimbaud 5202/ 6962 ; *(docile)* 6589
Musée 4232, 4619, 7779 ; *(imaginaire)* 7817

Musicale *(Phrase)* 5198
Musicien 7187
Musique 54, 520 /Chateaubriand 717/ Stendhal 1193, 1196, 1197, 1201/ Lamartine 1552/ Hugo 2624/ Baudelaire 3948, 4056/ 4229 /Mallarmé 4715, 4717/ 5247, 5501, 5503, 5519 /Proust 5840/ 6137 /Apollinaire 6242/ 6454 /Céline 7135, 7153/ 8702 ; *(avant toute chose)* 4836 ; *(de la poésie)* 8638 ; *(Voir la)* 6456
Musset 5209
Musulman (e, s) 5076, 6483, 6484
Mutismes 8478
Myopie 2993
Myosotis 3310
Myrtho 3269
Myrto *(Elle a vécu)* 284
Mystère (s) Lamartine 1521/ Flaubert 4119/ 4404, 5719 /Valéry 5940/ 6163 /Paulhan 6559, 6560, 6561, 6579/ 6677, 6786, 6968, 7201, 7687 /Malraux 7813/ 8706 ; *(chrétiens)* 790 ; *(Ma vie a son)* 3139
Mysticisme 6125
Mystique (s) 1987, 4863, 6053, 6055, 6056, 6060, 6365, 7237, 8124 ; *(à l'état sauvage)* 5651
Mythe (s) 6116, 7295, 8148, 8353, 8354 ; *(de l'homme)* 8714
Mythologie (s) 637, 4034, 5249, 8910 ; *(petite-bourgeoise)* 8683

N

N 162
Nadja 7264
Nage 146
Nager 7569
Naïf (ve) ; *(Arme)* 3317
Naissance (s) 1769, 2043, 4292, 5604 ; *(noble)* 3196 ; *(Restriction des)* 7520, 7521
Naître 1014, 1416, 1515, 2646, 2858, 3606, 7238 ; *(lentement)* 7710
Naïveté 7379, 7627, 8054
Nambikwara 8344

INDEX

Napalm 8751
Naples 950
Napoléon Ier 368, 369, 370, 447, 448/ Chateaubriand 836, 837/ 1030, 1058 /Stendhal 1226, 1235, 1269, 1294, 1295, 1296/ Lamartine 1446/ Balzac 2274/ Hugo 2448, 2854/ 3214/Baudelaire 4040/ 4218, 4777, 7956, 8119
Napoléon II 4431
Napoléon III 2584
Narcisse (s) 5884
Narcotique 241
Narine 5123
Narration 783, 8921
Nasse 5030
Nathanaël 5732, 5733, 5736
Natif *(État)* 4
Nation (s) Lamartine 1499/ 1683, 3110, 3125, 3221, 3580 /Baudelaire 4069/ 4367, 6404, 8417 ; *(européenne)* 495 ; *(française)* 3375 ; *(lasse)* 5462
Nationalisme 1079, 5420, 5431, 6223
Nationalistes 6330
Nationalité (s) 2575, 8776
Nation-phénix 1562
Naturalisme 4566, 4997 ; *(spiritualiste)* 4998
Nature 333, 427, 602 /Chateaubriand 624, 641, 985, 988, 989, 996, 1057 /Lamartine 1414, 1533, 1543, 1552/ Vigny 1790/ 1955, 2049 /Hugo 2473, 2497, 2534, 2757/ 2992, 3003, 3032, 3036, 3037, 3664, 3774, 3780, 4620, 5103, 5349, 5561 /Gide 5766, 5786/ 5797, 5799, 6236, 7012, 7660, 7765, 7871 /Sartre 8095 ; *(Cœur de la)* 1521 ; *(Comprendre la)* 6502 ; *(Dominer la)* 7597 ; *(État de la)* 908 ; *(humaine)* 6336 ; *(Pure)* 623 ; *(Seconde)* 2979 ; *(Secrets de la)* 5775
Naturel 236, 1135, 7316 ; *(Ordre)* 3176 ; *(Style)* 1278
Naufrage (s) 7038
Nautonier 1993
Navire 3879, 4057, 6413 ; *(Mon beau)* 6254

Nazareth 6650
Né (s) *(Être)* ; *(Gens bien)* 2972
Néant Chateaubriand 838/ 2002, 3704 /Mallarmé 4721/ 5359 /Claudel 5645/ 6670, 7312 /Malraux 7813 /Sartre 8071, 8072 ; *(agité)* 1000 ; *(Goût du)* 8185
Nébuleuses 7845
Nécessaire (s) 128, 2723, 6912 ; *(pour rien)* 8716
Nécessité 4791, 8974
Nécropole 4164
Nectar 429
Négatif *(photographique)* 4443
Négation 5405, 8070
Négligence 236
Nègre (s) 2844, 2873, 3055, 4294, 5168 ; *(fou)* 4840
Négro-africain (s) 8152, 8154
Neige (s) ; *(Cœur de)* 3873
Neigeait *(Il)* 2586
Néo-impressionniste 5463
Néolithique 7909 ; *(Nostalgie du)* 7908
Népotisme 5218
Néron 668, 1478, 3650
Neuf *(Éternellement)* 6208
Neurasthéniques *(Dieux)* 6298
Neutralité 1731
Névrosé 6509
Newton 1039, 1058
Nez ; *(de Cléopâtre)* 4964
Niagara 634
Niaiserie 2179, 4434
Nier 162, 1126, 5574 ; *(Dieu)* 1146 ; *(l'amour)* 3541
Nietzsche 6527, 8019
Nietzschéisme 5721
N'importe *(quoi et qui)* 5935
Nini *(Peau d'chien)* 5066
Ninon 3429 ; *(de Lenclos)* 695
Nobles 3197
Noblesse 407, 1719, 2143, 4874 ; *(Lettre de)* 3818 ; *(oblige)* 406, 6302
Nodier 2896
Noé 4623
Noël 3616
Noir (e) 4621 ; *(adorable mot)* 8414 ; *(animal)* 817 ; *(Homme)* 1503, 3114, 7999 ; *(Race)* 1504

Noix 144
Nom (s) 2591, 5873, 6013, 6797, 8272 ; *(caractéristique)* 2999 ; *(propre)* 4182
Nombre 3932, 4052
Nomination 8100
Nommer 4734 ; *(quoi que ce soit)* 7605
Non *(avec la tête)* 7666 ; *(Dire)* 5589
Non-être 6363
Non-moi 517
Non-philosophie 8038
Non-philosophique 8037
Non-sagesse *(moderne)* 7080
Non-sens 7475, 7487, 8616, 8820
Non-violence 8783
Noosphère 6361, 6365
Normal (e) 8863 ; *(École)* 1858 ; *(Plus que)* 7994
Normand 2234
Normandie 1297 ; *(J'aime à revoir ma)* 2391
Norme 5206
Nostalgie 8927 ; *(de l'Être)* 4909
Notaire 4098
Notions 7587
Notre-Dame 3795, 5611
Nourrice 2360
Nourrir 2041 ; *(la femme)* 1887
Nourriture 3413, 6706

Nous 1648, 3643, 6895 ; *(c'est vous)* 7373
Nouveau 6270 ; *(-né)* 2839 *(Voir aussi Nouvelle)*
Nouveauté (s) 53, 1929, 5343, 7960
Nouvelle (s) ; *(littérature)* 6925
Noyé *(pensif)* 5140
Noyer (se) 7569
Nu 6308, 6344
Nuages 7664 ; *(Les merveilleux)* 3941
Nuance 4837
Nudité 3199, 6773
Nuées *(Chapeau des)* 2638 ; *(Prince des)* 3856 ; *(Toison des)* 2634
Nuire 354
Nuit (s) Chateaubriand 634, 648/ Stendhal 1262/ Lamartine 1405, 1493/ 1580 /Hugo 2642, 2835/ 3338, 3762 /Baudelaire 3898, 3933/ 4541 /Mallarmé 4720/ 5030, 5376, 5696, 7563, 7599, 8210 /Camus 8631 ; *(d'orage)* 1420 ; *(Enfant de la)* 1139 ; *(Oiseau de)* 3676 ; *(porte conseil)* 3571 ; *(Veiller la)* 7405
Nulle *(part)* 8166
Nuptiale *(L'ombre était)* 2771
Nuque 5940
Nymphe 4665

O

O 5136, 5175
Oarystis 4802
Obéir 953, 8269 ; *(Impossibilité d')* 734
Obéissance 4423
Objectifs *(comme les femmes)* 6228
Objectivement *(J'ai vu le monde)* 7468
Objet 5793, 7583, 7734, 8152, 8272, 8363 ; *(d'érudition)* 6283 ; *(inanimé)* 1467 ; *(tu)* 4718 ; *(usuel)* 5303 ; *(Utilisation de l')* 7081

Objeu 7602
Obligation 7293
Obliger 2945, 3727 ; *(son prochain)* 5269
Oblique *(Route)* 2732
Obliquement *(Avancer)* 8374
Obscène (s) *(Absolument)* 5076 ; *(Choses)* 8014
Obscur (s) 438, 5690 ; *(ce qu'il faut d')* 6607
Obscurité 5781
Observateur 3992, 4374

INDEX

- **Observation** (s) 344, 3637, 3638, 3639, 6478
- **Obsolètes** *(Hymnes)* 7634
- **Obstacle** (s) 272, 3937, 7691
- **Obstination** *(du crime)* 8620
- **Obus** *(éclatant)* 6277
- **Occasion** (s) 2180
- **Occident** 5183, 6750, 8877
- **Occidentaux** *(Supériorité des)* 6222
- **Océan** 793, 2823, 4869, 4928, 5242 ; *(humain)* 4416 ; *(Vieil)* 4927, 4929
- **Octogénaire** (s) *(Èves)* 3903
- **Odalisque** 1234
- **Ode** 616
- **Odeur** 5771 ; *(du désespoir)* 6431
- **Odieux** 1210, 2891
- **Odorat** 94
- **Œil** 2765
- **Œuf** (s) 1076, 5727 ; *(à la coque)* 1240 ; *(dur)* 7669
- **Œuvre** (s) /Vigny 1811/ Balzac 2211/ Hugo 2660/ 3617, 3711 /Baudelaire 3958/ 5389, 5520, 5791 /Proust 5838, 5872/ Valéry 5873/ 6158, 6576, 6674, 6740 /Céline 7153/ 7225, 7686 /Malraux 7789/ 8158, 8162, 8453, 8769, 8774 ; *(Absence d')* 8748 ; *(Concevoir de belles)* 2210 ; *(d'art)* 3713, 4014, 4556, 7284, 7643, 7645, 7764, 7848, 8534, 8892 ; *(engagée)* 8539 ; *(Fils de ses)* 3389 ; *(inutile)* 8319 ; *(magistrales)* 7818 ; *(moderne)* 4691 ; *(pure)* 4706 ; *(sincère)* 6662
- **Officiers** 5213
- **Offrande** 1023
- **Ogive** *(de l'infini)* 4179
- **Oiseau** (x) /Hugo 2800/ 3340 /Mallarmé 4659/ ; *(Chant d')* 6452 ; *(de passage)* 1448 ; *(d'or)* 5144 ; *(La vie est un)* 8379 ; *(Mort de l')* 3242 ; *(perdus)* 6596 ; *(Petits)* 7946 ; *(rebelle)* 4455
- **Oisiveté** 381, 3195
- **Olivier** ; *(de la civilisation)* 1289
- **Oloosone** 3450
- **Ombre** (s) /Chateaubriand 759, 783 /3732 /Baudelaire 3927/ Mallarmé 4668, 4673, 4718/ 5241, 5545 /Claudel 5605/ 6597 /Aragon 7466 ; *(cimmérienne)* 907 ; *(Le côté de l')* 6307 ; *(Sortir de l')* 4476
- **Omelette** 7641
- **Omnibus** 7428
- **Onde** (s) *(porteuses)* 8916 ; *(rafraîchissante)* 4934
- **Ongle** *(du lion)* ; *(royal)* 5138
- **Onomatopée** 1133
- **Ontalgie** 7951
- **Opacité** 4670
- **Opéra** 3751, 4025, 5177
- **Opération** *(infinie)* 7500
- **Ophélie** 5115
- **Opinion** (s) 166 /Constant 541/ Chateaubriand 746/ 921, 999, 1069, 1116, 5292, 5298 /Proust 5811/ 6131 /Paulhan 6569/ 6969 ; *(C'est mon)* 3105 ; *(française)* 577 ; *(politique)* 797, 3023 ; *(publique)* 2193, 6178 ; *(Tenir à ses)* 6563
- **Opium** 3550, 4377 ; *(de l'Occident)* 4745
- **Opportunisme** 4510
- **Opposition** 521, 1881
- **Oppresseur** 2740
- **Oppression** 2521 ; *(de la pensée)* 1539 ; *(Forme de l')* 8533
- **Opprimé** 278, 2740 ; *(Parole de l')* 8686
- **Opprimer** 3024
- **Optimisme** 5571, 6875 ; *(marxiste)* 8042
- **Optimistes** 7407
- **Opulence** 1390, 3230
- **Or** /Balzac 2169/ Rimbaud 5164/ Céline 7149
- **Oradour** 8647
- **Orage** (s) 2284, 7432 ; *(de pensées)* 3312 ; *(désirés)* 630
- **Oraison** 2834 ; *(funèbre)*
- **Orange** 5605, 7179
- **Oranger** 3791
- **Orateur** (s) 273
- **Ordinaire** (s) *(Choses)* 7203
- **Ordination** 6911
- **Ordonnance** (s) 6072

Ordonner 5104, 6211
Ordre (s) /Constant 537/ 1072, 1376, 1634, 1865, 2995, 3578 /Valéry 5910/ 6059, 6072, 6480, 7344, 7534, 7967 ; *(contemplatif)* 5007 ; *(de la création)* 3666 ; *(Désir d')* 6536 ; *(européen)* 881 ; *(L'ordre pour l')* 7723 ; *(social)* 5569 ; *(suprême)* 6329
Ordure (s) ; *(du monde)* 7127 ; *(originelle)* 4012
Oreilles 6752
Organisation 941 ; *(physiologique)* 4268
Organisé *(Être)* 987
Organisme 3648, 8360 ; *(vivant)* 3645
Orgueil Balzac 2302/ 3824 /Flaubert 4193/ 6827 ; *(Exploitation de l')* 6460
Orgueilleux 4695
Oriani 920
Orient 805, 1139, 3244 3245, 3246, 3248, 3252, 3199, 3610 ; *(compliqué)* 7040 ; *(La lumière vient de l')* 7098 ; *(Livres de l')* 8322
Orientation *(du régime)* 8228
Original *(Homme)* 1556
Originalité 1905, 3185, 5041
Origine 5667, 6487
Orner 1202
Ornière *(sociale)* 1939
Orphée 5541 ; *(Lyre d')* 3268
Orphées *(Faux)* 7447
Orphelin 7526 ; *(Calme)* 4831 ; *(Tout le monde ne peut pas être)* 5474
Orthographe 1330, 3630

Os 4363, 4847, 6746 ; *(décomposé)* 4633 ; *(des héros)* 2775
Oser 591
Osiris 5612
Osmazome 4996
Ossement 4527
Ostentation *(des mystères)* 7606
Ôter *(toute chose)* 5876
Otrante 2799
Où allons-nous ? 7863
Ouailles 7061
Oubli 357 /Lamartine 1412, 1475/ Balzac 2219, 2330/ Hugo 2530, 2702/ Musset 3466, 3518/ 3601 /Mallarmé 4657/ 6030, 7639, 8173
Oublier 2565, 3457, 3471, 5959, 7106, 8135, 8174
Oui 2539, 2641, 5589, 5654, 6774, 8641 ; *(Articulations du)* 7601 ; *(avec le cœur)* 7666 ; *(Premier)* 4801
Ouillais *(Barufler les)* 7551
Ours 4094
Outil 7699 ; *(fou)* 7564
Outrager 3313
Outrance 4024
Outre *(Passer)* 8250
Outre-tombe 5190
Ouvrage (s) 53 /Baudelaire 4082/ ;
Ouvrier (ière, ières) 3355, 5118, 7901 ; *(Classe)* 3239 ; *(d'œuvre)* 3960 ; *(vertueux)* 4550
Ouvrir *(les intelligences)* 4441
Ovaire (s) 4272, 8299

P

Paganisme 647, 2974, 4188
Page *(sombre)* 4920
Païen 454, 2897 ; *(Monde)* 7860
Paille 4829, 6169
Paimpolaise 5591
Pain 80, 1110, 2598, 2739, 8621 ; *(à cacheter)* 2435 ; *(Fais ton)* 4537 ; *(quotidien)* 6051, 6076 ; *(Vols de)* 6405
Pairs 2068
Paisible *(amitié)* 1909
Paix 294, 315 /Chateaubriand 764/

INDEX

1561, 1661, 4611, 5329, 5422, 6390, 6823, 7082, 7305, 7714, 8043 ; *(de l'âme)* ; *(des sereines hauteurs)* 3631 ; *(glorieuse)* 943 ; *(Je vous déclare la)* 5423 ; *(Marcher en)* 127
Palais 3091
Palais-Bourbon 6643
Palefrenier 1123
Palefroi 2785
Palestine 7859
Paletot 5124
Palimpseste 8453
Palma *(de Majorque)* 6957
Palme 4833
Palos *(de Moguer)* 4642
Pamphlet 1032
Pampre 319
Pan 2796
Pandora ou **Pandore** 3294, 3808
Panégyrique 7934
Pansement *(de l'âme)* 5054
Pansexuelle *(Symbolique)* 8255
Panthère 5142
Paon 7674
Papa *(L'assassin de)* 5466
Pape 963, 1640
Papier-monnaie 408
Papillon 337, 5777
Papillote *(de la reine)* 3545
Paradis 1098, 3803, 5641, 6765, 7577 ; *(accessible)* 5479 ; *(animal)* 2752 ; *(artificiel)* 3840 ; *(dans le ciel)* 7755 ; *(du langage)* 5905 ; *(terrestre)* 5452 ; *(Vert)* 3890
Paradoxe (s) 6462 ; *(en amour)* 4048
Paraître 8068
Paralytique 125, 534
Parapets *(Anciens)* 5143
Parapluie 3336
Parasite 2431, 5406
Paratonnerre 2347 ; *(de la société)* 5007
Pardon 826, 2358, 3466, 6719
Pardonner 1273, 1371
Parent (s) 2898, 7158
Parenté 8348
Parenthèse (s) 2418, 8902
Paresse 374, 5803

Paresseux 4073
Parfum 1361, 3505, 3858, 3859, 3868, 3879, 3948
Pari 4389 ; *(de Pascal)*
Paria 5355
Parier *(contre l'espoir)* 6578
Paris 55, 916, 1065 /Stendhal 1205, 1229, 1238, 1242, 1322/ Vigny 1717/ Balzac 2105, 2138, 2149, 2154, 2157, 2158, 2163, 2165, 2168, 2202, 2208, 2227, 2240, 2248 ; 2280/ Hugo 2674, 2675/ 2903, 3127, 3685 /Baudelaire 3902, 3909/ 4872 /Rimbaud 5132, 5148/ Claudel 5611/ 6787, 7866 ; *(Bataille de)* 5203 ; *(de pierre)* 2499 ; *(de plâtre)* 2499 ; *(Femmes de)* 361 ; *(Français de)* 3182 ; *(insurgé)* 5133 ; *(Populace de)* 2906 ; *(se repeuple)* 5131
Parisien (ne, s) 2238
Parlement (s) 1639, 4497, 4603, 8509 ; *(européen)* 269
Parlementaire *(Régime)* 7053
Parler 1033, 3002 /Mallarmé 4705/ 8975 ; *(à contrejour)* 5441
Parlers *(originels)* 6214
Parnassien 5201
Parole (s) 1, 2, 7 /Stendhal 1202, 1287/ 1832 /Flaubert 4095/ 4631 /Maupassant 5055/ 5256 /Claudel 5595/ 6110, 7043, 7234 /Aragon 7414/ 7584, 7589, 7774, 8161, 8366, 8515, 8525, 8915 ; *(de Dieu)* 6841 ; *(de vie)* 3770 ; *(divine)* 900 ; *(humaine)* 7430 ; *(inconnue)* 4697 ; *(transitive)* 8686
Parousie 6769
Parricide 4893
Partager 7750
Partageux 7758
Parthes 1612
Parti (s) 2141, 2155 ; 2266, 3575, 5708, 5789 ; *(Le)* 5057 ; *(politique)* 1073
Partialité 6800
Participation 4737 ; *(à l'entreprise)* 3355, 3359
Particulier 7418, 7721

Partie 1019
Partir 5165, 6770; *(c'est mourir un peu)* 5237
Partisan (s) 7057, 7093
Partout *(Je ne suis chez moi que)* 5747
Parvenu 2250, 2281
Pas *(Dernier)* 8329
Pascal *(Blaise)* 1556, 2978, 5907, 8065; *(Un certain Blaise)* 7675
Passage 6189; *(du mot à l'image)* 7455
Passant 4523; *(considérable)* 4725; *(mystérieux)* 2613
Passe *(Tout)* 1431, 1434
Passé 380 /Constant 547/ Chateaubriand 851, 857/ 919 /Lamartine 1523/ Balzac 2265/ 3201/ Nerval 3302, 3314/ 4402, 6544 /Céline 7124/ 7186, 7391, 8007; *(Amour du)* 4412; *(annuler le)* 8978; *(Connaître le)* 8009; *(Dévots du)* 6345; *(en puissance)* 8284; *(Où le père a)* 3495
Passion (s) 23, 30, 244, 508 /Constant 572/ Chateaubriand 627, 628, 736, 741, 777, 874/ 986, 1045, 1053, 1054 /Stendhal 1242, 1249, 1254, 1274, 1296, 1320, 1330/ Balzac 2065, 2162, 2164, 2283/ 2378, 2397 /Hugo 2540, 2569, 2702, 2803/ 2890, 3043, 3189 /Flaubert 4093, 4103, 4151/ Zola 4598/ 4865, 5083, 5333, 5712, 6477, 6555, 7099, 7304, 7480, 8147, 8149; *(comblée)* 7988; *(d'être soi)* 5704; *(Durée de la)* 2341; *(Grandes)* 6732; *(humaine)* 5532, 5949; *(physique)* 3059; *(politique)* 5528, 5531
Passionné *(Cœur)* 1720
Passionner (se) 75
Pasteur (s) *(amoureux)* 117; *(protestant)* 5785
Pataphysique 6041
Pâté 4847
Pater *(noster)* 7665
Paternité 1869
Pathétique *(personnel)* 8434

Pathologie 4940
Pathologique 8863; *(État)* 3635
Patience 205, 3567, 5152, 5899, 7348; *(Jeu de)* 6882
Pâtre 2638
Patrie 198, 248, 583, /Lamartine 1466, 1500/ 1625, 2019, 2024, 2025 /Hugo 2523, 2598, 2726/ 3212 /Flaubert 4142/ 5346, 5382 /Apollinaire 6265/ 6330, 6331, 6537, 7044, 7046, 7090, 7582, 8408, 8883; *(Allons, enfants de la)* 246; *(Amour de la)* 964; *(du poète)* 2576 *(en deuil)* 4496; *(sociale)* 4489
Patriote 230, 915, 5407
Patriotisme 815, 3113, 5036
Patron *(Vrai)* 6723
Patronat 5951, 6698
Pâturage 3807
Paupérisme 3231, 4130
Pauvre (s) /constant 562/ 1050, 1145, 2012 /Balzac 2229/ 2371, 2873, 3399 /Musset 3554/ 3686, 4519, 5496 /Céline 7110, 7114, 7123, 7137/ ; *(denier du)* 3947 ; *(Filles)* 6426
Pauvreté 588, 1049, 1120 /Balzac 2148/ Hugo 2696/ 3230
Pavé 1665, 2425
Pavillon 5196
Payer 2791
Pays 5514; *(à sieste)* 6193; *(des tableaux)* 5093; *(Étrange)* 7433; *(Mal du)* 5093; *(natal)* 5999; *(où fleurit l'oranger)* 3791
Paysage (s) 1303, 3988, 6005, 8136, 8479; *(choisi)* 4809
Paysan (ne, s) 5185; *(Race)* 8151
Peau 5793, 5924; *(Affections de la)* 6931; *(Fleur de)* 3806; *(Sortir de sa)* 3508
Péché (s) 986 /Stendhal 1233, 1286/ 4763, 4768, 5002, 6647, 6649, 6719, 6819
Pécher 113, 7651; *(sans concevoir)* 4787
Pédagogue 2615
Pédéraste (s) 4055, 5079; *(in-*

compréhensible) 4944 ; *(Proléta-
riat des)* 6929
Pégase 2722
Pègre 7739
Peindre 1419, 3805, 6632, 7761
Peine (s) 376, 3324, 3603 ; *(Ce n'est
pas la)* 3592 ; *(Pire)* 4817
Peintre (s) 1655, 1918, 1930, 4372,
4550, 5384, 5463, 6582, 7995 ;
(d'aujourd'hui) 7644 ; *(espagnol)*
3604 ; *(Paradoxe du)* 7299
Peinture 1916, 1922, 1931, 1935,
1950, 3806, 4620 /Apollinaire
6242/ Malraux 7821/ ; *(Grande)*
7760 ; *(idiote)* 5174 ; *(lâche)* 1920
Pèlerin 656
Pélican 3453 ; *(de Jonathan)* 7641
Pelliculaire 8556
Pellisson 709
Pelouse 3908
Pénalité 2484
Pencher 1385
Pénis 5004, 7146
Pénitence 699
Pénitent 220
Pensant (Bien) *6311*
Pensée (s) 24, 35, 41, 449 /Chateau-
briand 807/ Stendhal 1222/ Lamartine 1395/ Balzac 2128/ 2383,
2349 /Nerval 3316/ Musset 3511/
3826, 4217, 4362, 4363, 4407,
4752, 4759, 4796, 4868, 5376,
5416, 5476, 5580, 5665, 5706,
5713 /Valéry 5879/ 6118, 6138,
6188, 6279 /Paulhan 6554/ 7006,
7267, 7296, 7668, 8935 ; *(Cap)*
5877 ; *(dans le vide)* 4470 ; *(de
tout un peuple)* 1549 ; *(Énergie de
la)* 394 ; *(Grande)* 4959 ; *(hau-
taine)* 4925 ; *(libératrice)* 8236 ;
(Mauvaises) 6812 ; *(mythique)*
8350, 8355 ; *(philosophique)*
1698 ; *(scientifique)* 8350 ; *(sauvage)* 8351 ; *(terrestre)* 5393 ; *(Vilaines)* 5904
Penser 16, 958 /Hugo 2679/ 2931,
4322, 4471, 4530, 5295, 5589,
5798 /Valéry 5875, 5919/ 6127
/Aragon 7470/ 7478 /Malraux
7795/ 8122, 8168, 8321

Penser (s) *(nouveaux)* 309
Penseur 2706, 5211 ; *(Libre)* 3280
Pente *(Il est bon de suivre sa)* 5765
Perception 4384, 5728, 6508, 8362
Perdican *(Adieu)* 3521
Perdre 151
Perdu 3565 ; *(Temps)* 7088
Père (s) /Stendhal 1316/ Hugo 2793,
2815, 2816/ 3792, 8884 ; *(du
peuple)*
Perfection 787, 2702, 3557, 4516,
6748 ; *(en art)* 6581 ; *(évangé-
lique)* 848 ; *(Poursuite chimérique
de la)* 6294
Perfectionnement ; *(des sociétés)*
1721 ; *(Mon)* 7552
Perfidie (s) 544
Périclès 2884
Péril (s) *(blanc)* 4791 ; *(jaune)* 4791
Périnde *(ac cadaver)* 1999
Période *(artistique)* 4726
Péripétie *(tumultueuse)* 8634
Périr 1014
Périssable 1674
Perle (s) 6111, 7750 ; *(de la pensée)*
1785
Permanence 5815
Permis (e) *(Chose)* 6982 ; *(en dedans)*
7109
Pernicieux 4008
Perpétuel *(Mouvement)* 2359
Perpétuité *(À)* 7404
Perruquier 2745
Persécution 5948
Personnage (s) 237, 1916, 2887,
4327 ; *(de roman)* 4182
Personnaliste 8041
Personnalité 798, 5247, 5994 ; *(so-
ciale)* 5807
Personne 6368 ; *(humaine)* 7926 ;
(Première) 8252
Perspective *(techniciste)* 7901
Persuader 378
Perte (s) 754 ; *(de trente mille indivi-
dus)* 259 ; *(irréparable)* 5504 ;
(nocturnes) 172
Perturbateur 3087
Perversité 3738
Pesanteur *(Loi de la)* 7364

Pessimisme 5571
Pessimiste 5378, 7350
Peste 545, 3079, 7231
Pétain 7038
Petits *(Infiniment)* 4246
Petitesse (s) 2351, 3674, 8423 ; *(de la vie)* 2132
Pétrole 6431
Peuple (s) 178, 181, 183, 222, 365, 475 /Constant 551/ Chateaubriand 873/ 1021, 1155 /Stendhal 1308/ Lamartine 1501, 1529/ 1614 /Vigny 1727/ 2051 /Balzac 2268, 2274/ 2423 /Hugo 2468, 2504/ 2869, 2910, 2920, 2931, 2933, 3049, 3123, 3144, 3205, 3223, 3377, 3378 /Musset 3555/ 3597, 3678 /Flaubert 4176/ 4214, 4442, 4748 /Rimbaud 5116/ 5217, 5680, 6028, 6065, 6303, 7204, 7719, 8532, 8831 ; *(Amis du)* 223 ; *(de n'importe quoi)* 5935 ; *(enfants)* 8340 ; *(français)* 590, 615, 5513 ; *(heureux)* 5801 ; *(noir)* 8151 ; *(prospères)* 5801 ; *(Tuer un)* 6407
Peupler 5962
Peur 76, 4544, 5282, 6168, 6873, 7687, 8048 ; *(Avoir)* 7124
Peut-être 2539
Peyotl 7237
Phallus 7576, 7775
Phare 2377
Pharmacie 3840
Phèdre *(en paniers)* 3990
Phénanthrène 7159
Phénix 1943
Phénomène (s) 3647, 3652, 6478, 8761 ; *(de création vitale)* 3661 ; *(de mort)* 3661 ; *(humain)* 6349 ; *(musical)* 6453 ; *(physique)* 4350 ; *(vital)* 3636, 3646, 3659
Phénoménologie 7243
Philanthrope 1842
Philanthropie 4386
Philo 8837
Philosophe (s) /Chateaubriand 772/ 1037, 1044, 1614, 1842, 2444, 4243 /Zola 4558/ 4739, 4967 /Rimbaud 5183/ 7071, 8013 /Camus 8586 ; *(dormants)* 7251 ; *(Prétention du)* 8012 ; *(satisfaits)* 8055 ; *(Vain)* 2846
Philosopher 7124, 7477
Philosophie (s) 238, 254, 343, 344, 348, 1644, 1647 /Vigny 1776/ 1846, 2401, 2434, 2983, 3403, 3820, 4207, 4242, 4742, 4968, 4971, 5275, 5725, 5797, 6117, 6435, 6526, 7063, 7072, 7079, 7572, 7594, 8037, 8038, 8373, 8576, 8655, 8719, 8909 ; *(Agrégé de)* 8054 ; *(de l'existence)* 6942 ; *(de l'histoire)* 7155 ; *(discursive)* 8323 ; *(française)* 8056 ; *(grecque)* 7860 ; *(raisonnable)* 504
Philosophique 4001 ; *(Action)* 1906 ; *(Pensée)* 2395 ; *(problème sérieux)* 8576 ; *(Régime)* 1905
Phonographe 6264
Phosphore 4121
Photographie 4500, 5043, 5478
Phrase (s) 2288, 4165, 5616, 7946
Physicien 1851
Physiologique *(État)* 3635
Physiologiste 3646, 3650
Physique 1852, 6365 ; *(Accompagnement)* 2383 ; *(quantique)* 7074 ; *(Science)* 4351 ; *(sociale)* 1852
Picasso 6243
Pie X 6249
Pied (s) 1554, 8132 ; *(au derrière)* 7205
Pièges 250
Pierre *(Saint)* 1086
Pierre (s) 1473, 3281, 4938, 5153, 6566, 7719, 7743 ; *(Homme de)* 3871 ; *(Poser sa)* 7698
Pierrot *(mon ami)* 5361
Piété 1232
Pieux (ses) 7536 ; *(solitaires)* 137
Piliers *(Beaux)* 8404
Piller 2553
Pilori 1747
Pilote 6413
Pin 6665
Pinceaux 372
Pindare 2996

Pinde 176
Pinsons 6410
Pintade *(Plumage de la)* 7184
Pioche *(voltairienne)* 3572
Pion 4963, 5661
Pioupiesque 5130
Pique ; *(du peuple)* 197
Pire 396, 4850, 5636
Pistolet *(Coup de)* 1251, 1357
Pitié 566, 2045, 2293, 5448
Place (s) 6910, 6915 ; *(publique)* 5261
Placement 6391
Plafond 6393 ; *(Bas de)* 2850
Plage *(armoricaine)* 5163
Plagiaire 3423
Plagiat 4966, 6388
Plaie 3605, 3899 ; *(ouverte)* 4498
Plaindre 3930, 4045 ; *(Se)* 7538
Plaine 1510, 2578 ; *(Morne)* 2588
Plainte (s) 63, 6046
Plaire 469, 3019, 4942
Plaisanterie 456, 1205, 2077, 2259, 8146
Plaisir (s) 140, 144, 163, 298, 382 /Chateaubriand 773/ 1115 /Stendhal 1191/ Lamartine 1477/ 1572/ Hugo 2496/ 3384 /Baudelaire 3846/ 5553 /Claudel 5635/ Proust 5827/ 6906, 6958, 7647, 7960 ; *(Bon)* 6421 ; *(Car tel est notre)* 226 ; *(d'amour)* 153 ; *(de l'amour)* 1185 ; *(du mariage)* 2340 ; *(Instrument de)* 2333 ; *(Partie de)* 3506
Plan *(de la nature)* 6699 ; *(d'un roman)* 1300
Planète (s) 1055, 3041 ; *(mortes)* 6538
Planétiser 6351
Planification *(faussée)* 8231
Plante (s) 4277, 4361
Plata 4931
Plateau *(de théâtre)* 8543
Platitude 2269
Platon 2867, 5535
Plébiscite 4415, 8232
Pléonasme 1283, 5243
Pleur (s) 1595, 3414, 3473, 5500 ; *(des vieillards)* 2119 ; *(Vallée des)* 6930
Pleurard 3424
Pleuré *(J'ai trop)* 5145
Pleurer 281, 282 /Chateaubriand 632/ Vigny 1805/ Hugo 2621/ Musset 3472, 3493, 3496/ 4222 /Maupassant 5053/ 6826 ; *(en public)* 4953 ; *(par la bouche)* 4941 ; *(Se)* 4546
Pleureuse 4514
Plongeur 3511
Pluie (s) 1728, 6799
Plumage 7069
Plume (s) 1872, 7069 ; *(de fer)* 1813
Plus 7571 ; *(bas)* 8026
Plutarque 2896, 7981
Poche (s) 3724, 6150
Poe *(Edgar)* 7275
Poème (s) 432, 4703, 4715, 4722, 5607, 6155, 6513, 6562, 8188, 8204, 8212, 8474, 8919 ; *(Bon)* 7021 ; *(de la mer)* 5140 ; *(en prose)* 351, 4996
Poésie 48, 474, 477, 616 /Chateaubriand 716/ Lamartine 1528, 1529, 1552 /1644 /Vigny 1722, 1749, 1785/ 2042 /Balzac 2176/ Hugo 2469, 2475, 2606/ 98178, 3050, 3184 /Nerval 3244, 3286/ Musset 3561/ 3820, 3822 /Baudelaire 3984, 4001, 4004/ 4303, /Zola 4554/ Mallarmé 4692, 4694/ 4750, 4895, 4932, 4950, 4956, 4965, 4971 /Rimbaud 5208/ 5388 /Claudel 5647/ 5905, /Valéry 5943/ 6150, 6154, 6205, 6439 /Paulhan 6547, 6548/ 6758, 6777, 6778, 6941, 6981, 6995, 7016, 7217, 7411 /Aragon 7418, 7439, 7441/ 7476, 7487, 7628, 7783, 7879, 7923, 7936, 8206, 8211, 8214, 8216, 8320, 8325, 8385, 8777, 8778, 8780 ; *(assassinée)* 8472 ; *(des femmes)* 2106 ; *(doit être faite par tous)* 4970 ; *(du quotidien)* 2294 ; *(lyrique)* 4690 ; *(perennis)* 5648 ; *(personnelle)* 4955

Poète (s) 475 /Chateaubriand 810/ Stendhal 1312/ Lamartine 1448/ 1655, 1672 /Vigny 1732, 1751/ 1956 /Balzac 1859/ 2425 /Hugo 2455, 2470, 2473, 2474, 2561, 2603, 2647, 2801, 2812, 2813/ 2976, 3034, 3092, 3180 /Nerval 3264/ Musset 3459, 3562, 3563/ 3608 /Baudelaire 3856, 3946, 4006, 4022, 4031, 4072/ 4360, 4626 /Mallarmé 4681, 4695, 4732/ 4867, 4967, 5028 /Rimbaud 5201, 5205, 5206/ 5477 /Gide 5746/ 5799 /Proust 5911/ 6164 /Apollinaire 6267, 6268, 6269 / 6398, 6675, 6693, 6797, 6966, 6967, 7018, 7020, 7583, 7937, 8187, 8251, 8384 ; *(Existence de)* 6938 ; *(impuissant)* 4655 ; *(lyrique)* 5024 ; *(obscur)* 6565 ; *(Roi des)* 5210 ; *(Soyez bons pour le)* 6608 ; *(véritable)* 5908
Poétique 6562 ; *(Art)* 7884 ; *(Beau)* 8637 ; *(Connaissance)* 8636 ; *(Court-circuit)* 8155 ; *(Expression)* 452 ; *(Indifférence)* 7276 ; *(Pensée)* 2395 ; *(Prose)* 3940 ; *(Vision)* 4181
Poignard 2414
Poignarder *(Se)* 610
Point 9034
Pointe *(assassine)* 4838
Pois 1355 ; *(Petit)* 4433
Poison 3682, 4003, 4920, 7524
Poisson 986
Poitrine *(plate)* 4197
Pôle 3955
Polémique 5656
Police 422, 573, 931, 960, 1993, 2258, 2272, 5568, 8237 ; *(russe)* 4390
Polissons 3935
Politesse 407, 4219, 5487 ; *(Comble de la)* 6901 ; *(des rois)* 156 ; *(du cœur)* 7970
Politique (s) 155 /Stendhal 1210, 1251, 1281/ 1608, 1842, 1845 / Balzac 2155, 2280/ 2875, 2916, 3050, 3218, 4185, 4321, 4401, 5446, 5451, 5535, 5668, 5669, 5670, 5677, 6053, 6055, 6056, 6060, 6129, 6348 /Paulhan 6572/ 6638, 7028 /Malraux 7809/ 8712, 8718, 8940 ; *(Action)* 1906 ; *(Conception)* 1721 ; *(Économie)* 2917, 3075, 3370, 8771 ; *(Ennemis)* 7359 ; *(Feu de la)* 8249 ; *(flasque)* 5426 ; *(Grand)* 2184 ; *(Hommes)* 4594 ; *(Illusion)* 735 ; *(Immobilité)* 758 ; *(Intelligence)* 7360 ; *(Lutte)* 264 ; *(nouvelle)* 3108 ; *(Passion)* 5528, 5528 ; *(Travail)* 1903 ; *(Vertu)* 2462
Pollution 8912
Pologne 1152
Polonais 1601
Polyèdres *(d'idées)* 6035
Polygame *(Dieu est)* 4795
Polytechnique *(École)* 6466
Pomme (s) ; *(de Cézanne)* 7188 ; *(de terre)* 3745
Pommier 902, 5271
Pompe (s) 992, 2854
Pomper 3087
Ponce *(pierre)* 2290
Ponsard 3813
Populace 3069 ; *(égoïste)* 3958 ; *(Règne de la)* 423
Popularité 2557, 3071
Population 1889, 1899
Porc (s) 4905, 8215
Pornographie 7290
Port 5223
Portants *(Bien)* 6707
Porte (s) 5742 ; *(cochère)* 2240 ; *(ouverte ou fermée)* 3544 ; *(Ouvrez-moi cette)* 6257
Portier *(de l'idéal)* 5285
Portraits 1130
Positif 1859 ; *(État)* 1847, 1850
Positive *(École)* 1860 ; *(Philosophie)* 1846, 1884 ; *(Religion)* 1892
Positivisme 1874, 1888, 1898, 4586
Positiviste 1865 ; *(Catéchisme)* 1879
Positivité *(rationnelle)* 1861
Posséder 904, 1099, 5829, 6717, 7125

INDEX

Possession 5732, 5830, 6497, 7308, 7911
Possible 345, 5558, 8076; *(Ce n'est pas)* 965
Postérité 605 /Chateaubriand 821/ 955 /Vigny 1818/ 1930, 2989, /Flaubert 4154/ 4746, 5482 /Céline 7107/ 8180
Posthume *(Épanouissement)* 6196
Postulat 6269
Pot *(de chambre)* 3084, 4149
Pot-au-feu 4005, 6744
Poteau *(Ceux que l'on mène au)* 8377
Potiron *(Grand)* 3481
Pou (x) 5138; *(rêveur)* 5353
Poucette 4413
Poudre 2480; *(de riz)* 3999
Pourlécher (se) 4883
Pourpre 2644; *(Lambeaux de)* 2404
Pourquoi 2292, 6323, 7518; *(des phénomènes)* 209
Pourrir *(Vocation de)* 6654
Pourriture 5407, 8555
Poussière 1636, 3781, 6666; *(humaine)* 606
Poussin 692, 1912
Pouvoir Diderot 260 /Chateaubriand 749/ Vigny 1729/ Balzac 2287, 2316/ 2432, 3577, 4224, 4452, 7058, 7739, 7746; *(absolu)* 8713; *(collectif)* 560, 561; *(de la mort)* 8978; *(personnel)* 8230; *(temporel)* 7345
Prairie 5415
Pratique 8980, 8981
Praxis 8652, 8719
Praxitèle 1018
Pré *(vénéneux)* 6256
Précaution (s) 576
Précepteur 1229
Précieuse (s)
Précieux 5778
Préface 1661; *(d'un livre imaginaire)* 8726
Préfecture 1604
Préférer *(une autre)* 5419
Préfet *(de police)* 5568
Préjugé (s) 392, 6500; *(démocratique)* 6224

Premier (ières) *(arrivant)* 5559; *(il pleut des vérités)* 5271
Près *(l'un de l'autre)* 5804
Préscientifique 8355
Prescription 8372
Présence (s) 6639, 8074, 8369; *(des choses)* 8773
Présent 380, 2714, 3694, 5306, 8074, 8284, 8619; *(Conscience du)* 3402; *(dès à)* 5762; *(pur)* 5928
Président 4442
Présomption 374
Presse 860, 1539, 1824, 2005; *(Liberté de la)* 891
Pressentiment 576
Prétention *(de la femme)* 3689
Prêter
Prêteur 3076
Prétexte 4557
Prêtre (s) /Stendhal 1233, 1243/ 1637 /Balzac 2195/ Hugo 2647, 2747/ 3053 /Musset 3554/ Baudelaire 4072/ Flaubert 4167/ Proust 5819/ 6673, 6821, 7306; *(Faites-vous)* 3552; *(Guerre aux)* 4904; *(médiocre)* 6835
Prêtresse 4000
Preuve (s) 4587, 5585, 8189
Preux 1713
Prévenir 283
Prévision 767
Prévoir 4337
Prier 1451, 1805, 1891, 3794
Prière 1871, 2807, 2834, 5281, 6082, 6183; *(aux yeux)* 5129; *(fervente)* 3623; *(sur l'Acropole)* 4309
Primes *(Régime des)* 4737
Primitive *(Mentalité)* 5248, 5250
Prince (s) 401, 424, 1024 /Stendhal 1277/ Vigny 1766, 1812
Princesses *(de naissance)* 7191
Principe (s) 230, 1774, 2324, 2748, 3655, 5288; *(de la liberté)* 876; *(immortels)* 6462; *(industriel)* 876; *(sublimes)* 7195
Printemps 1361, 2627, 3615, 4866
Prison (s) 71 /Stendhal 1259/ Balzac

2199/ Hugo 2654/ 4258, 5717, 7504 /Malraux 7805/ ; *(du cœur)* 6908 ; *(En)* 7317
Prisonnier 1775, 7575
Privation 413
Privilège 1268, 2410
Prix *(de la vie)* 7688
Probabilités *(Calcul des)* 3165
Probité *(candide)* 2766
Problème (s) 8865 ; *(humains)* 7910
Procès 7194, 8936 ; *(univers des)* 8594
Prochain 8031, 8264
Procréations 5950
Prodige (s) 2792
Productif 2381
Production ; *(médiocre)* 1926 ; *(Moyens de)* 7756
Produire 262
Profanations 8150
Profane *(Veine)* 7334
Professeur (s) 5792, 6619, 8403
Profession ; *(honorable)* 3709
Profil *(Regarder de)* 61
Profond 5959
Profondeur (s) 2257 ; *(de notre esprit)* 7254 ; *(Grandes)* 6601
Progrès 210, 435, 1670, 1865, 1936, 438, 1951 /Balzac 2066/ 2398 /Hugo 2616, 2645, 2713, 2743/ 3220, 3352, 3653 /Baudelaire 3984/ Zola 4583/ 4637, 4726 /Rimbaud 5206/ 5337, 5961, 6372, 7294, 8227, 8235 ; *(économique)* 8219 ; *(humain)* 4330 ; *(matériel)* 2918, 2919
Progresser 6213
Projet (s) 146, 8265
Prolétaire (s) 887, 1150, 1884, 1885, 1907, 2932, 3576, 4189, 6347 ; *(enfroqué)* 772
Prolétariat 2431, 4349, 4989, 5337, 5339, 5342, 5554, 7805
Promesse (s) 1173, 2640
Prométhée 1970, 3295
Promettre 5561
Prophète (s) 1672, 7350
Propices *(Heures)* 1422
Propos *(Mal à)* 3545

Proposition 4713
Propre *(Nom)* 487
Propriété 224, 882, 1683, 3344, 3372, 6638 ; *(civile)* 12 ; *(collective)* 8614 ; *(individuelle)* 887 ; *(littéraire)* 3209, 4591 ; *(privée)* 5952 ; *(Qu'est-ce que la)* 3343
Prosateur 3562, 3563, 7018
Prose 1965, 7217 ; *(Chiens noirs de la)* 2610 ; *(française)* 2978 ; *(poétique)* 3940
Prosodie 4727, 5909
Prospérité 620, 8219
Prostitue *(La femme qui se)* 8028
Prostitué (e) 4203, 4204, 4889, 7139
Prostitution 1026, 3905, 5199
Protecteur *(Esprit)* 524
Protection 3589
Protestantisme 841
Protestation 7265
Protester 2709
Protoplasma 6787
Proust *(russe)* 6698
Prouver 5021 ; *(Trop)* 4902
Provence 2312
Proverbe (s) 3444, 3531, 3564, 3565
Providence 476, 579, 1823, 3235 ; *(des imbéciles)* 4899 ; *(divine)* 3665
Province ; *(Yeux de)* 192
Provincial 1238
Proximité 8891
Prude (s) 1348, 2550, 3541
Prudence 79
Prudent (s) *(Amants)* 7963
Pruderie 2676, 3193
Prudhomme 5182
Prusse 189, 1662 ; *(Roi de)*
Prussien *(Acide)* 1220
Psychanalyse 8785, 8864
Psychè 8078
Psychiatrie 8928
Psychologie 509, 5278, 5555, 6545, 8855 ; *(collective)* 7156 ; *(concrète)* 7944 ; *(dans le temps)* 5850
Psychologique *(Fait)* 7943 ; *(Technique)* 7788
Psychologue (s) 4571, 7938
Ptyse 4680

Public /Chateaubriand 712, 845/ 1563, 1873 /Balzac 2181/ Hugo 2758/ Baudelaire 3982/ 4358 /Zola 4574/ 6386, 6783, 6948; *(enfantin)* 4317; *(français)* 8457; *(Homme)* 1758
Publicité 538, 1747, 6461
Puce ; *(de l'horreur)* 7104
Pucelage 4795
Puceron 4277
Pudeur (s) /Stendhal 1172, 1175, 1306/ 1557 /Balzac 2249, 2298, 2348/ 3455, 5473, 5486, 7045, 8242; *(Attentat à la)* 6036; *(extrême)* 6641; *(Foin des)* 6449; *(virile)* 1778
Pudique *(Complètement)* 5076
Pue *(Si mon théâtre)* 8446
Puissance (s) 5074; *(défensive)* 5329; *(du vice)* 2206; *(Volonté de)* 7189
Puissant (s) 3020
Puits 6597, 7523, 7687, 7731
Pulsation *(intérieure)* 8721
Punir 419, 1180
Punissable 2022
Punition 2361
Pur (e) 1724, 8383, 8465, 8494; *(Âme)* 7968
Pureté 4721, 8022
Purgatoire 6089
Putain 5116
Pygmalion 4238
Pyramide (s) 980, 4170; *(de la science)* 4351
Pythie 3263

Q

Quadrupèdes 3340
Qualité (s) 1266, 2275; *(Signification de la)* 6519; *(Valeur de la)* 6519
Quartier Latin *(Le lion du)* 3814
Quatre *(Deux et deux font)* 1019, 8597
Quatrième État 4876
Quelque *(chose)* 2852; *(On meurt de)* 8312
Quelqu'un 7571
Querelle (s) 2972
Querelleur *(Peuple)* 2720
Qu'est-ce *(que ça veut dire?)* 6171
Question (s) 379, 8177; *(Malheur de la)* 8176; *(Poser les vraies)* 8352
Quichotte *(Don)* 2372
Quiétisme 7765
Quille (s) 5146
Quinze *(ans)* 2883
Quinze-Vingts 4475
Quitter ; *(la vie)* 7214; *(Se)* 194, 5848; *(une femme)* 8502
Quotidien (ne) 7558; *(Vie)* 8038, 8039

R

Rabelais 2648, 2900; *(Le secret de)* 4978
Racaille 7739
Race (s) 572, 1969, 4369, 5411, 6015, 7986, 8247; *(Admirable)* 5407; *(blanche)* 3741, 3743;

INDEX

(*Haine de*) 5371 ; (*Hiérarchie des*) 3740 ; (*humaines pures*) 7160 ; (*Inégalité des*) 8335 ; (*Notre*) 6483

Racine (*Jean*) 52 /Chateaubriand 687/ 1064 /Hugo 2608, 2853/ Musset 3415/ 4956, 5792, 6068, 6069, 6070, 6073 ; (*Leçon de*) 6639

Racine (s) (*grecques*) 8406 ; (*plantes*) 5039, 6665, 7747

Racisme 4294, 4301, 4323

Racistes 7801

Raconter 1332, 5044 ; (*fidèlement*) 652

Radical (aux) 4879 ; (*Signes*) 899

Radicalisme 4140

Radiographie 6266

Rage 7565

Raideur 5311

Raillerie 5024

Railway 2905

Raison (s) 508, 2036 /Balzac 2101/ 2394, 4298, 4300, 4332, 4502, 4533, 4959, /Gide 5758, 5770/ 6322, 6629, 6751, 7340, 8235, 8546, 8739 ; (*Avoir*) 6713 ; (*contraire de la folie*) 4370 ; (*de l'impossible*) 5068 ; (*de l'univers*) 4769 ; (*d'être*) 4767 ; (*d'être triste ou gai*) 5563 ; (*de toutes choses*) 8289 ; (*de vivre*) 7180 ; (*Dieu a toujours*) 6046 ; (*directe*) 2856 ; (*douteuse*) 579 ; (*L'ennui, c'est que j'ai*) 6571 ; (*contraire de la folie*) 4370 ; (*publique*) 1874 ; (*Vaisseau de la*) 4356 ; (*victorieuse*) 7291

Raisonnable 4638

Raisonnement (s) 5315

Raisonner 1245

Raisonneur (s) 1921, 3554

Ramée 4813

Ramier 5271

Rampe 2570

Ramper 316, 2415

Ramure 4810

Rance 6409

Rancé 699, 706, 712, 720

Rancune 2428

Rancunier 4542

Rang 2490

Raphaël (*le peintre*) ; (*Madone de*) 1224

Rapprocher (*deux peuples*) 3142

Rare (*Se faire*) 3531

Raseur 7172

Rassembleur 5615

Rat 6433

Raté (*Poète*) 3831

Rationalisme (*positiviste*) 7282

Rationaliste (*pensée*) 8590

Rationnel 6543

Raton-laveur 7676

Rature 7616

Raturer 2849

Rayon 3241, 3925 ; (*du ciel*) 1522

Rayonner 7993

Réactionnaire 2437, 8040, 8052, 8390 ; (*Esprit*) 1538

Réaliser (se) 7310

Réalisme 4998, 7463, 7467 ; (*concentrationnaire*) 8473 ; (*véritable*) 8854

Réaliste 5043, 5045, 7974 ; (*Être*) 8646

Réalité (s) 20 /Hugo 2452/ 3337 /Musset 3484/ Flaubert 4115/ Maupassant 5037/ 5325 /Claudel 5637/ 6063, 6163, 6894, 7883, 8053, 8211, 8550, 8707, 8833 ; (*absolue*) 5070 ; (*des choses*) 8724 ; (*immédiate*) 7764 ; (*ouvrière*) 8645 ; (*positive*) 3031 ; (*sainte*) 5647

Récamier (*Madame*) 855

Recette (s) 5934 ; (*Faire*) 7128

Recherche 8184

Récipient 5217

Récit 8167

Réclamation 7625

Recoins (*du style*) 2861

Recommencer 1129, 1936

Récompense (s) 5890

Récompenser 4788

Reconnaissable 5525

Reconnaissance 129, 2098, 2113, 3726 ; (*du plaisir*) 2110

Reconnaissant 5525

Reconnaître 453 ; (*Se*) 4907

INDEX

Recruteur *(des ombres)* 329
Rédempteur 3573
Rédemption 6653, 6850, 8656
Redoutable 1591
Redouter 3828
Réel 2682, 3431, 4686, 5558, 5939, 7253, 7309, 8707, 8975 ; *(Fonction du)* 6509
Références 6067
Référendum 8389
Réfléchi 6368 ; *(Animal)* 6350 ; *(Convergence du)* 6358
Réfléchir 6987
Réfléchissons 4666
Réflexion (s) 5666, 6351, 6520, 6554, 8069, 8652
Réformateur 4288
Réforme 4286 ; *(sociale)* 4988
Réformer 6745 ; *(Se)* 3134
Réfractaire 4480
Refroidissement 2994
Refus 7125
Regard 5731, 7805, 8090, 8479 ; *(long)* 5890 ; *(qui ment)* 5127
Regardent *(Soldats, quarante siècles vous)* 980
Regarder 3028, 7244 ; *(Se)* 2685
Regardeurs 6772
Régent 1217
Régime 131, 6421 ; *(social)* 6336, 8231
Région *(chaude)* 3621
Régionalisation 1900
Règle (s) 1925, 2451, 2460, 5333, 5792, 6552
Régner 1693, 2669
Regret (s) 774, 3933, 6083, 7616, 7631
Regretter 7517 ; *(Se faire)* 8197
Réhabilitation 890
Reine 2418, 2546, 2547 ; *(d'Angleterre)* 4438
Réinventer *(l'amour)* 5172
Réjouissance 6147
Relatif 5405 ; *(Tout est)* 384
Relation (s) *(formelles)* 6286 ; *(spirituelle)* 6126
Religieuse (s) ; *(Décadence)* 1904 ; *(Résurrection)* 1642

Religieux 772, 2870, 5397 ; *(Esprit)* 6690 ; *(Frein)* 1056 ; *(Sentiments)* 512, 564, 6321
Religion (s) /Constant 529/ Chateaubriand 641, 741, 742, 760, 778, 818, 882, 932, 954, 1021 /Stendhal 1285/ 1639, 1862, 1902 /Balzac 2063, 2183/ Hugo 2670, 2678/ 3025, 3113, 3360, 3403 /Musset 3513/ 3667, 3677 /Baudelaire 4050, 4078/ Flaubert 4161, 4167/ 4227, 4236, 4287, 4324, 4355, 4408, 4409, 5583, 6315, 7005, 7300, 7509, 7582, 8370, 8489, 8910 ; *(abolies)* 5856 ; *(chrétienne)* 625, 633, 647 ; *(de l'avenir)* 2508 ; *(démontrée)* 1882 ; *(Hommes de)* 7061 ; *(raisonnable)* 3388 ; *(Vérité de la)* 6100
Relire 349
Rembrandt 3862, 7845
Remède (s) 2409, 3855, 7524
Remercier 2892
Rémission 6538
Remords 2326, 2579, 2635, 3911, 5179, 6328, 6768
Remplacer 6226
Renaître *(vertueuse et pudique)* 2314
Renard 7727, 7728
Rendez-vous 1186
Renégat 2432
Renié *(Jésus)* 3914
Renier 3464
Renommée 697, 792
Renoncement 6825, 8424
Renoncer 6679, 8275 ; *(à la vie)* 318 ; *(au monde)* 5912
Renonciation 5906
Rente (s) 2327, 5017 ; *(Avoir, ou ne pas avoir de)* 2236 ; *(Cent mille francs de)* 6450
Renversement *(nietzschéen)* 6687
Renverser 2423
Repas 100
Repentir 2326, 2363, 6719 ; *(Se)* 6438
Réplique 3538
Répondre 234

Réponse 379, 8176, 8177
Reportage 4708
Repos 307, 3311, 3801; *(éternel)* 5494
Reposoirs *(de la démesure)* 8472
Représentation 7830, 8735
Représenter *(un pays)* 7218
Répression 8123
Repris *(de justice divine)* 2692
Reproche (s)
Reproduction *(sexuée)* 3832
Reptile 3340
Républicain (e, s) 434, 784, 1342, 2085, 3321, 3322, 3684, 4141, 4496
République (s) 187, 364, 588, 592 /Chateaubriand 755, 862/ 906, 974, 1084, 1587, 1690, 1692, 1694, 1695 /Hugo 2600, 2731, 2751/ 3216, 3350 /Musset 3522/ 3593, 3757, 3758, 4349, 5065, 5451, 5562, 6318, 6419, 7578, 8227; *(Crève la)* 5062; *(indépendante)* 1900; *(parlementaire)* 5092; *(tyrannique)* 3232
Répugnance 4933
Repus 6732
Résignation 4439, 7348, 8565
Résigner (se) 397, 2182
Résister 1594, 2422
Résolution 852
Réson 7603
Respect (s) 1988, 4863 ;*(de la liberté d'autrui)* 8273; *(de la nature)* 7554
Respecter 8261
Respiration 4706
Respirer 7321
Responsabilité 7054, 8087; *(de l'État)* 5539
Responsable 2022, 7698, 7715, 7717, 7730, 8645
Ressemblance (s) 6631, 7963, 7964; *(affreuse)* 6649
Ressuscité (s) 6090
Ressusciter 2454, 3692; *(chaque matin)* 6864
Restauration 4872
Reste 6105

Rester 5873; *(soi-même)* 4473
Résultat (s) 414, 767, 5668
Résurrection ; *(de la chair)* 6692
Retard 8903
Retour *(d'âge)* 4995
Retraité 6114
Retrouver (se) 3458
Retz *(Cardinal de)* 704
Réunion *(politique)* 4468
Réussir 132, 940, 2107, 7693
Revanche 4493, 4913
Rêve (s) 32 /Lamartine 1480/ Vigny 1829/ 2567 /Hugo 2785/ Nerval 3246, 3296, 3303, 3312/ 3337 /Musset 3462/ 3775 /Baudelaire 3915, 3978/ 4047, 4249, 4384 /Rimbaud 5125, 5128/ 5547, 5713 /Valéry 5908, 5933/ 6178, 7286; *(étoilé)* 2555; *(étrange et pénétrant)* 4803; *(éveillé)* 3244; *(Grand)* 5697
Réveil 5573; *(Tristesse du)* 7558
Réveiller (se) 2338, 2567
Révélation (s) 7263, 8407; *(anciennes)* 8397
Revendicatif *(Mouvement)* 7757
Revenir 5493
Rêver 2515, 2679, 2961, 4098, 5307, 7152; *(d'être mort)* 4546
Réverbère 4121
Rêverie (s) 2516, 3848, 3940; *(gothique)* 4755
Rêveur 2603, 3847, 5713, 7347, 7948; *(à nacelles)* 3424; *(lunaire)* 5364; *(Naturel)* 3257
Révolte 950, 4477, 4658, 6123, 7273, 7862, 8582, 8583, 8589, 8618; *(Rôle de la)* 8611
Révolté 4481
Révolution (s) 6, 10, 68, 75, 83, 154, 182, 258, 264, 421, 593 /Chateaubriand 671, 680, 682, 746, 805, 869, 896/ Stendhal 1290/ 1377, 1392, 1690, 2008 /Balzac 2266, 2347/ 2410, 2425 /Hugo 2631, 2682/ 2934, 2935, 3085, 3124, 3132, 3134, 3351, 3352, 3369, 3632, 4421, 4422, 4493, 4496, 4618, 4875, 4878,

4975, 4989 /Rimbaud 5188/ 6054, 6221, 6335, 6378, 6779, 6839, 6861, 6971, 7053 /Céline 7149/ 7309, 7628, 7783 /Malraux 7787, 7799/ 7884, 8051, 8510, 8775, 8832; *(bourgeoise)* 5340; *(de)* 3, 184, 204, 470, 591, 658, 659, 700, 744, 750, 769, 968, 982, 1315, 2659, 3136, 3705, 4011, 4066, 4291, 4313, 8613; *(de)* 2431; *(des intellectuels)* 8060; *(Esprit de)* 1382; *(féminine)* 1886; *(future)* 4985; *(parisienne)* 5517; *(Rêver sa)* 8815; *(russe)* 7092

Révolutionnaire (s) 231, 546, 768, 3354, 3376, 4346, 5578, 6333, 6422, 7047, 7581, 7808; *(Disposition)* 1382; *(Esprit)* 3400; *(État)* 915; *(Chocs)* 166; *(Sens)* 2694; *(Vertu)* 7200

Rhétoricien 4374

Rhétorique 2471, 2609, 4480, 6550, 8586

Rhin 1498, 6260; *(allemand)* 3494

Rhodes *(Colosse de)* 3088

Rhumatisme 4499; *(antique)* 2632

Ri *(Rape à)* 7551

Riche (s) 136 /Constant 562/ 1050 /Balzac 2229, 2289/ 3049, 3096, 3579, 5496 /Céline 7137/ 8241; *(Gens)* 277; *(Mauvais)* 5016; *(Nations)* 8002

Richelieu 8416

Richesse (s) 1867 /Hugo 2696/ 4883, 6476

Ride (s) 2704, 4049; *(de l'âme)* 341

Rideau 6755

Ridicule (s) 342, 489 /Stendhal 1277/ Hugo 2448/ Verlaine 4799/ Céline 7133/ Camus 8584/; *(Se trouver)* 4144

Riemannien *(Volume)* 7931

Rien 2382, 3827, 6299, 8635, 8896; *(à se dire)* 5804; *(ne va de soi)* 6501; *(On ne sait)* 8744; *(Tout ou)* 3334

Rigueur ; *(acharnée)* 2964

Rimbaud 4725, 4862, 5631, 5651, 6624, 7274, 7283

Rime (s) 4719, 5032; *(Torts de la)* 4840

Rimeur (s) 1927, 4260

Rire 161 /Chateaubriand 871/ 1595 /Balzac 2297/ Hugo 2449, 2832/ Verlaine 4799/ Rimbaud 5149/ 5314 /Claudel 5601/ 6992, 8027, 8133, 8486; *(austère)* 8260; *(Éclat de)* 2648, 6261; *(impur)* 4838; *(mélancolique)* 4941

Risque 8163

Risque-tout 5624

Rites 7733

Rivage 1421, 4161

Rival (es, aux) 1158, 5859, 7832

Rivalités *(de femme)* 2127

Rive 2802

Robe 7478; *(spéciale)* 4698

Robespierre 61, 250, 751, 2095, 3846, 4068, 4483

Robinson 6686

Rocher *(conventionnel)* 7628

Rocroi 707

Rodeur 1369

Roi (s) 39, 190, 229 /Constant 537/ 584 /Chateaubriand 670, 735, 873/ Hugo 2490/ 3144, 4290, 7726, 8434; *(de France)* 2488; *(des gueux)* 5028; *(des rois)* 3282; *(émigré et vagabond)* 948; *(Fils de)* 8239; *(Mon)* 7555; *(sans religion)* 49; *(secret)* 1701

Roland *(Chevalier)* 583, 1712, 1714

Roland *(Madame)* 1226

Rôle 1756

Rolls-Royce 7608

Romain (e, s) 440, 451, 718; *(Langue)* 3119; *(Ombre)* 1457

Roman (s) 238 /Chateaubriand 698/ Stendhal 1229, 1250, 1300, 1309, 1336/ 2048, 2402, 2887, 3007 /Nerval 3261, 3262, 3315/ Flaubert 4182/ 4214, 4234, 4375, 4547, 4998, 5945 /Paulhan 6567/ 6925, 7389, 7390, 7396, 7397, 7398, 7400 /Aragon 7424, 7462, 7471/ 7919 /Camus 8586, 8838, 8850; *(Bons)* 5726; *(expérimental)* 4565; *(historique)* 7395;

INDEX

(*moderne*) 7916 ; (*naturaliste*) 4567 ; (*Nouveau*) 8768
Romance 4686 ; (*nouvelle*) 7422
Romancier (s) 235, 2060, 4178, 4372, 4564, 4569, 5042, 6417, 6535, 6640, 7383, 7922
Romanesque 5822
Romanticisme 1206
Romantique 1209, 2998, 3625, 4835, 4956, 5764 ; (*Art*) 6115
Romantisme (s) 531, 667, 3966, 5204 ; (*du Nord et du Sud*) 8386
Rome Voltaire 451 /Chateaubriand 875/ 947 /Stendhal 1308/ Lamartine 1478/ 2018 /Hugo 2505/ 2973 ; (*chrétienne*) 796 ; (*païenne*) 796
Roméo (*acier*) 5004
Rompu (*Tout est*) 3721
Roncevaux 1712
Rond (*de fumée*) 4685
Ronde (*de Paul Fort*) 5958
Ronsard 2948
Rose (s) 1368, 1371 /Hugo 2497/ Nerval 3290/ 4255 /Aragon 7450/ 7175 ; (*de septembre*) 4830
Roseau 1426, 5470
Rosier 902, 7450
Rossignol 455, 2029, 5698, 7355, 7430
Rothschild 3087
Rôtisseur 106
Rotrou 1258
Rouen 2026
Rouge (s) 2169, 2440 ; (*Deux trous*) 5123

Rougir 731, 3547 ; (*de honte*) 2279
Rouille 381 ; (*de l'âme*) 1513
Roulette 5085
Roulier 4217
Roulis (*des foules*) 1512
Rousse (*Femme*) 3540
Rousseau 1245, 1878, 1883, 2267, 3291, 4172
Route 4332, 4930 ; (*large*) 4912
Routier 4642
Routine 3170, 3626, 4122
Royaliste 670, 870
Royaume (s) (*de n'importe quoi*) 5935 ; (*flegmatiques*) 4929
Royauté 2632 ; (*Meule de la*) 4776
Rrose (*Selavy*) 7635
Rubens 3860
Rudes (*Ces choses-là sont*) 2825
Rudiment 1057
Rue 7152 ; (*de Paris*) 2157
Ruffian 3526
Ruine (s) 643, 1462, 2287, 4278, 4619, 5481
Ruisseau 163, 4684, 5470 ; (*Le nez dans le*) 2712
Ruissellement 6685
Rupture 2972
Russe (s) 498, 2421, 3116, 3117, 7906
Russie 494, 496, 497
Ruth 2773
R'viendrait (*Si qu'y*) 5542
Rythme 4696, 6298, 8155 ; (*d'airain*) 4253

S

Sable 3069, 7376, 7762
Sabotage 6058
Sabre 4782 ; (*est le plus beau jour de ma vie*) 3098
Sacré 8235, 8554, 8555, 8784 ; (*Rêveur*) 2561
Sacré-Cœur 5062

Sacrifice 550, 569, 3734, 5409, 7476, 7720, 8602 ; (*École du*) 5370 ; (*Esprit de*) 7976
Sacristie 2111
Sade 8119
Sadique 8819

Sage (s) 116, 299, 1109 /Hugo 2804/ 3089 /Verlaine 4843/ 6764
Sagesse 411, 1002, 1138 /Lamartine 1535/ Gide 5770/ Proust 5816/ 7990, 8202; *(antique)* 7080
Sagittaire 5523
Saignante *(France)* 4606
Sain 7994; *(Homme)* 8375
Saint (e, s) 2027/ Hugo 2788/ 4889, 4890, 4896 /Claudel 5644/ 6764, 6813, 6822, 6842, 7893; *(Alliance des nations)* 1661; *(Communion des)* 8709
Saint-Bernard *(Mont)* 1328
Sainte-Hélène 1334
Sainteté 5380, 6564, 6814, 6825; *(Votre)* 947
Saint-Germain *(Faubourg)* 3070
Saint-Gobain 1218
Saint-Just 2223, 2923, 2924
Saint Louis *(Voir Louis)*
Saint Pierre 3914
Saint-Pierre *(Dôme de)* 646
Saint-Sépulcre 1532
Saint-Simon 808, 1325
Saint-simonisme 3587
Saint Sylvestre 1151
Saisir 6656
Saison 1460, 4819, 5156; *(des regrets)* 6263; *(laide)* 8201; *(prochaine)* 6543
Salaire 3149, 3203
Salarié 887
Salarier *(le plaisir)* 2365
Salaud 7695
Sale (s) 1308, 8103
Saleté 8470; *(morale)* 5502
Salique *(Loi)* 873
Salon 1234, 1339, 1668
Salope 4079
Saloperie 4047
Saltimbanque 4039
Salut 1579, 4262, 5652, 7036, 8036, 8566; *(de l'Empire)* 2876; *(demeure chaste et pure)* 3785; *(Hors de l'Église pas de)* 3064; *(La voie du)* 7044; *(ô mon dernier matin)* 3783; *(public)* 6442
Salzbourg *(Mine de)* 1169

Samarie 5633
Sang /Constant 520/ Chateaubriand 819, 859/ Stendhal 1265/ Lamartine 1554/ 1694, 2045 /Balzac 2301/ Musset 3414/ 6190; *(des vaincus)* 317; *(frais)* 7172; *(Goûter de son)* 4926; *(humain)* 6775; *(Piscine de)* 700; *(Voix du)* 371
Sang-froid 1265
Sanglot 2823, 3768, 3866, 3912; *(Blanc)* 4647; *(long)* 4805; *(Pur)* 3452
Sans-culotte 180, 233
Sans-Gêne *(Madame)* 4460
Sans-grades 5690
Sans milieu *(Milieu de)* 7369
Santé 114, 4370, 6380, 6710
Saphir 5238
Sapin *(de l'enterrement)* 4632
Sarragosse 484
Satan 1140, 1703, 2836, 2843, 3916, 4071, 6824; *(conduit le bal)* 3784
Satiété 998
Satin 4815
Satisfaction (s) 1106, 1828, 3005, 5197; *(adoptives)* 8187; *(essentielle)* 5188
Saturne 3227
Saturnien 4858
Satyre 7136
Saucissons *(de bataille)* 7112
Saule *(Plantez un)* 3448
Saut *(périlleux)* 4207
Sauvage (s) 564; *(État)* 1833, 1939; *(évangélisés)* 7938; *(Pensée)* 8351; *(Peuples)* 8358
Sauvé 4477; *(On est)* 8487
Sauver 2542, 8575, 8588
Savant (e, s) 265 /Stendhal 1312/ 1854, 1921, 2417, 3083, 5104, 5990, 6364, 8352
Savoir 2443, 2969, 5232, 5891, 6179, 6890, 6878, 7485, 7577
Savonarole 1986
Savoyard 2234
Scandale 353
Scandaleuses *(Idées)* 7868
Scansion *(de l'être)* 8721
Scaphandres 6435

Scélérat (s) 2184, 3058
Scéleratesse 76
Scène 2468, 8448; *(d'amour)* 1345
Scepticisme 5072, 8480
Sceptique 2899, 5397, 6334; *(monde)* 8922
Sceptre ; *(des rois)* 197
Schelling 481
Science (s) 167, 505, 506, 989, 1607 /Vigny 1784/ 1843, 1856, 2395, 2401 /Nerval 3306/ Musset 3518/ 3641, 3643, 3767, 3821, 3822, 4241, 4353, 4355, 4382, 4526 /Mallarmé 4733/ 4747, 4990, 5104, 5106 /Rimbaud 5152/ 5247, 5293, 5352, 5942, 5960, 6207, 6228, 6371, 6494, 6525, 6526, 6838, 7075, 7380, 7574, 7931, 8029, 8664, 8736, 8909; *(achevée)* 7076; *(exacte)* 2845; *(faite chair)* 6950; *(humaines)* 2349, 8910; *(immorale)* 5105; *(morales)* 4365; *(naturelle)* 4365; *(Théorie de la)* 7930, 7932
Scientifique *(Culture)* 6500, 6503; *(Esprit)* 6498; *(État)* 1847; *(Expérience)* 6499; *(Pensée)* 6504; *(Recherche)* 7168); *(Travail)* 1903
Scribe 4701
Scrupules 7631
Scudéry *(Mademoiselle de)* 709
Sculpteur 6976, 7716, 8387
Sculpture 7996
Sec 1167; *(Esprit)* 2381; *(Jeanne était au pain)* 2754
Sécante 2856
Sécateur 5488
Sécession 6800
Secourir 7502
Secret (e, s) /Constant 555/ 1583 /Hugo 2671/ 2958 /Baudelaire 3869/ Flaubert 4186/ Rimbaud 5173/ 6918 /Paulhan 6588/ 7215; *(de la nature)* 5775; *(Meuble à)* 4112; *(Mon âme a son)* 3139; *(perdu)* 6521; *(Société)* 1869
Sédentaires 6934; *(du cœur)* 7736
Séducteur 1637

Séduction 8881
Séduire 7804
Seiche 7639
Seigneur 1020
Sein (s) 51, 2055, 3891, 6960; *(Double)* 5110; *(d'une mère)* 126; *(inaltérable)* 3768
Seine 976, 3909, 6252
Séjour 4861
Semblable (s) 7792, 8918
Semblant *(Faire)* 6627
Semelle *(de ses souliers)* 198
Semence 2301
Semer 5336
Semeur *(Geste auguste du)* 2721
Séminaire 1240
Séminariste (s) 5381
Sémiologie 5251
Sénat 430, 4506
Sens 6615, 8700, 8729, 8731; *(Bon)* 3489, 7620; *(Cinq)* ; *(enseveli)* 4712; *(moral)* 5221; *(naturel)* 1909; *(plus pur)* 4682; *(sensuels)* 2960; *(trop précis)* 4686
Sensation (s) 844, 1677, 3035, 7020, 7089, 7142; *(Art de la)* 8440
Sensibilité 169, 766, 999, 4015, 5417
Sensible (s) 1364, 6149, 7826
Sensualité 7426, 8855
Sentence *(de mort)* 3504
Senti 1919
Sentiment (s) 35 /Chateaubriand 789/ Stendhal 1332/ Balzac 2071, 2101/ 3035, 5296, 5326, 6785, 7020, 8205; *(Analyse des)* 7916; *(Beaux)* 2108, 2305, 4002, 5788; *(Bons)* 35; *(nuisible)* 4372
Sentimental 7154
Sentimentalité 7878
Sentir *(= flairer)* ; *(pas bon)* 4109; *(= ressentir)* 16, 20, 1411, 5749
Septembre *(Je suis un enfant de)* 8497
Septième *(fois)* 2596
Sépulcre 335, 823, 2495; *(de l'utérus au)* 4908; *(du Sauveur)* 4892
Séquestrer *(les femmes)* 2188

INDEX

Sera *(Ce qui)* 84, 7516
Sérail 1234
Séraphin 1623, 4647
Séraphique *(Page)* 4946
Sérénade 4810
Sérénité 2783, 4751
Sergent (s) 1569; *(de ville)* 1154, 4880
Sérielle *(Pensée)* 8818
Sérieux (ses) 5119, 8281, 8976; *(Se prendre au)* 4144
Serment (s) 8318; *(Prêter)* 866
Serpent (s) 3304; *(Cher)* 5881; *(Un pauvre)* 6412
Servage 3231
Servante 4211; *(au grand cœur)* 3867
Servi 1067
Service (s) 3726; *militaire)* 5214, 5331
Serviettes 7000
Servilité 5659
Servir 1401
Serviteur (s) 4529, 5540; *(Bon)* 4326
Servitude 4423, 5675, 7905, 8609
Seul (e) 339, 1511, 5522, 5925, 5987, 7143, 7166, 7401; *(pour toi)* 7421; *(Vivre)* 6626
Séville 5550
Sexe 60, 6134, 6636, 7790, 7984, 8939; *(charmant)* 3081; *(de la femme)* 4236; *(des anges)* 896; *(féminin)* 1137; *(Les deux)* 1801; *(masculin)* 1040
Sexualité 8314
Sexuel (le) *(Acte)* 7490; *(Appétit)* 1895; *(Histoire)* 8364
Sexuellement 8747
Shakespeare *(ou Shakspeare)* 496 /Chateaubriand 687, 689/ Stendhal 1316/ 1937 /Balzac 2236/ Hugo 2449/ Musset 3415/ 3796, 5715, 6377
Shilling 1736
Si *(Trente)* 2894; *(tu ne m'aimes pas, je t'aime)* 4456
Sidonie 4632
Siècle (s) 674, 894, 2725, 2756, 2865; *(futur)* 3556; *(Mur des)* 2762; *(de Louis XIV)* 707, 721, 3256, 3284; *(XVIIIe)* 256, 2052; *(XIXe)* 1234, 1237, 1261, 2052, 3490, 4931; *(XXe)* 2710, 8208
Siège (s) 1166
Signalement *(individuel)* 6718
Signature 8214, 8914
Signe (s) 17, 18, 19, 158, 6287, 7784, 8706, 8833, 8895; *(Abri des)* 8913; *(Bon)* 7672; *(divin)* 4282; *(linguistique)* 5253, 5254; *(radicaux)* 899.
Signer 7672
Signification 5791, 6514, 8974
Signifié *(transcendantal)* 8900, 8974
Signifier 7408
Silence 37 /Chateaubriand 711/ 939 /Vigny 1726, 1804/ 2927, 4439 /Mallarmé 4724/ Rimbaud 5176/ Valéry 5899/ 6149, 6496, 6605, 6607, 6685, 7362, 7503, 7535, 7584, 7585, 8022; *(amoureux)* 2357; *(de la Divinité)* 1808; *(Être heureux en)* 295; *(éternel)* 1417, 1508; *(Musicienne du)* 4669
Sillage 3871
Sillons *(Qu'un sang impur abreuve nos)* 247
Similitude 2136
Simplicité *(de la nature)* 5103
Simplification *(dans le dessin)* 3975
Simplifie *(Ce qui)* 7704
Sinaï 3185
Sincère (s) 2463, 3013, 5754, 5760
Sincérité 6472, 6474
Singe (s) 2281, 4770, 7847, 7955; *(de l'avenir)* 7386; *(d'homme)* 5114
Singularité *(absolue)* 8703
Sirène 2974
Sisyphe 8585
Site 1468
Situation 6162, 8088
Situé 6156, 6189
Slogan 6152
Snobisme 5836, 7095
Sociabilité *(humaine)* 1977
Social (e, s) 4475; *(Conditions)* 253; *(Étage)* 2177; *(Mécanisme)*

1053 ; *(Politique)* 8000 ; *(Vie)* 8345, 8406
Socialisation 6354
Socialiser 3348, 7756
Socialisme 1689, 3156 /Flaubert 4183/ 4293, 4320, 4420, 4984, 4988, 4992, 5339, 5406, 5431, 5586, 5952, 5953, 5988, 6210 /Camus 8594 8776 ; *(national)* 6225
Socialiste 1840, 4617, 5245, 5430, 8551 ; *(Député)* 4986 ; *(Planification)* 8553 ; *(Structure)* 8552
Société (s) 261 /Stendhal 1255/ Balzac 2062/ Hugo 2736/ 3026, 3111, 3122, 3346, 3347, 3581, 3632, 3742, 3752, 5001, 5280, 5717, 6235, 6236, 7971, 7995, 8346 ; *(actuelle)* 5983 ; *(de Paris)* 1254 ; *(Haute)* 5244 ; *(humaine)* 3374 ; *(mondaine)* 508 ; *(présente)* 6789 ; *(policées)* 8783 ; *(propriétaire)* 3587 ; *(primitives)* 8783 ; *(réduite à sa plus simple expression)* 8344 ; *(Science de la)* 3342 ; *(travailleuse)* 3380 ; *(universelle)* 886
Sociocratie 1880
Sociologie 5278, 5279, 5980, 7157
Sociologue 4989
Socrate 1438, 1439, 5720 ; *(Mort de)* 4152
Sœur 1870, 2037 ; *(de charité)* 5134, 5135 ; *(Ma)* 3887
Soi 659, 8075 ; *(Chacun chez)* 1160 ; *(Être)* 5716 ; *(Être partout chez)* 2185 ; *(Hors de)* 1945
Soie 4815 ; *(des mers)* 5196
Soi-même *(Autre)* 1484
Soin (s) 2333, 3190
Soir (s) 1517, 2518, 7561 ; *(bleu)* 5107 ; *(Pâle étoile du)* 3420
Sol *(Amour du)* 4412
Soldat (s) Chateaubriand 762/ 1566 /Vigny 1763/ Hugo 2474/ 3083, 4606, 4779, 4918 ; *(Humble)* 4608 ; *(je suis content de vous)* 942 ; *(-laboureur)* 1097 ; *(Vieux)* 1564

Soleil (s) 452 /Lamartine 1399/ Vigny 1728/ Balzac 2304/ Hugo 2600/ Nerval 3239, 3303/ Baudelaire 3889/ Verlaine 4815/ 5212 /Valéry 5887/ 5897, 8628 ; *(Chevaux du)* 2794 ; *(couchant)* 3995 ; *(Coucher de)* 5412 ; *(cou coupé)* 6251 ; *(de l'homme)* 2056 ; *(des vivants)* 1397 ; *(de tout le monde)* 6889 ; *(Il dort dans le)* 5123 ; *(ironique)* 4625 ; *(Lever de)* 5387 ; *(magnifiques)* 5354 ; *(noir)* 2652, 3267 ; *(toi sans qui...)* 5695 ; *(Voir lever le)* 2370
Solidaire 8259
Solidarité 3320, 4882, 5059
Solitaire 1461, 4584, 7336, 8158
Solitude (s) 215, 315, 605, 926 /Stendhal 1187, 1241/ Lamartine 1508, 1513/ 1963 /Balzac 2211/ Hugo 2837/ 3187 /Musset 3456, 3470, 3509/ Baudelaire 3868, 4060/ 6683, 6761, 7059, 7097, 7356, 8159, 8591, 8745 ; *(aquatiques)* 6599 ; *(capitaliste)* 8059
Solutions 7690
Sommeil /Chateaubriand 842/ Balzac 2170/ Nerval 3297, 3311/ 3398, 3631 /Baudelaire 3911/ 4248, 4249 /Proust 5824/ 6080, 6892 ; *(de la terre)* 1700 ; *(Je n'ai point)* 6793 ; *(Perdre le)* 2545 ; *(sans songe)* 4651 ; *(stupide)* 3881
Somnambules 7352
Somnolence *(Demi-)* 3287
Son 3858, 6135
Songe (s) / Chateaubriand 865/ Lamartine 1470/ Hugo 2842/ Nerval 3287/ Mallarmé 4667/ Valéry 5891/ 6794, 8439 ;
Songer 2477
Sonner *(à la porte)* 8520
Sonnet (s) 3265 ; *(de Shakespeare)* 6929
Sophisme 548, 4105
Sophiste 607, 633
Sophistiqué 6770
Sorbets *(au citron)* 6957
Sorbonne 359, 6074, 6075, 7630

INDEX

Sorcellerie 3844, 4017
Sorcière 2046
Sorrente 1473
Sort 465, 476, 991; *(Coups du)* 3548
Sortir 2842; *(de soi)* 5849
Sot (te, s) 136, 307, 1563, 1598 /Balzac 2257/ Hugo 2758/ Baudelaire 4079/ 5683, 7477
Sottise (s) 4223 /Rimbaud 5241/ 5682, 7223;
Sou 1736; *(sans le)* 5438
Souche 8050
Souffle 8401; *(aride)* 4868; *(de vie)* 4199; *(passionné)* 2034
Soufflet 306, 848
Souffrance 804, 1718, 1792, 2740, 3855, 4120, 5628, 5665, 8127, 8147, 8748; *(Appétit de)* 6541; *(Éternelle)* 3313; *(physique)* 5847, 6380; *(Sécréter de la)* 7855
Souffrir 301, 1127, 1394, 1652, 1674 /Musset 3461, 3475, 3496/ 4766, 4894, 4949, 5097 /Malraux 7795/ 8168, 8427, 8508; *(pour une femme)* 4331; *(Sache)* 6139
Souhait (s) 4666
Souillure (s) 3428, 6401; *(animale)* 7493
Soulier (s) 7267; *(Coups de)* 6227; *(Sans)* 2580; *(Semelle de ses)* 3285
Soumettre (se) 4508, 7742
Soumission 7791
Soupçons 2704
Souper 2429
Soupir (s) 629, 1167, 2034, 6594
Soupirer 1496
Sourd *(muet)* 2137, 3182
Sourire 281, 835, 2511, 4918, 7819; *(de la pensée)* 7315; *(Extrême)* 1176; *(Hideux)* 3446
Souris 4859
Sous-sol 8136
Soutane 4904
Souterrains *(Drames)* 7918
Souvenance 664
Souvenir (s) / Constant 553/ Chateaubriand 701/ 1158, 1359 /Lamartine 1425, 1468/ 2397 /Hugo 2571, 2627, 2635/ Nerval 3287/ 3402 /Musset 3496, 3568/ Baudelaire 3895, 3949/ Flaubert 4156, 4164/ 4240, 4478, 5500; *(Aux yeux du)* 3919; *(du bonheur)* 5753; *(du bonheur passé)* 341; *(heureux)* 3497; *(L'enchantement des mauvais)* 7702; *(que me veux-tu?)* 4800; *(Un homme sans)* 7618
Souvenir (se) 1129, 5305, 8405
Souverain (e, s) 3221, 7858, 8557; *(idéal)* 4431
Souviens-toi 1430
Soviétique *(Règle)* 7041
Soviets 6883
Spartacus 1506, 2864
Sparte 653, 2505
Spécialiste 5432
Spectacle 1543, 2163, 7692, 8017, 8245, 8547; *(du firmament)* 340; *(pompeux)* 1715
Spectateur (s) 1543, 1916, 2407, 4573, 5384, 7189
Spectre 3762; *(de ma jeunesse)* 3455; *(rouge)* 2695
Spéculation (s) 2248, 5320, 6361
Sphère (s) *(Harmonie des)* 8452
Spinoza 4777, 6383
Spiritualisme 1646, 2320
Spiritualiste 3192
Spirituel (s) 8040; *(Armements)* 7892
Spleen 871, 1728, 3412, 3610
Spoliateur 4521
Spontanéité 4470
Sport 7087
Sportif (ves) *(Esprit)* 6690; *(Femmes)* 6705
Squelette 2450, 3612, 3613, 5347; *(Embrasser le)* 1963; *(de la planète)* 6014
Stade 8628
Staël *(Madame de)* 1616
Staline 5989
Stalinien 7581
Statisticien 5399
Statistique 3652, 4213
Statue (s) 1912, 3999, 6012; *(blanchies)* 7820; *(Soleil des)* 6985

Steamer 2753
Stendhal 4374
Stéréotype 8532
Stérile 4761 ; *(Femme)* 3878
Stimuler *(l'ouvrier)* 4737
Stoïcisme 2232
Stoïque 320
Strophoïde 5231
Structure (s) 7081, 7895, 8357 ; *(sociales)* 6446
Stupéfaction *(remarquable)* 4947
Stupeur *(triomphale)* 8491
Style 206 /Chateaubriand 650, 780/ Stendhal 1283/ 2380 /Hugo 2471/ 2977, 3713, 3714, 3715 /Flaubert 4174/ Maupassant 5050/ 5091, 5493, 5717 /Proust 5868/ 6157, 6162, 6212, 6963, 6964 /Malraux 7825, 7828 à 7830, 7837/ 8039; *(continu)* 57 ; *(de décadence)* 5088 ; *(Recoins du)* 2861 ; *(simple)* 4771
Styx 4680
Subite *(Marchands de mort)* 7196
Subjectivité 8773
Sublime 496, 1657, 1658, 1659, 1660, 2253, 2346, 2448, 2869, 3971, 6912
Subordination 5675
Substance 4115
Succédané *(malheureux)* 8584
Succès 1181, 2154, 2238, 4357, 4397, 567 ;1*(Condamné au)* 3169
Sucre 4368, 5318
Sueur 1488, 6965 ; *(de sang)* 2579
Suffrage (s) ; *(universel)* 3048, 3156, 3222, 4184, 4504, 5082, 5092
Suggérer 4734, 6034
Suicide (s) Vigny 1733, 1745/ 1838 /Balzac 2178/ Hugo 2716, 2819/ Nerval 3307/ 4290, 5280, 6018, 7358, 8034, 8488 /Camus 8576, 8583, 8852; *(à la boutonnière)* 7612 ; *(Beau)* 4679 ; *(Goût du)* 6845
Suicidé 1839
Suicider (se) 5478
Suis *(Je pense, donc je)* ; *(J'y)* 5155 ; *(On m'attaque, donc je)* 4587

Suisse 2081
Suite 2489
Sujet (s) 5791, 7726, 7891, 8131 ; *(de mécontentement)* 4429 ; *(Mauvais)* 2170
Superflu (s) ; *(Trésors)* 128
Supérieur 1901, 2277 ; *(Homme)* 631
Supériorité 1111 ; *(intellectuelle)* 3584 ; *(légale)* 2313 ; *(physique)* 3584 ; *(sociale)* 3095
Supernaturaliste *(Rêverie)* 3265
Superstition 4283
Supplément 8770
Supplice (s) 3295, 4162, 5152, 5167
Supporter *(d'être un homme)* 8129
Sûr *(Être)* 7974
Sureau 4149
Sûreté (s) 487
Surgir 5383
Surnaturalisme 3976
Surnaturel 4279, 4891, 4979, 6093, 7860, 7870 ; *(Agent)* 1848
Surpasser (se) 5710
Surprendre 6161
Surréalisme 7254, 7257, 7270, 7271, 7272, 7277, 7278, 7279, 7417, 7660, 8321
Surréalistes 8234 ; *(Inventions)* 8233
Survivre 694
Suspect 915
Swift 4371
Syllogisme 6564
Sylvie 3289
Symbole (s) 5037, 8705 ; *(linguistique)* 5258 ; *(verbaux)* 8659
Symbolique *(Fonction)* 6234
Symbolisme 5243
Symétrie 2668, 6880
Sympathie (s) 566, 1046, 4117
Symphonie *(du jour)* 3967 ; *(pastorale)* 5433
Syndicalisme 6225
Syntaxe 2609, 5929
Syphilis 5263
Syphilitique 5131
Système (s) 2660, 5089, 5233, 5917 ; *(des philosophes)* 6280 ; *(original)* 6113 ; *(politique)* 3353 ; *(vivants)* 6943, 8460

T

Tabac 3323
Tabernacle 2639
Table (s) ; *(nourriture)* 2204; *(tournantes)* 4176
Tableau 5384, 6340; *(accompli)* 6576
Tablette *(azotée)* 4352
Tablier *(Rouge)* 5271
Tabouret *(de piano)* 6141
Tache *(de sang intellectuelle)* 4958
Tacite 668
Tact 6951, 7116
Taie 5700
Taille 2139; *(médiocre)* 2325
Taire ; **(se)** 6062, 8117, 8720
Tait *(Si tout se)* 7394
Talent (s) 277, 428 /Chateaubriand 733, 780, 892/ Stendhal 1302/ 1932 /Balzac 2280/ 3000, 4317 /Maupassant 5041/ Valéry 5903/ 7054, 7547
Talleyrand 1341
Talon (s) 4688; *(rouges)* 2485
Tambour (s) 5191, 6398; *(de basque)* 3186
Tangente 2856, 8260
Tapis 1789
Tapisserie 2145, 7455; *(du monde)* 7515
Tarascon 4543
Tard *(Je suis venu trop)* 3442
Tarentine *(La jeune)* 284, 285
Tartine 3599
Tartuffe *(Vive)* 4046
Tâtonnement 3638
Taureaux *(Courses de)* 6307
Tautologique *(Activité)* 8693
Taylorisme 7900
Technique 4550, 8003, 8218
Te Deum 1232
Teindre 7761
Teint *(d'une femme)* 1350
Tel *(qu'en lui-même)* 4681
Téléfinalisme 6482
Télégraphe 4503
Témoignage 3866, 8620
Témoin (s) 78, 2725, 4782

Tempérament 4556
Tempête 321, 1743; *(de la vie)* 2215
Temple (s) 2847, 3274, 4308, 6012, 7743; *(muet)* 3441
Temps 26, 36, 37, 52 /Constant 557/ Chateaubriand 684, 696, 754/ 952, 1063, /Lamartine 1423, 1449, 1524/ 2433, 3867, 5074, 5319, 5454, 5547, 5575 /Claudel 5617/ Valéry 5891/ 6217, 6714, 7384, 7385, 7950, 8077, 8911; *(J'ai mal à mon)* 5923; *(Perdre du)* 3774; *(présent)* 6106; *(suspends ton vol)* 1422; *(très anciens)* 2769; *(Tuer le)* 7349; *(Voix du)* 1706
Tendresse 238, 2057 /Balzac 2342/ 6140, 6416, 6884
Ténèbre (s) 3853, 3955, 8213; *(rafraîchissante)* 3950
Ténébreux 3266; *(Monde)* 3848
Tentation 8388
Tenté (e) *(Être)* 7708; *(Femme)* 8020
Terme 5667; *(Dieu)* 1787
Terre (s) 38 /Lamartine 1427/ 4766 /Rimbaud 5153/ 5514 /Gide 5739/ 6406, 6934, 6937, 7179, 7566, 7691, 8193, 8207; *(Centre de la)* 5457; *(Cette terre-ci)* 5162; *(d'exil)* 1400; *(Enfance de la)* 984; *(natale)* 5039
Terre-Neuve 8054
Terrestre *(Condition)* 1652
Terreur 2924, 2928, 4181, 4503, 5166; *(dans les lettres)* 6598; *(Un certain degré de)* 8139
Territoire 543
Terrorisme 2684
Terroriste 744
Testament 3892, 8378
Tête *(des femmes)* 2092; *(tranchée)* 5928; *(Tu montreras ma)* 199
Tétraèdre 5231
Texte 2630, 4731, 8788
Théâtral (es) *(Art)* 6786; *(Théories)* 8543

Théâtre Hugo 2453, 2456/ Nerval 3253/ 4517 /Mallarmé 4702, 4704/ 5560 /Valéry 5882/ 5966, 6096, 6386, 6409, 6781, 6782, 7217, 7233, 7235, 7235, 7236, 8438, 8439, 8440, 8441, 8447, 8449, 8527, 8538, 8550 /Camus 8633, 8934; *(balinais)* 7234; *(Bon)* 8549; *(essentiel)* 7231; *(impassible)* 1790; *(impopulaire)* 8532; *(intérieur)* 7454; *(Pièce de)* 8256; *(vivant)* 8257
Théâtre-Français 3625
Thémistocle 972
Théocrite 3733
Théologien (s) 1851, 4280
Théologique *(État)* 1847, 1848; *(Parti pris)* 6681
Théoria 8647
Théorie (s) 3655, 3753, 4620, 5676, 5787, 5872, 7992, 8980, 8981
Thermomètre 4376; *(de la fortune)* 2204
Thèse 5021
Thierry *(Augustin)* 673
Thiers *(Adolphe)* 3815, 4180, 4440
Thucydide 2884, 6364
Tics 4970
Tièdes *(que Dieu vomit)* 1028
Tiers exclu 6485
Tigre 6884, 7490
Timbre (s) ; *(musicaux)* 7187
Timbré 3681
Timidité 2686
Tiré *(Quand le vin est)* 7216
Tire-bouton 5484
Tire-laine 6742
Tirer 4496
Tissu 212
Titarèse 3450
Titre (s) 408; *(du roman)* 6417
Toc 8328
Tocsin 195, 3405
Toi *(Sans)* 7429
Toile *(Fleur de)* 3806
Toit 4833
Tolède 5412
Tolérance 4588
Tolstoï 5582

Tombe 722, 827, 1456, 2585, 2642, 2882, 3331, 3341, 3496, 4724, 6860; *(Une femme qui)* 2529; *(Vive la)* 4917
Tombeau (x) 287, 299, 465, 593 /Chateaubriand 657/ 1668 /Nerval 3240/ Musset3470/ 3892, 3917 /Flaubert 4164/ 4535, 5224; *(des dieux)* 5557; *(du peuple)* 250; *(Majestés du)* 644; *(Nuit du)* 1432; *(Paix du)* 8280
Tomber 1385, 2538; *(Laisser)* 2866
Ton *(Ce qui donne le)* 8895; *(Mauvais)* 2251
Tonale *(Pensée)* 8818
Tonnerre *(Coup de)* 587
Torchon 7000
Toréador *(en garde!)* 4457
Torero 7777
Torrent *(dévastateur)* 6219
Tortue 1960, 2437; *(Ombre de)* 5896
Torture 4894, 8906; *(Ineffable)* 5205
Totalitaire *(Régime)* 8558
Totalitarisme 8228, 8620
Touchant *(Sentiment)* 1954
Touche *(À la fin de l'envoi, je)* 5685
Toucher *(sens)* 8684
Toujours 4861
Toupie 3524
Tour *(d'ivoire)* 3286
Tourment 8485
Tourmente *(Ce qui)* 7705
Tournant 5443
Tourner *(sa langue dans sa bouche)* 3255
Tourterelle (s) 2390
Tous 1387, 5782; *(Et quand nous serons)* 8648; *(pour un)* 2426
Tout 1019, 2382, 2796, 2852, 3827, 8635; *(de même!)* 4778; *(Désirer)* 5401; *(ou rien)* 3334; *(Renoncer à)* 5401
Tout-puissant 8146
Trace (s) 7427, 8259; *(ineffable)* 8905
Tradition (s) 6197, 5961, 6021, 6197
Traduire 2942

INDEX

Tragédie (s) 479 /Hugo 2536/ Nerval 3262/ Baudelaire 3975/ 6696, 8433 ; *(antique)* 1669 ; *(moderne)* 1669
Tragique (s) 4374, 7303, 8531
Trahi *(Être)* 5707
Trahir 7138, 8270, 8320
Trahison (s) 4870
Train *(de luxe)* 6295 ; *(prendre un)* 8643
Trait 4553 ; *(d'union)* 7013
Traitement *(médical)* 6711
Traître (s) 2463, 2539, 2778, 8433
Tranchant 4430
Transcendance 6941, 7679, 8274, 8702
Transcripteurs 7832
Transe 5916
Transfiguration 5621
Transformation *(sociale)* 748, 7050
Transfuge 548
Transgression *rituelle* 8786
Transitoire 8291
Translation 4908
Transmissible 6521
Transparent 2688
Transpirer 6965
Transplanter 6161
Transport (s) *(amoureux)* ; *(au cerveau)* 4915
Trappe *(des Trappistes)* 6935
Travail (aux) 144, 382 /Chateaubriand 743/ 1026, 1144, 1382 /Lamartine 1488/ 1642 /Hugo 2698, 2809/ 3056 /Musset 3463/ 3586 /Baudelaire 4061/ 4645 /Proust 5867/ Apollinaire 6247/ 7052, 7263 /Aragon 7442/ Malraux 7794/ 8220, 8617 ; *(Amour du)* 4644, 4645 ; *(détruit)* 7510 ; *(du corps)* 1740 ; *(ennuyeux et facile)* 4824 ; *(mécanisé)* 7902 ; *(personnel)* 4731 ; *(volé)* 3080
Travailler 138, 310, 1192, 3687, 4070, 7014, 7262, 8421
Travailleur (s) 3358, 3380, 4425, 5203, 6108 ; *(Grand)* 417
Traversée 2833
Treille 6088

Treizième 3276
Trépas 5178 ; *(Beau)* 1088
Trépied 4196
Trés-Haut 8026
Trésor (s) 1144, 5994, 7537
Tresse 3876, 3949
Triangle (s) ; *(symbolique)* 3188
Tribu 5249
Tribunaux 612 ; *(Journal des)* 3261
Tribune 3225
Tricher ; *(avec ses amis)* 7210
Trier 6964
Trimardeur *(galiléen)* 5542
Trinité 4935, 6169, 6650
Triomphante (s) 5402
Triomphe 2298, 3678
Triste 2693, 4818, 5447, 5563 ; *(Air)* 1252 ; *(Homme)* 7538
Tristesse 1553, 1555, 1914, 4297, 4896, 5223, 5755, 7501
Trochu 2724
Troie *(Cheval de)* 1991
Trois-mâts 3921
Trompe-l'œil 6986
Trompé (s) 6623 ; *(Maris)* 5833
Tromper 242, 5264, 5268 ; *(Se)* 3656, 4257
Trompeur (s) 141
Trône (s) / /Chateaubriand 661/ Balzac 2339/ 2415, 3236
Trop 4230 ; *(Chacun est)* 5987
Trope (s) 5243
Tropique (s) 3689, 4643, 8342
Trouble 3735
Troubler 6371, 8194
Troupeau 4486, 4573, 6085
Trouvaille *(d'objet)* 7286
Trouve *(Je ne cherche pas, je)* 6342
Trouver 2604, 5918, 6998, 7748, 7784
Truffe 4210
Truismes 8373
Trust 5061
Tuées *(Deux fois)* 8455
Tuer 690, 771, 7165, 8610 ; *(les morts)* 2711
Tueur *(des pauvres gens)* 5031
Tuf *(obscur)* 6815
Tulipe 525, 4145 ; *(Fanfan la)* 1628

Tumulte 7052, 7059
Turbot 430
Turc 2479, 2901, 3062, 3531
Turenne 813
Turquie 858
Tympan 8140
Type *(Homme-)* 7972

Typhus 7711
Tyran (s) 439, 597, 668, 1147, 1294, 2759, 8281
Tyrannie 78, 603 /Chateaubriand 884/ 1375, 1985, 1992, 3573, 8012

U

U 5136, 5175
Ulcère 5132
Umour 7219, 7220
Un 3382 ; *(An)* 2926 ; *(Et s'il n'en reste qu')* 2599 ; *(pour tous)* 2426 ; *(Tout est)* 6588
Une *(De deux choses l')* 7161
Unification 8340
Unifier 7744
Uniforme 1761, 8602
Uniformité 3396
Union 3519, 5652 ; *(légitime)* 5436 ; *(Libre)* 5436 ; *(sacrée)* 5372
Unique 1791 ; *(au monde)* 7727
Unitaire *(Doctrine)* 969
Unité (s) 506, 1653, 1913, 3148, 3206, 3999 ; *(Cage des)* 2450 ; *(Préjugé de l')* 7570
Univers 992 /Lamartine 1427, 1428, 1553/ Balzac 2318/ Hugo 2622/ Nerval 3309/ Baudelaire 3919/ 4762, 5324, 5459 /Claudel 5606/ Proust 5835/ Valéry 5878/ 6367, 6368, 6370, 6812, 8463 ; *(de chacun)* 8545 ; *(des choses invisibles)* 5647 ; *(Domination de l')* 3147 ; *(Tricher avec l')* 7454

Universel 7721
Université (s) 3396
Univers-projectile 5969
Ur 2772
Urbanisme 6792
Urf 5216
Uriner 4941
Urne *(populaire)* 3360
U.R.S.S. 6528
Ursule 4847
Usages 2197
Usé 794
Usez *(-vous)* 3171
Usufruitier 5086
Usure 3075, 3077 ; *(invisible)* 8513
Usurier (s) 2081
Usurpateur 584
Utile 1202, 1651, 3600, 4067, 4276, 4366, 6523 ; *(Être)* 7456 ; *(Théâtre)* 4344
Utiliser 8089
Utilitaire 4187
Utilité 29
Utopie 3085, 7460, 8052 ; *(divine)* 7441
Utopiste 5536

INDEX

V

Va *(carme!)* 2437; *(Quand le bâtiment)* 3731
Vacances *(Grandes)* 7958; *(illimitées)* 7412
Vache (s) 122, 6256; *(enragée)* 2246; *(Les hommes sont)* 7106
Vagabond 5262
Vagabondage 4880
Vague *(de la mer)* 285, 450, 6140; *(indéterminé)* 1305
Vain (s) 136
Vaincre 4607, 4689; *(Se)*
Vaincu (s) 3401, 5424
Vainqueur (s) 433, 3401, 4601, 6319; *(Revenir)* 4445
Vaisseau 6601
Valet (s) 2540
Valeur *(de l'homme)* 8590; *(élémentaire)* 8388
Valeur (s) *(Abolir les)* 7600; *(solide)* 2205
Vampires 2028
Vanité (s) 149 /Chateaubriand 831/ 1102, 1112 /Stendhal 1182, 1214, 1224, 1267, 1288/ Balzac 2142/ 3746 /Flaubert 4090/ Valéry 5888/ Céline 7119
Vapeur (s) 4503; *(corruptrices)* 3945; *(Machine à)* 1217
Varier 4322
Varsovie 1060
Vaudevilliste 3971, 4563
Vautour 2726, 3295
Veau *(d'or)* 5926; *(d'or est encore debout)* 3784; *(Mangeons du)* 3212
Vedette 2155
Végétale *(Couche)* 2408
Végétation *(de la pensée)* 4995
Veiller 7638
Veilleur 2633
Vénal *(Amour)* 5263
Vendée 981
Vendre 1373; *(Dieu)* 2818; *(la France)* 4106; *(Se)* 1621
Vengeance 1704, 2174, 3304
Venger ; *(Se)* 1273, 2350

Vengeurs *(Bras)* 248
Venise 3409, 6182
Vent (s) /Lamartine 1426, 1460, 1474/ 3672, 3772, 4631 /Valéry 5898/ 7362, 7501; *(de feu)* 3621; *(de mer)* 5957; *(irascible)* 4671; *(mauvais)* 4806; *(N'écrire que du)* 8750
Ventre 2046, 2055; *(Taper sur le)* 4042
Ventriloque 5131
Venu *(Premier)* 4063, 5267
Vénus 3440, 4035, 5109; *(de Milo)* 4808
Ver (s) *(animal)* 2784, 3329, 3882, 3893, 3896, 7435; *(à soie)* 4359; *(de terre)* 2548; *(solitaire)* 7200
Verbe 2614, 4017, 8131
Verdure *(C'est un trou de)* 5122; *(Reste de)* 1437
Vérité (s) 29, 311, 338, 355, 377 /Constant 549/ Chateaubriand 676, 865/ 1001, 1122 /Lamartine 1406/ 1645, 1691, 1915 /Balzac 2213, 2230/ Hugo 2473, 2781/ 2990, 3047 /Flaubert 4122/ 4317, 4551 /Zola 4580, 4592, 4596, 4599/ 4761, 5022 /Maupassant 5046/, 5212, 5449, 5671 /Gide 5748/ 6304, 6316, 6407, 6447, 6474, 6532, 6829, 6952 /Céline 7122/ 7171, 7185, 7519, 7523 /Malraux 7847/ 7939, 8324, 8361; *(absolue)* 7055; *(aveuglante)* 7259; *(chrétienne)* ; *(coupée en herbe)* 6704; *(Créée)* 7767; *(de demain)* 7724; *(de l'art)* 2452; *(de la vie)* 7742; *(de l'homme)* 7703, 7704; *(de seconde main)* 5244; *(Deux)* 1678 *(enfantine)* 6684; *(en marche)* 4593; *(idéale)* 3031; *(moyennes)* 6843; *(philosophiques)* 7002; *(pratique)* 4965; *(première)* 5271; *(religieuse)* 6127; *(théologique)* 5010; *(Trahir la)* 307
Verlaine 5632

- **Vermine** 3880, 4932
- **Verre** 4336, 6261 ; *(Je bois dans mon)* 3423 ; *(Lever son)* 6202 ; *(plein)* 3194
- **Verrue** 6751
- **Vers** 8920
- **Vers** *(poésie)* 199 /Vigny 1828/ Hugo 2456, 2458/ Musset 3437, 3560/ 3599 /Baudelaire 3945, 4021/ Flaubert 4151/ Mallarmé 4710, 4719/ Claudel 5608, 8920 ; *(antiques)* 309 ; *(libres)* 2457 ; 5464 ; *(Premiers)* 3408 ; *(souverain)* 3620
- **Versaillais** 3093, 4419
- **Versailles** 5148 ; *(Assemblée de)* 3815
- **Vertige** 4675, 5097, 5176
- **Vertigineux** 5881
- **Vertu (s)** 150, 275, 331, 357, 390, 404, 411, 588 /Chateaubriand 654, 715/ 1557, 1596 /Balzac 2123, 2227/ 2386, 3043, 3700, 3754, 4209, 4368, 5414 /Gide 5774/ 6668, 6885, 7983, 8063 ; *(collective)* 7836 ; *(Défauts de la)* 2140 ; *(farouche)* 601 ; *(plastiques)* 6239 ; *(politique)* 1526, 2462 ; *(possible)* 2010
- **Vertueux (se)** 4788 ; *(Femme)* 2313 ; *(par bêtise)* 2329
- **Verve** 461
- **Verveine** *(Le vase où meurt cette)* 4534
- **Vêtement** *(noir)* 3553
- **Veuf (ve, s)** 1519, 1582, 3266, 3383, 8884
- **Viande** *(décomposée)* 7887 ; *(La chair, c'est d'la)* 4635 ; *(saignante)* 5196
- **Vicaire** *(de Jésus-Christ)* 5633
- **Vice (s)** 404 /Constant 577/ 1596 /Balzac 2116, 2123, 2206, 2208/ 2990 /Musset 3526/ Baudelaire 4007, 4339, 4368 /Zola 4563/ 5996, 6319, 6645, 6767, 6885, 6914, 8109, 8126 ; *(Combinaisons du)* 7968 ; *(Qualités du)* 2140
- **Vicieux (se)** ; *(Cercle)* 8521 ; *(Individualité)* 1894
- **Victime (s)** 2279, 3057, 3068, 3899, 4302, 6069 ; *(Glorieuses)* 69
- **Victoire** 6743 ; *(en chantant)* 363
- **Victor** 3813
- **Vide** 998, 1001, 2257, 6178, 6299, 7097
- **Vie (s)** /Constant 552/ 606 /Chateaubriand 723, 724, 1132, 740, 775, 868/ 1010, 1360 /Lamartine 1464, 1469, 1543/ Vigny 1743, 1757, 1829/ 1923, 1973, 2406 /Hugo 2563/ Nerval 3315/ 3372, 3392 /Musset 3430, 3525/ 3648, 3649, 3659, 3662, 3704, 3792, 3817 /Flaubert 4160/ 4231, 4245, 4336, 4624, 4740, 4764 /Verlaine 4844/ 4908, 5359, 5410, 5511, 5518, 5519, 5523, /Claudel 5629/ Gide 5739, 5743/ 6019, 6175, 6695, 6728, 7287 /Malraux 7507, 7735 /Sartre 8086/ 8248, 8482 /Camus 8624/ 8926 ; *(à deux)* 7508 ; *(Amour de la)* 5857, 8568 *(artistique)* 5095 ; *(Autre)* 6163, 8572 ; *(Banquet de la)* 323 ; *(blanche)* 8214 ; *(Changer la)* 5173 ; *(chrétienne)* 6076 ; *(conjugale)* 4379 ; *(Définition de la)* 1009 ; *(de l'homme)* ; *(Des morceaux de ma)* 4478 ; *(de tout le monde)* 6727 ; *(éternelle)* 4798, 5654, 7298 ; *(heureuse)* 6521 ; *(humaine)* 4354, 7688 ; *(intérieure)* 74, 6828 ; *(J'ai perdu ma)* 4858 ; *(Magnifier sa)* 6418 ; *(Péché contre la)* 8572 ; *(réelle)* 6297 ; *(Sens de la)* 8584 ; 8692 ; *(Souffle de la)* 6603 ; *(Standard de)* 8004 ; *(Transmettre la)* 5794 ; *(Vraie)* 5171
- **Vieillard (s)** 2141, 2767, 2768, 5865
- **Vieille (s)** *(Voir Vieux)*
- **Vieillesse** /Chateaubriand 693/ Stendhal 1349/ 2373, 3060, 5215, 6693, 7038, 7562
- **Vieillir** /Balzac 2309/ Hugo 2730, 2790/ 5977, 6739, 6878, 7242, 7522, 7650, 7973
- **Vierge (s)** 2806, 3383, 4664, 4677, 8383

INDEX

Vieux (vieilles) 2848, 5806, 7366
Vigne (s) 4086
Vigueur 5143
Vil 839
Vilain (s) 1020
Vilenie 3125
Villageois 3095
Ville (s) 1780, 4076, 7097, 7556, 8114
Villemain 4041
Villiers de L'Isle-Adam 5285
Vin (s) 103, 1077, 2996 /Musset 3558/ Baudelaire 3833, 3835, 3910, 3911/ 4086; *(de malheur)* 2191; *(Verre de)* 1626
Vincent de Paul 4185
Vinci *(Léonard de)* 3861
Viol 2334, 6747
Viole *(mourante)* 4647
Violence 498, 4992, 8313, 8615, 8783, 8784, 8786, 8830; *(non-)* 8783; *(prolétarienne)* 4985
Violent 2093
Violer *(la loi)* 5538
Violet 4915
Violettes *(fleur)* 5548
Violon *(instrument)* 1027, 4805
Virgile 1128, 2379, 2533, 2722, 9034; *(Soufflet à)* 306
Virginité 6440, 7768
Virgule (s) 6143, 9034
Visage 60, 6600, 6900, 7707; *(d'un homme)* 2190; *(d'un pays)* 7465; *(humain)* 6005
Visible (s) *(Rendre)* 7922
Vision 2889, 5601, 8398
Visionnaires 8495
Vital *(Phénomène)* 3636, 3646, 3659
Vite 6764
Vitrail *(Génie du)* 7819
Vitre 8203
Vitrine 6259
Vitriol 4368
Vivace 4677
Vivant (s) 843, 1863, 5312; *(Bon)* 2817; *(Monde)* 3839; *(Simple)* 6368
Vivent *(Ceux qui)* 2583
Vivez *(Vous qui)* 2568

Vivre 145, 159, 300, 1394, 1675, 1681 /Hugo 2817/ 3687, 3698 /Flaubert 4159/ 4517, 4529, 5319, 5505, 5551 /Claudel 5593/ 5798 /Valéry 5898/ 6002, 6763, 6768, 7067, 7993, 8437 /Camus 8573/; *(Amour de)* 8561; *(comme on pense)* 5087; *(Désespoir de)* 8561; *(Droit de)* 327; *(ensemble)* 3887; *(libre)* 442; *(Plaisir de)* 89; *(qu'une fois)* 314; *(Raisons de)* 8304; *(sans bonheur)* 5997; *(sans inconnu)* 8192
Vocabulaire 6525
Vocation 8530
Voie (s) 6798; *(étroite)* 6940
Voile (s) 1447
Voilette 4627
Voir 43, 933, 6752, 7709, 7729; *(amoureusement)*; *(clair la nuit)* 442; *(Le verbe)* 2270
Voisin (s) 188
Voix 62, 312, 6600, 8635; *(chères qui se sont tues)* 4804; *(de soir)* 1453; *(du cœur)* 3474; *(Élever la)* 7590; *(J'entends des)* 2753; *(sinistre des vivants)* 3776; *(souveraine)* 4508
Vol 3343; *(Ô temps, suspends ton)* 1422
Volage (s) *(Infirmités)* 799
Volcan 928, 2283, 3099, 3270
Voler *(comme un voleur)* 262
Voleur (s) 2490, 2577, 4141, 4329, 7131, 8443; *(des énergies)* 5137
Volga 7128
Volontaire 2581
Volontarisme 8305
Volonté (s) /Rousseau 346, 410 /Constant 522, 578/ 951, 1832 /Balzac 2108, 2322/ 6511, 6717, 7292, 7293; *(de Dieu)* 5625
Voltaire 88 /Lamartine 1502/ 1636, 1878, 1883, 2420 /Hugo, 2562, 2855/ 2912, 2913, 3208 /Baudelaire 4074/ Flaubert 4172/ 4955, 8381; *(Dors-tu content)* 3446; *(C'est la faute à)* 2712
Voltairien (ne) 4172; *(Pioche)* 3572
Volupté (s) /Lamartine 1509/ 3393

/Musset 3483/ Baudelaire 3869, 3887, 4413/ 5419, 6542, 6905, 7303, 7954, 8425 ; *(céleste)* 2296 ; *(immatérielle)* 2701
Voluptueux 4011
Vomis 909
Vomitif 3838
Voracité *(du temps)* 6217
Vosges 4467
Votive *(Œuvre)* 6804
Vouloir 409, 528, 3827, 5373, 5374, 5505
Voulu *(Être)* 5235
Voulzie 3407
Vous *(c'est nous)* 7373
Voyage (s) /Vigny 1783/ Balzac 2087/ Nerval 3260/ 5699, 5701 /Gide 5728/ 6109, 8341

Voyager 334, 885, 1534, 1535 ; *(seul)* 6656, 8323
Voyageur (s) 650, 652, 762, 4376, 5699, 7427
Voyant 5205, 8396
Voyelle 5136, 5175
Voyeur 8018
Vrai (s) 120 /Vigny 1836/ 3054 /Musset 3499/ Baudelaire 3986/ 4366, 8435 /Camus 8565 ; *(dans les arts)* 1101 ; *(Faire)* 5045 ; *(Hardiesse du)* 2196 ; *(Hommes)* 8861
Vue 5744, 8684
Vulgaire (s) 1820, 3804 ; *(Passage)* 58
Vulgarité *(américaine)* 4305 ; *(Fausse)* 6659
Vulnérable 7599

W

Wagner 4023, 4025
Walpole *(Thomas)* 457
Washington 1341

Waterloo 830, 2274 ; *(morne plaine)* 2588
Wilde 5766

X

X 2850

Y

Y 2850
Yaque-yaque 7976
Yankees 4385

Yeux 312, 4535 ; *(Fermer les)* 43, 8191
Yorick 7584
Yvetot *(Roi d')* 1075

Z

Zéro (s) 3825, 7552
Zeus 6402
Zinjanthrope 8503

Zola 4997, 4998
Zone *(banlieue)* 7136

INDEX DES AUTEURS ET DES ŒUVRES

ACHARD (Marcel)	738
ADAMOV (Arthur)	815
AJAR (Émile)	899
ALAIN (Émile Charbier, dit)	549
ALAIN-FOURNIER	660
ALLAIS (Alphonse)	511
ALTHUSSER (Louis)	860
AMIEL (Henri Frédéric)	369
AMPÈRE (Jean-Jacques)	232
ANCELOT (Jacques-Arsène)	159
ANDRIEUX (François)	18
ANOUILH (Jean)	832
APOLLINAIRE (Guillaume)	611
ARAGON (Louis)	724
ARLAND (Marcel)	739
ARMAND (Louis)	790
ARNAULT (Antoine-Vincent)	41
ARON (Raymond)	791
ARP (Hans)	663
ARTAUD (Antonin)	706
ARVERS (Félix)	301
ATTALI (Jacques)	897
AUDIBERTI (Jacques)	739
AUGIER (Émile)	367
AYMÉ (Marcel)	775
BABEUF (Gracchus)	21
BACHELARD (Gaston)	638
BAINVILLE (Jacques)	609
BALZAC (Honoré de)	205

Index des auteurs et des œuvres

BANVILLE (Théodore de)	413
BAOUR-LORMIAN (Pierre François)	98
BARBÈS (Armand)	319
BARBEY D'AUREVILLY (Jules)	306
BARBIER (Auguste)	294
BARBIER (Jules)	365
BARBUSSE (Henri)	587
BARÈRE DE VIEUZAC (Bertrand)	9
BARNAVE (Antoine)	26
BARRAULT (Jean-Louis)	833
BARRÈS (Maurice)	533
BARRIÈRE (Théodore)	414
BARTHÉLEMY (Auguste-Marseille)	161
BARTHES (Roland)	856
BATAILLE (Georges)	733
BATY (Gaston)	649
BAUDELAIRE (Charles)	371
BAUDRILLARD (Jean)	881
BEAUVOIR (Simone de)	816
BECKETT (Samuel)	804
BECQUE (Henri)	439
BENDA (Julien)	547
BENOIT (Pierre)	661
BENVENISTE (Émile)	777
BÉRANGER (Pierre-Jean de)	108
BÉRAT (Frédéric)	233
BÉRAUD (Henri)	649
BERCHOUX (Joseph)	40
BERGER (Gaston)	708
BERGER (Yves)	888
BERGSON (Henri)	523
BERLIOZ (Hector)	274
BERNANOS (Georges)	669
BERNARD (Claude)	350
BERNARD (Jean-Marc)	616
BERNARD (Tristan)	544
BERTHELOT (Marcelin)	423
BERTRAND (Louis dit Aloysius)	305
BETTELHEIM (Charles)	844
BEUVE-MÉRY (Hubert)	777
BICHAT (Xavier)	100
BLANC (Louis)	343
BLANCHOT (Maurice)	807
BLANQUI (Auguste)	295
BLOCH (Marc)	661
BLONDEL (Maurice)	531

Index des auteurs et des œuvres

BLOY (Léon)	478
BLUM (Léon)	582
BONALD (Louis de)	1
BONNEFOY (Yves)	869
BORDEAUX (Henry)	571
BOREL (Pétrus)	319
BOS (Charles du)	625
BOTREL (Théodore)	553
BOUILHET (Louis)	407
BOULEZ (Pierre)	873
BOURGEOIS (Léon)	496
BOURGET (Paul)	499
BOUSQUET (Joë)	735
BOUTANG (Pierre)	859
BRAQUE (Georges)	625
BRASILLACH (Robert)	827
BRAUDEL (Fernand)	778
BRAUX (Paul-Émile de)	161
BRAZIER (Nicolas)	110
BRETON (André)	709
BRIAND (Aristide)	536
BRIEUX (Eugène)	517
BRILLAT-SAVARIN (Anthelme)	9
BRILLOUIN (Léon)	680
BRISSET (Jean-Pierre)	601
BRISSOT (Jean-Pierre)	2
BRIZEUX (Auguste)	274
BROGLIE (Louis de)	691
BRUANT (Aristide)	497
BRUNETIÈRE (Ferdinand)	492
BRUNSCHVICG (Léon)	565
BUTOR (Michel)	877
CABANIS (Pierre Jean Georges)	15
CABET (Étienne)	139
CAILLAVET (Gaston Arman de)	584
CAILLOIS (Roger)	844
CAMBRONNE (Pierre)	98
CAMUS (Albert)	845
CANGUILHEM (Georges)	789
CAPENDU (Ernest)	414
CAPUS (Alfred)	518
CARCO (Francis)	662
CARRÉ (Michel)	365
CARREL (Alexis)	588
CAVAILLÈS (Jean)	782
CAYROL (Jean)	837

Index des auteurs et des œuvres

CÉLINE (Louis-Ferdinand)	694
CENDRARS (Blaise)	664
CÉSAIRE (Aimé)	852
CHANGEUX (Jean-Pierre)	888
CHAR (René)	809
CHARDONNE (Jacques)	639
CHARLET (Nicolas)	157
CHATEAUBRIAND (François-René de)	60
CHATELAIN (Eugène)	429
CHATRIAN (Alexandre)	408
CHÉNIER (André)	26
CHÉNIER (Marie-Joseph de)	33
CHEVALIER (Michel)	301
CHRISTOPHE	513
CIORAN (Emil)	837
CIXOUS (Hélène)	890
CLAIR (René)	736
CLAIRVILLE (Louis)	344
CLAUDEL (Paul)	553
CLAVEL (Maurice)	862
CLEMENCEAU (Georges)	451
CLÉMENT (Jean-Baptiste)	439
CLOOTS (Anacharsis)	10
CLUSERET (Gustave Paul)	414
COCTEAU (Jean)	681
COHEN (Albert)	700
COLETTE	588
COLLIN D'HARLEVILLE (Jean-François)	10
COMMERSON (Jean)	238
COMTE (Auguste)	182
CONSIDÉRANT (Victor)	307
CONSTANT (Benjamin)	49
COPPÉE (François)	453
CORBIÈRE (Tristan)	476
COURBET (Gustave)	366
COURIER (Paul-Louis)	100
COURNOT (Antoine Augustin)	234
COURTELINE (Georges)	518
COUSIN (Victor)	158
CREVEL (René)	749
CROMMELYNCK (Fernand)	675
CROS (Charles)	454
CUREL (François de)	511
CUVIER (Georges)	97
DABIT (Eugène)	736
DALI (Salvador)	790

Index des auteurs et des œuvres

DANIEL-ROPS	773
DANINOS (Pierre)	852
DANTON (Georges Jacques)	19
DARIEN (Georges)	536
DAUDET (Alphonse)	444
DAUDET (Léon)	559
DAUMAL (René)	821
DEBRAY (Régis)	895
DEBRÉ (Michel)	840
DEBUSSY (Claude)	537
DEGUY (Michel)	882
DELACROIX (Eugène)	190
DELAVIGNE (Casimir)	158
DELEUZE (Gilles)	874
DEPESTRE (René)	878
DERÈME (Tristan)	685
DÉROULÈDE (Paul)	481
DERRIDA (Jacques)	883
DÉSAUGIERS (Marc-Antoine)	102
DESBORDES-VALMORE (Marceline)	136
DESCAVES (Lucien)	532
DESCHAMPS (Émile)	155
DES FORÊTS (Louis-René)	861
DESMOULINS (Camille)	21
DESNOS (Robert)	750
DESORGUES (Théodore)	31
DESTUTT DE TRACY (Antoine, comte de)	2
DETŒUF (Auguste)	633
DIERX (Léon)	440
DONNAY (Maurice)	526
DORGELÈS (Roland)	662
DORIOT (Jacques)	675
DOUDAN (Ximénès)	233
DRIEU LA ROCHELLE (Pierre)	692
DUBUFFET (Jean)	762
DUCHAMP (Marcel)	665
DUCHÊNE (Georges)	420
DUCLOS (Jacques)	713
DUHAMEL (Georges)	640
DUJARDIN (Édouard)	532
DULLIN (Charles)	649
DUMAS (Alexandre)	236
DUMAS (Alexandre, fils)	420
DUMÉZIL (Georges)	736
DUMONT (René)	790
DUPANLOUP (Félix-Antoine)	239

Index des auteurs et des œuvres

DUPIN (André, dit Dupin Aîné)	116
DUPONT (Pierre)	397
DURAS (Marguerite)	855
DURKHEIM (Émile)	519
DURUY (Victor)	345
DUVAL (Alexandre)	56
DUVERT (Tony)	897
ÉLUARD (Paul)	701
EMMANUEL (Pierre)	859
EMPIS (Adolphe)	159
ENFANTIN (Prosper)	162
ERCKMANN (Émile)	408
ERCKMANN-CHATRIAN	408
ERNST (Max)	690
ESQUIROS (Alphonse)	356
ÉTIEMBLE (René)	827
ÉTIENNE (Charles-Guillaume)	107
FABRE (Henri)	414
FABRE D'OLIVET (Antoine)	88
FAGUET (Émile)	487
FAILLY (Pierre Charles de)	326
FANON (Frantz)	875
FARGUE (Léon-Paul)	602
FAURE (Edgar)	822
FAURE (Élie)	589
FAYE (Jean-Pierre)	875
FAYOLLE (François)	106
FEBVRE (Lucien)	607
FÉNÉON (Félix)	532
FERRÉ (Charles)	477
FERRY (Jules)	436
FÉVAL (Paul)	363
FEYDEAU (Georges)	537
FLAUBERT (Gustave)	397
FLERS (Robert de)	584
FLINS DES OLIVIERS (Emmanuel Carbon de)	17
FLORIAN (Jean-Pierre Claris de)	11
FLOURENS (Gustave)	440
FOCILLON (Henri)	616
FOLLAIN (Jean)	782
FONTANES (Louis de)	17
FORNERET (Xavier)	320
FORT (Paul)	584
FOUCAULD (Charles de)	520
FOUCAULT (Michel)	878

Index des auteurs et des œuvres

FOUCHÉ (Joseph)	19
FOURASTIÉ (Jean)	812
FOUREST (Georges)	541
FOURIER (Charles)	103
FRANCASTEL (Pierre)	751
FRANCE (Anatole)	465
FREINET (Célestin)	713
FRIEDMANN (Georges)	778
FROMENTIN (Eugène)	367
FUSTEL DE COULANGES (Denis)	429
GAMBETTA (Léon)	440
GARAUDY (Roger)	853
GAUGUIN (Paul)	489
GAULLE (Charles de)	686
GAUTIER (Théophile)	346
GENET (Jean)	834
GEOFFROY-SAINT-HILAIRE (Étienne)	105
GÉRALDY (Paul)	649
GÉRARD (Rosemonde)	572
GIACOMETTI (Alberto)	763
GIDE (André)	566
GILSON (Étienne)	642
GIONO (Jean)	703
GIRARD (René)	870
GIRARDIN (Delphine Gay de)	280
GIRARDIN (Émile de)	303
GIRAUDOUX (Jean)	626
GLISSANT (Édouard)	880
GLUCKSMANN (André)	891
GOBINEAU (Joseph Arthur de)	360
GONCOURT (Edmond de)	408
GONCOURT (Jules de)	408
GOURMONT (Remy de)	520
GRACQ (Julien)	834
GRAINVILLE (Patrick)	898
GRASSET (Bernard)	617
GREEN (Julien)	751
GRENIER (Jean)	737
GROETHUYSEN (Bernard)	616
GROSJEAN (Jean)	840
GUÉHENNO (Jean)	690
GUÉRIN (Eugénie de)	296
GUÉRIN (Maurice de)	326
GUÉROULT (Martial)	691
GUESDE (Jules)	477
GUILLEVIC (Eugène)	812

Index des auteurs et des œuvres

GUILLOUX (Louis)	741
GUITRY (Sacha)	650
GUITTON (Jean)	763
GUIZOT (François)	138
GURVITCH (Georges)	699
HALÉVY (Ludovic)	434
HAMELIN (Octave)	513
HARAUCOURT (Edmond)	514
HEINE (Henri)	165
HÉLIAS (Pierre Jakez)	856
HÉRAULT DE SÉCHELLES (Marie-Jean)	19
HEREDIA (José Maria de)	455
HERMANT (Abel)	538
HERRIOT (Édouard)	584
HUGO (Victor)	239
HUYSMANS (Joris-Karl)	489
IONESCO (Eugène)	841
ISNARD (Maximin)	14
JACOB (Max)	604
JACOB (François)	863
JAMMES (Francis)	559
JANIN (Jules)	281
JANKÉLÉVITCH (Vladimir)	783
JARRY (Alfred)	591
JAURÈS (Jean)	526
JOUBERT (Joseph)	3
JOUFFROY (Théodore)	164
JOUHANDEAU (Marcel)	675
JOUHAUX (Léon)	610
JOUVE (Pierre Jean)	665
JOUVENEL (Robert de)	630
JOUVET (Louis)	666
KARR (Alphonse)	307
KLOSSOWSKI (Pierre)	792
KOJÈVE (Alexandre)	779
KONING (Victor)	344
KOYRÉ (Alexandre)	691
KRISTEVA (Julia)	895
LABICHE (Eugène)	359
LACAN (Jacques)	763
LACHELIER (Jules)	436
LACORDAIRE (Henri)	273
LACRETELLE (Jean Charles de)	42
LADRÉ	59
LAFARGUE (Paul)	456
LAFORGUE (Jules)	529

LAGNEAU (Jules)	497
LAINÉ (Pascal)	896
LAMARTINE (Alphonse de)	140
LAMENNAIS (Félicité)	114
LANGEVIN (Paul)	585
LANSON (Gustave)	515
LAPRADE (Victor de)	349
LARBAUD (Valery)	617
LAROUSSE (Pierre)	363
LAS CASES (Emmanuel de)	42
LATOUCHE (Henri de)	136
LA TOUR DU PIN (Patrice de)	838
LAUTRÉAMONT (Isidore Ducasse, comte de)	482
LAVELLE (Louis)	634
LÉAUTAUD (Paul)	586
LE BAS (Joseph)	41
LE CLÉZIO (J.-M. G.)	894
LECOMTE DU NOÜY (Pierre)	635
LECONTE DE LISLE (Charles Marie Leconte, dit)	364
LE CORBUSIER	667
LEFEBVRE (Henri)	794
LEFRANÇAIS (Gustave Adolphe)	422
LEGOUVÉ (Gabriel)	35
LEIRIS (Michel)	764
LEMAITRE (Jules)	500
LEMERCIER (Népomucène)	100
LEPRINCE-RINGUET (Louis)	766
LEQUIER (Jules)	356
LEROI-GOURHAN (André)	839
LEROUX (Pierre)	167
LE ROY (Édouard)	571
LEROY-BEAULIEU (Paul)	465
LE ROY-LADURIE (Emmanuel)	882
LÉVI (Eliphas ou Alphonse Louis Constant)	325
LEVINAS (Emmanuel)	793
LÉVIS (Gaston, duc de)	36
LÉVI-STRAUSS (Claude)	822
LÉVY (Bernard Henry)	899
LÉVY-BRUHL (Lucien)	515
LHOTE (André)	651
LIMBOUR (Georges)	752
LITTRÉ (Émile)	235
LOTI (Pierre)	494
LOUIS (Joseph Dominique, baron)	14
LOUIS-PHILIPPE	106

Index des auteurs et des œuvres

LOUIS XVIII	14
LOUVET (Jean-Baptiste)	22
LOUŸS (Pierre)	572
LUBAC (Henri de)	713
LYAUTEY (Hubert)	511
MAC ORLAN (Pierre)	630
MAETERLINCK (Maurice)	539
MAINE DE BIRAN	47
MAISTRE (Xavier de)	31
MALE (Émile)	540
MALLARMÉ (Stéphane)	456
MALRAUX (André)	766
MARCEL (Gabriel)	685
MARCENAC (Jean)	853
MARET (Henri)	296
MARGUERITTE (Paul)	530
MARGUERITTE (Victor)	530
MARION DU MERSAN (Théophile)	110
MARITAIN (Jacques)	631
MARTIN DU GARD (Roger)	619
MASSIGNON (Louis)	636
MASSIS (Henri)	663
MASSON (André)	714
MATISSE (Henri)	571
MAUPASSANT (Guy de)	494
MAURIAC (François)	651
MAUROIS (André)	656
MAURRAS (Charles)	560
MAUSS (Marcel)	586
MEILHAC (Henri)	434
MÉNARD (Louis)	411
MENDÈS FRANCE (Pierre)	813
MERCIER DUPATY (Louis-Emmanuel)	106
MÉRIMÉE (Prosper)	275
MERLEAU-PONTY (Maurice)	825
MÉTRAUX (Alfred)	779
MEYERSON (Émile)	528
MICHAUX (Henri)	741
MICHEL (Louise)	430
MICHELET (Jules)	195
MILLEVOYE (Charles-Hubert)	116
MILOSZ (Oscar Vladislas de Lubicz-Milosz dit O.V. de L.)	605
MIRBEAU (Octave)	492
MITTERRAND (François)	860
MONET (Claude)	445
MONNIER (Henri)	297

MONOD (Jacques)	835
MONTALEMBERT (Charles de)	327
MONTHERLANT (Henry de)	714
MORAND (Paul)	678
MORÉAS (Jean)	514
MOREAU (Hégésippe)	328
MORICE (Charles)	532
MORIN (Edgar)	866
MOULIN (Jean)	744
MOUNIER (Emmanuel)	794
MOUSTIER (Charles Albert de)	21
MUN (Albert de)	453
MURGER (Henri)	411
MUSELLI (Vincent)	610
MUSSET (Alfred de)	328
NADAUD (Gustave)	368
NADAUD (Martin)	360
NAPOLÉON BONAPARTE	89
NAPOLÉON III	308
NERVAL (Gérard de)	310
NIMIER (Roger)	875
NISARD (Désiré)	304
NIZAN (Paul)	795
NOAILLES (Anna de)	605
NODIER (Charles)	110
NOËL (Bernard)	884
NOËL (Marie)	637
NOUVEAU (Germain)	498
OLLÉ-LAPRUNE (Léon)	443
OLLIVIER (Émile)	422
OZANAM (Frédéric)	353
PAGNOL (Marcel)	704
PARAIN (Brice)	735
PASTEUR (Louis)	412
PAULHAN (Jean)	642
PÉGUY (Charles)	593
PELLETAN (Eugène)	354
PEREC (Georges)	889
PÉRET (Benjamin)	745
PERGAUD (Louis)	633
PERIER (Casimir)	107
PEYRAT (Alphonse)	349
PHILIPPE (Charles-Louis)	599
PIAGET (Jean)	717
PICABIA (Francis)	610

Index des auteurs et des œuvres

PICASSO (Pablo)	621
PICHETTE (Henri)	872
PICON (Gaëtan)	858
PIEYRE DE MANDIARGUES (André)	828
PIIS (Augustin de)	15
PINGET (Robert)	862
POINCARÉ (Henri)	501
POINCARÉ (Raymond)	531
POLITZER (Georges)	784
PONGE (Francis)	745
PONSARD (François)	357
PONS DE VERDUN (Robert)	21
PORTO-RICHE (Georges de)	493
POTTIER (Eugène)	363
POULET (Georges)	780
PRÉVERT (Jacques)	752
PRÉVOST (Marcel)	540
PROUDHON (Pierre Joseph)	321
PROUST (Marcel)	573
PSICHARI (Ernest)	637
QUENEAU (Raymond)	784
QUIGNARD (Pascal)	899
QUINET (Edgar)	277
RADIGUET (Raymond)	786
RAMUZ (Charles-Ferdinand)	607
RAVAISSON (Félix)	354
RECLUS (Elisée)	431
REDON (Odilon)	445
RÉGNIER (Henri de)	541
RENAN (Ernest)	415
RENARD (Jules)	542
RENOIR (Auguste)	453
RESSÉGUIER (Jules de)	140
REVERDY (Pierre)	686
RICHEPIN (Jean)	493
RICŒUR (Paul)	854
RICTUS (Jehan)	548
RIGAULT (Raoul)	486
RIGAUT (Jacques)	748
RIMBAUD (Arthur)	502
ROBBE-GRILLET (Alain)	868
ROBESPIERRE (Maximilien de)	17
ROCHEFORT (Henri)	432
RODENBACH (Georges)	512
RODIN (Auguste)	445

ROGEARD (Louis-Auguste)	369
ROLAND (Madame)	6
ROLLAND (Romain)	544
ROMAINS (Jules)	657
ROQUEPLAN (Nestor)	281
ROSNY AÎNÉ	515
ROSSET (Clément)	893
ROSTAND (Edmond)	561
ROSTAND (Jean)	699
ROUBAUD (Jacques)	886
ROUGEMONT (Denis de)	806
ROUGET DE LISLE (Claude Joseph)	23
ROUSSEL (Raymond)	607
ROUSSIN (André)	840
ROYER-COLLARD (Pierre)	33
RUEFF (Jacques)	718
SAGAN (Françoise)	888
SAINT-DENYS (Hervey de)	412
SAINTE-BEUVE (Charles Augustin)	281
SAINT-EXUPÉRY (Antoine de)	755
SAINT-JOHN PERSE	667
SAINT-JUST (Louis Antoine de)	56
SAINT-MARC GIRARDIN (Marc Girardin dit)	235
SAINT-POL-ROUX (Paul Roux dit)	532
SAINT-SIMON (Claude-Henri de Rouvroy, comte de)	24
SALACROU (Armand)	748
SALMON (André)	622
SAMAIN (Albert)	521
SAND (George)	289
SANGNIER (Marc)	598
SARCEY (Francisque)	424
SARDOU (Victorien)	435
SARRAUTE (Nathalie)	780
SARTRE (Jean-Paul)	797
SATIE (Erik)	546
SAUSSURE (Ferdinand de)	516
SAUVY (Alfred)	738
SCHŒLCHER (Victor)	293
SCHWEITZER (Albert)	600
SCRIBE (Eugène)	155
SCUTENAIRE (Louis)	804
SÉBASTIANI DE LA PORTA (Horace)	106
SEGALAS (Anaïs)	357
SEGALEN (Victor)	609
SÉGUR (Sophie Rostopchine, comtesse de)	231
SÉKOU TOURÉ (Ahmed)	868

Auteur	Page
SENANCOUR (Étienne Pivert de)	99
SENGHOR (Léopold Sédar)	806
SERRE (Pierre, comte de)	107
SERRES (Michel)	885
SIEGFRIED (André)	601
SIGNAC (Paul)	540
SIMENON (Georges)	787
SIMON (Claude)	855
SIMON (Jules)	358
SIMON (Pierre-Henri)	787
SIRAUDIN (Paul)	344
SISMONDI (Jean-Charles-Léonard Simonde de)	106
SIX (Théodore)	437
SOLLERS (Philippe)	889
SOREL (Georges)	487
SOULARY (Joséphin)	360
SOULT (Maréchal)	98
STAËL (Madame de)	42
STAROBINSKI (Jean)	864
STENDHAL (Henri Beyle dit)	117
STRAVINSKY (Igor)	633
SUARÈS (André)	563
SUE (Eugène)	293
SULLY PRUDHOMME (René François Armand Prudhomme dit)	443
SUPERVIELLE (Jules)	646
TAILHADE (Laurent)	511
TAINE (Hippolyte)	424
TALLEYRAND-PÉRIGORD (Charles-Maurice de)	8
TARDE (Gabriel)	465
TARDIEU (Jean)	787
TEILHARD DE CHARDIN (Pierre)	623
THIBAUDET (Albert)	599
THIBON (Gustave)	788
THIERRY (Augustin)	160
THIERS (Adolphe)	168
THOREZ (Maurice)	762
TILLIER (Claude)	236
TILLY (Alexandre de)	40
TOCQUEVILLE (Alexis de)	298
TOEPFFER (Rodolphe)	231
TOULET (Paul-Jean)	549
TOURAINE (Alain)	876
TOURNIER (Michel)	870
TRIOLET (Elsa)	718
TZARA (Tristan)	723

VACHÉ (Jacques)	706
VACQUERIE (Auguste)	367
VAILLAND (Roger)	814
VAILLANT-COUTURIER (Paul)	692
VALÉRY (Paul)	577
VALLÈS (Jules)	437
VAN GOGH (Vincent)	500
VARLIN (Eugène)	444
VAUTHIER (Jean)	836
VAUX (Clotilde de)	360
VERCORS	781
VERHAEREN (Émile)	512
VERLAINE (Paul)	470
VERMERSCH (Eugène)	478
VERMOREL (Auguste)	453
VERNE (Jules)	427
VEUILLOT (Louis)	355
VIALATTE (Alexandre)	774
VIAN (Boris)	865
VIELÉ-GRIFFIN (Francis)	541
VIGNY (Alfred de)	169
VILAR (Jean)	843
VILLEMAIN (François)	154
VILLIERS DE L'ISLE-ADAM (Auguste)	441
VINET (Alexandre)	181
VIOLLET-LE-DUC (Eugène Emmanuel)	358
WAHL (Jean)	680
WALLON (Henri)	611
WEIL (Simone)	830
YACINE (Kateb)	881
YOURCENAR (Marguerite)	788
ZOLA (Émile)	446

COLLECTION « LES USUELS »

dirigée par Henri Mitterand et Alain Rey

DICTIONNAIRE DE SYNONYMES ET CONTRAIRES
par Henri BERTAUD DU CHAZAUD,
ouvrage couronné par l'Académie française.

DICTIONNAIRE D'ORTHOGRAPHE ET EXPRESSION ÉCRITE
par André JOUETTE.

DICTIONNAIRE ÉTYMOLOGIQUE DU FRANÇAIS
par Jacqueline PICOCHE.

DICTIONNAIRE DES DIFFICULTÉS DU FRANÇAIS
par Jean-Paul COLIN,
prix Vaugelas.

DICTIONNAIRE DES EXPRESSIONS ET LOCUTIONS
par Alain REY et Sophie CHANTREAU.

DICTIONNAIRE DE PROVERBES ET DICTONS
par Florence MONTREYNAUD, Agnès PIERRON et François SUZZONI.

DICTIONNAIRE DE CITATIONS FRANÇAISES
par Pierre OSTER.

DICTIONNAIRE DE CITATIONS DU MONDE ENTIER
sous la direction de Florence MONTREYNAUD et Jeanne MATIGNON.

DICTIONNAIRE DE CITATIONS SUR LES PERSONNAGES CÉLÈBRES
par Agnès PIERRON.

DICTIONNAIRE DES MOTS ET FORMULES CÉLÈBRES
par François DOURNON.

DICTIONNAIRE DE NOMS DE LIEUX
par Louis DEROY et Marianne MULON.

DICTIONNAIRE DES GRANDES ŒUVRES DE LA LITTÉRATURE FRANÇAISE
sous la direction de Henri MITTERAND.

DICTIONNAIRE DES ŒUVRES DU XXᵉ SIÈCLE
LITTÉRATURE FRANÇAISE ET FRANCOPHONE
sous la direction de Henri MITTERAND.

DICTIONNAIRES BILINGUES

LE ROBERT ET COLLINS SUPER SENIOR
Dictionnaire français-anglais/anglais-français
(2 vol., 2 720 pages, 650 000 « unités de traduction », 20 pages de cartes en couleur, avec 2 dictionnaires de synonymes (anglais et français).

LE ROBERT ET COLLINS SENIOR
Dictionnaire français-anglais/anglais-français
(1 vol., 2 000 pages, 300 000 « unités de traduction »).

LE ROBERT ET COLLINS COMPACT
Dictionnaire français-anglais/anglais-français
(1 vol., 1 250 pages, 115 000 « unités de traduction »).

LE ROBERT ET COLLINS CADET
Dictionnaire français-anglais/anglais-français
(1 vol., 832 pages, 65 000 « unités de traduction »).

LE ROBERT ET COLLINS MINI
60 000 mots et expressions.

LE ROBERT ET COLLINS DU MANAGEMENT
Commercial - Finanier - Économique - Juridique
(L'anglais des affaires, 75 000 mots, 100 000 traductions).

LE ROBERT ET COLLINS
VOCABULAIRE ANGLAIS ET AMÉRICAIN
par Peter Atkins, Martin Bird, Alain Duval, Dominique Le Fur et Hélène Lewis

« LE ROBERT ET COLLINS PRATIQUE »
ANGLAIS, ALLEMAND, ESPAGNOL, ITALIEN
(70 000 mots et expressions, plus de 100 000 traductions).

« LE ROBERT ET COLLINS POCHE »
ANGLAIS, ALLEMAND, ESPAGNOL
(65 000 mots et expressions).

« LE ROBERT ET COLLINS GEM »
ANGLAIS, ALLEMAND, ESPAGNOL, ITALIEN.

LE ROBERT ET SIGNORELLI
Dictionnaire français-italien/italien-français
(1 vol., 3 040 pages, 339 000 « unités de traduction »).

LE ROBERT ET VAN DALE
Dictionnaire français-néerlandais/néerlandais-français
(1 vol., 1 400 pages, 200 000 « unités de traduction »).

GRAND DICTIONNAIRE FRANÇAIS-JAPONAIS SHOGAKUKAN-LE ROBERT
(1 vol., 1 600 pages, 100 000 entrées).

N° de Projet 10040415 (2) 12 (OSBO 55)
Mai 1997
Imprimé en France par Maury-Eurolivres S.A.
45300 Manchecourt